PREFACE

정오표 및 학습 질의 안내

정오표 확인 방법

고시넷은 오류 없는 책을 만들기 위해 최선을 다합니다. 그러나 편집 과정에서 미처 잡지 못한 실수가 뒤늦게 나오는 경우가 있습니다. 고시넷은 이런 잘못을 바로잡기 위해 정오표를 실시간으로 제공합니다. 감사하는 마음으로 끝까지 책임을 다하겠습니다.

고시넷 홈페이지 접속 > 고시넷 출판-커뮤니티 > 정오표

www.gosinet.co.kr

모바일폰에서 QR코드로 실시간 정오표를 확인할 수 있습니다.

학습 질의 안내

학습과 교재선택 관련 문의를 받습니다. 적절한 교재선택에 관한 조언이나 고시넷 교재 학습 중 의문 사항은 아래 주소로 메일을 주시면 성실히 답변드리겠습니다.

이메일주소 **qna@gosinet.co.kr**

CONTENTS

차례

금융 · 경제 · 경영상식 정복

파트 1 최신 금융 · 디지털 용어

파트 2 금융상식

파트 3 경영상식

파트 4 경제상식

테마유형학습

파트 5 실전모의고사

책 속의 책 정답과 해설

EXAMINATION GUIDE

구성과 활용

1 기출을 토대로 구성한 테마별 유형!

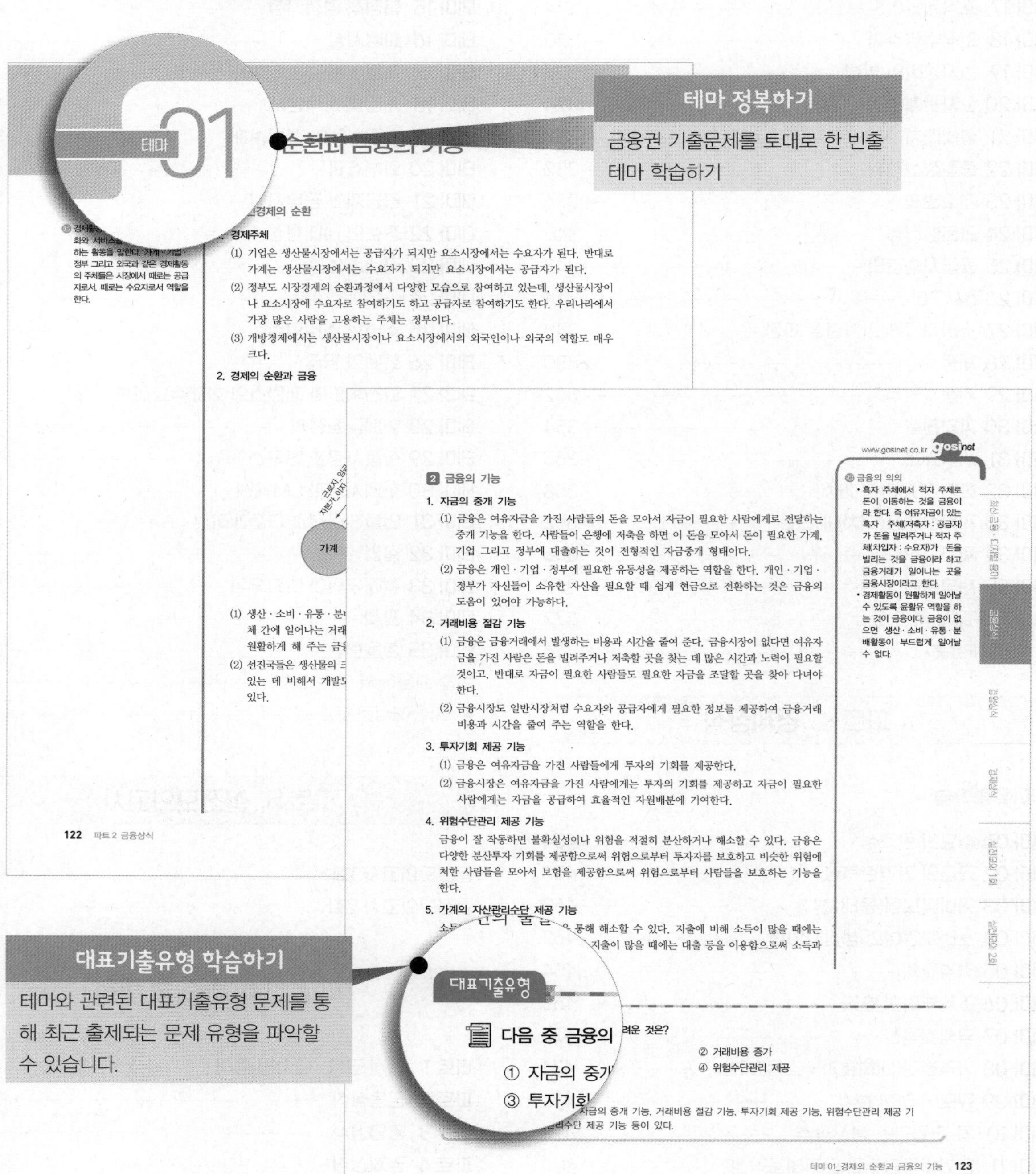

테마 정복하기
금융권 기출문제를 토대로 한 빈출 테마 학습하기
대표기출유형 학습하기
테마와 관련된 대표기출유형 문제를 통해 최근 출제되는 문제 유형을 파악할 수 있습니다.

2 용어정리 O/X 및 기출예상문제로 마무리!

용어정리 O/X로 개념 익히기

테마별 기초학습이 끝난 후 실전문제를 풀기 위한 개념 확인을 용어정리 O/X로 해보세요.

●빈출 지문에서 뽑은 O/X

파트 2 금융상식

01 금리가 오르면 저축으로 얻을 수 있는 이자소득이 증가하므로 가계는 현재의 소비를 늘리고 미래의 소비를 줄이기 위해 저축을 증가시킨다. 반면 금리가 하락하면 미래 소비를 늘리고 현재 소비는 줄이기 위해 저축을 줄이게 된다. (O/ ×)

02 금리가 상승하면 가계소비와 기업투자 위축으로 인해 경제 전체적인 물품수요가 증가하여 물가가 상승할 수 있다. (O/ ×)

03 개방경제하에서 국내금리보다 외국금리가 높을 경우, 국내자금의 해외유출이 줄어들거나 외국자금의 국내유입이 늘어나게 된다. 반대로 국내금리가 높을 경우에는 국내자금이 외국으로 유출되거나 외국자금의 유입이 줄어든다. (O/ ×)

04 일반적으로 장기금리가 단기금리보다 낮다. (O/ ×)

05 금융회사가 공시하는 예금 및 대출금리와 금융시장에서 결정되는 국고채 및 회사채 금리는 물가 변동을 (O/ ×)

위 지불해야 하는가를 나타내는 것으로 (O/ ×)

러당 환율이 1,000원이라는 것은 1달러를 (O/ ×)

값을 가지며 미달러화가 원화에 대해 선물
의금리보다 낮아 선물환율이 현물환율보다 (O/ ×)

(Korea Securities Dealers Automated
. (O/ ×)

들의 경제에 대한 신인도가 높아지면 주가
떨어지면 주가는 상승한다. (O/ ×)

성어로 금융과 정보통신기술(ICT)의 융합 (O/ ×)

자본을 보유하고 있는지를 나타내며 *BIS*
수 있다. (O/ ×)

줄이거나 위험가중자산을 늘려야 한다. (O/ ×)

해야 하는 예금으로, 고객의 지급결제 편의 (O/ ×)

금융상식

PART 02 기출예상문제 ●

► 정답과 해설 15쪽

01 다음 각 금융기관에 대한 설명 중 옳지 않은 것은?

① 한국은행은 은행의 은행으로, 지급준비금의 보관과 최후 대여자로서의 기능을 수행한다.
② 한국산업은행, 한국수출입은행, 중소기업은행은 「특수은행법」을 근거로 설립된 특수은행이다.
③ 신용협동조합은 담보와 신용이 취약한 서민을 위해 설립된 비은행 예금취급기관이다.
④ 금융투자회사는 원본손실가능성이 있는 금융투자상품과 관련된 업무를 담당하는 회사이다.

02 다음 금융시장과 금융제도에 관한 내용으로 옳지 않은 것은?

① 상호저축은행도 시중은행과 같이 원리금을 보장한다.
② 금융지주회사는 다른 사업은 하지 않고 자회사의 경영지배와 관리만 한다.
③ 우리나라는 고정예금보험료율방식을 채택하고 있어 모든 금융기관에게 동일한 예금보험료율을 부과하고 있다.
④ K-OTC 시장은 기존 장외시장인 프리보드시장을 개편한 것으로 중소, 벤처기업의 주식이 주로 거래되는 시장이다.

03 다음 중 인터넷 뱅크(Internet Bank)에 관한 설명으로 옳지 않은 것은?

① 입출금 및 송금 등 간단한 금융서비스만 제공한다.
② 대표적인 인터넷 뱅크로는 케이뱅크와 카카오뱅크가 있다.
③ 모든 금융서비스를 인터넷으로 제공하는 은행이다.
④ 온라인에서만 서비스하며 물리적인 은행 지점이 존재하지 않는다.

04 다음 중 손해보험에 해당하지 않는 것은?

① 화재보험 ② 보증보험 ③ 자동차보험
④ 연금보험 ⑤ 해상보험

234 파트 2 금융상식

기출예상문제로 실전 연습하기

파트별로 기출예상문제를 수록하였습니다. 학습한 내용을 최종 점검하고 부족한 부분을 체크해 보세요.

금융권 소개 및 기출 분석

금융권 소개

IBK기업은행

- **개요** 중소기업의 경제활동을 지원하고 그 경제적 지위의 향상을 돕기 위해 설립된 국책은행인 IBK기업은행은 관련된 모두의 가치를 높이는 '가치금융'을 위해 튼튼한 은행, 반듯한 금융, 행복하고 보람있는 조직을 추구한다.
- **비전** 최고의 서비스를 혁신적으로 제공하는 초일류 금융그룹
- **핵심가치** 고객과 함께, 신뢰와 책임, 열정과 혁신, 소통과 팀웍

KB국민은행

- **개요** KB국민은행은 고객, 더 나아가서는 국민과 사회가 바라는 가치와 행복을 함께 만들어 나가는 '세상과 바꾸는 금융'이 되어 고객의 행복과 더 나은 세상을 만들어나가고자 한다.
- **비전** 최고의 인재와 담대한 혁신으로 가장 신뢰받는 평생금융파트너
- **인재상** 창의적인 사고와 행동으로 변화를 선도하며 고객가치를 향상시키는 프로 금융인

우리은행

- **개요** 1899년 화폐융통은 상무흥왕의 본이라는 이념으로 설립한 우리나라 최초의 민족 정통은행인 우리은행은 우리 마음 속 첫 번째 은행을 슬로건으로 고객, 신뢰, 전문성, 혁신을 네 가지 핵심가치로 하고 있다.
- **비전** 오늘의 혁신으로 내일의 가치를 만드는 은행
- **인재상** 올바른 품성을 가진, 도전적이고 창의적인 최고의 금융전문가

신한은행

- **개요** '금융으로 세상을 이롭게 하는' 신한은행은 과거와는 다른 방법, 새로운 환경에 맞는 새로운 방식을 추구하는 창조적 금융을 통해 상생의 선순환 구조를 만들어가는 '미래를 함께하는 따뜻한 금융'을 추구한다.
- **비전** 더 쉽고 편안한, 더 새로운 은행
- **인재상** 따뜻한 가슴을 지닌 창의적인 열정가

하나은행

- **개요** 하나은행은 혁신적인 플랫폼을 통해 모든 사람들이 마음껏 금융을 즐기고, 신뢰를 바탕으로 금융의 새로운 가치를 창출하기 위해 '함께 성장하며 행복을 나누는 금융'을 만들어 나가고자 한다.
- **비전** 하나로 연결된 모두의 금융
- **인재상** 사람에 대한 온기(Humanity), 미래에 대한 용기(First Mover), 성장에 대한 동기(Growth Mind)

농협

- **개요** 1961년 창립된 농협은 농업 경쟁력 강화와 농업인 삶의 질 향상, 그리고 국민경제의 균형있는 발전을 위해 노력해 왔으며 청년 농업인 육성과 농촌 일자리 창출, 맞춤형 복지서비스에 힘써 농촌에 희망을 제시하고 농업의 공익적 가치 확산에도 기여하고 있다.
- **비전** 사랑받는 일등 민족은행
- **인재상** 최고의 금융전문가, 소통하고 협력하는 사람, 사회적 책임을 실천하는 사람, 변화를 선도하는 사람, 고객을 먼저 생각하는 사람

금융권 빈출 출제 개념 분석

금융과 관련된 용어에서부터 펀드나 대출, 예금과 같은 금융상품까지 다양한 분야의 학습이 필요하다!

금융기관의 필기시험에서는 경제학뿐만 아니라 경영학, 법학 등과 관련된 문제도 출제된다. 따라서 공매도, 리보금리 등과 같이 금융상식에 관련된 용어에서부터 경영 · 경제학과 관련된 지식들을 습득해야 한다. 또한 펀드나 대출 상품의 이자를 구하는 문제, 화폐의 정의와 기능, 환율과 주식에 관련된 문제 등도 자주 출제되므로 이에 대한 학습이 필요하다.

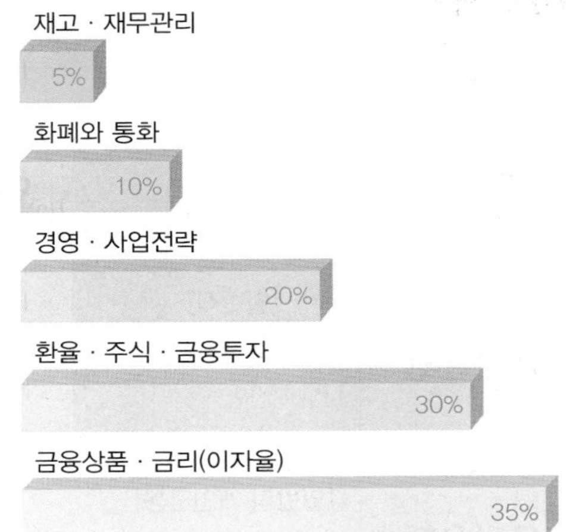

시험에 자주 나오는 키워드 체크

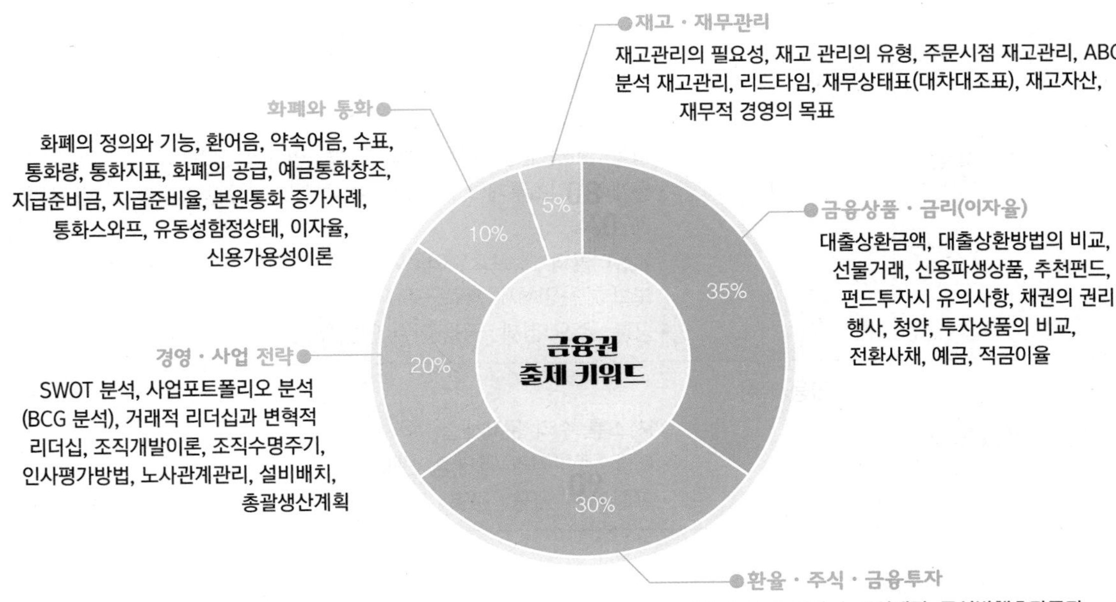

금융기관 및 공사·공단 필기시험 안내

IBK기업은행	[금융일반] ▶직업기초능력　의사소통, 문제해결, 자원관리, 조직이해, 수리, 정보 ▶직무수행능력　• 경제, 경영 관련 직무상식, 시사
KB국민은행	[UB(일반)] ▶직업기초능력　의사소통, 문제해결, 수리 ▶직무심회지식　• 금융영업, 디지털 부분 활용 ▶상식　• 경제/금융/일반상식
신한은행	[일반직] ▶NCS/금융상식　의사소통, 수리, 문제해결+금융상식 ▶디지털 리터리시 평가　• 논리적 사고, 알고리즘 설계
우리은행	[일반직 개인금융] ▶직업기초능력　의사소통, 수리, 문제해결, 조직이해 ▶직무수행능력　• 일반상식, 경제지식　※ 2020년 하반기
하나은행	[일반직] ▶NCS　의사소통, 수리, 문제해결, 기술 ▶디지털상식　• 금융상식(회계학, 경제학), 디지털상식
한국은행 THE BANK OF KOREA	[종합기획직] ▶전공학술 [선택1]　• 경제학 : 미시 · 거시 · 계량 · 화폐금융 · 국제경제학 • 경영학 : 인사 · 재무 · 마케팅 · MIS · 회계학(고급회계 제외) · 경영전략 · 경영과학(구 계량경영학) • 법학 : 헌법, 민법, 형법, 상법, 행정법, 민소법, 형소법 • 통계학 : 기초통계학, 수리통계학, 회귀분석, 실험계획법, 표본조사론, 시계열분석 • 컴퓨터공학 : 소프트웨어공학, 데이터베이스, 컴퓨터구조, 데이터통신, 정보보호, 운영체제, 자료구조 ▶논술　• 공통 : 주요 경제 · 금융 이슈, 인문학 등 출제
KODIT 신용보증기금 KOREA CREDIT GUARANTEE FUND	[금융사무] ▶NCS　의사소통, 수리, 문제해결 ▶전공　• 대졸수준 : 경영, 경제 중 선택 • 고졸수준 : 금융 · 경영 · 경제 · 상식

HF 한국주택금융공사	[대졸/고졸]	
	▶직업기초능력	의사소통, 문제해결, 수리
	▶직무전공	• 경영 : 일반경영이론, 재무관리 및 투자 · 파생상품론, 재무회계 및 원가 · 관리회계, 법인세법 • 경제 : 미시경제학, 거시경제학, 계량경제학, 국제경제학 및 화폐금융론
MG새마을금고	[일반직]	
	▶직업기초능력	의사소통, 수리, 문제해결, 조직이해, 대인관계
농협	[6급 일반직]	
	▶인적성평가	• 직업윤리, 대인관계, 문제해결, 조직적합성, 성취잠재력
	▶직무능력평가	의사소통, 문제해결, 수리, 정보, 자원관리
	▶직무상식평가	• 농업 · 농촌관련 상식, 디지털 상식, 금융 · 경제 분야 용어 · 상식 등
농협중앙회	[일반직] [사무직]	
	▶인적성평가	• 조직적합성, 성취잠재력
	▶직무상식평가	의사소통, 수리, 문제해결, 정보, 자원관리, 조직
	▶논술평가	• 약술형 : 농업 · 농촌 관련 시사 • 논술형 : 금융 · 경제
SH 서울주택도시공사	[사무직]	
	▶직업기초능력	의사소통, 수리, 문제해결, 대인관계, 조직이해, 직업윤리
	▶직무별 전공과목	• 법학, 행정학, 경영학(회계분야 제외), 경제학, 회계학 중 택1
HUG 주택도시보증공사	[관리6급]	
	▶직무적합평가	의사소통, 수리, 문제해결, 조직이해, 대인관계
	▶전공필기시험	• 채용분야별 전공필기 경영 : 경영학 일반, 중급회계, 재무관리 경제 : 미시, 거시, 국제경제학 전산 : SW 설계, SW 개발, DB 구축, 프로그래밍 언어 활용, 정보시스템 구축 관리
한국농어촌공사 kr Clean & Green	[5급 일반직]	
	▶직업기초능력	의사소통, 문제해결, 수리, 정보, 자원관리
	▶직무수행능력	• 경상 : 경영학, 경제학 중 택1 • 법정 : 법학, 행정학 중 택1 • 농학 : 농학, 농업경제학 중 택1 • 전산 : 전산학(소프트웨어공학, 데이터베이스론)

LH	[5급 일반행정] ▶직업기초능력 의사소통, 문제해결, 수리 등 ▶직무역량 • 행정, 경영, 경제 중 택1 • 행정 : 행정학원론, 행정조직론, 인사행정, 행정법 • 경영 : 경영학원론, 재무관리, 마케팅, 조직 및 인적자원관리 • 경제 : 경제학원론, 미시경제학, 거시경제학
한국산업인력공단 HUMAN RESOURCES DEVELOPMENT SERVICE OF KOREA	[일반직] ▶직업기초능력 조직이해, 의사소통, 수리, 문제해결, 직업윤리, 자원관리 ▶한국사 · 영어 • 한국사(전 범위), 영어(문법, 어휘, 독해, 비즈니스 영어)
Ksure 한국무역보험공사	[조사 · 인수] ▶직업기초능력 의사소통, 수리, 문제해결 ▶직무수행능력 • 직무능력평가 : 경영학, 경제학 중 택1 ▶직무능력논술 • 직무능력논술
캠코 한국자산관리공사	[5급 금융일반] ▶직업기초능력 의사소통, 수리, 문제해결 ▶직무수행능력 • 경영 : 경영학(재무관리, 회계학 포함) • 경제 : 미시경제학, 거시경제학
한국관광공사	[일반직] ▶직업기초능력 의사소통, 수리, 문제해결, 자원관리 ▶직무수행능력 • 경영학, 경제학, 법학 중 택1
국립공원공단	[일반직 6급] ▶직업기초능력 의사소통, 문제해결, 자원관리, 기술, 조직이해 ▶직무수행능력 • 법학, 경영학, 행정학 중 택1 [선택1]
KPX 전력거래소	[사무직(상경)] ▶직업기초능력 의사소통, 문제해결, 수리, 조직이해, 자원관리 ▶직무수행능력 • 자원분야 전공과목+한국사 • 경제학(미시, 거시, 계량), 경영학 중 택1
친환경 에너지 기업 한국수력원자력(주)	[대졸/사무] ▶직업기초능력 의사소통, 수리, 문제해결, 자원관리, 조직이해 ▶직무수행능력 • [전공] 법학, 행정학, 경제학, 경영학(회계학 포함) • [상식] 회사상식, 한국사 등 일반상식

기관	구분	내용
KOEN 한국남동발전 KOREA ENERGY	[4급(나) 사무] ▶직업기초능력 ▶인성검사	 의사소통, 자원관리, 문제해결, 수리, 정보 • 인성검사 종합결과, 부적응성 검사, 응답신뢰도 판정
KOMIPO 한국중부발전	[사무] ▶직업기초능력 ▶직무지식평가	 의사소통, 조직이해, 자원관리, 수리 • 직군별 전공지식(법, 행정, 경영, 경제, 회계 등) – 법 : 헌법, 민법, 행정법, 상법 • 직무수행능력평가 : 직군별 직무상황 연계형 10문항
KWP 한국서부발전(주)	[4직급 사무] ▶직업기초능력 ▶직무수행능력	 의사소통, 수리, 문제해결, 자원관리, 기술 • 각 직군별 전공지식, 한국사 • 법정 : 법학개론, 행정학원론 • 상경 : 경영학원론, 경제학원론, 회계원리 • 한국사 : 한국사능력검정시험 고급(1, 2급) 수준
한국남부발전(주)	[사무직] ▶직무능력 ▶전공기초	 • 직무능력평가(K–JAT) : 직무수행, 직업기초능력 • 법정/상경 중 택1 • 법정 : 법학, 행정학 분야 지식 • 상경 : 경영학, 경제학, 회계학 분야 지식
EWP 한국동서발전(주)	[사무직] ▶직업기초능력 ▶직무수행능력	 의사소통, 수리, 문제해결, 자원관리 • 전공 : 법학(헌법, 민법, 행정법, 상법), 행정학, 경영학, 회계학 등 • 한국사 : 한국사능력검정시험 3급 수준
한국전력기술(주)	[대졸수준] ▶직업기초능력 ▶직무수행능력	 의사소통, 수리, 문제해결, 정보능력, 자원관리(사무) · 기술(기술/연구) • 기술/연구 : 해당 분야 전공지식(기사수준, 공업수학 포함) • 사무 : 사무 분야 전공지식(통합전공)
한국지역난방공사 KOREA DISTRICT HEATING CORP.	[사무직] ▶직업기초능력 ▶직무수행능력	 의사소통, 자원관리, 수리, 문제해결, 정보, 조직이해 • 선택 직무별 해당 과목 • 공사 고유직무 내용을 반영한 문항 일부 포함
TS 한국교통안전공단 Korea Transportation Safety Authority	[행정6급] ▶직업기초능력 ▶직무수행능력	 문제해결, 의사소통, 수리, 자원관리, 조직이해, 기술, 정보 • 경영, 경제 통합

금융 · 경제 · 경영상식

파트 1

최신 금융 · 디지털 용어

- 꼭 알아야 할 금융 용어 200선
- 꼭 알아야 할 디지털 용어
- 용어확인 O/X
- 확인문제

금융 01 어음관리계좌(CMA)

어음관리계좌는 고객이 맡긴 자금을 어음이나 우량채권 등에 운용하여 그 수익을 고객에게 돌려주는 대표적인 단기금융상품으로 증권사에서 취급하고 있다. 고객과의 약정에 따라 예치자금을 MMF, RP 등에 투자하는 금융서비스 계좌로 고객예탁금 계좌와 연계하여 수시 입출금, 급여이체, 신용카드 결제대금 납부 등의 부가서비스도 제공하고 있다. 당초 증권사 CMA는 가상계좌를 통해 제한적으로만 지급결제서비스를 제공해왔으나 자본시장통합법 시행으로 증권사의 소액지급결제서비스가 허용됨에 따라 현재 은행의 요구불예금 수준의 지급결제서비스가 가능해졌다.

금융 02 개인종합자산관리계좌(ISA)

개인종합자산관리계좌는 가입자가 일정기간 동안 예금 · 적금 · 펀드 등 다양한 금융상품을 선택하여 포트폴리오를 구성하고 통합 관리할 수 있는 계좌이다. 저금리와 고령화 시대에 종합적인 자산관리를 통한 재산 형성을 지원하기 위해 도입되었다.
가입 대상은 가입 당시 직전연도 과세기간에 근로 또는 사업소득이 있는 자로, 신규 취업자의 경우 당해 연도에 소득이 있으면 가입이 가능하다. 매년 2천만 원 한도이며, 3년간 계좌를 유지해야 세제혜택을 받을 수 있고 개인종합자산관리계좌를 통해 신규로 투자하는 것을 원칙으로 한다. 기존에 보유하고 있는 펀드를 편입할 경우 기존 펀드를 해지하고 개인종합자산관리계좌를 통해 재투자하여야 한다.

금융 03 상장지수펀드(ETF ; Exchange Traded Fund)

상장지수펀드는 특정 지수의 성과를 추적하는 인덱스 펀드를 거래소에 상장시켜 주식처럼 편리하게 거래할 수 있게 한 투자 상품이다. 투자자들이 개별 주식을 고르는데 수고를 하지 않아도 되고 언제든지 시장에서 원하는 가격에 매매할 수 있는 주식 투자의 장점을 모두 가지고 있는 상품으로 인덱스펀드와 주식을 합쳐놓은 것이다. 인덱스펀드란 일반 주식형 펀드와 달리 KOSPI200과 같은 시장 지수의 수익률을 그대로 좇아가도록 구성한 펀드를 의미한다.

금융 04

주가연계증권(ELS ; Equity Linked Security)

주가연계증권은 주가지수나 개별 주식을 기초 자산으로 하여 주식시장의 움직임에 따라 수익이 결정되는 금융상품이다. 주로 증권사에서 판매하며 주가가 하락할 경우 원금 손실이 발생하는 원금 비보장형이다.

주가지수가 설정된 조건에 따라 조건부 수익을 제공하는 것이 특징이다.

금융 05

주가연계예금(ELD ; Equity Linked Deposit)

주가연계예금은 예금의 원금이 보장되고 주가지수나 개별 주식의 성과에 따라 수익이 결정되는 상품이다. 주로 은행에서 판매하며 생계형 · 세금우대형으로 가입하면 세금 절감의 효과도 얻을 수 있고, 원금 보장형이 특징이나 중도 해지하는 경우 원금 손실과 주가 변동에 따라 수익 상한선이 있다.

금융 06

주가연계펀드(ELF ; Equity Linked Fund)

주가연계펀드는 투자자가 위험을 줄이기 위해 여러 개의 ELS에 분산 투자할 수 있는 펀드 상품으로 하나의 ELS가 손실을 보더라도 다른 ELS가 수익을 낼 수 있는 구조이다. 다만 펀드 운용에 수수료가 발생하여 수익률에 영향을 줄 수 있다.

금융 07

담보인정비율(LTV) 규제

담보인정비율은 자산의 담보가치에 대한 대출 비율을 말하며 우리나라의 경우 주택 가격에 대한 대출 비율이다. 담보가치는 1. 국세청 기준시가 2. 한국감정원 등 전문감정기관의 감정평가액 3. 한국감정원의 층별 · 호별 격차율 지수로 산정한 가격 4. KB부동산시세의 일반거래가격 중 금융기관이 자율적으로 선택하여 적용한다. LTV 규제는 자체 은행권 중심으로 자율적으로 시행해 오다가 금융기관의 경영 안정성 유지, 주택가격 안정화 등을 위한 주택담보대출 규모의 관리 필요성이 제기되면서 감독규제 수단으로 도입되었다.

<주택담보대출의 산정방식>

담보인정비율

$$= \frac{\text{주택담보대출} + \text{선순위채권} + \text{임차보증금 및 최우선변제 소액임차보증금}}{\text{담보가치}} \times 100$$

금융 08 총부채상환비율(DTI) 규제

총부채상환비율(DTI)은 주택담보 대출자의 연간 대출 상환액을 소득으로 나눈 비율이다. DTI 규제는 대출자의 소득 수준과 관계없이 주택 가격에 비례하여 주택담보대출 한도가 결정되는 LTV 규제의 문제점을 보완하고자 도입한 것이다. 과도한 가계부채의 증가 억제, 주택자금 수요 축소 등을 위해 DTI 비율을 특정 수준 이내로 제한하기도 한다. 저금리에서 주택가격의 상승세가 확대될 경우 DTI 및 LTV 규제를 강화하면 주택담보대출 한도가 축소되어 주택시장 과열을 억제하는 효과를 기대할 수 있다.

$$\text{DTI} = \frac{\text{해당 주택담보 대출의 연간 원리금 상환액} + \text{기타부채의 연간 이자상환액}}{\text{연소득}} \times 100$$

금융 09 총부채원리금상환비율(DSR) 규제

총부채원리금상환비율(DSR)은 주택담보대출뿐 아니라 다른 모든 대출의 원리금과 이자까지 모두 따져서 대출 비율을 정한 것이다. 대출에는 마이너스통장, 신용대출, 전세자금대출, 자동차할부금융 등이 모두 포함된다. DSR 규제는 가계대출의 증가세를 막기 위한 방안으로 DTI보다 더 강력한 규제이다.

금융 10 스트레스 DSR

미래의 금리 변동성까지 고려해 현재 대출 한도를 더 줄이도록 하기 위해 금융위원회가 도입한 스트레스 DSR제도는 모든 금융권의 변동금리형 · 혼합형 · 주기형 대출을 대상으로, 대출자가 돈을 빌릴 때 향후 금리가 상승해 원리금의 상환 부담이 커질 가능성도 고려해 DSR 산정 시 일정 수준의 가산금리를 더하는 제도이다.

금융 11 우발부채(채무)

우발부채는 과거 사건으로 인해 발생 가능한 잠재적 의무로, 미래 사건에 따라 기업의 부채가 된다. 발생 가능성과 금액의 측정 가능성에 따라 재무제표에 인식, 공시, 또는 미조치될 수 있다. 소송, 보증, 환경 정화 의무 등이 대표적인 우발부채의 예시이며, 기업의 재무 상태와 위험 평가에 중요한 영향을 미친다. 기업회계기준에서 우발부채는 부채로 인식하지 아니하며 의무를 이행하기 위하여 자원이 유출될 가능성이 아주 낮지 않는 한, 우발부채를 주석에 기재하도록 하고 있다.

금융 12 뱅크런(Bank Run)

뱅크런은 은행에 예금한 고객들이 대규모로 예금을 인출하려는 현상을 의미한다. 금융시장의 불안정성, 은행의 경영 및 건전성, 정부의 정책 변화 등에 문제가 발생하면 예금자들은 은행에 맡긴 돈을 받을 수 없을 것이라는 불안감에 저축한 돈을 대량 인출하게 되고 이로 인해 은행은 지급할 수 있는 자금이 부족하게 되어 패닉 상태에 빠질 수 있다. 예금보험공사는 뱅크런으로 인한 금융불안정을 방지하기 위해 예금자보호법에 의해 5,000만 원(2025년 1억 원으로 상향 예정)까지의 예금을 보호해주고 있다.

금융 13 유동성커버리지비율(LCR ; Liquidity Coverage Ratio)

유동성커버리지비율은 단기 유동성 규제비율로서 은행이 유동성 부족에 대비하여 보유한 고유동성자산 규모를 30일간의 유동성스트레스 시나리오 하에서 예상되는 순현금유출액으로 나눈 비율이다.

$$\text{LCR} = \frac{\text{고유동성자산}}{\text{향후 30일간 순현금유출액(현금유출액} - \text{현금유입액)}} \times 100$$

위 식에서 분자의 고유동성자산은 현금은 물론 정부나 중앙은행이 발행하는 채무증권, 은행이 중앙은행에 예치한 지급준비금 등으로 구성된다. 분모의 순현금유출액은 30일 동안의 심각한 위기상황에서 발생할 것으로 예상되는 현금유출액에서 현금유입액을 차감하여 산출한다. 바젤은행감독위원회(BCBS)가 요구하는 최저 LCR 수준은 2015년에는 60%였으며 매년 10%p씩 높아져 2019년에는 100%를 준수하여야 했다. 코로나19 사태 이후 금융권의 가계대출 및 기업 자금 공급 확대를 위해 2020년 일시적으로 기존 100%에서 85%로 인하하였으나 2022년부터 단계적 상향을 통해 2022년 7월 말 현재 100%를 준수하여야 한다.

금융 14 블루골드(Blue Gold)

블루골드는 기후변화의 심화, 특히 온난화에 의해 물 부족 현상이 심해지고, 이에 따라 물의 가치가 높아질 것으로 예측됨에 따라 물 산업의 성장을 비유하는 용어이다. 앨빈 토플러는 "20세기가 석유(블랙골드)의 시대였다면, 21세기는 물(블루골드)의 시대가 될 것"이라고 말했다.

금융 15 노 랜딩(No Landing)

노 랜딩은 사전적으로 '무(無)착륙'이라는 뜻이다. 미국의 소비, 투자, 고용 등 실물 경제지표 강세에 힘입어 경기가 수축 없이 확장세를 지속할 것이라는 낙관론이 월가에서 힘을 받으면서 등장한 용어이다. 노 랜딩 시나리오에 따르면 미국 경제는 하강하지 않고 계속 비행할 것이며, 미국의 경기 침체는 없을 것이라고 예측한다.

금융 16 마이데이터(MyData)

마이데이터는 소비자가 금융회사 등에 자신의 정보 사용을 허락할 경우 정보를 한 곳에 모아 관리해주는 서비스다. 소비자는 스마트폰 앱이나 웹사이트에서 정보를 간편하게 관리할 수 있고, 금융사는 소비자 실정에 맞는 맞춤형 자산관리와 컨설팅 등의 금융서비스를 제공할 수 있다는 장점이 있다. 마이데이터는 은행 계좌와 신용카드 이용 내역 등 금융 데이터의 주인을 금융회사가 아니라 개인으로 정의하는 개념이다.

금융 17 엔 캐리 트레이드(Yen Carry Trade)

금리가 낮은 일본의 엔화를 빌려 상대적으로 금리가 높은 다른 국가의 통화, 주식, 채권 등에 투자하여 이익을 얻는 금융기법이다. 일본에서 적용하는 금리와 다른 나라의 금리 차이만큼 수익을 얻을 수 있으나, 엔화를 빌릴 때보다 갚을 때 환율이 높으면 손해가 발생할 수 있다.

금융 18

슈링크플레이션(Shrinkflation)

슈링크플레이션은 Shrink(줄어들다)와 Inflation(물가 상승)의 합성어로, 기업들이 생산 비용 상승을 제품 가격에 그대로 반영하지 않고, 제품의 양을 줄임으로써 비용을 절감하려는 전략에 의해, 제품의 가격은 그대로 유지되지만 제품의 양이나 크기가 줄어드는 현상을 의미한다. 슈링크플레이션이 발생하는 주요 원인은 원자재 가격 상승, 운송비 증가, 임금 상승, 환율 변동 등이 있다. 소비자들은 제품 구매 시 가격 대비 양을 확인하고, 기업들은 투명한 정보 제공과 비용 절감을 위한 다양한 노력을 통해 신뢰를 유지하는 것이 중요하다.

금융 19

토큰 증권

토큰 증권은 자산의 지분을 작게 나눈 뒤 블록체인 기술을 활용해 토큰 형태로 발행한 증권으로, 블록체인 기술로 자본시장법상 증권을 디지털화한 토큰 증권을 발행 · 유통하는 것은 STO(Security Token Offering) 사업이라고 한다. 토큰 증권은 증권과 비슷한 특징을 가지고 있어 가상자산과 차이가 있다. 토큰 증권은 주식 · 채권 · 부동산 등 거의 모든 자산을 증권화 할 수 있으면서 분산원장과 스마트 계약 기술 등을 활용하기 때문에 위변조 위험이 적다는 특징을 가진다.

금융 20

명령휴가제

명령휴가제는 금융사고 발생 가능성이 높은 업무를 수행하는 임직원에게 불시에 일정 기간 강제로 휴가를 명령하고 그동안 회사는 임직원의 금융거래 내역, 취급 서류, 업무용 전산기기 등을 조사해 비리나 부실 등의 문제가 있는지 업무의 적정성을 점검하는 내부통제 제도이다. 적용 대상은 출납, 트레이딩, 파생상품 거래 등을 담당하는 직원 등이 해당된다.

기존 금융권에서의 명령휴가는 법적 강제력이 없어 은행이 자율적으로 이를 운영해왔으나, 은행 관련 금융사고가 연속적으로 발생하자 금융당국이 명령휴가제의 대상을 확대하고 강제성을 부여하는 등 개선 방안을 마련해 2022년 11월 이를 제도화하여 발표했다. 적용 대상은 출납, 트레이딩, 파생상품 거래 등을 담당하는 직원, 고위험업무 담당직원 및 동일부서 5년 초과 장기근무자도 해당된다. 다만 명령휴가제 시행에서 그 적용 대상 및 실기 주기 등을 필요한 범위 내에서 해당 임직원의 권리를 최소한으로 침해하는 선에서 취업 규칙 등 내규에 명확히 규정하고, 검사 과정에서도 사적인 개인정보를 무한정 열람하지 않도록 하는 등의 검사 매뉴얼이 필요하다.

금융 21 금투세

금투세는 금융투자소득세의 줄임말로 주식, 채권, 펀드 등 금융자산을 매매하여 발생하는 양도차익이나 배당소득이 일정 금액을 초과할 경우 해당 소득에 대해 세금을 부과하는 제도이다. 여기서 금융투자소득이란 원금손실 가능성이 있는 주식, 채권, 펀드, 파생상품 등의 금융투자상품에 투자하여 실현된 소득을 말하며 이자소득과 배당소득은 제외된다.

금투세는 주식의 경우 매매에 인한 양도 차익이 연간 5,000만 원을 초과할 경우, 그 외의 펀드, 파생상품 등 기타 금융자산에서 발생하는 소득의 경우 연간 250만 원을 초과하는 금액에 대해 적용된다. 금투세의 기본 세율은 20%, 연간 3억 원을 초과하는 소득은 25% 세율이 적용된다.

2025년에 도입 예정이었던 금투세는 주식시장 위축 우려, 소액투자자 보호, 행정비용 및 복합성 증가, 글로벌 경제 불확실성, 다른 대체 세제 도입, 정치적 및 사회적 압력, 코로나19 팬데믹 영향 등 복합적 요인들로 2024년 12월 폐기가 결정되었다.

금융 22 그림자 조세

그림자 조세는 정식 조세가 아님에도 국민이나 기업이 강제적으로 부담해야 하는 준조세로 부담금, 사용료, 수수료, 과태료 등 세금처럼 보이지 않는 다양한 경로를 통해 징수된다. 대표적인 경우가 영화표, 담배 가격에 포함되는 조세이다. 구체적으로는 국제교류기여금, 석유 및 석유대체연료의 수입 · 판매부과금, 자동차사고 피해지원 사업 분담금 등이 이에 해당한다. 이러한 부담금들은 정부의 정책 변화에 따라 폐지되거나 감면될 수 있고, 또한 국민의 경제적 부담을 줄이고 투자 활력을 높이는데 기여한다. 전력산업기반 부담금(감면 예정), 영화상영관 입장권 부과금(2025년 폐지), 출국납부금(감면, 면제 대상 확대), 수산자원조성금(폐지 예정) 등이 감면 또는 폐지가 예정되어 있다.

금융 23 코스트 애버리지 효과

일정 금액으로 주가가 높을 때는 주식을 적게 사고, 주가가 낮을 때는 많은 주식을 매입하여 평균 매입 단가를 낮추어 수익률을 조절하는 효과를 말한다. 매일 변화하는 자산 가치에 적극 대응하여 투자자들이 부적절한 시기에 목돈을 한 번에 투자에 큰 손실을 보는 것을 방지하는 효과가 있다.

금융 24

청년도약계좌

청년도약계좌는 근로 · 사업소득이 있는 19 ~ 34세 청년의 재산 형성을 돕기 위한 정책이다. 가입자는 만기 5년 동안 매월 70만 원 한도 안에서 일정액을 저축하면 정부는 가입자의 소득에 따라 최대 6%까지 기여금을 지급하고 이자 소득에 대한 비과세 혜택을 제공하는 금융상품이다. 가입자들은 본인 판단 하에 주식형 · 채권형 · 예금형 등 3가지 투자 운용 형태 가운데 한 가지를 선택해 가입할 수 있다. 총 급여가 연 3,600만 원 이하인 청년희망적금과 달리 소득 요건별 가입 제한을 두지 않고, 개인소득 외에 가구소득 및 재산기준을 적용하며 소득 구간에 따라 정부의 지원 정도가 달라진다.

금융 25

투어플레이션(Tourflation)

투어플레이션은 가수들의 콘서트 투어(Tour)와 인플레이션(Inflation)의 합성어로, 스타들의 월드 투어가 전 세계 티켓 가격과 주변 호텔 숙박비, 음식비 등 다양한 부문의 가격을 끌어올리는 현상을 뜻한다.

2023년 스웨덴 스톡홀름에서 열린 비욘세의 월드 투어 경우 숙박비와 레스토랑 가격이 일제히 상승함에 따라 잠재적인 여행 및 숙박비용이 폭등하는 현상이 일어났다. 특히 스웨덴 호텔 객실의 약 3분의 1이 스톡홀름에 집중되어 있어 호텔 가격 급등이 전국적인 영향을 미치게 되면서 스웨덴 전체의 소비자물가가 0.2 ~ 0.3%p 증가하는 현상이 발생했다. 한국에서도 방탄소년단(BTS)이 2030 부산세계박람회 유치를 위해 부산에서 특설무대에 올랐을 당시 부산 지역 숙박시설 가격이 폭등하는 투어플레이션 현상이 일어났다.

금융 26

런치플레이션(Lunchflation)

런치플레이션은 점심을 뜻하는 런치(Lunch)와 인플레이션(Inflation)을 합친 말로 점심과 기름 값을 포함한 출 · 퇴근 비용 등의 물가 인상 수준이 꾸준히 높아져 근로자들의 부담이 커지고 있는 상황을 말한다. 코로나19 팬데믹, 자연재해, 국제 무역 분쟁 등으로 인한 공급망 문제로 식자재 가격 상승, 인건비 상승, 운영비용 상승 등이 외식 물가에 영향을 미치고 있다. 회사 인근 식당들이 원자재 가격을 이기지 못하고 점심 가격을 올리자 매끼 점심을 밖에서 해결해야하는 직장인들의 부담이 가중되고 있다. 이에 비교적 저렴한 편의점 도시락을 이용하는 이들이 증가하면서 편의점 도시락 판매량도 급증했다.

금융 27 애그플레이션

애그플레이션은 농업이라는 뜻의 Agriculture와 인플레이션(Inflation)의 합성어로, 농산물 가격의 급격한 상승이 일반 물가의 상승을 일으키는 현상을 말한다. 미국의 시사주간지 타임(2007. 6. 14. 인터넷판)은 옥수수로 대체연료인 에탄올을 생산하는 경우가 많이 늘어나면서 옥수수 값이 급격히 오를 것으로 예상함에 따라 옥수수를 원료로 사용하는 식품은 물론 옥수수가 쓰이는 각종 제품의 가격이 오를 가능성이 있다고 보고한 바 있다. 쓰임새가 무척 다양한 옥수수의 가격 상승은 과자나 빵 등 식품의 가격뿐만 아니라 설탕의 대체재로 사용되고 옥수수로 만드는 감미료의 가격 상승으로 연결되어, 이를 사용하는 각종 청량음료나 사탕 등의 가격에도 영향을 미치게 된다. 또한, 옥수수는 가축사료로 쓰임에 따라 가축을 기르는 비용의 상승으로 이어져 계란, 우유, 베이컨 등의 가격도 오르게 된다. 이외에 종이나 옷, 기저귀, 샴푸, 페인트, 크레용 등에도 옥수수가 들어가기 때문에 이들 제품의 가격도 오를 가능성이 있다.

애그플레이션의 원인으로는 지구 온난화와 이상 기후 등으로 인한 농작물 생산량 감소, 급격한 도시화로 인한 농경지 축소 및 농가 감소 등으로 인한 농작물 생산량 감소, 옥수수, 사탕수수 등을 이용한 바이오연료 개발 및 육류 소비 증가에 따른 곡물 수요 증가 등으로 인한 농산물 수요 폭등 등을 들 수 있다.

금융 28 트라이슈머(Trysumer)

트라이슈머는 시도한다는 뜻의 Try와 소비자라는 뜻의 Consumer로 구성된 합성어로 제품을 직접 체험한 뒤 구매 결정을 내리는 소비자를 의미한다. 이들은 직원들의 소개나 광고, 입소문 등으로 알 수 있는 상품의 정보나 효과를 신뢰하기보다 인터넷, SNS 등을 통해 제품에 대한 정보를 수집하고 직접 매장을 방문하거나 체험 이벤트에 참여하여 새로운 상품이나 서비스를 직접 경험해보고 구매를 결정하는 것이 특징이다. 기업들은 트라이슈머를 겨냥한 팝업 스토어나 체험 부스 등 다양한 상품 체험 공간을 마련하고 있다.

금융 29 지지선과 저항선

가격변화에서의 지지선이란 가격이 하락을 멈추고 다시 상승하는 지점에 해당하는 가격대, 저항선이란 반대로 가격이 상승을 멈추고 다시 하락하는 지점에 해당하는 가격대를 의미한다. 투자자들은 과거의 가격 데이터를 기준으로 가격의 지지선과 저항선에 해당하는 가격대를 산출하여 미래 가격의 등락이 어느 지점에서 멈출 것인지를 예측하고, 이를 기준으로 투자를 결정하게 된다. 만일 가격의 등락이 투자자들이 예측한 지지선과 저항선을 돌파할 경우, 투자자들이 이에 반응하는 매매주문이 몰리면서 기존의 지지선이 저항선이 되거나, 기존의 저항선이 지지선이 되는 등 시장의 큰 변화가 발생하게 된다.

금융 30 공황매도(패닉 셀링)

공황매도(패닉 셀링, Panic Selling)란 기업이나 사회의 부정적인 사건 등 투자자들이 예측하지 못한 변수가 발생하여 보유한 주식이나 채권의 가격이 급락할 것이라는 공포심이 조성되어, 단기간에 투자자들의 감정적인 매도주문이 몰리면서 가격이 급락하는 현상을 의미한다. 1987년 10월의 블랙 먼데이(Black Monday), 2000년 4월의 닷컴 버블(Dot-com Bubble) 붕괴, 2008년 9월 리먼브라더스 파산과 금융위기, 2020년 3월의 코로나19 사태, 2024년 8월 미국 경제 침체에 의한 대규모 매도세 등이 이에 해당한다.

공황매도가 발생하여 가격이 급락하면, 가격의 급락을 관측한 투자자들이 공포가 확산되면서 공황매도의 규모가 더욱 커지게 되어 시장 내 혼란이 가중된다. 주식시장이나 선물시장은 이러한 현상이 발생할 경우 일시적으로 매매거래를 중단하여 시장을 안정화시키는 서킷 브레이커(Circuit Breaker), 사이드카(Sidecar)를 이용하며, 공황매도로 인한 가격 하락이 일시적인 현상으로 분석되어 이를 매수의 기회로 인식하고 반대로 투자에 나서는 현상이 함께 작용하면서 가격 하락이 저지되기도 한다.

금융 31 리오프닝(Re-opening)

리오프닝은 재개하다는 의미로, 중단되었던 시장이 다시 활성화되면서 발생하는 경제현상으로, 코로나19 사태로 크게 위축되었던 경제활동은 이후 백신 접종률이 올라가고, 치료제가 개발됨에 따라 경제활동이 단계적으로 재개되면서 조명받았다.

리오프닝은 그동안 침체되었던 여행, 항공, 공연 등의 수요가 급증하거나, 경제활동의 위축의 원인이 된 사회현상으로 주목받았던 특수시장의 폭락 등을 동반하며 사회 변화에 따른 사업 및 경제구조의 개편이 이루어진다. 리오프닝은 이처럼 종류에 따라 증감은 있으나, 경제 전반의 관점에서는 수요가 증가하고 위축된 경제가 활성화되는 현상이므로 긍정적인 효과로 평가받는다. 다만 장기불황에 따른 고물가, 고금리, 고환율 현상으로 소비심리가 위축되어 리오프닝효과로 기대한 만큼의 수요 증가가 발생하지 않기도 한다.

금융 32 보복소비 / 보상소비 / 펜트업효과

보복소비(Revenge Spending)는 본래 경제를 공유하는 배우자에게 과소비로 보복하는 소비 행위를 의미하는 용어이나, 코로나19 사태로 인한 외출 중단, 소비 중단에 따른 보상심리로 제재강도가 약한 소비시장의 방향으로 발생하는 폭발적인 소비패턴을 설명하는 과정에서 스트레스나 개인적 문제로 인한 스트레스를 과소비로 해소하기 위한 비계획적인 소비패턴인 보상소비(Compensatory Consumption), 억눌렸던 수요가 급속도로 살아나는 현상인 펜트업효과(Pent-up Effect)와 같은 의미로 사용되고 있다.

금융 33 빅 스텝(Big Step)

빅 스텝은 중앙은행이 기준금리를 한 번에 0.5%p씩 조정하는 것을 의미한다. 일반적인 경제 상황에서 기준금리의 조정이 필요할 경우 0.25%p씩을 조정하는 베이비 스텝(Baby Step)으로 이루어지나, 빅 스텝은 인플레이션 등의 이유로 물가 조정을 위해 시장의 충격을 감수하고 기준금리를 변동폭을 베이비 스텝의 2배로 조정하는 것이다. 빅 스텝을 통한 기준금리의 상승은 소비자의 저축을 유도하고, 수요를 감소시켜 물가가 내려가는 효과를 의도한다.

2022년 세계적인 인플레이션에 대응하기 위해 미국 연방준비제도(FED)에서 연이은 빅 스텝을 결정하면서, 인플레이션에 더욱 적극적으로 대응하기 위해 기준금리를 0.5%p를 넘어 0.75%p씩 조정하는 자이언트 스텝(Giant Step), 1%p씩 조정하는 울트라 스텝(Ultra Step)이 함께 논의되었다.

금융 34 슬로플레이션(Slowflation)

일반적으로 경제성장은 물가 상승을 유발하고, 경제성장이 둔화되면 물가의 상승폭 역시 둔화되어야 하나, 경기 상승의 둔화가 물가 상승의 둔화로 이어지지 않고 물가 상승이 계속 유지되는 저성장 고물가 현상을 느리다는 뜻의 슬로(Slow)와 인플레이션(Inflation)의 합성어로 슬로플레이션이라고 한다. 이와 비슷한 경제현상으로 경기침체와 물가 상승이 복합적으로 발생하는 스태그플레이션(Stagflation)이 있으나, 스태그플레이션과 비교하여 경기침체의 정도가 낮은 상태를 슬로플레이션으로 구분하여 지칭한다.

2022년 코로나19 사태가 해소되면서 이루어지던 경기 상승이 러시아-우크라이나 전쟁에 따른 원자재 가격 상승이 겹쳐져 경제성장폭이 감소하고 물가가 증가하는 슬로플레이션이 발생하였다. 그 외에 원자재 가격이 급등했던 2005년, 2007 ~ 2008년, 2010 ~ 2011년에 각각 슬로플레이션이 발생하였다.

금융 35

밀크플레이션(Milkflation)

밀크플레이션은 우유(Milk)와 인플레이션(Inflation)의 합성어로, 인플레이션의 원인 중 원유 가격의 인상으로 관련 시장의 물가가 연쇄적으로 상승하는 현상을 의미한다. 원유 가격 상승으로 인한 인플레이션은 유제품, 가공유뿐만 아니라 우유를 원료로 사용하는 제빵, 아이스크림, 커피 등 관련 제품의 가격 상승으로 이어지게 된다.

2013년 원유 가격을 수요가 아닌 생산 비용에 연동시키는 원유가격연동제를 채택한 이후, 원유의 수요는 감소하는 한편 우유 생산에 필요한 사료 가격 상승으로 원유 가격이 함께 상승(2020년 기준 1리터당 1,083원으로 20년 사이 약 72% 상승)하면서 원유가격연동제가 원유의 수요 감소를 반영하지 못하고 밀크플레이션을 가속시키면서, 저장기간이 최장 6개월인 수입산 멸균우유의 매출 상승과 함께 국내산 원유의 경쟁력 하락으로 이어지고 있다는 지적이 계속되고 있다.

금융 36

왝플레이션(Whackflation)

왝플레이션은 세게 후려치다(Whack)와 인플레이션(Inflation)의 합성어로, 2021년 초 미국 화폐가치의 하락으로 발생한 인플레이션을 '새로운 유형의 인플레이션'으로 규정하면서 부른 용어이다. 씨티그룹의 시장 전략가 맷 킹은 블룸버그 팟캐스트에서 2021년 미국 화폐가치 하락으로 발생하는 큰 폭의 인플레이션은 초인플레이션(Hyperinflation)보다는 규모가 작고, 스태그플레이션(Stagflation)의 요소인 경기불황에 해당하지 않는 유형의 인플레이션으로, 호황과 불황 사이의 물가 파동, 경제시스템이 제대로 작동하지 않음(out of whack)의 의미로 해당 용어를 사용하였다.

왝플레이션은 현재의 복잡한 경제시스템이 안정화되는 과정에서의 불안정한 경제 상태에서의 현상으로 해석한다. 특히 2021년의 왝플레이션은 코로나19 사태 초기의 경직된 소비에 맞춰 원자재 주문과 생산량을 줄인 기업들이 경기회복과 함께 급증하는 수요에 균형을 맞추기 위한 과정에서의 가격 급등으로 본다.

금융 37

유상증자

주식회사가 외부에서 자본을 추가로 조달하기 위해 현금이나 현물을 받고 주식을 발행하는 것을 의미한다. 여기에서 새롭게 발행된 주식인 신주를 기존 주주들에게 발행하는 것은 주주배정방식, 일반투자자들에게 신주를 우선으로 공개하는 주주우선공모방식, 일반투자자가 아닌 대형 투자기관을 대상으로 주식을 발행하는 것을 제3자 배정방식이라고 한다. 한편 기업이 보유하고 있는 준비금을 자본금으로 전입하는 형태로 주식을 발행하는 자기자본의 조달을 무상증자라고 한다.

유상증자로 주식회사의 주식이 새로 발행될 경우, 기존 주주가 가진 지분율이 감소하여 주식의 가치가 떨어지게 된다. 유상증자는 일반적으로 주식회사의 사업 투자와 운전자금 확보를 위해 실시되나, 그 외에도 재무구조 개선, 적대적 M&A에 대응하기 위한 우호지분 확보 등을 목적으로 실시되기도 한다. 일반적으로 주식회사의 유상증자는 주가 하락으로 이어지게 된다. 다만 주식회사의 유상증자 목적인 투자사업의 성공 가능성이 높고 시장경쟁력을 가지고 있다면 유상증자가 발생함에도 주가가 상승하기도 한다.

금융 38 디파이(DeFi)

디파이는 탈중앙화 금융을 의미하는 Decentralized Finance의 약자로, 정부나 거래소와 은행 등의 중앙 금융 중개자를 거치지 않아 정부 등의 중앙기관의 통제를 받지 않는 예금, 결제, 보험, 투자 등의 금융서비스 시스템을 의미한다. 디파이는 블록체인(Blockchain) 기술을 기반으로 높은 보안성과 거래의 투명성을 제공하고, 은행 계좌나 신용카드 없이 금융서비스를 이용할 수 있다는 점에서 금융서비스의 진입 장벽을 낮추며, 중앙 금융 중개자를 거치는 과정에서 소모되는 비용을 절감할 수 있다는 장점을 가진다. 다만 금융시스템에 중앙 금융 중개자가 없다는 것은 금융거래 과정에서 발생하는 사고, 특히 코딩 오류나 해킹 등의 보안 사고에 대한 책임주체가 없다는 불안정성을 가진다는 단점이 있다.

디파이의 서비스 모델로는 자산의 토큰화(Tokenization), 비변동성 암호화폐, 탈중앙화거래소(DEX ; Decentralized Exchange) 등이 있다. 한국의 경우 디파이가 높은 수익률을 보장한다는 점에서 초기에는 많은 인기를 끌었으나 테라, 루나 사태로 인해 디파이에 대한 신뢰도 훼손과 가상자산의 가격 하락으로 시장이 위축되어 있다.

금융 39 인플레이션 갭

국가의 생산시설이나 노동력을 완전히 가동하고 있는 완전고용 상태를 가정했을 때의 GDP를 잠재GDP라고 하고, 잠재GDP와 실질GDP의 차이를 GDP갭이라고 한다. 그런데 실질GDP가 잠재GDP를 초과하는 경우, 즉 GDP갭이 양(+)이면 경기가 과열되어 초과수요로 인한 인플레이션이 발생하는데 이를 인플레이션 갭(Inflation Gap)이라고 한다. 반대로 실질GDP가 잠재GDP보다 낮은 경우, 즉 GDP갭이 음(−)이면 물가가 상승할 가능성은 낮으나 그만큼 경제가 침체되어 있는 상태인 디플레이션 갭이 나타난다.

한국은행은 GDP갭을 판단하는 기준이 되는 잠재GDP는 발표하지 않으며, 따라서 한국의 GDP갭을 판단할 때에는 민간에서 자체적인 모델을 통해 잠재GDP를 추정하는 방식으로 진행한다. 인플레이션 갭의 개념을 처음 제시한 케인스는 완전고용 상태에서 유효수요를 충족시키기 위해 자금이 투입되어 발생하는 인플레이션은 수요를 감소시켜 시장의 균형을 유지시킨다고 설명하였다. 이처럼 인플레이션 갭의 발생은 현재 시장의 불균형 상태를 의미하며, 인플레이션 갭이 클수록 경기순환의 과정에서 경제에 주는 타격이 커지기 때문에, 정부는 긴축정책을 통해 경기를 억제하여 인플레이션 갭을 줄이는 정책을 펼친다.

금융 40 인페션(Infession)

인페션은 인플레이션(Inflation)과 경기후퇴(Recession)의 합성어로, 인플레이션이 먼저 일어난 후 경기후퇴가 일어나는 경제현상을 의미한다. 인플레이션과 경기침체가 동시에 나타나는 스태그플래이션(Stagflation)과는 물가상승이 경기침체를 촉발한다는 선후 관계가 명확하게 드러나 있다는 점, 인페션은 경기의 침체를 넘은 경기후퇴 현상에 집중하여 설명한다는 점에서 차이가 있다.

1982년 벨기에에서 열린 '서유럽 우선순위'를 주제로 한 로버트 트리핀(Robert Triffin)의 기조연설에서 처음 제시된 이 용어는 2022년 영국의 투자은행 바클리스가 러시아발 가스 공급에 차질이 빚어지면서 발생한 유럽의 에너지 위기로 인한 물가 상승에 대해 인페션이 우려되는 상황이라고 지적하면서 다시 조명받았다.

금융 41 인플레이션 감축법(IRA)

인플레이션 감축법(IRA ; Inflation Reduction Act)은 전 세계적 인플레이션 상황에서의 미국 생활 안정화를 위해 조 바이든 대통령이 대선 공약으로 제시했던 국가재건법안(Build Back Better)을 수정하여 마련된 법이다. IRA의 주요 내용으로는 환경오염 감소, 친환경 에너지 발전 지원, 전기차 구매 세액 공제 등의 청정에너지 부문, 건강보험료 지원 연장, 노인 처방약 부담금 감소 등의 보건의료 부문, 대기업 법인세 증세와 자사주 매입 세금 부과 등의 세금 분야로 나누어진다.

이 중 전기차 보급에 관하여 IRA가 보장하는 전기차 보조금을 받기 위해서는 해당 전기차가 미국에서 조립되어야 하며, 미국에서 지정한 '해외우려국가'에서 추출 · 생산 · 재활용된 광물이 전기차 배터리에 일정 비율 이하로 사용되어야 하는 등 전기차 생산에 있어 미국에 대한 의존도를 크게 높이고, 전기차 공급망에 중국을 배제하는 의도를 담고 있다고 해석한다. 이로 인해 전기차 배터리의 주요 광물의 70% 이상을 중국에서 제련하고 국내에서 조립하여 수출하는 한국 자동차 업계에 타격이 예상되고 있다.

금융 42 D2C(Direct to Consumer)

D2C는 제조업체가 가격경쟁력을 위해 자사 온라인몰, SNS 등을 통해 유통단계를 없애고 소비자에게 직접 상품을 판매하는 방식으로, 2019년 나이키가 대형 온라인 상거래 플랫폼인 아마존에서의 판매를 모두 철수하고 자사 온라인 사이트와 오프라인 매장 판매로 전환하면서 주목받기 시작하였다. 기존의 판매방식은 판매업체, 총판대리점, 도매상, 소매상을 거치는 유통단계에서 발생하는 유통마진이 최종소비자에게는 가격 상승의 원인이 되었으나, D2C 모델에서는 제조업체가 직접 소비자에게 제품을 판매하여 상대적으로 저렴한 가격에 제품을 판매할 수 있도록 한다. 여기에 기업 입장에서는 판매 플랫폼에 의존하지 않고 고객 데이터를 직접 수집하여 이를 마케팅에 활용할 수 있다는 이점도 가진다.

다만 D2C 모델로의 전환을 위해서는 높은 브랜드 인지도와 소비자 충성도가 필요하며, 기존 유통업체가 담당하던 물류를 제조업체가 직접 관리하는 공급망의 변화를 동반한다는 점을 검토해야 한다. 한국에서는 특히 배달앱 시장에서 여러 프랜차이즈 기업들이 배달앱에 종속되는 것에서 벗어나 자사앱을 강화하는 방향으로의 변화를 예시로 들 수 있다.

금융 43 덤벨 경제(Dumbbell Economy)

덤벨 경제는 무게 조절이 가능한 아령인 '덤벨'에서 따온 용어로 운동과 건강에 관한 관심이 증가하면서 관련 사업이 성장하는 경제현상이다. 필라테스, 헬스 등의 피트니스 산업, 건강보조 식품, 운동용품과 가능성 의류 등의 사업이 주 52시간 근로제와 코로나19 확산으로 자택에 머무는 시간이 늘어나면서 집에서 운동하는 홈 트레이닝의 보편화와 함께 성장하였다고 분석된다. 덤벨 경제를 키우는 주역으로 지목받는 소비층은 개인의 삶에 대한 욕구가 강한 특징을 가지는 젊은 밀레니얼 세대, 건강에 대한 관심도와 구매력을 모두 갖춘 40 ~ 60대 중장년층으로 꼽힌다.

금융 44 빅 배스(Big Bath)

빅 배스는 목욕으로 더러운 때를 씻어낸다는 의미로 한 회계연도에 현재 기업이 가진 모든 부실자산, 미래에 발생할 수 있는 손실까지 모두 반영하여 이를 한 번에 제거하는 회계방법을 의미한다. 예를 들어 현재 보유 중인 재고의 판매 여부를 확신할 수 없을 때 재고의 장부가격을 낮게 측정하여 회계장부에 잠재적 손실을 최대한으로 반영하고, 다음 해에 재고가 정상적으로 판매된다면 해당 판매가격과 전년도에 낮게 측정한 장부가격의 차익을 실적 증가로 기록하는 방법이 여기에 해당한다. 은행에서는 잠재적 부실채권을 가지고 대손충당금을 많이 쌓아두고, 부실채권이 정상 상환되는 것을 모두 이윤으로 계산하는 방식을 사용된다. 빅 배스는 통상적으로 경영진 교체시기 혹은 마지막 분기에 많이 이루어지며, 특히 경영진 교체시기에서의 빅 배스는 이전 경영진 재임기간에 발생했던 손실의 책임을 명확히 하고, 향후 실적 개선을 부각하기 위한 목적으로 사용된다. 빅 배스와 반대되는 개념으로 손실을 감추고 매출을 부풀리는 분식회계가 있으며, 분식회계를 다시 정상적인 회계장부로 되돌리는 과정에서 빅 배스를 사용하기도 한다.

금융 45 킹 달러(King Dollar)

킹 달러는 미국의 통화인 달러가 초강세를 보이는 현상으로 강(强)달러라고도 한다. 2022년의 달러 강세는 코로나19로 인한 중국의 경제적 타격과 엔화 가치의 폭락, 러시아－우크라이나 전쟁, 물가안정을 위해 금리를 인상하는 미국 연방준비제도이사회의 빅 스텝(Big Step)으로 시장 내 화폐가 감소하면서 발생한 달러 가치의 상승을 원인으로 들고 있다. 달러 가치의 상승은 미국 이외의 통화가치는 하락함을 의미하며, 달러로 결제되는 각종 에너지와 원자재 등의 수입품의 가격이 상승하고, 이를 수입하는 다른 국가들이 인플레이션의 압력을 받게 된다. 이 때문에 다른 국가들 역시 미국을 따라 자국 환율의 가치를 높이기 위해 금리를 인상하는 '역환율 전쟁'이 일어나게 된다. 또한 달러화 부채를 많이 지고 있는 국가들, 특히 개발도상국들은 킹 달러로 인해 부채의 부담이 커지고, 이는 국가경제의 악화로 이어지게 된다.

금융 46 리세션(Recession)

리세션은 경기순환의 네 단계인 불황－회복－호황－후퇴에서 후퇴의 초기 국면에서 나타나는 경기침체로, 경제활동이 활기를 잃고 하강 과정으로 들어서는 전환단계를 의미한다. 전미경제연구소(NBER)는 실질GDP가 2분기 연속 감소하는 경우를 리세션으로 정의하고 있으며, 한국은 실질GDP 증가율이 2분기 연속 감소하는 경우를 경기침체로 분석한다.

리세션에서는 소비와 투자가 감소하고 실업률이 증가하는 등의 부정적인 경제 지표가 나타나기 시작하며, 여기서 경기 후퇴의 정도가 더 심화되면서 물가가 하락하고 경제활동이 침체되는 현상을 디플레이션(Deflation)이라고 한다. 리세션이 발생하면 정부는 불황 해소를 위해 통화의 유동성을 늘리는 통화정책, 정부가 추가 예산으로 재정 지출을 늘리고 세금을 감면하는 재정정책을 주로 사용한다.

금융 47 세금 공휴일(Tax Holiday)

세금 공휴일은 일정 기간 동안 소비자나 기업에게 세금 감면 혹은 면제 혜택을 주는 것으로, 미국 연방정부 및 주정부, 지방정부가 주로 재산세, 판매세, 소득세를 대상으로 실시한다. 미국 플로리다 주에서는 개학을 앞둔 7월 말～8월 초에 정기적으로 학용품이나 옷, 신발 등에 대한 주정부 판매세를 공제받는 백 투 스쿨 세금 공휴일(Back to School Sales Tax Holiday)을 실시하고 있으며, 개발도상국에서는 외국인 직접 투자를 유치하거나 특정 산업의 성장 촉진을 위해 법인세를 대상으로 하는 세금 공휴일을 실시하기도 한다. 2022년에는 러시아－우크라이나 전쟁으로 국제 유가가 급등하면서 조 바이든 미국 대통령이 휘발유 등의 유류에 대한 세금 공휴일을 검토하였으나 국회의 반대에 부딪혔다.

금융 48 에코스패즘(Eco-spasm)

에코스패즘은 경제(Economy)와 경련(Spasm)의 합성어로 발작적 경제위기라는 의미로 1975년 엘빈 토플러(Alvin Toffler)의『에코스패즘 리포트』를 통해 알려지기 시작했다. 에코스패즘은 고도의 공업국가 중심의 국가가 전쟁이나 혁명으로 인한 사회 혼란이 연쇄적으로 세계적인 경제위기를 일으킨다는 것으로, 이때의 경제위기는 인플레이션, 불황, 스태그플레이션 등이 복합적으로, 광범위하게 발생하는 대규모 경제위기를 의미한다. 이는 경기순환의 과정에서 발생하는 불황과는 달리 회복이 늦고 장기간 지속된다는 점에서 파급력이 크고 강하다는 특징을 가진다. 엘빈 토플러는 에코스패즘은 경제를 구성하는 모든 시스템이 서로 다른 속도로 변화하면서 상호간의 영향을 미치고, 이로 인한 시장의 무질서와 불확실성으로 심한 경우 화폐경제의 붕괴, 식민지를 경영하는 국가와 식민지 국가의 역할이 뒤바뀌는 일까지 이어질 수 있다고 보았다.

금융 49 골디락스(Goldilocks)

골디락스 경제(Goldilocks Economy)는 높은 경제성장을 이루고 있음에도 물가가 상승하지 않는 이상적인 경제 상태를 의미한다. 영국의 시인 로버트 사우디의 동화 〈골디락스와 곰 세 마리〉에서는 골디락스라는 소녀가 숲 속을 거닐다 곰 가족이 사는 집에 들어갔는데, 곰 가족이 죽을 끓여 두고 잠시 나간 사이 소녀가 너무 뜨겁지도 않고, 너무 차갑지도 않고 먹기 좋게 식어 있는 죽을 먹어버리는 내용을 담고 있다. 골디락스는 먹기 좋게 식어 있는 죽처럼 경기가 과열되지도 않고, 냉각되어 있지도 않은 적절한 상태로 성장하는 경제 상태를 의미한다. 2015년 중국이 저렴한 공산품을 전 세계에 대량으로 공급하면서 미국이 높은 성장세와 낮은 물가가 모두 유지되면서 이를 골디락스 현상으로 지칭하였다

한편 마케팅에서의 골디락스 가격(Goldilocks Pricing)은 소비자가 극단적인 선택보다는 평균값에 가까운 것을 선택하는 경향을 이용하여 아주 비싼 상품과 아주 싼 상품, 중간 가격의 상품을 함께 진열하여 중간 가격의 상품을 선택하도록 유도하는 전략을 의미한다.

금융 50 거미집이론(Cobweb Theorem)

거미집이론은 가격 변동에 즉각 반응하는 수요에 비해 공급은 가격 변동에 대한 반응에 일정한 시간이 필요하다는 점에서 생기는 가격결정이론으로, 가격결정에 시간개념을 도입한 동태이론의 하나이다. 가격변동에 따른 수요의 즉각적 변동과 그보다 늦게 반응하는 공급의 반응을 수요–공급곡선상의 그래프로 나타내면 가격의 변동이 수요와 공급의 교차선 위에서 나선을 그리는 형태로 움직이는데, 그 모양이 거미집과 같다고 하여 이를 거미집이론이라고 부른다. 거미집이론은 재화의 생산에 상대적으로 긴 시간이 소요되는 농산물이나 부동산 시장 등에서 주로 나타난다.

거미집 모형의 유형으로는 수요의 가격탄력성이 공급의 가격탄력성보다 더 높아 나선이 안쪽으로 그려지면서 가격이 새로운 균형으로 수렴해나가는 수렴형, 공급의 가격탄력성이 수요의 가격탄력성보다 더 높아 나선이 바깥쪽으로 그려지면서 가격이 균형으로부터 이탈하는 발산형, 수요의 가격탄력성과 공급의 가격탄력성이 동일하여 가격이 같은 곳을 순환하는 순환형으로 나누어진다.

금융 51 레몬 마켓(Lemon Market)

레몬 마켓(Lemon Market)은 레몬의 강한 신맛을 빗대어, 실속 없고 품질이 낮은 상품들이 공급되는 불량한 시장을 의미한다. 레몬 마켓은 주로 소비자가 판매자에 비해 상품의 품질에 대한 정보를 많이 가지지 못하는 정보의 비대칭성에 의해 주로 발생하며, 중고차 시장이 대표적인 예시이다. 우리나라에서는 떫은맛이 강해 먹기 힘든 개살구를 빗대어 '개살구 마켓'이라고 부르기도 한다.

금융 52 피치 마켓(Peach Market)

기술의 발달로 소비자가 제품에 대한 정보를 많이 확보하고 이를 공유하는 네트워크가 활성화되면서, 시장이 더 많은 소비자를 유치하기 위해 점점 소비자에게 유리한 저가격 고품질의 시장으로 변화하는 현상이 나타나는데, 피치 마켓(Peach Market)은 레몬 마켓과는 반대로 복숭아의 달콤한 속성을 빗대어, 가격 대비 고품질의 상품이나 서비스가 제공되는 시장을 의미한다.

금융 53 BSI(Business Survey Index)

기업경기실사지수(BSI)는 기업가들이 경기를 판단하거나 예측하고 계획하는 행위가 단기적인 경기변동에 지대한 영향을 미친다는 경험적 사실을 바탕으로 기업 활동의 실적과 계획, 경기 동향 등에 대한 기업가의 의견을 직접 조사하고 전반적인 경기 동향을 지수화한 지표로, 일본에서는 이를 경기선행지수의 구성지표로 사용하고 있다. BSI의 조사방법은 기업 활동의 수준과 변화방향을 조사하는 판단조사, 매출액 등의 실제 금액을 조사하는 계수조사의 두 가지 형태로 진행되며, 그 결과로 0 ~ 200 사이로 지수화한 수치가 100이 넘으면 긍정적으로 응답한 업체 수가 부정적으로 응답한 업체 수보다 많다는 뜻으로 해석한다. BSI는 비교적 쉽게 조사하고 작성할 수 있다는 장점이 있으나, 응답 내용을 해석하는 과정에서 조사자의 주관적인 판단이 개입될 여지가 있다는 단점을 가진다.

금융 54 밈 주식(Meme Stock)

밈(Meme)은 주로 인터넷에서 인기를 얻고 있는 특정 요소를 모방하거나 이를 다시 가공하는 형태로 유행처럼 퍼지는 콘텐츠로, 온라인 커뮤니티에서 유행하는 패러디나 유행어들이 여기에 해당한다. 인터넷 중심의 사회에서 밈은 소비자의 판단에 큰 영향을 준다. 밈 주식은 투자자들이 이렇게 전파된 인터넷 밈에 영향을 받아 투자가 몰리게 된 주식으로, 특히 투자의 기본원칙을 따르는 성격이 약한 개인투자자들이 밈의 영향을 크게 받는다.

2021년 월가의 헤지펀드에서 게임스탑(GameStop) 주식의 공매도를 예고한 정보가 미국의 온라인 커뮤니티 레딧(Reddit)에서 밈이 되면서 개인투자자들이 월가의 공매도 세력에 맞서기 위해 대규모로 주식을 매수한 게임스탑 쇼트 스퀴즈 사건(GameStop Short Squeeze)이 밈 주식의 예시에 해당한다.

금융 55 캐리 트레이드(Carry Trade)

캐리 트레이드는 저금리 국가에서부터 자금을 대출받아 고금리 국가의 자산에 투자하는 투자전략을 의미한다. 저금리에 자금을 조달하여 고금리에 투자하는 캐리 트레이드의 구조는 높은 수익을 기대할 수 있으나 자금 차입 후 차입국가의 통화가치가 상승하거나, 반대로 투자국의 통화가치가 하락할 경우 환차손이 발생할 위험이 있다.

캐리 트레이드는 1990년대 일본이 거품경제의 붕괴로 의한 경기침체를 해소하기 위한 금리를 0%대까지 떨어뜨리자 글로벌 투자자들이 일본에서 돈을 빌려 미국이나 호주와 뉴질랜드 등에 투자한 엔 캐리 트레이드(Yen Carry Trade)에서 유래하였다. 특히 이 시기엔 엔화를 들고 적극적으로 해외투자를 나서는 일본의 상류층 주부들을 일컫는 와타나베 부인(Mrs. Watanabe)이 많이 나타나기도 하였다. 이후 2008년 미국이 기준금리를 0%대로 낮춘 이후에는 달러를 차입하여 다른 고금리 국가에 투자하는 달러 캐리 트레이드가 나타나고, 2022년부터는 일본은행의 양적완화조치로 인한 엔화 가치의 하락으로 엔 캐리 트레이드의 부활이 시사되었다.

금융 56 서브프라임 모기지(Sub-prime Mortgage)

미국의 주택담보대출은 신용등급에 따라 크게 프라임(Prime), 알트-A(Alternative-A), 서브프라임(Sub-prime)으로 구분되는데, 서브프라임 모기지는 이 중 가장 낮은 단계인 서브프라임 등급에 있는 저소득층을 대상으로 하는 주택담보대출상품을 의미한다.

2000년대 초 미국의 부동산 가격의 급등으로 미국의 금융기관들이 경쟁적으로 주택담보대출을 확대하면서 대출금리가 높은 서브프라임 등급의 저소득층 고객들에 대한 대출비중이 크게 상승하였는데, 2000년대 중반 미국의 부동산 거품이 붕괴하고 집값이 하락하면서 미국 연방준비제도이사회에서 기준금리를 1%에서 5.25%로 인상함에 따라 이자부담이 커진 서브프라임 등급의 저소득층 고객들이 원리금을 갚지 못하게 되자 연체율이 급상승하면서 미국 금융기관들의 대규모 손실과 파산이 이어진 2007년 서브프라임 모기지 사태(Sub-prime Mortgage Crisis)는 2008년의 세계금융위기의 원인이 되었다.

금융 57 그림자 금융(Shadow Banking)

그림자 금융은 투자은행, 헤지펀드(Hedge Fund), 사모투자펀드, 구조화투자회사, 머니마켓펀드(MMF), 자산유동화증권(ABS), 파생결합증권 등과 같이 은행과 유사한 역할을 하나, 중앙은행의 엄격한 규제와 감독은 받지 않는 자금중개기관이나 상품을 의미한다. 그림자 금융은 고수익 · 고위험 채권을 사고팔면서 투자자들에게 은행이 제공하지 못하는 대체 투자수단을 제공하고 금융중개를 하는 등 새로운 유동성을 창출하는데, 보편화된 금융시장과 달리 투자대상의 구조가 복잡해 그림자처럼 손익이 투명하게 드러나지 않는다는 특징을 가진다. 또한 그림자 금융에 해당하는 금융회사의 투자는 건전성 규제의 사각에 있어 공적 지원이 되지 않아 투자 리스크가 높다.

금융 58 레그테크(Regtech)

레그테크는 규제(Regulation)와 기술(Technology)의 합성어로, 정보기술을 활용하여 금융규제를 자동화하고 효율화하는 첨단기술로, 핀테크(Fintech)를 기반으로 하는 금융환경의 변화와 혁신에 따라 복잡해지는 규제의 준수, 내부통제, 소비자보호의 중요성이 더욱 부각됨에 따라 인공지능과 블록체인, 빅데이터 분석, 머신러닝 등을 활용하여 규제에 대한 대응을 실시간으로 자동화하는 새로운 기술영역으로 주목받고 있다. 이상거래탐지시스템(FDS), 자금세탁방지(AML), 고객확인(KYC) 등의 레그테크들은 금융회사의 업무효율성을 개선하고 비용 절감, 전문성 확보, 기업 이미지 향상 등을 목적으로 한다. 레그테크의 하위개념으로는 금융감독기관이 기술을 통해 규제를 감독하는 섭테크(Subtech)와 금융기관이 규제를 준수하는 기술인 컴프테크(Comptech)가 있다.

금융 59 ESG(Environment, Social and Governance)

ESG는 기업의 비재무적인 요소인 환경(Environment), 사회(Social), 지배구조(Governance)의 영문 첫 글자를 조합한 단어로, 기업의 지속가능경영을 위한 비재무적 · 무형의 가치에 대한 평가항목 중 가장 중요한 세 가지 요소이다. ESG의 세부 요소로 환경에는 온실가스 배출량이나 폐기물 재활용 비율과 탄소중립(Carbon Neutrality, Net-zero), 수소경제(Hydrogen Economy), 사회에는 산업안전과 인적자원관리, 정규직 비율 등이 해당하며, 지배구조는 기업의 투명성 및 정보공개, 사외이사의 비율, 감사제도 등이 해당한다.

지속가능한 발전을 위한 기업의 사회적 책임이 중요해지면서 기업의 비재무적 지표가 기업의 가치평가에 더 중요하다는 인식이 늘어남에 따라 금융기관에서는 기업을 평가함에 있어 ESG 평가 정보를 활용하고 있으며, 우리나라는 2025년까지 자산규모 2조 원 이상의 코스피(KOSPI) 상장사에, 2030년까지 코스피 상장사 전체에 ESG 공시 의무화를 추진하고 있다.

금융 60 칵테일 위기(Cocktail of Risks)

칵테일 위기는 여러 술이 혼합된 칵테일(Cocktail)처럼 동시다발적으로 여러 악재가 뒤섞여 발생하는 부정적 상황을 이르는 용어로, 2016년 영국의 재무장관 조지 오스본의 기자회견에서 세계경제에 위험한 칵테일형 위기(Dangerous Cocktail Threat)가 다가오고 있다는 발언에서 비롯되었다. 칵테일 위기는 미국의 금리 인상과 중국, 브라질, 러시아 등의 경제 불안 등의 경제적 불안요소 뿐만 아니라 중동과 북한의 군사적 리스크 등의 외적인 위험요소들이 동시에 터질 수 있는 위험이 있음을 경고한다.

금융 61 어닝 쇼크(Earning Shock)

주식시장에 상장한 기업은 1년에 네 번, 분기별로 영업 실적을 발표하는 어닝 시즌(Earning Season)을 가지는데, 어닝 쇼크는 이 때 기업이 시장의 예상보다 저조한 실적을 발표하여 발생하는 주식시장의 변동을 의미한다. 이와 반대 개념으로 기업이 어닝 시즌에 시장의 예상보다 높은 실적을 발생하는 주식시장의 변동을 어닝 서프라이즈(Earning Surprise)라고 한다. 일반적으로 증권사 애널라이저(Analyzer)들의 투자의견을 모아 추정한 기업 실적 전망의 평균치인 컨센서스(Consensus)를 기준으로 실적이 10% 이상 낮은 실적을 발표하는 것을 어닝 쇼크, 10% 이상 높은 실적을 발표하는 것을 어닝 서프라이즈로 정의한다.

어닝 쇼크의 판단기준은 실적의 등락이 아닌, 기업이 발표한 실적과 시장의 기대와의 차이를 의미한다. 만일 기업의 실적이 호성적을 기록하더라도 시장의 기대보다 낮은 성장치를 기록하였다면 어닝 쇼크가 되기도 한다. 일반적으로 어닝 쇼크는 기업의 악재로 평가되어 주가 하락으로 이어지나, 경우에 따라 어닝 쇼크가 실적의 최저점이라는 기대심리가 작용하면서 매수세가 일어나기도 한다.

금융 62 카니발라이제이션(Cannibalization)

카니발라이제이션은 동족포식을 뜻하는 카니발리즘(Cannibalism)에서 유래한 용어로, 특정 기업의 신제품이 동일한 기업의 주력 상품의 판매량이나 수익, 시장점유율을 감소시키는 자기잠식 혹은 자기시장잠식을 의미한다. 자사의 수익성 낮은 신제품이 수익성 높은 기존 제품을 대체하는 카니발라이제이션은 기업 전체의 수익성을 낮추는데, 이때 경쟁사와의 경쟁을 위해 이를 감수해야 할지, 신제품을 철수할 지를 선택해야 할 경우가 생긴다.

카니발라이제이션의 예시로는 코카콜라가 제로 코크를 출시하면서 자사의 오리지널 코크의 매출 감소가 발생한 것을 들 수 있다. 이와 반대되는 사례로는, 1975년 코닥이 개발한 디지털 카메라가 당시 코닥이 장악하고 있던 필름 카메라 시장에 중대한 카니발라이제이션을 일으킬 것을 우려하여 디지털 카메라 개발을 중단한 선택이 다른 기업에게 디지털 카메라 시장 진출을 허용한 결과가 된 것을 들 수 있다.

금융 63 복합불황(Combined Depression)

복합불황은 기업과 금융회사가 동시에 부실화가 진행되어 실물경제와 금융경제가 동시에 침체되는 상황으로, 1980년대 일본의 거품경제가 무너지면서 1990년대의 장기불황인 '잃어버린 10년'을 복합불황으로 부르면서 퍼진 용어이다. 경기침체와 부도기업의 증가, 부동산 가격의 폭락, 금융기관의 부실채권 증가가 동시에 겹쳐지면 금융기관이 기업대출을 억제하고, 이 때문에 기업들이 운영자금을 조달하지 못하여 부동산을 매각하고, 부동산 매각으로 부동산 가격이 떨어지는 것이 다시 기업부도의 원인이 되는 악순환이 발생하여 경제 전체가 장기적인 불황국면을 맞게 된다.

금융 64 외평채(외국환평형기금채권)

외평채(외국환평형기금채권)는 투기적 외화의 유출입에 의한 환율의 급변에 대응하기 위해 정부가 조성하는 외국환평형기금 마련을 목적으로 발행하는 국채를 의미한다. 외평채는 원화와 외화표시 두 가지로 발행할 수 있는데, 우리나라는 원화표시로만 발행하다가 1998년 IMF 구제금융 지원 이후 외화조달을 목적으로 외화표시로 발행하게 되었다. 외평채 금리는 민간 부분 외화채권의 준거금리로 작용한다는 점에서 외평채 금리 하락이 기업과 금융거래의 외화 차입 비용의 감소로 이어지기도 한다. 외평채로 조성된 기금을 통해 정부는 외환시장에 직접 외화를 공급하여 환율을 조정한다.

금융 65 동학개미운동

'개미'는 주식시장 내 개인투자자를 의미한다. '동학개미'는 여기에 1860년 최제우가 천주교에 대항하여 세운 민족종교인 동학(東學)을 합하여, 국내 주식시장에 투자하는 국내의 개인투자자를 의미한다.

2020년 3월 코로나19 사태로 국내 주식시장 내 외국인투자자와 기관이 보유주식을 대규모로 매도하자 동학개미들이 이를 우량주를 싸게 매수할 기회로 보고 외국인과 기관이 매도한 주식을 대량으로 매수한 것을 1884년 동학교도들과 농민들에 의한 반외세 무장 봉기인 동학농민운동에 비유하여 동학개미운동으로 불렀다. 2020년 3월 외국인투자자들이 주식시장에 매도한 약 20조 원 상당 주식의 90%를 동학개미들이 매수하였고, 특히 삼성전자 주식은 3월 한 달 외국인투자자들과 동학개미들이 각각 약 4조 9천억 원의 매도·매수를 기록하였다. 그 결과 주식시장 내 개인투자자의 비중이 크게 늘어나면서 주식시장의 불확실성이 증가하였고, 개인투자자의 증가는 해외 주식시장에서 주식을 매수하는 개인투자자인 '서학(西學)개미'의 확대로도 이어졌다.

금융 66 이머징 마켓(Emerging Market)

'제3세계', '개발도상국' 등의 투자에 부정적 이미지를 주는 단어를 대체하기 위해 이머징 마켓이라는 용어를 처음으로 제시한 앙투안 반 아그마엘은 1인당 국민소득이 1만 달러 내외인 아시아 개발도상국의 주식시장을 지칭하였으나, 현재는 개발도상국 중에서도 상대적으로 경제성장률이 높고, 산업화가 빠르게 진행되며 성장하는 '신흥시장'으로 해석한다. 이머징 마켓에서는 높은 수익성을 목적으로 하는 대규모 금융자금이 유입되며, 이를 기준으로 저개발국가의 자본시장 발전 정도를 측정할 수 있다.

이머징 마켓으로 분류하는 기준으로는 각 평가기관에 따라 차이가 있으나 대체로 브라질, 인도, 폴란드, 칠레, 인도네시아, 러시아, 중국, 말레이시아, 남아프리카공화국, 콜롬비아, 멕시코, 체코, 모로코, 타이완, 이집트, 페루, 태국, 헝가리, 필리핀, 튀르키예, 한국 등을 포함한다. 한국은 선진국으로 분류되나 외국인투자자의 금융시장 접근이 불편한 점, 원화의 호환성 문제 등을 이유로 MSCI 등에서는 한국을 이머징 마켓으로 분류하기도 한다.

금융 67 기준금리

기준금리는 한국은행 금융통화위원회에서 결정하는 정책금리로, 한국은행과 금융기간 사이의 환매조건부채권매매(RP)와 대기성 여수신 등의 자금거래에 있어서 기준이 된다. 금융통화위원회는 물가의 움직임, 국내외의 경제 상황, 금융시장의 여건 등을 종합적으로 고려하여 연 8회 기준금리를 결정한다. 한국은행이 발표한 기준금리에 따라 시중 은행은 이에 맞춰 시중금리를 책정하므로, 기준금리의 변동은 곧 시중금리의 변동을 의미한다. 기준금리의 변동은 우선 초단기금리인 콜금리가 즉시 영향을 받고, 이어서 장단기 시장금리, 예금 및 대출금리 역시 이어서 영향을 받게 된다. 기준금리가 인상되면 국내 부동산 기타 분야의 투자가 감소하여 가격이 하락하며, 민간 소비가 감소하게 된다.

금융 68 콜금리(Call Rate)

콜금리는 일시적인 자금이 부족한 금융기관이 자금이 남는 다른 기관으로부터 과부족 자금을 30일 이내의 초단기로 거래하는 콜시장(Call Market)에서 형성되는 시장금리의 하나이다. 콜금리의 결정은 단기자금의 수요와 공급 즉 은행권의 자금 사정, 채권의 발행 및 상환, 기업체 등의 단기자금 수요, 기관의 단기자금 운용형태 등에 영향을 받으며, 금융시장 흐름에 예민하게 반응하여 결정되므로 회사채 유통수익률이나 기업어음 유통수익률 등과 함께 현재 시중의 자금 사정을 보여주는 지표로 사용된다.

콜금리는 본래 한국은행이 정책금리로 이를 직접 통제하였으나, 콜금리의 시장신호 반영 기능이 약화되고 단기자금거래가 콜시장에 과도하게 집중되어 단기금융시장의 발달을 저해하는 문제로 2008년부터 한국은행이 정책금리를 현행 기준금리로 변경함에 따라 콜금리는 현재까지 시장원리에 의해 조정되고 있다.

금융 69 빅스(VIX)지수

빅스(VIX ; Volatility Index)지수는 S&P500 지수의 변동성을 나타낸 지수로, 이를 통해 주식시장의 변동성을 예측하는 변동성지수라고 한다. 또한 주식의 변동성은 주식시장의 불확실성과 주식 투자자들의 불안 심리를 반영한다고 하여 공포지수(Fear Index)라고도 하며 이 투자자의 심리를 판단하는 지표로 이용하고 있다.

빅스지수는 일반적으로 20 ~ 30 사이를 안정된 상태로 보며, 이보다 높아지면 주식시장의 불확실성이 커져 투자심리가 불안도가 높아진다고 해석한다. 빅스지수가 40 ~ 50을 기록하면 시장이 과매도 상태로 보며, 금융위기로 시장이 대혼란에 빠질 경우 빅스지수가 80 ~ 90 사이를 기록하기도 한다. 2008년 금융위기 당시 빅스지수는 최대 89.53을, 2020년 3월 코로나19 사태 발발로 인한 주가 급락 당시의 빅스 지수는 최대 85.47까지를 기록하였다. 반대로 빅스지수가 20보다 낮아지면 주식시장의 변동성이 낮아 투자자들이 주식을 매수하려 나가 있는 상태를 의미한다.

금융 70 BTS 경제학과 팬덤 경제(Fandom Economy)

팬덤(Fandom)은 광신자(Fanatic)의 'Fan'과 영지, 나라의 의미를 가진 접미사 '-dom'의 합성어로, 특정 인물이나 분야를 열정적으로 좋아하는 사람 혹은 그 현상을 의미한다. 팬덤 경제는 팬덤을 형성하는 주체를 기준으로 충성도 높은 고객이 형성하는 경제구조를 의미한다. 엔터테인먼트 업계에서 팬덤 경제를 상징하는 남성 아이돌 그룹 방탄소년단(BTS)의 팬덤인 아미(ARMY)는 특정 유명인이나 문화 상품을 구매하고 소비하는 일차적인 시장구조를 넘어, 팬덤이 직접 광고활동이나 관련 주식에 투자하고, 새로운 제품을 기획하고 유통하는 기업활동에 참여하고, 직접 상품(Goods)을 만들고 수익을 창출하는 적극적인 경제활동으로 독자적인 경제시스템을 구축하고 있다. 팬덤 경제를 구성하는 감정자본(Emotional Capital)은 시간과 경험을 통해 축적된 충성도가 일관되고 긍정적인 경험을 통해 유지되어 소비자가 미디어 콘텐츠에 대한 감정적인 투자를 이끌어 내어 브랜드의 가치를 높인다.

금융 71 긱 이코노미(Gig Economy)

긱 이코노미는 정규직보다 프리랜서나 1인 자영업자(Gig)와 계약을 하는 경향이 주류가 되는 경제구조를 의미한다. 기존의 노동시장은 기업과 직원이 채용계약을 맺고 직원이 소비자에게 제품과 서비스를 공급하는 형태를 가지지만, 긱 이코노미에서는 기업이 필요한 때, 필요에 따라 프리랜서와 중개 플랫폼을 통해 초단기계약을 맺는 형태로 작동한다. 긱 이코노미의 확산은 노동자가 본인이 원하는 시간에 본인이 원하는 만큼 일할 수 있고 경력단절자, 주부, 은퇴자가 노동시장에 재진입하는 장벽을 크게 낮추었다는 긍정적인 평가가 있는 반면, 긱 이코노미가 근로환경에서 최저임금과 건강보험 등의 제도로부터 보호받는 정규직의 비중을 감축시켜 노동자가 사회제도의 보장을 받기 어렵게 하고 일자리의 증대와 별도로 임금상승률을 정체시킨다는 부정적인 평가가 존재한다.

금융 72 아토믹 스와프(Atomic Swap)

암호화폐 거래소를 거치지 않고 서로 다른 암호화폐를 교환하는 아토믹 스와프는 아토믹 크로스-체인 스와프(Atomic Cross-chain Swap)의 줄임말로 코인 스와프(Coin Swap), 에어 스와프(AirSwap)라고도 한다. 아토믹 스와프는 서로 다른 블록체인을 기반으로 하는 코인 간의 실시간 호환을 구현하여, 실생활에서 암호화폐를 통한 물품 구매 등의 거래계약을 가능하게 한다.

서로 다른 블록체인을 기반으로 하는 코인 간의 교환은 통상 암호화폐 거래소를 이용하는데, 아토믹 스와프는 수수료가 발생하는 암호화폐 거래소를 거치지 않아 거래비용과 암호화폐 거래소 해킹의 위험을 최소화할 수 있다는 장점을 가진다. 이를 가능하게 하는 라이트닝 네트워크(Lighting Network)는 블록체인 사이에서 거래가 발생할 시 두 블록체인 모두가 신뢰하는 블록체인 밖 제3의 거래 장부에 거래를 기록한다. 다만 아토믹 스와프는 거래당사자들 간의 익명 거래로 진행되므로 거래자에 대한 신뢰도가 낮다는 거래위험성이 존재하는데, 이를 보완하기 위한 해시드 타임락 콘트랙트(Hashed Time Lock Contract)는 거래 당사자 간의 코인을 보내고, 일정 시간 내에 둘 중 한 명이라도 거래 승인을 하지 않는다면 거래계약이 취소되고 거래 대상이었던 코인은 원래의 소유자에게 돌아가는 기술이다.

금융 73 마이데이터(Mydata)

마이데이터는 금융기관이나 통신사 등에 수집되어 있는 자신의 개인정보를 통합하여 관리하고, 필요시 자신의 개인정보를 다른 기업, 기관 등으로 이동시킬 수 있도록 한국신용정보원에서 제공하는 서비스로, 2022년 1월부터 운영되고 있다. 마이데이터는 개인이 이동을 원한다면 자신의 정보를 다른 서비스에 이동시킬 수 있는 권리인 개인정보 전송요구권(신용정보법 제33조의2)을 근거로 금융회사나 공공기관에 흩어져 있는 개인의 신용정보를 통합조회할 수 있도록 하고 있다. 마이데이터 서비스를 통해 전달되는 정보에는 은행 입출금 및 대출 내역, 신용카드 사용 내역, 통신료 납부 내역 등 소비자의 모든 금융정보를 포함하며, 소비자의 동의가 있다면 통합된 개인정보를 근거로 소비자 맞춤 금융상품이나 서비스를 추천받을 수 있다. 정부는 마이데이터를 금융 이외에도 의료, 교통, 정보통신, 문화 등 여러 분야에도 확대하여 적용할 수 있도록 할 계획이다.

금융 74 윈도드레싱(Window Dressing)

윈도드레싱은 가게에서 제품을 멋지게 전시하여 고객의 구매를 유도하는 것으로, 금융업에서는 펀드매니저가 결산기, 특히 연봉 협상을 앞둔 연말에 본인의 포트폴리오를 조정하기 위해 본인의 실적에 유리한 주식은 추가 매수하고, 반대로 본인의 실적에 불리한 주식은 매도하여 인위적으로 수익률을 끌어올리려는 현상으로, 이로 인해 오르는 주식은 더 오르고, 떨어지는 주식은 더 떨어지는 종목별 차별화가 심해진다. 법원은 펀드매니저들이 윈도드레싱을 위해 종가 시간대에 주식을 대량으로 매수·매도하는 것을 시세조종(주가조작)으로 보고 이를 처벌하고 있으며, 미국에서도 윈도드레싱을 포트폴리오 펌핑(Portfolio Pumping)이라고 하여 처벌하고 있다. 한편 회계에서의 윈도드레싱은 회사의 자산 및 수지 상황을 양호하게 표시하기 위해 결산 실적을 조작하는 분식회계를 의미한다.

금융 75 총부채원리금상환비율(DSR)

총부채원리금상환비율(DSR ; Debt Service Ratio)은 금융위원회가 대출상환능력을 평가하기 위해 마련한 대출심사지표로 제시한 대출자의 소득 대비 대출원리금 상환액의 비율로, (주택대출원리금 상환액+기타 대출원리금 상환액)÷연간 소득으로 계산한다. DSR을 산출하기 위한 요소인 대출원리금은 마이너스 통장, 신용대출, 전세자금대출, 자동차 할부의 원금과 이자를 모두 포함하는 것으로, 주택담보대출 원금 상환액만을 포함하는 총부채상환비율(DTI ; Debt to Income)보다 더 엄격한 판단기준으로 사용된다. 또한 DSR 계산식의 분모에는 연간 소득을 두어 소득이 높을수록 대출상환능력이 높음을 가정한다.

정부는 DSR 비율을 기준으로 대출을 받을 수 있는 한도를 설정하고, 이를 조정하는 방식으로 대출 규제 정책을 시행한다. 정부가 허용하는 DSR 비율을 높여 대출 규제를 완화하고, 반대로 DSR 비율을 낮추어 대출 규제를 강화할 수 있다. 우리나라 정부는 2022년 DSR 3단계 규제를 통해 대출금액이 1억 원을 초과할 경우 개인별 DSR 40% 이하로 대출한도를 제한하였다.

금융 76 뉴디맨드 전략(New Demand Strategy)

뉴디맨드 전략은 생존을 위해 소비자가 소비를 자제하는 경제 불황기에도 소비자가 예측할 수 없는 획기적인 제품을 출시하면 소비자는 이에 대한 지출을 아끼지 않는다는 것에 착안하여, 소비 불황보다 더 큰 제품 혁신으로 수요를 창출하는 전략을 의미한다. 『트렌드 코리아

2023』에서는 뉴디맨드 전략으로 신규수요 만들기와 교체수요 만들기를 제시하였다. 신규수요 만들기는 이전에는 없는 혁신적인 제품 개발, 새로운 카테고리를 만드는 상품 개발, 세밀하게 나뉜 나만의 상품 개발을 의미하며, 교체수요 만들기는 업그레이드, 기존 제품에 새로운 콘셉트를 덧입히기, 지불방식의 교체 등을 의미한다.

금융 77 프로젝트 파이낸싱(PF : Project Financing)

프로젝트 파이낸싱(PF)은 회사 단위가 아닌 프로젝트 단위로 사업자금을 모집하고, 사업 종료 후 프로젝트의 수익을 지분율에 따라 투자자들에게 나누어 주는 금융기법을 의미한다. 토지나 건물 등을 담보로 하는 기업금융과 달리 프로젝트 파이낸싱은 프로젝트 자체의 미래 수익성, 미래 현금 창출능력을 담보로 사업 자금을 모집하는 것으로, 주로 대규모 자본이 필요한 석유, 조선, 발전소, 고속도로 건설 등의 사업에서 사용된다.

프로젝트 파이낸싱은 장기간에 걸친 대규모의 자금 대출이 진행되기 때문에 금융기관이 개발 초기단계부터 직접 참여하여 프로젝트의 수익성과 사업수행능력 등의 여러 분야를 심사한다. 또한 위험부담이 큰 투자이므로 여러 금융기관이 공동으로 참여하는 협조융자의 형태를 가지며, 프로젝트를 추진하는 기업 역시 위험 분산을 위해 특정 프로젝트를 전담하는 특수목적법인(SPC)을 설립하여 진행한다.

금융 78 캐즘이론(Chasm Theory)

캐즘(Chasm)은 지질 변동 등의 원인으로 지층 사이에 큰 틈이 생겨 단절된 형태를 의미하는 지질학 용어로, 캐즘이론은 주로 첨단기술을 도입한 제품에서 출시 초기 혁신성을 추구하는 소수의 소비자 중심의 수요단계에서 다수의 일반적인 사용자가 중심이 되는 수요단계로 이동하는 과정에서 수요가 단절되어 매출이 급감하는 구간이 생기는 것을 의미한다. 캐즘이론은 주류시장에 있는 소비자들의 구매가 시작되기 위해 제품은 이들에게 실용적인 면을 증명하고 수요의 캐즘을 넘어서야만 대중적인 제품이 될 수 있으며, 그렇지 못하면 소수 얼리어답터(Early Adopter)의 전유물이 된다고 설명한다. 캐즘이론을 제시한 미국의 기업 컨설턴트 무어(Moore)는 벤처기업이 성장하는 과정에서 대다수가 캐즘을 넘지 못해 성공하지 못하고 중도에 쓰러진다고 설명하였다.

금융 79 욜디락스(Yoldilocks)

욜디락스는 욜드(Yold)와 골디락스(Goldilock)를 합한 용어이다. 욜드는 Young와 Old를 합친 말로, 직장에서 은퇴했지만 건강을 유지하여 활동적인 노년층을 의미하는 단어로, 1946 ~ 1964년 사이의 베이비부머 세대를 의미하고, 골디락스는 경기가 과열되지도, 냉각되지도 않는 상태로 성장하는 이상적인 경제 상태를 의미한다. 즉 욜디락스는 직장에서 은퇴한지 얼마 되지 않아 건강하고 활동적이면서 동시에 안정적인 경제력까지 갖추고 있는 노년층이 사회 · 경제활동을 주도하는 전망을 담고 있는 용어이다. 2020년도에 들어 베이비부머 세대의 은퇴가 본격적으로 시작되면서 욜드 세대의 비중이 높아지고, 이들을 위한 사업들 역시 수요가 증가하고 있는 추세이다.

금융 80 인구절벽(Demographic Cliff)

미국의 경제학자 해리 덴트가 제시한 개념인 인구절벽은 저출산과 고령화로 전체 인구 중 생산가능인구인 15세부터 64세까지의 비율, 특히 소비시장에서 가장 활발하게 활동하는 40대 중후반의 인구가 급감하는 현상을 의미한다. 연령별 인구 분포를 그래프로 그렸을 때 특정 지점에서 마치 절벽이 깎인 것처럼 인구가 급격히 감소하는 구간이 그려질 것이며, 이는 사회 내 노동력 부족과 소비 감소의 원인이 되어 저성장, 나아가 장기불황과 사회구조의 붕괴로 이어지게 된다고 설명한다. 통계청에 따르면 2022년 기준 향후 10년 간 한국의 인구 연평균 6만 명 내외로 감소하여 2030년 한국의 총인구는 5,120만 명, 2070년에는 3,766만 명에 이를 것으로 예측하고 있다.

금융 81 공매도(Short Sale)

공매도는 투자자가 주식을 보유하지 않은 상태에서 주가 하락을 예상하고 금융기관으로부터 주식을 빌려 먼저 매도한 후, 주가가 하락하면 시장에서 주식을 매입하여 갚은 후 차익을 얻는 투자를 말한다. 주가가 하락할 경우에는 이익을 얻지만, 예상과 달리 주가가 상승할 경우에는 큰 손실을 볼 수 있다. 소유하지 않은 상장증권을 매도하는 무차입공매도(Naked Short)와 차입한 상장증권으로 결제하고자 매도하는 차입공매도(Covered Short)로 구분된다.

금융 82 리보금리(LIBOR)

리보금리는 국제금융시장인 런던에서 우량은행끼리 단기자금을 거래할 때 적용하는 금리로, 런던은행간금리(London Inter-Bank Offered Rate)의 머리글자를 따서 리보(LIBOR)라 부른다. 리보금리는 국제금융시장의 기준금리로 금융기관이 외화자금을 들여올 때 기준이 되는 금리로 활용되었다. 금리는 외화차입기관의 신용도에 따라 달라지는데 특히 런던 금융시장은 유로달러가 국제금융에 커다란 역할을 하고 있어 세계 각국의 금리 결정에 주요 기준이었으나, 2012년 리보금리 조작 스캔들 이후 신용을 잃어 2022년부터 산출이 중단되었다.

금융 83 지급준비율

지급준비율은 각 금융회사가 고객으로부터 받은 예금 중에서 중앙은행에 의무적으로 예치해야 하는 자금의 비율을 말한다. 고객에게 지급할 돈을 준비해 은행의 지급불능사태를 방지한다는 고객 보호 차원에서 도입되었으나 통화량을 조절하는 금융정책수단으로 활용되고 있다. 중앙은행이 지급준비율을 인상[인하]하면 은행은 중앙은행 예치금을 늘리게 되고 통화량은 감소[증가]하고 금리가 상승[하락]한다. 이런 성격 때문에 지급준비율정책은 공개시장정책, 재할인율 정책과 더불어 주요한 금융정책수단으로 간주된다.

금융 84 금융통화위원회(Monetary Policy Board)

금융통화위원회(Monetary Policy Board)는 통화신용정책의 수립 및 한국은행의 운영에 관한 최고 의사결정기구로서 7명의 위원으로 구성된다. 한국은행 총재와 부총재는 금융통화위원회의 당연직 위원이 되고 총재는 의장을 겸임한다. 총재는 국무회의 심의와 국회 인사청문을 거쳐 대통령이 임명하고 부총재는 총재의 추천으로 대통령이 임명한다. 원칙적으로 매월 둘째, 넷째 목요일에 정기회의를 개최하고 필요한 경우 수시로 임시회의를 개최한다. 통화정책방향(기준금리 포함) 의결을 위한 정기회의는 종전의 매년 12회(매월)에서 2017년부터 매년 8회(1, 2, 4, 5, 7, 8, 10, 11월)로 변경되었다.

금융 85 연방준비제도이사회(FRB ; Federal Reserve Board)

연방준비제도이사회는 미국 연방준비제도(FRS ; Federal Reserve System)의 의사결정기구로 12개 연방준비은행 관리총괄기관의 역할을 하며 본부는 워싱턴에 있다. FRB는 1918년 제정된 연방준비법에 의해 발족되었다. 이사회는 의장 이하 7인의 이사진으로 구성되며 대통령이 임명하고 상원의 승인절차를 거친다. 이사회의 주요 임무는 신용상태의 규제와 연방준비은행에 대한 감독으로 연 8회 연방공개시장위원회(FOMC ; Federal Open Market Committee)를 개최한다. FRB는 재할인율(중앙은행과 시중은행간 여신 금리) 등 금리 결정, 재무부 채권 매입과 발행(공개시장활동), 지급준비율 결정 등의 권한을 가진다.

금융 86 베이지북(Beige Book)

미국 연방준비제도이사회(FRB)가 연간 8차례 발표하는 미국 경제동향보고서로, 연준 산하 12개 지역 연방준비은행이 기업인, 경제학자 등 전문가들의 의견과 각 지역 경제를 조사 · 분석한 결과를 집대성한 것이다. 연방공개시장위원회(FOMC) 회의에 앞서 발간되며 금리정책 논의 시 가장 많이 참고되는 자료이다. 책 표지가 베이지색인 것에 유래하여 베이지북이라 불린다.

금융 87 증권거래세

증권거래세란 주권이나 합명회사 · 합자회사 및 유한회사 사원의 지분이 계약상 또는 법률상의 원인에 의해서 유상으로 그 소유권이 이전되는 경우에 해당 주권 등의 양도가액에 대하여 과세되는 조세로 간접세에 해당한다. 주권이라 함은 상법 또는 특별한 법률에 의하여 설립된 법인의 주권이나 외국법인이 발행한 주권 또는 주식예탁증서로서 유가증권시장 등에 상장 또는 등록된 것을 말한다.

금융 88 베이시스(Basis)

베이시스는 '선물가격－현물가격'을 의미한다. 선물거래란 미래 일정 시점에 일정 가격으로 실물을 인도하는 계약을 말한다. 이 경우 선물가격은 현물가격에다 현물을 미래의 일정 시점까지 보유하는 데 들어가는 비용을 포함하여 결정되어야 하므로 선물과 현물과는 가격 차이가 발생하게 되는 데 이러한 차이를 베이시스라 한다. 정상적인 시장에서는 현물가격이 선물가격보다 낮게 형성되므로 베이시스는 양(+)의 값을 갖게 된다. 선물시장에서 베이시스가 중요한 이유는 일반적으로 선물계약은 만기일에 다가갈수록 현물가격에 접근하게 되지만 선물시장과 현물시장 간 수급관계에 따라서 다르게 나타날 수 있기 때문이다.

금융 89 콘탱고(Contango)와 백워데이션(Backwardation)

선물가격이 현물가격보다 높거나 결제월이 멀수록 선물가격이 높아지는 현상을 콘탱고라 한다. 선물시장에서 결제월이 먼 선물가격은 결제월이 가까운 선물가격보다 높다. 이런 상태의 시장에서는 통상 수요가 공급을 초과하는데 이런 점에서 콘탱고 상태를 흔히 정상시장(正常市場)이라고 부른다. 그러나 일시적으로 공급물량이 부족해지거나 계절적인 수요가 있어 수요와 공급이 불균형 상태일 때는 콘탱고와 반대적 상황, 즉 현물가격이 선물가격보다 높아지고 공급이 수요를 초과하는 상태가 되는데 이를 백워데이션, 역조시장(逆調市場)이라고 한다.

금융 90 듀레이션(Duration)

듀레이션(Duration)이란 채권에서 발생하는 현금흐름의 가중평균만기로 투자자금의 평균회수기간을 의미한다. 듀레이션은 채권의 현금흐름 발생기간(t)에 각 시점 현금흐름의 현재가치가 채권가격에서 차지하는 비중을 가중치로 곱하여 산출한다. 채권의 발행만기는 최종 현금흐름 시점을 나타내는 데 비해 듀레이션은 만기 이전에 발생하는 모든 현금흐름을 감안한 평균회수기간이기 때문에 만기 이전에 현금흐름이 발생하는 이표채권의 듀레이션은 항상 채권의 발행만기보다 짧다. 할인채의 경우 현금흐름이 만기시점에 한번만 존재하므로 듀레이션과 만기가 같다.

듀레이션은 채권의 만기, 표면금리, 만기수익률 등에 따라 결정된다. 먼저 듀레이션은 일종의 만기 개념이므로 만기에 비례하여 길어진다. 또한 채권의 표면금리가 높을수록 초기에 많은 금액이 회수되므로 듀레이션은 짧아진다. 마지막으로 현금흐름의 현재가치를 산정하는 할인율로 쓰이는 만기수익률이 높을수록 만기에 가까운 현금흐름의 가중치가 상대적으로 작아져 듀레이션은 짧아진다. 한편 듀레이션은 채권가격의 이자율탄력성을 나타낸다. 즉 듀레이션(D), 채권가격(p), 만기수익률(r) 사이에는 $\frac{dp}{p} = -\left\{\frac{dr}{(1+r)}\right\} \times D$의 관계가 성립한다. 따라서 듀레이션은 채권투자에 따른 이자율위험(시장이자율 변동에 따른 채권가격의 변동률)을 나타내는 척도이자 중요한 리스크 관리수단으로 활용되고 있다.

금융 91 일시매매정지(서킷 브레이커)

주식시장이나 선물시장에서 주식이나 선물가격의 변동이 지나치게 심할 경우 시장참여자들이 냉정한 투자판단 시간을 가질 수 있도록 일시적으로 매매거래를 중단하는 것을 말한다. 영어로는 트레이딩 커브(Trading Curb) 또는 서킷 브레이커(Circuit Breaker)라고 한다. 서킷 브레이커는 1987년 10월 블랙 먼데이 이후 뉴욕증권거래소에서 처음 도입했으며, 1989년 10월 뉴욕증시 폭락을 소규모로 막아낸 뒤 효과를 인정받아 세계 각국에서 도입·시행 중이다. 우리나라에는 1998년 12월 도입되었으며, 증권선물거래소 주식시장의 경우 종합주가지수(KOSPI)가 전일 대비 10% 이상 하락하여 1분간 지속되는 경우 발동되며, 주가지수 선물시장의 경우에는 선물가격이 5% 이상 상승 또는 하락하고 현물지수와의 괴리율이 상하 3% 이상인 상태가 1분 이상 지속되는 경우 발동된다.

금융 92 사이드카

선물가격이 전일 종가 대비 5% 이상 변동(등락)한 시세가 1분간 지속될 경우 주식시장의 프로그램 매매 호가의 효력이 5분간 정지되는데 이를 사이드카라고 한다. 이는 선물시장의 급등락에 따라 현물시장의 가격이 급변하는 것을 방지함으로써 시장을 안정화하기 위한 장치이다. 사이드카는 프로그램 매매만을 하루 한 차례에 한해 일시적으로 중지시키며 발동 5분 후 자동으로 해제된다. 또한 주식시장 매매거래 종료 40분 전 이후에는 발동하지 않는 특징이 있다. 사이드카는 증권시장의 공습경보로 여겨지는 서킷 브레이커(Circuit Breaker)의 전 단계로 투자자에게 합리적인 판단을 할 수 있는 시간적 여유를 주기 위한 경계경보라 할 수 있다.

금융 93 배당락(Ex-dividend)

배당락은 결산기일이 지나서 배당을 받을 권리가 없어진 주가의 상태를 말한다. 사업연도가 끝난 다음날 이후 주식을 산 사람은 전년도의 결산에 따른 배당을 받을 권리가 없어지므로 증권거래소는 결제일을 감안해 사업연도 종료일 전날부터 해당 주권에 대해 배당락을 취해 주가가 합리적으로 형성되도록 한다. 주식 배당의 경우 주식배당률에 1을 더한 값으로 결산기 종가를 나눠 배당락을 산정한다.

금융 94 배당기준일

기업에서 배당지급의 의사결정이 있을 경우 이러한 배당지급을 받기 위해 주주가 자신의 주권을 공식적으로 보유하고 있어야 하는 마지막 날을 배당기준일이라고 한다. 배당기준일 이후에 주식이 거래될 때 주가가 배당으로 인해 일정 수준 떨어지는데 이를 배당락이라고 한다.

금융 95 블루칩(Blue Chip)

블루칩은 오랜 시간 동안 안정적인 이익을 창출하고 배당을 지급해온 수익성과 재무구조가 건전한 기업의 주식으로 대형 우량주를 의미한다. 주가 수준에 따라 고가우량주, 중견우량주, 품귀우량주 등으로 표현한다. 이 말은 카지노에서 포커게임에 돈 대신 쓰이는 흰색, 빨간색, 파란색 세 종류의 칩 가운데 가장 가치가 높은 것이 파란색인 것에서 유래되었다. 이밖에 미국에서 황소품평회를 할 때 우량등급으로 판정된 소에게 파란 천을 둘러주는 관습에서 비롯됐다는 설이 있다. 블루칩은 외국인투자자나 국내 기관투자자들이 특히 선호하는 종목으로 대부분 주가도 높다. 한편 상대적으로 우량주이면서 성장성이 높아 투자에 매력적인 소형주는 '글래머 주식'이라고 한다.

금융 96 옐로우칩(Yellow Chip)

옐로우칩은 주식시장에서 대형 우량주인 블루칩 반열에는 들지 못하지만 양호한 실적에 기초한 주가상승의 기회가 있는 종목이다. 블루칩이 기업규모가 크고 실적이 우수하며 성장성도 밝은 기업의 초대형 우량주라면 옐로우칩은 대기업의 중가권 주식, 경기변동에 민감한 업종 대표주 등 블루칩보다 조금 못한 중저가 우량주를 말한다.

금융 97 하이일드펀드(High Yield Fund)

하이일드펀드는 수익률은 매우 높은 반면 신용도가 취약해 정크본드(Junk Bond)라고 불리는 고수익 · 고위험 채권에 투자하는 펀드로서 그레이펀드 또는 투기채 펀드로도 불린다. 만기까지 중도환매가 불가능한 폐쇄형이고 증권거래소에 상장된다는 점 등 겉으로는 뮤추얼펀드와 비슷하다. 발행자의 채무불이행 위험이 정상채권에 비해 높은 채권에 투자하기 때문에 투자종목의 선택에 따라서 수익변동률이 크다.

금융 98 헤지펀드(Hedge Fund)

헤지펀드의 어원은 '위험을 상쇄하는 베팅이나 투자 등을 통해 손실을 피하거나 줄이려고 노력하는 것'으로 주식을 빌려 높은 차익을 고수하는 방법이다. 하지만 현재는 다양한 투자전략을 구사하며 소수의 투자자들을 비공개로 모집하여 주로 위험성이 높은 파생금융상품을 만들어 절대수익을 남기는 펀드를 말한다. 헤지펀드는 일반적인 펀드와 달리 높은 차입 비율(레버리지), 감독기관의 미약한 감시, 소수의 투자자 등의 특성을 가지고 있다.

금융 99 행동주의 펀드

행동주의 펀드는 목표로 삼은 기업의 주식을 사들인 뒤 주주의 위치에서 경영에 적극적으로 개입하여 주식가치를 끌어올려 단기차익을 추구하는 헤지펀드를 말한다. 기업의 주가를 띄우고 나서 주식을 팔아 차익을 내기 위해 기업에게 경영진 교체와 이사추천권 요구, 자사주 매입 등을 주문하고 회사를 팔거나 인수하라고 압박하기도 한다. 행동주의 펀드는 주주가치를 높인다는 찬성론이 있지만, 단기 차익을 위해 기업의 장기 경쟁력을 저해한다는 반대 목소리도 많다. 이 때문에 '기업 사냥꾼'으로 불리기도 한다.

금융 100 벌처펀드(Vulture Fund)

벌처펀드는 부실한 자산을 싼 값으로 사서 경제여건이 좋아지면 비싼 값에 되팔아 차익을 내는 기금이나 회사를 말한다. 벌처란 독수리를 뜻하는데 썩은 고기를 먹는 독수리의 습성처럼 파산한 기업이나 경영난에 빠져 있는 부실기업을 저가에 인수한 뒤 되팔아 단기간에 높은 수익을 올리는 자금을 말한다. 회생이 힘든 업체의 구조조정지연 문제를 해결하기 위해서 도입되었으며 기업구조조정 전문회사(CRC ; Corporate Restructuring Corporate)라고도 한다.

금융 101 키코(KIKO)

녹인(KI ; Knock-In)옵션과 녹아웃(KO ; Knock-Out)옵션을 결합하여 만든 구조화파생상품으로 키코라는 이름은 우리나라에서 명명한 것이고 학문적 용어는 아니다. 우리나라에서는 환율을 기초로 만들어져서 2005년부터 중소기업을 상대로 많이 팔렸고 2008년 글로벌 금융위기 시 많은 중소기업들을 파산에 이르게 한 KIKO 사태를 야기하기도 하였다. 환율이 일정 범위 안에서 변동할 경우 미리 약정한 환율에 약정금액을 팔 수 있지만 그 범위를 벗어나면 환율변동위험에 크게 노출되는 구조를 가지도록 만들어졌다.

금융 102 레버리지 / 디레버리지(차입축소)

레버리지(Leverage)는 '지렛대'라는 뜻으로 금융에서는 자본금을 지렛대로 삼아 더 많은 외부 자금을 차입하는 것을 말한다. 레버리지 비율이 높을수록 자기자본대비 부채비율이 높다는 뜻이다. 디레버리지는 레버리지와 반대로 부채비율을 줄여나가는 것을 말한다.

금융 103 조건부 자본증권(코코본드)

조건부 자본증권, 코코본드(CoCo Bond, Contingent Convertible Bond)는 발행 당시 정한 특정 요건(Trigger Event) 발생 시 주식으로 전환되는 증권을 말하며 발행형태는 채권이지만 특정 상황에서는 주식으로 바뀌게 되는 채권과 주식의 속성을 동시에 지닌 증권이다. 즉시 손실을 흡수할 수 있는 자본과는 달리 사전에 조건부 자본 발행요건에 명시된 위기 상황이 발생하게 되면 주식으로 강제 전환되거나 상각된다는 조건이 붙은 회사채를 말한다.

금융 104 BIS자기자본비율

BIS자기자본비율은 국제결제은행(BIS ; Bank for International Settlement) 산하 바젤은행감독위원회에서 정하는 자기자본비율로, 은행부문 자기자본÷위험가중자산×100으로 계산한다. BIS비율은 은행의 청산능력, 즉 은행이 가진 잠재적 위험가중자산을 자기자본으로 흡수할 수 있는 능력을 평가하여 은행의 건전성과 안전성을 확인함을 통해 은행의 건전성 약화와 금융시장의 신용경색 방지를 위해 도입되었다. BIS비율은 개별 은행의 안전성뿐만 아니라 국가의 금융시장 안정성을 평가하는 데에도 이용되는데, 원칙적으로 바젤위원회 회원국이 BIS비율 평가대상이 되나, 비회원국의 경우에도 BIS비율이 8% 미만이면 국제금융시장에서 외화를 차입하기 어렵다고 평가받는다. 우리나라는 1993년 BIS비율제도를 도입하고 1995년부터 모든 은행이 BIS비율 8% 이상을 유지할 것을 의무화하였다. 우리나라의 BIS비율은 2000년 이후 국제자본시장의 우량은행 평가 기준인 10% 이상을 유지하고 있으며, 2021년 기준 16.5%를 기록하고 있다.

금융 105 빅맥(Big Mac)지수

빅맥지수는 각국 통화의 구매력 정도 또는 환율 수준을 측정하기 위해 일물일가의 법칙을 햄버거 가격에 적용한 것으로, 영국에서 발행되는 주간 경제전문지 이코노미스트지(The Economist)에서 1986년 이래 매년 전 세계적으로 판매되고 있는 맥도날드의 빅맥 가격을 비교 · 분석해서 발표하고 있다. 맥도날도의 빅맥은 전 세계 120개국에서 동일한 재화로 판매되고 있으므로, 이 빅맥지수를 이용하여 일물일가의 법칙 또는 절대적 구매력평가를 간단하게 검증할 수 있는 기회를 소비자들에게 제공한다는 취지이다.

금융 106 딤섬본드(Dim Sum Bond)

딤섬본드는 외국계기업이 홍콩 채권시장에서 발행하는 위안화 표시채권으로 2010년 2월 중국 정부가 홍콩 금융시장 확대를 위해 외국계기업의 위안화 표시채권 발행을 허용함으로써 도입됐다. 외국인투자자들은 중국정부의 엄격한 자본통제 때문에 본토에서 발행되는 위안화 표시채권을 살 수 없는 반면 딤섬본드는 아무런 제한 없이 투자가 가능하다. 한편 외국계기업이 중국 본토에서 발행하는 위안화 표시채권은 판다본드(Panda Bond)라고 한다.

금융 107 캥거루본드(Kangaroo Bond)

외국 정부나 외국 기업이 호주 국내시장에서 호주 투자자들을 대상으로 판매하는 채권으로, 호주 현지법에 따라 발행되는 이 상품의 정식 명칭은 호주달러 표시채권이다. 한편 외화채권은 일반적으로 나라별 특성에 따른 별명이 붙는다. 영국은 불독본드(Bulldog Bond), 미국은 양키본드(Yankee Bond), 일본은 사무라이본드(Samurai Bond), 중국은 판다본드, 홍콩은 딤섬본드 등으로 불린다. 우리나라에서 발행되는 대표적인 외화채권으로는 아리랑본드와 김치본드가 있다.

금융 108 신용스프레드

신용스프레드는 국고채와 회사채 간 금리 차이를 뜻한다. 신용스프레드가 커졌다는 것은 기업들이 자금을 빌리기가 어려워졌다는 것을 의미한다. 자금조달이 힘들다는 뜻이기도 하기 때문에 신용스프레드는 국가의 신용상태를 나타내는 지표로 사용된다는 점에서 국가신용스프레드라고 부르기도 한다.

금융 109 배드뱅크(Bad Bank)

배드뱅크는 금융기관의 운영상 과실로 발생한 부실자산이나 부실채권을 사들여 이를 정리하기 위해 한시적으로 운영되는 구조조정전문회사로, 부실채권에 의한 경제 혼란을 최소화하기 위해 은행 단독으로 또는 정부기관과 공동으로 자회사의 형식으로 설치한다. 금융기관이 담보를 받고 대출을 해 준 기업이 부도를 내면 배드뱅크는 금융기관으로부터 담보물을 받고 이를 직접 매각하거나, 이를 다시 담보로 하는 자산유동화증권(ABS)을 발행하는 방식으로 대출금을 회수하는 방식으로 부실채권을 처리한다. 부실채권을 배드뱅크로 넘긴 금융기관은 우량자산과 채권을 보유한 굿 뱅크(Good Bank)로 전환된다. 2022년 코로나19 사태로 피해를 입은 자영업자 및 소상공인을 대상으로 정부가 설립한 채무조정 프로그램인 새출발기금이 정부가 추진하는 배드뱅크에 해당한다.

금융 110 엔젤투자(Angel Investment)

엔젤투자는 1920년대 미국의 브로드웨이에서 일반 후원자들이 무산위기에 처한 오페라 공연에 자금을 지원하면서 공연이 성공리에 마치게 되자 이들을 천사(Angel)로 부른 것에서 유래되어 현재는 창업하는 벤처기업에 자금을 투자하고 주식을 받는 형태의 개인투자를 말한다. 엔젤투자는 개인이 직접 하는 직접투자나 49명 이하의 개인이 모여 출자하는 간접투자 방식으로 창업기업들이 본격적으로 기관투자를 유치하기 전의 투자단계이다.

금융 111 유니콘기업 / 데카콘기업

유니콘은 원래 머리에 뿔이 하나 달린 신화 속의 동물을 일컫는데 경제 분야에서는 기업가치가 10억 달러 이상인 비상장 신생기업(Start Up)을 말한다. 2013년 미국의 벤처 캐피탈사인 카우보이 벤처스(Cowboy Ventures)의 설립자이자 대표인 에일린 리(Aileen Lee)가 유니콘클럽으로 분류하는 글을 정보기술(IT) 전문 매체 테크크런치에 기고한 데서 비롯했다. 창업회사가 성장하여 유니콘기업을 넘어 데카콘기업이 되면 크게 성공한 것으로 인정된다. 데카콘기업은 경제 분야에서는 기업가치가 100억 달러 이상인 신생벤처기업을 말한다. 기업가치 1 Billion(10억 달러) 이상인 기업을 부르는 말인 유니콘(Unicorn)이란 단어의 유니(uni)가 1을 뜻하는 데서 착안하여 10을 뜻하는 접두사인 데카(deca)와 유니콘의 콘(corn)을 결합하여 만든 용어다. 미국의 경제통신사 블룸버그가 처음 사용한 것으로 알려지고 있다.

금융 112 이자보상배율(Interest Coverage Ratio)

이자보상배율은 기업의 채무상환능력을 나타내는 지표로 기업이 수입에서 얼마를 이자비용으로 쓰고 있는지를 나타내기 위해 영업이익을 금융비용(이자비용)으로 나눈 수치이다. 이를 통해 기업이 부채에 대한 이자를 지급할 수 있는 능력을 판단한다. 이자보상배율이 1이라는 것은 영업활동으로 번 돈으로 이자를 지불하고 나면 남는 돈이 없다는 의미이다. 1보다 크다는 것은 영업활동을 통해서 번 돈이 금융비용을 지불하고 남는다는 의미이다. 이자보상배율이 1 미만이면 영업활동에서 창출한 이익으로 금융비용조차 지불할 수 없기 때문에 잠재적 부실기업으로 볼 수 있다.

금융 113 자본잠식(Impaired Capital)

자본잠식은 회사의 누적 적자폭이 커져서 결손금이 잉여금을 모두 소모하고, 회사를 설립하기 위해 투자한 금액인 납입자본금까지 잠식되기 시작한 상태를 말한다. 결손금이 납입자본금의 50% 이상을 잠식하기 시작하면(자본잠식률 50% 이상) 해당 회사는 관리종목 지정사유가 되며, 결손금이 납입자본금을 전액 잠식하여 자본총계가 마이너스가 되는 전액잠식은 즉시 거래소 퇴출사유가 되므로 자본잠식상태에 있는 기업은 매우 위험한 상태에 있다고 볼 수 있다. 납입자본금이 마이너스를 나타내는 경우를 가리킬 때에는 자본전액잠식이라 표현한다.

금융 114 당기순이익

당기순이익은 기업이 일정 기간 동안 경영활동으로 얻은 최종 이익으로 수익에서 지출을 공제한 순이익을 말한다. 기업이 재화나 서비스를 판매해 얻은 매출액에서 재화나 서비스를 만드는 데 들어간 비용과 관리비를 뺀 것을 영업이익이라고 한다. 이 영업이익에 영업외수익을 더하고 영업외비용을 빼면 경상이익이 된다. 영업외수익의 대표적인 예는 이자소득과 임대소득 등이고 금융비용과 환차손 등은 영업외비용의 대표적인 예이다. 당기순이익은 경상이익에서 특별손실(영업활동 이외에 천재지변 등으로 인한 손실)과 법인세 등을 뺀 것이다.

금융 115 스톡옵션(Stock Option)

스톡옵션은 회사가 임직원들에게 일정 기간이 지난 후에 일정 수량의 자사 주식을 사전에 정한 가격으로 매입할 수 있도록 부여한 자사 주식 매입권을 말한다. 스톡옵션을 부여받은 회사의 임직원은 자사 주식을 사전에 정한 행사가격으로 구입해 주가변동에 따른 차익을 획득할 수 있다. 미국의 경우 스톡옵션이 일반화되어 있어 전문경영인들의 경우 스톡옵션을 통해 본봉보다 더 많은 소득을 올리는 경우가 많다. 우리나라에서는 1997년 4월부터 개정된 「증권거래법」에 따라 시행하고 있다.

금융 116 IFRS(International Financial Reporting Standards, 국제회계기준)

IFRS는 영국 등 유럽 국가들이 사용 중인 회계기준법으로, 기업의 회계처리와 재무제표에 대한 국제적 통일성을 높이기 위해 '국제회계기준위원회'가 공표하는 회계기준이다. IFRS는 IASB(International Accounting Standards Board, 국제회계기준위원회)가 제정한 국제 회계기준서(Standards) 및 국제회계기준서해석서(Interpretations)를 통칭한다. 2001년 '국제적으로 통일된 고품질의 회계기준 제정'이라는 목표 아래 감독기구와는 독립적으로 운영되는 국제적인 회계제정기구인 IASB가 탄생했다.

금융 117 WACC(Weighted Average Cost of Capital)

WACC(가중평균자본비용)은 기업의 총자본에 대한 평균조달비용을 말한다. 즉 기업이 현재 보유 중인 자산을 활용하여 자사의 주식가치를 유지하기 위해 벌어들여야 하는 수익률을 의미한다. 또한 현재의 경영활동과 비슷한 수준의 위험을 가진 투자 대안에 기업이 투자시 요구되는 요구수익률이기도 하다. 산출방식은 자기자본비용$\times\left(\frac{\text{자기자본}}{\text{총자본}}\right)+$타인자본조달비용$\times\left(\frac{\text{타인자본}}{\text{총자본}}\right)\times(1-\text{법인세})$로 구할 수 있다.

금융 118 회계적 이윤(Accounting Profit)

회계적 이윤은 기업의 총수입에서 회계비용을 뺀 나머지를 의미한다. 회계비용은 실제로 지출한 명시적 비용(Explicit Cost)만으로 계산하고 암묵적 비용(Implicit Cost)은 포함하지 않는다는 점에서 명시적 비용과 암묵적 비용을 전부 고려하는 기회비용(Opportunity Cost)과 다르다.

금융 119 매몰비용(Sunk Cost)

매몰비용은 무엇을 선택하는가에 상관없이 지급할 수밖에 없는 비용이다. 즉 의사결정을 하고 실행을 한 이후에 발생하는 비용 중 회수할 수 없는 비용을 말하며 함몰비용이라고도 한다. 일단 지출하고 나면 회수할 수 없는 기업의 광고비용이나 R&D비용 등이 이에 속한다. 이미 지급된 매몰비용에 대해서는 더 이상 아무것도 할 수 없고 이로 인해 현재 시점에서 아무것도 포기할 필요가 없기 때문에 매몰비용과 관련된 기회비용은 영(0)이다.

금융 120 토빈의 Q

토빈의 Q는 기업 설비투자가 얼마나 이윤을 창출하는지에 관한 개념이다. 기대이윤을 설비자금 조달비용으로 나눈 값이며 이 비율이 1보다 작으면 자산을 효율적으로 운용하지 못한 것이 되고(저평가) 1보다 크면 자산을 효율적으로 운용한 것으로 투자매력이 생긴다고 본다.

금융 121 M&A(Mergers & Acquisitions)

기업경영의 효율성 제고와 시너지효과 창출 등을 위해 외부경영자원을 활용하는 것으로 우리나라에서는 '인수합병'으로 불리고 있다. M&A의 방법으로는 일반적으로 주식인수, 기업합병, 기업분할, 영업양수도 등이 거론된다. 주식인수는 매수대상 회사의 주식을 인수하여 지배권을 획득하는 방법이다. 기업합병은 2개 이상의 회사가 계약에 의해 청산절차를 거치지 않고 하나의 경제적, 법적 실체로 합쳐지는 것을 의미한다.

금융 122 종가세(Ad Valorem Tax)

종가세란 출고가격 또는 수입물건 등 과세물건의 가격을 기준으로 일정 비율의 세율을 측정하는 관세를 말한다. 종가세는 금액으로 표시가 되며 세율은 백분위로 표시가 된다. 종가세는 인플레이션 상태에서 세수가 증대될 수 있고 공평과세를 실행할 수 있다는 장점이 있다. 반면에 디플레이션 상태에서는 세수가 감소된다는 단점도 가지고 있다.

금융 123

기업결합

기업결합은 개별 기업의 경제적 독립성이 소멸됨으로써 사업활동에 관한 의사결정권이 통합되는 기업간의 자본 · 인적 · 조직적 결합으로 정의한다. 기업결합은 거래관계의 형태에 의한 분류와 결합수단에 의한 분류로 구분된다. 거래관계의 형태에 의한 분류는 수평결합과 수직결합이 있다. 수평결합은 동종 또는 유사제품을 생산하는 경쟁기업간의 결합이다. 예를 들어 자동차 회사끼리 결합하거나 동일 지역의 백화점끼리 결합하는 것을 말한다. 수직결합은 생산자와 도 · 소매업자와 같이 동종산업에 속하나 거래단계를 달리하는 사업자간의 결합이다. 예를 들어 TV 생산회사가 디스플레이 패널을 생산하는 회사와 결합하는 것이다.

금융 124

롱테일법칙과 파레토법칙

롱테일법칙은 80%의 다수가 20%의 핵심 소수보다 뛰어난 가치를 창출한다는 이론이다. 많이 판매되는 상품들 순으로 그래프를 그리면 적게 팔리는 상품들은 선의 높이는 낮지만 긴 꼬리(Long Tail)처럼 길게 이어진다. 이 긴 꼬리에 해당하는 상품들을 합치면 많이 팔리는 상품들을 압도한다는 뜻에서 지어졌다. 인터넷 기반 서점 아마존닷컴이 책목록 진열이 무한한 인터넷 상에서는 잘 팔리는 책 20%보다 1～2권씩 적게 팔리는 책 80%의 매출이 훨씬 높다는 것에서 착안하여 만든 법칙이다. 전체 결과의 80%가 전체 원인의 20%에서 일어나는 현상을 가리키는 파레토법칙과는 반대되는 개념이다.

금융 125

지주회사(Holding Company)

지주회사는 지배회사 또는 모회사라고도 하며 산하에 있는 종속회사, 즉 자회사의 주식을 전부 또는 일부 지배가 가능한 한도까지 매수함으로써 기업합병에 의하지 않고 지배하는 회사를 말한다. 타기업의 주식을 보유함으로써 기업을 지배 · 관리하는 것을 순수지주회사와 다른 사업을 하면서 타기업의 주식을 보유하며 지배관리하는 혼합지주회사(사업지주회사)가 있다.

금융 126 누진세(Progressive Tax) / 역진세(Regressive Tax)

조세의 부과징수에 따른 구별로서 과세표준에 비례하여 과세하는 것을 비례세율이라 하고, 과세표준의 증가에 대하여 비례 이상으로 누진적으로 증가하는 세율을 누진세율이라 한다. 대개 소득세는 누진세 제도를 채택하고 있으며 이러한 누진세 제도는 고소득자에게 많은 세금을 부과함으로써 부의 재분배효과를 수반한다.

역진세란 과세표준과 세액과의 관계에서 과세표준의 증가와 함께 세율이 낮아지는 세금을 말한다. 역진세율(逆進稅率)이란 소득액 또는 재산액이 적어짐에 따라 이에 대한 조세의 비율이 점차 증가하는 세율을 말한다. 역진세는 소득이 많은 고소득자보다 소득이 적은 저소득자가 오히려 많은 세금부담을 지게 되므로 조세의 공평성 측면에서 볼 때 바람직하지 못하다. 현재 역진세율이 적용되는 세목은 없으나 간접세, 특히 부가가치세는 소득에 상관없이 일정하게 부담하므로 담세자의 입장에서 역진적 성격을 띠고 있는 조세라 할 수 있다.

금융 127 구조조정(Restructuring) / 리엔지니어링(Reengineering)

구조조정은 기업의 기존 사업구조나 조직구조를 보다 효과적으로 그 기능 또는 효율을 높이고자 실시하는 구조개혁작업을 말한다. 기업에서의 개혁작업은 사업구조조정 또는 기업구조조정이라고 하며, 이 같은 사업조정을 추진하는 기법을 비즈니스 리스트럭처링(Business Restructuring)이라고 한다. 사업구조조정의 목적은 부실기업이나 비능률적인 조직을 능률적인 사업구조로 개편하는 것으로, 기업 중장기 경영전략의 핵심이기도 하다.

BPR(Business Process Reengineering)이라고도 불리는 리엔지니어링은 리스트럭처링의 하위개념에 속한다. 한편 한 나라의 산업은 경제발전단계, 임금수준 등 여건변화에 따라 경쟁력이 떨어지는 업종이 나타나는데, 리엔지니어링은 이 같은 비교열위 업종이 점차 도태되면서 고부가가치 산업을 중심으로 산업구조가 고도화되는 과정을 말하기도 한다.

금융 128 워크아웃(Workout)

워크아웃은 기업과 금융기관의 협의로 진행되는 재무구조 개선과정 및 결과를 포괄적으로 이르는 말이다. 부실기업을 정상기업으로 회생시키는 것이 목적으로 도산을 방지하기 위해 계약불이행이 발생하였을 때 채무자와 채권자 간에 해결방안을 모색하게 된다. 워크아웃은 기업 독자적으로 이행하기 어려운 기업 내부의 구조조정작업을 채권 금융기관이 주도하여 진행하며 그룹 내의 퇴출기업 선정, 자산매각, 주력사업 정비 등 광범위한 조치를 한다.

금융 129 카르텔(Cartel)

카르텔이란 동종 혹은 유사산업에서 경쟁하는 기업들이 시장을 지배할 목적으로 공동으로 상품 또는 서비스의 가격, 거래조건, 생산량 등을 결정하거나 제한함으로써 경쟁을 제한하기 위해 결성한 기업연합체로, 공정거래법상 부당한 공동행위에 해당한다. 카르텔에 속한 기업들은 협약을 맺고 가격책정, 생산량 할당 등에 대해 개별 기업 간의 행동을 조정할 기구를 만들고 이를 통해 가격과 생산량을 결정한다. 대표적인 국제규모의 카르텔로는 중동 산유국이 주축이 된 석유수출국기구(OPEC ; Organization of Petroleum Exporting Countries)를 들 수 있다.

금융 130 콘체른(Konzern)

콘체른은 하나의 지배적 기업과 하나 혹은 2개 이상의 피지배기업으로 이루어진 기업집단이다. 콘체른의 종류에는 계약적 콘체른, 사실적 콘체른 및 수평적 콘체른이 있다.

금융 131 트러스트(Trust)

트러스트는 시장지배를 목적으로 동일한 생산단계에 속한 기업들이 하나의 자본에 결합되는 것을 의미한다. 일종의 기업합병이라 할 수 있다. 트러스트라는 용어의 유래는 1879년에 석유재벌 록펠러(Rockefeller)의 스탠더드 오일 트러스트(Standard Oil Trust)에서 유래되었다. 이러한 독점의 피해로 미국에서 이후 독점금지법(Anti-trust Law)이 제정되었다.

금융 132 O2O 산업

온라인과 오프라인을 유기적으로 연결하여 온라인의 잠재고객을 오프라인 매장으로 유도하는 사업 모델로서 Online to Offline의 약자이다. 이메일이나 인터넷 광고 등을 통해 온라인 공간에서 고객을 식별하고 고객으로 하여금 온라인 공간을 떠나 실제 매장으로 발걸음을 옮길 수 있도록 다양한 수단과 접근방식을 사용한다.

금융 133 효율적 시장 가설

효율적 시장 가설은 어떤 금융자산의 가격과 기대수익률은 이미 공개된 모든 정보를 반영하기 때문에 추가적인 위험을 부담하지 않고서는 더 높은 수익률을 기대할 수 없다는 것이다. 이에 따르면 주식시장이나 외환시장에서 현재의 주가와 환율은 이미 공개된 모든 정보를 반영한 것이기 때문에 향후 주가를 정확히 예측하는 것은 불가능하다. 즉, 주식 투자에서 다른 사람보다 더 높은 수익률을 얻는 경우는 위험한 주식에 투자하였지만 운이 좋았거나 불법적으로 내부 정보를 이용했을 경우뿐이다. 효율적 시장 가설은 어떤 변수의 미래 값을 전혀 예측할 수 없다는 의미에서 불규칙 보행 가설이라고도 부른다. 불규칙 보행 가설 또는 임의 보행 가설은 어떤 변수에 대한 예측치는 평균적으로 오늘의 값과 같게 된다는 이론이다.

금융 134 규제 샌드박스(Regulatory Sandbox)

규제 샌드박스는 새로운 제품 · 서비스에 대해 실증특례 및 임시허가를 통해 기존 규제를 면제하거나 유예해 주는 규제특례제도이다. 국민의 생명 · 안전 등 공익적 가치를 균형있게 고려하는 가운데 신기술 · 신산업 육성을 지원하는 제도이다. 규제 샌드박스의 대표적 유형인 실증특례는 새로운 제품 · 서비스를 사업화하기에 앞서 안전성 등에 대한 시험 · 검증이 필요한 경우 제한된 구역 · 기간 · 규모 안에서 테스트를 할 수 있도록 해주는 '우선 시험 · 검증 제도'이다. 규제 샌드박스는 2016년 영국에서 핀테크 활성화를 위해 도입된 후 각국의 특성에 맞게 변형되어 적용되고 있다. 샌드박스(Sandbox)는 아이들이 안전하게 마음껏 뛰어놀 수 있는 모래 놀이터에서 유래한 말이다.

금융 135 J커브효과(J-curve Effect)

실질환율이 오르더라도 초기엔 무역수지가 오히려 악화되지만 시간이 지난 후 개선되는 현상이 나타날 때 그 모양을 그림으로 그리면 J자 모양과 유사하기 때문에 이를 J커브효과라 부른다. 이 용어는 과거 영국의 파운드가 절하될 때 무역수지가 변동되는 모습에서 유래됐다. 이론적으로 환율이 상승할 경우 수출은 늘어나고 수입은 줄어들어 경상수지가 개선된다. 그러나 현실에서는 초기에 경상수지가 악화되다가 어느 정도의 시간이 지난 후에야 경상수지가 개선되는 J커브효과가 나타난다.

금융 136 공공재(Public Goods)

공공재는 비경합성(Non-rivalry)과 비배제성(Non-excludability)을 가지고 있어 시장에서 공급이 되기 어려운 재화이다. 국방서비스, 도로, 항만, 등이 대표적인 예이다. 비경합성이란 한 사람이 그것을 소비한다고 해서 다른 사람이 소비할 수 있는 기회가 줄어들지 않음을 뜻하고, 비배제성이란 대가를 치르지 않는 사람이라 할지라도 소비에서 배제할 수 없음을 뜻한다. 이러한 특성 때문에 공공재에는 가격을 책정하는 것이 힘들다. 또한 공공재 생산에 드는 비용은 부담하지 않으려 하면서 소비에는 참여하고 싶어 하는 무임승차자(Free-rider)의 문제가 발생한다.

금융 137 공유경제(Sharing Economy)

공유경제는 개인 소유를 기본 개념으로 하는 전통 경제와 대비되는 개념으로 집이나 자동차 등 자산은 물론 지식이나 경험을 공유하며 합리적 소비와 새로운 가치 창출을 구현하는 신개념 경제이다. 공유경제는 소유자들이 많이 이용하지 않는 물건으로부터 수익을 창출할 수 있으며, 대여하는 사람은 물건을 직접 구매하거나 전통적인 서비스업체를 이용할 때보다 적은 비용으로 서비스를 이용할 수 있다는 장점이 있다.

금융 138 그레셤의 법칙

그레셤의 법칙은 악화(소재가 나쁜 화폐)와 양화(예컨대, 금화)가 동일한 액면 가치를 갖고 함께 유통될 경우, 악화만이 그 명목가치로 유통되고 양화는 소재가치 때문에 사람들이 가지고 내놓지 않으므로 유통되지 않고 사라지는 현상으로 "악화는 양화를 구축한다(Bad money drives out good)"라는 말로 널리 알려져 있다. 이 말은 16세기 영국의 재무관 그레셤(Thomas Gresham)이 악화를 개주하여 외국환의 지배권을 장악하려는 구상에서 엘리자베스 여왕에게 진언한 편지 속에 나온 말인데, 1858년 맥클로드(H. D. Macleod)가 이를 그레셤의 법칙이라 명명하였다.

금융 139 녹색 GDP(Green GDP)

녹색 GDP는 경제 후생지표로서 GDP가 갖고 있는 한계를 보완하기 위해 GDP에서 생산 활동 중에 발생하는 환경 피해 등의 비용을 뺀 것을 말한다. 경제 후생지표로서의 GDP는 여가의 중요성을 반영하지 않고 시장 밖에서 일어나는 다양한 봉사활동을 포함하지 않으며 환경의 질을 반영하지 않을 뿐만 아니라 소득분배도 고려하지 않는다는 한계가 있다. 녹색 GDP는 GDP에 환경의 질을 반영하고자 만든 지표이다. 정부가 환경 규제를 철폐하면 기업들이 마음껏 오염물질을 배출하면서 생산에 전념할 수 있기 때문에 GDP는 증가하지만 국민들의 후생은 환경오염으로 인해 악화될 수 있다.

금융 140 립스틱효과(Lipstick Effect)

립스틱효과란 경기불황기에 최저 비용으로 품위를 유지하고 소비자의 심리적 만족을 충족시켜줄 수 있는 상품이 잘 판매되는 현상을 말한다. 특히 여성 소비자의 어려운 경제여건을 나타내는 것으로 저렴한 립스틱만으로도 만족을 느끼며 쇼핑을 알뜰하게 하는 데에서 유래된 말이다. 미국 화장품 회사인 에스티로더(Estee Lauder)는 립스틱 판매량으로 경기를 가늠하는 립스틱지수(Lipstick Index)까지 만들기도 했다. 립스틱효과와 비슷한 용어로 넥타이효과, 미니스커트효과, 매니큐어효과 등이 있다.

금융 141 지니계수

지니계수는 이탈리아의 인구 · 통계학자이자 사회학자인 지니(Corrado Gini)가 소득분포에 관해 제시한 통계적 법칙인 '지니의 법칙'에서 나온 개념으로 소득분포의 불균등 정도를 측정하는 지표이다. 대각선인 균등분포선과 로렌츠곡선이 만드는 반달 모양의 면적을 균등분포선 아래 삼각형 면적으로 나누는 방식으로 계산한다. 지니계수는 0과 1 사이의 값을 갖는데, 값이 0에 가까울수록 소득분배가 평등, 1에 가까울수록 불평등함을 뜻한다.

금융 142

밴드왜건효과(Bandwagon Effect)

밴드왜건효과는 소비자가 대중적으로 유행하는 정보를 쫓아 상품을 구매하는 현상을 말한다. 악단을 선도하며 요란한 연주로 사람들을 끌어 모으는 악대차(Bandwagon)를 쫓아가는 사람들의 모습에서 유래된 밴드왜건효과는 유행에 동조함으로써 타인들과의 관계에서 소외되지 않으려는 비이성적인 심리에서 비롯된다. 주식시장이나 부동산시장의 거품형성과 붕괴현상도 밴드왜건효과로 설명할 수 있다.

금융 143

베블런효과(Veblen's Effect)

가격이 상승하면 수요량이 감소하는 수요의 법칙에 반하는 재화를 베블런재라 부른다. 사치재 또는 명품 등이 이에 해당하는데 이러한 재화는 가격이 비쌀수록 소비가 증가하는 경향이 있다. 이러한 과시 욕구를 반영한 소비현상을 베블런효과라라고 부른다. 베블런은 이러한 현상을 처음으로 관찰한 학자의 이름이다.

금융 144

속물효과(스놉효과)

개성을 추구하는 사람들은 단지 다른 사람들이 많이 구입한다는 이유만으로 특정 물품을 구입하지 않거나 심지어 자신의 옷과 똑같은 옷을 입은 사람을 보면 그 옷을 더 이상 입지 않는다. 이는 특히 명품브랜드 소비에서 흔히 일어나는 현상인데 이를 속물효과 또는 스놉효과(Snob Effect)라고 한다. 즉 특정 상품을 소비하는 사람이 많아질수록 그 상품에 대한 수요는 줄어들고 값이 오르면 오히려 수요가 늘어난다.

이 용어는 1950년 레이번슈타인(H. Leibenstein)이 경제학 잡지 『Quarterly Journal of Economics』에서 처음 제시하였다. 스놉(재산과 지위로 거만을 떠는 속물)이 선호하는 브랜드 물품이 일반 구매층까지 영향을 미치는 현상을 지칭하는 데 처음 사용되었다. 이와는 반대로 전시효과는 상품을 소비하는 사람이 많아질수록 수요도 증가하는 경우를 가리킨다.

금융 145

양적완화(QE ; Quantitative Easing)

양적완화란 중앙은행이 통상적인 공개시장조작의 거래대상이 아닌 국공채나 주택저당증권, 회사채 등을 매입하여 시중에 유동성을 공급하는 정책을 말한다. 기준금리가 0% 수준에 근접하여 기준금리 인하를 통한 경기활성화정책의 실효성을 기대하기 어려운 상황에서 통화공급을 통해 소비와 투자를 활성화하고 수출을 촉진하는 등 총수요를 증가시키고자 실시하는 정책이다.

금융 146

트릴레마(Trilemma)

트릴레마는 세 가지 정책 목표 간에 상충관계가 존재하여 이들을 동시에 개선할 수 없는 상황으로, 거시경제학에서 '물가', '실업', '국제수지'의 3가지 간에 존재하는 상충관계가 대표적이다.

금융 147

톱니효과(Ratchet Effect)

톱니효과란 한번 올라간 소비 수준이 쉽게 감소하지 않는 현상을 말한다. 소비의 상대적 안정성으로 인해 경기후퇴로 소득이 줄어든다 하더라도 소비가 같은 속도로 줄어들지 않기 때문에 소비가 경기후퇴를 억제하는, 일종의 톱니와 같은 작용을 하게 된다는 데서 톱니효과라고 한다.

금융 148

내쉬균형(Nash Equilibrium)

내쉬균형은 게임이론에서 자주 사용하는 균형(Equilibrium)의 개념으로 게임의 경기자 모두 상대방의 전략에 대한 최선대응(Best Response)전략을 구사하고 있는 상황을 말한다. 여기서 최선대응이란 상대 경기자가 취할 수 있는 각각의 전략에 대하여 자신에게 가장 유리한 결과를 발생시키는 대응 계획을 말한다. 만약 상대방이 내쉬균형전략을 사용하고 있는 상황이라면 경기자는 해당 균형에서 이탈하여 다른 전략을 택할 유인이 없다. 한편 내쉬균형이 반드시 파레토 최적의 결과를 보장하는 것은 아니며 그 대표적인 예시가 죄수의 딜레마(Prisoner's Dilemma)이다.

금융 149 외부효과(External Effect)

외부효과란 어떤 사람의 행위가 다른 사람에게 영향을 미치지만 그에 대한 보상을 지급하거나 지급받지 않는 것을 말한다. 외부효과는 외부불경제(External Diseconomy)와 외부경제(External Economy)로 구분된다. 외부불경제는 어떤 행동의 당사자가 아닌 사람에게 비용을 발생시키는 것으로 음의 외부성(Negative Externality)이라고도 한다. 외부경제는 어떤 행동의 당사자가 아닌 사람에게 편익을 유발하는 것으로 양의 외부성(Positive Externality)이라고도 한다. 외부불경제의 예로는 대기오염, 소음공해 등을 들 수 있고 외부경제의 예로는 과수원 주인과 양봉업자의 관계를 들 수 있다. 과수원 근처에서 양봉을 하면 봄이 되어 과수원에 꽃이 피었을 때 주변의 벌들이 꽃에 모여들어 양봉업자는 꿀을 많이 채취할 수 있고 과수원 주인은 과일나무의 꽃에 수정이 많이 돼 더 많은 과일을 얻을 수 있다.

금융 150 환포지션

환포지션은 환율에 의해 매매거래를 한 뒤 파악하는 외화채권의 재고량이다. 외국환은행이 원화를 지불하고 매입한 외환금액과 원화를 받고 매도한 외환금액과의 차이를 말한다. 외화채권이 채무액보다 큰 경우 매입초과포지션(Overbought Position)이라 하고 그 반대의 경우 매각초과포지션(Oversold Position)이라 한다. 채권과 채무와 일치할 경우 스퀘어 포지션(Square Position)이라 한다.

금융 151 가계부실위험지수(HDRI)

가계부실위험지수는 가구의 소득흐름은 물론 금융 및 실물자산까지 종합적으로 고려하여 가계부채의 부실위험을 평가하는 지표로, 가계의 채무상환능력을 소득 측면에서 평가하는 원리금상환비율(DSR ; Debt Service Ratio)과 자산 측면에서 평가하는 부채/자산비율(DTA ; Debt To Asset Ratio)을 결합하여 산출한 지수이다. 가계부실위험지수는 가구의 DSR과 DTA가 각각 40%, 100%일 때 100의 값을 갖도록 설정되어 있으며, 동 지수가 100을 초과하는 가구를 '위험가구'로 분류한다. 위험가구는 소득 및 자산 측면에서 모두 취약한 '고위험가구', 자산 측면에서 취약한 '고DTA가구', 소득 측면에서 취약한 '고DSR가구'로 구분할 수 있다.

금융 152 출구전략(Exit Strategy)

출구전략이란 경제위기 발생 시 경기를 부양하기 위해 취하였던 각종 완화정책을 정상화하는 것을 말한다. 본래 군사전략에서 비롯된 용어로 미국이 베트남전쟁 당시 승산 없는 싸움에서 피해를 최소화하며 군대를 철수할 방안을 모색할 때 사용한 용어이다. 현재는 의미가 확장되어 위기상황을 극복하고자 취했던 조치들의 부작용이나 후유증을 최소화하며 정상으로 돌아오기 위해 취하는 조치들을 포괄적으로 지칭한다. 2008년의 글로벌 금융위기와 관련해서는 중앙은행이 위기극복을 위해 이례적으로 취했던 대책(제로금리정책 및 양적완화 등)을 정상화하는 조치를 의미하는 용어로 사용되었다.

금융 153 그린본드(Green Bond)

그린본드는 발행대금을 기후 및 환경 관련 사업에 사용하는 것을 전제로 발행되는 특수목적 채권이다. 그린본드의 발행자는 그린본드 원칙(GBP ; Green Bond Principle)에 따라 채권을 발행하는 경우 자본비용, 기업홍보, 사업추진 용이성 측면에서 편익을 누릴 수 있다. 그린본드는 사회적 책임에 투자기회를 제공하는 한편 여타 채권과 발행방식 및 구조가 동일하여 기존의 채권포트폴리오에 쉽게 융화가 가능한 장점이 있다.

금융 154 스튜어드십 코드(Stewardship Code)

스튜어드십 코드는 금융기관에 돈을 맡긴 투자자(수탁자)들에 대한 기관의 도덕적 해이를 막고 투자자의 권리를 제대로 이행하기 위한 '지침'으로, 금융기관이 투자자의 대리인으로서 책임을 다하겠다는 의미를 담고 있다. 투자자에게 정보를 성실하게 공개한다는 취지로 상장사의 각 안건에 대해 의결권 찬반 여부를 사전에 공개하는 것도 스튜어드십 코드의 일환이다.

금융 155 DTI, LTV, DSR

DTI(Debt to Income Ratio)는 총부채상환비율을 의미하는데 주택을 담보로 돈을 빌리려 할 때 고객의 부채부담능력을 측정하는 지표이다. 즉 고객의 연간 소득에 대한 연간 대출원리금 상환액의 비율이다. 연간 대출원리금 상환액 산정시 주택담보대출은 원금과 이자를 모두 반영하고, 기타대출은 이자만 반영한다. DTI 비율은 $\left(\frac{\text{연간 대출원리금 상환액}}{\text{연간 소득}}\right)\times 100$으로 구할 수 있다.

LTV(Loan to Value Ratio)는 담보인정비율을 의미하는데, 주택을 담보로 금융회사에서 대출을 받을 때 해당 주택의 담보가치에 대한 대출취급가능금액의 비율로, $\left(\frac{\text{대출취급가능금액}}{\text{주택의 담보가치}}\right)\times 100$으로 구할 수 있다. 정부는 LTV와 DTI 비율에 대한 규제를 통해 고객의 상환능력과 담보가치에 비해 과도한 주택담보대출을 억제하고 있다.

DSR(Debt Service Ratio)은 총체적 상환능력 비율을 의미하는데 차주의 연간 소득에 대한 모든 가계대출의 원리금 상환액의 비율이다. DTI의 경우 주택담보대출이 아닌 기타대출(신용대출, 마이너스통장, 비주택담보대출 등)의 경우 이자만 반영하는데 비해, DSR은 기타대출의 원금과 이자를 모두 반영하여 산출한다. DSR 비율은 $\left(\frac{\text{모든 가계대출 연간 대출원리금 상환액}}{\text{연간 소득}}\right)\times 100$으로 구할 수 있다.

금융 156 스트레스 테스트(Stress Test)

금융기관의 스트레스 테스트는 예외적이지만 발생 가능한(Extreme but Plausible) 위기 상황을 상정하여 개별 금융기관, 금융부문 및 금융시스템 전체의 취약성과 복원력을 평가하는 기법을 의미한다. 스트레스 테스트에서는 위기 시나리오 하에서 예상되는 금융기관의 손익, 자본비율, 현금흐름 및 유동성 상황 등을 정량적으로 측정하여 리스크를 분석한다.

금융 157 불 마켓(Bull Market) / 베어 마켓(Bear Market)

실업률이 낮고 물가가 안정되어 있어서 경제상황이 좋을 때 주식시장이 장기적으로 호황을 보이는 시장을 불 마켓 또는 강세장이라고도 부른다. 반대로 주식시장이 침체되어 주가가 하락하는 추세에 있는 상황은 베어 마켓 또는 약세장이라고도 한다. 이러한 용어는 두 동물이 공격할 때의 모습을 빗대어 만든 것으로 알려져 있는데, 황소는 싸울 때 뿔을 위로 치받기 때문에 강세장을 뜻하고 곰은 앞발을 위에서 아래로 내려찍기 때문에 약세장을 뜻한다.

금융 158 매파와 비둘기파

매파(Hawk)와 비둘기파(Dove)라는 용어는 어떤 현상에 대한 이해 및 입장표명에 있어서 서로 상반된 성향 또는 견해를 가진 정책입안자를 지칭하는 용어이다. 정치적인 의미로 사용될 때 매파는 강경파, 비둘기파는 온건파를 의미하지만 통화정책의 관점에서 사용될 때에는 상대적으로 중장기 인플레이션 관점에 보다 역점을 두고 긴축적으로 통화정책을 운용하려는 입장이 매파로 분류되고, 성장세의 확대 · 유지 필요성에 치중하여 보다 완화적인 통화정책을 수행하고자 하는 입장이 비둘기파로 분류된다.

금융 159 예대마진 / 순이자마진

예대마진이란 대출금리와 예금금리의 차이로 금융기관의 수입이 되는 부분을 말한다. 예대마진이 크다는 것은 예금의 대가로 지불한 이자에 비해 대출을 해주고 받은 이자가 더 많다는 의미가 된다. 그렇기 때문에 예대마진이 커지면 금융기관의 수입이 늘어나게 되고 보통 대출금리가 오르면 예금금리가 오른다.

순이자마진(Net Interest Margin)은 예대업무 뿐만 아니라 유가증권투자에서 얻는 수익과 비용까지 포함하는 광범위한 수익성지표로 총이자수익에서 총이자비용을 차감한 금액을 이자부자산 총액으로 나눈 값을 말한다. 일반적으로 예대금리차는 예금과 대출시장의 경쟁도가 낮을수록, 은행의 위험기피성향이 강할수록, 대출취급에 따른 한계비용이 클수록, 신용위험이 높을수록 확대되는 것으로 알려져 있다.

금융 160 리디노미네이션(Redenomination)

리디노미네이션은 한 나라에서 통용되는 통화의 액면을 동일한 비율의 낮은 숫자로 변경하거나 이와 함께 새로운 통화단위로 화폐의 호칭을 변경하는 것을 의미한다. 화폐단위를 1,000대 1, 100대 1 등으로 바꾸는 방식으로 이루어지며 우리나라의 경우 1953년에 100원을 1환으로 변경하고, 1962년에는 10환을 1원으로 변경한 사례가 있다. 리디노미네이션을 실시할 경우 거래편의 제고나 회계기장 간편화 이외에도 자국통화의 대외 위상 제고, 지하자금의 양성화 등의 장점이 있다.

금융 161 커버드본드(Covered Bond)

커버드본드란 금융기관이 부동산 담보대출 등 자신이 보유한 고정자산을 담보로 발행한 채권을 말하며 2014년 4월 도입되었다. 커버드본드는 투자자가 담보자산에 대해 우선변제권을 보장받는 동시에 채권발행 금융기관에 대해서도 원리금 상환을 청구할 수 있다. 그래서 커버드본드를 이중상환청구권부 채권이라고도 한다.

금융 162 토빈세(Tobin Tax)

미국 예일대학교의 제임스 토빈(James Tobin) 교수가 1978년에 주장한 것으로 국제 투기자본(핫머니)의 급격한 자금유출입으로 각국의 통화가치가 급등락하여 통화위기가 촉발되는 것을 막기 위한 국경간 자본이동 규제방안의 하나이다. 토빈은 단기성 외환거래에 세금을 부과할 경우 연간 수천억 달러의 자금을 확보할 수 있다고 주장하였는데 이 제도는 일반 무역거래, 장기 자본거래, 그리고 실물경제에는 전혀 지장을 주지 않으면서 투기성 자본에만 제약을 가한다는 장점이 특징이다.

금융 163 프로그램 매매(Program Trading)

프로그램 매매란 주식시장에서 시장분석, 투자시점 판단, 매매 지시 등의 과정을 컴퓨터 프로그램을 통해 일괄 처리하여 다수의 종목을 동시에 거래하는 기법을 말한다. 우리나라에서 한국거래소는 1인이 KOSPI200종목 중 15개 이상을 동시에 거래하는 것을 프로그램 매매로 규정하고 있으며 이를 '지수차익거래'와 '비차익거래'로 구분하고 있다. 차익거래는 현물과 선물(또는 옵션) 중 상대적으로 고평가된 것을 매도하고 저평가된 것을 매수하는 포지션을 취함으로써 차익을 얻는 거래를 말한다.

금융 164 트리핀 딜레마(Triffin's Dilemma)

로버트 트리핀(Robert Triffin) 예일대 교수는 1960년 미국의 무역수지 적자가 심각해진 원인으로 브레튼우즈 체제 기축통화의 구조적 모순을 지적하였다. 브레튼우즈 체제는 기존의 금 대신 미국 달러화를 국제결제에 사용하도록 한 것으로, 다른 국가의 통화는 조정 가능한 환율로 달러 교환이 가능하도록 해 달러를 기축통화로 만든 것이다. 그러나 달러화가 기축통화의 역할을 하기 위해서는 대외거래에서의 적자를 발생시켜 국외에 끊임없이 유동성을 공급해야 하는데, 이처럼 브레튼우즈 체제의 기축통화정책으로 발생한 달러화의 적자와 흑자의 모순을 가리켜 트리핀 딜레마라고 한다.

금융 165 환리스크

환리스크란 장래의 예상하지 못한 환율변동으로 인하여 보유한 외화표시 순자산(자산-부채) 또는 현금흐름의 가치가 변동될 수 있는 불확실성을 의미한다. 환리스크는 기본적으로 외환포지션의 보유형태와 규모, 장래의 환율변동 방향과 변동폭에 따라 결정된다. 일반적으로 환리스크에는 계약시점과 결제시점 간의 시간적 차이에서 발생하는 거래위험(Transaction Risk)과 대차대조표상의 자산과 부채의 가치를 환산하는 과정에서 발생하는 환산위험(Translation Risk)이 있다.

금융 166 환리스크 헤지

환리스크 헤지는 장래의 예상하지 못한 환율변동으로 인하여 기업 등이 보유하고 있는 외화표시 순자산(자산-부채)의 가치 또는 현금흐름의 순가치가 변동될 수 있는 불확실성을 제거하는 것을 의미한다. 환율변동으로 인한 불확실성 즉, 환리스크를 제거하기 위해 선물환, 통화옵션, 통화선물, 외환 및 통화스왑, 한국무역보험공사의 환변동보험 등 다양한 수단이 이용되며, 기업의 자산 및 부채구조와 위험노출 정도, 현금흐름, 재무구조의 건전성 등에 따라 환리스크 헤지 방법이 달라진다.

금융 167 표면금리(Coupon Rate)

표면금리란 채권의 액면가에 대한 연간 이자지급비율을 채권표면에 표시한 것으로서 계약기간 동안 지급을 약속한 고정금리이다. 표면금리가 높을수록 채권의 매수자는 동일한 액면가에 대해 더 많은 이자를 받게 된다. 채권가격은 표면금리와 시장의 실세금리에 의해 결정된다. 채권발행 당시에 표면금리(연 1회 후불 지급을 가정)와 실세금리가 같으면 채권은 액면가로 거래된다. 이때 표면금리가 실세금리보다 낮으면 액면가 이하로, 높으면 액면가 이상으로 거래된다. 일반적으로 채권가격은 100을 중심으로 나타내는데 이 경우에 표면금리가 실세금리와 같다는 의미이다. 만일 실세금리가 하락한다면 채권의 내재가치는 100을 상회하게 되며 채권의 균형가격도 이에 따라 형성된다.

금융 168 스타트업과 벤처기업

1976년 미국의 경제 매거진 〈포브스〉에서 처음 사용된 용어인 스타트업(Start up)은 잠재력과 성장성을 갖춘 신생기업을 뜻하는 단어이다. 가끔 벤처기업과 혼용되는 경우도 있는데, 스타트업은 독창적인 아이디어와 혁신적인 기술로 기존 시장에 없던 새로운 업종을 이끌어 간다는 점에서 일반 창업과 다소 차이가 있으며 빠른 성장과 높은 수익에 대한 잠재력을 지닌 동시에 다소 높은 투자 위험성이 동반된다는 특징이 있다. 국내에서 스타트업과 벤처기업의 가장 두드러지는 차이점은 '벤처기업인증' 유무라고 할 수 있다. 「벤처기업육성에 관한 특별조치법」에 따라 요건을 갖추고 벤처기업인증을 받은 기업만이 공식적으로 벤처기업으로 인정되며, 정책 지원 대상이 될 수 있다.

금융 169 시리즈(Series) : 시리즈 A, B, C

스타트업에 대한 투자는 시기와 자금 규모 등에 따라 A, B, C 3단계로 나누어져 있다. 각 단계별로 투자 한도나 뚜렷한 기준이 정해진 것은 아니며 우선주투자단계에서 관행적으로 쓰이던 용어의 의미가 조금씩 확장되어 사용되고 있다.

시리즈 A는 제품 출시 및 마케팅을 통해 시장에 진입하는 단계, 시리즈 B는 스타트업이 어느 정도 규모를 갖추게 되면 인력 충원과 자금 확보를 비롯해 전보다 공격적인 마케팅을 추구하며 사업을 확장하게 되는 단계, 시리즈 C는 완성된 제품 또는 프로그램으로 본격적인 수익 창출을 꿈꾸게 되는 단계이다. 이때는 투자은행, 벤처캐피털VC 등에서 100억 이상 규모의 투자를 받게 되며 나아가 시리즈 D, 시리즈 E 등으로 발전하는 경우도 있다.

금융 170 인큐베이터(Incubator) / 액셀러레이터(Accelerator)

사업에서의 인큐베이터는 보통 미숙아들을 위해 사용되는 인큐베이터 기기와 같이 발전 가능성은 높지만 아직 보완할 점이 많은 초기단계의 기업에 비즈니스 멘토링, 아이템 기획, 마케팅, 자금 지원 등으로 창업 성공률을 높여주는 사업자를 의미한다. 액셀러레이터, 창업 기획자는 가능성 있는 스타트업을 발굴하는 것은 물론 신생기업을 위해 투자와 관리를 도와주는 단체나 기업을 뜻한다.

금융 171 콘드라티예프 파동(Kondratief Wave)

소련의 경제학자 콘드라티예프는 1780년부터 1850년까지, 1850년부터 1890년까지, 1890년부터 1920년까지 경제가 번영과 침체의 순환을 이루었다는 점을 근거로 자본주의의 경제운동은 50 ~ 60년의 긴 주기로 번영과 침체를 반복하는 형태를 가진다고 주장했는데, 이러한 자본주의의 순환구조를 콘드라티예프 파동이라고 한다. 콘드라티예프 파동은 40개월 주기의 키친 파동(Kitchen Cycle), 10년 주기의 주글라 파동(Juglar Cycle), 15 ~ 20년 주기의 쿠즈네츠 파동(Kuznets Curve)과 함께 경기의 순환구조를 진단하는 이론적 근거로 사용된다.

금융 172 데모 데이(Demo Day)

스타트업이 개발한 데모 제품과 사업 모델 등을 투자자들에게 공개적으로 발표하는 날을 '데모 데이'라고 한다. 스타트업에게는 투자를 더욱 유치하기 위한 중요한 기회이며, 우리나라에서는 '투자자 설명회' 또는 '제품 시연회' 등의 이름으로도 개최되곤 한다.

금융 173 피벗(Pivot)

영어로 '중심, 회전하다'라는 뜻의 '피벗'은 스타트업에서는 시장의 반응이 좋지 않을 때 출시한 제품이나 비즈니스 모델, 서비스 등을 다른 방향으로 돌리는 것을 뜻하는 말이다. 옳다고 생각할 때 끌고 나가는 추진력도 중요하지만 실패를 인정하고 새로운 돌파구를 찾는 것도 창업자에게 꼭 필요한 자세라고 할 수 있다.

금융 174 · 신용카드 피킹률

신용카드 피킹률은 신용카드 사용으로 얻을 수 있는 할인과 적립 등의 혜택을 전체 사용 금액으로 나눈 값으로, 실제로 카드를 사용함으로써 받은 혜택의 비율을 알 수 있다. 신용카드 피킹률을 통해 현재 사용하고 있는 신용카드를 내가 정말 효율적으로 쓰고 있는지 판단할 수 있는 하나의 지표로 사용할 수 있다.

금융 175 · 더블딥(Double Dip)

영어로 '두 번'을 뜻하는 'Double'과 경제의 급하락을 뜻하는 'Dip'의 합성어인 더블딥은 불황으로 침체된 경기가 단기 회복 후 다시 침체에 빠지는 현상을 일컫는 경제 용어이다. 이때 경제 흐름을 나타내는 그래프가 알파벳 'W'자의 형태를 띠기 때문에 흔히 'W자형 경기침체'라고 말하기도 하는데 우리나라에서는 '이중 침체' 혹은 '이중 하락'을 대신해 쓰이기도 한다. 더블딥이 경제 용어로서 처음 사용된 것은 2001년 미국의 투자은행 모건스탠리의 자국 경제 진단에서였지만 더블딥의 가장 대표적인 사례로는 그보다 훨씬 앞선 1980년 석유파동에 따른 미국 상황이 주로 거론된다.

금융 176 · 국가신용등급

국가신용등급은 재정 · 경제적 조절 능력과 채무 규모, 산업경쟁력 등 전반적인 경제상황은 물론 안보상황과 정치적 조절 능력, 지도자의 리더십까지 고려해 결정되는데 이렇게 여러 요소와 변수를 점검하여 매겨진 국가신용등급은 국제금융시장에서 그 나라의 투자여건과 차입 금리를 판단하는데 중요한 지표가 된다. 미국의 스탠더드 앤드 푸어스(S&P)와 무디스(MCO), 영국의 피치레이팅스는 국가의 신용등급을 평가하는 3대 신용평가기관이다.

금융 177 · 핑크 택스(Pink Tax)

핑크 택스란 동일한 상품 또는 서비스에 대해 남성보다 여성이 더 많은 비용을 지불하는 현상을 일컫는 말이다. 전통적으로 여성을 상징하는 색으로 쓰이던 분홍색과 세금을 합쳐서 '마치 여성에게만 붙는 세금 같다'고 표현한 것인데, 기업이 여성용 상품을 내놓을 때 주로 분홍색을 사용한다는 의미로도 해석할 수 있다.

금융 178 주주행동주의

주주행동주의란 주주들이 배당금이나 시세차익에만 신경쓰던 것에서 벗어나 지배구조와 경영에까지 개입을 하면서 적극적으로 이익을 추구하는 행위를 말한다. 주주행동주의는 전문경영인이 아닌 집단이 경영에 직간접적으로 개입을 하는 것이니만큼 자연스럽지 못한 측면도 가지고 있다.

주주행동주의의 장점으로는 CEO의 독단적 행동 견제, 기업의 수익성 증대에 도움이 된다고 주장하고 있으며, 주주행동주의의 단점으로는 주주들의 잘못된 판단, 단기적 수익 향상을 위한 장기 프로젝트 무산 가능성, 일관되지 못한 기업 운영 등이 있다.

금융 179 IP(Intellectual Property)금융

IP금융에서 IP는 단어의 사전적 의미 그대로 '지식재산권'을 의미한다. 지식재산권은 사람이 자신의 지적 능력을 바탕으로 만드는 창작물에 대한 권리를 뜻하는 말이다. IP금융은 지식재산들을 바탕으로 이뤄지는 각종 금융활동을 일컫는 경제 용어이다. 단순하게는 지식재산권을 담보로 대출을 받는 행위부터 특허 전문 기업에 투자를 하는 것 등이 IP금융에 속한다고 할 수 있다. IP금융에서는 기업이나 개인의 신용과 가치에 대해 판단할 때 당장의 실물재산이나 현물자산이 아닌 해당 기업 또는 개인이 보유한 특허 혹은 지식재산을 신용의 도구로 제시할 수 있다.

금융 180 행동경제학(Behavioral Economics)

행동경제학은 인간의 실제 행동을 심리학, 사회학, 생리학적 시각에서 바라본 후 얻은 결과를 규명하려는 경제학의 한 분야로서, 주류경제학의 '합리적인 인간'을 부정하는 데서 시작하지만 그렇다고 인간을 비합리적 존재로 단정 짓는 것은 아니다. 다만 온전히 합리적이라는 주장을 부정하고 이를 증명하려는 것이 행동경제학의 입장이다.

금융 181 할당관세제도

특정 물품의 수입에 일정량까지는 낮은 세율(또는 무관세)을 적용하고, 그 이상의 수입량은 높은 세율을 적용하는 이중세율제도를 할당관세제도라고 하며 이때 부과되는 고율 또는 저율의 관세를 할당관세라 한다. 할당관세제도는 원활한 물자수급, 산업경쟁력 강화, 물가안정 등의 목적을 위하여 특정 물품에 기본세율보다 낮은 세율을 적용하는 것으로, 1930년대 스위스, 독일에서 수입량 삭감수단과 통상정책상의 압력수단으로 활용되어 왔다. 또한 특정 물품의 국내총생산량이 총수요량에 미치지 못하는 상황에서 수입을 억제하려는 국내 생산자 측의 요구와 그 물품을 싼값으로 구매하려는 수요자 측의 상반된 요구를 동시에 충족시키기 위한 수단으로 사용된다. 이 제도는 자유무역의 확대를 위해서는 바람직하지 않으나 국내산업보호를 위해서는 필요하다는 점에서 WTO에서도 무차별 적용을 조건으로 인정하고 있다.

금융 182 일반특혜관세

일반특혜관세는 개발도상국의 수출 확대 및 공업화 촉진을 위하여, 선진국이 개발도상국으로부터 수입되는 농수산물, 공산품 및 반제품에 대하여는 아무런 조건 없이 일반적으로 무관세 또는 저율의 관세를 부과하는 특혜대우를 말한다. 여기서 일반적이란 의미는 영연방 특혜, 베네룩스 관세동맹 등 기존의 특혜 관세제도와는 달리 지리적으로 여러 개 국가에 국한되지 않고 범세계적으로 적용된다는 것을 뜻한다.

현재 일반특혜관세를 공여하는 국가로는 미국, 일본, 캐나다, 호주, 뉴질랜드, EU 등이 있다. 이들 특혜공여국은 특혜 대상품목, 특혜 폭, 원산지 기준 등을 정하고 이러한 제반요건을 충족한 경우에 한하여 특혜관세를 적용하고 있다.

금융 183 연방준비제도(FED ; Federal Reserve System)

연방준비제도는 미국의 중앙은행이 미국 내 통화정책의 관장, 은행 · 금융기관에 대한 감독과 규제, 금융체계의 안정성 유지, 미정부와 대중, 금융기관 등에 대한 금융서비스 제공 등을 그 목적으로 도입한 제도로, 재할인율(중앙은행과 시중은행간 여신 금리) 등의 금리 결정, 재무부 채권의 매입과 발행(공개시장조작), 지급준비율의 결정 등을 통해 통화정책을 중점적으로 수행한다.

금융 184 제로금리정책(Zero Interest Rate)

제로금리정책은 금융기관 간에 여유자금과 부족자금을 빌리는 단기금융시장에서 거래되는 초단기금리(한국과 일본의 콜금리, 미국의 페더럴펀드금리 등)를 0%에 가까운 수준으로 떨어뜨리는 통화정책을 말한다. 중앙은행이 단기금리를 제로 근처로 유도하는 것은 유동성을 풍부하게 하여 금융경색을 억제하고 경기침체를 극복하기 위한 목적인 것이 보통이다. 일본의 경우 1999년 초 일본은행이 경기활성화를 위해 콜금리를 0.02%까지 떨어뜨리며 제로금리정책을 펼쳤으나 당초 기대만큼 소비나 투자활성화가 이루어지지 않아 2006년 7월 제로금리정책을 폐기한 바 있다.

2001년 3월 일본은행은 장기간의 경기침체에서 벗어나기 위해 양적완화(QE ; Quantitative Easing)정책을 처음으로 도입했다. 양적완화는 금리가 제로(0)에 가까운 상태에서 경기부양을 위해 국채 등 다양한 금융자산의 매입을 통해 시중에 돈을 공급하는 것이다. 중앙은행이 금리를 조절해 간접적으로 유동성을 조절하던 전통적인 방식과 달리 양적완화는 금융자산 등을 사들이는 방법으로 시장에 통화량 자체를 늘리는 정책인데, 2008년 글로벌 금융위기 이후 미국, EU, 영국 등 국제적으로 도입이 확산되었다.

금융 185 유동성(Liquidity)

유동성이란 자산을 현금으로 전환할 수 있는 정도를 나타내는 용어로 기업의 자산을 필요한 시기에 손실 없이 화폐로 바꿀 수 있는 정도를 나타낸다. 유동성은 자산의 유동성과 경제주체의 유동성으로 구분되는데, 자산의 유동성은 다시 화폐의 유동성과 화폐를 제외한 자산의 유동성으로 나뉜다. 화폐의 유동성은 화폐가 다른 재화나 서비스로 전환되는 정도를 말한다. 화폐를 제외한 자산의 유동성은 화폐 이외의 자산을 화폐로 전환한 후 다른 재화나 서비스로 전환하는 정도를 말한다. 자산의 유동성은 전환대상 자산의 양과 질, 시장의 형성, 거래 방법, 재금융의 가능성 등에 따라 유동성의 정도가 달라진다.

한편, 경제주체의 유동성은 각 경제주체가 채무를 충당할 수 있는 능력을 말한다. 이러한 유동성 개념은 위와 같은 본래의 의미로부터 파생되어 다음의 두 가지 형태로도 사용된다. 첫째로 유동성은 시중의 현금과 다양한 금융상품 중 어디까지를 통화로 정의할지 구분하는 기준으로 사용된다. 우리나라에서는 유동성이 높은 정도에 따라 통화 및 유동성지표를 현금통화, M1, M2, Lf, L로 구분한다. 둘째로 유동성은 현금을 비롯하여 유동성이 높은 통화 그 자체와 같은 뜻으로 사용되기도 한다. '시중의 풍부한 유동성', '한국은행이 실시한 유동성 공급정책' 등과 같은 예에서 유동성은 통화 그 자체를 의미한다.

금융 186 테이퍼링(Tapering)

미국은 2008년 9월 리먼브라더스 파산에 따른 금융위기 이후 큰 경기 후퇴를 겪게 되는데 이를 대공황에 빗대어 대침체(Great Recession)라고 한다. 미국 중앙은행인 미 연준은 대침체에 빠진 미국경제를 회복시키기 위해서 정책금리를 거의 영(0)에 가깝게 통화정책을 운용하였다. 그러나 이러한 정책에도 불구하고 경기 진작효과가 기대에 미치지 못하자 국채 및 MBS를 직접 매입(자산매입프로그램)하여 대차대조표를 확대함으로써 장기금리를 낮추려는 정책을 시행하였는데 이를 양적완화정책(Quantitative Easing Policy)이라 한다. 이후 2013년 5월 벤 버냉키 미 연준 의장이 의회 증언에서 경제여건 등을 고려하여 향후 중앙은행이 자산매입 규모를 축소할 수 있다는 의견을 밝혔는데 이처럼 자산매입규모를 점차 줄여가는 정책을 양적완화축소 또는 테이퍼링이라고 부른다. 당시 양적완화축소를 실시할 수 있다는 발언에 미국뿐 아니라 자본 유출이 우려되는 신흥국에서도 금리가 큰 폭으로 오르고 주가가 하락하는 등 금융시장의 불안으로 이어졌다. 실제 양적완화축소는 2014년부터 시작되었으며 자산매입프로그램은 2014년 10월부터 중단되었다.

테이퍼링은 자산매입규모는 점차 줄어들지만 미 연준의 대차대조표는 계속 확대된다는 측면에서 대차대조표 자체가 축소되는 대차대조표 정상화 프로그램(보유자산 매각, 만기도래 채권의 재투자 축소 등)과 구별된다. 한편 미 연준은 양적완화정책으로 4.5조 달러 수준까지 확대하였던 보유자산 규모를 보유채권의 만기 도래시 원금상환액의 일부를 재투자하지 않는 방식으로 2017년 10월부터 축소하고 있다.

금융 187 도덕적 해이(Moral Hazard)

도덕적 해이는 거래당사자의 한쪽이 상대보다 양질의 정보를 더 많이 가지고 있는 상태(정보의 비대칭성)에서 계약이 이루어진 후에 나타날 수 있는 문제이다. 예를 들면 주주와 전문경영인, 은행과 차입자간의 계약을 들 수 있다. 전문경영인은 회사의 경영상황에 대해 주주보다 더 많은 정보를 가지고 주주가 아닌 자신의 이익을 극대화하는 경우가 있을 수 있다. 이를 전문경영인의 도덕적 해이라 한다. 또한 은행으로부터 대출을 받은 차입자가 계약대로 차입금을 적절한 투자에 사용하는지를 은행이 정확히 확인할 수 없기 때문에 발생하는 문제도 도덕적 해이에 해당한다. 도덕적 해이를 해결하기 위해서는 정보의 비대칭성을 완화하거나 전문경영인이나 차입자(대리인)의 이해를 주주나 은행(주인)의 이해와 일치시키는 장치를 마련하는 게 중요하다. 여기서 주인과 대리인의 이해가 일치하지 않아 발생하는 문제를 주인-대리인 문제 또는 대리인 문제라고 한다. 한편 정보의 비대칭성 상태에서 계약이 이루어지기 전에 나타날 수 있는 문제로는 역선택이 있다.

금융 188 디드로 효과(Diderot Effect)

디드로 효과란 하나의 물건을 구입한 후 그 물건과 관련된 다른 제품들을 계속 구매하는 현상으로 일부에서는 '디드로 통일성(Diderot Conformity)'이라고도 부른다. 18세기 프랑스 철학자 드니 디드로(Denis Diderot)가 에세이 「나의 오래된 가운을 버림으로 인한 후회(Regrets on Parting with My Old Dressing Gown)」에서 "친구가 붉은 비단 가운을 선물했다. 서재를 가운과 어울리는 분위기로 바꿨지만 전혀 기쁘지 않았다"고 언급한 것에서 유래했다. 디드로는 친한 친구로부터 붉은 가운을 선물 받았는데, 선물 받은 것을 기뻐하면서 세련된 가운을 서재에 걸어놓고 보니 서재 안의 다른 가구들이 너무 초라해 보여 가운과 어울릴만한 것들로 새로 구입했고, 결국 서재 안의 모든 가구들을 새로 들이게 되었다. 하지만 그로 인한 지출은 그가 감당하기에는 부담스러운 비용이었다는 내용이다.

사람들은 구매한 물품들 사이의 기능적인 동질성보다는 정서적, 문화적인 측면에서의 동질성 혹은 통일성을 추구하므로 시각적으로 관찰이 가능한 제품일수록 이 효과가 더욱 커진다. 명품가방을 구매한 소비자에게 같은 제품군의 열쇠고리, 지갑 등을 구매하도록 유도하거나 인기 캐릭터와의 컬래버레이션을 통해 해당 캐릭터의 팬들이 컬래버레이션 제품을 구매하도록 하는 경우 등을 들 수 있다.

금융 189 파노플리효과(Panoplie Effect)

파노플리효과는 소비자가 특정 제품을 사면 그 제품을 소비하는 집단 또는 계층과 자신과의 동질감을 느끼기 위해 소비하는 현상을 말한다. 소비 주체는 특정한 기능이 필요해서라기보다 트렌드를 선도하는 계층에 속하는 사람으로 보이고 싶은 욕구로 다른 사람들에게 스타일, 품격, 사치, 권력 등 자기의 특수한 가치를 표현(신호)하기 위해 소비한다는 것이다. 고가 화장품, 값비싼 외제차 등을 사고 싶은 심리는 대표적인 파노플리효과다.

금융 190 디커플링 / 커플링

디커플링(Decoupling)이란 탈동조화라고 번역할 수 있는데, 어떤 나라나 지역의 경제가 인접한 다른 국가나 전반적인 세계 경제의 흐름과는 다른 모습을 보이는 현상을 말한다. 최근의 디커플링의 예로는 금융위기 이후 신흥국가나 유로지역 국가 등이 특히 미국 경제와 다른 모습을 보이는 것을 들 수 있다. 이외에도 주가나 금리, 환율 등 일부 경제 변수의 흐름이 국가 간 또는 특정 국가 내에서 서로 다른 흐름을 보이는 현상도 디커플링이라고 할 수 있다.

국가 간의 경우 미국의 주가와 한국의 주가가 다른 방향으로 움직이거나 한 국가 내에서의 경우 주가가 하락함에도 해당국 통화가 강세 현상을 보이는 경우 등을 말한다. 반대로 한 나라 또는 지역의 경제가 인접한 다른 국가나 세계경제 흐름과 유사한 흐름을 보이는 것을 커플링(동조화, Coupling)이라 한다.

금융 191 낙수효과(Trickle-down Effect)

낙수효과는 대기업이나 고소득층 등 선도부문이 성장하면 이들의 성과가 연관부문으로 확산됨으로써 경제 전체가 성장한다는 이론이다. 컵을 피라미드같이 층층이 쌓아 놓고 맨 꼭대기의 컵에 물을 부으면 제일 위의 컵에 흘러들어간 물이 다 찬 뒤에 넘쳐서 아래 컵으로 자연스럽게 내려가는 현상에 빗대어 경제성장원리를 제시한 이론이다. 이러한 주장은 분배와 형평성보다는 성장과 효율성을 중시하는 논리에 근거한다. 실제로 미국에서는 제41대 대통령인 부시가 1989년부터 1992년까지 낙수효과에 기반을 둔 경제정책을 채택하기도 했다.
그러나 1993년 1월 당선된 클린턴 행정부는 이를 뒷받침하는 근거가 없다는 이유를 들어 이전의 정책을 포기한 바 있다. 2015년 국제통화기금(IMF)은 선진국, 신흥국 및 개발도상국을 대상으로 한 연구(Causes and Consequences of Income Inequality : A Global Perspective, IMF, 2015년 6월)를 통해 상위소득 20% 계층의 비중이 커질수록 경제성장률이 낮아진다는 실증분석 결과를 발표하였는데 이는 낙수효과가 현실에서 작동하지 않을 수 있음을 시사한다.

금융 192 난외거래

난외거래는 은행의 권리 · 의무가 확정되지 않아 재무상태표상(On-balance Sheet) 자산 · 부채로 기록되지 않는 거래를 의미한다. 대표적인 난외(Off-balance Sheet)거래로는 신용대체거래(예 채무보증), 특정 거래 관련 우발채무(예 계약이행보증, 입찰보증, 환급보증 등), 무역금융(예 신용장), 증권인수보증(NIF ; Note Issuance Facility), 금리 및 외환 관련 파생상품거래의 신용리스크 상당액 등을 들 수 있다. 이러한 난외거래는 보증료 등을 통해 은행의 수익성에 기여하고 효율적인 리스크 이전을 가능하게 해주는 등의 장점이 있지만 복잡한 거래구조 등으로 인하여 방만하게 취급될 경우 리스크요인으로 작용할 수 있다. 따라서 감독당국은 최근 난외거래에 대한 감독을 강화하고 있으며 바젤은행감독위원회(BCBS)도 자기자본비율 규제시 난외자산을 위험가중자산에 포함시켜 적절한 자기자본을 유지하도록 하고 있다.

금융 193 교환사채(EB ; Exchangeable Bond)

교환사채란 사채권자의 의사에 따라 사채를 교환사채 발행기업이 보유하고 있는 타사 주식 등 여타의 유가증권과 교환할 수 있는 선택권이 부여된 사채를 말한다. 발행하는 채권에 주식이 연계되어 있다는 점에서 발행회사의 신주를 일정한 조건으로 매수할 수 있는 신주인수권부사채(BW ; Bonds with Warrant)나 발행회사의 주식으로 전환할 수 있는 권리가 부여된 전환사채(CB ; Convertible Bond) 등과 함께 주식연계증권으로 불린다. 발행회사가 보유하는 교환대상 유가증권은 상장유가증권으로 제한되고 있으며 증권예탁원에 의무적으로 예탁되어야 한다. 투자자는 미래의 주식가격 상승에 따른 시세차익을 기대할 수 있고 발행회사는 낮은 이자율로 사채를 발행하여 금융비용 부담을 덜 수 있어 회사채 발행을 통한 기업 자금조달을 촉진할 수 있는 장점이 있다. 반면에 투자자의 입장에서도 비교적 안정성과 이익 가능성이 겸비되어 있어 유리한 투자수단이 된다. 교환이 이루어질 때 발행기업의 자산과 부채가 동시에 감소한다. 교환사채는 신규자금 유입이 없다는 점에서 신주인수권부사채(BW)와는 다르고 신주발행에 따른 자본금의 증가가 없다는 점에서 전환사채(CB)와도 다르다.

금융 194 실업률 갭

실업률 갭은 실업률과 자연실업률간의 차이를 말한다. 실업률 갭은 노동시장의 여력(Slack)을 평가할 수 있는 유용한 지표로, 잠재GDP와 실제GDP의 차이인 GDP갭과 함께 경기수준 또는 경제 전반의 유휴자원을 파악할 때 유용하다.

실업률 갭이 양(+)인 경우에는 노동공급 여력이 양호한 상황으로 인플레이션압력이 높지 않음을 나타내며 실업률 갭이 음(−)인 경우에는 노동공급 여력이 소진된 상황으로 노동력 확보경쟁 등으로 인한 임금상승이 인플레이션압력을 높일 가능성이 큰 상황으로 볼 수 있다. 따라서 물가안정을 주된 정책목표로 하는 중앙은행의 경우 실업률 갭은 노동시장을 통한 인플레이션 상승압력을 평가하거나 통화정책 기조가 노동시장 수급불균형 해소에 어느 정도 부합하는지 등을 살펴보는데 유용하게 활용할 수 있다. 다만 중앙은행이 실업률 갭만을 염두에 두고 통화정책을 운영하는 데는 한계가 있는데 이는 실업률 갭의 구성요소인 자연실업률이 실시간으로 관측되지 않고 추정방법도 다양하여 정확한 추정이 이루어지지 않을 경우 중앙은행이 원하는 정책효과를 얻지 못할 수 있기 때문이다.

금융 195 개츠비곡선(Gatsby Curve)

개츠비곡선은 미국의 앨런 크루거 교수가 소설 『위대한 개츠비(The Great Gatsby, 1925)』의 주인공 이름을 인용해 만든 이론이다. 부모의 소득이 자식 소득에 영향을 미치는 탄력성 정도(세로축)와 소득불평등 지니계수(가로축)를 나타낸 표로 경제적 불평등과 사회적 계층 이동에 상관관계를 가졌는가를 나타낸다. 핵심 내용은 경제적 불평등이 높은 나라일수록 사회적 계층 이동은 어려워지고 경제적 불평등 정도가 낮을수록 사회적 계층 이동이 쉽다는 것이다.

금융 196 환차손 / 환차익

환위험은 크게 회계적 환위험(또는 환산환위험)과 거래적 환위험으로 나누는데, 이 중에서도 회계적 환위험이란 해외지사 및 자회사의 재무제표를 모기업의 재무제표와 연결시키기 위해 자산과 부채의 가치를 동일한 통화로 환산하는 과정에서 발생하는 환위험을 말한다. 환차손/환차익은 회계적 환위험과 관련되는 것으로, 한 경제주체가 외화자산 또는 부채를 보유하고 있을 때 환율변동에 따라 자국 통화로 평가한 자산(부채)의 가치가 변동하게 되는 바, 환율변동에 따라 이익이 발생하면 환차익이라고 하고 반대로 손실이 발생하면 환차손이라고 한다. 예를 들어 외화자산이 외화부채보다 많은 경우(외환매입초과포지션, Over-bought Positions 또는 Long Positions) 환율이 상승(하락)하면 환차익(손)이 발생하고 반대로 외화부채가 외화자산보다 많은 경우(외환매도초과포지션, Over-sold Positions 또는 Short Positions) 환율이 상승(하락)하면 환차손(익)이 발생한다. 환차손이 발생할 위험을 관리하는 방법으로는 리드 앤 드래그, 매칭, 자산부채관리 등 기업 내부적으로 환위험을 최소화하는 내부적 관리기법과 은행과의 외환파생상품을 이용한 대응거래 등을 통해 환위험을 커버하는 외부적 관리기법이 있다.

금융 197 로보어드바이저(Robo-advisor)

로보어드바이저(Robo-advisor)는 로봇(Robot)과 자문가(Advisor)의 합성어이다. 이는 인공지능 알고리즘, 빅데이터 등을 활용하여 투자자의 투자성향 · 리스크선호도 · 목표수익률 등을 분석하고 그 결과를 바탕으로 투자자문 · 자산운용 등 온라인 자산관리서비스를 제공하는 것이다. 서비스 제공 과정에서 비용으로 작용하는 사람의 개입을 최소화함으로써 기존 자산관리서비스보다 더 낮은 최소투자금액과 더 싼 수수료로 소액 자산을 가진 일반 개인도 더 쉽게 접근할 수 있게 되었다. 로보어드바이저 서비스는 금융회사의 자문 또는 운용인력이 로보어드바이저의 자산배분 결과를 활용하여 고객에게 자문(자문형)하거나 고객 자산을 직접 운용(일임형)하는 형태나, 로보어드바이저가 고객에게 자문하거나 고객 자산을 직접 운용하는 형태로 이뤄진다. 로보어드바이저 시장에서는 미국이 가장 앞서 나가고 있다. 우리나라의 경우 2017년 12월 현재 금융기관의 28개 알고리즘이 코스콤(KOSCOM)의 제1, 2차 테스트베드를 통과하여 은행, 증권사 및 투자자문사 등 총 19개 금융기관이 로보어드바이저 서비스를 제공하고 있다.

금융 198 코리보(KORIBOR)

코리보(KORIBOR)는 국내 은행들이 서로 자금거래를 할 때 기준이 되는 금리를 말한다. 금융시장이 발달하고 금융상품이 다양해지면서 국내에서도 영국 런던의 은행 간 단기자금거래 시 적용되는 금리인 LIBOR(London Inter-Bank Offered Rate)와 같은 은행 간 단기자금거래의 기준금리를 도입할 필요성이 높아졌다. 이에 한국은행은 은행, 전국은행연합회 등과 협의를 거쳐 2004년 2월 단기 기준금리 도입방안을 구체화하고 수개월간의 시범운영을 거쳐 같은 해 7월 26일 정식으로 도입하게 되었다.

코리보의 만기는 1주일부터 12개월까지 다양하며 총 15개 은행이 제시한 만기별 금리 중에서 상 · 하 각각 3개의 금리를 제외한 나머지 제시금리를 산술평균하여 산출된다. 코리보는 원칙적으로 매 영업일 오전 11시에 공표되고 당일 오후 3시에 전국은행연합회 홈페이지에 게재된다. 단기지표금리로서 코리보의 육성 노력에도 불구하고 금리호가의 기초가 되는 은행간 무담보 기일물거래가 미미하여 신뢰성이 낮아 일부 은행에서 변동금리대출, 기간물 콜거래 준거금리 및 내부이전금리로 제한적으로 활용되는 데 그치고 있다. 장기적으로는 은행간 단기자금거래뿐만 아니라 코리보 연동대출, 변동금리채권(FRN) 발행, 이자율스왑 등 다양한 금융거래에서 시장참여자들의 가격결정 기준으로 활용되고 예금 · 대출시장, 채권시장, 파생금융상품시장 등 여러 금융시장 간의 연계성을 높여 금융산업 선진화에도 일정 부분 기여할 것으로 기대되고 있다.

금융 199 콜옵션 / 풋옵션

콜옵션(Call Option)이란 거래당사자들이 미리 정한 가격(행사가격, Strike Price)으로 장래의 특정 시점 또는 그 이전에 일정 자산(기초자산)을 살 수 있는 권리를 매매하는 계약이다. 거래대상이 되는 자산은 특정 주식, 주가지수, 통화, 금리 등 매우 다양하다. 콜옵션 매도자로부터 동 자산을 매입할 수 있는 권리가 콜옵션 매입자에게 부여되는 대신 콜옵션 매입자는 콜옵션 매도자에게 그 대가인 프리미엄을 지급한다. 콜옵션 매입자는 현재 가격이 행사가격보다 높은 경우 매입권리를 행사하여 대상자산을 매입하게 되며 현재 가격이 행사가격보다 낮을 경우 매입권리를 포기하고 시장가격에 의해 대상자산을 매입한다. 이때 콜옵션 거래의 손익은 행사가격, 기초자산의 현재 가격 및 프리미엄에 의해 결정된다.

풋옵션(Put Option)이란 거래당사자들이 미리 정한 가격으로 만기일 또는 그 이전에 일정 자산(기초자산)을 팔 수 있는 권리를 매매하는 계약이다. 풋옵션 매입자에게는 동 자산을 매도할 수 있는 권리가 부여되는 대신 풋옵션 매입자는 풋옵션 매도자에게 그 대가인 프리미엄을 지급한다. 그러나 옵션은 권리를 행사하지 않을 권리도 있기 때문에 풋옵션 매입자는 자신에게 유리할 때만 권리를 행사하고 불리하면 권리를 포기할 수 있다. 그러나 풋옵션 매도자는 일정한 대가(프리미엄)를 받기 때문에 상대방의 권리행사에 반드시 응하여야 한다.

풋옵션 매입자는 기초자산의 현재 가격이 행사가격보다 낮은 경우 매도권리를 행사(기초자산 매도)함으로써 이익(행사가격-현재가격)-프리미엄을 얻게 되며 풋옵션 매도자는 손실프리미엄-(행사가격-현재가격)이 발생한다. 반면 기초자산의 현재 가격이 행사가격보다 높을 경우 풋옵션 매입자는 매도권리를 포기함으로써 지급한 프리미엄만큼 손실이 발생하고 풋옵션 매도자는 수취한 프리미엄만큼 이익을 얻게 된다.

금융 200 피셔효과(Fisher Effect)

피셔효과는 1920년대 미국의 경제학자 어빙 피셔(Irving Fisher)가 발표한 이론으로, 피셔방정식(Fisher Equation)은 명목금리가 실질금리와 기대인플레이션의 합계와 같다고 표현한다. 시중의 명목금리가 상승했다면 그것은 실질금리의 상승이 원인일 수도 있고, 기대인플레이션의 상승이 원인일 수도 있는 것이다. 피셔효과가 통화정책에서 나타나는 사례를 살펴보면, 중앙은행이 정책금리를 인상하면 즉각적으로 시중의 명목금리가 상승하지만, 중장기적으로는 오히려 명목금리가 하락할 수 있다. 이는 중앙은행이 통화긴축을 실시할 경우 물가안정에 대한 기대감이 높아져 기대인플레이션이 낮아지면서 명목금리가 하락하게 되기 때문이다.

한편 국제피셔효과(International Fisher Effect)는 자본의 국제적 이동이 자유롭다(즉, 국가 간의 실질금리는 동일하다)는 가정 하에 양국 간 명목금리의 차이는 양국통화 간 기대되는 환율변동과 같아진다는 이론이다. 국제피셔효과는 피셔방정식과 구매력평가설을 함께 적용하여 설명할 수 있다. 완전한 자본이동성이 성립(양국 간 실질금리는 동일)할 경우, 피셔방정식에 의하면 양국 간 명목금리 차이는 양국 간 기대인플레이션 차이와 같아진다. 여기에 구매력평가설(Purchasing Power Parity), 동일한 물품은 어떤 국가에서도 같은 가격에 구입한다는 일물일가(一物一價)의 법칙이 성립한다고 가정하면 이 경우에는 자국의 물가수준은 외국의 물가수준에 양국 간 환율을 곱한 값이 된다. 이 관계를 시간에 대해 미분하여 상대적 변화율을 구하면, 양국 간 기대인플레이션의 차이는 양국 간 기대되는 환율변동과 같게 된다. 따라서 피셔방정식과 구매력평가설이 동시에 성립한다면 양국 간 명목금리의 차이는 양국 간 기대되는 환율변동과 같다.

디지털 01 • 스미싱(Smishing), 큐싱(Qshing)

스미싱(Smishing)은 휴대전화 문자메시지(SMS)와 피싱(Phishing)의 합성어로, 인터넷 주소가 포함된 문자를 휴대폰 사용자에게 보내 악성 코드를 설치 후 개인정보나 금융정보를 탈취하는 해킹 기법이다. 스마트폰 이용이 늘어남에 따라, 신뢰할 수 있는 사람 또는 기업이 보낸 것으로 가장하여 개인 비밀번호 입력, 소액결제, 파일 설치 유도를 통해 정보를 탈취하는 수법으로 진화하고 있다.

큐싱(Qshing)은 QR 코드와 피싱(Phishing)의 합성어로, QR 코드를 통해 악성 앱을 다운받도록 유도하여 개인정보 및 금융정보를 탈취하는 금융사기 수법이다. 악성 코드에 감염되면 개인정보를 탈취 당할 뿐만 아니라 문자 수신 방해, 착신 전환 서비스 설정 등이 바뀌어 금융거래 시 SMS나 ARS 등 추가 인증을 우회하게 되어 금융 피해를 볼 수 있고 스미싱에서 한 단계 더 진화된 금융사기 기법이다.

디지털 02 • 머신러닝

머신러닝(Machine Learning)은 컴퓨터 스스로 데이터를 수집하고 방대한 분량의 데이터를 분석하는 과정이다. 특정 분야를 공부한 것과 같은 통찰력을 컴퓨터가 갖게 된다는 점에서 머신러닝이라 부르고, 우리말로는 '기계 학습'이라 한다. 머신러닝 기술은 특히 반복적이고 단순한 작업일수록 유용하다. 포털 사이트에서 제공하는 검색어 자동 완성 기능이나 스팸메일 분류 서비스 등이 대표적이다. 사진 인식이나 검색 등에서도 머신러닝 기술을 사용하여 파일명이 아닌 사진의 특성으로 남자, 여자, 아기, 강아지 등을 분류해 검색할 수 있다.

디지털 03 • 애그테크(Agtech)

애그테크는 농업(Agricultural)과 기술(Technology)의 합성어로, 농업 분야에 첨단 기술을 접목하여 효율성과 생산성을 극대화하는 분야이다. 스마트 농업, 정밀 농업, 농업용 로봇, 유전자 편집 등 농업 육성을 통해 일손 부족, 영농비용 상승 등 현장의 어려움을 극복하고 농산업 발전을 위해 디지털 혁신기업과 협력하여 농업을 미래 첨단산업으로 발전시킨다.

디지털 04

데이터 패브릭

데이터 패브릭(Data Fabric)은 섬유로 직물을 짜는 것과 같이 방대하고 다양한 데이터를 정리해 사용자가 원하는 데이터에 쉽게 접근하는 전략으로, 방대하고 다양한 데이터를 하나의 플랫폼으로 통합시켜 보완이 보장된 상태에서 데이터에 쉽게 접근하는 환경을 제공하여 온프레미스(On-premise), 클라우드, 하이브리드 클라우드 등에 관계없이 분산된 데이터를 하나의 플랫폼으로 합쳐서 관리를 간소화하는 것이 특징이다. 가상화된 레이어를 이용하여 저장된 데이터를 가져올 수 있어서 데이터 저장 시 비용을 줄일 수 있고 저장 용량을 늘릴 수 있다는 장점이 있다.

디지털 05

O4O(Online for Offline)

O2O(Online to Offline)는 오프라인과 온라인을 연결하는 단순 서비스로 소비자가 온라인 플랫폼을 통해 음식이나 물건을 주문하고 택시를 호출하는 것과 같이 오프라인 서비스를 온라인으로 구매하는 것에 초점을 맞춘 반면, O4O(Online for Offline)는 온라인을 통해 분석한 고객 데이터를 오프라인 사업에 적용하여 시장을 혁신하는 비즈니스 모델을 의미한다. O4O 서비스를 도입한 매장은 창고 공간과 판매 사원이 필요 없기 때문에 재고 관리와 인건비 부담을 덜 수 있고, 온라인으로 수집한 고객 데이터를 분석해 정밀한 맞춤형 마케팅도 가능하다.

디지털 06

제미나이(Gemini)

제미나이(Gemini)는 구글 딥마인드(Google DeepMind)에서 개발한 대화형 인공지능 모델을 말한다. 진화된 언어 모델인 팜 2(PaLM 2)를 기반으로 2023년 5월 10일 전 세계 180개국에서 바드(Bard)라는 이름으로 공개된 후, 같은 해 12월 6일에 제미나이라는 이름으로 변경되었다.

디지털 07 둠스크롤링

둠스크롤링(Doomscrolling)은 불행을 의미하는 둠(Doom)과 컴퓨터 화면을 위아래로 스크롤링(Scrolling)이 결합된 용어로, 부정적인 정보만을 찾아보는 행동을 일컫는다. 인간의 뇌는 생존 본능에 의해 부정적인 정보에 더 집중하게 되고, 부정적인 정보에 자주 노출되는 것은 스트레스 증가 등으로 자신에게 위해를 가할 수 있으므로 디지털기기 사용 시간을 제한을 두거나 부정적인 일보다 긍정적인 일에 집중하는 것이 좋다.

디지털 08 컴퓨터 클러스터링

컴퓨터 클러스터링은 여러 대의 컴퓨터들이 연결되어 하나의 시스템처럼 작동하게 만드는 기술을 말한다. 구성 요소인 개별의 컴퓨터를 노드(Node)라 하며, 서버로 사용되는 노드에는 각각의 운영 체제가 실행된다. 컴퓨터 클러스터는 저렴한 마이크로프로세서와 고속의 네트워크, 그리고 고성능 분산 컴퓨팅용 소프트웨어들의 조합 결과로 태어났다. 클러스터는 일반적으로 단일 컴퓨터보다 더 뛰어난 성능과 안정성을 제공하며, 비슷한 성능과 안정성을 제공하는 단일 컴퓨터보다 비용 면에서 효율적이다.

디지털 09 딥페이크(Deepfake)

딥페이크(Deepfake)는 인공지능이 다량의 데이터에 대한 반복 학습을 통해 처리 능력을 향상시키는 기술을 말하는 딥러닝(Deep Learning)과 가짜를 의미하는 페이크(Fake)를 합쳐 만든 조어이다. 주로 영상 속 인물의 얼굴이나 특정 부위를 다른 인물의 얼굴이나 해당 부위로 합성한 편집물을 의미한다.

디지털 10 디지털 리터러시(Literacy)

디지털 리터러시는 디지털 기기나 인터넷을 단순히 사용하는 것뿐만 아니라 디지털 기술을 활용하여 원하는 작업을 수행하고 정보에 접근하여 이해할 수 있는 능력을 말한다. 적극적으로 정보를 활용하여 정보를 수집하고 분석하며, 비판적으로 사고하고 창의적으로 문제를 해결할 수 있는 능력을 의미하며 현대 사회에서는 디지털 기술이 일상생활 전반에 걸쳐 중요한 역할을 한다.

용어확인 O/X_최신 금융 용어

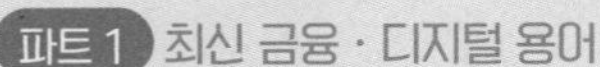

01 빅 배스(Big Bath)는 기업의 경영성과가 좋지 않은 시기에 미래의 부담을 줄이고 향후 실적이 개선된 것처럼 보이도록 가급적 많은 회계 손실을 한 번에 인식하는 방법으로, 주로 기존 경영진의 임기 중반에 발생한다. (○/ ×)

02 긱 이코노미(Gig Economy)는 전통적인 정규직 고용 대신 단기 계약, 프리랜서, 임시직 등 유연한 근로 형태로 이루어지는 경제를 말한다. (○/ ×)

03 기업의 사회적 책임이 대두되고 있는 상황에서 도입된 ESG 경영에서 E는 환경(Environment), S는 사회(Social), G는 정부(Government)를 의미한다. (○/ ×)

04 연간 총소득이 5,000만 원, 총 대출금액은 1억 원을 보유한 A 근로자가 대출금으로 인해 1년간 500만 원의 이자를 지급해야 하고, 1년간 원금상환액이 300만 원이라면, A 근로자의 DSR은 10이다. (○/ ×)

05 기업의 과거의 사건으로 인해 발생한 행위의 결과이나 그 의무를 지금 당장 이행할 필요가 없으나 그 의무의 이행이 미래에 발생할 확률이 높고, 그 금액을 신뢰성 있게 추정할 수 있으면, 기업은 그 의무를 우발부채로 재무제표상의 주석으로 표시해야 한다. (○/ ×)

06 주가연계예금(ELD)은 항상 그 원금이 보장된다. (○/ ×)

07 경기침체가 심각할 경우 한국은행이 경기부양을 목적으로 기준금리를 0.5%p 이상으로 인상하는 빅 스텝을 결정하게 되면 시장금리가 상승함에 따라 소비자들의 소비가 촉진되어 경기침체의 완화를 기대할 수 있다. (○/ ×)

08 밀크플레이션(Milkflation)은 우유 및 유제품 가격이 지속적으로 상승하면서 우유와 관련된 상품 가격이 일반적인 물가 상승률을 넘어 특히 빠르게 오르는 현상을 의미한다. (○/ ×)

09 경기는 확장과 수축을 반복하며, 경기가 수축되는 시기를 리세션(Recession)이라고 한다. (○/ ×)

10 블루골드(Blue Gold)는 파란 하늘을 귀중한 자원인 금(Gold)에 비유한 용어로, 대기오염 문제와 관련하여 공기 혹은 대기의 경제적 가치와 전략적 중요성이 높은 자원으로 간주됨을 나타낸다. (○/ ×)

11 어닝 쇼크(Earning Shock)는 기업이 발표한 실적이 시장의 예측을 크게 상회하는 경우로, 어닝 쇼크가 발생하면 대체로 해당 기업의 주가는 상승하는 경향이 있다. (○/ ×)

12 기준금리는 중앙은행에 가계나 기업에 대출할 때 적용되는 금리로, 기준금리가 인상되면 경제 전체적인 금리가 상승하는 경향이 있다. (○/ ×)

13 명령휴가제는 금융회사에서 직원의 부정행위 방지 및 내부 통제 강화를 목적으로 일정 기간 동안 부정행위가 발생할 가능성이 높은 부서의 직원에게 강제로 휴가를 부여하는 제도이다. (○/ ×)

14 뱅크런(Bank Run)은 은행에서 고금리 상품을 선착순으로 판매할 때 투자기회를 얻기 위해 투자자가 은행으로 몰리는 현상을 의미한다. (○/ ×)

정답과 해설

01	×	02	○	03	×	04	×	05	×	06	×	07	×	08	○	09	○	10	×	11	×	12	×	13	○
14	×																								

01 빅 배스는 기업의 경영성과가 안 좋은 시기에 가급적 손실을 많이 인식해서 향후 실적이 개선된 것처럼 보이게 하는 회계 관습으로, 주로 신규 경영진이 취임 초기 손실을 많이 인식하여 자신의 임기동안 성과개선이 보이도록 할 때 자주 관찰된다. 다만 이를 잘못하면 회계조작이 될 수 있기 때문에 주어진 회계기준의 범위 안에서 실행해야 한다.

02 긱(Gig)은 원래 음악 공연에서 사용되던 표현으로, 한 번의 짧은 작업이나 프로젝트를 의미한다. 오늘날에는 다양한 산업 분야에서 일회성 또는 단기 계약 작업을 수행하는 근로 형태를 포괄적으로 지칭하는 용어로 사용되고 있다.

03 ESG 경영은 환경(Environment), 사회(Social), 지배구조(Governance)의 세 가지 핵심 요소를 고려하여 지속 가능한 경영을 실현하려는 기업의 접근 방식으로, 기업의 비재무적 요소가 장기적으로 기업의 가치와 경쟁력을 높이는 데 중점을 둔다. ESG는 기업의 지속 가능성과 사회적 책임을 평가하는 기준으로 자리 잡고 있다.

04 DSR은 연간 소득 대비 연간 부채상환액(원금상환액)의 비율로, 연간 원금상환액은 대출금의 원금상환액과 이자상환액을 모두 포함한다. 따라서 A 근로자의 DSR은 (800/5,000)×100=16이다.

05 충당부채에 대한 설명이다. 기업은 의무에 대한 이행과 그 의무의 경제적 가치 둘 중 어느 하나가 명확하지 않으면 우발부채로 인식하고, 이를 재무제표의 주석사항에 기재한다. 다만 그 의무의 발생가능성이 높을 경우 충당부채로 인식하고 이를 재무제표 본문에 표시한다.

06 주가연계예금은 은행이 발행한 금융상품으로 운용주체는 이자수익을 주식 등에 투자하고, 원금을 안전한 자산에 투자하므로 원칙적으로는 원금이 보장되나, 만기 이전에 ELD를 해지하게 되면 원금보장이 되지 않을 수도 있다.

07 빅 스텝(Big Step)은 중앙은행이 기준금리를 한 번에 0.5%p(50bp) 이상으로 크게 인상하거나 인하하는 통화 정책 조치를 말한다. 경기침체, 물가 하락 시 일반적으로 중앙은행은 금리 인하를 통해 경제의 안정화를 꾀하려고 한다.

08 밀크플레이션은 사료, 비료, 연료 등 원자재비용이 증가하면서 우유의 생산비용의 증가하거나 기후 변화로 인한 사료생산 감소, 운송비 등의 증가 등으로 인해 우유와 유제품 가격이 상승하는 현상을 의미한다.

09 리세션(Recession)은 경제 성장이 둔화되고 실질 국내총생산(GDP)이 감소하는 시기로, 실업률 증가, 기업 수익 감소, 소비 및 투자 위축 등의 현상이 동반된다. 리세션은 흔히 경기 순환의 일부로 나타나며, 경제가 확장(Expansion) 단계에서 하락하는 국면에 해당한다.

10 블루골드(Blue Gold)는 물을 귀중한 자원으로 비유한 용어로, 청청한 물의 색깔과 금을 결합한 단어이다. 블루골드는 단순한 물 이상의 가치를 지닌 자원으로, 지속 가능한 물 관리와 기술 개발의 중요성을 나타낸다.

11 어닝 쇼크는 기업이 발표한 실적(순이익 또는 매출)이 시장의 예측에 크게 하회하는 경우로, 투자자들에게 충격을 주어 기업의 주가에 부정적인 영향을 미친다. 반대의 경우를 어닝 서프라이즈(Earning Surprise)라고 하며, 이 경우 해당 기업의 주가는 상승하는 경향이 있다.

12 기준금리는 중앙은행이 시중은행에 대출하거나, 시중은행이 중앙은행에 예치하는 자금에 적용되는 금리로, 전체 금융시장 금리의 기준이 된다. 기준금리 상승은 시중은행의 자본조달 비용 상승으로 가계와 기업의 조달금리가 상승하는 효과가 발생한다.

13 명령휴가제는 금융회사에서 직원에게 불시에 강제로 휴가를 부여하여, 직원을 일정 기간 업무와 물리적으로 분리시켜 장기적이고 조직적인 부정행위를 예방하거나 이미 발생한 부정행위를 탐지하기 위한 점검을 실시하는 내부통제 제도를 의미한다.

14 뱅크런(Bank Run)은 은행에 대한 신뢰가 급격히 하락하여 예금자들이 대규모로 예금을 인출하는 현상을 의미한다. 이 용어는 은행이 보유한 현금보다 더 많은 예금이 한꺼번에 인출되는 상황을 묘사하며, 이는 은행의 유동성 위기와 파산 위험을 초래할 수 있다.

15 소비자와 판매자간의 정보 비대칭이 심하여 품질 좋은 상품이 시장에서 사라지고 저품질 상품만이 남게 되는 시장을 피치 마켓(Peach Market)이라고 한다. (○/ ×)

16 공매도는 주가가 하락할 경우에는 수익을 얻지만, 예상과 달리 주가가 상승할 경우에는 큰 손실을 볼 수 있다. (○/ ×)

17 증권거래세는 주권 소유권이 이전되는 경우에 해당 주권 등의 양도가액에 대하여 과세되는 조세로 간접세에 해당한다. (○/ ×)

18 선물가격이 현물가격보다 높거나 결제월이 멀수록 선물가격이 높아지는 현상을 백워데이션이라고 한다. (○/ ×)

19 배당락이란 결산기일이 지나서 배당을 받을 권리가 없어진 주가의 상태를 말한다. (○/ ×)

20 기업에서 배당지급의 의사결정이 있을 경우 배당지급을 받기 위해 주주가 자신의 주권을 공식적으로 보유하고 있어야 하는 최초의 날을 배당기준일이라고 한다. (○/ ×)

21 디레버리지는 자본금을 지렛대로 삼아 더 많은 외부 자금을 차입하는 것을 말하며, 이 비율이 높을수록 자기자본대비 부채비율이 높다는 뜻이다. (○/ ×)

22 신용스프레드는 국고채와 회사채간 금리 차이를 뜻하며, 신용스프레드가 커졌다는 것은 기업들이 자금을 빌리기가 어려워졌다는 것을 의미한다. (○/ ×)

23 스톡옵션(Stock Option)은 회사가 임직원들에게 일정 기간이 지난 후에 일정 수량의 자사 주식을 사전에 정한 가격으로 매입할 수 있도록 부여한 자사 주식 매입권을 말한다. (○/ ×)

24 매몰비용(Sunk Cost)은 다시 되돌릴 수 없는 비용을 의미하며, 매몰비용과 관련된 기회비용은 영(0)이다. (○/ ×)

25 토빈의 Q는 기대이윤을 설비자금 조달비용으로 나눈 값이며, 이 비율이 1보다 작으면 자산을 효율적으로 운용한 것으로 투자매력이 생긴다고 본다. (○/ ×)

26 누진세란 과세표준과 세액과의 관계에서 과세표준의 증가와 함께 세율이 낮아지는 세금을 말하며, 부가가치세는 소득에 상관없이 일정하게 부담하므로 담세자의 입장에서 역진적 성격을 띠고 있는 조세라 할 수 있다. (○/ ×)

27 수평결합은 동종 또는 유사제품을 생산하는 경쟁기업간의 결합을 말하고, 수직결합은 생산자와 도 · 소매업자와 같이 동종산업에 속하나 거래단계를 달리하는 사업자간의 결합이다. (○/ ×)

28 콘체른이란 사업자가 다른 사업자와 공동으로 상품 또는 서비스의 가격, 거래조건, 생산량 등을 결정하거나 제한함으로써 경쟁을 제한하는 행위를 말한다. (○/ ×)

29 립스틱효과란 경기불황기에 최저 비용으로 품위를 유지하고 소비자의 심리적 만족을 충족시켜줄 수 있는 상품이 잘 판매되는 현상을 말한다. (○/ ×)

30 밴드왜건효과(Bandwagon Effect)는 소비자가 대중적으로 유행하는 정보를 쫓아 상품을 구매하는 현상을 말한다. (○/ ×)

정답과 해설

15	×	16	○	17	○	18	×	19	○	20	×	21	×	22	○	23	○	24	○	25	×	26	×	27	○
28	×	29	○	30	○																				

15 피치 마켓(Peach Market)은 소비자와 판매자 간 신뢰가 형성되고 정보 비대칭 문제가 완화되어 고품질 상품이 활발히 거래되는 시장을 의미한다. 정보 비대칭 문제로 인해 저품질 상품만이 남은 시장은 레몬 마켓(Lemon Market)에 대한 설명이다.

16 공매도는 투자자가 주식을 보유하지 않은 상태에서 주가 하락을 예상하고 금융기관으로부터 주식을 빌려 먼저 매도한 후, 주가가 하락하면 시장에서 주식을 매입하여 되갚은 후 차익을 얻는 투자를 말한다.

17 증권거래세란 주권이나 합명회사·합자회사 및 유한회사 사원의 지분이 계약상 또는 법률상의 원인에 의해서 유상으로 그 소유권이 이전되는 경우에 해당 주권 등의 양도가액에 대하여 과세되는 조세로 간접세에 해당한다.

18 콘탱고(Contango)에 대한 설명이다. 콘탱고와 반대적 상황, 즉 현물가격이 선물가격보다 높아지는 현상을 백워데이션(Backwardation)이라고 한다.

19 사업연도가 종료되어 배당을 받을 권리가 없어진 주가를 배당락(Ex-dividend)이라고 한다.

20 기업에서 배당지급 의사결정이 있을 경우 배당지급을 받기 위해 주주가 자신의 주권을 공식적으로 보유하고 있어야 하는 마지막 날을 배당기준일이라고 한다.

21 레버리지는 금융에서는 자본금을 지렛대로 삼아 더 많은 외부 자금을 차입하는 것을 말한다. 이 비율이 높을수록 자기자본대비 부채비율이 높다는 뜻이다. 디레버리지는 레버리지와 반대로 부채비율을 줄여나가는 것을 말한다.

22 신용스프레드는 자금조달이 힘들다는 뜻이기도 하기 때문에 국가의 신용상태를 나타내는 지표로 사용되기도 한다. 그래서 신용스프레드를 국가신용스프레드라고 부르기도 한다.

23 스톡옵션을 부여받은 회사의 임직원은 자사 주식을 사전에 정한 행사가격으로 구입해 주가변동에 따른 차익을 획득할 수 있다.

24 매몰비용은 의사결정을 하고 실행을 한 이후에 발생하는 비용 중 회수할 수 없는 비용을 말하며 이미 지급된 매몰비용에 대해서는 더 이상 아무것도 할 수 없고 이로 인해 현재 시점에서 아무것도 포기할 필요가 없기 때문에 매몰비용과 관련된 기회비용은 영(0)이다.

25 토빈의 Q는 기업 설비투자가 얼마나 이윤을 창출하는지에 관한 개념이며 이 비율이 1보다 작으면 자산을 효율적으로 운용하지 못한 것이 되고(저평가) 1보다 크면 자산을 효율적으로 운용한 것으로 투자매력이 생긴다고 본다.

26 역진세는 과세표준과 세액과의 관계에서 과세표준의 증가와 함께 세율이 낮아지는 세금을 말한다. 과세표준의 증가에 대하여 비례 이상으로 누진적으로 증가하는 세율을 누진세율이라 한다.

27 수평결합의 예로는 자동차 회사끼리 결합하거나 동일지역의 백화점끼리 결합하는 것이고 수직결합의 예로는 TV 생산회사가 디스플레이 패널을 생산하는 회사와 결합하는 것이다.

28 카르텔에 대한 설명이다. 콘체른은 하나의 지배적 기업과 하나 혹은 2개 이상의 피지배기업으로 이루어진 기업집단을 말한다.

29 여성 소비자의 어려운 경제여건을 나타내는 것으로 저렴한 립스틱만으로도 만족을 느끼며 쇼핑을 알뜰하게 하는 데에서 유래된 말이다.

30 밴드왜건효과는 유행에 동조함으로써 타인들과의 관계에서 소외되지 않으려는 비이성적인 심리에서 비롯된다.

31 외부경제(External Economy)는 어떤 행동의 당사자가 아닌 사람에게 편익을 유발하는 것으로, 외부경제의 예로는 대기오염, 소음공해 등을 들 수 있다. (○/ ×)

32 환포지션은 외국환은행이 원화를 지불하고 매입한 외환금액과 원화를 받고 매도한 외환금액과의 차이를 말한다. (○/ ×)

33 출구전략이란 현재는 의미가 확장되어 위기상황을 극복하고자 취했던 조치들의 부작용이나 후유증을 최소화하며 정상으로 돌아오기 위해 취하는 조치들을 포괄적으로 지칭한다. (○/ ×)

34 스튜어드십 코드는 금융기관이 투자자의 대리인으로서 책임을 다하겠다는 뜻으로, 상장사의 각 안건에 대해 의결권 찬반 여부를 사전에 공개하는 것도 스튜어드십 코드의 일환이다. (○/ ×)

35 LTV는 총부채상환비율을 의미하는데 주택을 담보로 돈을 빌리려 할 때 고객의 부채부담능력을 측정하는 지표이다. (○/ ×)

36 실업률이 낮고 물가가 안정되어 있어서 경제상황이 좋을 때 주식시장이 장기적으로 호황을 보이는 시장을 Bear Market이라고 부르고, 주식시장이 침체되어 주가가 하락하는 추세에 있는 상황은 Bull Market라고 한다. (○/ ×)

37 순이자마진이란 대출금리와 예금금리의 차이로 금융기관의 수입이 되는 부분을 말한다. (○/ ×)

38 금융기관의 스트레스 테스트는 예외적이지만 발생 가능한 위기상황을 상정하여 개별 금융기관, 금융부문 및 금융시스템 전체의 취약성과 복원력을 평가하는 기법을 의미한다. (○/ ×)

39 리디노미네이션이란 한 나라에서 통용되는 통화의 액면을 동일한 비율의 낮은 숫자로 변경하거나 이와 함께 새로운 통화단위로 화폐의 호칭을 변경하는 것을 의미한다. (○/ ×)

40 토빈세는 국제 투기자본(핫머니)의 급격한 자금유출입으로 각국의 통화가치가 급등락하여 통화위기가 촉발되는 것을 막기 위한 국경간 자본이동 규제방안의 하나이다. (○/ ×)

41 환리스크란 장래의 예상하지 못한 환율변동으로 인하여 보유한 외화표시 순자산(자산–부채) 또는 현금흐름의 가치가 변동될 수 있는 불확실성을 의미한다. (○/ ×)

42 표면금리가 높을수록 채권 매수자는 동일 액면가에 대해 더 많은 이자를 받게 된다. (○/ ×)

43 미국의 스탠더드 앤드 푸어스(S&P)와 무디스(MCO), 영국의 피치레이팅스는 국가의 신용등급을 평가하는 3대 신용평가기관이다. (○/ ×)

44 IP(Intellectual Property)금융은 지식재산을 바탕으로 이뤄지는 각종 금융활동을 일컫는 경제 용어이다. (○/ ×)

45 핑크 택스(Pink Tax)란 동일한 상품 또는 서비스에 대해 여성보다 남성이 더 많은 비용을 지불하는 현상을 일컫는 말이다. (○/ ×)

정답과 해설

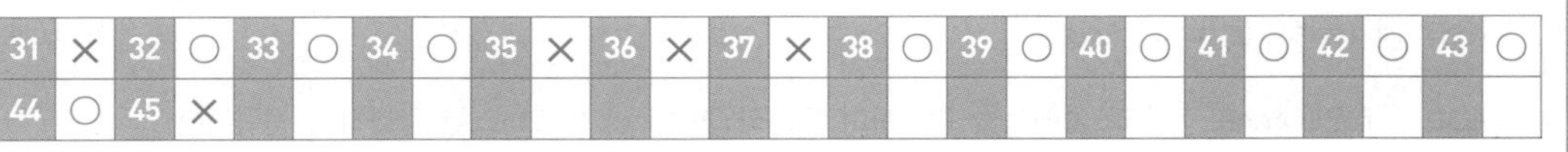

31	×	32	○	33	○	34	○	35	×	36	×	37	×	38	○	39	○	40	○	41	○	42	○	43	○
44	○	45	×																						

31 외부경제의 예로는 과수원 주인과 양봉업자의 관계를 들 수 있다. 외부불경제는 어떤 행동의 당사자가 아닌 사람에게 비용을 발생시키는 것으로 외부불경제의 예로는 대기오염, 소음공해 등을 들 수 있다.

32 환포지션은 환율에 의해 매매거래를 한 뒤 파악하는 외화채권의 재고량이다. 외화채권이 채무액보다 큰 경우 매입초과포지션(Overbought Position)이라 하고 그 반대의 경우 매각초과포지션(Oversold Position)이라 한다.

33 출구전략이란 경제위기 발생시 경기를 부양하기 위해 취하였던 각종 완화정책을 정상화하는 것을 말한다. 본래 군사전략에서 비롯된 용어로 미국이 베트남전쟁 당시 승산 없는 싸움에서 피해를 최소화하며 군대를 철수할 방안을 모색할 때 사용한 용어이다.

34 스튜어드십 코드는 금융기관에 돈을 맡긴 투자자(수탁자)들에 대한 기관의 도덕적 해이를 막고 투자자의 권리를 제대로 이행하기 위한 '지침'을 말한다.

35 DTI에 대한 설명이다. LTV는 담보인정비율을 의미하는데, 주택을 담보로 금융회사에서 대출을 받을 때 해당 주택의 담보가치에 대한 대출취급가능금액의 비율이다.

36 실업률이 낮고 물가가 안정되어 있어서 경제상황이 좋을 때 주식시장이 장기적으로 호황을 보이는 시장을 Bull Market이라고 부르고 주식시장이 침체되어 주가가 하락하는 추세에 있는 상황은 Bear Market라고 한다. 이러한 용어가 생성된 이유는 황소는 싸울 때 뿔을 위로 치받는 반면 곰은 앞발을 위에서 아래로 내려찍기 때문이라고 한다.

37 예대마진에 대한 설명이고, 순이자마진이란 예대업무뿐만 아니라 유가증권투자에서 얻는 수익과 비용까지 포함하는 광범위한 수익성지표로 총이자수익에서 총이자비용을 차감한 금액을 이자부자산 총액으로 나눈 값을 말한다.

38 금융기관의 스트레스 테스트에서는 위기 시나리오 하에서 예상되는 금융기관의 손익, 자본비율, 현금흐름 및 유동성 상황 등을 정량적으로 측정하여 리스크를 분석한다.

39 화폐단위를 1,000대 1, 100대 1 등으로 바꾸는 방식으로 이루어지며 리디노미네이션을 실시할 경우 거래편의 제고나 회계기장 간편화 이외에도 자국통화의 대외 위상 제고, 지하자금 양성화 등의 장점이 있다.

40 미국 예일대학교의 제임스 토빈(James Tobin) 교수가 1978년에 주장한 것으로 단기성 외환거래에 세금을 부과할 경우 연간 수천억 달러의 자금을 확보할 수 있다고 주장하였다.

41 환리스크는 기본적으로 외환포지션의 보유형태와 규모, 장래의 환율변동 방향과 변동폭에 따라 결정된다.

42 표면금리란 채권의 액면가에 대한 연간 이자지급비율을 채권표면에 표시한 것으로서 계약기간 동안 지급을 약속한 고정금리이다.

43 국가신용등급은 국제금융시장에서 그 나라의 투자여건과 차입 금리를 판단하는데 중요한 지표가 된다.

44 IP는 단어의 사전적 의미 그대로 '지식재산권'을 의미한다. 단순하게는 지식재산권을 담보로 대출을 받는 행위부터 특허 전문 기업에 투자를 하는 것 또한 IP금융에 속한다고 할 수 있다.

45 전통적으로 여성을 상징하는 색으로 쓰이던 분홍색과 세금을 합쳐서 '마치 여성에게만 붙는 세금 같다'고 표현한 것인데 기업이 여성용 상품을 내놓을 때 주로 분홍색을 사용한다는 점도 '핑크'를 붙이는 계기가 되었다고 한다.

용어확인 O/X_최신 디지털 용어

46 스미싱은 QR 코드를 악용한 피싱(Phishing) 공격으로, QR 코드를 스캔하도록 유도해 악성 링크로 연결하거나 악성 앱을 설치하게 만든다. (○/ ×)

47 머신러닝은 인공신경망을 기반으로 데이터에서 다층적 패턴을 학습하는 기술로 인공지능보다 상위의 개념이다. (○/ ×)

48 농업과 드론, 사물인터넷, 인공지능 등의 기술을 결합하여 생산성을 높이고 지속가능성을 추구하는 기술을 애그플레이션이라고 한다. (○/ ×)

49 O4O는 온라인(Online) 기술과 플랫폼을 활용하여 오프라인(Offline) 비즈니스를 강화하는 전략이다. (○/ ×)

50 마이데이터는 기업이 다양한 위치에 분산된 데이터를 통합하고 관리할 수 있는 통합 데이터 관리 기술이다. (○/ ×)

51 컴퓨터 클러스터링은 여러 대의 컴퓨터를 연결해 하나의 시스템처럼 작동하게 만드는 기술이다. 고성능 연산, 확장성, 가용성 증가와 같은 장점이 있어 슈퍼컴퓨터, 데이터 분석, 클라우드 컴퓨팅 등에 활용된다. (○/ ×)

52 딥페이크는 AI 기술을 활용해 사람의 얼굴이나 목소리를 조작한 콘텐츠를 생성하는 기술이다. (○/ ×)

53 디지털 리터러시는 디지털 기술과 도구를 사용하지 못하는 사람을 일컫는 용어로, 문맹과 비교하여 디지털 문맹이라는 부정적 의미를 갖고 있다. (○/ ×)

54 양자 컴퓨터는 양자역학의 원리를 이용해 기존 컴퓨터보다 훨씬 빠른 계산을 수행하는 차세대 컴퓨터이다. (○/ ×)

55 둠스크롤링은 미래를 항상 긍정적으로 표현하는 콘텐츠를 탐색하고 소비하는 인터넷 사용 행태로, 이러한 행동 패턴을 가진 사용자는 현실과 가상세계의 경제를 올바르게 구분하지 못하는 경향이 있다. (○/ ×)

정답과 해설

46	×	47	×	48	×	49	○	50	×	51	○	52	○	53	×	54	○	55	×						

46 스미싱(Smishing)은 문자 메시지를 이용해 악성 링크를 클릭하도록 유도하여 개인정보를 탈취하거나 악성코드를 설치하게 만드는 사이버 공격 기법이다. 해당 문제는 큐싱(Qshing)에 대한 설명이다.

47 머신러닝은 컴퓨터가 데이터를 학습하여 스스로 패턴을 찾아내고 예측하거나 결정을 내리는 인공지능 기술로, 인공지능의 한 영역이다. 딥러닝(Deep Learning)은 머신러닝의 하위개념으로 인공신경망을 기반으로 데이터에서 다층적 패턴을 학습하는 기술이다.

48 애그테크(AgTech)에 대한 설명이다. 애그테크는 농업과 기술을 결합하여 생산성을 높이고 지속 가능성을 추구하는 기술이다. 애그플레이션은 농산물의 가격이 증가하는 현상이다.

49 O4O(Online for Offline)에 대한 올바른 설명이다. O4O의 대표적인 사례는 쿠팡의 로켓배송, 배달의민족이 있으며, 온라인과 오프라인의 시너지를 통해 소비자 경험을 개선하는데 주요 목적이 있다.

50 마이데이터는 개인이 금융, 의료, 공공 등 다양한 분야에 분산된 본인의 데이터를 직접 소유, 관리, 활용할 수 있도록 하여, 개인의 데이터 주권을 강화하고 이를 활용한 맞춤형 서비스를 받을 수 있게 한다. 문제의 내용은 데이터 패브릭에 대한 내용이다. 기업은 데이터 패브릭을 통해 데이터 활용성을 극대화하고 기업 내부에서 데이터가 공유되지 않아 발생하는 데이터 사일로(Data Silo) 문제를 해결할 수 있다.

51 컴퓨터 클러스터링에 대한 올바른 설명이다. 컴퓨터 클러스터링은 고성능 연산, 확장성, 가용성 증가와 같은 장점이 있어 슈퍼컴퓨터, 데이터 분석, 클라우드 컴퓨팅에 활용된다.

52 딥페이크에 대한 올바른 설명이다. 딥페이크 기술은 허위 정보, 사기에 악용될 수 있는 위험이 존재하여 사용 시 이러한 점에 유의하여 사용해야 한다.

53 디지털 리터러시는 디지털 기술과 도구를 효과적으로 활용하고 평가하며 이를 윤리적으로 사용하는 능력을 의미한다.

54 양자 컴퓨터에 대한 올바른 설명이다. 양자 컴퓨터를 만드는 주요 기술로는 큐비트(Qubit), 양자 얽힘, 양자 중첩 등이 있으며, 양자 컴퓨터는 암호 해독, 신약 개발, 복잡한 최적화 문제 등을 해결하는데 도움을 줄 수 있다.

55 둠스크롤링은 부정적이고 우울한 콘텐츠를 계속해서 탐색하고 소비하는 인터넷 사용 행태를 뜻한다.

PART 01 확인문제

► 정답과 해설 2쪽

최신 금융

01 다음 중 어음관리계좌(CMA)에 대한 설명으로 올바르지 않은 것은?

① 입출금이 자유로우며 상대적으로 고수익 금융상품이다.
② 유동성이 높은 장기투자상품으로 분류된다.
③ CMA의 유형으로는 MMF형 CMA, RP형 CMA, MMW형 CMA가 있다.
④ 일반적으로 예금자보호대상 상품이 아니나 종금형 CMA는 예금자보호대상 상품이다.

02 다음 정보를 이용하여 BSI(기업실사지수)를 계산하면 얼마인가?

> 총 100개의 기업으로부터 향후 경기 전망에 대한 설문조사를 하였으며, 이중 40개 기업은 경기 상황이 긍정적이라고 응답하였으며 60개 기업은 경기상황이 부정적이라고 응답하였다.

① 80　② 100
③ 120　④ 140

03 다음 중 부동산 규제와 관련한 지표가 아닌 것은?

① LTV　② DTI
③ DSR　④ CSI

04 다음은 시장에 존재하는 A, B 두 기업의 가격 전략에 대한 상황이다. 두 기업의 내쉬균형전략은 어느 것인가? (단, 두 기업은 가격 상승과 인하만을 할 수 있으며, 표의 숫자는 의사결정에 따른 각 기업의 이익을 나타낸다)

		A 기업의 선택	
		인상	인하
B 기업의 선택	인상	10억 원	2억 원
	인하	4억 원	1억 원

① A 기업 : 인상, B 기업 : 인상
② A 기업 : 인상, B 기업 : 인하
③ A 기업 : 인하, B 기업 : 인상
④ A 기업 : 인하, B 기업 : 인하

05 다음의 통화정책 중 그 효과가 다른 하나는 어느 것인가?

① 기준금리 인상
② 통화발행 증가
③ 국채매입 증가
④ 지급준비율 인하

06 다음 중 이머징 마켓의 특징으로 올바르지 않은 것은?

① 선진국 시장과 비교하여 상대적으로 정치의 안정성이 낮다.
② 금융시장이 선진국 시장보다 발전이 더디어 유동성이 풍부하지 못하다.
③ 작은 내수시장과 정치 불안으로 인해 선진국 시장과 비교하여 경제성장률이 낮다.
④ 국제적으로 통화의 신뢰성이 낮아 글로벌 경기 상황에 따라 통화가치 변동성이 높다.

07 다음에서 설명하는 내용에 해당하는 것은?

> 이것은 세금처럼 직접적으로 부과되지는 않지만, 실질적으로 세금과 유사한 효과를 내는 비용이나 부담을 의미한다. 이는 정부가 직접적으로 세금을 부과하는 대신, 규제나 정책을 통해 민간 부문이나 개인이 부담하는 비용을 증가시킴으로써 나타나는 간접적인 경제적 부담이다.

① 간접세
② 그림자 조세
③ 외부효과
④ 과징금

08 다음 중 PF(Project Financing)에 대한 설명으로 올바르지 않은 것은?

① 인프라, 부동산 개발 등 대규모 프로젝트에 필요한 자금을 조달하는 금융기법이다.
② 해당 프로젝트가 보유하고 있는 실물자산의 담보를 기반으로 자금을 조달한다.
③ 비소구대출의 특징을 갖고 있다.
④ 프로젝트에서 발생하는 현금흐름으로 차입원리금을 상환한다.

09 다음 중 개인종합자산관리계좌(ISA)에 대한 내용으로 올바르지 않은 것은?

① ISA계좌는 크게 일반형, 서민형, 농어민형이 있다.
② 과거 5년 중 1회 이상 금융소득종합과세자면 가입할 수 없다.
③ 일반형은 비과세 한도가 200만 원이고, 비과세 한도 초과 시 분리과세한다.
④ 의무가입기간은 3년이며, 연간 2천만 원, 총납입한도 1억 원 이하로 납입을 할 수 있다.

10 다음에서 설명하는 ELS(주가연계증권)의 유형은?

> 투자기간 중 사전에 정해둔 주가 수준에 도달하면 확정된 수익으로 조기상환되며, 그 외의 경우에는 만기 시 주가에 따라 수익이 정해지는 구조이다. 투자기간 중 기초자산이 한번이라도 사전에 일정주가 이상 초과상승하는 경우 만기 시 주가지수와 상관없이 최종 수익률은 리베이트 수익률로 확정된다.

① 불 스프레드(Bull spread)형
② 디지털(Digital)형
③ Step-down형
④ Knock-out형

11 다음에서 설명하는 금융투자상품은 무엇인가?

> 개방형 집합투자기구이며 그 집합투자증권이 증권시장에 상장되어 있고, 투자자는 시장에서 보유증권을 매도하여 투자자금을 회수할 수 있다. 기초가 되는 지수가 투자자에게 적절히 공표되어야 하며, 대체로 안정적인 투자대상으로 평가받는다.

① ETF
② ELS
③ ELW
④ PEF

12 다음 중 ELF(Equity Linked Fund)에 대한 설명으로 올바르지 않은 것은?

① 투자원금이 보장되지 않는다.
② 직접투자형태로 운영된다.
③ 자산운용사가 자금을 운용한다.
④ 자본시장법상 금융투자상품으로 분류된다.

13 다음 정보를 이용하여 스트레스 DSR을 올바르게 계산한 것은?

- A 씨의 연간 총 수입이 1억 원이다.
- 현재 금리가 5%일 경우 A 씨의 연간 원리금 상환액은 2,000만 원이다.
- 금리가 6% 인상 시 A 씨의 연간 원리금 상환액은 2,500만 원이다.

① 5　　② 6
③ 20　　④ 25

14 다음에서 설명하는 것은 무엇인가?

금융기관이 단기적인 유동성 위기에 대응할 수 있는 능력을 측정하는 비율이다. 금융기관의 고유동성 자산(High-Quality Liquid Assets, HQLA)이 30일 동안 발생할 수 있는 순현금 유출(Net Cash Outflows)을 충분히 커버할 수 있는지를 나타내는 지표이다.

① 유동비율　　② BIS
③ LCR　　④ 부채비율

15 다음 중 엔 캐리 트레이드(Yen Carry Trade)에 대한 설명으로 올바르지 않은 것은?

① 엔화의 차입금리가 저렴할 때, 엔화로 차입하여 금리가 비싼 통화에 투자하는 방법이다.
② 엔화금리가 상승할 경우 투자자는 손실이 발생할 수도 있다.
③ 모든 변수에 변화가 없을 경우 엔화가치가 급격히 상승하면 투자자는 이익이 발생한다.
④ 일본의 외환, 금리가 안정적으로 유지될 경우 투자방법으로서 인기가 상승한다.

16 다음에서 설명하는 것은 무엇인가?

> 기존 시장의 수요가 포화 상태에 이르렀거나 성장 한계에 도달했을 때, 새로운 소비자 수요를 창출하거나 새로운 시장을 개척하는 전략을 의미한다. 기업은 소비자 행동의 변화나 새로운 기술을 활용하여 전통적인 수요 패턴에서 벗어나 새로운 가치를 제공하는 방식으로 시장을 확장한다.

① 레드오션전략　② 뉴디맨드(New Demand) 전략
③ 원가우위전략　④ 차별화전략

17 다음에서 설명하는 상황을 의미하는 용어는?

> 경기침체이면서 물가는 상승하고, 금리가 상승하고, 외환시장이 불안정하며, 금융시장의 전반적인 불안정성이 증가하여 투자자들의 심리가 위축되고 기업들의 자본조달이 어려워져서 미래의 불확실성이 증가하는 상황

① 유동성위기　② 칵테일 위기
③ 가격위기　④ 금융위기

18 다음에서 설명하는 것은 무엇인가?

> • 경제에서 인플레이션과 디플레이션이 번갈아가며 나타나는 혼란스러운 상황을 의미한다.
> • 특정 산업이나 지역에서는 물가가 급등하는 반면, 다른 곳에서는 물가가 하락하는 현상이 동시에 발생한다.

① 슬로프레이션(Slowflation)　② 왝플레이션(Whackflation)
③ 인플레이션(Inflation)　④ 디플레이션(Deflation)

19 일정 기간 동안 다양한 이유로 소비를 하지 못해 억눌린 소비가 일시적으로 표출되어 소비가 일시적으로 증가하는 현상은 무엇인가?

① 펜트업효과
② 베블런효과
③ 밴드왜건효과
④ 스놉효과

20 정부가 세금공휴일을 사용하면 얻게 되는 긍정적인 효과가 아닌 것은?

① 경제 활성화
② 외국인 투자 유치
③ 신산업 지원
④ 단기적인 세수 증가

21 경제가 불황이면 일반적으로 물가상승률이 하락해야 하는데, 경제가 불황임에도 불구하고 물가가 상승하는 현상은 무엇인가?

① DeFi
② 인플레이션 갭
③ 인페션(Infession)
④ 공황(Panic)

22 농산물과 같이 수요와 공급의 수량이 맞지 않을 때 공급에 시간이 오래 걸려서 시장의 수급 조정이 어려운 경우 시장의 공급부족과 공급과잉이 반복적으로 발생하는 현상을 설명하는 이론은 무엇인가?

① 거미집이론
② 총수요이론
③ 중첩세대이론
④ 합리적 기대이론

23 다음에서 설명하는 경제 구조는?

> 우리나라가 인구절벽 위기에 있다고 주장하는 의견도 있다. 만약 우리나라가 인구절벽 위기에 있다면 이러한 상황에서 경제성장률이 꾸준히 유지되도록 노년층의 경제 참여를 높여 노년층의 경제적 역할을 커지게 하는 경제 구조가 하나의 해법이다.

① 골디락스 경제 ② 욜디락스 경제
③ 긱 경제 ④ 덤벨경제

24 다음 중 에코스패즘(Eco-spasm)에 대한 설명으로 올바르지 않은 것은?

① 경제 지표가 짧은 기간 동안 급격히 변화하며, 안정되지 못하는 상태가 지속된다.
② 일반적인 경기 변동 주기와 다르게, 경기변동의 예측이 어려운 형태로 발생한다.
③ 금융시장의 불안정성이 증가하여 외부 요인에 크게 영향을 받는다.
④ 투자와 소비가 불안정하게 되어, 단기적인 변동은 고려하지 않고 장기적인 측면의 투자와 소비에 집중한다.

25 기업의 향후 수익전망과 무관하게 소셜 미디어 등에서 주목을 받아 주가가 급등하는 주식은 어느 것인가?

① 밈 주식 ② 가치주
③ 성장주 ④ 굴뚝주

26 다음에서 설명하는 내용은 무엇인가?

> 특정한 아티스트, 브랜드, 콘텐츠를 중심으로 열성적인 팬에 의해서 경제적 활동이 증가하는 현상으로, BTS 경제학도 넓은 범주에서는 이것에 속한다.

① 팬덤 경제 ② 긱 경제
③ 레그테크 ④ 킹 달러

27 주식투자를 할 경우 정기적으로 일정한 금액을 투자하는 투자전략은 무엇인가?

① 코스트 애버리지 ② 마켓타이밍
③ 평균-반전효과 ④ 소규모 기업효과

28 다음 중 COVID-19 팬데믹 이후 경제 전반에 발생한 주요 현상이 아닌 것은?

① 투어플레이션 ② 보복소비
③ 리오프닝 ④ 슈링크플레이션

29 다음에서 설명하는 현상은?

이것은 경기 침체없이 경제가 지속적으로 성장하는 상황을 나타낸다.

① 노 랜딩 ② 소프트 랜딩
③ 하드 랜딩 ④ 런치플레이션

30 주식, 채권, 펀드 등 금융투자상품에서 발생한 차익에 대해서 세금을 부과하기 위해 2025년 도입이 시도되었던 세금 제도는?

① 증권거래세 ② 금융투자소득세
③ 금융소득세 ④ 법인세

31 **실제 주식을 보유하지 않은 상태에서 주가 하락을 예상하고 주식을 빌려서 판매하고 나중에 주식을 구입해 갚는 거래방식을 의미하며, 주가하락을 조장한다는 비판이 있으나, 주식시장의 효율성과 유동성을 높이는 장점이 있는 것은?**

① 공매도　　② 대차거래
③ 사이드카　　④ 서킷 브레이커

32 **다음에서 설명하는 금리는?**

> 국제금융시장인 런던에서 우량은행끼리 단기자금을 거래할 때 적용하는 금리이며 국제금융시장의 기준금리로 활용되었다. 금융기관이 외화자금을 들여올 때 기준이 되는 금리로 사용되었으나 2012년 조작 논란 이후 2022년 단계적으로 폐지되었다.

① 토나(TONA)　　② 소파(SOFR)
③ 리보(LIBOR)　　④ 소니아(SONIA)

33 **다음에서 밑줄 친 이것에 해당하는 용어는?**

> <u>이것</u>은 대출금리와 예금금리의 차이로 금융기관의 수입이 되는 부분을 말한다. <u>이것</u>이 커지면 금융기관의 수입이 늘어나게 되고, 보통 대출금리가 오르면 예금금리가 오른다.

① 예대마진　　② 실질이자율
③ 경제적 이윤　　④ 회계적 이윤

34 다음 빈칸에 들어갈 단어로 옳은 것은?

> (　　　)은 선물가격이 현물가격보다 높거나 결제월이 멀수록 선물가격이 높아지는 현상을 말한다. 선물시장에서 결제월이 먼 선물가격은 결제월이 가까운 선물가격보다 높은 상태의 시장에서는 통상 수요가 공급을 초과하는데, 이런 점에서 이 상태를 흔히 정상시장(正常市場)이라고 부른다.

① 콘탱고　　② 듀레이션
③ 베이시스　　④ 백워데이션

35 다음 설명에 해당하는 용어는?

> 미국 연방준비제도이사회(FRB)가 연간 8차례 발표하는 미국 경제동향보고서로서, 연준 산하 12개 지역 연방준비은행이 기업인, 경제학자 등 전문가들의 의견과 각 지역 경제를 조사 · 분석한 결과를 집대성한 것이다.

① 그린북　　② 레드북
③ 블루북　　④ 베이지북

36 다음에서 밑줄 친 이것에 해당하는 용어는?

> <u>이것</u>은 총체적 상환능력 비율을 의미하는데, 차주의 연간 소득에 대한 모든 가계대출의 원리금 상환액의 비율이다. 이 비율을 구하는 식은 $\left(\frac{\text{모든 가계대출 연간 대출원리금 상환액}}{\text{연간 소득}}\right)$ ×100이다.

① DTI　　② DSR
③ LTV　　④ LT

37 다음은 무엇에 대한 설명인가?

> 수익률은 매우 높은 반면 신용도가 취약해 '정크본드(Junk Bond)'라고 불리는 고수익 · 고위험 채권에 투자하는 펀드로서 그레이펀드 또는 투기채 펀드로도 불린다. 만기까지 중도환매가 불가능한 폐쇄형이다.

① 행동주의 펀드　　② 헤지펀드
③ 하이일드펀드　　④ 뮤추얼펀드

38 다음에서 설명하는 펀드는?

> 이 펀드의 어원은 '위험을 상쇄하는 베팅이나 투자 등을 통해 손실을 피하거나 줄이려고 노력하는 것'으로 주식을 빌려 높은 차익을 고수하는 방법이다. 하지만 현재는 다양한 투자전략을 구사하며, 소수의 투자자들을 비공개로 모집하여 주로 위험성이 높은 파생금융상품을 만들어 절대수익을 남기는 펀드를 말한다.

① 헤지펀드　　② 메자닌펀드
③ 액티브펀드　　④ 인덱스펀드

39 다음에서 밑줄 친 이것에 해당하는 용어는?

> <u>이것</u>은 오랜 시간 동안 안정적인 이익을 창출하고 배당을 지급해온 수익성과 재무구조가 건전한 기업의 주식으로 대형 우량주를 의미한다. 주가 수준에 따라 고가우량주, 중견우량주, 품귀우량주 등으로 표현한다. 이 말은 카지노에서 포커게임에 돈 대신 쓰이는 세 종류의 칩 가운데 가장 가치가 높은 것에서 유래된 표현이다.

① 골드칩　　② 레드칩
③ 블랙칩　　④ 블루칩

40 다음에서 밑줄 친 이것에 해당하는 용어는?

> 이것은 개별 주식의 가격이나 주가지수와 연계되어 수익률이 결정되는 파생상품이다. 이것은 금융기관과 금융기관, 금융기관과 일반기업 간의 맞춤 거래를 기본으로 하는 '장외파생상품'으로, 거래의 결제 이행을 보증해주는 거래소가 없기 때문에 일정한 자격을 갖춘 투자매매업자만 발행이 가능하다.

① ELD ② ELS
③ ETF ④ ETN

41 다음 빈칸에 들어갈 적절한 용어는?

> 선물의 가격과 현물의 가격 차이를 ( )라고 하며, 정상적인 시장에서는 현물가격이 선물가격보다 낮게 형성되므로 ( )는 양(+)의 값을 갖게 된다. ( )는 만기일에 다가갈수록 0에 가까워지다가 결국 만기일에 0이 된다.

① 베이시스 ② 사이드카
③ 레버리지 ④ 키코

42 다음에서 밑줄 친 이것에 해당하는 것은?

> 이것은 각 금융회사가 고객으로부터 받은 예금 중에서 중앙은행에 의무적으로 예치해야 하는 자금의 비율을 말하며 통화량을 조절하는 금융정책수단으로 활용되고 있다.

① 실질이자율 ② BIS비율
③ 예대마진 ④ 지급준비율

43 **다음 중 빈칸에 들어갈 알맞은 말은?**

> (　　　　)는 각국 통화의 구매력 정도 또는 환율 수준을 측정하기 위해 햄버거 가격에 적용한 것으로 영국에서 발행되는 주간 경제전문지 이코노미스트지(The Economist)에서 1986년 이래 매년 발표하고 있으며 이 (　　　　)를 이용하여 일물일가의 법칙 또는 절대적 구매력평가를 간단하게 검증할 수 있는 기회를 독자들에게 제공한다는 취지이다.

① 통화지수　② 구매력지수
③ 물가지수　④ 빅맥지수

44 **다음에서 설명하는 재화나 서비스를 일컫는 말은?**

> 비경합성(Non–rivalry)과 비배제성(Non–excludability)을 가지고 있어 시장에서 공급이 되기 어려운 재화로서 국방서비스, 도로, 항만 등이 대표적 예다. 이러한 특성 때문에 가격을 책정하는 것이 힘들며 생산에 드는 비용은 부담하지 않으려 하면서 소비에는 참여하고 싶어 하는 무임승차자(Free–rider)의 문제가 발생한다.

① 내구재　② 공공재
③ 무상재　④ 정부재

45 **다음 중 빈칸에 들어갈 용어는?**

> (　　　　)이란 채권에서 발생하는 현금흐름의 가중평균만기로 투자자금의 평균회수기간을 의미한다. (　　　　)은/는 채권의 현금흐름 발생기간에 각 시점 현금흐름의 현재가치가 채권가격에서 차지하는 비중을 가중치로 곱하여 산출한다.

① 수익률　② 할인율
③ 듀레이션　④ 표면금리

46 다음에서 밑줄 친 이것에 해당하는 용어는?

> 이것은 한 번 올라간 소비수준이 쉽게 감소하지 않는 현상을 말한다. 소비의 상대적 안정성으로 인해 경기후퇴로 소득이 줄어든다 하더라도 소비가 같은 속도로 줄어들지 않아 소비가 경기후퇴를 억제하는 기능을 하게 된다.

① 승수효과 ② 피구효과
③ 톱니효과 ④ J커브효과

47 특정 상품에 대한 대중의 소비가 증가하면 떨어진 희소성에 반응하여 수요가 줄어드는 소비현상을 무엇이라고 하는가?

① 톱니효과 ② 스놉효과
③ 디드로효과 ④ 밴드왜건효과

48 경제 분야에서는 기업가치가 100억 달러 이상인 신생기업을 말하며 미국의 경제통신사 블룸버그가 처음 사용한 것으로 알려지고 있는 용어는?

① 유니콘기업 ② 데카콘기업
③ 엔젤기업 ④ 벤처기업

49 다음에서 밑줄 친 이것은 무엇인가?

> 이것은 새로운 제품 · 서비스에 대해 실증특례 및 임시허가를 통해 기존 규제를 면제하거나 유예해 주는 규제특례제도이다. 국민의 생명 · 안전 등 공익적 가치를 균형있게 고려하는 가운데 신기술 · 신산업 육성을 지원하는 제도이다.

① 규제 세이프박스 ② 산업 샌드박스
③ 산업 세이프박스 ④ 규제 샌드박스

50 **다음 (가)와 (나)에 들어갈 용어로 적절한 것은?**

> 선물가격이 전일 종가 대비 5% 이상 변동(등락)한 시세가 1분간 지속될 경우 주식시장의 프로그램 매매 호가의 효력이 5분간 정지되는데 이를 (가)(이)라고 한다. 이는 프로그램 매매만을 하루 한 차례에 한해 일시적으로 중지시키며, 발동 5분 후 자동으로 해제되며, 주식시장 매매거래 종료 40분 전 이후에는 발동하지 않는 특징이 있다. 한편 (나)은/는 1987년 미국에서 사상 최악의 주가 대폭락사태(22.6% 하락)인 블랙 먼데이(Black Monday)가 발생한 이후 주식시장의 패닉을 억제하기 위한 장치로 일시적 매매거래중단 제도이다.
> 즉, (가)은/는 (나)의 전 단계로 증권시장의 경계경보라 할 수 있으며, (나)은/는 공습경보라 할 수 있다.

	(가)	(나)		(가)	(나)
①	서킷 브레이커	사이드카	②	사이드카	서킷 브레이커
③	로스컷	백워데이션	④	백워데이션	로스컷

51 **다음 주식에 대한 설명으로 적절하지 않은 것은?**

① 옐로우칩은 블루칩보다는 시가총액이 작지만, 재무구조가 안정적이고 업종을 대표하는 종목들로 구성된 주식을 의미한다.

② 블랙칩에는 탄광이나 석유등과 관련된 종목뿐만 아니라 에너지 관련 종목들도 포함한다.

③ 블루칩은 위험이 높지만 수익창출이 높을 것으로 예상되는 종목들로 구성된다.

④ 레드칩은 홍콩 증시에 상장된 주식 중 중국 정부와 국영기업이 최대주주인 우량기업의 주식을 뜻한다.

52 **국제채권에 대한 설명으로 옳지 않은 것은?**

① 아리랑본드는 외국인이 국내에서 우리나라 통화인 원화로 발행하는 채권을 뜻한다.

② 김치본드는 외국인이나 국내기업이 우리나라에서 달러화 등 외화표시로 발행하는 채권을 의미한다.

③ 양키본드는 미국에서 비거주자가 발행하여 유통되는 달러화 표시채권이다.

④ 판다본드는 외국정부나 외국기업이 홍콩에서 자금을 조달하기 위해 위안화로 발행한 채권이다.

53 **다음 중 채권의 종류에 대한 설명으로 옳지 않은 것은?**

① 전환사채(CB)는 채권과 주식의 중간 성격을 지닌 유가증권이다.
② 중앙정부와 지방정부, 공기업이 발행하는 채권을 국공채라고 한다.
③ 정크본드는 신용등급이 낮은 기업이나 국가가 발행하는 채권을 뜻한다.
④ 코코본드는 주택담보대출, 국공채 등 우량자산을 담보로 발행되는 담보부채권의 하나이다.

54 **다음에서 설명하는 개념은 무엇인가?**

> 예대업무 뿐만 아니라 유가증권투자에서 얻는 수익과 비용까지 포함하는 광범위한 수익성 지표로 총이자수익에서 총이자비용을 차감한 금액을 이자부자산 총액으로 나눈 값을 말한다. 은행 순이익의 근간이 되기 때문에 은행의 수익성을 평가하는 주요 지표로 활용된다.

① NIM
② PER
③ EPS
④ BIS

55 **은행에서 고객에게 주택을 담보로 하여 자금을 대출해 줄 때, 담보가격대비 최대 대출 가능한 금액의 이름은 무엇인가?**

① DTI
② LTV
③ BIS
④ NIM

56 **총부채상환비율을 의미하는 것으로 대출상환금이 소득의 일정 비율을 넘지 않도록 제한하기 위해 총소득에서 부채의 연간 원리금 상환액을 차지하는 비율을 계산해 대출한도를 정하는 것을 무엇이라고 하는가?**

① LTV
② DSR
③ DTI
④ RTI

57 **다음 빈칸에 들어갈 용어로 옳은 것은?**

> 국제금융협회(IIF ; Institute of International Finance)에서는 (   )을/를 빅데이터 · 클라우드 · 머신러닝 등의 신기술을 활용해 금융관련 법규 준수 및 규제에 대한 대응보고를 유효하게 하는 기술로 정의하고 있다.

① 레그테크　② 벌지 브래킷
③ 블록체인　④ 어슈어뱅킹

58 **커버드본드(Covered Bond)에 대한 설명으로 옳지 않은 것은?**

① 이중상환청구권부 채권이라고도 불린다.
② 2011년 금융위는 가계부채 연착륙 종합대책의 일환으로 커버드본드의 활성화를 추진했으며, 2013년 12월 관련법이 국회를 통과했다.
③ 커버드본드는 발행기관이 주택담보대출채권, 공공기관대출채권 등 우량자산을 이용하여 담보자산의 풀(Pool)을 형성하고, 이를 담보로 발행하는 채권이다.
④ 커버드본드의 소지자는 후순위변제권자이다.

59 **다음은 무엇에 대한 설명인가?**

> 미군이 베트남전에서 전쟁을 종료하고 희생을 최소화하면서 빠져나오기 위해 사용했던 전략에서 유래된 말로, 경기회복 시점에서 금리인상, 흑자예산 등의 정책을 사용하는 것이 이 전략의 대표적인 예라고 할 수 있다.

① 후퇴전략　② 출구전략　③ 회복전략　④ 기만전략

60 **수익률은 높지만 신용등급이 낮은 펀드를 무엇이라 하는가?**

① 하이일드펀드　② 인덱스펀드
③ 헤지펀드　④ 상장지수펀드

61 다음에서 설명하고 있는 용어는 무엇인가?

> – 당국의 규제를 받지 않고 고수익을 노리지만, 투자 위험도 높은 투기성 자본
> – 조지 소로스의 퀀텀펀드, 줄리안 로버트슨의 타이거펀드가 대표적인 예

① 벌처펀드(Vulture Fund)
② 헤지펀드(Hedge Fund)
③ 인덱스펀드(Index Fund)
④ 탄소펀드(Carbon Fund)

62 다음은 무엇에 대한 설명인가?

> 이것은 성장률, 금리, 환율, 부동산 가격 같은 거시경제변수가 급격히 악화될 때 금융회사의 부실이 얼마나 늘어나는지, 또한 증가하는 손실에 대응할 수 있을 만큼의 자본금이 충분한지 등의 은행의 위기관리능력을 평가하는 금융감독 수단을 말한다.

① 은행세
② 볼커 룰
③ 바젤Ⅲ
④ 스트레스 테스트

63 다음에서 설명하는 용어는 무엇인가?

> 이것은 외환거래에 대해 일정 정도의 낮은 세율이 부과되는 세금으로 국제투기자본의 유 · 출입을 막기 위한 수단으로 주장되고 있다. 단기성 외환거래에 세금을 부과할 경우 연간 수천억 달러의 자금을 확보할 수 있다고 주장하는데 외환거래세가 부과될 경우 거래비용 증가로 일시적인 대규모 자금이동을 억제할 수 있다고 기대한다.

① 버핏세
② 토빈세
③ 로빈후드세
④ 구글세

최신 디지털

64 구글에서 개발한 AI 기반 대화형 언어 인공지능은 무엇인가?

① Gemini　　② ChatGPT
③ Alexa　　④ Watson

65 다음에 설명하는 인터넷 사용자의 행동은 무엇인가?

기쁨이나 재미를 느낄 수 있는 콘텐츠를 소비하는 행태를 가리키며, 엔터테인먼트나 긍정적 메시지를 의도적으로 찾아보는 행동

① 둠스크롤링(Doomscrolling)
② 필터 버블(Filter Bubble)
③ 조이스크롤링(Joyscrolling)
④ 폴리아나 원리(Pollyanna Principle)

66 다음 중 머신러닝에 대한 설명으로 올바르지 않은 것은?

① 인공지능의 하나의 종류이다.
② 비지도학습은 레이블이 없는 데이터를 통해 인공지능 스스로가 학습을 하는 것으로 인간의 감독하에 학습하는 형태이다.
③ 행동에 따른 벌점과 보상을 통해 학습하는 것을 강화학습이라고 한다.
④ 인공지능이 데이터 학습을 할 때 중요하지 않은 데이터까지 학습하여 데이터간의 패턴을 지나치게 세밀하게 만들어 내는 현상이다.

67 **다음 중 디지털 리터러시(Digital Literacy)와 가장 거리가 먼 것은?**

① 디지털 기술을 이용해 정보를 찾고, 평가하는 등 디지털 기술을 효과적으로 활용하는 능력이다.
② 디지털 기술을 사용자의 목적에 맞게 사용하는 능력으로 윤리적인 측면은 고려하지 않는 개념이다.
③ 디지털 기술을 활용하여 새로운 정보를 창조할 수 있는 능력도 포함한다.
④ 디지털 리터러시 역량이 부족할 경우 삶의 질, 경제활동 등 다양한 측면에서 부정적인 영향을 받을 수 있다.

68 **다음 중 O4O에 대한 특징으로 올바르지 않은 것은?**

① 오프라인 비즈니스 모델을 온라인과 통합하여 시너지를 창출하는 전략적 개념으로, 디지털 전환과 관련된 최신 비즈니스 트렌드 중 하나이다.
② O2O와 그 방향성이 같다.
③ 스타벅스의 온라인 주문 시스템은 O4O의 대표적인 예시가 될 수 있다.
④ 오프라인 매장의 구매 데이터를 활용하여 효과적인 서비스를 제공할 수 있다.

69 **컴퓨터 클러스터링의 주요 목적은 무엇인가?**

① 네트워크 속도 감소
② 데이터 처리의 효율성 증가
③ 소프트웨어 업데이트 자동화
④ 하드웨어 비용 절감

70 **다음 중 컴퓨터 클러스터링에서 로드 밸런싱의 역할은 무엇인가?**

① 사용자 인터페이스를 간소화한다.
② 작업을 고르게 분배하여 과부하를 방지한다.
③ 클러스터링 노드를 추가하지 못하도록 제한한다.
④ 저장된 데이터를 암호화한다.

71 데이터 패브릭의 도입으로 기대할 수 있는 이점은 무엇인가?

① 데이터 중복성을 높여 더 많은 저장 공간을 확보할 수 있다.
② 데이터 접근 속도를 저하시켜 보안을 강화한다.
③ 데이터 관리와 활용을 자동화하여 비즈니스 민첩성을 향상시킨다.
④ 물리적 데이터 센터를 완전히 제거한다.

72 딥페이크(Deepfake) 기술은 주로 어떤 기술을 기반으로 동작하는가?

① 블록체인
② 가상화 기술
③ 생성적 적대 신경망(Generative Adversarial Networks, GAN)
④ 데이터베이스 관리 시스템

73 양자 컴퓨터(Quantum Computer)의 주요 특징 중 하나인 양자 중첩(Quantum Superposition)은 무엇을 의미하는가?

① 양자 비트가 0과 1의 값을 동시에 가질 수 있는 상태
② 양자 비트가 물리적 메모리 크기를 두 배로 확장하는 기술
③ 양자 비트가 서로 간섭을 일으켜 데이터를 삭제하는 현상
④ 양자 비트가 오류를 자동으로 수정하는 상태

빈출유형 기출분석

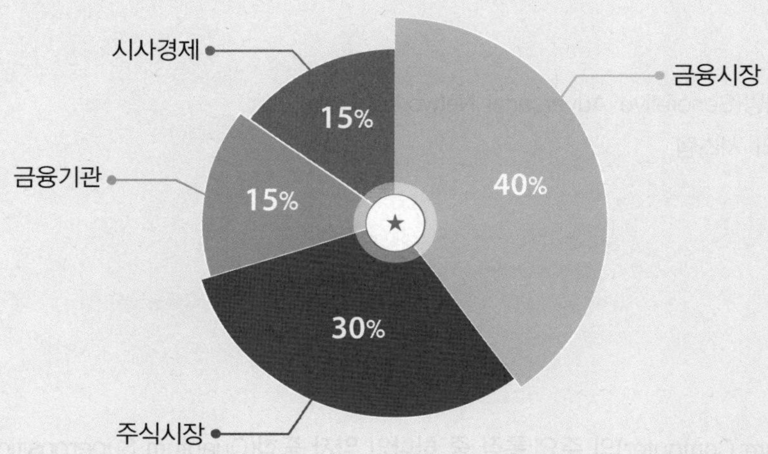

합격전략

금융상식에서 가장 큰 비중을 두고 파악해야 하는 것은 금융의 기능과 금융을 구성하는 요소들이다. 금융이 가지고 있는 기능들에 이해하고 모든 금융이 거래되는 공간을 지칭하는 금융시장에 대한 파악이 앞서 이루어져야 한다. 금융과 관련해서는 주식, 투자, 채권, 증권 등의 개념이 등장하므로 이들에 대한 확실한 차이점을 파악해 비교할 수 있어야 한다. 또한 주식배당과 이에 관련된 여러 용어들에 대해 숙지하고 그 개념을 정확히 이해하고 있어야 한다. 또한 다양한 파생상품시장의 개념과 특징에 대해 명확한 구분을 둘 수 있도록 파악하는 것이 중요하다.

금융 · 경제 · 경영상식

파트 2

금융상식

✪ 테마 유형 학습

✪ 빈출 지문에서 뽑은 O/X

✪ 기출예상문제

경제의 순환과 금융의 기능

경제활동은 우리 생활에 필요한 재화와 서비스를 생산 · 분배 · 소비하는 활동을 말한다. 가계 · 기업 · 정부 그리고 외국과 같은 경제활동의 주체들은 시장에서 때로는 공급자로서, 때로는 수요자로서 역할을 한다.

1 국민경제의 순환

1. 경제주체

(1) 기업은 생산물시장에서는 공급자가 되지만 요소시장에서는 수요자가 된다. 반대로 가계는 생산물시장에서는 수요자가 되지만 요소시장에서는 공급자가 된다.

(2) 정부도 시장경제의 순환과정에서 다양한 모습으로 참여하고 있는데, 생산물시장이나 요소시장에 수요자로 참여하기도 하고 공급자로 참여하기도 한다. 우리나라에서 가장 많은 사람을 고용하는 주체는 정부이다.

(3) 개방경제에서는 생산물시장이나 요소시장에서의 외국인이나 외국의 역할도 매우 크다.

2. 경제의 순환과 금융

〈국민경제의 순환〉

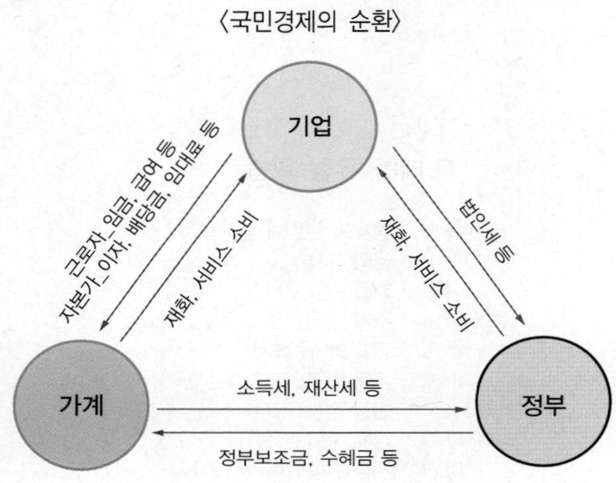

(1) 생산 · 소비 · 유통 · 분배와 같은 경제활동이 원활하게 일어나기 위해서는 각 경제주체 간에 일어나는 거래를 뒷받침할 수 있는 돈의 양이 충분해야 하고, 돈의 흐름을 원활하게 해 주는 금융시장이 잘 발달되어 있어야 한다.

(2) 선진국들은 생산물의 크기도 크지만 경제활동을 뒷받침하는 금융시장도 잘 발달되어 있는 데 비해서 개발도상국들은 상대적으로 생산성도 낮고 금융시장도 낙후되어 있다.

2 금융의 기능

1. 자금의 중개 기능

(1) 금융은 여유자금을 가진 사람들의 돈을 모아서 자금이 필요한 사람에게로 전달하는 중개 기능을 한다. 사람들이 은행에 저축을 하면 이 돈을 모아서 돈이 필요한 가계, 기업 그리고 정부에 대출하는 것이 전형적인 자금중개 형태이다.

(2) 금융은 개인 · 기업 · 정부에 필요한 유동성을 제공하는 역할을 한다. 개인 · 기업 · 정부가 자신들이 소유한 자산을 필요할 때 쉽게 현금으로 전환하는 것은 금융의 도움이 있어야 가능하다.

2. 거래비용 절감 기능

(1) 금융은 금융거래에서 발생하는 비용과 시간을 줄여 준다. 금융시장이 없다면 여유자금을 가진 사람은 돈을 빌려주거나 저축할 곳을 찾는 데 많은 시간과 노력이 필요할 것이고, 반대로 자금이 필요한 사람들도 필요한 자금을 조달할 곳을 찾아 다녀야 한다.

(2) 금융시장도 일반시장처럼 수요자와 공급자에게 필요한 정보를 제공하여 금융거래 비용과 시간을 줄여 주는 역할을 한다.

3. 투자기회 제공 기능

(1) 금융은 여유자금을 가진 사람들에게 투자의 기회를 제공한다.

(2) 금융시장은 여유자금을 가진 사람에게는 투자의 기회를 제공하고 자금이 필요한 사람에게는 자금을 공급하여 효율적인 자원배분에 기여한다.

4. 위험수단관리 제공 기능

금융이 잘 작동하면 불확실성이나 위험을 적절히 분산하거나 해소할 수 있다. 금융은 다양한 분산투자 기회를 제공함으로써 위험으로부터 투자자를 보호하고 비슷한 위험에 처한 사람들을 모아서 보험을 제공함으로써 위험으로부터 사람들을 보호하는 기능을 한다.

5. 가계의 자산관리수단 제공 기능

소득과 지출의 차이는 금융을 통해 해소할 수 있다. 지출에 비해 소득이 많을 때에는 저축 등을 이용하고, 소득에 비해 지출이 많을 때에는 대출 등을 이용함으로써 소득과 지출 간의 불일치를 해소할 수 있다.

금융의 의의
- 흑자 주체에서 적자 주체로 돈이 이동하는 것을 금융이라 한다. 즉 여유자금이 있는 흑자 주체(저축자 : 공급자)가 돈을 빌려주거나 적자 주체(차입자 : 수요자)가 돈을 빌리는 것을 금융이라 하고 금융거래가 일어나는 곳을 금융시장이라고 한다.
- 경제활동이 원활하게 일어날 수 있도록 윤활유 역할을 하는 것이 금융이다. 금융이 없으면 생산 · 소비 · 유통 · 분배활동이 부드럽게 일어날 수 없다.

최신 금융 · 디지털 용어
금융상식
경영상식
경제상식
실전모의 1회
실전모의 2회

대표기출유형

다음 중 금융의 기능으로 보기 어려운 것은?

① 자금의 중개 ② 거래비용 증가
③ 투자기회 제공 ④ 위험수단관리 제공

정답 ②

해설 금융의 기능에는 자금의 중개 기능, 거래비용 절감 기능, 투자기회 제공 기능, 위험수단관리 제공 기능, 가계의 자산관리수단 제공 기능 등이 있다.

테마 02

금리(이자율)

일상생활 속에서 우리는 여유자금을 금융회사에 저축하거나 투자하고 반대로 돈이 부족하면 대출을 받기도 한다. 이때 돈을 빌린 사람이 일정 기간 돈을 사용한 대가로 돈을 빌려준 금융회사에 지급하는 것을 이자라고 하며 기간 당 원금에 대한 이자의 비율을 이자율 또는 금리라고 한다. 예를 들어 이자율 5%로 1년간 100만 원을 대출받는다고 하면, 돈을 빌린 채무자는 채권자에게 5만 원의 이자를 지급해야 한다.

1 금리 일반

1. 금리의 정의

자금이 거래되는 금융시장에서 자금수요자가 자금공급자에게 자금을 빌려 사용한 대가로 지급하는 것을 이자라 하며, 이자를 빌린 원금으로 나눈 비율을 이자율 또는 금리라고 한다.

2. 금리의 결정

(1) 상품시장에서 상품의 가격이 수요와 공급에 의해 결정되는 원리와 마찬가지로 금리도 금융시장에서 자금의 수요와 공급에 의해 결정된다.

(2) 자금에 대한 수요는 가계소비, 기업투자 등에 영향을 받고 자금의 공급은 가계의 저축행태, 한국은행의 통화정책 등에 따라서 달라지는데, 자금에 대한 수요와 공급이 변하면 금리가 변동하게 된다. 즉 자금수요가 증가하면 금리는 상승하고, 반대로 자금공급이 늘어나면 금리가 하락한다.

〈금리 결정〉

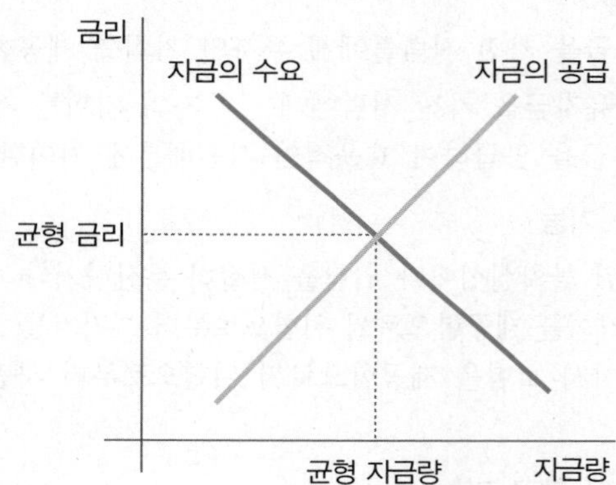

금리의 변동은 가계 소비, 기업 투자 및 물가수준, 국가 간 자본이동 등 여러 분야에 영향을 미친다.

3. 금리의 영향

(1) 저축에 영향 : 금리가 오르면 저축으로 얻을 수 있는 이자소득이 증가하므로 가계는 현재의 소비를 줄이고 미래의 소비를 늘리기 위해 저축을 증가시킨다. 반면 금리가 하락하면 미래 소비를 줄이고 현재 소비는 늘리기 위해 저축을 줄이게 된다.

(2) 물가에 영향 : 금리가 상승하면 기업의 생산을 위한 자금조달비용이 늘어나 상품가격이 상승할 수도 있지만 가계소비와 기업투자 위축으로 인해 경제 전체적인 물품수요가 감소하여 물가가 하락할 수 있다.

(3) 국가 간 자금흐름에 영향 : 개방경제하에서 국내금리보다 외국금리가 높을 경우, 국내자금이 외국으로 유출되거나 외국자금의 유입이 줄어든다. 반대로 국내금리가 높을 경우, 국내자금의 해외유출이 줄어들거나 외국자금의 국내유입이 늘어나게 된다.

(4) 금리는 가계소비, 기업투자, 물가 등 실물부문뿐만 아니라 국가 간 자금흐름에도 영향을 미치기 때문에 각국의 중앙은행은 기준금리를 조정하여 시장금리에 영향을 줌으로써 경제 전체의 흐름을 안정화시킨다.

2 금리의 종류

1. 기준금리

(1) 기준금리의 의의 : 기준금리는 우리나라 중앙은행인 한국은행이 국내 물가, 경기 및 금융 · 외환시장 상황, 세계경제의 흐름 변화 등을 종합적으로 고려하여 금융통화위원회의 의결을 거쳐 결정하는 정책금리이다.

(2) 한국은행의 기준금리

① 한국은행 기준금리는 한국은행이 금융기관과 환매조건부증권(RP) 매매, 자금조정 예금 및 대출 등의 거래를 할 때 기준이 되는 정책금리로서 간단히 '기준금리'라고도 한다.

② 한국은행은 기준금리를 7일물 RP매각 시 고정입찰금리로, 7일물 RP매입 시 최저입찰금리로 사용한다. 자금조정예금금리는 기준금리에서 100bp를 차감한 이율(최저이율은 0%)로, 자금조정대출금리는 기준금리에서 100bp를 더한 이율(기준금리가 1% 미만일 경우 기준금리의 2배)로 운용한다.

③ 한국은행 금융통화위원회는 물가 동향, 국내외 경제상황, 금융시장 여건 등을 종합적으로 고려하여 연 8회 기준금리를 결정하고 있다.

(3) 기준금리의 영향 : 기준금리는 초단기금리인 콜금리에 즉시 영향을 미치고, 장단기 시장금리, 예금 및 대출금리 등의 변동으로 이어져 궁극적으로는 주식, 채권, 부동산, 외환 등 자산의 가격에 영향을 주기도 하고, 경제주체들의 물가상승 기대에 영향을 주어 실물경제 및 물가를 변동시킨다.

2. 시장금리

(1) 단기금리

① 단기금리는 1년 미만의 단기자금을 대상으로 금융회사나 거래금액이 크고 신용도가 높은 사람들이 거래하는 금융시장에서 결정되는 이자율이다.

② 단기금리는 주로 금융회사 간에 자금을 빌릴 때 적용되는 콜금리, 판매자가 다시 사는 것을 전제로 한 채권거래인 환매조건부채권(RP)과 무기명 예금증서인 양도성예금증서(CD)의 수익률이 기준이 된다.

(2) 장기금리

① 장기금리는 1년 이상 채권의 수익률을 기준으로 하는데, 1년 이상의 국공채, 회사채 그리고 금융채 등의 수익률이 거래의 기준금리로 이용된다.

② 대체로 장기금리가 단기금리보다 높은데, 이는 자금을 빌리는 사람이 장기간 안정적으로 돈을 사용할 수 있는 이익이 있기 때문에 더 높은 이자를 지급한다고 생각할 수 있다.

(3) 시장금리의 결정

① 시장금리는 신용도에 따라 달라진다. 개인 또는 기업마다 신용도가 다르기 때문에 금융회사의 입장에서는 돈을 빌려주는 데에 따른 위험이 신용도에 따라 다르다.

② 금융회사는 거래상대방의 신용상태를 파악하기 위해서 신용평가회사를 활용한다. 현재 Moody's, S&P, Fitch IBCA의 세계 3대 신용평가사가 있고 우리나라에는 NICE신용평가, 한국신용평가, KCB 등이 있다.

대출금리 = 기준이 되는 금리 + 개인별 우대금리나 가산금리

3. 단리와 복리

(1) 단리

① 단리는 일정한 시기에 오로지 원금에 대해서만 약정한 이율을 적용하여 이자를 계산하는 방법이다.

② 이자는 원금에 합산되지 않기 때문에 이자에 대한 이자가 발생하지 않는다. 따라서 원금에만 이자가 발생한다.

③ 계산식

$$FV = PV \times [1 + (r + n)]$$

(FV=미래가치, PV=현재가치, r=수익률(연이율), n=투자기간)

예 100만 원을 연 10%의 금리로 2년간 단리로 저축할 경우, 단리방식으로는 120만 원[=100만 원×(1+0.1×2)]이 된다.

(2) 복리

① 복리는 이자에 대한 이자도 함께 감안하여 계산하는 방법이다. 즉 원금과 이자가 재투자된다는 가정하에 복리계산을 한다.

② 계산식

$$FV = PV \times (1 + r)^n$$

(FV=미래가치, PV=현재가치, r=수익률(연이율), n=투자기간)

예 100만 원을 연 10%의 금리로 2년간 복리로 저축할 경우, 복리방식으로는 121만 원[$=100$만 원$\times(1+0.1)^2$]이 된다.

4. 명목금리와 실질금리

(1) 명목금리 : 명목금리는 돈의 가치 변동을 고려하지 않고 외부로 표현된 표면상의 금리를 말한다. 즉 금융회사가 공시하는 예금 및 대출금리와 금융시장에서 결정되는 국고채 및 회사채 금리는 물가 변동을 고려하지 않은 명목금리이다.

(2) 실질금리 : 실질금리는 물가상승률을 고려한 금리를 의미한다. 실제로 가계가 물가상승분을 반영하지 않는 명목금리만으로 보고 예금을 할 때에는 실질적으로 손해를 볼 수가 있다.

실질금리 = 명목금리 − 물가상승률

(3) 명목금리와 실질금리의 관계 : 금년 중 1년 만기 정기예금의 명목금리가 3%이고 물가상승률이 1%일 경우 명목금리는 3%이지만 실질금리는 3−1=2(%)가 된다.

5. 코픽스(COFIX)

(1) 코픽스(COFIX)란 전국은행연합회에서 국내 8개 은행이 제공한 자금조달 관련 기초자료를 이용하여 산출한 자금조달비용지수를 말한다.

(2) 대상은행 : KB국민은행, 신한은행, 우리은행, KEB하나은행, SC제일은행, 한국씨티은행, 농협은행, 중소기업은행

(3) 대상금융상품 : 정기예금, 정기적금, 상호부금, 주택부금, 양도성예금증서, 환매조건부채권매도, 표지어음매출, 금융채(후순위채 및 전환사채 제외) 단, 단기 코픽스는 단기금융상품(계약 만기 3개월물)을 대상으로 산출한다.

(4) 코픽스 공시

① 공시일 : 신규, 잔액 코픽스는 매월 15일(공휴일은 익영업일) 15시, 단기 코픽스는 매주 +3영업일 15시

② 신규취급액 COFIX, 잔액기준 COFIX, 단기 COFIX 세 가지로 구분하여 공시하고 있다.

- 신규취급액기준 COFIX : 은행이 월중 신규로 조달한 지수산출대상 금융상품에 적용한 금리를 금액으로 가중평균한 금리지수
- 잔액기준 COFIX : 은행이 월말 지수산출 대상 금융상품잔액에 적용한 금리를 금액으로 가중평균한 금리지수
- 단기 COFIX : 은행이 주간 신규로 조달한 지수산출대상 금융상품에 적용한 금리를 금액으로 가중평균한 금리지수

참고

미국 기준금리 인상이 우리나라 금융시장에 미치는 영향

미국 연방준비제도는 12개의 지역연준, 연준이사회 및 공개시장위원회로 구성된다. 이 중 공개시장위원회는 7명의 연준이사회 위원, 뉴욕연준 의장 및 투표권이 있는 4개의 지역연준 의장으로 구성되는데, 공개시장위원회(FOMC)에서는 미 연준 기준금리 목표수준을 결정하고, 연방준비제도이사회는 공개시장조작을 명령하여 미 연준 기준금리가 목표수준에서 결정될 수 있도록 한다.

만약 미국이 기준금리를 인상하면 신흥국들도 기준금리 인상 압력을 받게 된다. 신흥국과 미국의 기준금리 차이가 줄어들면 신흥국 금융시장의 매력도가 떨어지면서 외화자금이 신흥국에서 이탈할 유인이 커지기 때문이다. 이와 동시에 달러화에 대한 수요가 증가하여 신흥국 화폐가치가 떨어지면서 외국인 자본의 이탈을 가속화하고, 수입물가 상승으로 인플레이션을 촉진시키기도 한다. 신흥국 입장에서는 단기적으로 실물부문에서 수출개선 효과가 나타날 수 있으나, 금융시장 불안이 지속될 경우 장기적으로는 경제여건 악화로 이어질 수 있다.

대표기출유형

가산금리에 관한 설명으로 옳은 것을 모두 고르면?

ㄱ. 기준금리에 신용도 등의 조건에 따라 덧붙이는 금리이다.
ㄴ. 신용도가 높으면 가산금리는 높아진다.
ㄷ. 스프레드(Spread)라고도 한다.
ㄹ. 대출 등의 금리를 정할 때 기준금리에 덧붙이는 위험가중 금리이다.

① ㄱ, ㄴ, ㄷ, ㄹ　　② ㄴ, ㄷ, ㄹ
③ ㄱ, ㄷ, ㄹ　　④ ㄱ, ㄷ

정답 ③

해설 ㄷ. 금융상품의 위험도(리스크)에 따라 상품 금리(수익률)가 다르다. 이 금리의 차이를 (금리) 스프레드라고 한다.

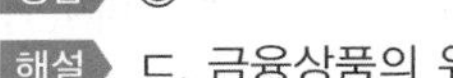

오답풀이

ㄴ. 신용도가 높아 위험이 적으면 가산금리가 낮아지고, 반대로 신용도가 낮아 위험이 많으면 가산금리는 높아진다.

테마 03 환율

외환과 외화
외화는 대한민국의 원화를 제외한 타국의 통화, 화폐를 의미하고, 외환은 외화를 포함한 대외지급수단, 외화증권, 외화파생상품 및 외화채권 등을 말한다. 이러한 외환이 거래되는 시장이 외환시장이다.

1 환율의 의의

환율이란 한 나라 통화와 다른 나라 통화 간 교환비율로 두 나라 통화의 상대적 가치를 나타낸다. 즉 외국통화 한 단위를 받기 위해 자국통화를 몇 단위 지불해야 하는가를 나타내는 것으로, 자국통화로 표시하는 외국통화의 가격을 의미한다.

2 환율의 표시방법

1. 자국통화표시법(직접표시법)

(1) 자국통화표시법은 외국통화 한 단위당 자국통화단위수로 나타내는 방법, 즉 외국통화 한 단위에 상응하는 자국통화 금액을 표시하는 방법이다.

(2) 우리나라는 자국통화표시법을 사용하고 있으며, 달러당 환율이 1,000원이라는 것은 1달러를 살 때 지불하는 가격이 1,000원이라는 의미이고, 유로(Euro) 환율이 1,300원이라는 것은 1유로의 가격이 1,300원임을 의미한다.

2. 외국통화표시법(간접표시법)

(1) 외국통화표시법이란 자국통화 한 단위당 외국통화단위수로 표시하는 방법이다.

(2) 유로지역에서는 외국통화표시법을 사용하고 있으며 '¢1=US$1.2'와 같은 형식으로 표시한다.

3 환율의 종류

1. 결제시점에 따른 분류

(1) 현물환율

외환거래 당사자 간 매매계약 후 통상 2영업일 이내에 외환의 결제가 이루어지는 환율이다. 우리가 일상적으로 말하는 환율은 현물환율을 의미한다.

(2) 선물환율

외환의 매매계약 체결일로부터 2영업일을 초과한 장래의 특정일에 결제가 이루어지는 환율로, 금리평가이론에 따라 두 통화 간의 금리 차이에 의해 결정된다.

$$F = S\frac{1+i}{1+i^*} \text{ 또는 } \frac{F-S}{S} \fallingdotseq i - i^*$$

(F : 선물환율, S : 현물환율, $\frac{(F-S)}{S}$: 스왑레이트, i : 국내금리, i^* : 해외금리)

(3) 선물환 프리미엄과 선물환 디스카운트 : 국내금리가 해외금리보다 높을 경우 스왑레이트는 양(+)의 값을 가지며 미달러화가 원화에 대해 선물환 프리미엄 상태에 있다고 말하고, 반대로 국내금리가 해외금리보다 낮아 선물환율이 현물환율보다 낮은 경우를 선물환 디스카운트라 한다.

2. 재정환율(Arbitrage Rate)과 교차환율

(1) 재정환율 : 원/엔 환율이나 원/유로 환율과 같이 국내은행 간 외환시장에서 직접 거래

되지 않는 통화에 대한 환율을 계산할 때 원/달러 환율과 국제금융시장에서 형성되는 엔/달러 환율 또는 달러/유로 환율을 이용하여 산출한 환율을 말한다.

(2) 교차환율 : 자국통화가 개재되지 않은 외국통화 간의 환율을 의미하며, 우리나라에서는 엔/달러 환율이나 달러/유로 환율 등이 교차환율에 해당한다. 국제금융시장에서는 기축통화인 미달러화를 기준으로 하여 자국환율을 표시하므로 미달러화의 개재가 없는 여타 통화 간의 환율을 교차환율이라 한다.

(3) 예로 원/달러 환율이 1달러당 1,100원이고 국제금융시장에서 교차환율인 엔/달러 환율이 1달러당 110엔으로 형성되어 있다면 재정환율인 원/엔 환율은 100엔당 1,000원으로 결정된다.

〈재정환율 산출〉

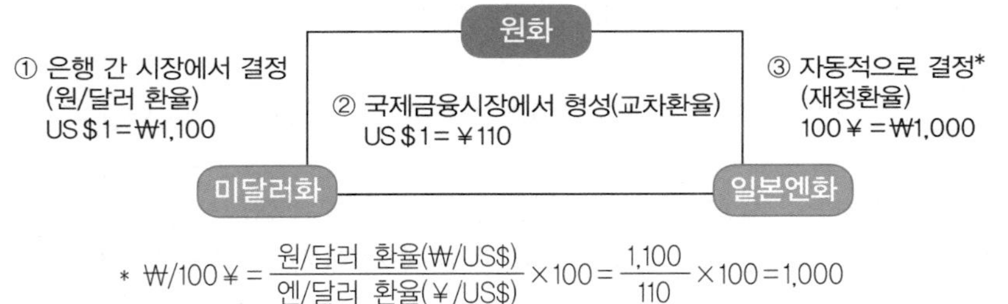

$$* \ ₩/100¥ = \frac{\text{원/달러 환율(₩/US\$)}}{\text{엔/달러 환율(¥/US\$)}} \times 100 = \frac{1{,}100}{110} \times 100 = 1{,}000$$

3. 명목환율과 실질환율

(1) 명목환율은 일상생활에서 언론 보도 등을 통해 자주 접하는 화폐단위로 표시되는 환율을 의미하며, 실질환율은 한 나라의 재화와 서비스가 다른 나라의 재화와 서비스와 교환되는 비율로 나타나는 환율을 의미한다.

$$\epsilon = e \times (\frac{P^*}{P})$$

(ϵ : 실질환율, e : 명목환율, P^* : 외국의 물가수준, P : 우리나라의 물가수준)

(2) 명목환율은 수출경쟁력을 정확히 반영하지 못하는 측면이 있으나, 실질환율은 양국의 물가수준을 감안하기 때문에 외국 화폐에 대한 자국 화폐의 구매력을 보다 잘 반영하는 것으로 평가된다.

대표기출유형

환율에 대한 설명 중 옳지 않은 것은?

① 외국통화표시법이란 외국통화 한 단위당 자국통화단위수로 표시하는 것이다.
② 우리가 일상적으로 말하는 환율은 현물환율이다.
③ 선물환율은 금리평가이론에 따라 두 통화 간의 금리 차이에 의하여 결정된다.
④ 명목환율은 수출경쟁력을 정확히 반영하지 못하는 경향이 있다.

정답 ①

해설 자국통화표시법에 대한 설명이고 외국통화표시법이란 자국통화 한 단위당 외국통화단위수로 표시하는 것이다.

테마 04 주가

1 주가지수의 의의 및 산출방식

1. 주가지수의 의의

주가지수는 주식시장에서 거래되는 개별 종목의 가격변동을 종합하여 주식가격의 전반적인 움직임을 파악할 수 있도록 작성한 지표이다.

2. 주가지수의 산출방식

주가지수의 산출방식은 시가총액식과 주가평균식으로 구분되는데, 두 방식 모두 기준시점과 대상시점의 주가수준을 비교한다는 측면에서는 공통점을 갖는다.

(1) 시가총액식

① 시가총액식은 개별 종목의 주가와 상장주식수를 곱한 시가총액을 주가지수 산출 기준으로 삼는 방식이다.

② 우리나라의 KOSPI 및 KOSDAQ, 미국의 S&P500, 일본의 TOPIX, 홍콩의 Hang Seng 등 세계 주요 국가의 주가지수는 대부분 시가총액식에 의해 산출되고 있다.

$$\text{시가총액식 주가지수} = \frac{\text{비교시점의 시가총액}}{\text{기준시점의 시가총액}} \times \text{기준시가}$$

(2) 주가평균식 : 주가평균식은 구성종목의 주가를 단순 합산하여 종목수로 나누는 방식으로 미국의 다우존스산업평균과 일본의 닛케이평균주가가 대표적이다.

$$\text{주가평균식 주가지수} = \frac{\text{비교시점의 구성종목 평균주가}}{\text{기준시점의 구성종목 평균주가}} \times \text{기준시가}$$

3. 주가지수와 경기변동

(1) 기업들의 영업실적이 좋아지고 경제활동이 활발해져 사람들의 경제에 대한 신인도가 높아지면 주가지수가 상승하고 반대로 불경기 등을 이유로 경제에 대한 신인도가 떨어지면 주가는 하락한다. 따라서 주가지수의 변동은 경제상황을 판단하게 해 주는 지표가 될 수 있다.

(2) 통화 공급이 늘어나거나 이자율이 하락하는 경우에도 소비와 투자가 늘어나서 기업의 이익이 커지기 때문에 주가지수는 상승하게 된다.

(3) 외국인들의 주식시장 투자도 주가지수에 큰 영향을 미칠 수 있다. 일반적으로 한국의 주식시장에서 외국인 투자가 늘어나면 주가지수가 올라가고 반대로 외국인 투자가 감소하면 주가지수가 하락한다.

(4) 이 밖에도 주가지수는 국내의 정치상황이나 사회변동에 의해서도 큰 영향을 받게 된다.

용 주식

주식은 주식회사가 자본금 조달을 위해 발행하는 증권으로, 기업들은 주식시장을 통해서 대규모 자금을 조달할 수 있고 개인들은 여유자금의 투자 기회를 찾을 수 있다.

용 주식시장

주식시장은 발행시장과 유통시장으로 구분된다. 발행시장은 기업공개(IPO)나 유상증자를 통해 주식이 발행되는 시장이고, 유통시장은 발행 이후의 거래가 일어나는 시장이다.

2 우리나라의 주가지수

1. 코스피(KOSPI)

(1) KOSPI는 유가증권시장에 상장되어 있는 모든 기업을 대상으로 산출되는 시가총액식 주가지수이다.

(2) 현재의 코스피는 1980년 1월 4일을 기준시점(기준지수=100)으로 하여 1983년 1월부터 발표되고 있다.

2. 코스피200(KOSPI200)

(1) 유가증권시장에 상장된 기업들 중에서 시장대표성, 업종대표성 및 유동성 등을 감안하여 선정한 200개 종목의 주가지수를 별도로 만든 것이다.

(2) 이 지수는 1994년 6월부터는 KOSPI200(1990년 1월 3일=100)을 산출하여 발표하고 있다.

3. 코스닥종합지수(KOSDAQ Composite Index)

(1) KOSDAQ은 코스닥시장에 상장되어 있는 모든 기업을 대상으로 산출되는 시가총액식 주가지수이다.

(2) KOSDAQ의 기준시점은 1996년 7월 1일이며 동 기준일의 주가지수를 100으로 하여 왔으나 기준지수가 너무 낮아 지수변별력이 없다는 지적이 제기됨에 따라 2004년 1월 26일 기준지수를 1,000으로 상향 조정하였다.

4. 코스닥150(KOSDAQ150)

(1) KOSDAQ150은 KOSPI200을 벤치마크한 지수로서 코스닥시장의 흐름이 잘 반영되도록 시장대표성, 유동성 등을 감안하여 선정한 150개 종목을 대상으로 산출한다.

(2) KOSDAQ150은 2015년 7월부터 산출 · 발표되고 있으며 기준시점은 2010년 1월 4일(기준지수=1,000)이다.

5. KRX300

(1) KRX300은 유가증권시장과 코스닥시장을 통합한 대표지수로서 시장 구분 없이 시가총액이 높고 유동성이 좋은 300개 우량종목으로 구성되어 있다.

(2) KRX300은 2018년 2월 5일부터 산출 · 발표되고 있으며 기준시점은 2010년 1월 4일(기준지수=1,000)이다.

(팁) 우리나라에서 산출 · 발표되고 있는 대표적인 주가지수에는 유가증권시장의 KOSPI 및 KOSPI 200, 코스닥시장의 KOSDAQ 및 KOSDAQ150, 유가증권시장과 코스닥시장의 통합지수인 KRX300 등이 있다.

(팁) 주가지수와 시가총액

1980년의 종합주가지수가 100이고 현재 지수가 1,000이라면 주가가 25년 동안에 10배가 올랐으며 시가총액도 10배 정도 늘어났을 것이라고 생각하기 쉽다. 그러나 이러한 추정이 맞으려면 25년 동안 상장종목의 변화가 전혀 없고 증자 또는 감자가 없었어야 한다. 실제로는 무수히 많은 기업들이 상장되기도 하고 경영 실패로 시장에서 퇴출되기도 하므로 우리나라와 같이 주식시장의 변화가 심한 경우에는 과거의 통계와 비교하는 것은 착시를 불러일으킬 가능성이 높다.

현재 우리나라에서 제공되는 주가지수는 종합주가지수와 코스닥지수에 너무 치중되어 있지만 앞으로 다양한 종류의 지수들이 개발되어 투자목적에 맞게 활용된다면 주식시장의 복잡한 구조와 운영성과에 대한 다양한 평가가 가능해질 것이다.

대표기출유형

다음 중 주가지수와 경기변동에 관한 설명으로 옳지 않은 것은?

① 기업들의 영업실적이 좋아지면 주가지수가 상승한다.
② 통화 공급이 늘어나면 주가지수는 상승하게 된다.
③ 이자율이 하락하면 소비와 투자가 늘어나서 주가지수는 상승한다.
④ 주가지수는 국내의 경제 상황에 영향을 받지만, 정치상황이나 사회변동의 영향은 받지 않는다.

정답 ④

해설 주가지수는 국내의 정치상황이나 사회변동에 의해서도 큰 영향을 받게 된다.

테마 05

핀테크(FinTech)

> 핀테크 발전 배경
> 1. 4차 산업혁명
> 2. 컴퓨터 연산능력의 향상
> 3. 금융상품과 서비스에 대한 저비용 접근 가능성의 확대
> 4. 인구구조의 변화 : 디지털수용성이 높은 세대의 등장
> 5. 탈중개화 및 재중개에 대한 수요 증가

1 핀테크의 개념

1. 핀테크의 의의

(1) 핀테크는 Finance(금융)와 Technology(기술)의 합성어로 금융과 정보통신기술(ICT)의 융합을 통해 새롭게 등장한 산업 및 서비스 분야를 통칭한다. 핀테크 산업은 4차 산업혁명과 함께 최근 금융부문의 신성장 동력으로도 주목받고 있다.

(2) 금융안정위원회(FSB)는 구체적으로 핀테크를 '새로운 사업 모델, 업무처리, 상품, 서비스 등의 창출을 통해 금융시장, 기관 및 서비스에 실질적인 영향을 미치는 기술기반의 금융혁신'으로 정의하고 있다.

2. 전자금융과 핀테크의 비교

	전자금융	핀테크
정의	전자적 채널을 통하여 금융상품 및 서비스를 제공하는 것	기술이 핵심 요소로 작용하는 금융서비스 혁신
포지셔닝	기존 금융서비스의 가치사슬에 포함되어 효율성 개선 지원	기존 금융서비스의 전달체계를 탈중개화 시키거나 완전히 새로운 방식으로 제공
주요 역할	금융 인프라 지원	기존 인프라를 우회 또는 대체하여 금융서비스 직접 공급
주요 관련기업	IBM(IT솔루션), Infosys(IT하드웨어), SunGard(금융소프트웨어), Symantec(정보보안)	Alipay(지급결제), Transferwise(외환송금), Kickstarter(크라우드펀딩), Lending Club(P2P 대출), Wealthfront(자산운용), FidorBank(인터넷은행), CoinBase(Bitcoin)
수익 모델	• 고객 접점은 금융회사가 주도 • IT가 금융거래의 후선에서 지원 • 금융거래 처리 효율 향상	• 고객 접점을 비금융회사가 주도 • 금융회사가 금융거래의 후선에서 지원 • 고객 경험 개선
개념도	자금공여자(대부자) – 금융회사(+금융망) – 자금수요자(차입자)	자금공여자(대부자) – 플랫폼(+인터넷) – 자금수요자(차입자)
비고	PC 기반, 금융회사/대형 IT회사중심	모바일 기반, 스타트업 중심

> 핀테크는 지급결제·송금 부분 중심에서 그 영역이 점차 확대되고 있으며 현재 핀테크의 주요 사업 분야로는 지급결제·송금 이외에도 크라우드펀딩, 암호자산, 온라인 자산관리, 인터넷전문은행 등이 있다.

2 주요 사업 분야

1. 지급결제·송금

핀테크 산업에서 가장 빠르게 발달하고 있는 영역은 신종 지급결제 및 송금 분야이다. 스마트폰 및 태블릿 등 모바일 기기의 급속한 확산으로 모바일결제 서비스 시장은 빠르게 성장하고 있다.

2. 크라우드펀딩

일반적으로 온라인 플랫폼을 통해 다수의 소액 투자자로부터 자금을 조달하는 금융서비스를 의미한다. 이는 자금수요자가 은행 등 전통적인 금융중개기관을 거치지 않고 직접 자금공급자를 모집하는 새로운 방식으로, 자금모집의 방식 및 목적에 따라 크게 후원 · 기부형, 대출형, 투자형으로 구분된다.

〈크라우드펀딩의 유형 및 특징〉

유형	자금모집 방식	주요 활용 분야	주요 플랫폼
후원 · 기부형	후원금 · 기부금	예술, 복지 등 분야 사업자금 후원 또는 단순 기부	Kickstarter(2009), Indiegogo(2008)
대출형 (P2P lending)	대부	자금이 필요한 개인 또는 사업자에 소액 대출	Zopa(2005), Prosper(2005), Lending Club(2006)
투자형	출자(지분 취득)	창업기업 등 투자자금 조달	Crowdcube(2011)

3. 분산원장기술

(1) 거래정보를 기록한 원장을 특정 기관의 중앙 서버가 아닌 P2P 네트워크에 분산하여 참가자가 공동으로 기록하고 관리하는 기술을 의미한다.

(2) 분산원장기술을 활용하는 블록체인방식의 운영은 일정 시간 동안 발생한 모든 거래정보를 블록(Block) 단위로 기록하여, 이를 모든 구성원들에게 전송하고, 블록의 유효성이 확보될 경우, 기존의 블록에 연결(Chain)하여 보관하는 방식이다.

4. 암호자산

(1) 분산원장기술 및 블록체인을 기반으로 등장한 암호자산은 민간부문에서 물리적인 형태 없이 컴퓨터상에 존재하도록 발행되며, 일반적으로 투자자산으로 인식된다.

(2) 기존의 지폐나 동전과는 다르게 디지털파일 형태로 만들어진 거래수단으로 이들 파일을 주고받을 수 있는 기기 간에 전송할 수 있으며, 다수의 참가자들이 컴퓨터 알고리즘을 기반으로 통화를 만들고 이들의 거래를 블록체인 기술로 기록하고 관리한다.

5. 빅데이터와 로보어드바이저

(1) 자료분석 활용서비스는 각종 통계 및 빅데이터 분석을 금융투자에 활용하여 제공하는 것이다. 원래 금융투자 분석을 위하여 많은 통계자료 분석이 수행되었지만 최근 등장한 서비스인 로보어드바이저(Robo-advisor)는 보다 발전된 기술을 활용하는 것이다.

(2) 로보어드바이저는 로봇(Robot)과 투자상담사(Advisor)의 합성어로 고도화된 알고리즘과 빅데이터를 통해 인간 프라이빗 뱅커(PB) 대신 모바일 기기나 PC를 통해 포트폴리오 관리를 수행하는 온라인 자산관리 서비스를 의미한다.

(3) 로보어드바이저는 투자자의 포트폴리오 관리를 알고리즘 기반으로 자동화해 운영하기 때문에 인간의 판단과 개입을 최소화한 채 포트폴리오 상품을 설계하므로 수수료가 낮고 다양한 투자 전략을 수립할 수 있다는 것이 특징이다.

(目) 블록체인은 ① 일정 시간 동안 발생한 모든 거래정보를 블록 단위로 기록하여 ② 모든 구성원들에게 전송하고 ③ 블록의 유효성이 확보될 경우 ④ 기존의 블록에 추가 연결하여 보관하는 방식이다. 이는 제3의 공인기관이 개입하지 않고 불특정 다수에 대한 경제적 인센티브의 제공을 통해 거래기록이 관리되고, 이중지급과 거래기록의 위변조가 불가능하다는 점이 특징이다.

(目) 보안 · 인증기술과 간편 결제

- 간편 결제서비스는 플라스틱 형태의 카드를 사용하는 기존의 오프라인 결제서비스나 각종 보안프로그램을 설치하여 사용하는 온라인 결제서비스에 최근 개발된 정보통신기술을 활용하여 보다 편리하게 제공하는 서비스를 의미한다.
- 대표적인 것으로는 모바일을 이용한 무선결제서비스, 제3자 가상계좌기반 서비스, SNS 기반 모바일지급서비스 등이 있다.

3 핀테크 발전의 기대효과와 위험요소

〈핀테크 발전의 기대효과와 위험요소〉

	기대효과	위험요소
금융 소비자	☞소비자가 원하는 금융상품 및 서비스를 저렴한 비용으로 이용 · P2P, 소액외화송금, 간편결제, 간편송금 ☞금융포용 확대 · 비대면 디지털 금융의 확산으로 금융서비스에 대한 접근성 향상 · 빅데이터 분석을 통해 기존 금융 거래 정보가 없는 고객에게도 서비스 제공 가능	☞개인정보 유출 등 사생활 침해 가능성 · 위치정보, 생체정보, 개인신용 정보 도난 등 ☞차별 및 기회불평등 확대 가능 · 빅데이터 분석으로 우량고객에만 혜택이 집중되는 현상 심화 우려 ☞소비자보호 취약 · 탈중개화 등으로 인한 신용, 파산 리스크 등 소비자 전가
금융산업	☞경쟁 촉진을 통한 금융시장 효율성 증대 · 디지털화로 인건비 등 영업비용 절감 · 신종 금융상품 및 서비스 등장 ☞빅데이터 활용으로 신용평가, 고객관리, 리스크 관리기법 개선	☞기술진보로 인한 고용 감소 ☞운영리스크 및 컴플라이언스 리스크 증가 · 클라우드 서비스 등 외부서비스 제공업체 이용 증가, IT기반 서비스 확대에 따른 사이버 공격 우려

4 테크핀(TechFin)

1. 테크핀(TechFin)의 의의

테크핀은 IT기업이 주요 서비스를 통해 확보한 유저 데이터와 기술서비스 역량을 기반으로 금융서비스를 제공하는 것을 의미한다.

2. 핀테크와의 차이점

(1) 핀테크보다 훨씬 더 방대한 고객 데이터를 보유하고 있다.

(2) 빅데이터, AI, 클라우드 등 IT기술을 기반으로 한 막강한 데이터 분석 역량을 가지고 있다.

대표기출유형

다음 글이 설명하는 것은 무엇인가?

금융과 기술의 합성어로, 금융과 정보통신기술의 융합을 통한 금융서비스 및 산업의 변화를 통칭하며, 모바일, SNS, 빅데이터, 클라우드, IoT(Internet of Things), VR(Virtual Reality) 등 21세기에 등장한 새로운 IT기술을 활용하여 기존의 금융기법과 차별화된 금융서비스를 제공하는 기술기반 금융서비스이다.

① 핀테크 ② 폴리옥시메틸렌 ③ AI 멘토 ④ 로보어드바이저

정답 ①

해설 핀테크(FinTech)에 대한 내용이다.

테마 06 금융기관의 자기자본제도

1 자기자본규제제도의 의의

1. 자기자본의 기능

(1) 금융회사에 있어 자기자본은 영업을 위한 기본적 자금을 공급하는 기능과 함께 예상하지 못한 손실에 대한 최종 안전판이라는 중요한 기능을 수행한다.

(2) 손실위험에 대한 안전판으로서의 기능을 수행하는 것으로는 자기자본과 준비금을 들 수 있는데, 양자는 대응되는 위험의 종류에 있어 각기 다른 특성을 갖는다.

(3) 대출 유가증권 등 수익성 있는 자산은 기본적으로 일정 정도의 손실위험을 내재하고 있는데, 이러한 '예상되는' 손실에 대해서 적립하는 예비자금이 '준비금(충당금 등)'이며, 자기자본은 급격한 경제위기 등 '예상치 못한 손실'에 대비한 최종적인 예비자금으로서의 성격을 가진다.

2. 자기자본규제제도의 개념

(1) 금융회사에 예상하지 못한 손실이 발생하더라도 이를 충당할 수 있는 자기자본을 보유하도록 하는 제도이다.

(2) 일정한 방식에 의해 산출한 금융회사의 총위험액 대비 일정 비율을 자기자본으로 보유하도록 의무화하고 있다.

(3) 자기자본비율이 높을수록 금융회사의 지급여력이 확충되고 안정성이 제고될 것으로 생각할 수 있다. 그러나 개별 금융회사는 물론 금융시스템 전체의 입장에서도 자기자본비율이 높은 것이 반드시 바람직한 것만은 아니다.

3. 자기자본의 적정 수준

(1) 금융회사는 자기자본 보유에 따른 손실흡수능력과 기회비용 등을 종합적으로 고려하여 '적정 수준'의 자기자본을 보유하는 것이 바람직하다. 이에 따라 금융당국은 금융회사가 총위험액에 대응하여 의무적으로 보유하여야 할 최저한의 자본비율 수준을 규제하고 있다.

(2) 개별 금융회사는 포트폴리오의 특성, 자산의 성장성 등을 고려하여 최저규제비율보다 높은 수준에서 적정 자본비율 수준을 결정하는 것이 일반적이다.

(3) 국내 금융기관의 경우 권역별 특성을 반영하여 별도의 자기자본규제제도를 운영중에 있다. 보험권역은 보험리스크 및 금리리스크, 은행권역은 신용리스크, 금융투자권역은 시장리스크에 중점을 두고 있으며, 정밀한 리스크 반영을 위해 지속적으로 제도를 수정 · 개편하고 있다.

2 은행의 *BIS*자기자본비율

1. *BIS*자기자본비율의 개념

(1) *BIS*자기자본비율은 국제결제은행이 정한 국제적인 건전성 지표로 은행의 위험자산 대비 자기자본이 얼마나 되는지를 보여 준다. 즉 위험자산에 대해 은행이 얼마만큼의

> 팁 금융위원회는 은행의 자본 적정성과 관련하여 Basel Ⅲ 협약에 따른 국제결제은행(*BIS*)의 자기자본비율규제를 적용하고 있다.
> *BIS*기준 자기자본비율이 각각 8%, 6% 및 2%에 미달하는 은행에 대하여는 경영개선권고, 경영개선요구, 경영개선명령 등 적기시정조치를 발동한다. 또한 금융위원회는 은행의 각종 리스크 측정방법을 승인하며 은행이 직면한 모든 리스크를 점검하여 리스크가 높은 은행에 대해 필요 시 8% 이상의 자기자본 보유를 요구할 수 있다.

자기자본을 보유하고 있는지를 나타내며 *BIS*비율이 높을수록 은행 건전성과 안전성이 뛰어나다고 볼 수 있다.

(2) 국제결제은행(*BIS*)은 국제금융을 논의하고 각 국가의 중앙은행과의 관계를 조율하는 역할을 하는 국제기구로, 1988년 7월 *BIS*비율에 대한 기준인 바젤 I을 발표했으며 우리나라는 1997년부터 해당 제도를 의무화했다. 바젤 I은 은행의 *BIS*비율이 최소 8% 이상은 돼야 한다는 것을 골자로 한다.

(3) 국제결제은행은 자기자본이나 위험자산을 산출하는 기준 등을 손보며 '바젤' 기준을 지속적으로 개선하고 있다. 바젤 I에 이어 2004년 바젤 Ⅱ를 발표했고 2010년에는 바젤 Ⅲ를 내놨다. 현재 국내 은행은 바젤 Ⅲ를 일부 적용하고 있으며 2023년까지 최종안을 시행해야 한다.

2. *BIS*비율의 계산

$$BIS\text{ 비율} = \frac{\text{자기자본}}{\text{위험가중자산}} \times 100$$

(1) *BIS*자기자본비율의 수치를 높이기 위해서는 자기자본을 늘리거나 위험가중자산을 줄여야 한다. 자기자본은 은행의 기본자본과 보완자본으로 구성된다.

(2) 기본자본은 자기자본의 핵심으로 은행의 자본금과 자본준비금, 이익잉여금, 연결회사의 외부주주 지분 등이 해당된다.

(3) 위험가중자산은 은행이 대출해 준 돈에 대해 거래상대방의 신용도 등에 따른 위험가중치를 적용해 산출된다. 즉, 위험가중자산은 빌려준 돈을 제대로 돌려받을 수 없는 위험을 고려해 대출해 준 돈을 평가하는 것으로 신용도가 낮고 돈을 제때 갚지 못하는 상대방에게 돈을 대출해 줄수록 높게 잡힌다.

(4) 위험자산을 줄여 *BIS*비율을 높일 수도 있지만, 단기적으로 위험자산을 줄이는 것은 어렵기 때문에 은행들은 주로 후순위채나 신종자본증권 발행 등 자기자본을 늘리는 방법으로 *BIS*비율을 조절한다.

3 보험사의 지급여력제도

1. 2009년 4월 보험회사가 직면하는 각종 위험을 세분화하고 위험측정방식을 개선한 위험기준 자기자본(*RBC*) 규제제도가 도입되었고 금융위기 등 경제여건을 감안하여 2011년 3월까지 2년 동안 병행 · 운영되다가 2011년 4월부터 *RBC* 비율을 통해서만 관리되고 있다.

2. 금융위원회는 보험회사의 자기자본을 충실화하기 위한 건전성 규제로 지급여력비율제도를 운영한다. 지급여력비율은 지급여력금액과 지급여력기준금액 간의 비율로 산출되는데 금융위원회는 보험회사가 동 비율을 100% 이상 유지하도록 하고 있다.

3. 현행 *RBC*제도는 경제환경 변화에 따른 자본변동성과 다양한 리스크를 정교하게 측정하는 데 한계가 있기 때문에, 자산과 부채를 시가로 평가하는 총재무상태표방식을 적용하여 산출하는 新지급여력제도인 IFRS17(2023년 시행)이 도입 · 추진되고 있다.

新지급여력제도
경제적 실질에 부합하는 가용자본 및 요구자본의 산출을 통해 보험회사자본의 질(質) 개선과 리스크관리 강화를 유도할 뿐 아니라 시가기반의 국제적 보험자본규제(EU의 Solvency II, IAIS의 ICS) 등 국제기준과의 정합성을 확보하고 국내 보험 산업의 신뢰도를 향상시킬 것으로 기대되는 제도이다.

〈금융권역별 자기자본제도 현황〉

구분	보험	은행	금융투자		
			1종(증권사)	2종(자산운용사)	3종(신탁회사)
기준 비율	지급여력비율	*BIS*자기자본비율	순자본비율	최소 영업자본액	영업용 순자본비율
산정 방법	$\frac{\text{지급여력금액}}{\text{지급여력기준금액}}$	$\frac{\text{자기자본}}{\text{위험가중자산}}$	$\frac{\text{(영업용 순자본}-\text{총위험액)}}{\text{필요유지 자기자본}}$	법정최저자기자본+고객자산운용필요자본+고유자산운용필요자본	$\frac{\text{영업용 순자본}}{\text{총위험액}}$
반영 리스크	보험, 금리, 신용, 시장, 운영리스크	신용, 시장, 운영리스크	시장, 신용, 운영리스크	–	시장, 신용, 운영리스크
규제 내용	100% 미달 시 적기시정조치	8% 미달 시 적기시정조치	100% 미달 시 적기시정조치	자기자본이 최소영업자본액 미달 시 적기시정조치	150% 미달 시 적기시정조치
도입 시기	1999(2009년 *RBC*제도 시행)	1992(2013년 바젤 Ⅲ 시행)	1997 (2016년 개편)	1997 (2015년 개편)	1997 (2009년 개편)

대표기출유형

다음 빈칸에 들어갈 용어로 적절한 것은?

(　　)비율은 국제결제은행이 정한 국제적인 건전성 지표로 은행의 위험자산 대비 자기자본이 얼마나 되는지를 보여 주는 것으로 (　　)비율이 높을수록 은행 건전성과 안전성이 뛰어나다고 볼 수 있다.

① *BIS*　　② *DBI*
③ *RBC*　　④ *REC*

정답 ①

해설 *BIS*비율은 금융환경 변화를 반영하여 위험가중자산 개념을 도입하여 시장리스크를 반영한 자기자본 규제제도이다.

테마 07

현금 없는 경제

1 현금 없는 경제의 시사점

1. **현금거래의 비효율성**
   나라별로 차이는 있지만 현금거래로 발생하는 직접적 비용만 GDP 1 ~ 2%에 이른다. 현금 없는 사회에선 매년 그만큼 경제가 더 성장하는 셈이다. 결국 기술이 발전함에 따라 더욱 효율적이고 새로운 형태의 화폐가 나타나는 것은 자연스럽다.
2. 저성장 · 저물가 · 저금리 시대에 효과적인 거시정책의 수립이 가능하다. 현금 없는 사회에선 중앙은행이 전통적인 통화정책 틀 안에서 네거티브 명목금리를 설정할 수 있어 저성장 · 저물가 상황에 대비할 수 있다.
3. 지하경제가 양성화될 수 있어 세율인상 없이도 재정적자 폭을 완화하거나 해소할 수 있다. 한국도 경제활동인구가 감소하기 시작하면서부터 디플레이션 가능성도 그만큼 커지고 세입원천은 줄어 재정적자 문제가 심각해질 수 있다. 현금 없는 사회는 그에 대비한 해법이 될 수 있는 것이다.
4. 현금 없는 사회로의 이행이 공론되면 핀테크 산업을 자극하여 미래 신성장 동력으로 육성할 수 있다.
5. 현금사용에 익숙한 노인들이 불편을 겪을 수 있고, 사람에 따라 그냥 숨기고 싶은 거래도 있을 것이다. 이로 인해 금융실명제 초기처럼 단기적으로 거래 자체가 다소 움츠러들 가능성도 배제할 수 없다. 이런 점들을 고려하여 관련 법률의 정비를 진행하고 이행 목표 시점도 정해야 할 것이다.

2 현금 없는 경제에서의 통화정책

1. 저금리 상황에선 현금을 보유하는 기회비용도 매우 낮아지므로 교환수단으로서의 화폐보다는 가치저장 수단으로서의 화폐 기능이 확대되어 시장의 명목금리가 0보다 낮다면 사람들은 현금을 은행에 맡기는 대신 각자 집안에 보관할 것이다.
2. 경제주체들이 현금을 가치저장 수단으로 보유할 수 있는 한 중앙은행은 명목이자율을 0 아래에서 선택할 수 없는 제약이 있다(ZLB ; Zero Lower Bound).
3. 물가가 오르는 시기에는 ZLB가 실질적으로 아무런 제약이 되지 않으나, 물가가 떨어지는 디플레이션 상황하에선 심각한 재앙이 될 수 있다.
4. 명목이자율이 0보다 더 떨어질 수 없다면 실질이자율은 디플레이션만큼 오르게 된다. 디플레이션이 본격화되면 은행에 돈을 맡길 인센티브가 없어지므로, 은행은 누구에게도 돈을 빌려주지 못해 뱅킹시스템이 붕괴되는 상황이 발생한다.
5. 명목이자율을 0 아래로 조정할 수 없는 한계로 인해 중앙은행은 금융위기 발생 시 양적 완화와 같은 비전통적인 통화정책에 과도하게 의존하게 된다.
6. 현금 없는 경제로의 이행은 ZLB 문제를 해결할 수 있어 저성장 · 저금리 · 저물가 상황에서 매우 효과적인 대응이 가능하게 한다. 이러한 조건 아래에서 생각해 볼 수 있는 거의 유일한 통화정책은 네거티브(-) 금리정책인데, 이는 현금 없는 경제가 선행되어야 가능하다.

3 현금 없는 경제에서의 재정정책

1. 현금 축적과 현금거래는 개개인의 습관 외에도 크고 작은 조세회피의 의도와도 밀접히 연관되어 있다.
2. 지하경제의 규모가 큰 나라일수록 선진국 문턱에서 급격한 성장 둔화를 경험하고 정부 재정적자는 확대된다. 여기서 지하경제는 합법적 재화와 용역을 생산하나 탈루 등의 목적으로 숨겨지고 있는 경제로 정의된다.
3. 미국의 경우조차 현금거래를 통한 직접적 조세탈루 규모만 최소 1,000억 달러에 이를 것으로 추정된다.
4. 현금 없는 경제가 실현되면 세입 측면에서 많은 나라들이 자국의 재정적자 문제를 완화하거나 해소하는 데 도움이 된다.
5. 지하경제의 규모가 큰 나라일수록 현금 없는 경제로 이행할 때 얻게 되는 세수 증대 효과 역시 더 커질 것으로 예상되며 현금거래로 인해 가려져 있던 경제활동이 양지로 드러나면 중장기적으로 '넓은 세원, 낮은 세율'의 조세정책이 가능해진다.

4 현금 없는 경제와 핀테크 산업

1. 현금 없는 경제로의 이행과 핀테크 산업의 발전은 서로를 자극하며 병행되고 있다.
2. 핀테크 산업은 스웨덴의 미래 신성장 동력으로 빠르게 자리 잡아 가고 있다.
3. 스웨덴은 핀테크 발전 속도만큼이나 빠르게 현금 없는 경제로 이행 중이다.

5 현금 없는 사회의 우려할 것들

1. **지급결제수단에 대한 개인의 선택 제한 문제**
   여러 지급결제수단들 중 어떤 수단으로 어떤 상품을 거래할 것인가는 개인의 선택이어야 하는데 만약 현금이 사라지면 선택할 수 있는 수단도 하나 줄어드는 셈이다.
2. **개인프라이버시 및 정보보안 문제**
   모든 지급과 결제에 기록이 남으면 마약, 조폭, 도난 등의 범죄 예방에 도움이 될 수도 있지만, 합법적인 거래 중에도 그냥 숨기고 싶은 거래가 있을 수 있다.
3. **시행 초기 단기적인 거래 위축 가능성이나 현금 해외 유출 등**
   금융실명제 초기처럼 단기적으로는 거래 자체가 움츠러들 수 있고, 외화로라도 현금을 보유하고자 하는 이들은 해외로 돈을 미리 옮겨 놓으려 하는 자본 유출이 발생한다.

대표기출유형

경제활동에서 '현금 없는 경제'의 시사점으로 보기 어려운 것은?

① 현금거래의 비효율성
② 저성장 · 저물가 시대에 효과적인 거시정책수립 가능
③ 지하경제의 양성화로 세수 증가
④ 개인프라이버시 문제의 해결

정답 ④

해설 모든 지급과 결제에 기록이 남으므로 개인프라이버시 문제가 발생하게 된다.

테마 08 금융기관의 종류

1 은행

1. 은행의 의의

은행은 가계나 기업 등 일반국민으로부터 예금 · 신탁을 받거나 채권을 발행하여 조달한 자금을 자금수요자에게 대출해 주는 업무를 주로 취급하는 대표적인 금융기관이다.

2. 은행의 업무

(1) 은행의 고유업무로는 예금 · 적금의 수입 또는 유가증권 기타 채무증서의 발행, 자금의 대출 또는 어음의 할인, 내 · 외국환업무가 있다.

(2) 부수업무로는 은행 업무를 수행하는 데 수반되는 업무로 채무의 보증 또는 어음인수, 상호부금, 유가증권의 투자 및 대여 · 차입 · 매출, 「자본시장과 금융투자업법」에서 정하는 증권의 인수 · 매출, 증권의 모집 또는 매출의 주선, 국공채 및 회사채의 매매, 환매조건부 채권매매, 국공채 창구매매, 팩토링, 보호예수, 수납 및 지급대행, 지방자치단체금고대행, 기업합병 및 매수(M&A)의 중개 · 주선 또는 대리 등의 업무가 있다.

(3) 겸영업무로는 신탁업, 신용카드업과 집합투자업 및 집합투자증권에 대한 투자매매업 또는 투자중개업이 있다.

3. 특수은행

(1) 일반은행이 재원이나 채산성의 제약으로 필요한 자금을 공급하기 어려운 특정 부문에 자금을 공급하는 업무를 담당하는 특수은행이 특별법에 의하여 설립되어 있다.

(2) 특수은행에는 한국산업은행, 한국수출입은행, 중소기업은행, 농협은행, 수협은행이 해당된다.

2 금융투자업자

1. 금융투자업자의 의의

「자본시장과 금융투자업에 관한 법률(자본시장법)」 제6조에서 금융투자업무를 투자매매업, 투자중개업, 집합투자업, 투자일임업, 투자자문업, 신탁업의 6가지 업무로 구분하고 금융투자업자란 금융투자업에 대하여 금융위원회의 인가를 받거나 금융위원회에 등록하여 이를 영위하는 자를 말한다.

2. 금융투자업의 종류

종류	내용	예
투자매매업	금융회사가 자기자금으로 금융투자상품을 매도 · 매수하거나 증권을 발행 · 인수 또는 권유 · 청약 · 승낙하는 것	증권회사, 선물회사
투자중개업	금융회사가 고객으로 하여금 금융투자상품을 매도 · 매수하거나 증권을 발행 · 인수 또는 권유 · 청약 · 승낙할 수 있도록 중개하는 것	증권회사, 선물회사

집합투자업	2인 이상에게 투자를 권유하여 모은 금전 등을 투자자 등으로부터 일상적인 운영지시를 받지 않으면서 운용하고 그 결과를 투자자에게 배분하여 귀속시키는 것을 영업하는 것	자산운용회사
신탁업	신탁법에 의한 신탁을 영업으로 하는 것	신탁회사, 증권회사, 자산운용회사
투자자문업	금융투자상품의 가치 또는 투자판단에 관하여 자문을 하는 것을 영업으로 하는 것	투자자문회사, 증권회사, 자산운용회사
투자일임업	투자자로부터 금융상품에 대한 투자판단의 전부 또는 일부를 일임 받아 투자자별로 구분하여 자산을 취득 · 처분 그 밖의 방법으로 운용하는 것을 영업으로 하는 것	투자일임회사, 증권회사, 자산운용회사

3 생명보험회사 및 손해보험회사

1. 의의

보험회사는 다수의 보험계약자로부터 보험료를 받아 이를 대출, 유가증권, 부동산 등에 투자하여 보험계약자의 노후, 사망, 질병, 또는 재산상의 사고 등에 대한 보험금을 지급하는 업무를 영위한다. 생명보험회사, 손해보험회사가 여기에 해당된다.

2. 생명보험과 손해보험의 비교

생명보험은 보험사고 발생 시 실제 손해액과 관계없이 미리 정해진 금액으로 보상하여 주는 정액보상이 특징이고, 손해보험은 실제 손해액만큼을 보상해 주는 실손보상이 특징이다.

3. 손해보험회사

손해보험회사는 화재, 자동차사고, 해상사고 등에 따른 사람의 신체에 관한 손해, 재산상의 손해, 배상책임에 의한 손해를 대비한 보험의 인수 · 운영을 주된 업무로 하는 금융기관이다.

용 금융지주회사

- 금융과 지주회사를 합한 말로, 주식의 보유를 통해 은행 · 증권회사 · 보험회사 등 1개 이상의 금융회사를 자회사로 소유하고 경영하는 지주회사를 의미한다.
- 금융지주회사가 되기 위해서는 사업계획, 대주주요건, 재무 및 경영관리 등에 필요한 요건을 갖추고, 금융위원회의 인가를 받아야 한다.
- 금융지주회사로는 KB금융지주, 신한금융지주, 하나금융지주, 농협금융지주, 우리금융지주 등이 있다.

대표기출유형

우리나라의 금융기관에 대한 설명으로 옳지 않은 것은?

① 은행의 고유업무는 예 · 적금 수입, 대출업무, 수납 및 지급대행이다.
② 상호저축은행은 서민, 소규모 기업에게 금융편의를 제공하는 서민금융기관이다.
③ 한국산업은행, 한국수출입은행 등은 특수은행에 속한다.
④ 손해보험은 실제 손해액만큼을 보상해주는 실손보상이 특징이다.

정답 ①

해설 은행의 고유업무는 예 · 적금 수입, 대출업무, 내 · 외국환업무로 구성되고, 지급보증, 어음인수, 상호부금, 팩토링, 수납 및 지급대행은 부수업무에 해당한다.

테마 09

저축상품과 예금자보호제도

ⓒ 가장 대표적인 저축상품은 예금으로, 우리나라에서는 예금을 취급할 수 있는 금융회사가 정해져 있다. 은행을 위시하여 상호저축은행, 신용협동조합, 새마을금고, 농·수·축협, 종합금융회사, 우체국예금 등이 여기에 포함된다. 예금은 크게 요구불예금과 저축성예금으로 구분된다.

1 저축상품

1. 요구불예금과 저축성예금

(1) 요구불예금은 예금자의 지급 청구가 있으면 조건 없이 지급해야 하는 예금으로, 고객의 지급결제 편의 도모 또는 일시적 보관을 목적으로 한다. 당좌예금, 보통예금, 공공예금, 국고예금 등이 요구불예금에 속한다.

(2) 저축성예금은 저축 및 이자수입을 주된 목적으로 하며, 예금의 납입 및 인출방법에 대해 특정 조건이 있는 기한부 예금이다. 정기예금과 금전신탁과 같은 거치식 예금과 정기적금과 같은 적립식 예금이 저축성예금에 속한다. 그 밖에 특정한 목적으로 만들어진 재산형성저축이나 주택청약종합저축 등도 저축성예금으로 간주할 수 있다.

2. 요구불예금

(1) 보통예금 : 거래대상, 예치금액, 예치기간, 입출금 횟수 등에 아무런 제한 없이 누구나 자유롭게 거래할 수 있는 예금이다. 예금자 입장에서는 생활자금과 수시로 사용해야 하는 일시적인 유휴자금을 예치하는 수단이 되고, 예금기관의 입장에서는 저금리로 자금을 조달할 수 있는 재원이 된다.

(2) MMDA

① MMDA는 입출금이 자유롭고, 각종 이체와 결제도 할 수 있으며, 「예금자보호법」에 의하여 보호를 받을 수 있다.

② 자산운용사의 MMF(Money Market Fund)는 고객의 돈을 모아 주로 CP(기업어음), CD(양도성예금증서), RP(환매조건부채권), 콜(Call)자금이나 안정적인 국공채로 운용되는 실적배당상품이다. 예금자보호의 대상이 되지 않는다.

③ 증권사 또는 종금사에서 취급하는 CMA(Cash Management Account)는 자금을 단기금융상품에 투자하고 실적배당을 한다는 점에서는 MMF와 유사하지만, MMDA처럼 이체와 결제 그리고 자동화기기(ATM)를 통한 입출금 기능을 갖고 있다.

〈MMDA, MMF, CMA 비교〉

상품명	취급금융회사	예금자보호	이율	이체 및 결제
MMDA	은행	보호	확정금리(차등)	가능
MMF	은행, 증권사	비보호	실적배당	불가능
CMA	종금사, 증권사	종금사만 보호	실적배당	가능

3. 저축성예금

(1) 정기예금

① 정기예금은 예금자가 이자수취를 목적으로 예치기간을 사전에 약정하여 일정 금액을 예입하는 기한부 예금이다.

② 정기예금에 양도성을 부여한 특수한 형태의 금융상품으로 양도성예금증서(CD)라는 것이 있는데, 무기명으로 거액의 부동자금을 운용하는 수단으로 자주 활용된다.

(2) 정기적금

① 정기적금은 계약금액과 계약기간을 정하고 예금주가 일정 금액을 정기적으로 납입하면 만기에 계약금액을 지급하는 적립식 예금이다.

② 정기예금이나 정기적금은 예치기간이 정해져 있어서 보통예금보다 이자가 많지만 유동성은 낮다. 만기 이전에 해약을 하게 되면 약정한 이자보다 훨씬 낮은 이자를 지급받거나 경우에 따라서는 이자가 없을 수도 있다.

2 예금자보호제도

〈예금보험의 구조〉

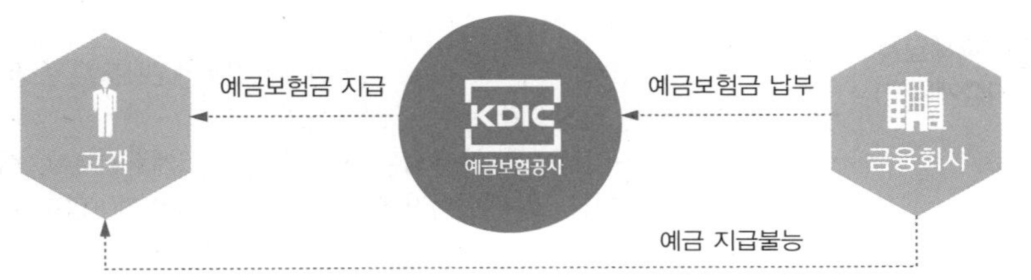

1. 예금자보호제도의 의의

(1) 예금 지급불능 사태를 방지 : 금융회사가 영업정지나 파산 등으로 고객의 예금을 지급하지 못하게 될 경우 해당 예금자는 물론 전체 금융제도의 안정성도 큰 타격을 입게 된다. 이러한 사태를 방지하기 위하여 우리나라에서는 「예금자보호법」을 제정하여 고객들의 예금을 보호하는 제도를 갖추어 놓고 있는데, 이를 '예금보험제도'라고 한다.

(2) 보험의 원리를 이용하여 예금자를 보호 : 예금보험은 그 명칭에서 알 수 있듯이 '동일한 종류의 위험을 가진 사람들이 평소에 기금을 적립하여 만약의 사고에 대비한다'는 보험의 원리를 이용하여 예금자를 보호하는 제도이다.

(3) 법에 의해 운영되는 공적보험 : 예금보험은 예금자를 보호하기 위한 목적으로 법에 의해 운영되는 공적보험이기 때문에 예금을 대신 지급할 재원이 금융회사가 납부한 예금보험료만으로도 부족할 경우에는 예금보험공사가 직접 채권(예금보험기금채권)을 발행하는 등의 방법을 통해 재원을 조성하게 된다.

2. 보호금액

예금자보호금액 5천만 원(외화예금 포함)은 예금의 종류별 또는 지점별 보호금액이 아니라 동일한 금융회사 내에서 예금자 1인이 보호받을 수 있는 총금액이며, 이때, 예금자 1인이라 함은 개인뿐만 아니라 법인도 대상이 된다.

3. 예금자보호대상 금융상품과 비보호금융상품

구분	보호금융상품	비보호금융상품
은행	• 보통예금, 기업자유예금, 별단예금, 당좌예금 등 요구불예금 • 정기예금, 저축예금, 주택청약예금, 표지어음 등 저축성예금	• 양도성예금증서(CD), 환매조건부채권(RP) • 금융투자상품(수익증권, 뮤추얼펀드, MMF 등)

Ⓣ 기업과 마찬가지로 금융회사도 도산할 수 있다. 금융회사가 도산할 조짐이 보이면 뱅크런이라 불리는 예금인출쇄도가 나타나고, 그 결과 금융시스템 전체가 붕괴될 수 있는 위험이 발생한다.
그러나 개별 예금자들은 거래하는 금융회사에 대해 충분한 정보를 수집하기 어려우므로 예금자를 보호하기 위한 제도적 장치가 필요하다. 이 같은 취지에서 만든 사회적 안전망이 바로 예금보험제도이다.

Ⓣ 예금자보호법 개정으로 2025년부터 예금자보호금액의 한도가 5천만 원에서 1억 원으로 상향될 예정이다.

	• 정기적금, 주택청약부금, 상호부금 등 적립식 예금, 외화예금 • 원금이 보전되는 금전신탁 등 • 예금보호대상 금융상품으로 운용되는 확정기여형 퇴직연금 및 개인퇴직계좌 적립금 등	• 특정금전신탁 등 실적배당형 신탁 • 은행 발행 채권 등 • 주택청약저축, 주택청약종합저축 등
증권 (투자매매업자, 투자중개업자)	• 금융상품 중 증권 등의 매수에 사용되지 않고 고객 계좌에 현금으로 남아 있는 금액 • 자기신용대주 담보금, 신용거래계좌 설정 보증금, 신용공여 담보금 등의 현금 잔액 • 원금이 보전되는 금전신탁 등 • 예금보호대상 금융상품으로 운용되는 확정기여형 퇴직연금 및 개인퇴직계좌 적립금 등	• 금융투자상품(수익증권, 뮤추얼펀드, MMF 등) • 선물 · 옵션 거래 예수금, 청약자 예수금, 제세금예수금, 유통금융대주담보금 • 환매조건부채권(RP), 증권회사 발생채권 • 종합자산관리계좌(CMA), 랩어카운트, 주가지수연계증권(ELS), 주식워런트증권(ELW)
보험	• 개인이 가입한 보험 계약, 퇴직보험 • 예금보호대상 금융상품으로 운용되는 확정기여형 퇴직연금 및 개인퇴직계좌적립금 등 • 원금이 보전되는 금전신탁 등	• 보험계약자 및 보험료납부자가 법인인 보험계약 • 보증보험계약, 재보험계약 • 변액보험계약의 주계약 등
종금	• 발행어음, 표지어음, 어음관리계좌(CMA)	• 금융투자상품(수익증권, 뮤추얼펀드, MMF 등), 환매조건부채권(RP), 양도성 예금증서(CD), 기업어음(CP), 종금사 발행채권 등
상호저축은행	• 보통예금, 저축예금, 정기예금, 정기적금, 신용부금, 표지어음 등 • 상호저축은행 중앙회 발행 자기앞수표 등	• 상호저축은행 발행 채권(후순위채권) 등

* 정부 · 지방자치단체(국 · 공립학교 포함), 한국은행, 금융감독원, 예금보험공사, 부보금융회사의 예금 등은 보호대상에서 제외

대표기출유형

다음 중 요구불예금에 속하지 않는 것은?

① 보통예금
② 당좌예금
③ 정기예금
④ 가계당좌예금

정답 ③

해설 정기예금은 저축성예금에 속한다.

대출금리와 상환방식

1 대출금리

1. 대출금리의 결정

대출금리는 통상 대출 시 기준이 되는 금리(이하 기준금리)에 가산금리를 더하고 금융회사마다 우수고객에게 적용하는 우대금리를 차감하여 결정된다.

대출금리 = 기준금리 + 가산금리 − 우대금리

2. 대출기준금리

대출기준금리로는 금융회사 간 단기자금거래에 이용되는 금리인 콜금리, 3개월 만기인 양도성예금증서(CD) 수익률 그리고 8개 은행의 자금조달 가중평균 금리인 COFIX(Cost of Funds Index)가 많이 사용된다.

〈은행대출 시 사용하는 주요 기준금리〉

구분	발표기관	설명
COFIX (코픽스)	은행연합회	국내 주요 은행의 자금조달 금리를 취합한 뒤 은행별 조달금액을 참작해 가중평균 금리를 구하는 방식으로, 주로 아파트 담보대출의 기준금리로 사용된다.
CD금리	금융투자협회	은행이 발행하는 무기명 유가증권인 CD(양도성예금증서)의 금리이며, 주로 신용대출의 기준금리로 사용된다.
금융채	신용평가회사	시중은행 및 금융회사가 발행하는 무담보 채권금리이다.
Koribor (코리보)	은행연합회	은행 간 자금거래 시 무담보 차입의 호가금리를 이용하여 산출하며, 주로 신용대출의 기준금리로 사용된다.

3. 가산금리

가산금리는 고객별로 다르게 적용된다. 가산금리는 고객의 신용도, 담보여부, 대출기간 등 개인적인 요소와 금융회사의 영업비용 등에 의해서 결정되는데 금융회사가 개별 고객에게 돈을 빌려줌에 따라 감수해야 할 위험비용이 반영되어 있다.

4. 우대금리

우대금리는 금융회사에 따라 금융회사와의 거래실적 등에 의해 결정되는데, 대출상품에 따라 우대금리 폭이 다르거나 없을 수도 있다.

2 상환방식

1. 일시상환

(1) 일시상환이란 빌린 원금을 만기 때 일시에 갚는 방식으로 만기일시상환과 할인식이 있다.

(2) 만기일시상환은 대출기간을 정하고 기간 중에는 매월 이자만 내다가 대출만기일에 원금을 한 번에 갚는 것을 말한다.

2. 분할상환

〈대출상환비교 그래프〉

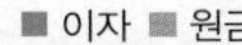

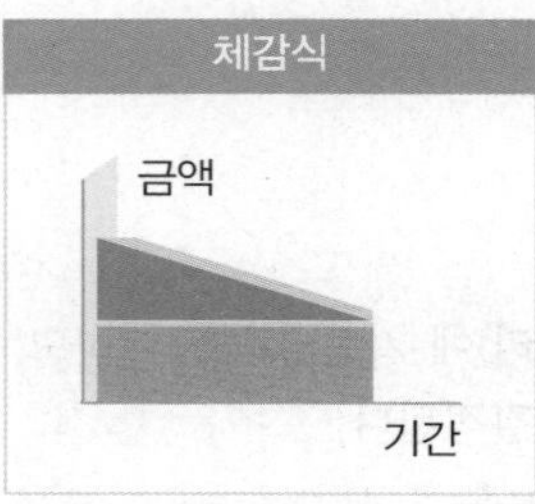

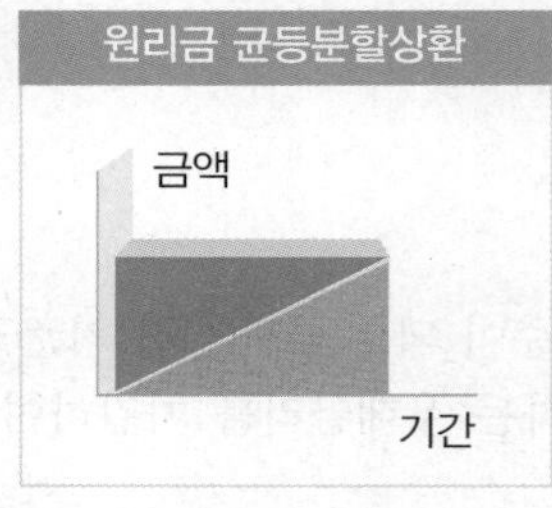

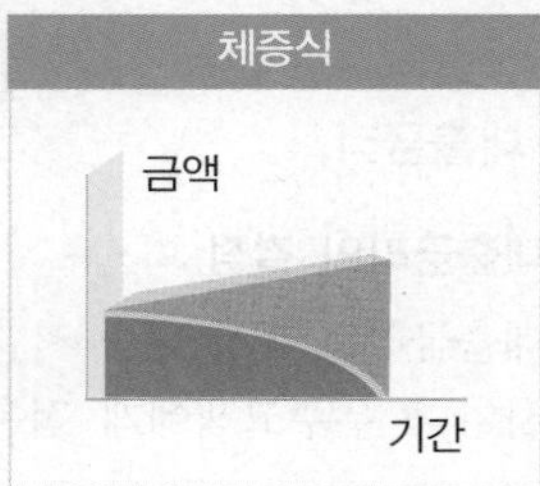

(1) 체감식(원금균등) 분할상환

① 체감식(원금균등) 분할상환방식은 대출일부터 만기일까지 매월 동일한 원금이 상환되고 이자는 대출잔액에 대해 계산하는 방식이다.

② 시간이 경과함에 따라 매월 상환하는 원금은 불변하고 이자는 감소하므로 매월 상환하는 원금과 이자의 합계가 감소한다.

③ 초기의 상환액이 많고 시간이 갈수록 상환액이 줄어드는 방식으로 대출자의 입장에서는 초기의 자금회수가 빠르므로 원금회수위험이 적다.

1. 원금 = $\frac{\text{융자원금}}{\text{상환기간}}$
2. 이자 = 융자잔액 × 이자율
3. 원리금 = 원금 + 이자

(2) 원리금 균등분할상환

① 원리금 균등분할상환방식은 대출일부터 만기일까지 매월 상환하는 원금과 이자의 합계가 동일한 상환방식이다.

② 시간이 경과함에 따라 원금은 증가하고 이자는 감소하여 원리금(원금 + 이자)은 불변하여 자금계획을 세우기에 용이하다.

③ 이자는 남아 있는 원금에 대해서 부과되기 때문에 결국 원금균등분할상환에 비해 이자를 많이 내게 된다.

1. 원리금 = 융자원금 × 저당상수
2. 이자 = 융자잔액 × 이자율
3. 원금 = 원리금 − 이자

(3) 체증식 분할상환

① 체증식 분할상환방식은 대출일부터 만기일까지 매월 상환하는 원금과 이자의 합계가 증가하는 방법이다.

② 미래의 소득증가가 예상되는 젊은 저소득층에게 유리한 방법으로, 상환 초기에는 지불액이 이자액에도 미치지 못하므로 부(−)의 상환이 된다. 즉 초기에는 융자잔금액이 융자원금보다 커진다.

③ 대출자 입장에서는 초기의 자금회수가 느리므로 원금회수위험이 가장 크며 가장 높은 금리가 적용되는 것이 일반적이다.

3 상환방식의 비교

1. 상환방식에 따른 상환총액 비교(1,000만 원을 연 10%의 이자로 5년간 빌릴 경우)

상환방법	대출원금	명목이자율	대출기간	상환총액(원)
만기일시상환	1,000만 원	10%	5년	15,000,000
원리금 균등상환				12,748,227
원금 균등상환				12,541,667

2. 원금 균등분할상환방식과 원리금 균등분할상환방식의 비교

원금 균등분할상환

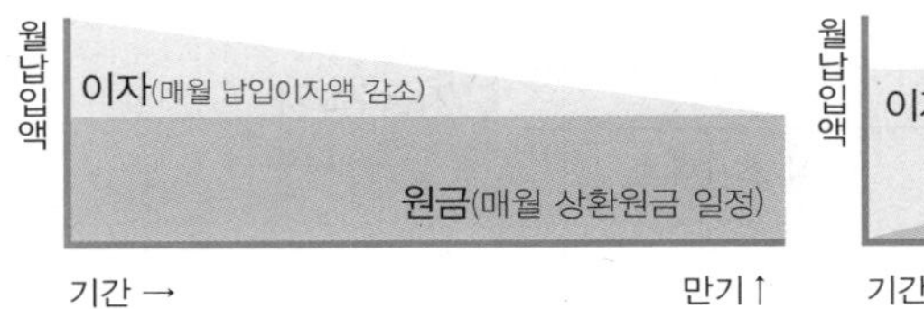

원리금 균등분할상환

초기 비용부담	원금 균등분할상환 > 원리금 균등분할상환
약정기간 동안의 전체 상환액	원금 균등분할상환 < 원리금 균등분할상환

4 금리적용방식에 따른 대출이자비용

1. 고정금리 : 대출기간 동안 약정한 금리가 일정한 수준으로 고정된 경우를 말한다.
2. 변동금리 : 대출기간 동안 적용되는 금리가 시장상황에 따라서 달라지는 경우를 말하며, 3개월이나 6개월의 주기를 두고 시장의 기준금리에 따라서 조정된다.
3. 금리가 내려갈 것을 예상한다면 변동금리로 대출을 받는 것이 유리하지만, 금리가 올라갈 것으로 예상하면 고정금리로 대출을 받는 것이 유리하다.

대표기출유형

대출금에 대하여 원리금 균등분할상환방식(A 방식)과 원금 균등분할상환방식(B 방식)에 대한 설명으로 옳지 않은 것은?

① A 방식과 B 방식 모두 매월 납입이자액이 감소한다.
② 총납부이자액은 A 방식이 B 방식보다 적다.
③ 원리금 균등분할상환은 매월 원금과 이자를 합해서 동일한 금액을 납부한다.
④ A 방식은 시간이 지날수록 납부금액 가운데 원금액 비중이 증가한다.

정답 ②

해설 총납부이자액은 B 방식이 A 방식보다 적다.

테마 11

금융시장의 유형

> 금융시장이란
> 자금공급자와 자금수요자 간에 금융거래가 조직적으로 이루어지는 장소를 말한다. 금융거래가 이루어지기 위해서는 이를 매개하는 수단이 필요한데 이러한 금융수단을 금융자산 또는 금융상품이라고 한다.

1 직접금융시장과 간접금융시장

1. 직접금융

(1) 기업과 같이 자금의 수요자가 발행하는 증권을 자금의 공급자가 직접 매수하여 자금을 이동시키는 방법으로, 회사채나 주식 발행을 통한 자금조달이 대표적인 형태이다.

(2) 직접금융은 기업들이 원하는 금액의 자금을 장기로 조달할 수 있는 장점이 있기 때문에 기업의 장기설비 투자를 위한 자금조달에 용이하다.

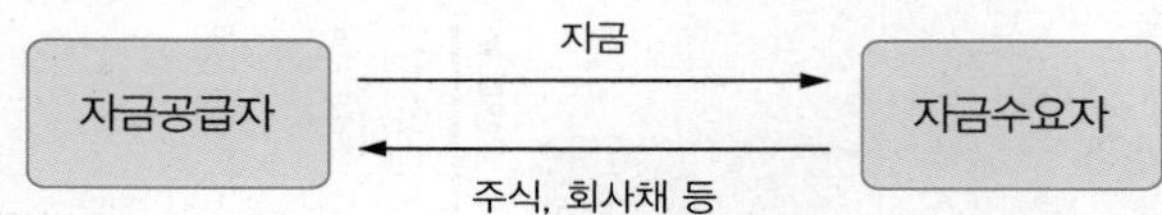

2. 간접금융

(1) 직접금융에 대립되는 말로 자금의 공급자와 수요자 사이에 은행 등 금융회사가 일반인으로부터 예금을 받아 필요한 사람에게 대출해 주는 것이 대표적인 형태이다.

(2) 간접금융시장의 자금거래는 두 단계를 거쳐 이루어진다. 첫 번째 단계는 자금의 공급단계로 자금공급자가 금융회사에게 자금을 맡기고 금융회사는 자금공급자에게 예금증서 등을 교부하는 단계이고, 두 번째 단계는 자금의 수요단계로 금융회사가 자금을 수요자에게 제공하고 차용증서를 교부받는 단계로 구성된다.

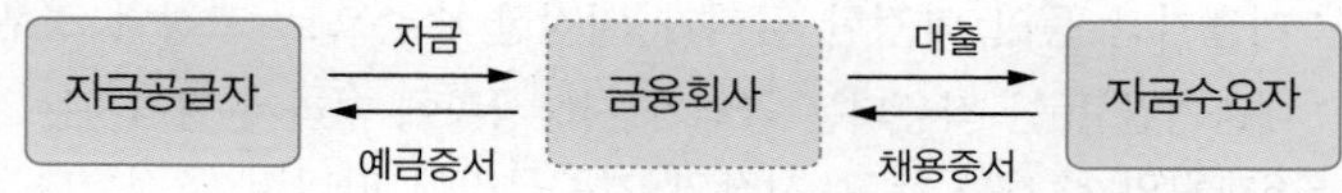

> 금융시장은 금융상품의 만기에 따라 단기금융시장(화폐시장)과 장기금융시장(자본시장)으로 구분할 수 있다. 금융상품의 만기란 금융회사에 맡기거나 금융회사로부터 빌린 자금을 되돌려 받거나 갚아야 하는 기한이다.

2 단기금융시장(화폐시장)과 장기금융시장(자본시장)

1. 단기금융시장

(1) 단기금융시장은 만기 1년 미만의 금융자산이 거래되는 자본시장과 대응시켜 단기금융시장을 화폐시장(Money Market)이라고 부르기도 한다.

(2) 단기금융시장은 기업, 개인 또는 금융기관이 일시적인 여유자금을 운용하거나 부족자금을 조달하는 데 활용되며 우리나라에는 콜, 기업어음, 양도성예금증서, 환매조건부채권매매, 표지어음, 통화안정증권 시장이 이에 포함된다.

(3) 단기금융상품은 거래가 대규모로 이루어지고 유동성이 높으며 만기가 짧아 금리가 변동해도 가격변동폭이 작다.

2. 장기금융시장

(1) 장기금융시장은 1년 이상의 장기채권이나 만기가 없는 주식이 거래되는 자본시장으로, 단기금융시장과 대응시켜 자본시장을 장기금융시장이라고 한다.

(2) 자본시장은 주로 기업, 정부 등 자금부족부문이 장기적으로 필요한 자금을 조달하는 데 활용되며 주식시장과 채권시장을 포함한다.

3 발행시장과 유통시장

1. 발행시장

국채, 회사채 등 채권과 주식이 처음 발행되는 과정을 발행시장이라 할 수 있고, 발행시장에서는 투자자로부터 신규자금이 발행자에게 공급되는 기능을 한다.

2. 유통시장

(1) 유통시장이란 유가증권과 파생금융상품이 상장되어 거래되는 거래소와 비상장으로 거래되는 장외시장 등이 포함된다.

(2) 유통시장은 이미 발행된 회사채나 주식을 쉽게 현금화할 수 있게 유동성을 높여 줌으로써 발행시장이 활성화되는 역할을 수행하고 금융상품의 유통가격결정을 통하여 새로 발행되는 금융상품의 가격을 책정하는 데 중요한 지표를 제공해 준다.

금융시장은 거래단계에 따라 장·단기금융상품이 새로이 발행되는 발행시장과 이미 발행된 장·단기 금융상품이 거래되는 유통시장으로 구분된다. 발행시장을 제1차 시장, 유통시장을 제2차 시장이라고도 한다.

4 거래소시장과 장외시장

1. 거래소시장

(1) 거래소시장은 시장참가자가 특정 금융상품에 대한 매수·매도주문을 중앙집중적 장소인 거래소에 보내는데 거래소는 이를 경쟁입찰원칙 등 표준화된 규칙에 의해 처리하는 조직화된 시장으로 장내시장이라고도 부른다.

(2) 우리나라의 거래소시장으로는 한국거래소가 있고 그 하부시장으로 유가증권시장, 코스닥시장, 파생상품시장 등이 있다.

(3) 거래소시장은 금융상품을 판매하고 구입하는 장소와 거래의 형식이 일정하게 표준화되어 있기 때문에, 모든 거래가 집중되고 가격 및 거래정보가 누구에게나 잘 알려지며 거래의 익명성이 보장되어 거래상대방이 누구인지 알려지지 않는다는 특징이 있다.

2. 장외시장

(1) 장외시장은 특정한 규칙 없이 거래당사자 간에 매매가 이루어지는 시장으로, 거래소 이외의 장소에서 상장 또는 비상장 유가증권, 외국환 등의 거래가 이루어지는 시장을 말한다.

(2) 장외시장 거래가 대부분을 차지하는 채권시장이나 비상장·비등록 기업의 주식을 거래하는 프리보드와 같은 장외시장의 경우 거래정보의 투명성이나 거래상대방의 익명성이 낮은 편이다.

대표기출유형

다음 중 기업의 자금조달방식 가운데 간접금융의 수단인 것은?

① 회사채 발행　② 기업공개　③ 유상증자　④ 은행대출

정답 ④

해설 간접금융은 자금의 공급자와 수요자 사이에 은행 등 금융회사가 예금을 받아 필요한 사람에게 대출해 주는 것이 대표적인 형태이다.

테마 12

콜시장

> 콜시장 참가기관은 은행, 은행신탁, 종금, 자산운용, 증권, 보험 등이 있는데 주로 자산운용사와 은행신탁이 콜론기관으로, 증권회사와 외국은행지점이 콜머니기관으로 참여하며 국내은행은 자금 사정에 따라 콜론기관이 되기도 하고 콜머니기관이 되기도 한다.

1 개념

1. 의의

콜(Call)시장은 금융기관이 일시적인 자금 과부족을 조절하기 위하여 상호 간에 초단기로 일시적인 여유자금을 대여(콜론)하거나 부족자금을 차입(콜머니)하는 금융기관 간 자금시장이다.

2. 거래조건

(1) 콜거래는 담보제공 여부에 따라 담보콜과 무담보콜(신용콜)로 구분된다. 그러나 실제 거래는 무담보콜이 대부분을 차지하며 담보콜은 매우 미미한 수준이다.

(2) 콜거래 만기는 최장 90일 이내에서 일별로 정할 수 있으나 실제 거래에서는 익일물이 대부분을 차지하고 있다.

(3) 콜거래의 최소 거래금액은 1억 원이며 거래단위는 억 원이다. 거래이율의 변동 단위는 0.01%이다.

3. 콜론 · 콜머니기관

(1) 콜론기관 : 콜시장의 자금공급자인 콜론기관은 자산운용회사, 국내은행 및 외국은행 국내지점 등이다. 자산운용회사는 펀드 환매에 대비하여 보유하는 고유동성자산을 콜론으로 운용하며 국내은행은 지준잉여자금을 콜론으로 공급한다.

(2) 콜머니기관 : 콜시장의 자금차입자인 콜머니기관은 국내은행 및 외국은행 국내지점, 증권회사(PD · OMO 대상기관) 등이다. 국내은행은 콜자금을 공급하기도 하지만 지준자금조절을 위한 콜머니 수요가 보다 많은 편이다. 자금조달수단이 고객예탁금, RP매도 등으로 제한되는 증권회사도 자금 조달 · 운용상의 불일치 조정 등을 위해 콜자금을 차입하고 있다.

(3) 중개기관 : 한국자금중개(주), 서울외국환중개(주), KIDB자금중개(주) 등 자금중개회사가 콜거래 중개업무를 영위하고 있다. 이들 자금중개회사의 콜거래중개는 단순중개를 원칙으로 하고 있으며 거래의 원활화를 위해 필요한 최소한의 범위에서 매매중개를 할 수 있도록 되어 있으나 실제로 자금중개회사가 매매중개를 하는 경우는 거의 없다.

2 거래 구조

1. 계약체결

(1) 콜거래는 계약체결방식에 따라 중개거래와 직거래로 구분되는데 대부분의 거래는 중개거래로 이루어진다.

(2) 중개거래는 자금중개회사가 거래조건(이율, 만기, 금액 등)에 따라 자금의 공급자와 수요자를 연결시켜 주는 거래이다.

(3) 자금중개회사는 유선을 통해 콜론 및 콜머니 주문을 접수한 후 거래금액이 콜론기관의 콜머니기관에 대한 신용공여한도 범위 내인지 여부를 확인하여 거래를 체결시킨다.

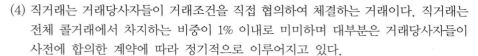

(4) 직거래는 거래당사자들이 거래조건을 직접 협의하여 체결하는 거래이다. 직거래는 전체 콜거래에서 차지하는 비중이 1% 이내로 미미하며 대부분은 거래당사자들이 사전에 합의한 계약에 따라 정기적으로 이루어지고 있다.

(5) 자금중개회사는 부가가치 통신망을 통해 만기별, 금융권별 콜론 · 콜머니 신청금액 및 체결현황, 금리단계별 콜체결 현황 등 거래정보의 일부를 실시간으로 제공하고 있다.

2. 대금수급

(1) 콜거래 체결에 따른 자금의 공급과 상환은 주로 한국은행금융결제망(BOK-Wire+, 이하 '한은금융망') 콜거래시스템을 통해 이루어지고 있으나, 경우에 따라 콜자금이 어음 발행 및 교환을 통해 결제되기도 한다.

(2) 콜머니기관이 은행인 경우 콜자금 결제가 어음교환거래를 수반하지 않고 한은금융망 콜거래시스템을 통해 이루어진다. 이 경우 콜거래 체결 시 자금이 콜론기관(또는 콜론기관의 거래은행)의 결제전용 예금계좌에서 콜머니기관인 은행의 결제전용계좌로 이체되며, 만기일 지정시점(11시 5분)에 자금이 반대 방향으로 이체되면서 상환이 완료된다.

(3) 콜머니기관이 증권회사인 경우에는 어음 교환거래를 수반하는 경우가 많다.

〈콜 중개거래 메커니즘〉

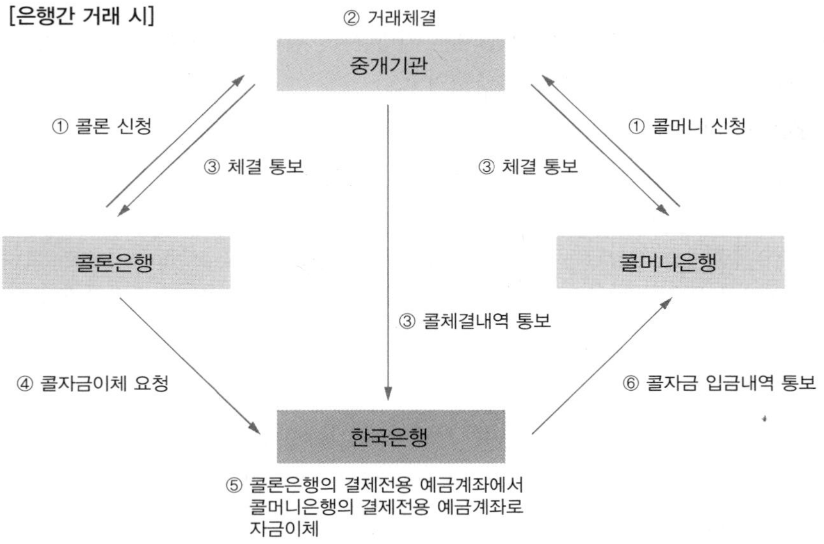

4 외국의 콜시장

1. 미국(페더럴펀드 시장)

(1) 페더럴펀드 시장은 연방준비은행에 지급준비금 예치의무가 있는 예금은행이 지급준비금의 과부족 조절을 위하여 여타 예금은행, 정부보증기관 등으로부터 무담보로 자금을 차입하는 초단기금융시장을 말한다.

(2) 미 연준은 정책금리인 익일물 무담보 페더럴펀드 금리가 목표범위에서 크게 벗어나지 않도록 페더럴펀드 시장의 수요 및 공급 규모, 금리 등 전반적인 시장상황을 실시간으로 확인하면서 공개시장운영을 실시한다.

(3) 페더럴펀드 시장에는 지준적립의무가 있는 예금은행 이외에 정부기관, 정부보증기관 및 증권딜러 등도 참가가 가능하지만 자금의 조달과 운영의 범위는 다소 다르다.

(4) 연방준비제도이사회의 지준부과대상인 상업은행, 저축대부조합, 상호저축은행, 신용협동조합, 해외은행의 미국 지점 등의 경우 페더럴펀드 시장에서의 자금 차입과 공급이 모두 가능하다.

(5) 지준적립의무가 없는 정부기관, 정부보증기관, 국제기구 및 증권딜러 등의 경우에는 페더럴펀드 시장에서 자금을 공급할 수는 있으나 차입할 수는 없다.

2. 일본(콜시장)

(1) 일본의 콜시장은 지급준비금 예치 여부에 관계없이 은행, 비은행 등이 상호 간에 자금을 조달하고 운용하는 초단기금융시장이다.

(2) 콜거래는 거래의 체결방법에 따라 중개거래와 직거래방식으로 구분된다. 거래만기는 1년 이내이나 대부분 익일물이다.

(3) 일본 콜시장에는 일본은행에 대한 지급준비금 예치 여부와 관계없이 예금취급기관인 도시은행, 지방은행, 신탁은행, 신용금고 등과 함께 증권회사, 증권금융회사, 보험회사 등이 참가하고 있다.

(4) 일본 콜시장의 주요 자금차입자는 지방은행, 신탁은행 등이며, 주요 자금공급자는 신탁은행, 투자신탁과 지방은행이다.

3. 유로지역(무담보시장)

(1) 유로지역의 은행 간 무담보시장은 유로지역 은행들이 참가하여 무담보로 단기자금을 조달 · 운용하는 시장이다.

(2) 동 시장에서 형성되는 익일물 금리인 EONIA(Euro OverNight Index Average)는 ECB의 운용목표 금리이며 ECB는 EONIA가 정책금리 ±25bp 범위에서 움직이도록 관리한다.

대표기출유형

다음 콜시장에 관한 설명으로 옳지 않은 것은?

① 국내은행은 콜론기관이 되기도 하고 콜머니기관이 되기도 한다.
② 콜거래는 담보콜과 신용콜로 구분된다.
③ 콜시장은 금융기관이 장기적인 자금 과부족을 조절하기 위한 금융기관 간 자금시장이다.
④ 콜거래의 최소 거래금액은 1억 원이며 거래단위는 억 원이다.

정답 ③

해설 콜(call)시장은 금융기관이 일시적인 자금 과부족을 조절하기 위하여 상호 간에 초단기로 일시적인 여유자금을 대여(콜론)하거나 부족자금을 차입(콜머니)하는 금융기관 간 자금시장이다.

테마 13 환매조건부매매시장

1 개념

1. 의의

환매조건부채권매매시장은 일정 기간 경과 후에 일정한 가격으로 동일채권을 다시 매수하거나 매도할 것을 조건(RP ; Repurchase Agreement)으로 채권이 거래되는 시장이다.

2. 매입일과 환매일

(1) 증권의 매매가 처음 이루어지는 시점과 이후 환매매가 이루어지는 시점을 각각 매입일과 환매일이라 하며, 매입일의 증권 매매가격은 매입가, 환매일의 매매가격은 환매가라고 부른다.

(2) 매입일에 매입가를 수취하고 증권을 매도하는 것을 'RP매도'라 하며, 매입가를 지급하고 증권을 매입하는 것을 'RP매수'라 한다.

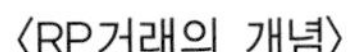
〈RP거래의 개념〉

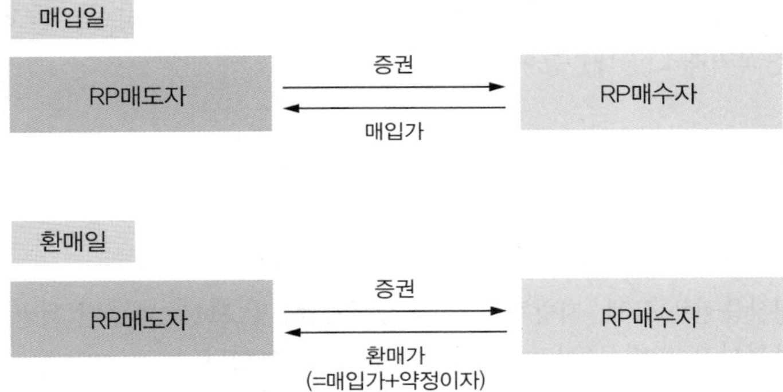

3. 매매의 법적성격

(1) 법적으로 RP거래는 약정기간 동안 대상증권의 법적 소유권이 RP매도자에서 RP매수자로 이전되는 증권의 매매 거래이다. 따라서 RP매도자가 파산 등으로 약정 사항을 이행하지 못할 경우 RP매수자는 대상증권을 정산할 권리를 갖게 된다.

(2) 우리나라의 경우 「채무자 회생 및 파산에 관한 법률(통합도산법)」에서도 기본계약에 근거하여 이루어진 RP거래는 회생 및 파산 절차상의 해제, 해지, 취소 및 부인의 대상에서 제외됨으로써 매매 거래로서의 성격을 강화하고 있다.

4. 경제적 측면

(1) 경제적 실질 측면에서 RP거래는 일정 기간 동안 RP매도자가 RP매수자에게 증권을 담보로 제공하고 자금을 차입하는 증권담보부 소비대차로서 기능한다.

(2) RP매수자와 RP매도자는 각각 자금대여자 및 자금차입자이며, 매매대상증권은 차입담보에 해당된다. 또한 환매가와 매입가의 차이는 대출이자로, 매매대상증권의 시가(市價)와 매입가의 차이는 초과담보로 볼 수 있다.

2 유형과 거래소

1. 유형

(1) RP거래는 거래주체를 기준으로 금융기관과 일반고객 간에 이루어지는 '대고객 RP', 금융기관 간에 이루어지는 '기관 간 RP' 그리고 한국은행의 공개시장운영 수단으로서 한국은행과 금융기관 간에 이루어지는 '한국은행 RP'로 구분된다.

(2) 거래기간에 따라서는 만기가 1일인 '익일물(Overnight) RP', 만기가 2일 이상인 '기일물(Term) RP', 거래당사자 중 일방의 통지가 있을 때까지 매일 자동적으로 만기가 연장되는 '개방형(Open) RP'로 나뉜다.

(3) 매매대상증권 각각을 구체적으로 지정하여 거래가 이루어지는 '특정담보(SC ; Special Collateral) RP'와 사전에 합의된 증권 목록이나 유형 내에서 거래가 이루어지는 '일반담보(GC ; General Collateral) RP'로 구분되기도 한다.

(4) 대상증권의 보관 · 관리 주체 및 방식에 따라 '인도형(Delivery) RP', '점유개정형(Hold-in-custody) RP' 및 '3자 간(Tri-party) RP'로 구분할 수 있다.

(5) 우리나라에서는 대고객 RP의 경우 점유개정형 RP가, 기관 간 RP 및 한국은행 RP의 경우 3자 간 RP가 주로 이용된다.

2. 거래소

RP거래에 따른 증권의 평가, 일일정산, 조세처리 등의 환매서비스는 한국예탁결제원(장외) 및 한국거래소(장내) 등이 제공하고 있다.

3 거래조건과 참가기관

1. 거래조건

(1) 대고객 RP거래의 경우

① 대상증권은 국채, 지방채, 특수채, 보증사채 및 모집 · 매출된 채권 등으로 채권평가회사가 일별로 시가평가를 할 수 있어야 한다.

② 투자적격 이상의 신용평가를 받거나 적격금융기관이 발행 또는 보증하였거나 정부나 지방자치단체가 보증한 증권으로 제한된다.

③ 거래 약관으로는 금융투자협회가 제정한 「대고객환매조건부매매약관」이나 개별 금융기관이 자체적으로 제정한 약관이 사용된다.

(2) 기관 간 RP거래의 경우

① 대상증권의 종류, 가격, 만기, 거래금액 등 거래조건에 관한 제도적 제한은 없으며, 거래 약관이나 환매서비스기관의 운영규정 등에 기초하여 거래당사자 간 협의로 결정된다.

② 거래 약관으로는 금융투자협회가 제정한 「기관간환매조건부매매약관」이 주로 사용되고 있으며 일부 외국계 금융기관과의 거래 시에는 「국제표준약관」이 사용되기도 한다.

③ 시장 운영규정은 장외 RP의 경우 한국예탁결제원이, 장내 RP의 경우 한국거래소가 정하고 있는데 이들 간에는 대상증권과 만기, 매매단위 등에서 차이가 있다.

	장내 RP[1]	장외 RP[2]
환매서비스기관	한국거래소	한국예탁결제원
대상증권	국고채, 외국환평형기금채권, 통화안정증권, 예금보험기금채권, 신용등급 AA 이상이며 미상환액면총액 2천 억 원 이상의 회사채 · 특수채	시가평가와 예탁이 가능한 원화채권, CP, 유동화증권(수익증권), 주택저당증권, 한국주택금융공사의 학자금대출증권, ETF, 상장주식
만기	1, 2, 3, 4, 7, 14, 21, 30, 60, 90일 (협의매매 시 1년 이내에서 상호 합의)	상호 합의
매매단위	액면기준 10억 원(협의매매 시 1억 원)	제한 없음.

주 : 1) 한국거래소의 「유가증권시장 업무규정」 및 동 규정 시행세칙
2) 한국예탁결제원의 「증권 등의 담보관리에 관한 규정」 및 동 규정 시행세칙

2. 참가기관

(1) 대고객 RP는 투자매매업자(증권사), 투자매매업 인가를 받은 은행, 한국증권금융, 종합금융회사 및 「우체국예금 · 보험에 관한 법률」에 의한 체신관서가 취급하고 있다.

(2) 기관 간 RP거래는 「자본시장과 금융투자업에 관한 법률」상 전문투자자에 해당하는 금융기관 및 금융공기업 등이 참가할 수 있다.

(3) 장외 RP의 중개는 한국자금중개(주), KIDB자금중개(주), 서울외국환중개(주) 등 자금중개회사와 한국증권금융 등이, 장내 RP의 중개는 한국거래소가 수행하고 있다.

4 거래 메커니즘

1. 대고객 RP거래

(1) 통장거래방식으로 이루어지며 투자자보호를 위해 매도 금융기관이 거래원장에 대상증권을 직접 기입하고 그 거래내역을 고객에 통지하도록 하고 있다.

(2) 매도 금융기관은 대상증권을 투자자 예탁분으로 명시하여 한국예탁결제원에 예탁하여야 하며, 예탁된 매도증권의 시가가 환매가의 105% 이상이 되도록 유지하여야 한다.

(3) RP 매도기관은 환매수의 이행에 영향을 주지 않는 범위 내에서 보관 중인 증권을 다른 증권으로 대체할 수 있다.

(4) 한국예탁결제원은 거래 개시시점에 매도증권을 매도 금융기관 예탁자계좌부의 자기분계좌에서 투자자분계좌(RP 매수증권계정)로 계좌대체하며 이후 약정기간 동안 일일정산, 증권 대체 및 증권 반환 업무 등을 수행한다.

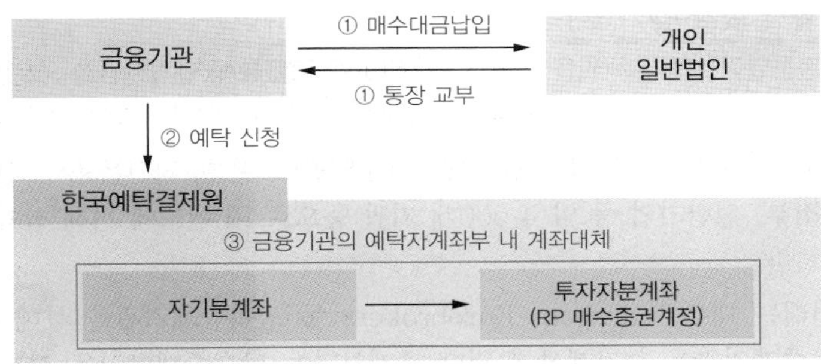

최신 금융 · 디지털 용어 | 금융상식 | 경영상식 | 경제상식 | 실전모의 1회 | 실전모의 2회

(더) 한국예탁결제원은 RP 매도기관의 예탁자계좌부에 증권잔량을 확인하고 RP 매도기관의 예탁자계좌부에 있는 대상증권에 대하여 일시처분 제한조치를 취한 후 RP 매수기관이 한국은행금융결제망(BOK-Wire+)을 통해 RP 매도기관에게 결제대금을 이체하면 대상증권을 RP 매도기관의 예탁자계좌부(일반예탁계정)에서 RP 매수기관의 예탁자계좌부(RP 매수증권계정)로 계좌대체하여 결제를 완료한다.

2. 기관 간 RP거래

(1) 장외시장

① 직거래와 중개거래방식으로 거래가 이루어지는데 중개거래방식이 대부분을 차지한다.

② 직거래인 경우 매도자가, 중개거래인 경우 중개회사가 한국예탁결제원의 시스템에 거래내역을 입력하고 직거래인 경우 매수자가, 중개거래인 경우 거래 쌍방이 거래내용을 확인함으로써 매매 확인이 완료된다.

③ 매매 확인 후 한국예탁결제원은 RP 결제내역을 생성 · 확정하고 증권대금동시결제(DvP ; Delivery versus Payment) 방식으로 결제를 진행한다.

(2) 장내시장 : 거래 중개, 담보관리 및 일일정산 등 환매서비스와 중앙거래당사자(CCP)로서 매매 확인, 채무인수, 청산, 결제이행보증 등의 업무를 한국거래소가 수행한다는 점에서 차이가 있으나 결제는 장외거래와 마찬가지로 증권대금동시결제 방식으로 이루어진다.

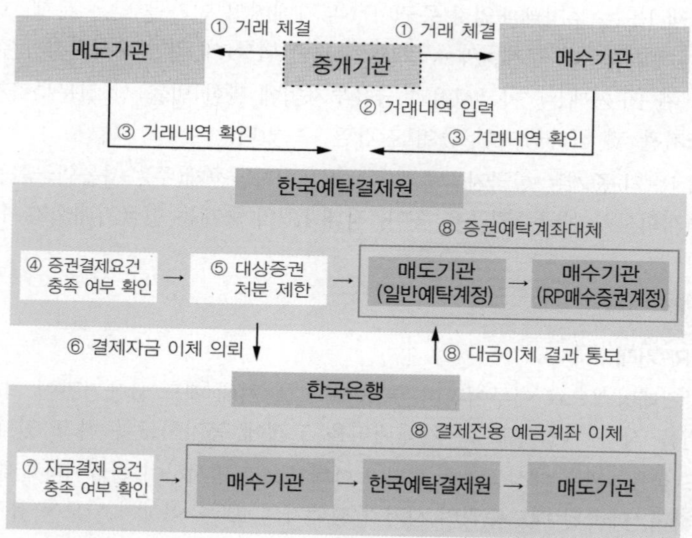

5 외국의 환매조건부매매시장

1. 미국

(1) 미국 RP시장은 은행, 증권사, 자산운용사, MMF, 뮤추얼펀드, 헤지펀드, 연기금 등 금융기관과 주정부, 지방정부, 정부기관 및 일반기업 등과 같은 비금융기관이 자유롭게 참가하고 있다.

(2) 국채전문딜러는 보유채권을 대상으로 한 RP매도를 통해 단기자금을 조달하는 주요 주체인데, 전체 RP매도액의 상당부분을 차지하고 있으며 일부기관의 집중도도 매우 높다.

(3) RP 매수기관은 MMF, 증권대차기관, 뮤추얼펀드, 은행, 자산운용사, 신탁기관, 연금, 지방정부, 일반기업 등 약 4,000개 기관 등으로 RP매도에 비해 참가 주체는 훨씬 다양하다.

(4) RP거래는 대부분 Prebon, Eurobrokers 등 전문중개기관을 통해 이루어지는데 이들 중개기관은 자기계산에 의한 중개보다는 단순중개방식을 선호하고 있다.

(5) RP거래의 청산방식은 양자 간 방식보다는 제3자가 청산업무를 대행해 주는 3자 간 방식이 주로 이용되고 있다. 청산서비스기관으로는 Bank of New York Mellon, JP Morgan Chase 등이 있다.

2. 일본

(1) 현선시장에는 채권매매업무를 인가받은 금융기관만이 참가할 수 있다.

(2) 증권사와 도시은행이 주된 매도기관으로서 시장에 참가하여 단기자금을 조달하고 있다. 주요 매수기관은 일반기업, 지방자치단체, 정부투자기관, 신탁은행 및 농림중앙금고 등이며 개인의 참가는 금지되어 있다.

(3) 채권딜러가 아닌 채권투자자의 경우에는 채권딜러의 중개를 통해서만 거래할 수 있다.

(4) 채권딜러의 매매는 자체적인 자금조달을 목적으로 하는 자기 RP와 일반 채권투자자의 RP매도를 중개하는 위탁 RP로 구분된다.

3. 유로지역

(1) 유로지역의 RP시장은 채권시장의 주요 기관들이 단기자금 조달의 수단으로 환매조건부로 증권을 매매하는 시장으로서 다양한 만기별로 거래가 활발하다.

(2) RP거래 대상증권에 대한 제한은 없으나 유럽정부채권이 상당부분을 차지하고 있는 가운데 회사채, ABS, 주식 등의 활용도 증가하고 있다.

(3) 담보증권의 제공방식은 특정 종목의 증권을 지정하지 않고 사전에 합의한 범위 내에서 유사한 종류의 증권으로 교체가 가능한 GC(General Collateral) RP가 대부분을 차지하고 있다.

(4) 유로지역의 RP시장은 딜러 간 시장으로 소수 대형딜러들의 거래비중이 매우 높으며 딜러 이외의 고객들과의 RP거래는 미미한 수준이다.

(5) RP거래의 중개회사로는 ICAP, Tradition, Tullet Prebon 등의 일반중개회사와 BrokerTec, EuroMTS, Eurex Repo 등의 ATS 중개회사가 시장을 주도하고 있다.

(6) RP거래의 청산방식은 당사자들이 직접 청산관련 업무를 처리하는 양자 간 청산과 제3의 청산회사가 관련 청산업무를 수행하는 다자 간 청산으로 구분된다.

대표기출유형

다음 환매조건부채권매매시장에 관한 설명으로 옳지 않은 것은?

① 일정 기간 경과 후에 일정한 가격으로 동일채권을 다시 매수하거나 매도할 것을 조건으로 채권이 거래되는 시장이다.

② 매입일에 매입가를 수취하고 증권을 매도하는 것을 RP매도라 한다.

③ RP매도자가 파산 등으로 약정 사항을 이행하지 못할 경우 RP매수자는 대상증권을 정산할 권리가 없다.

④ RP매수자와 RP매도자는 각각 자금대여자 및 자금차입자이며 매매대상증권은 차입담보에 해당된다.

정답 ③

해설 RP매도자가 파산 등으로 약정 사항을 이행하지 못할 경우 RP매수자는 대상증권을 정산(liquidate)할 권리를 갖게 된다.

테마 14

기업어음시장

> 기업어음
> 신용상태가 양호한 기업이 상거래와 관계없이 운전자금 등 단기자금을 조달하기 위하여 자기신용을 바탕으로 발행하는 융통어음을 의미한다. 따라서 상거래에 수반되어 발행되는 상업어음과는 성격이 다르지만 법적으로는 상업어음과 같은 약속어음으로 분류된다.

1 개념

1. 시장의 구성

CP시장은 발행기업, 할인 · 매출기관 및 매수기관으로 구성된다.

(1) 발행기업은 거래은행으로부터 기업어음증권이 명시된 어음용지를 교부받아 발행하고 은행의 당좌예금계정을 통해 결제한다.

(2) 할인 · 매출기관은 발행기업으로부터 CP를 할인 매입한 후 이를 매수기관에 매출함으로써 매매차익을 얻으며 매수기관은 주로 단기자금의 운용수단으로 CP를 활용하고 있다.

2. 특징

(1) CP는 발행절차가 간편하고 통상 담보없이 신용으로 발행(ABCP 제외)되는 데다 금리에서도 은행대출보다 일반적으로 유리하다.

(2) CP는 기업들이 자금을 신속하게 조달하고자 할 때 유용한 수단으로 이용되고 있다.

2 발행조건, 참가기관

1. 발행조건

(1) 증권회사 고유계정이 할인 매입하는 CP의 경우 : 대상기업, 만기 및 액면금액 등에 대한 제한이 없으나, 증권회사 고유계정이 장외시장에서 CP를 매매, 중개 · 주선 또는 대리하는 경우에는 2개 이상의 신용평가기관으로부터 신용평가를 받은 CP만을 대상으로 무담보매매 · 중개방식으로 할인할 수 있다.

(2) 종합금융회사가 할인 · 매입하는 경우 : 만기 1년 이내 CP에 한해서만 할인 · 매매 · 중개를 할 수 있다. 종합금융회사가 기업을 대상으로 어음 할인을 하기 위해서는 해당 기업을 적격업체로 선정해야 한다.

(3) CP는 할인방식으로 발행되어 만기에 액면금액이 상환된다. 발행금리는 발행기업과 할인기관이 발행기업의 신용리스크, 할인기간, CP 시장의 수급상황 등을 감안하여 결정한다.

2. 국내 CP의 신용등급체계

〈우리나라의 CP 신용등급〉

구분	평가등급	등급 정의
투자등급 (Investment Grade)	A1	적기상환능력이 최고 수준이며 안정성은 예측가능한 장래환경에 영향을 받지 않을 정도
	A2+, A2, A2−	적기상환능력 우수, 안정성은 A1보다 다소 열등
	A3+, A3, A3−	적기상환능력 양호, 안정성은 A2보다 다소 열등

> 1. A1을 최우량 등급으로 하고 그 다음으로 A2, A3, B, C, D의 순으로 구성되어 있다. 이 중 투자등급은 A1 ~ A3등급이며 투기등급은 B등급 이하이다.
> 2. A2 ~ B등급에 대해서는 동일 등급 내에서 우열을 나타내기 위하여 +, − 부호를 부가하여 세분하고 있다. 한편 자산담보부 CP의 경우에는 상기 신용등급에 구조화 금융상품을 의미하는 SF(Structured Finance)를 추가하여 표시한다.

투기등급 (Speculative Grade)	B+, B, B−	적기상환능력은 있으나 단기적인 여건변화에 따라 그 안정성에 투기적인 요소가 내포되어 있음.
	C	적기상환능력 및 안정성에 투기적인 요소가 큼.
	D	현재 채무불이행 상태

3. 참가기관

(1) 발행기관 : CP는 민간기업, 공기업, 증권사, 카드사, 특수목적회사(SPC) 등이 발행하고 있다.

(2) 할인 및 매출기관 : CP의 할인 및 매출은 주로 증권회사와 종합금융회사가 담당하고 있다. 종합금융회사는 매출뿐만 아니라 자체 보유목적으로도 CP를 할인한다. 반면 수신 기능이 제한적인 증권사는 일반적으로 CP를 할인한 후 자체 보유하지 않고 매출한다.

(3) 매수기관 : 자산운용회사의 MMF, 종합금융회사, 은행신탁, 증권신탁 등이 주요 CP 매입 주체이다.

3 거래 메커니즘

1. 할인

CP를 발행하려는 기업은 지급장소로 지정되는 당좌계정 개설은행에서 기업어음용지를 받아 자금을 사용할 날의 전일이나 당일 오전에 증권회사, 종합금융회사 등 할인기관과 만기 · 금액 · 금리 등을 협의한 다음 어음을 발행하여 할인을 요청하게 된다.

2. 매출

(1) 종합금융회사, 증권회사 등은 기업어음을 할인한 후 할인금리보다 낮은 금리 수준으로 자산운용회사 등 어음 매수기관에 매출한다.

(2) 거래방식으로는 실물교부와 통장거래방식이 모두 가능하나 대부분 실물교부방식이 이용되고 있다.

3. 대금수급

할인기관은 매수기관으로부터 자금을 받아 어음교환차액결제가 끝난 후 거래은행 계좌이체(동일은행 거래 시) 또는 BOK-Wire+(거래은행이 다른 경우)를 통해 발행기업에 지급한다.

최신 금융 · 디지털 용어
금융상식
경영상식
경제상식
실전모의 1회
실전모의 2회

대표기출유형

신용상태가 양호한 기업이 상거래와 관계없이 운전자금 등 단기자금을 조달하기 위하여 자기신용을 바탕으로 발행하는 융통어음을 무엇이라고 하는가?

① 기업어음 ② 양도성 어음 ③ 전환부사채 ④ 전자단기사채

정답 ①

해설 기업어음은 상거래에 수반되어 발행되는 상업어음과는 성격이 다르지만, 법적으로는 상업어음과 같은 약속어음으로 분류된다.

테마 15

전자단기사채시장

> 전자단기사채는 자본시장법상의 사채권으로서 실물이 아닌 전자적으로 발행 · 유통되는 단기금융상품으로 정의할 수 있다.

1 개념

1. 법적 성격

전자단기사채의 법적 성격은 어음이 아닌 사채권이지만 경제적 실질은 기존의 기업어음(CP)과 동일하다. 다만 기업어음은 실물로 발행 · 유통되지만 전자단기사채는 실물 없이 중앙등록기관의 전자 장부에 등록되는 방식으로 발행 · 유통되는 점이 다르다.

2. 장점

(1) 우선 인수 또는 인도 시 위 · 변조, 분실 등 실물 발행에 수반되는 위험을 원천적으로 방지할 수 있으며 발행비용도 절약할 수 있다.

(2) 누구나 확인할 수 있는 중앙등록기관의 전자 장부에 등록하는 방식으로 발행 · 유통됨에 따라 거래의 투명성도 크게 제고되었다.

(3) 아울러 발행과 유통 및 상환이 모두 전자적으로 이루어지면서 증권과 대금의 실시간 동시결제(DvP ; Delivery versus Payment)가 가능해졌다.

2 발행조건 참가기관

1. 발행조건

(1) 관련법상 전자단기사채로 인정되기 위해서는 ① 금액은 1억 원 이상, ② 만기는 1년 이내, ③ 사채 금액은 일시 납입, ④ 만기에 전액 일시상환, ⑤ 주식관련 권리 부여 금지, ⑥ 담보설정 금지의 여섯 가지 요건을 모두 갖추어야 한다.

(2) 최소 금액 요건은 발행뿐만 아니라 계좌 간 대체 등록, 액면 분할 시에도 적용되며 만기를 1년 이내로 제한한 것은 회사채시장과의 경합 가능성을 최소화하기 위해서다.

(3) 투자매매업자 또는 투자중개업자가 전자단기사채를 장외에서 매매하거나 중개 · 주선 또는 대리하는 경우에는 2개 이상의 신용평가회사로부터 해당 전자단기사채에 대해 신용평가를 받아야 한다.

2. 참가기관

(1) 발행기관 등 : 전자단기사채의 발행기관, 인수 · 매매기관, 중개기관 등은 CP시장과 거의 유사하다. 다만 기업어음과는 달리 은행종금 계정 및 자금중개회사는 전자단기사채를 인수할 수 없다.

(2) 등록기관 및 계좌관리기관

① 전자단기사채제도는 발행이나 권리 · 의무 관계의 변동이 전자 계좌에 등록하는 형식으로 이루어지기 때문에 전자단기사채가 등록되는 중앙등록기관과 고객의 전자 계좌를 관리하는 계좌관리기관이 중요한 참가자가 된다.

② 계좌관리기관은 고객의 전자단기사채 등록 업무를 수행하거나 이들의 계좌를 관리하는 기관을 의미하며 전자단기사채의 권리자가 되려는 자는 계좌관리기관에 고객계좌를 개설하여야 한다.

3 거래 메커니즘

1. 발행

전자단기사채는 발행인이 실물증권 없이 전자단기사채의 발행 및 인수 내용을 중앙등록기관인 한국예탁결제원에 통지하여 전자계좌부에 등록하는 방식으로 발행된다.

2. 권리이전 등

권리이전이나 질권 설정 및 말소, 신탁 표시 및 말소 등도 권리자가 해당 전자단기사채가 등록된 한국예탁결제원이나 계좌관리기관에 관련 내용을 계좌부에 등록해 줄 것을 신청하여 처리하게 된다.

3. 소멸

전자단기사채의 소멸은 원리금상환 시 등록 말소처리를 통해 이루어진다.

〈전자단기사채의 거래 메커니즘〉

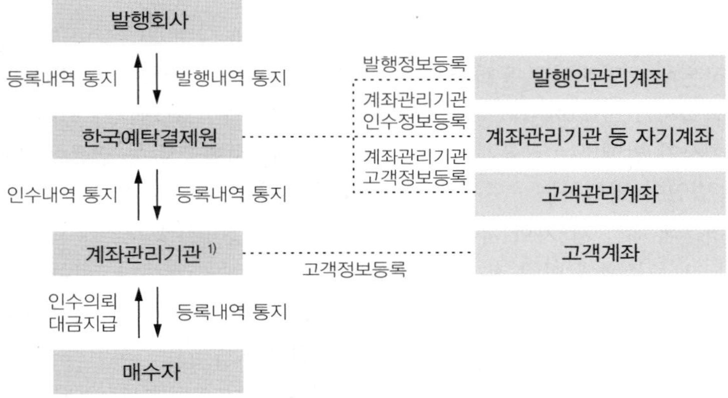

주 : 1) 투자중개업자, 은행, 보험사, 신탁업자, 한국예탁결제원 등

대표기출유형

다음 중 전자단기사채에 관한 설명으로 옳지 않은 것은?

① 자본시장법상의 사채권으로서 실물금융상품이다.

② 중앙등록기관의 전자 장부에 등록되는 방식으로 발행 · 유통된다.

③ 발행비용을 절약할 수 있다.

④ 증권과 대금의 실시간 동시결제가 가능하다.

정답 ①

해설 전자단기사채는 자본시장법상의 사채권으로서 실물이 아닌 전자적으로 발행 · 유통되는 단기금융상품으로 정의할 수 있다.

테마 16

채권의 발행시장

1 개념

1. 채권의 의의

(1) 채권이란 일반적으로 정부, 공공기관, 민간기업 등이 비교적 장기로 불특정 다수로부터 거액의 자금을 조달하기 위하여 정해진 이자와 원금의 지급을 약속하면서 발행하는 증권을 말한다. 채권은 매 기간 투자자에게 일정 금액의 이자가 지급된다는 점에서 고정소득증권으로 불린다.

(2) 채권의 발행주체 및 한도는 관련 법률에 의하여 정해진다. 국채의 경우 국회의 동의, 회사채 등은 금융위원회에 증권신고서 제출 등의 절차를 거쳐서 발행된다.

2. 채권의 종류

(1) 발행주체에 따라 정부가 발행하는 국고채권(이하 국고채), 국민주택채권 등 국채, 한국은행이 발행하는 통화안정증권, 지방자치단체가 발행하는 지방채, 「상법」상의 주식회사가 발행하는 회사채, 은행 · 금융투자회사 · 리스회사 · 신용카드회사 등 금융회사가 발행하는 금융채, 한국전력공사 · 예금보험공사 등 법률에 의해 직접 설립된 법인이 발행하는 특수채 등으로 구분할 수 있다.

(2) 원리금에 대한 제3자의 지급보증 여부에 따라 보증채와 무보증채로 나누어지며 보증채는 보증주체에 의해 정부보증채와 일반보증채로 구분된다. 일반보증채는 신용보증기금, 보증보험회사, 은행 등이 지급을 보증하는 채권이며 무보증채는 발행주체의 자기 신용에 의해서 발행되는 채권을 말한다.

(3) 이자지급방법에 따라 할인채, 이표채, 복리채 등으로 지급이자 변동여부에 따라 고정금리부채권(SB)과 변동금리부채권(FRN)으로 구분되기도 한다.

(4) 회사채의 경우 발행회사의 주식으로 전환할 수 있는 권리가 부여된 전환사채(CB), 발행회사의 신주를 일정한 조건으로 매수할 수 있는 권리가 부여된 신주인수권부사채(BW), 발행회사가 보유한 제3자 발행 유가증권과 교환할 수 있는 교환사채(EB) 등으로도 발행된다.

3. 채권시장

(1) 시장은 발행시장(또는 1차 시장)과 유통시장(또는 2차 시장)으로 나뉜다. 발행시장은 채권이 자금수요자에 의해 최초로 발행되는 시장이며 유통시장은 이미 발행된 채권이 투자자들 사이에서 매매되는 시장이다.

(2) 채권의 가격은 수익률로서 나타내며 이는 경제, 물가 등 경제의 기초여건, 발행자의 신용상태, 수급여건, 채권시장 하부구조의 효율성 등에 의해 결정된다.

2 국채

1. 국채발행

(1) 국채는 국고채권, 재정증권, 국민주택채권, 보상채권 등 자금용도에 따라 4가지 종류로 나누어지며 종목에 따라 발행방식 및 이자지급방식 등이 서로 다르다.

(2) 국고채권과 재정증권은 경쟁입찰을 통해 발행되며 국민주택채권은 인허가와 관련하여 의무적으로 매입하도록 하는 첨가소화방식으로, 보상채권은 당사자 앞 교부방식으로 각각 발행된다.

(3) 이자지급방식을 보면 국고채권은 6개월마다 이자가 지급되는 이표채이며 재정증권은 할인채이다. 국민주택채권과 보상채권은 원리금이 만기에 일시상환되는 복리채이다.

(4) 국고채권의 경우 발행만기별로 3년, 5년, 10년, 20년 및 30년으로 나뉜다.

(5) 국채 중 국고채권 및 재정증권은 경쟁입찰방식으로 발행된다.

〈국채의 종류 및 발행조건〉

	관련법률	발행목적	발행조건			
			발행방법	표면금리	금리지급	만기
국고채권	「국채법」	회계 · 기금에의 자금예탁	경쟁입찰	입찰 시 결정	이표채 (매 6개월)	3 ~ 50년
국고채권 (물가연동)	〃	〃	〃	3.3%[1]	〃	10년
재정증권	「국고금 관리법」	재정부족자금 일시 보전	〃	낙찰 할인율	할인	1년 이내[2]
국민주택 채권(1종)[3]	「주택도시 기금법」	국민주택건설 재원 조달	첨가소화	3.4%[1]	연 단위 복리후급	5년
보상채권	「공익사업을 위한 토지 등의 취득 및 보상에 관한 법률」	용지보상비	교부 발행	실세금리[4]	연 단위 복리후급	5년 이내[5]

* 주 : 1) 2023년 3월 기준
2) 실제로는 통상 3개월 이내로 발행
3) 국민주택채권 제2종은 2013년 5월 폐지, 제3종은 2006년 2월 폐지
4) 시중은행 3년 만기 정기예금금리
5) 실제로는 3년 만기로 발행

2. 발행 메커니즘

(1) 국채는 「국채법」에 따라 기획재정부장관이 중앙정부의 각 부처로부터 발행요청을 받아 발행계획안을 작성한 후 국회의 심의 및 의결을 거쳐 발행한다.

(2) 국채발행규모는 국회의 동의를 받은 한도 이내에서 정부가 결정하며 공개시장에서의 발행을 원칙으로 하고 있다.

(3) 국민주택채권을 제외한 국채의 발행사무는 한국은행이 대행하고 있다. 국고채의 경우 통상 낙찰금액 납입일 1영업일 전에 국고채전문딜러를 대상으로 BOK-Wire+를 통해 경쟁입찰을 실시하여 발행한다.

(4) 재정증권의 경우에는 국고채전문딜러, 통화안정증권 경쟁입찰 대상기관, 국고금운용기관 등을 대상으로 발행하고 있다.

(5) 국고채의 교부와 낙찰금액 납입은 입찰일 다음 영업일에 주로 이루어지며 낙찰금액이 납입되면 한국은행은 한국예탁결제원에 일괄등록을 통보하고 채권을 계좌대체함으로써 발행절차가 종료된다.

〈국고채 발행 메커니즘〉

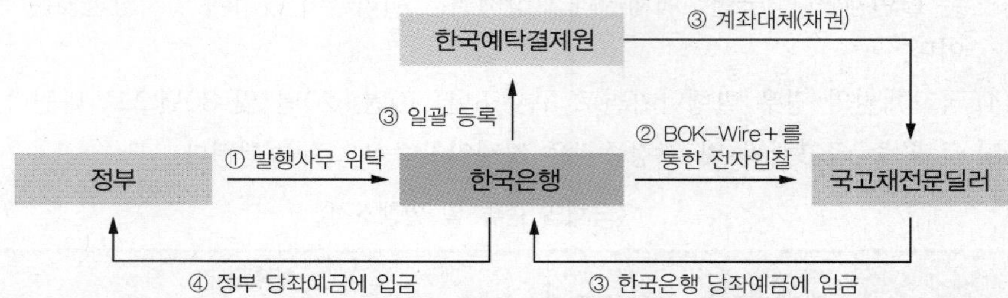

3. 상환 메커니즘

(1) 국고채와 재정증권의 상환은 한국은행이 원리금 지급일에 한국예탁결제원의 한국은행 당좌예금계좌로 원리금 해당금액을 일괄 입금하면 한국예탁결제원은 이를 국채보유기관의 한국은행 당좌예금계좌 또는 거래은행의 한국은행 당좌예금계좌에 입금함으로써 마무리된다.

(2) 국민주택채권의 경우는 동 채권 보유기관이 회사채의 원리금 상환 절차와 마찬가지로 만기일(또는 이자지급일)에 상환업무 대행기관인 국민은행 앞으로 채권과 이표를 교환에 회부하여 원리금을 회수하게 된다.

〈국고채 상환 메커니즘〉

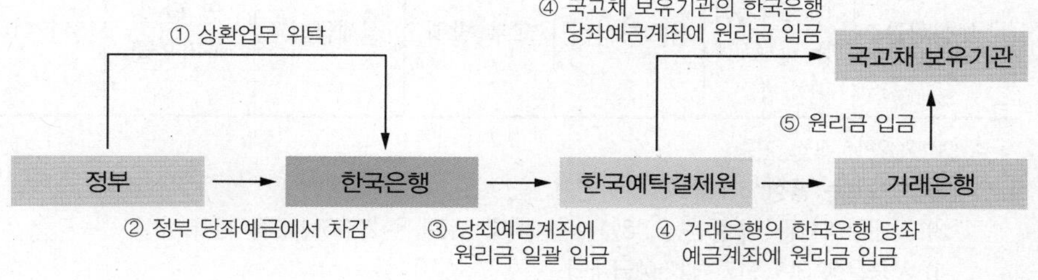

3 회사채

1. 회사채 발행

(1) 회사채는 공모발행과 사모발행으로 구분된다. 공모발행의 경우 인수기관인 증권회사, 한국산업은행 등이 총액을 인수하여 발행하며, 사모발행의 경우에는 발행기업이 최종매수자와 발행조건을 직접 협의하여 발행하게 된다.

(2) 만기를 보면 일반적으로 1, 2, 3, 5, 10년 등으로 발행되는데 대체로 3년 이하가 주종을 이루고 있다.

(3) 발행회사는 발행주관회사(주로 증권회사)를 선정하여 발행사무를 위임하며 인수기관은 발행 회사채를 총액인수한 후 당일 매수자(은행, 자산운용회사, 보험회사 등 기관투자자)에게 매출한다.

(4) 사채의 인수도는 발행주관회사가 회사채를 매수자 명의로 한국예탁결제원에 개설된 계좌에 등록함으로써 끝난다.

〈회사채 발행 메커니즘〉

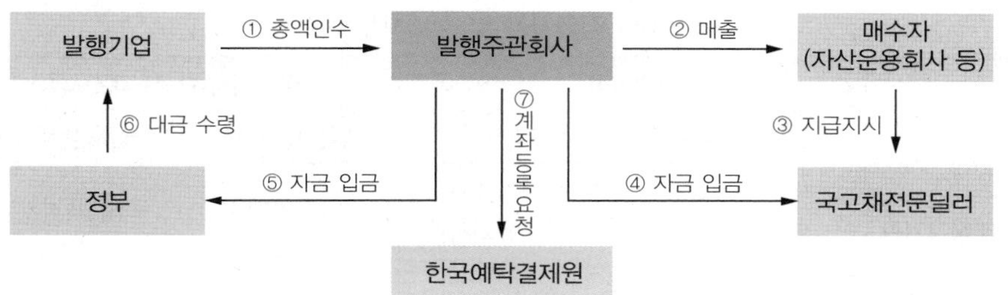

2. 회사채 상환

(1) 회사채의 원금상환 및 이자지급은 발행기업과 한국예탁결제원, 원리금지급 대행 은행 및 채권교환 대행 은행, 원리금상환 대행 증권회사(예탁자)를 통해 이루어진다.

(2) 한국예탁결제원은 원리금 지급 10일 전에 원리금지급 대행 은행에 지급기일 도래를 알리고 지급일 전일에 만기 회사채 또는 이표를 채권교환 대행 은행을 통해 교환 청구한다.

(3) 지급일 전일 발행기업이 원리금지급 대행 은행에 입금한 원리금은 채권교환 대행 은행을 통해 원리금상환 대행 증권회사로 입금되고, 회사채 보유자는 증권회사로부터 원리금을 회수한다.

〈회사채 상환 메커니즘〉

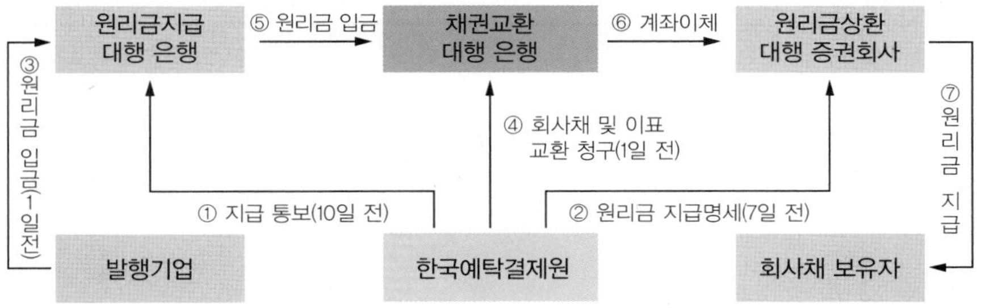

대표기출유형

채권시장에 관한 설명으로 옳지 않은 것은?

① 발행시장은 채권이 자금수요자에 의해 최초로 발행되는 시장이다.
② 회사채의 경우 발행회사의 주식으로 전환할 수 있는 권리가 부여된 전환사채(CB)이다.
③ 회사채 공모발행의 경우에는 발행기업이 최종매수자와 발행조건을 직접 협의하여 발행한다.
④ 국민주택채권과 보상채권은 원리금이 만기에 일시상환되는 복리채이다.

정답 ③

해설 공모발행의 경우 인수기관인 증권회사, 한국산업은행 등이 총액을 인수하여 발행하며, 사모발행의 경우에는 발행기업이 최종매수자와 발행조건을 직접 협의하여 발행하게 된다.

테마 17

채권의 유통시장

Ⓔ 채권의 유통시장은 장외시장과 장내시장으로 구분된다. 현재 대부분의 채권거래는 장외시장에서 주로 증권회사의 단순중개를 통하여 이루어지고 있다. 장내시장으로는 한국거래소 내에 일반채권시장과 국채전문유통시장이 개설되어 있다.

〈채권 장외시장 및 장내시장 비교〉

	장외시장		장내시장(한국거래소시장)	
	증권회사 단순중개	IDB중개[1)]	일반채권시장	국채전문유통시장
거래참가기관	제한 없음.	기관투자자, 기금, 자산운용회사, 뮤추얼펀드 등	한국거래소 정회원[2)]	국고채전문딜러, 국채일반딜러
거래중개기관	증권회사	IDB	한국거래소	한국거래소
주요 거래종목	모든 채권	좌동	제1, 2종 국민주택채권, 주식관련사채	국고채권, 통안증권, 예금보험기금채권
매매방식	상대매매	사실상 상대매매[3)]	경쟁매매 (자동매매시스템)	좌동
매매시간	제한 없으나 통상 09:00 ~ 16:00	좌동	09:00 ~ 15:30	좌동
결제시점	T+1 ~ 30	좌동	T	T+1
최소 매매단위	제한 없으나 통상 100억 원	좌동	일반채권 1,000원 전단채 1억 원	10억 원

* 주 : 1) IDB의 중개대상기관이 기관투자자로 확대됨에 따라 사실상 증권회사와 동일하게 채권을 중개하고 있음.
2) 일반투자자의 경우 증권회사를 통한 위탁매매 거래가 가능
3) 당초 브로커의 개입 없이 전산스크린에 의한 완전자동매매시스템을 이용한 거래형태를 지향하였으나 현재는 증권회사와 동일하게 단순중개하는 형태로 운용

1 장외시장

1. 채권거래는 증권회사(Inter-dealer Broker 포함)를 중개기관으로 하는 장외거래 비중이 높다. 이는 채권의 종목이 다양하고 거래조건이 표준화되어 있지 않아 한국거래소의 자동매매시스템을 통해 거래하기가 곤란하기 때문이다.
2. 증권회사는 전화, 인터넷 메신저 등을 통해 매도 또는 매수를 원하는 투자자의 호가를 받은 후에 반대거래를 원하는 상대방을 찾아 거래를 중개한다. 따라서 매수 · 매도 호가를 미리 제시하고 고객의 거래요청에 반드시 응하여야 하는 시장조성의무가 없어 채권재고를 유지하는 위험을 부담할 필요가 없다.
3. 일단 거래가 체결되면 매수기관은 자기 거래은행에게 매도기관 앞으로 대금 지급을 지시하고 매도기관은 증권회사를 통해 한국예탁결제원에 계좌이체를 요청한다. 자금 및 채권결제는 통상적으로 거래 익일(T+1)에 이루어진다.

〈채권 장외유통 메커니즘[1]〉

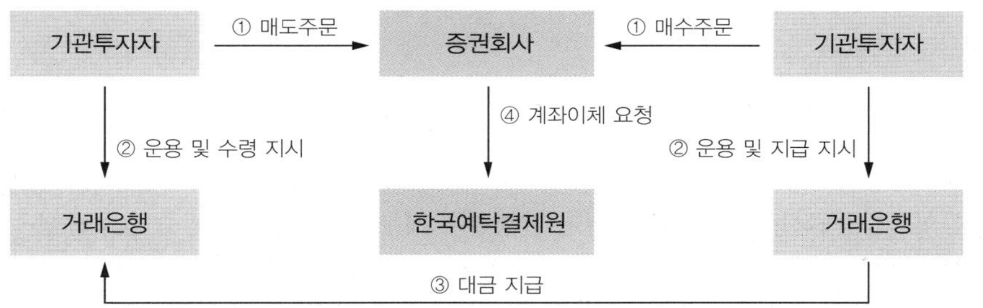

주 : 1) 기관투자자 간 채권거래를 전제로 함.

> **채권유통수익률 공시제도**
> 금융투자협회는 지정한 증권회사로부터 장외시장에서 거래되는 채권수익률을 통보받아 홈페이지를 통해 최종호가수익률을 공시한다. 동 수익률이 현재 채권유통수익률로 이용되고 있다.

2 장내시장

1. 일반채권시장

(1) 일반채권시장은 불특정 다수의 일반투자자가 참가할 수 있는 시장으로서 국채전문유통시장에서 거래되는 국고채를 제외한 모든 거래소 상장채권이 거래대상이나 현재 소액 국공채와 전환사채 위주로 거래가 이루어지고 있다.

(2) 장내시장 참가자는 한국거래소의 회원 증권회사로 제한된다. 개인, 일반법인, 한국거래소 회원이 아닌 기관투자자, 외국인 등은 회원 증권회사에 위탁계좌를 개설하여 장내시장에 참가할 수 있다.

2. 국채전문유통시장

(1) 일반적으로 국채전문유통시장(IDM)은 국고채전문딜러(PD) 등 시장조성활동을 담당하는 금융기관들만 참가하는 시장이다.

(2) 우리나라에서는 1999년 3월 한국거래소 내에 국고채전문딜러, 예비국고채전문딜러, 국채일반딜러 등 기관투자자들의 국채 도매거래를 위해 경쟁매매시장인 국채전문유통시장이 개설되었다.

(3) 동 시장에서 거래는 국고채전문딜러 등이 한국거래소가 운영하는 국채자동매매시스템을 통해 종목별로 매수·매도호가를 입력하면 거래조건이 맞는 주문끼리 자동적으로 체결된다.

대표기출유형

채권의 유통시장에 관한 설명으로 옳지 않은 것은?

① 현재 채권거래는 장내시장에서 주로 이루어지고 있다.
② 장내시장으로는 한국거래소 내에 일반채권시장과 국채전문유통시장이 개설되어 있다.
③ 금융투자협회는 장외시장에서 거래되는 채권수익률을 통보받아 최종호가수익률을 공시한다.
④ 장내시장 참가자는 한국거래소의 회원 증권회사로 제한된다.

정답 ①

해설 현재 대부분의 채권거래는 장외시장에서 주로 증권회사의 단순중개를 통하여 이루어지고 있다.

테마 18

통화안정증권시장

1 개념

1. 의의

통화안정증권시장이란 한국은행이 발행하는 채무증서인 통화안정증권이 발행 · 유통되는 시장이다. 통화안정증권은 「한국은행법」 제69조 및 「한국은행 통화안정증권법」에 따라 유동성 조절을 목적으로 발행되며 환매조건부매매 및 통화안정계정 예치와 함께 한국은행의 주요 공개시장운영수단으로 활용된다.

2. 통화안정증권의 기능

한국은행은 경상수지 흑자(적자) 또는 외국인투자자금 유입(유출) 등으로 시중의 유동성이 증가(감소)하여 이를 기조적으로 환수(공급)할 필요가 있을 경우에 통화안정증권을 순발행(순상환)하여 유동성을 흡수(공급)하게 된다.

2 통화안정증권의 발행

1. 발행방식

(1) 공모방식과 상대매출방식

① 공모방식은 경쟁입찰, 모집, 일반매출로 구분되는데 경쟁입찰과 모집은 통화안정증권 거래대상기관에 대해 실시하는 반면 일반매출은 거래대상기관이 아니라도 참가할 수 있다.

② 상대매출은 유동성조절 또는 통화신용정책의 운영을 위하여 필요할 때에 만기 2년 이내에서 특정 금융기관 또는 정부 출자 · 출연기관을 상대로 발행하는 방식이다. 이 경우 증권의 만기 및 발행금리는 공모발행의 경우와 다르게 적용할 수 있다.

③ 공모발행의 경우에도 발행방식별로 발행금액과 발행금리 결정에 있어서 차이가 있다.

(2) 통화안정증권은 현재 실물증권 없이 전자적 방법으로 등록발행하고 있으나 전시 · 사변이나 이에 준하는 국가비상사태 등의 경우에는 실물발행도 가능하다.

2. 발행규모

(1) 한국은행은 정부의 세출 · 입, 한국은행 대출, 통화안정증권 만기도래 등에 따른 본원통화공급과 현금통화, 지준예치금 등 본원통화 수요를 전망한 후 유동성조절 필요규모를 산정한다.

(2) 유동성 과부족이 기조적일 경우에는 주로 통화안정증권 발행 · 상환을, 일시적일 경우에는 주로 환매조건부매매 및 통화안정계정 예치를 통해 유동성조절이 이루어진다.

3. 발행조건

(1) 통화안정증권의 만기는 공모발행의 경우 2년 이내에서 할인채 10종류, 이표채 3종류 등 총 13종류이다.

(2) 할인채는 할인방식으로 발행되어 만기일에 액면금액이 지급되고, 이표채는 이표지급방식으로 발행되어 발행일로부터 3개월마다 이자를 지급하고 만기일에 액면금액을 지급한다.

4. 거래 대상기관

통화안정증권 경쟁입찰 및 모집에 참가하기 위해서는 통화안정증권 경쟁입찰 · 모집 대상기관으로 선정되어야 한다.

5. 발행절차

통화안정증권 경쟁입찰은 거래대상기관을 상대로 매주 월요일과 수요일에 정례적으로 입찰을 실시하며 정례모집은 원칙적으로 매월 넷째 수요일에 실시된다.

6. 중도환매

(1) 중도환매 입찰은 통화안정증권 2년물 중 잔존만기가 9개월, 7개월, 5개월, 3개월인 4개 종목을 대상으로 매 홀수월 첫 번째 및 세 번째 화요일에 정례적으로 실시하고 있다.

(2) 자금결제 및 채권 인수도는 통상 입찰일 이후 두 번째 영업일에 이루어지고 있다.

7. 자금결제

(1) 통화안정증권의 발행, 만기상환 및 중도환매에 따른 자금결제는 매수자가 한국은행에 당좌계정을 개설한 금융기관인 경우 해당 금융기관의 당좌계정을 통해 이루어지며 매수자가 한국은행에 당좌계정이 없는 금융기관, 정부 출자 · 출연기관인 경우에는 현금 또는 자기앞수표로 결제된다.

(2) 유통시장에서 거래되는 경우 BOK-Wire+ 및 한국예탁결제원의 증권결제시스템(SAFE+)을 연결한 증권대금동시결제시스템(DvP)을 통하여 증권대체와 대금결제가 이루어진다.

3 유통시장

통화안정증권은 여타 채권과 마찬가지로 증권사를 중개기관으로 하여 거래되고 있다. 증권사는 단순중개와 매매중개를 모두 할 수 있으나 실제로는 채권보유에 따른 금리변동위험 회피 등을 위해 단순중개에 치중하고 있다. 거래상대방은 은행, 자산운용사, 보험사 등으로 사실상 모든 시장참가자를 포함한다.

대표기출유형

통화안정증권시장에 관한 설명으로 옳지 않은 것은?

① 한국은행이 발행하는 채무증서인 통화안정증권이 발행 · 유통되는 시장이다.

② 한국은행은 경상수지 흑자로 이를 환수할 필요가 있을 경우에 통화안정증권을 상환하여 유동성을 공급하게 된다.

③ 할인채는 할인방식으로 발행되어 만기일에 액면금액이 지급된다.

④ 이표채는 이표지급방식으로 발행되어 발행일로부터 3개월마다 이자를 지급하고 만기일에 액면금액을 지급한다.

정답 ②

해설 한국은행은 경상수지 흑자(적자) 또는 외국인투자자금 유입(유출) 등으로 시중의 유동성이 증가(감소)하여 이를 기조적으로 환수(공급)할 필요가 있을 경우에 통화안정증권을 순발행(순상환)하여 유동성을 흡수(공급)하게 된다.

테마 19

양도성예금증서시장

양도성예금증서(CD)는 은행이 정기예금증서에 양도성을 부여한 것이다.

1 개념

1. 시장의 구성

CD시장은 CD가 발행 · 유통되는 단기금융시장으로서 발행기관, 중개기관 및 매수기관으로 구성된다.

(1) 발행기관인 은행의 입장에서는 자금 사정에 따라 발행규모와 시기를 조절함으로써 탄력적인 자금조달이 가능하다는 장점이 있다.

(2) 중개기관은 중개수수료 수입뿐 아니라 자기계산으로 매매에 참가함으로써 시세차익을 얻을 수도 있다.

(3) 매수기관은 CD시장을 단기자금 운용수단으로 활용하고 있다.

2. 법적 성격

(1) CD는 예금증서를 교부하고 예금을 받는다는 점에서 그 법적 성격을 일반예금과 같은 금전의 소비임치로 볼 수 있으나, 권리의 이전과 행사를 위해서는 동 증권의 소지가 필요하다는 점에서 유가증권에 해당된다.

(2) CD는 「한국은행법」상 지급준비금 적립대상이 되는 예금채무에 해당한다. 다만 은행을 상대로 발행하는 CD는 지급준비금 적립대상에서 제외되며, 아울러 CD는 예금보호대상에서 제외되고 있다.

2 거래조건과 참가기관

1. 거래조건

(1) CD는 중도해지할 수는 없으나 양도가 가능하므로 매수자가 보유 CD를 현금화하고자 하는 경우 매각할 수 있다.

(2) CD는 최단만기에 대해서만 30일로 제한되고 최장만기에 대해서는 제한이 없으나 실제 거래에서는 대부분 1년 이내로 발행되고 있다.

(3) 최저액면금액에 대한 제한은 없으나 은행들은 내규 등을 통해 5백만 원 또는 1천만 원으로 설정하여 운영하고 있다.

(4) CD는 할인방식으로 발행된다. 매수자는 CD를 살 때 예치기간 동안의 이자를 뺀 금액만을 지급하고 만기에 액면금액을 받게 된다.

2. 참가기관

(1) 발행기관 : 한국은행에 예금지급준비금을 예치할 의무가 있는 시중은행, 지방은행, 특수은행, 외은지점 등 한국수출입은행을 제외한 모든 은행이 CD를 발행할 수 있다.

(2) 중개기관 : CD거래 중개업무는 증권회사, 종합금융회사 및 3개 자금중개회사가 담당하고 있으며, 중개기관은 단순중개와 매매중개를 모두 할 수 있으나 현재 자금력 부족 등으로 대부분 발행시장에서의 단순중개에만 치중하고 있다.

(3) 매수기관

① 대고객 CD는 다시 은행창구에서 직접 발행되는 창구 CD(또는 통장식 CD)와

중개기관의 중개를 통해 발행되는 시장성 CD로 구분된다. 개인, 일반법인, 지방자치단체 등은 주로 발행은행 창구에서 직접 매입하는 반면, 자산운용회사, 보험회사 등 금융기관은 중개기관을 통해 매입한다.

② 은행 간 CD는 일반적으로 중개기관을 통하지 않고 발행은행과 매수은행 간 직접 교섭에 의해 발행된다. 은행 간 CD는 은행상호 간 자금의 과부족을 해소하기 위한 수단으로 발행되며, 지급준비금 적립대상에서 제외되는 대신 양도를 엄격히 금지하고 있다.

3 거래 메커니즘

1. 발행 및 중개

(1) 은행이 CD를 직접 발행할 때에는 통일된 양식의 CD 실물을 작성하여 교부한다. 다만, 고객이 보호예수를 요청할 경우에는 동 증서를 금고에 보관하고 보호예수증서 또는 보관통장을 발급할 수도 있다.

(2) CD 등록발행제가 시행됨에 따라 은행들이 금융기관을 대상으로 CD를 발행하는 경우 대부분 CD를 실물발행하지 않고 한국예탁결제원을 통해 등록 · 발행하고 있다.

(3) 중개기관이 일반법인이나 개인으로부터 이미 발행된 CD를 매입할 경우 발행 후 매입시점까지의 발생이자에 대한 이자소득세를 차감하고 대금을 지급한다.

2. 대금수급

[1. 창구 발행]

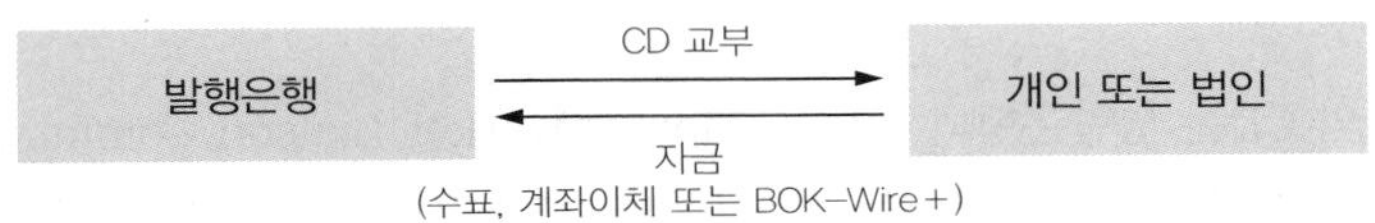

[2. 중개기관 경유 발행]

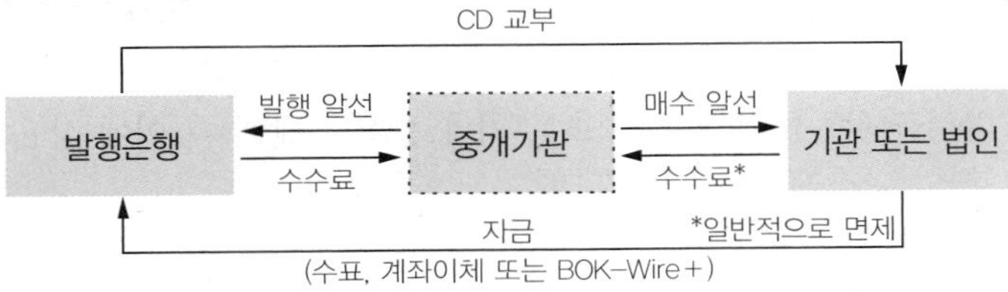

(1) 은행 창구에서 발행하는 창구 CD의 경우 현금이나 자기앞수표로 입금하는 것이 일반적이다. 발행규모가 거액인 경우에는 계좌이체(발행은행이 고객의 거래은행과 동일한 경우) 또는 BOK-Wire+(발행은행이 고객의 거래은행과 상이한 경우)를 통해 자금결제가 이루어진다.

(2) 중개기관을 통해 발행되는 시장성 CD는 거래규모가 거액(통상 100억 원 단위)으로 계좌이체 또는 BOK-Wire+를 통해 자금결제가 이루어지며 은행 간 CD의 경우에는 BOK-Wire+를 통해 자금결제가 이루어진다.

(3) 만기 시에는 CD 소지자가 발행은행 창구에 직접 제시하거나 만기 1영업일 전 거래은행을 통해 어음 교환에 회부하여 만기일에 자금을 회수하게 된다.

4 외국의 양도성예금증서시장

1. 미국

(1) CD의 발행만기는 7일 이상으로 최장만기에 대한 제한은 없으나 통상 1 ~ 6개월물이 주로 발행되고 있다.

(2) 발행지역 및 발행주체에 따라 국내 CD, 유로 CD, 양키 CD 및 저축기관 CD 등으로 구분된다.

(3) 금리결정방식에 따라 고정금리부 CD, 변동금리부 CD, CD Note 등으로 구분된다.

(4) 만기 시 대금의 지급방법으로는 소지인지급방식과 등록인지급방식이 있으나 양도절차가 간편한 소지인지급방식이 주로 이용되고 있다.

2. 일본

(1) 발행지역 및 발행주체에 따라 국내 CD, 유로엔 CD 및 해외 CD로 구분된다.

(2) 발행방식은 발행기관과 매수기관이 발행금액, 발행조건 등을 직접 교섭하는 직접발행방식과 단자회사 등 중개회사를 통해 발행하는 딜러경유발행방식으로 구분되고 있다.

(3) CD 양도 시에는 반드시 발행기관에 통지하는 한편 공증인 사무소에서 양도사실을 공증받아 이를 증서와 함께 발행기관에 제출하여 명의를 개설하는 지명채권양도방식이 채택되고 있다.

(4) 대금결제는 주로 일본은행 당좌계정을 이용한 계좌이체방식으로 이루어진다.

3. 영국

(1) 영국의 CD는 영란은행의 MMLC(Money Market Liaison Committee)가 정한 기준에 따라 런던에서 발행되는 런던 CD(London CD)와 동 기준에 부합되지 아니하는 금융기관이 예외적으로 발행하는 非런던 CD(non-London CD)로 구성된다.

(2) 발행만기에 대해서도 제한은 없으나 관행상 5년 이내이며, 대부분은 6개월 이내로 발행되고 있다.

(3) 최소 발행금액은 10만 파운드 또는 기타 통화로 발행 시 이에 상응하는 금액이다.

대표기출유형

양도성예금증서시장에 관한 설명으로 옳지 않은 것은?

① CD는 은행이 일반예금증서에 양도성을 부여한 것이다.
② 발행기관인 은행의 입장에서는 탄력적인 자금조달이 가능하다.
③ 중개기관은 시세차익을 얻을 수도 있다.
④ 매수기관은 CD시장을 단기자금 운용수단으로 활용하고 있다.

정답 ①

해설 양도성예금증서(CD)는 은행이 정기예금증서에 양도성을 부여한 것이다.

테마 20 자산유동화증권시장

1 개념

1. 자산유동화증권의 의의

자산유동화증권(ABS)은 부동산, 매출채권, 유가증권, 주택저당채권 등과 같이 유동성이 낮은 자산을 기초로 하여 발행되는 증권을 의미한다.

2. 자산유동화증권의 특징

ABS는 자산보유자가 특수목적기구(SPV)를 설립하여 이 기구에 기초자산의 법률적인 소유권을 양도하는 절차를 거쳐 발행되며 이 증권의 원리금은 일차적으로 기초자산으로부터 발생하는 현금흐름으로 상환된다는 특징이 있다.

3. 자산유동화증권의 장점

(1) 기초자산 보유자의 재무상태 개선

① 금융기관의 경우 보유하고 있는 위험자산을 매각하여 현금화함으로써 *BIS*자기자본비율을 제고할 수 있다.

② 기업이 ABS를 발행할 경우에는 부채비율을 높이지 않고 자금을 조달할 수 있다. 특히 기업이 ABS로 조달한 자금으로 부채를 상환한다면 부채비율은 하락하게 된다.

(2) 자금조달비용 경감

① 신용도가 낮은 자산보유자가 우량자산을 기초로 하여 신용등급이 높은 ABS를 발행하게 되면 유리한 조건으로 자금을 조달할 수 있다.

② 보유자산을 매각하여 조달한 자금을 재투자하는 과정을 반복하게 되면 실제 주어진 자본금의 제약을 받지 않고 영업을 확대하는 효과를 얻을 수 있다.

2 발행구조

1. 기본구조

ABS 발행과정은 우선 자산보유자가 기초자산을 모아서 이를 SPV에 양도한다. SPV는 양도받은 기초자산을 담보로 발행한 ABS를 일반투자자에게 매각하고 매각대금을 자산보유자에게 자산양도의 대가로 지급한다.

〈자산유동화의 기본구조〉

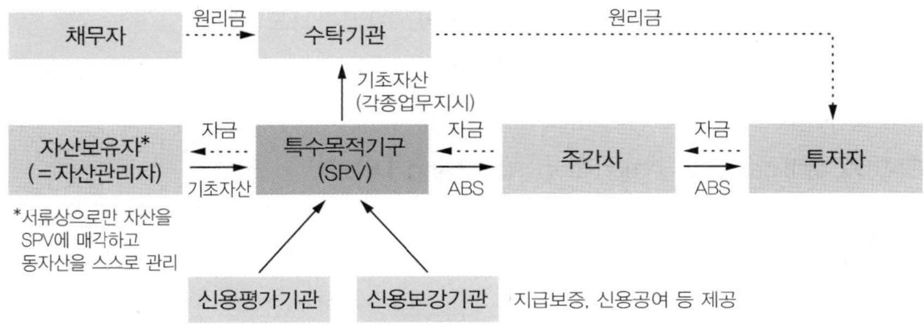

주 : 실선은 ABS발행 시 자금흐름을, 점선은 유동화증권 발행 이후 원리금이 회수되는 순서를 나타냄.

2. 주요 참가자

(1) 자산보유자는 보유하고 있는 기초자산을 SPV에 양도하여 SPV로 하여금 ABS를 발행하게 하고 이 ABS의 매각대금을 양도한 기초자산에 대한 대가로 받음으로써 자금을 조달하는 주체이다.

(2) 자산관리자는 실체가 없는 서류상의 회사인 SPC를 대신하여 기초자산을 실질적으로 관리해 주는 관리자이다. 자산관리자는 SPC를 대신하여 기초자산에 대한 채권의 추심 또는 채무자 관리 등을 담당한다.

(3) 수탁기관은 기초자산을 안전하게 보관하는 한편 SPC를 대신하여 ABS의 원리금 상환실무 및 채무불이행 시 담보권 행사 등 세부적인 실무업무를 총괄한다.

(4) 신용평가기관은 기초자산의 기대손실 및 신용보강기관의 신용도를 객관적으로 평가하여 ABS의 신용등급을 일반투자자가 이해할 수 있는 신용등급체계로 표시함으로써 ABS가 시장에서 원활하게 거래될 수 있도록 하는 역할을 담당한다.

(5) 주간사는 발행절차상 관련이 있는 각 기관들간의 의견을 조율할 뿐 아니라 ABS의 신용등급, 만기 및 발행물량을 수요에 맞게 조절하는 역할도 담당한다.

3 주요 자산유동화증권

1. CBO(Collateralized Bond Obligations)

(1) CBO는 채권을 기초로 발행되는 ABS를 말하는데, 신규 발행 채권을 기초로 하는 발행시장 CBO와 이미 발행된 채권을 기초로 하는 유통시장 CBO로 구분된다.

(2) 발행시장 CBO는 신용도가 낮아 채권시장에서 회사채를 직접 발행하기 어려운 기업의 회사채 차환 발행 또는 신규 발행을 지원하기 위해 도입되었다.

(3) 유통시장 CBO는 금융기관이 보유하고 있는 기발행 채권을 SPC에 매각하고, SPC는 신용을 보강한 다음 CBO를 발행하여 투자자에게 매각함으로써 자금을 조달하는 구조로 되어 있다.

2. CLO(Collateralized Loan Obligations)

(1) CLO는 금융기관의 대출채권을 기초자산으로 발행되는 ABS를 의미하며 무수익대출채권(NPL) 등을 포함하는 기존 대출채권을 유동화하는 CLO와 신규대출채권을 기초로 하는 발행시장 CLO(Primary CLO)로 나누어진다.

(2) 우리나라의 경우 CLO가 대부분 무수익채권을 기초자산으로 발행되고 있는데, 무수익대출채권을 기초로 하는 CLO를 NPL ABS라고도 한다.

(3) 발행시장 CLO는 신용도가 취약한 기업에 대한 은행대출을 지원하기 위해 활용되고 있다.

3. CARD(Certificates of Amortizing Revolving Debts)

(1) CARD는 현재 발생한 특정 계좌의 신용카드매출채권과 장래 특정 시점까지 발생할 신용카드매출채권을 기초로 발행되는 ABS를 의미한다.

(2) 만기가 짧은 신용카드매출채권을 기초로 장기의 ABS를 만들기 위해 CARD에는 재투자구조가 이용된다.

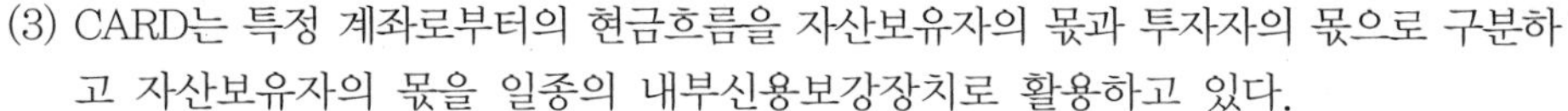

(3) CARD는 특정 계좌로부터의 현금흐름을 자산보유자의 몫과 투자자의 몫으로 구분하고 자산보유자의 몫을 일종의 내부신용보강장치로 활용하고 있다.

(4) CARD의 원금은 재투자기간이 끝난 후 일정 기간(축적기간) 동안 누적하여 만기에 한 번에 상환되거나 일정 기간(조정상환기간) 분할하여 상환된다.

4. ABCP(Asset-Backed Commercial Paper)

(1) ABCP는 CP의 형태로 발행되는 ABS를 의미하는데, ABS법에 근거하여서는 ABS/ABCP구조가 주로 활용되고 있다.

(2) ABS/ABCP는 장단기금리차에 따른 자금조달비용의 절감, 기초자산에서 발생하는 여유 자금의 재투자위험 축소 등이 가능해지므로 ABS 발행의 경제성을 높일 수 있다.

5. 주택저당증권(MBS)

(1) MBS는 주택저당채권(Mortgage)을 기초로 발행되는 ABS이다. MBS시장은 1차 시장, 2차 시장 및 자본시장으로 구성된다.

(2) 1차 시장은 모기지 차입자와 상업은행 등 모기지 대출기관 사이에 모기지론(주택담보대출)이 이루어지는 시장이다.

(3) 2차 시장은 모기지 대출기관이 보유하고 있는 주택저당채권을 유동화(증권화)하는 시장을 말하며 자본시장은 유동화된 주택저당증권이 기관투자가들에게 매각되고 유통되는 시장을 말한다.

(4) MBS는 주택저당채권을 기초자산으로 ABS를 발행한다는 면에서 일반 ABS와 유사하지만 조기상환위험을 갖는다는 면에서 큰 차이가 있다.

(5) 우리나라에서 MBS는 주로 한국주택금융공사가 발행하고 있으며 주택저당채권을 가지고 있는 일부 금융기관도 SPC를 설립하여 발행하고 있다.

대표기출유형

자산유동화증권시장에 관한 설명으로 옳지 않은 것은?

① 자산유동화증권(ABS)은 유동성이 높은 자산을 기초로 하여 발행되는 증권이다.
② 기업이 ABS를 발행할 경우에는 부채비율을 높이지 않고 자금을 조달할 수 있다.
③ 기업이 ABS로 조달한 자금으로 부채를 상환한다면 부채비율은 하락하게 된다.
④ 금융기관의 경우 보유하고 있는 위험자산을 매각하여 현금화함으로써 *BIS* 자기자본비율을 제고할 수 있다.

정답 ①

해설 자산유동화증권(ABS ; Asset-Backed Securities)은 부동산, 매출채권, 유가증권, 주택저당채권(Mortgage) 등과 같이 유동성이 낮은 자산을 기초로 하여 발행되는 증권을 의미한다.

테마 21

주식시장

> 📖 주식의 발행은 주식회사가 설립자본금을 조달하거나 자본금을 증액할 때 이루어진다.
> 자본금 증액을 위한 주식발행에는 금전의 출자를 받아 자본금을 증가시키는 유상증자 이외에 무상증자, 주식배당 및 전환사채의 주식전환 등이 포함된다. 발행시장은 새로운 주식이 최초로 출시되는 시장이라는 점에서 제1차 시장이라고도 한다.

1 발행형태

주식의 발행은 기업공개, 유상증자, 무상증자, 주식배당 등 여러 가지 형태로 이루어진다.

1. 기업공개(IPO)

(1) 기업공개란 주식회사가 신규 발행 주식을 다수의 투자자로부터 모집하거나 이미 발행되어 대주주 등이 소유하고 있는 주식을 매출하여 분산시키는 것을 말한다.

(2) 기업공개를 추진하는 기업은 먼저 금융위원회에 등록하고 증권선물위원회가 지정하는 감사인에게 최근 사업연도 재무제표에 대한 회계감사를 받아야 한다.

(3) 대표주관회사를 선정하고 수권주식 수, 1주의 액면가액 등과 관련한 정관 개정 및 우리사주조합 결성 등의 절차를 진행한다.

(4) 금융위원회에 증권신고서 제출, 수요예측 및 공모가격결정, 청약 · 배정 · 주금납입, 자본금 변경 등기, 금융위원회에 증권 발행실적 보고서 제출 등의 절차를 거쳐 한국거래소에 상장신청 후 승인을 받으면 공개절차가 마무리된다.

2. 유상증자

(1) 유상증자란 기업재무구조 개선 등의 목적으로 회사가 신주를 발행하여 자본금을 증가시키는 것을 말한다.

(2) 신주인수권의 배정방법

① 주주배정증자방식은 주주와 우리사주조합에 신주를 배정하고 실권주가 발생하면 이사회의 결의에 따라 그 처리방법을 결정하는 것이다.

② 주주우선공모증자방식은 주주배정방식과 거의 동일하나 실권주 발생 시 불특정 다수인을 대상으로 청약을 받은 다음 청약이 미달되면 이사회의 결의에 따라 그 처리방침을 정한다는 점에서 차이가 있다.

③ 제3자 배정증자방식은 주주 대신 관계회사나 채권은행 등 제3자가 신주를 인수하도록 하는 방식이다.

④ 일반공모증자방식은 주주에게 신주인수 권리를 주지 않고 불특정 다수인을 대상으로 청약을 받는 방식이다.

(3) 유상증자의 절차 : 주주배정증자방식의 경우 ① 이사회의 신주발행 결의, ② 금융위원회에 유가증권신고서 제출, ③ 신주발행 및 배정기준일 공고, ④ 신주인수권자에 신주배정 통지, ⑤ 신주청약접수, ⑥ 실권주 처리, ⑦ 주금 납입 및 신주발행등기, ⑧ 신주 상장신청 순으로 이루어진다.

(4) 신주발행가액 : 유상증자 시 신주발행가액은 기준주가에 기업이 정하는 할인율을 적용하여 산정한다.

3. 무상증자

주식대금의 납입 없이 이사회의 결의로 준비금 또는 자산재평가적립금을 자본에 전입하고 전입액 만큼 발행한 신주를 기존 주주에게 소유 주식 수에 비례하여 무상으로 교부하는 것이다.

4. 주식배당

현금 대신 주식으로 배당함으로써 이익을 자본으로 전입하는 것을 의미한다.

2 발행방식

1. 주식의 수요자를 선정하는 방법에 따른 방식

(1) 공모발행이란 발행회사가 투자자에 제한을 두지 않고 동일한 가격과 조건으로 주식을 다수의 투자자(50인 이상)에게 발행하는 방식으로 「자본시장법」상 모집과 매출이 이에 해당한다.

(2) 사모발행은 발행회사가 특정한 개인 및 법인을 대상으로 주식을 발행하는 방법이다.

2. 위험부담과 사무절차를 담당하는 방법에 따른 방식

(1) 직접발행은 발행회사가 자기 명의로 인수위험 등을 부담하고 발행사무도 직접 담당하는 방식이며 직접모집 또는 자기모집이라고도 한다. 발행규모가 작고 소화에 무리가 없는 경우에 주로 이용된다.

(2) 간접발행은 발행회사가 전문적인 지식, 조직 및 경험을 축적하고 있는 금융투자회사를 통해 주식을 발행하는 방식이다. 기업공개 및 유상증자는 간접발행을 통해 이루어진다.

3 주식의 유통시장

1. 유가증권시장

(1) 상장요건

유가증권시장에 주식을 신규로 상장하고자 하는 기업은 영업활동기간, 기업규모, 주식 분산 등과 관련된 심사요건을 충족해야 하며 매출액, 영업이익 등과 관련된 경영성과도 일정 수준 이상이어야 한다.

(2) 매매거래제도

주가의 급격한 변동을 방지하기 위해 한국거래소가 운영하고 있는 제도로는 가격제한폭제도, 매매거래중단제도, 변동성 완화장치가 있다.

2. 코스닥시장

(1) 상장요건

코스닥시장은 유망 중소기업, 벤처기업 등이 진입하는 시장이므로 유가증권시장에 비해 완화된 상장요건을 적용하고 있다.

(2) 매매거래제도

코스닥시장의 거래시간과 매매계약 체결방식은 유가증권시장과 동일하며, 개별 종목의 일중 주가변동폭은 전일종가의 상하 30%로 제한되며 매매거래중단제도, 변동성 완화장치 및 프로그램매매호가 일시효력정지제도가 운영되고 있다.

3. 코넥스시장

(1) 상장요건

① 상장요건은 코스닥시장에 비해 크게 완화되어 있으나 지정자문인 선임 등이 필요하다.

> 유통시장은 이미 발행된 주식이 매매되는 시장으로 제2차 시장이라고도 한다. 유통시장은 발행된 주식의 시장성과 환금성을 높여 주고 자유경쟁을 통해 공정한 가격을 형성하는 기능을 한다. 우리나라의 주식 유통시장에는 유가증권시장, 코스닥시장, 코넥스시장 및 K-OTC 시장이 있다. 이 중 유가증권시장, 코스닥시장 및 코넥스시장은 한국거래소에서 개설·운영하는 장내시장이며 K-OTC 시장은 장외시장이다.

> 코스닥시장 상장기업도 유가증권시장에 상장된 기업과 마찬가지로 상장 후 영업활동 과정에서 일정한 요건을 충족하여야 하며 부실화된 기업과 공개기업으로서의 의무를 충족하지 못하는 기업은 상장폐지된다.

> 코넥스시장은 전문투자자 등으로 시장참여자를 제한하나, 중소기업 투자전문성이 인정되는 벤처캐피탈(창업투자조합 등 포함) 및 엔젤투자자의 시장참여를 허용하여 모험자본의 선순환을 지원한다.

② 코넥스시장의 상장폐지요건은 코스닥시장과 유사하지만 재무상태 및 경영성과와 관련된 요건은 코넥스시장에 적용하지 않는다.

(2) 특징

코넥스시장은 설립 초기 중소기업에 특화된 시장으로 「중소기업기본법」상 중소기업만 상장이 가능하다.

(3) 매매거래제도

① 코넥스시장의 거래시간, 매매단위 및 호가단위는 코스닥시장과 동일하다. 매매계약 체결방식은 개별 경쟁매매를 원칙으로 하면서 시간외거래 시에 경매매를 일부 허용하고 있다.

② 코넥스시장은 시장참여자를 제한할 필요가 있어 코넥스시장 상장주권을 매수하려는 자의 경우 1억 원 이상을 기본예탁금으로 예탁하여야 한다.

③ 개별 종목의 일중 주가변동폭은 전일종가의 상하 15%로 제한되나 유가증권시장 및 코스닥시장에 적용하고 있는 변동성 완화장치, 매매거래중단제도 등은 운영하지 않고 있다.

등록 · 지정요건
자본잠식률 100% 미만, 매출액 5억 원 이상, 감사의견 적정, 한국예탁결제원이 정한 통일규격 충족, 명의개서대행계약 체결, 주식양도 가능 등을 말한다.

4. K-OTC 시장

(1) 등록 · 지정

① K-OTC 시장에서 비상장 주식이 거래되기 위해서는 한국금융투자협회가 발행요건을 충족하는 비상장주식을 등록 또는 지정해야 한다.

② 등록이란 기업의 신청에 따라 한국금융투자협회가 매매거래대상으로 등록하는 것이고, 지정이란 기업의 신청 없이 협회가 직접 매매거래대상으로 지정하는 것을 말한다.

(2) 매매거래제도

① 시간외시장이 없으며 가격변동폭은 매매기준가격대비 상하 30%에서 제한된다. 아울러 매매주문 시에는 100%의 위탁증거금이 필요하다.

② 벤처기업 소액주주를 제외하고는 K-OTC 시장에서 취득한 양도차익에 대해 양도소득세가 부과된다.

대표기출유형

주식시장에 관한 설명으로 옳지 않은 것은?

① 주식회사가 이미 발행되어 대주주 등이 소유하고 있는 주식을 매출하여 주식을 분산시키는 것을 기업공개라고 할 수 있다.

② 유상증자란 회사가 신주를 발행하여 자본금을 증가시키는 것을 말한다.

③ K-OTC 시장에서 주식이 거래되기 위해서는 한국금융투자협회가 발행요건을 충족하는 상장주식을 등록 또는 지정해야 한다.

④ 코넥스시장의 상장요건은 코스닥시장에 비해 완화되어 있다.

정답 ③

해설 K-OTC 시장에서 비상장 주식이 거래되기 위해서는 한국금융투자협회가 발행요건을 충족하는 비상장주식을 등록 또는 지정해야 한다.

테마 22 외국의 주식시장

1 미국

1. 뉴욕증권거래소(NYSE)

(1) 미국의 대표적인 주식시장인 뉴욕증권거래소(NYSE)는 경쟁매매 원칙에 따라 100주 단위로 거래가 이루어지고 있다.

(2) 결제일은 보통거래의 경우 매매계약 체결일 다음 3영업일(T+3일), 정규매매 거래시간은 09:30 ~ 16:00이다.

(3) 시간외시장(Crossing Session)은 시간외종가매매가 이루어지는 CS Ⅰ(16:15 ~ 17:00)과 시간외대량매매 및 바스켓매매가 이루어지는 CS Ⅱ(16:00 ~ 18:30)로 구분된다.

(4) 개별 종목에 대한 일중 가격제한제도를 두지 않고 있다. 다만 주가폭락의 예방조치로 S&P500지수가 일정 기준 이상 하락하는 경우 시장 전체의 매매거래를 일정 시간 동안 중단하는 매매거래중단제도(Circuit Breakers)를 운영하고 있다.

2. 미국의 주가지수

(1) 다우존스산업평균지수는 뉴욕증권거래소와 나스닥시장에 상장된 30개의 대형종목을 대상으로 하여 주가평균방식으로 산출된다.

(2) S&P500지수는 뉴욕증권거래소와 나스닥시장에서 거래되는 500개 대기업을 대상으로 하여 시가총액방식으로 작성된다.

(3) 나스닥지수는 나스닥시장에 등록된 모든 종목을 대상으로 하며 시가총액방식으로 산출된다.

> 미국 주식시장의 움직임을 종합적으로 나타내는 주가지수로는 다우존스산업평균지수, S&P500지수 및 나스닥(NASDAQ; National Association of Securities Dealers Automated Quotations)지수가 있다.

2 일본

1. 일본의 대표적인 증권거래소인 동경증권거래소는 주로 대기업이 상장되는 1부, 중견기업 중심의 2부, JASDAQ, Mothers(Market of the High-growing and Emerging Stocks) 등으로 구성되어 있다.
2. 정규매매 거래시간은 오전장(09:00 ~ 11:30)과 오후장(12:30 ~ 15:00)으로 구분된다.
3. 결제는 일반적으로 매매계약 체결일 다음 3영업일(T+3일)에 이루어진다.
4. 개별 종목의 일중 가격변동폭은 주가수준별로 34단계로 구분하여 정액제로 정하고 있으며, 매매거래중지제도는 공시와 관련하여 개별 종목에만 적용된다.
5. TOPIX는 제1부에 상장된 자국주식을 대상으로 시가총액방식으로 작성되고, NIKKEI225지수는 제1부에 상장된 225개 종목을 대상으로 주가평균방식으로 산출된다. JASDAQ지수는 JASDAQ시장에 등록된 모든 종목을 대상으로 시가총액방식으로 산출되는 지수이다.

중국의 주식시장은 1984년 주식 발행이 시작된 이후 1990년 상해 증권거래소와 1991년 심천증권거래소가 개설되고, 1992년 중국증권감독위원회(CSRC)가 설립되면서 본격적으로 발전하였다. 이후 1998년에는 「증권법」이 제정되고 2004년 5월에는 심천증권거래소에 중소기업 전용시장(中小板, SME Board)이 설립되었으며 2006년 1월에는 비상장기업의 주식을 거래하는 장외시장이 개설되었다. 2009년 10월에는 미국의 나스닥과 유사한 첨단기술주 중심의 차스닥시장(創業板, ChiNext)도 출범하였다.

3 중국

1. 중국 주식시장은 투자자 및 거래통화, 기업의 설립 · 상장지역 등에 따라 A주시장, B주시장, H주시장, Red Chip시장 등으로 구분된다.
2. A주시장은 내국인이 위안화로 거래하는 시장이고, B주시장은 외국인이 외국통화(상해는 미달러화, 심천은 홍콩달러화)로 거래하는 시장이다.
3. 2001년 2월부터는 내국인의 B주시장 투자가 허용되었으며, 2002년 12월에는 QFII제도가 도입되어 다음 해 5월부터 외국 기관투자자의 A주시장 진출이 허용되었다.
4. H주시장과 Red Chip시장은 홍콩증권거래소에 개설되어 있다.
5. 상해 · 심천증권거래소의 정규매매 거래시간은 09:30 ~ 11:30 및 13:00 ~ 15:00이다.

4 유로지역

1. 2000년에 프랑스, 벨기에, 네덜란드 3개국의 거래소가 통합하여 Euronext가 설립되었고 2003 ~ 2007년 중에는 스웨덴의 OMX가 북유럽 9개국의 거래소를 통합하였으며, 2007년에는 London Stock Exchange(영국)가 Borsa Italiana(이탈리아)를 인수하였다.
2. 미국의 NYSE가 Euronext를 인수(2007년)하고 NASDAQ이 OMX를 인수(2008년)하는 등 대륙 간 M&A도 성사되었다. 또한 Intercontinental Exchange가 NYSE를 인수(2013년)하였으며, London Stock Exchange와 Deutsche Börse가 합병에 합의(2016년 3월)하였다.
3. 유럽지역 거래소의 시가총액을 살펴보면 London Stock Exchange가 가장 크며 다음으로 Euronext, Deutsche Börse(독일), SIX Swiss Exchange(스위스), Nasdaq OMX Nordic Exchanges 등의 순이다.

국가	지수명[1]	기준일(기간)	포괄종목	작성기관
미국	다우존스산업 평균지수(DJIA)	1896년 5월 26일 =40.94	뉴욕증권거래소, 나스닥 상장 30개 우량 종목	S&P Dow Jones Indices
	나스닥지수 (NASDAQ Composite)	1971년 2월 5일 =100	나스닥 상장 전종목	NASDAQ
	S&P500	1941 ~ 1943년 =10	뉴욕증권거래소, NASDAQ 상장 500개 우량 종목	S&P Dow Jones Indices
	필라델피아 반도체지수(SOX)	1993년 12월 1일 =200	반도체 관련 30개 종목	NASDAQ
일본	NIKKEI225	1949년 5월 16일 =176.21	도쿄증권거래소 1부 상장 225개 우량 종목	일본경제신문

영국	FTSE100	1983년 12월 30일 =1,000	런던증권거래소 상장 시가 상위 100개 종목	FTSE
독일	DAX	1987년 12월 31일 =1,000	프랑크푸르트증권거래소 상장 시가 상위 40개 종목	Deutsche Borse
프랑스	CAC40	1987년 12월 31일 =1,000	Euronext Paris 상장 시가 상위 40개 종목	Euronext
대만	대만가권지수 (TAIEX)	1966년 평균 =100	대만증권거래소 상장 전종목[2]	대만증권거래소
홍콩	Hang Seng 지수 (HSI)	1964년 7월 31일 =100	홍콩거래소 상장 시가 상위 50개 종목	Hang Seng Indexes
	H지수 (HSCEI)	2000년 1월 3일 =2,000	홍콩거래소 상장 중국기업 중 40개 우량 종목	〃
중국	상해종합지수	1990년 12월 19일 =100	상해증권거래소 상장 전종목[3]	상해증권거래소
	심천종합지수	1991년 4월 3일 =100	심천증권거래소 상장 전종목[3]	심천증권거래소
싱가포르	STI	2008년 1월 9일 =3,344.534	싱가포르증권거래소 상장 시가 상위 30개 종목	FTSE

주 : 1) 약어 설명 : DJIA(Dow Jones Industrial Average), SOX(Semiconductor Sector Index), FTSE(Financial Times Stock Exchange), DAX(Deutscher Aktien Index), CAC(Cotation Assistee en Continu), STI(Straits Times Index), HSCEI(Hang Seng China Enterprises Index), TAIEX(Taiwan Capitalization Weighted Stock Index)

2) 우선주, 위험주, 1개월 이내 신규 등록 종목 등 일부 종목 제외

3) A주(내국인전용), B주(외국인전용) 모두 포함, A주 지수 및 B주 지수도 별도 산출

미국 주식시장의 주가지수에 해당하지 않는 것은?

① 다우존스산업평균지수 ② S&P500지수

③ HSCEI ④ NASDAQ

정답 ③

해설 HSCEI은 홍콩의 주가지수이다. 미국 주식시장의 주가지수는 다우존스산업평균지수, S&P500지수 및 나스닥(NASDAQ ; National Association of Securities Dealers Automated Quotation)지수가 있다.

테마 23

외환시장

> 외환시장은 이종통화 간 매매가 수반되고 환율이 매개변수가 된다는 점에서 금리를 매개변수로 하여 외환의 대차거래가 이루어지는 외화자금시장과는 구별되나, 넓은 의미로 볼 때 외환시장에 외화자금시장이 포함된다.

1 개관

1. 외환시장의 의의

외환시장이란 좁은 의미에서 외환의 수요와 공급이 연결되는 장소를 말하나, 넓은 의미에서는 이러한 장소적 개념뿐만 아니라 외환거래의 형성, 결제 등 외환거래와 관련된 일련의 메커니즘을 포괄한다.

2. 외환시장의 역할

(1) 외환시장은 한 나라의 통화로부터 다른 나라 통화로의 구매력 이전을 가능하게 한다. 가령 수출업자가 수출대금으로 받은 외화를 외환시장을 통하여 자국통화로 환전하면 외화의 형태로 가지고 있던 구매력이 자국통화로 바뀌게 된다.

(2) 외환시장은 무역 등 대외거래에서 발생하는 외환의 수요와 공급을 청산하는 역할을 한다. 이러한 외환시장의 대외결제 기능은 국가 간 무역 및 자본거래 등 대외거래를 원활하게 해 준다.

(3) 변동환율제도에서는 환율이 외환의 수급사정에 따라 변동함으로써 국제수지의 조절 기능을 수행하게 된다.

(4) 외환시장은 기업이나 금융기관 등 경제주체들에게 환율변동에 따른 환위험을 회피할 수 있는 수단을 제공한다.

2 외환시장의 종류

> 계약일은 거래당사자 간 거래금액, 만기, 계약통화 등 거래조건이 결정되는 일자를 말하며, 결제일은 거래계약 후 실제로 외환의 인수도와 결제가 일어나는 일자를 의미한다.

1. 현물환 및 선물환 시장

(1) 현물환거래

① 현물환거래란 통상 외환거래 계약일로부터 2영업일 이내에 외환의 인수도와 결제가 이루어지는 거래를 말한다.

② 현물환거래는 외환시장에서 가장 일반적인 거래형으로 모든 거래의 기본이 되며, 현물환율은 외환시장의 기본적인 환율로 여타 환율 산출 시 기준이 된다.

> 선물환거래는 일방적인 선물환 매입 또는 매도 거래만 발생하는 Outright Forward 거래와 스왑거래의 일부분으로서 현물환거래와 함께 일어나는 Swap Forward 거래로 구분된다.

(2) 선물환거래

① 선물환거래란 계약일로부터 통상 2영업일 경과 후 특정일에 외환의 인수도와 결제가 이루어지는 거래를 말한다.

② 선물환거래는 현재시점에서 약정한 가격으로 미래시점에 결제하게 되므로 선물환계약을 체결하면 약정된 결제일까지 매매 쌍방의 결제가 이연된다는 점에서 현물환거래와 구별된다.

2. 외화자금시장

(1) 외화자금시장은 금리를 매개변수로 하여 외환의 대차거래가 이루어지는 시장을 말하며, 대표적인 외화자금시장으로는 스왑(외환스왑 및 통화스왑)시장이 있다.

(2) 스왑거래의 경우 외환의 매매 형식을 취하고 있으나 실질적으로는 금리를 매개로 하여 여유통화를 담보로 필요통화를 차입한다는 점에서 대차거래라고 볼 수 있다.

(3) 외환스왑거래란 거래당사자들이 현재의 계약환율에 따라 서로 다른 통화를 교환하고 일정 기간 후 최초 계약시점에 정한 선물환율에 따라 원금을 재교환하는 거래를 말한다.

(4) 통화스왑이란 외환스왑과 마찬가지로 거래당사자 간의 서로 다른 통화를 교환하고 일정 기간 후 원금을 재교환하기로 약정하는 거래를 말한다. 통화스왑도 자금대차거래라는 점에서 외환스왑과 비슷하나 이자지급 방법과 스왑기간에 차이가 있다.

(5) 외환스왑은 주로 1년 이하의 단기자금 조달 및 환리스크 헤지 수단으로 이용되는 반면, 통화스왑은 주로 1년 이상의 중장기 환리스크 및 금리리스크 헤지 수단으로 이용된다.

(6) 은행 간에 초단기로 외화를 차입 · 대여하는 외화콜시장과 1년물 이내의 기간물 대차거래가 이루어지는 단기 기간물 대차시장 등이 외화자금시장에 속한다.

이자지급 방법에 있어서도 외환스왑은 스왑기간 중 해당 통화에 대해 이자를 교환하지 않고 만기시점에 양 통화 간 금리 차이를 반영한 환율(계약시점의 선물환율)로, 원금을 재교환하나 통화스왑은 계약기간 중 이자(매 6개월 또는 매 3개월)를 교환하고 만기시점에 처음 원금을 교환했을 때 적용했던 환율로, 다시 원금을 교환한다.

3. 외환파생상품시장

(1) 통화선물시장

① 통화선물거래란 거래소에 상장되어 있는 특정 통화에 대하여 시장참가자 간의 호가 식에 의해 결정되는 선물환율로, 일정 기간 후에 인수도할 것을 약정하는 거래를 말한다.

② 통화선물거래는 환리스크 관리 목적, 투기적 목적 및 차익거래 목적 등으로 이용된다.

(2) 통화옵션시장

① 통화옵션거래란 미래의 특정 시점(만기일 또는 만기 이전)에 특정 통화(기초자산)를 미리 약정한 가격(행사가격)으로 사거나 팔 수 있는 권리를 매매하는 거래를 말한다.

② 통화옵션 매입자는 대상통화를 매매할 수 있는 권리를 사는 대가로 통화옵션 매도자에게 프리미엄(옵션가격)을 지급하고 이후 환율변동에 따라 자유롭게 옵션을 행사하거나 또는 행사하지 않을(권리를 포기할) 수 있다.

③ 옵션 매도자는 옵션 매입자가 권리를 행사할 경우 반드시 계약을 이행해야 하는 의무를 부담한다.

통화선물거래는 계약 시에 약정된 가격으로 미래의 일정 시점에 특정 통화를 매입 · 매도한다는 점에서 선물환거래와 유사하나 거래단위, 결제월, 최소가격변동폭 등 거래조건이 표준화되어 있고 거래소의 청산소가 거래계약의 이행을 보증하며 매일 거래대상 통화의 가격변동에 따라 손익을 정산하는 일일정산제도, 계약불이행 위험에 대비하기 위한 이행보증금 성격의 증거금 예치제도 등이 있다는 점이 선물환거래와 다르다.

통화옵션거래는 선물환이나 통화선물과 달리 시장환율이 옵션매입자에게 유리한 경우에만 옵션을 선택적으로 행사할 수 있다.

대표기출유형

외환시장에 관한 설명으로 옳지 않은 것은?

① 외환시장은 이종통화 간 매매가 수반되고 환율이 매개변수가 된다.
② 외환시장은 한 나라의 통화로부터 다른 나라 통화로의 구매력 이전을 가능하게 한다.
③ 외환시장은 대외거래에서 발생하는 외환의 수요와 공급을 청산하는 역할을 한다.
④ 외환시장은 경제주체들에게 환율변동에 따른 환위험을 포용하기 위한 수단을 제공한다.

정답 ④

해설 외환시장은 기업이나 금융기관 등 경제주체들에게 환율변동에 따른 환위험을 회피할 수 있는 수단을 제공한다.

테마 24

파생상품시장

	장내거래	장외거래
통화 관련	• 통화선물(Currency Futures) • 통화선물옵션(Currency Futures Options)	• 선물환(Forward Exchange) • 통화스왑(Currency Swaps) • 통화옵션(Currency Options)
금리 관련	• 금리선물(Interest Rate Futures) • 금리선물옵션(Interest Rate Futures Options)	• 선도금리계약(Forward Rate Agreements) • 금리스왑(Interest Rate Swaps) • 금리옵션(Interest Rate Options) • 스왑션(Swaptions)
주식 관련	• 주식옵션(Equity Options) • 주가지수선물(Index Futures) • 주가지수옵션(Index Options) • 주가지수선물옵션(Index Futures Options)	• 주식옵션(Equity Options) • 주식스왑(Equity Swaps)
신용 관련		• 신용파산스왑(Credit Default Swaps) • 총수익스왑(Total Return Swaps) • 신용연계증권(Credit-linked Notes) • 합성부채담보부증권(Synthetic CDO ; Collateralized Debt Obligation)

파생상품은 기초자산의 유형에 따라서는 통화, 금리, 주식, 신용관련 상품 등으로, 거래방법에 따라 장내 및 장외거래로 구분할 수 있다.

1 개념

1. 파생상품의 의의

파생금융상품은 그 가치가 통화, 채권, 주식 등과 같은 기초금융자산의 가치변동에 의해 결정되는 금융상품으로서, 크게 선도계약, 선물, 옵션, 스왑 등으로 구분된다.

2. 파생상품의 특징

(1) 선도계약과 선물은 기초금융자산을 미래 특정 시점에 특정 가격으로 사고팔기로 약정하는 계약이라는 점에서 동일한 성격을 가지나 일반적으로 선도계약은 장외시장에서 거래당사자 간에 직접 거래되거나 딜러나 브로커를 통해 거래가 이루어지는 데 비해 선물은 정형화된 거래소를 통해 거래된다는 점에서 차이가 있다.

(2) 옵션은 기초자산을 미래의 특정 시점 또는 특정 기간 동안 특정 행사가격으로 매입하거나 매각할 수 있는 권리를 사고파는 계약으로서, 기초자산 가격의 변화에 대해 비대칭적 손익구조를 가진다. 옵션계약은 거래시점에 프리미엄을 지급한다는 점에서도 선도계약이나 선물과 차이가 있다.

(3) 스왑은 일반적으로 두 개의 금융자산 또는 부채에서 파생되는 미래의 현금흐름을 교환하기로 하는 계약으로서, 서로 다른 통화표시 채무의 원리금 상환을 교환하기로 약정하는 통화스왑과 변동금리채무와 고정금리채무 간의 이자지급을 교환하기로 약정하는 금리스왑 등이 있다.

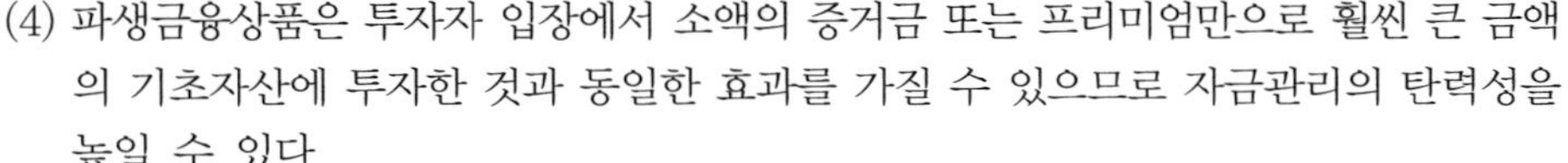

(4) 파생금융상품은 투자자 입장에서 소액의 증거금 또는 프리미엄만으로 훨씬 큰 금액의 기초자산에 투자한 것과 동일한 효과를 가질 수 있으므로 자금관리의 탄력성을 높일 수 있다.

(5) 파생금융상품의 여러 형태를 적절히 조합하면 기초자산만으로는 불가능한 다양한 현금흐름을 구성할 수도 있다.

금융시장 전체로도 파생상품시장은 차익거래 등을 통해 시장정보가 현물시장에 빠르게 파급되도록 함으로써 시장의 효율성을 제고시키는 긍정적인 역할을 수행한다.

2 거래구조와 발전과정

1. 거래구조

(1) 파생금융상품 거래는 거래상대방의 채무불이행 위험이 높을 뿐 아니라 레버리지효과가 크고 거래구조가 복잡하므로 파생금융상품 거래에 대한 효과적인 통제가 이루어지지 않을 경우 대형 금융기관이라 하더라도 쉽게 재정적 어려움에 처할 수 있는 위험이 있다.

(2) 파생금융상품 거래는 금융시장 간 연계성을 심화시켜 개별 금융기관의 위험이 전체 금융시스템으로 확산될 가능성을 높이고 있다.

2. 발전과정

(1) 글로벌 파생금융상품시장은 국제자본이동 증가 및 금융상품의 가격 변동폭 확대 등에 따른 위험 헤지(Hedge) 필요 증가, 정보통신기술을 활용한 금융상품 위험의 평가 · 분리 · 이전 기법의 혁신 등에 힘입어 빠르게 발전해 왔다.

(2) 제2차 세계대전 종료 후 국제자본이동이 늘어나면서 은행 간 선물환거래가 활발히 이루어지다가 1970년대 들어 변동환율제 이행에 따른 자산가격 변동성 확대 등으로 통화선물이 등장하면서 본격적으로 발전하기 시작하였다.

(3) 1980년대에는 금리관련 파생상품 거래가 급격히 늘어났으며 신종옵션, 구조화채권 등 새로운 상품들이 등장하였다. 1990년대 들어서는 신용파산스왑시장이 활성화되기 시작하고 증권화 기법을 활용한 신용구조화상품들이 나타나기 시작하였으며, 2000년대에는 이들 파생금융상품의 거래가 일반화되면서 크게 확대되었다.

최신 금융·디지털 용어
금융상식
경영상식
경제상식
실전모의 1회
실전모의 2회

대표기출유형

파생상품시장에 대한 설명으로 옳지 않은 것은?

① 선물환은 통화 관련 파생상품이다.

② 옵션계약은 거래시점에 프리미엄을 지급한다는 점에서도 선도계약이나 선물과 차이가 있다.

③ 스왑(Swaps)은 일반적으로 두 개의 금융자산 또는 부채에서 파생되는 미래의 현금흐름을 교환하기로 하는 계약이다.

④ 선도계약은 정형화된 거래소를 통해 거래된다.

정답 ④

해설 일반적으로 선도계약은 장외시장에서 거래당사자 간에 직접 거래되거나 딜러나 브로커를 통해 거래가 이루어지는 데 비해, 선물은 정형화된 거래소를 통해 거래된다는 점에서 차이가 있다.

테마 25

주식관련 파생상품시장

ⓔ 주가지수선물시장은 주가지수를 대상으로 선물거래가 이루어지는 시장이다. 주가지수선물시장은 주가변동에 대한 헤지수단 등을 제공하기 위하여 1982년 2월 미국 캔자스시티상품거래소(KCBT)에 최초로 개설되었다.

1 주가지수(주식)선물시장

1. 특징

(1) 주가지수선물시장은 기초상품이 실물형태가 아닌 주가지수라는 점에서 결제수단과 결제방식이 일반 선물시장과 다르다.

(2) 결제수단은 실물의 양수도가 불가능하므로 거래 시 약정한 주가지수와 만기일의 실제 주가지수 간의 차이를 현금으로 결제하게 된다. 그러므로 만기 시 실제 주가지수가 거래 시 약정한 주가지수를 상회할 경우에는 선물매수자가 이익을 수취하고 반대의 경우에는 선물매도자가 이익을 수취한다.

(3) 거래에 참가하기 위해서는 약정금액의 일부분을 증거금으로 납부해야 하며 작은 투자자금으로 큰 규모의 거래가 가능한 선물거래의 특성상 결제불이행 위험을 방지하기 위해 일일정산방식이 적용되고 있다.

(4) 이론가격은 주가지수선물 대신 현물시장에서 실제로 주식을 매입하는 경우를 가정하여 현물가격에 주가지수선물 결제일까지의 자금조달비용과 배당수익을 가감하여 산정된다. 이와 같은 이론가격에 근거하여 투자자들은 선물가격의 고평가 또는 저평가 여부를 판단한다.

2. 코스피200선물시장

(1) 기본구조

① 코스피200선물시장은 결제월인 3월, 6월, 9월 및 12월의 두 번째 목요일(휴장일인 때에는 순차적으로 앞당김)을 최종거래일로 하는 총 7개 결제월물을 거래대상으로 한다.

② 주식시장과 동시에 거래를 개시(09:00)하고 미결제포지션을 정리할 수 있도록 주식시장 종료 15분 후(15:45)에 거래가 종료된다.

③ 거래는 계약단위로 하는데, 최소 거래단위는 1계약이고 1계약의 거래금액은 선물가격(약정지수)에 거래단위승수 50만 원을 곱한 금액이다.

④ 호가가격단위는 0.05포인트이며 최소 가격변동금액은 거래단위승수 50만 원에 0.05를 곱한 2.5만 원이다.

(2) 결제이행 담보장치 : 기본예탁금은 미결제약정을 보유하고 있지 않는 위탁자(선물투자자)가 선물거래를 하고자 할 때 요구되는 최소한도의 예탁금을 말하며 위탁자의 신용, 거래경험 등을 감안하여 차등 적용하고 있다.

(3) 투자자보호장치 : 코스피200선물시장에서도 현물시장과 같이 투자자보호를 위한 가격제한폭제도가 운영되고 있다.

3. 코스닥150선물시장

(1) 코스닥150선물시장은 거래가 부진한 스타지수선물시장을 대체함으로써 코스닥시장에 효율적인 위험관리 수단을 제공하고 시장의 질적 수준을 높이기 위해 2015년 11월 개설되었다.

(2) 거래단위승수는 1만 원, 호가가격단위는 0.1포인트이며 최소 가격변동금액은 1천 원이다.

(3) 결제이행 담보장치에 있어서는 코스피200선물시장과 마찬가지로 증거금 및 기본예탁금 제도를 채택하고 있다. 그 밖에 결제월, 거래시간, 최종거래일, 가격제한폭 등은 코스피200선물시장과 동일하다.

4. 주식선물시장

(1) 주식선물시장은 개별 주식 위험을 관리하고 ELS, ELW 등 주가연계 파생증권의 발행과 관련된 헤지수단을 제공하기 위해 2008년 5월 개설되었다.

(2) 기초자산으로는 시가총액 비중이 크고 유동성, 안정성, 재무상태 등이 우량한 상장기업주식이 선정된다.

5. 섹터지수선물시장

(1) 섹터지수선물시장은 특정 산업이나 시장테마를 기준으로 작성되는 섹터별 지수를 기초자산으로 하는 선물시장으로 2014년 11월에 개설되었다.

(2) 거래승수는 코스피200섹터지수, 선물은 1만 원, 코스피배당지수 선물은 2천 원이며 호가가격단위는 각각 0.2포인트, 0.5포인트이다. 증거금률은 종목별로 차등 적용하고 있다.

(3) 가격제한폭제도 등 기타 대부분의 거래제도는 코스피200선물과 동일하다.

2 주가지수(주식)옵션시장

1. 특징

(1) 옵션거래 시 매도자는 매수자에게 옵션을 제공하고 매수자는 그 대가로 프리미엄(옵션가격)을 지급한다.

(2) 주가지수옵션은 주가지수선물과 마찬가지로 실물이 존재하지 않는 주가지수를 거래대상으로 하고 있으나 거래의 목적물이 권리라는 점에서 주가지수선물과 다르다.

(3) 주가지수옵션은 주가지수선물과 달리 기초자산 가격변동에 따른 투자자의 손익구조가 비대칭적이다.

(4) 옵션매수자는 손실이 프리미엄으로 한정되는 반면 이익은 기초자산 가격에 비례하여 증가하고, 역으로 옵션매도자는 이익이 프리미엄에 국한되는 반면 손실은 제한이 없다.

(5) 옵션매수자는 계약 시 지급한 프리미엄으로 손실이 제한되므로 일일정산방식이 적용되지 않는 반면, 옵션매도자는 상황변화에 따라 손실규모가 달라질 수 있으므로 증거금을 납입하고 일일정산방식에 따라 증거금이 인상될 경우 추가증거금을 납입해야 한다.

1. 주가지수옵션시장은 현물시장의 주가지수를 대상으로 미래의 일정 시점에 사전에 약정한 가격으로 매입 · 매도할 수 있는 권리가 거래되는 시장이다.
2. 주가지수옵션시장은 주가의 변동위험에 대한 헤지 등 다양한 투자수요를 충족시키기 위해 1983년 3월 미국의 시카고옵션 거래소에 S&P 100지수를 대상으로 최초로 개설되었다.

코스피200옵션시장
코스피200옵션시장은 총 11개 결제월물을 대상으로 거래가 이루어진다. 각 결제월물의 최종거래일은 만기월의 두 번째 목요일이고 최종거래일의 다음날 새로운 결제월물이 상장된다.

주식옵션시장
주식옵션시장은 기초자산인 개별 주식의 가격변동에 대한 헤지 및 차익거래 수단을 제공하기 위해 2002년 1월에 개설되었다.

2. 콜옵션과 풋옵션

(1) 주가지수옵션은 주가지수(이하 기초자산)를 만기일에 사전에 약정한 가격(이하 행사가격)으로 매입 또는 매도할 수 있는 권리를 나타내는 증서이며 매입권리인 콜옵션과 매도권리인 풋옵션으로 구분된다.

(2) 콜옵션 매수자는 만기일에 기초자산 가격(코스피200 종가 등)이 행사가격을 넘어서면 권리를 행사할 유인이 발생하게 된다. 이 경우 손익분기점은 기초자산 가격이 행사가격과 프리미엄의 합에 해당하는 금액과 일치할 때이며 기초자산 가격이 행사가격과 프리미엄의 합을 초과하는 금액만큼 콜옵션 매수자의 이익이 된다.

〈주가지수콜옵션 만기일의 손익구조〉

	주가지수>행사가격	주가지수≤행사가격
매수자	〈권리행사〉 손익 : [주가지수−행사가격]−지급한 프리미엄	〈권리포기〉 손실 : 지급한 프리미엄
매도자	〈의무이행〉 손익 : 수취한 프리미엄−[주가지수−행사가격]	〈의무소멸〉 이익 : 수취한 프리미엄

(3) 풋옵션 매수자는 만기일에 기초자산 가격(코스피200 종가 등)이 행사가격보다 낮아야만 권리를 행사할 유인이 발생하며 기초자산 가격이 행사가격과 프리미엄을 차감한 금액을 하회하는 만큼 풋옵션 매수자의 이익이 된다.

〈주가지수풋옵션 만기일의 손익구조〉

	주가지수>행사가격	주가지수≤행사가격
매수자	〈권리행사〉 손익 : [행사가격−주가지수]−지급한 프리미엄	〈권리포기〉 손실 : 지급한 프리미엄
매도자	〈의무이행〉 손익 : 수취한 프리미엄−[행사가격−주가지수]	〈의무소멸〉 이익 : 수취한 프리미엄

대표기출유형

주식관련 파생상품시장에 관한 설명으로 옳지 않은 것은?

① 선물시장은 주가지수를 대상으로 선물거래가 이루어지는 시장이다.
② 옵션시장은 현물시장의 주가지수를 대상으로 미래의 일정 시점에 사전에 약정한 가격으로 매입·매도할 수 있는 권리가 거래되는 시장이다.
③ 기초자산을 만기일에 사전에 약정한 가격으로 매입할 수 있는 권리를 풋옵션(put option)이라고 한다.
④ 옵션거래 시 매도자는 매수자에게 옵션을 제공하고 매수자는 그 대가로 프리미엄(옵션가격)을 지급한다.

정답 ③

해설 주가지수옵션은 주가지수를 만기일에 사전에 약정한 가격으로 매입 또는 매도할 수 있는 권리를 나타내는 증서로서 매입권리인 콜옵션과 매도권리인 풋옵션으로 구분된다.

26 금리관련 파생상품시장

1 금리선물시장

1. 개념

(1) 금리선물이란 그 가치가 기초자산인 금리로부터 파생되는 금융상품을 말한다. 즉 기초자산인 금리를 거래대상으로 하여 현재시점에서 정한 가치로 미래의 특정 시점에서 사거나 팔 것을 약정한 계약이라 할 수 있다.

(2) 실제로 거래대상이 되는 기초자산은 국채금리, 페더럴펀드금리, 유로달러금리 등으로 다양하며 이들 거래대상의 만기에 따라 단기금리선물과 장기금리선물로 나뉜다.

(3) 금리선물시장은 1975년 10월 미국 시카고상품거래소에서 미국정부주택저당채권증서를 대상으로 최초로 거래되었다.

(4) 금리선물은 미래의 특정 시점에 인도할 금리부 상품의 가격을 현재시점에서 고정시킨다는 측면에서 금리관련 선도거래와 매우 유사하다. 그러나 금리관련 선도거래는 계약당사자 중 어느 일방에 의한 결제불이행 등으로 거래상대방 위험이 잠재되어 있는 반면 금리선물은 이러한 거래위험을 제도적으로 보완한 상품이라 할 수 있다.

2. 거래소제도

(1) 금리선물시장은 거래소, 파생상품회원 및 고객으로 구성된다. 선물거래는 거래소에서 정한 표준화된 매매계약에 따라 이루어진다.

(2) 우리나라에서는 「자본시장과 금융투자업에 관한 법률」에 의하여 설립된 한국거래소에서 금리선물이 거래되고 있다. 한국거래소는 법률적으로 회원들로 구성된 사단법인의 형태로 회원들로부터 조성한 출자금, 연회비 및 선물거래에 대하여 징수하는 거래수수료 등으로 운영된다.

(3) 주문매매방식과 관련하여 한국거래소는 주문접수, 거래체결 및 통보과정이 전산시스템에 의하여 자동적으로 수행되는 전자거래방식을 택하고 있다.

(4) 결제업무와 관련하여 선진국과는 달리 우리나라의 경우 별도의 독립된 청산기구를 두지 않고 한국거래소가 청산 및 결제기능을 담당하는 부서를 두어 운영하고 있다.

3. 우리나라의 금리선물시장

한국거래소에 상장되어 있는 금리선물은 기초자산의 종류 및 만기에 따라 3년 국채선물, 5년 국채선물, 10년 국채선물로 구분되어 있다.

2 금리스왑시장

1. 개념

(1) 의의 : 금리스왑은 차입금에 대한 금리변동 위험의 헤지(Hedge)나 차입비용의 절감을 위하여 두 차입자가 각자의 채무에 대한 이자지급의무를 상호 간에 교환하는 계약으로, 일반적으로 변동(고정)금리를 고정(변동)금리로 전환하는 형식을 취한다.

(2) 기능 : 금리스왑시장의 가장 중요한 기능은 금리변동 위험을 헤지할 수 있는 수단을 제공해 주는 것이다. 즉 고정금리부 자산과 부채의 듀레이션 불일치로 인하여 발생

하는 금리변동 위험을 헤지하기 위해 금리스왑거래가 이용된다. 예를 들어 고정금리부 자산이 부채보다 많은(적은) 경우 금리스왑거래에서는 채권매도(매수)와 같은 효과를 갖는 고정금리지급부(수취부) 거래를 실시하면 금리변동 위험이 감소된다.

〈보유 자산 및 부채의 금리변동위험 헤지를 위한 거래〉

고정금리부 자산 및 부채의 듀레이션	금리스왑거래		효과
	변동금리	고정금리	
자산>부채	수취	지급	금리변동 위험 감소
자산<부채	지급	수취	금리변동 위험 감소

2. 거래조건

(1) 금리스왑의 거래만기는 3개월부터 20년물까지 다양하나 1 ~ 5년물이 주로 거래된다. 일반적으로 최소거래단위금액은 100억 원이며 100억 원 단위로 추가된다.

(2) 고정금리와 변동금리는 3개월마다 교환되며 동 변동금리는 금융투자협회가 발표하는 최종호가수익률 기준CD(91일물)금리를 주로 이용한다.

3. 참가기관

대고객시장은 자산운용회사, 보험회사, 연기금 및 신용도가 높은 기업 등 고객들이 스왑시장 조성은행, 즉 산업은행, 국민은행 등 신용도가 높은 국내은행이나 Deutsche, UBS, HSBC, JP Morgan Chase 등 외국은행 국내지점 등과 사전계약을 통해 스왑거래 한도를 설정한다.

4. 거래구조

고객이 금리변동 위험을 헤지하기 위해 스왑시장 조성은행 앞으로 금리스왑 거래계약을 요청하고 동 은행이 이를 수용하면서 거래가 성사된다.

대표기출유형

금리관련 파생상품시장에 관한 설명으로 틀린 것은?

① 금리선물이란 그 가치가 기초자산인 금리로부터 파생되는 금융상품을 말한다.

② 금리선물시장은 미국 시카고상품거래소에서 미국정부주택저당채권증서를 대상으로 최초로 거래되었다.

③ 한국거래소에 상장되어 있는 금리선물은 기초자산의 종류 및 만기에 따라 3년 국채선물, 5년 국채선물, 10년 국채선물로 구분되어 있다.

④ 고정금리부 자산이 부채보다 적은 경우 금리스왑거래에서는 고정금리지급부 거래를 실시하면 금리변동 위험이 감소된다.

정답 ④

해설 고정금리부 자산이 부채보다 많은(적은) 경우 금리스왑거래에서는 채권매도(매수)와 같은 효과를 갖는 고정금리지급부(수취부) 거래를 실시하면 금리변동 위험이 감소된다.

27 통화관련 파생상품시장

1 통화스왑시장

1. 개념

(1) 의의 : 통화스왑은 둘 또는 그 이상의 거래기관이 사전에 정해진 만기와 환율에 의거하여 상이한 통화로 차입한 자금의 원리금 상환을 상호 교환하는 거래이다.

(2) 활용

① 통화스왑은 환리스크 헤지 및 필요 통화의 자금을 조달하는 수단으로 주로 이용되고 있다.

② 금리변동에 대한 헤지 및 특정 시장에서의 외환규제나 조세차별 등을 피하기 위한 수단으로 활용되기도 한다.

2. 통화스왑거래 메커니즘

A는 달러화 자금을, B는 엔화 자금을 각각 유리한 조건으로 차입할 수 있는데 A는 엔화 자금이, B는 달러화 자금이 필요하다고 가정한다. 이 경우 A는 달러화 자금을, B는 엔화 자금을 각각 차입하고 동 차입자금을 상호 교환한다. 차입자금에 대한 이자는 최초 차입자가 지급하는 것이 아니라 자금이용자(A는 엔화 자금, B는 달러화 자금)가 대신 지급하고 만기가 되면 최초 차입자가 차입원금을 상환할 수 있도록 달러화 자금과 엔화 자금을 재교환함으로써 통화스왑이 종료된다.

〈통화스왑거래 메커니즘〉

[자금차입 및 교환]

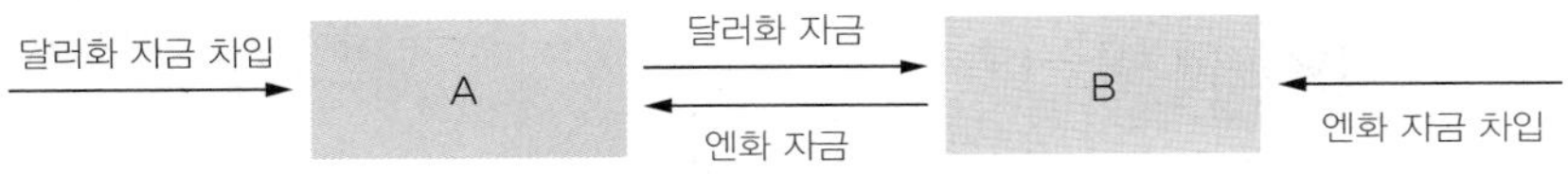

[운용자금에 대한 이자교환]

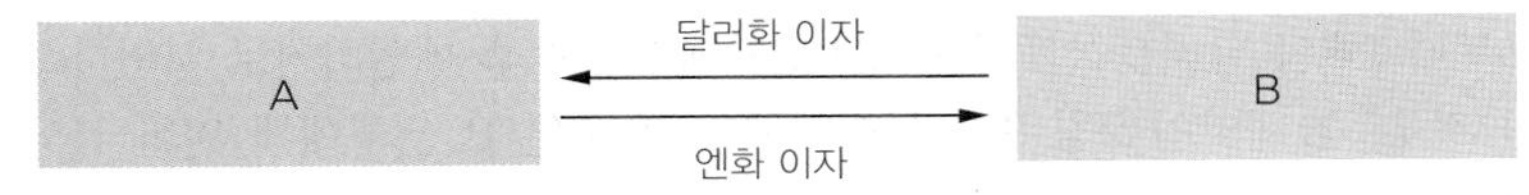

[차입자금 재교환 및 상환]

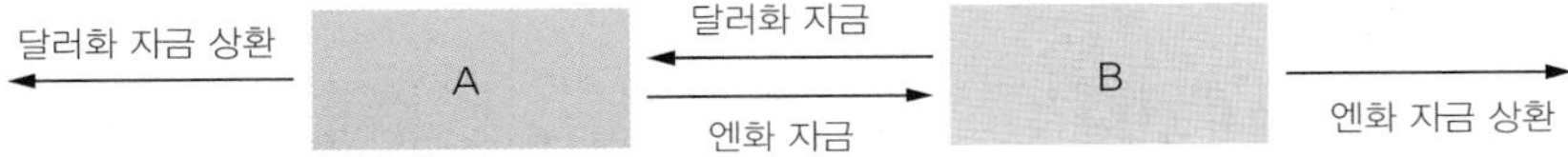

3. 거래조건

거래만기는 3개월부터 20년물까지 다양하지만 1 ~ 5년물이 주로 거래된다. 최소거래단위는 1천만 달러이며 1천만 달러 단위로 증액할 수 있다. 시장에서는 주로 고정금리부 원화와 변동금리부 외화를 교환하게 되는데 변동금리로는 만기 6개월 LIBOR가 이용된다.

4. 참가기관

통화스왑시장도 금리스왑시장과 마찬가지로 대고객시장과 은행 간 시장으로 구분된다. 신용카드회사 및 보험회사 등 고객들과 통화스왑시장 조성은행 등은 사전계약을 통해 스왑거래 한도를 설정하고 고객의 스왑 요구를 스왑시장 조성은행이 받아들이면서 거래가 성사된다.

2 선물환시장

1. 선물환거래의 분류

(1) 선물환거래는 일방적인 선물환 매입 또는 매도거래인 단순선물환거래와 선물환거래가 스왑거래의 일부분으로서 일어나는 외환스왑거래로 구분된다.

(2) 단순선물환거래는 다시 만기시점에 실물의 인수도가 일어나는 일반선물환거래와 만기시점에 실물의 인수도 없이 차액만을 정산하는 차액결제선물환거래로 나누어진다.

〈선물환거래의 종류〉

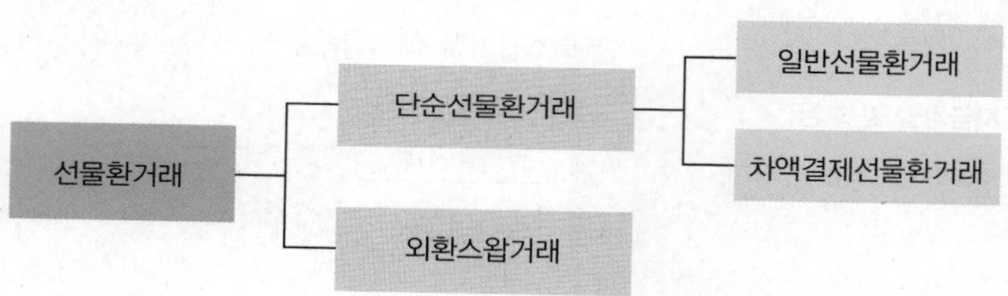

(3) 예를 들어 일반선물환의 거래과정에서 2023년 1월 2일 월요일에 A 은행이 B 은행으로부터 1백만 달러를 선물환율 1,183원에 1개월 후 매입하기로 하였다고 가정한다. 이 경우, 결제일인 2월 6일 월요일에 A 은행은 B 은행에게 원화 11억 8천3백만 원을 지급하고 B 은행은 A 은행에게 외화 1백만 달러를 지급함으로써 거래가 종결된다.

〈제2영업일+1개월〉

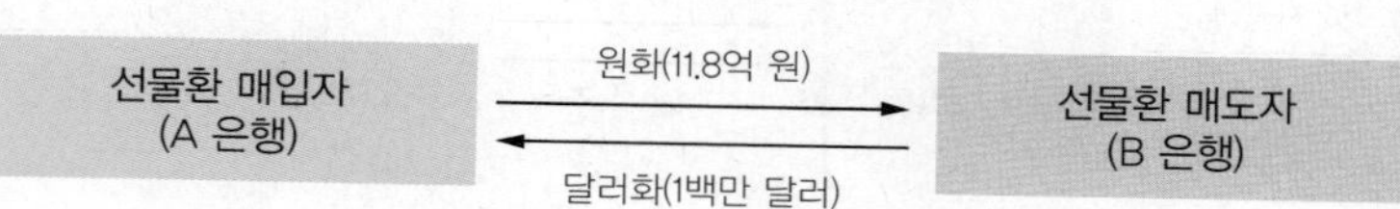

2. 차액결제선물환거래

(1) 차액결제선물환거래는 만기에 계약원금의 교환 없이 약정환율과 만기 시 현물환율인 지정환율(Fixing Rate) 간의 차이로 인한 금액만 지정통화로 결제하는 거래를 말한다.

(2) 차액결제선물환거래는 차액만 결제하기 때문에 일반선물환거래에 비해 결제위험이 작다.

(3) 적은 금액으로 거래가 가능하므로 레버리지효과가 커 환리스크 헤지는 물론 환차익을 얻기 위한 투기적 거래에도 널리 이용되고 있다.

3. 외환스왑거래

(1) 외환스왑거래란 거래 쌍방이 현재의 환율에 따라 서로 다른 통화를 교환하고 일정 기간 후 계약(선물)환율에 따라 원금을 재교환하기로 하는 거래를 말한다.

(2) 외환스왑거래는 동일한 거래상대방과 현물환과 선물환(Spot-forward Swap) 또는 만기가 상이한 선물환과 선물환(Forward-forward Swap) 등을 서로 반대 방향으로 동시에 매매하는 거래이다.

대표기출유형

다음 설명 중 통화관련 파생상품시장과 거리가 먼 것은?

① 통화스왑은 환리스크 헤지 및 필요 통화의 자금을 조달하는 수단으로 주로 이용되고 있다.

② 금리변동에 대한 헤지 및 특정 시장에서의 외환규제나 조세차별 등을 피하기 위한 수단으로 활용되기도 한다.

③ 외환스왑거래란 현재의 환율에 따라 서로 다른 통화를 교환하고 일정 기간 후 계약환율에 따라 원금을 재교환하기로 하는 거래를 말한다.

④ 차액결제선물환거래는 실물의 인수도가 일어나는 일반선물환거래에 비해 결제위험이 크다.

정답 ④

해설 차액결제선물환거래는 차액만 결제하기 때문에 일반선물환거래에 비해 결제위험이 작다.

테마 28

신용파생상품시장

신용파생상품이란 차입자 또는 발행자의 신용에 따라 가치가 변동되는 기초자산의 신용위험을 분리하여 이를 다른 거래상대방에게 이전하고 그 대가로 프리미엄(수수료)을 지급하는 금융상품을 말한다.

1 개념

1. 의의

금융자산은 금리, 환율 등 가격변수의 변동에 따라 그 가치가 변화하는 시장위험과 차입자의 부도, 신용등급 하락 등에 따라 자산가치가 변화하는 신용위험을 가지고 있는데 시장위험은 선물(Futures), 스왑(Swaps), 옵션(Options) 등을 통하여 대처할 수 있으며, 신용위험은 신용파생상품을 통해 헤지할 수 있다.

〈시장위험과 신용위험 비교〉

구분	위험내용	헤지수단
시장위험	금리, 환율 등 가격변수의 변동에 따른 자산가치 하락 위험	파생금융상품(Derivative) • 선물 • 스왑 • 옵션 등
신용위험	차입자 또는 발행자의 부도, 신용등급 하락 등에 따른 자산가치 하락 위험	신용파생상품(Credit Derivative) • 신용파산스왑(CDS) • 신용연계증권(CLN) • 총수익스왑(TRS) 등

신용파생상품을 거래하기 위해서는 신용위험이 실제 발생하였는지를 나타내는 신용사건의 종류 및 내용을 정하고 발생시점을 정의하는 것이 가장 중요한데, 신용사건의 정의와 종류는 국제스왑·파생금융상품협회에서 마련한 5개 사항의 표준안을 참고하여 거래당사자가 매매계약 시 약정한다.

2. 신용사건의 종류와 내용

종류	정의
① 도산	파산, 청산, 화의, 회사정리절차 신청 등
② 지급실패	만기일에 채무를 상환하지 못하는 경우
③ 기한의 이익 상실	부도 등으로 기일 이전에 상환하여야 할 의무가 발생하는 경우
④ 모라토리엄	국가의 지급정지 선언
⑤ 채무재조정	채권자와 채무자 사이에 채무원금, 이자, 지급시기 등이 재조정되는 경우

3. 거래당사자

(1) 거래당사자는 신용위험을 회피하기 위해 신용위험을 넘기고 프리미엄을 지급하려는 보장매입자와 신용위험을 떠안으면서 그 대가로 프리미엄을 수취하려는 보장매도자로 구성된다.

(2) 신용파생상품은 기초자산의 이전 없이 신용위험만을 분리하여 거래하므로 신용위험에 대한 가격산정의 적정성을 높여 신용위험을 다수의 투자자에 분산시키는 기능을 제공한다.

2 주요 신용파생상품

1. 신용파산스왑

(1) 신용파산스왑(CDS)은 모든 신용파생상품의 근간을 이루는 상품으로 그 성격은 지급보증과 유사하다.

(2) 신용파산스왑거래에서 보장매입자는 보장매도자에게 정기적으로 일정한 프리미엄을 지급하고 그 대신 계약기간 동안 기초자산에 신용사건이 발생할 경우 보장매도자로부터 손실액 또는 사전에 합의한 일정 금액을 보상받거나 문제가 된 채권을 넘기고 채권원금을 받기도 한다.

〈신용파산스왑(CDS) 거래구조〉

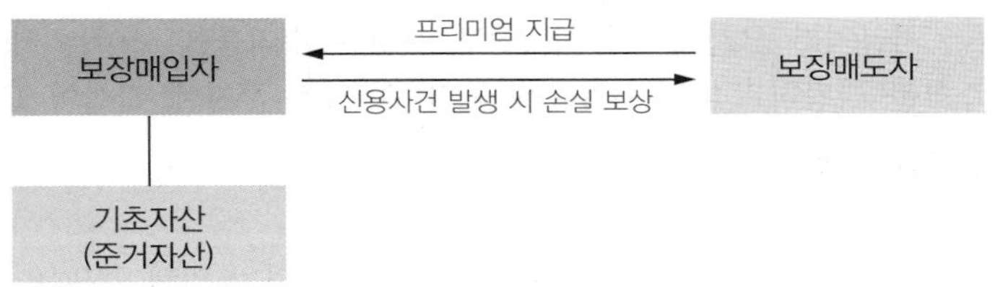

2. 총수익스왑

총수익스왑은 기초자산에서 발생하는 총수익과 일정한 약정이자(통상 Libor+α)를 일정 시점마다 교환하는 계약이다. 이때 총수익에는 채권 이표뿐 아니라 스왑 종료시점의 자본이득 또는 자본손실 등이 포함된다.

3. 신용연계증권

(1) 신용연계증권은 신용파산스왑(CDS)을 증권화한 형태이다.

(2) 신용연계증권의 보장매입자는 기초자산의 신용상태와 연계된 증권을 발행하고 약정된 방식으로 이자를 지급하며, 보장매도자는 약정이자를 받는 대신 신용사건이 발생하는 경우 기초자산의 손실을 부담하게 된다.

4. 합성담보부증권

합성담보부증권(합성CDO)은 보장매입자의 기초자산에 내재된 신용위험을 특수목적회사(SPV)가 이전받아 이를 기초로 발행한 선·후순위 채권이다.

㉮ 기초자산은 보장매입자가 신용파생상품거래를 통해 신용위험을 헤지하고자 하는 대상 자산이다. 예를 들면 은행의 특정 기업에 대한 대출금을 기초자산이라 할 수 있다. 준거자산은 신용파생상품계약상 신용사건의 발생여부를 판단하는 기준이 되는 자산으로서 기초자산이 그대로 이용되거나 기초자산과 밀접한 관련이 있는 다른 자산이 이용된다. 예를 들면 은행이 특정 기업에 제공한 대출금의 신용위험을 헤지하고자 하는 경우 동 기업이 발행한 회사채를 신용파생상품계약상 준거자산으로 할 수 있다.

「은행감독업무시행세칙」 제46조의3에서는 기초자산과 준거자산이 일치하지 않을 경우 세 가지 요건(①준거자산과 기초자산상 채무자가 동일할 것, ②기초자산의 변제순위가 준거자산의 변제순위보다 우선하거나 동 순위일 것, ③기초자산과 준거자산 간에 교차부도조항이 있을 것)을 모두 충족해야만 신용위험이 보장매도자에게 이전된 것으로 규정하고 있다.

대표기출유형

금리, 환율 등 가격변수의 변동에 따른 자산가치 하락 위험인 시장위험을 해지할 수 있는 수단이 아닌 것은?

① 총수익스왑(TRS)　　② 선물
③ 스왑　　④ 옵션

정답 ①

해설 시장위험은 선물, 스왑, 옵션 등을 통하여 대처할 수 있으며 신용위험은 신용파생상품을 통해 헤지할 수 있다.

테마 29

투자의 기초

1 투자의 개념

1. 투자의 의의

미래에 긍정적인 이익이 발생하길 바라며 불확실성을 무릅쓰고 경제적 가치가 있는 자산을 운용하는 것을 말한다.

2. 투자의 가치

개인이 자신의 상황에 맞게 적절한 상품을 합리적으로 활용할 때 투자는 그 가치를 발현한다. 최근 저금리가 고착화되기 시작하면서 낮은 수익률을 보이는 저축보다는 어느 정도 리스크를 감당하더라도 수익률을 높일 수 있는 투자에 관심이 모이고 있다.

3. 투자와 투기의 비교

(1) 투자

① 투자는 개인이 자산을 다양하게 운용하고 관리하기 위해 활용할 수 있는 일종의 금융적 도구이다.

② 개인의 합리적인 투자 선택은 자금이 필요한 사회 곳곳에 적절히 자금을 공급하는 역할을 하므로 경제 및 사회의 발전에도 크게 기여할 수 있다.

③ 올바른 투자자라면 개인의 자산 증식에만 몰두할 것이 아니라 우리가 함께 살아가고 있는 사회에 어떤 영향을 미칠 수 있는지 투자의 결과까지 생각하는 것이 바람직할 것이다.

(2) 투기

① 과도한 이익을 목표로 비합리적인 자금 운용을 하는 경우도 볼 수 있는데, 이러한 행위를 투기라고 부르며 건전한 투자와 구별한다.

② 투기란 요행을 바라고 과도한 리스크를 떠안으면서 비교적 단기간에 부당한 이득을 취하려는 경우를 말하며 개인과 가계의 재정을 커다란 위험에 빠뜨릴 수 있을 뿐만 아니라 우리 경제와 사회에도 큰 해악을 미칠 수 있다.

③ 투기는 경제활동을 위한 정상적인 자금의 흐름을 방해하며 경제 곳곳에 가격 거품을 형성하여 사회의 경제적 안정성을 해칠 수 있다.

2 투자 수익률

1. 수익률의 의의

(1) 투자를 통해 발생하는 수익률은 매도금액에서 매입금액을 뺀 매매차익에 투자기간 동안 발생한 현금흐름을 합산 또는 차감한 다음, 이 값을 매입금액으로 나누고 100을 곱해서 %로 환산하여 구한다.

$$\text{수익률} = \frac{\text{매도금액} - \text{매입금액} \pm \text{보유기간 중 현금흐름}}{\text{매입금액}} \times 100$$

(2) 수익률은 투자기간이 서로 다른 경우 비교가 불가능하기 때문에 통상 1년을 기준으로 표준화하여 표시하는 것이 일반적이다.

2. 수익률 계산 시 고려할 사항

(1) 명시적 비용

① 거래비용 : 증권거래 시 증권회사에 지급하는 거래수수료나 부동산거래에서 중개업자에게 지급하는 중개수수료 등이 거래비용에 속한다.

② 세금 : 저축 또는 투자를 통해 발생한 수익률에 과세가 되는 경우 세금을 제외한 나머지가 실질적인 수익이 된다. 따라서 세전수익률과 세후수익률을 구분할 필요가 있다.

(2) 암묵적 비용

① 기회비용 : 어떤 행위를 하기 위해 포기해야 하는 다른 기회의 가치를 의미하는 기회비용은 투자에도 적용될 수 있다. 예를 들어 주식투자를 위해 많은 시간과 노력을 들였다면 명시적으로 계산하기는 어렵지만 분명히 기회비용이 발생한 것이다.

② 정보수집비용 : 투자를 하기 위해 필요한 정보를 수집하려면 적지 않은 시간과 비용이 발생하게 되는데, 이러한 정보수집 비용도 암묵적 비용의 일부로 볼 수 있다.

대표기출유형

3개월 전에 10,000원에 매입한 주식을 오늘 10,900원에 매도하고 이 주식을 보유하는 동안 200원의 배당금을 받았다면, 3개월 동안의 투자수익률은 얼마인가?

① 10%　　② 11%

③ 12%　　④ 13%

정답 ②

해설 $수익률 = \frac{매도금액 - 매입금액 \pm 보유기간\ 중\ 현금흐름}{매입금액} \times 100 = \frac{10,900 - 10,000 + 200}{10,000} \times 100 = 11(\%)$

즉, 투자수익률은 11%이다.

테마 30

투자의 리스크

1 개념

1. 리스크의 의미

(1) 리스크(Risk)란 불확실성에 노출된 정도를 의미하며 부정적 상황 외에 긍정적 가능성도 내포하게 된다. 금융에서 많이 사용되는 리스크는 불확실한 미래 상황에 노출된 상태로 미래 결과에 따라 좋을 수도 있고 나쁠 수도 있다.

(2) 예를 들어 수출 기업의 경우 앞으로 환율이 어떻게 변할지 모르는 상황을 가리켜 환리스크가 있다고 하는데, 이 기업은 이후 환율이 상승하면 결과적으로 유리하고 하락하면 불리해진다.

2. 수익률과 리스크의 관계

(1) 확정된 수익률이 보장되는 저축과 달리 투자의 경우는 앞으로 어떤 결과가 발생할지 모르는 불확실성 때문에 필연적으로 리스크가 수반된다.

(2) 리스크가 크다는 것은 투자 결과의 변동폭이 크다는 의미로, 일반적으로 리스크가 클수록 기대수익률도 높다. 이런 투자의 특성을 'High risk, High return(고수익 고위험)'이라고 한다.

(3) 기대수익률이란 사전에 예측하는 수익률을 의미하므로 실제 투자 결과로 발생하는 사후적 수익률, 즉 실현수익률을 의미하지는 않는다. 기대수익률이 높아야만 투자자들이 기꺼이 리스크를 감당하여 투자를 하게 된다는 의미이다.

(4) 리스크가 전혀 없는 상태에서의 수익률을 무위험수익률(Risk-free Rate of Return)이라고 하고, 리스크에 대한 보상으로 증가하는 기대수익률을 리스크 프리미엄이라고 한다. 투자의 기대수익률은 무위험수익률에 리스크 프리미엄을 합한 값이다.

(5) 투자자는 안정성을 선호하는 경우에는 리스크가 적은 저축의 비중을 높이고, 높은 수익을 추구하는 경우에는 리스크를 떠안고 투자의 비중을 높여야 할 것이다.

기대수익률 = 무위험수익률 + 리스크 프리미엄

2 투자위험의 관리

1. 분산투자

다양한 투자위험 관리방법 중에 대표적인 것이 자산배분을 통한 분산투자이다. '모든 달걀을 한 바구니에 담지 말라'는 표현은 분산투자를 강조하는 말이다.

〈분산투자와 투자위험〉

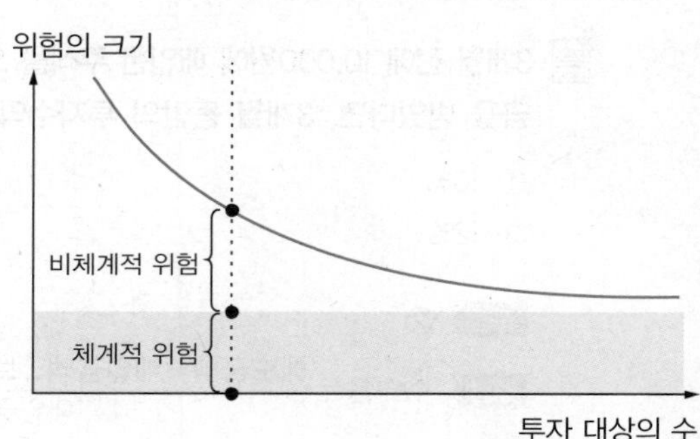

2. 투자위험의 관리

(1) 포트폴리오를 구성하여 투자할 것을 권고한다. 포트폴리오란 여러 가지의 모음을 의미하는데, 특히 금융에서는 여러 가지 자산으로 구성된 집합체를 가리킨다.

(2) 포트폴리오를 구성하게 되면 여러 금융상품이나 자산에 돈을 분산시키는 효과가 발생하여 리스크가 감소한다.

(3) 개별 자산별로 보면 상당한 리스크가 있는데 여러 가지 개별 자산에 나누어 투자하면 전체 리스크 즉, 포트폴리오의 리스크는 감소하게 된다.

3 레버리지효과와 투자위험

1. 레버리지의 개념

(1) 기대수익률을 더욱 높이기 위해 투자위험을 오히려 늘리는 전략도 존재하는데 대표적인 것이 레버리지(Leverage) 투자이다.

(2) 금융에서는 실제 가격변동률보다 몇 배 많은 투자수익률이 발생하는 현상을 지렛대에 비유하여 레버리지로 표현한다.

$$\text{투자 레버리지} = \frac{\text{총투자액}}{\text{자기자본}}$$

2. 레버리지효과

(1) 레버리지는 손익을 확대시켜 수익률이 양(+)일 경우에는 이익의 폭이 증가되지만 반대로 실제 수익률이 음(−)이 되면 손실의 폭도 확대된다. 결국 레버리지가 커질수록 투자수익률은 가격변동률의 몇 배로 증가하여 리스크가 커지게 된다.

(2) 레버리지는 부채를 사용함으로써 발생하게 되는데, 정상적인 기업이 부채 없이 자기자본만으로 사업을 하는 것은 불가능할 뿐 아니라 재무적으로도 적절하지 못한 전략이다.

(3) 레버리지를 높이기 위해 사용한 부채에는 이자부담이 수반된다.

체계적 위험과 비체계적 위험

1. 체계적 위험은 분산투자를 하더라도 그 크기를 줄일 수 없다. 체계적 위험은 세계 경제위기나 천재지변, 전쟁 등과 같이 모든 자산이나 투자대상의 가치에 영향을 미치는 위험을 의미한다.
2. 비체계적 위험은 경영자의 횡령, 산업재해, 근로자의 파업 등 특정 기업이나 산업의 가치에만 고유하게 미치는 위험으로 자산을 분산함으로써 회피하거나 그 크기를 상쇄시킬 수 있다.

투자에 있어 가격변동률보다 몇 배 많은 투자수익률이 발생하려면 즉, 레버리지효과가 발생하려면 투자액의 일부를 자신의 자본이 아닌 부채로 조달하여야 한다. 가격이 하락하는 경우에도 동일한 논리가 성립한다.

최신 금융·디지털 용어
금융상식
경영상식
경제상식
실전모의 1회
실전모의 2회

대표기출유형

다음 중 옳지 않은 것은?

① 금융에서 사용되는 리스크는 불확실한 미래 상황에 노출된 상태로서 좋을 수가 없다.
② 투자의 경우는 불확실성 때문에 필연적으로 리스크가 수반된다.
③ 기대수익률이란 사전에 예측하는 수익률을 의미한다.
④ 투자의 기대수익률은 무위험수익률에 리스크 프리미엄을 합한 값이다.

정답 ①

해설 금융에서 많이 사용되는 리스크는 불확실한 미래 상황에 노출된 상태로서 미래 결과에 따라 좋을 수도 있고 나쁠 수도 있다.

테마 31

금융투자상품 투자과정

> ○○은행, 투자권유준칙 어기고 DLS 팔았다
> '위험중립형' 투자자에 '고위험상품' DLS 먼저 권유
> 우리은행 피해자들 투자자 성향 분석 결과에 의구심
> 금감원, 은행의 투자권유준칙 준수여부 전수 조사할 듯
>
> ○○은행이 표준투자권유준칙을 어기고 독일 국채 금리 연계형 파생결합증권(DLS)을 판매한 사례가 있는 것으로 나타났다. 이 준칙은 금융회사가 금융투자상품을 판매할 때 지켜야 하는 원칙이다. 준칙에 따르면 은행은 개인투자자의 투자 성향 분석을 한 뒤 투자 성향에 맞지 않는 상품은 투자권유를 하지 못하게 돼 있다. 그런데 ○○은행이 DLS를 판매하면서 이 준칙을 어겼다는 주장이 제기된 것이다.
> 금융권과 ○○은행 DLS 피해자 등에 따르면, 독일 국채 금리 연계형 DLS는 투자상품 위험등급 분류에서 '매우 높은 위험(1등급)'으로 분류됐다. 표준투자권유준칙은 금융투자상품의 위험등급을 1등급부터 6등급(매우 낮은 위험)까지로 분류한다. 이 가운데 가장 위험한 것으로 평가되는 1등급에는 B 이하 회사채, C 이하 기업어음, 선물·옵션, 구조화상품(펀드) 등이 들어간다. 전문적인 투자자가 아니면 손대기 힘든 금융투자상품이다.
> 〈조선일보 2019. 08. 21.〉

1 표준투자권유준칙

1. 개념

표준투자권유준칙은 금융투자상품의 판매자인 금융회사 입장에서 지켜야 할 기준과 절차이다.

〈표준투자권유준칙상의 프로세스〉

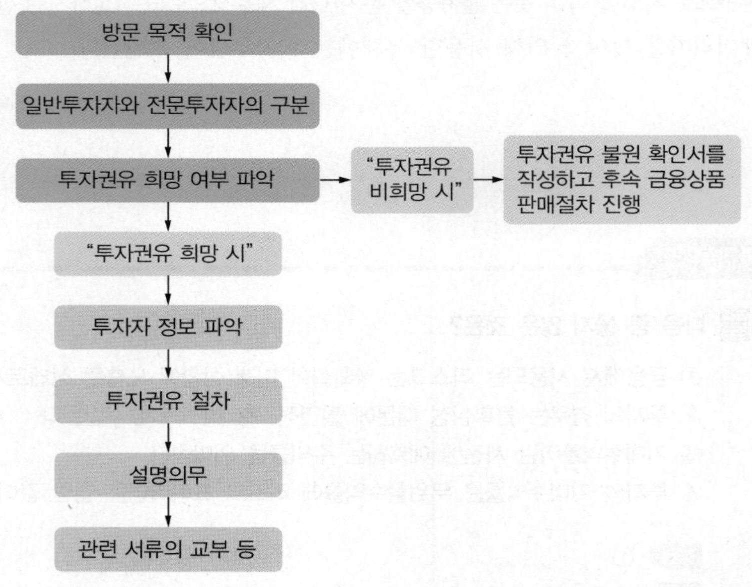

용 금융투자자
금융투자상품은 위험성이 있는 금융상품이기 때문에 신중하게 투자가 이루어져야 하며, 「자본시장과 금융투자업에 관한 법률(자본시장법)」에서는 금융투자자를 전문투자자와 일반투자자로 나눈다.

용 전문투자자와 일반투자자
1. 전문투자자 : 국가, 한국은행, 은행, 증권회사 등 자본시장법에서 구체적으로 나열하고 있는 법이 정한 자를 말한다.
2. 일반투자자 : 전문적인 금융지식을 보유하지 않은 개인이나 기업으로, 일반투자자에게 금융투자상품을 판매할 경우 여러 투자권유준칙을 지키며 판매할 것을 규정하고 있다.

2. 투자상품의 매입과정

(1) 금융회사는 투자자의 방문 목적을 파악하고, 투자를 희망할 경우 일반투자자인지 혹은 전문투자자인지 구분한다.

(2) 투자자 정보에 근거한 투자권유를 희망하는지 확인한다.

(3) 판매자는 투자목적, 재산상황, 투자경험 등의 투자자 정보를 파악하기 위하여 투자자 정보 확인서를 이용한다. 투자자 정보 확인서는 기초정보를 수집하는 부분과 위험선호도를 파악하는 부분 등으로 구성되어 있다.

(4) 금융회사는 파악한 투자자 정보에 근거하여 투자자의 유형을 분류하고, 그에 알맞은 적합한 금융투자상품을 선정하여 추천한다. 금융회사는 추천한 투자상품의 중요한 내용을 충분히 설명할 의무가 있다.

(5) 금융소비자는 최종적으로 구매 여부를 결정하게 된다. 각종 필요한 서명을 하고 반드시 교부받아야 하는 투자설명서 등을 전달받는다.

(6) 표준투자권유준칙에는 없지만, 금융소비자는 금융투자상품의 구매 후, 정기적으로 상품의 성과, 현황 및 자신의 상황(자신의 가치관, 재정상황, 가족 등)을 고려하여 계속 투자할지 여부를 판단해야 한다.

2 일반투자자 투자정보확인서

1. 개인용 서식(투자정보 파악)

Ⅰ 연령 및 수입상황	1. 고객님의 연령대는 어떻게 되십니까? ① 19세 이하 ② 20세~29세 ③ 30세~39세 ④ 40세~49세 ⑤ 50세~59세 ⑥ 60세~64세 ⑦ 65세 이상 2. 다음 중 고객님의 수입원을 가장 잘 나타내는 것은 어느 것입니까? ① 현재 일정한 수입이 발생하고 있으며, 향후 현재 수준을 유지하거나 증가할 것으로 예상 ② 현재 일정한 수입이 발생하고 있으나, 향후 감소하거나 불안정할 것으로 예상 ③ 현재 일정한 수입이 없거나 연금이 주 수입원임
Ⅱ 금융투자상품 투자경험 및 금융지식 수준	3. 다음 중 고객님의 투자경험과 가장 가까운 항목은 어느 것입니까? (중복응답 가능) ① 은행 예적금, 국채, 지방채, 보증채, MMF, CMA 등 ② 금융채, 신용도가 높은 회사채, 채권형펀드, 원금보장형 ELF(ELS), ELD 등 ③ 신용도 중간 등급의 회사채, 원금의 일부만 보장되는 ELF(ELS), 혼합형펀드 등 ④ 신용도가 낮은 회사채, 주식, 원금이 보장되지 않는 ELF(ELS), 시장수익률 수준의 수익을 추구하는 주식형펀드 등 ⑤ ELW, 선물 · 옵션, 시장수익률 이상의 수익을 추구하는 주식형펀드, 파생상품에 투자하는 펀드, 주식 신용거래 등 4. 다음 중 금융투자상품에 대한 고객님의 지식수준에 가장 적합한 항목은 어느 것입니까? ① 파생상품을 포함한 대부분의 금융투자상품의 구조 및 위험을 이해하고 있음 ② 널리 알려진 금융투자상품(주식, 채권, 펀드 등)의 구조 및 위험을 깊이있게 이해하고 있음 ③ 널리 알려진 금융투자상품(주식, 채권, 펀드 등)의 구조 및 위험을 일정부분 이해하고 있음 ④ 금융상품에 투자해 본 경험 없음
Ⅲ 투자기간 및 손실 감내 수준	5. 고객님께서 투자하고자 하는 자금의 투자기간은 어느 정도입니까? ① 3년 이상 ② 2년 이상~3년 미만 ③ 1년 이상~2년 미만 ④ 6개월 이상~1년 미만 ⑤ 6개월 미만 * 전세자금 등 단기간내에 사용처가 확실한 자금은 원금손실 가능성이 있는 상품투자를 자제하시길 권유드립니다. 6. 다음 중 현재 투자하는 자금에 대하여 고객님이 감내할 수 있는 손실 수준은 어느 정도입니까? ① 기대수익이 높다면 위험이 높아도 상관하지 않는다. ② 20% 까지는 손실을 감내할 수 있다. ③ 10% 까지는 손실을 감내할 수 있다. ④ 투자원금 보전을 추구한다.
Ⅳ 파생상품 투자경험	7. 파생상품, 파생결합증권 또는 파생상품 투자펀드에 투자한 경험이 있으신 경우 투자기간은 얼마나 되십니까? ① 1년 미만(투자 경험이 없으신 경우 포함) ② 1년 이상~3년 미만 ③ 3년 이상

표준투자권유준칙의 목적
이 준칙은 「자본시장과 금융투자업에 관한 법률」(이하 '법'이라 한다) 제50조 제1항에 따라 회사의 임직원과 회사로부터 투자권유를 위탁받은 투자권유대행인이 일반투자자인 고객에게 투자권유를 함에 있어 준수하여야 할 구체적인 절차 및 기준 등을 정함을 목적으로 한다.

2. 개인용 투자자정보 확인서 Scoring 기준

(1) 문항별 배점

- 1번 : ①로 응답한 경우 2.5점, ②로 응답한 경우 2.5점, ③으로 응답한 경우 2점, ④로 응답한 경우 1.5점, ⑤로 응답한 경우 1점, ⑥로 응답한 경우 0.5점 ⑦로 응답한 경우 0.5점
- 2번 : ①로 응답한 경우 5.5점, ②로 응답한 경우 3.5점, ③으로 응답한 경우 1점
- 3번 : (중복 응답한 경우 가장 높은 점수로 배점) ①로 응답한 경우 1.5점, ②로 응답한 경우 2.5점, ③으로 응답한 경우 3.5점, ④로 응답한 경우 4.5점, ⑤로 응답한 경우 5.5점
- 4번 : ①로 응답한 경우 5.5점, ②로 응답한 경우 4점, ③으로 응답한 경우 2.5점, ④로 응답한 경우 1점
- 5번 : ①로 응답한 경우 2.5점, ②로 응답한 경우 2점, ③으로 응답한 경우 1.5점, ④로 응답한 경우 1점, ⑤로 응답한 경우 0.5점
- 6번 : ①로 응답한 경우 10점, ②로 응답한 경우 7.5점, ③으로 응답한 경우 5점, ④로 응답한 경우 2점
- 7번 : 〈파생상품관련 상품 가입조건〉

(2) 점수 계산 방법

- 1번부터 6번까지의 응답결과에 따른 점수를 합산(만점 31.5점)하고, 이를 100점으로 환산

예 1번부터 6번까지의 합이 14.5점인 경우, 14.5점/31.5점×100＝46.0점

(3) 투자성향 분류

〈점수결과에 따라 고객의 투자성향을 5단계로 분류〉

(단위 : 점)

안정형(A)	안정추구형(B)	위험중립형(C)	적극투자형(D)	공격투자형(E)
$A \le 40$	$40 < B \le 53$	$53 < C \le 66$	$66 < D \le 80$	$E > 80$

예 상기 46.0점은 안정추구형(B) 구간에 속하므로 안정추구형으로 분류

3. 투자자 유형

안정형	예금 또는 적금 수준의 수익률을 기대하며, 투자원금에 손실이 발생하는 것을 원하지 않음.
안정추구형	투자원금의 손실위험은 최소화하고, 이자소득이나 배당소득 수준의 안정적인 투자를 목표로 함. 다만, 수익을 위해 단기적인 손실을 수용할 수 있으며, 예 · 적금보다 높은 수익을 위해 자산 중 일부를 변동성 높은 상품에 투자할 의향이 있음.
위험중립형	투자에는 그에 상응하는 투자위험이 있음을 충분히 인식하고 있으며, 예 · 적금보다 높은 수익을 기대할 수 있다면 일정 수준의 손실위험을 감수할 수 있음.
적극투자형	투자원금의 보전보다는 위험을 감내하더라도 높은 수준의 투자수익 실현을 추구함. 투자자금의 상당 부분을 주식, 주식형펀드 또는 파생상품 등의 위험자산에 투자할 의향이 있음.
공격투자형	시장평균수익률을 훨씬 넘어서는 높은 수준의 투자수익을 추구하며, 이를 위해 자산가치의 변동에 따른 손실위험을 적극 수용. 투자자금 대부분을 주식, 주식형펀드 또는 파생상품 등의 위험자산에 투자할 의향이 있음.

3 금융투자상품별(운용자산) 투자위험도 분류기준

		1등급 (매우높은 위험)	2등급 (높은 위험)	3등급 (다소높은 위험)	4등급 (보통 위험)	5등급 (낮은 위험)	6등급 (매우낮은 위험)
특정 금전신탁	채권/어음	회사채 (BB^+이하)	회사채 (BBB^+~BBB^-)	회사채 (A^+~A^-)	회사채 (AA^- 이상)	특수채 금융채	국고채, 통안채, 지방채, 보증채
		기업어음 (B등급 이하)	기업어음 (A3등급)	기업어음 (A2등급)	기업어음 (A1등급)		
	예치금, MMT 등						은행예적금, 국공채, 은행발행CD, RP, 콜론
	파생결합증권 (사채)	ELS(개별 종목), DLS, ELW	ELS (지수형 낙인 55 이상)	ELS (지수형 낙인 50 이하, 노낙인)	ELS/DLS 원금부분 보장	ELB/DLB	–
	주식 및 선물옵션	주식, 선물옵션					자기주식 (자사주)
	ETF 및 집합투자증권 - 설정 후 3년 이후 (실제수익률변동성)	레버리지, 주식형	주식형, 주식혼합형	주식혼합형, 채권혼합형	채권혼합형, 채권형	채권형, MMF	
	ETF 및 집합투자증권 - 설정 후 3년 이후 (실제수익률변동성)	25% 초과	15% 초과~ 25% 이하	10% 초과~ 15% 이하	5% 초과~ 10% 이하	0.5% 초과~ 5% 이하	0.5% 이하
불특정금전신탁							안정형, 채권형
WCT, 신탁형 ISA		편입된 자산의 위험등급을 각각 적용					

※ 위에 열거되지 아니한 금융투자상품은 위 기준을 참조하여 적합하게 분류

4 투자성향별 투자권유 가능 상품

1. 만 65세 미만 비고령투자자

투자성향등급보다 2등급 초과 위험등급의 신탁상품 가입 제한

상품위험등급 / 투자성향등급	1등급 (매우높은 위험)	2등급 (높은 위험)	3등급 (다소높은 위험)	4등급 (보통 위험)	5등급 (낮은 위험)	6등급 (매우낮은 위험)
공격투자형	○	○	○	○	○	○
적극투자형	투자권유불가	투자권유불가	○	○	○	○
위험중립형	투자권유불가 (가입불가)	투자권유불가	투자권유불가	○	○	○
안정추구형	투자권유불가 (가입불가)	투자권유불가 (가입불가)	투자권유불가	투자권유불가	○	○
안정형	투자권유불가 (가입불가)	투자권유불가 (가입불가)	투자권유불가 (가입불가)	투자권유불가	투자권유불가	○

2. 만 65세 이상 고령투자자

투자성향등급보다 1등급 초과 위험등급의 신탁상품 가입이 제한된다.

상품위험등급 투자성향등급	1등급 (매우높은 위험)	2등급 (높은 위험)	3등급 (다소높은 위험)	4등급 (보통 위험)	5등급 (낮은 위험)	6등급 (매우낮은 위험)
공격투자형	○	○	○	○	○	○
적극투자형	투자권유불가 (가입불가)	투자권유불가	○	○	○	○
위험중립형	투자권유불가 (가입불가)	투자권유불가 (가입불가)	투자권유불가	○	○	○
안정추구형	투자권유불가 (가입불가)	투자권유불가 (가입불가)	투자권유불가 (가입불가)	투자권유불가	○	○
안정형	투자권유불가 (가입불가)	투자권유불가 (가입불가)	투자권유불가 (가입불가)	투자권유불가 (가입불가)	투자권유불가	○

대표기출유형

투자자 유형에 관한 설명으로 옳지 않은 것은?

① 안정형은 예금 또는 적금 수준의 수익률을 기대하며, 투자원금에 손실이 발생하는 것을 원하지 않는다.

② 안정추구형은 투자원금의 손실위험은 최소화하고, 이자소득이나 배당소득 수준의 안정적인 투자를 목표로 한다. 다만, 수익을 위해 단기적인 손실을 수용할 수 있으며 예 · 적금보다 높은 수익을 위해 자산 중 일부를 변동성 높은 상품에 투자할 의향이 있다.

③ 위험중립형은 투자에는 그에 상응하는 투자위험이 있음을 충분히 인식하고 있으며 예 · 적금보다 높은 수익을 기대할 수 있다면 일정 수준의 손실위험을 감수할 수 있다.

④ 적극투자형은 시장평균수익률을 훨씬 넘어서는 높은 수준의 투자수익을 추구하며 이를 위해 자산가치의 변동에 따른 손실위험을 적극 수용한다. 투자자금 대부분을 주식, 주식형펀드 또는 파생상품 등의 위험자산에 투자할 의향이 있다.

정답 ④

해설 공격투자형에 대한 설명이고, 적극투자형은 투자원금의 보전보다는 위험을 감내하더라도 높은 수준의 투자수익 실현을 추구하며 투자자금의 상당 부분을 주식, 주식형펀드 또는 파생상품 등의 위험자산에 투자할 의향이 있다.

테마 32 파생결합증권시장

1 개념

1. 의의

파생결합증권은 기초자산의 가격, 이자율, 지표, 단위 또는 이를 기초로 하는 지수 등의 변동과 연계하여 미리 정해진 방법에 따라 지급하거나 회수하는 금전 등이 결정되는 권리가 표시된 증권이다.

2. 특성

(1) 파생결합증권은 투자자의 투자 손익이 기초자산의 가격 변화 등에 연계되어 결정된다는 점에서는 파생상품의 성격을, 최대 손실 가능 규모가 투자원금으로 한정된다는 점에서는 증권의 성격을 보유하고 있다.

(2) 이러한 이유로 「자본시장법」에서는 파생결합증권을 발행할 수 있는 주체를 증권 및 장외파생상품의 투자매매업 인가를 받은 금융투자업자로 한정하고 있다.

2 종류

1. 주식워런트증권시장

(1) 주식워런트증권(ELW)은 특정 주권의 가격이나 주가지수의 변동과 연계하여 미리 정해진 방법에 따라 그 주권의 매매나 금전을 수수하는 거래를 성립시킬 수 있는 권리(Option)가 표시된 파생결합증권이다.

(2) 특정 주권을 미리 정해진 가격으로 구입할 수 있는 권리인 워런트(Warrant)의 일종이지만, 발행인이 해당 주권발행인과 다른 제3자라는 점에서 신주인수권증권 등 다른 워런트와는 구별된다.

(3) ELW는 경제적 기능, 위험 및 손익 구조 등 경제적 실질 측면에서 파생상품인 주식옵션이나 주가지수옵션과 동일하다.

(4) ELW는 옵션의 매수포지션만을 증권화한 것이므로 최대 손실이 투자원금으로 한정되며, 거래소에 상장되는 경우 장내 옵션거래에 비해 증거금예탁 등의 복잡한 절차에 구애받지 않고 소액투자가 가능하다는 점, 종목별 유동성공급자(LP ; Liquidity Provider)가 선정되어 있어 옵션에 비해 유동성이 높다는 점 등에서 차이가 있다.

2. 주가연계증권시장

(1) 주가연계증권(ELS)은 특정 주권이나 주가지수의 가격변동에 연계하여 사전에 약정된 조건에 따라 투자손익이 결정되는 파생결합증권이다.

(2) 투자자의 손익이 발행기관의 발행대금 운용성과와는 무관하게 사전에 약정된 방식에 따라 결정되며, 투자원리금이 예금보호대상이 아니라는 점 등에서 다른 상품들과는 구별된다.

〈주가연계상품 비교〉

	주가연계증권(ELS)	주가연계펀드(ELF)	주가연계신탁(ELT)	주가연계예금(ELD)
발행기관	투자매매업자(증권사)	집합투자업자(자산운용사)	신탁업자(증권사, 은행)	은행
근거법률	「자본시장법」	「자본시장법」	「자본시장법」	「은행법」
법적형태	파생결합증권	증권집합투자기구	특정 금전신탁	예금
예금보호	없음.	없음.	없음.	있음.
손익구조	사전에 약정한 수익률	운용성과에 따른 실적배당	운용성과에 따른 실적배당	사전에 약정한 수익률(원금보장)

(3) ELS의 손익구조 : ELS의 손익구조는 디지털형, 클리켓형, 유러피안형, 배리어형, 조기상환형 등으로 매우 다양한데, 최근에는 조기상환형 손익구조상품의 일종인 스텝다운(Step-down)형 ELS가 주로 발행되고 있다.

〈ELS 유형별 주요 손익구조〉

유형	손익구조
디지털	만기시점에서의 최종 기준가격이 일정 구간에 도달해 있는지의 여부에 따라 수익률이 둘 중 하나로 결정(예 Digital Call, Digital Put, Range Digital)
클리켓	사전에 정한 산식으로 계산된 기초자산의 월별(분기별) 수익률의 누적값에 따라 수익률이 비례적으로 결정(예 Cliquet, Lookback Cliquet, Cliquet Step-down)
유러피안	만기시점에서의 최종 기준가격에 따라 수익률이 상승하거나 하락. 단 최대 수익률은 일정 수준으로 고정(예 Bull Spread, Reverse Convertible 등)
배리어	기준가격이 일정 구간 내에서 상승(하락)하면 수익률도 상승. 단 만기까지 한 번이라도 상한(하한)을 벗어난 수익률은 고정(예 Knock-out Call, Knock-out Put, Straddle)
조기상환	발행 이후 기초자산 가격이 한계가격 미만으로 하락한 적이 없고 조기상환일의 평가가격이 일정 수준 이상이면 약정 수익률로 상환. 만기까지 조기상환되지 않은 경우 만기 평가가격에 따라 수익률이 결정(예 Hi-five, Step-down, Jump)

3. 기타 파생결합증권시장

(1) 기타 파생결합증권(DLS)은 특정 주권의 가격이나 주가지수를 제외하고 금리, 환율, 일반상품의 가격 및 신용위험 지표 등의 변동과 연계된 파생결합증권으로, 기초자산의 차이를 제외하고는 ELS와 실질적으로 동일한 특성과 구조를 지니고 있다.

(2) DLS는 기초자산이 다양하여 분산투자 효과는 크지만 상품구조가 다소 복잡하다. 이러한 이유 때문에 기관투자자를 대상으로 한 사모발행이 주를 이루고 있으며, 시장규모도 ELS에 비해 현저히 작은 편이다.

4. 상장지수증권시장

(1) 상장지수증권(ETN)은 투자의 손익이 기초지수의 변동에 연동되도록 구조화된 장내 파생결합증권이다.

(2) ELW가 옵션 상품이고 ELS와 DLS가 기초자산의 가치 변화에 따른 손익구조가 사전에 약정된 조건부 확정수익 상품이라면, ETN은 발행 당시 목표로 정해진 기초지수의 누적 수익률이 곧바로 투자수익률이 되는 지수 연동(인덱스) 상품이라는 점 등에서 다른 파생결합증권과 구별된다.

〈ETN과 ETF의 비교〉

구분	ETN	ETF
법적 성격	파생결합증권	집합투자증권
발행주체	파생결합증권 발행 인가를 받은 적격[1] 투자매매업자(증권사)	집합투자업자(자산운용사)
신용위험	있음.	없음(신탁재산으로 보관).
손익구조	발행기관이 기초지수에 연계해 사전에 정한 수익을 제공	운용성과에 따른 실적배당
추적오차	없음.	발생 가능
만기	1 ~ 20년	없음.
LP제도 유무	있음.	있음.

주 : 1) 자기자본 1조 원 이상, 신용등급 AA- 이상, NCR 200% 이상, 최근 2년간 감사의견 적정

대표기출유형

상장지수증권(ETN)과 상장지수펀드(ETF)를 비교한 것으로 옳지 않은 것은?

	구분	ETN	ETF
①	법적 성격	집합투자증권	파생결합증권
②	발행주체	파생결합증권 발행 인가를 받은 적격 투자매매업자(증권사)	집합투자업자(자산운용사)
③	신용위험	있음.	없음(신탁재산으로 보관)
④	만기	1 ~ 20년	없음.

정답 ①

해설 상장지수증권(ETN)은 파생결합증권이고, 상장지수펀드(ETF)는 집합투자증권이다.

테마 33

주식투자

> 📖 주주의 권리와 의무
> 1. 주식을 보유한 주주는 주식 보유 수에 따라 회사의 순이익과 순자산에 대한 지분청구권을 갖는데, 만약 회사에 순이익이 발생하면 이익배당청구권이 생기며 혹시 회사가 망하는 경우에는 잔여재산 분배청구권이 생긴다.
> 2. 회사가 유상 또는 무상으로 신주를 발행할 경우 우선적으로 신주를 인수할 수 있는 신주인수권도 갖게 된다. 주주는 주주평등의 원칙에 따라 주주가 갖는 주식 수에 따라 평등하게 취급되므로 보유한 주식 지분만큼의 권리와 책임을 갖게 된다.
> 3. 주주는 유한책임을 원칙으로 하므로 출자한 자본액의 한도 내에서만 경제적 책임을 지게 된다. 따라서 출자한 회사가 파산하여 갚아야 할 부채가 주주 지분 이상이 되더라도 주주는 지분가치를 초과한 부채에 대해 책임을 지지 않는다.

1 주식의 개념

1. 주식의 의의

주식이란 주식회사가 발행한 출자증권으로서, 주식회사는 주주들에게 자본금 명목으로 돈을 받고 그 대가로 주식을 발행한다.

2. 주주의 회사에 대한 권리

(1) 자익권이란 자신의 이익을 위한 권리로 이익배당청구권이나 잔여재산 분배청구권, 신주인수권 등이 이에 속한다.

(2) 회사 전체의 이익과 관련된 주주의 공익권으로는 주주총회에서 이사 선임 등 주요 안건에 대한 의결에 지분 수에 비례하여 참여할 수 있는 의결권, 회계장부와 관련된 주요 정보의 열람을 청구할 수 있는 회계장부 열람청구권, 이미 선임된 이사를 임기 전이라도 일정 수 이상의 주주의 동의를 얻어 해임을 요구할 수 있는 이사해임요구권, 그리고 일정 수 이상의 주주의 동의로 임시 주주총회 소집을 요구할 수 있는 주주총회 소집요구권 등이 포함된다.

3. 보통주와 우선주

(1) 일반적인 자익권과 공익권을 갖는 주식을 보통주라고 하고, 이러한 보통주와 구별되는 몇 가지 특징을 갖는 주식으로 우선주가 있다.

(2) 우선주는 이익배당이나 잔여재산 분배에 관해 우선적 지위가 인정된다. 즉, 보통주에 앞서 우선적으로 회사 이익에 대해 배당을 받고 회사가 청산될 경우에도 부채를 제외한 잔여재산에 대해서 보통 주주보다 우선적으로 분배를 받게 된다.

(3) 우선주는 보통주에 있는 의결권이 없다.

2 주식의 발행과 유통

1. 발행시장

(1) 직접발행 : 발행기업이 중개기관을 거치지 않고 투자자에게 직접 주식을 팔아서 자금을 조달하는 방식으로, 유상증자를 통해 기존 주주 또는 제3자에게 주식을 배정하는 경우에 주로 사용된다.

(2) 간접발행 : 전문성과 판매망을 갖춘 중개기관을 거쳐 주식을 발행하는 방식으로, 최초기업공개 시에는 대부분 이 방식이 사용된다.

> 📖 발행된 주식의 거래가 이루어지는 시장을 주식 유통시장이라고 한다. 우리나라의 주식 유통시장은 유가증권시장, 코스닥, 코넥스, 프리보드시장 등으로 구분된다.

2. 유통시장

(1) 유가증권시장이란 한국거래소(KRX)가 개설 · 운영하는 시장으로서 엄격한 상장 요건을 충족하는 주식이 거래되는 시장이다.

(2) 코스닥시장

원래는 미국의 나스닥(NASDAQ)과 유사하게 장외거래대상 종목으로 등록된 주식을 전자거래시스템인 코스닥(KOSDAQ)을 통해 매매하는 시장으로 출발하였다.

(3) 코넥스(KONEX)
코스닥 전 단계의 주식시장으로, 코넥스는 기존 주식시장인 유가증권시장이나 코스닥에 비해 상장 문턱이 낮고 공시 의무를 완화시켜 창업 초기 중소기업의 자금조달을 위해 설립되었다.

(4) 프리보드(Free Board)시장
비상장주식의 매매를 위한 장외주식시장으로, 2014년 8월 K-OTC(Korea Over-The-Counter)가 개설되었다.

K-OTC는 유가증권시장, 코스닥, 코넥스에서 거래되지 못하는 비상장주식 가운데 일정 요건을 갖추어 지정된 주식의 매매를 위해 한국금융투자협회가 개설 · 운영하는 시장으로서 경쟁매매방식 대신에 지정가 호가에 의한 상대매매로 거래가 이루어진다.

3 주식투자의 이익과 위험

1. 주식투자의 이익

(1) 자본이득은 주식의 매매차익으로, 주식의 가격이 변동하여 차익이 발생하는 것을 말한다. 소위 싸게 사서 비싸게 팔면 매매차익이 발생한다.

(2) 배당금은 기업에 이익이 발생할 경우 주주에게 나누어 주는 돈으로, 주식회사는 보통 사업연도가 끝나고 결산을 한 후에 이익이 남으면 주주들에게 배당금을 분배한다.

2. 주식투자의 위험

(1) 주식의 가격은 매매체결에 따라 매 순간 바뀌므로 가격 변동에 의해 원금손실을 겪을 수 있다.

(2) 주식이 상장폐지되거나 기업이 도산하여 주식이 휴지조각이 되는 경우도 종종 발생한다.

(3) 주식 중에는 거래 물량이 적어 주식을 사거나 파는 것이 어려운 종목도 있으므로 환금성의 위험 또한 존재할 수 있다.

4 주식거래방법 등

1. 주식거래방법

(1) 주식을 거래하기 위해서는 우선 증권회사 계좌를 개설한 다음 영업점 방문 또는 전화로 주문하거나 인터넷 등의 전자주문매체를 이용하여 주문을 하면 된다.

(2) 최근에는 집이나 사무실에서 컴퓨터를 이용하여 주식을 거래하는 HTS(Home Trading System)가 보편화되었고 모바일 스마트기기를 이용하여 어디서나 주식을 거래할 수 있는 MTS(Mobile Trading System)의 보급이 점차 확대되고 있다.

2. 매매체결방법

(1) 우리나라 한국거래소의 주식 매매시간은 오전 9시부터 오후 3시 30분까지이고, 가격우선원칙과 시간우선원칙을 적용하여 개별 경쟁으로 매매거래가 체결된다.

(2) 매수주문의 경우 가장 높은 가격을, 매도부문의 경우 가장 낮은 가격을 우선적으로 체결하고 동일한 가격의 주문 간에는 시간상 먼저 접수된 주문을 체결하게 된다.

(3) 시초가와 종가의 경우는 시간의 선후에 상관없이 일정 시간 동안 주문을 받아 제시된 가격을 모아 단일가격으로 가격이 결정되는 동시호가제도를 채택하고 있다.

3. 주문방법

(1) 주문가격

원하는 매수 또는 매도가격을 지정하여 주문하는 지정가 주문(limit order)과 가격을 지정하지 않고 주문시점에서 가장 유리한 가격에 우선적으로 거래될 수 있도록 주문하는 시장가 주문이 있다.

(2) 주식매매단위

① 주식의 매매단위는 1주이다.

② 최소호가 단위, 즉 최소가격변동폭은 주가 수준에 따라 차이가 있어 일천 원 미만 → 1원, 오천 원 미만 → 5원, 일만 원 미만 → 10원, 오만 원 미만 → 50원, 십만 원 미만 → 100원, 오십만 원 미만 → 500원, 오십만 원 이상 → 1,000원으로 되어 있다.

③ 우리나라 주식시장은 단기간 주가 급등락으로 인한 불안정을 예방하고 개인투자자 보호를 위해 일일 최대 가격변동폭을 제한하는 가격제한제도를 시행하고 있다.

대표기출유형

주식투자에 관한 설명으로 옳지 않은 것은?

① 일반적인 자익권과 공익권을 갖는 주식을 보통주(Common Stock)라고 한다.

② 우선주는 이익배당이나 잔여재산 분배에 관해 우선적 지위가 인정된다.

③ 자본이득은 주식의 매매차익으로 주식의 가격이 변동하여 차익이 발생하는 것을 말한다.

④ 주식을 사거나 파는 것이 자유로우므로 환금성의 위험이 존재하지 않는다.

정답 ④

해설 주식 중에는 거래 물량이 적어 주식을 사거나 파는 것이 어려운 종목도 있으므로 환금성의 위험 또한 존재할 수 있다.

테마 34 재무비율과 주가배수 평가

1 재무비율 분석

1. 레버리지비율

(1) 레버리지비율은 기업이 자산 또는 자기자본에 비하여 얼마만큼의 부채를 사용하고 있는가를 보여 준다.

(2) 일반적인 부채비율은 총자산 대비 총부채로 측정하지만, 종종 자기자본 대비 부채의 비중으로 측정된다.

(3) 부채의 레버리지효과는 기업의 영업이익을 증폭시킬 수 있기 때문에 영업이익에서 이자비용 등의 금융비용을 차감한 주주의 이익 즉 당기순이익을 높이는 데 기여할 수 있으나, 당기순이익의 변동성을 크게 하여 재무리스크를 높인다.

(4) 적정한 부채비율이 어느 정도인가에 대해서는 업종의 특성과 재무전략적 측면에서 논란의 여지가 있지만, 제조업의 경우 대략 자기자본 대비 200% 이내의 부채를 가이드라인으로 간주하고 있다.

$$\text{부채비율}(\%) = \frac{\text{총부채}}{\text{자기자본}} \times 100$$

기업의 재무상태와 경영성과를 객관적으로 평가할 수 있는 가장 중요한 자료가 재무상태표와 손익계산서로 대표되는 재무제표이다. 모든 상장기업은 반드시 정기적으로 재무제표를 작성하고 회계감사를 받아 공개해야 하고, 만일 실수나 고의로 잘못된 회계정보를 제공할 경우에는 법적인 책임을 지게 된다. 대표적인 재무비율지표로는 레버리지비율, 유동성비율, 활동성비율, 수익성비율 등을 들 수 있다.

2. 이자보상비율

이자보상비율은 부채로부터 발생하는 이자비용을 같은 기간의 영업이익에 의해 얼마만큼 커버할 수 있는지를 나타낸다.

$$\text{이자보상비(배)율} = \frac{\text{영업이익}}{\text{이자비용}}$$

이자보상비율이 높으면 이자비용을 커버하기에 충분한 영업이익이 있다는 의미이고, 만일 이자보상비율이 1보다 작다면 영업이익으로 이자비용도 감당하지 못한다는 의미로 기업이 심각한 재무적 곤경에 처해 있다고 해석할 수 있다.

3. 유동성지표

(1) 기업이 부담하고 있는 단기부채를 충분하게 상환할 수 있는 능력을 살펴보는 지표로서 1년 이내에 만기가 돌아오는 유동부채 대비 현금성이 있는 유동자산의 비율로 측정한다.

(2) 유동자산에 포함되는 재고자산의 경우는 기업이 정상적인 영업활동을 하기 위해 항상 필요한 자산이므로 이것을 제외한 나머지 유동자산 즉, 당좌자산만으로 유동성을 측정하는 당좌비율을 사용하기도 한다.

$$\text{유동비율}(\%) = \frac{\text{유동자산}}{\text{유동부채}} \times 100$$

$$\text{당좌비율}(\%) = \frac{\text{유동자산} - \text{재고자산}}{\text{유동부채}} \times 100$$

유동성지표가 높을수록 단기부채를 상환하기 위한 유동자산 또는 당좌자산이 충분한 것이나 지나치게 높은 비율은 불필요하게 많은 자금을 수익성이 낮은 현금성 자산으로 운용하고 있다는 의미가 되기도 한다.

4. 활동성지표

활동성지표는 기업이 보유하고 있는 자산을 기업이 얼마나 잘 활용하고 있는가를 보기 위한 지표로서 주로 총자산 대비 매출액으로 측정한 자산회전율로 측정한다.

$$자산회전율(회) = \frac{매출액}{총자산}$$

📖 자산회전율이 낮다면 매출이 둔화되었거나 비효율적인 자산에 투자하여 자산의 활용도가 낮다는 의미가 된다. 다만 철강, 자동차, 조선과 같이 자본집약적 산업의 경우는 자산회전율이 낮은 경향이 있기 때문에 산업별 특성을 고려하여 지표를 평가할 필요가 있다.

매출액 대비 외상매출금의 평균회수기간이나 재고자산 대비 매출액으로 측정한 재고자산회전율도 또 다른 활동성지표로 활용된다. 평균회수기간이 길면 매출이 감소했거나 느슨한 신용정책으로 대금회수가 느리다는 의미이고, 재고자산회전율이 하락하고 있으면 매출이 둔화되고 있거나 재고가 누적되어 있다는 의미가 된다.

$$평균회수기간 = \frac{365일}{매출채권회전율} = \frac{365일}{\frac{매출액}{매출채권}}$$

$$재고자산회전율(회) = \frac{매출액}{재고자산}$$

5. 수익성지표

(1) 매출액순이익률과 매출액영업이익률 : 매출액 대비 수익률을 각각 당기순이익과 영업이익으로 측정한 매출액순이익률과 매출액영업이익률이 있는데, 영업이익만으로 측정한 매출액영업이익률이 더 많이 사용된다.

$$매출액순이익률(\%) = \frac{당기순이익}{매출액} \times 100$$

$$매출액영업이익률(\%) = \frac{영업이익}{매출액} \times 100$$

(2) 총자산이익률(ROA)과 자기자본이익률(ROE) : 총자산 대비 당기순이익으로 측정한 총자산이익률은 기업이 자산을 활용하여 이익을 창출하는 능력을 나타내고, 자기자본이익률은 주주의 몫인 자기자본을 얼마나 효율적으로 활용하여 이익을 창출하였는지를 보여 주는 지표로서 주주의 부를 극대화한다는 측면에서 주식시장에서 가장 중요한 재무비율지표이다.

$$총자산이익률(ROA)(\%) = \frac{순이익}{총자산} \times 100$$

$$자기자본이익률(ROE)(\%) = \frac{순이익}{자기자본} \times 100$$

* 총자산이익률(ROA ; Return On Asset)
* 자기자본이익률(ROE ; Return On Equity)

2 주가배수 평가

1. 주가이익비율(PER ; Price Earning Ratio)

(1) 주식가격을 1주당 순이익(EPS ; Earning Per Share)으로 나눈 값이며, 기업이 벌어들이는 주당 이익에 대해 증권시장의 투자자들이 어느 정도의 가격을 지불하고 있는가를 뜻한다. 기업의 이익 한 단위에 대한 시장의 평가를 상대적으로 보여 준다고 볼 수 있다.

(2) 주가이익비율은 기업의 본질적인 가치에 비해 주가가 고평가되어 있는지 또는 저평가되어 있는지를 판단하는 기준으로 사용된다.

(3) 주가이익비율이 상대적으로 높으면 주가가 순이익에 비해 고평가되어 있다는 것을 의미하며, 반대로 낮으면 주가가 순이익에 비해 저평가되어 있다는 것을 의미한다.

$$PER = \frac{\text{주가}}{\text{주당 순이익}(EPS)}$$

(4) PER 계산에서 분모로 사용되는 주당 순이익(EPS)은 해당 기업의 최근 실적을 의미하는 반면에 분자가 되는 주가는 기업의 미래가치를 반영하여 결정되기 때문에 두 값 사이에 괴리가 발생할 수 있다.

(5) 높은 성장은 기대되지 않지만 안정적인 수익을 창출하는 산업의 경우는 PER이 낮고, 현재 수익은 작지만 성장성이 높은 산업은 PER이 높게 형성되는 경향이 있다.

2. 주가장부가치비율(PBR ; Price Bookvalue Ratio)

(1) 주가장부가치비율은 시장가치를 나타내는 주가를 장부가치(Book Value)를 보여주는 주당 순자산(BPS)으로 나눈 비율로서 주당 가치를 평가함에 있어서 시장가격과 장부가치의 괴리 정도를 평가하는 지표이다.

$$PBR = \frac{\text{주가}}{\text{주당 순자산}(BPS)} = \frac{\text{주당 시장가격}}{\text{주당 장부가치}}$$

(2) 주당 순자산이란 기업 청산 시 장부상으로 주주가 가져갈 수 있는 몫을 나타내므로 PBR이 낮을수록 투자자는 낮은 가격에 주당 순자산을 확보하게 된다.

(3) PBR이 1보다 작다면 해당 기업이 지금 장부가치로 청산한다고 가정해도 보통주 1주에 귀속되는 몫이 현재 주가보다 많다는 의미가 된다.

(4) PBR이 지나치게 높은 경우는 현재 주가가 고평가되었다고 판단할 수 있다.

기업의 가치를 알아내기 위한 다양한 노력이 기본적 분석에 의한 성공적인 투자의 관건이 된다. 비교적 간단한 방법인 기업가치와 주가를 비교해서 주식투자에 활용하는 방법으로 주가이익비율과 주가장부가치비율이 있다. 즉, 기업의 가치를 각각 수익수준과 장부가치로 측정하여 현재 주가와 비교하는 방법으로 PER과 PBR을 사용하는 것이다.

회계원칙의 보수성으로 인해 장부상의 자산은 시장가격보다 낮은 가격으로 작성될 수밖에 없고, 경영자의 능력, 기술개발력, 브랜드 가치와 같이 화폐단위로 표시할 수 없는 항목은 순자산에 반영되지 못하고 있기 때문에 대부분 주식의 PBR은 1보다 큰 값을 갖는다.

대표기출유형

다음 중 재무비율 분석에 관한 설명으로 옳지 않은 것은?

① 이자보상비율이 1보다 크면 영업이익으로 이자비용도 감당하지 못한다는 의미다.

② 유동성지표가 높을수록 단기부채를 상환하기 위한 유동자산 또는 당좌자산이 충분한 것이다.

③ 자산회전율이 낮다면 매출이 둔화되었거나 비효율적인 자산에 투자하여 자산의 활용도가 낮다는 의미다.

④ 총자산 대비 당기순이익으로 측정한 총자산이익률(ROA)은 기업이 자산을 활용하여 이익을 창출하는 능력을 나타낸다.

정답 ①

해설 이자보상비율이 높으면 이자비용을 커버하기에 충분한 영업이익이 있다는 의미이고, 만일 이자보상비율이 1보다 작다면 영업이익으로 이자비용도 감당하지 못한다는 의미로 기업이 심각한 재무적 곤경에 처해 있다고 해석할 수 있다.

테마 35

증권분석

ⓘ 증권분석이란 개별 증권의 투자와 관련하여 일체의 유용한 자료와 정보를 수집하고 분석하는 것으로서, 분석기법은 크게 기본적 분석과 기술적 분석으로 나뉜다.

1 증권의 투자가치 분석

1. 기본적 분석

(1) 기본적 분석이란 시장에서 증권에 대한 수요와 공급에 의해서 결정되는 시장가격이 그 증권의 내재가치와 동일하지 않을 수 있다는 전제하에 증권의 내재가치를 중점적으로 분석하는 방법이다.

(2) 내재가치가 추정되면 이를 시장가격과 비교함으로써 과소 또는 과대평가된 증권을 발견하고, 이에 따라 매입 또는 매도 투자결정을 하여 초과수익을 추구한다.

(3) 기본적 분석은 경제분석, 산업분석, 기업분석으로 이어지는 환경적 분석과 재무제표를 중심으로 기업의 재무상태와 경영성과를 평가하는 재무적 분석이 포함된다.

2. 기술적 분석

(1) 기술적 분석은 과거의 증권가격 및 거래량의 추세와 변동패턴에 관한 역사적 정보를 이용하여 미래 증권가격의 움직임을 예측하는 분석기법이다.

(2) 증권시장의 시황이 약세시장이나 강세시장으로 전환하는 시점과 시장동향을 미리 포착하여 초과수익을 얻는 데 분석의 초점을 두고 있다.

(3) 기술적 분석은 과거 증권가격 움직임의 양상이 미래에도 반복된다고 가정하고 있고, 증권가격의 패턴을 결정짓는 증권의 수요와 공급이 이성적 요인뿐 아니라 비이성적 요인이나 심리적 요인에 의해서도 결정된다는 것을 전제하고 있다.

(4) 기술적 분석은 주로 과거 주가흐름을 보여 주는 주가 차트를 분석하여 단기적인 매매 타이밍을 잡는 방법으로 주로 이용된다.

2 기업정보

1. 기업공시 정보

(1) 상장기업은 기업공시제도에 따라 자사 증권의 투자판단에 중대한 영향을 미칠 수 있는 중요한 기업 내용에 관한 정보를 반드시 공시하도록 되어 있다.

(2) 투자자 입장에서는 기업공시 내용이 중요한 투자정보가 되고 공시 내용의 중요성에 따라 증권의 가격에도 적지 않은 영향을 미치게 된다.

(3) 공시 정보의 사전유출은 불법이기 때문에 사전정보를 이용한 투자는 사실상 어렵고, 발표된 공시 정보는 비교적 효율적으로 증권의 가격에 반영되기 때문에 사후적으로 공시 정보를 활용한 투자는 별로 이익이 되지 못한다는 견해도 있다.

2. 경영실적 정보

(1) 아무리 경쟁력 높은 제품군을 보유하고 있고 경영능력이 뛰어난 기업이라고 하더라도 결국 실적이 뒷받침되어야만 주가는 상승하게 된다.

(2) 주식시장에서 가장 중요한 정보는 역시 기업의 실적 발표이다. 상장기업의 경우에는 매 분기마다 매출액, 영업이익, 당기순이익 등의 주요한 재무정보를 발표하도록 되어 있다.

(3) 이러한 실적 예상치가 예상을 크게 상회하는 경우는 '어닝 서프라이즈'라고 하여 주가가 크게 상승하고, 예상에 크게 못 미치는 경우는 '어닝 쇼크'라고 하며 주가는 폭락하게 된다.

3. 지배구조 및 경영권 정보

(1) 기업의 주주분포와 경영권의 소재를 나타내는 소유지배구조가 기업가치에 미치는 영향에 관해서는 다양한 주장이 있어 일률적인 판단은 어렵다.

(2) 투자자의 입장에서는 자신이 투자한 기업의 가치가 해당 기업의 영업이익뿐 아니라 같은 그룹 내에 있는 계열회사의 실적과도 밀접하게 연관되게 된다.

(3) 자회사 지분보유를 목적으로 설립된 지주회사(Holding Company)의 경우는 자회사의 실적이 중요하다.

(4) 기업의 경영권과 관련된 정보도 주가에 상당한 영향을 미친다. 우선 기업 인수합병(M&A)은 인수기업 및 피인수기업의 주가를 크게 움직이는 대표적인 테마이다.

(5) 대주주 사이에 경영권 분쟁이 발생하는 경우는 지분확보를 위한 경쟁으로 인해 주가가 급등하게 되나, 기업가치와 상관없이 변동한 주가는 결국 제자리로 되돌아오거나 분쟁으로 기업가치가 훼손된다.

4. 유행성 정보

(1) 주식시장에서는 갑자기 출현한 이슈나 재료에 따라 주가가 급등락하는 경우가 있고, 특히 비슷한 이슈를 가진 여러 종목의 주가가 동반 상승하는 테마주를 형성하기도 한다.

(2) 유행성 정보는 일시적 현상에 그치는 경우가 대부분이고, 많은 경우 실적이 뒷받침되지 않으면서 루머에 따라 급등락하기 때문에 일반투자자는 조심해야 한다.

대표기출유형

증권분석에 관한 설명으로 옳지 않은 것은?

① 기본적 분석이란 증권의 내재가치를 중점적으로 분석하는 방법이다.

② 기술적 분석은 역사적 정보를 이용하여 미래 증권가격의 움직임을 예측하는 분석기법이다.

③ 기술적 분석은 주로 과거 주가흐름을 보여 주는 주가 차트를 분석하여 단기적인 매매 타이밍을 잡는 방법으로 주로 이용된다.

④ 기본적 분석은 경제분석, 산업분석, 기업분석으로 이어지는 환경적 분석은 포함되나, 재무적 분석은 포함되지 않는다.

정답 ④

해설 기본적 분석은 경제분석, 산업분석, 기업분석으로 이어지는 환경적 분석과 재무제표를 중심으로 기업의 재무상태와 경영성과를 평가하는 재무적 분석이 포함된다.

테마 36

주식배당과 주식거래관련용어

㉯ 배당
주식을 가지고 있는 주주들에게 소유지분에 따라 이익을 현금이나 주식의 형태로 지급하는 것이다.

㉮ 액면가가 5,000원인 A사의 주가가 10,000원이고, 주당 배당금이 1,000원이라면 배당수익률은 10% ($\frac{1,000}{10,000}=0.1$)가 된다.

㉮ 당기순이익 10억 중에서 배당금으로 1억이 지급되었다면 배당성향은 10%($=\frac{1억}{10억}=0.1$)이다.

㉮ 액면가가 5,000원인 A사의 주가가 10,000원이고, 주당 배당금이 1,000원이면 배당률은 20% ($\frac{1,000}{5,000}=0.2$)가 된다.

1 현금배당

1. 배당수익률

$$배당수익률=\frac{주당\ 배당금}{현재\ 주가}$$

(1) 투자자금에 대하여 배당이 어느 정도 되는지를 나타내는 비율

(2) 주당 배당금을 현재 주가로 나눈 값으로, 현재 주가로 주식을 매수했을 때 배당수익을 얼마만큼 보장받는지에 대한 지표

(3) 배당수익률이 높으면 투자자 입장에서 배당으로 수익을 얻을 가능성이 높다고 판단

(4) 배당기준일이 다가올수록 매수세가 강하여 주가도 오름.

2. 배당성향

$$배당성향=\frac{주당\ 배당금}{주당\ 순이익(EPS)}$$

(1) 당기순이익에 대한 현금 배당액의 비율, 배당지급률

(2) 배당성향이 높을수록 이익 중 배당금이 차지하는 비율이 높아 부실한 기업이라면 재무구조 악화의 요인으로 작용

(3) 배당성향이 낮을수록 사내유보율이 높아 배당증가나 무상증자의 여력이 있음.

3. 배당률

$$배당률=\frac{주당\ 배당금}{주당\ 액면가액}$$

(1) 주당 배당금을 주당 액면가로 나눈 값으로, 액면금액에 대하여 지급되는 배당금의 비율

(2) 배당률이 높아도 현재 주가가 높다면 실제 투자수익(배당수익률)은 크지 않을 수 있음.

4. 배당지급절차

(1) 배당락일 : 배당금에 대한 권리가 상실되는 날로, 배당락일에 형성되는 주가를 배당락주가라 함.

(2) 배당기준일 : 배당을 지급받을 주주를 확정시키기 위하여 주주명부를 폐쇄시키는 날로, 주식의 명의개서가 가능한 마지막 날임.

(3) 배당공시일 : 배당지급에 관한 사항을 매 사업연도 종료일부터 3개월 내에 열리는 주주총회에서 의결

(4) 배당지급일 : 배당기준일 현재 주주들에게 배당금을 실제로 지급하는 날

2 주식배당

1. 기업에서 주식배당을 실시하는 이유

(1) 기업의 현금유출을 막고 사내에 유보하기 위해서

(2) 자본을 영구화하기 위해서

(3) 거래가 용이하도록 주가를 조정하기 위해서

2. 주식배당의 단점

(1) 신주발행비용 발생과 미래의 현금배당을 증가시켜 기업의 유동성을 감소시킬 수 있다.

(2) 기업이 현금배당을 행할 수 없을 정도로 어려운 상황이라는 것을 알려 주는 신호로 해석됨으로써 일반투자자의 불신을 초래하여 주가하락의 위험이 있다.

3 관리종목

1. 거래소가 기업의 경영상태가 크게 악화되어 상장폐지기준에 해당하는 종목 가운데 특별히 지정한 종목을 말한다.
2. 현재 관리대상종목은 주로 최종부도 발생 또는 은행거래 정지, 회사정리절차 개시, 심각한 자본잠식, 거래량 · 주가 수준 · 시가총액의 기준치 미달, 사업보고서 미제출, 최근 감사의견 부적절, 주된 영업활동 정지, 주식분포상황 기준치 미달 등이다.
3. 지정사유별로 정해진 유예기간 내(통상 1년) 사유를 해소하지 못하면 상장폐지된다.

4 액면분할과 액면병합

1. 액면분할

(1) 액면분할은 주식의 액면가를 일정 비율로 나누는 것으로, 상장사들은 주주총회의결을 거쳐 액면가를 100원, 200원, 500원, 1,000원, 2,500원, 5,000원 중 하나로 정할 수 있다. 우리나라 액면분할의 경우 5천 원을 5백 원으로 하는 경우가 일반적이다.

(2) 주당 가격이 과도하게 높아 소액투자가 어려워지는 경우 또는 자본금이 적어 유통물량이 너무 과소하여 원활한 매매가 어려워지는 경우에 실시하는 것이 일반적이다.

2. 액면병합

액면가를 높이는 것을 액면병합이라 하는데, 우리나라는 5백 원을 5천 원으로 만드는 경우가 가장 흔하다. 자본금이 적은 기업이 많은 코스닥주식들의 액면은 5백 원이 많고 유가증권시장 기업들은 5천 원이 많다.

5 분식결산

1. 기업이 회사의 실적을 좋게 보이기 위해 고의로 자산이나 이익 등을 크게 부풀려 회계장부를 조작하는 것을 말한다.
2. 분식결산은 회사의 재무상태가 거짓으로 만들어지기 때문에 투자자나 채권자들의 판단을 흐리게 할 수 있어 엄격히 금지되고 있다.

주식배당의 의의

- 현금배당 대신 주식을 추가로 발행하여 기존 주주에게 무상으로 교부하는 것으로, 기업의 이익 중 주식배당액만큼 자본금으로 편입되기 때문에 발행 주식 수만 늘어남.
- 주식배당 후 기업의 총자기자본과 주주의 부는 불변

6 시가총액

1. 시가총액은 각 종목마다 상장주식 수에 시가를 곱해 이를 합계한 것으로, 상장된 모든 주식을 시가로 평가한 금액을 말한다.
2. 주식시장의 크기를 나타내는 수치로, 주가지수 산출의 기준이 되며 GDP나 예금액 등과 비교하여 자본시장의 발전정도를 나타내는 지표가 되기도 한다.

7 프로그램 매매

1. 일반적으로 시장분석, 투자시점판단, 주문제출 등의 과정을 컴퓨터로 처리하는 거래기법을 통칭한다.
2. 프로그램 매매는 투자전략을 컴퓨터에 미리 입력한 후 시장상황에 따라 매매시점을 포착해 사전에 결정된 매매프로그램을 일괄 수행하는 거래로, 개인투자자들이 이러한 시스템을 구축하기는 쉽지 않기 때문에 대부분 기관투자자에 의해 이루어진다.

8 스톡옵션(Stock Option, 주식매입선택권)

1. 흔히 자사 주식 매입선택권이라고 하는데, 기업에서 임직원에게 자사의 주식을 일정 한도 내에서 일정한 가격으로 매입할 수 있는 권리를 부여한 뒤 일정 기간이 지나면 임의대로 처분할 수 있는 권한을 부여하는 것이다.
2. 해당 기업의 경영 상태가 양호해져 주가가 상승하면 자사 주식을 시세보다 낮은 가격에 소유한 임직원은 이를 매각함으로써 상당한 차익금을 남길 수 있기 때문에 사업 전망이 밝은 기업일수록 스톡옵션의 매력은 높아진다.
3. 벤처기업이나 새로 창업하는 기업들뿐 아니라 기존 기업들도 통상 향후의 경영성과에 연동하여 매수가격이나 취득가능수량을 정함으로써 임직원의 근로의욕을 진작시킬 수 있는 수단으로 활용하기도 한다.

대표기출유형

액면가가 5,000원인 A사의 주가가 10,000원이고, 주당 배당금이 2,000원이라면 배당수익률은 얼마인가?

① 5%　② 10%　③ 15%　④ 20%

정답 ④

해설 배당수익률 $= \frac{\text{주당 배당금}}{\text{현재 주가}} = \frac{2,000}{10,000} = 0.2$가 된다. 따라서 20%이다.

테마 37 실기주와 공모주 투자

1 실질주주

실질주주란 발행회사의 주주명부에는 기재되어 있지 않지만 주식에 대한 실질적인 소유권이 있는 주주를 말한다.

> 예탁결제제도에서 실질주주란 예탁자를 통하여 예탁결제원에 예탁되어 있는 주권의 실제소유자를 말하며 자본시장법에서는 이를 '예탁주권의 공유자'로 정의하고 있다.

2 의결권행사

1. 실질주주가 의결권을 행사하는 방식은 크게 실질주주의 신청에 의한 경우와 발행회사의 요청에 의한 경우로 구분한다.
2. 투자자의 의사표시가 없어 예탁결제원이 행사한 경우라도 투자자가 직접 참석한 경우에는 투자자의 의사표시가 우선시 되고, 이 밖에도 직접행사 또는 의결권의 대리행사도 가능하다.

3 주식매수청구권

1. 발행회사가 합병, 영업의 양수도 등 주주의 이해에 중대한 영향을 미치는 결의를 하는 경우, 이에 반대하는 주주가 회사에 대해 자기가 보유한 주식을 매수할 것을 청구할 수 있는 권리이다.
2. 일종의 형성권으로서 발행회사는 주주의 청구에 반드시 응하여 매입할 의무가 있다.

4 실기주

1. 실기주의 개념

(1) 광의로는 주주총회, 신주발행, 배당 등의 권리를 부여하기 위해 발행회사가 정한 주주를 확정하는 특정한 날에 주주로 등재되어 있지 않아 권리를 행사할 수 없게 된 주식이다.

(2) 협의로는 주식을 매입한 투자자가 특정한 날 현재 명의개서를 하지 않아 주주명부상의 주주에게 배정되는 주식이다.

(3) 예탁결제제도에서는 예탁결제원 명의로 등재된 예탁주식의 주권실물을 투자자가 반환하였으나 명의개서를 하지 않아 특정한 날 현재 예탁결제원이 주주로 등재되어 있는 주식을 말한다.

2. 실기주과실

(1) 실기주에 대해 주어지는 배당금, 주식 등을 말한다.

(2) 예탁결제원이 주주로 등재되어 있어 예탁결제원 명의로 발행 또는 지급한다.

- 현금 : 배당금, 무상단주대금, 주식배당단주대금
- 주식 : 무상주식, 배당주식

3. 실기주과실의 수령 및 관리

(1) 예탁결제원은 실기주에 대하여 배정되는 주식 또는 현금을 발행회사로부터 일괄 수령하여 관리하고 있다가 실질적인 권리자가 예탁자(증권회사 등)를 통하여 반환을 청구하는 경우, 적법한 권리자인지 여부를 확인하여 교부 또는 지급한다.

(2) 실기주과실이 주식인 경우 1년간 관리하며, 그 후에는 시장에서 매각하여 대금으로 관리한다(증권시장, 코스닥 종목만 매각).

4. 실기주과실 반환 청구방법

(1) 실기주권을 직접 소지하고 있는 경우에는 증권회사에 재입고 후 출고 증권회사 또는 재입고 증권회사에 청구한다.

(2) 본인명의로 명의개서한 경우에는 명의개서된 주권 사본을 첨부하여 출고 증권회사로 청구한다.

(3) 주권의 양수도 및 질권설정(담보제공) 등의 경우에는 예탁결제원 소정의 양식인 양수도 확인서, 주권담보확인서를 작성하여 출고 증권회사 및 입고 증권회사에 청구한다.

5 공모주의 개념

기업이 상장을 하게 되면 신주발행 혹은 기존의 구주매출을 통한 주식분산과 공개모집을 거치게 되는데, 이러한 과정을 공모주청약이라고 하고 청약에 의하여 배정받게 되는 주식을 공모주라고 한다.

6 공모가격 산정근거 확인

1. 공모가격이 적정 수준보다 높게 결정될 경우 상장 후 주가가 하락하는 등 투자수익에 부정적 영향이 있을 수 있다.
2. 공모가격의 적정성을 판단하는 참고자료로 공모가 산정방법 및 근거 관련 공시 정보를 활용할 수 있다.

〈공모규모별 상장일 공모가 하회비중(2017년 1 ~ 11월)〉

규모 (총 50건)	100억 원 미만 (3건)	100 ~ 300억 원 (23건)	300 ~ 500억 원 (8건)	500억 원 초과 (16건)
상장일 종가 대비 공모가하회비중	0.0%	21.7%	25.0%	43.8%

※ 공모규모가 클수록 상장일 종가가 공모가보다 낮은 경우가 많음.

3. 주관회사별로 IPO 업무역량에 차이가 날 수 있으므로, 투자를 고려하고 있는 종목의 주관회사를 확인하고 해당 주관사의 과거 IPO 실적을 참고한다.

7 기관투자자 대상 수요예측 결과 확인

1. 주관회사는 절대가치법 · 상대가치법 등을 사용하여 기업의 가치를 평가하고 희망공모가 범위를 산정한다.
2. 최종공모가는 공모주 청약 이전에 희망공모가를 참고로 하여 기관투자자로부터 수요예측 조사를 실시한 후 결정한다.
3. 수요예측에서 높은 경쟁률을 기록할수록 상장일 종가가 최종공모가보다 높게 형성된다. 수요예측 결과를 보면 향후 주가흐름을 예측하는 데 많은 도움이 되며 경쟁률이 높을수록 상장일 종가가 공모가보다 낮은 경우가 적다.

〈수요예측경쟁률별 상장일 공모가 하회비중(2017년 1 ~ 11월)〉

수요예측경쟁률 (총 50건)	10 : 1 미만 (4건)	10 : 1 ~ 100 : 1 (15건)	100 : 1 ~ 500 : 1 (10건)	500 : 1 초과 (19건)
상장일 종가 대비 공모가하회비중	75.0%	47.1%	30.0%	0.0%

4. 수요예측 후 제출되는 정정 투자설명서에는 기관투자자 유형별(국내 · 해외, 운용사 · 투자매매중개업자 · 연기금 등) 수요예측 참여내역 및 경쟁률, 신청가격 분포 등 수요예측 결과가 상세하게 기재되어 있다.

8 청약현황 확인

1. 실제 청약경쟁률이 높을수록 상장일 종가가 공모가보다 높게 형성되고 있으므로 상장 후 주가추이를 예측하고 싶은 투자자는 청약경쟁률을 유용한 정보로 사용한다.
2. 일반투자자 청약경쟁률이 높을수록 상장일 종가가 공모가보다 낮은 경우가 적다.

〈일반투자자 청약경쟁률별 상장일 공모가 하회비중(2017년 1 ~ 11월)〉

청약경쟁률 (총 50건)	10 : 1 미만 (18건)	10 : 1 ~ 100 : 1 (6건)	100 : 1 ~ 200 : 1 (14건)	200 : 1 초과 (12건)
상장일 종가 대비 공모가하회비중	50.0%	33.3%	21.4%	0.0%

9 의무보유확약 물량 확인

1. 기관투자자는 공모주를 많이 배정받는 조건으로 공모주를 상장 이후 일정 기간 동안(2주 · 1월 · 3월 · 6월) 보유하도록 의무화(의무보유확약 제도)되어 있다.
2. 상장초기 의무보유확약 기간이 종료되고 나면 의무보유확약 주식의 대량매도가 많아질 수 있고, 매도물량의 증가는 주가하락 요인으로 작용할 수 있다.
3. 의무보유확약 물량 및 매도가능 시기를 미리 확인할 수 있다.

대표기출유형

다음 빈칸에 들어갈 단어로 적절한 것은?

예탁결제원은 (　　)에 대하여 배정되는 주식 또는 현금을 발행회사로부터 일괄 수령하여 관리하고 있다가 실질적인 권리자가 예탁자(증권회사 등)를 통하여 반환을 청구하는 경우, 적법한 권리자인지 여부를 확인하여 교부 또는 지급한다.

① 실기주　② 후배주　③ 실권주　④ 상환주

정답 ①

해설 광의로는 주주총회, 신주발행, 배당 등의 권리를 부여하기 위해 발행회사가 정한 주주를 확정하는 특정한 날에 주주로 등재되어 있지 않아 권리를 행사할 수 없게 된 주식을 말한다.

테마 38

채권투자

1 채권의 개념

1. 채권의 의의

채권은 정부, 공공기관, 특수법인 등과 주식회사의 형태를 갖춘 기업이 비교적 거액의 장기자금을 일시에 대량으로 조달하기 위하여 발행하는 일종의 차용증서이다.

2. 채권의 특징

(1) 채권은 확정이자부 증권으로서 발행 시에 채무자가 지급해야 하는 이자와 상환금액이 확정되어 있거나 또는 그 기준이 확정되어 있는 것이 특징이다.

(2) 채권은 주식의 경우와는 달리 수익의 발생 여부와 관계없이 이자를 지급해야 한다. 즉, 주식의 경우 순이익 발생 여부에 따라 배당정책이 다르게 될 수 있으나 채권은 적자가 발생하더라도 이미 확정되어 있는 이자를 지급해야 한다. 액면에 대해 약정한 이자율을 연율로 표시한 것을 표면금리라고 한다.

(3) 채권은 원리금의 상환기간이 미리 정해져 있는 기한부 증권이다. 따라서 채권에는 만기가 정해져 있고 이때까지 정기적으로 이자를 지급하고 만기시점에 표시된 액면가를 상환하는 것이 일반적이다.

(참고) 발행된 채권 1장의 가치를 액면가라고 하고 이것이 만기시점에 채권 보유자에게 상환해야 할 금액이 된다.

2 채권투자의 이익과 위험

1. 채권투자의 수익성

(1) 채권의 수익성이란 투자자가 채권을 보유함으로써 얻을 수 있는 수익으로서 이자소득과 자본소득이 있다.

(2) 이자소득은 발행 시에 정해진 이율에 따라 이자를 지급받는 것을 말하며, 자본소득은 채권의 유통가격이 변동되면서 발생될 수 있는 시세차익 또는 차손을 의미한다.

2. 채권투자의 위험

(1) 채권가격의 변화로 인해 발생하는 시장위험이 존재한다. 시장가격이 매입가격보다 낮아졌을 때에는 자본손실의 가능성이 있다.

(2) 발행기관의 경영 및 재무상태가 악화될 경우 약정한 이자 및 원금의 지급이 지연되거나 지급불능 상태가 되는 채무불이행 위험이 발생할 수 있다.

(3) 채권의 발행물량이 적고 유통시장이 발달되지 못한 경우는 채권을 현금화하기 어려운 유동성 위험이 존재한다.

3 채권의 분류

1. 발행주체별 분류

(1) 국채

① 국가가 재정정책의 일환으로 발행하는 채권으로, 정부가 원리금의 지급을 보증한다.

② 국채에는 일반재정적자를 보전하거나 재정자금의 수급조절을 위하여 발행되는 일반국채, 특정 사업의 재원조달을 위한 사업국채, 국가의 보상재원을 마련하기 위한 보상채권 등이 있다.

(2) 지방채 : 지방정부 및 지방공공기관 등이 지방재정법의 규정에 의거하여 특수목적 달성에 필요한 자금을 조달하기 위해 발행하는 채권이다.

(3) 특수채 : 특별한 법률에 의해서 설립된 기관이 특별법에 의하여 발행하는 채권으로서 정부가 원리금의 지급을 보증하는 것이 일반적이다.

(4) 금융채 : 특별법에 의하여 설립된 금융회사가 발행하는 채권으로서 금융채의 발행은 특정한 금융회사의 중요한 자금조달수단의 하나이고, 이렇게 조달된 자금은 주로 장기 산업자금에 사용된다.

(5) 회사채 : 상법상의 주식회사가 발행하는 채권으로서 채권자는 주주들의 배당에 우선하여 이자를 지급받게 되며, 기업이 도산하거나 청산할 경우 주주들에 우선하여 기업자산에 대한 청구권을 갖는다.

2. 상환기간별 분류

(1) 단기채 : 통상적으로 상환기간이 1년 이하의 채권을 단기채권이라 하고, 우리나라에는 통화안정증권, 양곡기금증권, 금융채 중 일부가 여기에 속한다.

(2) 중기채 : 상환기간이 1년 초과 5년 이하의 채권을 말한다. 우리나라에서는 대부분의 회사채 및 금융채가 만기 3년으로 발행되고 있다.

(3) 장기채 : 상환기간이 5년 초과인 채권이며, 우리나라에서는 주로 국채가 만기 5년 또는 10년으로 발행되고 있다.

3. 이자지급방법별 분류

(1) 이표채 : 이자지급일에 정기적으로 이자를 지급받는 채권으로서 가장 일반적인 형태이다.

(2) 할인채 : 표면상 이자가 지급되지 않는 대신에 액면금액에서 상환일까지의 이자를 공제한 금액으로 매출되는 채권으로서 이자가 선급되는 효과가 있다. 이자를 지급하지 않기 때문에 무이표채라고 불리기도 한다.

(3) 복리채 : 정기적으로 이자가 지급되는 대신에 복리로 재투자되어 만기상환 시에 원금과 이자를 동시에 지급하는 채권을 말한다.

(4) 단리채 : 정기적으로 이자가 지급되는 대신에 단리로 재투자되어 만기상환 시에 원금과 이자를 동시에 지급하는 채권을 말한다.

(5) 거치채 : 이자가 발행 이후 일정 기간이 지난 후부터 지급되는 채권을 말한다.

4. 보증 유무별 분류

(1) 보증채 : 원리금의 상환을 발행회사 이외의 제3자가 보증하는 채권으로서 보증의 주체가 정부인 정부보증채와 시중은행이나 보증기관 등이 보증하는 일반보증채로 나뉜다.

(2) 무보증채 : 제3자의 보증없이 발행회사의 신용에 의해 발행 · 유통되는 채권이다. 우리나라에서는 과거 보증채가 많이 발행되었으나, 외환위기 이후부터 무보증채의 발행이 급속히 증가하였다.

4 채권시장

국가 등 발행자가 처음 채권을 발행하는 시장이 발행시장이며, 이미 발행된 채권이 거래되는 시장이 유통시장이다. 발행시장에는 일반개인투자자의 참여는 이루어지지 않으며 기관투자자를 중심으로 거래가 이루어진다.

5 특수한 형태의 채권

1. 전환사채

(1) 발행 당시에는 순수한 회사채의 형태로 발행되지만, 일정 기간이 경과된 후 보유자의 청구에 의하여 발행회사의 주식으로 전환될 수 있는 권리가 붙어 있는 사채이다. 따라서 전환사채는 주식과 채권의 중간적 성격을 갖고 있다.

(2) 전환사채에는 발행조건으로 전환할 때 받게 되는 주식의 수를 나타내는 전환비율이 정해져 있다.

(3) 전환사채는 보유자가 자신에게 유리할 때만 전환권을 행사하여 추가적인 수익을 꾀할 수 있는 선택권이 주어지기 때문에 다른 조건이 같다면 일반사채에 비해 낮은 금리로 발행된다.

2. 신주인수권부사채

(1) 신주인수권부사채란 채권자에게 일정 기간이 경과한 후에 일정한 가격(행사가격)으로 발행회사의 일정 수의 신주를 인수할 수 있는 권리 즉, 신주인수권이 부여된 사채이다.

(2) 발행된 채권은 그대로 존속하는 상태에서 부가적으로 신주인수권이라는 옵션이 부여되어 있고, 신주인수권은 정해진 기간 내에는 언제든지 행사할 수 있다.

(3) 신주인수권부사채의 발행조건에는 몇 주를 어느 가격에 인수할 수 있는지가 정해져 있어서 보유자에게 유리한 선택권이 주어지기 때문에 다른 조건이 같다면 일반사채에 비해 낮은 금리로 발행된다.

3. 교환사채

(1) 교환사채란 회사채의 형태로 발행되지만, 일정 기간이 경과된 후 보유자의 청구에 의하여 발행회사가 보유 중인 다른 주식으로의 교환을 청구할 수 있는 권리가 부여된 사채이다.

(2) 교환사채에는 발행조건으로 교환할 때 받게 되는 주식의 수를 나타내는 교환비율이 정해져 있다.

(3) 교환권을 행사하게 되면 사채권자로서의 지위를 상실한다는 점에서는 전환사채와 동일하지만, 전환사채의 경우에는 전환을 통해 발행회사의 주식을 보유하게 되는 반면에 교환사채의 경우는 발행회사가 보유 중인 타 주식(자기주식 포함)을 보유하게 된다는 점에서 차이가 있다.

4. 옵션부사채

(1) 옵션부사채란 발행 당시 제시된 일정 조건이 성립되면 만기 전이라도 발행회사가 채권자에게 채권의 매도를 청구할 수 있는 권리 즉, 조기상환권이 있거나 채권자가 발행회사에게 채권의 매입을 요구할 수 있는 권리 즉, 조기변제요구권이 부여되는

사채이다.

(2) 조기상환권부채권은 발행 당시에 비해 금리가 하락한 경우, 발행회사가 기존의 고금리 채권을 상환하고 새로 저금리로 채권을 발행할 목적으로 주로 활용된다. 따라서 조기상환권부채권은 이러한 조건이 없는 경우에 비해 높은 금리로 발행된다.

(3) 조기변제요구권부채권은 발행 당시에 비해 금리가 상승한 경우나 발행회사의 재무상태 악화로 채권 회수가 힘들어질 것으로 예상되는 경우, 채권투자자가 만기 전에 채권을 회수할 목적으로 주로 활용될 수 있다. 이러한 옵션이 부가된 조기변제요구권부채권은 그렇지 않은 채권에 비해 낮은 금리로 발행될 수 있다.

5. 변동금리부채권

(1) 지급이자율이 대표성을 갖는 시장금리에 연동하여 매 이자지급 기간마다 재조정되는 변동금리부채권이 종종 발행되기도 한다.

(2) 변동금리부채권은 일반적으로 채권발행 시에 지급이자율의 결정방식이 약정되며, 매번 이자지급기간 개시 전에 차기 지급이자율이 결정된다.

(3) 변동금리부채권의 지급이자율은 대표성을 갖는 시장금리와 연동되는 기준금리와 발행기업의 특수성에 따라 발행시점에 확정된 가산금리를 더해서 결정된다.

지급이자율 = 기준금리 + 가산금리

대표기출유형

채권에 관한 설명으로 옳지 않은 것은?

① 이표채는 이자 지급일에 정기적으로 이자를 지급받는 채권으로서 가장 일반적인 형태이다.

② 복리채는 정기적으로 이자가 지급되는 대신에 복리로 재투자되어 만기상환 시에 원금과 이자를 동시에 지급하는 채권을 말한다.

③ 채권의 발행물량이 적고 유통시장이 발달되지 못한 경우는 채권을 현금화하기 어려운 유동성 위험이 존재한다.

④ 채권은 수익이 발생한 경우에 한하여 이자를 지급해야 하므로, 채권은 적자가 발생하면 이자를 지급하지 않을 수 있다.

정답 ④

해설 채권은 주식의 경우와는 달리 수익의 발생 여부와 관계없이 이자를 지급해야 한다. 즉, 채권은 적자가 발생하더라도 이미 확정되어 있는 이자를 지급해야 한다.

테마 39

펀드투자

펀드(Fund)
펀드는 여러 사람의 돈을 모은 후 수익이 예상되는 곳에 투자하여 돈을 벌고, 그 수익금을 나누어서 투자한 금액에 비례하여 돌려주는 금융상품을 말한다. 법적으로는 집합투자증권이라고 한다.

1 개념

1. 펀드의 구조

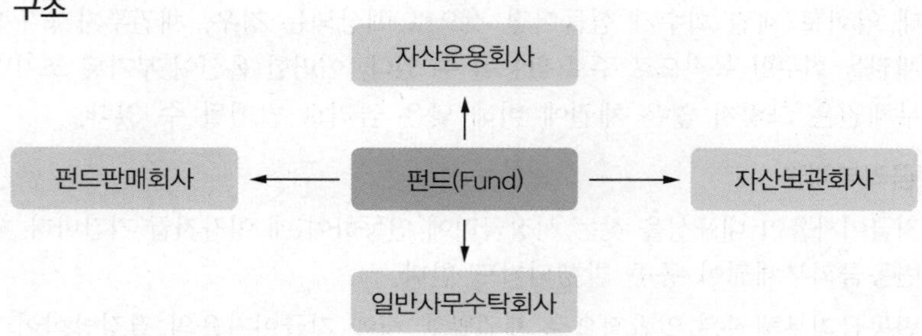

(1) 자산운용회사 : 펀드를 만드는 곳으로, 어느 주식이나 채권에 얼마큼 투자를 할지 투자전문가가 운용전략을 세워 체계적으로 관리한다.

(2) 펀드판매회사 : 은행, 보험사, 증권회사 등은 펀드판매회사로서 투자자에게 펀드 투자를 권유하고 투자계약을 체결하는 역할을 담당하고 있다.

(3) 자산보관회사 : 수익증권을 판매한 대금 즉, 투자자금은 펀드를 설정하고 운용하는 자산운용회사로 들어가는 것이 아니라 자산보관회사가 관리하는데, 이 때문에 만일 자산운용회사가 파산할 경우에도 펀드에 투자한 돈은 보호될 수 있다.

(4) 일반사무수탁회사 : 자산의 투자과정에서 발생하는 주식발행 및 명의개서업무, 계산업무, 준법감시업무 등은 별도의 일반사무수탁회사에서 이루어진다.

2. 펀드투자 비용

(1) 펀드와 관련된 금융회사는 펀드투자자로부터 각종 수수료와 보수를 받는다. 수수료 및 보수가 펀드투자자 입장에서는 비용이 된다.

(2) 수수료는 보통 한 번 지불하고 끝나는 돈을 말하며, 보수는 지속적이고 정기적으로 지급되는 돈으로 구분할 수 있지만 통상 모두 수수료라고도 한다.

3. 펀드투자의 이점

소액으로 분산투자가 가능하고 펀드는 투자전문가에 의해 관리 및 운영이 된다. 또한 규모의 경제로 인해 비용절감이 될 수 있다.

2 펀드투자 시 유의사항

1. 손실에 주의

펀드는 예금자보호대상이 아닐 뿐만 아니라 투자성과에 따라 손실이 발생할 수 있으며, 때에 따라서는 전액 원금손실이 발생할 수도 있다.

2. 분산투자

펀드의 경우에도 섹터, 테마, 지역, 운용회사 등을 분산해서 투자하는 것이 바람직하다. 기본적으로 펀드는 분산투자를 원칙으로 하고 있지만, 특정 산업이나 테마에 한정된 펀드도 많이 있고 특정 지역에 집중된 해외펀드의 경우 국가리스크가 발생할 수 있다.

3. 수수료 조건 확인

펀드에 따라 수수료 및 보수체계가 다양하고 환매조건이 다르기 때문에 펀드에 가입하기 전에 선취 또는 후취수수료, 판매보수와 운용보수, 환매수수료 등 계약조건을 꼼꼼하게 따져봐야 한다.

4. 과거 수익률 과신 금지

과거 수익률을 참조하되 과신해서는 안 된다. 펀드를 선택할 때 최근 수익률이 높은 펀드를 고르는 경우가 많은데 과거 성과가 미래에도 계속 이어진다는 보장이 없다.

5. High risk, High return

'High risk, High return'의 원칙이 펀드투자에도 적용된다는 점을 명심해야 한다. 즉 기대수익률이 높은 고수익 펀드에 투자하면 손실 가능성도 높아지게 된다.

6. 지속적인 관리

펀드 가입 후에도 지속적인 관리가 필요하다. 우선 가입한 펀드의 운용성과와 포트폴리오 현황을 확인한다. 만일 가입한 펀드의 수익률이 유사한 펀드의 수익률이나 시장수익률에 못 미치는 경우에는 일시적 현상인지 혹은 지속적 현상인지 알아본다. 구조적인 문제가 아니라면 잦은 펀드 매매 및 교체는 거래비용 면에서 바람직하지 못하다.

대표기출유형

펀드투자 시 유의해야 할 사항으로 가장 거리가 먼 것은?

① 펀드는 예금자보호대상이 되므로 전액 원금손실이 발생할 수 없다.
② 펀드의 경우에도 섹터, 테마, 지역, 운용회사 등을 분산해서 투자하는 것이 바람직하다.
③ 과거 수익률을 참조하되 과신해서는 안 된다.
④ 펀드 가입 후에도 지속적인 관리가 필요하다.

정답 ①

해설 펀드는 예금자보호대상이 아닐 뿐만 아니라 투자성과에 따라 손실이 발생할 수 있으며, 때에 따라서는 전액 원금손실이 발생할 수도 있다.

테마 40

채무조정제도

〈채무조정제도의 종류〉

	개인워크아웃	프리워크아웃	개인회생	파산면책
지원 기관	신용회복위원회		법원	
내용	장기 연체채무자에 대한 채무조정 프로그램으로 신용회복과 경제적 회생을 지원	단기 연체채무자에 대한 선제적 채무조정을 통해 연체 장기화를 방지	가용소득 범위 내에서 일정 기간 동안 채무를 변제한 뒤 잔여채무는 면책	채무 상환능력이 없는 한계채무자에 대해 파산면책 결정을 통해 채무 상환 책임을 면제
지원 대상	3개월 이상 장기 연체채무자	1 ~ 3개월 미만 단기 연체채무자	지급불능(위험) 상태의 일정한 수입이 있는 급여 · 영업소득자	자신의 모든 채무를 변제할 수 없는 재정 상태에 처한 채무자
채무 범위	담보채무 10억 원, 무담보채무 5억 원			제한 없음.
조정 대상채무	신용회복지원협약 가입 금융회사 채무		제한 없음(사채 포함).	
상환 기간	• 최장 10년(담보채무의 경우 3년 이내 거치 기간 포함 최장 20년) • 최장 1년 변제유예		3 ~ 5년	–
지원 내용	이자, 연체이자 전액 감면 및 원금 최대 60% 감면 (취약계층은 90%)	약정이자율의 50%까지 이자율 인하	최장 5년간 상환 시 잔여채무 면책	잔여채무 면책

1 채무조정제도의 의의

채무조정제도란 빚이 너무 많아 정상적으로 상환하기 어려운 사람들을 대상으로 상환기간 연장, 분할상환, 이자율 조정, 상환유예, 채무감면 등의 방법으로 상환조건을 변경하여 경제적으로 재기할 수 있도록 지원하는 제도이다.

2 신용회복위원회 채무조정제도

신용회복위원회는 「서민의 금융생활 지원에 관한 법률」에 근거하여 신용회복지원협약을 체결한 금융회사 채무를 조정하는 사적 채무조정제도이다.

1. 개인워크아웃

3개월 이상 장기 연체채무자에 대한 채무조정 프로그램으로 신용회복과 경제적 회생을 지원하는 제도이다.

2. 프리워크아웃

1 ~ 3개월 미만 단기 연체채무자에 대한 선제적 채무조정을 통해 연체 장기화를 방지하는 제도이다.

3 법원의 채무조정제도

「채무자 회생 및 파산에 관한 법률」을 근거로 개인회생제도와 파산제도를 운영한다.

1. 개인회생제도

개인회생제도는 채무자가 채무를 조정받아 법원이 허가한 변제계획에 따라 3년 이내(단, 특별한 사정이 있는 때에는 5년 이내) 채권자에게 분할변제를 하고 남은 채무는 면책받을 수 있다.

2. 파산제도

(1) 자신의 모든 재산으로도 채무를 변제할 수 없을 때 채무의 정리를 위해 신청하는 제도이다. 파산절차를 통해 변제되지 못한 채무는 면책을 구할 수 있다.

(2) 낭비 또는 사기행위 등으로 파산에 이른 경우에는 면책이 허가되지 않는다.

개인회생제도는 총채무액이 무담보채무의 경우에는 5억 원, 담보부채무의 경우에는 10억 원 이하인 개인채무자로서 장래 계속적으로 또는 반복하여 수입을 얻을 가능성이 있는 개인이, 원칙적으로 3년간 수입 중 생계비를 공제한 금액을 변제하면, 잔존 채무에 대해서는 면책을 받을 수 있는 제도이다. 개인파산면책제도의 목적은 모든 채권자가 평등하게 채권을 변제 받도록 보장함과 동시에 채무자에게 면책절차를 통하여 남아 있는 채무에 대한 변제 책임을 면제하여 경제적으로 재기 · 갱생할 수 있는 기회를 부여하는 것이다.

대표기출유형

다음 설명에 해당하는 채무자구제제도와 주관기관이 바르게 연결된 것은?

> 단기 연체채무자에 대한 선제적 채무조정을 통해 연체 장기화를 방지

① 프리워크아웃 – 신용회복위원회
② 개인워크아웃 – 한마음금융
③ 개인회생 – 법원
④ 개인파산 – 법원

정답 ①

해설 프리워크아웃이란 1 ~ 3개월 미만 단기 연체채무자에 대한 선제적 채무조정을 통해 연체 장기화를 방지하는 제도이다.

빈출 지문에서 뽑은 O/X

01 금리가 오르면 저축으로 얻을 수 있는 이자소득이 증가하므로 가계는 현재의 소비를 늘리고 미래의 소비를 줄이기 위해 저축을 증가시킨다. 반면 금리가 하락하면 미래 소비를 늘리고 현재 소비는 줄이기 위해 저축을 줄이게 된다. (○/ ×)

02 금리가 상승하면 가계소비와 기업투자 위축으로 인해 경제 전체적인 물품수요가 증가하여 물가가 상승할 수 있다. (○/ ×)

03 개방경제하에서 국내금리보다 외국금리가 높을 경우, 국내자금의 해외유출이 줄어들거나 외국자금의 국내유입이 늘어나게 된다. 반대로 국내금리가 높을 경우에는 국내자금이 외국으로 유출되거나 외국자금의 유입이 줄어든다. (○/ ×)

04 일반적으로 장기금리가 단기금리보다 낮다. (○/ ×)

05 금융회사가 공시하는 예금 및 대출금리와 금융시장에서 결정되는 국고채 및 회사채 금리는 물가 변동을 고려하지 않은 명목금리이다. (○/ ×)

06 환율이란 외국통화 한 단위를 받기 위해 자국통화를 몇 단위 지불해야 하는가를 나타내는 것으로 자국통화로 표시하는 외국통화의 가격을 의미한다. (○/ ×)

07 우리나라는 외국통화표시법을 사용하고 있는데, 예를 들면 달러당 환율이 1,000원이라는 것은 1달러를 살 때 지불하는 가격이 1,000원이라는 것이다. (○/ ×)

08 국내금리가 해외금리보다 높을 경우 스왑레이트는 음(−)의 값을 가지며 미달러화가 원화에 대해 선물환 디스카운트 상태에 있다고 말하고, 반대로 국내금리가 해외금리보다 낮아 선물환율이 현물환율보다 낮은 경우를 선물환 프리미엄이라 한다. (○/ ×)

09 우리나라의 KOSPI(Korea Stock Price Index) 및 KOSDAQ(Korea Securities Dealers Automated Quotation)의 주가지수는 시가총액식에 의해 산출되고 있다. (○/ ×)

10 기업들의 영업실적이 좋아지고 경제활동이 활발해지고 사람들의 경제에 대한 신인도가 높아지면 주가지수가 하락하고, 반대로 불경기나 경제에 대한 신인도가 떨어지면 주가는 상승한다. (○/ ×)

11 핀테크(FinTech)는 Finance(금융)와 Technology(기술)의 합성어로 금융과 정보통신기술(ICT)의 융합을 통해 새롭게 등장한 산업 및 서비스 분야를 통칭한다. (○/ ×)

12 *BIS*자기자본비율은 위험자산에 대해 은행이 얼마만큼의 자기자본을 보유하고 있는지를 나타내며 *BIS*비율이 높을수록 은행 건전성과 안전성이 뛰어나다고 볼 수 있다. (○/ ×)

13 *BIS*자기자본비율의 수치를 높이기 위해서는 자기자본을 줄이거나 위험가중자산을 늘려야 한다. (○/ ×)

14 저축성예금은 예금자의 지급 청구가 있으면 조건 없이 지급해야 하는 예금으로, 고객의 지급결제 편의도모 또는 일시적 보관을 목적으로 한다. (○/ ×)

정답과 해설

01	×	02	×	03	×	04	×	05	○	06	○	07	×	08	×	09	○	10	×	11	○	12	○	13	×
14	×																								

01 금리가 오르면 저축으로 얻을 수 있는 이자소득이 증가하므로 가계는 현재의 소비를 줄이고 미래의 소비를 늘리기 위해 저축을 증가시킨다. 반면 금리가 하락하면 미래 소비를 줄이고 현재 소비는 늘리기 위해 저축을 줄이게 된다.

02 금리가 상승하면 가계소비와 기업투자 위축으로 인해 경제 전체적인 물품수요가 감소하여 물가가 하락할 수 있다.

03 개방경제하에서 국내금리보다 외국금리가 높을 경우, 국내자금이 외국으로 유출되거나 외국자금의 유입이 줄어든다. 반대로 국내금리가 높을 경우에는 국내자금의 해외유출이 줄어들거나 외국자금의 국내유입이 늘어나게 된다.

04 장기금리가 단기금리보다 높은데, 이는 자금을 빌리는 사람이 장기간 안정적으로 돈을 사용할 수 있는 이익이 있기 때문에 더 높은 이자를 지급한다고 할 수 있다.

05 명목금리는 돈의 가치 변동을 고려하지 않고 외부로 표현된 표면상의 금리를 말한다.

06 환율이란 한 나라 통화와 다른 나라 통화 간 교환 비율로 두 나라 통화의 상대적 가치를 나타낸다.

07 우리나라는 자국통화표시법을 사용하고 있다. 자국통화표시법은 외국통화 한 단위당 자국통화단위수로 나타내는 방법, 즉 외국통화 한 단위에 상응하는 자국통화 금액을 표시하는 방법이다.

08 국내금리가 해외금리보다 높을 경우 스왑레이트는 양(+)의 값을 가지며 미달러화가 원화에 대해 선물환 프리미엄 상태에 있다고 말하고, 반대로 국내금리가 해외금리보다 낮아 선물환율이 현물환율보다 낮은 경우를 선물환 디스카운트라 한다.

09 시가총액식은 개별 종목의 주가를 상장주식 수로 곱한 시가총액을 주가지수 산출 기준으로 삼는 방식이다.

10 기업들의 영업실적이 좋아지고 경제활동이 활발해지며 사람들의 경제에 대한 신인도가 높아지면 주가지수가 상승하고, 반대로 불경기나 경제에 대한 신인도가 떨어지면 주가는 하락한다.

11 핀테크 산업은 4차 산업혁명과 함께 최근 금융부문의 신성장 동력으로도 주목받고 있다.

12 *BIS* 자기자본비율은 국제결제은행(Bank for International Settlement)이 정한 국제적인 건전성 지표로 은행의 위험자산 대비 자기자본이 얼마나 되는지를 보여 준다.

13 $BIS\text{비율} = \frac{\text{자기자본}}{\text{위험가중자산}} \times 100$이므로, *BIS* 자기자본비율의 수치를 높이기 위해서는 자기자본을 늘리거나 위험가중자산을 줄여야 한다.

14 요구불예금에 대한 설명이고, 당좌예금, 보통예금, 공공예금, 국고예금 등이 요구불예금에 속한다. 저축성예금은 저축 및 이자수입을 주된 목적으로 하며, 예금의 납입 및 인출방법에 대해 특정 조건이 있는 기한부 예금이다.

15 예금자보호금액(외화예금 포함)은 예금의 종류별 또는 지점별 보호금액이 아니라 동일한 금융회사 내에서 예금자 1인이 보호받을 수 있는 총금액이다. (○/ ×)

16 체감식(원금균등) 분할상환방식은 시간이 경과함에 따라 매월 상환하는 원금은 불변하고 이자는 감소하므로, 매월 상환하는 원금과 이자의 합계가 감소한다. (○/ ×)

17 단기금융상품은 거래가 대규모로 이루어지고 유동성이 높으며, 만기가 짧아 금리가 변동해도 가격변동 폭이 작다. (○/ ×)

18 양도성예금증서는 일정 기간 경과 후에 일정한 가격으로 동일 채권을 다시 매수하거나 매도할 것을 조건으로 하는 채권이다. (○/ ×)

19 기업어음은 자본시장법상의 사채권으로서 실물이 아닌 전자적으로 발행 · 유통되는 단기금융상품으로 정의할 수 있다. (○/ ×)

20 회사채는 공모발행과 사모발행으로 구분되는데, 공모발행의 경우에는 발행기업이 최종매수자와 발행조건을 직접 협의하여 발행하게 된다. (○/ ×)

21 통화안정증권시장이란 한국은행이 발행하는 채무증서인 통화안정증권이 발행 · 유통되는 시장이다. (○/ ×)

22 유상증자란 주식회사가 신규 발행 주식을 다수의 투자자로부터 모집하거나, 이미 발행되어 대주주 등이 소유하고 있는 주식을 매출하여 주식을 분산시키는 것을 말한다. (○/ ×)

23 선물환거래란 통상 외환거래 계약일로부터 2영업일 이내에 외환의 인수도와 결제가 이루어지는 거래를 말한다. (○/ ×)

24 통화옵션거래란 거래소에 상장되어 있는 특정 통화에 대하여 시장참가자 간의 호가 식에 의해 결정되는 선물환율로 일정 기간 후에 인수도할 것을 약정하는 거래를 말한다. (○/ ×)

25 스왑(Swaps)은 기초자산을 미래의 특정 시점 또는 특정 기간 동안 특정 행사가격으로 매입하거나 매각할 수 있는 권리를 사고파는 계약이다. (○/ ×)

26 주가지수옵션은 주가지수(기초자산)를 만기일에 사전에 약정한 가격(행사가격)으로 매입 또는 매도할 수 있는 권리를 나타내는 증서로서 매입권리인 풋옵션(Put Option)과 매도권리인 콜옵션(Call Option)으로 구분된다. (○/ ×)

27 금리스왑(*IRS* ; Interest Rate Swap)이란 기초자산인 금리를 거래대상으로 현재 시점에서 정한 가치로 미래의 특정 시점에서 사거나 팔 것을 약정한 계약이라 할 수 있다. (○/ ×)

28 주가연계증권(*ELS*)은 특정 주권의 가격이나 주가지수의 변동과 연계하여 미리 정해진 방법에 따라 그 주권의 매매나 금전을 수수하는 거래를 성립시킬 수 있는 권리가 표시된 파생결합증권이다. (○/ ×)

29 투자의 기대수익률은 무위험수익률에 리스크 프리미엄을 합한 값이다. 리스크가 전혀 없는 상태에서의 수익률을 무위험수익률이라 하고, 리스크에 대한 보상으로 증가하는 기대수익률 부분을 리스크 프리미엄(Risk Premium)이라 한다. (○/ ×)

30 레버리지는 손익을 확대시켜 수익률이 음(−)일 경우에는 이익의 폭이 증가되지만, 반대로 실제 수익률이 양(+)이 되면 손실의 폭도 확대된다. (○/ ×)

정답과 해설

15	○	16	○	17	○	18	×	19	×	20	×	21	○	22	×	23	×	24	×	25	×	26	×	27	×
28	×	29	○	30	×																				

15 예금자 1인이라 함은 개인뿐만 아니라 법인도 대상이 되며, 예금의 지급이 정지되거나 파산한 금융회사의 예금자가 해당 금융회사에 대출이 있는 경우에는 예금에서 대출금을 먼저 상환(상계)시키고 남은 예금을 기준으로 보호한다.

16 체감식(원금균등) 분할상환방식은 대출일부터 만기일까지 매월 동일한 원금이 상환되고 이자는 대출잔액에 대해 계산하는 방식이다.

17 단기금융시장은 만기 1년 미만의 금융자산이 거래되는 화폐시장(Money Market)으로 기업, 개인 또는 금융기관이 일시적인 여유자금을 운용하거나 부족자금을 조달하는 데 활용된다.

18 양도성예금증서(*CD* ; Certificate of Deposit)는 은행이 정기예금증서에 양도성을 부여한 것이다.

19 기업어음(*CP* ; Commercial Paper)은 신용상태가 양호한 기업이 상거래와 관계없이 운전자금 등 단기자금을 조달하기 위하여 자기신용을 바탕으로 발행하는 융통어음을 의미한다.

20 회사채는 공모발행과 사모발행으로 구분된다. 공모발행의 경우 인수기관인 증권회사, 한국산업은행 등이 총액을 인수하여 발행하며 사모발행의 경우에는 발행기업이 최종매수자와 발행조건을 직접 협의하여 발행한다.

21 통화안정증권은 「한국은행법」 제69조 및 「한국은행 통화안정증권법」에 따라 유동성 조절을 목적으로 발행되며, 환매조건부매매 및 통화안정계정 예치와 함께 한국은행의 주요 공개시장운영수단으로 활용된다.

22 기업공개에 대한 설명이고, 유상증자란 기업재무구조 개선 등의 목적으로 회사가 신주를 발행하여 자본금을 증가시키는 것을 말한다.

23 현물환거래에 대한 설명이고, 선물환거래란 계약일로부터 통상 2영업일 경과 후 특정일에 외환의 인수도와 결제가 이루어지는 거래를 말한다.

24 통화선물거래에 관한 설명이고, 통화옵션거래란 미래의 특정 시점(만기일 또는 만기 이전)에 특정 통화(기초자산)를 미리 약정한 가격(행사가격)으로 사거나 팔 수 있는 권리를 매매하는 거래를 말한다.

25 스왑은 일반적으로 두 개의 금융자산 또는 부채에서 파생되는 미래의 현금흐름을 교환하기로 하는 계약이다.

26 매입권리인 콜옵션(Call Option)과 매도권리인 풋옵션(Put Option)으로 구분된다.

27 금리스왑(*IRS* ; Interest Rate Swap)은 차입금에 대한 금리변동 위험의 헤지나 차입비용의 절감을 위하여 두 차입자가 각자의 채무에 대한 이자지급의무를 상호간에 교환하는 계약이다.

28 주식워런트증권(*ELW*)에 대한 설명이고, 주가연계증권(*ELS*)은 특정 주권이나 주가지수의 가격변동에 연계하여 사전에 약정된 조건에 따라 투자손익이 결정되는 파생결합증권이다.

29 기대수익률이란 사전에 예측하는 수익률을 의미하므로, 실제투자 결과로 발생하는 사후적 수익률, 즉 실현수익률을 의미하지는 않는다. 기대수익률이 높아야만 투자자들이 기꺼이 리스크를 감당하여 투자를 하게 된다는 의미이다.

30 레버리지는 손익을 확대시켜 수익률이 양(+)일 경우에는 이익의 폭이 증가되지만 반대로 실제 수익률이 음(−)이 되면 손실의 폭도 확대된다. 즉 레버리지가 커질수록 투자수익률은 가격변동률의 몇 배로 증가하여 리스크가 커지게 된다.

PART 02 기출예상문제

► 정답과 해설 15쪽

01 다음 각 금융기관에 대한 설명 중 옳지 않은 것은?

① 한국은행은 은행의 은행으로, 지급준비금의 보관과 최후 대여자로서의 기능을 수행한다.
② 한국산업은행, 한국수출입은행, 중소기업은행은 「특수은행법」을 근거로 설립된 특수은행이다.
③ 신용협동조합은 담보와 신용이 취약한 서민을 위해 설립된 비은행 예금취급기관이다.
④ 금융투자회사는 원본손실가능성이 있는 금융투자상품과 관련된 업무를 담당하는 회사이다.

02 다음 금융시장과 금융제도에 관한 내용으로 옳지 않은 것은?

① 상호저축은행도 시중은행과 같이 원리금을 보장한다.
② 금융지주회사는 다른 사업은 하지 않고 자회사의 경영지배와 관리만 한다.
③ 우리나라는 고정예금보험료율방식을 채택하고 있어 모든 금융기관에게 동일한 예금보험료율을 부과하고 있다.
④ K-OTC 시장은 기존 장외시장인 프리보드시장을 개편한 것으로 중소, 벤처기업의 주식이 주로 거래되는 시장이다.

03 다음 중 인터넷 뱅크(Internet Bank)에 관한 설명으로 옳지 않은 것은?

① 입출금 및 송금 등 간단한 금융서비스만 제공한다.
② 대표적인 인터넷 뱅크로는 케이뱅크와 카카오뱅크가 있다.
③ 모든 금융서비스를 인터넷으로 제공하는 은행이다.
④ 온라인에서만 서비스하며 물리적인 은행 지점이 존재하지 않는다.

04 다음 중 손해보험에 해당하지 않는 것은?

① 화재보험　② 보증보험　③ 자동차보험
④ 연금보험　⑤ 해상보험

05 BIS자기자본비율에 대한 다음의 설명 중 가장 옳지 않은 것은?

① 국제결제은행에서 정한다.

② $\frac{BIS\text{자기자본}}{\text{위험가중자산}} \times 100\%$로 구한다.

③ 금융기관의 방만한 운영을 방지하기 위해 마련된 제도이다.

④ BIS자기자본비율을 항상 높은 수준으로 설정하는 것이 바람직하다.

⑤ BIS자기자본비율을 설정하여 규제하는 것은 갑작스러운 충격에도 은행이 흔들리지 않도록 하기 위함이다.

06 다음 금융용어에 대한 설명으로 옳지 않은 것은?

① RP거래를 이용함으로써 자금수요자는 채권매각에 따른 자본손실위험 없이 단기간에 필요한 자금을 보다 쉽게 조달할 수 있다.

② CP는 상거래에 수반하여 발행되고 융통되는 어음으로 신용등급 B 이상의 기업이 발행한다.

③ CD는 은행의 자금조달을 위해 발행되고 있으며, 발행 시 대부분 실물로 교부하지 않고 등록발행을 하고 있다.

④ $COFIX$는 주택담보대출 기준금리로 사용되고 있는 금리로 잔액기준, 신 잔액기준, 신규취급액기준, 단기 $COFIX$ 4가지로 분류한다.

07 금리(이자율)에 대한 설명으로 적절하지 않은 것은?

① 한국은행의 기준금리는 한국은행이 금융기관과 거래할 때 적용하는 금리이다.

② 시중금리는 한국은행의 기준금리와 무관하게 결정된다.

③ 일반인이 금융기관에서 돈을 빌릴 때 적용되는 금리는 기준금리와 다르게 개인의 담보, 신용도, 빌리는 기간 등을 고려해 결정된다.

④ 기준금리가 상승하면 일반은행의 시중금리도 따라 상승할 가능성이 크다.

⑤ 기준금리는 금융통화위원회에서 결정하며 매년 여러 차례 조정한다.

08 다음 대한민국, 영국, 미국에서의 빅맥 가격과 대미달러 환율을 참고하여, 빅맥지수를 기준으로 원화와 파운드의 대미달러 환율을 평가한 내용으로 적절한 것은?

구분	빅맥 가격	대미달러 환율
대한민국	5,200원	1,180원/달러
영국	2.49파운드	0.78파운드/달러
미국	3.99달러	–

	원화	파운드
①	과대평가	과소평가
②	과대평가	과대평가
③	과소평가	과소평가
④	과소평가	과대평가

09 다음 중 블록체인(Blockchain)에 관한 설명으로 옳지 않은 것은?

① 블록체인은 거래 내역을 여러 대의 컴퓨터에 복제해 저장하는 분산형 데이터 저장기술이다.
② 블록체인은 이를 관리할 중앙관리자를 요구하지 않는다.
③ 블록체인은 정보를 분산하여 저장하므로 해킹에는 취약하지만 데이터의 위변조를 빠르게 판단할 수 있다.
④ 블록체인 내 거래 내역은 거래에 참여하는 모든 이에게 공개되며 참여자 간에 합의가 있어야만 거래 내역이 업데이트될 수 있다.

10 다음 중 핀테크(FinTech) 시대의 본인인증방법에 관한 내용으로 옳지 않은 것은?

① 뱅크사인(BankSign)은 블록체인 기술에 기반한 은행 공동 인증서비스이다.
② 공인인증서 폐지 법안이 통과되어 앞으로 공인인증서의 사용은 금지된다.
③ 바이오인증은 분실이나 도난의 위험이 적다는 이점을 가진다.
④ 블록체인 기반 인증은 블록체인 인증서 표준규격에 따라 개발된 인증서를 통해 이를 통합적으로 사용할 수 있다.

11 부동산, 매출채권, 유가증권, 주택담보대출(Mortgage Loan)과 같은 유동성이 낮은 자산들을 유동화하기 위해 발행되는 증권인 자산유동화증권(ABS ; Asset Backed Securities)의 장점이 아닌 것은?

① 신용보강기관의 신용보강과 신용평가기관의 신용평가를 거쳐 발행되기 때문에 투자자에게 비교적 안전한 투자수단이 된다.

② 자산보유자에게 유리한 자금조달수단으로 이용된다.

③ 금융회사가 가진 위험자산의 크기가 줄어들어 BIS자기자본비율이 제고된다.

④ 금융회사가 가진 위험자산을 매각함으로써 부채를 감소시킬 수 있다.

12 다음 설명에 해당하는 것은?

> 이것은 은행의 자금조달비용을 합산한 평균금리를 말한다. 이것은 CD금리를 보완한 새로운 주택 담보대출 기준금리로 시중은행의 8개 자본조달 지표를 반영해 산출한다. 정기예금, 정기적금, 상호부금, 주택부금, CD, 금융채, 환매조건부 채권 매도, 표지이용 매출 등 8개 지표가 항목에 포함된다.

① 콜금리　　② DTI비율

③ LTV비율　　④ $COFIX$금리

13 다음 설명에 해당하는 것은?

> 이것은 런던 금융시장에서 은행들 간 자금을 거래할 때 적용하는 기준금리이다. 그동안 전 세계 350조 달러 규모의 금융거래에서 이것을 벤치마크로 활용해 왔다. 하지만 최근 시장 트레이더들의 조작사건이 밝혀지면서 벤치마크로서의 신뢰가 흔들려 영국 금융감독청(FCA)은 이 금리를 2023년까지 전면 폐지시킬 것이라고 밝혔다.

① 콜금리(Call Rate)　　② 리보금리(LIBOR Rate)

③ 코픽스금리($COFIX$ Rate)　　④ 스프레드금리(Spread Rate)

14 **다음 글을 읽고 (가)와 (나)에 해당하는 재무용어를 바르게 짝지은 것은?**

> 한 달에 한 번 황금알을 낳는 거위가 있다고 하자. A 씨는 황금알을 낳는 거위를 사고 싶어 한다. 이미 황금알을 낳은 거위 값은 일시적으로 가격이 하락한다. 하지만 황금알을 낳기 전의 거위 값은 비싸다. 이를 주식투자에 빗대어 설명하면 거위를 기업이라고 볼 수 있다. A 씨는 주식투자를 하기 위해서는 거위가 언제 황금알을 낳는지를 알아야 한다. 거위가 황금알을 낳는 의사결정이 있을 경우 황금알을 받기 위해 A 씨는 (가)까지는 거위를 소유하고 있어야 한다. 이미 황금알을 낳은 거위 값이 일시적으로 하락하는 경우를 (나)이라고 할 수 있다.

	(가)	(나)		(가)	(나)
①	결산일	권리락	②	결산일	배당락
③	배당기준일	권리락	④	배당기준일	배당락

[15 ~ 16] 다음 표는 대출금액 1,000만 원(대출금리 12%, 대출기간 1년)에 대한 상환방식을 비교한 것이다. 이어지는 질문에 답하시오.

〈대출상환방식 비교〉

(단위 : 원)

구분	A 방식		B 방식	
회차	납입 원금	이자	납입 원금	이자
1	(가)	100,000	833,333	100,000
2	796,373	92,115	833,333	91,667
⋮	⋮	⋮	⋮	⋮
10	862,358	26,130	833,333	25,000
11	870,981	17,507	833,333	16,667
12	879,691	8,797	833,333	8,333

※ 원리금 상환 주기는 1개월이다.

15 **위의 표에 대한 해석으로 가장 적절한 것은?**

① B 방식은 매달 동일한 금액을 납부한다.

② 총납부이자액은 A 방식이 B 방식보다 적다.

③ A 방식은 시간이 지날수록 납부금액이 줄어든다.

④ A 방식은 시간이 지날수록 납부금액 가운데 원금액의 비중이 증가한다.

16 (가)에 해당하는 금액으로 옳은 것은?

① 688,488　② 696,373
③ 708,473　④ 788,488

17 다음 〈보기〉에서 주식배당에 대한 설명으로 틀린 것은 모두 몇 개인가?

보기

A. 현금배당 지급으로 인한 자금의 유출을 막을 수 있다.
B. 주식배당액만큼 미처분이익잉여금이 자본금으로 편입된다.
C. 주주들에게 지분율에 따라 자사 주식을 유상으로 교부한다.
D. 발행주식 수가 증가된다.
E. 주주의 지분율에는 변동이 없다.

① 1개　② 2개　③ 3개
④ 4개　⑤ 5개

18 다음 중 주식배당의 효과로 옳은 것은?

① 기업의 위험이 증가한다.　② 발행주식 수가 감소한다.
③ 발행주식 수는 변하지 않는다.　④ 기존 주주 수와 부채는 변함이 없다.
⑤ 자금의 압박을 받는다.

19 다음 중 주가의 방향의 다른 하나는?

① 자사주매입　② 무상증자　③ 유상증자
④ 주식분할　⑤ 주식배당

20 **금융서비스에서의 반복적인 업무를 자동화하는 기술을 일컫는 말로, 반복적이고 노동집약적인 작업을 정확하고 신속하게 완료할 수 있는 소프트웨어를 의미하는 용어는?**

① 인슈어테크(InsurTech)
② 레그테크(RegTech)
③ 로보틱 프로세스 자동화(Robotic Process Automation)
④ API(Application Programming Interface)

21 **(주)AA의 20X1년 말 현재 주가는 4,000원이고, 주당 순이익은 1,000원이다. (주)AA의 배당성향은 얼마인가? (단, 배당수익률은 12.5%이다)**

① 0.05　　② 0.5
③ 5.0　　④ 10.0

22 **선물거래를 통한 위험 헤지에 대한 다음 설명 중 적절하지 않은 것은?**

① 매입헤지는 미래에 구입할 예정인 현물의 가격 상승으로 인한 손해를 방지하기 위하여 선물을 매입하는 것이다.
② 만기일의 베이시스는 0이다.
③ 베이시스가 예상보다 축소되는 경우 매입헤지가, 예상보다 확대되는 경우 매도헤지가 유리해진다.
④ 교차헤지에서는 선물과 현물의 기초자산 간 물량차로 인해 베이시스 위험이 발생한다.

23 **다음에서 설명하는 것은 무엇인가?**

> 개인들이 돈을 모아 창업하는 벤처기업에 필요한 자금을 대고 주식을 그 대가로 받는 투자 형태를 말한다.

① 소액투자　　② 벤처투자　　③ 엔젤투자
④ 이체투자　　⑤ 유상투자

24 다음 중 채권에 대한 설명으로 옳지 않은 것은? (단, 채권의 채무불이행 위험은 없다고 가정한다)

① 만기수익률과 쿠폰율이 같은 채권을 액면채권(Par Bond)이라 한다.
② 만기수익률과 쿠폰율이 낮은 채권을 할인채권(Discount Bond)이라 한다.
③ 만기수익률과 쿠폰율이 높은 채권을 할증채권(Premium Bond)이라 한다.
④ 일반적으로 단기채권이 장기채권에 비해 이자율위험에 크게 노출되어 있다.
⑤ 채권을 만기까지 보유할 경우 확정적으로 만기수익률만큼의 수익률을 달성할 수 있다.

25 〈보기〉에서 채권과 관련한 설명으로 적절한 것을 모두 고르면?

보기

A. 이자율이 하락하면 수의상환채권(Callable Bond)의 볼록성은 음(−)의 값을 가지지만, 이자율이 상승하면 수의상환사채의 볼록성은 일반사채와 같게 된다.
B. 교환사채(Exchangeable Bond)의 교환청구가 이루어져 그 교환이 완료되면 자산과 부채가 동시에 감소하며, 자본에는 영향을 주지 않는다.
C. 다른 조건들은 일정하다고 가정할 때 이자지급 횟수가 증가하면 채권의 듀레이션은 짧아지고 시장이자율(만기수익률)이 높을수록 듀레이션은 짧아진다.
D. 유통시장에서의 채권거래는 기존의 증권을 거래당사자들 사이에 교환하는 것에 불과하므로 이를 통해 기업에 새로운 자금이 공급되는 것은 아니다.

① A ② A, C ③ B, D
④ B, C, D ⑤ A, B, C, D

26 일시상환사채의 사채발행자금을 상각 또는 환입할 경우 사채발행차금 상각액은 매년 어떻게 변하는가? (단, 사채발행자금은 유효이자율법을 적용한다)

	할인발행의 경우	할증발행의 경우
①	감소	감소
②	감소	증가
③	증가	증가
④	증가	감소

27 밑줄 친 ㉠~㉢은 투자상품을 분류하는 주요 기준이다. 이에 대한 설명으로 옳은 것은?

> 효과적인 자산관리를 위해서는 몇 가지 주요 분류 기준을 가져야 한다. 첫째, ㉠ 상품의 원금과 이자가 보전될 수 있는지 여부, 둘째, ㉡ 금융상품의 가격 상승이나 수확을 기대할 수 있는지 여부, 마지막으로 ㉢ 필요할 때 쉽게 현금화될 수 있는지 여부를 고려해야 한다.

① 펀드는 채권에 비해 ㉠이 높다.
② 주식은 채권에 비해 ㉠이 높다.
③ 주식은 부동산에 비해 ㉢이 높다.
④ 보통예금은 채권에 비해 ㉡이 높다.

28 기사의 내용을 바탕으로 한 공모주 청약 점검사항으로 가장 거리가 먼 것은?

> **○○일보**
>
> 저금리 상황에서 공모주 투자는 매력적인 틈새투자 대안이다. 하지만 개인투자자가 공모주에 직접 투자하기란 쉽지 않고, 청약을 했다 하더라도 청약경쟁률이 워낙 높아 기대했던 만큼 주식량을 확보하기 어렵다.
>
> 최근 모 증권사는 공모주 청약에 초보인 일반투자자가 공모주에 투자하고자 할 때 유의해야 할 사항을 네 가지로 제시했다.
>
> 첫째, 공모가가 적절한지 따져봐야 한다. 둘째, 일정 기간 보유해야 할 의무가 있는 기관투자자 등의 물량 수준과 보유확약 기간을 점검해야 한다. 셋째, 전체 주식시장 상황을 판단해야 한다. 넷째, 공모주 청약에 앞서 해당 주간사의 공모주 청약 방법을 미리 확인해야 한다. 또한 청약금 환불일정, 주식 상장일정 등을 꼼꼼히 알아봐야 한다.
>
> 김○○기자
> KIMMM@abc.com

① 보호예수 물량과 그 기간에 대한 정보를 파악한다.
② 현재 주식시장이 정체기인지 활황기인지를 확인해야 한다.
③ 신주 공모인지 구주 공모인지를 확인해 구주 공모는 가급적 지양한다.
④ 해당 공모주 인수단에 포함된 증권사의 청약 조건을 미리 확인한다.

29 **세계 3대 원유의 원산지는 각각 어느 나라인가?**

	브랜트유	두바이유	WTI		브랜트유	두바이유	WTI
①	영국	두바이	미국	②	노르웨이	두바이	캐나다
③	러시아	오만	미국	④	러시아	오만	캐나다

30 **장내파생상품과 장외파생상품을 비교한 설명으로 옳지 않은 것은?**

① 장내파생상품은 거래의 이행을 거래소가 보증하지만, 장외파생상품은 별도의 보증기관이 없어 당사자 간의 신용도에 의존한다.

② 장내파생상품은 거래소가 규정한 시간에만 거래가 가능하지만, 장외파생상품은 언제든지 거래가 가능하다.

③ 장내파생상품은 거래상대방을 확인할 의무가 있으나, 장외파생상품은 거래상대방에 대해 알지 못해도 무방하다.

④ 장내파생상품의 종류에는 선물, 옵션 등이 있고, 장외파생상품에는 선도, 옵션, 스왑 등이 있다.

31 **다음 중 파생금융상품시장에서 거래될 수 있는 상황으로 옳지 않은 것은?**

① 외환스왑거래란 선물환거래와 현물환거래를 동시에 반대 방향으로 매매하는 거래이다.

② 수출업자는 달러선물을 매도하여 달러 가치 하락에 대비한다.

③ 고정금리차입자는 금리선물을 매도함으로써 위험에 대비할 수 있다.

④ 행사가격 100P, 프리미엄 1.5P로 매수한 콜옵션이 만기에 95P가 되었다면 콜매수자에게는 1.5P의 손실이 발생한다.

32 다음 설명에 해당하는 것은?

> 이것은 외환위기 등 비상사태 시 상대국에 자국 통화를 맡기고 상대국 통화나 달러화를 빌려올 수 있는 계약으로 최근 우리나라와 일본이 체결했다. 미국의 금리 인상에 대비해 한국 등 신흥국 시장에 투자된 외국인 자금이 금리를 따라 급격히 빠져나갈 가능성이 높아졌다. 이 때문에 외환위기를 대비하는 차원에서 자국 통화를 맡기고 상대국 통화나 달러화를 받을 수 있는 안전장치가 필요하다.

① 선도계약 ② 통화스왑
③ 지불보증 ④ 선물환계약

33 다음 중 선물거래에 대한 설명으로 옳지 않은 것은?

① 거래상대방의 신용위험을 고려할 필요가 없다.
② 선물시장은 현물시장의 유동성을 감소시킨다.
③ 선물시장은 위험회피의 수단으로 의미가 있다.
④ 옵션시장과 달리 선물시장은 가격에서 예시 기능이 존재한다.

34 옵션투자전략 중 콤비네이션(Combination)에 대한 다음 설명 중 옳지 않은 것은?

① 스트립(Strip)은 만기일과 행사가격이 같은 콜옵션 1개와 풋옵션 2개를 결합하는 전략이다.
② 스트랩(Strap)은 만기일과 행사가격이 같은 콜옵션 2개와 풋옵션 1개를 결합하는 전략이다.
③ 스트랭글(Strangle)은 만기일이 같으나 행사가격이 서로 다른 풀옵션과 풋옵션을 결합하는 전략이다.
④ 스트래들(Straddle)은 행사가격이 같으나 만기일이 서로 다른 풀옵션과 풋옵션을 결합하는 전략이다.

35 옵션투자전략의 설명으로 옳지 않은 것은?

① 박스 스프레드(Box Spread)전략은 콜옵션을 이용한 강세 스프레드와 풋옵션을 이용한 약세 스프레드를 결합한 전략이다.

② 풋–콜 패리티(Put–call Parity)전략을 이용하면, 만기시점의 기초자산 가격과 관계없이 항상 행사가격만큼 얻게 되어 가격변동위험을 완전히 없앨 수 있다.

③ 기초자산 가격 변동에 따른 손익을 곡선의 형태로 실현하기 위해서는 수평 스프레드를 이용하면 된다.

④ 기초자산 가격이 큰 폭으로 변동할 것으로 예상되지만 방향을 알지 못하는 경우 스트랭글(Strangle)을 매입하면 된다.

⑤ 콜옵션을 매입해야 하는 방비 콜(Covered Call) 전략과 달리 보호 풋(Protective Put) 전략은 헤지(Hedge) 전략으로 볼 수 있다.

36 다음 〈보기〉에서 설명하는 것은?

보기

임직원들이 일정 금액을 기부하면 그와 같은 금액을 기업도 지원하는 사회공헌방식이다.

① 조건부 지불　② 스톡그랜트　③ 글로벌소싱
④ 캐시옵션　⑤ 매칭그랜트

37 다음 중 선형계획법에 관한 설명으로 옳지 않은 것은?

① 여유변수란 문제풀이를 위하여 일시적으로 만든 변수로 특정의 해가 주어진 자원을 미사용한 정도를 의미한다.

② 하나의 선형계획문제는 두 개의 상이한 문제로 수식화하여 분석할 수 없고 모든 선형계획문제는 밀접하게 연관된 또 하나의 다른 선형계획 모형을 갖지 못한다.

③ 그림자가격이란 특정 자원의 한계가치와 상대적 가치로, 그 자원에 대하여 지불할 수 있는 최대의 단위당 구입 가격을 의미하며 잠재가격 및 라그랑주 승수와 같은 의미이다.

④ 모든 자원은 제약되어 있어야 한다.

⑤ 복수의 의사결정변수가 존재해야 하며, 최적화를 위해서는 명확하고도 객관적인 기준을 가져야 한다.

38 다음 중 부실기업을 처리하기 위한 기업개선작업(Workout)에 관한 설명으로 옳은 것은?

① 주채권은행이 우선적으로 신용위험을 평가하는 기업은 신용공여액 1,000억 원 이상의 기업이다.
② 기업개선작업의 대상이 된 기업의 채권단의 권리행사는 유보된다.
③ 기업회생과정 중에는 관리인유지(DIP)제도를 채택하여 원칙적으로 기존 경영자를 임명한다.
④ 경영자가 구조조정의 주체가 되어 주주를 배제한 채 구조조정을 추진한다.

39 투자상품 A, B의 기대수익률은 A가 B보다 크며 그 위험도 역시 A가 B보다 커서 A, B 중 누가 누구를 지배한다고 할 수 없는 관계에 있다고 한다면 투자선택을 어떻게 결정해야 하는가?

① 지배원리에 입각하여 선택한다.
② 투자자의 위험에 대한 태도에 따라 투자대상을 결정한다.
③ 평균과 분산을 고려하여 투자 대상을 선택한다.
④ 상관계수가 0에 가까운 자산을 선택하여 투자한다.
⑤ 수익률의 확률분포를 작성하여 높은 확률분포를 보이는 자산을 선택한다.

40 현재 (주)한국의 주식가격은 20,000원이고 주가는 1년 후 70%의 확률로 20% 상승하거나 30%의 확률로 40% 하락하는 이항모형을 따른다. (주)한국의 주식을 기초자산으로 하는 만기 1년, 행사가격 18,600원의 유럽형 콜옵션이 현재 시장에서 거래되고 무위험이자율이 연 8%라면 콜옵션의 현재가치는?

① 1,200원 ② 2,430원 ③ 3,500원
④ 3,780원 ⑤ 5,400원

41 두 자산 A, B로 최소분산포트폴리오를 구성하고자 한다. 두 자산의 기대수익률과 표준편차가 다음과 같을 때 최소분산포트폴리오를 구성하기 위한 자산 B에 대한 투자비율은 얼마인가? (단, 두 자산 간의 상관계수는 0이다)

자산	기대수익률	표준편차
A	5%	10%
B	10%	30%

① 10%　② 30%　③ 50%
④ 70%　⑤ 90%

42 다음 표는 ○○은행의 현재 시장가치 기준 자산, 부채 그리고 듀레이션이다. 다음 〈보기〉 중 이에 대한 설명으로 옳은 것은 모두 몇 개인가?

자산	금액	듀레이션	부채 · 자본	금액	듀레이션
현금	200억 원	0년	고객예금	300억 원	1년
고객대출	500억 원	1.2년	발행사채	300억 원	4년
회사채	300억 원	6.0년	자기자본	400억 원	–

보기

㉠ 자산의 듀레이션은 2.4년이다.
㉡ 듀레이션 갭은 0.9년이다.
㉢ 부채의 듀레이션은 자산의 듀레이션보다 크다.
㉣ 순자산가치 면역전략은 듀레이션 갭이 0이 되도록 하는 포트폴리오 관리기법이다.
㉤ 금리가 하락하면 자산가치의 증가분이 부채가치의 증가분보다 크다.

① 1개　② 2개　③ 3개
④ 4개　⑤ 5개

43 한국거래소 유가증권시장의 종합주가지수로 시가총액식 주가지수이며 2005년에 현재의 이름으로 변경된 우리나라의 대표 증권지수를 가리키는 이 용어는?

① *KOSPI* ② *KOSDAQ*
③ *KONEX* ④ *KSM*

44 다음은 무엇에 대한 설명인가?

> 이것은 거래당사자들이 미리 정한 가격(행사가격)으로 만기일 또는 그 이전에 일정 자산(기초자산)을 팔 수 있는 권리를 매매하는 계약이다. 거래대상이 되는 자산은 특정 주식, 주가지수, 통화, 금리 등 매우 다양하다.

① 선물 ② 스와프
③ 마진콜 ④ 풋옵션

45 다음은 무엇에 대한 설명인가?

> 이것은 주식가격을 1주당 순이익으로 나눈 값이며, 기업이 벌어들이는 주당 이익에 대해 증권시장의 투자자들이 어느 정도의 가격을 지불하고 있는가를 뜻한다. 이것은 기업의 본질적인 가치에 비해 주가가 고평가되어 있는지 또는 저평가되어 있는지를 판단하는 기준으로 사용된다.

① *EPS* ② *PBR*
③ *PER* ④ *ROE*

46 다음은 무엇에 대한 설명인가?

> 이것은 시장가치(Market Value)를 나타내는 주가를 장부가치(Book Value)를 보여 주는 주당 순자산(BPS ; Book-value Per Share)으로 나눈 비율로, 주당 가치를 평가함에 있어서 시장가격과 장부가치의 괴리 정도를 평가하는 지표이다. 만약 이 비율이 1이라면 주당 순자산과 현재 주가가 동일한 상황임을 뜻한다.

① EPS ② PBR
③ PER ④ ROE

47 다음은 무엇에 대한 설명인가?

> 이것은 기술과 금융의 합성어로, ICT 바탕 위에 금융시스템을 구축한 서비스로서 기존 금융사가 아닌 IT기업 등이 금융업계에 진출하며 이 개념을 강조하고 있다.

① 테크핀 ② 핀테크
③ 레그테크 ④ 기술금융

48 우리나라 금융기관의 종류 중 증권사, 종합금융회사, 보험회사 등은 무엇에 해당하는가?

① 1금융권 ② 2금융권
③ 3금융권 ④ 4금융권

49 한국은행에서 수행하는 업무로 적절하지 않은 것은?

① 화폐를 발행한다. ② 통화신용정책을 수립하고 집행한다.
③ 통화안정증권을 발행한다. ④ 일반 개인 고객들로부터 예금을 받는다.

50 **상업은행(CB)의 업무에 관한 설명으로 옳지 않은 것은?**

① 예 · 적금, 채무보증은 고유업무에 해당한다.
② 파생상품업무, 신탁업무에 해당한다.
③ 내국환 · 외국환에 관한 업무는 고유업무에 해당한다.
④ 유가증권 또는 그 밖의 채무증서 발행은 고유업무에 해당한다.

51 **금융시장에 대한 설명으로 옳지 않은 것은?**

① 금융자산의 만기가 1년 미만인 시장을 단기금융시장이라 한다.
② 일반적으로 단기금융시장을 화폐시장, 장기금융시장을 자본시장이라고 부른다.
③ 콜시장, RP시장, 코넥스 시장은 장기금융시장에 속한다.
④ 간접금융은 은행 등의 금융기관이 자금공급자와 자금수요자를 중개하는 방식을 말한다.

52 **외화를 확보하기 위한 방법으로 적절하지 않은 것은?**

① 금융기관은 고객들로부터 외화예금을 수취하기 위한 전략을 수립한다.
② 정부는 외국환평형 기금채권을 발행한다.
③ 정부는 외국과 통화스왑계약을 체결한다.
④ 한국은행은 통화안정증권을 발행한다.

53 **우리나라 주식시장에 대한 설명으로 옳지 않은 것은?**

① 프리보드(Free Board)시장은 비상장주권의 매매를 위해 한국금융투자협회가 운영하는 장외시장이다.
② 코스피($KOSPI$)시장은 증권거래소에 상장된 우량기업의 주식시장을 의미한다.
③ 코스닥($KOSDAQ$)시장은 첨단기술주 중심의 미국의 나스닥시장을 본떠서 만들었다.
④ 대기업도 코넥스($KONEX$)시장에 상장할 수 있다.

54 **다음 설명에 해당하는 용어는?**

> 일정한 조건에 따라 채권을 발행한 회사의 주식으로 전환할 수 있는 권리가 부여된 채권으로서 전환 전에는 사채로서의 확정이자를 받을 수 있고, 전환 후에는 주식으로서의 이익을 얻을 수 있다. 즉, 사채와 주식의 중간 형태를 취한 채권이다.

① 전환사채
② 환매조건부채권
③ 무기명 채권
④ 양도성예금증서

55 **다음 설명에 해당하는 용어는?**

> 이것은 채권자에게 일정 기간이 경과한 후에 일정한 가격(행사가격)으로 발행회사의 신주 일정 수를 인수할 수 있는 권리가 부여된 사채이다. 채권자가 이 권리를 행사하면, 채무자는 무조건 정해진 금액에 주식을 판매해야 하는 옵션이 붙는 채권이다.

① 이표채
② 할인채
③ 전환사채
④ 신주인수권부사채

56 **다음은 무엇에 대한 설명인가?**

> 이것은 한국은행이 유동성 조절을 목적으로 발행하는 채무증서이다. 이것은 환매조건부채권매매(RP) 및 통화안정계정 예치와 함께 한국은행의 주요 공개시장 운영수단으로 활용된다.

① 신용보증기금
② 원화 표시채권
③ 통화안정증권
④ 외국환평형기금

57 다음은 무엇에 대한 설명인가?

- 기업이 상거래와 관계없이 단기자금을 조달하기 위해 발행하는 보통 만기 1년 이내 융통어음이다.
- 발행기업은 별도의 담보나 보증을 제공하지 않고 오직 신용으로만 자금을 조달한다.
- 신용등급이 우수한 기업이 주로 발행해 왔으나 최근 부실기업이 높은 금리를 제시하며 대규모로 발행한 뒤 법정관리를 신청해 논란이 되고 있다.

① BW(신주인수권부사채)　② CB(전환사채)
③ CP(기업어음)　④ CD(양도성예금증서)

58 기준금리에 관한 설명으로 옳지 않은 것은?

① 기준금리는 한국은행 금융통화위원회에서 결정한다.
② $COFIX$금리가 우리나라의 기준금리의 역할을 수행한다.
③ 국내 기준금리를 인상하면, 해외자본유출의 압력이 낮아진다.
④ 기준금리는 물가동향, 국내외 경제상황, 금융시장 등 제반 여건을 고려하여 연 8회 결정한다.

59 금리에 대한 설명으로 적절하지 않은 것은?

① 명목금리와 달리 실질금리는 인플레이션율을 고려한다.
② 주택담보대출의 기준금리인 $COFIX$금리는 한국주택금융공사에서 공시한다.
③ 타국의 금리수준도 국내 기준금리를 결정할 때 고려해야 할 요소이다.
④ 외국환평형기금채권 가산금리는 한국의 대외신인도를 나타낸다.

60 **금리에 대한 다음 설명 중 옳지 않는 것은?**

① 실질금리는 인플레이션을 감안하지 않는 금리이다.
② 표면금리는 금융거래를 할 때 계약증서상에 기재한 약속금리이다.
③ 변동금리는 시중금리의 변동에 따라 적용금리가 수시로 변하는 것이다.
④ 복리는 원금에 대한 이자뿐만 아니라 이자에 대한 이자도 함께 계산하는 것이다.

61 **예금자보호제도에 대한 설명으로 옳지 않은 것은?**

① 예금자보호제도를 통해 뱅크런(Bank Run)사태를 예방할 수 있다.
② 예금보험공사가 금융기관을 대신해서 예금주들에게 예금을 지급하는 제도이다.
③ 예금보험공사가 지급하는 금액은 1인당 이자를 포함한 원리금이다.
④ 외국은행의 국내지점에 예치된 예금은 「예금자보호법」의 보호대상이 아니다.

62 **금융실명제에 관한 설명으로 옳지 않은 것은?**

① 금융거래의 투명성을 제고시키기 위해서 1993년 도입되었다.
② 금융실명제법 시행 이후 각종 음성적 거래가 위축되었다.
③ 실지명의는 주민등록표나 사업자등록의 명의를 의미한다.
④ 금융실명제의 시행은 통화승수를 높이는 결과를 가져올 수 있다.

63 **여신관리에 관한 설명으로 옳지 않은 것은?**

① 워크아웃은 기업의 재무구조 개선작업으로 금융기관의 대출금 출자전환, 단기대출의 중장기 전환, 자산매각 등을 추진한다.
② 법원에 의해서 화의신청이 받아들여지면, 기업의 경영권은 채권자들에게 넘어간다.
③ 파산위기에 처한 기업이 법정관리의 대상이 되면, 모든 채무가 동결된다.
④ 금융기관의 대출은 연체기간에 따라 정상, 요주의, 고정, 회수의문, 추정손실로 분류한 후 각각에 대해 일정 비율의 대손충당금을 적립한다.

64 다음 (가) ~ (라)에 들어갈 용어를 바르게 짝지은 것은?

> ___(가)___은 변제능력이 있으나 당장 형편이 여의치 않은 자를 대상으로 하는 제도로 금융기관 공동협약에 따라 신용회복위원회가 운영하며 채무가 5억 원 이하, 연체기간이 3개월 이상인 개인이 신청할 수 있다.
>
> ___(나)___은 파산법에 의해 파산을 선고하여 잔여채무에 대한 변제의무를 면제시키는 제도로 채무의 규모와 관계없이 시행할 수 있다.
>
> ___(다)___은 상환능력이 있는 채무자의 경제적 파산을 방지하기 위해 법원이 시행하는 제도로 무담보채무가 5억 원 이내, 담보채무가 10억 원 이내로 합이 15억 원 이내인 개인이 신청하며 법원의 인가 결정에 따라 집행한다.
>
> ___(라)___은 대상채무자가 회사로부터 장기, 저리로 신규대부를 받아 채권금융기관에 대한 기존 대출채권을 상환하고 채권금융기관은 대상채무자에 대한 신용불량정보 등록을 해제하여 대상채무자의 신용회복을 활성화한다.

	(가)	(나)	(다)	(라)
①	개인워크아웃	개인회상	개인파산	배드뱅크프로그램
②	개인워크아웃	개인파산	개인회생	배드뱅크프로그램
③	개인회생	배드뱅크프로그램	개인파산	개인워크아웃
④	개인회생	배드뱅크프로그램	개인워크아웃	개인파산
⑤	배드뱅크프로그램	개인회생	개인워크아웃	개인파산

65 자산건전성 기준에 따른 여신 분류에 대한 설명으로 적절하지 않은 것은?

① 고정여신은 3개월 이상 연체대출금을 보유하고 있는 거래처에 대한 자산 중 회수예상가액해당 부분이다.

② 추정손실은 24개월 이상 연체대출금을 보유하고 있는 거래처에 대한 자산 중 회수예상가액 초과 부분이다.

③ 요주의자산은 1개월 이상 3개월 미만 연체대출금을 보유하고 있는 거래처에 대한 자산이다.

④ 회수의문은 3개월 이상 12개월 미만 연체대출금을 보유하고 있는 거래처에 대한 자산 중 회수예상가액 초과 부분이다.

66 **환율이 달러당 1,100원에서 1,200원으로 상승하였다. 그 이유로 적절하지 않은 것은?**

① 미국의 기준금리 인상으로 해외자본이 유출되었다.

② 국내 기업이 외국에 대규모공장을 신축하였다.

③ 내국인의 외국주식투자가 증가하였다.

④ 중국의 경기호황으로 수출이 증가하였다.

67 **은행의 외환업무에 관한 내용으로 적절하지 않은 것은?**

① 은행에서는 환전, 송금, 수출입업무 등을 처리한다.

② 외환의 송금은 개별 은행에서 정한 규정에 따라 처리해야 한다.

③ 은행 외환업무를 위해서 외국환거래법과 대외무역을 익혀 둘 필요가 있다.

④ 신용장은 은행이 수입거래처의 요청으로 신용을 보증하기 위해서 발행되는 증서이다.

68 **$COFIX$에 대한 설명으로 옳지 않은 것은?**

① 2010년 2월 16일 처음 도입된 주택담보대출의 기준금리이다.

② 은행연합회에서 시중 8개 은행의 자금조달 금리를 취합한 후 가중평균방식으로 금리를 산출한다.

③ $COFIX$ 산출의 기준이 되는 은행의 자금조달원에는 양도성예금증서(CD), 금융채, 요구불예금, 수시입출식 예금이 포함된다.

④ $COFIX$는 잔액기준 $COFIX$와 신규취급액 기준 $COFIX$로 나뉜다.

69 **다음 (가), (나)에 해당하는 개념이 바르게 연결된 것은?**

(가) 임대사업자에게 적용되는 지표로서, 연간 부동산 임대소득을 해당 임대건물의 연간 대출이자로 나눈 비율을 의미한다.

(나) 자영업자(혹은 개인사업자)에게 적용되는 지표로서, 대출금액(개인사업자 대출+가계 대출)을 연간 소득(영업이득+근로소득)으로 나눈 비율이다.

	(가)	(나)		(가)	(나)
①	RTI	LTI	②	LTI	RTI
③	DSR	DTI	④	DTI	DSR

70 **다음에서 설명하는 리스크(Risk)로 옳은 것은?**

거래당사자 간에 금융거래는 약정되었으나, 아직 자금결제가 이루어지지 않은 상태에서 거래 일방이 자신의 결제를 이행하지 못하게 됨에 따라 거래상대방이 손해를 입게 되는 위험으로서, 이는 금융거래규모와 소요기간에 의해 그 크기가 결정된다.

① 유동성리스크
② 결제리스크
③ 사이버리스크
④ 법률리스크

71 **공매도에 대한 설명으로 틀린 것을 모두 고르면?**

a. 공매도는 주가하락이 예상될 경우 사용되는 투자전략이다.
b. 공매도는 대주 또는 대차거래와 정확하게 일치하는 개념이다.
c. 국내에서 무차입공매도(Naked Short Selling)도 허용되고 있다.
d. 국내에서 차입공매도만 허용되고 있다.

① a, b
② a, c
③ a, d
④ b, c

72 사채발행 후 일정한 조건으로 일정한 기간이 지난 후 회사에서 주식으로 전환할 수 있는 채권으로 옳은 것은?

① CD(양도성예금증서)
② CB(전환사채)
③ CP(기업어음)
④ EB(교환사채)

73 은행에서 보험회사의 상품을 판매하는 것을 무엇이라 하는가?

① 방카슈랑스(Bancassurance)
② 어슈어뱅킹(Assure Banking)
③ 내로우뱅크(Narrowbank)
④ 펌뱅킹(Firm Banking)

74 캐리 트레이드(Carry Trade)에 대한 설명으로 옳은 것은?

① 장기투자자본 성격이 강해 세계금융시장의 발전요인이 된다.
② 캐리 트레이드는 저금리 국가의 자금을 빌려 고금리 국가의 자산에 투자하는 것을 뜻한다.
③ 고금리 통화의 환율이 절상될 경우 손실이 발생할 수도 있다.
④ 캐리 트레이드는 투자에 성공할 경우 일정 수익을 걷을 수 있기에 위험이 낮은 편이다.

75 다음 중 금리의 대소 비교로 가장 적절한 것은?

① 저축은행 예금금리 < 시중은행 예금금리
② 회사채금리 < 국고채금리
③ MBS금리 < Covered Bond 금리
④ 실질금리 < 명목금리

76 주식시장에서 주가지수가 전일에 비해 10% 이상 하락한 상태가 1분 이상 지속될 때 모든 주식 거래를 20분간 중단시키는 제도는 무엇인가?

① 사이드카　　② 콘탱고
③ 백워데이션　　④ 서킷 브레이커

77 은행의 BIS(국제결제은행)자기자본비율에 대한 설명으로 옳은 것은?

① 은행의 총자산 대비 부채비율을 말한다.
② 보통 6% 이상이면 우량은행으로 평가된다.
③ BIS는 이 비율이 5% 이상이 되도록 권고하고 있다.
④ 은행들이 해외에서 자금을 조달하려면 8%는 넘어야 한다.

78 다음을 읽고 ㄱ, ㄴ에 들어갈 주식투자용어를 바르게 짝지은 것은?

> 한국거래소는 주식 투자자들이 많이 참고하는 지표인 (ㄱ)와/과 (ㄴ)산출방식을 대폭 개선해 발표하기로 했다. (ㄱ)은/는 주식가격을 주당 순이익으로 나눈 비율로, 현 주가로 주식을 매입했을 경우 몇 년만에 주식투자금을 회수할 수 있는지를 나타낸다. (ㄴ)은/는 주가를 주당 순자산으로 나눈 비율로, 회사를 당장 청산했을 때 주주가 배당받을 수 있는 자산 가치를 의미한다.

	(ㄱ)	(ㄴ)		(ㄱ)	(ㄴ)
①	PER	PBR	②	PBR	PER
③	BPS	EPS	④	ROE	ROI

79 금융회사가 직면할 수 있는 각종 리스크에 대한 설명으로 적절하지 않은 것은?

① 운영리스크는 잘못된 내부절차, 인력, 시스템 등에 의해 발생되는 손실위험이다.
② 신용리스크는 채무자가 채무를 갚지 못하게 되어 발생하는 손실위험이다.
③ 금리, 환율, 주가 변동 등으로 인해 보유자산 가치가 하락함으로써 입게 되는 손실가능성을 시장리스크라고 한다.
④ 금융리스크는 관리만 잘하면 얼마든지 제로 수준까지 통제할 수 있다.

80 다음에서 설명하고 있는 상품으로 옳은 것은?

부동산 투자를 위한 뮤추얼 펀드라고 할 수 있다. 투자자 입장에서는 전문가들의 관리하에서 상업용 부동산 등에 투자하여 가치를 증진시키는 것이 목적이다. 부동산에 직접 투자할 경우 나타날 수 있는 제반문제도 피할 수 있다.

① 리츠(*REIT*) ② *PEF*
③ 랩(Wrap) ④ 모기지(Mortgage)

81 다음 A, B에 들어갈 절차를 바르게 짝지은 것은?

부실기업을 회생시키는 기업구조조정에는 크게 2가지 방법이 있다. 첫째, 채권, 채무관계가 모두 동결되는 (A)(으)로 법원이 구조조정 작업을 지휘하며 법원이 지정한 제3자가 자금을 비롯한 경영전반을 관리한다. 둘째, (B)은/는 채권단 주도로 기업을 회생시키는 것으로 채권단의 채권, 채무관계만 조정되는 것이 특징이다.

	A	B		A	B
①	법정관리	워크아웃	②	워크아웃	법정관리
③	화의제도	파산신청	④	워크아웃	화의제도

82 **다음 중 특정 국가나 기업이 해외에서 발행하는 국제채권이 아닌 것은?**

① 코코본드
② 양키본드
③ 캥거루본드
④ 아리랑본드

83 **다음은 무엇에 대한 설명인가?**

- 발생 가능한 최대 손실이라는 의미로 금융기관의 시장위험에 예측지표로 사용된다.
- 다양한 자산을 일관되게 이해할 수 있도록 통합하고 동일한 지표로 관리함으로써 리스크 양을 숫자로 관리하는 대표적 리스크 관리방식이다.
- 각 금융기관은 시장위험, 즉 시장의 각종 지수의 변수가 불리하게 작동하여 시장에서 자산이나 부채에 손실을 일으킬 가능성을 예측하고, 발생 가능한 위기를 관리하기 위한 리스크 관리방식이다.

① Stress Test
② Liquidity Coverage Ratio
③ Value at Risk
④ Basel Risk

84 **다음 중 *MBS*에 대한 설명으로 옳은 것을 모두 고르면?**

(ㄱ) 금융기관이 주택을 담보로 만기 20년 또는 30년 장기대출을 해 준 주택저당채권을 대상자산으로 하여 발행한 증권
(ㄴ) 부동산, 매출채권, 유가증권, 주택저당채권, 기타 재산권 등과 같은 유무형의 유동화자산을 기초로 하여 발행한 증권
(ㄷ) 사채나 대출채권 등 기업의 채무를 기초자산으로 하여 유동화증권을 발행하는 금융기법의 한 종류
(ㄹ) 부도가 발행하여 채권이나 대출원리금을 돌려받지 못할 위험에 대비한 신용파생상품
(ㅁ) 신용위험방지요소가 결합된 채권

① (ㄱ)
② (ㄱ), (ㄷ)
③ (ㄱ), (ㄴ), (ㄹ)
④ (ㄴ), (ㄷ), (ㅁ)

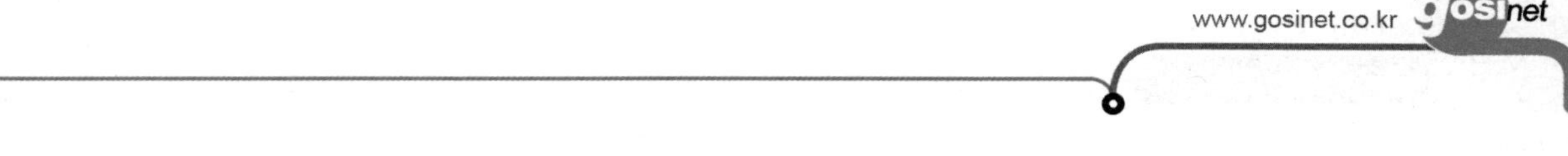

85 특정 주식의 주당 시가를 주당 이익으로 나눈 수치로 주가 1주당 수익의 몇 배가 되는지를 의미하는 것은?

① PER　　② EPS
③ ROI　　④ ROE

86 유모, 베이비시터, 피부미용사 등 서비스산업에 종사하는 여성 노동자를 무엇이라 하는가?

① 퍼플칼라　　② 브라운칼라
③ 핑크칼라　　④ 골드칼라

87 다음 중 리디노미네이션에 대한 설명으로 옳지 않은 것은?

① 화폐의 숫자가 너무 커서 발행하는 국민들의 계산이나 회계기장의 불편, 지급상의 불편을 해소하는 데 목적이 있다.
② 인플레이션 기대심리를 유발할 수 있다는 문제점이 있다.
③ 나라의 화폐를 가치의 변동 없이 모든 지폐와 은행권의 액면을 동일한 비율의 낮은 숫자로 표현하는 것이다.
④ 자국통화의 대외적 위상을 제고시킨다는 장점이 있다.

88 월가에서 주식시장의 상승 및 하락장은 각각 어느 동물에 비유하는가?

	상승	하락		상승	하락
①	독수리	황소	②	곰	황소
③	곰	황소	④	황소	곰

89 미국이 금리 인상을 할 경우 우리나라에 발생하는 효과로 적절하지 않은 것은?

① 국내 가계의 이자부담이 늘어날 수 있다.
② 국내 해외자본이 유출될 수 있다.
③ 국민연금의 해외투자 수익률이 증가할 수 있다.
④ 원-달러 환율이 하락할 수 있다.

90 DTI(총부채상환비율)에서 'D'는 무엇인가?

① Debt
② Domestic
③ Dart
④ Depression

91 10만 원으로 2년 만기 정기적금에 가입할 경우 단리와 복리의 이자 차이는? (단, 금리는 연 5%라 한다)

① 100원
② 150원
③ 200원
④ 250원

92 영국의 피치(Fitch Ratings), 미국의 무디스(Moody's), 스탠다드 앤드 푸어스(S&P)와 같은 기관의 공통점은?

① 신용평가기관
② 국가경쟁력평가기관
③ 원조기관
④ 투자자문기관

93 경제학에서 등장하는 트릴레마(Trillemma)의 구성요소를 모두 고르면?

ㄱ. 정치적 민주성(비독재성)	ㄴ. 자본자유화
ㄷ. 만장일치원칙	ㄹ. 독자적인 통화정책
ㅁ. 환율안정	ㅂ. 최소극대화원칙

① ㄱ, ㄴ, ㄷ
② ㄴ, ㄷ, ㄹ
③ ㄴ, ㄹ, ㅁ
④ ㄱ, ㅁ, ㅂ

94 양적완화에 대한 설명으로 적절하지 않은 것은?

① 양적완화는 시중의 통화량을 무제한적으로 늘리는 정책이다.
② 매입대상자산은 국공채뿐이다.
③ 양적완화정책은 경제주체들의 기대인플레이션을 자극할 수 있다.
④ 장기금리 인하를 유도함으로써 소비활성화 및 주택시장의 회복을 꾀하였다.

95 양적완화정책의 규모를 점진적으로 축소해 나간다는 의미를 담고 있는 용어로 옳은 것은?

① 테이퍼링
② 오퍼레이션 트위스트
③ 스트레스 테스트
④ 서킷 브레이커

96 다음 중 달러라이제이션(Dollarization)을 사용하지 않는 나라는?

① 에콰도르
② 룩셈부르크
③ 베트남
④ 파나마

빈출유형 기출분석

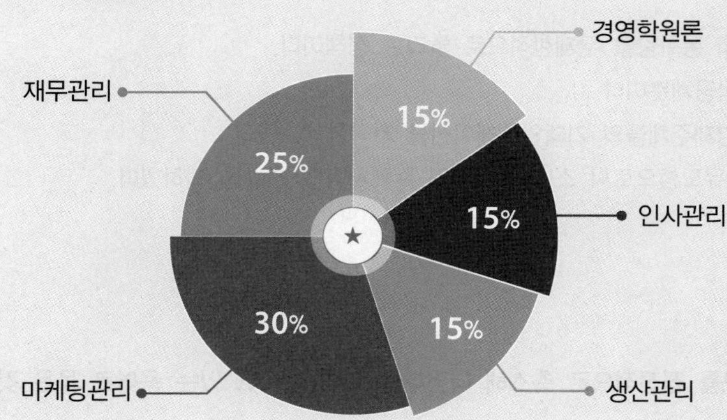

합격전략

경영상식에서는 경영에 대한 일반적인 상식에 관한 문제가 출제되므로 기업의 경영법과 조직전략 등을 파악해야 한다. 기업의 사회적 책임과 윤리경영에 관한 문제, 경영체제와 경영자에 관한 문제, 기업문화와 관련된 문제가 출제되며 강화 이론에 관련된 문제가 출제된다. 조직전략에 관련된 조직수명주기나 조직전략, 인사평가 방법, 노사관계관리에 관한 문제가 주로 출제되고 있다. 마지막으로 설비배치에 관한 문제, 재고관리에 관한 문제 등도 꾸준히 출제되고 있다.

파트 3 경영상식

✪ 테마 유형 학습

✪ 빈출 지문에서 뽑은 O/X

✪ 기출예상문제

기업의 사회적 책임과 윤리경영

Ⓔ 오늘날 급변하는 환경 속에서 기업이 계속 살아남고 성장해 나가기 위해서는 경제적 측면에서의 효율성이나 경쟁력을 강화해 나가야 함과 동시에 사회로부터 정상적인 기업활동을 인정받는 사회적 정당성(Social Legitimacy)을 획득하기 위해 노력해야 한다. 이러한 시각에서 볼 때 기업의 사회적 책임과 기업윤리 문제는 기업의 지속가능경영을 위한 경영분야이다.

〈CSR 정의의 구성요소〉

차원	구분	정의에 사용된 구절의 예
환경적 차원	자연환경	• 더 깨끗한 환경 • 환경에 대한 책무 • 경영활동에 있어서의 환경적 관심
사회적 차원	경영과 사회 간의 관계	• 더 나은 사회에 대한 기여 • 경영활동에 사회적 관심을 통합 • 지역사회에 대한 그들의 전반적 영향을 고려
경제적 차원	사회경제적 또는 재무적 측면	• 경제발전에 기여 • 수익성 보존 • 경영활동
이해관계자 차원	이해관계자 또는 이해관계집단	• 이해관계자와의 상호작용 • 조직이 그들의 피고용인, 공급자, 고객, 지역 • 사회와 상호작용하는 방법 • 기업의 이해관계자에 대한 대우
자발성 차원	법에 의해 규정되지 않은 행동	• 윤리적 가치에 기반을 둔 • 법적 의무를 넘어선 • 자발적인

1 기업의 사회적 책임

1. 기업의 사회적 책임의 의의

기업의 사회적 책임(CSR ; Corporate Social Responsibility)이란 전통적인 기업의 경제적 역할을 넘어선 보다 폭넓은 일련의 사회적 기업활동을 지칭한다. 즉, 기업의 사회적 책임은 기업활동으로 인해 발생하는 사회 · 경제적 문제를 해결함으로써 기업의 이해관계자와 사회일반의 요구나 사회적 기대를 충족시켜 주는 기업행동의 규범적 체계이다.

2. 기업의 사회적 책임의 등장

기업의 사회적 책임이 대두하게 된 이유는 기업활동에 대한 사회적 정당성의 위기(Crisis of Social Legitimacy)가 나타났기 때문이다. 현대 산업사회로 발전해 오면서 증대하는 사회적 기대수준에 미치지 못하는 기업의 행동으로 인해 기업과 사회 간의 긴장 및 마찰이 발생하였고, 기업존재의 사회적 정당성을 평가받는 상황까지 초래하였다.

3. 기업의 사회적 책임의 중요성

(1) 기업이 사회적 책임을 수행하는 것은 기업 자체에 대해서도 장기적이고 지속적인 기업경쟁력의 원천이 된다.

(2) 기업은 사회적 책임의 실천을 통해 사회적 형평성을 제고하는 데 기여한다.

(3) 사회적 책임의 수행은 사회경제 전체의 효율성을 향상시켜 경제적으로 이득이 된다.

(4) 기업이 사회적 책임을 실천하게 되면 경제적 이익만을 우선시하는 황금만능주의적 사고를 탈피하여 경제적 동기가 사회적 욕구나 동기와 균형을 이룰 수 있는 질적 수준의 향상을 실현할 수 있다.

4. 전략적 사회공헌활동의 특징

(1) 기업의 지역사회를 위한 참여 및 공헌활동을 조직적이고 체계적으로 수행하는 것이다.

(2) 기업의 사회공헌활동을 적극적이고 예방적인 차원에서 이루어지도록 하는 것이다.

(3) 다양한 사회참여 활동방식을 채택함으로써 사회공헌의 취지를 극대화시키고자 하는 것이다.

㊟ 전략적 사회공헌활동이란 기업이 지역사회의 요구와 기업의 목표를 조화시키는 사회봉사활동을 말한다. 이는 기업의 사회공헌활동이 지역사회의 요구와 기업의 목표 · 사명에 부합되도록 계획하고, 이를 뒷받침할 조직과 제도를 정비하는 것을 의미한다.

5. 사회공헌활동의 바람직한 방향설정

(1) 기업 소유주의 이미지를 제고하는 목적의 사회공헌활동에서 조직의 기업 이미지 제고 쪽으로 방향을 전환하여야 한다.

(2) 일시적 시혜성 기부에서 종업원이나 고객이 함께하는 참여형 모금형태를 통한 기부로 전환하여야 한다.

(3) 기업의 마케팅전략과 연계된 상생적 사회공헌활동을 전개하여야 한다.

(4) 기업의 장기비전이나 전략목표와 연계된 사회공헌활동을 통하여 조직활성화, 인적자원개발 등의 경영성과에도 기여할 수 있어야 한다.

2 기업의 사회적 책임 분류

1. 1단계 – 사회가 요구하는 경제적 책임 : 이익극대화

(1) 경제적 책임이란 기업이 우리 사회에서 기본적인 경제 단위로 제품을 적정한 가격에 생산하여 제공하고 이윤을 추구하여 기업의 영속성을 유지하고 고용을 확보하는 책임을 말한다.

(2) 기업이 실천해야 할 가장 기본적인 책임으로, 기업 스스로가 생존하기 위해서 본연의 임무인 이윤을 추구하는 것이다.

2. 2단계 – 사회가 의무화하는 법적 책임 : 법 · 규범준수

(1) 법적 책임이라 기업이 경제적 임무를 수행하기 위하여 제반 법적 요구를 준수하여야 한다는 책임을 말한다.

(2) 기업은 이윤을 추구하되 법의 테두리 안에서 해야 한다. 따라서 기업활동은 사회에 악영향을 미치지 않고, 환경을 파괴하지 않는 적법한 방법으로 이루어져야 한다.

3. 3단계 – 사회가 기대하는 윤리적 책임 : 윤리적 기준준수

(1) 윤리적 책임이란 법적으로 부여되지 않았지만 사회통념이나 기대에 의하여 형성된 윤리적 기준을 자발적으로 따르는 책임을 말한다.

(2) 기업경영은 사회의 공통 규범에 따라 운영해야 한다. 따라서 법으로 강제되지는 않지만 도덕적 기대수준 이하의 행동을 하지 않는다.

4. 4단계-사회가 희망하는 자선적(자율적) 책임 : 지역사회 공헌

(1) 자선적 책임이란 기업의 판단과 선택에 따라 수행되어야 하며, 자발적이고 기업의 욕구에 의해 이행하는 책임을 말한다.

(2) 자선적 책임이란 기업이 순수하게 자발적으로 행하는 사회적 책임을 말한다. 이것은 적극적으로 사회에 공헌하는 것이며 경영활동과 관련 없는 문화, 기부, 자원 봉사 등을 말한다.

기업의 사회적 책임 또는 사회적 공헌활동 개념이 조직 차원에서 법률적 · 제도적 측면을 강조하는 것이라면, 기업윤리는 개인 차원에서 도덕적 · 규범적 측면에 초점을 둔다.

3 기업윤리와 윤리경영

1. 기업윤리의 의의와 연구방향

일반적으로 윤리라 함은 인간행위의 옳고 그름이나 선악 또는 도덕적인 것과 비도덕적인 것을 구분시켜 주는 가치판단기준의 체계를 일컫는다. 기업윤리(Business Ethics)란 사회생활을 하는 인간이 근본적으로 부딪힐 수밖에 없는 윤리문제를 기업경영이라는 상황에 적용한 것으로 볼 수 있다.

2. 기업윤리의 연구방향

조직구성원들의 행동이나 태도에 대한 윤리적 판단기준 자체에 초점을 두는 규범적 접근과 조직구성원들로 하여금 기업경영의 윤리적 의사결정에 현실적인 도움을 주려는 실용적 접근이다.

3. 기업윤리가 부각되고 있는 이유

(1) 국민들 사이에 기업윤리에 대한 기대와 요구가 늘어가고 있기 때문에 기업윤리를 소홀히 다루는 경영자는 위험에 빠질 가능성이 매우 커지고 있다.

(2) 높은 기업윤리의 실천은 종업원을 사생활 침해나 열악한 근로조건들로부터 보호한다.

(3) 경영자의 비윤리적이고 비합법적인 행위가 빈번할수록 사회 전체가 지불해야 하는 비용이 대폭 증가하여 시장경제를 유지하는 데 많은 사회적 비용이 들지만, 윤리적인 행동을 많이 하는 경영자는 사회적으로 보호받는다.

(4) 시민단체의 기업윤리 감시활동이 강화되고 있다.

(5) 국제사회는 기업의 윤리적인 행동을 더욱더 요구하고 있다.

4. 국제기구의 기업윤리경영 추진내용

(1) WTO(World Trade Organization) : 1996년 1월 '정부조달의 투명성 협정' 체결, 한국은 1997년 1월 1일부터 이행하고 있다.

(2) ICC(International Chamber of Commerce) : 1996년 7월 '국제상거래상의 금품 강요와 뇌물수수방지에 관한 행동규칙' 발표, OECD 및 WTO의 관련규정과 연계활동을 추진했다.

(3) UN : 1996년 12월 '국제상거래에 있어서 부패와 뇌물에 관한 선언문' 채택, 세계 각국 공직자를 위한 행동강령으로 권고하고 있다.

(4) OECD : 1997년 12월 'OECD 뇌물방지협약' 체결, 회원국들은 '국제상거래뇌물방지법'을 제정 시행(1999. 2. 15.), 1998년 4월 '공직윤리관리원칙'을 OECD 권고안으로 채택, 공직사회 윤리인프라의 구축을 추진하고 있다.

(5) TI(Transparency International) : 비정부기구인 국제투명성기구는 국제반부패회의를 주재하여 1995년을 '세계 반부패의 해'로 지정하고 매년 국가별 청렴도를 발표하고 있다(2019년 한국의 부패지수는 180개국 중 39위).

5. 기업윤리경영의 구성요소

이해관계자	추구하는 가치이념	기업윤리에서 취급해야 할 문제
경쟁자	공정한 경쟁	불공정경쟁행위(카르텔, 입찰담합, 거래선 제한, 거래선의 차별 취급, 덤핑, 지적재산 침해, 기업비밀 침해, 뇌물 등)
고객	성실, 신의	유행상품, 결합상품, 허위 · 과대광고, 정보은폐, 가짜상표, 허위 · 과대 효능 · 성분표시 등
투자자	공평, 형평	내부자거래, 인위적 시장조작, 시세조작, 이전거래, 분식결산, 기업지배행위 등
종업원	인간의 존엄성	고용차별(국적, 인종, 성별, 장애자 등), 성차별, 프라이버시 침해, 작업장의 안전성, 단결권 등
지역사회	기업시민	산업재해(화재, 유해물질 침출), 산업공해(소음, 매연, 전파), 산업폐기물 불법처리, 부당 공장폐쇄 등
정부	엄정한 책무	탈세, 뇌물, 부정 정치자금, 보고의무 위반, 허위보고, 검사방해 등
외국정부, 기업	공정한 협조	세금회피, 부정 돈세탁, 뇌물, 덤핑, 정치개입, 문화파괴, 미비한 법규의 악용(유해물질 수출, 공해방지시설 미비) 등
지구환경	공생관계의 모색	환경오염, 자연파괴, 산업폐기물 수출입, 지구환경관련규정위반 등

기업의 윤리적 발전단계

제1단계 무도덕단계
- 기업주와 경영자들만이 중요한 이해관계
- 대가를 치르더라도 기업의 이익만 극대화

제2단계 준법단계
- 위법만 안하면 비윤리적이 아니라고 인식
- 법규만 지키며 그 이상의 윤리는 고려하지 않음

제3단계 대응단계
- 기업의 사회적 책임을 다하는 것이 기업에 이익
- 지역사회에서 봉사하고 대외적으로 홍보

제4단계 윤리관 태동단계
- 윤리와 이익의 균형
- 기업신조, 윤리강령 발표, 윤리위원회 등 조직화

제5단계 윤리적 선진단계
- 윤리원칙에 의한 행동
- 윤리우선

대표기출유형

현대 사회에서는 기업의 사회적 책임이 점차 증대되고 있다. 기업의 사회적 책임 영역 중에서 가장 기본적인 수준의 책임은 어느 것인가?

① 법적 책임 ② 윤리적 책임 ③ 자발적 책임
④ 도덕적 책임 ⑤ 경제적 책임

정답 ⑤

해설 기업의 사회적 책임 중에서 가장 기본적인 수준의 책임은 경제적 책임으로, 특정 기업의 이윤극대화는 다른 기업의 생존과 연관이 있기 때문에 기업의 생존은 기업이 가져야 할 기본적 요소이다.

테마 02

경영체제와 경영자

경영체제 또는 기업지배구조란 실제로 누가 기업을 지배·통제하는가에 대한 문제를 다루는 것이다. 경영체제를 결정하는 요인은 누가 기업의 소유권과 경영권을 갖고 있으며 어떤 방식으로 기업이 소유되고 있는가 하는 소유의 형태와 이를 둘러싼 소유주(Owner)와 경영자(Manager) 간의 권력관계라 할 수 있다.

1 경영체제

1. 경영체제의 개념

(1) 경영체제의 의의

① 경영체제란 기업을 누가 소유하고 그 통제권을 누가 가지고 있는가를 말하는 것으로서 소유주가 기업을 지배하는지, 아니면 경영자가 기업을 지배하는지로 크게 나누어진다.

② 경영체제는 기업경영시스템의 근간이 되는 경영자들의 위계구조를 의미하는 구조적 측면과 기업을 누가 소유하고 기업의 주요한 의사결정을 누가 하는가 같은 부와 권력의 소재형태를 밝혀 주는 측면에서 중요하다.

(2) 경영체제의 중요성

① 경영체제는 경영전략, 경영조직, 기능관리, 인사관리 등과 같은 다른 하위 기업경영시스템에 영향을 미친다.

② 경영체제에 따라 경영자들의 역할분담과 기능이 다르게 나타난다.

③ 기업이 어떤 경영체제를 가지고 있느냐에 따라 사회가 기업에 대하여 기대하는 역할이 다르게 나타난다.

④ 경영체제는 사회적 책임과 기업윤리행동 등 기업의 사회적 반응행동의 기본자세 및 행동방식에 영향을 미친다.

2. 경영체제의 유형

(1) 소유경영체제 : 소유권을 집중적으로 보유한 소유주가 기업경영의 중요한 의사결정권까지 지배·통제하는 경영체제를 지칭한다.

(2) 전문경영체제 : 소유권이 다수의 주주에게 분산됨에 따라 소유권과 경영권이 분리되고 경영대표가 기업경영의 중요한 의사결정권을 지배·통제하는 경영체제를 지칭한다.

(3) 소유경영체제와 전문경영체제의 비교

경영체제	소유경영체제	전문경영체제
경영주체	소유경영자	전문경영자
장점	• 최고경영자의 강력한 리더십 • 과감한 경영혁신 • 외부환경변화에의 효과적 적응	• 민주적 리더십과 자율적 경영 • 경영의 전문화·합리화 • 회사의 안정적 성장
단점	• 족벌경영의 위험성 • 개인이해와 회사이해의 혼동 • 개인능력에 대한 지나친 의존 • 부와 권력의 독점 가능성	• 임기의 제한으로 인한 문제점 • 주주 외의 이해관계자에 대한 경시 • 장기적 전망과 투자의 부족 • 단기적 이익 및 성과에 집착

2 경영체제에 따른 경영자의 구분

1. 소유경영자(Owner Manager)

(1) 기업에 대한 출자와 경영 기능을 동시에 수행하는 사람으로 출자자와 경영자가 분리될 필요가 없는 경영자를 의미한다.

(2) 소유경영자의 특징

① 소유경영체제하의 소유경영자는 기업가로서 자기가 자본을 출자하고 이에 따른 위험을 부담하며, 동시에 기업 내의 경영관리를 직접 수행하는 최고경영자로서 기업의 창업부터 기업의 제반 경영활동을 스스로 책임지는 사람을 의미한다.

② 소유권에 바탕을 두고 막강한 권한과 리더십을 행사할 수 있다.

③ 그들이 축적해 온 거대한 부(소유권)와 함께 카리스마적 리더십을 행사한다.

2. 전문경영자(Professional Manager)

(1) 과학적이고 전문적인 경영지식과 능력을 가진 경영자로 기업의 소유권으로부터 독립해 기업에 대한 경영권을 확보하고, 기업경영에서 유일한 의사결정주체로서의 역할을 수행하는 사람을 의미한다.

(2) 전문경영자의 특징

① 책임경영의식을 확고히 지녀야 한다. 주주를 포함한 이해관계자에 대해 책임을 지고 경영자로서의 역할을 수행하여야 한다.

② 소유권으로부터 독립된 전문경영자의 역할은 기업 내의 각기 다른 이해관계자, 즉 주주 · 근로자 · 공급자 및 채권자 등의 상호 대립하는 요구를 조정하는 것이다.

③ 기업이 개인의 사유재산이 아니라 이해관계자 모두를 위한 공적 책임을 지는 공기관이란 의식을 가지기 때문에 기업의 사회적 책임과 공공성의 실현에 더욱 유리하다.

④ 경영활동의 결과인 이윤을 각 이해관계집단에게 적정하게 배분할 수 있고 이해관계자들의 이해를 조정하는 과정에서 진정한 의미의 기업민주주의를 실현할 수 있다.

3. 고용경영자(Employed Manager)

(1) 기업규모가 확대되고 경영활동의 내용이 복잡해지면 기업가가 스스로 경영활동의 전부를 담당할 수 없게 된다. 따라서 자본가는 자기의 대리인을 고용하여 경영상의 업무를 분담시키게 된다.

(2) 주요 특징

① 고용경영자는 자본가에 의해 경영의 일부를 위임받아 종속적으로 관리하므로 자본가의 영향력을 벗어나기 어렵다.

② 전문적인 능력보다는 소유경영자의 학연 · 지연 · 충성심 등에 기초하여 고용되는 사례가 많다.

대표기출유형

경영체제를 소유경영체제와 전문경영체제로 구분할 경우 소유경영체제의 장점이 아닌 것은?

① 민주적 리더십과 경영의 전문화
② 최고경영자의 강력한 리더십
③ 외부환경변화에 효과적 적응
④ 과감한 경영혁신

정답 ①

해설 ①은 전문경영체제의 장점이고, 나머지는 소유경영체제의 장점이다.

테마 03 기업과 경영환경

> 기업은 홀로 존재하는 것이 아닌 다른 수많은 조직이나 사회구성원들이 함께 만들어 내는 복잡한 상호작용 속에서 자신의 목표를 달성하기 위해 다양한 경영활동을 수행하는 조직체이다. 특히 오늘날과 같이 경영환경의 변화가 급속히 일어나는 시기에는 기업이 경영환경과 어떤 관련을 맺으며 어떻게 경영환경의 변화에 대응할 것인가 하는 문제가 기업의 사활을 결정할 정도로 매우 중요하게 다루어진다.

1 경영환경의 의의와 중요성

1. 경영환경의 의의

(1) 경영환경이란 기업활동과 직 · 간접적으로 관련을 맺고 있는 기업 외부의 상황을 의미하며, 그중에서도 기업활동에 어떤 영향력을 미칠 수 있는 힘(Forces)을 지닌 상황요인이다.

(2) 경영환경은 기업에게 성장의 기회(Opportunity)를 제공하여 줌과 동시에 기업의 생존문제에까지 영향을 미칠 수 있는 위협(Threat)요인으로도 작용한다.

2. 경영환경의 중요성

(1) 경영계획을 수립하고 조직의 기틀을 형성하고 변화시키는 경영활동의 기초 작업이 경영환경 분석이므로 그 의미는 매우 중요하다.

(2) 기업을 둘러싼 글로벌 경영환경은 급속히 변하고 있으며 그 추세는 앞으로도 더욱 가속될 전망이다. 이는 개방적 조직이 기업의 생명이며 경쟁우위(Competitive Advantage)를 결정짓는 원천이기 때문이다.

> 내부환경은 기업의 독특한 특성이나 기업문화를 말하는 것이고, 외부환경은 기업의 밖에 있으면서 기업의 경영활동에 영향을 주는 요소를 말한다.

2 기업의 내부환경과 외부환경

1. 기업의 내부환경

(1) 기업의 독특한 특성이나 기업문화, 보유자원 및 종업원을 말하며 내부환경 변화에 대한 적절한 대응과 갈등 조정이 필요하다.

(2) 해당 기업에 직접적 영향을 주기 때문에 유연한 대응방식이 요구된다.

2. 기업의 외부환경

조직의 의사결정이나 투입요소의 변화과정에 영향을 미치는 정도에 따라 일반환경과 과업환경으로 구분된다.

(1) 일반환경(General Environment)

① 일반환경이란 어떤 특정 조직에 대해서만 영향을 미치는 환경이 아니라 사회 전체 내에 속해 있는 모든 조직에 공통적인 영향을 미치는 환경을 가리킨다.

② 경제적 환경, 국가 및 정치적 환경, 기술적 환경, 사회문화적 변화를 말하며 모든 기업에 간접적인 영향을 미치며 그 범위가 광범위하다.

(2) 과업환경(Task Environment)

① 과업환경이란 기업과 매우 밀접한 관련을 가지면서 기업활동에 직접적으로 영향을 미치는 근접환경을 말하는 것으로 기업의 입장에서 관리 가능한 경영환경을 말한다.

② 과업환경은 기업경영활동으로 인해 직 · 간접적인 이득이나 손해를 보는 이해관계자들(Stakeholders)로 분류되는데 주주, 노동조합, 소비자, 협력기업, 금융기관, 정부, 지역사회, 대학, 언론기관 등이 과업환경에 포함된다.

③ 전략수립 및 목표달성에 관한 의사결정에 직접적인 영향을 미치며 각 기업의 특성에 따라 고유하게 나타난다.

(3) 일반환경이 거의 모든 기업조직에 광범위하게 영향을 미치는 경영환경이라면 과업환경은 특정 기업의 경영활동과정에 직접적으로 영향을 미치는 경영환경이다.

〈경영환경의 구성체계〉

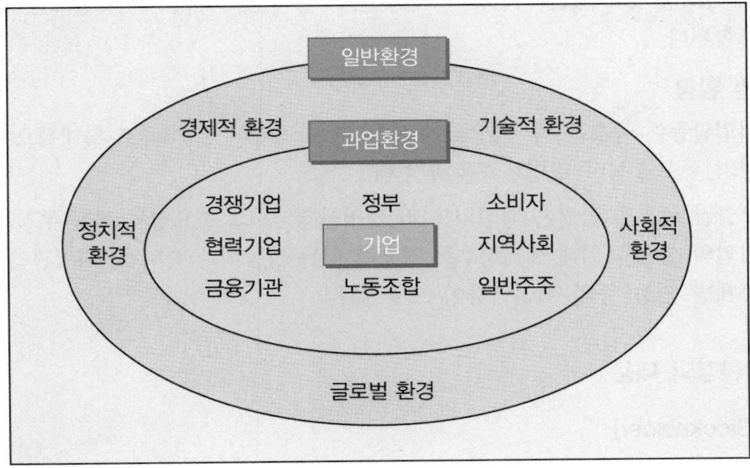

3 일반환경의 내용

1. 경제적 환경

(1) 기업경영활동을 둘러싸고 있는 국민경제적 환경으로서 재화 및 서비스의 생산과 분배에 관한 지역 · 국가 · 국제적 상태 또는 여건을 말한다.

(2) 경제적 환경을 구성하는 다양한 요소들 중에서 기업과 밀접한 관련을 갖는 것은 경제상황, 경기순환, 구조적 변화로 분류할 수 있다.

2. 기술적 환경

(1) 재화 및 서비스 생산과 관련되는 지식의 상태를 반영하는 것으로 기업경영에 영향을 미치는 국가 또는 산업의 기술수준을 지칭한다.

(2) 오늘날 기업의 일반적 환경 중에서도 가장 동태적인 성격을 지니면서 급속히 변화하고 있으며, 기업의 경영에 있어서도 직 · 간접적 차원에서 영향을 미치는 환경요인이다.

3. 정치적 환경

(1) 주로 법률과 공공정책이 형성되는 과정에 영향을 미치는 정치집단 및 이해관계자집단을 지칭한다.

(2) 사회의 정치풍토나 권력집중의 정도, 정치조직의 성격, 정치 · 정당의 구성체계 등이 포함되며, 기업 자신에게 우호적인 환경이 조성될 수 있도록 정치적 환경에 대처하는 것도 오늘날 기업의 필수적인 과제 중 하나가 되고 있다.

4. 사회적 환경

(1) 사회구성원들이 행동하고 생각하며 믿는 것 등과 관련된 일반환경으로 여기에는 사회의 규범 및 가치관, 선악에 대한 판단근거, 관습 및 관행 등이 포함된다.

(2) 사회적 환경의 구성요소를 살펴보면 사회제도나 사회현상, 그리고 사회구성원들이 어떤 대상에 대하여 갖고 있는 태도나 가치관으로서 기업활동과 구체적으로 관련하여 사회가 갖고 있는 기업관, 기업가관, 경영자관, 노사관계관, 성과관, 분배관 등이 포함된다.

5. 글로벌 환경

(1) 기업활동이 국경을 넘어 한 국가 또는 한 지역에서 전 세계로 확대됨으로써 영향을 끼치는 포괄적인 경영환경을 말한다.

(2) 오늘날 글로벌 환경은 기업의 여러 경영환경 중 그 중요성이 크게 부각되고 있으며 기업의 생존을 위해 세계적으로 경쟁력 있는 상품이나 서비스, 경영관리, 연구개발, 마케팅 기능 등의 핵심역량이 요구된다.

4 과업환경의 내용

1. 주주(Stockholder)

(1) 기업의 금융 또는 실물자본 중 자기자본에 해당하는 부분을 제공하는 개인이나 투자집단 또는 투자기관을 지칭한다.

(2) 주주가 기업의 과업환경으로서 인식되기 시작한 것은 대규모 자본을 필요로 하는 거대기업이 출현하고 자본시장이 발달한 이후이다.

2. 노동조합 및 근로자집단

(1) 산업화가 진전되면서 필연적으로 발생한 집단으로서 사용자(경영자)집단과 함께 조직을 구성하는 기업의 주요 과업환경이다.

(2) 노동조합은 오늘날 기업경영활동에 매우 중요한 영향력을 행사하는 과업환경으로 인식되고 있으며, 자본주의 경제발전과 더불어 스스로 그 존재의의를 확보하면서 경제 내의 균형을 유지해 나가는 중요한 사회적 기구로 발전해 왔다.

3. 소비자(Consumer) 및 소비자집단

(1) 제품소비시장을 형성하면서 구매력과 구매의욕을 가지고 기업이 생산한 상품이나 서비스를 반복하여 구매하는 개인 또는 사회의 여러 기관과 같은 소비주체를 지칭한다.

(2) 라이프 스타일(Life Style)의 변화도 소비자환경의 중요성을 부각시킨 원인이 된다. 라이프 스타일이란 사회구성원이 사회 속에서 살아가는 생활유형이라고 말할 수 있는데, 광의로 보면 사회의 모든 가치관과 구체적 생활양태까지 포괄하는 사회 전체의 모습을 말한다.

4. 관계기업

관계기업의 대표적인 예가 바로 경쟁기업과 협력기업이다. 동일시장을 대상으로 시장점유율의 각축을 벌이는 기업이 경쟁기업이라면, 수직적 또는 수평적으로 연계해 원재료 · 부품의 공급 및 완제품의 수요를 통해 상호 보완하는 기업이 협력기업이다.

(팁) 소비자주의(Consumerism)란 소비자 및 소비자집단이 기본권리를 지키기 위하여 전개하는 조직적 운동의 바탕이 되는 이념을 말한다. 이것을 바탕으로 소비자들의 조직화된 운동이 점차 강화되어 정부에 압력을 가함에 따라 정부도 소비자들의 권익을 보호하기 위한 많은 소비자보호 관련 입법을 통하여 기업에 제약을 가하기 시작하였다. 이처럼 소비자의 영향력이 증대함에 따라 최근에 들어와 대부분의 기업들은 제품과 서비스의 질 향상을 통한 고객관계경영(CRM ; Customer Relationship Marketing)을 실천하기 위해 노력하고 있다.

5. 지역사회(Community)

(1) 기업의 대표적인 이해관계자로서 기업경영활동의 터전을 제공해 주고 있다. 기업은 지역사회를 기반으로 경영활동을 하고 있으며, 지역사회도 기업환경이 변화함에 따라 경제적 · 사회적 · 문화적 변동을 겪게 된다.

(2) 과업환경으로서 기업을 둘러싼 이익집단 중에서 비교적 조직화되지 못한 산발적 형태로 특정의 문제가 발생할 때에만 기업에 대해 영향력을 행사한다. 그러나 이러한 일시적인 영향력의 행사가 기업의 전략적 의사결정에 커다란 영향을 미칠 뿐만 아니라 환경문제 등과 같은 기업의 사회적 책임문제와 관련하여 그 중요성이 더욱 증가하고 있다.

6. 정부

(1) 국가사회의 지배적 정치조직의 하나로서 입법 · 사법 · 행정의 3대 국가권력 중 주로 행정권력을 수행하는 역할을 한다. 그러나 오늘날 정부역할의 증대로 기업의 과업환경으로서의 정부는 행정부만을 지칭하는 것이 아니라 국가기관과 관련된 모든 활동을 의미한다.

(2) 일반주주 · 노동조합 · 소비자집단 · 지역사회 등 이해관계자집단들의 이해관계를 정책적으로 수렴하여 기업활동에 영향을 주는 매개체로서 역할을 할 뿐만 아니라, 기업에 대한 일반시민의 사회적 기대를 수렴하여 기업활동을 규제하거나 기업이 나아갈 방향을 제시하는 환경요인으로서도 기능한다.

(3) 기업의 입장에서 볼 때 정부는 일반환경을 포괄하는 영향력을 행사하는 과업환경으로 인식된다.

대표기출유형

기업의 경영활동에 직접적인 영향을 미치는 환경요인은?

① 국민경제규모　　② 법률 · 제도 · 규정

③ 관습 · 전통　　④ 소비자

정답 ④

해설 과업환경은 기업의 경영활동에 직접적인 영향을 미치고, 일반환경은 기업의 경영활동에 간접적인 영향을 미친다.

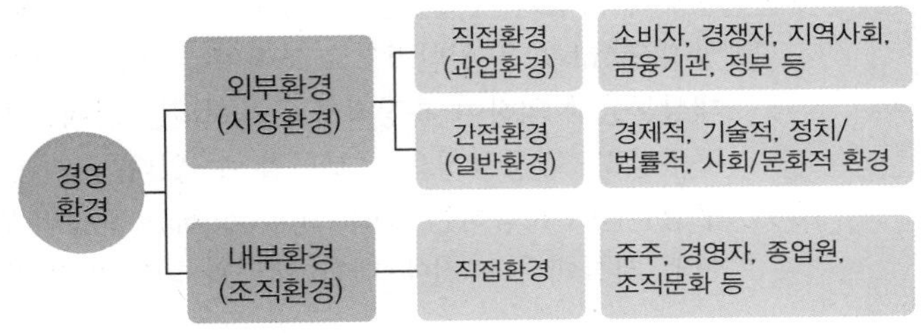

테마 04 기업문화

기업문화

> 기업문화의 핵심적 특성은 '독특성(Uniqueness)'과 '가꾸어 나갈 수 있다(Cultivation)'는 데 있다. '독특성'이란 특정 기업의 조직구성원들이 공유하는 정신적·행동적·상징적 특성이 다른 기업과는 상이한 모습으로 기업 차원에서 표출되었음을 의미하고, '가꾸어 나갈 수 있다'라는 특성은 기업문화가 기업의 경영성과나 기업경쟁력 등에 미치는 효과와 결부되어 실제경영에서 특히 강조된다.

1 기업문화의 개념

1. 기업문화의 의의

(1) 기업문화란 특정 기업에서 최고경영자와 일반구성원들 모두를 포함하는 조직 전체구성원들 사이에 공유된 가치의식, 행동방식, 그리고 상징특성이다.

(2) 기업구성원들의 정신적 방향을 가늠하는 지주로서 조직을 움직이는 인적 주체에 반영되어 조직구성원들에게 안정을 부여하면서 동시에 기업경영시스템의 지속적인 변화를 추구하게 하는 동인으로 작용한다.

2. 기업문화의 역할

(1) 개인과 조직을 연결하는 역할을 한다.

(2) 최고경영자로 하여금 일관된 경영스타일을 지속하도록 하는 매개체 역할을 한다.

(3) 일반구성원들은 물론 중간관리자들의 행위기준을 설정해 주고 구성원들 간의 상호작용을 촉진한다.

(4) 구성원들의 일체감을 바탕으로 협력적 노사관계의 구축에 이바지한다.

(5) 대외적으로 기업의 사회적 이미지와 위상을 제고시킴으로써 대외홍보를 용이하게 하고 이를 통해 우수한 인재의 모집이나 선발을 수월하게 한다.

3. 기업문화의 구성요소

(1) 가치·이념적 요소

① 가치·이념적 요소는 기업문화의 세 가지 요소 중에서 가장 핵심이 되고 밑바탕이 되는 요소이다.

② 가치(Values)란 조직의 모든 구성원들에게 공통적인 방향감각과 일상행위의 가이드라인을 제공하는 것으로 기업에서는 대체로 사시, 사훈 또는 경영이념이라는 형태로 존재한다.

③ 가치의식에는 최고경영자가 중시하는 경영이념이나 강조정신과 일반구성원들이 중요시하는 정신적 자세나 사원정신 등이 포함된다.

(2) 행동·관행적 요소 : 행동·관행적 요소란 조직구성원들 간에 공유되어 일반적으로 받아들여지는 확립된 행동의 표준 또는 규칙을 말하는 행동규범을 말한다.

(3) 상징·언어적 요소

① 상징·언어적 요소는 기업문화가 가장 가시적인 수준에서 표출된 것으로 기업의 내부적 통합과 구성원들 간의 동질성을 파악하는데 매우 중요하다.

② 상징(Symbol)은 일반적으로 조직이나 구성원들의 가치 또는 신념이 어떤 구체적 대상물들에 의하여 특징적으로 표현되는 상태를 말한다. 상징은 크게 물적상징, 구두상징, 활동상징으로 분류할 수 있다.

③ 구성원들이 사용하는 언어(Language)는 구성원 간에 의사를 전달하는 매체로서 어떤 사물이나 사건에 대한 개념과 의미의 범위를 한정짓는 역할을 한다.

> • 물적상징 : 회사마크·건물·유니폼·마스코트 등의 유형적 형태로서 기업의 가치와 신념을 표현하는 것
> • 구두상징 : 조직의 가치·신념 등이 가장 일반적인 이야기의 형태로 나타나는 것으로서 조직구성원들이 일상적으로 생활하면서 듣고 전달하며 사용하는 영웅담·별명·전설·에피소드·사보·사가 등
> • 활동상징 : 의례·의식·기념식·명상의 시간·체육대회·축제 등 기업생활의 기본문화적 가치를 극대화하고 종업원들에게 기억할 만한 경험을 제공하는 것

2 기업문화의 유형

1. 홉스테드(Hofstede)의 국가 간 문화유형

(1) 권력 거리(Power Distance)

① 권력 거리는 권력의 불평등 관계로 권력에서 소외된 사람이나 집단이 그 불평등함을 받아들이는 정도를 의미한다. 즉 권력의 거리란 사회구성원들이 육체적으로나 지적으로 평등하지 못하다는 사실에 대해 어떤 반응을 보이는가 하는 것으로서 어떤 사회에서는 권력과 부의 불균등을 더욱 심화시키고 강화하는가 하면(불평등), 또 다른 사회에서는 이러한 불균등을 가능한 한 해소시키려고 한다(평등).

② 권력 거리가 큰 문화에서는 상급자와 하급자가 불평등한 관계라는 것을 인정하며 조직 내의 권력도 계급에 따라 결정된다.

③ 권력 거리가 작은 문화에서는 상급자와 하급자가 동등한 것으로 간주되며 하급자는 의사결정에 기여하거나 비판할 권리를 갖는다.

(2) 불확실성 회피(Uncertainty Avoidance)

① 불확실성의 회피 차원은 한 문화의 구성원들이 불확실한 상황이나 미지의 상황으로 인해 위협을 느끼는 정도를 의미한다. 즉 사회구성원들이 환경의 불확실성에 적응해 나가는 방법이 문화에 따라서 서로 어떻게 다른가 하는 것이다.

② 어떤 사회는 불확실성에 대해 별로 위협을 느끼지 않아 다른 스타일의 행위나 의견을 쉽게 수용하는 반면(유연함), 어떤 사회에서는 불확실성에 대해 불안해하며 회피하려 하므로 규칙이나 절차에 의존하려고 한다(엄격함).

③ 불확실성 회피 정도가 강한 문화에서는 사람들이 분주하고 적극적이며 활동적인 반면 약한 문화권에서는 조용하며 태평한 것으로 보인다.

④ 불확실성 회피 정도가 약한 문화권의 경우 남과 다른 아이디어를 수용할 가능성이 높으나, 아이디어를 활용하여 대량 생산을 하는 데는 적합하지 않다. 대량 생산은 불확실성의 회피 정도가 높은 문화권에 비교우위가 있다.

(3) 개인주의와 집단주의(Individualism－Collectivism)

① 개인주의와 집단주의란 사회구성원들이 개인목표와 집단목표 중 어느 것을 더욱 강조하는지에 관한 것이다.

② 개인에게 더욱 많은 자유를 인정하고 개인적 이해가 중시될수록 그 사회는 개인주의적이며, 구성원들 간의 관계가 밀접하고 집단의 이해가 중요시될수록 그 사회는 집단주의적이다.

③ 권력 거리가 크면 대체로 개인주의지수가 낮고 권력 거리지수가 낮으면 개인주의지수가 높다.

④ 집단주의적인 문화에서는 화목을 강조하나 개인주의적인 문화에서는 의견의 충돌도 진실을 규명하기 위한 과정으로 받아들인다.

(4) 남성성과 여성성(Masculinity－Femininity)

① 사회에서 남성과 여성의 역할분담에 관한 것으로서 사회마다 성에 따른 사회적 역할분담이 다르다는 사실에 기초한다. 어떤 사회에서는 남성과 여성이 여러 가지 역할을 공동으로 수행하고 있고 또 어떤 사회에서는 남성과 여성의 사회적 역할이 엄격히 구분되어 있다.

Ⓔ 홉스테드는 50개국에 있는 IBM 직원 116,000명을 대상으로 국가 간 문화차를 연구하였다. 각 나라로부터 문화의 요소를 추출하여 가치 차원을 권력 거리, 개인주의 대 집단주의, 남성성과 여성성, 불확실성의 회피 네 가지로 제시하였다.

② 엄격한 남녀 역할분담이 이루어져 있는 사회를 남성성이 강하다고 하고 역할분담이 명확하지 않은 사회를 상대적으로 여성성이 강하다고 한다.

③ 남성적인 문화에서는 남녀의 역할이 뚜렷이 구별되며, 경쟁력, 자기주장, 유물론, 야망 등을 중시한다.

④ 여성적인 문화에서는 남녀의 역할이 구별되지 않고 남녀 모두 겸손하고 부드러우며 대인관계나 삶의 질을 중요하게 생각한다.

⑤ 남성적인 문화권의 경영자는 자기주장이 강하며 결단력이 있고 적극적인 반면 여성적인 문화권의 경영자는 직관적이며 합의를 구하는 데 익숙하다.

(5) 평가

① 개인주의·집단주의, 그리고 남성성과 여성성은 경제발전 및 종교의 전통과 밀접하게 관련되는 요인이다. 권력 거리, 불확실성 회피의 두 차원과 개인주의-집단주의, 남성성과 여성성의 두 차원을 이용한 기업문화의 유형화는 기업이 해외로 진출할 때 유사한 기업문화를 갖는 국가에 진출하는 것이 문화적 차이가 적어서 기업경영에 도움이 될 수도 있다는 시사점을 준다.

② 국가들 간에는 거시환경적 특성이 다르므로 기업문화가 달라야 하는데도 왜 기업문화가 유사한 국가가 존재하는지, 왜 같은 국가 내에서도 기업문화의 차이가 나타나는지를 설명하지 못하고 있다.

딜과 케네디는 환경이 기업경영에 미치는 위험도와 기업과 종업원에게 성패가 알려지는 피드백의 속도를 양축으로 하여 네 가지 유형을 제시하였다.

2. 딜(T. E. Deal)과 케네디(A. A. Kennedy)의 기업문화 유형

피드백 속도 \ 위험도	고	저
빠름	의지가 강한 남성적 문화	열심히 일하고 잘 노는 문화
늦음	기업의 운명을 거는 문화	과정을 중시하는 문화

(1) 의지가 강한 남성적 문화(Tough-guy, Macho Culture)

① 위험도가 높고 성과의 피드백을 빨리 요구하는 환경하에서 형성되는 문화이다. 즉, 높은 위험에 직면하여 구성원들의 적극적인 행동을 요구하는 문화이다. 이는 조직 내 구성원들이 상호 경쟁하는 개인주의적인 문화적 특성을 갖는다.

② 이러한 문화의 대표적인 조직으로는 건설업, 경영컨설팅 조직, 경찰이나 외과의 사들의 조직을 들 수가 있다.

③ 장점 : 빠른 기간 내에 질서정연하게 업무수행을 하게 하고 조직에서 스타들이 갖는 고뇌를 덜어줄 수 있으며, 과감한 행동이 성공하면 상당한 보상을 받는다.

④ 단점 : 과거의 실패에서 교훈을 얻지 못하고 단기지향성을 지니므로 활동의 지속적인 가치가 무너지며 응집력이 약화될 수 있다.

(2) 열심히 일하고 잘 노는 문화(Work Hard, Play Hard Culture)

① 위험도가 낮고 그 대신 성과의 피드백을 빨리 요구하는 환경에서 형성된다. 근면과 노력이 성공의 열쇠가 되는 확률이 높기 때문에 근면형 문화 또는 적극형 문화라고도 한다.

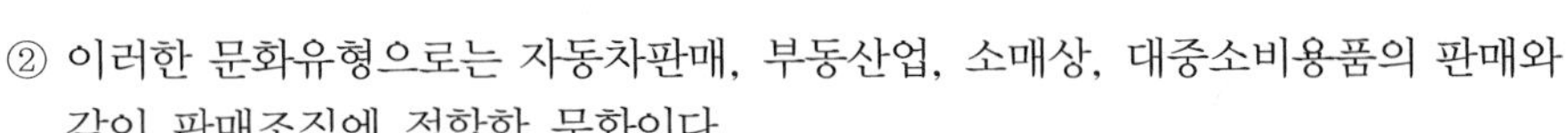

② 이러한 문화유형으로는 자동차판매, 부동산업, 소매상, 대중소비용품의 판매와 같이 판매조직에 적합한 문화이다.

③ 장점 : 많은 일을 빠른 기간 내에 처리할 수가 있다.

④ 단점 : 단기지향적이고, 문제의 해결보다는 활동에 더 많은 관심을 가지며 질보다는 양을 우선하기 때문에 생각과 주의력이 집중되지 못한다. 따라서 무분별하게 정력을 낭비할 소지가 있다.

(3) 기업의 운명을 거는 문화(Bet Your Company Culture)

① 위험도는 높고 성과의 피드백은 낮은 환경하에서 형성되며, 고위험형 문화 또는 투기형 문화라고도 한다. 올바른 의사결정이 중요하며 회의가 중요한 의식이 되고 기업 전체에서 신중한 기풍이 조성된다.

② 이러한 문화유형은 유류, 항공, 자본재, 광산업, 시설재와 같은 산업에 속하는 조직에 적합하다.

③ 장점 : 높은 수준의 발명을 할 수 있고 과학적 발전을 할 수 있다.

④ 단점 : 업무처리가 매우 늦고 단기적인 경제적 위기에 약하며, 현금흐름의 문제에 직면할 위험이 있고, 급변하는 환경에 민첩하게 적응하지 못하고 결단이 어렵다.

(4) 과정을 중시하는 문화(Process Culture)

① 위험도도 낮고 성과의 피드백도 느린 환경하에서 생성되는 문화유형이다. 절차형 문화라고도 하는 이 문화는 산출물과 같은 결과보다 그것이 어떻게 이루어지는가 하는 진행방법과 과정에 초점을 둔다.

② 조직 내 구성원들이 사려 깊고 질서정연하며 보수지향성을 지닌다. 또한 정확하고 완전 무결주의를 지향하기 때문에 관료주의 문화 또는 관료형 문화라고도 한다.

③ 이러한 문화는 은행, 보험회사, 제약업, 정부기관, 공공산업에서 많이 찾아볼 수 있다.

④ 장점 : 작업장에 질서와 시스템을 가져온다.

⑤ 단점 : 지나치게 형식적이고 창의성이 없으며 장시간 근무와 싫증나는 일이 많아진다.

최신 금융·디지털 용어
금융상식
경영상식
경제상식
실전모의 1회
실전모의 2회

대표기출유형

홉스테드(Hofstede)의 국가 간 문화유형으로 가장 적절하지 않은 것은?

① 권력의 거리는 권력의 불평등 관계로 권력에서 소외된 사람이나 집단이 그 불평등함을 받아들이는 정도를 의미한다.

② 불확실성 회피란 사회구성원들이 환경의 불확실성에 적응해 나가는 방법이 문화에 따라서 서로 어떻게 다른가 하는 것이다.

③ 개인에게 더욱 많은 자유를 인정하고 개인적 이해가 중시될수록 그 사회는 개인주의적이다.

④ 엄격한 남녀의 역할분담이 이루어져 있는 사회를 여성성이 강하다고 한다.

정답 ④

해설 엄격한 남녀의 역할분담이 이루어져 있는 사회를 남성성이 강하다고 하고, 역할분담이 명확하지 않은 사회를 여성성이 상대적으로 강하다고 한다.

테마 05 기업결합

> **기업결합의 형태**
> 1. 합일적 결합 : 회사의 합병 및 영업의 전부 양도
> 2. 기업 집중화
>   • 자본적 결합 : 주식의 상호 보유, 의결권 신탁, 지주 지배
>   • 기술적 결합 : 콤비나트
>   • 인적 결합 : 임원 파견 및 동종 관계
> 3. 제휴적 결합 : 기술제휴, 판매제휴, 카르텔

> **신디케이트(Syndicate)**
> 동일한 시장 내 여러 기업이 출자해서 공동판매회사를 설립한 것으로, 가장 고도화된 카르텔의 형태다. 공동판매소를 통해 판매가 이루어지며 가맹기업의 모든 판매가 이 기관을 통해 이루어진다(기업의 직접 판매는 금지).

> **조인트벤처(Joint Venture, 합작투자)**
> 2개국 이상의 기업·개인·정부기관이 특정 기업 운영에 공동으로 참여하는 국제경영방식으로 전체 참여자가 공동으로 소유권을 가진다. 주로 현지 정부의 제한으로 인해 단독투자방식을 이용할 수 없거나 현지 파트너에서 자원 및 원료를 독점 공급해야만 하는 경우에 많이 활용되며 무역장벽 극복, 경쟁완화, 기술 및 특허활용 측면으로 전략적 이점을 가진다.

> **콩글로메리트(Conglomerate, 복합기업)**
> 타 업종 기업을 매수·합병하여 경영을 다각화하는 기업형태를 말하며, 수평(동종업)이나 수직(원료에서 최종제품 판매까지)의 합병이 독점 및 과점 금지법에 의해서 규제되고 있기 때문에 기술혁신을 위해서 기업의 성장전략으로 추진되는 경향을 가진다.

1 카르텔(기업연합, Kartell, Cartel)

1. 카르텔의 의의

기업연합 또는 부당한 공동행위와 동의어로 사용되고 있으며 시장통제(독점화)를 목적으로 동일 산업 분야의 기업들이 협약 등의 방법으로 연합하는 형태를 말한다.

2. 카르텔의 특징

(1) 동종기업 간 경쟁을 제한하기 위해 상호 협정을 체결하는 형태로서 참가기업들이 법률적·경제적으로 독립된 상태를 유지한다는 점에서 트러스트·콘체른과 구별된다.

(2) 경쟁기업들은 카르텔을 통해 시장을 인위적으로 독점함으로써 가격의 자율조절 등 시장통제력을 가지게 되고 이윤을 독점하는 등 폐해가 발생하게 된다.

(3) 공정거래법은 카르텔을 부당한 공동행위로 금지하고 있다.

(4) 카르텔은 국가 간 행해지기도 하며 OPEC(석유수출국기구)에 의한 석유나 커피, 설탕 등의 국제상품협정이 국가 간에 형성되는 카르텔(국제카르텔)의 대표적인 예다.

3. 카르텔이 발생 또는 유지되기 위한 조건

(1) 참가기업이 비교적 소수다.

(2) 참가기업 간의 시장점유율 등에 차이가 적다.

(3) 생산 또는 취급상품이 경쟁관계에 있다.

(4) 다른 사업자의 시장진입이 상대적으로 어렵다.

4. 카르텔의 종류

생산카르텔	생산과정에서 경쟁을 제한하는 협정으로 가맹기업 간 과잉생산과 관련한 문제를 해결하기 위해 체결
구매카르텔	원료나 반제품의 구매에 따른 경쟁을 제한하여 구매를 용이하게 하기 위해 체결
판매카르텔	• 유사 산업에 종사하는 기업 간 판매경쟁을 피하기 위해 체결 • 가격카르텔, 지역카르텔, 공동판매카르텔 등

2 트러스트(기업합동, Trust)

1. 트러스트의 의의

동일 업종의 기업이 자본적으로 결합한 독점 형태를 말하며 자유경쟁에 의한 생산 과잉·가격 하락을 피하고 시장독점에 의한 초과 이윤의 획득을 목적으로 형성된다.

2. 트러스트의 특징

카르텔보다 강한 기업집중의 형태로, 시장독점을 위하여 각 기업체가 법적으로 독립성을 포기하고 자본적으로 결합한 기업합동 형태다.

3. 결합의 방식

(1) 여러 주주의 주식을 특정 수탁자에 위탁함으로써 경영을 수탁자에게 일임한다.

(2) 지배 가능한 주식지분의 확보를 통하여 지배권을 행사한다.

(3) 기존의 여러 기업을 해산시킨 다음 기존 자산을 새로 설립된 기업에 계승한다.

(4) 기업을 흡수 · 병합한다.

3 콘체른(기업제휴, Konzern, Concern)

1. 콘체른의 의의

자본결합을 중심으로 한 다각적인 기업결합으로 모회사를 중심으로 한 산업자본형 콘체른과 재벌과 같은 금융자본형 콘체른이 있다.

2. 형성 방식

(1) 리프만(R. Liefmann)은 콘체른이 형성되는 방식으로 자본참가, 경영자 파견 및 자본교환, 다수 기업이 계약에 의해 이익협동관계를 형성하는 이익공동체, 위임경영과 경영임대차의 네 가지를 들었다.

(2) 자본참가의 방식을 보면 주식을 취득하는 경우도 있으나 지배회사를 정점으로 피라미드형 지배를 가능하게 하는 지주회사방식이 많다.

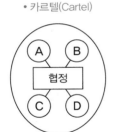

A B 협정 C D

A, B, C, D
각각 독립기업

• 트러스트(Trust)

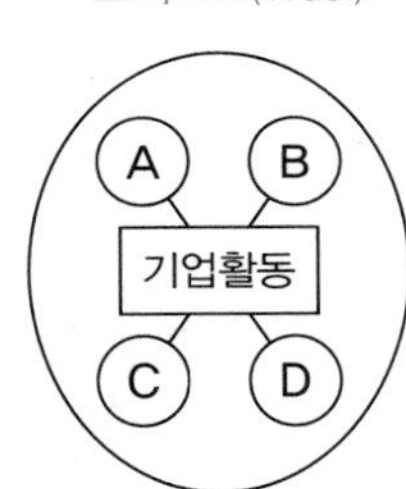

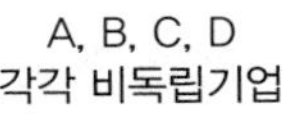

• 콘체른(Konzern)

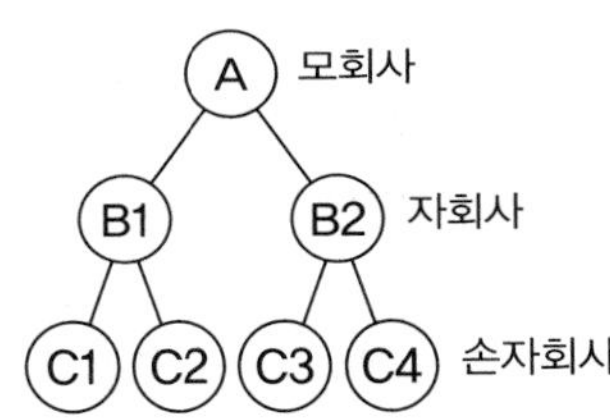

B1, B2, C1, C2, C3, C4
형식상 독립기업

콤비나트(Kombinat)
기술적 연관성이 있는 여러 생산부문이 근접 입지하여 형성하는 지역적 결합체를 의미한다. 예를 들어 자동차 생산에 필요한 부품공장이 콤비나트를 이루고 있을 경우 생산 및 물류이동에 소모되는 시간과 비용을 최소화할 수 있고 이를 통해서 경쟁력을 가질 수 있다.

기업집중의 제한
기업집중의 심화를 제한하기 위하여 한국의 경우 「독점규제 및 공정거래에 관한 법률」을 제정하여 공정하고 자유로운 경쟁을 촉진하고 불공정거래 행위를 규제하고 있다.

대표기출유형

기업결합형태 중 기능적 관련이 없는 이종기업 간의 매수합병은?

① 카르텔(Cartel)　② 콘체른(Concern)
③ 기업집단(Business Group)　④ 콩글로메리트(Conglomerate)

정답 ④

해설 콩글로메리트는 서로 업종이 다른 이종기업을 합병 · 매수하여 다각적 경영을 하는 기업집단을 말한다.

테마 06

수직통합전략

> 완전통합전략
> 기업이 원재료의 투입부터 최종 소비자에게 판매되는 과정에 필요한 투입요소 전체를 모두 생산하거나 산출물을 모두 처리하는 경우이다.

> 부분통합전략
> 기업이 소유한 공급업체와 더불어 독립된 공급업체로부터 투입요소를 사들이고 산출도 마찬가지로 기업이 소유하고 있는 유통업체뿐만 아니라 다른 유통업체를 통해서도 유통시키는 경우이다.

1 후방통합과 전방통합

1. 수직통합은 기업이 자신의 투입을 제조하거나 자신의 산출을 처리하는 것을 의미한다. 이 경우 전자를 후방통합, 후자를 전방통합이라 부른다.
2. 수직통합전략은 통합의 방향에 따라 조립생산의 전 단계인 원재료나 부품의 공급업자를 통합하는 후방통합과 조립생산의 다음 단계인 도소매업자를 통합하는 전방통합으로 나누어진다.
3. 조립단계의 회사에 있어 후방통합은 부품이나 원재료의 생산단계를 흡수하는 것을 의미하며 전방통합은 도소매 등 유통단계로의 진입을 의미한다.

〈원재료에서 소비자까지의 단계〉

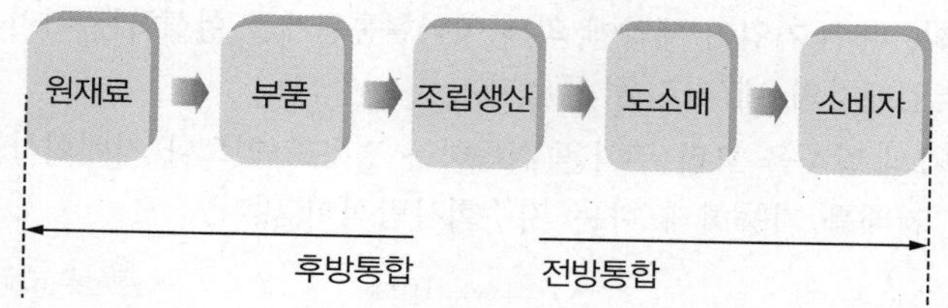

2 수직통합전략의 장단점

1. 수직통합전략의 장점

(1) 생산비용 절감 : 원재료나 부품을 생산공정에 유리한 조건으로 투입함으로써 생산의 효율성이 높아질 뿐만 아니라 용이한 생산공정 계획 · 조정으로 생산비용을 절감할 수 있다.

(2) 시장비용과 거래비용 절감 : 외부시장을 통해 원재료를 구입하고 제품을 판매하는 경우 발생하는 시장거래와 같은 거래비용을 절감할 수 있다.

(3) 제품의 품질 향상

① 후방통합을 통해 양질의 원재료를 공급받게 되면 고품질을 유지할 수 있고 그 결과 소비자의 신뢰를 확보할 수 있다.

② 전방통합을 통해 다양한 유통채널을 확보함으로써 고객에게 보다 좋은 서비스를 제공하여 소비자의 신뢰를 확보할 수 있다.

(4) 추가적인 가치 창출 : 외부로부터 독점기술을 보호함으로써 추가적인 가치를 창출할 수 있다.

2. 수직통합전략의 단점

(1) 잠재적 원가의 상승 : 낮은 가격의 외부 부품업체가 존재함에도 불구하고 기업이 소유하고 있는 공급자로부터 투입을 받아야 하는 경우 오히려 비용이 증가하기도 한다. 이러한 위험으로 인해 기업들은 수직통합보다 시장거래의 신뢰성 확립을 전제로 전략적 아웃소싱을 하기도 한다.

(2) 급속한 기술 변화에 따르는 위험 : 후방통합을 한 1950년대의 라디오 제조업체는 당시 진공관이 최선의 기술이었으나 불과 10년 후 트랜지스터가 개발되어 기술적으로 진부화된 사업이 되고 말았다. 이 경우처럼 수직통합은 기술 진부화로 인한 위험을 분산시키지 못하는 치명적인 단점을 가진다.

(3) 수요가 예측 불가능한 경우의 위험 : 수직통합은 불안정하고 예측불가능한 수요조건 하에서 매우 위험하다. 만약 안정적인 수요가 없다면 서로 다른 활동들 사이의 생산 흐름을 조절할 수 없고 계획을 세울 수 없다. 따라서 수직통합을 하는 경우에는 수요상황을 고려한 전략을 실행해야 한다.

3 다각화전략의 유형

1. 수평적 다각화전략(Horizontal Diversification Strategy)

기업이 기존 고객들을 깊이 이해하고 있다는 점을 활용하여 기존의 고객에게 다른 욕구를 충족시키는 방법으로 신제품을 추가하는 전략이다.

예 냉장고를 만들던 회사가 신제품으로 에어컨을 추가하는 것

2. 복합적 다각화전략(Conglomerate Diversification Strategy)

기존 제품 및 고객과 전혀 관계없는 이질적인 신제품으로 새로운 고객에게 진출하려는 전략이다.

예 커피를 만들던 회사가 전자제품 분야에 진출하는 것

3. 집중적 다각화전략(Concentric Diversification Strategy)

기업이 이미 보유하고 있는 생산 · 기술 · 제품 · 마케팅 등의 분야의 노하우를 활용하여 새로운 고객 · 시장을 겨냥하여 신제품을 추가적으로 내놓음으로써 성장을 추구하는 전략이다.

예 배를 만들던 회사가 중장비 제작 분야에 진출하는 것

대표기출유형

도로건설을 해 오던 회사가 아파트건설 분야에 진입하면 이는 무슨 전략인가?

① 수직적 다각화전략 ② 수평적 다각화전략 ③ 집중적 다각화전략
④ 후방적 통합화전략 ⑤ 복합적 다각화전략

정답 ③

해설 이미 보유한 기술 등 노하우를 기반으로 새로운 고객 · 시장을 대상으로 신제품을 추가적으로 출시하는 것이므로 집중적 다각화전략에 해당된다.

테마 07

마이클 포터의 가치사슬

가치사슬

1. 고객에게 가치를 제공함에 있어서 부가가치 창출에 직·간접적으로 관련된 일련의 활동·기능·프로세스의 연계를 의미한다.
2. 전략에 있어서 일반화된 가치사슬은 기업의 전략적 단위활동을 구분하여 강점과 약점을 파악하고 원가발생의 원천, 경쟁기업과의 현존 및 잠재적 차별화 원천(가치창출 원천)을 분석하기 위해 마이클 포터가 개발한 개념이다.

1 가치사슬(Value Chain)의 개념

회사가 행하는 모든 활동들과 그 활동들이 어떻게 서로 반응하는가를 살펴보는 시스템적 방법이다.

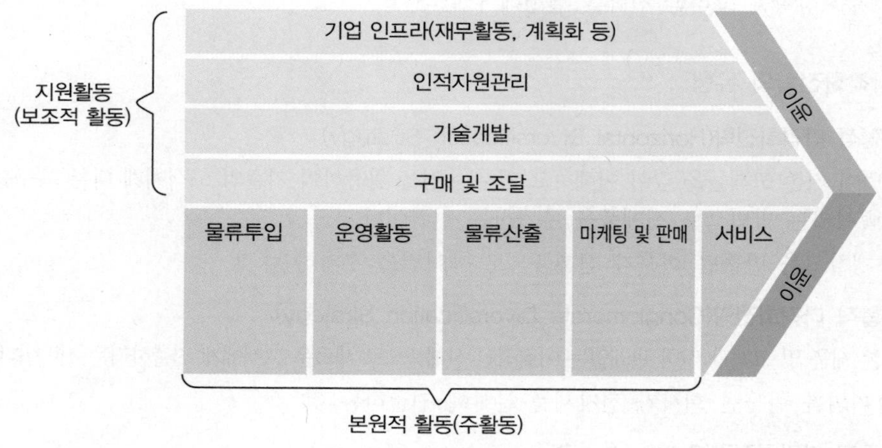

2 가치창출활동

1. 본원적 활동(Primary Activities, 주활동)

제품·서비스의 물리적 가치창출과 관련된 활동들로서 직접적으로 고객들에게 전달되는 부가가치 창출에 기여하는 활동을 의미한다.

(1) 물류투입

① 핵심 포인트 : 원재료 및 부품의 품질

② 제품의 생산에 사용되는 투입물의 획득·저장·보급과 관련된 활동

③ 원재료 취급, 창고저장, 재고관리, 운송 스케줄, 공급자로의 반품 등의 활동

(2) 운영활동

① 핵심 포인트 : 무결점 제품, 다양성

② 투입물의 최종 제품으로의 전환과 관련된 활동들

③ 기계가공, 패키징, 조립, 장비 유지, 테스팅, 프린팅, 설비운영 등의 활동

(3) 물류산출

① 핵심 포인트 : 신속한 배송, 효율적인 주문 처리

② 구매자·고객을 위하여 제품을 수집·저장·물리적으로 배분하는 것과 관련된 활동

③ 완성품 창고 저장, 원재료 취급, 배송차량 운영, 주문 처리, 스케줄링 등의 활동

(4) 마케팅 및 판매

① 핵심 포인트 : 브랜드 평판 구축

② 구매자가 제품을 구매할 수 있는 수단 제공과 관련된 활동 및 이를 포함하는 모든 활동
③ 광고, 프로모션, 영업력 확보, 유통채널 선택, 유통채널 관계, 가격정책 등의 활동

(5) 서비스
① 핵심 포인트 : 고객 기술지원, 고객 신뢰, 여분 이용성
② 제품의 가치를 향상 또는 유지하기 위한 서비스 제공과 관련된 활동
③ 설치, 수리, 훈련, 부품 공급, 제품 적응 등의 활동

2. 지원활동(Support Activities, 보조활동)

본원적 활동이 발생하도록 하는 투입물 및 인프라를 제공하는 것으로, 직접적으로 부가가치를 창출하지는 않지만 이를 창출할 수 있도록 지원하는 활동을 의미한다.

(1) 기업 인프라
① 핵심 포인트 : MIS(경영정보시스템)
② 경영관리, 총무, 기획, 재무, 회계, 법률, 품질관리 등과 관련된 활동
③ 하부구조는 다른 지원활동들과는 달리 일반적으로 개개의 활동이 아닌 전체사슬(Entire Chain) 지원

(2) 인적자원관리
① 핵심 포인트 : 최고의 고객서비스 제공을 위한 교육훈련
② 채용, 교육훈련, 경력개발, 배치, 보상, 승진 등과 관련된 활동

(3) 기술개발
① 핵심 포인트 : 차별화된 제품, 신속한 신제품 개발
② 제품 및 비즈니스 프로세스 혁신, 신기술 개발 등의 활동

(4) 구매 및 조달
구매된 투입물의 비용이 아니라 회사의 가치사슬에서 사용된 투입물을 구매하는 기능과 관련된다.

가치사슬의 한계성

1. 하나의 산업은 서로 다른 프로세스에 대한 요구 및 서로 다른 경제적 상호관계와 역동성(Relationships & Dynamics)을 포함하는 다른 부문들을 많이 내포하고 있다.
2. 가치사슬 분석은 참여자들 사이에 정적인 상호관계를 평가하는 데 매우 유용하나 끊임없이 가치사슬 관계를 재정의하는 산업의 역동성을 이해하기에는 어려움이 있다.
3. 각 가치사슬활동에 대하여 쉽게 활용할 수 있는 데이터 획득이 실무적으로 매우 어렵다.

대표기출유형

다음 포터의 가치사슬에서 본원적 활동이 아닌 것은?

① 획득활동 ② 생산활동
③ 서비스활동 ④ 판매 및 마케팅활동

정답 ①

해설 획득활동은 보조활동(지원활동)에 속하는 것으로 부가가치를 창출할 수 있도록 지원하는 활동을 말한다.

오답풀이
②, ③, ④ 포터의 가치사슬에서 직접적으로 고객에게 전달되는 부가가치 창출에 기여하는 활동인 본원적 활동에 속한다.

테마 08 제약이론

> 💡 제약이론(Theory of Constraints)은 골드렛(Goldratt)이 개발한 생산 스케줄링 소프트웨어 OPT에서 출발한 경영과학의 체계적 이론이다. 이 이론은 생산 스케줄링 외에 성과 측정을 위한 회계이론과 정책분석 · 수립을 위한 사고 프로세스가 포함된다. TOC는 생산 · 물류 분야, 재무 분야, 품질경영 그리고 문제해결에 의한 정책수립을 중심으로 시스템개선에 활용된다. TOC의 기본 원리는 집중 개선 프로세스라 불리는 시스템 사고이다.

1 제약이론의 개념

1. 제약이론(TOC ; Theory of Constraints)의 등장

(1) 배경 : 제약이론은 빠르게 변하는 환경에 대응하여 재고 변동폭의 감소와 생산과 판매를 연계하는 방법을 모색하는 이론이다.

(2) 목적 : 기업의 존재 목적을 달성하는데, 제약조건을 도출하고 이를 집중 관리하는 면에 중점을 두고 있다.

2. 기본 전제

(1) 제약이론의 기본 전제는 '기업의 목표(Goal)가 무엇인가'라는 평범한 질문에서 시작한다. 기업 스스로 그 존재 이유를 명확히 함으로써 현실을 직시할 수 있는 안목을 향상시키려 하는 것이다.

(2) 모든 기업에는 보다 높은 수준의 성과를 얻어낼 수 없도록 성과를 제약하는 자원이 반드시 하나 이상은 존재한다. 기업은 이러한 제약자원들을 파악하고, 개선해야만 기업의 성과(Output)를 향상시킬 수 있다.

3. 구성요소

제약이론의 구성요소는 처리량(Throughput), 재고의 업무비용이며, 기업의 목적은 처리량을 최대화하고 이밖에 재고와 업무비용을 억제하는 것이다. 처리량은 기업의 존립을 위한 매출활동을 통해 창출되는 총액을 말한다.

〈제약조건이론의 구성요소〉

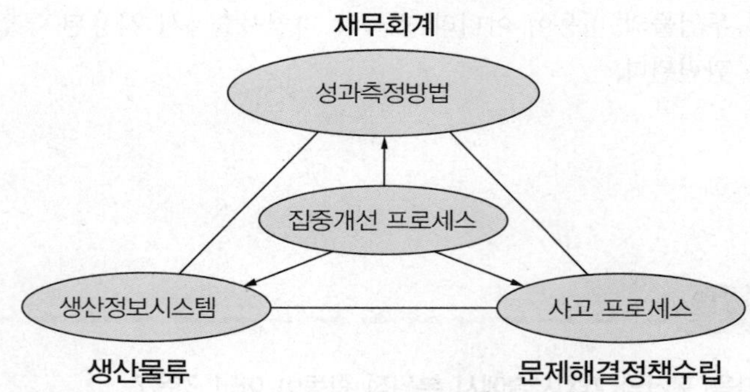

2 절차와 성과측정

1. 시스템 개선을 위한 절차

(1) 시스템 내의 제약자원 파악 : 시스템의 자원들을 파악하여, 시스템의 성과를 제약하는 자원들을 밝혀내는 것이다. 밝혀낸 제약자원들이 시스템의 목표달성에 미치는 영향의 정도에 따라 우선순위를 정하여 차례로 개선해야 한다.

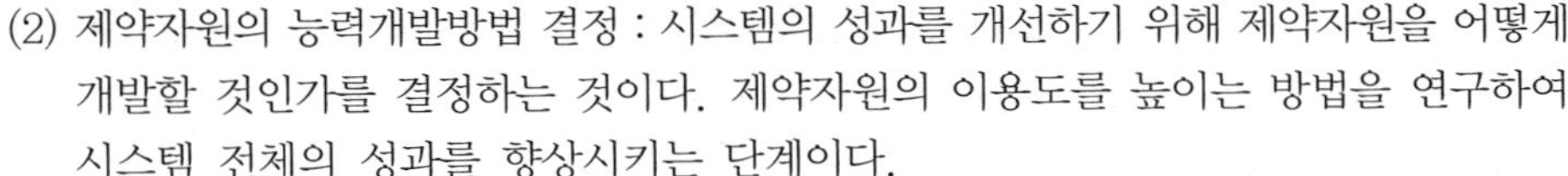

(2) 제약자원의 능력개발방법 결정 : 시스템의 성과를 개선하기 위해 제약자원을 어떻게 개발할 것인가를 결정하는 것이다. 제약자원의 이용도를 높이는 방법을 연구하여 시스템 전체의 성과를 향상시키는 단계이다.

(3) 조직활동 재조정 : 제약자원으로 성과를 높일 수 있도록 개발된 방법에 따라 시스템의 다른 자원들을 제약자원에 맞추어 재배열하는 것이다.

(4) 제약자원 능력향상 : 제약자원이 성과에 미치는 영향을 감소시켜 성과가 더욱 개선되도록 제약자원의 능력을 향상시키는 것이다. 이를 위하여 제약자원의 능력(Capacity)을 늘리는 투자가 발생할 수도 있다.

(5) 계속적 개선 : 하나의 제약자원에 대한 개선이 끝나면 다시 첫 번째 단계로 돌아가는 것이다. 즉, 하나의 제약자원을 찾아 개선을 하고 이를 통해 시스템의 성과를 높인 다음 또 다시 시스템을 분석하여 새로운 제약자원을 찾고, 계속적으로 개선해 나가는 지속적인 과정이다.

2. 성과측정

제약이론이 제시하는 운영활동의 측정 도구는 처리량(Throughput), 재고(Inventory), 운영비용(Operation Expense)이다.

(1) 처리량은 시스템이 단순히 제품을 생산하는 양이 아니라, 판매를 통해 돈을 만들어 내는 속도로 정의 된다.

(2) 재고는 시스템이 가동되어 만들어서, 팔고자 하는 물건들을 생산하기 위해 필요한 물자를 구하는데 들어간 돈이다. 여기서 노무비나 경비는 포함되지 않는다.

(3) 운영비용은 시스템이 재고를 처리량으로 변환하는데 들어간 모든 비용이다. 여기에는 직접 노무비를 포함한 여타의 모든 비용들이 포함된다. 그러므로 순이익은 처리량에서 운영비용을 뺀 것이며 투자 수익률은 이를 재고로 나눈 값이다.

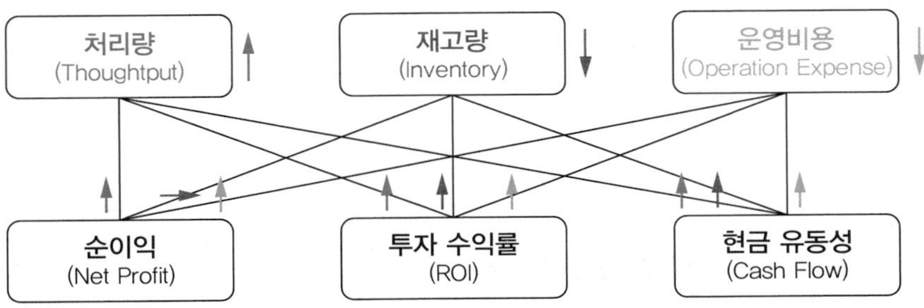

3 개선과정(Thinking Process)

개선과정은 'Effect−Cause−Effect'의 분석을 통해 '무엇을 변화시켜야 하는가(What To Change)', '무엇으로 변화시켜야 하는가(What To Change To)', '어떻게 변화시켜야 하는가(How To Cause The Change)'의 3가지 질문에 대한 답을 찾아감으로써 문제를 해결하는 것이다.

1. 개선대상의 선정

'무엇을 변화시켜야 하는가(What To Change)'는 어디에 제약요인이 있는가를 발견하는 것으로, 핵심 문제(Core Problem)를 찾는 단계이다. 현재의 상태에 대해 정확히

'Effect－Cause－Effect'로 분석함으로써 제약요인을 찾아낸다. 이를 체계적으로 분석하기 위하여 문제 탐색 트리(Current Reality Tree)를 이용한다.

2. 개선 목표의 선정

'무엇으로 변화시켜야 하는가(What To Change To)'는 발견한 현재의 핵심 문제를 극복할 수 있는 방법과 개선 후의 이상적인 모습을 찾아내는 것이다. 이를 찾는 도구로써 갈등해소도표(Evaporating Cloud)와 미래 개선 트리(Future Reality Tree) 등이 이용된다.

3. 개선 방법

'어떻게 변화시켜야 하는가(How To Cause The Change)'의 단계이다. 현실적인 상황을 이상적인 상황으로 개선하기 위해서는 변화를 싫어하는 성향 등 여러 가지의 장애물을 극복해야 한다. 이를 위해 목표에 대한 공감대를 형성하고 변화에 대한 공감대를 통하여 개선을 적극적이고 주체적으로 추진할 수 있도록 유도하는 것이다.

〈개선과정의 문제해결단계〉

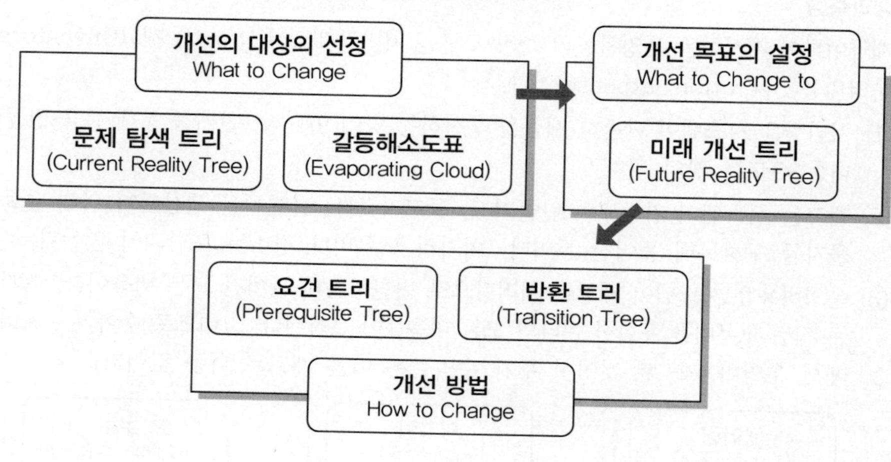

대표기출유형

다음 중 제약이론에 대한 설명으로 가장 적절하지 않은 것은?

① 제약이론은 '지속적으로 이익(돈)을 번다'는 기업의 목표를 달성하는 과정에서 제약이 되는 요인을 찾아 이를 집중적으로 관리하고 개선해서 기업의 성과를 높이는 방법이다.
② 운영비용이란 재고를 현금창출공헌이익으로 전환하는 데 발생하는 총비용을 의미한다.
③ 재료처리량 공헌이익은 매출액에서 직접재료원가와 같은 제품단위수준 변동비를 차감하여 계산한다.
④ 제약이론에서의 통계적 변동성이란 선행공정이 처리되지 않은 상태에서 후속공정이 먼저 처리될 수 없는 현상을 말한다.

정답 ④

해설 제약이론(Theory of Constraints)에서 통계적 변동성은 실제 발생하는 변동에 의해 각각의 공정은 각각 다른 속도로 진행된다는 의미이다. 선행공정이 처리되지 않은 상태에서 후속공정이 처리되지 않는 현상은 종속성이라고 한다.

테마 09 균형성과표

1 균형성과표(BSC ; Balanced Score Card)의 의의

1. 균형성과표의 등장배경

재무지표와 같은 단일 측정지표로는 성과목표를 분명하게 나타낼 수 없으며 사업 핵심 영역들의 관심사 모두를 만족시키는 데는 한계가 있었다. 또한 향후 기업경쟁력의 핵심이라고 할 수 있는 무형자산의 가치를 반영하는 데도 한계가 있었다.

〈기존 성과관리시스템과 BSC의 비교〉

항목	기존의 성과관리시스템	BSC시스템
측정 목적	평가목적이 강함	현황 파악과 활동 도출
측정 주기	반기 및 연 단위	항상 측정 가능
측정방법	수작업에 의한 집계	전산화로 처리함.
조직간 공유 정도	관련 조직 간 공유 부족	관련 조직 간 공유 원활
지표의 균형성	과거 지향적	과거와 미래의 균형 추구
지표의 연계성	연계성 미약	추적 관리 가능
객관성	객관성 부족	객관성 확보

2. 균형성과표의 개념

균형성과표는 과거의 성과에 대한 재무적인 측정지표에 추가하여 미래성과를 창출하는 동안에 대한 측정지표인 고객, 공급자, 종업원, 프로세스 및 혁신에 대한 지표를 통하여 미래가치를 창출하도록 관리하는 시스템이다.

기업은 자신들의 성과를 지속적으로 향상시키기 위해서는 정량적인 요소뿐만 아니라 정성적인 요소도 성과측정에 고려할 수 있는 포괄적인 성과측정시스템을 필요로 하게 되었다.

(더) 1991년 에클스(Robert G. Eccles)가 하버드 비즈니스 리뷰에 기고한 'The Performance Measurement Manifesto'에서 시작되었으며, 캐플란(Robert S. Kaplan)과 노턴(David P. Norton)은 기업의 전략적 목적과 경쟁적인 욕구를 성과측정시스템에 통합하는 유용한 틀을 경영자들에게 제공하고 있다.

2 균형성과표의 구성요소

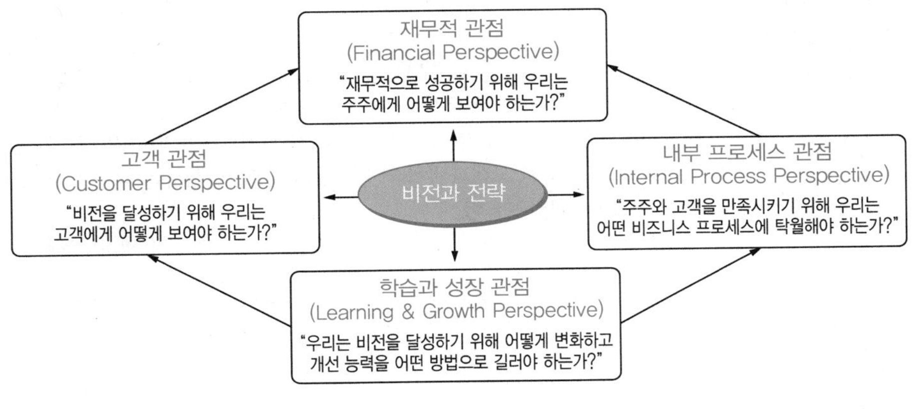

균형성과표의 목표와 측정치들은 조직의 비전과 전략으로부터 도출된다. 이 목표와 측정치는 재무적 관점, 고객 관점, 내부 프로세스 관점, 학습과 성장 관점의 네 가지 관점에서 조직의 성과를 조망해 볼 수 있게 해준다.

1. 재무적 관점

구분	주요 내용
개요	• 전략실행 · 달성으로부터 기대되는 재무적 성과로서 주주들에게 제공하는 최종 가치를 측정함. • 재무적 시각은 사업성과 결과치(목표)인 동시에 사업운영이 제대로 이루어지고 있는지에 대한 바로미터의 역할을 수행함. • 전형적으로 수익성(ROI, EVA 등)으로 측정
기본 개념	매출성장, 원가 절감, 자산운영 효율화, 위험관리 → 투자수익 극대화

2. 고객 관점

구분	주요 내용
개요	• 재무성과의 1차적인 원천으로서 특정 시장에서 고객에게 전달할 가치를 명확히 함에 있음. • 기업 내부 프로세스를 통하여 고객에게 전달하려고 하는 가치 ※ 가치명제 : 공급자가 제품, 가격, 품질 등을 통하여 고객에게 전달하려는 메시지
접근 절차	Target 시장 확인 → 전략방향 확인 → 가치명제 도출 → KPI 선정 • 제품선도전략 ---▸ 혁신성, 고급브랜드 • 고객친밀화전략 ---▸ 전문성, 친절, 대응성 • 운영효율성 추구전략 ---▸ 가격, 품질, 반품률

3. 내부 프로세스 관점

구분	주요 내용
개요	• 전략목표(재무와 고객가치명제)를 구체적으로 어떠한 방법, 절차 등으로 달성할 것인가를 명확히 함에 있음. 즉, 재무적 관점과 고객 관점에서의 목표와 측정지표를 명확히 한 후 Target으로 설정된 고객과 주주의 기대(목표)들을 달성하는 데 필요한 프로세스 및 관련 지표를 규명해야 함. • 기업의 내부 프로세스를 통상 혁신 프로세스, 고객관리 프로세스, 운영 프로세스 등으로 구분하여 접근함.

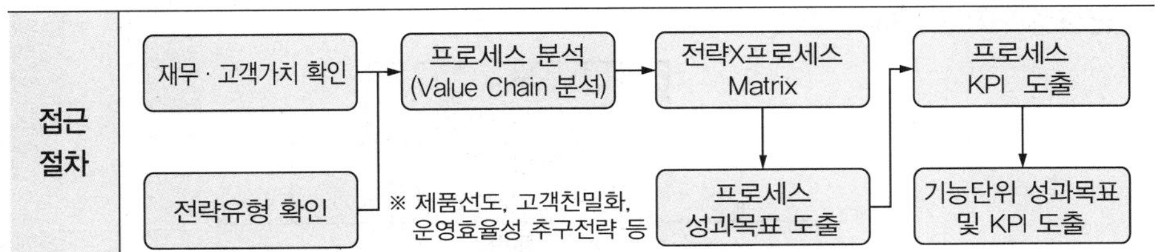

접근 절차	재무 · 고객가치 확인 / 전략유형 확인 → 프로세스 분석 (Value Chain 분석) → 전략X프로세스 Matrix → 프로세스 성과목표 도출 → 프로세스 KPI 도출 → 기능단위 성과목표 및 KPI 도출 ※ 제품선도, 고객친밀화, 운영효율성 추구전략 등

4. 학습과 성장 관점

구분	주요 내용
개요	• 재무, 고객, 프로세스 목표를 도출하는 근본적인 가치동인 • 미래투자 및 핵심역량의 중요성을 강조하는 것으로써 중장기적 성장 목적을 달성하기 위해 인력, 시스템, 기술 등 하부구조에 대한 투자 필요성을 강조함.
접근 절차	고객가치명제 / 프로세스 관점 확인 → 필요역량 후보군 도출 → 판단기준 설정 → 필요역량 확정 ※ 대안 : 전략유형별 역량 Pool 작성을 통한 접근

3 균형성과표의 상호관계

1. 네 가지 관점의 인과관계

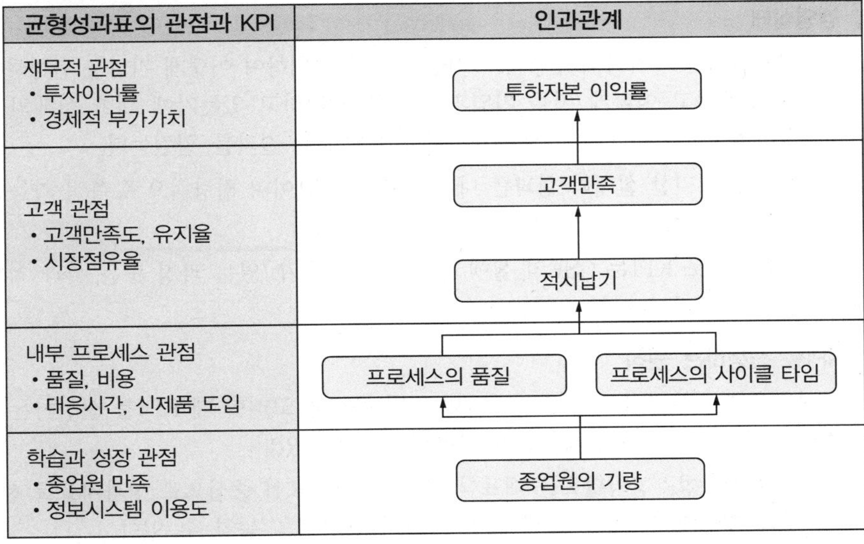

균형성과표의 관점과 KPI	인과관계
재무적 관점 • 투자이익률 • 경제적 부가가치	투하자본 이익률
고객 관점 • 고객만족도, 유지율 • 시장점유율	고객만족 적시납기
내부 프로세스 관점 • 품질, 비용 • 대응시간, 신제품 도입	프로세스의 품질 / 프로세스의 사이클 타임
학습과 성장 관점 • 종업원 만족 • 정보시스템 이용도	종업원의 기량

2. 균형성과표와 성과의 관계

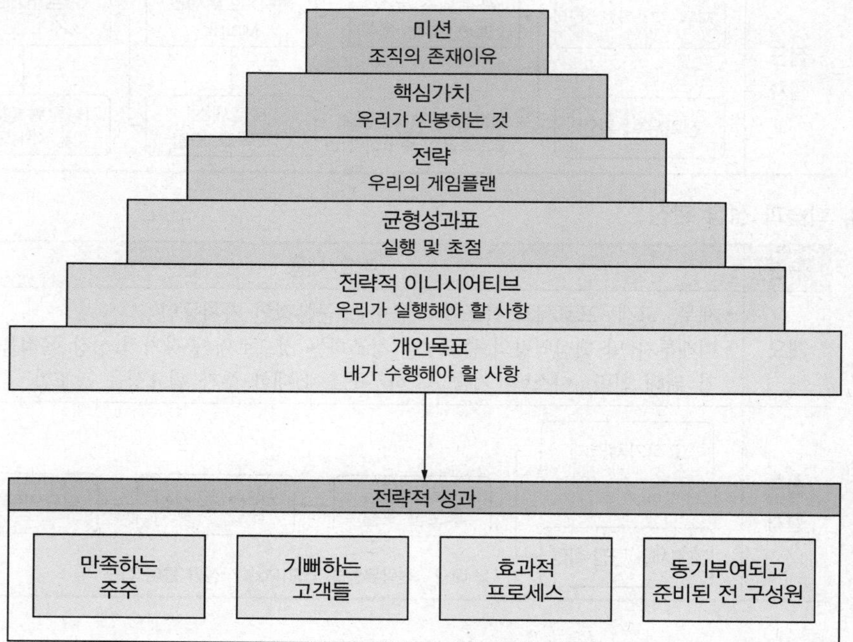

4 CSF와 KPI의 도출

1. 경영실태

(1) 경영실태란 기업이 추구하는 목적을 달성하기 위하여 어떻게 기업을 편성하여 사업을 수행하고 어떻게 이들 기업과 사업을 관리하고 있는가에 대한 실제의 상태를 말하며, 경영성과는 경영활동을 통하여 달성한 결과를 일컫는다.

(2) 지표는 이러한 실태와 성과를 나타내 주는 수단이며 정량적으로 측정 가능한 것과 정성적으로 측정 불가능한 것이 있다.

(3) 일반적으로 KPI는 CSF의 실행 정도를 측정할 수 있는 과정 또는 결과 척도로서, CSF의 결과이다.

2. KPI를 선정하는 원칙

구성원을 동기부여하고자 하는 KPI의 도입 목적을 고려할 때 KPI를 선정하는 원칙은 관리 중요성, 통제 가능성, 측정 가능성 3가지가 있다.

(1) 관리 중요성 : 경영활동을 대표할 수 있는 핵심요인 중심으로 성과지표를 선정하는 것을 의미하며, 이를 통해 업적 평가의 타당성을 높일 수 있다.

(2) 통제 가능성 : 구성원들의 업무방향 제시 및 동기부여요인으로 활용하기 위해서 도출된 KPI는 구성원들이 자신의 업무권한 내에서 직접 통제할 수 있는 것이어야 한다.

(3) 측정 가능성 : KPI로 활용되기 위해서는 기본적으로 측정 가능하여야 한다. 측정하지 않고서는 최종 성과가 어떤 수준인지, 성과에 문제가 있다면 무엇 때문인지, 그리고 이를 어떻게 개선할 것인지를 파악하는 것이 어렵기 때문이다.

• 핵심성공요소(CSF ; Critical Success Factor) : 전략을 달성하기 위하여 중요하게 해야 할 것으로 무엇(What)을 해야 하는가에 대한 답
• 주요성과지표(KPI ; Key Performance Indicator) : CSF에 대응하면서 그 결과로서 발생하는 경영실태와 성과를 나타내주는 지표

5 균형성과표의 기대효과와 장점

1. 균형성과표의 기대효과

(1) 전략 달성의 촉진 : BSC는 기업의 비전과 전략수립의 기본방향을 제시함과 동시에 이의 실질적인 달성 촉진도구로 이용된다.

(2) 균형된 성과평가 : BSC에서 말하는 균형(Balanced)이란, 재무성과평가 중심에서 재무 · 비재무성과를 모두 고려하는 것이며 단기 중심적인 성과관리에서 장 · 단기 성과관리를 동시에 관리하는 것이다.

(3) 책임경영의 구현 : 개인의 업무가 부서 또는 조직 전체에 어떤 영향을 미치는지 명확하게 하는 과정을 통해 조직 전체적인 전략하에서 자신이 어떻게 움직이는지를 보여줌으로써 BSC는 기업 혹은 조직원으로 하여금 책임경영을 가능하게 한다.

(4) 조직변화의 촉진 : BSC는 기업의 전략과의 통합을 통해 조직의 유기적인 변화를 가능하게 한다.

(5) 의사소통의 활성화 : BSC는 기업의 비전과 전략을 달성하기 위해 이루어지는 공식적이며 목표지향적인 의사소통을 활성화시키는 역할을 한다.

(6) 기업의 신뢰도 확보 : BSC는 기업 내부에서의 전략적 역할들 외에 기업의 가치를 외부의 이해관계자들에게 정확하게 알리는 역할을 한다.

2. 균형성과표의 장점

(1) 전체 조직이 획기적인 성과 개선을 위하여 필요한 핵심 사안에 집중할 수 있게 한다.

(2) 품질 개선, 조직 재설계, 소비자 서비스 개선과 같은 다양한 조직의 사업들을 통합하는 것을 돕는다.

(3) 전략적 측정치를 세부 조직단위별 · 수준별로 분리하여 조직단위별 관리자나 운영자, 그리고 조직구성원들이 조직 전체적인 최고의 성과를 내기 위하여 그들에게 요구되는 것이 무엇인지를 알 수 있게 한다.

BSC의 성공적 구축을 위한 원칙

1. BSC의 평가지표는 기업의 비전과 전략적 목표를 연계하는 지표여야 한다. 또한 평가항목/지표간에 기업의 성과달성을 위한 상호 인과관계를 분석할 수 있어야 한다.
2. 전사 차원의 BSC는 하부 조직단위 및 개인단위의 스코어카드와 연계하여 통일성을 지녀야만 한다.
3. 정량적인 정보뿐만 아니라 정성적인 정보도 도출될 수 있어야만 올바른 BSC이다.
4. 진정한 BSC는 동적인 커뮤니케이션 및 피드백을 허용한다.
5. 시스템의 사용 방법이 용이해야만 BSC의 성공적 정착을 가져올 수 있다.
6. 전사적으로 모든 계층에 걸쳐 시행되어야 한다.
7. 다른 시스템과 일체감 있게 구축/통합되어야 한다.

대표기출유형

다음 중 균형성과표(BSC)에 대한 설명으로 가장 옳지 않은 것은?

① 캐플란과 노턴(Kaplan & Norton)이 주장한 이론이다.
② 균형성과표의 기준으로는 재무적 관점, 고객 관점, 내부 경영 프로세스 관점, 학습과 성장 관점이 있다.
③ 재무적인 측정으로 비재무적 성과를 평가하는 것에 대해 한계점이 있다.
④ 단기적 성과평가와 장기적 성과평가의 균형을 강조한다.

정답 ③

해설 균형성과표(BSC)는 재무적 시각뿐만 아니라 비재무적 시각에서 기업의 성과를 보다 균형있게 평가한다.

테마 10 SWOT 분석

SWOT 분석은 기업내부의 강점, 약점과 외부환경의 기회, 위협요인을 분석·평가하고 이들을 서로 연관 지어 전략과 문제해결방안을 개발하는 방법이다.

1 SWOT 분석의 개념

SWOT 분석

강점(Strength)
- 서비스의 능력
- 숙련된 종업원의 보유
- 좋은 시장점유
- 양호한 자금력
- 높은 명성

약점(Weakness)
- 노후시설
- 부적합한 연구개발
- 진부한 서비스
- 경영관리의 문제점
- 과거 계획의 실패

기회(Opportunity)
- 새로운 시장진입 가능성
- 호경기
- 시장 경쟁자의 열악
- 자사의 신서비스 출현
- 현 서비스시장의 성장성

위협(Threat)
- 새로운 경쟁자
- 경영자원의 부족
- 시장기호의 변화
- 새로운 규제
- 대체 서비스의 출현

1. **내부환경 분석(강점과 약점 ; Strength, Weakness)**
   (1) 경쟁자와 비교하여 강점과 약점을 분석한다.
   (2) 보유하고 있거나 동원 가능하거나 활용 가능한 자원이다.
2. **외부환경 분석(기회와 위협 ; Opportunity, Threat)**
   (1) 좋은 쪽으로 작용하는 것은 기회, 나쁜 쪽으로 작용하는 것은 위협으로 분류한다.
   (2) 동일한 자료라도 자신에게 긍정적으로 전개되면 기회로, 부정적으로 전개되면 위협으로 분류한다.

2 SWOT 전략 수립 방법

내부의 강점과 약점을 외부의 기회와 위협을 대응하여 기업의 목표를 달성하려는 SWOT 분석의 발전전략의 특성은 다음과 같다.

SO 전략	• 외부 기회와 내부 강점 : 외부환경의 기회를 활용하기 위해 강점을 사용하는 전략 • 선택 전략 : 인수합병, 다각화, 성장, 확대전략
WT 전략	• 외부 위협과 내부 약점 : 외부환경의 위협을 회피하고 약점을 최소화하는 전략 • 선택 전략 : 철수, 제거, 방어적 전략, 삭감전략, 합작투자전략
ST 전략	• 외부 위협과 내부 강점 : 외부환경의 위협을 회피하기 위해 강점을 사용하는 전략 • 선택 전략 : 다양화전략, 안정적 성장전략
WO 전략	• 외부 기회와 내부 약점 : 약점을 극복함으로써 외부환경의 기회를 활용하는 전략 • 선택 전략 : 약점 극복, 턴어라운드전략

3 SWOT 분석 프레임워크

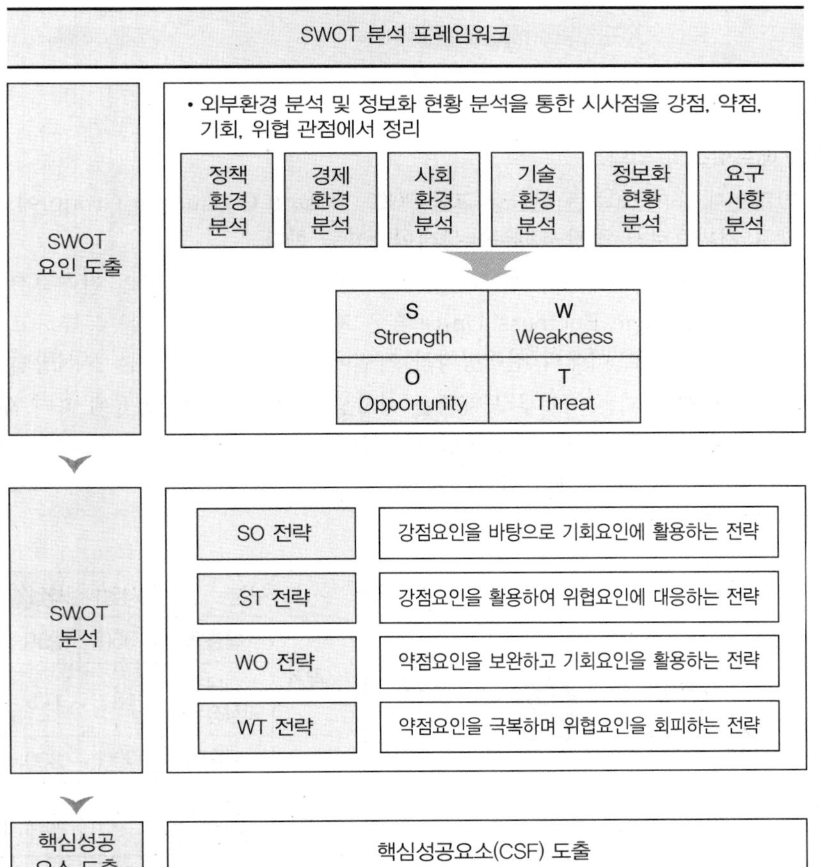

대표기출유형

SWOT 분석에서 WT 전략으로 옳지 않은 것은?

① 철수 ② 회사 축소 ③ 다각화전략
④ 구조조정 ⑤ 모범기업 벤치마킹

정답 ③

해설 SWOT 분석은 기업의 내부환경과 외부환경을 분석하여 강점(Strength), 약점(Weakness), 기회(Opportunity), 위협(Threat)요인을 규정하고 이를 토대로 경영전략을 수립하는 기법이다. 다각화전략은 SO 전략에 속한다.

오답풀이

①, ②, ④, ⑤ WT 상황일 경우에는 회사의 축소, 청산, 구조조정, 모범기업 벤치마킹, 약점을 근본적으로 해결할 수 있는 핵심역량개발 등이 필요한 시기이며, 방어적 전략을 사용한다.

테마 11 사업 포트폴리오 분석-BCG 매트릭스

각 사업부의 매력도 분석과 전략수립, 자원배분 등을 목적으로 가장 많이 사용되어지는 도구 중에 하나가 사업 포트폴리오 분석이며, 대표적인 사업 포트폴리오 분석 도구로는 BCG 매트릭스, 맥킨지가 개발한 GE 매트릭스가 있다.

1 BCG 매트릭스의 개념

1. BCG 매트릭스의 의의

(1) 1970년대 초에 보스턴 컨설팅 그룹(BCG ; Boston Consulting Group)에 의해 개발된 기법으로서 성장–점유율 분석이라고도 한다.

(2) 기업은 BCG 매트릭스가 제공하는 두 가지 기준에 의해 자사의 전략적 사업단위(SBU ; Strategic Business Unit) 혹은 제품의 전략적 위치를 분류하고 분류된 위치를 기준으로 미래의 전략방향과 자원배분 방안을 결정하는 분석방법이다.

(3) 분석의 대상이 되는 사업부나 제품을 시장성장률이나 시장점유율에 따라 해당되는 분면에 위치시키는 방법으로, 해당 사업부나 제품의 전략적 위치를 파악한다. 원의 크기를 달리함으로써 해당 사업의 매출규모를 표시할 수도 있고 미래에 목표로 하는 전략적 방향을 설정할 수도 있다.

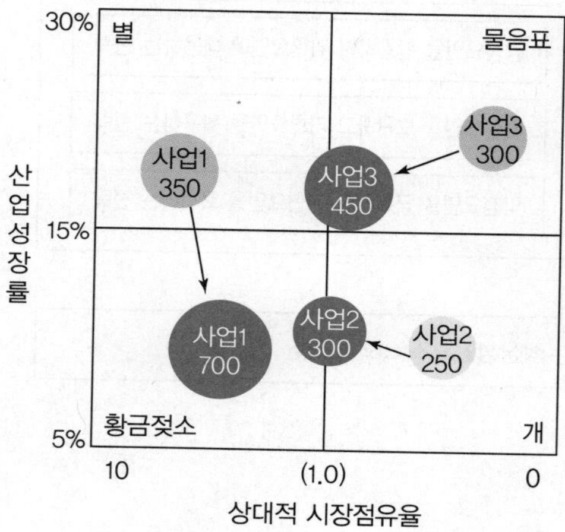

구분		사업1	사업2	사업3
과거	매출액	350	250	300
	상대적 시장점유율	8	0.5	0.3
목표	매출액	700	300	450
	상대적 시장점유율	5	1.0	0.9

2. BCG 매트릭스의 기준

BCG 매트릭스의 두 가지 기준은 상대적 시장점유율과 시장(산업)성장률이며, 기준의 높고 낮음에 따라 매트릭스가 생성된다.

2 해당 사분면별 특징

1. 물음표(Question Mark)

(1) 시장점유율은 낮으나 산업성장률이 높은 사업부로서 문제아(Problem Child) 사업부라고도 한다.

(2) 제품수명주기상 도입기에 해당되는 경우가 많으며 통상적으로 수익보다 비용이 더 많으므로 음(–)의 현금흐름이 발생한다.

(3) 사업부가 전략적 가치 또는 수익성이 있다고 판단하면 지속적으로 투자하여야 하지만 그렇지 않다면 수확이나 철수전략을 고려하여야 한다.

(4) 투자를 선택한다면 브랜드 강화나 가격 및 시장 선점전략 등을 통해 시장에서의 지배력을 창출하는 데 초점을 두어야 한다.

2. 별(Star)

(1) 높은 시장점유율과 높은 산업성장률에 해당하는 사업부이며 성장하는 시장에서의 경쟁과 사업확장을 위해 많은 자금이 필요한 경우가 많다.

(2) 수익과 비용 측면에서 균형을 이루거나 약한 음(−)의 현금흐름이 발생된다.

(3) 별 사업부의 전략적 목표는 시장점유율 유지나 향상이며 이를 위해서 적극적인 투자와 공격적인 마케팅전략이 필요하다.

3. 황금젖소(Cash Cow)

(1) 낮은 성장률과 높은 시장점유율의 사업부로서 성숙기 산업에서 유리한 시장지위를 구축한 경우다.

(2) 높은 점유율과 높은 매출로 인해 유입되는 현금이 많으며 저렴한 원가구조를 달성한 경우가 많고 설비투자 요구도 많지 않다.

(3) 고객충성도가 높기 때문에 마케팅 비용이 많지 않으므로 강한 양(+)의 현금흐름을 갖게 된다.

(4) 황금젖소 사업부에서 창출된 현금흐름은 더 많은 자원을 필요로 하는 물음표 사업부나 별 사업부를 지원하는 데 사용될 수 있다.

(5) 황금젖소 사업부의 전략적 목표는 시장점유율을 방어하는 것이다.

4. 개(Dog)

(1) 낮은 성장률과 낮은 시장점유율을 갖는 사업부이며 더 이상의 성장과 수익개선을 기대하기 힘든 경우가 많으므로 신규 투자는 신중하게 하는 것이 좋다.

(2) 개 사업부를 위한 마케팅전략은 지출을 최소화함으로써 잠재적인 이익을 최대화하려는 수확전략이나 손실 최소화를 위한 신속한 철수전략이 적절하다.

(3) 쇠퇴 산업이기는 하지만 일정 수준의 매출이 지속적으로 발생될 가능성이 있다면 경쟁자를 조기에 퇴출시킴으로써 시장지배력을 강화하는 전략을 실행할 수도 있다.

유형별 전략

1. 향상(Build) : 점유율 등을 향상시키기 위해 사업단위에 더 많은 투자를 함.
2. 유지(Hold) : 현재 수준의 시장점유율을 유지할 만큼의 투자를 함.
3. 수확(Harvest) : 장기적 관점과 관계없이 단기적으로 현금흐름을 높이려는 것
4. 철수(Divest) : 사업단위를 매각하거나 단계적으로 축소하여 다른 부분에 자원을 사용함.

대표기출유형

다음 BCG 매트릭스에 대한 설명 중 가장 옳지 않은 것은?

① 상대적 시장점유율과 시장성장률을 양대 축으로 하여 표시한 매트릭스다.
② 상대적 시장점유율이 높을수록 회사는 경험효과로 인하여 많은 자금유입이 가능하게 된다.
③ 기업의 전략을 너무 단순하게 파악하였고 자금의 외부조달 가능성을 고려하지 않았다는 한계가 있다.
④ 물음표 중 시장점유율 확대에 성공한 사업부는 곧바로 황금젖소로 이동하게 된다.
⑤ 황금젖소는 다른 사업부의 성숙을 위한 자금원 역할을 수행한다.

정답 ④

해설 물음표(Question Mark) 영역에서 적극적 투자를 통해 별(Star) 영역으로 키울지, 사업을 접을지를 결정해야 한다. 별(Star)을 잘 키워 안정궤도에 올리면 나중에 황금젖소(Cash Cow)가 될 수 있다.

테마 12

지각

지각이란 사람들이 환경에 의미를 부여하기 위해 감각적 인상들을 조직하고 해석하는 과정을 말하며, 우리가 지각한다는 것은 우리가 보는 것을 우리 나름대로 해석하는 것이며 그것을 현실(Reality)이라고 한다.

1 지각(知覺)의 개념

1. 지각의 진행과정

사람들이 대상을 인식(지각)할 때 그 대상이 감각기관으로 들어오면 크게 선택→조직화→해석 세 가지 단계로 인식이 전개되는데 이는 거의 동시에 일어난다. 지각의 모든 과정은 아무도 모르며 단지 그 결과로 빚어지는 반응행동을 보고 나서야 비로소 그가 어떻게 지각했는지를 알 수 있다.

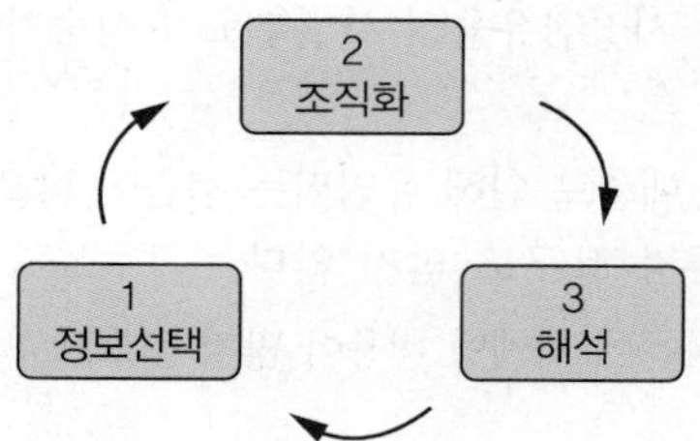

단계	지각의 주요 내용
선택단계 → 관찰	• 자신이 관심 있는 것은 지각하고 관심 없는 것은 지각하지 않는 것 • 주변의 선택사항에 아무것도 안 보이고 한두 개 중요한 것에만 주의를 기울이는 것 • 선택적 지각은 의사소통 과정에서 부분적 정보만을 받아들여 지각오류를 유발시킬 수도 있음.
조직화단계 → 조합	• 일단 선택이 된 자극이 하나의 이미지를 형성하는 과정 • 선택되었다고 있는 그대로 관찰자의 머리에 비치는 것은 아님. • 인간은 선택된 단서를 통해 다시 짜 맞추기를 하는 버릇이 있음. • 조직화의 형태로는 접근성이나 유사성을 근거로 자극들을 하나로 묶는 집단화, 불완전한 정보에 직면했을 때 이러한 불완전한 부분을 채워 전체로 지각하려는 폐쇄화, 정보가 너무 많을 경우 그중에서 핵심적이고 중요한 것만 골라 정보를 줄이는 단순화, 개인이 하나의 대상을 지각할 때 선택된 전경과 그 주부의 대상인 배경을 구분하여 인식하는 전경-배경의 원리가 있음.
해석단계 → 이성적 인식	• 일련의 과정을 통해 조직화된 자극들에 대한 판단의 결과를 의미 예 진열대에 놓인 통조림 고기를 고양이 밥으로 지각했다면 비싸다고 여기지만 사람의 음식으로 지각했다면 싸다고 해석하게 됨. • 똑같은 회계정보를 놓고도 경영진, 감사, 주주, 노조에서 해석하는 것이 서로 다를 수 있는데, 이는 사람마다 해석이 서로 다를 수 있기 때문임.

2. 지각에 영향을 미치는 요인

(1) 동일한 대상이라도 상황에 따라 많이 다르게 보일 수 있다. 어떠한 상황에서 어떻게 지각하는지가 매우 중요하다.

(2) 상황에 따라 선택의 정도가 변할 뿐만 아니라 조직화의 방식과 해석방법도 매우 달라질 수 있기 때문이다.

(3) 타인에 대한 평가에 영향을 미치는 요인

① 평가자의 특성 : 평가자의 욕구와 동기, 과거의 경험, 자신을 지각하는 개념으로서 자아개념, 퍼스낼리티 등

② 피평가자의 특성 : 신체적 특성, 언어적 의사소통, 비언어적 의사소통(표정, 시선 등), 사회적 특성 등

③ 평가상황의 특성 : 만나는 장소, 만나는 시간, 동석자 등

2 지각선택화

지각선택화는 우리를 둘러싸고 있는 환경이 주는 여러 가지 자극 가운데 일부만 받아들여서 반응을 하게 하는 지각과정이다.

1. 외부적 요인

지각선택에 영향을 주는 요소로는 강도, 크기, 대비, 반복, 움직임, 친밀함과 색다름 등이 있다.

2. 내부적 요인

인간의 복잡한 심리적 구조에 근거를 두고 발생하는 지각선택을 의미한다.

(1) 학습과 경험

① 사람들은 자신이 보고, 듣고, 냄새 맡게 되리라고 예측하는 대로 사물을 지각하게 된다는 것이다.

② 과거의 지각이 현재의 상황과 아무런 관련이 없음에도 불구하고 현재에 지각하는 대상을 과거의 학습이나 경험을 이용하여 지각한다.

(2) 행위자-관찰자 효과(Actor-observer Effect)

① 행위자-관찰자 효과의 원인은 시각적 위치(관점)의 차이에서 기인한다. 즉, 우리는 다른 사람의 행위는 볼 수 있지만 우리 자신의 행위는 보지 못하기 때문이다.

② 행위자-관찰자 효과를 극복하는 것은 쉽지 않다. 조직행동에서는 역할극(Role Playing), 행동모델법(Behavior Modeling) 등을 통해서 행위자와 관찰자의 위치를 바꾸어 행동함으로써 관점의 변화에 따른 행동 수정 방법을 지시한다.

(3) 동기와 욕구 : 동기와 욕구 또한 지각선택에 영향을 준다. 예컨대 음식에 대한 욕구가 충족되지 못한 문화에서는 음식 냄새, 음식에 대한 언급, 전시나 광고가 사람들의 지각선택에 미치는 영향이 클 것이다.

(4) 성격 : 동일한 자극도 개인의 성격에 따라 전혀 다르게 받아들일 수 있다.

3 지각조직화

지각선택은 개인의 주의를 끌게 하는 내적, 외적 요인에 초점을 둔 원리임에 비해 지각조직화는 자극(데이터)을 받아들인 후에 지각과정에서 일어나는 현상에 초점을 둔다.

1. 집단지각

집단지각은 형태심리학의 주장을 이론적 근거로 하고 있다. 이는 인간의 지각과정을 하나의 현상, 즉 전체를 통해 이루어진다는 관점으로, 종류나 숫자와 같은 여러 가지 유사하거나 연속되는 것 등의 자극이 있을 때 이러한 여러 가지 자극을 하나의 집단적

행동모델의 사례 : 고객불만(내부고객, 외부고객)

1. 고객의 불만에 대해서 적대감, 방어적 태도를 피하고 공손하게 인사한다.
2. 불평과 불만에 대해서 마음을 열고 경청한다.
3. 불평내용에 대해서 완전히 이해했다는 것을 보여주기 위해 경청한 내용을 반복해 준다.
4. 불평하는 사람의 견해를 인정하고 이해한다.
5. 자신의 입장이나 회사의 정책에 대해 방어적 자세를 취하지 않고 설명한다.
6. 그 자리에서 해결하지 못한 경우, 결과보고를 위한 구체적인 시간, 장소를 정한다.

형태로 받아들인다는 것이다.

2. 지각불변성

지각불변성이란 변화하는 환경에서 객체에 대한 크기, 색상, 명암, 질감 등에 대해 고정적, 안정적으로 갖고 있는 지각을 의미한다.

3. 지각방어

지각방어란 개인적으로 혹은 문화적으로 수용할 수 없거나 위협적인 자극에 대해 방어하는 기제(Mechanism)를 의미한다. 이는 노사관계, 상사와 부하의 관계 등에서 문제 발생 시, 타협과 해결책을 이끌어 내기 위한 각자의 역할을 이해하는 데 도움이 된다.

4 사회적 지각

1. 귀인(Attribution)

귀인은 타인의 행동의 관찰을 통해 그 원인을 찾고 이를 바탕으로 그 사람을 평가하는 것을 의미한다. 따라서 귀인과정을 통해 행동을 이해하거나 그 행동에 영향을 주는 요인을 이끌어 낼 수 있다.

(1) 기본귀인오류(Fundamental Attribution Error)

① 기본귀인오류는 가장 기본적인 귀인효과 혹은 귀인오류라고 불리는 것으로, 타인의 행동에 대해 귀인하는 경우 그 사람의 기질적 특성이나 성격을 통해 설명하고 이해하려는 경향을 보인다는 것을 의미한다.

② 타인의 행동에 대해 추론하는 경우에는 '그렇게 행동할 수밖에 없는 상황'이라고 생각하기보다는 '원래 그런 사람'이라고 생각하게 되는데 이는 지각선택의 내부적 요인인 관찰자－행위자 효과와 관련되어 있다.

(2) 공변이론

켈리(H. Kelly)는 기본귀인오류의 개념을 확장하여 더욱 포괄적인 귀인모델을 제시하였는데 켈리의 공변모델(Covariance Model)에 의하면 사람들은 특정 행위를 여러 번 관찰한 후 그 행동과 함께 변화하는 요인들을 고려하여 외적귀인을 할지, 내적귀인을 할지를 판단한다.

① 일관성(Consistency) : 행위자가 시간의 변화와 무관하게 특정 상황에서 항상 동일한 행동을 하는 경향을 뜻한다. 연구 결과에 의하면 일반적으로 일관성이 높은 정보는 내적귀인을, 일관성이 낮은 정보는 외적귀인을 한다.

② 합일성(Consensus) : 합일성이란 특정 행동이 많은 사람들에게 동일하게 나타나는 것을 의미한다. 일관성이 시간과 관련된 개념이라면, 합일성은 사람에 관련된 것이라고 할 수 있다. 연구 결과에 의하면 합의성이 높으면 외적귀인을, 합의성이 낮으면 내적귀인을 하였다.

③ 특이성(Distinctiveness) : 특이성은 특정 행위가 기존의 행위와 다른 정도를 의미한다. 연구 결과에 따르면 특이성이 높으면 내적귀인을, 특이성이 낮으면 외적귀인을 하였다.

2. 고정관념(Stereotype)

고정관념이란 타인을 그가 속한 계층이나 범주에 넣고 지각하는 경향을 의미한다.

(비) 조직행동에서 사회적 지각은 타인을 어떻게 지각하느냐 하는 측면에서 특히 중요한 의미를 갖는다.

- 기질적 귀인(내적귀인) : 어떤 행동이 스스로 통제할 수 있는 상황 속에서 일어난 것으로, 이는 내부적 요인인 성격, 동기, 능력 등에서 타인의 행동의 원인을 이해한다.
- 상황적 귀인(외적귀인) : 스스로 통제할 수 없는 외부적 조건 때문에 어쩔 수 없이 어떤 행동을 하게 된 것으로, 이는 외부적 요인인 도구, 장비, 사회적 영향, 상황 등에서 타인의 행동의 원인을 찾는다.

3. 후광효과(Halo Effect)

(1) 후광효과는 한 개인이 갖고 있는 특질에 근거하여 그 사람을 지각하는 것을 의미한다. 즉 한 가지 혹은 몇 가지 특질을 통해 그 사람 전체를 지각함으로써 발생하는 지각오류의 일종이다.

(2) 후광효과는 업적평가 시에 흔히 발생한다. 특히 종합평가나 정성평가에서 어떤 일반적 특질에 해당하는 지적 능력, 외모, 호감도, 친절한 행동 등에 근거하여 그 사람의 전체를 판단하거나 평가점수를 부여함으로써 오류가 발생한다.

(3) 후광효과를 일으키는 상황요인

① 지각되는 특질이 행동양식으로 잘 표출되지 않을 때(예 호감이 간다, 아는 것이 많다 등)

② 평가자, 즉 지각하는 사람이 대상의 그러한 특질을 자주 접하지 못할 때

③ 특질이 윤리적, 도덕적 측면과 관련되어 있을 때(예 교통법규를 잘 지킨다, 여자관계가 복잡하다 등)

(4) 역후광효과 : 하나의 좋지 못한 특질이나 태도가 전체 태도 혹은 평가를 망치게 되는 경우

4. 자성적 예언(Self-fulfilling Prophecy, Labeling Theory, Rosenthal Effect)

특정인에 대한 기대가 그 사람의 행동 결과로 나타나는 현상을 자성적 예언, 혹은 피그말리온 효과(Pygmalion Effect)라고 한다.

대표기출유형

다음 지각과정에 대한 설명 중 가장 옳지 않은 것은?

① 지각과정은 선택, 조직화, 해석화의 단계로 구성된다.

② 선택적 지각은 의사소통 과정에서 부분적 정보만을 받아들여 지각오류를 유발시킬 수도 있다.

③ 과거의 지각이 현재의 상황과 아무런 관련이 없음에도 불구하고 현재에 지각하는 대상을 과거의 학습이나 경험을 이용하여 지각한다.

④ 내적귀인은 어떤 행동이 스스로 통제할 수 없는 상황 속에서 일어난 것으로, 이는 내부적 요인인 도구, 장비, 사회적 영향, 상황 등에서 타인의 행동의 원인을 찾는다.

⑤ 후광효과는 한 개인이 갖고 있는 한 가지 혹은 몇 가지 특질에 근거하여 그 사람을 지각하는 것을 의미한다.

정답 ④

해설 내적귀인은 어떤 행동이 스스로 통제할 수 있는 상황 속에서 일어난 것으로, 이는 내부적 요인인 성격, 동기, 능력 등에서 타인의 행동 원인을 이해한다.

테마 13

성격

📖 성격이란 개인의 독특한 환경적응 방식으로서 개인의 심신 시스템 내부에 존재하는 동태적인 체계이며 한 개인이 타인에 대해 반응하고 타인과의 관계에서 상호작용하는 모든 방식의 총체를 말한다.

1 성격의 정의

1. 성격심리학자와 이론적 관점에 따른 다양한 성격의 정의

성격심리학자	성격의 정의
올포트(Allport)	성격은 개인의 특유한 행동과 사고를 결정하는 심리신체적 체계인 개인 내의 역동적 조직이다.
미셸(Mischel)	성격은 보통 개인이 접하는 생활상황에 대해 적응의 특성을 기술하는 사고와 감정을 포함하는 구별된 행동패턴을 의미한다.
매디(Maddi)	성격은 사람들의 심리적 행동(사고, 감정, 행위)에 있어 공통성과 차이를 결정하는 일련의 안정된 경향성과 특성이다.
릭맨(Ryckman)	성격은 개인이 소유한 일련의 역동적이고 조직화된 특성으로서 이런 특성은 다양한 상황에서 개인의 의지, 동기, 행동에 독특하게 영향을 미친다.
카버(Carver)와 샤이어(Scheier)	성격은 인간의 행동, 사고, 감정의 특유한 패턴을 창조하는 심리신체적 체계인 인간 내부의 역동적 조직이다.
버거(Burger)	성격은 일관된 행동패턴 및 개인 내부에서 일어나는 심리내적과정이다.

2. 어둠의 3요소

(1) 마키아벨리즘(Machiavellianism)

① 마키아벨리즘은 자신의 목표를 달성하기 위해 다른 사람을 이용하거나 조작하려는 경향과 관련된 특성을 말한다.

② 마키아벨리즘은 냉혹하며 인간관계도 전략적, 계산적으로 맺는 사람들이 지닌 특성이다.

(2) 나르시시즘(Narcissism)

① 나르시시즘은 흔히 자기중심성으로 번역되며, 말 그대로 우주의 중심이 '자기'인 사람들의 특징이다.

② 이들은 자신을 실제보다 과장하고 그러한 이미지를 유지하기 위해서라면 무슨 짓이든 저지르며 그것이 위협받을 땐 심지어 공격적인 행동까지 보인다. 과장된 자기 이미지와 그것이 진실이 아니라는 데서 오는 자기 불안감 사이의 충돌이 나르시시즘이다.

(3) 사이코패스(Psychopathy)

① 사이코패스는 무자비하고 냉혹하며 즉각적인 보상을 위해 아무렇지 않게 거짓말을 하거나 자기통제력과 정서가 결여되어 있는 사람들을 가리키는 용어이다.

② 마키아벨리즘과는 달리 '충동성'이 높아 단기적인 이익을 위해 장기적인 이익을 포기하는 모습을 보이기도 한다.

2 성격이론

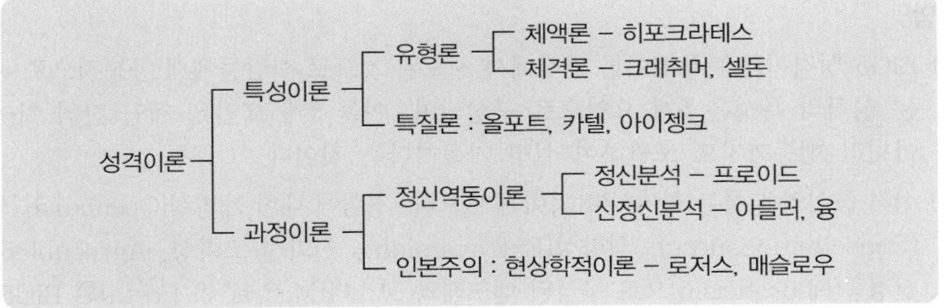

1. 특성이론

(1) 유형이론(Typology)

① 히포크라테스의 체액론 : 최초의 유형론으로 사람의 체액을 혈액, 점액, 흑담즙, 담즙으로 구분하고 그 중 어느 체액이 신체 내에서 우세한가에 따라 성격이 결정된다고 주장하였다.

② 크레취머의 체격론 : 체형에 따라 사람을 쇠약형, 비만형, 투사형, 이상발육형의 네 범주로 나누고 각 체형에 따라 성격이 결정된다고 보았다.

③ 셀돈 : 크레취머의 연구를 더욱 발전시켜 개인은 내배엽형, 중배엽형, 외배엽형의 세 가지 차원에서 개인의 점수를 평정하여 유형화시킬 수 있다고 주장하였다.

(2) 특질이론(Trait Theory)

① 특질이론은 어느 두 사람도 완전히 동일한 성격을 가질 수 없다는 가정에 기초하며, 특질이론가들은 한 개인이 타인과 지속적으로 어떻게 서로 다른지가 성격의 본질이라고 주장하였다.

② 올포트 : 특질은 개인에게 여러 가지 다른 자극이나 상황에 대해 유사한 방식으로 반응하도록 조작하는 실체로서 개인의 사고, 정서 및 행동을 결정하는 중요한 역할을 한다고 주장하였다.

③ 아이젱크 : 소수의 성격 차원만이 존재하며 개인은 이러한 차원들에서 정도의 차이에 의해 독특한 특질을 소유하게 된다고 주장하였다.

2. 정신역동이론

(1) 프로이드의 정신분석이론 : 주로 초기 아동기 경험, 무의식적 동기와 갈등, 성적, 공격적 충동이라는 개념을 가지고 인간의 성격, 동기 및 심리장애를 설명하려고 한다.

(2) 융의 분석심리학

① 융도 성격의 무의식적 결정인을 강조하였다.

② 프로이드와의 차이점 : 무의식을 두 층으로 구분한다.

(3) 아들러의 개인심리학 : 모든 사람은 보상을 통해 열등감을 극복하기 위해 노력한다고 하였으며, 열등감이 지나치면 우월성 추구를 향한 정상적인 과정에서 벗어나기 때문에 성격장애를 일으킬 수 있다고 하였다.

• 이드(Id) : 정신적 에너지의 저장소로 성격의 원초적(일차적), 본능적 요소이다.
• 자아(Ego) : 현실원리에 따라 작동하는 성격의 의사결정 요소로 즉각적인 만족을 추구하려는 이드와 현실을 중재하는 역할을 한다.
• 초자아(Superego) : 자아가 현실을 고려하는데 비해 초자아는 무엇이 옳고 그른가에 대한 사회적 기준을 통합하는 성격의 요소이다.

Ⓔ 성격에 대한 이론적인 접근은 인간 행동에 대한 가정과 접근 방법에 따라 정신분석학적 이론, 현상학적 이론, 행동주의적 이론, 특성이론으로 구분된다.

3 BIG5 성격 특성(Big Five Personality Traits)

1. 개념

(1) BIG5 성격이론은 특성이론 가정에서 시도된 것으로 사람들에게 공통적으로 존재하는 성격의 특성은 5개 요인으로 구성되며, 이들 5개 요인은 개인 간의 차이뿐만 아니라 행동까지도 포괄하여 설명 가능하다는 것이다.

(2) 성격 특성의 분류는 학자마다 차이가 있으나, 경험에 대한 개방성(Openness), 성실성(Conscientiousness), 외향성(Extraversion), 친화성(조화성, Agreeableness), 신경증(Neuroticism)으로 구성된 맥크레와 코스타(McCrae & Costa)의 BIG5 이론이 가장 많이 사용되고 있다.

2. BIG5의 요인과 특성

← 낮은 점수(특성)	요인	높은 점수(특성) →
보수적 성향, 관습 중시, 현실적, 제한된 흥미 영역, 예술에 적은 관심, 고민없는 삶을 낮게 평가 등	O 개방성(Openness) 지적 자극이나 변화, 다양성을 좋아하는 정도	지적 호기심 많음, 광범위한 흥미영역, 독창적, 창의적, 자유롭고 풍부한 상상력, 예술적 표현 선호 등
목적이 없음, 믿을 수 없음, 게으름, 부주의함, 약한 의지 등	C 성실성(Conscientiousness) 사회적 규칙, 규범, 원칙 등을 기꺼이 지키려는 정도	믿음직함, 근면, 정리정돈, 철저함, 세심함, 책임감, 계획적, 체계적, 신중, 열심히 일함 등
적은 말수, 냉정함, 과업중심적, 조용함, 활기 없음, 좁은 인간관계 등	E 외향성(Extraversion) 타인과의 교제나 상호작용, 또는 관심을 끌고자 하거나 타인을 주도하려는 정도	사교적, 적극적, 말하기 좋아함, 사람중심, 낙관적, 즐거움 추구, 상냥함 등
냉소적, 무례, 의심 많음, 비협조적임, 무관심, 자기중심적, 많은 질투, 적대적 등	A 친화성(Agreeableness) 타인과 편안하고 조화로운 관계를 유지하는 정도	이타심, 애정, 도덕성, 배려, 겸손, 수용성, 휴머니즘, 부드러운 마음 등
침착한, 안정적인, 강건한, 자기충족적인 등	N 신경증(Neuroticism) 자신이 얼마나 정서적으로 안정되었고, 세상을 뜻대로 통제할 수 있으며, 또한 세상을 위협적으로 느끼지 않은가에 대한 생각의 정도	걱정된, 초조한, 감정의 변덕, 불안정한, 부적절한 감정 등

4 성격유형(Personality Types)

1. MBTI(Myers-Briggs Type Indicator)

(1) 성격유형 선호지표 : MBTI는 개인마다 태도와 인식, 판단 기능에서 각자 선호하는 방식의 차이를 나타내는 4가지 선호지표로 구성되어 있다.

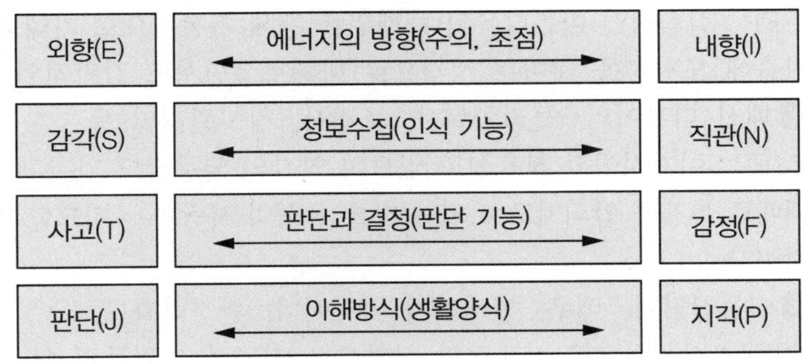

① 에너지의 방향에 따른 외향형(E)과 내향형(I) : 외향형(E)은 어떤 일을 하기 전에 최소한의 설명과 논리적이며 이론적인 과정을 원한다. 내향형(I)은 어떤 일을 하기 전에 그들이 생각하고 이해할 수 있는 합리적인 또는 이론적인 과정을 원한다.

② 정보수집 차원에서 감각형(S)과 직관형(N) : 감각형(S)은 순차적으로 벌어진 사건에 대해 세부적으로 진술한다. 직관형(N)은 몇 개의 특별한 장면에 대한 전체적인 인상에 대해 이야기한다.

③ 의사결정 차원에서 사고형(T)과 감정형(F) : 사고형(T)은 종종 칭찬하는 말을 하기 전에 비판을 먼저 분명하게 하는 경향이 있다. 감정형(F)은 칭찬해주는 표현을 듣기 전에 비판의 말을 먼저 듣는 것을 매우 어려워한다.

④ 외부세계에 대한 태도 차원에서 판단형(J)과 인식형(P) : 판단형(J)은 누구나 이해할 수 있는 체계나 구조를 이용해서 정리하고자 한다. 인식형(P)은 무작위로 쌓아두거나 모아두고 물건이 놓인 자리에 대해 혼자만 알고 있는 경우가 많다.

(2) 유형별 특징 및 직업 : MBTI에서는 개인이 정보를 수집하는 방식과 판단하는 방식에 근거하여 성격유형을 분석하고 성격유형에 적합한 직업을 제시하고 있다.

① ISTJ : 주변을 객관적으로 분석하고 사실에 입각하여 현실적으로 실행 가능한 계획을 세움. 허튼짓하는 것을 무엇보다도 싫어한다.

예 회계감사관, 회계사, 최고재무책임자, 웹개발자 등

② ISTP : 냉철한 이성주의적 성향과 왕성한 호기심을 가짐. 만드는 데 타고난 재능을 발휘. 타인을 잘 도우며 경험을 타인과 공유하는 것을 좋아한다.

예 토목기사, 경제학자, 조종사, 데이터분석가 등

③ ESTP : 주변의 이목을 끄는 것을 좋아하고 행동이 먼저 앞서는 이 유형은 엄격한 규율이나 질서를 요구하는 조직 내에서 어려움을 토로한다.

예 경찰관, 연예기획사 에이전트, 스포츠팀 코치 등

④ ESTJ : 무엇이 옳고 그른지를 따져 사회나 가족을 하나로 단결시키기 위해 사회적으로 받아들여지는 통념이나 전통 등 필요한 질서를 정립하는 데 이바지하는 대표적 유형이다.

예 약사, 변호사, 판사, 프로젝트 매니저, 보험설계사 등

⑤ ISFJ : 타인을 향한 연민이나 동정심이 있으면서도 가족이나 친구를 보호해야 할 때는 가차없는 모습. 조용하고 내성적인 반면 관계술이 뛰어나 인간관계를 잘 만들어 간다.

예 치과의사, 초등학교 교사, 사서, 프랜차이즈 점주, 고객서비스 상담원 등

정신심리 기능

1. 감각적 사고형(ST)은 감각의 구체성, 순서, 현실성, 사실성과 사고의 논리성, 분석적인 평가가 조합되어 있다.
2. 감각적 감정형(SF)은 감각의 구체성, 사실성, 체계성, 실용성과 감정의 인간중심적인 평가과정이 결합되어 있다.
3. 직관적 감정형(NF)은 전체적이고 미래가능성에 대한 견해를 가진 직관과 인간중심적인 평가과정을 지닌 감정이 결합되어 있다.
4. 직관적 사고형(NT)은 전체적이고 미래가능성을 보는 직관과 논리적이고 분석적으로 평가하는 사고가 결합되어 있다.

⑥ ISFP : 실험적인 아름다움이나 행위를 통해 전통적으로 기대되는 행동양식이나 관습에 도전장을 내미는 성격으로 다채로우면서도 감각적인 삶을 살아간다.

예 패션 디자이너, 물리치료사, 조경사, 창고관리인 등

⑦ ESFP : 이기적이고 참을성도 없으며 약간의 열등감도 가지고 있다. 천방지축에 때때로 통제가 안되기도 하지만 다른 유형의 사람과는 비교할 수 없을 만큼 매력적이다.

예 아동상담가, 배우, 인테리어 디자이너, 환경학자 등

⑧ ESFJ : 천성적으로 사교적인 성향으로 친구나 지인들의 일거수일투족을 모두 알기 원한다. 이타주의자로 타인에 대한 지원을 아끼지 않지만 예민하고 쉽게 상처받는 성격이다.

예 영업이사, 간호사, 사회복지사, 광고기획자, 여신심사역 등

⑨ INFJ : 나긋나긋한 목소리 뒤에 강직함이 숨어있고, 옳다고 생각되는 일에는 지칠 줄 모르고 투쟁한다. 창의적인 상상력과 강한 신념, 특유의 섬세함으로 균형있는 세상을 만들고자 한다.

예 심리상담가, 사회복지사, 조직개발 컨설턴트, 고객관리 매니저 등

⑩ INFP : 진정한 이상주의자이며 내성적이며 수줍음이 많은 사람처럼 비춰지기도 하지만 불만 지피면 활활 타오를 수 있는 열정의 불꽃이 숨어 있다.

예 그래픽디자이너, 심리학자, 작가, 물리치료사, 역량관리 책임자 등

⑪ ENFP : 자유로운 사고의 소유자로서 일시적인 만족이 아닌 사회적, 정서적으로 깊은 유대관계를 맺음으로써 행복을 느낀다. 매력적이며 독립적인 성격으로 활발하면서도 인정이 많다.

예 저널리스트, 광고홍보 디렉터, 컨설턴트, 이벤트 플래너 등

⑫ ENFJ : 카리스마와 충만한 열정을 지닌 타고난 리더형으로 살기 좋은 공동체를 만들기 위해 사람들을 동참시키고 이끄는 데 자부심과 행복을 느낀다.

예 광고이사, 홍보전문가, 기업교육전문가, 판매부장, 인사담당자 등

⑬ INTJ : 상상력이 풍부하면서도 결단력이 있으며 야망이 있지만 대외적으로 표현하지 않으며, 놀랄만큼 호기심이 많지만 불필요한 데 에너지를 낭비하지 않는다.

예 투자은행원, 개인투자전문가, 소프트웨어개발자, 이코노미스트 등

⑭ INTP : 가장 논리적인 사람들로 철학자나 사색가, 혹은 몽상에 빠진 천재로 알려져 있지만 역사적으로 수많은 과학적 발전을 이끌어 냈다. 아인슈타인, 파스칼, 뉴턴 등이 대표적이다.

예 컴퓨터 프로그래머, 금융 애널리스트, 건축가, 대학교수, 이코노미스트 등

⑮ ENTP : 이념이나 논쟁에 반향을 일으키는 선의의 비판자로 단순히 재미를 이유로 비판을 일삼기도 한다.

예 경영자, 부동산 개발업자, 광고홍보 디렉터, 마케팅 디렉터, 정치인 등

⑯ ENTJ : 천성적으로 타고난 리더로서 넘치는 카리스마와 자신감으로 타인을 이끌고 진두지휘한다. 진취적인 생각과 결정력, 냉철한 판단력으로 목표달성을 위해 무모하리만치 이성적 사고를 하는 것이 특징이다.

예 기업임원, 변호사, 시장조사 분석가, 경영 컨설턴트, 벤처 투자자 등

2. 프리드먼(Friedman)과 로젠만(Rosenman)의 A형(Type A)과 B형(Type B)

(1) A형(Type A)

① A형은 공격적이고 성취지향적인 사람들이다. 매우 도전적인 목표를 설정하고, 불가능해 보이는 시간 내에 이를 달성하려고 최대한의 노력을 기울인다.

② 주로 기록을 단축하는 스포츠선수들이나 모험을 즐기는 사람들에게서 잘 나타나는 유형이라고 한다.

③ 이들은 극한 상황에서 오히려 더 많은 에너지를 분출하며, 남들과 경쟁하여 승리할 때 자신의 가치를 느끼게 된다.

(2) B형(Type B)

① B형은 A형에 비해 비교적 느긋하고 덜 공격적이면서 자율을 중시한다. 주로 음악이나 미술 등 예술이나 연구직에 종사하는 사람들에게서 자주 나타나는 성격유형이다.

② 이들은 단기적인 목표달성에 크게 얽매이지 않으며 결과적으로 성공할 수 있다고 믿으면 과정상 다소 미흡한 점이 있더라도 크게 개의치 않는다.

③ 실패하더라도 다시 하면 잘될 것이라는 낙천적인 기질을 가진 사람이다.

(3) A형과 B형의 관계

① 성격유형을 A형과 B형으로 구분할 때 A형의 성격을 지닌 사람은 B형의 성격을 지닌 사람보다 경쟁적이고 조급한 편이다.

② 성격유형을 A형과 B형으로 구분할 때 A형은 B형보다 업무처리 속도가 빠르고, 인내심이 부족한 편이다.

③ A형은 공격적이고 성취지향적이어서 지는 것을 참지 못하는 성향의 사람을 의미하고 B형은 다소 느긋하고, 치열한 경쟁보다는 자율을 중시하는 성격의 사람을 말한다.

ⓔ 미국의 심장학자 메이어 프리드먼과 레이 로젠만 박사(1974년 'A형 행동과 심장'이란 책 저술)는 3천 명을 대상으로 조사하여 스트레스와 중요한 관련이 있는 성격 분류법을 고안해 냈다. 여기서 A형 성격인 사람은 B형 성격인 사람에 비해 협심증, 심근경색 등에 걸릴 위험이 두 배나 높은 것으로 밝혀졌다.

대표기출유형

성격에 대한 다음 설명 중 틀린 것은?

① 프로이드는 인간의 성격은 본능(Id), 자아(Ego), 초자아(Superego)의 체계로 구성되며 인간의 행동은 이 3가지 체계간의 상호작용에 의해 지배된다고 하였다.

② 내재론자는 자기통제와 참여적 리더십이 발달하였다.

③ 자신의 목표를 달성하기 위해 다른 사람을 이용하거나 조작하려는 경향과 관련된 특성을 마키아벨리즘 성향이라고 한다.

④ 사이코패스는 자신을 실제보다 과장하고 그러한 이미지를 유지하기 위해서라면 무슨 짓이든 저지르며 그것이 위협받을 땐 심지어 공격적인 행동까지 보인다.

⑤ 성격은 개인의 행동에 영향을 주는 다른 여러 요소 중의 한 가지이다.

정답 ④

해설 자신을 실제보다 과장하고 그러한 이미지를 유지하기 위해서라면 무슨 짓이든 저지르며 그것이 위협받을 땐 심지어 공격적인 행동까지 보이는 것은 나르시시즘에 대한 설명이다.

테마 14

강화이론

스키너(B. F. Skinner)의 강화이론(Reinforcement Theory)에서는 인간의 행동은 환경에서의 결과에 의하여 설명되며 인지적인 설명은 필요하지 않다고 하였다. 이는 유쾌하거나 긍정적인 결과를 가진 행위는 반복되며 유쾌하지 않거나 부정적인 결과를 가진 행위는 덜 반복된다는 원칙을 말하는 것으로 결과의 법칙(효과의 법칙)에 큰 비중을 둔다.

1 강화의 유형

긍정적인 강화와 부정적인 강화는 행위의 빈도를 높이는 데 목적이 있으며 소거와 벌은 행위의 빈도를 감소시키는 데 그 목적이 있다. 스키너는 긍정적인 강화와 소거가 개인의 성장을 고무하는 반면, 부정적인 강화와 벌은 개인의 미성숙을 초래하여 결국에는 조직 전체의 비효율성을 가져오게 된다고 주장했다.

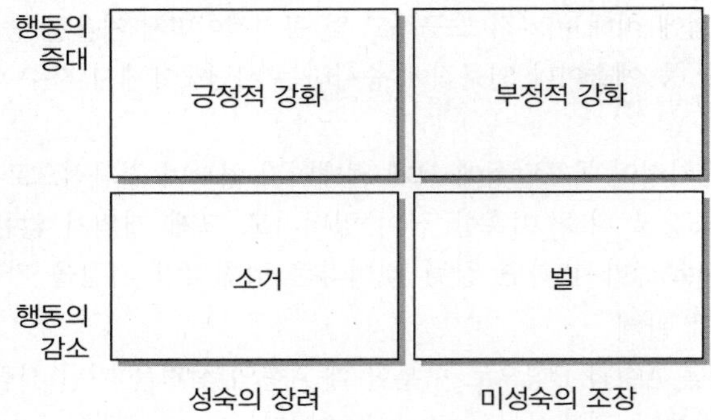

행위의 결과를 보상하는 칭찬, 급료 인상, 휴가 등이 바람직한 행위의 반복을 가져오게 된다면 이것은 긍정적인 강화요인이 된다.

1. 적극적(긍정적) 강화(Positive Reinforcement)

바람직한 행위의 빈도를 증가시키기 위한 방법으로 유쾌한 보상을 제공하는 것이다. 이는 인간의 행동에 변화를 주기 위한 전략으로 다루어지는 강화이론의 한 방법으로 조직구성원들의 반응에 따라 제공되는 자극의 형태다.

소극적(부정적) 강화
개인이 부정적인 자극이나 해에서 벗어나기 위하여 바람직한 행위를 하도록 유도하고자 하는 것으로, 바람직한 행위에 대해 불쾌한 자극을 제거하여 행위를 강화시키는 것이다.

2. 소극적(부정적) 강화(Negative Reinforcement, Avoidance)

(1) 도피학습(Escape Learning) : 개인의 바람직한 행위가 증가하면 혐오자극을 감소시키거나 제거하는 반응을 획득하도록 하여 그 행위를 증가시키는 것이다.

(2) 회피학습(Avoidance Learning) : 바람직한 행위를 하여 불쾌감 또는 위험한 자극을 피하는 방법을 배우는 것이다.

3. 소거(Extinction)

어떤 행위를 감소시키기 위하여 과거에 그런 행위와 관련되어 있던 긍정적인 강화를 철회하는 것으로, 바라지 않는 행위가 일어났을 때 정직을 시키거나 혹은 교육의 기회를 박탈하거나 새로운 장비의 사용을 금지하는 것 등을 말한다.

4. 벌(제재, Punishment)

행위를 감소시키거나 금지하도록 하기 위하여 부정적인 결과를 제공하는 것으로 원하지 않는 행동에 대하여 불편한 결과를 제공함으로써 그 행동의 발생 확률을 낮추는 방법이다.

2 강화방법

1. 강화계획

반응이 일어날 때마다 강화를 제공할 것인지 아니면 어떤 특정한 시간의 경과나 행동빈도 이후의 반응에 대해서만 강화를 제공할 것인지를 계획하는 것이다.

2. 강화계획의 종류

(1) 연속적 강화(Continuous Reinforcement) : 바람직한 행위가 있을 때마다 보상을 주는 방법으로 최초에 행위가 학습되는 과정에서는 대단히 유효한 방법이지만 시간이 지날수록 그 효율성이 떨어진다.

(2) 부분적 강화(단속적 강화, Intermittent Reinforcement) : 바람직한 행위가 일어날 때마다 보상하는 것이 아니라 간헐적으로 행위에 대한 보상이 이루어지는 것으로 초기의 학습과정에 있어서는 반복을 위하여 다소 자주 보상받을 수도 있으며 시간이 흐름에 따라 보상의 빈도가 감소되기도 한다.

간격법 (시간을 사용하는 방법)	고정 간격법	• 정해진 매시간마다 강화가 이루어지는 방법으로 강화효과가 가장 낮다. • 행위가 얼마나 많이 일어났는가에 관계없이 정해진 일정한 간격으로 강화요인을 적용하는 방법 예 주급이나 월급 등과 같이 정규적인 급여제도
	변동 간격법	• 강화시기가 무작위로 변동한다. • 강화요인의 간격을 일정하게 두지 않고 변동하게 하여 강화요인을 적용하는 방법이다. 예 불규칙적인 보상이나 승진, 승급 등
비율법 (횟수를 사용하는 방법)	고정 비율법	행위가 일어나는 매번마다 강화가 이루어진다. 예 생산의 일정량에 비례하여 지급하는 성과급제도 등
	변동 비율법	• 강화가 이루어지는 데 필요한 행위의 횟수가 무작위로 변동한다. • 강화요인의 적용을 행위의 일정한 비율에 따르는 것이 아니라 변동적인 비율에 따르는 것이다.

3. 효과적인 강화방법

일반적으로 연속강화법보다는 부분강화법이, 부분강화법 가운데에서는 간격법보다는 비율법이, 비율법 가운데에서는 고정법보다는 변동법이 보다 효과적이다. 즉 부분강화법의 효과성은 고정간격법, 변동간격법, 고정비율법, 변동비율법의 순서로 높다.

강화계획의 종류
1. 연속강화계획 : 목표로 한 행동이 나타날 때마다 강화를 준다.
2. 부분강화계획 : 행동이 발생할 때마다 강화하지 않고 특정 반응 중에서 일부분만 강화가 주어지는 것으로, 고정간격법 · 변동간격법 · 고정비율법 · 변동비율법의 네 가지 유형으로 구분된다.

최신 금융 · 디지털 용어
금융상식
경영상식
경제상식
실전모의 1회
실전모의 2회

대표기출유형

다음 중 강화이론에서 강화의 유형에 해당하지 않는 것은?

① 부정적 강화 ② 중립적 강화 ③ 긍정적 강화
④ 소멸 ⑤ 처벌

정답 ②

해설 일반적으로 행동의 수정을 강화하는데 긍정적 강화, 소극적 강화, 소거, 벌이라는 네 가지 방법이 있다.

테마 15

집단의사결정기법

> 브레인스토밍은 두뇌선풍, 영감법 또는 머리글자를 따라 BS라고도 불리는 아이디어 개발방식이다. 이 기법은 오스본(A. F. Osborn)에 의해서 1938년에 개발되어 1950년대에 미국의 육군, 해군, 공군, 연방정부 그리고 주정부에서 아이디어 개발을 위해 널리 사용되었다.

> 고든법은 고든(W. Gordon)이 브레인스토밍의 결점을 보완하기 위해 만든 아이디어 발상법의 하나로 추상적인 사고법이다. 브레인스토밍과 마찬가지로 4가지 규칙(비판금지, 자유분방, 다다익선, 결합개선)이 적용된다. 브레인스토밍은 구체적인 테마가 제시되지만 고든법은 키워드만 제시된다.

1 브레인스토밍(Brainstorming Technique)

1. 브레인스토밍의 의의

여러 명이 한 가지 문제를 놓고 아이디어를 무작위로 개진하여 최선책을 찾아가는 방법으로 어떤 생각이든 자유롭게 표현해야 하고 또 어떤 생각이든 거침없이 받아들여야 한다.

2. 운영상 특징

(1) 표현 권장 : 다른 구성원의 아이디어 제시를 저해할 수 있는 비판을 금지하여 자유로운 대화를 권장하고 제한하지 않는다.

(2) 아이디어의 양

① 아이디어의 질보다는 양을 중요시하며 리더가 하나의 주제를 제시하면 집단구성원이 각자의 의견을 자유롭게 제시한다.

② 아이디어 수가 많을수록 질적으로 우수한 아이디어가 나올 가능성이 많다는 것을 바탕으로 한다.

(3) 평가의 금지 및 보류

① 자신의 의견이나 타인의 의견은 다 가치가 있으므로 일체의 평가나 비판을 의도적으로 금지한다.

② 아이디어를 내는 동안에는 어떠한 경우에도 평가를 해서는 안 되며 아이디어가 전부 나올 때까지 평가는 보류하여야 한다.

(4) 결합과 개선 : 남들이 내놓은 아이디어를 결합시키거나 개선하여 제3의 아이디어를 내보도록 노력한다.

> 명목집단법은 1968년 델베끄와 반드밴(A. L. Delbecq and A. H. Van de Ven)에 의해서 의사결정의 사회심리학적 연구를 기초로 개발되었다. 이 기법은 미국 NASA의 프로그램 설계에 대한 산업공학적 문제해결과 사회적 활동에 대한 시민의 참여에 관한 연구에 활용되었다.

2 명목집단법(NGT ; Nominal Group Technique)

1. 명목이란 '침묵, 독립적'이라는 의미를 가지고 있으며 개인의 집합으로서의 집단은 상호 간의 의사소통이 이루어지는 집단은 아니라는 의미다. 즉 집단구성원들 간의 실질적인 토론 없이 서면을 통해서 아이디어를 창출하는 기법이다.
2. 모든 구성원에게 동등한 참여 기회를 부여하여 우선순위를 정하기 위한 투표를 통하여 모든 구성원이 집단의사결정에 동등한 영향을 미친다.
3. 각 구성원은 다른 사람의 영향을 받지 않는다.

> 델파이법은 1950년 초에 미국의 Rand 회사의 달키(Norman Dalkey)와 그의 동료에 의해 미국 국방성의 요청에 따라 개발한 기법으로 집단토론을 거치지 않고 전문가들로부터 전문적인 견해를 얻어 아이디어를 도출하는 방법이다.

3 델파이법(Delphi Technique)

1. 델파이법의 의의

특정 문제에 대해서 전문가들이 모여서 토론을 거치는 것이 아니라 다수의 전문가의 독립적인 아이디어를 수집하고, 이 제시된 아이디어를 분석 · 요약한 뒤 응답자들에게 다시 제공하여 아이디어에 대한 전반적인 합의가 이루어질 때까지 피드백을 반복하여 최종 결정안을 도출하는 시스템적 의사결정방법이다.

2. 델파이법의 특징

(1) 익명성 : 운영 도중에 설문 응답자들은 서로 상대방을 알 수 없으며 구성원 간의 상호작용도 일어나지 않으며 최종적으로 아이디어 자체에 대한 평가만을 하는 것이다.

(2) 피드백의 과정 : 집단 간의 상호작용은 설문지에 의해서 이루어지며 실무진은 응답 내용이 적힌 설문지에서 문제에 필요한 정보만을 분석 · 정리하여 피드백해준다.

(3) 통계적 처리 : 통계적 분석에 의한 평가를 한다.

〈명목집단법과 델파이법의 비교〉

명목집단법	델파이법
• 참여자들은 서로 알게 됨. • 참여자들이 서로 얼굴을 맞대고 문제를 해결함. • 아이디어 목록이 얻어지고 나면 참여자들이 직접적으로 커뮤니케이션을 함.	• 참여자들이 서로 모름. • 참여자들이 서로 멀리 떨어져 있고 결코 만나지 못함. • 커뮤니케이션은 서면으로 된 질문지와 피드백으로 함.

4 변증법

1. 변증법의 의의

대립적인 두 개의 토론 팀으로 나누어 토론 진행과정에서 의견을 종합하여 합의를 형성하는 기법이다.

2. 변증법적 토의 5단계

(1) 1단계 : 의사결정에 참여할 집단을 둘로 나눈다.

(2) 2단계 : 한 집단이 문제에 대하여 자신들의 대안을 제시한다.

(3) 3단계 : 타 집단은 본래 대안의 가정을 정반대로 바꾸어 대안을 마련한다.

(4) 4단계 : 양 집단이 서로 토론을 한다.

(5) 5단계 : 이 토론에서 살아남은 가정, 자료로 의견을 종합하여 결정한다.

변증법은 집단을 두 편으로 나누어 한 편이 먼저 의견을 제시하면 상대편은 그 안과 정반대의 가정을 가지고 대안을 만들어 서로 토론에 들어가는 방법으로, 토론을 통해 살아남은 가정이나 자료를 가지고 의견을 종합하여 결론을 내린다.

대표기출유형

다음 중 의사결정과 관련된 설명으로 알맞지 않은 것은?

① 집단사고 현상을 방지하기 위해서 지명반론자법을 적용한다.
② 명목집단법을 적용하여 의사결정을 할 때에는 타인의 영향력이 절대적이다.
③ 집단구성원의 응집력이 강하면 집단사고 현상이 발생할 가능성이 커진다.
④ 브레인스토밍 방법을 적용할 때에는 타인의 아이디어를 비판하지 말아야 한다.

정답 ②

해설 명목집단법은 구성원 간에 대화가 없는 집단을 말한다. 독립적으로 문제를 해결할 수 있고 또한 집단 의사 결정 시 생길 수 있는 타인의 영향을 없애기 위해 토론을 하지 않는다. 특성상 의사결정 시 시간이 적게 들지만 한 번에 한 문제밖에 해결할 수 없다.

거래적 리더십과 변혁적 리더십

> 거래적 리더십
> 교환관계에 기초를 둔 것으로 리더는 부하가 바라는 것을 제공해 줌으로써 부하의 행동을 유도하고, 리더와 부하의 상호욕구가 교환관계를 통해 만족되는 한 지속되는 관계를 말한다.

1 거래적 리더십

1. 거래적 리더십의 특징

리더가 상황에 따른 보상에 기초하여 부하들에게 영향력을 행사하는 과정에서 리더가 행동, 보상, 인센티브를 사용해 부하들로부터 바람직한 행동을 하도록 만들고 이 과정은 리더와 부하 간의 교환이나 거래관계에 기초한다.

2. 거래적 리더십의 구성요소

(1) 상황적 보상(Contingent Reward) : 성과기준에 부합되는 경우 이에 대한 보상을 강조하며 적극적인 거래적 성격을 지닌 보상을 약속한다.

(2) 예외에 의한 관리(Management by Exception) : 성과기준에 부합되지 않는 경우에만 수정조치를 취하는 소극적인 성격을 지닌 보상을 인정한다.

(3) 자유방임적 리더십

① '손은 떼고 일이 돌아가는 대로 두고 본다'는 의미로 책임을 포기하고 의사결정을 지연시키며 부하들에게 피드백을 제공하지 않고 부하들의 욕구를 만족시키거나 그들을 지원하는 데에도 별다른 노력을 기울이지 않는 리더다.

② 소극적 예외에 의한 관리와 합쳐 비리더십(Non-Leadership) 또는 소극적 리더십(Passive Leadership)이라고 부르기도 하며 효과성과 만족도 측면에서 부정적인 결과를 산출한다.

> 변혁적 리더십
> 부하의 현재 욕구수준을 중심으로 한 교환관계에 의한 것이 아니라 부하의 욕구수준을 높여 더 높은 수준의 욕구에 호소함으로써 리더는 부하들로 하여금 자신의 이익을 초월하여 조직의 이익을 위해 공헌하도록 동기부여하는 리더십이다.

2 변혁적 리더십

1. 변혁적 리더십의 특징

(1) 특정한 이상적인 목표의 가치와 중요성에 대한 부하들의 의식수준을 끌어올린다.

(2) 부하들이 자신들의 조직과 그들이 속한 집단을 위해서 자신들의 이익을 초월하도록 만든다.

(3) 부하들의 욕구를 매슬로우의 욕구계층을 따라 올라가도록 하여 상위수준의 욕구에 호소하고 부하들이 보다 높은 수준의 욕구에 관심을 갖도록 만든다.

2. 변혁적 리더십의 구성요소

(1) 카리스마 또는 이념적 영향력(Idealized Influence)

① 변혁적 리더십의 가장 핵심적이고 필수적인 구성요소다.

② 카리스마 : 다른 사람들로 하여금 리더가 제시한 비전을 따르도록 만드는 특별한 능력을 가진 사람을 가리키며 부하들이 리더에 대해 어떻게 인식하고 행동하는지 정의되기도 한다.

③ 이념적 영향력 : 카리스마는 영향력의 관점에서 이념적 영향력이라고도 하고 부하들이 리더에 대해 자부심과 존경심을 갖고 리더와 동일시하며 리더가 부하들에게 신뢰할 만하고 활동적인 역할모델의 표상이 되는 것이다.

(2) 영감적 동기부여(Inspirational Motivation) : 부하에게 비전을 제시하고 열정을 불러일으키며 격려를 통해 에너지를 북돋우고 업무에 매진하도록 만드는 행동이다.

(3) 개별화된 배려(Individualized Consideration) : 부하 개개인이 가지고 있는 욕구 및 능력의 차이를 인정하고 개인이 가지고 있는 욕구 수준을 보다 높은 수준으로 끌어올리며 부하들로 하여금 높은 성과를 올릴 수 있도록 잠재력을 개발해 주는 행동이다.

(4) 지적 자극(Intellectual Stimulation) : 부하들이 업무수행의 옛 방식에 대해 의문을 제기하고 새로운 방식을 사용하도록 도와주며 부하의 가치관, 신념, 기대뿐만 아니라 리더나 조직의 가치관, 신념, 기대에 대해서도 끊임없이 의문을 제기하도록 지원해 주는 행동이다.

대표기출유형

다음 이건희 회장의 어록에서 나타난 리더십으로 대표되는 것은?

1987년 12월 1일 취임사	"미래지향적이고 도전적인 경영을 통해 30년대까지는 삼성을 세계적인 초일류기업으로 성장시킬 것이다."
1993년 6월 프랑크푸르트 회의	"결국 내가 변해야 한다. 바꾸려면 철저히 바꿔야 한다. 극단적으로 얘기하면 마누라와 자식만 빼고 다 바꿔야 한다."
1993년 7·4제 실시를 지시하면서	"과장에서 부장까지는 5시까지는 정리하고 모두 사무실을 나가세요. 이것은 명령입니다."
2010년 3월 경영복귀	"지금이 진짜 위기다. 글로벌 일류기업이 무너지고 있다. 삼성도 언제 어떻게 될지 모른다. 앞으로 10년 내에 삼성을 대표하는 사업과 제품은 대부분 사라질 것이다. 다시 시작해야 한다. 머뭇거릴 시간이 없다."
2013년 10월 신경영 20주년 만찬	"자만하지 말고 위기의식으로 재무장해야 한다. 실패가 두렵지 않은 도전과 혁신, 자율과 창의가 살아 숨 쉬는 창조경영을 완성해야 한다."

① 변혁적 리더십 ② 지시적 리더십 ③ 거래적 리더십
④ 참여적 리더십 ⑤ 자유방임적 리더십

정답 ①

해설 변혁적 리더십은 장기적인 비전을 가지고 집단의 욕구체제를 바꾸려는 리더십이고 이는 거래적 리더십에 대한 비판에서 유래되었다.

오답풀이

② 지시적 리더십 : 부하들에게 규정을 준수할 것을 요구하고 구체적인 지시를 통해 그들이 해야 할 일이 무엇인지를 명확히 설정해 주는 리더십

③ 거래적 리더십 : 지도자와 부하 사이에서 비용과 효과의 거래관계로서 수행되는 리더십

④ 참여적 리더십 : 부하직원들을 의사결정과정에 참여시키고 그들의 의견을 적극적으로 반영하고자 하는 리더십

⑤ 자유방임적 리더십 : 리더가 책임을 포기하고 피드백 없이 의사결정권을 부하들에게 맡기는 리더십

테마 17

조직개발이론

조직개발은 50년이라는 짧은 역사에도 불구하고 학문적으로 다양한 이론을 구축하고 있다. 조직개발이론은 크게 변화과정이론(Change Process Theory)과 변화개입이론(Implementation Theory)의 2가지로 구분할 수 있다.

1 변화과정이론

1. 변화과정의 개념

변화과정이론은 조직의 변화와 발전의 과정에서 발생하는 역동성을 설명하는 데 주된 관심을 두고 있으며 변화과정을 최초로 설명한 학자는 레빈(Kurt Lewin)이다.

2. 레빈(Lewin)의 변화과정(1958)

(1) 1단계 : 해빙단계(Unfreezing)

① 조직구성원들이 변화를 불가피하다고 인정하고 변화에 저항하지 못하도록 심리적 변화를 가져오게 하는 단계

② 변화의 필요성을 인식시키고 구성원들의 부정적인 태도나 관점, 가치관을 변화시키는 단계

(2) 2단계 : 이동단계(Moving)

① 해빙이 이루어진 후 새로운 변화를 구성원들에게 전달하는 단계

② 새로운 실천, 정책, 행동을 수용하고 실행하는 단계

(3) 3단계 : 재결빙단계(Refreezing)

① 새로운 변화가 지속적이고 일상적인 사항이 될 수 있도록 기존의 운영방식 및 기존의 기대체계 속에 정착시키고 제도화하는 단계

② 재결빙 과정에서 변화관리자는 새롭게 획득한 변화를 지속적으로 유지할 수 있도록 계속적인 강화활동을 전개할 필요가 있다.

3. 샤인(Schein)의 변화과정(1987)

레빈의 변화과정 모형을 구체화시키고 변화관리자들이 이러한 변화를 어떻게 관리해야 하는지에 초점을 맞춰 설명하고 있다.

〈샤인의 변화과정 3단계 모형〉

단계	내용
1단계	해빙 : 확신의 해체, 문제의식이나 불안감 형성, 심리적 안정 지원을 통해 변화에 대한 동기와 준비 형성
2단계	인지 재구조화를 통한 변화 : 새로운 역할모델이나 멘토(Mentor)와 일체감을 형성하고, 새로운 정보획득을 위한 환경진단 등을 통해서 새롭게 변화된 관점에 기초하여 다른 방식으로 보고 느끼고 판단하고 반응하도록 도와줌.
3단계	재결빙 : 새로운 관점을 개인의 성격, 자아개념, 유의미한 관계구축 등과 통합시키도록 도와줌.

2 변화개입이론

변화개입이론은 실시이론(Change Implementation Theory)이라고도 하는데 이는 변화를 발생시킬 수 있도록 설계된 구체적인 개입전략(Intervention Strategies)에 중점을 둔다.

1. 인간과정 개입이론(Human Process-Based Intervention Theory)

(1) 인간과정 개입이론은 조직구성원 개인들의 태도, 가치, 문제해결방식, 인간관계 스타일을 수정해 행동을 변화시키는 데 초점을 맞춘다.

(2) 인간과정 개입에 관련된 이론은 행동과학이론 즉 욕구이론, 기대이론, 강화이론, 직무만족이론으로 구성된다.

(3) 인간과정 개입이론의 적용은 1950년대 레빈과 그의 동료들에 의해 시작되었으며 사회적 상황에서 바람직한 행동변화를 유발하는 계획적 개입방법을 찾아내려고 노력하였다.

(4) 레빈은 개인 차원의 개입활동보다 집단수준의 개입활동이 더 중요하다고 주장하였는데 이는 개인 차원의 변화된 행동도 조직이나 집단 차원에서 수용되지 않는다면 다시 원상태로 돌아가기 때문이다.

(5) 레빈 이후의 인간과정 개입이론은 아지리스(Argyris)에 의해 계승되었으며 아지리스는 개입활동에서 이후의 3가지 요소가 보장되어야 한다고 주장하였다.

2. 기술구조 개입이론(Technostructural Intervention Theory)

(1) 인간과정 개입이론이 개인의 행동변화와 이에 관련된 동기나 욕구에 관심을 두는 반면, 기술구조 개입이론은 직무내용, 직무수행방법, 직무수행과정, 성과와 관련되는 요인, 조직구성원 간의 관계와 같은 기술과 구조의 내용에 관련된 부분에 초점을 맞춘다.

(2) 개인의 행동이나 개인 차원의 내재된 동기에 대한 이해와 조절보다는 직무수행과 관련된 직무의 내용과 직무결과 등에 관련된 사항에 관심을 두고 조직개발을 시도한다.

(3) 기술구조 개입이론에서 가장 대표적으로 활용되는 조직개발방법은 직무설계(Job Design)이다.

(4) 직무설계의 기본가정은 개개의 직무마다 나름대로의 특성이 존재하고 이러한 직무의 특성이 직무수행자의 심리적 상태를 자극하게 되며 이러한 심리적 자극의 결과로 직무수행 성과에 변화가 나타난다는 것이다.

(5) 따라서 직무설계는 직무의 고유한 특성에 기반하여 이러한 직무를 수행함에 있어서 개인들의 심리적 상태를 최적화하는데 기본적인 목적이 있다.

(6) 기술구조 개입이론은 개인이 담당해야 하는 직무를 분석하고 이와 개인들의 특성을 조합하여 최적의 직무수행 상황을 만들어 내는 데에 초점을 맞춘다.

(7) 심리적 동기가 활성화되어 직무를 적극적으로 수행하고 조직의 성과를 향상시키기 위해서는 무엇보다도 직무의 특성이나 직무와 종업원 간의 효율적인 배치의 문제에 대한 해답을 찾아야 하는데 이러한 해답으로 제시되는 것이 직무설계이다.

3. 사회기술적 시스템 설계(Sociotechnical Systems Design)

(1) 조직의 사회적 구조와 기술적 배치를 일치시키는 데 초점을 두고 조직을 개발하는 것에 목적을 둔다.

(2) 자율적 직무수행 집단을 구축하기 위해 집단구성원의 직무역할, 직무과업, 일련의 직무활동 간의 관계를 재배치하는 데 관심을 둔다.

(3) 조직의 문화와 기술향상을 접목하여 조직능력을 개발하는 데 중점을 두고 있으며 따라서 문화 또는 사회적 구조의 변화를 매우 중요한 조직개발의 요소로 생각한다.

(4) 결과적으로 개인이나 팀의 수준에서 발생하는 변화가 사회적 구조 또는 문화의 변화와 기술수준의 향상 및 이 둘 간의 관계를 통해서 직무수행상의 향상, 조직문화의 변화, 조직적 성과로의 전환의 결과를 가져오도록 한다는 점을 강조한 것이다.

4. 조직혁신 개입이론(Organization Transformation Change Theory)

(1) 조직문화의 변화, 조직변화 전략의 중요성, 학습조직으로의 변화 등을 중요시하는 조직개발의 유형이다.

(2) 선두주자인 벡하드(Beckhard)에 따르면 조직은 최적의 동기부여와 생산성을 실현하기 위해 지속적으로 검토하고 분석하고 개선해야 할 정보와 업무절차를 갖고 있는 동시에 고유한 특성, 문화, 가치를 지니고 있는 복잡하고 인간적인 체계이다.

(3) 조직의 혁신적인 변화를 추구하는 능동적인 조직개발이론이라고 할 수 있다.

3 조직개발

1. 조직개발(OD ; Organization Development)의 개념

(1) 조직개발의 정의

베니스(Bennis)	변화에 대한 반응으로서 새롭고 급격히 변화하는 기술, 시장, 도전, 변화 그 자체에 잘 적응할 수 있는 조직의 태도, 가치, 신념구조를 변화시키도록 고안된 복합적인 교육전략
벡하드(Beckhard)	행동과학의 지식을 이용하여 조직의 과정에 계획적으로 개입해서 조직의 유효성과 건강도를 증진하려고 하는 계획적이고, 조직전체적이며, 최고경영층에 의해 주도되는 노력
바워스(Bowers)	조직과 구성원 양자를 개선할 목적을 지닌 훈련개입전략들의 집합체

2. 조직개발의 핵심적인 요소

(1) 조직이 의도적으로 주도하는 계획된 변화(Planned Change)

(2) 조직유효성(Organizational Effectiveness)을 높이는데 초점. 즉 개인과 조직 모두의 목표달성을 지향

(3) 행동과학의 지식(Behavioral Science Knowledge)에 바탕을 둔다.

(4) 시행과정에서는 '행동연구(Action Research)'라는 전략이 많이 사용된다.

4 조직개발의 발전과정

1. 실험실훈련(Laboratory Training)

(1) 조직개발의 발달 역사에서 중요한 흐름을 형성하고 있으며, 비구조화된 소집단 상황에서 참가자가 자유롭게 상호작용을 하고, 집단에서의 관계형성을 통한 학습활동으로 스스로 행동을 수정한다.

(2) 1950년대에 들어서면서 기업에서 본격적으로 활용되기 시작하였으며, 소집단을 대상으로 조직된 상황(실험실)에서 실시하는 훈련으로 T-집단훈련 또는 감수성훈련 등으로도 불린다.

(3) 실험실훈련은 15명 내외의 인원으로 구성된 소집단을 통해서 이루어지게 된다. 훈련은 외부와 격리된 장소에서 1 ~ 2주일 동안 실시한다.

(4) 과거에는 기술이나 지식에 중점을 두고 훈련을 하였으나 최근에는 인간관계 또는 인간 내부의 감성에 초점을 두기 때문에 '감수성훈련'이라고 불리고 있다.

(5) 훈련집단(T-Group)을 운영하는 데는 별다른 규칙도 없고 의제도 없으며, 참가자들로 하여금 자유로이 자기의 의사를 표시하고 교환하도록 한다. 이러한 공동생활의 훈련과정을 진행하는 사이에 참가자들은 저절로 자신과 상대방의 가치관, 사고방식, 행동방식 등을 파악하게 된다.

(6) 이 훈련을 통해서 참가자는 전보다 훨씬 협동심과 성실성, 그리고 적극성을 갖는 조직구성원이 됨으로써 조직발전에 기여할 수 있는 양질의 인적자원으로서 성장할 수 있게 되는 것이다.

2. 팀빌딩(Team Building Program)

(1) 개념 : 팀빌딩 프로그램은 집단 수준의 조직개발기법으로 단위조직의 구성원들이 집단효율성에 방해가 되는 문제점을 찾아내고 도출된 문제에 대해 구성원의 합의에 의해 해결안을 찾아서 일상 업무 중에 그 해결안을 실행하고 일정 기간이 지난 후에 실행경과를 평가하는 일련의 집단개발과정이다.

(2) 기본전제

① 업무우선주의 : 팀원들이 평소 느끼는 업무 관련(인간관계나 감정문제가 아닌) 문제점과 그 해결방안을 채택 · 실행한다.

② 자율성 : 팀의 문제에 대해 가장 잘 알고 있는 팀원들이 자발적 참여를 통해 스스로 문제를 해결해 나간다.

③ 개인존중주의 : 개인의 의사가 최대한 존중되며 문제와 해결안, 제안에 대한 익명성이 보장되어 솔직한 자기표현을 유도한다.

④ 평등주의 : 과정이 진행되는 동안 직급, 성별, 근무연한에 관계없이 1인 1표를 행사하는 민주적 절차가 중시된다.

⑤ 룰(Rule)존중주의 : 리더가 과정을 일관되게 운영하도록 하는 제도적 장치가 마련되어 있다.

⑥ 공개주의 : 문제를 회피하거나 대충 넘어가는 것이 아니라 문제를 공개하고 이에 정면 대처하고자 한다.

⑦ 체험학습의 장 : 구성원 전원이 문제점을 발견, 해결하는 집단의사결정 과정에 참여함으로써 팀빌딩의 가치를 내재화시키고 행동교정을 유도한다.

3. 실행연구(Action Research)

(1) 레빈(Lewin)은 실험실훈련을 창안했을 뿐만 아니라 사회과학적 방법으로서 조직개발활동을 승화시켰는데, 그 산물이 바로 실행연구와 조사(연구)피드백이다.

(2) 실행연구는 1940년대에 사회과학자인 존 콜리어(John Collier), 윌리엄 이트(William Whyte) 등에 의해 실시된 것으로 연구자와 조직구성원들 간의 협력활동으로 시작되었다.

(3) 조직구성원들이 직접 자신들의 문제를 찾고, 이를 토론하고, 변화의 방향과 방법을 찾기 위해 스스로 연구할 수 있게 하는 것이다.

4. 설문조사 피드백(Survey Feedback)

설문조사 피드백은 설문지를 활용하여 조직구성원들의 태도를 조사한 피드백자료를 기반으로 자유토론을 실시하고, 토론을 통해 문제를 진단하고 도출된 문제들은 문제해결과정으로 연계된다.

5. 참여경영(Participative Management)

리커트(Likert)는 참여경영 스타일과 조직효과성의 관계에 대한 연구를 계기로 '체계4'인 참여적 집단주의 체계에 근거해 조사피드백활동을 전개했으며 집단구성원들은 참여적 집단주의 체계를 구축하기 위한 방안을 모색하고 선택된 방안을 실행할 계획을 수립하게 된다.

조직의 경영체계	특징
착취적 권위주의	전체적, 상의하달식, 동기부여는 차별과 보상에 의존, 하향식 의사소통
자애적 권위주의	관리자들이 다소 온정적, 직원들 간의 의사소통과 의사결정 다소 허용
지원적 관리주의	의사소통과 의사결정을 지원, 최종결정은 관리자, 생산성과 만족도가 높은 경향
참여적 집단주의	조직구성원의 적극적인 개입과 참여 권장, 목표수립, 정책결정, 방법개선, 결정평가에 구성원들 적극 참여, 전 방향 의사소통, 높은 수준의 생산성, 품질, 만족도

6. 근로생활의 질 개선(QWL ; Quality of Work Life)

(1) 의의

① 1950년대에 시작(Tavistok 인간관계 연구소), 1960 ~ 1970년대에 개발, 확장되기 시작하였고, 최적의 조직, 직무설계를 통해 기술과 인간을 조화시키려는 목적으로 실시되었다.

② 기업성과(예 고이윤, 생산성, 능률)와 긍정적인 인적성과(예 기본 욕구의 충족, 일의 즐김)가 양립할 수 있다는 기본 가정을 전제로 출발하였다.

(2) QWL의 중요성

① QWL의 향상은 그 자체로 의미가 크다. 일은 인간생활의 중요한 부분을 구성하므로 생활의 질(QL ; Quality of Life)이라는 측면에서 가능하면 유쾌하고 즐거우며, 무엇인가를 실현할 수 있는 것이어야 한다.

② 조직행위론자들이 QWL에 관심을 갖는 또 하나의 직접적인 이유는 QWL의 향상이 동기부여 · 몰입 · 만족의 증대를 가져와 조직유효성 향상에 기여할 것이라고 믿기 때문이다.

(3) QWL기법

① 직무재설계(직무확대) : 구성원의 흥미를 불러일으킬 수 있으며, 다양하고 구성원의 자율성과 창조성이 보장되어 만족할 수 있도록 직무내용을 변화시키는 것을 말한다.

② 리더십의 개발 : 리더가 보다 종업원 중심적이고 민주적인 방식의 리더십 스타일을 가지도록 훈련시키는 것이다.

③ 인사제도의 근대화 : 인사관리제도를 전통적 방식에서 근대적 방식으로 변화시키는 방법으로 공정한 보상체계, 승진의 공평성, 경력개발제도의 도입, 각종 교육훈련, 상담, 고충 처리, 제안제도 등의 도입, 미래 능력중심의 인사고과 제도 도입 등이 여기에 해당된다.

④ 조직구조 변화 : 조직구조를 구성원에게 자율성과 능력발휘 및 창조성을 발휘하도록 개편하는 방법으로 분권적 조직(권한의 위양), 공식화를 낮춤(각종 규율, 규정, 방침 등을 최소화), 통합화를 높임(부문간, 상하부문간 조정을 통해 갈등수준을 낮춤) 등이 여기에 해당된다.

⑤ 적절한 보상체계의 설계와 시행 : 보상체계가 적합하고 공정하다는 종업원의 인식이 중요하다. 즉 종업원의 노력과 보상 사이에 적합관계가 형성되어야 한다.

7. 전략적 변화(Strategic Change)

(1) 전략적 변화는 조직개발활동에서 가장 최근에 도입되었다.

(2) 조직을 둘러싼 환경과 조직 자체가 점점 더 복잡해지고 불확실해짐에 따라 조직변화의 규모와 기법이 더욱 확대되고 있는 추세 속에서 조직 전체 수준에서 전략적이고 계획적인 변화과정으로 '전략적 변화'라는 조직개발활동이 추진되기 시작하였다.

(3) 전략적 변화는 조직의 환경, 전략, 계획 간의 연계성을 도모하는 데 초점을 맞춘다.

(4) 최근에는 거시적 및 전략적 변화모형이 제안되었는데 이를 통해 전략적 변화를 중시하면서 최고경영자의 강력한 리더십에 의해 조직문화 혁신이 이뤄지고 있다.

대표기출유형

다음 중 조직개발기법에 대한 설명으로 가장 적절하지 않은 것은?

① 팀빌딩은 상관에 의해 선발된 팀의 문제에 관심 없는 팀원들이 참여하여 문제를 해결해 나가는 것이다.

② 개인 수준의 조직개발기법과 집단 수준의 조직개발기법을 혼용해 활용할 수 있다.

③ 감수성훈련을 통해 개인 자신의 행동이 타인에게 미치는 영향을 인식할 수 있다.

④ 팀빌딩의 작업집단은 기술적 구조인 동시에 사회적 시스템이라고 가정한다.

⑤ 팀빌딩은 과정이 진행되는 동안 1인 1표를 행사하는 민주적 절차가 중시된다.

정답 ①

해설 팀의 문제에 대해 가장 잘 알고 있는 팀원들이 자발적 참여를 통해 스스로 문제를 해결해 나간다.

최신 금융 · 디지털 용어 | 금융상식 | 경영상식 | 경제상식 | 실전모의 1회 | 실전모의 2회

테마 18

조직수명주기

> 조직수명주기는 조직이 어떻게 성장하고 변화하는지를 알게 해 주는 유용한 개념이다. 조직수명주기의 단계별로 조직구조, 리더십, 관리스타일은 일정한 패턴을 가지고 변화한다. 수명주기현상은 경영자들로 하여금 조직이 다음 단계로 성장함에 따라 나타나는 문제점을 이해하고 해결할 수 있도록 도와주는 유용한 개념이다.

1 조직수명주기(Life Cycle)의 개념

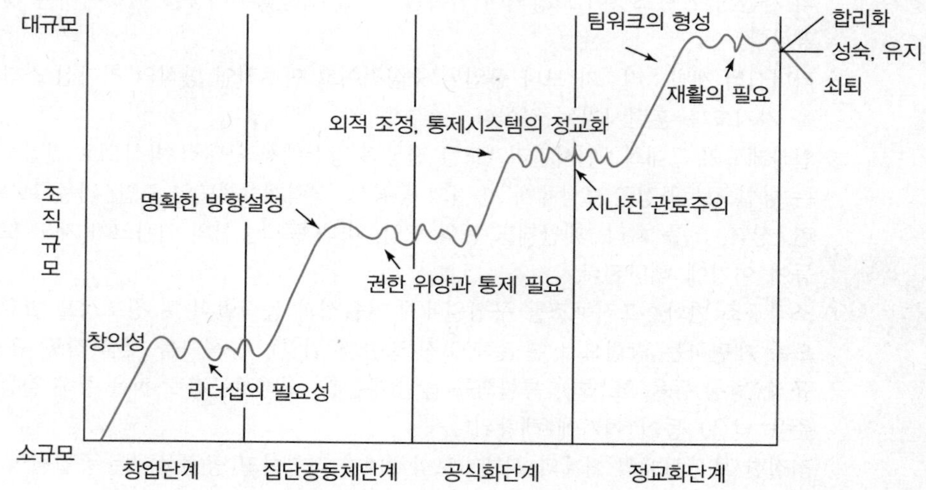

> 창업단계란 조직이 창업되어 창의력을 바탕으로 성장하는 단계를 말한다.

1. 창업단계(Entrepreneurial Stage)

(1) 조직의 설립자가 경영주이며 조직은 모든 노력을 창의적인 단일제품 또는 서비스의 생산과 마케팅의 기술적 활동에 기울임으로써 생존을 도모하게 된다.

(2) 조직이 지속적인 성장을 원한다면 관리활동의 결여로부터 오는 위기를 극복하는 데 적절한 관리기법을 도입하거나 소개할 수 있는 강력한 지도자가 필요하다.

> 집단공동체단계란 창업주 혹은 외부 영입 리더가 강력한 리더십을 발휘하여 조직의 목표 및 관리방향을 적극적으로 제시하고 설정함으로써 성장하는 시기를 말한다.

2. 집단공동체단계(Collectivity Stage)

(1) 권한체계, 직무할당 그리고 초기 과업의 분화에 따른 부서정비, 공식적인 절차 등과 같은 조직구조의 체계화가 서서히 이루어지며 구성원들은 조직의 성공과 사명을 달성하는 데 몰입하게 된다.

(2) 공식적인 시스템이 다소 나타나기 시작하지만 커뮤니케이션과 통제가 비공식적이다.

(3) 최고경영자는 조직의 모든 부분을 직접 조정하고 관할하려 하고 하위관리자는 자신의 기능 분야에 대한 자신감으로 보다 많은 재량권을 요구하나 강력한 리더십을 통해 성공을 거둔 최고경영자가 권한을 포기하지 않음으로써 위기가 발생한다.

(4) 조직은 최고경영자의 직접적인 조정과 감독 없이 스스로를 조정하고 통제할 메커니즘을 찾으려 한다. 따라서 이 시점에서의 위기를 극복하기 위해서는 의사결정 권한의 위임과 그러한 위임에 따른 통제 메커니즘을 확보해 주는 구조설계전략이 필요하다.

> 공식화단계는 최고경영자가 전략과 회사 전반에 관련된 계획에만 관심을 가지며 기업의 일상적인 운영사항은 중간관리자에게 위임하는 경우를 말한다.

3. 공식화단계(Formalization Stage)

(1) 최고경영자는 권한을 하부로 위임하지만 동시에 보다 밀도있는 통제를 바탕으로 안정과 내부효율성을 추구하기 위하여 공식적 규칙과 절차 그리고 관리회계와 같은 내부통제시스템을 들여온다.

(2) 경영자가 내부효율성 통제를 위해 공식적인 제도, 규정, 절차 등의 내부통제시스템을 도입하여 성장하는 시기다.

4. **정교화단계(Elaboration Stage)**

팀 육성에 의한 방법으로 활력을 회복한 조직이라도 성숙기에 도달하고 난 후에는 일시적인 쇠퇴기에 진입하게 된다. 조직이 적시에 환경 적응을 하지 못하므로 다시 성장하기 위해서 조직은 혁신을 통한 새로운 활력이 필요하게 된다. 이 시기의 조직은 혁신과 내부합리화를 통한 조직의 재활이 필요하다.

(目) 정교화단계는 관료주의로 경직된 조직을 팀제, 모험사업부(New Venture Division), 전략적 사업단위(Strategic Business Unit) 그리고 매트릭스조직과 같은 소규모 혹은 정교한 구조의 조직으로 개편함으로써 성장하는 단계다.

2 조직수명주기에 따른 조직의 특성

구분	창업단계	집단공동체단계	공식화단계	정교화단계
	비관료적	준관료적	관료적	초관료적
특징적 구조	비공식적, 1인체제	전반적으로 비공식적, 부분적 절차	공식적 절차, 명확한 과업문화, 전문가 영입	관료제 내의 팀 운영, 문화의 중요성
제품/서비스	단일의 제품 및 서비스	관련 주요 제품	제품라인 및 서비스	복수의 라인
보상과 통제시스템	개인적, 온정적	개인적, 성공에 대한 공헌	비인적, 공식화된 시스템	제품과 부서에 따라 포괄적
혁신의 주체	창업주	종업원과 창업주	독립적인 혁신집단	제도화된 R&D
목표	생존	성장	명성, 안정, 시장확대	독특성, 완전한 조직
최고경영자 관리스타일	개인주의적, 기업가적	카리스마적, 방향제시	통제를 바탕으로 한 위임	참여적, 팀 접근적

대표기출유형

다음 중 조직수명주기에 관한 설명으로 옳지 않은 것은?

① 창업단계에서 경영자는 내부효율성 통제를 위해 기업의 일상적인 운영사항은 중간관리자에게 위임하는 경우가 있다.

② 집단공동체단계는 다수의 공식적인 시스템이 나타나기 시작하지만 커뮤니케이션과 통제가 비공식적이다.

③ 공식화단계에서 경영자는 내부효율성 통제를 위해 공식적인 제도, 규정, 절차 등의 내부 통제시스템을 도입한다.

④ 정교화단계에서 조직은 초관료적인 조직이다.

정답 ①

해설 창업단계에서는 관리활동의 결여로부터 오는 위기를 극복하는 데 적절한 관리기법을 도입하거나 소개할 수 있는 강력한 지도자가 필요하다.

테마 19

인사평가의 방법

인사평가의 실시를 통하여 획득된 인적자원의 정보자료는 기업 내 종업원의 적정배치 및 이동, 승격, 승진, 이·퇴직 등 고용관리의 합리적 수행을 위한 기초자료 및 주요 기준으로 유효하게 활용된다.

1 전통적 인사고과 방법

1. 서열법

서열법은 가장 간단한 평가제도로서 피평가자의 능력이나 업적의 정도를 평가자가 서로 비교하여 서열을 매기는 방법이다.

(1) 서열법의 분류

① 단순서열법 : 평가자가 피평가자의 능력이나 업적을 총체적으로 비교하여 피평가자의 순서를 단순하게 결정하는 방법으로 피평가자의 수가 적을 때에는 직관적으로 순서를 정할 수가 있지만 많을 경우에는 서열을 매기는 것이 쉽지 않다.

② 교대서열법 : 능력이나 성과가 가장 우수한 사람과 가장 못한 사람을 정하고 나머지 중에서 그 다음으로 우수한 사람과 못한 사람을 정하는 방식으로 순차적으로 서열을 매겨 모든 피평가자의 서열을 정하는 방법이다.

③ 쌍대비교법 : 교대서열법보다 조금 더 정교하게 피평가자를 2명씩 짝지어 서로 비교한 결과를 토대로 전체 서열을 판정하는 방법이다.

(2) 서열법의 장단점

① 장점 : 일반적으로 평가가 용이하며 관대화 경향이나 중심화 경향과 같은 개인 간의 항상오차를 제거할 수 있다.

② 단점

- 평가대상자가 20 ~ 30명을 넘을 때에는 평정이 어려워지며 인원수가 너무 적을 때에는 순위를 매기더라도 별로 의미가 없다.
- 같은 직무의 범위에서만 적용할 수 있으며 부서 간의 상호 비교는 불가능하다.
- 평가가 순위만으로 표시되기 때문에 그 가치가 어느 정도 상이한가에 대한 양적 차이가 불명확하고 따라서 실제의 성적을 정확하게 표시할 수 없다.
- 평가가 구체적인 기준에 의하지 않고 있으므로 평가결과에 대하여 설득력이 부족하다.

2. 평정척도법

평정척도법은 전형적인 인사고과 방법 중 하나로 종업원의 자질을 직무수행상 달성 정도에 따라 사전에 마련된 척도를 근거로 고과자가 체크할 수 있도록 하는 방법이다.

서열법보다는 개선된 방법이지만 조건과 환경의 변화에 따라 다른 결과물이 나올 수 있기 때문에 사전에 준비된 척도로 인사고과를 평가하는 것은 불합리하다는 문제점이 있다.

3. 대조리스트

적당한 행동표준을 정해 놓고 피평가자를 평가하는 방법으로 신뢰성과 타당성이 높고 부서 간 상호비교가 가능하다.

4. 강제할당법

강제할당법은 일정한 평가단위에 속한 피평가자들의 평가성적이나 등급을 사전에 정해진 비율에 따라 강제로 할당하는 방법이다. 예를 들면 수(10%), 우(20%), 미(40%), 양(20%), 가(10%)로 피평가자를 강제할당하는 방법이다.

(1) 피평가자들의 능력이나 업적이 강제할당한 비율과 일치하지 않을 수도 있고 피평가자의 인원이 서로 다를 경우 할당 비율을 공정하게 지킬 수도 없다.

(2) 할당 비율을 반올림할 경우 평가단위 간의 할당이 불균등할 가능성이 높으므로 소규모 평가단위를 대상으로는 적용이 어렵다.

(3) 강제할당법은 평가자의 호의로 인해 정당한 평가가 방해받지 않기 위해 개발해 낸 방법이다.

2 현대적 인사고과 방법

1. 중요사건서술법(Critical Incident Appraisal)

(1) 장점

① 피평가자에게 피드백이 가능해 개발목적에 유용하며 피평가자의 직무태도와 업무수행능력을 개선하도록 유도하는 방법이다.

② 성과와 관련된 행동을 판단하고 어떠한 행동이 능력개발이나 승진 등에 중요하게 인정되는 행동인가를 명확히 해 준다.

(2) 단점

① 평가대상인 구성원의 중요행동을 기술하는 데 많은 시간이 소요되며 평가결과의 계량화가 곤란하기 때문에 비교와 서열화가 어렵다.

② 동료에 의한 기법보다는 감독자에 의한 기법으로 사용되고 이때 감독자는 평가보다는 보고인 역할을 한다.

2. 행위기준고과법(BARS ; Behaviorally Anchored Rating Scales)

(1) 평가방법의 개발이 복잡하고 많은 비용이 들기 때문에 소규모기업에는 적절하지 않다.

(2) 평가기준으로 활용하는 행위 사례가 평가해야 할 내용을 모두 포함하기 어렵고 척도를 개발하는 과정에 주관적인 오류가 개입될 여지가 많다.

(3) 평가시점에 판단하기보다 일정 기간 피평가자의 근무를 지속적으로 관찰한 후 평가하는 것이 바람직하지만 현실적으로 어렵기 때문에 평정상의 오류가 발생한다.

3. 목표관리법

(1) 목표관리법에서 목표는 실현가능한 것이어야 하며 목표관리에 의한 인사고과는 목표의 설정, 목표달성활동, 목표달성에 대한 평가 등 크게 3단계로 이루어진다.

(2) 목표관리는 상사와 부하가 협조하여 목표를 설정하고 그러한 목표의 진척상황을 정기적으로 검토하여 진행시켜 나간 다음 목표의 달성 여부를 근거로 평가하는 제도를 의미한다.

4. 인적평정센터법

중간관리층을 최고경영층으로 승진시키기 위한 목적이며 다른 고과방법에 비해 가장 많은 비용과 시간이 소비된다.

중요사건서술법은 기업목표 달성의 성패에 미치는 영향이 큰 중요한 사실을 중점적으로 기록, 검토하여 피평가자의 직무태도와 업무수행능력을 개선하도록 유도하는 평가방법이다.

행위기준고과법

1. 목표달성의 유효한 행위를 구분해 주고 개발목표를 강조한다.
2. 직무수행의 과정과 성과를 담당할 능력이 있는 고과자가 필요하다.
3. 관찰 가능한 행위를 확인할 수 있으며 구체적인 직무에 관해 적용이 가능하다.

목표관리는 피터 드러커(Peter Drucker)가 소개한 이후 일종의 경영 철학으로 자리 잡고 있다.

대표기출유형

다음 글에 대한 설명으로 알맞은 것은?

> 인사고과 방법에서 피평가자의 업적과 능력을 평가요소별 연속척도 및 비연속척도에 의해 평가하는 것으로 분석적 고과를 하여 신뢰도가 높다.

① 대조법 ② 서열법 ③ 평정척도법 ④ 강제할당법

정답 ③

해설 피고과자의 업적과 능력을 평가요소별 연속척도 및 비연속척도에 의해 평가하는 것을 평정척도법이라 하며 전형적인 인사고과이다

테마 20

노사관계관리

노사관계란 임금을 지급받는 노동자와 사용자가 형성하는 관계로 오늘날 노사관계는 개별 근로자가 아니라 노동조합이라는 집단과 경영자층과의 관계다.

1 노사관계의 기본구조

노사관계의 기본구조는 근로자(조합), 사용자, 정부가 상호영향을 주고받는 노 · 사 · 정 3자의 관계로 형성된다.

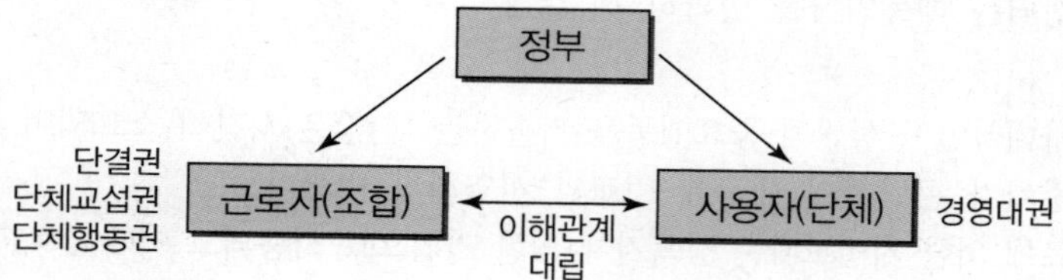

1. 사용자조직

기업체의 소유주, 조직에서 중간관리층이나 최고경영층에 종사하는 자, 사용자조직의 이익을 도모하기 위한 각종 협회, 경제단체 등을 말한다.

2. 근로자조직(노동조합)

한국노총, 민주노총 산하에 수십 개의 산업별 노동조합 연맹과 단위노조가 있다.

3. 정부

노동문제와 관련이 있는 정부기관(노동 관련 각종 위원회)을 의미한다.

노사관계는 협력적 관계와 대립적 관계의 양면성을 가지고 있으면서 수평적 관계와 수직적 관계가 복잡하게 얽혀 있는 속성을 지니고 있다.

2 노사관계의 성격

1. 협조관계와 대립관계

(1) 생산과정에서 협조관계 : 생산과정에서 경영성과, 즉 파이를 키우는 일에 노사는 다같이 기업의 동반자로서 생산성 향상을 위하여 상호협력할 수밖에 없는 필연성을 지니고 있다.

(2) 성과분배에서 대립관계 : 분배과정에서 이루어 놓은 경영성과를 노사 간에 나누는 일로 '기여도에 따른 합리적 보상'의 적정성을 놓고 노사 간 대립하게 된다.

2. 종속관계와 대등관계

(1) 종업원은 근로자로서 종속관계 : 경영활동 속의 근로자 신분은 경영자와 종속관계로서 생산의 목적을 달성하기 위하여 근로자는 종업원으로서 경영자의 지휘 · 명령에 따라야 한다.

(2) 노동조합을 통한 대등관계 : 교섭 주체로서 노동조합신분은 사용자와 대등관계로 고용조건의 결정 · 운영 및 경영참여 등에서 대등한 관계가 법적으로 보장된다.

3. 경제적 관계와 사회적 관계

(1) 경제적 관계 : 노사가 경제적 목적을 달성하려는 점에서는 같다.

(2) 사회적 관계 : 구성원 간 친목과 협조를 통해 공동유대감을 형성한다.

3 노동조합

1. 노동조합의 설립

(1) 자유설립주의 : 자유설립주의는 근로자의 노동조합 설립이나 가입이 헌법에서 보장하는 단결권에 근거하여 완전히 자유롭게 이루어질 수 있다는 원칙이다.

(2) 준칙주의 : 준칙주의는 법률로 노동조합의 형태, 설립방법 그리고 가입절차 등을 상세하게 규정하고 근로자들이 법률의 규정에 의해서만 노동조합을 설립할 수 있다는 원칙이다.

(3) 신고주의 : 신고주의는 자유설립주의와 준칙주의의 중간 형태로서, 근로자가 노동조합을 조직하여 행정관청에 신고하도록 하는 원칙이다.

2. 노동조합의 기능

(1) 경제적 기능 : 경제적 기능은 가장 근본적인 기능으로 노동조합은 단결된 힘으로 사용자와 단체교섭을 통하여 근로자들의 경제적 이익을 도모한다.

(2) 공제적 기능

① 공제적 기능은 조합원의 생활안정이 큰 목적으로 노동조합은 공제적 기능을 중심으로 태동하였다.

② 산업화 초기에는 노동조합의 설립 자체를 금지하였으므로 노동자들의 재난이나 질병에 상부상조하기 위한 공제적 기능이 가장 중요하였다.

(3) 정치적 기능

① 정치적 기능은 노동조합이 압력단체로 정부정책 및 특정 법률의 제정이나 개정을 촉구하거나 반대를 위한 정치적 발언권을 행사하는 것이다.

② 이러한 주장을 실현하기 위하여 특정 정당을 지지하거나 반대하며, 특정 입후보자의 선거를 지원하거나 조합대표를 의회에 진출시키는 정치활동을 전개함으로써 목적을 달성한다.

3. 노동조합의 역할

(1) 긍정적 역할

① 경제적 효율성을 제고시킬 수 있다. 직장 내 민주화, 근로자의 사기 제고, 이직률 감소, 적절한 정보흐름을 제공한다.

② 소득분배의 공정성을 제고시킨다.

③ 노동조합은 사회정치적 역할을 수행한다. 조합원들의 의사를 대표, 저소득층의 불이익을 제거한다.

(2) 부정적 역할

① 노동조합은 국민생산과 경제적 효율성을 저하시킨다.

② 노동조합은 소득분배의 불공정성을 야기시킨다.

③ 노동조합은 사회적 정당성에 역행하고 있다.

노동조합의 가입방법

1. 클로즈드 숍(Closed Shop) : 조합원이 되어야만 고용이 가능한 제도로 기업의 근로자 신규채용이나 결원보충에 있어서 사용자는 조합원 중에서 고용해야 하는 제도를 말한다.
2. 오픈 숍(Open Shop) : 회사가 종업원의 고용에 있어서 노동조합의 가입과 관계없이 자유로이 채용할 수 있는 제도이다.
3. 유니언 숍(Union Shop) : 유니언 숍은 클로즈드 숍과 오픈 숍 제도의 중간 형태로서 사용자가 노동조합원 이외의 근로자도 자유로이 고용할 수 있으나 일단 고용된 근로자는 일정 기간이 지나면 노동조합에 가입해야 하는 제도이다.
4. 에이전시 숍(Agency Shop) : 종업원들이 노조에 가입하도록 강제되지는 않지만 조합원, 비조합원들도 조합원들이 납부하는 입회비와 조합비에 상당하는 금액을 노동조합에 정기적으로 불입하도록 하는 제도이다.
5. 프레퍼런셜 숍(Preferential Shop) : 우선 숍제도라고도 하며, 비조합원의 고용도 가능하지만 고용에 있어서 조합원에 대하여 우선순위를 주어 차별적 우대를 해 주는 제도이다.
6. 메인터넌스 숍(Maintenance Shop) : 일단 단체협약이 체결되면 협약체결일 현재 조합원인 근로자는 물론 체결일 이후에 가입한 조합원도 협약기간 동안 노동조합원 자격을 유지하여야 한다.

「노동조합 및 노동관계조정법」에는 "노동조합의 조합원은 균등하게 그 노동조합의 모든 문제에 참여할 권리와 의무를 가진다. 다만, 노동조합은 그 규약으로 조합비를 납부하지 아니하는 조합원의 권리를 제한할 수 있다"고 규정하고 있어 조합비 납부의무를 명시하고 있다.

직업별 노동조합의 특징

1. 동일직종의 근로자들로 조직되었기 때문에 동일한 이해관계를 가지므로 단체교섭 요구사항이 명확하다.
2. 동일직종 근로자들이므로 상호유대의식과 단결력이 강하여 어용화될 가능성이 낮다.
3. 실직한 후에도 조합가입이 가능하고 조합원의 실업을 예방할 수도 있다.
4. 노동조합이 지나치게 배타적 성격을 띠므로 산업사회에서 전체 근로자의 분열을 초래할 수 있다.
5. 기업을 초월한 조직이므로 사용자와의 관계가 소원할 수 있다.

4. 조합비 징수방법

(1) 노동조합이 조합비를 징수하는 방법으로는 조합원 개개인으로부터 조합비를 걷는 방법과 회사가 급여계산 시에 급여에서 일괄 공제하는 체크오프제도(Check-off System)가 있다. 노동조합은 조합원 3분의 2 이상의 동의가 있으면 체크오프의 조항을 둘 수 있다.

(2) 우리나라의 대다수 노동조합에서 조합비 징수는 체크오프제도를 채택하고 있으며, 미국의 경우도 현재 90% 이상의 기업에서 이 제도를 채택하고 있다.

5. 노동조합의 유형

(1) 직업별 노동조합(Craft Union)

① 가장 오래된 노동조합 형태로서 직종별 또는 직능별 노동조합이라고도 한다.

② 산업이나 기업에 관계없이 동일한 직종(직업)에 종사하는 근로자들이 그들의 경제적 이익을 확보하기 위하여 횡적으로 결속한 노동조합 형태이다.

③ 숙련노동자가 고용관계에 있어서 노동시장을 배타적으로 독점하기 위해서 조직되었기 때문에 미숙련 노동자의 가입을 제한하였다.

(2) 산업별 노동조합(Industrial Union)

① 숙련, 비숙련을 불문하고 동일산업에 종사하는 모든 근로자가 하나의 노동조합을 구성하는 조직형태이다.

② 산업별 노동조합의 특징

㉠ 산업별 노동조합은 조합원 수에 있어서 거대화 될 수 있고 단결력을 강화시켜 압력단체로서의 지위를 확보할 수 있다.

㉡ 산업의 발전에 따른 자본의 집중화에 대응하여 단체교섭에 있어서 산업수준의 통일을 유지할 수 있다.

㉢ 산업별 조직 내부에서 직종 간의 이해 대립과 반목을 초래할 수 있고 조직이 형식적인 단결에 그치면 힘을 발휘할 수 없게 된다.

(3) 기업별 노동조합(Company Union)

① 동일기업 내에 종사하는 근로자들에 의하여 조직되는 노동조합 형태로서, 이 조합은 기업을 단위로 하여 조직되므로 직종이나 산업은 고려되지 않는다.

② 기업별 노동조합의 특징

㉠ 노동조합원이 모두 동일기업의 종업원들이기 때문에 근로조건을 통일적 · 종합적으로 결정하기가 용이하다.

㉡ 노동조합이 평소에 회사의 사정에 정통함으로 무리한 요구로 인한 노사분규가 발생하지 않는다.

㉢ 사용자와의 관계가 밀접하여 노사공동체의식을 통한 노사협력에 노력할 수 있다.

㉣ 모든 조합원이 사용자와 종속관계에 있는 종업원이므로 쉽게 어용화될 수 있다.

㉤ 기업별 노동조합은 직종 간의 요구를 공평하게 처리하기 어려우므로 직종 간의 반목이나 대립을 초래할 수 있다.

(4) 일반노동조합(General Union)

① 기업이나 직업 및 산업을 구별하지 않고 특정한 지역이나 여러 산업에 걸쳐 흩어져 있는 일반근로자들에 의해 폭넓게 조직되는 노동조합의 형태이다.

② 일정 지역의 특정 산업이나 직업에 종사하는 노동자들이 기업을 초월하여 노동조합을 조직하기도 하는데 이를 지역노동조합이라고 부르기도 한다.

③ 미숙련근로자들이 숙련근로자들로만 조직된 직업별 노동조합이 지나치게 특권적이고 폐쇄적인 것에 대한 반발로 세력을 강화하기 위해 조직된 단체이다.

④ 일반노동조합의 특징

㉠ 능률을 확보하는 데 필요한 최저생활권 보장을 위한 임금의 원리에 기초를 둔다.

㉡ 근로생활을 영위하기 위한 최저생활의 필요조건으로 안정된 고용, 근로시간의 최고한도, 임금의 최저한도 등의 규제를 확립하도록 한다.

㉢ 조직주체의 취약성 때문에 입법규제를 중시한다.

㉣ 미숙련자들을 결속시키고 그들의 노동조합의식을 강화시키기 위해서 강력한 중앙집권적 노동조합이 등장하게 되므로 조합민주주의 실현이 어렵다.

㉤ 조합원들의 단결력이 부족하고 여러 집단 간의 근로조건에 대한 이해관계가 엇갈려 단체교섭기능이 취약하게 된다.

대표기출유형

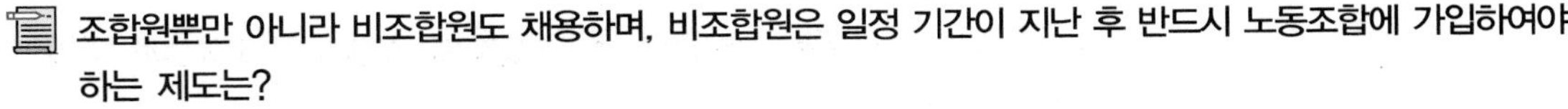
조합원뿐만 아니라 비조합원도 채용하며, 비조합원은 일정 기간이 지난 후 반드시 노동조합에 가입하여야 하는 제도는?

① 오픈 숍　② 유니온 숍　③ 클로즈드 숍
④ 에이전시 숍　⑤ 체크오프 시스템

정답 ②

해설 유니온 숍은 조합원, 비조합원 모두 채용가능하나 일정 시간이 지나면 노동조합에 가입해야 한다.

테마 21

설비배치

> 설비배치란 공장 또는 서비스 시설 내에서 부서의 위치와 설비의 배열을 결정하는 것을 말한다.

> 배치선택 시 고려요소
> 1. 제품의 유형
> 2. 생산공정의 유형
> 3. 생산량

1 공정별 배치(Process Layout)

1. 의의

공정별 배치란 작업 기능의 종류에 따라 공정(기계 · 인원)들을 분류하고 같은 종류의 작업 기능을 갖는 공정들을 한 곳에 모아 배치하는 형태를 말한다. 즉 설비와 장비를 동일한 기능을 갖는 것끼리 묶어 집단으로 배치하는 것이다.

2. 공정별 배치의 특징

(1) 유사한 기계설비나 기능을 한 곳에 모아 배치하므로 기능별 배치(Functional Layout)라고도 한다.

(2) 다품종 소량생산의 주문생산방식에 적합하다.

(3) 범용설비를 주로 사용한다.

(4) 제품별로 생산경로가 다양할 수 있어 경로계획과 작업일정계획을 자주 수립해야 한다.

(5) 단속생산이나 개별주문생산과 같이 다양한 제품이 소량으로 생산되고 각 제품의 작업흐름이 서로 다른 경우에 적합하다.

(6) 각 주문작업은 가공요건에 따라 필요한 작업장이나 부서를 찾아 이동하므로 작업흐름이 서로 다르고 혼잡하다.

(7) 신제품의 경우 제품별 배치보다는 공정별 배치가 바람직하다.

(8) 공정별 배치가 제품별 배치보다 생산의 효율성이 낮은 경향이 있다.

3. 공정별 배치의 예

일반 기계가공공장, 부서별로 배치된 일반 사무실, 놀이공원은 공정별 배치에 해당한다.

4. 공정별 배치의 장단점

(1) 장점

① 인적자원과 설비의 높은 이용률 때문에 기계고장으로 인한 생산중단이 적고 쉽게 극복할 수 있다.

② 고도의 기술과 경험을 적용하는 데서 오는 긍지를 가진다.

③ 일정하지 않은 작업속도에서 비롯되는 작업흐름의 상대적인 독립성은 직무만족과 동기를 부여해 준다.

④ 범용설비로 비교적 저렴하고 정비가 용이하다.

(2) 단점

① 각 주문마다 특별한 작업준비 및 공정처리 요건의 필요성으로 인하여 단위당 높은 생산원가가 든다.

② 로트 생산 시 대량의 재공품 재고가 발생할 수 있다.

③ 다양한 제품 형태, 크기 등에 따른 추가공간과 물량 이동에 필요한 통로, 융통성 있는 운반장비가 필요하다.

④ 생산일정계획 및 통제가 복잡하다.

⑤ 공정처리시간이 비교적 길고 설비이용률이 낮다.

2 제품별 배치(Product Layout)

1. 제품별 배치의 의의

제품별 배치란 제품이나 고객이 일정한 흐름에 따라 움직이며 생산설비와 자원은 해당 제품이나 서비스의 완성경로에 따라 배치되는 것을 의미한다. 즉 생산될 제품의 작업순서에 따라 기계설비를 배치한다.

2. 제품별 배치의 특징

(1) 제품별 배치 형태는 대량생산에 유리하고 소품종 생산방식에 적합하다.

(2) 연속생산(흐름생산, 라인생산)방식에 적합하다.

(3) 설비는 제품 작업순서에 따라 배치하고 컨베이어 벨트 등 자재운반장치가 필요하다.

(4) 제품별 배치는 주로 특정 작업을 위한 전용설비들로 생산라인이 구성된다.

(5) 제품별 배치에서는 공정별 배치에 비해 설비의 고장이나 작업자의 결근 등이 발생할 경우 생산시스템 전체가 중단될 가능성이 높다.

(6) 라인밸런싱은 제품별 배치의 설계를 위해 사용한다. 라인밸런싱의 목적은 조립라인에서 각 작업의 소요시간과 각 작업장의 생산능력이 차이가 있음으로써 발생하는 공정흐름의 불균형을 조정하여 유휴시간을 최소화하는 것이다.

3. 제품별 배치의 예

자동차 조립공장, 맥주 생산공장, 기타 소품종 대량생산공장 대부분은 제품별 배치에 해당한다.

4. 제품별 배치의 장단점

(1) 장점

① 기계화 · 자동화로 자재취급시간과 비용이 절감된다.

② 원활하고 신속한 이동으로 공정 중 재고량이 감소한다.

③ 재공품 저장공간의 소요 및 고정된 이동통로 공간활용이 증대된다.

④ 생산일정계획 및 통제의 단순화가 도모된다.

(2) 단점

① 제품 및 공정특성의 변경이 곤란하고 융통성이 결여된다.

② 전용장비의 이용으로 고액의 설비투자가 필요하다.

③ 생산라인상의 한 기계가 고장나면 전체공정의 유휴로 고가의 지연과 높은 정비비용이 든다.

④ 단순화되고 반복적인 과업과 빠른 생산속도로 종업원의 사기가 저하될 수 있고 높은 결근율과 이직률이 발생할 수 있다.

3 고정위치 배치(Fixed-positional Layout)

1. 개념

고정위치 배치란 생산될 제품이 한 장소에 고정되고 장비, 공구, 재료, 인력이 이동하면서 작업하는 형태를 말한다.

2. 고정위치 배치의 특징

(1) 생산활동 및 인적 · 물적자원 조달을 위한 일정계획, 조정 및 통제가 중요하며, 이를 위한 기법으로는 PERT/CPM이 있다.

최신 금융 · 디지털 용어
금융상식
경영상식
경제상식
실전모의 1회
실전모의 2회

(2) 고정위치배치는 제품(작업물)의 이동이 없이 고정된 위치에서 장비와 작업자 등이 생산제품으로 이동하면서 생산하는 작업방식을 사용한다.

3. 고정위치 배치의 예

댐, 교량, 항공기, 선박 등 이동이 어려운(거의 불가능) 생산물이 해당한다.

4 혼합형 배치(Hybrid Layout)

1. 혼합형 배치의 개념

제품 중심과 공정 중심 전략의 요소를 결합하는 위치전략에 따라 일부는 공정별로 일부는 제품별로 배치하는 중간적 전략이 혼합형 배치이다.

2. 혼합형 배치의 특징

(1) 혼합형 배치에서는 가공공정과 조립공정이 다 같이 필요하게 된다.

(2) 원자재를 가공하여 부품을 만드는 공정에는 공정별 배치를 적용하고 공정별로 배치된 생산설비에서 생산된 부품을 조립하는 공정은 제품별 배치를 적용하게 된다.

3. 혼합형 배치의 방법

대표적인 혼합형 배치의 방법에는 유연생산방식, 다수기계보유 작업방식 등이 있다.

(1) 유연생산방식(FMS ; Flexible Manufacturing System)

① 유연생산시스템은 자재들이 자동으로 운반되고 또한 기계에 자동으로 적재하여 가공하는 반독립의 컴퓨터제어시스템이다.

② 이는 산업용 로봇 같은 유연자동화의 한 형태이며 CIM(Computer-Integrated Manufacturing)의 구성요소이다.

(2) 다수기계보유 작업방식(OWMM ; One Worker, Multiple Machine)

① 다수기계보유 작업방식은 여러 명의 작업자들이 계속적으로 한 라인에 종사해야 할 만큼 생산량이 많지 않을 경우 한 작업자가 지속적으로 일할 수 있을 만큼 라인을 작게 만들어서 여러 대의 기계를 동시에 운영하여 흐름생산을 달성하게 된다.

② 작업자는 원을 따라 이동하며 적하와 하적 등 자동화되지 않은 작업을 수행한다.

③ 다수기계보유 작업방식을 도입함으로써 얻을 수 있는 이점은 노동력의 절감과 재고 절감이 있는데 이는 자재가 대기상태로 묶여 있지 않고 바로 다음 공정으로 이동하기 때문이다.

5 새로운 설비배치 방법

1. GT배치(Group Technology Layout)

(1) 의의

① GT(Group Technology)란 가공할 부품의 형상, 치수, 재질, 가공순서, 사용설비 등의 유사성이나 동질성에 따라 그룹(Grouping)화하는 방법이다.

② GT는 유사한 제조를 동일한 셀에서 작업하게 하여 학습효과를 높이고 범위의 경제를 높게 하려는 생산방식이다.

(2) 특징

① GT는 제품의 생산방식을 개별 생산시스템에서 제품별 생산시스템으로 변환하여 이점을 얻는 방식이다.

② 빠른 학습효과로 인해 작업자의 능률을 향상시키며 소규모 작업팀의 작업자 간에 더 좋은 인간관계를 형성한다.
③ 상대적으로 적은 종류의 제품으로 가동준비횟수와 가동준비시간(Setup Time)을 줄일 수 있다.
④ 셀은 몇 가지 생산단계를 결합하기 때문에 재공품 재고가 감소하고 부품의 이동과 대기시간을 감축시킨다.
⑤ 서로 다른 기계를 같은 셀에 할당하므로 라인배치와 유사한 형태를 가지며 금속조립과 컴퓨터 칩 제조 그리고 조립작업에 널리 활용된다.
⑥ GT배치는 순수한 공정별 배치와 순수한 제품별 배치의 혼합 형태이다.
⑦ GT배치를 이용하면 다양한 부품을 소규모 로트로 생산하는 기업도 제품의 표준화 없이 제품별 배치의 경제적 이점을 취할 수 있다.
⑧ 그 외의 특징으로는 생산시간 단축, 품질향상, 원가 절감, 자재취급비용 절감 등을 들 수 있다.

2. 모듈러 셀 배치(Modular Cell Layout)

(1) 의의 : 모듈화된 부품을 생산하기 위해 각 작업장을 하나의 셀(Cell) 형태로 구성하는 배치형태이다.

(2) 특징
① 모듈러 셀 배치는 제품별 배치의 변형이다.
② 대부분의 경우 하나의 셀에는 소수의 작업자가 셀 전체의 작업을 담당함으로써, 자신이 만든 모듈에 대한 책임의식 및 자긍심을 갖게 된다.

3. 셀 생산(CM ; Cellular Manufacturing)방식

(1) 최초공정에서 최종공정까지를 한 사람 또는 소수의 작업자가 담당하여 완제품을 만들어 내는 자기완결형 생산방식이다.

(2) 단순한 조립제품의 경우 부품 하나하나를 조립하여 생산한다.

(3) 복잡한 조립제품의 경우 개별 부품별로 조립되는 경우보다 부품들이 미리 조립된 모듈형태로 공급되고 이들 모듈들을 조립하여 생산한다.

제조 셀
다수의 유사 부품이나 부품군의 생산에 필요한 서로 다른 기계들을 가공진행 순서에 따라 모아 놓은 것을 말한다.

셀룰러 배치
제조 셀을 이용한 제조를 셀룰러 제조라 하고, 제조 셀에 의한 설비배치를 셀룰러 배치라고 한다.

대표기출유형

다음 중 설비배치에 대한 설명으로 알맞지 않은 것은?

① 공정별 배치는 기능별 배치, 작업장별 배치라고도 한다.
② 공정균형은 공정별 배치의 실행에 있어서 가장 핵심개념이다.
③ 제품고정형 배치는 조선업, 토목업 등 대규모 프로젝트형태의 생산활동에 적합하다.
④ 제품별 배치는 제품 제조공정의 순서로 설비와 작업자를 배치하여 대량생산체제에 적합한 시스템이다.
⑤ 공정별 배치는 제품의 운반거리도 길고 자재취급비용도 많아, 대량생산 시 제품별 배치보다 생산성이 떨어진다.

정답 ②

해설 공정균형은 각 공정의 역할을 분담하여 생산성을 높이고 공정 간의 균형을 최적화하기 위한 방법으로 제품별 배치의 중심개념이다.

테마 22

총괄생산계획

생산계획이란 예측된 수요를 충족시키기 위하여 생산활동을 어떻게 운영해 나갈 것인가를 장·단기적으로 계획하는 것을 말한다.

기간에 따른 생산계획
- 장기 생산계획 : 장기적인(보통 1년 이상) 수요변동에 대응하기 위한 생산계획을 수립하는 것으로 주로 추세변동에 대응하기 위한 생산계획이다.
- 중기 생산계획 : 중기적인(보통 2개월～1년 사이) 수요변동에 대응하기 위한 생산계획을 수립하는 것으로 주로 계절변동에 대응하기 위한 생산계획이다.
- 단기 생산계획 : 단기적인(보통 2개월 이내) 수요변동에 대응하기 위한 생산계획을 수립하는 것으로 주로 불규칙변동에 대응하기 위한 생산계획이다. 즉 일정계획(Scheduling)을 의미한다.

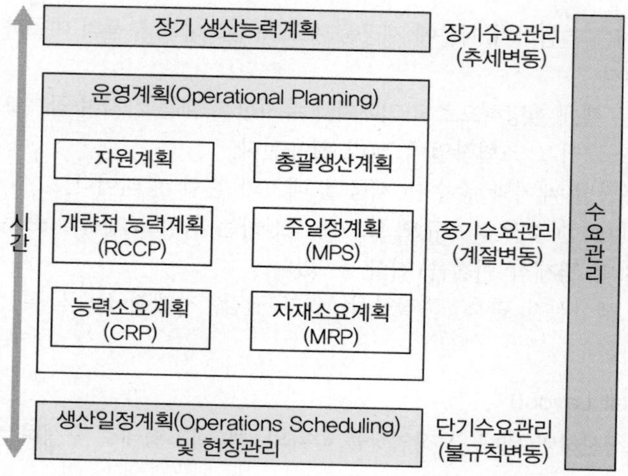

1 총괄생산계획의 개념

총괄생산계획(Aggregate Production Planning)이란 중기적인 수요변동에 맞추어 생산능력을 제공할 수 있는 방법을 명시한 것을 말한다.

1. 특징

(1) 총괄생산계획은 기업경영을 위해 필요한 자원의 준비, 생산시기, 생산할 제품 등에 대한 의사결정이다.

(2) 총괄생산계획은 보통 한 회계연도를 단위로 수립되므로 중기계획에 해당한다. 따라서 장기 생산능력계획과 단기 생산계획(=일정계획)을 연결시켜 주는 다리 역할을 한다.

(3) 총괄생산계획은 수요예측자료를 기반으로 세워진다.

2. 총괄계획의 목적

(1) 비용 최소화 : 고용 및 해고비용, 잔업 및 작업단축 비용, 재고유지비용, 하청비용, 재고부족비용

(2) 고객서비스 최대화 : 납품시간의 단축과 적시 납품

(3) 재고 최소화

(4) 생산율 변동의 최소화

(5) 고용수준 변동의 최소화

(6) 공장과 장비의 이용률 최대화

총괄계획수립 자료
1. 생산부문 : 현재설비능력, 설비능력계획, 인력현황, 현재 충원수준
2. 판매부문 : 고객 요구사항, 수요예측치, 경쟁자 동향
3. 자재 : 납품업체 능력, 저장능력, 자재획득 가능성
4. 설계 : 신제품, 제품설계 변경, 기계 표준
5. 인적자원 : 인력시장 상황, 훈련 능력
6. 재무 : 원가자료, 재무현황

2 총괄생산계획의 구분과 기법

1. 총괄생산계획의 구분

구분	내용
장기계획	• 기간 : 1년 이상의 계획기간 • 내용 : 재무계획, 사업계획, 전략계획, 설비와 자본투자계획 등
중기계획	• 기간 : 6～8개월의 기간으로 하며, 분기별이나 월별로 계획 작성 • 내용 : 월별 재고수준, 총괄생산계획, 대일정계획 등
단기계획	1일 내, 수주 간의 기간으로 하나 대체로 주별로 작성

2. 총괄생산계획의 비용요소

정규시간비용	일정 기간 정상적 생산활동을 통해 발생하는 정규시간 보수뿐만 아니라 퇴직연금, 건강보험, 유급휴가에 대한 급여 등도 포함
생산율 변동비용	채용과 해고비용, 초과근무비용 등이 포함
재고비용	저장 · 창고운영비, 재고에 잠겨있는 자본비용, 보험, 세금 등
재고부족비용	수요에 대응할 재고가 없을 경우 발생, 판매기회 상실에 따른 기회비용, 고객들에게 주는 부정적인 이미지 등

3. 총괄생산계획의 기법

시행착오적 방법	도표법, 총비용이 최소가 되는 생산계획을 모색하는 것으로 비교적 단순하고 이해가 쉬움.
수리적 모형	최적해를 보장해 주지 못하는 도표법의 단점을 극복하기 위해 만들어진 것으로 선형계획법, 목표계획법, 수송모형 등이 있음.
휴리스틱기법	• 경영계수이론 : 경영자들이 과거에 내린 경험이나 결정들을 이용한 다중회귀분석 • 탐색결정기법(SDR) : 계획기간 중 비용함수의 형태에 관계없이 최소의 비용을 가져오는 기법

3 총괄생산계획의 수립과정

1. 총괄생산계획기간 및 기간단위 설정과 총괄제품 그룹형성

(1) 총괄생산계획기간 : 주로 1년(주로 예산주기와 일치함)

(2) 총괄생산기간단위 : 주로 월별

(3) 총괄제품 그룹형성 : 공통의 공정처리, 공통의 인력 및 자재소요를 갖는 제품끼리 그룹형성

2. 총괄제품 그룹별, 기간별 수요예측 및 생산능력소요량으로의 환산

(1) 기간별 수요예측 : 가능한 월별 계절지수를 이용하여 수요예측치를 구함.

(2) 생산능력소요량으로의 환산 : 제품 그룹별에 따라 기간별 수요예측치에 각 작업소요시간을 곱하여 구함.

3. 생산능력소요량의 평활화

(1) 기간별 생산능력소요량의 차이가 작을 경우 : 기업의 가용능력을 수요(=생산능력소요량)에 맞추기가 쉽다.

(2) 기간별 생산능력소요량의 차이가 클 경우 : 기업의 가용능력을 수요(=생산능력소요량)에 맞추기가 어렵다.

(3) 방안 : 수요의 시기 및 수준을 조정해야 함.

(4) 수요 조절 방안 : 가격할인정책, 판매촉진강화, 반(反)계절상품 개발, 납기조정, 생산능력의 일부를 고객에 맡김.

4. 기업의 가용능력과 생산능력소요량의 비교 및 조절

(1) 일반적으로 수요를 조정하더라도 생산능력소요량과 기업의 가용능력 간의 차이는 어느 정도 발생한다.

(2) 기업의 가용능력을 조절할 수 있는 방법

① 고용 및 해고를 통한 인력 조절
- 장점 : 기업의 가용능력 조절의 효과적인 방법
- 단점 : 고용불안 야기, 종업원 사기 저하, 노조와의 마찰
- 일시적 대안 : 시간제 종업원(Part-time Employee), 일시 고용자 활용

② 초과근무, 단축근무 또는 일시휴직을 통한 생산율 조정

③ 재고 보유 : 재고유지비용 발생

④ 재고 부족
- 장점 : 기업 이미지 향상
- 단점 : 고객이탈 초래(장기적인 관점, 경쟁이 치열한 경우)

⑤ 하청(Subcontract) : 납기 통제 어려움, 하청 제품의 품질관리 어려움, 하청에 의한 생산제품의 품질 불량시 모기업의 이미지 실축 우려

⑥ 후납(Back Orders, Backlog) 또는 대기주문 명단 활용 : 고객이 요구하는 시기에 납품을 할 수 없을 경우 납기일 이후에 납품하는 것으로 고객이 납품일까지 기다려 준다는 전제조건하에서만 가능함. 경쟁이 치열할 경우 고객이탈 초래

⑦ 가용능력 공유 방안 : 타기업의 유휴가용능력을 빌려 사용

⑧ 기업의 가용능력 조절방안 이용의 제약사항 : 필요한 인력의 유형, 가용한 인력시장 및 노동조합과의 협약, 제품 및 공정의 유형, 기업의 경쟁전략 및 경쟁상황, 기업의 지역사회 내에서의 위치 및 영향

5. 총괄생산계획 수립전략 선정

(1) 추적전략(Chase Strategy)

① 각 총괄생산계획기간마다 그 기간 중의 수요(=생산능력소요량)에 정규작업시간을 맞추어 산출률을 조정(=추적)해 나가는 전략이다.

② 생산능력 조절변수 : 정규시간, 초과근무 그리고 하청 등으로 수요에 맞춰 나가며 재고는 없다.

③ 산출률과 고용수준을 조정하여 수요량을 맞추는 전략이다.

④ 예상재고와 단축근무는 사용하지 않는다.

⑤ 재고 및 주문적체가 적지만 많은 고용 및 해고비용이 발생된다.

⑥ 미숙련작업에 적용된다.

(2) 평준화전략(Level Strategy)

① 총괄생산계획기간 중의 수요에 맞추어 생산하기보다는 일별 생산율을 총괄생산계획기간 전체에 대해 일정하게 유지해 나가는 전략이다.

② 생산능력 조절변수 : 정규시간만 일하고 초과근무나 조업단축이 없다. 대신에 재고와 하청을 이용하여 수요를 맞춰 나간다.

③ 고용수준이나 생산율을 일정하게 유지하면서 주로 재고를 통해 수요변화에 대응하는 전략으로 정규작업시간, 재고, 하청을 함께 활용한다.

④ 장점 : 안정적인 고용수준과 생산수준을 유지할 수 있다.

⑤ 단점 : 과잉재고나 품절 등으로 인해 전반적인 비용이 증가할 수 있다.

(3) 혼합전략(Mixed Strategy)

① 추적전략과 평준화전략을 혼합한 것이다.

② 생산능력 조절변수 : 정규시간, 재고, 초과근무, 하청을 이용하여 수요를 맞춰 나간다.

6. 총괄생산계획 작성

(1) 목적 : 수립된 총괄생산계획 수립전략(추적전략, 평준화전략, 혼합전략) 각각에 대해 비용개념을 추가하여 최소의 비용으로 총괄생산계획을 수립할 수 있는 전략을 선정한다.

(2) 사용기법 : 최적화기법, 휴리스틱기법, 시행착오법

① 최적화기법 : 최적해(Optimal Solution)를 구한다.

- HMMS 모형(Holt, Modigliani, Muth, Simon Model) : 정규임금, 초과근무비용, 고용 및 해고비용, 재고비용, 후납비용, 작업준비비용 등을 포함한 하나의 이차 비용함수를 이용한다.
- 선형계획법(Linear Programming)
- 수송계획법(Transportation Programming)

② 휴리스틱(Heuristics)기법 : 만족해(Feasible Solution)를 구한다.

- 경영계수 모형(Management Coefficient Model) : 작업자 수 및 생산율에 관한 과거의 결정들을 이용한 다중회귀분석으로 결정규칙을 찾는다.
- 탐색결정규칙(Search Decision Rules) : 비용함수의 형태에 관계없이 계획기간 중 최소의 비용을 가져오는 작업자 수 및 생산율을 체계적으로 탐색해 나가는 기법이다.
- 지식기반 전문가 시스템(Knowledge-based Expert System) : 특정 영역의 문제를 해결하기 위해 전문가들의 축적된 지식을 이용하는 컴퓨터 프로그램이다.

③ 시행착오법(Trial-and-error Method) : 과거의 경험, 판단, 간단한 자료, 직관 등에 의해 여러 가지 계획안을 만들고 평가를 반복하여 가장 적합한 안을 선정한다.

대표기출유형

다음 중 총괄생산계획의 기법 중 수리적 모형에 속하는 것은?

① 선형결정모형 ② 경영계수이론 ③ 매개변수이론
④ 생산전환탐색법 ⑤ 도표법

정답 ①

해설 총괄생산계획기법의 종류는 다음과 같다.

1. 도표법
2. 수리적 모형 : 선형계획법의 분배모형, 선형계획법에 의한 계획, 선형결정모형
3. 휴리스틱기법 : 경영계수이론, 매개변수에 의한 총괄생산계획, 생산전환탐색법
4. 탐색결정기법

테마 23

재고관리

1 재고관리 개념

1. 재고

(1) 재고의 개념 : 재고란 미래의 생산 또는 판매 수요를 충족시키기 위하여 보유하고 있는 자원이다. 기업이 보유하는 재고의 형태는 원재료, 부품, 재공품, 반제품, 저장품, 제품, 상품, 소모성자재 등이 있다.

(2) 재고의 유형

① 비축재고(Anticipation Stock) : 계절적인 수요 급등, 가격 급등, 파업으로 인한 생산중단 등이 예상될 때, 향후 발생할 수요를 대비하여 미리 생산하여 보관하는 재고이다.

② 안전재고(Safety Stock) : 조달기간의 불확실, 생산의 불확실 또는 수요량이 불확실한 경우 등 예상외의 소비나 재고부족 상황에 대비하여 보유하는 재고로서 품절 및 미납주문을 예방하고 납기준수와 고객서비스 향상을 위해 필요하다. 재고유지비의 부담이 크므로, 재고의 적정 수준을 유지할 필요가 있다.

③ 순환재고(Cycle Stock) : 비용 절감을 위하여 경제적 주문량(생산량) 또는 로트사이즈(Lot Size)로 구매(생산)하게 되어 당장 필요한 수량을 초과하는 잔량에 의해 발생하는 재고로서 다음 구매시점까지 계속 보유하게 된다.

④ 수송재고 또는 파이프라인재고(Pipeline Stock) : 대금을 지급하여 물품에 대한 소유권을 가지고 있으며, 수송 중에 있는 재고를 말한다.

2. 재고관리

(1) 재고관리의 개념

① 재고관리는 생산부문과 판매부문으로부터의 수요에 신속하고 경제적으로 대응하여 안정된 판매활동과 원활한 생산활동을 지원하고 최적의 재고수준을 유지하도록 관리하는 절차이다.

② 필요한 품목을, 필요한 수량만큼, 필요한 시기에 최소의 비용으로 공급할 수 있도록 재고를 관리하는 것이 재고관리의 목적이라 할 수 있다.

(2) 재고관리 관련비용

재고관련 총비용 = 주문비용(생산준비비용) + 재고유지비용 + 재고부족비용

① 주문비용(생산준비비용) : 품목을 발주할 때 발생되는 비용으로 주문서류 작성과 승인, 운송, 검사, 입고활동 등에 소요되는 인력, 설비, 시간 등에서 발생하는 비용이다. 이 비용은 수량에 관계없이 발주(또는 생산준비)마다 일정하게 발생하는 고정비이므로 1회 주문량(생산량), 즉 로트사이즈(Lot Size)를 크게 할수록 재고 1단위당 비용이 줄어드는 특성을 갖고 있다.

② 재고유지비용 : 품목 구입(생산)금액에 대한 자본의 기회비용, 창고시설이용(유지)비용, 보험료, 취급 · 보관 비용, 도난 · 감소 · 파손에 따른 손실비용 등이 있다.

③ 재고부족비용 : 재고부족으로 인하여 발생되는 납기지연, 판매기회 상실, 거래처 신용하락, 잠재적 고객상실 등에 관련되는 비용이다.

3. 재고관리의 효과측정 지표

(1) 재고회전율(Inventory Turnover Ratio) : 재고회전율이란 판매된 제품의 연간 비용(매출액)과 평균 재고투자액의 비율을 말한다.

$$재고회전율 = \frac{연\ 매출(수량)}{평균재고(수량)} \times 100$$

(2) 재고공급일수(Days of Supply)

① 재고공급일수란 현재 보관중인 재고를 이용할 경우의 기대 판매가능일 수를 의미한다.

② 일반적으로 재고회전율이 높을수록 재고를 효과적으로 관리한 것으로 볼 수 있으나, 바람직한 회전 수는 산업과 기업의 이윤에 따라 다르다.

$$재고공급일\ 수 = \frac{평균재고(수량)}{연\ 매출(수량)} \times 영업일\ 수$$

2 재고관리의 필요성

1. 재고보유의 목적

(1) 안전재고 : 미래의 불확실성에 대처하기 위하여 필요하다.

(2) 주기재고 : 경제적 생산 및 구매를 위하여 필요하다.

(3) 예상재고 : 예상되는 수요나 공급의 변화에 대처하기 위하여 필요하다.

(4) 운송재고 : 운송을 위하여 필요하다.

(5) 비축재고 : 투기적인 기능을 위하여 필요하다.

2. 과다 재고보유의 피해

(1) 재고보관비용이 과다하게 소요된다.

(2) 재고에 자금이 묶여 유동성 부족을 초래할 위험이 있다.

(3) 데드 스톡(Dead Stock)이 발생하기 쉽다.

(4) 상품에 따라 부패 · 변질 가능성이 존재한다.

(5) 신속한 환경 변화에 대응하지 못해 구형화나 유행에 뒤떨어질 가능성이 높다.

3. 과소 재고보유의 피해

(1) 상품의 품절로 인해 구매자의 수요에 대응하지 못해 손해가 발생한다.

(2) 고객에게 상품의 구색과 구성에 궁색감을 줄 수 있다.

(3) 소량으로 빈번하게 매입해야 하므로 매입비용이 증가한다.

(4) 소량 매입으로 인해 매입처로부터 덜 중요한 고객이라는 취급을 당한다.

4. 재고의 최적주문량

(1) 재고유지비, 주문비, 재고부족비 등을 함께 고려하여 결정되며 비용항목을 합한 총 재고비용이 최소가 되는 점이 최적주문량이다.

(2) 경제적 주문량 공식으로 구할 수 있으며 이는 연간수요량, 주문비, 평균 재고유지비 및 재고품의 단위당 가치(가격)를 이용해 계산한다.

(3) 재고유지비에는 이자비용, 창고비용, 취급비용, 보험, 세금 및 제품의 진부화 등이 있다.

(4) 물류활동은 일반적으로 재고, 수송, 주문처리, 포장 및 하역 등으로 나누어지며 물류관리자는 각 물류활동과 관련된 일상적인 의사결정을 내린다.

ⓘ 회계기간 중에 매입한 재고자산의 취득가격 합계가 그 기간의 상품매입액이고, 재고자산 가운데 회계기간 중에 판매된 부분이 매출원가를 구성하며 회계기간의 말일(기말 혹은 결산일)에 남아 있는 재고자산이 기말상품재고액이다.

3 주문시점 재고관리

1. 주문재고수준(Order Level)

(1) 주문점(order point)이란 다음 주문량이 도달하기 이전에 재고수량이 가용수량을 유지하지 못하거나 또는 품절이 발생하는 수준에 도달한 때를 의미한다.

(2) 주문재고수준은 주문과 주문 사이에 기대되는 수요를 충족시키는 수준에서 재고를 보유하는 것을 말한다. 주문량을 경제적 주문량(EOQ ; Economic Order Quantity)에 의해 산출된 근거를 기준으로 결정해야만 한다.

(3) EOQ는 제품을 주문하는 데 소요되는 비용과 제품을 보유하는 데 소요되는 비용을 고려하여 최저의 총재고비용을 산출하게 된다.

2. 리드타임 재고수준(Lead Time Level)

(1) 리드타임은 보충되어야 할 재고의 필요성에 대한 인식시점과 주문 후 상품이 점포에 도착하는 시점 사이의 시간을 말한다.

(2) 구매에서 리드타임은 발주한 후 납품 시까지 소요되는 시간을 의미한다. 가장 이상적인 재고는 납품 시 과잉재고와 결품(缺品)이 발생하지 않도록 안전재고를 실현할 수 있는 시간 내에 발주되는 것이 원칙이다.

3. 주문충족 리드타임(Order Fulfillment Lead Times)

(1) 상품이 주문생산(Make-to-order)될 때 사용되는 개념으로 고객주문을 충족시키기 위해 소요되는 평균 주문 리드타임이다.

(2) 주문생산전략을 채택하고 있는 기업이 고객주문에 얼마나 신속하게 대응할 수 있는가를 측정한다.

4 ABC 재고관리

1. ABC 재고관리의 개념

팁 ABC 분석기법을 사용하고자 할 때에는 통상적으로 재고를 가치 기준으로 몇 개의 범주(등급)로 구분하여야 한다. 재고가 어떠한 등급(ABC)으로 분류되느냐에 따라 주문방법뿐만 아니라 재주문시점, 주문절차 등도 달라지므로 품절이 되어서는 안 되는 상품과 간헐적인 품절을 허용해도 관계없는 상품을 판단할 수 있게 한다.

(1) ABC 분석기법은 파레토(Pareto)의 80 : 20 법칙과 관련이 있으며 매출액 70%의 상위 품목을 A 라인, 추가적인 20%의 차상위 품목을 B 라인, 나머지 품목을 C 라인으로 구분한다.

(2) 주란(Juran)이 불량품 개선에 유용하다는 것을 밝혀냈고 디키(Dickie)가 재고관리에 적용하면서 널리 보급되기 시작하여 소매업체들이 기여도가 높은 상품 관리에 집중해야 한다는 관점하에서 활용된다.

(3) 상품별 적정 재고수준을 파악하기 위하여 상품에 대한 등위를 매기는 방법으로 ABC 분석의 첫 단계는 한 가지 또는 몇 가지 기준을 사용하여 단품의 순위를 정하는 것이며 이때 가장 중요한 성과 측정기준의 하나로 공헌이익을 들 수 있다. 다음 단계는 상품을 구분하여 취급하기 위한 분류기준, 즉 수익 또는 판매량 차원의 수준을 결정하는 것이다.

(4) ABC 관리방법은 재고관리나 자재관리뿐만 아니라 원가관리, 품질관리에도 이용할 수 있다. 특정 성과측정 기준으로 상품에 대한 등급을 설정하기 위한 보조수단으로 사용하기에 가장 적합한 방법이다.

(5) 상품의 수가 많아 모든 품목을 동일하게 관리하기 어려울 때 이용하는 방법으로 매출액(매출총이익액, 판매수량을 사용하는 경우도 있음) 순으로 A, B, C 3개의 그룹을 나눠서 관리한다.

2. ABC 재고관리의 내용

(1) A 그룹

① 일반적으로 총재고품목의 15 ~ 20%에 해당하는 수량으로 60 ~ 70%의 가치를 지닌 품목이다.

② 재고량에 대하여 자주 실사하여 많은 주의를 기울이고 고객 서비스 수준을 유지하기 위하여 주의를 기울인다.

(2) B 그룹

① 전체 재고량의 20% 정도, 금액 비중은 20% 정도로 보통 수준의 재고관리를 실시한다.

② A 품목과 C 품목의 중간에 해당하는 품목으로 두 극단적 품목의 중간 정도의 통제를 받는다.

(3) C 그룹

① 수량은 전체 재고량의 70%나 되지만, 가치는 10% 정도에 불과한 품목이다.

② 느슨한 통제를 받는다.

(4) D 그룹 : D 그룹이 하나 추가될 수 있으며 매출이 전혀 발생되지 않은 상품군을 의미한다.

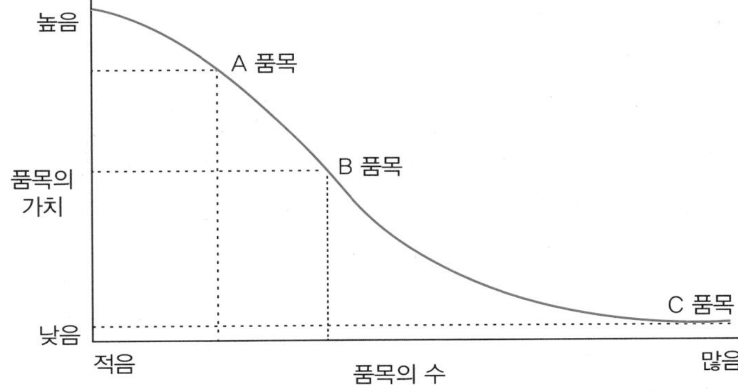

Two－bin 시스템

가장 오래된 재고관리기법 중에 하나로 가격이 저렴하고 사용빈도가 높으며, 조달기간이 짧은 자재에 대해 주로 적용하는 간편한 방식이다. 이 시스템은 ABC 분석의 C급 품목의 효과적인 관리방법 중 하나로 인식되고 있으며, Double Bin 시스템이라고도 불린다.

대표기출유형

다음 중 리드타임(Lead Time)에 관한 설명으로 알맞은 것은?

① 상품결손에 대한 인식시점과 실제 주문이 이루어지는 시점까지의 시간

② 상품에 대한 주문실행시점으로부터 주문한 수량이 매장에 도착할 때까지 걸리는 시간

③ 상품에 대한 주문실행시점으로부터 주문한 상품이 점포에 도착하여 진열이 완료되기까지의 시간

④ 보충되어야 할 상품 발주 후 상품이 점포에 도착하는 시점 사이의 시간

정답 ④

해설 가장 이상적인 재고는 납품 시 과잉 재고와 결품이 발생하지 않도록 안전재고를 실현할 수 있는 시간 내에 발주되어야 하는데, 상품을 발주한 후 납품 시까지 소요되는 시간을 리드타임이라고 한다.

테마 24 라인밸런싱

> 라인밸런싱은 제품별 배치에서 사용되는 것으로 원하는 작업을 가장 효율적으로 작업하기 위하여 작업을 작업장에 할당하는 것인데 작업장별 작업시간의 균형을 통하여 작업장의 효율성을 높이고 밸런스 지체를 줄이려는 것이다.

1 라인밸런싱(Line Balancing)

1. 라인밸런싱의 의미

(1) 라인밸런싱이란 각 공정의 능력을 전체적으로 균형되게 하는 것 즉 각 공정의 소요시간이 균형되도록 작업장이나 작업순서를 배열하는 것을 의미한다.

(2) 흐름라인에서는 공정 또는 작업장이 라인형태로 구성되며 각 작업장에서는 미리 정해진 요소작업을 수행하게 되는데 이때 작업장별 작업량이 모두 같을 수 없기 때문에 작업장에 따라 정체 내지 유휴시간이 발생하게 된다.

(3) 상대적으로 작업시간이 많이 소요되는 공정(작업장)이며 가장 큰 작업량을 가진 공정을 애로공정 또는 병목공정(Bottleneck Operation)이라고 한다. 이 공정이 가장 느린 공정이며 가장 지연되는 공정으로, 해당 흐름라인의 생산능력을 좌우하는 역할을 하게 된다.

2. 공정의 정체(유휴현상) 원인

(1) 각 공정 간 평형화되어 있지 않기 때문에 발생

(2) 일시적인 여력의 불평형 때문에 발생

(3) 여러 개의 병렬공정으로부터 흘러 들어올 때(반제품이 조립공정) 발생

(4) 전후 공정의 취급 로트(Lot)의 크기가 다르거나 작업시간이 다를 때 발생

(5) 수주의 변경에 의하여 발생

(6) 너무 빨리 수배되었을 때 발생

2 라인밸런스 내용

1. 라인밸런스의 계산

(1) 라인밸런스 효율성 : 효율성은 작업가능시간에 대한 실제 작업시간의 비율을 의미하며 일반적으로 능률은 투입에 대한 산출로 나타내는데 생산라인의 밸런스 능률 즉 라인밸런스 효율(Eb)을 측정하는 계산식은 다음과 같다.

$$Eb = \frac{\Sigma ti}{m \times t_{\max}} \times 100(\%)$$

Eb : 라인밸런스 효율, Σti : 라인(작업)의 순 과업시간 합계, m : 작업장(또는 작업자) 수, $t_{\max}$: 애로공정에서의 생산소요시간(또는 라인의 사이클 타임)

간단히 수식으로 쓰면 효율성$=\frac{\text{작업시간}}{\text{작업장 수}\times\text{주기시간}}$이다.

(2) 라인불균형률(Balance Delay) : 생산라인의 비능률을 나타내는 불균형률 또는 라인손실률(d)은 라인상 효율적이지 못한 부분을 의미하는 밸런스 지체이다. 밸런스 지체 =1−밸런스 효율이다.

$$불균형률(d)=1-Eb=\frac{m\times t_{\max}-\Sigma ti}{m\times t_{\max}}\times 100(\%)$$

$(m\times t_{\max}-\Sigma ti$: 라인의 유휴시간(Idle Time))

(3) 일일 생산량 : 일일 생산량$=\dfrac{일일\ 생산시간}{주기시간}$

여기서 주기시간(Circle Time)이란 일련의 작업장을 통과하는 일정한 시간 간격 중 최대 시간을 의미한다.

(4) 유휴시간 : 유휴시간이란 주기시간에서 과업의 수행시간을 제외한 시간을 말하는 것으로, 노는 시간을 의미한다.

2. 라인밸런스 효율의 의미

(1) 라인밸런스 효율(Eb)은 흐름라인의 종류에 따라 약간의 차이는 있을 수 있으나 대체로 75%를 기준으로 그 이하일 때는 비경제적이라고 평가하며 적어도 80% 이상을 유지할 수 있어야 바람직하다고 할 수 있다.

(2) 이상적으로는 100%를 실현할 때 즉, 완전 공정균형을 보일 때 가장 완벽한 흐름라인이 구축되었음을 의미한다.

〈완전 공정균형〉

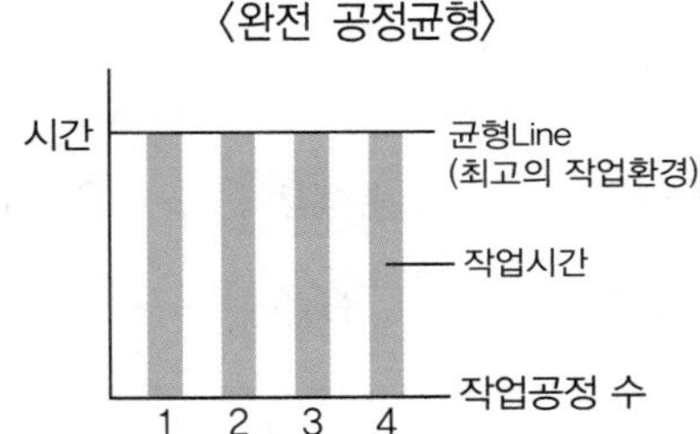

〈불완전 공정〉

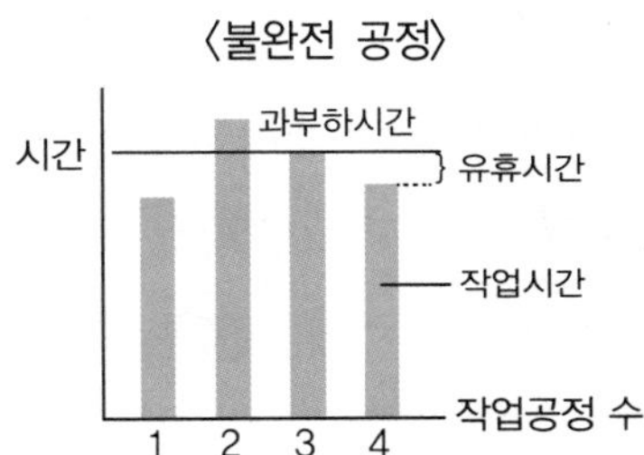

대표기출유형

라인밸런싱에 관한 설명으로 적절하지 않은 것은?

① 라인밸런싱은 제품별 배치의 설계를 위하여 사용된다.
② 라인밸런싱의 목적은 작업장별 작업시간의 균형을 이루어 유휴시간을 최소화하는 것이다.
③ 생산라인의 주기시간은 병목(Bottleneck) 작업장의 작업시간보다 작다.
④ 생산라인의 총유휴시간이 감소하면 라인 효율은 증가한다.
⑤ 생산라인의 총유휴시간이 감소하면 밸런스 지체는 감소한다.

정답 ③

해설 생산라인의 주기시간은 병목(Bottleneck) 작업장의 작업시간과 같다.

테마 25

공급사슬관리

> 공급사슬관리는 공급자부터 최종 소비자에게 상품이 도달되는 모든 과정으로 제품, 정보, 재정의 흐름을 통합하고 관리하는 것을 말한다.

> SCM의 목적
> 1. 운영과 재고통제력의 효율적인 관리
> 2. 신상품 출시와 제조 사이클의 최소화
> 3. 높은 부가가치 창출
> 4. 불확실한 낭비 요소 제거
> 5. 고객만족의 극대화
> 6. 기업 간 프로세스의 통합
> 7. 공급사슬의 전체의 이익 창출
> 8. 비용관리를 통한 이익 최대화

1 공급사슬관리(SCM ; Supply Chain Management)의 개념

1. SCM의 의의

(1) 제조, 물류, 유통업체 등 유통 공급망에 참여하는 전 기업들이 협력을 바탕으로 양질의 상품 및 서비스를 소비자에게 전달하고 소비자는 극대의 만족과 효용을 얻는 것을 목적으로 한다.

(2) 효율적인 SCM은 필요할 때 언제든지 제품을 쓸 수 있다는 전제하에 재고를 줄이는 것이다.

(3) 소비자의 수요를 효과적으로 충족시켜 주기 위하여 신제품 출시, 판촉, 머천다이징 그리고 상표 보충 등의 부문에서 원재료 공급업체, 제조업체, 도소매업체 등이 서로 협력하는 것이다.

(4) SCM은 제품, 정보, 재정의 세 가지 주요 흐름으로 나눌 수 있는데 제품 흐름은 공급자로부터 고객으로의 상품 이동은 물론 어떤 고객의 물품 반환이나 사후 서비스 등이 모두 포함된다. 정보 흐름은 주문의 전달과 배송 상환의 갱신 등이 수반된다. 재정 흐름은 신용 조건, 지불 계획, 위탁판매 그리고 소유권 합의 등으로 이루어진다.

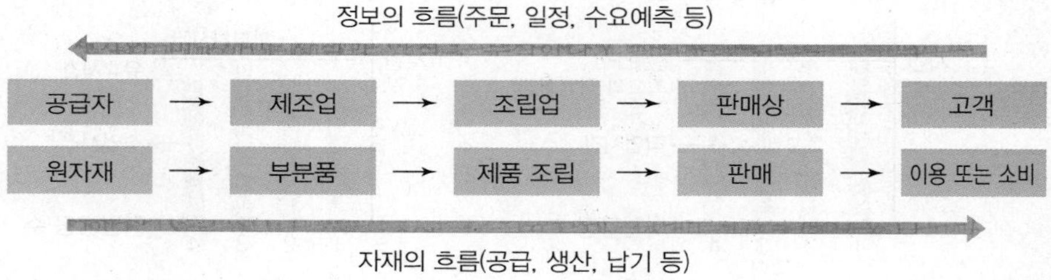

정보의 흐름(주문, 일정, 수요예측 등)

←

공급자 → 제조업 → 조립업 → 판매상 → 고객

원자재 → 부분품 → 제품 조립 → 판매 → 이용 또는 소비

→

자재의 흐름(공급, 생산, 납기 등)

2. SCM의 종류

(1) SCP(Supply Chain Planning) : 수요예측, 글로벌 생산계획, 수 · 배송계획, 분배할당 등 공급망의 일상적 운영에 대해 최적화된 계획을 수립한다.

(2) SCE(Supply Chain Execution) : 창고, 수 · 배송 관리 등 현장물류의 효율화와 바코드(Barcode) 등 정보도구의 인터페이스에 기초해 현장 물류 관리를 한다.

3. 공급사슬관리와 전통적 방식의 차이점

(1) 공급사슬관리는 시간적으로 장기지향적인 데 반해 전통적 방식은 단기지향성이 강하다.

(2) 공급사슬관리는 프로세스 자체에 대한 통제를 요구하고 전통적 방식은 현 거래의 요구에 국한되는 경향이 있다.

(3) 공급사슬관리는 장기적 위험을 공유하는 경향이 강한 반면 전통적 방식은 장기적 위험공유의 필요성이 존재하지 않는다.

2 SCM의 효과와 특징

1. SCM의 효과

(1) EDI를 통한 유통업체의 운영비용 절감 및 생산계획의 합리화 증가

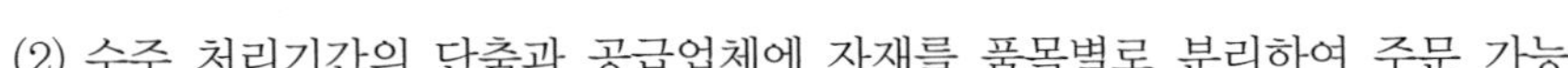

(2) 수주 처리기간의 단축과 공급업체에 자재를 품목별로 분리하여 주문 가능
(3) 재고의 감소와 생산성 향상, 조달의 불확실성 감소
(4) 제조업체의 생산계획이 가시화되어 공급업체의 자재재고 축소 가능
(5) 자동 수·발주 및 검품, 업무절차의 간소화
(6) 정보의 적시 제공과 공유
(7) 수익성의 증가, 고객만족도 증가
(8) 업무처리시간의 최소화
(9) 납기 만족에 의한 생산의 효율화
(10) 유통정보기술을 통한 재고관리의 효율화

2. SCM의 특징

(1) 구매, 생산, 배송, 판매 등을 단편적인 책임으로 보는 것이 아니라 하나의 단일체로서 인식하므로 '기획－생산－유통'의 모든 단계를 포괄한다.
(2) 공급자, 유통업자, 제3자 서비스 공급자 및 고객 간의 협력과 통합을 포괄한다.
(3) SCM은 물류의 흐름을 고객에게 전달되는 가치의 개념에 기초하여 접근하고 주문 사이클의 소요시간을 단축한다.
(4) 단순한 인터페이스 개념이 아닌 통합의 개념으로 정보시스템에 대한 새로운 접근을 한다.
(5) SCM 구축을 위한 통신기술로는 구내 정보 통신망(LAN ; Local Area Network)이 가장 적합하다.

〈전통적 방식과 공급사슬관리의 비교〉

구분	전통적 방식	공급사슬관리
재고관리	개별적, 독립적	전체 동시 관리
비용분석	개별 비용 절감	전체 비용 최소화
시간적 요인	단기	장기
정보공유	정보공유 제한	계획, 검사과정에 필요한 정보도 공유
결속력	거래에 기반을 둠.	지속적인 관계
경영방침	비슷할 필요 없음.	핵심적 관계에 있어서 비슷해야 함.
위험과 보상의 공유	개별 회사 각자 책임	장기에 걸쳐 공유됨.
정보체계	독립적	회사들 사이 공유
공급자의 범위	위험 분산을 위해 커야 함.	기업 간 조정을 위해 작아야 함.

대표기출유형

기업이 공급사슬관리(SCM)를 적극적으로 수행해야 할 필요성과 관계가 없는 것은?

① 운송비의 지속적 감소
② 글로벌화의 진전
③ 아웃소싱의 증가
④ 공급사슬의 복잡화
⑤ 전자상거래 도입의 증가

정답 ①

해설 운송비가 계속 증가되면 가격경쟁이 심화되므로 공급사슬관리가 더 중요해진다.

테마 26

6시그마

> 시그마(σ)
> 프로세스의 산포를 나타내는 척도이며 통계적인 용어로 표준편차를 의미한다(즉, 데이터들이 중심으로부터 전형적으로 떨어진 거리).

> 6시그마(6σ)
> 규격상한(USL ; Upper Specification Limit)과 규격하한(LSL ; Lower Specification Limit)이 있는 경우 단기적으로 분포의 중심과 규격한계 사이의 거리가 표준편차의 6배나 될 정도로 불량률이 아주 낮은 상태이다.

1 6시그마(6σ, Six Sigma)의 개념

1. 6시그마의 의의

(1) 6시그마는 표준편차의 다른 표시로 프로세스를 계산하고 측정하는 기준이다.

(2) 6시그마는 프로세스 능력에 대한 정량적인 표현 방법으로 100만 기회당 3.4개의 결함 기회 수를 허용하는 공정의 능력을 의미하며 제품의 설계와 제조뿐 아니라 사무간접, 지원 등을 포함하는 모든 종류의 프로세스에서 결함을 제거하고 목표로부터의 이탈을 최소화하여 조직의 이익창출과 함께 고객만족을 최대화하고자 하는 경영혁신전략이다.

(3) 6시그마의 핵심은 변동의 범위, 표준편차 및 분산을 줄이는 것으로 업무 및 공정 프로세스가 어떠한 문제를 가지고 있는지 밝혀내고 올바른 개선 방향을 제시한다.

〈시그마의 수준 비교〉

시그마	백만 단위당 결점수	양품률(%)	시그마	백만 단위당 결점수	양품률(%)
1σ	500,000	50	4σ	6,210	99.3
2σ	308,537	69	5σ	233	99.98
3σ	66,807	93.3	6σ	3.4	99.999966

2. 3시그마 수준과 6시그마 수준의 비교

(1) 6시그마는 과거 슈하르트가 주장했던 3시그마 개념을 6시그마 개념으로 확장한 것에 불과하지만 내포된 의미는 더 파격적이고 혁신적이다.

(2) 3시그마는 평균으로부터 규격한계 내에 3배의 표준편차가 포함되도록 데이터들이 분포되어 있는 경우를 말하며 6시그마는 규격한계 내에 표준편차의 6배가 분포되는 경우를 의미한다.

> 6시그마는 모토로라(Motorola)에 근무하던 마이클 해리(Michael J. Harry)에 의해 1987년 창안됐다. 당시 정부용 전자기기 사업부에 근무하던 마이클 해리는 어떻게 하면 품질을 획기적으로 향상시킬 수 있을 것인가를 고민하던 중 통계지식을 활용하자는 착안을 하게 됐다. 이 통계적 기법과 70년대 말부터 밥 갈빈(Bob Galvin) 회장 주도로 진행돼 온 품질개선 운동이 결합해 탄생한 것이 6시그마 운동이다.

3. 6시그마의 정의

(1) 6시그마는 통계적으로 6시그마 수준을 만들겠다는 것으로, 6시그마 레벨에서는 제품 1백만 개당 3.4개(3.4PPM) 이내의 불량만을 허용한다.

(2) 6시그마는 통계적 품질관리를 기반으로 품질혁신과 고객만족을 달성하기 위하여 전사적으로 실행하는 경영혁신기법이며 제조과정뿐만 아니라 제품개발, 판매, 서비스, 사무업무 등 거의 모든 분야에서 활용이 가능하다.

4. 창시자 해리박사에 의한 6시그마의 정의

(1) 통계적 측정치(Statistical Measurement) : 6시그마는 객관적인 통계수치로 나타나기 때문에 제품이나 업종, 업무 및 생산 프로세스가 다르더라도 비교할 수 있다. 따라서 고객만족의 달성 정도와 방향, 위치 등을 정확히 알 수 있게 해 주는 척도다. 즉 "제품과 서비스, 공정의 적합성을 재는 탁월한 척도"인 것이다.

(2) 기업전략(Business Strategy) : 시그마 수준을 높이는 만큼 제품의 품질이 높아지고 원가는 떨어진다. 그 결과 기업은 경쟁우위를 갖추고 고객만족 경영을 달성할 수 있다.

(3) 철학 : 6시그마는 무조건 열심히 일하는 것보다는 '스마트하게' 일하게 하는 철학으로, 제품을 생산하는 제조방식에서부터 구매오더를 작성하는 방식까지 모든 작업에서 실수를 줄이는 일이다.

2 품질관리와 비교

1. 품질개선활동의 발전단계

	품질관리 (QC)	전사적 품질관리 (TQC)	전사적 품질경영 (TQM)	6시그마 (Six Sigma)
발전 시기	1930 ~ 50년대	1960 ~ 70년대	1980년대	1990년대
주요 내용	제조공정 중심	소집단활동 및 종합적 문제해결	품질 인증 및 품질경영	프로세스 혁신 및 품질 향상
적용 분야	제조 부문	• 제조 부문 • 자재 설비	• 제조 부문 • 자재 설비 • 개발, A/S • 영업, 마케팅 구매	• 제조 부문 • 자재 설비 • 개발, A/S • 영업, 마케팅 구매 • 기타 행정, 의료서비스

2. 품질개선활동과 6시그마의 비교

〈기존의 품질개선활동과 6시그마의 비교〉

구분	품질개선활동	6시그마
방침결정	하의상달(Bottom-up)	상의하달(Top-down)
목표설정	추상적, 정성적 목표	구체적, 정량적 목표
문제의식	겉으로 보이는 문제	잠재적 문제
성공요인	감각과 경험	감각과 경험 및 객관적 데이터 분석
개혁대상	문제가 발생한 곳	모든 프로세스
적 범위	부문의 최적화	전체 최적화
활동기간	제약 없음.	제약 있음.
담당자	자발적 참여 중시	전임 요원 및 의무적 수행
교육	자발적 참여 중시	체계적이고 의무적
기본수법	PDCA의 4단계	DMAIC의 5단계
적용수법	QC 7가지 도구 및 통계적 기법	광범위한 기법 및 통계적 분석방법
평가방법	노력 중시	가시화된 이익으로 평가

3 6시그마의 추진단계 : DMAIC

1. 단계별 정의

	D Define	M Measure	A Analyze	I Improve	C Control
단계	정의단계 (문제 정의)	측정단계 (현상 파악)	분석단계 (원인 검증)	개선단계 (원인 개선)	관리단계 (효과 유지)
주요 내용	문제 및 VOC 파악, 프로젝트 정의	현 수준 확인, 잠재원인 X's 발굴	잠재원인 검증 및 치명원인 선정	치명원인별 개선 및 효과 파악	개선결과의 문서화 및 유지관리
주요 Step	Step 1 문제 파악	Step 4 성과기준 설정	Step 7 데이터 수집	Step 10 개선안 수립	Step 13 문서화/표준화
	Step 2 추진계획 수립	Step 5 현 수준 확인	Step 8 데이터 분석	Step 11 최적화 및 검증	Step 14 관리계획 수립
	Step 3 과제 승인	Step 6 잠재원인 발굴	Step 9 치명원인 선정	Step 12 개선효과 파악	Step 15 유지관리 수행

2. 추진 내용

6시그마의 대표적인 방법론은 DMAIC(Define－Measure－Analyze－Improve－Control)이다.

구분	추진단계	추진 내용
1단계	정의 (Define)	정의단계는 6시그마 프로젝트의 선정, 프로젝트의 정의, 프로젝트 승인의단계로 이 단계에서 고객의 니즈(Needs)를 바탕으로 핵심품질특성(CTQ ; Critical to Quality)을 파악한다. 핵심품질특성이란 고객이 상품이나 서비스의 가치를 인식하는 데 영향을 미치는 가장 중요한 특성을 의미한다.
2단계	측정 (Measure)	측정단계는 성과지표 Y를 결정하고, Y의 현 수준을 파악하고, 잠재원인변수를 X를 발굴한다. 품질의 현재수준을 파악하는 것은 이 단계이다.
3단계	분석 (Analyze)	분석단계에서는 분석계획 수립, 데이터 분석, Vital Few X를 선정한다. 측정단계에서 수집된 잠재원인변수들 중에 Y에 영향력을 미치는 핵심원인 변수(Vital Few X)를 찾는 것이 이 단계의 목표이다.
4단계	개선 (Improve)	개선단계에서는 개선안을 도출하고 최적개선안을 선정하며 개선안을 검증한다. 이 단계에서는 여러 가지 방법을 사용하여 Vital Few X의 특성을 분석하며 최적운영 조건을 도출한 후 개선안을 검증하여 실현가능한지를 판단한다.
5단계	관리 (Control)	관리단계에서는 개선결과를 지속적으로 유지하기 위하여 관리계획을 수립하고 실행하여 문서화한다. 관리계획을 실행하는 단계에서 관리도(Control Chart)나 Spc(Statistical Process Control) 등의 통계기법을 사용할 수 있다.

4 추진 조직과 역할

1. 추진 조직

추진 조직은 종속관계가 아니며 상호 커뮤니케이션을 중요시한다.

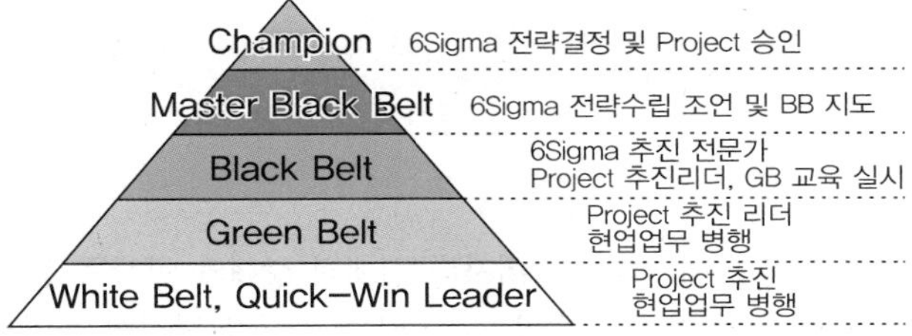

2. 구성체계와 역할

구성체계	역할
챔피언(Champion) -최고경영자 · 사업부 책임자	• 비전과 목표설정 • 추진방법 확정 • 이념과 신념을 조직 내 확산
마스터 블랙벨트(Master Black Belt) -전문추진 지도자	• 품질기법 전수 및 지도교육 • BB 프로젝트의 자문과 감독 • 각종 애로사항 해결
블랙벨트(Black Belt) -전문추진 책임자	• 개선팀 지도와 개선 프로젝트 추진 • 분석기법 활용 및 문제해결활동 • GB와 WB의 양성 교육 담당
그린벨트(Green Belt)	• 기법활용의 문제해결 전문가 • 현업 및 개선 프로젝트 병행 • WB교육 및 팀워크 형성
화이트벨트(White Belt) -팀원	• 6시그마 프로젝트팀에 속한 전 사원 • 프로젝트 해결활동의 실천자

대표기출유형

다음 중 6시그마 운동에 대한 설명으로 알맞은 것은?

① 6시그마는 비영리 서비스 조직에서도 적용 가능하다.
② 6시그마를 통해 객관적인 통계수치를 얻을 수는 없다.
③ 6시그마 전문가 중에서 가장 높은 직책은 화이트벨트이다.
④ 제품이나 업종 및 생산과정이 다를 경우 비교를 할 수 없다.

정답 ①

해설 6시그마는 제품이나 서비스에 적용이 가능하고, 시그마를 통해 객관적인 통계수치를 얻을 수 있으며 이 수치를 통해 제품이나 업종 및 생산과정이 다를 경우에도 비교할 수 있고, 6시그마 전문가의 직책은 White Belt가 가장 낮고, 가장 높은 직책은 Champion이다.

테마 27

소비자 구매의사결정 과정

소비자가 제품을 구매할 때, 문제를 인식한 소비자들은 자신의 욕구를 충족시킬 수 있는 여러 대안들을 탐색하고 탐색된 여러 대안들 중에서 가장 큰 만족을 실현시켜 줄 수 있는 대안을 평가 · 선택한 다음 구매를 하게 된다. 소비자의 개인 특성이나 과거의 소비경험 또는 구매시점의 상황 등에 따라서 단계를 뛰어넘거나 순서가 뒤바뀌는 경우도 있다.

1 문제인식

구매와 관련된 소비자의 문제인식은 소비자의 실제적 상태와 이상적 상태의 차이가 충분히 클 때 발생한다. 문제인식은 욕구의 결핍이나 미충족 상태를 말하며 소비자의 욕구는 배고픔 등의 생리적 욕구뿐만 아니라 사회적 성공이나 개인의 성취와 같은 사회 · 심리적 욕구를 포함한다.

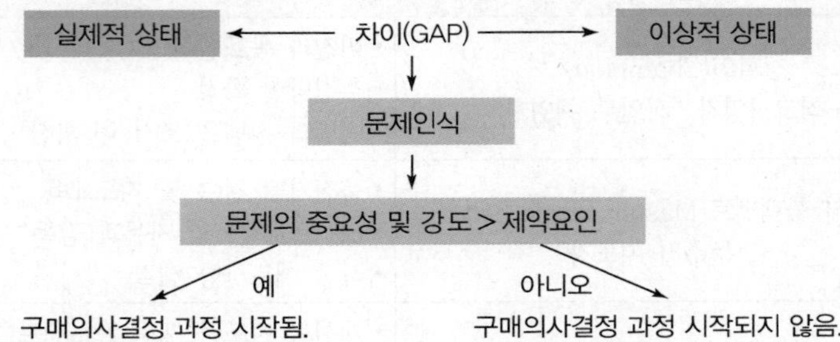

소비자가 어떤 문제를 인식하고 그 문제의 크기와 중요성이 금전적 및 비금전적 비용과 사회적 규범 등의 제약요인을 극복할 만큼 충분히 크다면 구매를 목적으로 정보탐색을 하게 된다.

2 정보탐색

소비자의 경험과 기억에 의존하는 내적 정보탐색은 빠르고 자신의 가치관이 반영되어 있다는 장점이 있지만 정보의 양과 질이 제한적이라는 단점이 있다. 만약 내적 정보탐색에 의하여 의사결정에 필요한 충분한 정보를 획득할 수 있으면 대안평가와 구매결정이 신속하게 진행된다. 그러나 충분한 정보가 기억 속에 존재하지 않거나 즉각적으로 회상할 수 없다면 외적 정보탐색이 필요하게 된다.

내적 정보탐색	• 문제해결을 위해 먼저 자신의 과거 경험으로부터의 정보를 회상함. • 내적 탐색의 결과가 만족스러우면 더 이상 정보탐색은 하지 않고 대안을 평가하는 단계로 나아갈 수 있음.
외적 정보탐색	• 외부로부터 여러 가지 정보를 수집함. • 허위 또는 과장된 정보나 부정확한 정보가 있을 수 있으므로 사실 여부에 대하여 확인해 보아야 함.

대안평가는 평가기준과 평가방식의 결정으로부터 시작된다. 평가기준이란 대안들을 비교하고 평가하는 데 사용되는 속성을 말하고, 평가방식이란 소비자가 선택된 평가기준을 통합하고 처리하는 방법을 말한다.

3 대안평가

정보탐색을 통해 여러 대체안이 수집되면 소비자는 수집된 대체안 중 자신의 욕구를 최적으로 만족시킬 수 있는 대체안을 선택한다. 소비자가 여러 대안을 평가하는 데 사용하는 평가기준은 개인적 특성이나 대상 제품, 상황에 따라서 달라지며 고관여 제품일수록 평가기준의 수가 증가한다. 평가기준은 상황에 따라서도 달라지는데, 같은 제품군이라도 소비자 본인이 사용하려는 상황과 선물을 위한 상황에서의 평가기준이나 기준의 수는 달라질 가능성이 높다.

4 구매결정

1. 대안평가단계에서 소비자는 구체적 상표를 구매할 것을 결정하게 된다. 구매과정에서 소비자들은 특정 상표에 대한 구매뿐만 아니라 그 상표를 구매할 구체적인 점포를 선택하여야 한다.
2. 구매과정에서 마케터는 소비자의 구매행동에 영향을 미칠 수 있는 여러 상황들을 고려하여야 한다.

5 구매 후 행동

1. **인지부조화(Cognitive Dissonance)**

   소비자가 제품 구매 이후 만족 또는 불만족을 느끼기에 앞서 자신의 선택이 과연 옳은 것이었는가에 대한 불안감을 갖는 경우를 구매 후 부조화(Post-purchase Dissonance)라고 한다.

2. **만족도 평가**

만족	같은 구매를 다시 하게 된다면 정보탐색이나 대안평가 없이 바로 선택할 수 있다.
불만족	환불, 교환, 수리를 요구하거나 다음 구매에서 다른 상품을 사기 위해 정보탐색단계부터 다시 의사결정 과정을 거치게 된다.

3. **구매 후 부조화가 발생되는 조건**

   (1) 구매결정을 취소할 수 없을 때
   (2) 선택한 대안이 갖지 않은 장점을 선택하지 않은 대안(들)이 가지고 있을 때
   (3) 마음에 드는 대안들이 여러 개 있을 때
   (4) 관여도가 높을 때
   (5) 소비자 자신이 전적으로 자기 의사에 따라 결정을 하였을 때

4. **부조화를 감소시키기 위한 마케터의 역할**

   (1) 강화광고(Reinforcement Advertising) : 자사제품의 좋은 면을 강조하여 구매자의 확신을 강화시킨다.
   (2) 판매 직후 구매자에게 거래 후 서신, 안내책자, 전화 등을 제공해 선택에 대한 확신을 갖게 한다.

구매 후 부조화 해소 방법
1. 선택한 대안의 장점을 강화하고 단점을 약화시킨다.
2. 선택하지 않은 대안의 장점을 약화하고 단점을 강화시킨다.
3. 자신의 선택안을 지지하는 정보를 탐색하고 일치하지 않는 정보를 회피한다.
4. 의사결정 자체를 중요하지 않은 것으로 여긴다.

대표기출유형

다음 중 소비자 구매의사결정 과정 순서로 올바른 것은?

① 문제인식 → 정보탐색 → 대안평가 → 구매결정 → 구매 후 평가
② 문제인식 → 대안평가 → 정보탐색 → 구매결정 → 구매 후 평가
③ 문제인식 → 구매결정 → 정보탐색 → 대안평가 → 구매 후 평가
④ 문제인식 → 구매결정 → 대안평가 → 정보탐색 → 구매 후 평가

정답 ①

해설 소비자 구매의사결정 과정 순서는 '문제인식 → 정보탐색 → 대안평가 → 구매결정 → 구매 후 평가'의 순서이다.

테마 28 제품

1 제품의 수준

핵심제품	• 핵심 편익이나 서비스를 가리키는 것 • 구매자가 진정으로 구매하는 것은 무엇인가에 대한 응답
유형(실체)제품	• 보통 사람들이 일반적으로 상품이라고 하며 구체적으로 드러난 물리적인 속성 차원의 상품 • 특성, 상표, 디자인, 포장, 브랜드네임(Brand Name), 품질, 특징, 스타일링이 포함
확장제품	• 유형제품의 효용 가치를 증가시키는 부가 서비스 차원의 상품 • 유형제품에 보증, 반품, 배달, 설치, A/S, 사용법 교육, 신용, 상담 등의 서비스를 추가하여 상품의 효용 가치를 증대시키는 것

〈제품 구성의 3단계〉

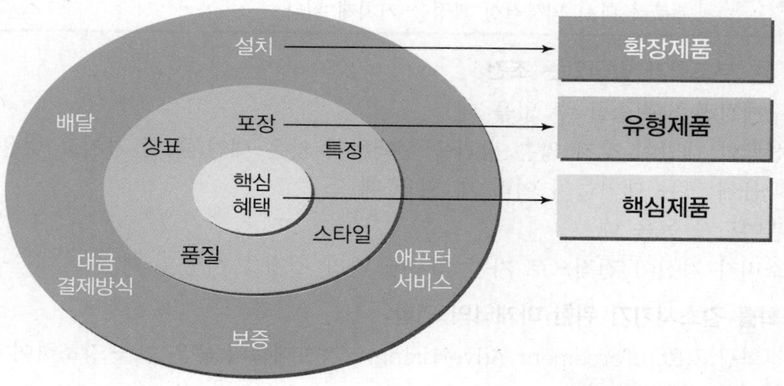

2 제품의 분류

1. 소비재의 분류

(1) 편의품(Convenience Goods)

① 소비자가 자주 구입하며 물건을 고르는 데 특별한 노력을 기울이지 않고 최소한의 대안 비교와 구매 노력으로 구매하는 제품이다(일상생활 필수품).

② 편의품은 생필품, 충동제품, 긴급제품으로 나누어지며 긴급제품은 소비자 욕구가 긴급하기 때문에 즉시 구입하는 제품이다(비 오는 날의 우산, 앰뷸런스, 눈 오는 날의 자동차 스노우 타이어 등).

(2) 선매품(Shopping Goods)

① 많은 점포에서 다양한 제품을 보고 가격, 품질, 스타일, 색상 등을 비교한 후에 구입하게 되는 제품이다(패션의류, 가구, 중고차, 호텔과 항공 서비스).

② 편의품보다 가격이 비싸며 드물게 불규칙적으로 구입하는 제품이다.

③ 소비자들은 여러 판매점의 상품을 비교한 후에 상품을 구입한다.

(3) 전문품(Specialty Goods)

① 유일한 특성을 지니고 있기 때문에 관여도가 매우 높고 소비자가 자신이 찾는 품목에 대해 잘 알고 있으며 구매하기 위해 많은 노력을 기울인다(고급 승용차, 최고급 시계 등).

② 전문품 소비자는 자신이 무엇을 원하는가를 잘 알고 있으며 이를 얻기 위하여 시간과 돈을 투자한다.

〈소비재의 분류와 마케팅전략〉

구분	편의품	선매품	전문품
구매빈도	높음.	낮음.	매우 낮음.
구매 관여수준	낮은 관여수준	비교적 높은 관여수준	매우 높은 관여수준
문제해결방식	습관적 구매	복잡한 의사결정에 의한 구매	상표애호도에 의한 구매
마케팅전략	• 저가격 • 광범위한 유통 • 낮은 제품차별성 • 빈번한 판매촉진 • 높은 광고비 지출 • 빈번한 이미지 광고	• 고가격 • 선택적 유통 • 제품차별성 강조 • 제품특징을 강조하는 광고 • 인적 판매의 중요성	• 매우 높은 가격 • 독점적(전속적) 유통 • 높은 상표독특성 • 구매자의 지위를 강조하는 광고 • 인적 판매의 중요성

2. 산업재의 분류

산업재는 추가적인 가공을 하기 위해, 혹은 사업상의 용도로 구매하는 제품과 서비스이다.

원자재와 부품	제품 제작에 필요한 모든 자연생산물
소모품	업무용 소모품(종이, 연필 등), 수선 · 유지 소모품(페인트, 나사 등)
자본재	기업의 생산활동에 도움을 주는 설비와 부속장비 등

3. 서비스

(1) 무형의 제공물로서 소유권 이전이 발생하지 않는다.

(2) 무형성, 비분리성, 이질성, 소멸성의 특징이 있다.

대표기출유형

제품 개념 중 확장제품에 속하지 않는 것은?

① 품질보증　② 애프터서비스　③ 배달
④ 설치　⑤ 포장

정답 ⑤

해설 확장제품은 유형제품에 보증, 반품, 배달, 설치, A/S, 사용법 교육, 신용, 상담 등의 서비스를 추가하여 상품의 효용 가치를 증대시키는 것을 말한다.

테마 29

제품수명주기

> 팁 제품수명주기
> 효과적인 마케팅전략을 세우려면 PLC의 각 단계들을 이해하고 시장과 자사의 제품이 PLC상에서 어느 위치에 있는지, 앞으로의 방향은 어떻게 될 것인지를 가늠해 볼 수 있어야 한다. PLC는 '도입-성장-성숙-쇠퇴'의 단계를 거치게 되며 단계마다 다른 전략을 적용해야 한다.

1 제품수명주기(PLC ; Product Life Cycle)의 개념

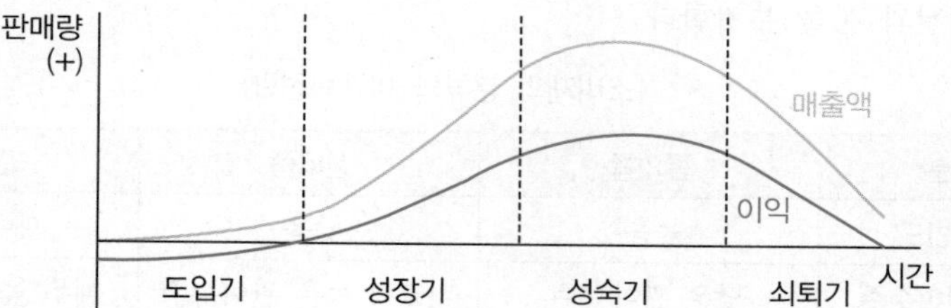

1. 제품수명주기의 의의

하나의 제품이 시장에 도입되어 폐기되기까지의 과정으로, 수명의 길고 짧음은 제품의 성격에 따라 다르지만 대체로 '도입기-성장기-성숙기-쇠퇴기'의 단계로 진행된다.

2. 제품수명주기의 특징

(1) 신제품 개발이나 기존 제품의 개량 등에 관한 적절한 시기와 방향을 제시해 준다.

(2) 기술혁신의 진전에 따라 더 좋은 제품이 나오면 제품수명주기가 짧아진다.

(3) 기업은 성장을 위해서 언제나 성장기에 있을 만한 제품을 라인에 끼워 두고 신제품 개발이나 경영의 다각화를 시도하여야 한다.

2 제품수명주기별 특징

1. 도입기

(1) 제품 도입의 초기에는 상품개발을 위한 투자비와 홍보비용이 많이 소요되므로 매출액이 매우 적으며 매출액 증가속도가 느리다.

(2) 판매량이 적으며 원가가 높아 이익이 거의 발생하지 않고 오히려 손실을 보는 경우가 많다.

(3) 도입기의 고객은 대부분 혁신층이며 경쟁자는 소수이다.

(4) 마케팅전략의 목표는 시장의 주도권을 확보하는 것이므로 4P 전략 중 촉진전략과 가격전략이 중요하다.

2. 성장기

(1) 수요량이 급증하고 이익이 많아지는 단계로 품질개선을 통해 새로운 시장을 탐색하는 등 시장에서의 우위를 유지하기 위한 마케팅전략이 필요하다.

(2) 매출액과 이익이 급격하게 상승하고 경쟁자 수도 점차 증가하기 때문에 제품차별화 정책이 필요하므로 제품 확대, 서비스 보증 제공 등을 해야 한다.

3. 성숙기

(1) 경쟁이 심화되고 수요는 포화상태에 이르기 때문에 매출량은 가장 많지만 경쟁이 가장 치열하여 매출액이 서서히 감소하는 단계다.

(2) 신제품의 개발전략이 요구되고 기존 고객의 유지가 중요하며 수요를 유지하기 위해서 리마케팅이 필요하다.

4. 쇠퇴기

(1) 판매와 이익이 급속하게 감소하는 단계로 제품의 생산축소와 폐기를 고려해야 한다.

(2) 새로운 대체품의 등장과 소비자의 욕구와 기호의 변화로 인해서 시장수요가 감소하는 단계다.

〈제품수명주기별 특징과 마케팅전략〉

구분		도입기	성장기	성숙기	쇠퇴기
특징	매출액	낮음	급속한 성장	매출액 최대	감소
	이익	적자	급속증대	최대 후 감소	감소
	경쟁자	거의 없음	점차 증대	최대 후 점차 감소	감소
	고객	혁신층	조기수용층 조기다수층	조기다수층 후기다수층	최종수용층
마케팅전략	마케팅 목표	제품인지와 사용증대, 시장개발	시장점유율 극대화	이익 최대화와 시장점유율 방어	비용 절감과 수확 또는 철수
	제품	기본제품 제공 및 제품 결함 파악	제품계열 연장, 품질보증 및 서비스의 확대	제품의 개량 및 모델의 다양화	취약제품의 폐기
	가격	고가격 또는 원가가산 가격	시장침투가격	경쟁사 대응 가격	가격인하
	유통	선택적 유통	개방적 유통	개방적 유통	선택적 유통
	광고	정보전달적 광고	설득적 광고	차별적 광고	최소한의 광고
	판매촉진	사용유도형 판촉활동	수요확대에 따른 판촉활동의 감소	상표전환 · 방어를 위한 판촉활동 강화	최저 수준의 판촉활동

대표기출유형

다음의 설명에 해당하는 제품수명주기(PLC)는?

- 매출액이 낮으며 경쟁자가 거의 없다.
- 원가가산 가격전략을 쓰며 광고에 많은 투자를 한다.

① 도입기
② 성장기
③ 성숙기
④ 쇠퇴기

정답 ①

해설 도입기는 판매량이 낮으며 원가가 높고, 주요 수요층은 혁신고객이며, 경쟁자는 소수이다.

테마 30

가격전략

1 심리 · 원가기준 가격결정법

심리기준 가격결정법	명성가격결정, 촉진가격결정, 단수가격결정, 관습가격결정
원가기준 가격결정법	• 원가기준에 의한 가격결정은 단순히 제품의 원가를 산정하여 적정마진을 감안한 제품가격을 정하는 것 • 매우 간단한 방법이라는 장점 • 원가를 정확하게 계산하기 어려운 경우에는 부적절하다는 단점(목표가격설정)

2 가격전략의 종류

1. 시장침투가격전략

(1) 대중적인 제품이나 수요의 가격탄력성이 높은 제품에 많이 이용된다.

(2) 수요의 가격탄력성이 커서 저가격이 충분히 수요를 자극할 수 있어야 하며 경쟁자는 아직 규모의 경제를 실현할 수 없어 시장진입이 어려운 상태에 있어야 한다.

(3) 신제품의 가격을 상대적으로 낮게 책정하여 시장에 진입하는 것으로 표적시장의 기대가격범위보다 낮다.

(4) 이 전략은 시장에 신속히 침투하기 위한 것이 목적이고 단기간에 높은 매출액과 시장점유율을 창출할 수 있으며 경쟁기업이 시장에 진입하는 것을 억제하는 효과도 있다.

2. 명성가격(긍지가격)전략

(1) 제품가격을 고가로 책정함으로써 소비자들이 제품을 고품질, 높은 신분, 고가치로 인식하도록 하는 전략을 말한다.

(2) 수요와 공급의 법칙, 즉 가격이 낮아지면 수요가 증가하고 가격이 인상되면 수요가 감소하는 것과는 반대의 현상이 나타나는 제품의 경우에 적용 가능하다.

3. 관습가격

(1) 소비자들이 일반적으로 인정하는 수준에서 가격을 결정하는 방법을 말한다.

(2) 관습가격의 지배를 받는 제품들은 가격을 인상하면 수요가 급격히 줄어들고 가격을 낮추어도 수요가 증가하지 않는 특성을 갖고 있다.

4. 포획제품가격(종속제품가격)전략

(1) 제품을 싸게 판 다음 그 제품에 필요한 소모품이나 부품을 비싸게 파는 정책으로, 주제품에 대해서는 저가격을 설정하고 부속품에 대해서는 고가격을 설정하여 기업의 이익을 확보하는 가격정책이라 할 수 있다.

(2) 공기청정기나 면도기, 프린터의 경우 본체에 대한 가격은 낮게 책정하고 정기적으로 교체가 필요한 본체에 부속된 소모품에 대해서는 상대적으로 높은 마진을 부과한다.

5. 프로스펙트이론

(1) 소비자가 의사결정을 내릴 때에 어떤 대안의 가치와 확률에 주관성이 개입되므로 선택되는 대안이 달라진다는 이론이다.

(2) 취득효용 : 제품가치와 지불가격의 비교에 의해 결정되는 일반적 의미의 효용이다.

(3) 거래효용

① 지불가격을 어떤 준거가격과 비교하여 느끼게 되는 상대적 의미의 효용이다.

② 소비자들은 지불가격이 자신의 준거가격보다 저렴한 경우에는 취득효용 외에 추가적인 거래효용 또는 즐거움을 느끼게 되므로 그 제품의 구매확률이 높아지게 된다.

③ 같은 지불가격이라 할지라도 만일 지불가격이 준거가격보다 비쌀 경우에는 불쾌감을 느끼게 되어 거래효용을 감소시키게 된다.

6. 묶음가격(Price Bundling)전략

(1) 두 개 이상의 상품을 하나로 묶어서 판매하는 방식으로 관련성 있는 상품을 패키지 형태로 판매하는 가격정책이다.

(2) 개별 제품에 대한 구매 욕구가 없는 소비자를 유인하여 제품판매를 향상시킬 수 있지만, 묶음가격이 효과적이기 위해서는 개별 제품을 각각 구매하는 것보다 묶어서 구매하는 것이 더 이익이라는 사실을 인식시켜야 한다.

(3) 묶음가격은 대체관계에 있는 상품들보다 보완관계에 있는 상품들을 묶어서 책정하는 경우가 일반적이다. 예를 들어 패스트푸드점에서 감자튀김과 햄버거, 콜라를 한 가격으로 묶어 판매하는 전략이 있다.

7. 단수가격(Odd Price)전략

(1) 심리적 가격전략으로 소매업에서 흔히 사용하는 전략이다. 단수가격은 천 단위 또는 만 단위로 정확하게 끝나는 것보다 19,900원, 29,800원 등과 같이 그 수준에서 약간 모자란 금액으로 가격을 설정하는 것이다.

(2) 소비자에게 가격이 낮게 설정되었다는 인식을 줌으로써 더 많은 매출을 올릴 수 있다는 것에 이론적 근거가 있다.

(3) 저가격을 강조하는 기업에게 효과적인 전략이 될 수 있으며 TV 홈쇼핑과 같은 소매업체에서 자주 활용되고 있다.

최신 금융·디지털 용어
금융상식
경영상식
경제상식
실전모의 1회
실전모의 2회

대표기출유형

다음과 같은 상황에 가장 알맞은 가격전략 혹은 가격정책은?

> 서비스의 매출량이 가격에 매우 민감할 때 특히 도입초기단계, 대규모 작업으로 인하여 단위당 비용 면에서 규모의 경제 달성이 가능할 때, 신상품 및 서비스의 도입 직후 강한 잠재경쟁자의 위협에 직면하고 있을 때

① 묶음가격(Price Bundling)
② 스키밍가격(Skimming Pricing)
③ 침투가격(Penetration Pricing)
④ 세분시장가격(Market Segmentation Pricing)

정답 ③

해설 침투가격전략(Penetration Pricing)은 저가격을 설정함으로써 별다른 판매저항 없이 신속하게 시장에 침투하여 시장을 확보하고자 하는 정책이다.

테마 31

채찍효과

1 채찍효과의 의의

1. 채찍효과의 개념

(1) 하류의 주문정보가 상류방향으로 전달되면서 정보가 확대, 왜곡되는 현상을 말한다.

(2) 기업의 생산 프로세스가 수요자와 공급자의 반응 행태에 따라 영향을 받기 때문에 생기는 낭비요인이다.

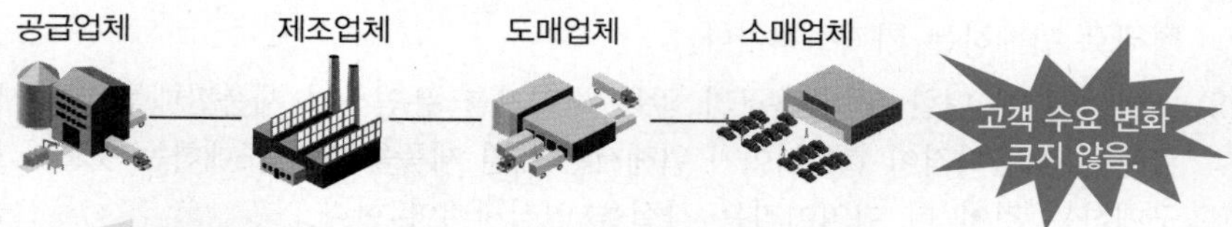

공급사슬 상류(Upstream)로 갈수록 주문 · 재고의 변동 심화

2. 채찍효과의 현상

공급망상에 내재되어 있는 채찍효과는 소비자의 실제 수요에 대한 약간의 변화나 계절적인 변화가 소매상－도매상－제조업체－원재료 공급자의 공급량을 대폭적으로 확대시키게 되는 현상이다. 그 결과 공급망의 조정이 어려워지고 공급망 수익성이 저하되는 결과를 가져온다.

(1) 수요왜곡 : 공급망에 있어서 소매상－도매상－제조업체의 주문현상이 실제 소비자가 구매하는 실제 수요보다 더 큰 규모의 변화를 유도하게 된다.

(2) 변화확산 : 주문량의 변화가 공급망을 따라가면서 증대된다.

2 채찍효과의 원인

1. 전통적인 수요예측의 문제

시장에서 재고관리는 소비자들의 실제 수요에 근거를 하지 않으며 과거 방식대로 자사에 들어온 예전 주문량을 근거로 수요예측이 이루어진다.

2. 긴 리드타임

리드타임(제품의 제조시간)이 길면 그 리드타임 안에 어떤 변동요인이 작용될지 모르므로, 리드타임이 길어질수록 변동요인에 대비하기 위해서 안전재고를 더 많이 두게 된다.

3. 일괄주문

평소에는 수요가 없다가 일정 시점에 수요가 집중되는 일괄주문현상도 원인이 된다.

4. 가격변동

가격이 낮을 때 재고를 더 많이 확보하려는 성향이 있다.

5. 과잉주문

제품을 사려고 하는 수요가 공급에 비해 많아져서 제품 품절이 발생하게 되는 경우 과잉주문이 발생한다. 이미 한번 품절을 경험하게 되면 소매업체에서는 원래의 수요보다 과장된 주문을 할 수 있다.

Ⓔ 채찍효과란 소를 몰 때 긴 채찍을 사용하면 손잡이 부분에서 작은 힘이 가해져도 끝부분에서는 큰 힘이 생기는 데에서 붙여진 것으로, 고객의 수요량 변동이 상부단계(소매상 → 도매상 → 제조업체)로 거슬러 올라갈수록 증폭되는 현상을 말한다. 예를 들어 소비자가 가게의 특정 상품이나 브랜드를 10개 주문하면 그 주문이 소매상, 도매상을 거쳐 생산자에게 도달했을 땐 주문량이 50개 또는 100개 정도로 증대되는 것을 말한다.

3 채찍효과의 해결방안

1. 수요정보의 집중화(SCM, 전산화)

(1) 수요정보의 공유와 집중화를 통해 공급사슬상의 불확실성을 감소시킨다.

(2) 공급사슬의 모든 단계들이 실제 고객수요에 대한 정보를 공유한다.

(3) 각 단계가 동일한 수요데이터를 이용하더라도 서로 다른 예측기법을 사용하거나 서로 다른 구매관행이나 기법을 가지고 있다면 채찍효과가 발생할 수 있다.

2. 가격의 변동성 감소

(1) EDLP(Every Day Low Pricing, 경쟁사와 비교해 최저가를 유지하는 전략)방식과 같은 수요관리 전략을 통해서 고객의 수요 변동을 막을 수 있다.

(2) 공급사슬의 상류에 위치하는 도매업체나 제조업체에 대한 수요의 변동을 감소시키는데 기여한다.

3. 전략적 파트너십

(1) 제조업체와 소매업체의 매점 간의 전략적 파트너십을 통해서 재고 조절을 더 완벽하게 할 수 있다.

(2) 수요정보의 중앙집중화도 공급사슬의 상류단계에서 관찰되는 변동을 획기적으로 감소시킬 수 있다.

(3) 소매업체는 고객수요정보를 공급사슬의 나머지 단계에게 제공하고 상류업체는 소매업체에게 인센티브를 제공하는 전략적 파트너십의 형성을 통해 상호 편익을 얻을 수 있다.

4. 리드타임의 단축

(1) 리드타임에는 제품의 생산과 인도에 소요되는 주문리드타임과 주문처리에 소요되는 정보리드타임이 포함된다.

(2) 주문리드타임은 크로스도킹(Cross-docking)의 도입을 통해, 정보리드타임은 적절한 정보시스템의 도입을 통해 효과적으로 감소시킬 수 있다.

대표기출유형

다음 내용에서 설명하고 있는 것은?

> 거슬러 올라갈수록 재고량이 증가한다는 이론으로, 최종소비자로부터 공급체인을 거슬러 올라갈수록 재고량이 급증한다.

① 지렛대효과(Leverage Effect)
② 채찍효과(Bullwhip Effect)
③ 풍선효과(Balloon Effect)
④ 거품효과(Bubble Effect)

정답 ②

해설 채찍효과(Bullwhip Effect)는 공급사슬에서 최종소비자로부터 멀어지는 정보가 지연되거나 왜곡되어 수요와 재고의 불안정이 확대되는 현상을 말한다.

테마 32 화폐의 시간적 가치

Ⓔ 가치의 차이가 발생하는 이유
- 현시선호의 본능 : 미래의 화폐보다 현재의 화폐를 더 선호
- 자본의 재생산성 : 현재의 화폐에 재생산의 기회가 존재
- 확실성 : 현재의 화폐는 확실, 미래의 화폐는 불확실

1 화폐의 시간가치의 개념

1. 화폐의 시간가치의 의의

동일한 금액이라도 발생시점에 따라 화폐의 가치가 달라지므로 서로 다른 시점에서 발생하는 현금흐름을 비교할 때에는 동일한 시점의 가치로 환산해야 한다. 따라서 화폐의 시간가치는 재무의사결정에서 무엇보다도 중요한 개념이다.

2. 시간가치의 종류

(1) 미래가치(Future Value) : 현재시점의 일정 금액을 시간성과 불확실성을 반영하여 미래의 특정 시점의 값으로 환산한 값이다. 즉 미래의 특정 시점 이전의 일정 금액을 시간성과 불확실성이 반영된 이자율을 이용하여 미래의 특정 시점의 값으로 환산한 값을 말한다.

(2) 현재가치(Present Value) : 미래의 특정 시점의 일정 금액을 시간성과 불확실성을 반영한 할인율을 이용하여 하여 현재시점의 값으로 환산한 값이다. 즉 미래의 특정 시점의 일정 금액을 시간성과 불확실성이 반영된 할인율을 이용하여 미래의 특정 시점 이전의 값으로 환산한 값을 말한다.

2 시간가치의 계산

1. 미래가치의 계산(=복리계산)

현재시점의 일정 금액을 PV_o, 이자율을 r, 미래 n시점의 금액을 FV_n이라고 할 때

1시점 미래가치 $FV_1 = PV_0 + PV_0 \times r = PV_0(1+r)$

2시점 미래가치 $FV_2 = PV_0(1+r) + PV_0(1+r) \times r = PV_0(1+r)^2$

3시점 미래가치 $FV_3 = PV_0(1+r)^2 + PV_0(1+r)^2 \times r = PV_0(1+r)^3$

⋮

n시점 미래가치 $FV_n = PV_0(1+r)^n$

$(1+r)^n$은 이자율이 r로 일정할 때 현재 1원의 n기간 후의 가치를 의미하는 값으로, 복리이자요소(CVIF ; Compound Value Interest Factor) 또는 미래가치요소(FVIF ; Future Value Interest Factor)라고 한다. 따라서 미래가치는 현재의 금액에 미래가치요소를 곱하여 구할 수 있다.

$$FV_n = PV_0(1+r)^n = PV_0(FVIF_{r,n})$$

〈이자율수준과 미래가치〉

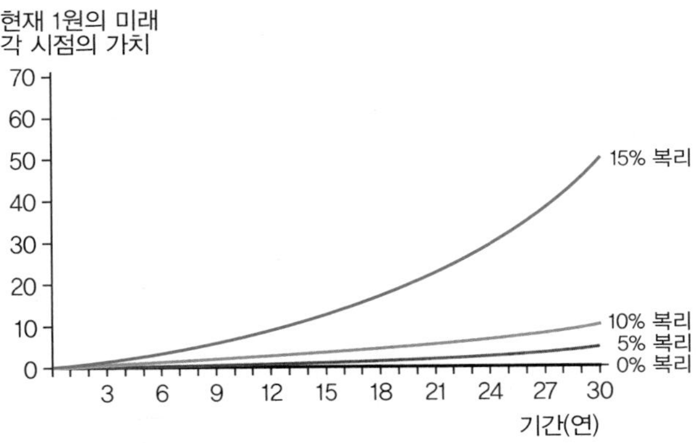

〈복리와 단리의 비교〉

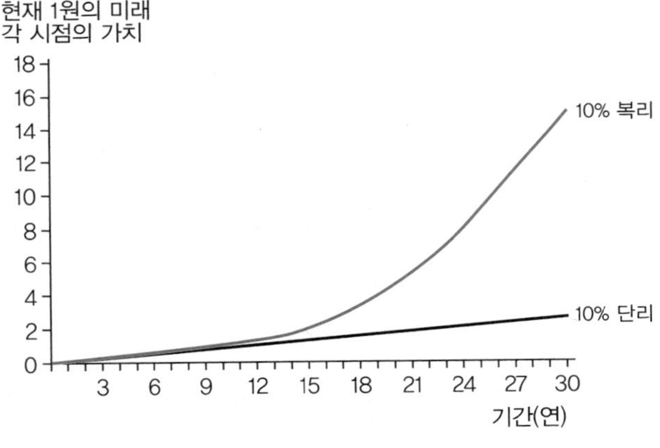

2. 현재가치의 계산(=할인계산)

현재시점의 일정 금액을 PV_0, 할인율을 r, 미래 n시점의 금액을 FV_n이라고 할 때 현재가치는 미래가치의 역산이다(FV_n을 현재시점의 금액으로 환산한 값이다).

$$PV_0 = \frac{FV_n}{(1+r)^n} = FV_n(1+r)^{-n}$$

여기서 $\frac{1}{(1+r)^n}$은 이자율이 r로 일정할 때 n기간 후의 1원의 현재가치를 나타내는 값으로 현가이자요소(PVIF ; Present Value Interest Factor) 또는 현재가치요소라고 한다. 따라서 현재가치는 미래의 금액에 현재가치요소를 곱하여 구할 수 있다.

$$PV_0 = \frac{FV_n}{(1+r)^n} = FV_n(1+r)^{-n} = FV_n(PVIF_{r,n})$$

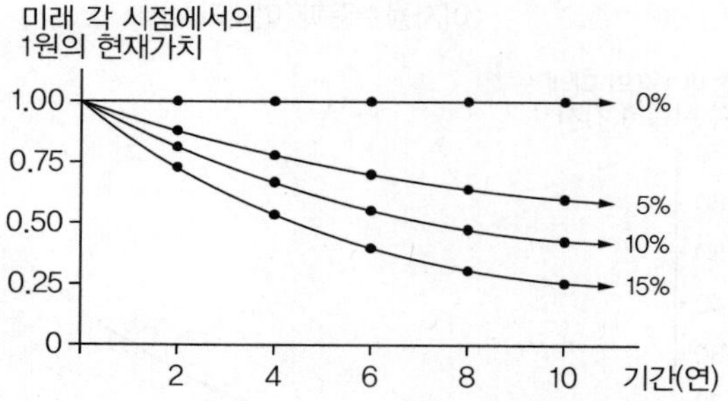

3. 연금의 미래가치

연금의 미래가치(FVA ; Future Value of Annuity)는 동일한 현금흐름이 일정 기간 계속하여 매기 반복발생할 경우 매기간 현금흐름의 미래가치를 모두 합한 금액이 된다.

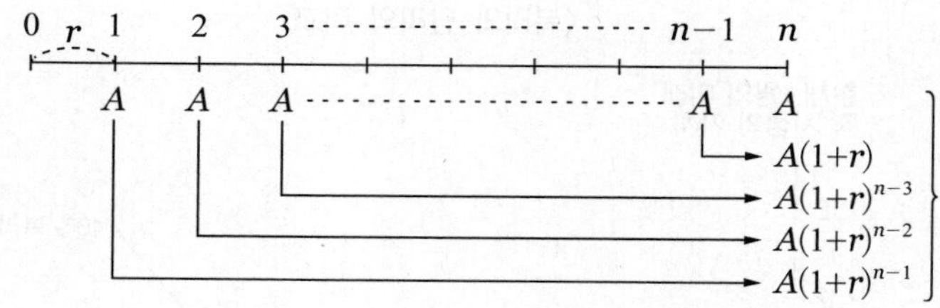

$$
\begin{aligned}
S_n &= A(1+r)^{n-1} + A(1+r)^{n-2} + \cdots + A(1+r)^1 + A(1+r)^0 \\
&= A\{(1+r)^{n-1} + (1+r)^{n-2} + \cdots + (1+r)^1 + (1+r)^0\} \\
&= A\left\{\frac{(1+r)^n - 1}{r}\right\}
\end{aligned}
$$

$A\left\{\frac{(1+r)^n - 1}{r}\right\}$은 이자율이 r일 때 n기간 동안 매기 말 발생하는 1원의 n기간 후의 가치로 연금의 복리이자요소(CVIFA ; Compound Value Interest Factor for Annuity) 또는 연금의 미래가치요소(FVIFA ; Future Value Interest Factor for Annuity)라고 한다. 따라서 연금의 미래가치는 매기 말에 발생하는 일정한 현금흐름(C)에 연금의 복리이자요소를 곱하여 구할 수 있다.

4. 연금의 현재가치 계산, 연금의 현가계수(연금흐름이 기말에 발생할 경우)

미래 일정 기간 동안 매년 일정 금액을 받는 경우, 미래에 받게 될 금액들 전체의 현재가치를 연금의 현재가치(PVA ; Present Value of Annuity)라고 한다. 연금의 미래가치는 연금수령이 끝나는 미래시점을 기준으로 계산한 금액인 데 반하여 연금의 현재가치는 미래에 받을 현금을 현재시점에서 평가한 금액이다. 연금의 현재가치는 초항이 $\frac{C}{(1+r)}$이고 공비가 $\frac{1}{(1+r)}$이며, 항의 개수가 n개인 유한등비수열의 합이다.

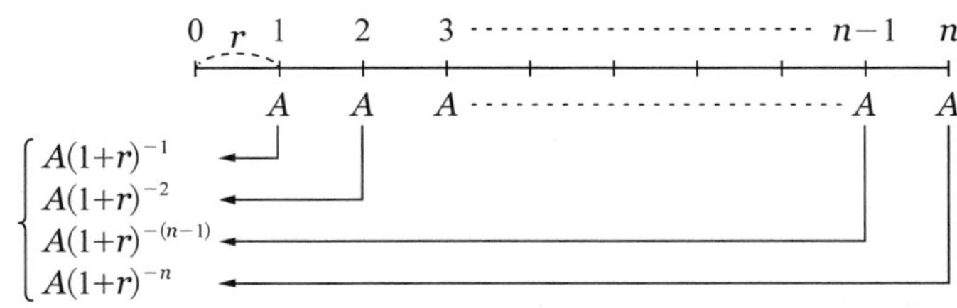

$$S_0 = \frac{A}{(1+r)} + \frac{A}{(1+r)^2} + \frac{A}{(1+r)^3} + \cdots + \frac{A}{(1+r)^n}$$

$$= A\left\{\frac{(1+r)^n - 1}{r(1+r)^n}\right\}$$

$\left\{\frac{(1+r)^n - 1}{r(1+r)^n}\right\}$은 이자율이 r일 때 n기간 동안 매기 말에 발생하는 1원의 현재가치로서 연금의 현가이자요소 또는 연금의 현재가치요소(PVIFA ; Present Value Interest Factor for Annuity)라고 한다. 따라서 연금의 현재가치는 매기 말에 발생하는 일정한 현금흐름에 연금의 현재가치요소를 곱하여 구할 수 있다.

5. 영구연금의 현재가치

영구연금의 현재가치는 일반적인 연금의 현재가치 공식에서 기간인 n이 무한대일 경우로 생각할 수 있다. n이 무한대일 경우 $\frac{1}{(1+r)^n}$은 0에 수렴하므로 영구연금의 현재가치는 다음과 같이 나타낼 수 있다.

0 r 1 2 3 ······ n $n+1$

A A A ······ A A

$A(1+r)^{-1}$
$A(1+r)^{-2}$
$A(1+r)^{-n}$
$A(1+r)^{-(n+1)}$

$$S_0 = \frac{A}{(1+r)} + \frac{A}{(1+r)^2} + \cdots + \frac{A}{(1+r)^n} + \cdots \infty = \frac{A}{r}$$

대표기출유형

이자율이 연 5%일 때, 1년 후부터 매년 200만 원의 연금을 영구히 지급하고자 하는 경우, 현재 얼마의 기금을 조성해야 하는가?

① 2,000만 원　② 3,000만 원
③ 4,000만 원　④ 5,000만 원

정답 ③

해설 $PV_0 = \frac{A}{r} = \frac{200\text{만 원}}{0.05} = 4{,}000\text{만 원}$

테마

33 재무상태표(대차대조표)

재무상태표는 일정 시점 현재에 기업실체가 보유하고 있는 경제적 자원인 자산과 경제적 의무인 부채 그리고 자본에 대한 정보를 제공하는 재무보고서다. 재무상태표에 나타난 자산과 부채로 기업의 가치를 직접적으로 평가할 수 있는 것은 아니지만 다른 재무제표와 함께 기업가치평가에 유용한 정보를 제공해 준다.

1 재무상태표의 개념

1. 재무상태표의 내용

(1) 회계정보 이용자들이 기업의 유동성, 재무적 탄력성, 수익성과 위험 등을 평가하는 데 유용한 정보를 제공한다.

(2) 항목의 구분과 통합 표시 : 자산, 부채, 자본 중 중요한 항목은 재무상태표 본문에 별도 항목으로 구분하여 표시한다. 중요하지 않은 항목은 성격 또는 기능이 유사한 항목에 통합하여 표시할 수 있으며 통합할 적절한 항목이 없는 경우에는 기타 항목으로 통합할 수 있다.

(3) 자산과 부채의 총액 표시 : 자산과 부채는 원칙적으로 상계하여 표시하지 않는다.

자산 = 부채 + 자본

2. 재무상태표의 작성방법

기업회계기준에서는 계정식과 보고식의 두 가지 방법을 모두 허용하고 있으며 일반적으로 자산, 부채 및 자본을 동시에 파악할 수 있는 계정식을 주로 사용하고 있다. 기업회계기준에서는 대차대조표를 당해연도와 전년도를 비교하는 형식으로 보고하고 있다.

(1) 재무상태표의 작성기준

① 구분표시원칙 : 자산, 부채, 자본항목으로 구분하고 자산은 유동자산, 비유동자산으로 부채는 유동부채, 비유동부채로 자본은 자본금, 자본잉여금, 자본조정, 기타포괄손익누계액, 이익잉여금으로 구분하여 표시한다.

② 총액주의원칙 : 자산, 부채, 자본항목은 각각 총액으로 보고하는 것을 원칙으로 한다. 자산, 부채, 자본 항목을 상계함으로써 그 전부 또는 일부를 재무상태표에서 제외하여서는 안 된다.

③ 1년 기준 : 자산과 부채는 1년을 기준으로 유동자산, 비유동자산, 유동부채, 비유동부채로 구분하는 것을 원칙으로 한다.

④ 유동성배열법 : 자산과 부채는 유동성이 높은 계정부터 배열한다.

⑤ 잉여금구분원칙 : 자본거래에서 발생한 자본잉여금과 손익거래에서 발생한 이익잉여금을 구분하여 표시한다.

⑥ 미결산항목 및 비망계정의 표시 : 가지급금이나 가수금 등 미결산항목과 비망계정은 그 내용을 나타내는 적절한 계정으로 표시하여 자산 또는 부채항목으로 표시하지 않도록 한다.

(2) 계정식 : 중앙을 중심으로 좌측에는 자산을, 우측에는 부채와 자본을 보고하는 방법이다.

〈계정식 대차대조표〉

대차대조표
제X(당)기 20XX년 XX월 XX일 현재
제X(당)기 20XX년 XX월 XX일 현재

㈜ XX (단위 : 원)

	당기	전기		당기	전기
자산	XXX	XXX	**부채**	XXX	XXX
유동자산	XXX	XXX	유동부채	XXX	XXX
당좌자산	XXX	XXX	비유동부채	XXX	XXX
재고자산	XXX	XXX	**자본**	XXX	XXX
비유동자산	XXX	XXX	자본금	XXX	XXX
투자자산	XXX	XXX	자본잉여금	XXX	XXX
유형자산	XXX	XXX	자본조정	XXX	XXX
무형자산	XXX	XXX	기타포괄손익누계액	XXX	XXX
기타비유동자산	XXX	XXX	이익잉여금	XXX	XXX
자산총계	XXX	XXX	**부채와 자본총계**	XXX	XXX

(3) 보고식 : 좌우의 구별 없이 재무상태표 상단으로부터 자산, 부채 그리고 자본의 순서대로 연속표시하여 보고하는 방법이다.

재무상태표
제5기 2020년 12월 31일 현재
제4기 2019년 12월 31일 현재

㈜ XX (단위 : 원)

과목	당기	전기
자산		
유동자산	XXX	XXX
당좌자산	XXX	XXX
재고자산	XXX	XXX
비유동자산	XXX	XXX
투자자산	XXX	XXX
유형자산	XXX	XXX
무형자산	XXX	XXX
기타비유동자산	XXX	XXX
자산총계	XXX	XXX
부채		
유동부채	XXX	XXX
비유동부채	XXX	XXX
부채총계	XXX	XXX
자본		
자본금	XXX	XXX
자본잉여금	XXX	XXX
자본조정	XXX	XXX
기타포괄손익누계액	XXX	XXX
이익잉여금	XXX	XXX
자본총계	XXX	XXX
부채 및 자본총계	XXX	XXX

재무상태표의 유용성

1. 기업의 경제적 자원인 자산과 경제적 의무인 부채 그리고 소유주지분에 대한 정보를 제공해 준다.
2. 기업의 유동성에 따라 장·단기 부채의 상환능력에 대한 정보를 제공해 준다.
3. 기업의 재무구조 건전성에 대한 정보를 제공해 준다.
4. 기업의 장·단기계획 등에 대한 정보를 제공해 준다.

재무상태표의 한계점

1. 기업의 정확한 실질가치를 반영하지 못하기 때문에 잘못된 정보의 제공으로 잘못된 의사결정을 도울 수 있다.
2. 비계량적인 정보인 능력 있는 경영자, 우수한 연구인력 등의 인적자원, 브랜드의 가치 측정 등을 평가하는 데 어려움이 있다.
3. 회계기준에 따른 대체적 회계처리방법을 이용한 측정과 원가배분에 있어서 경영자의 주관적인 판단이 개입할 가능성이 존재한다.
4. 기업의 재무구조가 부실할 경우, 이를 은폐하기 위하여 가공의 자산을 증가시키거나 부채를 숨기는 부외부채의 위험이 존재한다.

2 재무상태표의 구성

재무상태표는 자산, 부채, 자본으로 구성되어 있다.

자산이란 기업이 소유하고 있는 경제적 자원으로 과거 거래나 사건의 결과로 기업이 보유하고 있다고 기대되는 자원이며 미래의 경제적 효익 또는 용역의 잠재력을 의미한다. 자산은 1년을 기준으로 유동자산과 비유동자산으로 구분한다.

1. 자산(Assets)

(1) 유동자산(Current Assets) : 결산일로부터 1년 이내에 현금으로의 전환이 가능한 자산으로, 그 형태에 따라서 당좌자산과 재고자산으로 세분된다.

① 당좌자산 : 1년 이내에 판매의 과정을 거치지 않고 현금화할 수 있는 자산을 말한다.

② 재고자산 : 1년 이내에 제조 또는 판매의 과정을 거쳐 현금화할 수 있는 자산을 말한다.

(2) 비유동자산(Non-current Assets) : 투자목적 또는 영업활동에 사용하기 위하여 보유하고 있는 장기(1년 이상) 자산으로 투자자산, 유형자산 및 무형자산으로 구분된다.

① 투자자산 : 여유자금의 증식 또는 다른 회사의 지배 · 통제를 위해 장기간 투자한 자산을 말한다.

② 유형자산 : 영업활동에 장기간 사용할 목적으로 보유하고 있는 실물자산을 말한다.

③ 무형자산 : 영업활동에 장기간 사용할 목적으로 보유하는 형태가 없는 자산을 말한다.

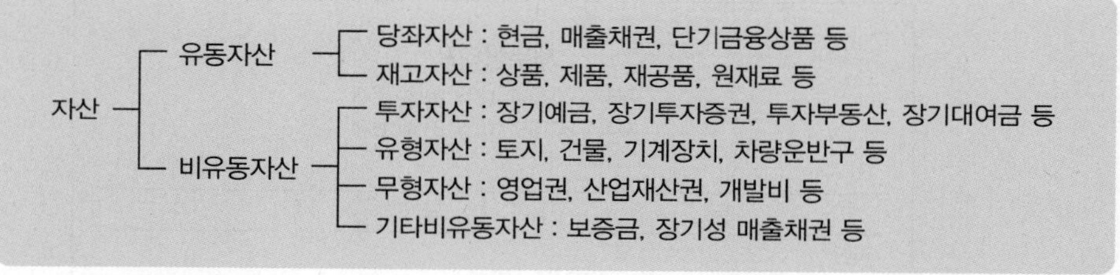

부채란 기업이 출자자 이외의 자로부터 빌리고 있는 자금으로 타인자본이라고도 한다. 부채는 재무상태표상에서 결산시점을 기준으로 1년 이내에 지급의무가 발생하는 유동부채와 1년이 지나서 지급의무가 발생하는 비유동부채로 구분된다.

2. 부채(Liabilities)

(1) 유동부채(Current Liabilities) : 결산일로부터 1년 이내에 만기일이 도래하는 부채를 의미한다.

(2) 비유동부채(Non-current Liabilities) : 결산일로부터 1년 이후에 만기일이 도래하는 부채를 의미한다.

부채
- 유동부채 : 매입채무, 미지급금, 단기차입금, 미지급비용 등
- 비유동부채 : 사채, 장기차입금, 퇴직급여충당부채 등

3. 자본(Stockholder's Equity)

기업실체의 자산총액에서 부채총액을 차감한 잔여액 또는 순자산으로 자산에 대한 소유주의 잔여청구권을 말한다. 자본은 주주의 출자지분으로 주주 또는 출자자가 납입한 납입자본(액면금액×발행주식 수)과 경영활동의 결과로 생겨난 이익의 유보금액 합계액이다.

자본
- 자본금 : 보통주자본금, 우선주자본금
- 자본잉여금 : 주식발행초과금, 감자차익, 기타자본잉여금 등
- 자본조정 : 주식할인발행차금, 배당건설이자, 자기주식, 미교부주식배당금 등
- 기타포괄손익누계액 : 매도가능증권평가손익, 해외사업환산대 등
- 이익잉여금 : 이익준비금, 기타법정적립금, 임의적립금, 차기이월이익잉여금 등

(1) 자본금 : 기업이 유지하여야 할 최소한의 자본으로, 이를 법정자본금이라고 하며 발행주식의 액면금액에 해당되는 금액이다. 자본금은 보통주자본금과 우선주자본금으로 나누어진다.

① 보통주자본금=보통주 발행주식 수×보통주 액면가

② 우선주자본금=우선주 발행주식 수×우선주 액면가

(2) 자본잉여금 : 자본적 거래인 증자활동이나 감자활동 등 주주와의 거래에서 발생하여 자본을 증가시키는 잉여금을 말한다. 자본잉여금은 주주들에게 배당을 할 수 없고 자본의 전입이나 손실의 보전에만 사용할 수 있다.

(3) 자본조정 : 자본거래 등에서 발생하였으나 자본금, 자본잉여금, 이익잉여금 중 어느 항목에도 속하지 않는 임시적인 항목을 말한다.

(4) 기타포괄손익누계액 : 보고기간 종료일 현재의 매도가능증권평가손익 등의 잔액이다.

(5) 이익잉여금(또는 결손금) : 손익계산서에 보고된 손익과 다른 자본항목에서 이입된 금액의 합계액에서 주주에 대한 배당, 자본금으로의 전입 및 자본조정항목의 상각 등으로 처분된 금액을 차감한 잔액이다.

대표기출유형

다음 중 재무상태표 작성기준에 대한 설명으로 알맞지 않은 것은?

① 재무상태표에 기재하는 자산과 부채의 항목배열은 유동성배열법을 원칙으로 한다.

② 자산과 부채는 1년을 기준으로 하여 유동자산 또는 비유동자산, 유동부채 또는 비유동부채로 구분하는 것을 원칙으로 한다.

③ 가지급금 및 가수금 등의 미결산항목은 그 내용을 나타내는 적절한 과목으로 표시하고 재무상태표의 자산 및 부채항목으로 표시하여야 한다.

④ 자산, 부채 및 자본은 총액에 의하여 기재함을 원칙으로 하고 자산의 항목과 부채 또는 자본의 항목을 상계함으로써 그 전부 또는 일부를 재무상태표에서 제외하여서는 아니 된다.

정답 ③

해설 가지급금 및 가수금 등의 미결산항목은 그 내용을 나타내는 적절한 과목으로 표시하고 재무상태표의 자산 및 부채항목으로 표시해서는 아니 된다.

테마 34

재고자산

기업의 정상적인 영업활동 과정에서 판매를 목적으로 보유하거나 판매할 제품의 생산을 위하여 사용 또는 소비될 자산을 재고자산이라 한다. 재고자산의 종류로는 상품, 제품, 반제품, 재공품, 원재료, 저장품 등이 있다.

1 재고자산의 의의

1. 재고자산의 정의

(1) 판매를 목적으로 소유하고 있는 자산 : 상품, 제품, 반제품

(2) 판매를 목적으로 생산과정에 있는 자산 : 재공품, 반제품

(3) 제품의 생산이나 서비스의 제공과정에서 직접 또는 간접적으로 투입될 자산 : 원재료, 저장품

2. 재고자산의 매입과 매출

(1) 취득원가

① 재고자산은 외부로부터 매입하는 상품, 원재료 등과 자가제조하는 제품, 재공품 등으로 구분할 수 있다.

구분	취득원가
외부매입	매입금액+매입부대비용
자가제조	직접재료비+직접노무비+제조간접비

② 재고자산의 매입금액이란 총매입가액에서 매입할인액, 매입에누리액 및 매입환출액을 차감한 순매입액을 말한다.

③ 매입부대비용이란 매입운임, 매입수수료, 하역비, 보험료 등으로 취득과 관련하여 발생하는 비용이며 취득원가에 가산한다. 매입부대비용을 판매자가 부담하는 경우라면 취득원가에 가산할 수 없고 판매자의 판매비와 관리비(비용)로 처리한다.

④ 재고자산의 취득원가

> 취득원가=매입가액+매입부대비용－매입환출－매입에누리－매입할인

(2) 순매입액의 계산

① 총매입액에서 매입환출, 매입에누리 및 매입할인을 차감하여 순매입액을 구한다.

② 매입에누리와 매입환출액 및 매입할인은 모두 매입액에서 차감하여야 하며 차감한 잔액을 순매입액이라 한다.

구분	내용
매입환출	매입한 재고자산을 반품한 것
매입에누리	매입한 재고자산의 파손이나 하자를 이유로 값을 깎은 것
매입할인	재고자산의 구입 대금을 조기에 지급할 때 상대방이 깎아 준 것

③ 순매입액

> 순매입액(취득원가)=매입가액－매입환출－매입에누리－매입할인

(3) 매출원가의 계산 : 상품은 도 · 소매업으로 완성된 상품을 구입하여 마진을 붙여 판매하는 것을 말하고 제품은 회사가 직접 원재료와 노무비 등 각종 제조간접비를 통해 제품을 완성하여 판매하는 것을 의미한다.

구분	매출원가
상품매출원가	기초상품재고액+당기매입액-기말상품재고액-타계정대체액
제품매출원가	기초제품재고액+당기제품제조원가-기말제품재고액-타계정대체액

(4) 매출총이익의 계산 : 매출총이익은 순매출액에서 매출원가를 차감하여 구한다. 순매출액은 일정 기간 동안 판매한 모든 상품의 판매가격인 총매출액에서 매출에누리와 환입액 및 매출할인액을 차감하여 계산한다.

매출액(순매출액)=매출액-매출에누리-매출환입-매출할인

2 재고자산의 수량(Q) 파악

매출원가=매출된 재고자산의 수량×단위당 가격
기말재고자산=기말재고수량×단위당 가격

1. 계속기록법(Perpetual Inventory System)

(1) 의의

① 재고자산의 입고 및 판매 시마다 계속적으로 금액과 수량을 장부(상품재고장)에 기록하여 기말결산 시 장부상에서 기말재고수량과 금액을 직접 파악하는 방법이다.

② 수시로 재고자산의 금액과 매출원가를 파악할 수 있으며 재고실사법과 병행하면 장부상의 수량과 실제재고수량을 비교함으로써 재고부족의 유무를 알 수 있고 동시에 그 원인을 찾아낼 수 있다.

(2) 계산방법

계속기록법 : 기초상품+당기매입-매출원가=기말상품

(3) 특징

① 재고관리에 용이한 방법이다.

② 재고실사법과 함께 적용하면 감모손실 파악에 용이하다.

③ 회계업무량이 과다하고 감모손실을 파악하지 않으면 재고자산이 과대계상될 가능성이 있다.

2. 실지재고조사법(Periodic Inventory System)

(1) 의의

① 결산 시에 재고조사를 실시하여 기말재고수량을 파악한 후 이 수량에 재고자산의 단위당 원가를 곱하여 재고자산의 금액을 결정하는 방법이다.

② 회계기간 중에는 입고수량(매입수량)만을 기록할 뿐 회계기간 중의 출고수량(판매수량)에 관한 기록은 하지 않는다.

(2) 계산방법

실지재고조사법 : 기초상품+당기매입-기말상품=매출원가

(3) 특징

① 재고관리를 효과적으로 할 수 없고 감모손실 파악이 곤란하다.

② 회계업무량이 적은 방법이다.

재고자산	
기초	매출원가
당기	
	기말
합계	합계

계속기록법 ↓ ↑ 실지재고조사법

3 기말재고자산의 단가(P) 결정

1. 재고자산의 원가흐름에 대한 가정

매입단가가 계속하여 변동하는 경우에 판매되는 재고자산의 원가를 어떻게 결정할 것인가를 가정한 것을 말한다.

2. 개별법(Specific Identification Method)

(1) 의의 : 상품을 매입할 때마다 금액을 개별적으로 식별해 두었다가 판매할 때 판매상품의 매입원가를 확인하여 그 가액을 출고단가로 하는 방법이다.

(2) 특징

① 실제수익에 실제원가를 개별적으로 대응시켜 원가흐름과 실제흐름이 일치하게 한다.

② 경영자가 매입상품을 임의로 선택, 판매하여 이익을 조작할 가능성이 있다.

③ 개별성이 강한 고가품(골동품 등)에 적용할 수 있다.

3. 선입선출법(FiFo ; First-in, First-out)

(1) 의의 : 매입한 순서대로 판매(출고)된다고 가정하는 방법이다.

(2) 특징

① 실제의 물량흐름에 따라 재고자산의 원가를 결정하며 개별법과 유사하나 재고자산을 개별적으로 식별하지 않는다는 점이 다르다.

② 물가가 상승하는 경우 현행수익에 과거원가가 대응되므로 순이익이 과대계상되는 문제가 있다.

4. 가중평균법(Weighted Average Cost Method)

(1) 총평균법(Total Average Method)

① 의의 : 상품의 매입은 수량 · 단가 · 금액을 기입하고 인도와 잔액란은 수량만 기입한 후, 월말에 총평균단가를 구하여 총평균단가로 재고자산의 단가를 결정하는 방법이다.

② 단가계산식

$$\text{총평균단가} = \frac{\text{기초상품금액} + \text{당기순매입액}}{\text{기초상품수량} + \text{당기순매입수량}}$$

③ 특징 : 일정 기간 상품의 출고단가가 균일하지만 기간 말이 되어야 단가계산이 가능하다는 문제점이 있다.

(2) 이동평균법(Moving Average Method)

① 의의 : 상품의 잔액란 단가와 매입단가가 다를 때마다 이동평균단가를 구하여 기말재고자산의 단가를 결정하는 방법이다.

② 단가계산식

$$이동평균단가 = \frac{전일재고액 + 당일매입액}{전일재고수량 + 당일매입수량}$$

③ 특징 : 재고자산의 입고 시마다 평균단가가 신속하게 계산되고 객관적이며 이익 조작의 여지가 없으나 평균단가의 계산과정이 복잡하다.

5. 후입선출법(LiFo ; Last－in, First－out)

(1) 의의 : 선입선출법과 반대로 나중에 매입 또는 생산된 재고항목이 먼저 판매되는 것으로 가정하여 재고자산의 출고단가를 계산하는 방법이다.

(2) 특징

① 물가가 상승하는 경우 현행수익에 현행원가가 대응되어 순이익을 적절히 계상할 수 있다.

② 계속기록법과 실지재고조사법을 적용 시 기말재고자산의 평가액이 달라진다.

③ 한국채택국제회계기준(K－IFRS)에서 적용하고 있지 않는 방법이다.

6. 각 방법의 비교

재고자산의 가격이 지속적으로 상승하는 인플레이션 시에 이익과 기말재고자산 금액의 크기는 선입선출법, 이동평균법, 총평균법, 후입선출법의 순서로 크고 매출원가는 반대로 후입선출법이 가장 크게 나타난다.

대표기출유형

다음 중 후입선출법의 단점으로 옳지 않은 것은?

① 기말재고자산이 과거의 가격으로 기록되어 현행가치를 나타내지 못한다.
② 당기순이익이 적게 계상된다.
③ 실제 물량흐름과 일치하지 않는 경우가 일반적이다.
④ 당기순이익이 과대표시되며, 대응원칙에 충실하지 못하다.

정답 ④

해설 물가가 상승할수록 과거의 원가가 매출 수익에 대응되므로 당기순이익이 과대표시되는 것은 선입선출법의 단점이다.

오답풀이

①, ②, ③ 후입선출법은 현행수익에 현행원가가 대응되기 때문에 대응원칙에 충실하고 가격정책에 관한 의사결정에 유용한 정보를 제공할 수 있다.

테마 35 재무관리

> 재무관리에서는 기업활동에 필요한 자금을 조달하고 이를 운용하는데 관련된 의사결정문제를 주된 연구대상으로 삼는다. 재무관리에서의 목표는 이러한 의사결정을 통해 기업가치를 극대화하는데 있으며 기업과 관련된 현금흐름이 중요한 분석대상이 된다.

1 재무관리의 개념

1. 재무관리의 의의

재무관리는 기업이 필요로 하는 자금을 효율적으로 조달하고 이를 효율적으로 운용하는 것과 관련된 이론 및 기법을 연구하는 학문이다.

2. 재무관리의 내용

(1) 자본예산정책(어느 정도 투자해야 하는가)

① 자본예산이란 실물자산의 투자와 관련된 예산을 수립하는 과정으로 투자안의 개발, 투자안의 경제성 분석, 투자안의 선택, 투자안의 조달계획 수립, 예산편성 등의 과정을 포함한다.

② 어떤 산업에 진출할 것이며 어느 정도의 규모로 사업을 시작해야 하며 어떤 유형의 설비와 기계장치를 구입할 것인지를 결정한다.

(2) 자본구조정책(어떤 비율로 유지해야 하는가)

① 자본구조란 비유동부채와 자기자본을 어떤 비율로 유지해야 기업가치가 극대화될 수 있을까에 관한 것으로 투자활동에서 요구되는 자본을 어떤 금융수단을 통하여 조달할 것인가를 결정하는 과정이다.

② 유동부채는 정상적인 생산 및 영업활동을 지원하기 위하여 일시적으로 보유해야 하는 유동성 자산인 유동자산에 투자하는 단기자금을 말한다.

③ 비유동부채와 자기자본은 수익성 자산인 비유동자산에 투자되는 장기성 자본을 말한다.

(3) 배당정책

① 경영활동을 통하여 벌어들인 현금흐름을 어떤 비율의 이자와 배당으로 채권자와 주주들에게 지급할 것인가를 결정하는 과정이다.

② 기업이 벌어들인 현금흐름 중 투자자에게 배분되는 현금흐름으로 배당지급의 규모, 배당 지급 결정요인, 최적의 배당수준 등을 결정한다.

(4) 운전자본정책

① 운전자본은 정상적인 생산 및 영업활동을 지원하기 위해 보유해야 하는 일시적인 자본(순운전자본＝유동자산－유동부채)을 말한다.

② 매출채권의 회수, 매입채무의 상환, 판매비와 일반관리비의 지출, 단기자금의 조달 등과 같은 일상적인 재무활동을 어떻게 관리할 것인가를 결정한다.

(5) 재무자료분석 : 재무자료분석은 기업의 회계 및 재무자료를 수집 · 분석하여 정보이용자에게 필요한 정보를 제공하는 기능을 말한다.

> 이윤의 극대화가 재무의사결정의 기준으로 부적합한 이유
> 1. 이윤의 개념에 대한 불명확성 : 매출총이익, 영업이익, 순이익, 주당순이익 등
> 2. 이윤의 실현시기에 따라 차이가 존재 : 화폐의 시간적 가치 고려
> 3. 이윤은 불확실성의 정도에 따라 차이가 존재 : 위험의 존재

2 재무관리의 목표

1. 기업가치의 극대화

(1) 재무관리의 목표는 기업의 가치를 극대화시키는 데 있다. 여기서 기업가치란 대차대조표의 차변에서 기업의 총자산가치를 의미하는 것이다.

(2) 대차대조표의 대변을 보면 기업가치는 부채와 자기자본의 합계로 구성된다. 이처럼 기업가치를 극대화시킨다는 목표는 기업의 소유주를 채권자와 주주로 보는 시각으로서 손익계산서상 영업이익(이자지급 전)이 분석대상인 현금흐름이 된다.

2. 자기자본가치의 극대화

(1) 채권자의 권리인 부채는 대개 미리 약정된 이자와 원금을 받는 것이기 때문에 그 가치는 영업성과와 상관없이 일정한 값을 갖게 된다.

(2) 기업가치는 부채와 자기자본의 합계로 이루어지는데 부채의 가치가 일정한 상수값을 가진다면 기업가치의 극대화는 결국 자기자본가치의 극대화로 귀결된다.

팁 자기자본의 가치는 주가와 발행주식 수의 곱으로 산출되는데, 발행주식 수가 일정한 상황에서는 주가를 극대화시키는 것이 곧 자기자본을 극대화시키는 것이고 이는 동시에 기업가치를 극대화시키는 것이라고 할 수 있다.

3 재무적 경영의 목표와 재무관리의 기능

1. 재무적 경영의 목표

이윤극대화	• 기업의 이윤극대화 목표는 기업이 본질적으로 영리추구를 설립동기로 하고 있다는 점에서 오랫동안 주장됨. • 오늘날에는 기업활동에 있어 장래에 대한 불확실성과 시간적 요인이 중시되면서 단기적 이윤극대화보다는 기업의 부(富) 또는 가치의 극대화가 기업목표라는 입장이 받아들여지고 있음.
주주의 부의 극대화	기업목표로서 이윤극대화 목표의 개념상 문제점을 극복하여 현대 기업론에서 기업의 목표로 정립된 것이 주주의 부의 극대화임.
화폐의 시간적 가치	대부분 기업의 재무적 의사결정은 현시점에서 이루어지며 여기에서 얻어지는 투자에 대한 수익은 미래시점에서 실현된다는 점에서 볼 때 '화폐의 시간가치' 개념은 재무관리에서 매우 중요한 개념임.

2. 재무관리의 기능

자본조달 기능	자산 취득에 필요한 자금을 어디에서 어느 정도의 비율로 조달할 것인지를 결정하는 기능
투자결정 기능	조달된 자본을 어떻게 운용할 것인지를 결정하는 기능으로 기업의 미래 수익성과 성장성을 결정
배당결정 기능	주주들의 부의 극대화라는 차원에서 기업의 배당정책을 결정하는 기능
재무분석 기능	투자와 자본조달 및 배당결정을 비롯하여 기업의 제반 의사결정에 필요한 정보를 제공하기 위하여 기업의 회계 및 재무관계를 분석하는 가장 기초적인 기능

대표기출유형

다음 중 재무관리의 기능에 대한 설명으로 알맞지 않은 것은?

① 배당결정 기능 ② 이익결정 기능 ③ 투자결정 기능
④ 재무분석 기능 ⑤ 자본조달 기능

정답 ②

해설 재무관리에는 자본조달, 투자결정, 배당결정, 재무분석에 대한 의사결정의 기능이 있다.

빈출 지문에서 뽑은 O/X

01 아지리스는 인간의 본질과 행동에 관한 경영자의 기본 가정을 X이론과 Y이론의 두 유형으로 개념화하였으며, X이론은 전통적이고 전제적인 경영자의 인간관을, Y이론은 진취적이고 협동적인 인간관을 말한다. (O/ ×)

02 SECI 모델은 암묵지와 형식지라는 두 종류의 지식이 독립화, 표출화, 연결화, 내면화라는 네 가지 변환과정을 거치며 지식이 창출된다는 이론이다. (O/ ×)

03 리엔지니어링이란 지금까지의 업무수행방식을 단순히 개선 또는 보완하는 차원이 아니라 업무의 흐름을 근본적으로 재구성한다. 이러한 업무재설계는 기본적으로 고객만족이라는 대명제하에서 이루어진다. (O/ ×)

04 주식회사의 감사는 회사의 업무진행에 관한 의사를 결정하기 위해 전원 이사로 구성된 상설 기관이다. (O/ ×)

05 마이클 포터(Michael Porter)의 산업구조분석 기법에 의하면 차별화된 산업일수록 수익률이 낮고 차별화가 덜 된 산업일수록 수익률은 높다고 한다. (O/ ×)

06 브룸의 기대이론에서 좋은 성과를 만들어낼 수 있는 동기는 1차 수준의 결과에 대한 유의성과 기대감의 합의 함수다. (O/ ×)

07 델파이법은 예측하고자 하는 특정 문제에 대하여 전문가들을 한 자리에 모으지 않은 상태에서 전문가 집단의 다양한 의견을 취합하고 조직화하여 합의에 기초한 하나의 최종 결정안을 도출하는 시스템적 의사결정 방법이다. (O/ ×)

08 관리격자이론의 1,1형(Impoverished Management)은 과업이나 사람에 대해 거의 관심을 갖지 않고 되어가는 대로 내버려 두는 리더다. (O/ ×)

09 리더는 부하들로 하여금 자신의 이익을 초월하여 조직의 이익을 위해 공헌하도록 동기부여하는 리더십은 변혁적 리더십이다. (O/ ×)

10 사업부 조직은 제품의 제조와 판매에 대한 전문화와 분업화가 촉진되며, 사업부 간 연구개발, 회계, 판매, 구매 등의 활동이 조정되어 관리비가 줄어든다. (O/ ×)

11 퀸(Quinn)과 카메론(Cameron)이 제안한 조직수명주기(Organization Life Cycle)의 발달순서는 창업단계 → 집단공동체단계 → 공식화단계 → 정교화단계이다. (O/ ×)

12 직무정보의 수집방법 중 관찰법은 관찰자의 주관이 개입될 수 있고 오랜 시간 관찰이 쉽지 않은 단점이 있다. (O/ ×)

13 직무정보의 수집방법 중 임상적 방법은 비교적 정밀하고 객관적인 자료 도출이 가능하나 절차가 복잡하다. (O/ ×)

14 허즈버그(Herzberg)의 2요인이론을 근거로 한 직무설계방법은 직무충실화이다. (O/ ×)

15 인사고과 방법 중 서열법이란 사전에 정해 놓은 비율에 따라 피고과자를 강제로 할당하여 고과하는 방법이다. (O/ ×)

16 내부모집 시 채용비용의 절감 효과가 있고, 직원들에게 신선한 충격을 줄 수 있다. (O/ ×)

17 집단면접은 우열을 비교할 수 있고, 정형적 면접은 직무명세서를 기초로, 미리 만들어 놓은 질문만 한다. (O/ ×)

18 연공급은 근속이나 나이 등의 연공적 기준으로 승급하고 고정적인 상여를 지급하는 임금체계를 의미한다. (O/ ×)

19 법정복리후생이란 종업원과 그 가족의 사회보장을 위하여 법으로 보호해 주는 것을 의미한다. (O/ ×)

정답과 해설

01	×	02	×	03	○	04	×	05	×	06	×	07	○	08	○	09	○	10	×	11	○	12	○	13	○
14	○	15	×	16	×	17	○	18	○	19	○														

01 아지리스(Chris Argyris)는 「퍼스낼리티와 조직」을 통하여 미성숙-성숙이론을 제시하고 있다. 맥그리거는 「기업의 인간적 측면」에서 인간행동에 대한 근대적 인간관을 Y이론이라 하고 이에 상반된 전통적 인간관을 X이론이라 하였다.

02 SECI 모델은 암묵지와 형식지라는 두 종류의 지식이 공동화, 표출화, 연결화, 내면화라는 네 가지 변화과정을 거치며 지식이 창출된다는 이론이다.

03 리엔지니어링은 인원 삭감, 권한 이양, 노동자의 재교육, 조직의 재편 등을 함축하는 말로, 비용·품질·서비스와 같은 핵심적인 경영요소를 획기적으로 향상시킬 수 있도록 경영과정과 지원시스템을 근본적으로 재설계하는 기법이다.

04 주식회사의 이사회에 대한 설명이고, 감사는 이사의 직무 집행을 감사한다.

05 차별화된 산업일수록 수익률이 높고 차별화가 적은 산업, 즉 일상재에 가까운 산업일수록 수익률이 낮다.

06 브룸(Vroom)의 기대이론에서 행동에 대한 동기부여는 1차 수준의 결과에 대한 유의성과 기대와의 곱의 함수다.

07 델파이법은 특정 문제에 대해서 전문가들이 모여서 토론을 거치는 것이 아니라 다수의 전문가의 독립적인 아이디어를 수집하고, 이 제시된 아이디어를 분석·요약한 뒤 응답자들에게 다시 제공하여 아이디어에 대한 전반적인 합의가 이루어질 때까지 피드백을 반복하게 하는 방법이다.

08 관리격자이론의 1,1형(Impoverished Management, 무관심형, 방관형)은 과업달성 및 인간관계 유지에 모두 관심을 보이지 않는 유형이다.

09 변혁적 리더십은 특정한 이상적인 목표의 가치와 중요성에 대한 부하들의 의식수준을 끌어 올린다.

10 사업부조직은 제품의 제조와 판매에 대한 전문화와 분업화가 촉진되지만, 사업부 간의 중복으로 예산낭비, 사업부간 이기주의의 초래 등 문제점이 발생할 수 있다.

11 조직의 수명주기는 과거보다는 점점 줄어들고 있는 추세이고 조직의 성장단계는 다양하지만 4 ~ 5단계가 가장 많은 분류이다(창업단계-집단공동체단계-공식화단계-정교화단계-쇠퇴).

12 관찰법이란 직무를 수행하는 사람들을 현장에서 직접 관찰하여 직무활동과 내용을 파악하는 것이다.

13 임상적 방법은 객관적이고 정확한 자료를 구할 수 있으나 시간과 경비가 많이 소요되고 절차가 복잡하여 이용하기에 용이하지 않다는 단점이 있다.

14 직무충실화는 허즈버그의 2요인이론에 기초한 방법으로, 수직적 직무확대로 이루어져 있다.

15 서열법은 피고과자의 능력과 업적에 대해 순위를 매기는 방법이고, 제시문은 강제할당법에 관한 설명이다.

16 외부모집의 경우에 조직 내부의 분위기에 신선한 충격을 줄 수 있다.

17 집단면접은 다수의 응모자를 비교·평가 가능하며 시간을 절약할 수 있고, 정형적 면접은 직무명세서를 기초로 미리 정해놓은 질문 목록의 내용을 질문하는 방법이다.

18 연공급은 고용안정의 장점을 가지고 있지만 소극적 근무태도나 능력개발의 소홀로 인해서 전문인력의 확보에 곤란을 가질 수 있다.

19 복리후생이란 종업원과 그 가족들의 경제적 안정과 생활의 질을 향상시키기 위해 임금이나 제수당, 그리고 상여금 이외에 제공되는 간접적인 제급부, 시설 및 제도 등을 의미한다.

20 클로즈드 숍은 비조합원을 채용할 수 있으므로, 노동조합의 가입 여부는 강요가 아니라 전적으로 노동자의 의사에 따라 결정한다. (○/ ×)

21 전사적 품질경영(TQM)은 고객 중심, 공정 개선, 전원 참가의 세 가지 원칙하에서 최고경영자의 고객 만족을 위한 품질방침에 따른 모든 부문의 활동이다. (○/ ×)

22 서비스 품질 평가 모델 중 SERVQUAL의 설문지는 체계적으로 구조화되어 있기 때문에 업종의 구분 없이 그대로 적용할 수 있다. (○/ ×)

23 생산관리의 전형적인 주요 활동목표는 원가절감, 품질향상, 납기준수, 추진강화 등이다. (○/ ×)

24 공정별 배치는 인적자원과 설비의 높은 이용률 때문에 기계고장으로 인한 생산중단이 적고 쉽게 극복할 수 있다. (○/ ×)

25 유효생산능력은 제품설계 시에 고안된 최적의 생산능력으로 이상적인 조건하에서 일정 기간 내에 달성할 수 있는 최대 생산량이다. (○/ ×)

26 ABC 재고관리법에서 품목을 분류할 때 가장 관련이 있는 분석기법은 파레토 분석이다. (○/ ×)

27 다른 조건이 일정할 때 연간 단위당 재고유지비용이 증가하면 경제적 주문량(EOQ)은 감소한다. (○/ ×)

28 제품 생산에 요구되는 부품 등 자재를 필요한 시기에 필요한 수량만큼 조달하여 낭비적 요소를 근본적으로 제거하려는 생산시스템은 적시생산방식(JIT)이다. (○/ ×)

29 공급사슬관리는 경로리더십이 불필요한 반면 전통적 방식은 경로리더십이 중요하게 요구된다. (○/ ×)

30 주로 수요가 공급보다 더 많은 상황에서 강조되는 마케팅 개념은 생산개념 마케팅이다. (○/ ×)

31 수요자의 소비성향을 둔화시키거나 소비를 원천적으로 봉쇄하는 것으로 최근 은행권에서 주로 수익에 도움이 안 되는 고객을 밀어내는 방식으로 활용하는 마케팅전략은 디마케팅이다. (○/ ×)

32 마케팅조사방법 중 패널조사, 시계열조사, 횡단조사, 전문가 의견조사는 탐색적 조사에 속한다. (○/ ×)

33 마케팅조사를 할 때, 특정 상표를 소비하는 전체 모집단에 대해 구매량을 중심으로 빈번히 구매하는 사람과 가끔 구매하는 사람으로 분류하고, 각각의 집단에서 무작위로 일정한 수의 표본을 추출하는 표본추출방식을 층화표본추출이라고 한다. (○/ ×)

34 소비자의 인지부조화(Cognitive Dissonance)는 소비자 구매행동과정 중에서 구매 후 평가단계와 가장 밀접한 관련이 있다. (○/ ×)

35 평소에 20도 소주를 마시던 소비자가 19도로 낮아진 소주는 구분 못하지만 18도로 낮아진 소주를 구분하는 것은 차이 식역(Differential Threshold)으로 설명될 수 있다. (○/ ×)

36 SPA 브랜드는 한 업체가 기획과 생산, 유통을 수직적으로 통합하고 과정 전부를 총괄함으로써 효율성을 높이는 방식으로 운영하는 브랜드 업체를 말한다. (○/ ×)

37 1,000원의 가격 인상이 10,000원인 제품에서는 크게 느껴지는 반면 100,000원짜리 제품에 대해서는 작게 느껴지는 현상을 베버의 법칙(Weber's Law)이라고 한다. (○/ ×)

38 경쟁이 별로 없는 상황에서 기업이 이익을 극대화하기 위하여 신제품의 출시 초기에 높은 가격을 책정했다가 시일이 경과함에 따라 점진적으로 가격을 낮추는 전략은 스키밍가격전략이다. (○/ ×)

최신 금융 · 디지털 용어
금융상식
경영상식
경제상식
실전모의 1회
실전모의 2회

정답과 해설

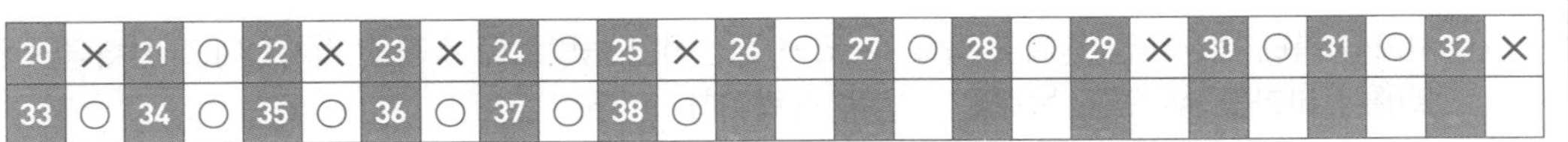

20	×	21	○	22	×	23	×	24	○	25	×	26	○	27	○	28	○	29	×	30	○	31	○	32	×
33	○	34	○	35	○	36	○	37	○	38	○														

20 클로즈드 숍(Closed Shop)은 조합원만이 고용될 수 있고, 우리나라의 대다수 노동조합에서 조합비 징수는 급여 계산 시 종업원의 월급에서 조합비를 공제하는 체크오프 시스템(Check-off System)을 채택하고 있다.

21 전사적 품질경영은 전략적 관점에서 기업 전체를 대상으로 기존 조직문화와 경영관행을 재구축함으로서 경영 전반과정의 품질향상을 통해 기업의 장기적인 경쟁우위를 확보하고자 하는 경영혁신기법이다.

22 SERVQUAL 설문지는 업종을 구분해 적용해야 한다.

23 생산관리의 4대 목표는 원가절감, 품질향상, 납기의 속도 및 정시성, 유연성(Flexibility : 고객화, 수량유연성, 개발속도, 다양성)이다.

24 공정별 배치는 설비와 장비를 동일한 기능을 갖는 것끼리 묶어 집단으로 배치하는 것이다.

25 제품설계 시에 고안된 최적의 생산능력으로 이상적인 조건하에서 일정 기간 내에 달성할 수 있는 최대 생산량은 설계생산능력이다.

26 ABC 분석기법은 파레토(Pareto)의 80 : 20의 법칙과 관련이 있으며 매출액의 70%를 차지하는 상위 품목을 A 라인, 추가적인 20%를 차지하는 차상위 품목을 B 라인, 나머지 품목을 C 라인으로 구분한다.

27 경제적 주문량 $Q=\sqrt{\frac{2C_O D}{C_h}}$ 이므로, 단위당 재고유지비(C_h)가 증가하면 경제적 주문량은 감소한다.

28 적시생산방식(JIT ; Just In Time)이란 필요한 것을 필요한 때 필요한 만큼 만드는 생산방식으로, 제품 생산에 요구되는 부품 등 자재를 필요한 시기에 필요한 수량만큼 조달하여 낭비적 요소를 근본적으로 제거하려는 생산시스템이다.

29 전통적 방식은 경로리더십이 불필요한 반면 공급사슬관리는 경로리더십이 중요하게 요구된다.

30 생산개념 마케팅은 19세기 후반 제품에 대한 수요가 공급을 초과하던 시대에 나타난 마케팅 사고단계다. 이 시대에는 기업의 관심은 판매보다 생산에 집중되었고 고객에 대한 관심은 부차적이었다.

31 디마케팅(Demarketing)은 수익에 도움이 안 되는 고객을 밀어내는 마케팅으로 돈 안 되는 고객을 의도적으로 줄여 판촉비용 부담을 덜고 특정 고객들의 충성도(기업 수익에 대한 기여도)를 강화시키는 '선택과 집중' 판매방식이다.

32 패널조사, 시계열조사, 횡단조사는 마케팅조사방법 중 기술조사에 속한다. 전문가 의견조사는 탐색적 조사에 속하며 이에는 문헌조사, 사례조사, 표적집단면접법, 개인면접법이 있다.

33 층화표본추출법은 모집단을 어떤 기준에 따라 상이한 소집단으로 나누고 이들 각각 소집단들로부터 표본을 무작위로 추출한다.

34 소비자의 인지부조화는 소비자가 구매 후에 그 결정을 다시 생각하면서 스스로가 그의 방침이나 상표의 선택이 올바른 것이었는지를 다시 점검하게 하며 소비자의 미래 구매전략을 다시 조정하게 하는 피드백의 역할을 한다.

35 차이 식역이란 초기 자극의 변화를 감지하는 것과 관련된 개념으로, 두 개의 자극이 지각적으로 구분될 수 있는 최소한의 차이를 말한다.

36 SPA 브랜드는 자사의 기획브랜드 상품을 직접 제조하여 유통까지 하는 브랜드로 대량생산방식을 통해 효율성을 추구하여 제조원가를 낮추고, 유통단계를 축소시켜 저렴한 가격에 빠른 상품 회전이 특징이다.

37 베버의 법칙(Weber's Law)이란 소비자가 가격 변화에 대하여 주관적으로 느끼는 크기로, 낮은 가격의 상품은 조금만 올라도 구매자가 가격 인상을 느끼지만 높은 가격의 상품은 어느 정도 오르더라도 구매자가 가격 인상을 느끼지 못하는 현상이다.

38 스키밍가격전략은 신제품에 비교적 높은 가격을 책정하여 시장에 진입하는 것으로, 가격은 대개 표적시장의 기대가격범위보다 높게 설정된다.

PART 03 기출예상문제

► 정답과 해설 36쪽

01 다음 경영자의 역할 및 능력에 대한 설명 중 적절하지 않은 것은?

① 사고를 통해 추상적인 관계를 다룰 수 있는 정신적인 능력으로 조직을 거시적이고 전체적인 안목에서 바라볼 수 있는 능력은 개념적 능력이다.

② 경영자의 수직적 위계에 따른 분류로서 최고경영자, 중간경영자, 하위경영자로 나눌 수 있다.

③ 고용경영자는 기업의 규모가 커지고 기능과 역할이 확대됨에 따라 소유경영자를 보조하여 특정 분야에 대한 지원역할을 수행하는 경영자이다.

④ 경영자는 소유와 경영이 일치하고 최고의 의사를 결정하여 하부에 지시하는 역할을 한다.

⑤ 경영자는 기업 외부로부터 투자를 유치하고 기업을 홍보하기 위해 기업 내부의 객관적인 사실을 대변하는 대변인 역할을 수행한다.

02 다음 경영학이론 중 20세기 초 고전적 접근법에 해당하지 않는 것은?

① 포드 시스템 ② 테일러의 과학적 관리법 ③ 베버의 관료제

④ 상황적합이론 ⑤ 페이욜의 관리과정론

03 다음 중 포드 시스템에 대한 내용으로 적절하지 않은 것은?

① 생산원가를 절감하기 위한 방식으로 소량생산방식을 도입했다.

② 작업자는 고정된 자리에서 작업을 하고 작업대상물이 작업자에게로 이동하게 하여 생산의 효율성을 극대화하였다.

③ 작업자의 활동이 자동적으로 통제되고 모든 작업은 컨베이어의 계열에 매개되어 하나의 움직임으로 동시화 시킨다.

④ 저가격-고임금의 원리를 컨베이어 벨트에 의한 이동조립 맵으로 실현시켰다.

⑤ 동시관리를 기본원리로 하여 자동화 생산과정에 적용하기 위한 수단으로 추진한 관리기법이다.

04 다음 중 베버(Weber)의 관료제의 특성에 해당하는 것을 모두 고르면?

㉠ 분업	㉡ 문서주의
㉢ 개방적인 환경	㉣ 권한의 명확성
㉤ 국민에 대한 책임	㉥ 공식적인 조직

① ㉠, ㉡, ㉢, ㉣　② ㉠, ㉡, ㉣, ㉥　③ ㉠, ㉢, ㉤, ㉥
④ ㉡, ㉣, ㉤, ㉥　⑤ ㉢, ㉣, ㉤, ㉥

05 맥그리거의 X이론과 Y이론을 구분하는 가장 큰 차이는?

① 리더십의 차이　② 인간관의 차이
③ 조직구조의 차이　④ 조직문화의 차이

06 다음 중 페이욜(Fayol)의 관리과정론의 순서 중 가장 마지막 단계에 해당하는 것은?

① 활동계획을 설계한다.
② 조직의 자원과 활동 및 개인의 업무를 조정한다.
③ 정해진 계획에 따라서 적절히 업무가 수행되는지 감독한다.
④ 종업원에게 일을 지시하고 그들이 직능을 수행하도록 한다.

07 다음 중 페이욜(Fayol)이 주장한 경영관리 기능의 요소에 해당하는 것을 모두 고르면?

ⓐ 제품 단순화	ⓑ 계획
ⓒ 조직	ⓓ 표준화
ⓔ 지휘	ⓕ 전문화

① ⓐ, ⓑ, ⓔ　② ⓐ, ⓑ, ⓕ　③ ⓑ, ⓒ, ⓔ
④ ⓑ, ⓒ, ⓓ, ⓕ　⑤ ⓑ, ⓓ, ⓕ, ⓔ

08 다음 중 목표설정이론에 대한 상황요인으로만 묶인 것은?

① 직무단순화, 능력, 경쟁상황
② 피드백, 보상조건, 직무단순화
③ 피드백, 보상조건, 직무복잡성
④ 경쟁상황, 피드백, 직무단순화
⑤ 능력, 보상조건, 직무단순화

09 다음 중 목표에 의한 관리(MBO)에 대한 설명으로 옳지 않은 것은?

① 상사와 부하 간의 의사소통 증진에 기여한다.
② 통제기준으로서의 목표를 명확히 제시함으로써 효과적인 통제에 기여한다.
③ 신축성 있는 목표변경을 허용하기 때문에 과업환경의 변화에 유연하게 대처할 수 있다.
④ 효과적인 계획을 촉진함으로써 보다 나은 관리를 돕는다.
⑤ 자기통제에 의한 자기개발과 능력개발을 촉진함으로써 목표달성의욕을 향상시킨다.

10 다음 중 MBO(목표에 의한 관리)에 관한 설명으로 알맞지 않은 것은?

① 종업원의 동기부여가 제고되며 의사소통이 원활해진다.
② 피터 드러커와 맥그리거가 주장하고 사용했다.
③ 목표의 질보다는 양이 중시되고, 주로 단기목표를 강조하며 비탄력적일 위험성이 있다.
④ 상급자와 하급자가 공동으로 단기의 목표를 설정하며 궁극적인 목표를 채택하는 권한은 상급자에게 있다.

11 다음 〈보기〉에서 설명하고 있는 것은?

보기
드러커가 창안한 것으로 개인의 성취의욕과 자기개발욕구를 자극하는 데 근본취지가 있으며 인사고과 과정에서 평가자와 피평가자의 참여를 최대화한다.

① 목표관리법
② 자기신고법
③ 행위기준고과법
④ 중요사건서술법
⑤ 인적평정센터법

12 다음 〈보기〉 중 목표에 의한 관리(MBO)에서 바람직한 목표설정방법으로만 묶인 것은?

보기

a. 업무가 완전히 종료된 후에야 비로소 그 결과를 수행 담당자에게 알린다.
b. 약간 어려운 목표를 설정해야 한다.
c. 목표설정과정에 목표를 수행할 당사자가 참여한다.
d. 목표와 관련한 범위, 절차, 기간 등을 구체적으로 설정한다.
e. Top-down방식으로 목표가 설정되어야 한다.

① a, b, c ② b, c, d ③ c, d, e
④ a, c, e ⑤ b, d, e

13 다음 균형성과표(BSC ; Balanced Score Card)에 대한 설명으로 가장 옳지 않은 것은?

① 기업의 전략적 목표를 일련의 성과측정지표와 통합한 틀이다.
② 재무적 관점, 고객 관점, 내부 프로세스 관점, 학습과 성장관점 등 4개의 범주로 구분하여 성과를 측정한다.
③ 과거 노력의 산출물인 결과 측정치와 미래성과를 창출할 측정치 간의 균형을 이루어야 한다.
④ 객관적으로 정량화된 재무적 측정치와 주관적인 판단이 요구되는 비재무적 측정치 간의 균형을 이루어야 한다.
⑤ 재무적 관점에 의한 장기적 성과와 나머지 세 가지 관점에 의한 단기적 성과 간의 균형을 이루어야 한다.

14 다음의 특징을 갖는 조직구조는 무엇인가?

특정한 목표를 달성하기 위하여 일시적으로 구성되는 조직구조로 목표가 달성되면 해체된다. 기동성이 높고, 탄력성이 좋다. 관리자의 지휘 능력에 크게 의존하며, 팀의 조직구성원과 소속 부문 간의 관계 조정에 어려움이 따른다.

① 네트워크 조직 ② 기능식 조직
③ 사업부제 조직 ④ 프로젝트 조직

15 **다음 중 사업부 조직의 특징에 해당하지 않는 것은?**

① 제품의 제조와 판매에 대한 전문화와 분업이 촉진된다.
② 사업부 간 연구개발, 회계, 판매, 구매 등의 활동이 조정되어 관리비가 줄어든다.
③ 사업부내 관리자와 종업원의 밀접한 상호작용으로 효율이 향상된다.
④ 제품라인 간 통합과 표준화가 용이하지 않다.
⑤ 제품에 대한 책임과 담당자가 명확하기 때문에 고객만족을 높일 수 있다.

16 **다음 중 매트릭스 조직에 대한 설명으로 틀린 것은?**

보기

a. 이중 보고체계로 인하여 종업원들 간에 혼란이 야기되지 않는다.
b. 프로젝트 조직과 기능식 조직을 절충하였다.
c. 지휘체계의 곤란으로 인한 역할갈등과 스트레스를 받는다.
d. 전통적 조직화의 원리에 의한 조직구조이다.

① a
② a, b
③ a, d
④ a, b, c

17 **다음에서 설명하는 시스템이론의 용어로 가장 적절한 것은?**

'무질서의 정도'를 뜻하는 용어로 시스템이 붕괴되거나 쇠퇴하거나 정지하거나 소멸되는 성향을 의미한다. 폐쇄시스템은 환경으로부터 에너지 유입이 없으므로 무질서의 정도가 지속적으로 증가하지만 개방시스템은 쇠퇴의 조짐이 보이면 더 많은 자원을 확보하여 자체 수정함으로써 시스템의 붕괴를 막고 오히려 성장, 발전시키려는 노력을 기울인다.

① 항상성
② 엔트로피
③ 산출
④ 변화과정
⑤ 사회적 역학

18 다음 중 경영학이론에 관한 설명으로 옳지 않은 것은?

① 조직 내 비공식조직의 중요성을 최초로 부각시킨 것은 인간관계론이다.
② 지식경영은 기업의 내 · 외부로부터 지식을 체계적으로 축적하고 활용하는 경영기법을 말한다.
③ 상황이론에서는 조직구조가 조직이 처한 상황에 적합해야 한다.
④ 시스템이론에서는 상위시스템과 하위시스템들 간의 독립성이 강조되고 있다.
⑤ 과학적 관리법에서는 효율과 합리성을 강조한다.

19 다음 중 지식경영에 대한 설명으로 알맞지 않은 것은?

① 암묵지는 학습과 체험을 통해 습득된다.
② 지식은 형식지와 암묵지로 구분된다.
③ 형식지와 암묵지는 서로 독립적이지 않고 서로 간의 연결 작용을 통해서 저장되고 활용된다.
④ 지식경영은 기업의 외부로부터 오는 지식만을 소중히 여겨 체계적으로 축적하고 활용하는 경영기법을 말한다.
⑤ 지식은 더 많은 사람이 공유할수록 그 가치가 더욱 증대되는 수확 체증의 법칙을 따른다.

20 학습조직에 관한 다음 설명 중 가장 적절하지 않은 것은?

① 조직의 보상체계는 개인별 성과급 위주로 구성되어 있다.
② 불확실한 환경에 필요한 신축성을 제고하기 위해 네트워크 조직과 가상조직을 활용한다.
③ 문제해결을 위한 조직의 공식자료는 항상 조직구성원이 접근 가능해야 하며, 조직구성원 간의 광범위한 의사소통을 장려한다.
④ 부서 간 경계를 최소화하는 조직문화를 중시하며, 구성원 상호 간의 동정과 지원의 정서를 강조한다.

21 다음 중 현대의 경영전략으로 적절하지 않은 것은?

① 기업가치를 평가하는 과정에서 질을 더 중요시 한다.
② 의사결정과정에서 신속한 의사결정이 중요시되고 있다.
③ 조직의 규모를 최대한 확대시켜 시장통제력을 장악한다.
④ 기업경영활동에서 사용되는 자본요소 중에서 인적자본이 차지하는 비중이 점차 커지고 있다.
⑤ 하드웨어 중심 조직에서 사고의 유연성과 창의성을 극대화할 수 있는 소프트웨어 중심 조직으로 전환한다.

22 경영전략에 대한 다음 설명 중 가장 적절하지 않은 것은?

① 조직의 모든 행동은 궁극적으로 전략에 의해서 이루어지기 때문에 다른 모든 계획의 기본준거들을 제공한다.
② GE 매트릭스에서 원의 크기는 회사의 시장점유율을 나타낸다.
③ BCG 매트릭스에서 시장점유율이 높고, 시장성장률이 높은 사업부를 별(Star)이라고 한다.
④ 균형성과표(BSC)는 재무적 측정치와 비재무적 측정치 간의 균형을 이루어야 한다.
⑤ 포터(Porter)의 산업구조분석은 정태적인 모형이라서 경쟁과 산업구조가 동태적으로 변한다는 것을 고려하지 못한다.

23 수직적 통합에 대한 설명으로 틀린 것은?

① 후방통합의 경우 시장비용을 절감할 수 없다.
② 후방통합의 경우 생산비용을 절감할 수 있다.
③ 수직적 통합으로 기업의 활동범위가 넓어지면 경영 등 위험요소가 더 커진다.
④ 유통기능을 내부화하면 관료적 지배구조에서 기인한 비능률이나 조직 내 정치현상이 나타날 수 있다.

24 A 기업이 전혀 다른 산업에 속하는 이종기업인 B 기업을 합병하는 것을 무엇이라 하는가?

① 수직적 합병
② 수평적 합병
③ 다각적 합병
④ 적대적 합병
⑤ 관계기업 합병

25 **다음 설명하는 요소들을 포함하는 리더십의 특성이론은?**

협동성, 대인관계 기술, 명예, 인기 중시 성향, 지위, 재치 등

① 문화적 특성
② 능력적 특성
③ 사회적 특성
④ 성격적 특성
⑤ 신체적 특성

26 **구성원 스스로가 자기 자신을 리드할 수 있는 역량과 기술을 갖도록 하는 지도나 통제보다 스스로 자율성 강화에 초점을 두는 리더십은 무엇인가?**

① 카리스마적 리더십
② 셀프리더십
③ 변혁적 리더십
④ 참여적 리더십

27 **다음 중 리더십에 관한 설명으로 알맞지 않은 것은?**

① 변혁적 리더는 거래적 리더의 비판에서 시작되었고 조직, 집단이 추구할 비전을 제시한다.
② 경로－목표이론은 리더의 유형을 수단적 · 참여적 · 후원적 · 성취지향적 리더로 구분했다.
③ 피들러의 상황적 리더십이론은 리더의 유형을 과업중심적과 관계중심적 리더 두 가지로 구분할 수 있다.
④ 피들러의 상황이론에 의하면 LPC 점수가 높다는 것은 리더에게 주어진 상황이 우호적이며 과업지향적이라는 뜻이다.
⑤ 리더십 상황이론에 다르면 리더십의 효과성은 리더의 개인적 요소와 상황적 요소의 상호작용에 의해 결정된다.

28 리더십이론에 대한 다음 설명 중 틀린 것은?

① 오하이오 대학의 리더십 연구는 설문 대답에만 의존하는 한계점을 보이고 있다.
② 관리격자이론의 (5, 5)형은 인간적 요소에는 별로 관심이 없고 극단적인 목적과 임무 달성에 초점을 두며 철저한 지시와 통제를 통한 효율성과 생산성만을 강조하는 리더이다.
③ 피들러(Fiedler)는 리더십의 유효성은 지도자의 특성과 상황에 따라 결정된다고 보았다.
④ 허쉬(Hersey)와 블랜차드(Blanchard)의 이론에 의하면 부하의 성숙도를 높임으로써 상황을 변화시킬 수도 있다.
⑤ 하우스(House)의 경로목표이론은 에반스의 기대이론에 기반을 둔 이론이다.

29 다음 중 서번트 리더십의 특성으로 가장 적절하지 않은 것은?

① 구성원에 대한 존중과 수용적 태도를 고수한다.
② 구성원의 관점에서 상황을 이해하려고 노력한다.
③ 권위나 통제보다 설득을 통해 구성원들에게 영향력을 행사한다.
④ 구성원들이 기존의 합리적인 틀을 넘어 창의적 관점을 가질 수 있도록 격려한다.
⑤ 의사결정에 있어 그 결과가 구성원에게 미치는 영향을 먼저 고려한다.

30 다음 중 경로－목표의 상황이론(Path－goal Theory)에서 구분한 리더십의 행동유형은?

① 지시적 리더십, 관계지향적 리더십
② 종업원중심형 리더십, 과업중심형 리더십
③ 권위형 리더십, 협의형 리더십, 참여적 리더십
④ 지시적 리더십, 후원적 리더십, 참여적 리더십, 성취지향적 리더십

31 블레이크와 머튼의 리더십 관리격자모델에서 인간에 대한 관심은 높고 과업에 대한 관심은 낮은 리더십 스타일은?

① 팀형　② 절충형　③ 방관형
④ 과업형　⑤ 컨트리클럽형

32 **마이클 포터(M. Porter)의 가치사슬에서 본원적 활동(Primary Activities)에 해당하지 않은 것은?**

① 서비스
② 제조
③ R&D
④ 마케팅
⑤ 물류유통

33 **다음 중 포터(Porter)의 가치사슬에 관한 설명으로 틀린 것은?**

① 본원적 활동은 기업의 가치생산을 위한 기본적인 활동이다.
② 사후 서비스(A/S) 등 고객에 대한 서비스는 본원적 활동에 속한다.
③ 소비자가 상품을 구매하도록 유도하는 활동을 지원활동이라 한다.
④ 기업의 내부활동을 분석하여 경쟁우위 및 열세를 파악하기 위한 도구이다.

34 **다음 중 유통경로 목표를 설정하는 데 있어 고려해야 하는 특성으로 적절하지 않은 것은?**

① 상품의 특성은 부패 정도나 표준화 여부 등을 고려해야 한다.
② 중간상의 특성은 신용능력, 판매능력, 수익성과 성장잠재력 등을 고려해야 한다.
③ 환경의 특성은 경제적, 기술적 환경 등을 고려해야 한다.
④ 자사의 특성은 회사의 규모 및 자본력 등을 고려해야 한다.
⑤ 경쟁사의 특성은 윤리 및 법률적 특징 등을 고려해야 한다.

35 **다음 유통정책에 관한 설명 중 가장 옳지 않은 것은?**

① 물적유통관리의 목적은 고객 서비스의 목표수준을 만족하는 범위 내에서 물류비용을 최소화하는 데 있다.
② 분업의 원리는 생산부문뿐만 아니라 유통부문에서도 적용될 수 있다.
③ 피기백(Piggyback)방식은 트럭이나 트레일러 자체를 화물열차에 실어 배송하는 수송방식이다.
④ 채찍효과(Bullwhip Effect)란 수요가 예상보다 적게 발생할 경우 수요를 푸시하기 위하여 제조업자가 유통상을 압박하는 것을 의미한다.

36 **유통경로에 대한 다음 설명 중 가장 적절하지 않은 것은?**

① 프랜차이즈 시스템은 계약형 VMS의 한 유형이다.
② 유통경로설계는 소비자의 욕구분석에서 출발한다.
③ 전속적 유통경로전략은 일반적으로 미탐색품의 경우에 많이 활용된다.
④ 개방적 유통경로는 소매점을 최대한 확보하여 소비자의 접근성을 최대화한다.
⑤ 고객이 넓은 지역에 분포한 경우 소량 반복구매, 부족한 유통경험 등과 같은 상황에서는 긴 유통경로를 선택한다.

37 **다음 중 서비스의 특징을 잘못 설명한 것은?**

① 서비스의 무형성이란 서비스는 실체를 보거나 만질 수 없는 것을 의미한다.
② 탐색속성이란 서비스 구매 이전에 원하는 정보를 찾아봄으로 평가되는 속성을 의미한다.
③ 서비스의 품질평가는 제품의 품질평가보다 쉽다.
④ 생산과 소비의 동시성은 서비스는 제공과 동시에 소비가 된다는 의미이다.
⑤ 종업원에 따라 서비스의 질이 달라지는 것을 서비스의 이질성이라 한다.

38 **서비스 품질의 속성 중 서비스 기업에 대한 명성, 종업원의 의모 등과 가장 관련이 깊은 것은?**

① 반응속성　② 전략속성　③ 탐색속성
④ 경험속성　⑤ 신용속성

39 **다음 중 SERVQUAL에 대한 설명으로 틀린 것은?**

① Porter와 Taylor에 의해 개발되었다.
② 다양한 분야에서 광범위하게 사용된다.
③ 기대한 서비스와 인지된 서비스의 차이를 측정한다.
④ 고객이 서비스 품질을 판단하는 차원에는 신뢰성, 대응성, 확신성, 공감성, 유형성 등이 있다.

40 다음 중 서비스 마케팅에 관한 설명으로 틀린 것은?

① 서비스 품질은 제공자와 제공 상황에 따라 다를 수 있다.
② 서비스 만족 향상을 통해 고객충성도 제고를 기대할 수 있다.
③ 대부분의 서비스는 생산과 소비가 동시에 이루어지는 특징이 있다.
④ 서비스의 특징인 유형성은 서비스 품질 측정을 어렵게 할 수 있다.

41 다음 중 마케팅전략에서 활용되는 4P에 해당되지 않는 것은?

① 제품 ② 가격 ③ 촉진
④ 유통 ⑤ 원가

42 다음 중 마케팅활동의 궁극적인 목표로 가장 적절한 것은?

① 소비자의 요구만족 ② 경쟁시장에서의 우위
③ 기업의 이윤극대화 ④ 사회정의의 실현

43 마케팅조사에 대한 다음 설명 중 가장 적절하지 않은 것은?

① 1차 자료는 주로 현안의 특정 조사목적을 달성하기 위하여 수집하는 정보이다.
② 2차 자료 수집은 대부분 1차 자료를 수집하기 전에 수집한다.
③ 모집단의 모든 구성요소들이 각 표본으로 선택될 확률이 동일하도록 표본을 추출하는 방법은 군집표본추출방법이다.
④ 모집단을 서로 상이한 소집단으로 분류한 후에 각 소집단으로 단순무작위추출을 하는 방법은 층화표본추출방법이다.
⑤ 제품디자인을 변경했을 경우에 나타나는 소비자의 심리 변화를 측정하기 위해서는 실험조사방법을 사용할 수 있다.

44 다음 중 수요가 공급을 초과하는 상태에서의 적절한 마케팅 과업은?

① Counter Marketing ② Unselling
③ Maintenance Marketing ④ Stimulational Marketing
⑤ Demarketing

45 전통적 마케팅과 현대적 마케팅에 대한 설명으로 옳지 않은 것은?

	전통적 마케팅	현대적 마케팅		전통적 마케팅	현대적 마케팅
①	선형 마케팅	순환적 마케팅	②	판매자 중심	구매자 중심
③	고압적 마케팅	저압적 마케팅	④	매출 위주의 전략	전사적 통합전략
⑤	선행적 마케팅	후행적 마케팅			

46 다음 중 전사적 마케팅에 대한 설명으로 알맞지 않은 것은?

① 통합마케팅이라 불리기도 한다.
② 기업의 모든 활동이 고객만족이라는 목표를 전제로 하고 있다.
③ 생태계보전, 자연환경보전 그리고 더 나아가 지구환경보전을 중시하는 마케팅전략이다.
④ 소비자 욕구 및 복지와 기업의 정기적, 거시적 이익을 위해 기업의 모든 활동이 마케팅을 중심으로 통합, 조정되어 있는 마케팅이다.

47 기업이 고객에 관한 정보를 수집하여 컴퓨터에 입력하여 저장한 후 이 자료를 이용하여 마케팅 활동을 하거나 고객관계관리를 위하여 사용하는 마케팅정보시스템은?

① 다이렉트 마케팅 ② 텔레마케팅 ③ 데이터베이스 마케팅
④ 터보마케팅 ⑤ 노이즈 마케팅

48 **다음 중 마케팅 철학의 발달 과정 순서가 올바른 것은?**

① 생산 콘셉트 → 제품 콘셉트 → 판매 콘셉트 → 마케팅 콘셉트 → 사회지향적 콘셉트
② 제품 콘셉트 → 판매 콘셉트 → 생산 콘셉트 → 사회지향적 콘셉트 → 마케팅 콘셉트
③ 제품 콘셉트 → 생산 콘셉트 → 판매 콘셉트 → 사회지향적 콘셉트 → 마케팅 콘셉트
④ 생산 콘셉트 → 판매 콘셉트 → 제품 콘셉트 → 사회지향적 콘셉트 → 마케팅 콘셉트
⑤ 제품 콘셉트 → 생산 콘셉트 → 판매 콘셉트 → 마케팅 콘셉트 → 사회지향적 콘셉트

49 **마케팅의 추진절차가 분석 → 목표 → 전략 → 전술 → 실행 → 평가단계로 진행된다고 볼 경우 마케팅믹스는 어느 단계에 속하는가?**

① 목표
② 전략
③ 전술
④ 실행
⑤ 평가

50 **수요와 공급의 불일치 또는 계절적 변동으로 인한 시간상의 불규칙한 수요를 극복하기 위한 마케팅전략은 무엇인가?**

① 재마케팅
② 동시화 마케팅
③ 전환 마케팅
④ 유지 마케팅
⑤ 대항 마케팅

51 **인터넷 마케팅에 대한 설명 중 가장 적절하지 않은 것은?**

① 인터넷 쇼핑몰에서는 전환비용이 낮아 가격에 민감하기 때문에 저렴한 가격이 항상 유효한 가격전략이다.
② 인터넷 구전의 효과가 커지고 있다.
③ 소비자의 요구에 따라 추가적인 정보와 수정된 정보를 전달할 수 있게 한다.
④ 인터넷 마케팅의 발달로 실질적인 대량고객화가 가능하게 되었다.
⑤ 인터넷 제품은 경험적 속성을 가진 정보제품이 주종이므로 수확 체증의 법칙이 발생한다.

52 **다음에서 설명하는 마케팅조사의 척도는?**

> • 관찰대상을 상호 배타적인 범주로 구분하기 위하여 사용한다.
> • 운동선수의 등번호에는 선수들을 구분하는 기능만이 존재하고 그 우열이나 산술적 의미를 담지 않는다.

① 서열척도 ② 등간척도 ③ 명목척도
④ 비율척도 ⑤ 리커트척도

53 **다음 중 시장의 특성에 따른 마케팅 방안의 연결로 가장 옳지 않은 것은?**

① 전체 시장의 크기가 작을 경우 비차별적 마케팅이 유리하다.
② 제품의 동질성이 높은 경우 비차별적 마케팅을 한다.
③ 시장 내 경쟁자의 수가 많을 경우 차별적 마케팅이 유리하다.
④ 기업의 자원이 제한되어 있을 경우 집중적 마케팅을 한다.
⑤ 제품수명주기상 쇠퇴기에는 비차별적 마케팅을, 성숙기에는 차별적 마케팅을 하는 것이 적절하다.

54 **다음 중 마케팅 커뮤니케이션에 관한 설명으로 옳지 않은 것은?**

① 인적판매는 비용이 높지만 즉각적 피드백이 가능하다.
② PR은 신뢰도는 높지만 내용을 통제할 수 없다.
③ 판매촉진은 상품의 단기적인 판매증진에 효과적이다.
④ 인적판매나 중간상을 대상으로 한 판매촉진은 대표적인 풀(Pull)전략이다.

55 **다음 중 현대적 마케팅의 특징과 가장 거리가 먼 것은?**

① 마케팅의 관건은 소비자의 만족을 극대화시키는 것이다.
② 전사적이며 통합적인 마케팅을 지향한다.
③ 판매와 촉진이 핵심적인 마케팅 수단이다.
④ 구매자 중심의 순환적 마케팅을 지향한다.

56 고객이 제품을 구매한 후 느낄 수 있는 인지부조화 또는 불안함 등을 방지하기 위하여 활동하는 마케팅은?

① 내부 마케팅
② 애프터 마케팅
③ 감성 마케팅
④ 후행적 마케팅

57 다음 중 기업 내부의 마케팅 역량평가에 초점을 두고 코틀러(Philip Kotler)가 제시한 마케팅 성과 측정지표로서 가장 거리가 먼 것은?

① 마케팅조직의 통합성
② 전략적 지향성
③ 운영효율성
④ 고객집단의 상대적 수익성

58 다음의 경쟁자 분석법 중 마케터(기업) 중심의 경쟁자 분석법은?

① 상표전환 매트릭스
② 제품/시장 매트릭스
③ 지각도
④ 수요의 교차탄력성

59 인사고과에 대한 내용 중 가장 옳지 않은 것은?

① 서열법이란 사전에 정해 놓은 비율에 따라 피고과자를 강제로 할당하여 고과하는 방법이다.
② 자존적 편견이란 자존욕구로 인하여 성공한 것은 내적으로 귀인시키고 실패한 것은 외적으로 귀인시키려는 오류를 말한다.
③ 현혹효과란 고과자가 피고과자의 어느 한 면을 기준으로 다른 것까지 함께 평가해 버리는 경향을 의미한다.
④ 인사고과 시 강제할당법을 사용할 경우 규칙적 오류를 예방할 수 있다.

60 다음 중 인사고과 시의 오류를 줄일 수 있는 방법으로 알맞은 것은?

① 중심화 경향은 강제할당법으로 감소시킬 수 있다.
② 관대화 경향은 목표관리법으로 감소시킬 수 있다.
③ 현혹효과는 중요사건서술법으로 감소시킬 수 있다.
④ 상동적 태도는 서열법으로 감소시킬 수 있다.

61 인사고과에 대한 다음의 설명 중 옳지 않은 것은?

① 인사고과법이 평가대상 특성의 보유정도를 정확하게 평가할 수 있으면 평가의 신뢰성이 높다고 할 수 있다.
② 대조표고과법(체크리스트법)은 평가결과의 신뢰성과 타당성이 높다는 이점이 있다.
③ 자유서술법은 객관성이 결여되어 있다는 결점이 있다.
④ 행위기준고과법은 평정척도고과법의 결점을 보완할 수 있다.
⑤ 현장토의법은 고과대상자의 참여가 없이 불신감이 야기된다.

62 인사고과에 대한 다음 설명 중 틀린 것은?

① 서열법은 구체적 성과 차원이 아닌 전반적인 평가를 통하여 피평가자의 순서만을 결정하는 상대평가 방법이다.
② 상동적 태도(Stereotyping)란 피평가자 개인의 특성보다는 그 사람이 속한 사회적 집단을 근거로 평가하는 오류이다.
③ 캐플란(Kaplan)과 노튼(Norton)의 균형성과표(BSC ; Balanced Scorecard)방식에는 재무적 성과, 고객, 내부 프로세스, 학습과 성장의 관점이 포함된다.
④ 서열법은 조직의 규모가 클 경우에 적합한 평가방법이다.
⑤ 목표에 의한 관리법(MBO ; Management By Objectives)에서는 목표설정 과정에 피평가자가 참여한다.

63 다음 중 인사고과의 과정에서 발생하는 오류에 대한 설명으로 옳지 않은 것은?

① 현혹효과는 특정 개인의 한 부분에서 형성된 인상으로 다른 여러 개의 특성을 전반적으로 후하게 평가하는 오류이다.
② 상동적 태도는 타인이 속한 사회적 집단을 근거로 평가를 내리는 오류를 말한다.
③ 근접오류는 평가의 결과가 모두 중간점수로 평가하려는 경향이다.
④ 관대화 경향은 피평가자의 실제 업적이나 능력보다 높게 평가하는 경향을 말한다.
⑤ 극단화 오류는 평가가 평가단계의 최상위 혹은 최하위에 집중해 버리는 경향을 말한다.

64 다음 중 성과관리에 따른 인사고과법에 대한 설명으로 가장 적절하지 않은 것은?

① 결과평가는 판매율, 비용, 생산성 등의 업무의 결과물을 평가하는 것으로 여기에 가장 자주 사용되는 방식으로는 목표관리제도(MBO)가 있다.
② 성과관리는 기대 성과와 실제 성과를 비교하여 이를 바탕으로 조직에 대한 기여도 및 교육, 보상, 승진 여부를 판단하는 것이다.
③ 행위기준고과법(BARS)은 평가지표가 되는 표준행동을 리스트로 작성하여 종업원의 능력, 근무상태를 체크하여 그에 따른 등급을 매기는 방식이다.
④ 평가센터법은 다수의 대상자들을 특정한 장소에서 일정 기간에 걸쳐 여러 종류의 평가도구를 이용하여 종합적으로 평가하는 방법이다.

65 다음 중 인사평가 및 선발을 위한 평가도구에 관한 설명으로 옳은 것은?

① 인사평가의 신뢰성은 특정의 평가도구가 얼마나 평가목적을 잘 충족시키느냐에 관한 것이다.
② 인사평가의 신뢰성을 파악하기 위해서는 관대화 경향, 중심화 경향, 후광효과, 최근효과, 대비효과를 지표로 측정하여야 한다.
③ 신입사원의 입사시험 성적과 입사 후 직무태도를 비교하여 상관관계를 조사하는 방법은 선발도구의 동시타당성을 조사하는 방법이다.
④ 시험-재시험 방법, 내적 일관성 측정방법, 양분법은 선발도구의 타당성을 측정하는 데 사용되는 방법이다.
⑤ 중심화 경향은 평가자가 피평가자의 중심적인 행동특질로 피평가자의 나머지 특질을 평가하는 경향이다.

66 다음 중 효과적인 인사고과의 요건이 아닌 것은?

① 합리적인 평가기준을 설정하여야 한다.
② 구성원으로부터 요구되는 성과를 구체화하며 고과결과가 보상과의 상관성을 지녀야 한다.
③ 사람별로 세분화된 객관적이고 공정한 평가요소를 지녀야 한다.
④ 내재적 만족과 외재적 보상이 동기강화요인으로 작용할 수 있어야 한다.
⑤ 공정한 평가절차가 구성되고 운영되어야 한다.

67 강화이론(Reinforcement Theory)에 대한 설명 중 옳지 않은 것은?

① 불완전 자극을 활용하는 것은 소극적 강화이다.
② 회피학습(Avoidance Learning)은 어떤 자극에 적절히 반응하지 않으면 혐오자극이 온다는 것을 알려줌으로써 원하는 행동을 하게끔 학습시키는 과정이다.
③ 연속강화법은 매우 효과적이나 적응이 쉽지 않다.
④ 부분강화법과 관련하여 비율법과 간격법 중 효과적인 방법은 비율법이다.

68 동기부여이론에 대한 다음 설명 중 옳지 않은 것은?

① 매슬로우(Maslow)의 욕구단계설에 의하면 개인욕구를 생리적 욕구, 안전 욕구, 사회적 욕구, 존경 욕구, 자아실현 욕구의 순으로 정형화하였다.
② 아담스(Adams)의 공정성이론은 인지부조화이론을 동기부여와 연관시킨 이론이다.
③ 알더퍼(Alderfer)의 ERG이론은 어떤 과정을 거쳐 동기부여가 되는지를 설명한 이론이다.
④ 브룸(Vroom)의 기대이론은 개인에 대한 동기부여의 강도를 기대감, 수단성, 유의성의 곱으로 보는 이론이다.
⑤ 목표설정이론에 따르면 일반적인 목표보다 구체적인 목표를 제시하는 것이 구성원들의 동기부여에 더 효과적이다.

69 다음 직무와 관련된 내용 중 적절하지 않은 것은?

① 직무평가는 기업 내 각 직무 간의 상대적 가치에 따라 임금격차를 결정하게 해 준다.

② 직무평가의 결과로 작성되는 직무기술서는 직무의 성격, 내용 등과 직무에서 기대되는 결과 등을 간략하게 정리해 놓은 문서다.

③ 직무분석에 필요한 정보를 알기 위해 면접, 관찰 또는 중요사건기록 등의 방법을 활용한다.

④ 직무를 수행하는 종업원들에게 의미를 부여하고 만족을 높이기 위해 직무순환, 직무확대, 직무충실화 등을 실시한다.

70 직무분석에 대한 다음 설명 중 옳지 않은 것은?

① 특정 직무의 내용과 성질을 체계적으로 조사, 연구하여 조직에서의 인사관리에 필요한 직무정보를 제공하는 과정이다.

② 조직이 요구하는 직무수행에 필요한 지식, 능력, 책임 등의 성질과 요건을 명확히 하는 일련의 과정이다.

③ 직무분석이 먼저 이루어지고 난 다음, 직무평가, 인사고과의 순서로 진행한다.

④ 직무명세서는 직무분석을 통해서 얻어진 직무에 관한 여러 자료와 정보를 직무의 특성에 중점을 두고 기록, 정리한 문서이고, 직무기술서는 직무명세서에 기초하여 직무의 인적 요소에 비중을 두고 기록, 정리한 문서이다.

⑤ 직무분석의 방법에는 면접법과 관찰법, 질문지법 등이 있다.

71 다음 중 직무분석에 대한 설명으로 가장 적절하지 않은 것은?

① 직무요건을 확인하기 위해 직무에 대한 정보를 수집해 분석하는 방법이다.

② 직무분석을 통해 직무기술서와 직무명세서를 작성할 수 있다.

③ 경험법은 직무분석자가 직접 직무를 체험해 정보를 얻는 방법이다.

④ 결합법은 여러 가지 직무분석방법을 병용해 사용하는 방법이다.

⑤ 직무분석은 직무평가에 활용되나 인사평가에는 반영되지 않는다.

72 **다음 중 직무설계 방법으로 가장 적절하지 않은 것은?**

① 주기적으로 근로자의 직무를 서로 바꾸도록 하는 직무순환방식이 사용될 수 있다.
② 압축근무제를 통해 팀에게 자율성을 최대로 부여할 수 있다.
③ 유연시간 근무제를 통해 출퇴근 시간대에 대한 재량권을 구성원에게 줄 수 있다.
④ 2명의 개인이 과업과 책임, 주당 근무시간을 나누어 갖는 것은 직무공유 방법이다.
⑤ 재택근무를 통해 대규모의 노동력 풀을 활용할 수 있다.

73 **직무충실화에 대한 설명으로 옳지 않은 것은?**

① 직무의 기술수준이 높고 과업종류도 다양할수록 높은 성과를 얻을 수 있다.
② 직원의 자율성과 책임, 의사결정 권한을 증대시킨다.
③ 매슬로우의 욕구단계이론 등이 이론적 기반이 되고 있다.
④ 다양한 직무로 흥미를 느낄 수 있도록 하고 직무만족도를 높이기 위하여 수행해야 할 업무와 기술의 수를 증대시킨 것이다.
⑤ 직무수행에 있어 개인 간의 차이를 무시한다.

74 **직무평가(Job Evaluation)에 대한 다음 설명 중 옳지 않은 것은?**

① 직무평가는 수행업무 분석과 수행요건 분석을 통해 누가 어떤 직무를 해야 하는가에 대한 평가이다.
② 직무기술서와 직무명세서를 활용하며, 직무평가의 결과는 직무급 산정의 기초자료가 된다.
③ 서열법은 직무의 수가 많고 직무의 내용이 복잡한 경우에는 적절하지 않은 평가방법이다.
④ 직무평가를 통하여 직무의 절대적 가치를 산출한다.
⑤ 요소비교법은 핵심이 되는 몇 개의 기준 직무를 산정하고, 평가하고자 하는 직무의 평가요소를 기준 직무의 평가요소와 비교하는 방법이다.

75 **해크만(Hackman)과 올드햄(Oldham)이 주장한 직무특성이론에 대한 설명 중 틀린 것은?**

① 과업의 정체성은 직무가 전체 작업에서 차지하고 있는 범위이다.
② 자율성은 직무수행에 요구되는 기능이나 재능의 정도이다.
③ 직무충실화의 문제점을 보완하였다.
④ 직무의 성과는 중요심리상태에서 얻어지며 중요심리상태는 핵심직무특성에서 만들어진다는 가정에 근거한다.
⑤ 종업원의 동기부여나 직무만족에 관련을 갖도록 직무특성을 재설계하려는 이론이다.

76 **다음은 해크만(Hackman)과 올드햄(Oldham)이 주장한 직무특성이론의 동기잠재력지수 산정식이다. ㉠ ~ ㉢이 올바르게 연결된 것은?**

$$\text{동기잠재력지수} = \frac{(\text{㉠})+(\text{㉡})+(\text{㉢})}{3} \times \text{자율성} \times \text{피드백}$$

	㉠	㉡	㉢
①	기술다양성	과업중요성	과업정체성
②	기술단일화	과업중요성	과업정체성
③	기술다양성	과업중요성	구성원 역량
④	기술단일화	과업평가도구	구성원 역량
⑤	기술다양성	과업평가도구	구성원 역량

77 **다음 중 인적자원에 대한 수요예측 방법에 대한 설명으로 적절하지 않은 것은?**

① 조직에서 직무를 수행하는 데 필요한 인적자원의 수요를 예측하는 방법이다.
② 시나리오기법은 양적 예측기법에 해당한다.
③ 회귀분석은 인력 수요에 영향을 미치는 요소를 수식으로 계측하는 방법이다.
④ 자격요건분석법은 예비인력의 직무기술서와 직무명세서를 분석하는 방법이다.
⑤ 화폐적 접근법은 기업의 지불능력과 인력이 창출하는 부가가치를 기준으로 필요인원을 산출하는 방법이다.

78 다음 중 인력 선발에 대한 설명으로 적절하지 않은 것은?

① 지원자 중 직무를 성공적으로 수행할 만한 자격을 갖춘 사람을 결정하는 과정이다.
② 직무적합성이 100% 일치하는 사람만을 선발한다.
③ 조직 내 인력 선발은 효율성 원칙에 근거한다.
④ 선발도구의 적격성 여부를 가리기 위한 구성타당성을 확인해야 한다.
⑤ 합리적인 선발도구의 활용을 위해 신뢰성을 고려해야 한다.

79 선발도구에 대한 다음 설명 중 틀린 것은?

① 신뢰도는 선발도구가 어떠한 상황에서도 똑같은 결과를 나타내는 일관성을 가져야 한다는 것을 말한다.
② 동시타당도는 현직 종업원을 대상으로 기준치와 예측치를 결정하는 것이다.
③ 선발오류 중 1종오류는 선발비율$\left(\frac{\text{합격자 수}}{\text{지원자 수}}\right)$의 조정을 통해 줄일 수 있다.
④ 내용타당도는 측정 도구를 이용해 나타난 결과가 다른 기준과 얼마나 상관관계가 있는지에 관한 것이다.
⑤ 기준치와 예측값의 관계를 통계적인 상관계수로 나타내는 것을 기준타당도라고 한다.

80 다음 중 구성원에게 실시하는 교육훈련 방법에 대한 설명으로 가장 적절하지 않은 것은?

① 직무현장훈련(OJT)은 직무에 종사하면서 감독자 지도하에 훈련을 받을 수 있는 현장실무중심 훈련이다.
② 모든 교육훈련은 훈련 현장과 직무 현장 간, 직무내용 간 유사성을 유지해야 한다.
③ 집단구축기법을 통해 아이디어와 경험을 공유할 수 있다.
④ 인터넷이나 인트라넷을 통해 학습하는 e-러닝을 실시할 수 있다.
⑤ 비즈니스 게임을 통해 주어진 사례나 문제의 실제 인물을 연기함으로써 당면한 문제를 체험해 볼 수 있다.

81 **다음 중 임금체계에 대한 설명으로 가장 적절하지 않은 것은?**

① 임금에 대한 공정성은 외부 공정성, 내부 공정성, 개인 공정성으로 구분된다.

② 임금 배분의 기준은 직무 가치, 구성원 역량의 가치, 결과 가치가 활용된다.

③ 임금은 기본적으로 구성원의 생활을 유지할 수 있는 수준으로 결정되어야 한다.

④ 성과급은 직무에 공헌할 수 있는 구성원의 능력을 기초로 임금을 지급하는 방식이다.

⑤ 연공급은 근속연수에 비례해 임금을 지급하는 방식이다.

82 **임금과 복리후생제도에 대한 다음 설명 중 옳지 않은 것은?**

① 연봉제는 1년 단위로 개인의 실적, 공헌도 등을 평가하여 계약에 의해 연간 임금액을 결정하는 임금형태로 실적을 중시한다.

② 직무급은 담당자의 직무에 대한 태도와 직무적성, 직무성과에 따라 결정한다.

③ 순응임금제도는 물가, 판매가격 등 특정대상 기준을 정한 후 기준이 변함에 따라 자동적으로 임금률이 순응하여 변동하는 제도를 말한다.

④ 법정복리후생이란 종업원과 그들 가족의 사회보장을 위하여 법에 의하여 보호해 주는 것을 의미한다.

⑤ 임금은 노동의 질이나 양에 따라 차등이 발생하는 개별적 보상 성격이지만 복리후생은 노동의 질이나 양에 무관하게 종업원을 대상으로 지급하는 집단적 보상의 형태이다.

83 **다음 중 근로조건 관리에 관한 설명으로 알맞은 것은?**

① 작업분담제란 경기침체 시에 해고자를 늘려 전체 고용자가 일정한 비율로 작업량을 분담해서 일하는 제도이다.

② 직무분담제란 여러 명의 시간제 종업원이 하나의 직무를 나누어 맡는 제도이다.

③ 근로자 파견제도란 자신이 고용한 근로자와 고용관계를 유지하면서 타인을 위하여 근로에 종사하게 하는 제도로서 채용의 안정을 가져다준다.

④ 변형근로시간제란 주 단위의 근로시간을 10시간 이내로 변경하여 기준근로시간을 초과하는 범위에서 사측이 임의로 근로시간을 변경하는 제도를 말한다.

84 다음 중 노동조합에 대한 설명으로 가장 적절하지 않은 것은?

① 노동조합은 근로조건을 개선하고 유지하려는 목적으로 운영된다.
② 노동조합에는 경제적 기능과 공제적 기능, 정치적 기능이 있다.
③ 노동쟁의는 조정과 중재의 절차를 거친다.
④ 노동조합은 단체교섭을 통해 임금이나 근로시간 등에 관한 협약을 체결할 수 있다.
⑤ 채용에 있어 조합인에게 우선순위를 주는 제도는 에이전시 숍(Agency Shop)이다.

85 다음 중 경력에 대한 설명으로 가장 적절하지 않은 것은?

① 경력관리의 주체는 기업이다.
② 전통적인 경력은 승진과 급여 인상을 위해 활용된다.
③ 전통적인 경력은 공식적 훈련에 의해 축적된 노하우를 통해 쌓인다.
④ 프로티언 경력이란 개인의 관심사나 직업 환경에 따라 변화하는 경력을 의미한다.
⑤ 프로티언 경력의 경우 관계구축 및 직무경험에 의존해 개발된다.

86 임금관리에 대한 다음 설명 중 가장 적절하지 않은 것은?

① 직능급을 도입할 경우, 종업원의 자기 개발을 유도할 수 있다.
② 성과급은 작업자의 노력과 생산량과의 관계가 명확할 경우에 적합하다.
③ 근속연수에 따라 숙련도가 향상되는 경우에는 연공급이 적합하다.
④ 임금수준은 생계비와 기업의 지불능력 사이에서 사회일반이나 경쟁기업의 임금수준을 고려하여 결정한다.
⑤ 럭커 플랜(Rucker Plan)은 위원회제도의 활용을 통한 종업원의 경영참여와 개선된 생산의 판매가치를 기초로 한 성과배분제이다.

87 임금체계에 대한 설명으로 알맞지 않은 것은?

① 자격급은 개인의 학력, 근속연수, 연령 등의 요인들로 임금수준을 정한다.

② 직능급은 연공급과 직무급을 절충한 체계로 구성원의 능력에 따라 차별적으로 결정한다.

③ 연봉제에서는 임금을 결정하기 위해 종업원의 직무, 직능, 업적, 연공 등 다양한 기준을 복합적으로 도입할 수 있다.

④ 연공급은 유연한 조직변화가 필요한 조직에서는 불합리한 임금제도로 다른 제도와 병행이 필요하다.

88 직무급의 설명으로 알맞지 않은 것은?

① 직무평가에 의해서 직무의 상대적 가치를 평가한다.

② 직무급 실시 전에 직무평가를 실시해야 한다.

③ 동일직무를 하더라도 각자 임금은 틀리다.

④ 직무급은 조직구성원이 담당하는 직무를 객관적으로 분석하여 임금을 결정한다.

89 직무명세서와 직무기술서에 대한 비교로 옳은 것은?

① 직무기술서에는 직무에 관한 개괄적인 자료가 들어간다.

② 직무명세서와 직무기술서에는 직무표식, 직무개요, 인적 요건이 포함되며 모두 동일한 비중을 차지한다.

③ 직무기술서는 직무명세서의 내용을 기초로 하여 정리하였다.

④ 직무기술서에는 학력이나 자격, 역량이 기술되어 있으며 직무명세서에는 직무의 특성, 업무내용이 나타나 있다.

90 내부모집과 외부모집의 특성에 관한 설명으로 알맞은 것은?

① 외부모집을 통해 기업은 조직 내부의 분위기에 신선한 충격을 줄 수 있다.

② 외부모집은 외부인이 자기직무에 잘 적응하기까지의 적응비용과 시간이 들지 않는다.

③ 내부모집은 내부인끼리의 경쟁이라서 선발에 탈락되어도 불만이 적으며 과다경쟁도 거의 없다.

④ 내부모집의 경우 지원자들에 대해서 거의 정보가 없다.

91 생산시스템의 일정계획에 대한 내용으로 틀린 것은?

① 프로젝트 생산시스템의 일정관리는 PERT/CPM 등을 이용한다.

② 연속생산시스템의 일정계획은 라인밸런싱(Line Balancing)의 유지 및 제조공정의 지속적 가동 등을 통해서 할 수 있다.

③ 긴급률이란 납기일까지 남은 기간을 작업처리일수로 나눈 값으로 긴급률이 1보다 큰 값을 갖는 것은 이미 납기를 만족시킬 수 없는 상태임을 의미한다.

④ 존슨법과 잭슨법은 작업장이 2개인 경우에만 사용할 수 있는 작업순서 결정기법이다.

⑤ 전진부하할당은 작업시간 현재일자부터 시작하여 시간상 앞으로 작업을 할당해 나가는 방법으로 일정계획이 납기일을 초과할 수도 있다.

92 다음 생산 및 생산시스템에 관한 설명 중 옳은 것을 모두 고르면?

> a. 생산시스템은 개방적 시스템이다.
> b. 운송창고업은 투입물에 직접적인 변환은 없지만 생산시스템이라고 볼 수 있다.
> c. 비행기는 비행기제조회사에게는 투입물이지만 여객항공회사에게는 산출물이 된다.
> d. 생산시스템은 산출물로서 유형의 상품만 인정한다.
> e. 투입물의 가치 대비 산출물의 가치가 높을수록 생산성이 낮으며 이는 상품경쟁력의 원천이 된다.

① a　　② a, b　　③ a, b, c

④ a, b, c, d　　⑤ a, b, c, d, e

93 다음 중 각 공정 간의 제품설계방식에 대한 설명으로 틀린 것은?

① 제품설계란 선정된 제품의 기술적 기능을 구체적으로 규정하는 것이다.

② 모듈러 설계는 호환이 가능하지 않는 부분품을 개발하여 특수한 고객의 요구에 부응한다.

③ 모듈러 설계를 함으로써 다양성과 생산원가의 절감을 달성할 수 있다.

④ 가치분석은 원재료나 재공품의 원가분석을 통해 불필요한 기능을 제거하려는 방법이다.

⑤ 가치공학은 생산 이전단계의 제품이나 공정의 설계분석을 통해 효율성과 원가 최소화를 동시에 달성하려는 기법이다.

94 **다음 중 유연생산시스템(FMS ; Flexible Manufacturing System)에 대한 설명으로 알맞지 않은 것은?**

① 범위의 경제에 적합한 시스템이다.
② 다양한 제품종류를 대량생산이 가능하기 때문에 제품의 가공시간이 단축된다.
③ 필요로 하는 양만큼만 생산하므로 조달기간과 재공품 재고가 줄어든다.
④ 대량생산의 생산성을 이루었지만 주문 생산에 유연성이 없어서 항상 많은 재공품을 유지하고 있어야 한다.
⑤ 24시간 연속생산, 무인생산을 지향하므로 공작기계의 가동률은 향상된다.

95 **적시생산시스템(JIT)에 대한 다음 설명 중 틀린 것은?**

① 궁극적인 목표는 비용 절감, 재고 감소 및 품질 향상을 통한 투자수익률 증대이다.
② 작은 로트(Lot)의 크기를 특징으로 한다.
③ 각 라인별 작업자 수를 고정하여, 동일한 품질을 생산하는 것을 목적으로 한다.
④ 자동차 생산에 적용한 생산방식으로 소품종 대량생산에 적합한 생산방식이다.
⑤ 자재흐름을 위해 풀(Pull)시스템을 사용한다.

96 **JIT(Just In Time)시스템에 대한 설명으로 옳지 않은 것은?**

① JIT시스템은 생산활동에서 낭비적인 요인을 제거하는 것이 궁극적인 목표이다.
② JIT시스템을 운영하기 위해서는 신뢰할 수 있는 공급자의 확보가 필수적이다.
③ JIT시스템은 안정적인 생산을 위하여 생산준비시간을 충분히 확보하여 불량을 예방하는 것을 중요시 여긴다.
④ JIT시스템을 효과적으로 운영하기 위해서는 생산의 평준화가 이루어져야 한다.

97 다음 설명하는 내용 중 가장 적절하지 않은 것은?

① 전사적 자원관리(Enterprise Resource Planning)는 기업의 자원을 효율적으로 이용하기 위한 통합적 관리 수단으로 통합적인 데이터베이스를 구축하여 기능식 측면들의 정보 흐름을 조정하는 시스템이다.
② 4차 산업혁명은 컴퓨터를 활용한 자동화 시스템을 통해 생산의 극대화를 목표로 하는 공급 중심의 패러다임이다.
③ 중역정보시스템(Executive Information System)은 최고경영자의 전략적 기획과 의사결정에 필요한 정보를 제공하는 시스템이다.
④ 집단의사결정지원시스템(Group Decision Support System)은 경영환경의 독립성으로 인해 집단에 의한 의사결정을 효과적으로 지원하는 것을 목적으로 하고 있다.

98 다음 중 교량, 도로, 대형선박 등 생산수량이 1 ~ 2개일 때에 적합한 공정으로 고객화가 높고 생산기간이 장기인 공정은?

① 프로젝트공정 ② 개별공정 ③ 라인공정
④ 연속공정 ⑤ 배치공정

99 다음 중 PERT(Program Evaluation Review Technique)에 관한 설명으로 알맞은 것은?

① 선형계획법의 특수한 형태이다.
② 목적계획법의 발전된 기법이다.
③ 시간과 비용의 통제가 목적인 확정적 도구이다.
④ 프로젝트를 관리할 때 사용하며 확률적 형태를 가진다.

100 다음 중 PERT-CPM에 대한 설명으로 알맞지 않은 것은?

① CPM은 듀폰사의 공장건설을 위하여 개발된 확률적 네트워크 모형이다.
② PERT는 미 해군성에서 미사일 개발을 위해 개발된 확률적 네트워크 모형이다.
③ 비반복적이고 복잡하고 큰 프로젝트를 계획할 때 널리 이용된다.
④ 대규모의 일회성 프로젝트의 일정을 계획하고 통제하기 위해 특별히 고안된 프로그램이다.

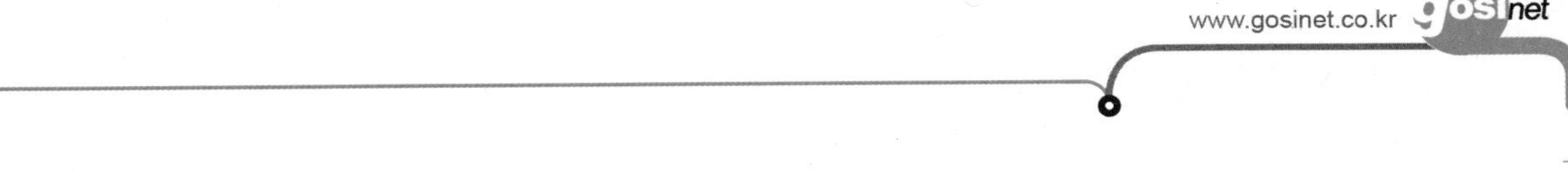

101 PERT－CPM의 확률적 모형에서 각 활동에 소요되는 예상시간은 낙관적 시간, 비관적 시간, 최빈시간의 세 가지로 추정한다. 각 활동시간이 베타분포를 따른다고 가정하고 어떤 활동의 낙관적 시간은 2일, 비관적 시간이 8일, 최빈시간이 5일로 추정된다면 그 기대시간은?

① 3일 ② 5일 ③ 10일 ④ 15일 ⑤ 30일

102 투자안의 경제성 분석에 대한 다음 설명으로 옳지 않은 것은?

① 순현가법이 내부수익률법보다 우수한 방법이다.
② 순현가법에서는 재투자수익률이 자본비용으로 재투자됨을 가정한다.
③ 내부수익률법은 가치가산의 원칙이 성립되지 않는다.
④ 복수의 상호배타적인 투자산업은 분석방법에 따라 항상 상반된 결과를 가져다준다.
⑤ 투자안의 현금흐름 측정 시에는 증분기준으로 측정해야 한다.

103 다음 중 투자안의 평가기준으로서 순현재가치법(NPV)의 특성이 아닌 것은?

① 투자안의 미래의 현금흐름에 대한 적절한 할인율을 사용하여 평가한다.
② 투자안의 모든 현금흐름을 사용한다.
③ 재투자수익률로서 내부수익률을 사용한다.
④ 가산법칙(Value Additivity)이 성립한다.
⑤ 모든 개별 투자 간의 상호관계를 고려하지 않고 독립적으로 평가한다.

104 다음 순현가(NPV)법과 내부수익률(IRR)법에 대한 내용으로 옳지 않은 것은?

① NPV법은 투자의 평균수익률을 고려한 분석기법이고 IRR법은 투자의 한계수익률을 고려한 분석기법이다.
② 단일투자안을 평가할 경우 현금흐름의 유형에 관계없이 NPV법과 IRR법에 의한 평가결과가 항상 일치한다.
③ IRR법은 차입형 투자와 대출형 투자에 대한 의사결정기준이 다르나 NPV법은 현금흐름의 양상에 관계없이 순현가가 0보다 크면 채택한다.
④ 투자규모가 현저히 상이한 상호배타적 투자안의 경우 NPV법과 IRR법에 의한 평가가 상반될 수 있다.
⑤ NPV법과 IRR법에 의한 평가결과에 차이가 발생하는 이유는 투자기간 내 현금흐름에 대한 묵시적인 재투자수익률의 가정이 서로 다르기 때문이다.

105 다음에서 설명하는 이것은?

> 이것은 석탄, 철광석, 원유, 곡물, 커피 등 건화물을 운반하는 벌크선의 시황을 보여주며 세계 해운업계의 경기를 나타내는 지수이다. 지난해 평균 670대에 머물렀던 이것이 최근 1,000포인트대를 넘어서면서 해운사들의 실적 개선이 전망되고 있다.

① BDI(Baltic Dry Index) ② KMI(Korea Maritime Index)
③ HRCI(Howe Robinson Container Index) ④ CCFI(China Containerized Freight Index)

[106 ~ 107] 아래 사례를 읽고 이어지는 질문에 답하시오.

> 독재자 솔라로부터 재산을 몰수당했던 카이사르는 로마로 돌아와 원로원 의원이 됐다. 그는 민중의 환심을 사기 위해 돈이 필요했다. 카이사르의 자산 대부분은 부채로 이뤄졌고 빌린 돈도 대부분 포퓰리즘식 사업에 사용했다. (가) <u>빚을 갚지 못할 만큼 주머니 사정이 나빠져 이자비용이 자본금마저 깎아 먹은 문제가 나타났다</u>. 결국 채권자들로부터 빌린 돈을 갚지 못해 고발당할 상황에 이르렀다. 이때 크라수스가 빚을 대신 갚아주고 보증을 서주면서 카이사르는 위기에서 벗어났다. 카이사르는 별다른 자본금과 담보 없이 빚을 끌어다 쓰기 위해 훌륭한 언변으로 채권자들을 설득했다. 브리타니아 침공까지 감행했던 군인답게 정복전쟁을 벌여 당시 중요한 재산으로 간주됐던 노예를 잡아올 수 있다고 큰소리쳤고 이를 믿은 채권자들이 막대한 자금을 융통해줬다. 결국 카이사르는 루시타니족 전쟁에서 이긴 뒤 크라수스에게 진 빚을 모두 갚고 삼두정치 주역이 된다. 카이사르는 "주사위는 던져졌다."는 명언을 남기며 남의 돈으로 혁명을 해냈다.

106 다음 중 (가)와 같은 재무 상황은?

① 분식회계 ② 신용경색 ③ 자본잠식 ④ 재정절벽

107 위 사례에 대한 올바른 분석으로 가장 거리가 먼 것은?

① 카이사르는 재무레버리지가 높은 상황에 있다.
② 크라수스는 카이사르의 채권자로 보증 채무를 지고 있다.
③ 카이사르는 사업의 미래 현금흐름 확보 대가로 자금 지원을 받았다.
④ 루시타니족 전쟁자금 지원으로 자기자본의존도가 증가해 이자비용 부담이 감소했다.

108 **다음 중 재무레버리지에 대한 설명으로 알맞지 않은 것은?**

① 기업이 영업비 중에서 고정영업비를 부담하는 정도를 뜻한다.

② 고정재무비용이 0이면 재무레버리지가 1이 되어 재무레버리지는 효과가 없게 된다.

③ 재무레버리지는 기업이 이자비용이나 우선주배당금 등 고정재무비용을 부담하고 있는 정도를 의미한다.

④ 재무레버리지 효과란 고정재무비용이 지렛대의 역할을 하여 영업이익의 변화율보다 EPS의 변화율이 크게 나타나는 현상을 말한다.

⑤ 재무레버리지의 지표로는 자기자본비율과 부채비율이 이용된다.

109 **다음 지각과정에 대한 설명 중 가장 옳지 않은 것은?**

① 지각과정은 선택, 조직화, 해석화의 단계로 구성된다.

② 선택은 외부의 여러 정보 중 의미가 있는 것을 받아들이는 과정으로 유사한 지성을 가진 사람들은 항상 동일한 선택을 하게 된다.

③ 선택에 영향을 주는 요인으로는 지각대상의 특성, 지각자의 특성, 지각 당시의 상황 등이 있다.

④ 해석의 대표적인 유형으로는 전형과 기대가 있다.

⑤ 전형이란 과거 여러 번 경험한 자극을 장기간 저장하여 유사한 자극에 대해서는 자세히 보지 않고도 과거 경험에 의하여 판단하는 것을 의미한다.

110 **브룸(Victor H. Vroom)의 기대이론에서 동기부여를 유발하는 요인에 대한 설명으로 가장 옳지 않은 것은?**

① 기업은 교육과 훈련을 통해 그 구성원의 능력을 향상시킴으로써 구성원의 직무기대감을 높일 수 있다.

② 개인이 특정한 성과를 달성했을 때 그에 따른 보상을 받을 수 있는 가능성에 대한 주관적 믿음의 정도를 수단성이라 한다.

③ 조직에 대한 신뢰도가 높을수록 수단성은 높아진다.

④ 인간은 합리적인 존재임을 가정하고 있으나 비합리적인 경우도 있음을 인정한다.

111 다음 중 매슬로우의 욕구단계설과 알더퍼의 ERG이론에 대한 설명으로 알맞은 것은?

① 매슬로우의 존경욕구는 알더퍼의 성장욕구에 해당한다.
② 매슬로우는 두 가지 욕구가 동시에 일어난다고 하였다.
③ 알더퍼는 욕구가 좌절－퇴행의 요소만 가지고 있다고 주장하였다.
④ 알더퍼의 이론은 하위 욕구가 충족되어야만 상위욕구가 충족된다고 하였다.

112 동기부여와 관련된 이론 중 내용 이론이 아닌 것은?

① 공정성이론 ② 2요인이론 ③ ERG이론
④ 성취동기이론 ⑤ 욕구단계이론

113 인지부조화이론에서 관련 근거를 찾을 수 있는 동기 이론은?

① Alderfer의 ERG이론 ② Maslow의 욕구단계이론
③ Vroom의 기대이론 ④ Herzberg의 2요인이론
⑤ Adams의 공정성이론

114 다음 중 동기부여 이론에 대한 내용으로 알맞지 않은 것은?

① 허즈버그의 2요인이론은 동기요인과 위생요인으로 구분한다.
② 알더퍼의 ERG이론은 좌절－퇴행의 요소가 포함된다.
③ 매슬로우의 욕구단계이론은 욕구에 순서가 있음을 가정한다.
④ 맥클리랜드는 생존욕구를 중시한다.

115 **허즈버그의 2요인이론에 대한 설명으로 적절하지 않은 것은?**

① 동기요인은 만족감을 높이는 요인이다.
② 동기요인이 발생하지 않는다면 불만족감을 유발하게 된다.
③ 위생요인이 충족되는 것은 단지 불만족요인을 제거하는 것일 뿐이다.
④ 위생요인을 적절한 수준으로 유지하여 불만을 느끼지 않도록 하여야 한다.

116 **다음 중 게임이론의 특징으로 알맞지 않은 것은?**

① 안점이 존재하지 않는 게임에서는 반드시 혼합전략을 구사하여야 한다.
② 순수전략이란 단 하나의 전략을 선택하여 서로 만족함으로써 안정상태에 도달하는 전략을 말한다.
③ 지배전략이란 상대의 전략에 따라 상대의 입장에서 최적의 전략을 선택하는 것이다.
④ 상대방의 주어진 전략하에서 자신에게 가장 유리한 전략을 선택한 경우의 균형을 내쉬균형이라고 한다.

117 **허즈버그의 2요인이론을 근거로 한 직무설계 방법은?**

① 직무특성 이론 ② 직무확대 ③ 직무충실화
④ 직무순환 ⑤ 직무몰입

118 **BCG 매트릭스와 GE 매트릭스에 대한 설명으로 틀린 것은?**

① BCG 매트릭스는 현금흐름을 연관하여 평가한 모형이다.
② BCG 매트릭스는 ROI와 연관된 모형이다.
③ GE 매트릭스의 변수로는 산업매력도와 기업 강점이 있다.
④ GE 매트릭스는 BCG 매트릭스에 다른 요인을 추가하여 설명하고 있다.
⑤ BCG 매트릭스에서 별 사업부는 시장성장률과 시장점유율이 높은 편이다.

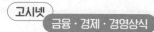

119 다음 그림에 대한 설명으로 가장 옳지 않은 것은?

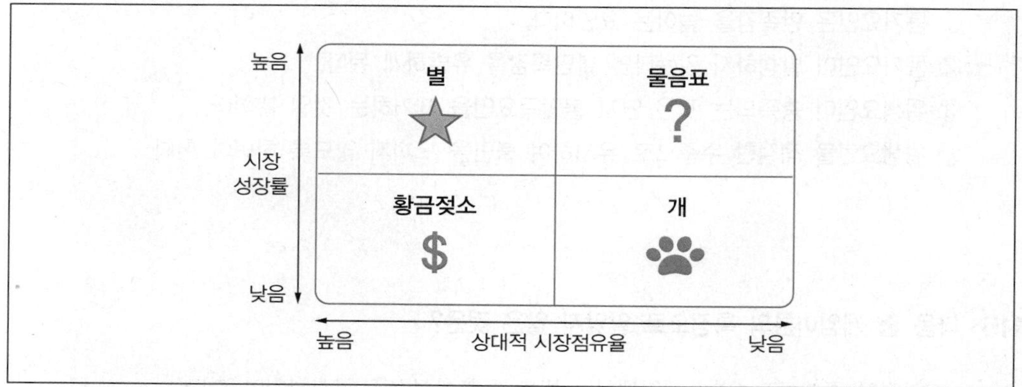

① 보스턴 컨설팅 그룹에 의해 개발된 효율적 자원 배분의 도구로 성장-점유 매트릭스라고도 한다.
② 별 사업부는 높은 시장성장률과 높은 상대적 시장점유율을 가진 전략사업단위들이다.
③ 황금젖소 사업부는 저성장시장에 있으면서 신규 설비투자 등을 지출하지 않고 높은 시장점유율로 많은 수익을 창출하는 부문으로 일반적으로 유지정책을 사용한다.
④ 개 사업부는 현금을 가장 많이 필요로 하는 사업부이다.
⑤ 기업의 전략을 너무 단순하게 파악하였고 자금의 외부조달 가능성을 고려하지 않았다는 비판을 받는다.

120 다음 중 BCG 매트릭스에 대한 설명으로 가장 적절하지 않은 것은?

① 시장성장률과 상대적 시장점유율로 구성되어 시장상황을 쉽게 이해할 수 있는 장점이 있지만 지나친 단순화로 사업을 평가하는 데 한계가 있다는 단점이 있다.
② 물음표(Question Mark)의 경우 경쟁업체와 대항하기 위해 새로운 많은 자금의 투입이 요구된다.
③ 황금젖소(Cash Cow)의 경우 높은 시장점유율을 통해서 규모의 경제를 실현할 수 있다.
④ 별(Star)의 경우 상대적 시장점유율과 시장성장률이 높기 때문에 투자를 줄여나간다.
⑤ 개(Dog)에 해당되는 사업은 계속 유지할 것인지 축소 내지 철수를 할 것인지 결정해야 한다.

121 다음 중 BCG 매트릭스에서 최적의 현금흐름 방향으로 가장 적절한 것은?

① 별 사업부 → 물음표 사업부
② 별 사업부 → 황금젖소 사업부
③ 황금젖소 사업부 → 물음표 사업부
④ 개 사업부 → 물음표 사업부
⑤ 개 사업부 → 황금젖소 사업부

122 ○○공사 기획팀은 BCG 매트릭스를 활용하여 전략사업단위를 평가하기 위한 회의를 열었다. 다음 대화 내용 중 가장 옳지 않은 것은?

> 박일번 팀장 : 오늘 회의에서는 BCG 매트릭스의 특징을 기반으로 사업전략을 제시하도록 합시다.
> 배대로 대리 : 시장성장률과 사업의 강점을 축으로 구성된 매트릭스를 말씀하시는 거죠?
> 보태도 과장 : 물음표 사업부는 많은 현금을 필요로 하므로 경쟁력이 없을 것으로 판단되는 사업단위는 회수나 철수 등의 정책을 취해야 합니다.
> 손바른 차장 : 시장점유율이 매우 큰 별 사업부는 유지전략이 사용될 수 있지만, 시장점유율이 크지 않으면 육성전략이 사용될 수도 있습니다.
> 이미도 차장 : 황금젖소 사업부는 저성장시장에 있으므로 신규 설비투자를 멈추고 유지정책을 사용해야 합니다.
> 현재연 대리 : 개 사업부는 시장전망이 좋지 않으니 회수나 철수정책을 사용해야 합니다.

① 배대로 대리　② 보태도 과장　③ 손바른 차장
④ 이미도 차장　⑤ 현재연 대리

123 다음은 GE 매트릭스의 기본체계이다. ㄱ ~ ㅈ 중 현상유지전략이 적용되는 위치로 적절한 것을 모두 고르면?

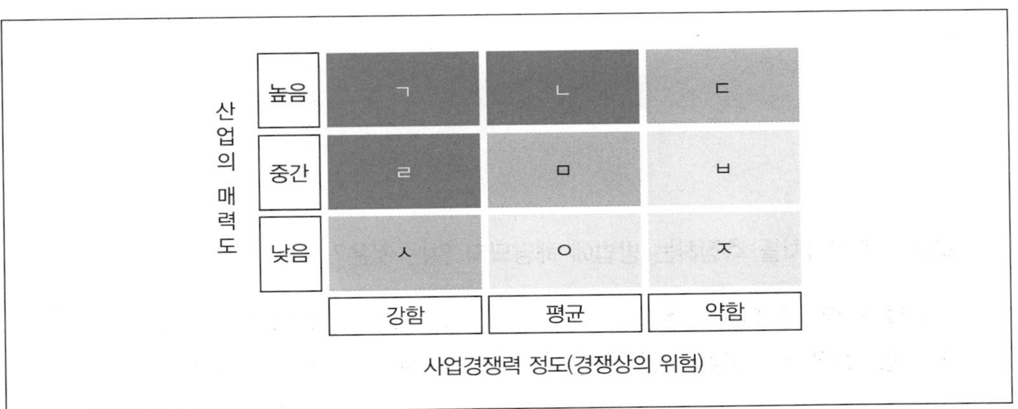

① ㄱ, ㄴ, ㄹ　② ㄷ, ㅁ, ㅅ　③ ㄹ, ㅁ, ㅂ
④ ㅁ, ㅅ, ㅈ　⑤ ㅂ, ㅇ, ㅈ

124 다음 중 상표전략에 대한 내용으로 옳지 않는 것은?

① 기존의 제품범주에 속하는 신제품에 기존 브랜드명을 그대로 사용하는 것을 라인 확장이라고 한다.

② 브랜드 자산이 형성되려면 독특하거나 강력한 브랜드 이미지가 있어야 한다.

③ 브랜드는 소비자가 상품을 전체적으로 떠오르는 이미지로 인지하게 하여서 소비자의 사고비용을 증가시킨다.

④ 무상표전략은 유상표전략에 비하여 원가부담이 더 낮아서 저렴한 가격으로 공급할 수 있다.

125 제품 및 브랜드전략에 대한 설명으로 적절하지 않은 것은?

① 카테고리 확장은 상품 간 유사성이 높을수록, 브랜드 이미지와 상품 사이의 유사성이 낮을수록 성공확률이 높아진다.

② 개별브랜드전략은 각 제품에 대하여 한 상표가 시장에서 실패하더라도 다른 상표에 영향을 주지 않는다.

③ 라인 확장된 신상품이 기존 브랜드의 이미지 또는 브랜드 자산을 약화시키는 것을 희석효과라 한다.

④ 기존 브랜드와 다른 상품범주에 속하는 신상품에 기존 브랜드를 붙이는 것을 라인 확장이라고 한다.

126 브랜드 자산가치를 측정하는 방법에 해당되지 않는 것은?

① 매출액 배수를 이용한 측정
② 초과가치 분석을 통한 측정
③ 무형자산의 가치추정을 통한 측정
④ 브랜드 플랫폼 분석을 통한 측정

127 (가), (나)에 해당하는 소비 행태를 바르게 짝지은 것은?

> A : 내 생각에는 젊은 층일수록 소비자 그룹 전체에서 많은 인기를 끌고 있는 제품을 소비하는 경향이 있는데 소비자가 현재 유행하고 있는 트렌드를 쫓아서 소비하는 모방소비를 일컫는 말로 쓰여, 기업에서는 (가)을/를 소비자의 충동구매를 일으키는 데 자주 활용하고 있어.
> B : 그런 면도 있지만 자신은 다른 사람과 다르다는 것을 보여 주기 위해 다른 사람이 소비하는 상품 구매를 일부러 기피하며 과시하기 위한 현상도 보이고 있지. 이런 (나)은/는 과시적 소비심리현상이야.

	(가)	(나)		(가)	(나)
①	립스틱효과	베블런효과	②	스놉효과	밴드왜건효과
③	밴드왜건효과	스놉효과	④	베블런효과	스놉효과

128 인간의 욕구는 학습을 통해 형성되며 이 욕구는 내면에 잠재되어 있다가 주위환경에 적합하게 될 때 표출된다고 주장한 사람은?

① 허즈버그(Herzberg) ② 머레이(Murry) ③ 맥클리랜드(Mcclelland)
④ 아담스(Adams) ⑤ 베버(Weber)

129 다음에서 설명하는 집단의사결정기법은?

> 일정한 주제에 관하여 회의형식을 채택하고 10명 내외의 구성원들의 자유발언을 통한 아이디어의 제시를 요구하여 창의적인 발상을 찾아내려는 방법이다. 이 기법은 개인의 창조적 사고를 저해하는 구성원 상호 간의 동조현상을 극복하고 소수 의견이 무시되지 않으면서 또한 소수 구성원에 의한 지배도 불가능해진다. 그리고 다른 구성원의 아이디어를 알게 됨으로써 학습의 기회와 새로운 시각을 자극받을 수 있다.

① 통계적 통합기법 ② 델파이기법 ③ 명목집단기법
④ 브레인스토밍기법 ⑤ 팀빌딩기법

130 다음 중 가격정책에 관한 내용으로 옳지 않은 것은?

① 유보가격이란 구매자가 어떤 상품에 대해 지불할 용의가 있는 최대가격을 말한다.
② 준거가격이란 소비자들이 특정 제품을 구매할 때 '싸다, 비싸다'의 기준이 되는 가격을 말한다.
③ 가격 인상 시에는 JND 범위 내에서 인상하고 인하 시에는 JND 범위 밖으로 인하한다.
④ 관습가격이란 일반적인 사회관습상 용인된 가격을 의미한다.
⑤ 베버의 법칙(Weber's Law)이란 소비자가 가격 변화에 대하여 느끼는 정도가 가격수준에 따라 모두 동일하다는 것을 의미한다.

131 가격전략에 대한 다음 설명 중 가장 옳지 않은 것은?

① 고객들이 제품의 품질, 명성 또는 한정성이 높다고 판단할 경우 고객의 가격민감도는 감소한다.
② 강력한 브랜드는 가격 인상에 대한 소비자들의 탄력적 반응은 증가시키고 가격 인하에 대한 소비자들의 탄력적 반응은 감소시킬 것이다.
③ 규모의 경제를 통한 이득이 미미하다고 판단되면 고가전략을 사용하는 것이 유리하다.
④ 자사의 제품이 경쟁기업의 제품에서 제공하지 않는 특성을 제공하고 있다면 경쟁자보다 상대적으로 높은 가격을 책정하는 것이 바람직하다.
⑤ 종속가격전략을 적용할 때 종속제품의 가격을 너무 높게 책정하면 불법복제 부속품이 등장할 가능성이 높아진다.

132 가격관리에서 소비자 A의 심리를 가장 잘 설명해 줄 수 있는 이론으로 적절한 것은?

A는 얼마 전 200만 원짜리 노트북을 선택할 때 10 ~ 20만 원의 옵션 추가 비용은 크게 신경 쓰지 않았으나, 500원짜리 캔커피의 1 ~ 200원 가격변동에는 민감하게 반응하였다.

① 준거가격(Reference Price)
② 손실회피성(Loss Aversion)
③ 이부가격제(Two-part Tariff)
④ 베버의 법칙(Weber's Law)
⑤ 최소식별차이(Just Noticeable Difference)

133 가격결정의 유형에 대한 설명으로 적절하지 않은 것은?

① 명성가격결정방법은 가격이 높으면 품질이 좋을 것이라고 느끼는 효과를 이용하여 고급상품의 가격결정에 많이 이용된다.

② 상층흡수가격결정법은 제품도입기에 시장성장률 확대를 위해 저가의 가격설정을 하는 방법으로 수요의 가격탄력성이 높은 제품에 많이 이용된다.

③ 침투가격결정은 제품도입기에 시장성장률 확대를 위해 저가의 가격설정을 하는 방법으로 수요의 가격탄력성이 높은 제품에 많이 이용된다.

④ 종속제품가격결정은 주요 제품과 함께 사용되는 제품을 동시에 생산하는 경우 기본제품은 높은 가격으로, 종속제품은 낮은 가격으로 가격을 결정하는 것이다.

⑤ 손실유도가격결정법은 특정 제품의 가격을 대폭 인하하여 다른 품목의 수익성을 확보하기 위한 일종의 심리가격결정이다.

134 사업 아이디어가 상품화의 과정을 거쳐 시장에서 수요를 만족시킬 가능성이 있는지를 검토하는 과정은?

① 타당성 검토　② 시장성 검토　③ 경제성 검토
④ 판매가능성 검토　⑤ 기술 검토

135 정보의 순환과정에서 중시되는 정보보안의 목표에 해당하지 않는 것은?

① 이행성(Transitive)　② 무결성(Integrity)　③ 기밀성(Confidentiality)
④ 가용성(Availability)　⑤ 인증성(Authentication)

136 우리나라 상법상의 회사 중 하나인 유한회사에 대한 설명으로 옳은 것은?

① 사원총회는 최고의 의사결정기관이다.
② 감사는 필수적 상설기관이다.
③ 무한책임사원이 경영을 담당한다.
④ 3인 이상의 이사가 필요하다.
⑤ 기관의 구성이 주식회사보다 개방적이다.

137 무한책임사원으로만 구성되는 회사의 형태는?

① 합자회사 ② 유한회사 ③ 주식회사
④ 합명회사 ⑤ 유한책임회사

138 다음에서 설명하고 있는 회사의 형태는 무엇인가?

보기

- 두 사람 이상의 사원이 공동출자하고 회사의 경영에 대한 무한책임을 지며 직접 경영에 참여한다.
- 가족 내에서 친척 간 또는 이해관계가 깊은 사람들이 주로 이 형태의 회사를 설립한다.

① 유한회사 ② 합명회사
③ 합자회사 ④ 주식회사

139 다음 중 사외이사에 대한 설명으로 틀린 것은?

① 일반적으로 비상근이사를 말한다.
② 대학교수, 변호사, 퇴직 공무원 등 각계각층의 전문적인 능력을 소유한 사람들로 구성되어 있다.
③ 대주주의 영향력을 받는 전문가들이며 이사회에 참여한다.
④ 기업 내 권력의 집중과 남용을 방지한다.

140 다음 중 조직의 임무, 목표, 자원배분과 관련된 계획은?

① 전략적 계획 ② 전술적 계획 ③ 운영적 계획
④ 분석적 계획 ⑤ 지속적 계획

141 다음 내용에 적절한 제품수명주기상의 단계는?

- 주고객은 조기수용층이다.
- 시장점유율을 높이고자 한다.
- 시장침투가격을 설정한다.

① 도입기 ② 성장기 ③ 포화기
④ 성숙기 ⑤ 쇠퇴기

142 다음 중 제품수명주기에 대한 설명으로 틀린 것은?

① 도입기의 고객층은 주로 혁신층이다.
② 성장기에는 경쟁자가 점차 증대하기 시작한다.
③ 도입기에는 경쟁자가 많은 편이다.
④ 성숙기에는 수요를 유지하기 위한 리마케팅이 요구된다.
⑤ 쇠퇴기에는 대체 상품이 시장에 나타나기 시작한다.

143 어떤 대상이나 사람에 대한 일반적인 견해가 그 대상이나 사람의 구체적인 특성을 평가하는 데 영향을 미치는 현상은?

① 후광효과 ② 중립화 경향 ③ 최근효과
④ 관대화 경향 ⑤ 상품적 평가

144 최대다수의 최대행복을 지향하는 기업윤리 접근법은?

① 상대적 접근 ② 절대적 접근 ③ 정의적 접근
④ 공감적 접근 ⑤ 공리적 접근

145 핵심역량에 대한 설명으로 가장 알맞지 않은 것은?

① 핵심역량은 기업이 경영상의 경쟁우위를 창출할 수 있는 능력을 의미한다.
② 조직에서의 집단적인 학습 과정을 통하여 핵심역량이 배양된다.
③ 사업의 철수와 확장 등을 핵심역량을 기준으로 하여 결정한다.
④ 핵심역량은 기업 안에서 공유된 고유한 노하우 등으로 높은 효율성과 효과성을 보유하고 있는 특정 부문이다.
⑤ 핵심역량은 그 기업의 핵심적인 능력으로 타 기업과 공동 개발할 수 없다.

146 다음 중 조직을 설계하는 과정에 영향을 미치는 요인이 아닌 것은?

① 기업전략　② 경영전략　③ 시장 여건
④ 조직 규모　⑤ 직무의 공식화

147 다음 중 양적 수요예측법과 거리가 먼 것은?

① 시계열 분석　② 델파이법　③ 이동평균법
④ 인과관계형 분석　⑤ 지수평활법

148 마이클 포터의 산업의 경쟁강도분석에 관한 내용으로 적절하지 않은 것은?

① 산업 내 경쟁업체가 많을수록 수익률은 낮아진다.
② 구매자의 교섭력이 낮을수록 수익률은 낮아진다.
③ 해당 산업의 진입장벽이 낮을수록 수익률은 낮아진다.
④ 산업 내 대체품이 적을수록 수익률은 높아진다.

149 **마이클 포터(M. E. Porter)의 산업구조분석모형에서 활용하는 Five Forces에 해당하지 않은 것은?**

① 전통적 경쟁자 ② 잠재적 경쟁자 ③ 대체가능한 제품과 서비스
④ 공급자 교섭력 ⑤ 원가경쟁력

150 **다음 중 포트폴리오의 분산투자효과에 관한 설명으로 알맞지 않은 것은?**

① 상관계수가 1이면 분산투자의 효과가 없다.
② 체계적 위험은 분산불가능위험이다.
③ 이자율 변동에 의한 위험은 체계적 위험에 해당한다.
④ 비체계적 위험으로는 전쟁, 인플레이션, 경기변동 등이 있다.
⑤ 비체계적 위험은 분산가능위험이다.

151 **포트폴리오이론의 한계점에 대한 내용으로 옳지 않은 것은?**

① 사용하는 변수와 선택대안이 너무 복잡하다.
② 상대적 시장점유율을 산업성장률과 다른 요인을 고려하는 가정의 비현실성이 있다.
③ 사업부 간의 전략적인 관계를 고려하지 못했다.
④ 자금의 외부유입에 대하여 고려하지 않았다.

152 **버나드의 조직행위론(Organizational Behavior)과 부합하지 않는 것은?**

① 권한수용설 ② 공통목적
③ 의사소통 ④ 제한적 합리성

153 **버나드가 권한은 하부 직위로부터의 수용에 의해서 생긴다고 주장한 이론은?**

① 관료제 ② 포드 시스템 ③ 동시관리
④ 권한수용설 ⑤ 과학적 관리론

154 **다음 중 블루오션(Blue Ocean)과 레드오션(Red Ocean)에 관한 설명으로 옳지 않은 것은?**

① 블루오션이란 아무도 진출하지 않은 거대한 성장잠재력을 지닌 시장을 말한다.
② 레드오션이란 이미 형성된 시장에 많은 경쟁자들이 있어 치열한 경쟁상황이 벌어지고 있는 시장을 의미한다.
③ 블루오션전략은 새로운 시장의 개척을 강조하는 것이고 레드오션전략은 기존 경쟁에서의 승리를 강조한다.
④ 블루오션과 레드오션은 상호 배타적인 개념으로 블루오션에서 활동하는 기업과 레드오션에서 활동하는 기업은 구분이 가능하고 상호 간의 시장으로 넘나들지 못하는 특징이 있다.

155 **다음에서 설명하는 척도의 형태는 무엇인가?**

시장점유 등과 같이 구분과 준비, 산술적 의미뿐만 아니라 숫자간의 비율계산이 가능한 척도

① 명목척도(Nominal Scale) ② 서열척도(Ordinal Scale)
③ 비율척도(Ratio Scale) ④ 등간척도(Interval Scale)

156 **다음 중 감정적 요소, 인지적 요소, 행위적 요소를 구성요소로 가지고 있는 개인의 선유경향(Predisposition)으로 알맞은 것은?**

① 태도 ② 지각 ③ 행위
④ 학습 ⑤ 귀속

157 **피시바인의 다속성태도모형에 대한 설명으로 옳지 않은 것은?**

① 각 대안별 평가를 하고 그 평가결과가 가장 큰 대안을 선택하는 모형이다.
② 소비자의 신념(Belief)이 대상에 대한 태도에 영향을 준다.
③ 보완적 평가방식이 대표적인 방법이다.
④ 평가점수가 동일한 대안은 소비자가 느끼는 속성이 동일한 것이다.

158 **시장세분화에 대한 설명 중 옳지 않은 것은?**

① 효과적인 시장세분화를 위해서는 세분시장의 규모가 측정 가능하여야 한다.
② 시장세분화를 통해 소비자들의 다양한 욕구를 보다 정확하게 파악할 수 있다.
③ 동일한 세분시장 내에 있는 소비자들은 이질성이 극대화되며 세분시장 간에는 동질성이 존재한다.
④ 욕구가 비슷하거나 동일한 일부를 가지고 시장을 세분화한 것으로 소비자들의 다양한 욕구를 충족시키기에 적합하다.

159 **시장을 세분화하는 과정에 적용되는 다양한 기준 중 인구통계적 변수에 해당하지 않는 것은?**

① 가계 소득　② 가족 규모　③ 교육수준
④ 직업　⑤ 라이프 스타일

160 **다음 중 시장세분화의 장점을 모두 고른 것은?**

> 가. 소비자의 다양한 요구를 충족시키며 매출액의 증대를 꾀할 수 있다.
> 나. 시장세분화를 통하여 마케팅 기회를 탐지할 수 있다.
> 다. 시장세분화를 통하여 규모의 경제가 발생한다.
> 라. 제품 및 마케팅활동이 목표시장의 요구에 적합하도록 조정할 수 있다.

① 가, 나, 다　② 가, 나, 라
③ 가, 다, 라　④ 나, 다, 라

161 다음 〈보기〉에서 설명하는 것은?

보기

일정 기간에 걸쳐서 특정 제품의 마케팅활동에 대한 예상반응이 유사할 것으로 예상되는 소비자들을 집단화하는 것을 말한다.

① 시장세분화 ② 제품차별화 ③ 마케팅전략
④ 마케팅 믹스 ⑤ 제품 포지셔닝

162 다음 중 시장세분화에 대한 설명으로 알맞지 않은 것은?

① 시장세분화로 마케팅 프로그램과 예산을 설정할 수 있다.
② 중소기업의 경우 시장세분화에 의해서 니치 마케팅을 가능하게 한다.
③ 특정 제품군에 대해서 비슷한 성향을 가진 사람들을 하나의 집단으로 분류하는 과정이다.
④ 시장세분화를 하면 타깃 선정이 어려워 표적시장을 설정할 수 없다.

163 여러 가지로 조합이 가능한 표준화된 호환부품으로, 소품종 대량생산체제의 최적화를 실현하기 위한 기법은?

① 집단관리법(GT) ② 모듈러 생산(MP)
③ 컴퓨터 통합생산(CIM) ④ 셀형 제조방식(CMS)

164 다음 중 대상고객 선정을 위한 효과적인 시장세분화의 기준으로 적합하지 않은 것은?

① 세분시장은 크기, 구매력 등에 대해 측정 가능해야 한다.
② 세분시장은 마케팅활동을 통해 접근 가능해야 한다.
③ 세분시장이 너무 작으면 안 된다.
④ 세분시장 내에 있는 고객들은 서로 이질적이어야 한다.

165 **○○전자는 TV 시장을 디자인추구시장, 가격추구시장, 기능추구시장으로 세분화했다. 이와 같은 시장세분화는 어떤 기준을 적용한 것인가?**

① 행동적 세분화－사용상황
② 행동적 세분화－효용
③ 인구통계학적 세분화－생활양식
④ 인구통계학적 세분화－효용

166 **시장세분화에 대한 다음 설명 중 틀린 것은?**

① 지나친 세분시장 마케팅은 수익성을 악화시킬 수 있다.
② 같은 세분시장에 속한 고객끼리는 최대한 유사하게 세분화되는 것이 좋다.
③ 혁신적인 신상품의 경우에는 시장세분화가 시기상조일 수 있다.
④ 새로이 시장에 진입하는 도전자는 역세분화를 하는 것이 바람직할 수도 있다.
⑤ 시장세분화의 기준변수가 불연속적인 경우에는 세분화를 위해서 군집분석을 이용할 수 있다.

167 **수요예측기법에 대한 설명 중 옳지 않은 것은?**

① 단순이동평균법에서 이동평균기간을 길게 잡을수록 최근의 변화되는 추세에 민감하게 반응할 수 있다.
② 지수평활법은 양적 수요예측으로, 최근의 자료에 과거의 자료보다 높은 가중치를 부여하여 수요를 예측하는 방법이다.
③ 인과형 모형에서는 수요를 여러 기업 환경요인에 의해 나타나는 결과로 간주하는데, 이 범주에 속하는 대표적인 예측기법에는 회귀분석이 있다.
④ 시장조사법은 질적 수요예측에서 시간과 비용이 많이 소비되지만 직접적인 수요자들의 의견으로 구한 가설이기 때문에 비교적 정확하다.
⑤ 시계열분석기법은 과거의 자료로 추세나 경향을 분석하여 미래를 예측하는 기법으로, 추세, 순환, 계절적 변동, 불규칙 변동 등의 특정 유형을 가지고 있다.

168 수요예측기법에 관한 설명 중 옳지 않은 것은?

① 단순 이동평균법보다 최근 수요의 가중치를 높게 두는 가중 이동평균법의 예측치가 수요변동을 더 빨리 따라잡을 수 있다.

② 지수평활법을 사용하려면 10년 이상의 장기간 자료가 있어야 한다.

③ 시계열분석에서 추세요인이란 중장기적인 변동을 나타내는 것이다.

④ 시계열분석은 독립변수를 시간으로 보고 있으며 인과관계분석은 독립변수를 인과요인으로 보고 있다.

169 다음 중 수요예측기법에 관한 설명으로 알맞지 않은 것은?

① 시장조사법은 수요예측의 질적(정성적) 기법 중 시간과 비용이 가장 많이 들며 설문지, 전화 등을 통해 소비자 의견을 묻는다.

② 지수평활법은 수요예측의 양적 기법으로서 현재에 가까운 과거의 자료에 높은 가중치를 주고 수요를 예측하는 방법이다.

③ 이동평균법은 평균의 계산 기간을 순차적으로 한 기간씩 이동시켜 나가며 수요를 예측하는 기법으로, 계절변화의 분석에 유용하다.

④ 과거자료유추법은 새로운 제품의 개발 시에 기능 면에서 비슷한 기존 제품에 대한 자료를 이용하여 수요를 예측하는 양적(정량적) 방법으로 생산시설의 장기예측에 유용하다.

170 다음 중 기업의 성장에 있어서 중요한 요소 중 하나인 '인수 및 합병(M&A)'에 관한 설명으로 틀린 것은?

① 인수 및 합병의 성공을 평가하기 위한 중요한 기준으로 시너지효과와 적정한 인수가격의 지불을 들 수 있다.

② 규모의 경제를 달성함으로써 생산성 향상, 비용 절감 더 나아가 경쟁 감소를 의도한다면 수직적 합병에 비해 수평적 합병이 더욱 바람직한 대안이다.

③ 전혀 다른 두 기업이 위험성을 줄이기 위해 선택하는 전략은 수직적 합병에 가장 가깝다. 계절적으로 전혀 다른 주기의 상품을 취급하는 두 회사가 결합하여 위험성을 줄이는 경우를 예로 들 수 있다.

④ 인수 및 합병의 중요한 이유로 성장, 제품 라인의 확장, 신규시장의 신속한 진출, 기술 및 신경영기술의 확보가 있으며, 또 다른 차원에서는 비용 절감, 사업단위 매각, 직원 정리해고, 재무구조 개편을 통한 주주가치의 극대화 등의 재무적 구조조정을 들 수 있다.

171 기업 간 인수합병의 목적으로 가장 적절하지 않은 것은?

① 빠른 시장 진입　② 규모의 경제 활용　③ 범위의 경제 활용
④ 성숙 시장 진입　⑤ 투자수요 확대

172 다음 중 M&A의 장점에 대한 설명으로 알맞지 않은 것은?

① 대리인 문제가 발생한다.
② 유능한 경영자를 찾을 수 있다.
③ 자본조달비용의 감소 등 재무시너지효과를 얻을 수 있다.
④ 시설, 생산 등에서 기업규모의 경제성을 높일 수 있다.

173 적대적인 인수합병을 방어하기 위한 수단이 아닌 것은?

① 흑기사(Black Knight)　② 황금낙하산(Golden Parachute)
③ 왕관의 보석(Jewel of Crown)　④ 독약처방(Poison Pill)

174 다음 M&A에 관한 설명 중 가장 옳지 않은 것은?

① 공개매수 제의 시 피인수기업 주주들의 무임승차 현상은 기업매수를 어렵게 한다.
② 우리사주조합의 지분율을 낮추는 것은 M&A 방어를 위한 수단이 된다.
③ M&A 시장의 활성화는 주주와 경영자 간 대립 문제를 완화시키는 역할을 한다.
④ 적대적 M&A의 경우 주가가 상승할 가능성이 있어 피인수기업 주주가 반드시 손해를 보는 것은 아니다.

175 **다음 중 적대적 M&A의 전략 방법에 대한 설명으로 옳지 않은 것은?**

① 황금낙하산(Golden Parachute)은 임원이 임기 전 사임하게 되는 경우 거액의 보수를 지급할 것을 사전에 정관에 약정하면서 인수비용의 부담을 가중하게 하는 사전적 방어 전략이다.
② 차입자본재구축(Leveraged Recapitalization)은 적대적 M&A 시도가 있을 때 외부주주에게는 차입으로 조달된 자금으로 거액의 현금배당을, 내부주주나 경영진에게는 현금배당 대신 신주를 발행하여 지분율을 증가시키는 방법으로 사후적 방어 전략이다.
③ 독소조항(Poison Pill)은 사전 경고 없이 매수자가 목표기업의 경영진에 매력적인 매수제의를 함과 동시에 위협적으로 신속한 의사결정을 요구하는 전략을 말한다.
④ 공개매수(Tender Offer)는 공격자가 인수대상기업을 매수하겠다고 공개적으로 의사표명을 하고 주식인수에 나서는 전략이다.
⑤ 왕관의 보석(Crown of Jewel)은 기업의 핵심이 되는 부문을 별도의 독립된 기업으로 분리 설립하여 공격자가 이 부분을 인수하는 데 막대한 대가를 지불하도록 하는 전략이다.

176 **다음 중 동종기업 간의 경쟁제한을 목적으로 상호협정을 체결하는 형태로 법률적 · 경제적 독립성이 유지되는 것은?**

① 트러스트
② 카르텔
③ 콘체른
④ 콩글로메리트

177 **일정한 지역에서 기초 원료부터 제품에 이르기까지 생산 단계가 다른 각종 생산 부문과 기술적으로 결합되어 집약적인 계열을 형성한 기업의 지역적 결합체는?**

① 콘체른(Konzern)
② 콤비나트(Kombinat)
③ 트러스트(Trust)
④ 컨소시엄(Consortium)
⑤ 조인트벤처(Joint venture)

178 **다음에서 설명하는 교육제도는 무엇인가?**

> 업무시간 중에 실제 업무를 수행하면서 직속상사로부터 직무훈련을 받는 것으로 직무를 수행하면서 동시에 교육을 수행할 수 있다.

① 종업원지주교육
② 업적관리
③ 직장 내 교육
④ 직장 외 교육

179 **Off－JT와 OJT에 대한 설명으로 적절하지 않은 것은?**

① Off－JT는 체계적인 교육프로그램에 따라 진행되는 것이 아니므로 기존에 사용했던 비효율적인 방식이 그대로 전해질 수 있다.
② Off－JT를 실시함으로써 다수 종업원의 통일적 교육이 가능하다.
③ OJT는 한꺼번에 많은 사람들을 대상으로 하는 동시교육이 불가능하다.
④ OJT는 훈련받은 내용을 바로 현장에서 적용할 수 있다는 장점이 있다.

180 **다음 중 고객관계관리(CRM)에 대한 설명으로 거리가 먼 것은?**

① CRM는 시장점유율보다 고객점유율이 중요하다.
② Crose-selling, Upselling 등 대상품과 연계 판매가 가능하다.
③ 고객 획득보다는 고객 유치에 중점을 둔다.
④ 모든 소비자를 대상으로 대량 유통 및 대량 촉진 정책을 중요 전략으로 한다.

181 **다음 중 마이클 포터(Michael Porter)의 산업구조분석기법에 대한 내용으로 옳지 않은 것은?**

① 차별화된 산업일수록 수익률이 낮고, 차별화가 덜 된 산업일수록 수익률은 높아진다.
② 산업구조분석은 측정기업의 과업환경에서 중요한 요인을 이해하고자 하는 기법이다.
③ 포터의 산업분석구조 틀에 따르면 5가지의 요인 즉, 경쟁 정도, 잠재적 진입자, 구매자, 공급자, 대체재에 의해 산업 내의 경쟁 강도와 수익률이 결정된다.
④ 전환비용(Switching Cost)이 높은 산업일수록 그 산업의 매력도는 증가한다.

182 다음 중 선발진입제에 대한 설명으로 가장 적절하지 않은 것은?

① 후발주자들이 자신의 노하우를 모방할 수 있다는 위협이 있다.
② 조기에 시장에 진입하게 되면 경쟁자가 없으므로 시장 위험을 최소화할 수 있다.
③ 학습효과를 통하여 원가우위를 빨리 달성할 수 있다.
④ 산업의 리더로서 명성을 획득할 수 있다.

183 조직구조에 대한 설명 중 옳지 않은 것은?

① 우드워드(J. Woodward)는 기업이 사용하는 기술복잡성에 따라 조직을 나누었다.
② 페로우(C. Perrow)는 부서 수준의 기술이 조직구조에 미치는 영향을 연구하였다.
③ 톰슨(J. D. Thompson)은 조직구조에 영향을 주는 상호의존성과 그에 따른 집합적 · 순차적 · 교호적 기술을 제시하였다.
④ 번스와 스토커(T. Burns & G. M. Stalker)는 안정적인 환경에서는 유기적 조직이 더 효과적이고 격동적 환경에서는 기계적 조직이 더 효과적이라고 주장하였다.

184 다음 중 공식적 집단과 비공식적 집단에 대한 설명으로 알맞은 것은?

① 공식적 집단의 의사소통 통로를 그레이프바인(Grape Vine)이라고 한다.
② 공식집단은 합리성의 논리와 외재적 질서에 의해 운용된다.
③ 공식집단은 기업의 조직도상의 명문화된 조직으로 과업집단과 이익집단이 속한다.
④ 공식집단은 자연발생적으로 형성된 집단으로 동태적인 인간관계에 의한 조직이다.

185 민츠버그(H. Mintzberg)의 다섯 가지 조직구조 중 기계적 관료제의 특징으로 가장 적절한 것은?

① 중간관리층의 역할이나 중요성이 매우 크다.
② 기술의 변화속도가 빠른 동태적인 환경이 적합하다.
③ 많은 규칙과 규제가 필요하여 공식화 정도가 매우 빠르다.
④ 강력한 리더십이 필요한 경우에 적합하다.

186 경영혁신기법 중 기존의 프로세스를 처음부터 다시 생각하고 최신의 기술과 지식을 바탕으로 프로세스를 재설계하는 방법은?

① BPR
② TQM
③ ABC
④ EBP

187 다음 중 피터 드러커(Peter Ferdinand Drucker)가 제시한 경영시각과 거리가 먼 것은?

① 모든 기업들은 목표와 가치관에 몰입할 것을 요구한다.
② 경영은 기업과 구성원들이 성장하고 개발하도록 만들어야 한다.
③ 성과는 외부에 의해 존재가치가 있게 된다.
④ 급진적인 스트레스는 구성원들을 분발시킨다.

188 다음 중 연속생산공정의 특징에 해당하지 않는 것은?

① 표준화 정도가 높다.
② 재고관리, 품질관리가 쉽다.
③ 다른 생산공정보다 원가가 낮고 균일한 제품을 신속하게 납품할 수 있다.
④ 과업의 형태가 비반복적이다.

189 경제적 주문량(EOQ)모형에 대한 설명으로 알맞지 않은 것은?

① 연간 재고유지비와 연간 발주비의 합을 최대로 하는 1회 주문량을 결정한다.
② 경제적 주문량을 결정짓는 변수로는 1회 주문비용, 연간 총수요량, 단위당 유지비용이 있다.
③ 재고단위당 구입원가는 1회당 주문량에 영향을 받지 않으며 재고부족원가는 없다.
④ $EOQ = \sqrt{\frac{2 \times \text{연간수요량} \times 1\text{회 주문비용}}{1\text{단위당 재고유지비용}}}$ 로 계산한다.

190 다음 재고자산에 관한 설명 중 옳지 않은 것은?

① 원가흐름의 가정은 실제 물량흐름과 일치하는 방법을 선택하여 적용하여야 한다.
② 실사법은 장부정리가 간편하고 외부보고목적에 충실하다는 장점이 있다.
③ 재고자산의 순실현가능가치가 취득원가에 미달하는 경우 미달액은 손익계산서에 당기비용으로 인식하고 재고자산평가충당금의 과목으로 하여 재고자산의 차감계정으로 표시한다.
④ 기말재고수량이 장부수량에 미달하는 경우 수량부족분에 해당하는 취득원가는 재고자산감모손실의 과목으로 하여 당기비용으로 처리한다.

191 재고관리에 대한 설명 중 틀린 것은?

① 투빈 시스템(Two－bin System)은 주기조사(P)시스템의 예이다.
② ABC 재고관리시스템은 각 재고품목별로 그 가치나 중요성이 동일하지 않다는 점에서 출발한다.
③ 단일기간재고모형은 정기간행물, 부패성 품목 등 수명주기가 짧은 제품의 주문량 결정뿐 아니라 호텔 객실 등의 초과예약수준 결정에도 활용될 수 있다.
④ EOQ모형은 주문량에 대한 의사결정은 가능하지만 주문 시기에 대한 의사결정은 불가능하다.
⑤ 조달기간 동안의 수요에 변동성이 없다면 재주문점은 조달기간 동안의 일일평균수요의 합과 동일하다.

192 재고관리에 관한 설명으로 가장 옳지 않은 것은?

① 재고란 수요에 대응하기 위해 물품이나 자원을 보관하는 물량을 의미한다.
② 재고유지비는 재고를 보관하는 데 소요되는 비용으로 고정비의 성격을 갖는다.
③ 재고입고비용, 입하품의 검사비용, 거래선 및 가격조사비용 등은 재고주문비에 해당한다.
④ 준비비용은 재고를 자체 제작할 경우 생산공장에서 그 제품을 제조하기 위하여 생산라인을 준비하는 데 소요되는 비용을 의미한다.
⑤ 안전재고란 불확실한 수요에 대처하기 위한 재고로 품절 혹은 미납주문을 예방하고 납기수준의 향상을 목적으로 보유한다.

193 **재고관리와 관련된 설명으로 알맞지 않은 것은?**

① 물류활동은 일반적으로 재고, 수송, 주문처리, 포장 및 하역 등으로 나누어지며 물류관리자는 각 물류활동과 관련된 일상적인 의사결정을 내린다.

② 주문량과 비용과의 관계에서 단위당 주문비와 재고유지비는 주문량의 증가와 함께 상승하는 반면 재고부족비는 주문량의 증가와 함께 하락하는 것이 일반적이다.

③ 최적의 재주문량에 대한 결정은 재고유지비, 주문비 및 재고부족비를 함께 고려하여 결정하며 각각의 비용항목을 합한 총재고비용이 최소가 되는 점이 된다.

④ 재고관리자는 고객의 수요에 대처하여 최소의 재고비용으로 적정량의 재고를 유지하는 것이 중요하다.

⑤ 재고비용은 크게 재고유지비용, 재고주문비용 및 재고부족비용으로 구성 된다.

194 **다음 중 회계상 거래가 아닌 것은?**

① 화재로 점포가 소실되었다.
② 상품 중 일부를 도난당했다.
③ 변호사와 법률고문계약을 체결하였다.
④ 12월분 급여를 아직 지급하지 못하였다.
⑤ 현금을 지불하고 전화기를 구입하였다.

195 **레버리지와 관련된 재무비율은?**

① 자기자본비율
② 영업이익률
③ 당좌비율
④ 유통비율
⑤ 총자산증가율

196 **다음에서 설명하는 용어로 가장 적절한 것은?**

유동자산에서 재고자산을 고려하지 않고 유동부채로 나눈 비율

① 유동비율
② 당좌비율
③ 부채비율
④ 수익성지표
⑤ 자본생산성

197 비용의 발생과 자산의 감소에 해당하는 거래는?

① 거래처에 현금 2,000만 원을 대여하다.
② 여비교통비 15만 원을 현금으로 지급하다.
③ 현금 2억 원을 출자하여 영업을 개시하다.
④ 정기예금에 대한 이자 120만 원을 현금으로 받다.
⑤ 영업용 자동차 1대를 현금 2,000만 원에 구입하다.

198 유동성비율의 계산식으로 옳은 것은?

① 유동자산×유동부채
② 유동자산÷유동부채
③ 유동부채÷유동자산
④ 당좌자산÷당좌부채
⑤ 총매출액÷당좌자산

199 다음 중 정보이용자가 과거, 현재 또는 미래의 사건을 평가하거나 과거의 평가를 확인 또는 수정하도록 도와줄 수 있는 정보의 질적 특성은?

① 검증가능성
② 적시성
③ 목적적합성
④ 비교가능성

200 재무상태표를 작성할 때 부채부분에서 단기차입금과 장기차입금의 구분과 관련된 것은?

① 발생주의
② 현금주의
③ 유동성과 비유동성
④ 상계금지원칙

201 총자산순이익률이 20%이고 매출액순이익률이 8%일 때 총자산회전율은?

① 1.8회
② 2회
③ 2.2회
④ 2.5회
⑤ 3회

202 (주)한강이 생산하는 제품과 관련한 단위당 직접재료원가는 300원, 단위당 직접노무원가는 150원, 단위당 제조간접원가는 200원이다. 이 제품의 단위당 가공원가는?

① 300원 ② 350원 ③ 450원
④ 500원 ⑤ 650원

203 A 회사는 자동화된 기계장치를 이용하여 자동화 부품을 생산하는 회사인데, 이 회사는 기계장치의 수선유지 부분에 5명의 작업자를 고용하여 파손되었거나 정상적으로 작동되지 않는 기계수리 업무를 시키고 있다. 각 수선유지 작업자는 하루에 8시간씩 200일을 작업하고 있으며 각각 6,000만 원의 연봉계약으로 고용되어 있다. 당해 연도에 7,000시간의 수선유지 작업을 수행하였다면 미사용활동원가는?

① 2,250만 원 ② 2,500만 원 ③ 2,700만 원
④ 3,000만 원 ⑤ 3,750만 원

204 다음 중 자본자산가격결정모형(CAPM)에 대한 설명으로 옳지 않은 것은?

① 단일기간모형이다.
② 완전자본시장을 가정하므로 세금이나 거래비용 등 마찰적 요소가 존재하지 않는다.
③ 모든 투자자들은 위험중립자이고 기대효용을 극대화한다.
④ 모든 투자자들은 자산의 기대수익률과 분산에 대해서 동질적 기대를 한다.

205 주식가치평가에 대한 설명 중 옳지 않은 것은?

① 요구수익률은 현재의 주가와 관계없이 정해진다.
② 주식가치는 현재보다는 미래의 정보가 반영되어 있다.
③ 당기순이익이 높은 회사는 당기순이익이 낮은 회사보다 주가가 높다.
④ 배당평가모형은 주식의 내재가치를 배당의 현재가치로 인식한다.

206 **기업에서 부채를 많이 사용할 경우 발생할 수 있는 미래비용에 대한 설명으로 가장 옳지 않은 것은?**

① 과도한 배당이나 재산도피가 발생할 수 있다.
② 과도하게 위험한 투자안을 선택할 가능성이 작아진다.
③ NPV가 0보다 큰 투자안도 기각할 수 있다.
④ NPV가 0보다 작은 투자안도 선택할 수 있다.

207 **제조업에 종사하는 회계 담당자가 작성할 현금흐름표에 대한 설명으로 가장 거리가 먼 것은?**

① 주주에게 배당을 주면 재무활동으로 인한 현금흐름은 감소한다.
② 금융자산을 처분하면 투자활동으로 인한 현금흐름은 증가한다.
③ 종업원 급여를 지급하면 영업활동으로 인한 현금흐름은 감소한다.
④ 은행으로부터 현금을 차입한다면 재무활동으로 인한 현금흐름은 감소한다.

208 **다음에서 설명하는 것은?**

> 당기에 현금으로 수입된 수익은 일단 수익계정으로 처리하고 결산 시에 그 수익 중 차기에 속하는 부분을 계산하여, 당기의 수익계정에서 차감하는 선수금의 성질을 가진 일종의 부채로 차기로 이월하는 것이다.

① 비용의 이연　　② 수익의 이연
③ 비용의 발생　　④ 수익의 발생

209 **화폐의 시간가치가 존재하는 이유에 대한 설명으로 옳지 않은 것은?**

① 투자자는 유동성이 높은 자산을 선호한다.
② 미래에는 불확실성이 존재하고 현재는 확실하다.
③ 인플레이션이 발생한다.
④ 실질금리가 양(+)의 값을 갖기 때문이다.

210 다음 중 경제적 부가가치(EVA)에 대한 설명으로 가장 옳지 않은 것은?

① EVA를 통해 고객만족도나 내부평가, 성장성에 대해서도 알 수 있다.
② EVA는 기업입장에서 타인자본과 자기자본비용을 대등하게 파악하고자 하는 경영성과의 지표이다.
③ EVA는 기존 손익계산서의 문제점을 보완하기 위하여 만든 개념이다.
④ EVA는 주주의 입장에서 기업이 주주의 위험부담에 대하여 보상을 고려하고 있다.

211 다음 중 경제적 부가가치(EVA)를 구할 수 있는 식으로 옳은 것은?

① 세후영업이익 – 자본비용
② 자기자본비율 – 자본비용
③ 세전영업이익 – 자본비용
④ 세후영업이익 – 영업비용
⑤ 자기자본비율 – 영업비용

212 다음 중 증권특성선(Security Characteristic Line)에 대한 설명으로 옳지 않은 것은?

① 증권특성선의 기울기는 체계적 위험을 나타내는 지표이다.
② 총위험에서 체계적 위험이 차지하는 비중이 커질수록 증권특성선의 설명능력이 커진다.
③ 비체계적 위험은 분산투자를 통해 제거 가능하다.
④ 총위험 중 체계적 위험이 차지하는 비율을 결정계수라 하며 결정계수는 –1에서 0 사이에 존재한다.

213 의사결정에 대한 설명 중 옳지 않은 것은?

① 합리적인 의사결정 모형은 완전정보와 일관적인 선호체계를 가정한다.
② 개인적 의사결정은 집단적 의사결정에 비하여 정확성은 낮지만 창의성은 효과적이다.
③ 제한된 합리성 모형에서는 결과의 최적화가 아니라 만족화를 추구한다.
④ 집단의사결정 과정에서 발생하는 집단양극화 현상의 주요 원인은 동조압력 때문이다.

214 SWOT 분석의 결과 SO 상황이라고 판단하는 경우에 가장 적합하지 않은 전략은?

① 턴어라운드전략 ② 다각화전략
③ 집중화 성장전략 ④ 수직적 통합화전략

215 다음 중 SWOT 분석에서 WT 상황과 관련이 없는 것은?

① 방어적 전략 ② 비용통제 ③ 철수
④ 인수합병 ⑤ 제거

216 자본예산에 대한 설명 중 바르지 않은 것은?

① 회수기간법은 회수기간 후의 현금흐름을 무시할 뿐만 아니라 화폐의 시간가치도 고려하지 않는다.
② 단일투자안일 경우 수익성지수법은 수익성지수가 0보다 크면 투자안을 채택한다.
③ 복수투자안일 경우 내부수익률법은 투자안의 내부수익률이 자본비용보다 큰 것 중 내부수익률이 가장 큰 것을 선택한다.
④ 순현재가치는 투자안으로부터 기대되는 미래순현금 흐름에 할인율을 적용하여 현재가치를 계산한 후 현재시점에서 투자되는 비용을 차감한 값이다.

217 강형 효율적 시장가설이 성립하는 시장에서 가장 합리적인 투자방식은?

① 소극적 투자관리방식 ② 내부정보에 근거한 투자방식
③ 기술적 분석을 통한 투자방식 ④ 기본적 분석을 통한 투자방식

218 다음 중 자본비용에 대한 설명으로 가장 옳지 않은 것은?

① 기업에 대해서 투자자들이 요구하는 최소한의 수익률이다.

② 기업이 사용하는 개별자본의 비용을 모두 고려하여 산출하여야 한다.

③ 다른 조건이 동일할 때 우선주를 발행한 기업에 비하여 그렇지 않은 기업의 보통주주들의 자기자본비용이 더 낮다.

④ 일반적으로 자기자본은 타인자본보다 그 위험이 낮으므로 자기자본비용이 타인자본비용보다 낮게 나타난다.

219 다음 자본자산 가격결정모형(CAPM)과 관련된 설명으로 틀린 것은?

① 모든 투자자는 단일의 투자기간을 가지며 미래증권 수익률의 확률분포에 대해 동질적 기대를 가지는 것으로 가정한다.

② 개별투자자가 분산투자를 통하여 위험을 감소시켜서 자산의 가치를 증가시키는 노력은 소용이 없다.

③ 투자자들은 자신의 기대효용을 극대화하고자 하는 위험중립적인 평균－분산 기준에 따라 투자결정을 한다.

④ 자본시장에 대해서 모든 투자자가 동일한 정보를 가지고 있다면 모든 투자자들은 항상 동일한 위험자산 포트폴리오 즉 시장포트폴리오를 선택한다.

220 타인자본 비중과 자기자본 비중이 각각 10.68%, 89.32%이고 타인자본과 자기자본의 자본 비용이 각각 3.87%와 6.36%이다. 이 경우 가중평균자본은?

① 6.09% ② 8.5%

③ 11.0% ④ 12.0%

221 다음 중 적극적 채권투자전략에 해당하는 것은?

① 투자시한분석 ② 채권지수펀드

③ 순자산면역전략 ④ 현금흐름대응전략

222 A 주식회사의 현재 주가는 ₩10,000이다. 1년 후 주가가 ₩12,000으로 상승하거나 ₩8,000으로 하락하고, 무위험이자율은 연 10%이다. 이항옵션가격결정모형을 활용하여 행사가격이 ₩10,000이고 만기가 1년 후인 유럽형 콜옵션의 가치(근삿값)를 계산하면?

① ₩1,273
② ₩1,363
③ ₩1,682
④ ₩1,908

223 제품의 구매나 사용이 사회적 관계 속에서 특정 사용자계층에 적절한 포지셔닝 유형은?

① 제품속성에 의한 포지셔닝
② 제품군에 의한 포지셔닝
③ 제품가격에 의한 포지셔닝
④ 제품사용자에 의한 포지셔닝

224 신제품의 가격 책정 방법으로 스키밍가격전략(Skimming Pricing Strategy)을 채택하기에 부적절한 상황은?

① 제품시장의 가격경쟁이 심할 때
② 법령에 의해 신제품의 독점판매권이 보장될 때
③ 신제품의 확산속도가 매우 느릴 것으로 예상될 때
④ 표적시장의 규모가 작아 규모의 경제 실현이 어렵다고 예상될 때

225 다음 중 제품믹스에 관한 설명으로 알맞지 않은 것은?

① 제품믹스의 넓이는 제품의 다양화와 단순화를 특징으로 한다.
② 제품라인의 길이란 제품라인에 포함되는 브랜드의 수를 의미한다.
③ 제품라인의 깊이란 제품계열의 유사성을 의미한다.
④ 제품믹스의 일관성이란 제품믹스 내의 다양한 제품들이 얼마나 밀접하게 연관되었나를 의미한다.
⑤ 최적제품믹스란 급변하는 마케팅 환경에 적응하도록 제품믹스를 추가 또는 삭제하여 기업이익을 극대화하려는 결정을 의미한다.

226 다음 중 촉진활동에 대한 설명으로 알맞지 않은 것은?

① 기업이 의도적으로 예상고객의 수요욕구를 환기시키고자 하는 모든 활동을 말한다.
② 촉진활동의 종류에는 광고, 판매촉진, 홍보, 인적 판매 등이 있다.
③ 소비용품의 경우에는 홍보가 가장 효과적인 촉진수단이다.
④ 산업용품의 경우에는 인적 판매가 가장 효과적인 수단이다.
⑤ 홍보는 광고보다 높은 신뢰성을 가진다.

227 다음 중 개발한 광고 콘셉트의 평가로 자주 사용하는 방식은?

① 표적집단면접법
② 쌍대비교법
③ 영화관 테스트
④ DAR

228 소비자의 구매의도 또는 구매를 자극하기 위해 활용할 수 있는 광고의 유형에 해당하는 것은?

① 티저 광고
② 이미지 광고
③ 증언형 광고
④ 구매시점 광고

229 MPR(Marketing PR)에 대한 설명으로 옳지 않은 것은?

① 회사의 마케팅을 돕는 데 주력하는 현대적인 개념의 PR이다.
② 기업의 인지도 제고, 신뢰구축, 동기부여 등 마케팅 목표를 지원하기 위해 설계된 PR활동이다.
③ 조직과 관련된 공중들 중 '소비자'에 초점을 맞추어 마케팅활동을 지원할 목적으로 수행하는 PR 활동이다.
④ 직접적인 마케팅의 지원보다는 공중 전체를 대상으로 기업의 전반적인 이미지와 위상을 높이고 신뢰를 획득하는 보편적 PR 방법이다.

230 일반적으로 유통경로의 단계 수가 증가하는 경우가 아닌 것은?

① 고객이 소형유통단계를 선호할수록
② 고객의 공간편의성 제공 요구가 클수록
③ 고객의 상품정보 제공에 대한 요구가 클수록
④ 고객의 배달기간에 대한 서비스 요구가 클수록

231 다음 벤치마킹에 대한 설명 중 옳지 않은 것은?

① 기능적 벤치마킹은 최신의 제품, 서비스, 프로세스를 가지고 있는 것으로 인식되는 조직을 선정하여 분석하는 활동이다.
② 외부 벤치마킹은 자신의 기업과 직접적인 경쟁 관계가 있는 기업의 제품이나 서비스, 작업 프로세스를 분석하는 활동으로 경쟁적 벤치마킹이라고도 한다.
③ 기능적 벤치마킹의 특징은 최상의 업무수행이 무엇인가를 가려내는 데 있으며 벤치마킹의 대상이 되는 기업은 대개 특정 벤치마킹 분야에서 탁월함을 인정받은 기업이다.
④ 내부 벤치마킹은 적과의 동침이 가능하고 데이터 수집이 용이하며 비교할 수 있는 실적과 기준이 명확하다는 장점이 있는 반면 상반된 태도로 왜곡된 정보가 될 수 있다.

232 다음은 품질보증의 발전단계를 나타낸 것이다. (㉠)에 적절한 것은?

검사 중심 → (㉠) 중심 → 설계 중심 → 사회적 책임

① 제품관리
② 공정관리
③ 구매관리
④ 시장관리

233 품질관리에 대한 설명 중 가장 적절하지 않은 것은?

① 통계적 프로세스 관리에서는 품질 측정치들이 안정적인 확률분포를 보이는 경우 그 프로세스는 통제상태에 있는 것으로 본다.

② 체크리스트는 품질과 관련된 어떤 제품 또는 서비스의 특성에 대한 발생빈도를 기록하기 위한 양식을 말한다.

③ 전사적 품질경영(TQM)은 단위 중심으로 불량 감소를 목표로 한다.

④ 관리도는 속성관리도와 변량관리도의 2가지로 크게 구분하여 볼 수 있다.

⑤ 파레토 도표는 문제를 유발하는 여러 요인들 중에서 가장 중요한 요인을 추출하기 위한 기법을 말한다.

234 다음 중 통계적 품질관리의 설명으로 옳지 않은 것은?

① 통계적 품질관리를 위한 관리도를 작성하기 위해서 생산되는 제품의 샘플링 테스트가 필요하다.

② 프로세스능력비율은 공정의 변동폭이 규격공차의 비율 내에 있는가를 확인하는 비율이다.

③ 관리도는 통계적 기법을 통해 공정이 안정 상태에 있는지를 판단하는 것이 특징이다.

④ p－관리도는 길이, 넓이, 무게 등 계량적으로 측정 가능한 연속적 품질 측정치를 이용하는 관리도이다.

⑤ R－관리도는 프로세스의 변동성이 사전에 설정한 관리상하한선 사이에 있는가를 판별하기 위해 사용한다.

235 품질경영에 대한 다음 설명 중 가장 옳은 것은?

① TQM은 최고책임자의 강력한 리더십에 의해 추진되는 장기적 품질혁신 프로그램이다.

② 관리도에서 관리한계선의 폭이 좁을수록 생산자 위험이 낮아진다.

③ 싱고(Shingo) 시스템은 통계적 품질관리(SQC)기법을 활용한 경영기법이다.

④ ISO 12000시리즈는 품질 프로그램에 대한 일련의 표준으로 유해물질의 생성과 처리 및 처분에 대한 자료의 추적을 포함하고 있다.

⑤ SERVQUAL은 기업이 제공하는 서비스가 기업의 입장에서 얼마나 자체품질기준에 부합되는지 측정하는 도구이다.

236 다음 중 무결점 운동과 QC circle에 대한 설명으로 알맞지 않은 것은?

① ECR(Error Cause Removal) 제안은 무결점 운동과 관련이 있다.
② QC circle은 작업자에 대한 동기부여를 통하여 품질수준을 달성하고자 하는 것이다.
③ 무결점 운동에서는 불량률을 인정하지 않는다.
④ QC circle은 같은 부서 또는 작업장에서 생산과 관련된 문제를 분석하고 해결하기 위하여 정기적으로 모임을 갖는 품질분임조를 말한다.

237 다음 〈보기〉에서 설명하는 것은?

보기

- 총체적 품질관리를 뜻하는 말로, 고객만족을 우선시한다.
- 고객지향의 품질관리활동을 품질관리 책임자뿐만 아니라 마케팅, 엔지니어링, 생산, 노사관계 등 기업의 모든 분야로 확대하여 실시한다.

① 종합적 품질관리(TQC) ② 종합적 품질경영(TQM) ③ 전사적 자원관리(MRP)
④ 품질분임조(QC circle) ⑤ 무결점 운동(ZD)

238 생산되는 제품 100만 개당 불량품의 개수를 3.4개 이하로 생산할 수 있는 공정능력으로 품질개선을 목적으로 모토로라에 의해 개발된 개념은 무엇인가?

① FMS ② ERP
③ 6시그마 ④ 종합적 품질경영

239 다음 중 6시그마(Six Sigma) 개선모형의 순서로 가장 적절한 것은?

ⓐ 측정 ⓑ 분석 ⓒ 개선
ⓓ 관리 ⓔ 정의

① ⓐ－ⓑ－ⓒ－ⓓ－ⓔ ② ⓐ－ⓔ－ⓑ－ⓒ－ⓓ ③ ⓓ－ⓐ－ⓔ－ⓑ－ⓒ
④ ⓔ－ⓑ－ⓒ－ⓐ－ⓓ ⑤ ⓔ－ⓐ－ⓑ－ⓒ－ⓓ

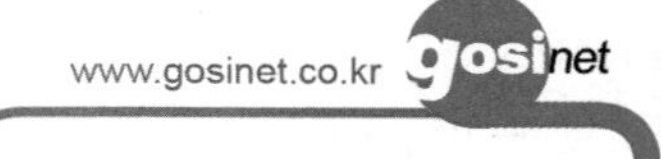

240 <보기>에서 기업의 경쟁력을 확보하기 위한 방법으로서 전략적 제휴의 동기에 관한 설명 중 옳지 않은 것을 모두 고르면?

보기

㉠ 기술이나 생산능력을 획득하기 위해서
㉡ 신제품개발과 시장진입의 속도를 단축하기 위해서
㉢ 고정비용에 대한 투자와 그에 따른 위험을 낮추기 위해서
㉣ 산업에서 기술표준화와 유연성을 확보하기 위해서
㉤ 비교우위를 획득하기 위해서

① ㉠ ② ㉡ ③ ㉢
④ ㉤ ⑤ ㉢, ㉣

241 다음의 현상을 가장 적절하게 설명할 수 있는 용어는?

1,000원의 가격 인상이 10,000원의 제품에서는 크게 느껴지는 반면 100,000원짜리 제품에 대해서는 작게 느껴진다.

① 베버의 법칙(Weber's Law) ② JND(Just Noticeable Difference)
③ 유보가격(Reservation Price) ④ 가격 · 품질 연상(Price-quality Association)

242 다음은 무엇에 대한 설명인가?

언제, 어디서나, 누구라도 어떤 기기를 이용해서든지 저렴한 비용으로 신속하게 처리할 수 있는 전자상거래를 뜻하는 표현으로, 모든 기기나 장비를 전자상거래의 도구로 통합해 활용하며 기존의 전자상거래를 포괄하는 새로운 개념이다.

① E-Commerce ② M-Commerce
③ T-Commerce ④ U-Commerce

243 다음 중 전자상거래(EC ; Electronic Commerce)의 특징으로 알맞지 않은 것은?

① 판매비용의 감소에 의해 상품가격이 낮다.
② 상품에 대한 정보를 대량으로 제공할 수 있다.
③ 직접 거래가 불가능하므로 중개인의 역할이 크다.
④ 소비자의 정보수집이 용이하며 구매시간이 절약된다.

244 다음 〈보기〉는 자산배분의 수립과정을 정리한 것이다. 순서가 바르게 나열된 것은?

보기

A. 투자성과 점검 및 투자수정
B. 투자제약조건, 위험허용도, 투자기간 등 결정
C. 투자지침서 작성
D. 전략적, 전술적 자산배분
E. 고객정보수집, 재무목표와 우선순위 파악

① A－B－C－D－E
② B－C－E－D－A
③ E－D－A－B－C
④ E－B－C－D－A

245 다음 중 고정예산과 변동예산의 차이를 바르게 설명한 것은?

① 변동예산에서는 권한이 하부 경영자들에게 위양되나 고정예산에서는 그렇지 않다.
② 변동예산은 변동원가만을 고려하고, 고정예산은 변동원가와 고정원가 모두를 고려한다.
③ 고정예산의 범위는 회사 전체인 반면, 변동예산의 범위는 특정부서에 한정된다.
④ 고정예산은 특정조업도 수준에 대하여 편성한 예산이고, 변동예산은 관련범위 내의 여러 조업도 수준에 대하여 편성한 예산이다.

246 다음 중 재무제표의 작성과 표시를 위한 개념체계에 대한 설명으로 옳지 않은 것은?

① 한국채택국제회계기준 개념체계는 질적 특성을 근본적 실적 특성과 보강적 질적 특성으로 구분하고 있다.

② 중요성은 개별 기업 재무보고서 관점에서 해당 정보와 관련된 항목의 성격이나 규모 또는 이 둘 모두에 근거하며 해당 기업에 특수한 측면의 목적적합성을 의미한다.

③ 재고자산은 취득원가와 순실현가능가치 중 큰 금액으로 측정한다.

④ 한국채택국제회계기준 개념체계는 계속기업을 기본가정으로 하고 있다.

247 재무제표를 구성하는 일반적인 유형이 아닌 것은?

① 투자성과표 ② 재무상태표

③ 포괄손익계산서 ④ 현금흐름표

248 금융자산에 관한 설명 중 옳지 않은 것은?

① 현금자산이 계약상 현금흐름 특성 조건을 충족하면서 기업이 계약상 현금흐름의 수취와 금융자산의 매도 둘 다를 사업모형으로 하는 경우 당해 금융자산은 기타포괄손익－공정가치측정 금융자산으로 분류한다.

② 단기매매목적도 아니고 조건부대가가 아닌 지분상품만 기타포괄손익－공정가치측정 금융자산으로 분류할 수 있다.

③ 취득 시 신용이 손상되어 있는 금융자산은 보고기간 말에 최초 인식 이후 전체기간 기대신용손실기회 누적변동분만을 손실충당금으로 인식한다.

④ 신용이 손상되지 않았지만 신용위험이 발생한 경우는 금융자산의 이자수익은 손실충당금 차감 후 금융자산의 실적 후 평가액 유효 이자율을 곱한 금액으로 측정한다.

249 다음 부동산시장의 영향요인에 대한 설명으로 가장 옳지 않은 것은?

① 일반적으로 대출금리가 낮을 경우에는 부동산 수요자의 대출금 상환능력을 높여 주어 구매력 보충효과가 있다.

② 구매력은 수요자의 소득 대비 부동산을 매입할 수 있는 여력이다.

③ 유동성은 금융시장과 주식시장 그리고 부동산시장 간 시차에 따라 일정부분 지분을 공유한다.

④ 세금은 중과세와 비과세의 양면성이 있으나 부동산시장에 영향력은 없다.

250 다음 대차대조표 계정과목이 옳게 연결된 것은?

① 당좌자산 – 외상매출금, 선수금, 선급비용, 부가세대급금, 전도금
② 유형자산 – 건물, 구축물, 차량운반구, 공구와 기구, 비품, 시설장치
③ 비유동부채 – 퇴직급여충당금, 주 · 임 · 종 · 단기채권, 장기임대보증금
④ 유동부채 – 외상매입금, 미지급금, 부가세예수금, 선급금

251 A 주식회사는 선입선출법에 의한 종합원가계산 제도를 채택하고 있다. 원재료는 공정초기에 전량 투입되어, 가공원가는 전 공정에 걸쳐 평균적으로 발생한다. 다음의 〈자료〉를 토대로 가공원가의 완성품환산량을 계산하면 얼마인가?

자료

• 기초재공품 : 400개(완성도 20%)
• 당기착수량 : 2,000개
• 당기완성품 : 1,800개
• 기말재공품 : 600개(완성도 50%)

① 1,840개
② 1,920개
③ 2,000개
④ 2,020개

252 A 주식회사는 보조부문인 자재부, 관리부와 제조부문인 절단부, 조립부를 가지고 있다. 각 부분 간의 용역 수리 관계는 다음과 같다. A 주식회사가 단계배부법에 의하여 보조부문 원가를 제조부문에 배부하는 경우(관리부 우선 배부), 조립부에 배분될 보조부문 원가는 얼마인가?

공급 / 사용	보조부문		제조부문	
	자재부	관리부	절단부	조리부
발생원가	₩12,000	₩10,000	–	–
자재부		20%	30%	50%
관리부	40%		30%	30%

① 1,200원
② 2,400원
③ 3,600원
④ 6,000원

253 다음 전략적 원가관리에 대한 설명 중 옳지 않은 것은?

① 병목공정의 처리능력 제약을 해결하여 생산성 및 수익성을 높이고자 하는 것이다.
② 제품 생산 후, 제품을 검사하여 불량품을 찾아내는 활동을 위한 원가를 예방원가라고 한다.
③ 품질원가 계산은 예방원가, 평가원가, 실패원가 간의 상충관계에 주목한다.
④ 적시생산시스템은 필요한 때, 필요한 제품을 필요한 만큼 생산하는 시스템이라고도 말한다.

254 다음은 두 기업의 2개 연도 재무수치를 나타낸 표이다. 이에 대한 분석으로 적절하지 않은 것은?

〈A, B 기업의 재무수치〉

구분	A 기업		B 기업	
	2019년	2020년	2019년	2020년
이자보상내용	3.27	4.12	0.54	0.43
자본금	100	100	800	200
자본총계	500	500	400	400
자산총계	1,200	1,500	1,000	1200
유동자산	900	900	700	500
유동부채	400	600	300	400

※ 자본총계=자본금+잉여금

① 2020년에 B 기업은 감자를 시행했다.
② 2020년의 순자산부채비율은 두 기업 모두 전년에 비해 상승했다.
③ B 기업은 전년 대비 2020년에 유동부채가 증가해 유동비율이 감소했다.
④ 2019년에 B 기업은 A 기업과 달리 잉여금 결손이 발생했다.

255 전사적 자원관리(ERP)에 대한 설명으로 알맞지 않은 것은?

① 전사적 자원관리(ERP)는 기업의 인적 · 물적자원을 효율적으로 활용하는 관리 시스템으로서 통합업무 패키지 또는 기간업무 시스템으로 불린다.
② 급변하는 환경변화에 탄력적으로 대응하기 위한 정보시스템이다.
③ 통합된 데이터베이스 구축으로 관리의 중복을 피할 수 있다.
④ ERP 도입 후에 BPR을 실시하여야 한다.

256 〈보기〉는 (주)K 식품에서 생산한 제품들의 시장성장률과 시장점유율을 나타낸 그래프이다. (주)K 식품 기획팀은 2020년 기준 BCG 매트릭스에서 '개(Dog)' 영역에 해당하는 사업은 철수하고, '물음표(Question Mark)' 영역에 해당하는 사업에 추가 투자를 하고자 한다. (주)K 식품이 철수할 사업과 투자할 사업을 올바르게 연결한 것은?

보기

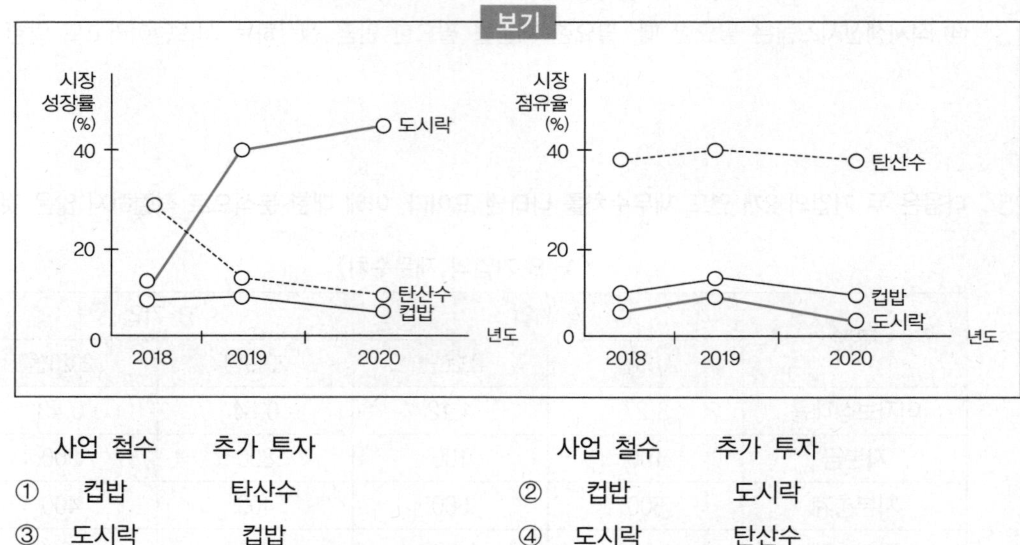

	사업 철수	추가 투자		사업 철수	추가 투자
①	컵밥	탄산수	②	컵밥	도시락
③	도시락	컵밥	④	도시락	탄산수

257 다음 중 거래형태별 수익인식기준에 대한 설명으로 알맞지 않은 것은?

① 위탁판매 시에는 수탁자가 재화를 판매 시에 수익을 인식한다.

② 시용판매 시에는 고객이 구매의사표시를 한 날에 수익을 인식한다.

③ 상품권은 판매 시 판매된 금액을 선수금으로 회계처리한 후 상품권 회수 시 수익을 인식한다.

④ 부동산 판매 시 잔금청산일, 소유권이전등기일, 매입자의 사용가능일 중 가장 느린 날에 수익을 인식한다.

⑤ 할부판매의 경우에는 장기와 단기의 구분 없이 판매기준을 적용하며, 장기할부는 현재가치를 수익으로 인식한다.

258 불확실성하에서 의사결정 문제가 주어졌을 때 후르비츠 기준에 의해 문제를 해결하고자 한다. 경영자의 낙관계수가 0.7일 경우, 다음의 성과표를 이용하여 찾을 수 있는 최적 대안은?

대안	상황		
	S_1	S_2	S_3
d_1	2	4	6
d_2	3	3	3
d_3	3	4	4
d_4	0	4	8
d_5	1	3	7

① d_1 ② d_2 ③ d_3
④ d_4 ⑤ d_5

259 관리회계와 재무회계에 대한 설명으로 틀린 것은?

① 관리회계는 내부정보자를 위한 것이다.
② 관리회계는 내부정보자가 원하는 기준으로 작성한다.
③ 재무회계는 외부정보자들을 위한 것이다.
④ 재무회계는 국제회계기준에 따라 작성한다.
⑤ 재무회계와 관리회계 모두 과거보다는 미래를 추구한다.

260 다음 중 회계정보의 질적 특성으로 알맞지 않은 것은?

① 회계정보가 신뢰성을 가지려면 적시성이 존재해야 한다.
② 검증가능성이란 회계정보는 객관적이고 보편적으로 검증이 가능해야 한다는 것을 말한다.
③ 목적적합한 회계정보는 의사결정시점에서 과거 및 현재 사건의 평가 또는 미래 사건의 예측에 도움을 준다.
④ 중립성이란 회계정보는 의도된 결과를 유도해서는 안 되며 정보이용자의 공통적인 욕구를 충족시켜야 한다는 것이다.

261 다음 중 서로 유리한 조건에서 거래를 수립하기 위해 조절하는 비용으로 가장 적절한 것은?

① 모니터링비용(Monitoring Cost) ② 이행비용(Enforcement Cost)
③ 계약비용(Contracting Cost) ④ 협상비용(Bargaining Cost)
⑤ 탐색비용(Search Cost)

262 다음에서 설명하는 자원의 유형으로 가장 적절한 것은?

> 기업의 공식적인 보고체계나 계획, 통제, 조정 시스템, 기업 문화, 기업 내외의 비공식 관계들을 포함하는 자원

① 조직자원 ② 물적자원 ③ 인적자원
④ 재무자원 ⑤ 실물자원

263 다음 중 소비자 판매촉진수단에 대한 설명으로 가장 적절하지 않은 것은?

① 보너스팩은 유통업자의 협조가 없다면 사용할 수 없다는 단점이 있다.
② 리베이트는 잠재적 구매자들에게 신제품 등을 사용해 볼 수 있는 기회를 준다는 특징이 있다.
③ 보상판매란 기존 상품 사용자에게만 낮은 가격이 작용되어, 처음 구매하는 사람들과 가격차별이 생긴다는 특징이 있다.
④ 현상경품은 일정 기간 특정 상품을 구매한 사람들 가운데 일부를 추첨하여 현금이나 상품을 주는 방법이다.
⑤ 사은품은 무료 혹은 낮은 비용으로 상품을 추가 제공하는 방법이다.

264 **다음 ㉠에 들어갈 수 있는 것은?**

> 우울척도 A의 측정치가 우울척도 B보다 자아존중감척도 C의 측정치와 더 일치할 때 척도 A의 (㉠)는 문제가 된다.

① 내용타당도 ② 판별타당도 ③ 액면타당도
④ 예측타당도 ⑤ 기준관련타당도

265 **다음에서 설명하는 비용으로 가장 적절한 것은?**

> 전 생산과정을 통해 불량품을 가려내기 위한 활동과 관련되는 제비용으로서 품질표준과의 일치 정도를 평가하기 위해 자재나 제품, 서비스를 측정하고 평가하는 것과 관련된 비용을 의미한다.

① 품질비용 ② 예방비용 ③ 평가비용
④ 외부 실패비용 ⑤ 내부 실패비용

빈출유형 기출분석

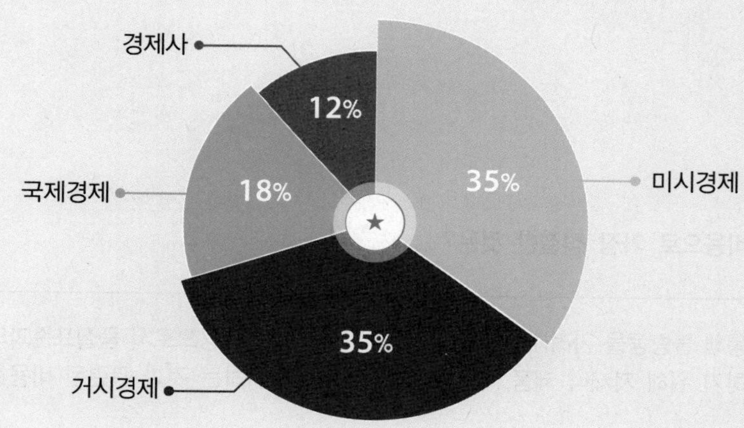

합격전략

경제상식에서 가장 중요한 것은 시장경제에 대해 이해하는 것이다. 소비자와 생산자의 개념에 대해 확실히 익혀 둔 뒤, 그로부터 파생되는 시장 내의 경쟁, 시장 내의 비용, 시장 내의 수요와 공급에 대해 이해해야 한다. 각기 다른 경제학을 주장한 학자들의 개념과 그 이름 그리고 특징을 매치시킬 수 있어야 한다. 또한 경제상식에서의 중요한 개념으로 인플레이션과 디플레이션이 자주 등장하므로 두 개념 간의 차이점을 파악해야 한다. 또한 경제상식에서 잦게 사용되는 게임이론과 관련된 용어들을 숙지하는 것이 좋다.

파트 4
경제상식

✪ 테마 유형 학습

✪ 빈출 지문에서 뽑은 O/X

✪ 기출예상문제

테마 01

수요의 탄력성

탄력성(Elasticity)의 개념

1. 탄력성은 소비자와 생산자가 시장환경의 변화에 어떻게 반응하는가를 보여 주는 지표이다.
2. 현실 경제에는 무수히 많은 현상들이 원인과 결과로 연결되어 있는데, 탄력성이란 결과변수(종속변수)의 변화율을 원인변수(독립변수)의 변화율로 나누어 구한다.
3. 수요의 가격탄력성이란 가격이 변화할 때 수요량이 얼마나 변화하는가를 나타내는 지표로, 가격이 1% 변화할 때 수요량은 몇 % 변화하는가이다.

1 수요의 가격탄력성

1. 개념

(1) 정의 : 수요의 가격탄력성(Price Elasticity of Demand)은 수요량의 변화율을 가격의 변화율로 나눈 값으로 어떤 재화의 가격이 변할 때 그 재화의 수요량이 얼마나 변화하는가를 나타내는 지표이다.

(2) 계산식

$$\text{수요의 가격탄력성}(E_d) = -\frac{\text{수요량변화율(\%)}}{\text{가격변화율(\%)}} = -\frac{\frac{\Delta Q}{Q}}{\frac{\Delta P}{P}} = -\frac{\Delta Q}{\Delta P} \cdot \frac{P}{Q}$$

(수요곡선의 기울기의 역수×균형의 위치)

(3) 수요의 법칙을 만족하면 가격과 수요량의 변화방향이 반대로 나타나므로 계산된 탄력성의 값에 음의 부호(−)를 붙이거나 절댓값을 취해 양수로 만들어 사용한다.

2. 수요곡선의 형태와 탄력성의 값

$E_d=\infty$	완전탄력적	가격이 약간만 변해도 수요량이 무한대로 변화(수평선)
$E_d>1$	탄력적	가격의 변동률보다 수요량의 변동률이 큼.
$E_d=1$	단위탄력적	모든 점에서 가격변화율과 수요량변화율이 일치(직각쌍곡선)
$E_d<1$	비탄력적	가격의 변동률보다 수요량의 변동률이 작음.
$E_d=0$	완전비탄력적	가격이 아무리 변해도 수요량은 불변(수직선)

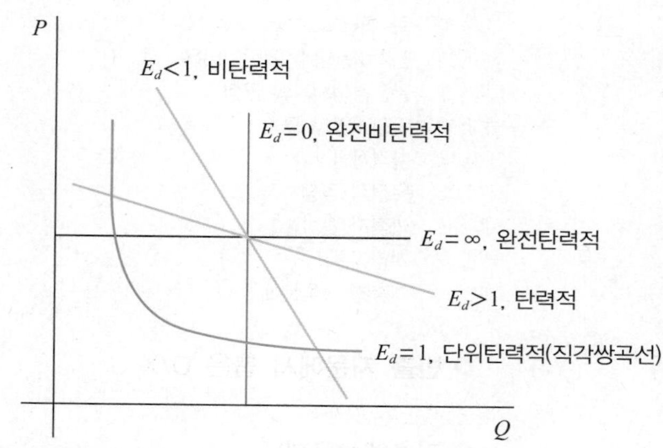

3. 수요곡선이 직선일 때의 탄력성

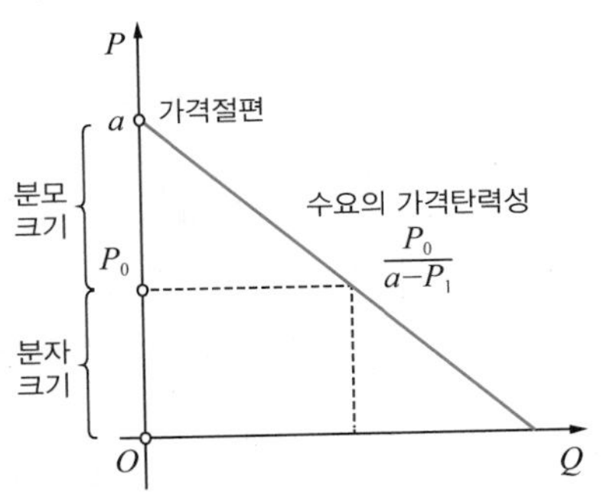

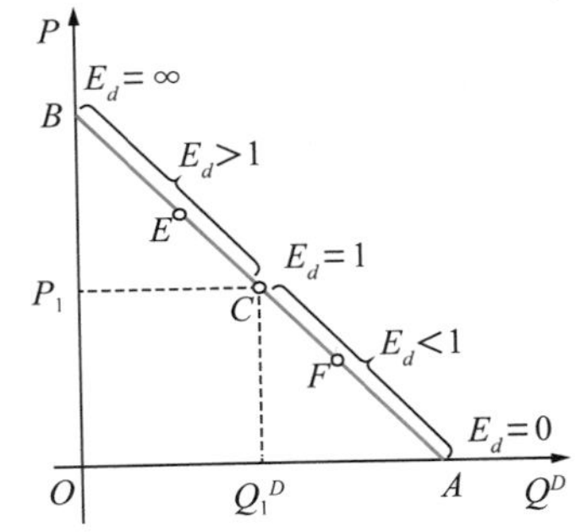

4. 수요의 가격탄력성과 판매수입(매출액)

수요의 가격탄력성의 크기	판매수입(매출액)	
	가격 하락 시	가격 상승 시
$E_d>1$ (탄력적) (수요량의 변화율>가격의 변화율)	수요량 증가	수요량 감소
$E_d=1$ (단위탄력적) (수요량의 변화율=가격의 변화율)	가계의 지출금액 불변	
$E_d<1$ (비탄력적) (수요량의 변화율<가격의 변화율)	가계의 지출금액 감소	가계의 지출금액 증가

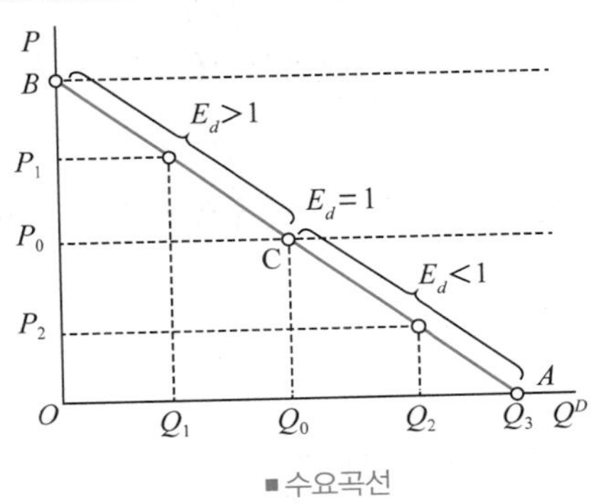

■ 수요곡선

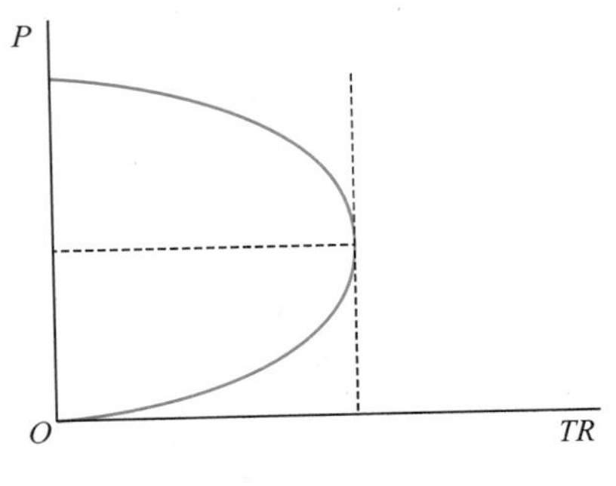

■ 총수입곡선

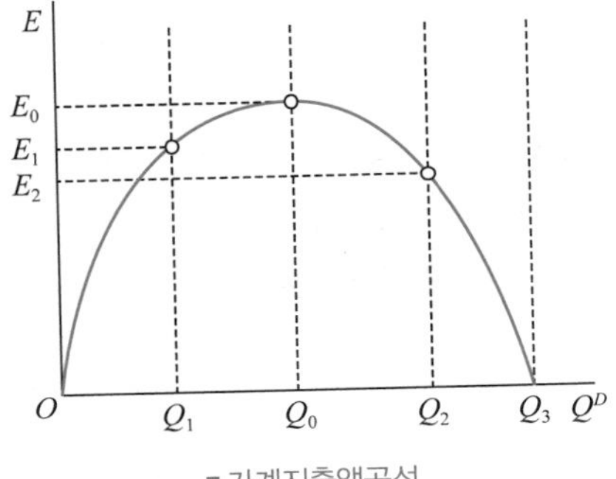

■ 가계지출액곡선

팁 탄력적인 경우 : $E_d>1$

- 가격 하락에 따른 수요량의 증가 변화가 큰 경우 : 가격 하락 분보다 수요량 증가분이 커서 가계의 지출금액(기업 판매수입) 증가
- 가격 상승에 따른 수요량의 감소 변화가 큰 경우 : 가격 상승 분보다 수요량감소 분이 커서 가계의 지출금액(기업 판매수입) 감소

5. 수요의 가격탄력성 결정요인

(1) 대체재의 존재 : 대체재가 많을수록 탄력적이다.

(2) 소득점유율(소득총액에서 차지하는 비율) : 여타조건이 일정할 때 소득에서 차지하는 비중이 클수록 탄력적이다.

(3) 재화의 성격 : 필수재는 가격에 상관없이 일정량을 소비해야 하나 사치재는 가격이 오르면 더 이상 소비를 하지 않을 수 있으므로 사치재의 성격이 강할수록 탄력적이다.

(4) 용도의 다양성 : 다양한 용도를 가진 상품일수록 탄력성이 크고 용도가 극히 제한된 상품일수록 탄력성은 낮다.

(5) 기간의 장단(長短) : 장기에는 대처능력이 커지므로 측정기간이 길수록 탄력적이다.

(6) 가격 변화의 성격 : 일시적일수록 비탄력적이고 항구적일수록 탄력적이다.

2 수요의 소득탄력성

1. 개념

(1) 정의 : 수요의 소득탄력성(Income Elasticity of Demand)이란 소득의 변화율에 대한 수요량의 변화율을 의미하며 소득 1%의 변화에 대한 수요량의 변화정도를 나타낸다.

(2) 계산식

$$\text{수요의 소득탄력성}(E_I)=\frac{\text{수요량의 변화율}}{\text{소득의 변화율}}=\frac{\frac{\Delta Q}{Q}}{\frac{\Delta M}{M}}=\frac{\Delta Q}{\Delta M}\cdot\frac{M}{Q}$$

(3) 수요의 가격탄력성과는 달리 양과 음의 값을 모두 가질 수 있어 앞에 음의 부호를 붙이지 않는다.

2. 수요의 소득탄력성과 재화의 성격

(1) 정상재 : 수요의 소득탄력성이 0보다 크다.

(2) 필수재 : 수요의 소득탄력성이 0에서 1 사이의 값을 가진다.

(3) 사치재 : 수요의 소득탄력성이 1 이상의 값을 가진다.

(4) 열등재 : 수요의 소득탄력성이 0보다 작다.

탄력성의 크기에 따른 재화 구분

(1) $E_I>0$이면 정상재, $E_I<0$이면 열등재

(2) $0<E_I<1$이면 필수재, $E_I>1$이면 사치재

3 수요의 교차탄력성

1. 개념

(1) 정의 : 수요의 교차탄력성(Cross Elasticity of Demand)이란 다른 재화(Y)의 가격 변화가 해당 재화(X)의 수요에 미치는 변화의 정도를 나타내는 지표로, X재의 수요량변화율을 Y재의 가격변화율로 나누어 계산한다.

(2) 계산식

$$E_{XY} = \frac{X\text{재의 수요량변화율}}{Y\text{재의 가격변화율}} = \frac{\frac{\Delta Q_X}{Q_X}}{\frac{\Delta P_Y}{P_Y}} = \frac{\Delta Q_X}{\Delta P_Y} \cdot \frac{P_Y}{Q_X}$$

2. 교차탄력성과 재화의 성질

(1) 교차탄력성>0 : 대체재의 관계
Y재 가격이 상승하면 X재 수요 증가(예 커피와 우유)

(2) 교차탄력성<0 : 보완재의 관계
Y재 가격이 상승하면 X재 수요 감소(예 커피와 설탕)

(3) 교차탄력성=0 : 독립재의 관계
Y재 가격이 상승해도 X재 수요 불변(예 커피와 연필)

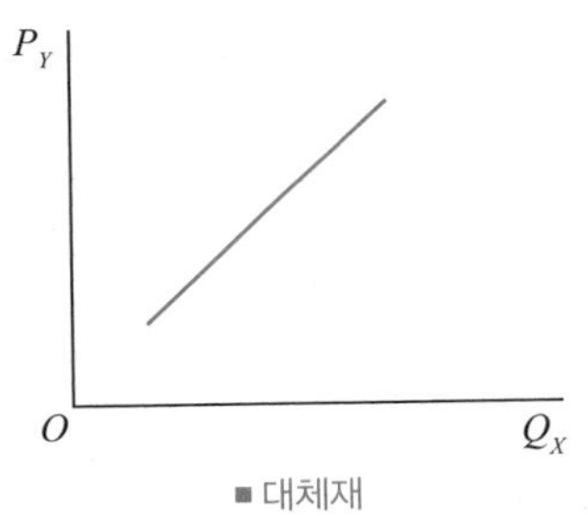

■ 대체재

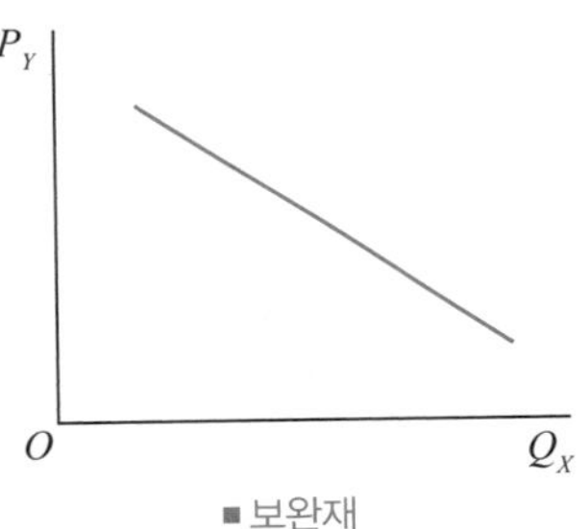

■ 보완재

대표기출유형

다음 중 수요의 가격탄력성에 대한 설명으로 적절하지 않은 것은?

① 수요에 대한 가격탄력성은 대체재가 많을수록 큰 값을 갖는다.
② 탄력성이 1보다 크면 가격이 하락함에 따라 공급자의 총수입은 증가한다.
③ 탄력성이 1보다 작으면 가격이 상승함에 따라 소비자의 총지출은 감소한다.
④ 수요의 가격탄력성은 어떤 재화의 가격이 변할 때 그 재화의 수요량이 얼마나 변하는지 나타내는 척도이다.

정답 ③

해설 수요의 가격탄력성이 1보다 작으면 가격이 상승할 경우 가격상승률에 비해 상대적으로 수요량의 감소율이 작기 때문에 소비자의 총지출은 증가하게 된다.

테마 02 공급의 가격탄력성

공급의 가격탄력성은 독립변수인 (해당)재화의 가격이 변화할 때 종속변수인 (해당)재화의 공급량이 변화하는 정도를 나타내는 것이다.

공급의 가격탄력성은 원칙적으로 양(+)의 값을 가진다.

1 개념

1. 정의

공급의 가격탄력성이란 가격이 변화할 때 공급량이 얼마나 변화하는가를 나타내는 지표를 말한다. 즉 가격변화율에 대한 그 재화의 공급량의 변화율을 의미한다.

2. 산출식

$$\text{공급의 가격탄력성} = \frac{\text{공급량의 변화율(\%)}}{\text{가격의 변화율(\%)}} = \frac{\dfrac{\text{공급량변화분}(\Delta Q)}{\text{원래 공급량}(Q)}}{\dfrac{\text{가격변화분}(\Delta P)}{\text{원래 가격}(P)}} = \frac{\Delta Q}{\Delta P} \cdot \frac{P}{Q}$$

3. 공급곡선의 기울기와 가격탄력성

(1) 종축을 관통하는 선형공급곡선은 모든 점에서 탄력적(공급탄력성 > 1)

(2) 횡축을 관통하는 선형공급곡선은 모든 점에서 비탄력적(공급탄력성 < 1)

(3) 원점을 관통하는 선형공급곡선은 모든 점에서 단위탄력적(공급탄력성 = 1)

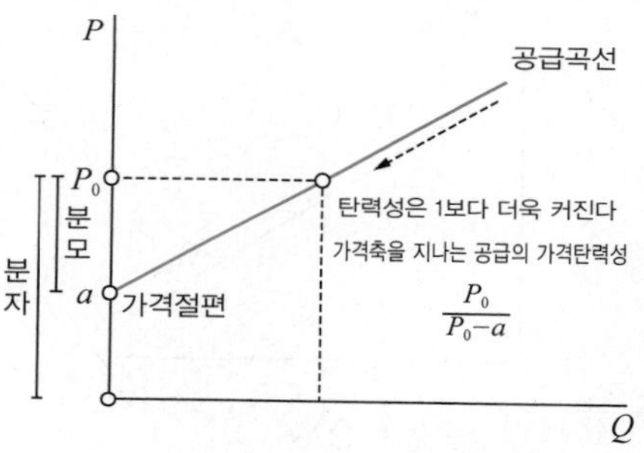

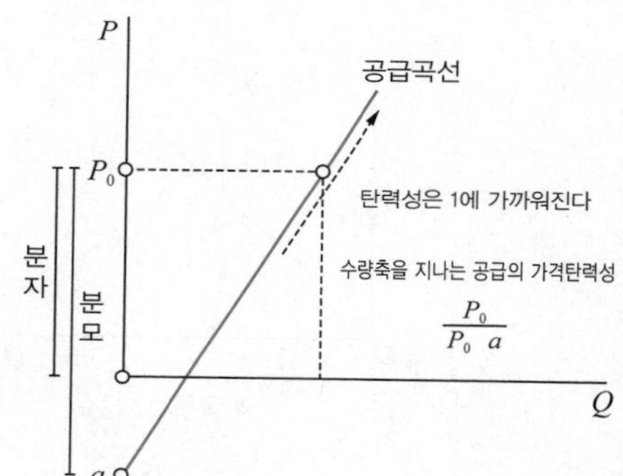

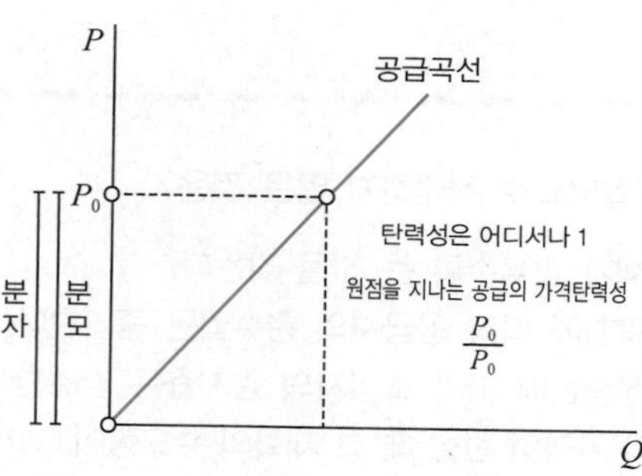

완전비탄력적	$E_S=0$	가격이 변화하여도 공급량이 전혀 변화하지 않는 경우
비탄력적	$E_S<1$	가격의 변화율보다 공급량의 변화율이 작은 경우
단위탄력적	$E_S=1$	가격의 변화율과 공급량의 변화율이 같은 경우
탄력적	$E_S>1$	가격의 변화율보다 공급량의 변화율이 큰 경우
완전탄력적	$E_S=\infty$	미세한 가격 변화에 대하여 공급량이 매우 크게 변화

2 공급의 가격탄력성에 영향을 주는 요인

1. 생산량의 증가에 따른 비용의 변화

생산량을 증가시키려 할 때 시설용량의 확장이나 추가적인 투입요소 구입 등의 측면에서 평균생산비가 급격히 상승하면 가격 상승에 비하여 공급증대가 상대적으로 작을 것이므로 공급의 가격탄력성은 작은 값을 가진다.

2. 다른 상품으로의 전환

어떤 기업이 한 상품의 생산으로부터 다른 상품의 생산으로 쉽게 전환할 수 있을 경우 공급의 가격탄력성이 클 것이다.

3. 가격 변화에 적응하기 위한 기간

고려대상이 되는 기간이 단기보다 장기로 갈수록 공급의 가격탄력성이 커지는 경향이 있다.

4. 유휴설비

유휴설비가 많으면 가격 상승 시 공급량이 쉽게 증가할 수 있으므로 공급의 가격탄력성이 커진다.

5. 저장비용

저장비용이 많이 소요되거나 저장가능성이 낮은 재화는 가격 변화에 신축적으로 대응하기 어려우므로 비탄력적이다.

최신 금융·디지털 용어
금융상식
경영상식
경제상식
실전모의 1회
실전모의 2회

대표기출유형

다음 중 공급의 가격탄력성을 가장 크게 늘릴 수 있는 것은?

① 생산요소의 부족
② 완전고용의 실현
③ 유휴설비의 존재
④ 완전경쟁에서의 공급 부족

정답 ③

해설 유휴설비는 생산요소의 투입으로 인한 요소가격의 상승요인이 적으므로 요소가격의 부담 없이 공급을 늘릴 수 있다.

테마 03

거미집모형(동태분석)

거미집이론은 특정 재화시장이 불균형 상태에서 균형상태로 조정되는 과정이 마치 거미집 모양과 같다는 에치켈(M. J. Eziekel)의 이론으로, 균형의 변동과정을 동태적으로 분석하는 이론이다. 따라서 시장의 여건에 따라 가격의 시간 경로가 다른 양상을 보일 수 있는데, 이 변화과정을 거미집과정(Cobweb Process)이라 한다.

1 개념

1. 순환과정

거미집이론(동태분석)에 따르면 외부충격으로 기존의 균형점에서 새로운 균형점으로 이동해 가는 것은 '수요증가 → 초과수요 → 가격 폭등 → 공급 증가 → 가격 폭락 → 공급 감소 → 가격 폭등'의 과정을 거치게 된다. 또한 단기적으로 가격이 급등하게 되면 공급이 증가하게 되는데, 공급물량이 막상 시장에 출하되면 오히려 공급이 초과되어 침체국면에 접어든다는 것이다.

2. 거미집이론의 전제

(1) 수요와 공급 간 시차가 존재한다.

① 수요량은 금기(今期)의 가격에 반응해서 수량을 결정하고 공급량은 전기(前期)의 가격에 반응해서 수량을 결정한다.

② 지금 공급되는 물량은 전기의 가격에 반응해서 전기에 착공한 물량이 시장에 나오는 것이다. 그리고 금기에 생산된 수량은 모두 금기의 시장에서 판매된다는 것을 전제로 한다.

(2) 공급자는 현재의 시장임대료에만 반응한다. 즉 미래에 대한 예측을 하지 않는다.

3. 적용대상

(1) 농산물시장이나 부동산시장에서 가격파동을 설명하는 이론으로서 거미집이론이 자주 인용된다.

(2) 주택은 수요가 꾸준하므로 꾸준히 일정량을 지어야 하지만 상업용이나 공업용은 일반경기에 따라 경기가 좋으면 한꺼번에 많은 수량이 착공되는 경우가 많기 때문에 부동산시장의 경우 거미집모형은 주거용 부동산보다는 상업용이나 공업용 부동산에 더 잘 적용된다.

(3) 농산품의 탄력성과 농부의 역설 : 농산품은 공산품에 비해 수량조정에 시간이 소요되므로 수요와 공급의 변화에 따른 가격의 변화폭이 크게 나타난다. 즉 농산품은 필수재에 해당하는 상품이 많아 수요곡선이 가파르고, 저장가능성과 생산시기 조절이 쉽지 않아 공급량을 조절하기가 어려워 공급곡선의 기울기도 가파르게 나타난다. 따라서 풍작과 흉작에 따른 수량 조절은 어렵고 가격의 변동으로 조절해야 하므로 가격의 변동폭이 크게 나타나 폭등 · 폭락현상이 자주 관찰된다. 이러한 산업적 특수성으로 풍년이 되면 농부의 소득은 감소하고 흉년이 되면 농부의 소득이 오히려 증가하는 현상을 농부의 역설이라고 한다.

> 풍년 → 공급곡선 우측 이동 → 가격 폭락 → 총소득 감소
> 흉년 → 공급곡선 좌측 이동 → 가격 폭등 → 총소득 증가

2 거미집모형의 유형

1. (진동)수렴형

시간이 경과하면서 새로운 균형으로 접근하는 경우이다. 공급곡선 기울기의 절댓값이 수요곡선 기울기의 절댓값보다 큰 경우에 나타난다. 일반적으로 부동산시장은 공급이 진동수요보다 덜 탄력적이며 이런 경우 거미집모형은 새로운 균형으로 수렴하게 된다.

2. (진동)발산형

시간이 경과하면서 새로운 균형에서 점점 멀어지는 경우이다. 공급곡선 기울기의 절댓값이 수요곡선 기울기의 절댓값보다 작은 경우에 나타난다.

3. 진동형(순환형)

시간이 경과하면서 새로운 균형점에 접근하지도, 멀어지지도 않는 경우이다. 수요곡선과 공급곡선의 기울기의 절댓값이 같은 경우에 나타난다.

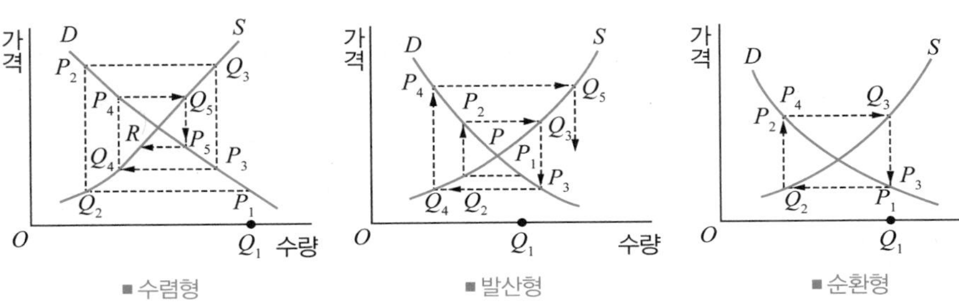

■수렴형 ■발산형 ■순환형

> 거미집모형에서 동적 안정성의 달성여부는 수요곡선과 공급곡선의 형태에 따라 달라진다. 거미집모형은 수요와 공급의 가격탄력성의 상대적 크기에 따라 새로운 균형에 수렴하거나, 발산하거나, 순환하게 된다.

3 거미집모형의 안정성

1. 모형

(1) 수요 : $Q_t^d = a - b \cdot P_t$

(2) 공급 : $Q_t^s = -c + d \cdot P_{t-1}$

2. 1계차분방정식 활용

$$b \cdot P_t + d \cdot P_{t-1} = a + c \Rightarrow b \cdot P_{t+1} + d \cdot P_t = a + c$$

> 안정성의 조건
> 수요의 가격탄력성>공급의 가격탄력성

> 의미
> 수요자들이 공급자들보다 가격에 민감하게 반응해야 균형에 수렴한다.

대표기출유형

다음 중 거미집이론(Cobweb Theorem)과 관계가 없는 것은?

① 가격이 변하면 수요는 즉각적인 영향을 받는다.
② 균형가격의 안정조건을 정태과정에서 설명한 이론이다.
③ 농산물의 가격변동을 설명한 것으로부터 출발한 이론이다.
④ 가격이 변해도 공급은 일정한 기간 후에 변동을 일으킨다.

정답 ②

해설 거미집이론은 가격 변화에 대한 수요량과 공급량의 변화로 균형에 접근하는 변동과정 분석이므로 동태과정에서 설명한 이론이다.

테마 04 소비자잉여와 생산자잉여

- 소비자잉여
  = 소비자가 누리는 가치 − 소비자가 지불한 금액
- 생산자잉여
  = 공급자가 받는 금액 − 공급자가 치르는 비용
- 총잉여
  = 소비자잉여 + 생산자잉여
  = 소비자가 누리는 가치 − 공급자가 치르는 비용

1 소비자잉여

1. 소비자잉여(CS ; Consumer Surplus)는 소비자의 최대지불용의금액에서 실제로 지불한 금액을 뺀 나머지 금액으로 소비자가 시장 참여로부터 받는 혜택의 크기이다.
2. 소비자 A는 물건 B에 1만 원까지 지불할 용의가 있는데 7천 원만 주고 구입했다면 3천 원의 소비자잉여가 발생한 것이다.
3. 소비자의 최대지불용의는 소비로부터 예상되는 총효용(Utility)의 금전적 가치로 총편익(Total Benefit)이라고도 한다.

2 생산자잉여

1. 생산자잉여(PS ; Producer Surplus)는 공급자의 총수입에서 생산비용(기회비용)을 뺀 나머지 금액으로, 생산자가 시장에 참여하여 얻게 되는 이득을 말한다.
2. 생산비용은 공급자가 받아들일 수 있는 최저가격으로 생산자의 판매용의이다.

수요폐색가격
(Demand Choke Price)
구매하려는 소비자가 없고 수요량이 0이 되는 가격수준, 역수요곡선의 수직축 절편이다.

공급폐색가격
(Supply Choke Price)
생산하려는 기업이 없고 공급량이 0이 되는 가격수준, 역공급곡선의 수직축 절편이다.

3 시장균형

1. 시장의 효율성

(1) 완전경쟁 상태에서 외부효과가 없다는 전제 아래 한 사회의 경제적 후생은 소비자잉여와 생산자잉여의 합(즉, 경제적 잉여의 합)으로 표시할 수 있다.

(2) 경제적 잉여가 극대화될 때 시장의 효율성(Market Efficiency)이 달성되며 이때 자원배분이 (파레토)효율적이라고 한다.

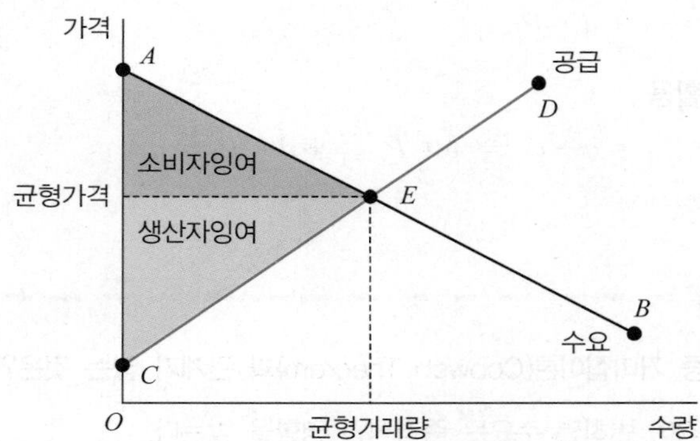

2. 시장실패의 원인

(1) 시장지배력

① 공급자나 수요자가 시장가격에 영향을 미칠 수 있는 능력

② 시장지배력(Market Power)이 존재하면 시장에서 생산 및 소비되는 재화의 수량이 경제적 잉여를 극대화하는 수량과 달라져 시장의 효율성이 저하된다.

(2) 외부효과

① 시장거래의 결과, 거래당사자가 아닌 다른 사람이 영향을 받고 그에 대한 보상이 이루어지지 않는 경우

② 외부효과(Externalities)가 존재하면 시장에 의한 자원배분이 비효율적으로 이루어진다.

4 탄력성과 사회잉여

1. 수요가 완전탄력적

수요가 완전탄력적인 경우 수요곡선은 수평이므로 소비자잉여는 없고 공급곡선이 우상향하면 사회적 잉여는 생산자잉여와 일치한다.

2. 수요가 완전비탄력적

수요가 완전비탄력적인 경우 수요곡선은 수직이므로 소비자잉여는 무한정 증가하고 공급곡선이 우상향하면 생산자잉여는 변함이 없다.

3. 공급이 완전탄력적

공급이 완전탄력적인 경우 공급곡선은 수평이므로 생산자잉여는 없고 소비자잉여는 변함이 없고, 수요곡선이 우하향하면 사회적 잉여는 소비자잉여와 일치한다.

4. 공급이 완전비탄력적

공급이 완전비탄력적인 경우 공급곡선은 수직이므로 소비자잉여는 변함이 없고 생산자잉여는 무한정 증가한다.

대표기출유형

개인 a, b, c, d가 커피를 구입할 때 지불할 용의가 있는 가격이 아래의 표와 같다. 커피가격이 4,000원일 때 사회 전체의 소비자잉여는?

구분	a	b	c	d
지불용의	3,000원	4,000원	5,000원	6,000원

① 2,000원 ② 3,000원 ③ 4,000원
④ 5,000원 ⑤ 6,000원

정답 ②

해설 소비자잉여(CS ; Consumer Surplus)는 소비자가 지불할 용의가 있는 최대가격과 실제 지불한 가격 간의 차이를 말한다.

• a : 구입하지 않았으므로 소비자잉여는 없다. • b : 4,000－4,000＝0
• c : 5,000－4,000＝1,000 • d : 6,000－4,000＝2,000

따라서 사회 전체의 소비자잉여는 1,000＋2,000＝3,000(원)이다.

테마 05

가격규제

> 📖 시장균형의 결정 원리
> - 초과수요(수요량>공급량) 상태 → 가격 상승 압력 발생 → 가격 상승 → 수요량 감소, 공급량 증가 → 시장균형 달성(수요량=공급량)
> - 초과공급(수요량<공급량) 상태 → 가격 하락 압력 발생 → 가격 하락 → 수요량 증가, 공급량 감소 → 시장균형 달성(수요량=공급량)

1 시장에서의 가격결정

1. 시장균형

(1) 의미 : 시장에서 수요량과 공급량이 일치하여 가격이 더 이상 변하지 않는 상태

(2) 균형가격 : 수요량과 공급량이 일치하는 균형점에서의 가격

(3) 균형거래량 : 수요량과 공급량이 일치하는 균형점에서의 거래량

2. 시장의 불균형

(1) 의미 : 시장에서 재화나 서비스 등에 대한 수요량과 공급량이 일치하지 않아 초과수요나 초과공급이 발생하는 상태

(2) 초과수요 : 특정 가격수준에서 수요량이 공급량보다 많은 경우로서 가격 상승 압력이 존재

(3) 초과공급 : 특정 가격수준에서 공급량이 수요량보다 많은 경우로서 가격 하락 압력이 존재

2 정부의 가격 규제 정책

1. 의의

(1) 전세나 월세 등 부동산 임대료가 너무 비싼 경우, 임금이 지나치게 낮거나 대부업체의 이율이 너무 높은 경우, 농산물의 가격이 폭락한 경우 정부는 시장에서 결정된 가격을 무시하고 의도적으로 가격을 규제하기도 한다.

(2) 가격에 대한 정부의 규제는 가격이 일정한 수준 이상으로 올라가는 것을 막는 가격상한제(Price Ceiling)와 가격이 일정한 수준 이하로 내려가는 것을 막는 가격하한제(Price Floor)의 두 가지 형태로 실시되고 있다.

2. 최고가격제(가격상한제)

(1) 의미 : 정부가 시장의 균형가격이 너무 높다고 판단하면 시장 균형가격보다 낮은 수준에서 가격상한선을 정하고 이를 초과하는 가격수준에서 거래하지 못하도록 규제하는 정책이다.

최고가격제가 시행되는 시장	최고가격제 시행 이전과 이후 비교
가격, 수요, 공급, P_0, P_1, 최고 가격, O, Q_1, Q_0, Q_2, 수량	• 가격 : 시장 균형가격(P_0)>정부 결정 최고가격(P_1) → 시장 거래가격 하락($P_0 \rightarrow P_1$) • 거래량 : 시장 균형거래량(Q_0)>최고가격에 따른 거래량(Q_1) → 시장거래량 감소($Q_0 \rightarrow Q_1$) • 수요량과 공급량 : 수요량 증가, 공급량 감소로 인해 초과수요($Q_1 Q_2$) 발생

(2) 사례

① 분양가상한제 : 정부가 산정한 분양가 이하에서 아파트가 분양되도록 규제하는 제도

② 이자율상한제 : 대출이자율의 상한선을 정하는 정책

(3) 문제점

① 초과수요 발생 : 정부가 최고가격제를 실시하면 초과수요가 발생하게 되어 원하는 만큼 재화가 공급되지 못하고 재화의 배분은 가격이 아니라 추첨이나 선착순과 같이 가격경쟁 이외의 다른 방식으로 해결된다.

② 생산 측면에서 과소설비를 유도

③ 암시장 형성

암시장

정부의 가격 규제와 관련하여 정부가 통제하는 가격 범위를 벗어나서 거래가 이루어지는 경우를 의미한다. 넓은 의미로는 불법적인 거래가 이루어지는 모든 시장을 의미하기도 한다.

3. 최저가격제(가격하한제)

(1) 의미 : 시장에서 형성되는 균형가격이 너무 낮아서 시장 균형가격보다 높은 수준에서 가격하한선을 정하고 이보다 낮은 가격수준에서 거래하지 못하도록 규제하는 정책이다.

최저가격제가 시행되는 시장	최저가격제 시행 이전과 이후 비교
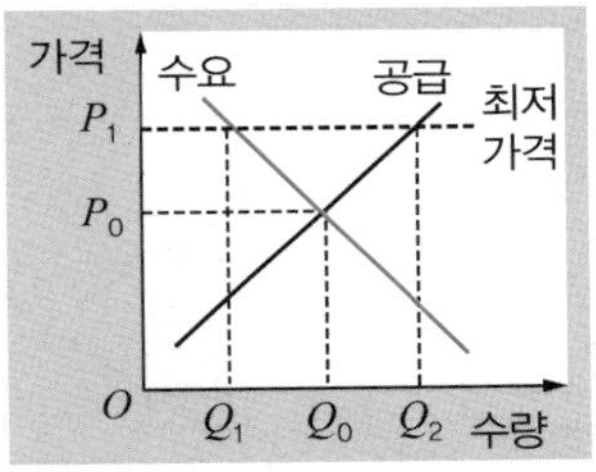 가격 / 수요 / 공급 / 최저가격 / P_1 / P_0 / O / Q_1 / Q_0 / Q_2 / 수량	• 가격 : 시장 균형가격(P_0)<정부 결정 최저가격(P_1) → 시장 거래가격 상승($P_0 \rightarrow P_1$) • 거래량 : 시장 균형거래량(Q_0)>최고가격에 따른 거래량(Q_1) → 시장거래량 감소($Q_0 \rightarrow Q_1$) • 수요량과 공급량 : 수요량 감소, 공급량 증가로 인해 초과공급($Q_1 Q_2$) 발생

(2) 목적 : 생산자(공급자, 노동자)보호

(3) 사례 : 임금이 일정 수준 이상으로 유지되도록 규제하는 제도인 최저임금제

(4) 문제점

① 초과공급 발생 : 최저가격제가 실시되면 일반적으로 공급량이 수요량을 초과하여 초과공급이 발생하며, 최저임금제에서 초과공급은 실업이 발생하는 것을 의미한다.

② 생산 측면에서 과잉설비를 유도

③ 암시장 형성

구분 \ 종류	최고가격제	최저가격제
가격설정	균형가격 아래－가격상한제	균형가격 위－가격하한제
효과	가격 인하－소비자보호, 물가안정	가격 상승－생산자 · 노동자보호
사례	아파트 분양가 · 전세금 통제, 법정최고이자 등	최저임금제, 최저곡가제 등
불균형	초과수요－재화부족	초과공급－재화 · 노동의 과잉공급

재화 · 서비스의 질	가격 하락으로 저하됨.	가격 상승으로 개선됨.
자원배분	과소의 자원배분에 의한 비효율성-후생손실이 발생	과잉의 자원배분에 의한 비효율성-후생손실이 발생
암시장 형성	암시장에서는 규제가격보다 더 높은 가격으로 거래가 됨.	암시장에서는 규제가격보다 더 낮은 가격으로 거래가 됨.
기타	가격기구에 의한 자원배분(×) → 인위적 배분 : 선착순 추첨 배급제	최저임금제의 경우 노동수요의 임금탄력성이 비탄력적일수록 효과적임.

4. 가격규제와 경제적 잉여

(1) 최고가격제(가격상한제)

① 최고가격제 : 가격 하락(P_C), 공급량 감소(Q_S), 실제 소비량 감소(Q_S)

② 암시장 형성 : 가격 상승(P_B), 공급량 감소(Q_S), 실제 소비량 감소(Q_S)

구분	가격	실제 생산 · 소비	소비자잉여	생산자잉여	경제적 잉여
최고가격제	하락	감소	(일반적) 증가	감소	감소
암시장	상승	감소	감소	(일반적) 증가	감소

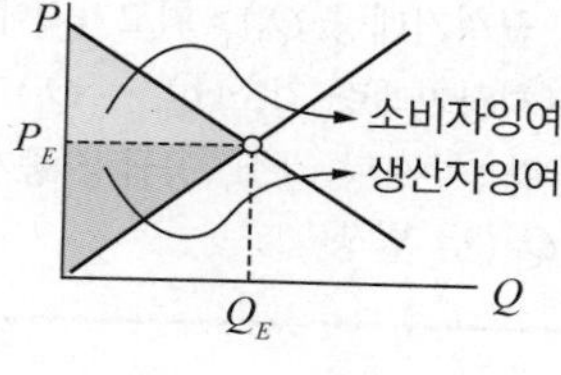

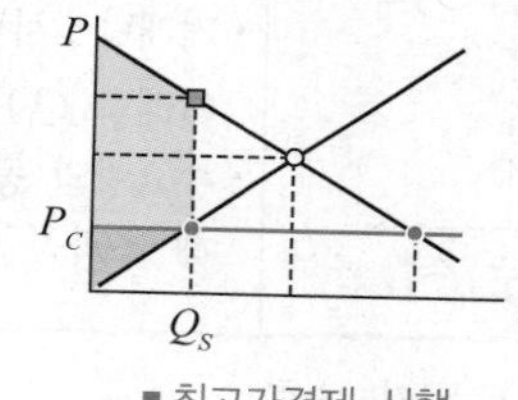

■ 최고가격제 시행

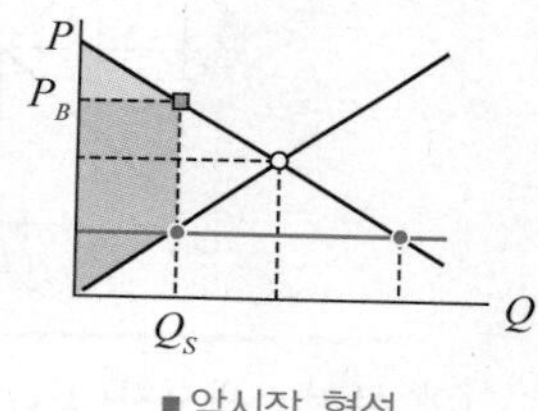

■ 암시장 형성

(2) 최저가격제(가격하한제) : 농산물 가격지지제, 최저임금제

① 최저가격제 : 가격 상승(P_C), 수요량 감소(Q_D), 실제 생산량 감소(Q_D)

② 정부수매 시 : 가격 상승(P_C), 수요량 감소(Q_D), 공급량 증가(Q_S), 초과공급분 비축

③ 이중곡가제 : 구매가격(P_S) 상승, 공급량 증가(Q_S), 판매가격(P_D) 하락, 수요량 증가(Q_D)

구분	가격	실제 생산 · 소비	소비자잉여	생산자잉여	경제적 잉여
최저가격제	상승	감소	감소	(일반적으로) 증가	감소
정부수매	상승	소비 감소, 생산 증가	감소	증가	감소*
이중곡가제	—	소비 증가, 생산 증가	증가	증가	감소*

* 정부수매와 이중곡가제 시행 시 재정지출(사각형 면적)이 필요하므로 경제적 잉여는 감소

팁 가격상한제를 실시할 경우 수요의 가격탄력성이 커질수록 초과수요의 값도 커진다.
가격하한제를 실시할 경우 수요의 가격탄력성이 커질수록 초과공급의 값도 커진다.

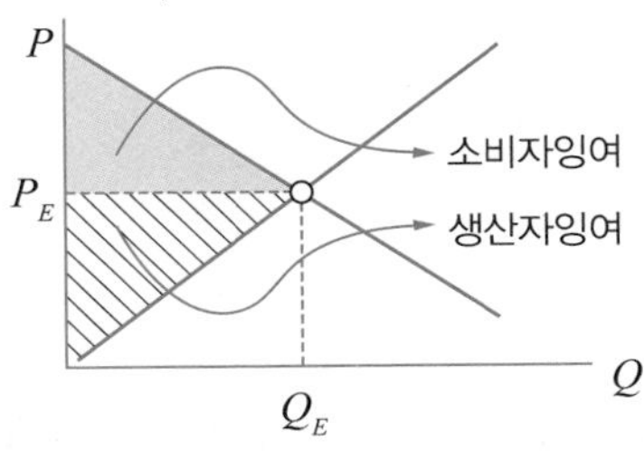

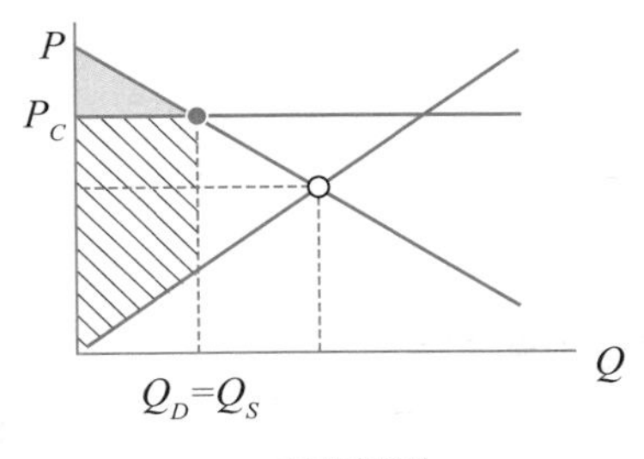

■ 최저가격제

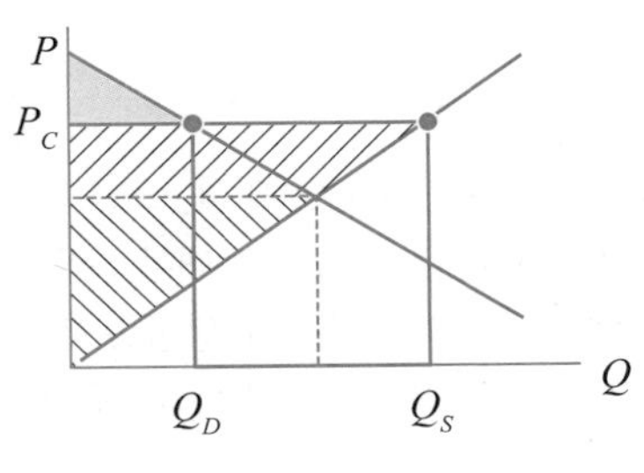

■ 정부수매 · 비축

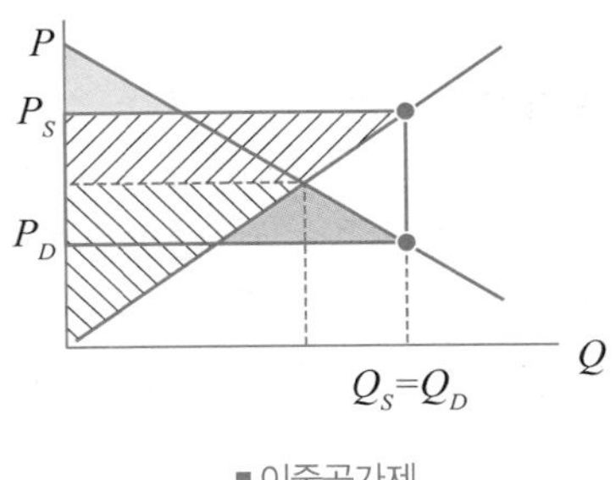

■ 이중곡가제

Ⓑ 최저임금제와 총노동소득(전체 노동자들의 소득)의 관계

- 최저임금제 실시 이후 노동자들의 총노동소득(전체 노동자들의 소득)의 증감여부는 노동수요의 임금탄력성에 달려있다.
- 노동수요가 탄력적인 경우 최저임금제가 실시되어 임금이 상승하면 고용량이 대폭 감소하므로 노동자의 총노동소득이 감소한다.
- 노동수요가 비탄력적인 경우 최저임금제가 실시되어 임금이 상승하더라도 고용량이 별로 감소하지 않으므로 노동자의 총노동소득이 증가한다.

대표기출유형

다음 중 최저임금제에 대한 설명으로 옳지 않은 것은?

① 노동시장의 초과공급으로 비자발적 실업이 발생한다.

② 노동수요의 임금탄력성이 높을수록 효과적이다.

③ 최저임금제는 노동시장의 생산자잉여를 증가시키기 위한 정책이다.

④ 최저임금제를 통한 총노동소득의 증감여부는 노동수요의 임금탄력성에 따라 결정된다.

정답 ②

해설 노동수요의 임금탄력성이 낮을수록 효과적이다.

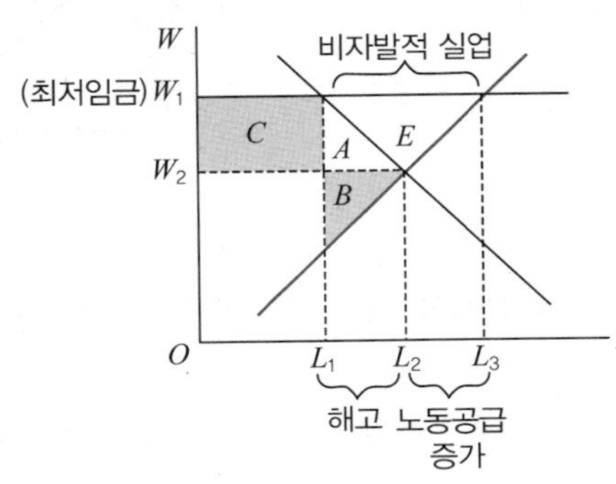

최저임금제를 실시하면 노동자들의 임금이 상승하는 효과를 가져오지만, 비자발적 실업이 발생하며 사회적인 후생손실을 초래하게 되는 것이다.

④ 임금상승
- 노동수요의 임금탄력성>1 ⇒ 임금인상률<고용량 감소율 ⇒ 총노동소득 감소
- 노동수요의 임금탄력성<1 ⇒ 임금인상률>고용량 감소율 ⇒ 총노동소득 증가

테마 06

조세부과의 효과

1 조세의 경제적 기능

1. 자원배분 기능

조세는 자원배분에 영향을 미친다. 세율에 따라 수요와 공급을 조절할 수 있는데 일반적으로는 세율이 높아지면 수요와 공급이 모두 감소하고 세율이 낮아지면 수요와 공급이 모두 증가한다.

2. 소득재분배 기능

조세는 소득의 재분배를 조정할 수 있다. 대표적으로 누진세율이 있다. 고소득자에게는 높은 세율을 적용하고 저소득층에는 낮은 세율을 부과하는 방식으로 대부분의 나라에서 채택하고 있다. 또한 특정 재화에 세율을 조정하는 방식도 있는데 생필품의 경우에는 세율을 낮게 조정하고 사치품과 기호품에는 높은 세율을 적용하여 소득의 재분배 효과를 거둘 수 있다.

3. 경기안정화 기능

조세는 경기안정화 정책에 활용될 수 있다. 경기침체기에는 세율을 낮추어 경기를 부양할 수 있으며 경기과열기에는 세율을 높여 소비를 감소시키는 효과로 과도한 인플레이션을 막을 수 있다.

> **용어 조세부담의 전가**
> 실제 조세가 부과되었을 때 경제주체들이 경제활동의 과정에서 조세부담을 다른 경제주체에게 이전시키는 행위를 말한다.

> **용어 조세부담의 귀착**
> 정부가 부과한 조세의 전가가 이루어져 실질적으로 각 경제주체의 조세부담액이 결정되는 것을 의미한다.

2 조세부과의 효과 분석

1. 조세부담의 귀착

(1) 조세부담분의 상대적 크기 : 수요자의 조세부담분과 공급자의 조세부담분의 상대적 크기는 탄력성에 반비례한다. 즉 상대적으로 비탄력적인 쪽이 많이 부담하므로 탄력성에 반비례하고, 수요곡선과 공급곡선의 기울기에 비례한다.

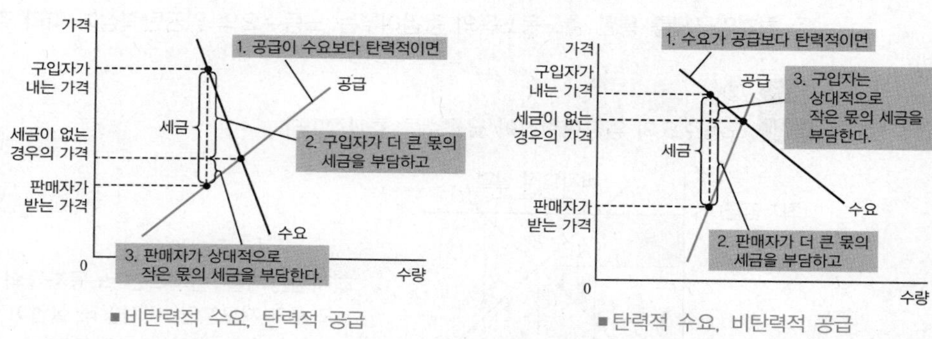

■비탄력적 수요, 탄력적 공급 ■탄력적 수요, 비탄력적 공급

(2) 조세부과 후의 가격상승폭 : 수요의 가격탄력성이 클수록 작아지고, 공급의 가격탄력성이 클수록 커진다.

(3) 법적 귀착과 경제적 귀착 : 법적으로 소비자에게 부과하거나 생산자에게 부과하거나 경제적 결과는 동일하다.

> **용어 예외적인 경우의 조세부담의 귀착**
> 1. 공급이 완전탄력적인 경우 : 수요자가 전액부담
> 2. 수요가 완전탄력적인 경우 : 생산자가 전액부담
> 3. 공급이 완전 비탄력적인 경우 : 생산자가 전액부담
> 4. 수요가 완전 비탄력적인 경우 : 수요자가 전액부담

2. 조세와 최대지불의사 및 최소수취의사의 변화

구분	종량세	종가세
생산자에게 부과될 때	생산자가 소비자로부터 받고자 하는 가격이 T원만큼 상승하게 되고, 공급곡선이 단위당 조세액만큼 상방으로 평행이동한다. 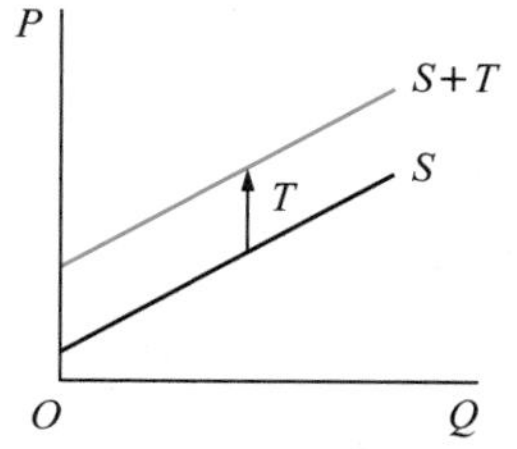 P, S+T, T, S, O, Q	생산자가 소비자로부터 받고자 하는 가격이 $t\%$ 상승하게 되고, 이에 따라 공급곡선이 회전하면서 상방으로 이동하게 된다. 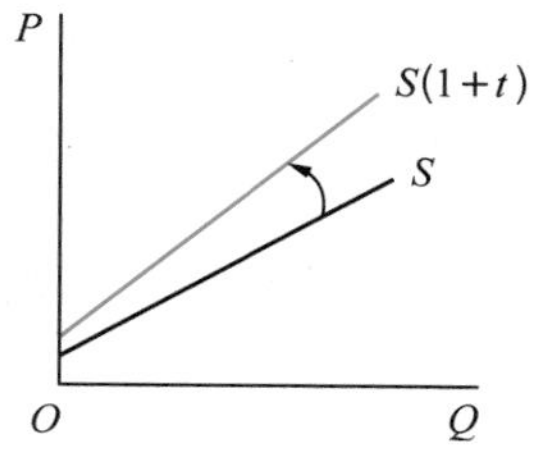 P, S(1+t), S, O, Q
소비자에게 부과될 때	소비자가 생산자에게 지불할 용의가 있는 금액이 T원만큼 하락하고, 수요곡선이 단위당 조세액만큼 하방으로 평행이동한다. 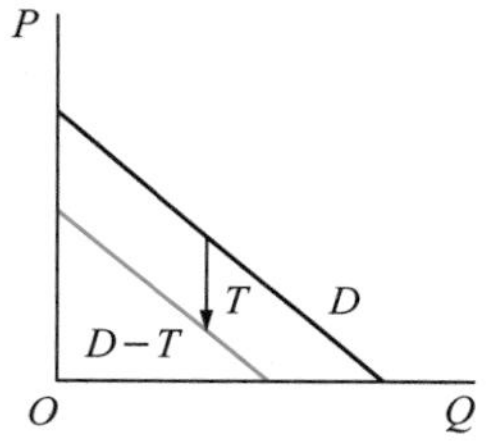 P, T, D, D−T, O, Q	소비자가 생산자에게 지불할 용의가 있는 금액이 $t\%$ 하락하게 되고, 수요곡선이 회전하면서 하방으로 이동한다. 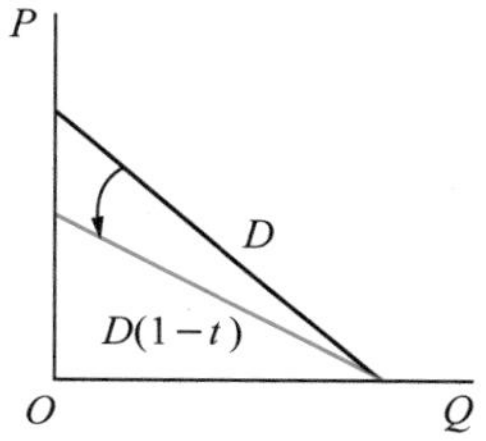 P, D, D(1−t), O, Q

> 물품세의 부과방식
> 1. 종량세 : 상품단위당 일정액의 조세를 부과하는 방식
> 2. 종가세 : 상품단위당 일정세율의 조세를 부과하는 방식

3 조세부과와 자중손실

1. 자중손실의 개념

(1) 의의 : 자중손실(Deadweight Loss)은 경제에서 균형이 최적상태가 아닐 때 발생하는 효율성 상실분($DL = B + F$)을 의미하는데 대개 독점가격, 외부효과, 세금이나 보조금 그리고 가격상한제, 가격하한제 등이 있다.

(2) 조세의 부과

① 공급자에게 T원만큼의 종량세를 부과할 경우 : 공급자의 최소수취의사가 T원만큼 위로 이동 ⇒ P_C(공급자가 최소한 받아야 하겠다는 금액에 T원만큼을 더 받아야 세금 납부가 가능하므로)

② 수요자에게 T원만큼의 종량세를 부과할 경우 : 수요자의 최대지불의사가 T원만큼 아래로 이동 ⇒ P_P(수요자가 최대한 낼 용의가 있다는 금액에서 T원만큼은 세금이므로 공급자에게 돌아가는 금액은 그만큼 감소)

③ 조세의 귀착

㉠ 물품세를 공급자에게 부과하는 것과 소비자에게 부과하는 것은 동일한 결과

> 자중손실이란 거래량이 효율적인 시장거래량 아래로 감소하면서 발생하는 총잉여의 손실을 말하며, 사중비용, 후생손실/비용, 발견자의 이름을 따라 하버거의 삼각형(Harberger's Triangle)이라고도 한다.

㉡ 탄력적인 경제주체의 경제적 귀착은 작고, 덜 탄력적인 경제주체의 귀착은 크다(역탄력성). 수요곡선이 상대적으로 완만하면 수요가 더 탄력적이므로 수요자의 부담은 작고, 공급자의 부담은 크다. 공급곡선이 상대적으로 완만하면 공급이 더 탄력적이므로 공급자의 부담은 작고, 수요자의 부담은 크다.

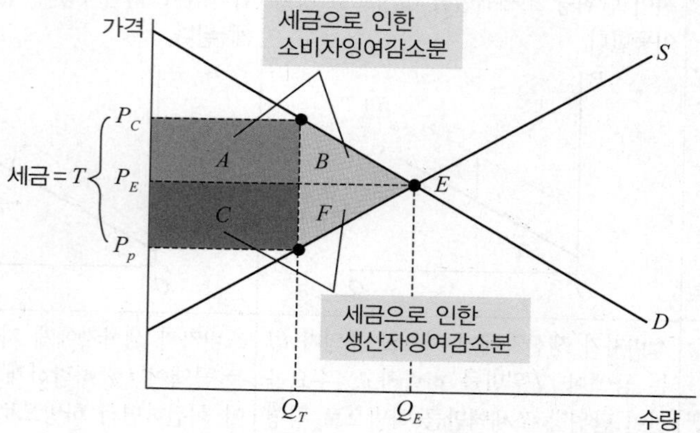

제품 한 단위당 T원만큼의 세액 중 $P_C - P_E$ 만큼은 소비자가 부담하고 $P_E - P_P$ 만큼은 공급자가 부담

2. 탄력성과 조세귀착

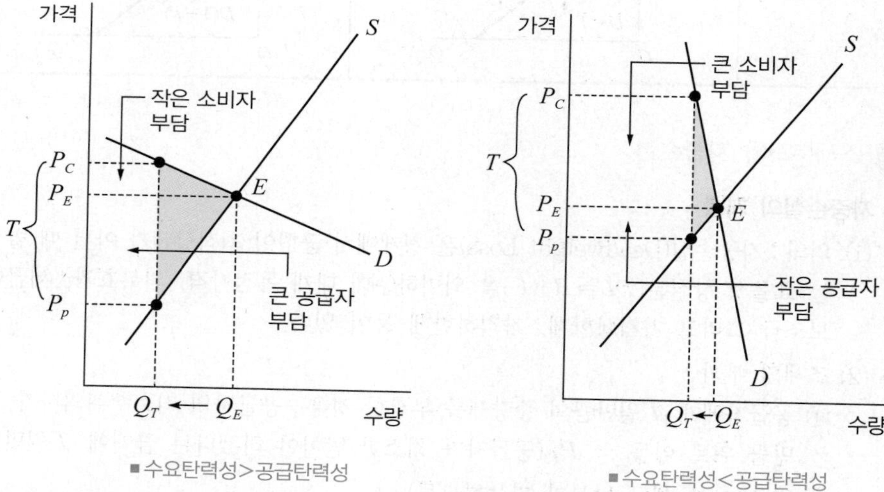

■ 수요탄력성>공급탄력성 ■ 수요탄력성<공급탄력성

3. 탄력성과 자중손실

(1) 수요의 탄력성과 자중손실(동일한 공급곡선)

① 수요가 탄력적일 때가 비탄력적일 때보다 자중손실이 크다.

② 수요가 탄력적일 때 조세의 소비자부담이 작고, 생산자부담이 크다.

③ 수요가 비탄력적일 때 조세의 생산자부담이 작고, 소비자부담이 크다.

(2) 공급의 탄력성과 자중손실(동일한 수요곡선)

① 공급이 탄력적일 때가 비탄력적일 때보다 자중손실이 크다.

② 공급이 탄력적일 때 조세의 소비자부담이 크고, 생산자부담이 작다.

③ 공급이 비탄력적일 때 조세의 생산자부담이 크고, 소비자부담이 작다.

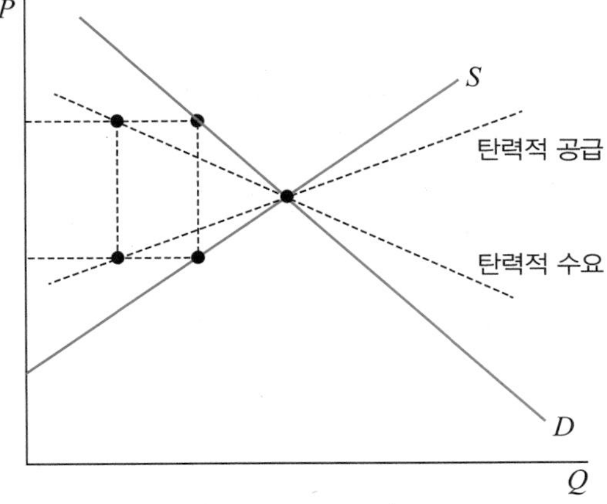

- 수요와 공급이 탄력적일수록 자중손실이 증가한다.
- 수요와 공급이 덜 탄력적일수록 자중손실이 감소한다.

대표기출유형

수요가 가격에 탄력적인 재화에 개별물품세가 부과될 때 올바른 것은?

① 소비자가격이 큰 폭으로 증가하여 소비자부담이 크다.

② 사치적 심리의 재화이므로 고소득층의 부담이 큰 폭으로 증가한다.

③ 고가(高價)이므로 낮은 세율을 적용해도 정부가 확보하는 조세수입이 많아진다.

④ 과세 이후 자중손실(Deadweight Loss)이 대폭 증가할 것이다.

⑤ 생산자에 비해 소비자부담이 클 것으로 예상된다.

정답 ④

해설 물품세가 부과될 경우 수요가 탄력적일수록 소비자부담이 작고, 공급이 탄력적일수록 생산자부담이 작아진다. 또한 수요와 공급이 탄력적일수록 조세부과시 거래량이 크게 감소하므로 자중손실(사회적인 후생손실)이 증가한다.

테마 07 무차별곡선

1 개념

1. 무차별곡선의 정의

(1) 무차별곡선(Indifference Curve)은 소비자에게 동일한 효용(만족)을 주는 재화의 여러 가지 조합을 연결한 곡선이다.

(2) 소비자가 동일한 만족을 얻을 수 있는 두 종류의 재화로 만들 수 있는 여러 가지 배합점들의 궤적이다.

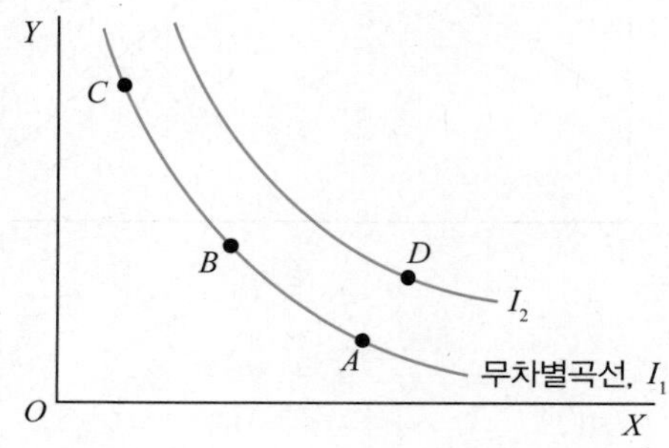

2. 무차별곡선의 성질

(1) 우하향(−)의 기울기를 가짐(부의 기울기).
한 재화의 소비량이 증가(감소)하면 동일한 만족을 유지하기 위해 다른 재화의 소비량이 감소(증가)해야 하기 때문이다.

(2) 원점에서 멀어질수록 만족수준이 더 큼.
소비량이 많을수록 소비자의 만족수준이 높아지기 때문이다.

(3) 원점에 대해 볼록함.
한계대체율, 즉 두 재화의 한계효용비율이 체감하기 때문이다.

(4) 서로 다른 무차별곡선은 교차할 수 없음.

팁 한계효용이론은 기수적 효용이론으로, 각 재화의 소비량에 따른 효용의 크기를 기수적으로 측정할 수 있다는 가정을 이용하여 소비자이론을 설명한다.
무차별곡선이론은 효용을 기수적으로 측정할 수는 없지만 한 재화의 묶음을 다른 묶음과 비교하여 선호의 순서를 만들 수는 있다는 서수적 효용개념을 이용하여 소비자이론을 설명한다.

2 한계대체율

1. 한계대체율의 개념

(1) 한계대체율(Marginal Rate of Substitution : MRS)이란 동일한 수준의 효용을 유지하면서 한 재화를 추가적으로 소비하고자 할 때, 대체해야 하는 다른 재화의 수량이다. 즉 두 상품 사이의 주관적인 교환비율로 무차별곡선의 접선의 기울기를 의미한다.

(2) X재와 Y재의 한계효용비율로 나타낼 수 있다.

$$\text{한계대체율}(MRS_{XY}) = -\frac{\Delta Y}{\Delta X} = \frac{MU_X}{MU_Y}$$

팁 X재를 1단위 더 소비하면 효용은 MU_X만큼 증가하므로 Y재를 $\frac{MU_X}{MU_Y}$만큼 감소시켜야 동일한 효용을 유지한다.
$MU_X \cdot (1) + MU_Y \cdot \left(-\frac{MU_X}{MU_Y}\right) = 0$
즉, X재 1단위와 대체되는 Y재의 크기는 $\frac{MU_X}{MU_Y}$이다.

2. 무차별곡선과 한계대체율

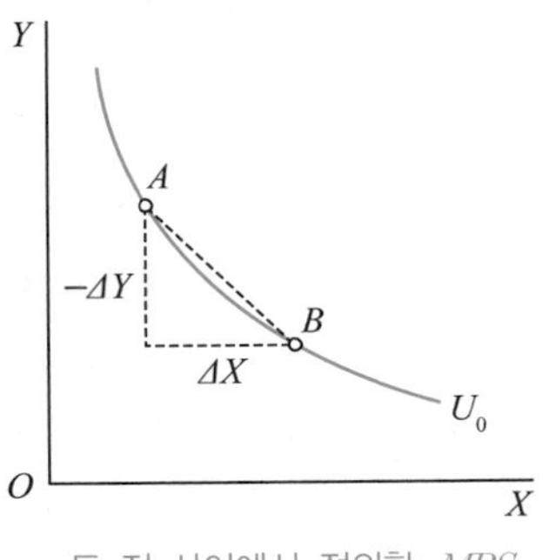

■ 두 점 사이에서 정의한 MRS

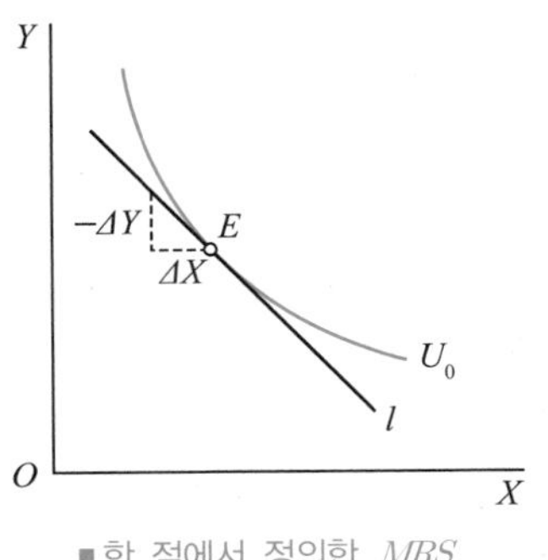

■ 한 점에서 정의한 MRS

3. 한계대체율 체감의 법칙(한계효용 체감의 가정)

한계대체율 체감의 법칙(Law of Diminishing)이란 두 재화 X, Y를 소비할 때, 동일한 효용수준을 유지하면서 X재 소비량을 1단위 증가(감소)시키기 위해 감소(증가)시켜야 하는 Y재 소비량이 지속적으로 감소(증가)하는 현상을 의미한다.

〈우하향 무차별곡선에서 X재 소비 증가 시〉

$$X\text{재 소비량}(Q_X)\uparrow \rightarrow X\text{재 한계효용}(MU_X)\downarrow$$
$$Y\text{재 소비량}(Q_Y)\downarrow \rightarrow Y\text{재 한계효용}(MU_Y)\uparrow$$
$$\Rightarrow \frac{MU_X}{MU_Y} = MRS_{XY} \downarrow$$

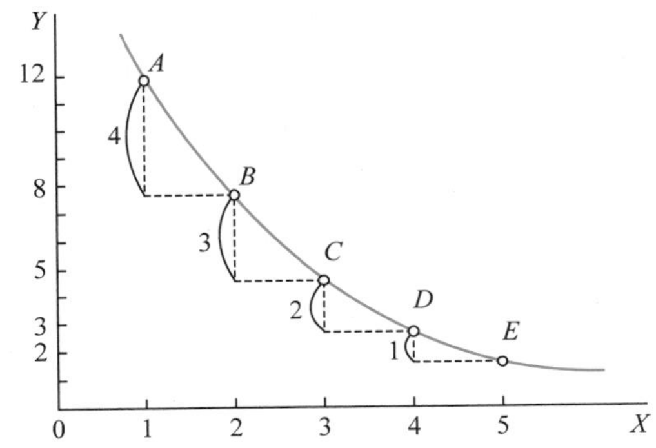

무차별곡선이 원점에 대해 볼록한 모양을 갖는다는 것은 한계대체율 체감의 법칙이 성립함을 의미한다. X재 소비량을 증가시킴에 따라 무차별곡선상의 접선의 기울기가 점점 완만해지는 현상을 말한다.

모든 상품에 대해 한계효용 체감의 가정이 성립하고 한 상품 소비량의 변화가 다른 상품의 한계효용에 영향을 미치지 않으면, 한계대체율 체감의 법칙은 자동적으로 성립한다.

한계대체율이 일정하면 무차별곡선은 우하향하는 직선 형태를 보이며 한계대체율이 체증하면 무차별곡선은 원점에 대해 오목한 형태를 보인다.

대표기출유형

정상재들에 대한 무차별곡선의 설명으로 옳지 않은 것은?

① 원점에서 멀어질수록 더 높은 효용수준을 나타낸다.
② 무차별곡선들을 모아 놓은 것을 무차별지도라고 부른다.
③ 기수적 효용개념에 입각하여 소비자의 선택행위를 분석하는 것이다.
④ 소비자에게 같은 수준의 효용을 주는 상품묶음의 집합을 그림으로 나타낸 것이다.

정답 ③

해설 무차별곡선은 선호의 순서만이 의미를 갖는다고 보는 서수적 효용(Ordinal Utility) 개념에 입각하여 소비자의 선택행위를 분석한다. 효용을 구체적인 단위로 측정한 기수적 효용(Cardinal Utility) 개념에 입각하여 소비자의 선택행위를 분석하는 것은 한계효용이론이다.

테마 08 가격효과(대체효과 + 소득효과)

> 가격 변화로 인한 수요량의 변화는 대체효과와 소득효과의 합으로 구성된다.
> - 대체효과 : 가격 변화에 따른 두 재화 간 상대가격의 변화로 인해 재화의 소비량이 변화하는 효과
> - 소득효과 : 가격 변화에 따른 실질소득의 변화가 재화의 소비량을 변화시키는 효과, 즉 실질소득의 변화에 의해 유발된 소비량의 변화

1 대체효과

1. 대체효과(Substitution Effect)란 실질소득이 불변인 상황에서 상대가격의 변화로 생기는 효과를 의미한다.
2. X재의 가격 하락은 Y재에 대한 X재의 상대가격이 하락함을 의미하므로, X재의 소비를 증가시키고 Y재의 소비를 감소시킨다. 이로 인한 수요량의 변화를 대체효과라 한다.
3. 대체효과는 상대적으로 저렴해진 물건은 더 많이, 상대적으로 비싸진 물건은 더 적게 수요하는 방향으로 나타난다.

2 소득효과

1. 개념

(1) 소득효과(Income Effect)란 상대가격이 불변인 상황에서 실질소득의 변화로 생기는 효과를 말한다.

(2) X재의 가격이 하락하면 동일한 (명목)소득으로 이전에 구매할 수 없었던 상품묶음을 구매할 수 있게 되고, 이에 따라 소비자의 실질소득(가처분소득)은 증가한다. 이때 발생하는 수요량의 변화가 소득효과이다.

2. 상품의 성격에 따른 소득효과

(1) 정상재의 경우에는 실질소득이 증가하면 수요가 증가하고, 열등재일 경우에는 실질소득이 증가하면 수요가 감소한다.

(2) 정상재의 경우 대체효과와 소득효과가 같은 방향으로 작용하며, 열등재의 경우 반대 방향으로 작용한다.

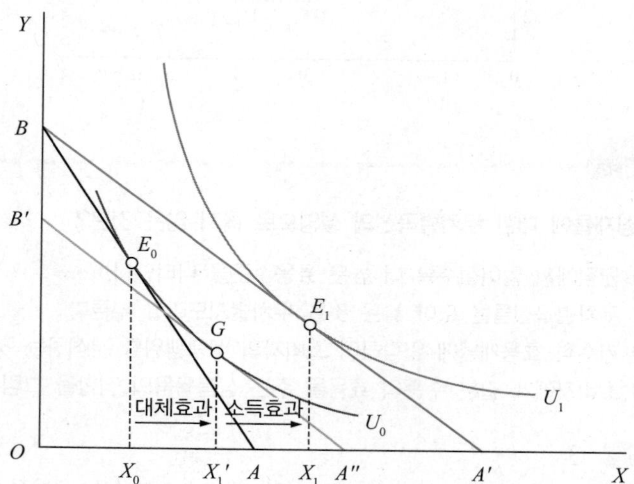

3 가격효과와 기펜재

1. 기펜재의 개념

기펜재(Giffen Goods)란 특수한 열등재의 경우로 가격이 하락할 때 소비량을 증가시키는 대체효과보다 소비량을 감소시키는 소득효과가 커서 가격이 하락할 때 소비가 오히려 줄어드는 재화를 말한다. 따라서 기펜재는 수요법칙에 예외적이다.

2. 기펜재의 조건

반드시 열등재여야 하며 대체효과의 크기보다 소득효과가 더 커야 한다. 따라서 기펜재는 반드시 열등재이지만, 열등재라고 해서 반드시 기펜재는 아니다.

3. 재화에 따른 가격효과분석

(1) 재화의 가격 변화와 수요량의 변동 방향

상품	대체효과	소득효과	가격효과
보통재+정상재	−	−	−
보통재+열등재	−	+	−
기펜재	−	+	+

(2) 재화의 가격 하락에 따른 소비량 증감

상품	대체효과	소득효과	가격효과
정상재	증가	증가	증가
열등재	증가	감소	증가
기펜재	증가	감소	감소

대표기출유형

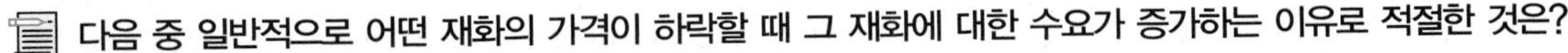

다음 중 일반적으로 어떤 재화의 가격이 하락할 때 그 재화에 대한 수요가 증가하는 이유로 적절한 것은?

① 전시효과 ② 대체효과
③ 소득효과 ④ 가격효과

정답 ③

해설 소득효과는 한 재화의 가격 하락이 상대적으로 실질소득의 증대를 가져오게 됨에 따라 그 재화의 구입을 증대시키는 효과이다.

테마 09

규모에 대한 보수

📖 규모에 대한 보수의 유형
모든 생산요소의 투입량을 λ배(λ > 0) 증가시키는 경우 생산량의 변화로 구분한다.
- 규모에 대한 보수 불변(규모의 수확 불변) : λ배로 증가
- 규모의 경제(규모에 대한 보수 증가) : λ배보다 크게 증가
- 규모의 불경제(규모에 대한 보수 감소) : λ배보다 작게 증가

1 규모에 대한 보수의 개념

1. 규모에 대한 보수는 모든 생산요소를 똑같은 비율로 변동시킬 때 산출량이 어떤 비율로 변하는가를 나타낼 수 있다.

$$Q(\lambda L, \lambda K) = \lambda^k Q(L, K) \gtreqless \lambda Q(L, K)$$

2. 기업이 규모를 확대할 때 반드시 모든 생산요소들은 똑같은 비율로 증가하는 것은 아니다.
3. 생산규모를 늘려나가는 경우 생산규모가 너무 작으면 규모에 대한 보수가 증가(규모의 경제)하다가 규모에 대한 보수 불변을 거쳐 생산규모가 너무 커지면 규모에 대한 보수 감소(규모의 불경제)로 돌아서는 것이 일반적이다.

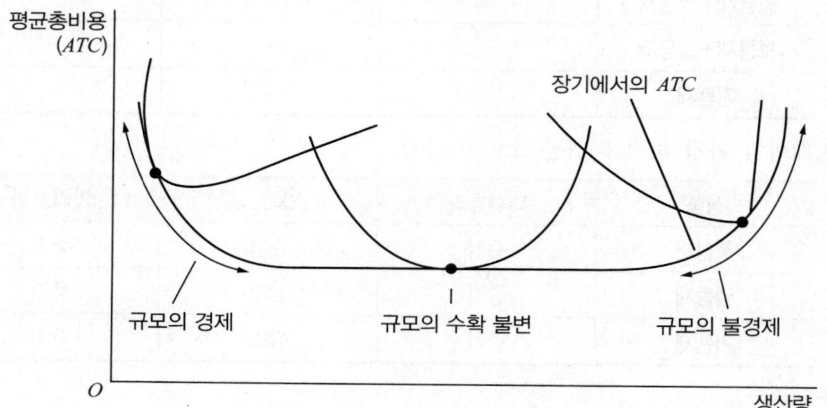

2 규모에 대한 보수의 종류

1. 규모에 대한 보수 불변

$Q = AL^{\alpha}K^{\beta}$에서 $\alpha + \beta = 1$인 경우, 노동과 자본을 똑같이 k배 증가시키면 $A(kL)^{\alpha}(kK)^{\beta}$이고 생산량($Q$)은 $k^{\alpha+\beta}Q$가 된다.

2. 규모에 대한 보수 체감

$Q = AL^{\alpha}K^{\beta}$에서 $\alpha + \beta < 1$ 인 경우, $\alpha + \beta = \frac{1}{2}$이라면 생산요소를 k배 증가시키더라도 생산량(Q)은 k배보다 적게 증가한다. 이는 생산요소 투입에 비해 생산량의 증가가 따라오지 못한다는 의미이며 전체 생산량의 감소를 의미하는 것은 아니므로 총생산량은 증가한다.

3. 규모에 대한 보수 체증

$Q = AL^{\alpha}K^{\beta}$에서 $\alpha + \beta > 1$ 인 경우, $\alpha + \beta = 2$라면 생산량(Q)은 k^2Q가 된다. 즉, 생산요소를 똑같이 k배 증가시키면 생산량은 k배보다 더 많이 증가함을 알 수 있다.

3 규모에 대한 보수의 원인

1. 보수 체증(규모의 경제)의 원인

(1) 분업에 따른 전문화 : 조직이 커질수록 세분화되고 생산성이 증대되며 작업의 반복에 의한 숙련도 증가로 작업의 효율성이 증대되고 전문화된다.

(2) 고정비용 분산효과 : 증가된 생산량에 고정비용이 분산되어 고정비용이 절감된다.

(3) 비용의 공유효과 : 규모가 커질수록 공동활동을 통해 비용이 절감된다.

(4) 경영의 효율성 : 경영자의 능력에 부합하는 기업의 규모가 필요하다.

(5) 대량구매 할인 : 생산요소를 대량으로 구매하는 경우에 할인을 받을 수 있고, 제품을 도매할 경우에 판매 · 운영비가 절약되어 기술이나 경영 측면과 무관한 금전상의 이득을 얻을 수 있다.

2. 보수 체감(규모의 불경제)의 원인

(1) 노동의 지나친 전문화는 일을 단순반복적으로 만들어 사기 저하와 인간소외를 초래하고 기계의 지나친 전문화는 기계 고장 시 전체 공정을 멈추게 한다.

(2) 경영 측면에서 생산규모가 지나치게 커지면 각 부문의 활동을 효과적으로 통제하고 조정하는 일이 어려워져 관료주의 폐단이 발생한다.

• 규모에 대한 수익 증가 ⇒ 규모의 경제
• 규모에 대한 수익 감소 ⇒ 규모의 불경제
역은 항상 참이 아님.

대표기출유형

다음 중 규모의 경제(Economy of Scale)가 나타나는 사례로 적절한 것은?

① 제품시장이 수요독점일 경우
② 생산요소시장이 공급독점일 경우
③ 고정비용이 높고 가변비용이 낮을 경우
④ 제품의 가격이 평균비용보다 낮을 경우

정답 ③

해설 규모의 경제는 투입규모가 커질수록 장기평균비용이 줄어드는 현상을 말하며, 생산량을 증가시킴에 따라 평균비용이 감소하는 현상을 의미한다. 규모의 경제가 실현되는 산업들은 전기, 철도, 가스 등과 같이 고정비용이 매우 크고 상대적으로 가변비용이 작은 산업들이다.

테마 10

콥-더글라스 생산함수

> 생산함수는 재화를 생산하기 위해 투입된 생산요소의 양과 생산된 재화의 양 사이에 존재하는 관계를 나타내는 함수이다.

> 콥-더글라스 생산함수의 특성
> • 가장 대표적인 일차동차생산함수이다.
> • 단기적으로는 수확 체감의 법칙이 나타난다.
> • 장기적으로 규모에 따른 수익이 불변한다.

1 콥-더글라스 생산함수의 형태

콥-더글라스 생산함수는 생산량과 생산요소 간의 관계를 설명하기 위한 것으로 실증분석에서 가장 많이 사용되는 대표적인 생산함수이다.

$$Q = A L^{\alpha} K^{\beta} \quad (\text{단, } A>0,\ 0<\alpha,\ 0<\beta)$$

**A : 효율계수 α, β : 분배계수

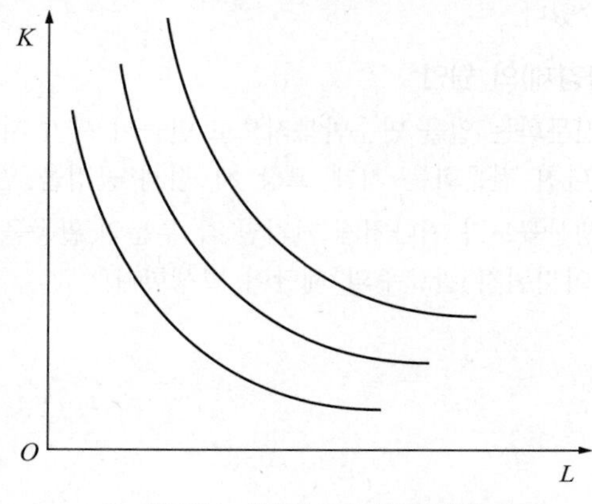

■ 콥-더글라스 생산함수의 생산무차별지도

2 한계생산물

노동과 자본이 투입량이 증가할 때 한계생산이 체감하는지 여부는 α와 β의 크기에 따라 달라진다.

$$MP_L = \frac{\partial Q}{\partial L} = \alpha A L^{\alpha-1} K^{\beta}$$

$$MP_K = \frac{\partial Q}{\partial K} = \beta A L^{\alpha} K^{\beta-1}$$

1. 노동의 한계생산

α가 1보다 크면 노동의 한계생산이 체증, α가 1보다 작으면 노동의 한계생산이 체감한다.

2. 자본의 한계생산

β가 1보다 크면 자본의 한계생산이 체증, β가 1보다 작으면 자본의 한계생산이 체감한다.

3 요소소득분배율

1. 총소득에 대한 노동소득분배율

노동소득$= MP_L \times L = \alpha Q$

2. **총소득에 대한 자본소득분배율**

자본소득 $= MP_K \times K = \beta Q$

4 한계기술대체율

한계기술대체율은 자본-노동비율$\left(\frac{K}{L}\right)$의 함수로 나타난다.

$$MRTS_{L,\,K} = \frac{aAL^{a-1}K^b}{bAL^aK^{b-a}} = \frac{a}{b}\left(\frac{K}{L}\right)$$

L이 증가하고 K가 감소하면 한계대체율은 체감한다.

5 일반형 $Q=AL^{\alpha}K^{\beta}$

- $\alpha+\beta>1$: 규모에 대한 수확 체증
- $\alpha+\beta=1$: 규모에 대한 수확 불변
- $\alpha+\beta<1$: 규모에 대한 수확 체감

대표기출유형

생산함수가 다음과 같이 콥-더글라스 생산함수의 형태로 주어졌다. 이민자가 증가함에 따라 노동량이 10% 증가했다고 할 때, 자본의 실질임대가격의 변화로 가장 적절한 것을 고르면? (단, $\sqrt{1.1} \fallingdotseq 1.05$로 계산하고 소수점 아래 셋째 자리에서 반올림한다)

$$Y = AK^{0.5}L^{0.5}$$

(단, A, K, L은 각각 총요소생산성, 자본량, 노동량을 나타낸다)

① 약 5% 감소한다. ② 약 5% 증가한다. ③ 약 10% 감소한다.
④ 약 10% 증가한다. ⑤ 변화 없음.

정답 ②

해설 각 생산요소의 가격(임대가격과 임금)은 각 생산요소의 한계생산물과 같으므로
$Y=AK^{0.5}L^{0.5}$에서 자본의 한계생산물(MP_k)을 구하기 위해 Y를 K에 대하여 미분하면 다음과 같다.
$MP_{K_1}=0.5AK^{-0.5}L^{0.5}=0.5A(L/K)^{0.5}$
노동량이 10% 증가한 생산함수는 $Y=AK^{0.5}(1.1L)^{0.5}$가 되고 이것의 한계생산물은 다음과 같다.
$MP_{K_2}=0.5AK^{-0.5}(1.1L)^{0.5}=0.5A(1.1L/K)^{0.5}=0.5A\times1.05(L/K)^{0.5}$
$MP_{K_2}-MP_{K_1}=0.5A(1.1L/K)^{0.5}-0.5K^{-0.5}L^{0.5}=0.5A\times1.05(L/K)^{0.5}-0.5A(L/K)^{0.5}$
$=(1.05-1)\times0.5A(L/K)^{0.5}=0.05\times0.A(L/K)^{0.5}$
따라서 0.05, 즉 5% 증가하였다.

테마 11

단기비용함수와 단기비용곡선

고정비용(Fixed Cost)

1. 재화의 생산량 증감에 관계없이 고정투입요소와 관련되어 지출되는 비용을 말한다.
2. 공장설립비용이나 기계 · 건물 등의 감가상각비와 유지비, 이자, 지대, 임대료 등의 경상비가 포함된다.

가변비용(Variable Cost)

1. 가변투입요소와 관련된 비용으로 재화의 생산량 증감에 따라 변동하는 비용을 말한다.
2. 원재료 구입비나 인건비 등으로 생산량이 변화하면 크기가 변화하는 비용이 포함된다.

1 단기총비용

1. 총고정비용

(1) 총고정비용(TFC ; Total Fixed Cost)은 재화의 생산량 증감에 관계없이 일정한 비용이다.

(2) 총고정비용은 횡축에 평행인 형태이다.

(3) 토지의 지대, 건물의 임대료, 기계의 감가상각비 등 고정된 생산요소에 지출되는 비용의 총액이다.

2. 총가변비용

(1) 총가변비용(TVC ; Total Variable Cost)은 재화의 생산량 증감에 따라 변동하는 비용으로, 재화의 생산량이 증가하면 커지고 재화의 생산량이 감소하면 적어진다.

(2) 총가변비용은 재화의 생산량의 증가함수이다.

(3) 생산량이 증가하면 총가변비용은 일정생산수준까지는 빠르게 증가하다가 적정한 생산수준까지는 느리게 증가하고 생산량이 더욱 증가하면 다시 빠르게 증가한다.

3. 총비용

(1) 총비용(TC ; Total Cost)은 일정한 생산량을 생산하기 위해 지출되는 생산비용으로 총고정비용(TFC)과 총가변비용(TVC)의 합으로 구성된다.

(2) 총비용곡선은 총가변비용곡선을 총고정비용의 크기만큼 상방 이동시킨 것과 같다. 따라서 총가변비용곡선과 총비용곡선은 수직축 위의 절편에만 차이가 있을 뿐 형태는 같다.

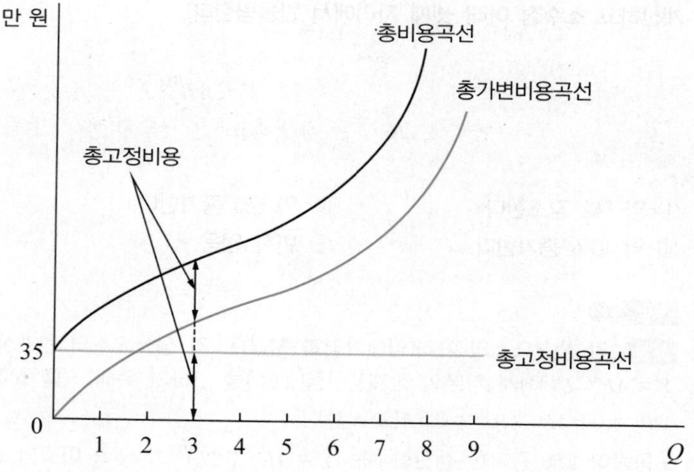

2 단기평균비용과 한계비용

1. 평균고정비용

(1) 평균고정비용(AFC ; Average Fixed Cost)이란 일정한 생산량을 생산하기 위해 고정요소에 지출된 재화 생산량의 1단위당 비용을 말한다.

$$AFC = \frac{TFC}{Q}$$

(2) 재화 생산량이 증가함에 따라 평균고정비용은 감소한다. 즉 우하향의 기울기를 가진다.

2. 평균가변비용

(1) 평균가변비용(AVC ; Average Variable Cost)은 일정한 생산량을 생산하기 위해 가변요소에 지출된 재화 생산량의 1단위당 비용을 말한다.

$$AVC = \frac{TVC}{Q}$$

(2) 원점에서 그은 직선이 총가변비용곡선과 접하는 생산량수준에서 평균가변비용은 최소가 된다.

(3) 생산량이 증가함에 따라 평균가변비용은 처음에는 감소하다가 나중에는 증가하므로 U자 형태이다.

(4) 평균가변비용은 원점에서 총가변비용곡선상의 한 점에 연결한 직선의 기울기이며 원점에서 그은 직선이 총가변비용과 접하는 생산량수준에서 평균가변비용은 최소가 된다.

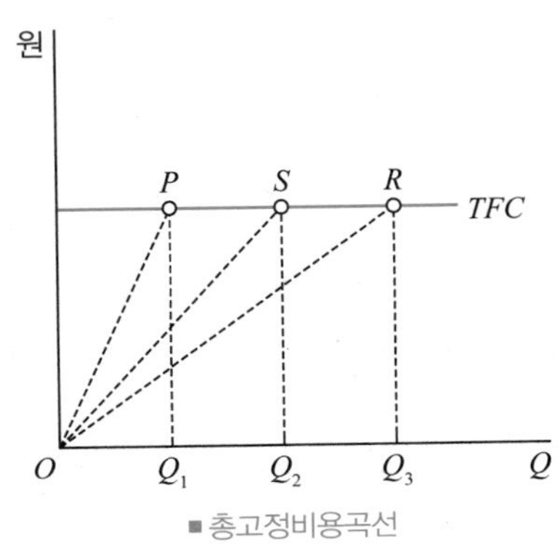

■ 총고정비용곡선

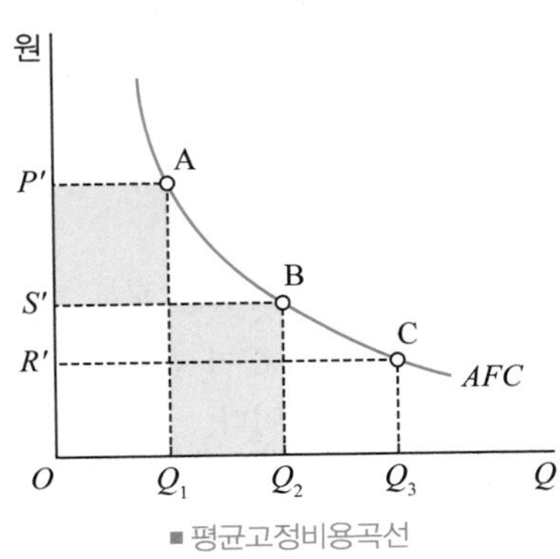

■ 평균고정비용곡선

3. 평균비용

(1) 평균비용(AC ; Average Cost)은 일정한 생산량을 생산하기 위해 생산량의 1단위당 지출된 비용으로 총비용(TC)을 생산량(Q)으로 나눈 것이다.

(2) 평균비용의 기하학적 의미는 원점에서 총비용곡선상의 한 점에 연결한 직선의 기울기이다.

평균고정비용곡선은 원점에서 총고정비용곡선상의 한 점에 연결한 직선의 기울기로, 생산량이 증가함에 따라 원점에서 연결한 직선의 기울기인 평균고정비용은 감소한다.

평균가변비용은 생산량이 증가함에 따라 처음에는 감소하다가 나중에는 증가한다.

(3) 평균비용은 단기에는 평균고정비용(AFC)과 평균가변비용(AVC)으로 구성된다.

$$AC = \frac{TC}{Q}$$

$$AC = AFC + AVC = \frac{TFC}{Q} + \frac{TVC}{Q}$$

4. 한계비용

(1) 한계비용(MC ; Marginal Cost)은 재화의 생산량을 추가적으로 1단위 변화시킬 때 총비용의 변화분을 의미한다.

$$MC = \frac{\Delta TC}{\Delta Q} = \frac{\Delta TFC}{\Delta Q} + \frac{\Delta TVC}{\Delta Q}\left(= \frac{\Delta TVC}{\Delta Q}\right)$$

$$\Delta TFC = 0$$

(2) 한계비용곡선은 총가변비용곡선 혹은 총비용곡선 위의 각 점에서 그은 접선의 기울기를 나타낸다.

(3) 생산량이 증가함에 따라 한계비용은 처음에는 감소하다가 나중에는 증가한다.

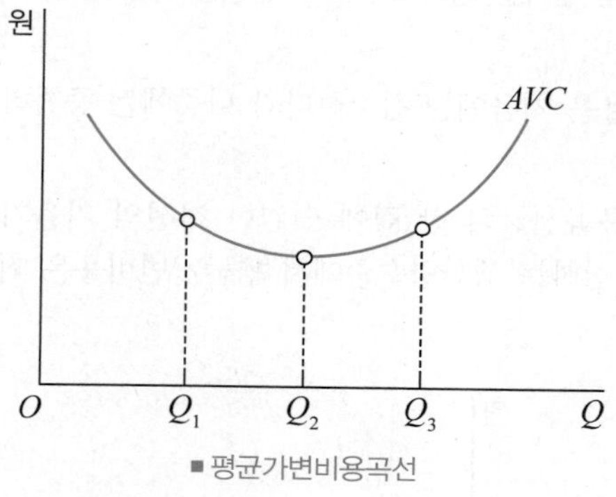

■ 평균가변비용곡선

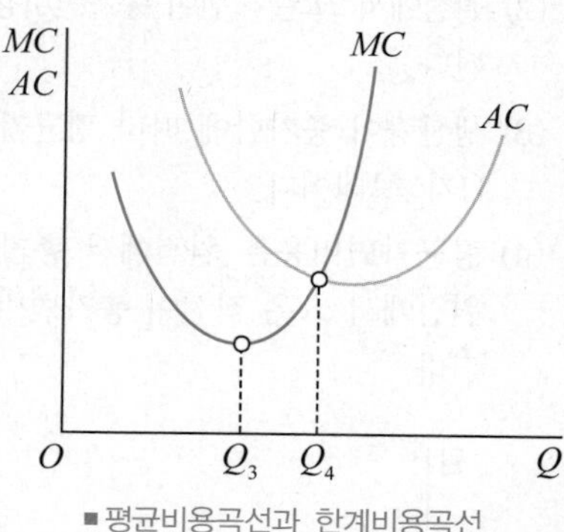

■ 평균비용곡선과 한계비용곡선

3 비용곡선 간의 관계

1. AC, AVC, MC곡선은 모두 U자 형태이고, AFC곡선은 직각쌍곡선 형태이다.
2. $MC < AC$이면 AC가 감소하고 $MC > AC$이면 AC가 증가하고, $MC = AC$이면 AC곡선의 최저점이다.
3. MC곡선은 반드시 AVC곡선의 최저점을 밑에서 관통하고 AC곡선의 최저점은 AVC곡선의 최저점보다 위쪽에 존재한다.
4. AC곡선의 최저점에 대응하는 생산량은 최적 생산량이다.
5. 총비용은 평균비용곡선 아래 면적과 같다.

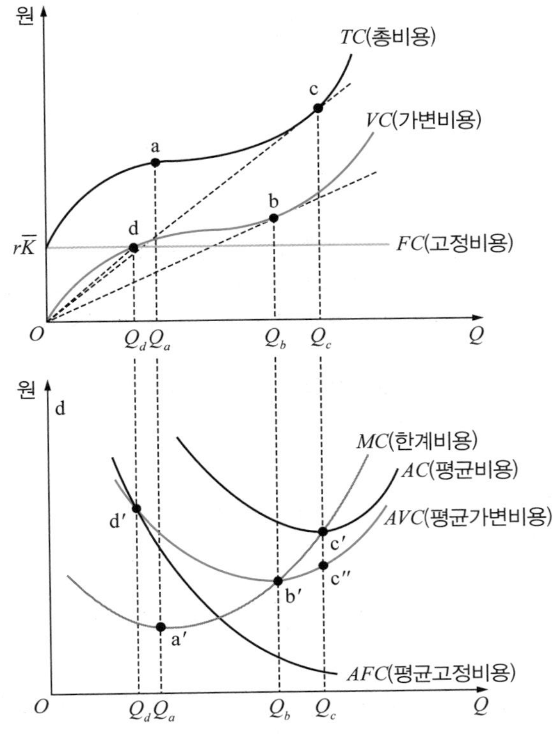

대표기출유형

다음 중 평균비용이 증가하는 경우는?

① 한계비용이 극소이다.
② 한계비용과 평균비용이 같다.
③ 한계비용이 평균비용보다 작다.
④ 한계비용이 평균비용보다 크다.

정답 ④

해설 평균비용(AC)이 증가하는 경우는 평균비용보다 한계비용(MC)이 더 크다는 것을 의미한다. 즉, $MC > AC$이면 AC가 증가한다.

테마 12 완전경쟁시장의 균형

📘 완전경쟁시장의 조건
1. 다수의 공급자와 수요자(가격 수용자)
2. 동질적인 상품
3. 자원의 완전한 이동성(자유로운 진입과 퇴거)
4. 완전한 정보 : 경제주체들이 거래와 관련된 모든 경제적, 기술적 정보를 가지고 있다.

1 완전경쟁기업의 수입

1. 총수입

완전경쟁시장의 개별 기업은 가격순응자(Price Taker), 즉 가격을 주어진 것으로 받아들이므로 판매량(공급량)이 증가할수록 총수입(TR ; Total Revenue)도 비례적으로 증가한다. 따라서 완전경쟁기업의 총수입은 생산량에 비례한다.

$$총수입(TR) = 가격(P) \times 판매량(Q)$$

2. 평균수입

(1) 평균수입(AR ; Average Revenue)은 총수입을 판매량으로 나눈 것으로 항상 가격(P)과 일치한다.

$$AR = \frac{TR}{Q} = \frac{P \times Q}{Q} = P$$

(2) 평균수입(AR)은 원점에서 총수입곡선상의 한 점에 연결한 직선의 기울기이다. 따라서 평균수입곡선은 수평선의 형태가 된다.

3. 한계수입

(1) 한계수입(MR ; Marginal Revenue)은 판매량이 추가로 1단위 변화할 때 총수입의 변화분을 의미한다.

$$MR = \frac{\Delta TR}{\Delta Q} = \frac{P \times \Delta Q}{\Delta Q} = P$$

(2) 한계수입(MR)은 총수입곡선상의 한 점에서의 접선의 기울기이다. 따라서 한계수입곡선은 수평선의 형태가 된다.

(3) 완전경쟁시장에서는 시장가격이 불변이므로 Q가 한 단위 증가하면 TR은 P만큼 증가한다.

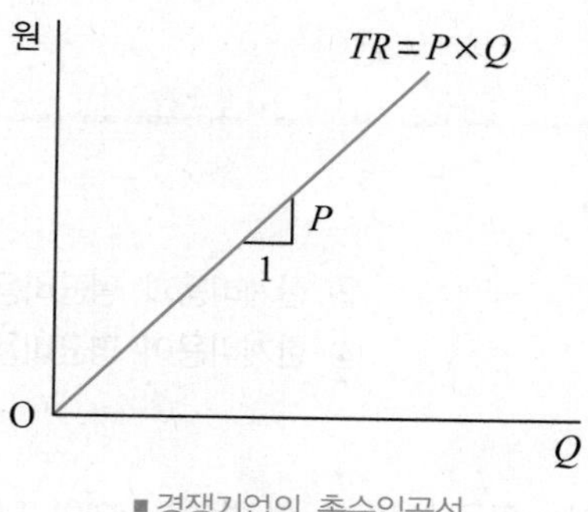

■ 경쟁기업의 총수입곡선

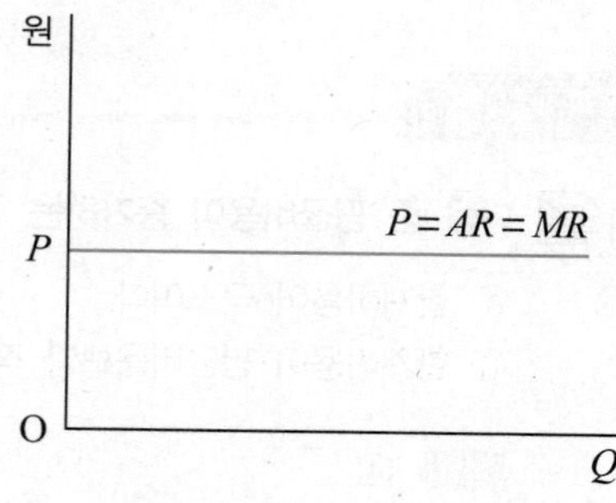

■ 경쟁기업의 평균수입곡선

2 완전경쟁기업의 단기균형

1. 완전경쟁기업의 수요곡선

(1) 완전경쟁시장의 수요곡선은 개별 소비자의 수요곡선을 수평합하여 구하므로 우하향한다.

(2) 완전경쟁시장에서 개별 기업은 가격수용자로 행동하므로, 시장에서 결정된 가격수준에 순응하여 개별 기업이 인식하는 수요곡선은 수평이다.

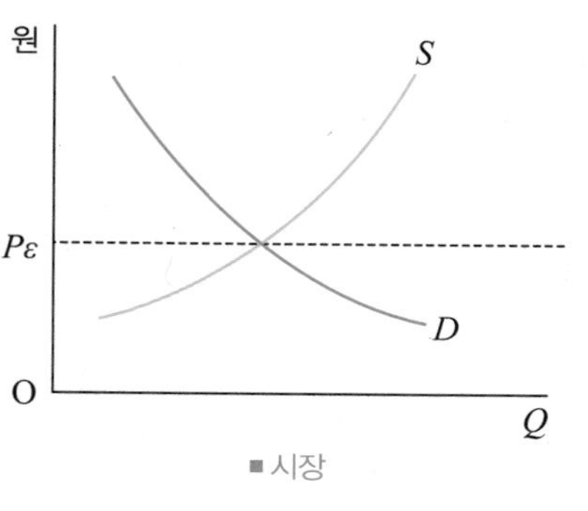

■ 시장

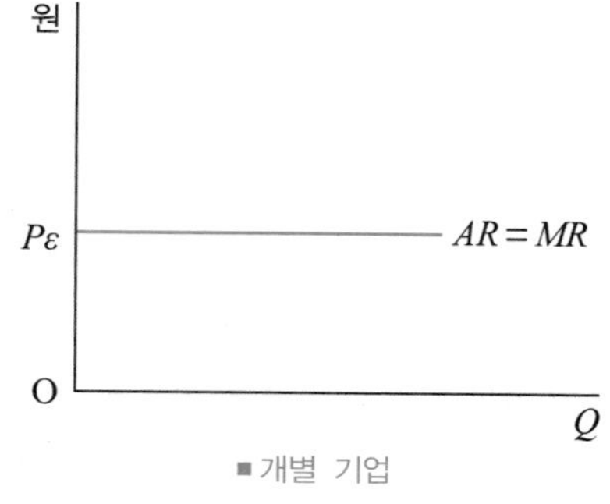

■ 개별 기업

2. 완전경쟁기업의 이윤극대화

(1) 이윤극대화 생산량

$$이윤(\pi)=총수입(TR)-총비용(TC)$$

(2) 이윤극대화 1차 조건(필요조건 = 전제조건)

$$MR=MC$$

따라서 완전경쟁기업의 경우 $P=AR=MR \Rightarrow P=AR=MR=MC$

(3) 이윤극대화 2차 조건(충분조건) : 한계비용곡선이 상승하면서 한계수입곡선과 교차할 때

$$MR곡선의\ 기울기 < MC곡선의\ 기울기$$

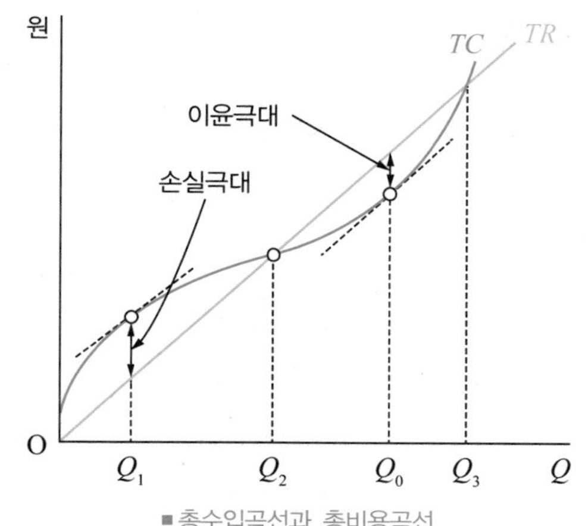

■ 총수입곡선과 총비용곡선

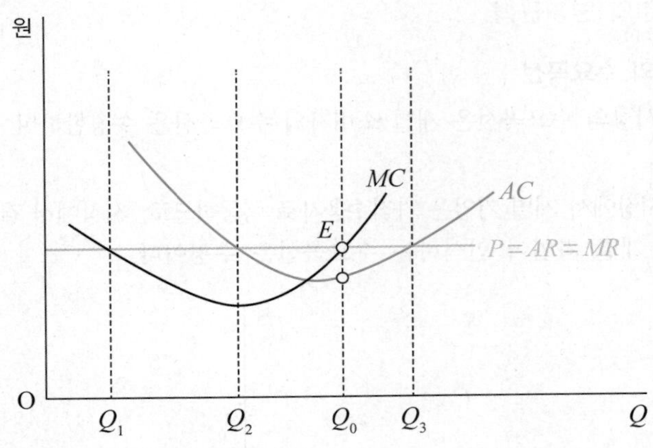

■ 한계수입곡선과 한계비용곡선

3. 완전경쟁기업의 단기공급곡선

(1) 고정비용은 모두 매몰비용으로 가정한다.

(2) 단기공급곡선의 도출 : $P > AVC$이면 생산을 지속하고, $P < AVC$이면 생산을 중단하고, $P = AVC$이면 생산중단 여부(생산중단점)를 결정한다.

(3) 가격이 평균가변비용보다 낮아지면 공급량이 0으로 떨어지기 때문에 완전경쟁기업의 단기공급곡선은 평균가변비용곡선(AVC)을 상회하는 우상향의 한계비용곡선이다.

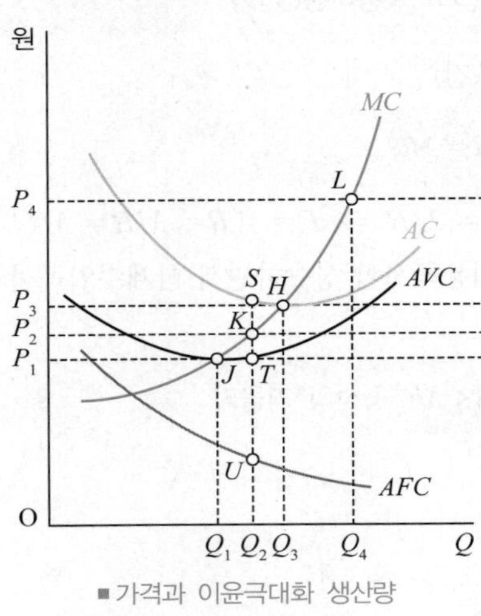

■ 가격과 이윤극대화 생산량

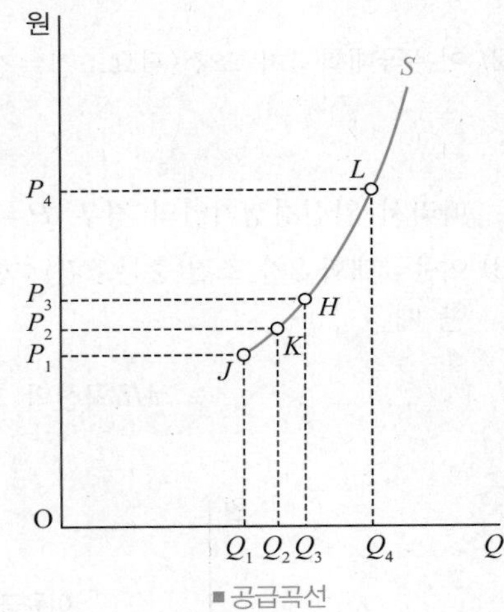

■ 공급곡선

3 개별 기업의 장기균형

1. 개념

생산요소는 모두 가변, 기업의 진입 및 퇴출이 자유롭다.

2. 개별 기업의 장기 진입 · 퇴출 조건

(1) 시장가격이 평균비용보다 낮을 때 기존기업은 시장에서 퇴출한다.

$$TR < TC \rightarrow \frac{TR}{Q} < \frac{TC}{Q} \rightarrow P < AC$$

(2) 시장에 진입하고자 하는 기업(잠재적 기업)은 시장진입 후에 이윤을 낼 수 있다면 진입하고자 할 것이다.

즉, $TR > TC \rightarrow \frac{TR}{Q} > \frac{TC}{Q} \rightarrow P > AC$

3. 개별 기업의 장기균형조건

(1) $LAC = P$: 경제적 이윤이 0이다. 즉 기업은 정상이윤만 얻는다. 또한 진입과 퇴출의 동기가 없어진다.

(2) $P = MC$: 이윤극대화조건

(3) 장기균형점 B에서는 기업이 최적규모로서 최적산출량을 생산하고 있으며, 초과이윤은 없고 정상이윤만이 존재한다.
$P = MR = SMC = LMC = SAC = LAC$의 관계가 성립한다.

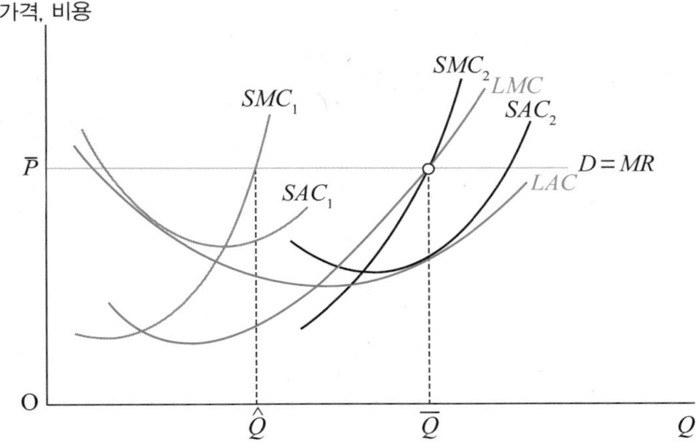

대표기출유형

단기의 완전경쟁기업에 대한 설명으로 옳지 않은 것은?

① 완전경쟁기업이 직면하는 수요곡선은 수평선이다.
② 완전경쟁기업이 받아들이는 가격은 시장수요와 공급의 균형가격이다.
③ 완전경쟁기업의 경우에 평균수입과 한계수입은 동일한 선으로 나타난다.
④ 일정한 생산량 수준을 넘어서서 공급하는 경우에 총수입은 오히려 감소한다.

정답 ④

해설 완전경쟁시장에는 가격이 일정하므로 생산량(판매량)이 증가할수록 총수입도 증가하게 된다.

테마 13

독점기업의 균형

> 완전경쟁기업과 달리 독점기업이 인식하는 수요곡선은 우하향하므로, 독점기업은 $MR = MC$인 점에서 이윤을 극대화시켜 주는 산출량을 결정한 후, 수요곡선상에서 가격을 결정한다.

1 독점기업의 단기균형

1. 독점기업의 단기균형조건(=이윤극대화조건) → 생산량 결정

(1) $MR = MC$인 점에서 이윤극대화 산출량이 결정된다.

(2) MC선의 기울기$\left(\frac{dMC}{dQ}\right) > MR$선의 기울기$\left(\frac{dMR}{dQ}\right)$

(3) 독점기업은 $MR = MC$가 충족되는 점에서 생산량과 가격을 결정하므로 시장수요곡선에 의해 시장가격 P_m과 Q_m이 결정된다.

(4) 독점기업의 이윤극대화조건은 $P > MR = MC$이다.

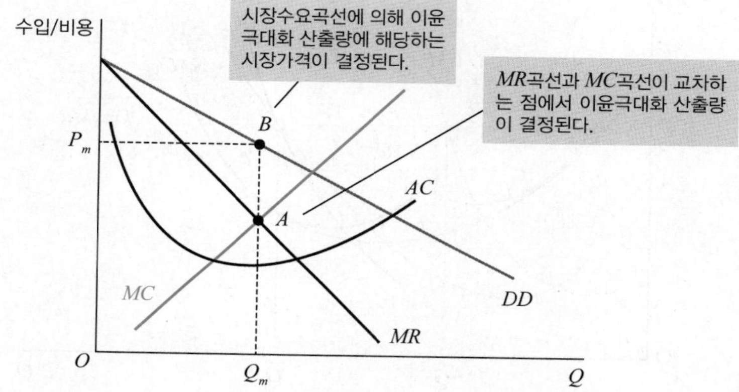

수입/비용
시장수요곡선에 의해 이윤극대화 산출량에 해당하는 시장가격이 결정된다.
MR곡선과 MC곡선이 교차하는 점에서 이윤극대화 산출량이 결정된다.
B
P_m
AC
A
MC
DD
MR
O
Q_m
Q

2. 독점시장 단기균형의 특징

(1) 공급곡선이 존재하지 않는다. 독점기업은 수요곡선이 주어지면 이윤이 극대가 되도록 수요곡선의 한 점을 선택하여 가격과 생산량을 결정한다.

(2) 단기균형은 수요의 가격탄력성이 1보다 큰 부분에서 발생한다.

$$MR = P\left(1 - \frac{1}{\varepsilon_p}\right) > 0 \Rightarrow \varepsilon_p > 1$$

(3) 완전경쟁균형에서는 $P = MC$가 성립하지만, 독점기업의 균형은 $P > MC$이므로 생산량이 사회적인 최적수준에 미달한다.

(4) 독점기업은 일반적으로 초과이윤을 얻지만 단기에 항상 초과이윤을 얻는 것은 아니다.

3. 독점기업의 이윤

(1) 독점이윤 발생 : MR곡선과 SMC곡선이 교차하는 Q_m에서 독점기업의 이윤은 극대화되며, 이때의 독점가격은 P_m이다.

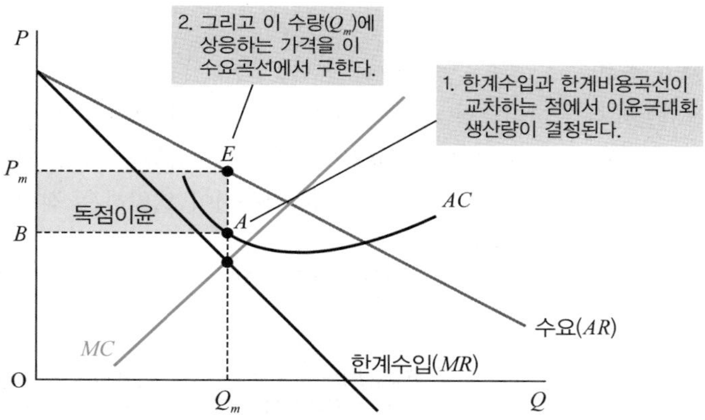

(2) 정상이윤만 발생하는 경우 : 이윤의 존재 여부는 가격과 평균비용 간 차이로 측정하며, $P=AC$일 때에 정상이윤만 발생한다.

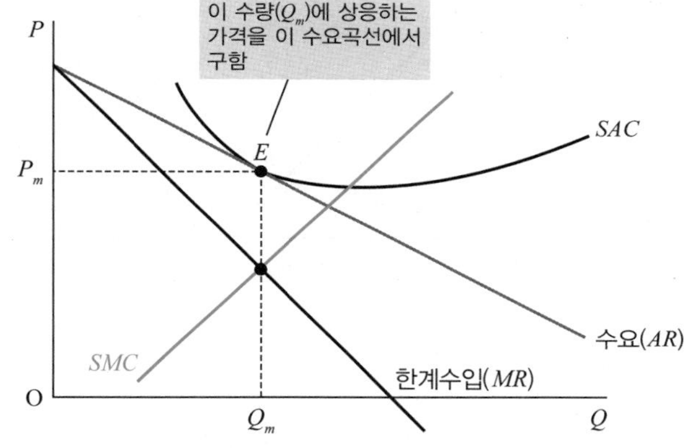

(3) 손실이 발생하는 경우 : 이윤의 존재 여부는 가격과 평균비용 간 차이로 측정하며, $P<AC$일 때 손실이 발생한다.

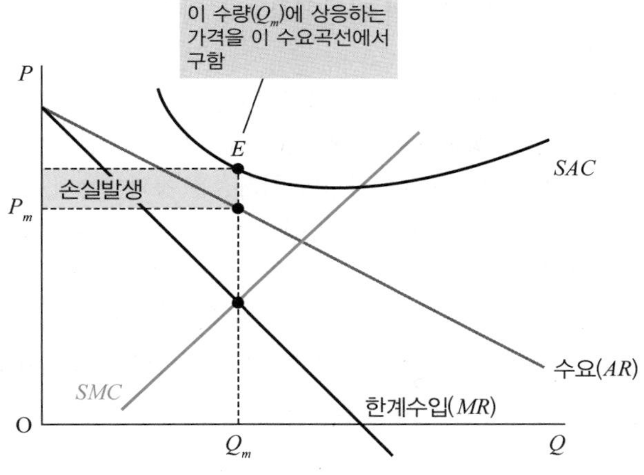

단기균형의 특징

1. 독점기업은 가격설정자로 행동한다.
2. 단기균형에서 $P>SMC$가 성립한다.
3. 독점기업이라도 단기에는 이윤을 얻을 수도 있지만, 손실을 볼 수도 있다.
4. 독점기업의 경우 공급곡선이 존재하지 아니한다.
5. 단기균형에서 수요의 가격탄력성은 1보다 크다.

2 독점기업의 장기균형

1. 장기균형의 조건

(1) 독점시장에서는 단기균형 시 초과이윤(독점이윤)이 존재하더라도 신규기업들이 시장에 진입할 수 없으므로, 장기에도 계속적으로 초과이윤을 획득한다.

(2) 장기균형은 장기한계비용곡선과 한계수입곡선이 일치하는 점에서 달성된다.

$$P = AR > LAC = MR$$

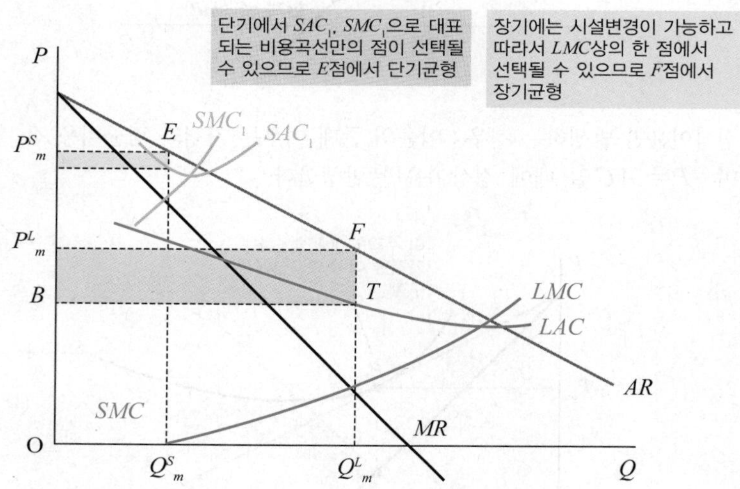
단기에서 SAC_1, SMC_1으로 대표되는 비용곡선만의 점이 선택될 수 있으므로 E점에서 단기균형
장기에는 시설변경이 가능하고 따라서 LMC상의 한 점에서 선택될 수 있으므로 F점에서 장기균형
P
P^S_m
P^L_m
B
E
SMC_1
SAC_1
F
T
LMC
LAC
AR
SMC
MR
O
Q^S_m
Q^L_m
Q

2. 장기균형의 특징

(1) 초과이윤 획득

① 독점기업이라도 단기에는 손실을 볼 수 있으나, 장기에서 손실을 보게 되면 시장에서 이탈할 것이므로, 장기에 시장에 남아 있는 독점기업이라면 최소한 0 이상의 경제적 이윤을 얻고 있다.

② 독점기업은 장기에서 시설규모를 조절할 수 있으므로 수요조건에 비추어 알맞은 시설규모로 전환함으로써 단기에서보다 더 큰 이윤을 획득할 수 있다.

(2) 초과설비의 보유

① 초과설비의 보유로 인하여 완전경쟁시장에 비해 비효율성을 유발한다.

② 수요곡선이 우하향하므로 한계수입곡선은 반드시 수요곡선에 비해 아래에 위치하고, LMC곡선은 LAC곡선의 최저점을 통과하는데, 독점기업의 장기균형에서는 반드시 $MR = MC$를 만족해야 하므로, $MR = MC$인 점에서 초과이윤을 얻기 위해서는 LAC의 극소점의 왼쪽에서 $MR = MC$가 성립해야 한다. 따라서 최적시설 규모보다 적은 상품을 생산하게 되어 초과설비를 보유하게 된다.

(3) 사회후생손실 발생 : 독점기업의 장기균형에서는 $P > MC$이므로 과소생산으로 인한 사회후생의 손실이 발생한다.

3 독점시장의 특성과 비효율성

1. 독점기업의 특성

(1) 독점기업의 공급량은 그 상품에 대한 시장의 총공급량과 같다(독점기업=독점산업).

(2) 가격설정자(Price-setter)는 강한 시장지배력을 갖는다.

(3) 밀접한 대체재를 생산하는 경쟁상대 기업으로부터 도전을 받지 않는다.

2. 독점기업의 생성 원인

(1) 규모의 경제(규모에 대한 보수의 증가)가 작용할 경우이다.

(2) 어떤 상품을 만드는데 필요한 원재료를 독점적으로 소유하는 경우이다.

(3) 정부가 특허권, 판권, 인·허가 등을 내줌으로써 법적으로 독점의 지위를 누리게 되는 경우이다.

(4) 정부가 특수한 목적(예 재정수입)으로 직접 독점력을 행사하는 경우이다.

(5) 기타요인 : 한 기업의 경쟁기업 흡수, 획기적인 기술혁신을 통한 시장석권, 불공정한 행위로 경쟁기업들을 시장에서 몰아낸 경우

3. 독점기업의 비효율성

(1) 독점기업의 경우 공급량과 가격을 마음대로 조절할 수 있다.

(2) 완전경쟁기업에 비해 더 적은 판매량과 더 높은 가격에서 균형이 이루어진다(공급자의 이익 증대를 위한 횡포).

(3) 소비자의 입장에서는 완전경쟁시장에 비해 높은 가격을 치러야만 물건을 살 수 있다(독점금지법 등의 법률로 독점을 금지하는 경우가 많음).

(4) 소비자의 후생을 감소시킨다.

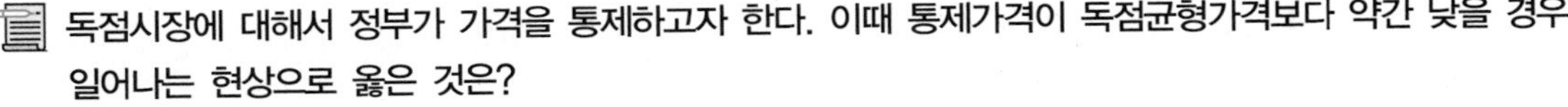

독점시장에 대해서 정부가 가격을 통제하고자 한다. 이때 통제가격이 독점균형가격보다 약간 낮을 경우 일어나는 현상으로 옳은 것은?

① 공급량이 변하지 않는다.
② 공급량이 증가할 수 있다.
③ 독점자의 공급곡선이 이동한다.
④ 독점자의 한계비용곡선이 이동한다.

정답 ②

해설 독점기업은 정상이윤에 독점이윤을 더하여 판매하므로 통제가격이 독점균형가격보다 약간 낮을 경우 공급이 증가할 수도 있다.

테마 14

가격차별

◉ 가격차별의 정의

1. 가격차별(Price Discrimination)이란 독점기업이 생산비가 동일하고 동질적인 재화에 대하여 서로 다른 가격을 책정하여 판매하는 정책을 말하며, 가격차별을 실시하는 독점을 차별독점이라 한다.
2. 독점기업이 가격차별을 실시하는 가장 큰 이유는 독점이윤의 증대에 있다.

◉ 가격차별이 가능한 조건

1. 소비자(시장)를 수요의 가격탄력성 크기에 따라 두 개 이상으로 분리 가능해야 한다.
2. 시장분리에 소요되는 비용이 시장분리에 의해 얻는 수익보다 적어야 한다.
3. 분리된 소비자 간에 전매(재판매)가 불가능해야 한다.

1 제1급 가격차별(완전가격차별)

1. 의의

제1급 가격차별(First-degree Price Discrimination)이란 독과점기업이 각 소비자의 최대 지불용의에 따라 가격을 설정하는 것을 말하며 완전가격차별(Perfect Price Discrimination)이라고도 한다.

2. 특징

(1) 가격차별이 없다면 생산량은 Q_m 이지만 각 소비자들로부터 최고가격을 받아낸다면 수요곡선 자체가 한계수입곡선이 되므로 E점에서 균형이 성립한다.

(2) 수요곡선과 한계비용곡선이 교차하는 점에서 생산량이 결정되고 자원배분에 있어서는 완전경쟁시장과 같아지나 독점기업이 모든 소비자잉여를 차지한다.

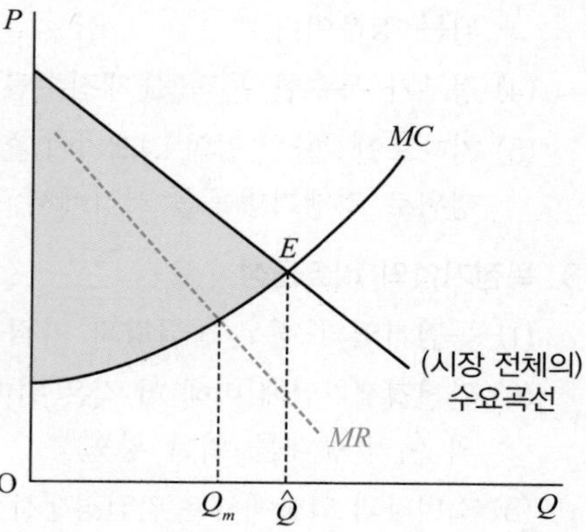

2 제2급 가격차별

1. 의의

제2급 가격차별(Second-degree Price Discrimination)이란 독과점기업이 상이한 판매수량에 대해 상이한 단위가격(평균수입)을 설정하는 것으로 각 소비자의 보상수요곡선을 모르는 경우(정보의 비대칭성) 독점자가 사용하는 가격차별을 말한다.

2. 특징

(1) 상품을 1단위씩 나누어서 다른 가격을 매기는 것이 아니라 몇 개의 덩어리로 나누고 각각의 덩어리에 대해서 다른 가격을 매기는 것으로서 가장 흔한 형태이다.

(2) 순수 독점에 비해 생산량은 증가하므로 생산 측면의 비효율성이 일부 개선된다.

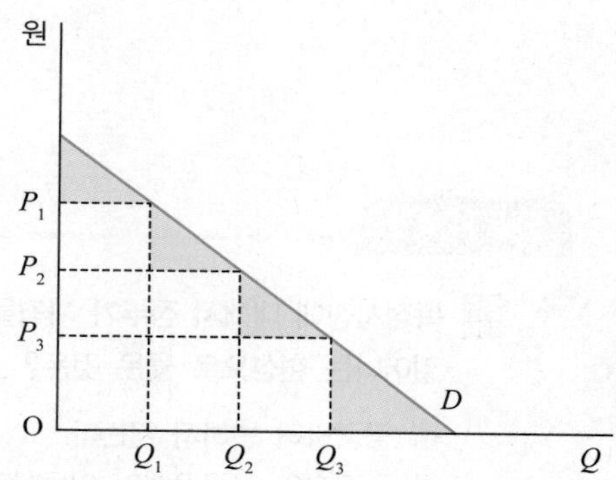

(3) 소비자잉여 중 일부분은 소비자에게 남겨지며, 순수 독점에 비해 자중손실도 감소한다.

(4) 독점자가 특정한 성격의 메커니즘을 소비자에게 제시하고, 소비자로 하여금 스스로 소비유형을 드러내게 한다. 즉 높은 가격을 낼지 낮은 가격을 낼지를 소비자가 결정한다.

(5) 교통기관의 좌석별 요금제(일반, 특실), 수량할인(대량구매할인), 사용량에 따라 적용되는 전기, 전화요금제, 극장할인제도의 경우 조조할인, 심야할인 등이 그 예이다.

3 제3급 가격차별

1. 의의

제3급 가격차별(Third-degree Price Discrimination)이란 서로 다른 수요곡선을 갖는 소비자그룹을 구별하여 각 그룹의 소비자들에게 다른 가격을 책정하는 것으로 가격탄력성이 서로 다른 소비자특성에 따른 가격차별을 말한다.

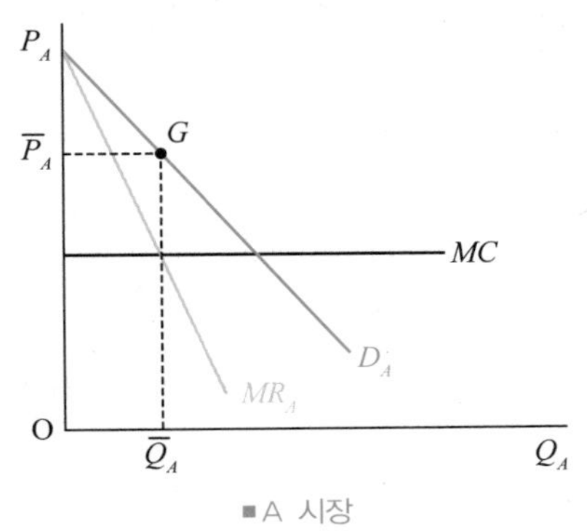

■A 시장

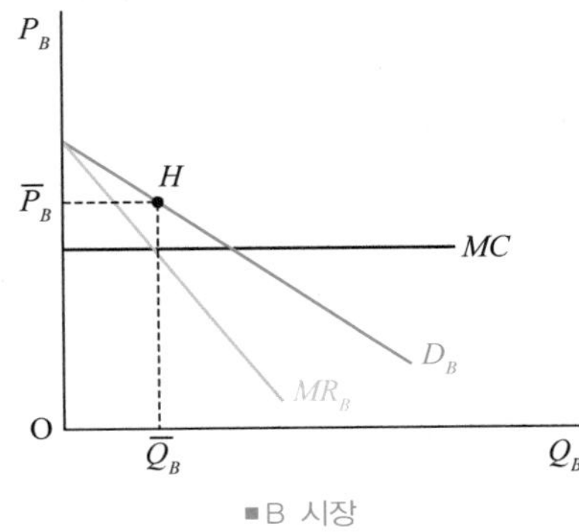

■B 시장

2. 제3급 가격차별 기업의 이윤극대화

(1) 시장을 서로 다른 가격탄력성을 가진 시장으로 분리하여 각 시장마다 서로 다른 수준의 가격을 설정한다.

(2) 제3급 가격차별의 이윤극대화조건은 $MC = MR_A = MR_B$로 한계비용이 각 시장의 한계수입과 같아야 한다.

(3) 각 시장별 한계수입과 한계비용이 일치하는 수준에서 판매량과 가격을 결정한다.

특징
1. 소비자들을 몇 개의 그룹으로 구분한다(상품은 구분하지 않음).
2. 그룹 간에는 다른 가격이 형성된다.
3. 그룹 내의 모든 소비자에게는 동일한 가격이 적용된다.
4. 학생할인, 성인 요금, 어린이 요금, 수출가격과 국내가격 등이 그 예이다.

대표기출유형

가격차별과 관련된 다음 사례 중 성격이 다른 것은?

① 극장에서 아침에 상영되는 영화에 할인요금을 적용한다.
② 자동차회사는 차종에 따라 가격을 달리하여 자동차를 판매한다.
③ 구내식당의 점심메뉴는 저녁메뉴와 동일하지만 더 저렴한 가격으로 판매한다.
④ 자동차회사는 동일 차종에 대해 해외시장과 국내시장에 다른 가격으로 판매한다.

정답 ②

해설 차종이 다르다는 것은 다른 재화, 즉 제품의 품질이 다른 것이므로 가격차별이 아니다.

테마 15 독점적 경쟁시장

1 독점적 경쟁의 단기균형

1. 독점적 경쟁기업의 수요곡선

(1) 독점적 경쟁하의 개별 기업이 직면하는 수요곡선은 상품 상호 간의 대체성이 높기 때문에 우하향의 탄력적인 형태를 가진다.

(2) 이는 독점보다 수요곡선이 훨씬 탄력적이고 각 기업이 어느 정도의 독점력을 가진다는 사실을 반영한다.

2. 단기균형의 도출

각 기업은 독점하의 기업과 유사한 방식으로 이윤극대화를 추구한다. 즉 $MR=MC$인 점에서 균형이 성립한다. 평균비용곡선과 수요곡선의 위치에 따라 경쟁기업은 초과이윤을 얻을 수도 있고 손실을 입을 수도 있다.

(1) 초과이윤(독점이윤)이 발생하는 경우 : $P>AC$이면 초과이윤(독점이윤)이 발생한다.

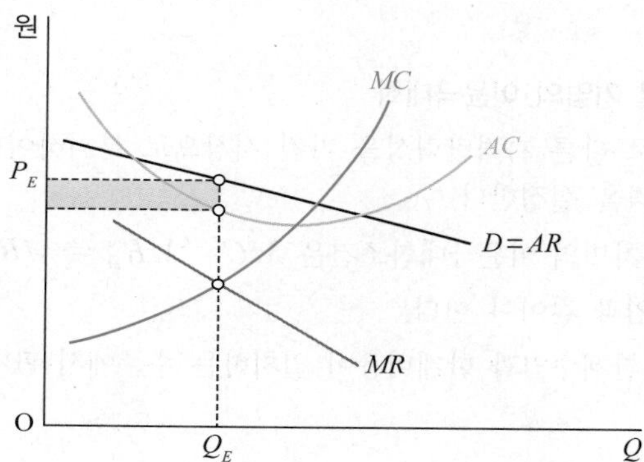

(2) 정상이윤만 발생하는 경우 : $P=AC$이면 정상이윤만 발생한다.

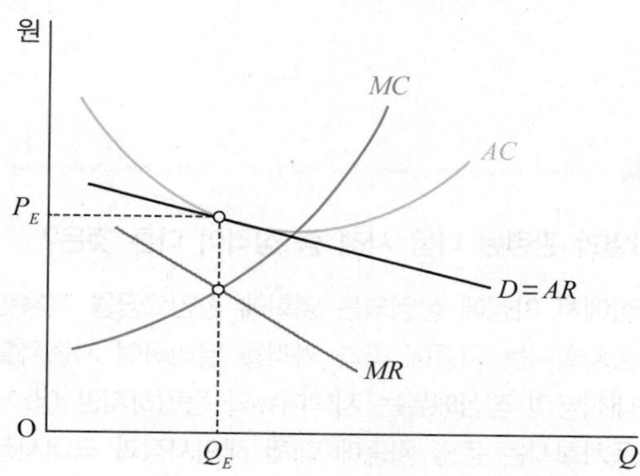

의의

1. 독점적 경쟁시장(Monopolistic Competition Market)은 밀접한 대체재를 공급하는 기업들이 많이 존재하는 시장형태, 즉 다수의 기업이 차별화된 재화나 서비스를 생산하는 시장을 말한다.
2. 독점적 경쟁시장은 완전경쟁시장과 독점시장의 성질을 모두 가지고 있는 시장형태이다.
3. 예로는 주류시장, 과자류시장, 음료수시장, 백화점, 약국, 미용실, 주유소, 편의점, 커피숍 등이 독점적 경쟁시장에 해당한다.

특징

1. 시장에 많은 수의 기업들이 존재해 차별화된 상품을 생산한다.
2. 다수의 기업이 존재하므로 한 기업의 행위는 경쟁자의 주의를 끌지 못하며, 보복적인 조치를 유발하지 않는다.
3. 신규기업의 진입과 기존 기업의 이탈이 완전히 자유롭다.
4. 모든 기업들은 동일한 수요곡선과 비용곡선에 직면하고 있다.

독점적 경쟁의 경제적 효과

1. 차별화된 상품공급 : 독점적 경쟁시장의 기업들은 차별화된 상품공급에 노력한다.
2. 유휴시설의 존재 : 장기균형산출량은 장기평균비용곡선이 최저가 되는 수준보다 작다.
3. 과소생산(비효율적인 산출량) : 장기균형상태에서 선택한 산출량의 수준에서 가격이 한계비용보다 더 높다. 즉, 독점적 경쟁기업의 장기균형생산량은 완전경쟁기업의 장기균형생산량보다 적다.
4. 가격이 한계비용보다 높다 ($P>MC$).
5. 독점적 경쟁시장에서 기업들은 치열한 비가격경쟁으로 인한 사회적 낭비를 초래한다.

(3) 손실이 발생하는 경우 : $P < AC$이면 손실이 발생한다.

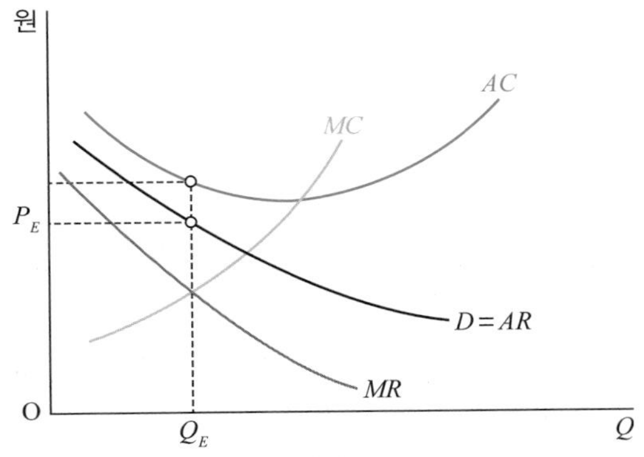

2 독점적 경쟁의 장기균형

1. 독점적 경쟁기업의 장기균형은 이윤극대화조건인 $MR = SMC = LMC$가 충족되고, 정상이윤만 존재하는 $P = SAC = LAC$인 E점에서 이루어진다.
2. 기업의 수요곡선(D)과 장기평균비용곡선(LAC)이 생산수준에서, 한계수입곡선(MR)과 장기한계비용곡선(LMC)은 반드시 일치하며 이 생산수준에서 이윤극대화가 일어나고 극대화된 이윤은 0이므로 신규진입은 없다. 이 상태가 독점적 경쟁의 장기균형점이다.

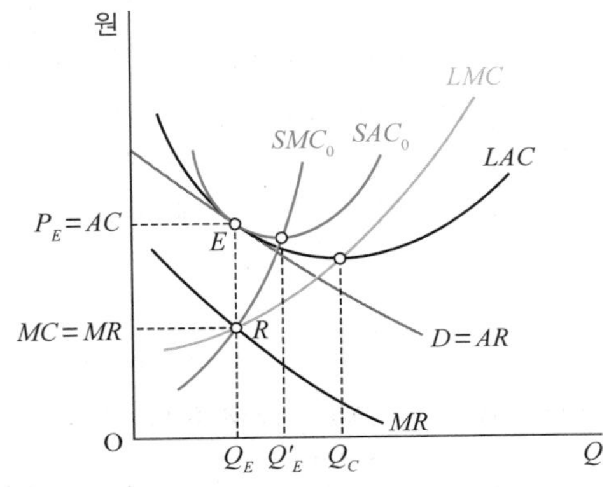

- 장기균형은 신규기업들의 시장진입이나 퇴출한 기존 기업들이 시설규모의 조정을 이룬 이후 달성되는 균형상태이다.
- 독점적 경쟁시장의 단기균형 시 초과이윤(독점이윤)이 발생하면 신규기업들이 시장에 진입할 수 있다.

최신 금융·디지털 용어
금융상식
경영상식
경제상식
실전모의 1회
실전모의 2회

대표기출유형

독점적 경쟁시장에 대한 설명으로 옳지 않은 것은?

① 독점적 경쟁시장의 장기균형에서는 $P = AR = LAC$이 충족된다.
② 진입장벽이 존재하지 않기 때문에 기업의 진입과 퇴출이 자유롭다.
③ 개별 기업은 단기에는 초과이윤을 얻을 수 있지만, 장기에는 정상이윤을 얻는다.
④ 독점적 경쟁시장에 속하는 기업은 평균비용곡선의 최저점에서 가격이 결정된다.

정답 ④

해설 장기에 평균비용곡선의 최저점에서 가격이 결정되는 것은 완전경쟁시장에 속하는 기업이다.

테마 16

과점시장

> 과점의 성립 원인
> 1. 시장협소로 인한 경우
> 2. 규모의 경제가 있는 경우
> 3. 법령, 정책, 특허권 등에 의한 경우
> 4. 소수의 생산자가 카르텔을 형성하여 진입저지활동을 펴는 경우

> 복점시장(Duopoly Market)
> 2개의 공급자(기업)가 시장을 지배하는 시장형태

1 과점시장의 개념

1. 의의

(1) 과점시장(Oligopoly Market)이란 소수의 기업들이 시장수요의 대부분을 공급하는 시장형태를 말한다.

(2) 개별 기업이 시장에서 차지하는 비중이 높고, 한 기업의 생산량이나 가격 변화는 다른 기업의 업적에 영향을 미친다.

(3) 예로 자동차시장, 정유산업, 맥주시장 등이 있다.

2. 과점의 분류

(1) 순수과점 : 동질적인 상품이 제공되는 과점을 말한다.
예 철강, 시멘트, 석유 등

(2) 차별화된 과점 : 상품의 질에 약간씩 차이가 있는 경우를 말한다.
예 자동차, 냉장고, 세탁기 등

3. 과점시장의 특징

(1) 소수의 기업만이 존재하므로 기업 간 상호의존성이 높다.

(2) 과점기업들은 광고나 제품 차별화 등 비가격경쟁을 통해 경쟁한다.

(3) 과점기업은 경쟁을 피하고 담합이나 카르텔을 통해 공동이익을 추구하려는 유인이 존재한다. 완전한 담합을 통하여 독점기업처럼 행동하는 것이 가장 유리하지만, 각 기업의 이익을 우선시하는 이기적 동기로 인해 하나의 기업처럼 행동하기는 어렵다.

2 복점시장이론

모형	쿠르노(Cournot)모형	베르트랑(Bertrand)모형	슈타켈버그(Stackelberg) 모형(수량선도모형)
가정	• 분석의 편의를 위해 시장에 두 개의 기업만 존재하는 복점을 가정한다. • 추측변이는 0이라고 가정한다. • 동시에 의사결정을 하며 의사결정의 대상은 산출량이다.	• 두 개의 기업이 존재하고 각 기업은 동시에 의사결정을 한다. • 각 기업이 생산하는 재화는 동질적이며 각 기업의 한계비용은 동일하다. • 의사결정의 대상이 산출량이 아니라 가격이다.	• 선도기업은 추종기업의 반응을 고려하여 먼저 의사결정을 하고 추종기업은 선도기업의 산출량을 보고 자신의 이윤극대화 산출량을 결정한다. • 추종기업의 추측된 변화는 0이지만 선도기업의 추측된 변화는 0이 아니다.

시장 균형	각 기업의 반응곡선이 만나는 점에서 시장균형이 이루어진다.	• 전략변수가 가격인 과점시장에서 각 기업이 취할 수 있는 가장 낮은 가격은 0이며, 독점가격보다 높은 가격을 제시하는 것은 이윤극대화의 원리에 어긋나므로 가장 높은 가격은 독점가격이다. • 각 기업은 치열한 가격경쟁을 하므로 시장가격은 두 기업이 제시할 수 있는 가장 낮은 가격인 한계비용수준에서 결정된다.	• 선도기업과 추종기업의 시장균형 : 선도기업은 추종기업의 반응을 추측하여 자신의 이윤극대화 산출량을 결정하며 추종기업은 선도기업의 주어진 생산수준에서 자신의 이윤극대화 산출량을 결정한다. • 선도기업과 선도기업의 시장균형 : 두 기업이 서로 선도자라고 생각하는 경우 두 기업은 모두 위 모형의 선도기업처럼 행동할 것이므로 선도경쟁하의 균형은 존재할 수 없는 균형이다. 이처럼 각 기업이 서로 선도기업이 되려고 하는 것을 슈타켈버그 전쟁이라고 한다.
생산량 비교	• 독점일 경우 : 완전경쟁의 $\frac{1}{2}$ • 쿠르노균형일 경우 : 완전경쟁의 $\frac{2}{3}$ • 한계비용이 일정하며 동일한 경우	완전경쟁과 동일	• 독점일 경우 : 완전경쟁의 $\frac{1}{2}$ • 과점일 경우 : 완전경쟁의 $\frac{1}{3}$ (쿠르노) • 선도기업일 경우 : 완전경쟁의 $\frac{1}{2}$(슈타켈버그) • 추종기업일 경우 : 완전경쟁의 $\frac{1}{4}$(슈타켈버그)

대표기출유형

다음 중 과점시장에 대한 설명으로 옳지 않은 것은?

① 동질적 상품의 베르트랑(Bertrand) 경쟁가격은 완전경쟁가격보다 높다.
② 쿠르노(Cournot) 경쟁의 경우 기업의 수가 많을수록 균형가격은 낮아진다.
③ 굴절수요곡선의 경우 한계비용이 변화해도 가격은 변화하지 않을 수 있다.
④ 슈타켈버그(Stackelberg)모형의 선도기업은 쿠르노균형의 생산량보다 더 많이 생산하고자 한다.

정답 ①

해설 베르트랑모형에서는 각 기업은 모두 상대방보다 약간씩 낮은 가격을 설정하려고 하므로 결국 가격은 한계비용과 같아진다.

테마 17

게임이론

1 게임이론의 기초

1. 기초 개념

(1) 의의 : 상호 연관되어 있는 둘 이상의 경제주체가 각각 자신의 이익을 추구하고 있는 경쟁적 상황에서의 선택행위를 체계적으로 분석하는 것이다.

(2) 게임이론의 구성요소

① 경기자(Player) : 게임의 기본적 의사결정단위를 구성하는 주체이며 개인, 기업 등이 해당된다.

② 전략(Strategy) : 경기자가 선택할 수 있는 행위에 대한 계획을 말하며, 전략의 수는 유한하다.

③ 보수(Payoff) : 게임의 결과 각 경기자가 받는 이득으로, 서수적인 효용수준 혹은 화폐단위로 표현한다.

④ 보수행렬(Payoff Matrix) : 경기자의 전략과 보수를 하나의 표로 체계적으로 정렬한 것을 말한다.

2 우월전략균형

1. 우월전략의 의의

상대방이 어떤 전략을 선택하느냐에 관계없이 자신의 보수를 가장 크게 만드는 전략을 우월전략 혹은 지배전략이라고 한다.

2. 개념

기업 1 \ 기업 2	(전략)b_1 적은 광고비	(전략)b_2 많은 광고비
(전략)a_1 적은 광고비	(8, 8)	(1, 10)
(전략)a_2 많은 광고비	(10, 1)	(4, 4)

표에서 기업 1이 전략 a_2를 선택할 경우 상대방이 어떤 전략을 쓰는지에 관계없이 a_1을 선택했을 때보다 더 큰 보수를 얻는다. 즉 기업 1의 우월전략은 a_2이고, 기업 2의 우월전략은 b_2이다. 따라서 우월전략균형은 $(a_2,\ b_2)$이다.

3 내쉬균형

1. 내쉬전략의 의의

각 경기자가 상대방의 전략을 주어진 것으로 보고 자신에게 최적인 전략을 선택하는 전략을 말한다.

Ⓣ 게임이론의 발전

1. 이 이론은 폰 노이만(J. von Neumann)과 모르겐슈테른(O. Morgenstern)에 의하여 확립되었다.
2. 이후 내쉬(J. Nash)에 의해 비협조적 게임에 있어서 내쉬균형(Nash Equilibrium)이란 개념이 제시되면서 발전의 계기가 마련되었다.
3. 게임이론은 경제학뿐만 아니라 다른 각 분야에서 전략적인 상황을 분석하기 위한 도구로 사용되고 있다.

Ⓣ 종류

- 영합 게임(Zero-sum Game) : 경기자들 보수의 합이 항상 0이 되는 게임이다.
- 비영합 게임(Non-zero-sum Game) : 경기자들의 보수의 합이 0이 되지 않는 게임이다.
- 정합 게임(Constant-sum Game) : 경기자들 보수의 합이 일정한 게임이다.
- 비정합 게임(Non-constant-sum Game) : 경기자들 보수의 합이 일정하지 않은 게임이다.

Ⓣ 우월전략의 특징

1. 우월전략균형이 존재한 경우가 현실적으로 그리 많지 않지만 존재한다면 유일하며 매우 안정적이다.
2. 그러나 그 균형이 효율적이라는 보장은 없다.
3. 우월전략균형은 각 경기자가 상대방의 모든 전략에 대해 최적인 전략을 가지고 있을 것을 요구하고 있어, 이 조건을 충족시키기는 어렵다.

2. 개념

내쉬균형이란 각 경기자가 내쉬전략을 사용하여 도달한 최적전략조합을 말한다.

기업 1 \ 기업 2	b_1	b_2
a_1	(10, 5)	(3, 3)
a_2	(3, 3)	(5, 10)

표의 게임에서 기업 1이 a_1을 선택하면 기업 2가 b_1을 선택해 각각 10억 원과 5억 원의 이윤을 얻는 것이 내쉬균형이다. 우월전략균형은 존재하지 않지만 (a_1, b_1), (a_2, b_2) 두 개의 내쉬균형이 존재한다.

3. 특징

(1) 우월전략균형은 상대의 모든 전략에 대해 최선의 전략이 되어야 존재하지만 내쉬균형은 상대방의 주어진 전략에 대해서만 최선의 전략이 되면 존재한다.

(2) 우월전략균형이 존재하지 않는 게임에서도 내쉬균형은 존재하며, 우월전략균형이 존재하면 내쉬균형은 반드시 존재한다.

4 혼합전략균형

1. 동전 맞추기 게임

경기자 1 \ 경기자 2	앞	뒤
앞	(1, −1)	(−1, 1)
뒤	(−1, 1)	(1, −1)

(1) 각자가 선택한 것을 비교해 둘의 선택이 일치하면 경기자 1이 이겨 1원을 따고, 서로 엇갈리게 선택했으면 경기자 2가 이겨 1원을 따는 게임이다.

(2) 한 경기자가 하나의 전략만 고수하고 상대방이 이를 안다면 그는 항상 지게 되고, 상대방이 그 전략을 정확히 알지 못하더라도 게임이 반복되면 전략이 노출되어 불리한 입장에 놓이게 된다.

(3) 따라서 이 게임에서 무작위로 선택하는 것, 즉 아무렇게나 동전을 던져 여기서 나오는 면을 선택하는 것이 최상의 전략이 된다. 즉, 앞과 뒤를 $\frac{1}{2}$의 확률로 섞어 선택하는 혼합전략이 최선의 선택이다.

2. 동전 맞추기 게임에서 기대보수

(1) 경기자 1이 각각 p와 $(1-p)$의 확률로 앞면과 뒷면을 선택하면,

- 경기자 2가 앞면을 선택할 경우 경기자 2의 기대보수 : $p(-1)+(1-p)(1)$
- 뒷면을 선택할 경우 기대보수 : $p(1)+(1-p)(-1)$

$p(-1)+(1-p)(1)=p(1)+(1-p)(-1)$ 그러므로 $p^*=\frac{1}{2}$이다.

용 혼합전략이란 미리 선택된 확률에 의해 자신의 행동을 무작위로 선택하는 전략을 말한다. 즉, 여러 행동을 적절히 혼합하여 사용하는 전략이다.

(2) 경기자 1의 입장에서 보면 앞면과 뒷면을 각각 $\frac{1}{2}$씩의 확률로 섞는 것이 최선의 전략이다. 경기자 2의 입장에서도 같은 전략을 얻을 수 있다.

(3) 이 둘의 값이 서로 같아야만 경기자 2가 어떤 전략을 선택하든 자신이 얻을 수 있는 기대보수에 아무 변화가 없다. 즉, $\frac{1}{2}$씩의 확률로 섞는 것이 최선의 전략이다.

5 최소극대화전략

1. 최소극대화의 의미

(1) 상대방의 합리성에 대해 의심을 가질 경우 내쉬균형 전략을 사용하지 않을 가능성이 있다.

기업 1 \ 기업 2	b_1	b_2
a_1	(1, 5)	(2, 9)
a_2	(−100, 2)	(3, 4)

(2) 표의 전략 b_2는 기업 2의 우월전략이다. 이를 아는 기업 1은 상대방이 이 전략을 선택하리라 기대하고, a_2를 선택함으로써 자신의 보수를 3으로 만들려고 할 것이다.

(3) 두 기업이 각각 a_2와 b_2의 전략을 선택하는 것이 이 게임의 (유일한) 내쉬균형이다.

(4) 그런데 상대방(기업 2)이 합리적이지 않다면 기업 1은 a_2를 선택함으로 100의 손실을 보게 된다.

(5) 기업 1이 조심스러운 태도를 가지며 상대방의 상황파악 능력이나 합리성에 대해 의구심을 갖고 있다면, 안전하게 전략 a_1을 선택함으로써 100의 손실을 보는 결과만은 회피하려고 할 것이므로 a_1과 b_2가 최소극대화균형이다.

2. 특징

(1) 각 전략을 선택하였을 때 예상되는 최소보수를 비교하여, 그중 최소보수가 가장 큰 전략을 택하는 전략이 최소극대화전략이다.

(2) 최소극대화전략은 위험기피적 경기자의 행태를 반영한다. 일반적으로 최소극대화전략의 해와 내쉬균형은 반드시 일치하지는 않는다. 정합게임이 최소극대화의 해는 내쉬균형과 일치한다.

6 정합게임과 안장점

1. 정합게임의 특징

(1) 정해진 보수 중에서 서로 큰 몫을 차지하려고 경합하는 경우, 한 사람의 이득은 다른 사람의 손해를 의미한다.

(2) 경기자들은 항상 상대방보다 한 단 높은 수를 써서 꺾으려고 들 것이다. 따라서 게임의 결과를 쉽사리 예측할 수 없다.

(3) 경제현상 중에는 정합게임의 틀 안에서 이해할 수 있는 것보다 그렇지 않은 것이 더 많다.

2. 두 기업이 시장점유율을 두고 경합하는 게임

(1) 정해진 크기의 시장을 두 기업이 나누어서 점유하게 되기 때문에 보수의 합이 100%로 고정되어 있다.

기업 C의 보수를 극소화하는 전략 → d_2

기업 C \ 기업 D	d_1	d_2
c_1	(20, 80)	(30, 70)
c_2	(50, 50)	(40, 60)

(2) 기업 C의 입장에서 볼 때 전략 c_2는 우월전략이다. 기업 D의 전략은 d_2이다.

(3) 기업 C의 보수를 극소화시키는 전략은 자신의 보수를 극대화시키는 전략이다.

(4) 기업 C의 최소극대화전략은 c_2이고, 기업 D의 최소극대화전략은 d_2이다.

(5) 기업 C의 보수는 한쪽으로는 극대화되면서 다른 쪽으로는 극소화되며 기업 C의 보수가 극소(대)화가 되면 기업 D의 보수는 극대(소)화가 된다는 의미에서 안장점이다.

(6) 표의 게임에서 각 기업의 최소극대화전략은 내쉬균형전략이며 전략 c_2와 d_2의 조합은 안장점이자 동시에 내쉬균형의 성격도 겸비한다. 그러나 안장점이 없는 게임도 있다.

최신 금융·디지털 용어 / 금융상식 / 경영상식 / 경제상식 / 실전모의 1회 / 실전모의 2회

대표기출유형

경기자 갑은 A와 B, 경기자 을은 C와 D라는 전략을 가지고 있다. 각 전략 조합에서 첫 번째 숫자는 경기자 갑, 두 번째 숫자는 경기자 을의 보수이다. 이 게임에 대한 설명 가운데 가장 옳은 것은?

경기자 갑 \ 경기자 을	C	D
A	(5, 15)	(10, 12)
B	(−2, 10)	(8, 5)

① 우월전략을 갖지 못한 경기자가 있지만, 내쉬균형은 1개 존재한다.

② 모든 경기자가 우월전략을 가지므로 죄수의 딜레마 게임이다.

③ 다른 경기자의 선택을 미리 알 경우, 모르고 선택하는 경우와 다른 선택을 하는 경기자가 있다.

④ 내쉬균형은 파레토 효율적이다.

정답 ④

해설 내쉬균형은 파레토 효율적이다. 다른 파레토 개선이 가능한 상황이 없기 때문에 파레토 개선이 불가능하기 때문이다.

오답풀이

① 두 기업 모두 우월전략을 가진다. 갑은 A를, 을은 C를 우월전략으로 가진다.

② 죄수의 딜레마 상황은 아니다. 죄수의 딜레마 상황이 되기 위해서는 두 경기자가 협력을 위해서 모두 보수가 커지는 파레토 개선이 존재해야 하는데 이 경우에는 존재하지 않기 때문이다.

③ 우월전략균형이기 때문에 다른 경기자의 선택을 미리 알 경우와 모르고 선택하는 경우는 모두 같은 결과를 얻게 된다.

테마 18

계층별 소득분배

용 10분위 분배율이란 모든 가구를 소득의 크기에 따라 저소득 가구부터 정렬한 다음에 이것을 10등분하여 소득분포상태를 측정하는 방법이다.

1 10분위 분배율

1. 정의

10분위 분배율(Deciles Distribution Ratio)이란 최하위 40%의 소득점유율을 최상위 20%의 소득점유율로 나눈 것을 말한다.

$$10분위\ 분배율 = \frac{최하위\ 40\%\ 소득계층의\ 소득점유율}{최상위\ 20\%\ 소득계층의\ 소득점유율}$$

2. 측정

모든 가구를 소득의 크기 순으로 일렬로 배열한 후 10등분 할 때 소득이 제일 낮은 10%의 가구를 제1분위, 그 다음 10%를 제2분위, 그 다음 10%를 제3분위, 소득이 가장 높은 마지막 10%의 가구를 제10분위라고 한다.

3. 평가

(1) 소득분배가 완전히 균등하면 2, 소득분배가 완전히 불균등하면 0의 값을 가진다. 즉 0과 2 사이의 값을 가지며, 그 값이 클수록 소득분배가 균등함을 나타낸다.

(2) 측정이 쉬워 많이 활용되지만, 중간의 40%는 제외되므로 사회 전체의 소득분배상태를 나타내지는 못한다.

2 5분위 배율

1. 정의

5분위 배율은 소득분포상의 최상위 20%의 소득을 최하위 20%의 소득으로 나눈 비율이다.

$$5분위\ 배율 = \frac{최상위\ 20\%\ 소득계층의\ 점유율}{최하위\ 20\%\ 소득계층의\ 점유율}$$

2. 평가

5분위 배율은 그 의미가 간결하여 이해하기 쉽지만, 최상위와 최하위를 제외한 소득의 분포를 반영하지 않는다는 단점이 있다.

3 로렌츠곡선

1. 정의

로렌츠곡선(Lorenz Curve)이란 계층별 소득분포자료에서 인구의 누적비율과 소득의 누적비율 사이의 관계를 그림으로 나타낸 것을 말한다.

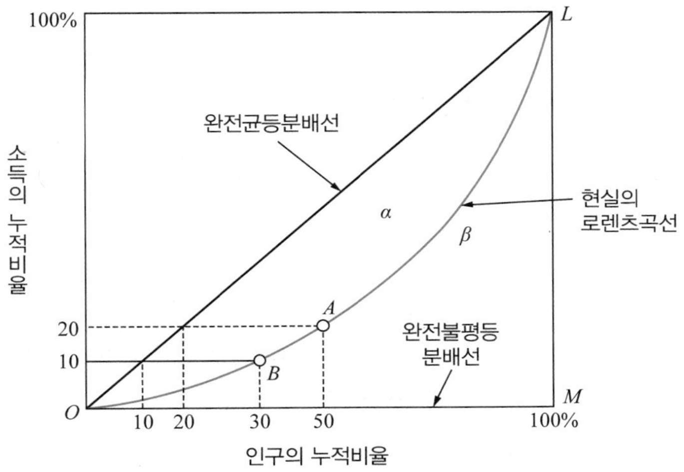

2. 도해

(1) 정사각형의 수평축은 인구의 누적비율을 %로 나타내고, 수직축은 소득의 누적비율을 %로 나타낸다. 수평축에 나타나 있는 인구의 비율은 가장 가난한 사람에서부터 순서대로 배열했을 때의 비율을 의미한다.

(2) 계층별 소득분포자료에 기초해, 최하위 몇 %의 사람들이 몇 %의 소득을 점유하는지를 계속 찾아 점으로 나타낸 다음 이들을 이으면 로렌츠곡선을 얻을 수 있다.

3. 해석

(1) 로렌츠곡선이 대각선에서 우측으로 멀어질수록 소득분배는 불평등하다.

(2) 모든 사람이 똑같은 소득을 얻고 있으면 로렌츠곡선은 대각선과 일치한다.

(3) 한 사람이 모든 소득을 독점하고 나머지 사람들은 한 푼의 소득도 얻지 못하는 극단적인 불평등을 나타내는 로렌츠곡선은 사각형의 오른쪽 테두리 선분이 된다.

(4) 소득이 평등하게 분배되어 있을수록 로렌츠곡선이 대각선에 더욱 가까이 위치한다. 이 사실을 이용해 서로 다른 두 사회의 분배상태를 비교할 수 있다.

4. 평가

그림으로 나타내어 단순 명쾌하지만, 두 로렌츠곡선이 서로 교차할 경우 소득분배상태를 비교할 수 없다.

4 지니계수

1. 정의

지니계수(Gini Coefficient)는 로렌츠곡선이 나타내는 소득분배상태를 숫자로 표시하는 방법이다.

2. 해석

앞의 그림에서 로렌츠곡선의 완전균등분배선(대각선)과 현실의 로렌츠곡선($0L$) 사이의 면적(α)을 삼각형 0ML의 면적($\alpha+\beta$)으로 나눈 값이다(위의 그래프 참조).

$$\text{지니계수} = \frac{\alpha}{(\alpha+\beta)}$$

3. 측정치

(1) 로렌츠곡선이 대각선과 일치한다면 0이다. 따라서 지니계수도 0이고, 가장 불평등한 경우 지니계수의 값은 1이다.

(2) 지니계수는 0에서 1 사이의 값을 가지며 그 값이 클수록 더욱 불평등한 분배상태를 의미한다.

4. 평가

지니계수는 분배의 상태를 평가하는 지표로서 가장 많이 사용되지만, 현실에 존재하는 불평등의 정도를 재는 지표로서는 명백한 한계가 있다. 공평한 분배라는 것은 여러 가지 측면을 포괄하는 복잡한 개념이다. 그러나 지니계수는 소득이 얼마나 균등하게 분배되느냐는 하나의 차원에서만 평가하고 있다.

5 앳킨슨지수

1. 개요

앳킨슨(Atkinson)은 로렌츠곡선에 기초하여 사회후생을 비교할 수 있는 규범적인 기준을 최초로 제안하였다. 즉 먼저 사회적으로 원하는 사회후생함수를 상정하고 이를 기준점으로 하여 불평등도 지수를 구하는 것이 한 사회의 소득불평등을 측정하는 올바른 접근법일 것이라는 견해이다.

2. 균등분배대등소득

(1) 현재의 평균 소득보다 낮은 값이면서 만일 균등하게 소득이 분배되어 있다면 동일한 사회후생 수준을 가져다 줄 소득수준을 의미한다.

(2) 균등분배대등소득(Equally Distributed Equivalent Income)은 하나의 이상적 상태를 말해 주는 개념이기 때문에 언제나 현실의 평균소득보다 더 작은 값을 갖는다. 왜냐하면 불균등한 분배가 사회후생을 떨어뜨리기 때문이다.

(3) 현재의 평균소득과 균등분배대등소득이 동일하다면 그 사회는 완전히 이상적인 소득배분의 상태에 있다고 볼 수 있다.

3. 앳킨슨지수

$$A = 1 - \frac{Y_{EDE}}{\overline{Y}}$$

※ $\overline{Y}$: 현재의 평균소득　Y_{EDE} : 균등분배대등소득

(1) 우변의 두 번째 항의 값이 커질수록 앳킨슨지수는 값은 작아지는데, 두 번째 항이 커진다는 것은 균등분배대등소득이 현실의 평균소득에 근접한다는 의미이다.

(2) 지니계수처럼 앳킨슨지수도 작은 값을 가질수록 더 균등한 소득분배를 나타낸다. 만일 앳킨슨지수가 0.35라고 하면 소득이 균등하게 분배된다면 현재 국민소득 중 1－0.35, 즉 65%의 소득만 가지고도 현재와 동일한 수준의 사회 후생을 달성할 수 있다는 것을 의미한다.

4. 평가

(1) 한 사회에서 특정 분배상태에 대하여 전혀 불만이 없는 즉, 동일한 소득상태에서 분배상태를 개선시키더라도 전혀 사회적 효용의 증가하지 않는다면 Y_{EDE}는 $\overline{Y}$와 동일하며 앳킨슨지수는 0이 된다.

(2) 만약 현 사회의 불평등 정도가 매우 심각하다고 생각하여 완전평등사회가 된다면 모든 소득을 포기할 수도 있는 즉, 균등분배대등소득이 0인 상태는 앳킨슨지수가 1이 된다.

(3) 불평등지수는 0 ~ 1의 값을 가지며 소득분배가 불평등할수록 지수가 커진다.

6 소득재분배정책

정부는 소득재분배를 위해 조세 제도와 정부 지출을 이용한다. 다시 말해 고소득층에게 세금을 더 거두어 저소득층에게 나누어 주는 정책을 시행하는 것이다.

1. 조세 제도

조세 제도를 통한 소득재분배는 고소득층에게는 더 많은 세금을 거두고 저소득층에게는 세금을 깎아 주거나 면제해 주는 형태로 이루어진다. 소득세나 재산세에 누진 세율을 적용하거나 사치품에 대해 높은 세율을 적용하는 것이 대표적인 예이다.

2. 정부 지출

정부 지출을 이용하는 방법은 각종 사회 복지 제도를 시행하는 것이다. 저소득층에게 의료서비스 등을 무상으로 제공하는 공공 부조나 전 국민을 상대로 제공되는 사회보험이 이에 속한다.

대표기출유형

소득불평등도를 분석하는 방법에 대한 설명으로 가장 옳지 않은 것은?

① 로렌츠곡선은 서로 교차하지 않는다.
② 로렌츠곡선은 서수적 평가방법이고 지니계수는 기수적 평가방법이다.
③ 지니계수는 대각선과 로렌츠곡선 사이의 면적을 대각선 아래 삼각형의 면적으로 나눈 비율이다.
④ 로렌츠곡선은 저소득자로부터 누적가계들이 전체 소득의 몇 %를 차지하는가를 나타내는 곡선으로, 대각선에 가까울수록 평등한 소득분배에 접근하게 된다.

정답 ①

해설 소득분배의 불평등도가 서로 다른 집단의 로렌츠곡선은 서로 교차할 수 있다.

테마 19

시장실패와 정부실패

효율적 자원배분
경제의 안정이나 공평한 분배라는 측면에서 결코 높은 점수를 받을 수 없는 시장기구가 전반적으로 긍정적인 평가를 받고 있다면, 이것은 효율적 자원배분의 측면에서 평가한 것이다.

시장의 역할
1. 효율적인 자원의 배분
2. 소득과 부의 공평한 분배
3. 경제의 안정과 성장의 촉진

1 시장실패

1. 의의

시장실패(Market Failure)란 시장기구가 자원의 효율적 배분을 실패하는 현상, 즉 시장이 가격기구에 의해 경제적 효율성을 달성하지 못하는 경우를 말한다.

2. 발생원인

(1) 불완전경쟁

① 시장경제의 효율성은 경제주체들의 자유롭고 공정한 경쟁에 의해 달성되므로 불완전한 경쟁하에서는 자원의 효율적 배분이 달성되기 어렵다.

② 불완전경쟁의 요인으로는 과소공급, 높은 가격, 비효율적 생산 등이 있다.

③ 불완전경쟁에 대한 대책으로 공정한 경쟁 촉진, 가격규제, 민영기업을 공기업으로 전환, 소비자운동 등을 개시할 수 있다.

(2) 공공재와 무임승차의 문제

(3) 공유자원과 공유지의 비극

(4) 외부성과 유인구조의 왜곡

(5) 불확실성의 문제

(6) 도덕적 해이와 역선택

자원의 효율적 배분	시장실패
최소의 비용으로 최대의 효율을 얻는 자원배분으로 모든 재화가 효용을 극대화할 수 있는 사람에게 적정량 공급되는 상태 ↑ ① 완전경쟁시장 ② 사적재 : 경합성과 배제성 有 ③ 외부효과 × : 사회적 비용=사적 비용 사회적 편익=사적 편익	자원의 효율적 배분이 이루어지지 못한 것으로 모든 재화가 바람직한 수준보다 과잉 또는 과소공급되는 상태 ↑ ① 독과점, 동질의 상품 ×, 정보의 비대칭성 ② 공공재, 공유자원 ③ 외부효과 : 사회적 비용≠사적 비용 사회적 편익≠사적 편익

2 시장의 실패와 정부의 역할

1. 정부 개입에 의한 외부효과의 해결

(1) 직접규제(Command-and-control Policies) : 정부가 일정한 행위를 의무화하거나 금지하여 해결한다. 이 경우 규제에 따른 비용 문제가 발생한다.

(2) 경제적 유인 이용(Market-based Policies) : 외부 경제 효과에 대해서는 보조금을 지급하고 외부불경제 효과에 대해서는 조세를 부과한다. 즉 시장 기능을 도입해 외부효과를 해결한다.

피구세 제도
동태 외부성의 문제를 당사자에게 내부화하는 것이다.

(3) 오염배출권 거래제도(Tradable Pollution Permits) : 정부가 한정된 오염배출권을 발행하여 거래를 허용하는 제도로, 오염 물질을 낮은 비용으로 효과적으로 줄일 수 있는 기업은 배당된 배출권을 시장에서 판매하고자 하며 오염 물질 감소에 높은 비용을 치러야 하는 기업은 차라리 배출권을 시장에서 구입하고자 할 것이다. 결과적으로 같은 양의 공해 물질을 최소의 사회적 비용으로 줄일 수 있게 된다.

2. 정부실패

(1) 의의

① 정부가 개입하여 오히려 시장의 효율성을 떨어뜨리는 현상을 말한다.

② 시장실패의 존재는 정부 개입의 필요조건이 될 수 있지만 충분조건은 될 수 없다.

(2) 정부의 개입이 더 큰 비효율성을 초래할 수 있는 이유는 정부의 개입으로 민간부문에서의 자유로운 의사결정이 교란되는 결과가 나타나기 때문이다. 따라서 시장의 실패가 발생하더라도 정부의 개입이 효율성을 증진시킬 수 있을 때에 한해서 개입을 시도하는 것이 현명하다.

(3) 정부실패에 대한 이론적 접근

① 공공선택이론 : 정치가나 관료도 공익이 아닌 사적인 이익을 위해 행동하기 때문에 공공정책이 항상 공익을 위해 수립된다는 보장이 없고 오히려 국민의 희생 위에 특정 집단의 이익을 위한 공공정책이 수립될 가능성이 있다.

② 불가능성 정리 : 정부도 사회의 여러 상태를 비교 · 평가할 수 있는 효율적이고 민주적인 의사결정체계를 가지고 있지 않다.

③ 차선의 이론 : 치유 불가능한 시장실패에 대한 정보가 충분하지 못한 상황에서 특정 부문에 대한 치유는 완벽할 수 없다.

대표기출유형

다음 중 시장실패의 의미로 옳은 것은?

① 시장의 가격이 경직적인 상황이다.

② 가격통제로 인한 암시장이 생기는 상황이다.

③ 바람직한 자원배분이 이루어지지 않는 상황이다.

④ 비효율적인 공공정책에 의해서 경제문제가 해결되지 않는 상황이다.

정답 ③

해설 시장의 실패란 자원의 배분이 효율적으로 이루어지지 않는 즉, 시장에서 가격기구에 의한 효율적인 자원배분이 달성되지 못하는 현상을 의미한다.

테마 20

외부효과

> 외부효과(외부성, External Effect, Externality)
> 1. 개념
>   • 어떤 경제주체의 행위가 의도하지 않게 다른 경제주체에게 이익이나 손해를 주면서도 그 대가를 받지 못하거나 지불하지 않는 상태를 말한다.
>   • 이익을 주는 경우는 외부경제, 손해를 끼치는 경우를 외부불경제라고 한다.
> 2. 외부효과와 시장실패
>   • 자원배분의 비효율성이 발생한다.
>   • 생산의 외부효과가 존재하면 사적 비용과 사회적 비용이 불일치한다.
>   • 소비에 외부효과가 존재하면 사적 편익과 사회적 편익이 불일치한다.

1 외부효과의 개념

1. 외부경제

(1) 어떤 경제주체의 생산이나 소비활동이 제3자에게 이익을 주는 경우를 외부경제 혹은 양(+)의 외부성이라 한다.

(2) 예시

① 양봉업자 주변의 과수원은 별도의 비용을 지불하지 않고도 꽃을 수분시킬 수 있고 정원을 가꾸는 행위는 주변 사람들에게 경제적 이득을 포함한 혜택을 줄 수 있다.

② 전염성 질병 예방을 위한 노력은 사회 전체에 긍정적인 영향을 끼치고 획기적 발견으로 인해 사회 전체의 기술 수준 향상이 이루어질 수 있다.

③ 교육을 통해 범죄율이 낮아짐으로 인한 사회 질서 유지가 가능하다.

2. 외부불경제

(1) 어떤 경제주체의 생산이나 소비활동이 손해를 입히는 경우를 외부불경제 혹은 음(–)의 외부성이라 한다.

(2) 예시

① 화석 연료의 이용으로 인해 발생한 공장 매연이나 자동차 배기가스 등의 대기 오염은 농작물에 피해를 주고 국민 건강에 악영향을 끼치고 공장 폐수, 생활하수 등의 무단 방류로 인한 수질 오염은 식물, 동물, 인간들에게 피해를 줄 수 있다.

② 지나친 음주로 인해 발생한 음주 운전 및 교통사고는 다른 사람에게 피해를 줄 수 있다.

③ 흡연으로 인한 질병, 불쾌감, 길거리 청결 유지를 위해 발생하는 비용 등 지나친 항생제 사용으로 인한 항생제 내성 등이 있다.

2 생산과 소비의 외부효과

> 생산의 외부효과는 생산과정에서 발생하는 외부효과로, 양봉업자의 접근으로 과수원업자의 과일수확량이 늘어나는 것이다.

1. 생산의 외부효과

(1) 사적 한계비용(PMC ; Private Marginal Cost) : 상품생산에 실제로 지출된 한계 생산비

(2) 사회적 한계비용(SMC ; Social Marginal Cost) : 상품생산에 따른 한계 외부성을 화폐적 비용으로 평가하여 사적한계비용에 포함

(3) 외부한계비용(EMC ; External Marginal Cost) : 생산의 외부효과가 발생하면 제3자가 이익이나 손해를 입게 되는 크기

(4) 사회적 한계비용(SMC)=사적 한계비용(PMC)+외부한계비용(EMC)

> • 생산의 외부경제 : $PMC > SMC (= PMC + EMC\ (-))$
> • 생산의 외부불경제 : $PMC < SMC (= PMC + EMC\ (+))$

2. 소비의 외부효과

(1) 사적 한계편익(PMB ; Private Marginal Benefit) : 상품소비에 따른 개별소비자의 한계효용이며, 개별소비자의 수요곡선이 사적 한계편익곡선이다.

(2) 사회적 한계편익(SMB ; Social Marginal Benefit) : 소비에 따른 한계외부성을 포함하여 평가한 사회적 한계편익이다.

(3) 외부한계편익(EMB ; External Marginal Benefit) : 소비의 외부효과가 발생하면 제3자가 이익이나 손해를 입게 되는 크기이다.

(4) 사회적 한계편익(SMB)=사적 한계편익(PMB)+외부한계편익(EMB)

- 소비의 외부경제 : $PMB < SMB (= PMB + EMB(+))$
- 소비의 외부불경제 : $PMB > SMB (= PMB + EMB(-))$

소비의 외부효과는 소비과정에서 발생하는 외부효과로, 어떤 집이 길에 외등을 설치함으로써 옆집도 혜택을 보는 것이다.

3. 외부효과의 유형과 자원배분

소비의 외부효과	외부경제	과소생산	사적 한계편익<사회적 한계편익
	외부불경제	과다생산	사적 한계편익>사회적 한계편익
생산의 외부효과	외부경제	과소생산	사적 한계비용>사회적 한계비용
	외부불경제	과다생산	사적 한계비용<사회적 한계비용

대표기출유형

다음 (가), (나)는 외부효과가 발생한 사례이다. 이에 대한 올바른 설명은?

(가) A 기업의 생산활동에 들어간 비용은 4억 9,000만 원인 데 비해 이 기업의 생산활동으로 인한 사회 전체비용은 5억 5,000만 원이다.
(나) B 상품의 판매 시장에서 거래자들이 얻는 총 편익은 2,500만 원인 데 비해 이 상품으로 인한 사회 전체의 편익은 3,500만 원이다.

① (가)는 외부경제, (나)는 외부불경제에 해당한다.
② (가)는 정부의 개입으로 해결할 수 있지만 (나)는 그렇지 않다.
③ (가)는 자원의 비효율적 배분을 야기하지만 (나)는 그렇지 않다.
④ (가)는 과다생산의 문제를, (나)는 과소생산의 문제를 야기한다.

정답 ④

해설 (가)는 생산의 외부불경제(사적 비용<사회적 비용)로 과다 생산, (나) 소비의 외부경제(사적 편익<사회적 편익)로 과소 생산되게 된다.

공공재와 공유자원

Ⓣ 한 사람이 재화를 소비할 때, 다른 사람의 소비를 막을 수 있다면 배제성이 있다고 하고, 누군가가 재화를 소비할 때, 또 다른 누군가가 소비에 영향을 받으면 경합성이 있다고 한다.

Ⓣ ┌ 공공재 : ~~배제성~~ + ~~경합성~~
└ 공유자원 : ~~배제성~~ + 경합성

구분	경합성	비경합성
배제성	〈사적재〉 값을 치른 사람만이 독점적으로 사용할 수 있는 재화와 용역	〈자연독점〉 한산한 유료국립공원, 한산한 유료고속도로, 한산한 수영장, 케이블 TV
비배제성	〈공유자원〉 자연자원, 혼잡한 무료도로, 공동소유의 목초지	〈공공재〉 국방, 치안, 공중파 TV, 무료국립공원, 한산한 국도

1 개념

1. 비경합성과 비배제성

(1) 소비의 비경합성(Non-rivalry)

① 어떤 사람이 한 재화의 소비에 추가적으로 참여한다고 해서 다른 사람의 소비가능성이 줄어들지 않는 특성을 말한다(한계비용=0).

② 모든 사람들이 동시에 소비할 수도 있지만, 한 사람이 소비하는 것도 가능하다는 의미가 내포되어 있다.

(2) 소비의 비배제성(Non-excludability)

① 대가를 치르지 않고 그것을 소비하려는 사람을 배제할 수 없는 특성을 말하며 또한 가격을 부과할 수 없다.

② 배제성이 적용되지 않는다는 것은 어떤 특정 소비자 이외의 다른 소비자를 그 재화의 이용(소비)으로부터 배제하는 것이 불가능하다는 뜻이다.

③ 공공재의 경우에는 이와 같은 배제성이 적용되지 않는다. 즉 그 비용을 부담하지 않은 사람들이라고 해서 그 공공재를 이용(소비)을 배제할 수는 없다.

2. 비배제성과 비경합성에 의한 재화의 종류

(1) 공공재 : 비배제성과 비경합성의 원리가 적용되는 재화와 용역이다.

(2) 사적재(Private Goods) : 배제성과 경합성이 적용되는 재화와 용역을 말하며 시장재(Market Goods)라고도 한다.

(3) 공유자원 : 불완전한 공공재에 속하는 재화와 서비스 중에서 비경합성의 원리가 부분적으로 적용되는 재화와 용역을 말한다.

(4) 요금재(Toll Goods) : 비배제성의 원리가 어느 정도 적용가능한 재화와 용역을 말하며 비순수공공재이다.

2 공공재와 공유자원

1. 의의

(1) 공공재

① 공공재란 어떤 한 사람의 소비가 타인의 소비가치를 감소시키지 않고 똑같은 소비수준을 가지게 되며, 또한 잠재되어 있는 모든 소비자를 배제할 수 없는 재화와 용역을 말한다.

② 공공재는 공공에 의하여 소비되는 것을 말하며 공공재의 생산은 정부도 할 수 있으며 사기업도 할 수 있다.

(2) 공유자원의 의의 : 공유자원이란 소유권이 어느 특정한 개인에게 있지 않고 사회전체에 속하는 자원을 말하며, 자연자본 또는 사회적 공통자본이라고도 불린다.

(3) 가치재(Merit Goods)와 비가치재(Demerit Goods)

① 가치재란 사회적 관점에서 볼 때 재화의 소비가 가치가 있지만 민간부문에서 공급하는 양이 부족하여 정부가 생산 또는 공급하는 재화(주로 의료 및 주택서비스, 교육 등)를 말한다. 가치재는 경합성과 배제성이 있다.

② 비가치재란 사회적인 가치가 개인적인 가치보다 적은 재화로 정부가 특정 재화의 생산이나 소비를 규제하는 재화이다. 마약, 술, 담배 등이 이에 해당한다.

2. 공통점과 차이점

(1) 공통점

① 어떤 사람이 재화와 용역에 대한 대가를 치르지 않아도 그 소비를 막을 수 없다.

② 공공재와 공유자원은 소유권이 불분명하고 주인이 없다.

(2) 차이점

공공재	공유자원
• 배재성과 경합성이 없는 재화 • 사람들에게 일정한 혜택을 주고, 많은 사람들이 동일한 재화를 동시에 소비할 수 있다. • 무임승차자의 문제를 낳는다.	• 배제성이 없고 경합성이 있는 재화 • 어떤 사람이 재화를 소비하면 다른 사람이 이것을 소비할 기회를 제한받게 된다. • 공유지의 비극이란 문제를 낳는다.

용어 무임승차자
어떤 재화의 소비로부터 이득을 얻었음에도 불구하고 이에 대한 대가를 지불하지 않는 소비자를 말한다.

용어 공유지의 비극
목초지, 어장과 같은 공동소유 자산의 활용을 둘러싸고 구성원들이 상호 협조와 타협이 없이 각자 개인 이익의 극대화만 추구할 경우, 공익이 훼손되고 궁극적으로는 공유자원이 고갈되어 개인이 이용할 수 없게 되는 공멸현상을 초래하는 것을 가리키는 개념이다.

대표기출유형

다음 중 공공재에 대한 설명으로 옳지 않은 것은?

① 무임승차자의 문제가 있다.
② 공공재라고 할지라도 민간이 생산, 공급할 수 있다.
③ 소비에 있어서 경합성 및 배제성의 원리가 작용한다.
④ 시장에 맡기면 사회적으로 적절한 수준보다 과소공급될 우려가 있다.

정답 ③

해설 공공재는 비배제성과 비경합성의 특성을 지니고 있다.

테마 22 정보의 비대칭성

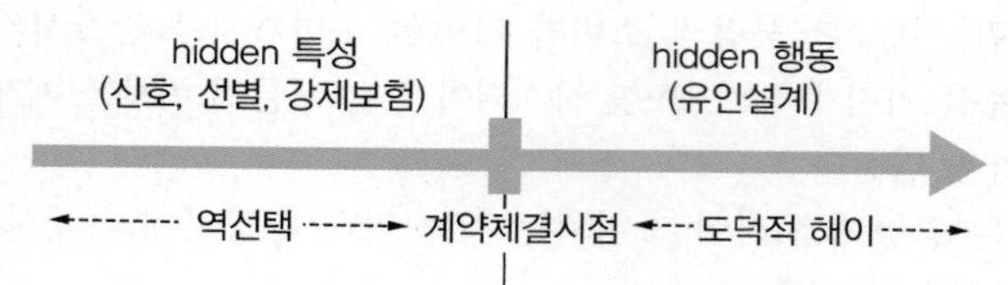

- 정보의 비대칭성은 양 당사자가 정보를 똑같이 공유하는 것이 아니라 어느 한 쪽이 다른 쪽보다 더 많은 정보를 갖는 현상이다.
- 대출고객이 미래 상환능력과 의지에 대한 정보는 은행보다 대출고객 자신이 더 많이 갖기 때문에 대출시장에서는 대개 정보의 비대칭성이 존재한다.
- 금융시장에서의 정보의 비대칭은 역선택과 도덕적 해이 문제를 야기하여 시장의 효율성을 저해한다.

1 역선택

1. 의의

(1) 역선택(Adverse Selection)은 정보의 비대칭성으로 인해 상대방의 특성을 알지 못하는 상황에서 불리한 선택을 하게 되는 것을 말한다.

(2) 대부자(Loaner)의 기대와 역행하는 결과를 가져올 가능성이 보다 높은 대출자(Borrower)가 대출에 적극적인 것이 일반적이므로 대부은행으로부터 선택될 가능성이 높다. 이것이 만연할 경우 부실대출자가 우량대출자를 시장에서 몰아내게 되는 현상을 레몬문제(Lemons Problem)라고도 한다.

2. 레몬문제

(1) 중고차 시장

① 중고차 구입자는 차량이 레몬(불량품)인지 복숭아(우량품)인지 잘 알지 못하므로 중고차의 시장가격은 불량품의 가격보다 높고 우량품의 가격보다 낮은 수준에서 결정되기 쉽다.

② 우량품 수준의 높은 가격이면 사는 사람이 별로 없고 불량품 수준의 낮은 가격이면 파는 사람이 별로 없게 된다. 따라서 레몬(불량품 차량)들이 거래될 가능성이 더 높아진다.

(2) 유가증권 : 투자자들이 시장에서 우량 유가증권과 불량 유가증권을 식별해 낼 수 없다면 결국 그들이 지불하고 싶은 가격은 전체의 평균 가치에 해당하는 가격이 되며 따라서 우량 유가증권은 저평가됨으로써 기업들이 발행을 꺼릴 것이고 불량 유가증권은 고평가됨으로써 과도하게 발행될 것이다.

2 도덕적 해이

1. 의의

(1) 상대방이 자신의 행동을 관찰하지 못하는 상황에서 상대방에게 바람직하지 못한 행위를 할 수 있는 위험 또는 그러한 행위를 지칭한다.

(2) 대출자가 대부자에게 밝힌 원래의 대출목적에 맞지 않는 행위, 즉 은행에서 주택자금용으로 대출받은 돈으로 위험한 주식투자를 하는 경우, 상환이 보다 어려워지게 될 위험이 있다.

2. 지분 대 채무

(1) 주인－대리인 문제

① 주인(Principal)이 대리인(Agent)의 행동을 완전히 관찰할 수 없을 때 대리인이 자신의 효용을 극대화하는 과정에서 발생한다.

② 주인과 대리인의 인센티브 불일치, 즉 대리인(경영자)이 주인(주주)의 이익을 따르기보다 자신의 개인적 이익을 좇아 행동할 유인을 가질 때 초래되는 문제이다.

(2) 이해관계의 상충 문제

① 기관의 내부적 목표가 다수일 때 목표끼리 상호 대립하면서 발생, 범위의 경제를 추구할 때 그로 인해 발생할 수 있다. 투자자의 관점에서 볼 때 도덕적 해이 문제이다.

② 이해관계의 갈등은 당사자들 사이에 유착관계를 형성시켜 비리로 발전할 수 있는 위험이 있다.

정보비대칭의 해결 수단

1. 역선택의 해결방법
   - 강제가입
   - 신호 보내기(Signaling)
   - 걸러내기(Screening)
   - 반복거래
2. 도덕적 해이의 해결방법
   - 감시(Monitoring)
   - 동기유발
   - 적절한 유인 구조

대표기출유형

다음 중 A와 B의 대화 내용과 관련 있는 경제현상을 올바르게 짝지은 것은?

대부자(Loaner)는 대출자(Borrower)의 신용상태를 정확히 알지 못하기 때문에 채무불이행의 위험에 직면할 수 있어.

대부자(Loaner)는 대출자(Borrower)가 자금을 대출한 이후 계약에 따라 자금을 사용하는지 알지 못하기 때문에 채무불이행의 위험에 직면할 수도 있어.

	A	B		A	B
①	역선택	외부효과	②	역선택	도덕적 해이
③	도덕적 해이	역선택	④	도덕적 해이	외부효과

정답 ②

해설 거래당사자들 사이에 정보수준의 차이가 있는 경우는 역선택이 발생하고, 감추어진 행동의 상황에서는 도덕적 해이가 발생한다.

테마 23

국내총생산

> 용어 국민소득통계(National Income Statistics)
> 개별 경제지표와 달리 한 나라 경제의 전반적인 성과를 종합적으로 나타냄으로써 경제정책의 수립 및 평가와 경제분석의 기초자료로 활용되고 있다. 국민소득통계에서 세계적으로 가장 많이 인용되는 지표가 국내총생산이다.

1 국내총생산의 개념

국내총생산(GDP ; Gross Domestic Product)은 일정 기간 동안 한 나라 안에서 새롭게 생산된 재화와 서비스의 시장가치를 합산한 것이다.

1. 일정 기간

생산과 소득의 흐름을 1년 또는 1분기(3개월) 단위로 측정한다는 것을 의미한다.

2. 새롭게 생산

(1) GDP가 그 해 또는 그 분기에 생산된 재화와 서비스의 부가가치로 측정됨을 나타낸다. 그러나 과거에 생산된 것의 거래는 포함되지 않고 토지, 주식, 채권과 같은 금융자산의 매입을 의미하지는 않는다.

(2) 자동차 회사가 새 차를 만들어 팔면 그 금액이 GDP에 포함되지만 사람들이 사고파는 중고차의 금액은 GDP에 반영되지 않는다.

3. 재화와 서비스

(1) 사람이 살아가는 데 필요한 의 · 식 · 주와 정신적 · 문화적 욕구를 충족시키기 위하여 생산되는 것을 말한다.

(2) 재화는 물질적으로 형태가 있는 상품이고, 서비스는 운송, 숙박, 금융, 의료, 교육, 문화활동 등과 같이 형태가 없는 사람의 노력이다.

4. 시장가치 합산

최종 생산물인 각종 재화와 서비스의 양에 이들의 시장가격을 곱해서 얻은 수치를 합산한다는 의미다. GDP는 종류가 다양하고 물리적 단위도 각기 다른 생산물을 시장가격을 기준으로 합하여 하나의 경제활동 지표로 나타낸 것이다.

2 국내총생산의 측정방법

1. 부가가치의 합

GDP는 생산활동의 각 단계에서 새로 창출된 부가가치의 합으로 구한다.

부가가치(Value Added) = 산출액(Output) − 중간투입액(Intermediate Input)

2. 최종생산물의 가치

GDP는 최종생산물의 가치만을 측정하여 구할 수도 있다.

3 국내총생산의 측정한계

1. 가사서비스, 주택소유 및 지하경제

(1) 가사도우미는 대가를 받고 서비스를 제공하기 때문에 가사도우미의 서비스는 GDP에 포함되지만 전업주부의 가사서비스는 GDP에 포함되지 않는다.

(2) GDP의 표준 척도를 규정하는 국민계정체계(SNA ; System of National Accounts)에서 가계의 가사나 개인서비스활동과 관련하여 타인이 대신 수행할 수 없는 기본적인 활동(식사, 음주, 수면, 운동 등)은 생산의 범주에 포함되지 않기 때문이다.

(3) 자가소유주택이 제공하는 주거서비스는 GDP에 포함되고 임대주택의 경우 세입자가 지불하는 임대료는 주택서비스를 제공받는 대가인 동시에 집주인의 임대소득이므로 GDP에 포함된다. 자가소유주택 서비스는 유사한 주택을 임대할 경우 지불해야 할 금액을 그 가계의 소득과 지출에 포함하는 방식으로 GDP에 계상된다.

(4) 마약거래, 도박, 매춘 등 불법적 거래, 반려견 돌봄과 같이 보고되거나 기록되지 않는 경제활동도 지하경제에 포함되어 GDP에 반영되지 않는다.

2. 디지털 · 공유경제

우리나라의 경우 아직 디지털 · 공유경제 규모가 크지 않지만 이와 같은 활동이 점차 확대될 것에 대비하여 기초자료를 확충하고 추계에 반영해 나가는 한편 OECD와 IMF 등 국제기구와 협력하여 논의의 진전 상황을 지속적으로 모니터링하고 있다.

대표기출유형

국내총생산을 산출할 때 집계되는 투자지출에 해당하지 않는 것은?

① 기업의 재고자산 증가
② 기업의 신규기계 도입
③ 기업의 토지 신규매입
④ 기업의 신규주택 구입

정답 ③

해설 토지는 생산된 것이 아니므로 국내총생산을 산출할 때 포함되지 않으며 투자는 기업의 설비 및 자본재 구입금액, 신축주택 구입금액, 재고변화분으로 구성되어 있다.
거시경제의 투자는 실물량의 증감을 의미하는 투자를 말하며, 새롭게 만들거나 설비를 하거나 건물을 신축하는 것을 말한다. 주식투자, 부동산투자의 개념은 소유권의 이전에 불과하므로 거시경제에서의 투자가 아니다.

테마 24

GDP의 구분

명목변수
실현되는 기간의 시장가치로 측정한 변수이다.

실질변수
가격 변화에 영향을 받지 않도록 고안된 변수이다. 경제활동이 일어날 당시의 시장가격을 이용하여 생산, 소비, 저축 등을 측정하면 서로 다른 기간에 측정한 동일한 변수의 값을 비교하고자 할 때 문제가 생긴다.

1 명목 GDP와 실질 GDP

1. 개념

(1) 명목 GDP : 당해 연도의 시장가치로 측정한 GDP이다.

(2) 실질 GDP : 가격 변화에 영향을 받지 않도록 기준연도의 시장가치로 측정한 GDP 이다.

(3) 실질 GDP를 이용하면 가격변동에 따른 총생산의 변동과 관계없이 서로 다른 기간에 생산된 재화와 서비스의 가치를 비교할 수 있다.

2. 산출방법

(1) 산출식 : P_0는 기준연도의 가격, P_t는 비교연도의 가격, Q_0는 기준연도의 수량, Q_t는 비교연도의 수량이라고 할 때

① (경상가격)기준연도의 명목 $GDP = P_0 \cdot Q_0$

비교연도의 명목 $GDP = P_t \cdot Q_t$

② (불변가격)기준연도의 실질 $GDP = P_0 \cdot Q_0$

비교연도의 실질 $GDP = P_0 \cdot Q_t$

(2) 경제성장률 $= \dfrac{\text{비교연도 실질}\,GDP - \text{기준연도 실질}\,GDP}{\text{기준연도 실질}\,GDP} \times 100$

2 잠재 GDP와 GDP갭

1. 잠재 GDP

한 나라 안에 존재하는 모든 생산요소가 완전히 고용되었을 경우 가능한 최대한의 GDP를 의미한다. 따라서 완전고용산출량 혹은 자연실업률하의 산출량과 동일한 개념이다.

2. GDP갭

(1) GDP갭이란 잠재 GDP에서 실제 GDP를 뺀 값을 의미한다.

(2) GDP갭>0이면 경기침체로 실업이 존재하여 총수요의 확대 필요성이 있고 GDP갭<0이면 경기과열로 인플레이션이 존재하며 총수요를 억제할 필요가 있다.

3 GDP 디플레이터

1. 개념

파쉐방식의 물가지수로, GDP에 포함된 재화와 서비스의 평균적인 상승을 의미한다.

2. 산출식

$$GDP\text{디플레이터} = \frac{\text{명목}\,GDP}{\text{실질}\,GDP} = \frac{P_t \cdot Q_t}{P_0 \cdot Q_t}$$

※ $P_t \cdot Q_t = P_t^1 Q_t^1 + P_t^2 Q_t^2 + P_t^3 Q_t^3 + \cdots$ ※ $P_o \cdot Q_t = P_o^1 Q_t^1 + P_o^2 Q_t^2 + P_o^3 Q_t^3 + \cdots$

3. 비교

(1) 명목 $GDP(P_t \cdot Q_t)$: 비교연도의 가격과 산출량 모두의 요인에 의한 변화를 반영한다.

(2) 실질 $GDP(P_0 \cdot Q_t)$: 산출량 변화로 인한 효과만을 반영한다.

(3) GDP디플레이터는 산출량 변화로 인한 효과는 상쇄되고 가격 변화로 인한 효과만 반영한다.

4. GDP 디플레이터의 사용과 관련하여 주의할 점

(1) 한 나라 안에서 생산되는 재화와 서비스를 모두 포함하며 가장 포괄적인 물가지수다.

(2) GDP디플레이터는 국내에서 생산된 재화와 서비스만 포함한다.

(3) GDP디플레이터 측정시 가격에 곱하여지는 가중치가 매년 변화한다.

4 국민총소득

1. 국민총소득(GNI ; Gross National Income)은 일정 기간 동안 한 나라 국민이 소유하고 있는 생산요소를 국내외에 제공한 대가로 벌어들인 소득의 합을 말한다.
2. 과거에는 국민소득지표로 국민총생산(GNP)이 많이 사용되었으나 GNP는 교역조건의 변화를 반영하지 못하는 단점이 있어 최근 실질 GNI로 대체되어 사용된다.

실질 GNI=실질 GDP+교역조건 변화에 따른 실질무역손익+실질국외순수취요소소득

3. 교역조건$=\frac{\text{수출상품의 가격}}{\text{수입상품의 가격}}$으로 수출품 한 단위와 교환되는 수입품의 수량을 의미하며 값이 클수록 교역조건이 개선되었다고 한다.
4. 교역조건 변화에 따른 실질무역손익+순수취요소소득=0이면 실질 GDP=실질 GNI가 성립한다.

대표기출유형

다음은 밀, 밀가루, 빵만을 생산하는 A국의 20X2년 경제활동을 요약한 것이다. 20X2년 GDP디플레이터가 20X1년에 비해 10% 상승했다면 20X2년 A국의 실질 GDP는?

- 농부들은 밀을 생산하여 2억 원을 시장에 판매하고, 1억 원을 제분업자에게 판매했다.
- 제분업자는 밀가루를 만들어 그중 3억 원을 시장에 판매하고, 7억 원을 제빵업자에게 판매했다.
- 제빵업자는 17억 원을 시장에 판매했다.

① 16억 원 ② 18억 원 ③ 20억 원 ④ 22억 원

정답 ③

해설 GDP디플레이터=(명목 GDP÷실질 GDP)×100 ⇒ 실질 GDP=(명목 GDP÷GDP디플레이터)×100
명목 GDP는 일정 기간 동안에 국내에서 생산된 모든 최종 재화와 서비스의 시장가치 총합을 의미하므로, 명목 GDP=2억 원(농부 시장 판매)+3억 원(제분업자 시장 판매)+17억 원(제빵업자 시장판매)=22(억 원)
GDP디플레이터는 10% 증가했으므로 110%이다. ∴ 실질 GDP=22÷110×100=20(억 원)

테마 25

소비와 소비함수

> 소비함수란 소비와 소득과의 관계를 나타내는 것으로, 각 소득수준에 대응하여 사람들이 의도하는 소비의 수준을 나타낸다. 소비가 무엇에 의하여 결정되는가를 분석함으로써 국민소득의 결정에 중요한 역할을 하는 소비자행동론을 구명하는 데 있다.

1 소비함수

1. 의의

(1) 소비함수란 소비와 소비에 영향을 미치는 요소들 간의 관계를 함수의 형태로 나타낸 것이다.

(2) 총지출($C+I+G$)의 구성항목 중 가장 큰 비중을 차지하며 다른 변수들에 비해 안정적이다.

(3) 소비함수가 정의되면 저축함수도 구할 수 있다.

2. 소비성향

(1) 평균소비성향(APC)은 가처분소득(Y_d)에서 소비가 차지하는 비율을 말한다.

$$APC = \frac{C}{Y_d}$$

(2) 한계소비성향(MPC)은 가처분소득 증가분에 대한 소비의 증가비율을 말한다.

$$MPC = \frac{\Delta C}{\Delta Y_d}$$

(3) 소비성향의 결정요인

① 주관적 요인 : 소비자 개인의 소비의욕

② 객관적 요인 : 가계의 소득, 부의 스톡, 임금수준, 이자율, 정부의 경제정책, 물가수준 등

2 소비함수논쟁

1. 케인스의 절대소득가설

(1) 가정

① 소비의 독립성 : 소비는 자신의 소득에 의해서만 결정되며, 타인의 소비행위와는 무관하게 이루어진다.

② 소비의 가역성 : 소비지출은 소득 수준에 따라 자유로이 움직이는 가역성을 가진다. 즉, 소득이 증가하면 소비도 증가하고, 소득이 감소하면 소비도 감소한다.

(2) 내용

① 소비의 크기는 소득, 특히 현재의 가처분소득에 따라서 결정되는 함수이다.

$$C = C_0 + cY$$

** C_0 : 기초소비　c : 한계소비성향

② 소비지출은 소득의 증가에 따라 증가하는 경향이 있지만 소득의 증가분만큼 증가하지는 않는다. 즉 한계소비성향(MPC)은 0과 1 사이의 값을 가진다.

$$0 < MPC\left(\frac{\Delta C}{\Delta Y}\right) < 1$$

③ 소득이 증가하면 한계소비성향과 평균소비성향은 감소하는 경향이 있으며 소득증가에 따른 평균소비성향이 감소한다. 즉 $MPC < APC$의 관계이다.

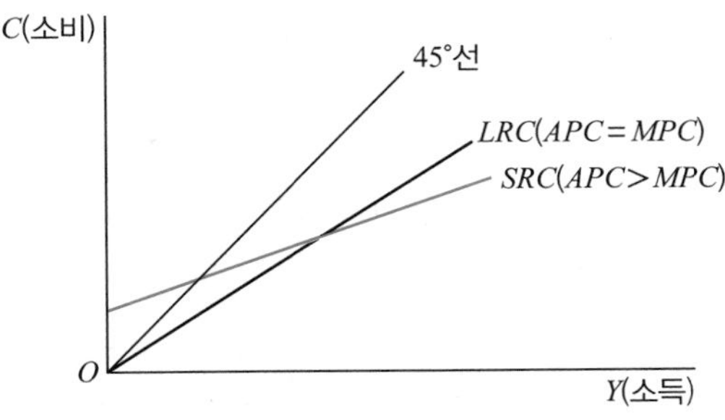

(3) 한계

① 소비는 현재 가처분소득만의 함수이므로, 재정정책(조세정책)은 매우 효과적일 수 있다.

② 절대소득가설은 너무나 단순할 뿐만 아니라 시간적 요인을 무시한 단기분석이다. 즉 케인스의 절대소득가설은 단기소비함수(SRC)이며, 장기소비함수가 LRC처럼 원점을 통과하는 것을 설명하지 못한다.

2. 쿠즈네츠의 실증분석

(1) 장기에 소득이 증가하더라도 평균소비성향(APC)은 변하지 않고, APC=한계소비성향(MPC)이다.

$$0 < APC = MPC < 1$$

(2) 단기적으로는 케인스의 소비함수가 맞지만 장기적으로 평균소비성향이 일정하다는 사실을 케인스의 절대소득가설은 설명하지 못한다.

(3) 평균소비성향이 호황기에는 작아지고 불황기에는 커진다. 또한 고소득가구일수록 평균소비성향이 낮아진다.

3. 듀젠베리의 상대소득가설

(1) 가정

① 소비행동의 비가역성 : 소득이 증가함에 따라 일단 높아진 소비수준은 소득이 감소해도 쉽게 낮아지지 않는다.

② 소비의 외부성(상호의존성) : 개인의 소비는 사회적 의존관계에 있는 타인의 소비행태와 타인의 소득수준에 의해 영향을 받는다.

듀젠베리(Duesenberry)는 소비에 영향을 주는 요인으로서 타인의 소득과 본인의 과거소득을 중요시하였다.

(2) 내용

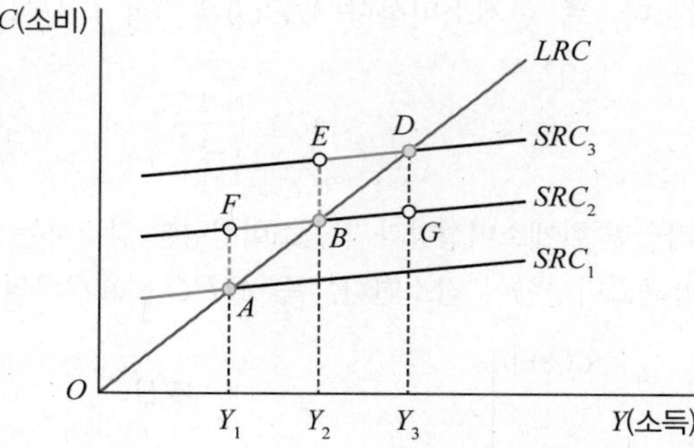

① 전시효과

㉠ 동류집단의 평균소득이 Y_2일 때 자신의 소득이 Y_2이면 소비점은 장기소비함수상의 B점이다.

㉡ 자신의 소득이 평균소득에 미달하는 Y_1이라면 동류집단과 비슷한 소비수준을 유지하기 위해 소비점은 F점(전시효과)이 된다.

㉢ 자신의 소득이 Y_3이면 소비를 크게 증가시키지 않아도 체면치레가 가능하므로 소비점은 G점이 된다. 따라서 단기소비함수들은 $APC > MPC$의 특징을 가진다.

② 톱니효과

㉠ 자신의 소득이 Y_3이고 이때의 소비점이 장기소비함수상의 D점이라고 가정한다.

㉡ 소득이 Y_2로 감소하더라도 소비는 장기소비함수를 따라 B점으로 감소하지 않고, 소비의 비가역성으로 인해 SRC_3를 따라서 E점으로 소비점이 이동한다.

㉢ Y_2의 소득수준이 지속되면 E점의 소비를 장기적으로 유지할 수 없으므로 소비점은 B점이 된다.

㉣ 소득이 Y_1으로 감소할 때도 마찬가지로 F점을 거쳐 A점으로 이동한다.

㉤ 소득이 변화할 때 소비점이 이처럼 변화하는 것을 톱니효과라 한다.

③ 장기소비함수 : 장기적으로 소득이 추세적으로 증가하는 경향을 보이고 비례적으로 소비를 증가시키면 장기적으로 평균소비성향은 일정한 값을 가지게 된다.

$$APC = MPC$$

(3) 평가

① 경제학은 합리적인 개인을 가정하는 데 반해 전시효과와 톱니효과는 비합리적 소비자를 가정하고 있다.

② 소득의 감소 시에 소비가 줄어들지 않는 비가역성으로 인해 소비함수가 비대칭적으로 되는 문제점이 있다.

4. 프리드먼의 항상소득가설

(1) 내용

① 프리드먼(Friedman)은 실제로 측정되는 소득을 실제소득이라 하고 실제소득은 항상소득 혹은 영구소득(Permanent Income)과 임시소득(Transitory Income)으로 구성된다고 보았다.

$$Y = Y_p + Y_t$$

** Y : 실제소득 Y_p : 항상소득(영구소득) Y_t : 임시소득

② 항상소득이란 평생 동안 벌어들일 것으로 기대되는 소득의 평균규모 또는 장기적 평균소득이다. 임시소득은 장기적으로 예견되지 않은 일시적인 소득으로서 양(+)일 수도, 0일 수도, 음(−)일 수도 있다.

③ 프리드먼은 소비(C)가 임시소득(Y_t)과는 상관관계가 없고 항상소득(Y_p)에만 의존하며 항상소득의 일정 비율이라고 본다. 즉 $C = mY_p$이다. 이것을 항상소득 가설(Permanent Income Hypothesis)이라고 부른다. 여기서 m은 항상소득에 대한 한계소비성향인데 0보다 크고 1보다는 작다.

④ 항상소득가설에 의하면 임시소득이 실제소득에서 차지하는 비율이 클수록 평균 소비성향은 작아진다.

$$C = m(Y - Y_t),\ \frac{C}{Y} = m\left(1 - \frac{Y_t}{Y}\right)$$

위 식에서 임시소득이 실제소득에서 차지하는 비중, 즉 $\frac{Y_t}{Y}$가 클수록 평균소비성향이 작아짐을 알 수 있다. 이는 임시소득이 대부분 소비되지 않고 저축된다는 것을 의미한다.

⑤ 단기적으로 APC와 MPC가 일치하지 않지만 장기적으로는 $APC = MPC$이다. 점선 OA의 기울기는 불황기의 APC를, 점선 OB의 기울기는 호황기의 APC를 각각 표시한다. 두 점 A와 B를 연결하면 단기소비함수 SRC를 얻는다. 이 SRC에서는 케인스의 소비함수처럼 단기에 APC가 MPC보다 크다.

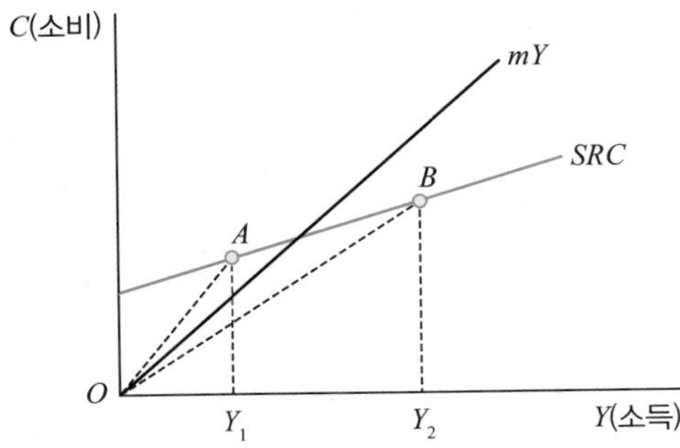

⑥ 항상소득가설에 의하면 소비는 항상소득의 일정 비율이다. 장기에는 실제소득이 항상소득과 같기 때문에 소비함수가 원점을 지난다. 단기에는 임시소득이 있어서 소비축을 지난다.

ⓔ 항상소득가설은 피셔의 2기간 소비선택모형을 무한기간으로 확장하여 개인이 전 생애에 걸쳐 효용극대화의 관점에서 소비를 평준화한다고 설명하는 이론이다.

(2) 한계

① 일시적인 재정정책은 임시소득의 변화만을 초래하므로 효과가 없다.

② 실제소득을 항상소득과 임시소득으로 구분하기가 어렵다.

안도 · 모딜리아니의 생애주기 가설

소비자는 전 생애에 걸쳐 일정 수준의 소비를 유지하기 위하여 소비에 비해 소득이 적은 유년기와 노년기에는 음의 저축을 하고 소비에 비해 소득이 많은 중년기에는 양의 저축을 한다.

5. 안도 · 모딜리아니의 생애주기가설

(1) 전제 : 소비지출은 소비자의 전 생애를 통한 총소득에 의하여 결정된다.

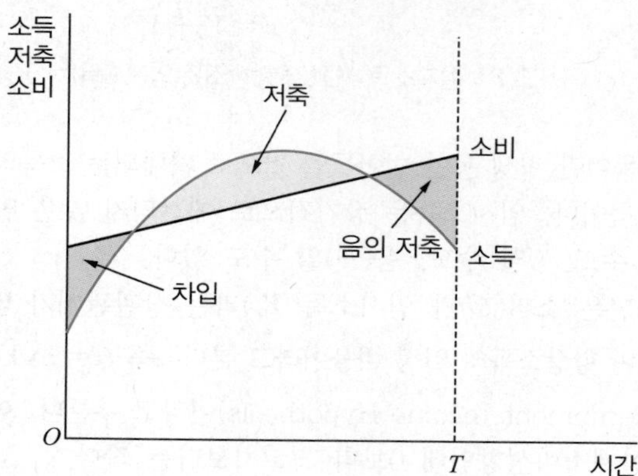

(2) 내용

① 보통 개인의 소득흐름은 생산성이 낮은 인생의 초년기와 노년기에는 상대적으로 낮고 생산성이 높은 인생의 중년기에는 상대적으로 높다.

② 소비자는 인생의 초기(청년기)에는 차입을 하고, 중년기에는 청년기의 부채를 상환하고 노후에 대비하기 위해 저축을 하고, 노년기에는 이 저축을 소비에 충당한다.

③ 전생애 T 기간 동안의 소비는 그 기간 동안 여생을 통하여 얻을 것으로 예상되는 근로소득과 자원소득에 의존한다.

$$C_t = W_t + aA_t$$

** C_t : t기의 소비수준 W_t : 여생 동안 벌 수 있는 근로소득 A_t : 자산소득

(3) 소비와 근로소득과의 관계 : C_t는 t기의 소비수준, W_t는 여생 동안 벌어들일 수 있는 근로소득의 t기에 있어서의 현재가치, A_t는 여생 동안 기대할 수 있는 자산소득의 t기에 있어서의 현재가치이다.

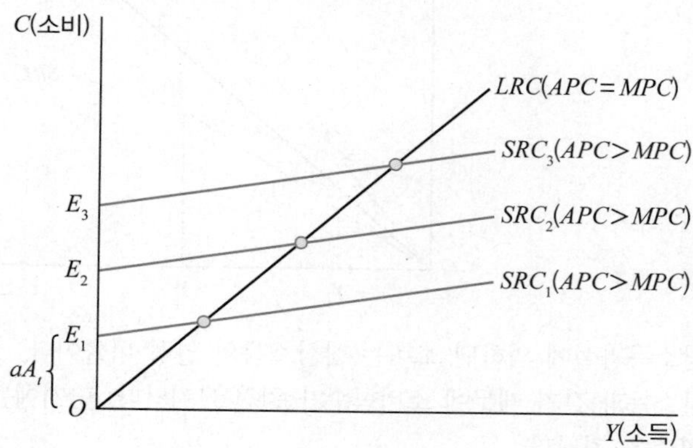

(4) 평가

① 프리드먼의 항상소득가설에서 임시소득이 양(+)인 경우는 생애주기가설의 중년층 소득에 해당하며, 생애주기가설의 생애평균소득은 프리드먼의 항상소득에 해당한다고 볼 수 있다.

② 생애주기가설은 근로소득이 급감하는 은퇴 이후 시점의 소비를 명시적으로 고려함으로써 생애주기에 따른 사람들의 저축동기에 주목하였다.

③ 생애주기가설은 소비자가 사망 전에 축적한 부를 모두 사용하는 것으로 가정하지만, 음(−)의 저축의 크기는 이론이 예측하는 것보다 작아 사망시점에 상당한 부가 남아 있는 경우가 많다.

대표기출유형

다음 중 소비함수에 관한 이론의 설명으로 옳지 않은 것은?

① 절대소득가설에 의하면 당기의 소비는 당기의 소득수준에 의하여 결정되며, 평균소비성향은 한계소비성향보다 작다.

② 상대소득가설에 의하면 당기의 소비는 당기의 소득수준 및 과거의 최고소득수준에 의존하며, 단기적으로 한계소비성향이 평균소비성향보다 작을 수 있지만, 장기적으로 한계소비성향과 평균소비성향은 일치한다.

③ 항상소득가설에 의하면 소비의 평균적인 수준은 평균적인 소득수준에 의하여 결정되며, 단기적으로 관찰된 한계소비성향이 평균소비성향보다 작을 수 있지만, 장기적으로 한계소비성향과 평균소비성향은 일치한다.

④ 생애주기가설에 의하면 개인의 소비는 평생의 소득−소비의 관계에서는 장기적으로 한계소비성향과 평균소비성향은 일치한다.

정답 ①

해설 절대소득가설에 의하면 한계소비성향은 평균소비성향보다 작다.

테마 26

화폐의 공급

본원통화		
현금통화	예금은행 지급준비금	
현금통화	예금은행 시재금	중앙은행 지준예치금
화폐발행액		중앙은행 지준예치금

본원통화의 공급경로
- 정부부문 : 재정수지 적자 ⇒ 본원통화↑
- 금융부문 : 예금은행의 차입 ⇒ 본원통화↑
- 국외부문 : 국제수지 흑자, 차관도입 ⇒ 본원통화↑
- 기타부문 : 중앙은행의 유가증권 구입, 건물구입 ⇒ 본원통화↑

1 본원통화

1. 개념

(1) 본원통화는 중앙은행이 실제로 통제할 수 있는 자산을 의미하며 중앙은행의 통화성부채이다.

(2) 중앙은행은 본원통화를 조절하여 통화량과 이자율에 영향을 미친다.

2. 본원통화의 구성

본원통화=화폐발행액(=민간보유 현금통화+은행보유 시재금)+지급준비예치금

3. 본원통화의 공급경로

(1) 정부부문을 통한 공급 : 정부에 재정적자가 발생할 시 중앙은행이 정부에 대출을 증가시키면 본원통화가 공급된다.
⇒ 재정지출>재정수입=재정수지 적자 → 본원통화 증가

(2) 예금은행을 통한 공급 : 예금은행이 중앙은행으로부터 대출을 받으면 본원통화가 증가한다.
⇒ 예금은행의 차입 증가 → 본원통화 증가

(3) 해외부문을 통한 공급 : 수출이 증가하거나 차관 등 외자도입이 이루어지게 되면 외환이 국내에 유입되고 이러한 외환은 대부분 중앙은행에서 매입이 이루어진다. 그 과정에서 중앙은행은 외환 매입 시 그 대금을 원화로 지급하므로 본원통화가 증가한다.
⇒ 국제수지 흑자와 차관도입 → 외환유입 증가 → 원화로 교환 → 본원통화 증가

(4) 기타 자산변동을 통한 공급 : 중앙은행이 건물, 시설 등을 구입하거나 국공채와 같은 유가증권을 매입하는 경우 본원통화가 증가한다.
⇒ 중앙은행의 유가증권 매입, 건물 토지매입 → 본원통화 공급 증가

총통화량(M)=민간보유 현금통화(C)+예금통화(D)
* 예금통화=요구불예금+수시입출금식 저축성예금

2 지급준비금과 지급준비율

1. 지급준비금(Reserves)

(1) 지급준비금이란 예금은행이 고객의 인출요구에 대비하여 보유하고 있는 현금으로 예금취급기관이 예금주의 청구권에 대응하여 총예금액의 일정 비율 이상을 현금(시재금)으로 보유하거나 중앙은행에 예치(지급준비예치금)하고 있는 것이다.

- 지급준비금=예금취급기관시재금+지급준비예치금
  =필요지급준비금+초과지급준비금
- 총지급준비율 $= \dfrac{\text{총지급준비금}}{\text{총예금액}}$

(2) 법정지급준비금 : 총예금액에서 법적으로 설정되어 있는 일정 비율의 지급준비금을 말하며 필요지급준비금(Required Reserves)이라고도 한다.

2. 법정지급준비율

(1) 법정지급준비율이란 총예금액에서 법정지급준비금이 차지하는 비율을 말하며, 지급준비율이라고도 한다.

$$\text{법정지급준비율} = \frac{\text{법정지급준비금}}{\text{총예금액}}$$

(2) 예금은행의 예금액 중 일정 비율 이상으로 지급준비금을 보유하도록 중앙은행이 법적으로 정한 최소한의 비율이다.

3. 실제지급준비율

(1) 실제지급준비율 : 예금액 대비 예금은행이 실제로 보유하고 있는 현금비율을 말한다.

$$\text{실제지급준비금} = \text{법정지급준비금} + \text{초과지급준비금}$$

(2) 필요지급준비금을 초과하는 지급준비금을 초과지급준비금(Excess Reserves)이라 하며, 예금취급기관과 예금형태에 따라 서로 다른 지급준비율이 적용된다.

$$\text{초과지급준비율} = \frac{\text{초과지급준비금}}{\text{예금총액}}$$

3 예금통화창조

1. 가정

(1) 요구불예금만 존재하며 저축성예금은 존재하지 않는다.

(2) 본원통화를 공급받은 민간은 그중 일부만을 보유하고 나머지는 저축한다.

(3) 예금은행은 다른 투자행위를 하지 않고, 대출형태의 자금운영만 한다.

(4) 예금은행은 법정지급준비금만 보유하고 초과지급준비금은 보유하지 않는다.

2. 예금통화창조과정

(1) 본원적 예금과 파생적 예금 : 본원적 예금(Primary Deposit)이란 예금은행조직 밖에서 예금은행조직으로 최초로 흘러 들어온 예금이며, 파생적 예금(Derivative Deposit)은 본원적 예금에 의해 추가로 창출된 요구불예금을 말한다.

(2) 예금통화창조과정

① 민간이 보유 현금통화를 예금하면 현금통화는 감소하지만 같은 금액만큼의 예금통화가 증가하므로 통화량에는 변화가 없다.

② 은행이 예금액 중 일부를 대출하면 현금통화가 증가하므로 통화량은 대출금만큼 증가하게 된다.

③ 은행의 예금과 대출과정에서 통화량이 증가하는 것을 은행의 예금통화창조라 한다.

3. 신용창조의 과정 예시

(1) 甲이 현금 100,000원을 A 은행에 요구불예금으로 넣었으며, 이때 법정지급준비율은 20%로 가정한다.

법정준비금 = 요구불예금 × 법정지급준비율

(2) A 은행은 법정지급준비금인 20,000원을 보유하고 80,000원을 乙에게 대출해 줄 수 있다. 대출을 받은 乙은 80,000원을 B 은행에 예금하고, B 은행은 법정지급준비금인 16,000원을 보유하고 나머지 64,000원을 丙에게 대출하는 형식으로 신용창조 과정이 반복된다.

(3) 이와 같이 '예금 → 대출 → 예금 → 대출'의 경로를 통해 예금통화가 창출된다.

4. 총예금창조액

(1) 총예금창조액은 본원통화가 공급되었을 때, 은행조직에 유입되어 예금은행이 신용창조과정을 통하여 창조한 요구불예금의 총액이다. 본원적 예금과 순예금창조액의 합계로, 예시에서 도출과정은 다음과 같다.

$$
\begin{aligned}
\text{총예금창조액} &= 100{,}000 + 80{,}000 + 64{,}000 + \cdots \\
&= 100{,}000 + (100{,}000 \times 0.8) + (100{,}000 \times 0.8^2) + \cdots \\
&= 100{,}000 \times \frac{1}{1-0.8} \\
&= 100{,}000 \times \frac{1}{0.2} \\
&= 500{,}000
\end{aligned}
$$

(2) 총예금창조액은 초항을 100,000으로 하고 공비를 0.8로 하는 무한등비급수의 합으로, 그 일반식은 다음과 같다.

$$D^0 = S \times \frac{1}{z_l} = \frac{S}{z_l}$$

** D^0 : 총예금창조액 S : 본원적 예금 z_l : 법정지급준비율

5. 신용승수

(1) 신용승수는 현금누출이 없고 초과지불준비금이 없을 때, 요구불예금이 본원적 예금의 몇 배로 창출되는지의 비율을 의미한다.

(2) 신용승수는 법정지급준비율의 역수이다.

$$\text{신용승수} = \frac{1}{z_l}$$

(3) 법정지급준비율이 높을수록 신용승수는 작아지고 법정지급준비율이 낮을수록 신용승수는 커진다.

6. 순예금창조액

(1) 총예금창조액에서 본원적 예금을 뺀 것이 순예금창조액이 되고, 순예금창조액으로부터 순신용승수가 도출된다.

(2) 순예금창조액의 도출

> 순예금창조액(D^N)=총예금창조액(D^0)−본원적 예금(S)
>
> $$D^N = D^0 - S = \frac{S}{z} - S = (\frac{1}{z} - 1)S = (\frac{1-z}{z})S$$

(3) 순신용승수

① 순신용승수는 본원적 예금이 요구불예금과 통화를 증가시킨 비율이다.

> $$\text{순신용승수} = \frac{1-z}{z}$$

② 순신용승수에는 본원적 예금이 포함되지 않기 때문에 순신용승수($\frac{1-z}{z}$)는 신용승수($\frac{1}{z_l}$)보다 작다.

대표기출유형

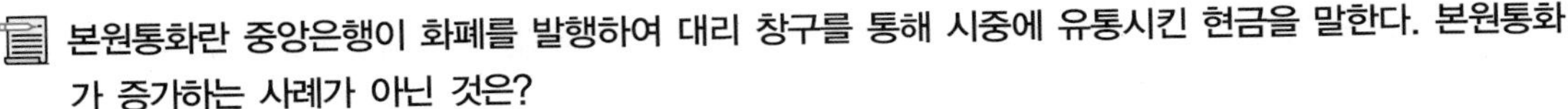

본원통화란 중앙은행이 화폐를 발행하여 대리 창구를 통해 시중에 유통시킨 현금을 말한다. 본원통화가 증가하는 사례가 아닌 것은?

① 중앙은행이 건물을 구입 ② 중앙은행이 국고채를 매각
③ 국제수지 흑자로 외환유입이 증가 ④ 중앙은행이 정부에 대출을 증가시킴

정답 ②

해설 중앙은행이 국고채를 매각하면 본원통화는 감소한다. 중앙은행으로 현금이 들어오면 본원통화 감소, 중앙은행으로부터 현금이 나가면 본원통화 증가이다.

테마 27

고전학파와 케인스의 화폐수요이론

囯 화폐수요이론

1. 화폐수요 : 일정 시점에서 경제주체가 보유하고자 하는 화폐의 양을 말하며, 저량변수이다.
2. 화폐수요이론의 흐름
   - 고전학파 : 고전적 화폐수량설(피셔) → 현금잔고수량설(마샬) → 신화폐수량(프리드만)
   - 케인스학파 : 유동성선호설(케인스) → 재고이론(보몰)과 자산선택이론(토빈)

1 고전학파의 화폐수요이론

1. 고전적 화폐수량설

(1) 교환방정식(Equation of Exchange) : 거래개념의 교환방정식

① 화폐수량설은 물가와 통화량의 관계를 설명하는 고전학파의 이론으로 미국의 경제학자 피셔(I. Fisher)가 전개하였다.

$$MV=PT$$

** M : 통화량 V : 거래의 유통속도 P : 물가수준 T : 총거래량

② 좌변(MV)은 일정 기간 동안의 총지출액, 우변(PT)은 일정 기간 동안의 총거래액을 의미하며 둘은 항상 일치하므로 교환방정식은 항등식이다.

③ 화폐의 거래유통속도는 화폐가 일정 기간 동안 거래에 사용된 평균 횟수, 즉 화폐 1단위의 평균 회전수를 의미한다.

④ 화폐의 거래유통속도는 총거래액을 통화량으로 나눈 값으로 측정하므로 사후적이다.

(2) 소득개념의 교환방정식

① 단기에서 거래량과 산출량은 일정한 비례관계에 있으므로 교환방정식의 총거래량(T)을 실질국민소득인(Y)으로 대체하여 사용한다.

$$MV=PY$$

- 좌변(MV) : 일정 기간 동안의 명목거래액
- 우변(PY) : 일정 기간 동안의 명목국민소득

② 화폐의 유통속도와 실질국민소득이 일정하다는 가정하에서 통화량과 물가수준은 정(+)의 관계이다.

③ 화폐는 교환의 매개수단이므로 명목국민소득이 증가(감소)하면 화폐수요는 증가(감소)한다.

④ 고전학파의 이론체계에서 유통속도는 거래와 관련한 지불습관으로 일정하며 Y는 완전고용국민소득 수준에서 고정된 값이다.

(3) 화폐에 대한 수요

① 교환방정식 $MV=PY$를 M(통화량)에 대해서 정리하면 다음과 같다.

$$M=\frac{1}{V}PY$$

② 명목국민소득인 PY만큼의 거래가 이루어지기 위해서는 명목국민소득의 일정 비율($\frac{1}{V}$)만큼의 화폐가 필요하다.

2. **현금잔고수량설(Cash Balance Equation) : 케임브리지 학파의 마샬(Marshall, A.)과 피구(Pigou, A. C.)**

(1) 개념

① 화폐수요는 명목국민소득에 의해 결정된다는 이론으로 개별 경제주체는 명목국민소득의 일정 비율만큼 화폐를 수요한다는 것이다.

② 현금잔고방정식은 화폐보유동기를 최초로 밝힌 화폐수요이론이다(명시적으로 화폐수요함수 제시).

(2) 화폐보유동기

① 개인들이 보유하고자 하는 통화량의 결정요인에 관심을 두고 화폐보유의 동기는 수입과 지불의 시점이 일치하지 않기 때문이라 주장한다(화폐가치저장기능을 중시).

② 수익금융자산(예 채권, 주식)의 거래비용이 존재할 경우 일부를 현금으로 보유한다.

③ 가치의 저장수단을 가지고, 명목국민소득의 일정 비율만큼 현금을 보유한다.

(3) 현금잔고방정식

$$M^d = kPY \text{ 또는 } kY$$

** M^d : 현금잔고 PY : 명목국민소득 k : 마샬의 k

① 명목화폐수요(M^d)는 명목국민소득(PY)의 일정 비율(k)로 결정된다.

② 실질화폐수요는 실질국민소득 중 일정 비율로 결정된다.

③ 화폐수요는 물가 및 실질국민소득과 정비례관계에 있으므로 화폐수요의 물가탄력성 및 실질소득 탄력성은 모두 1이다.

④ 화폐수요는 이자율과는 관계없이 결정되므로 화폐수요의 이자율탄력성은 0이다.

〈고전적 화폐수량설과 현금잔고수량설의 비교〉

구분	교환방정식	현금잔고방정식
화폐의 종류	$M1$	$M1$
화폐의 기능	교환의 매개수단	가치의 저장수단
화폐수요함수	$MV = PY$ $[M = \frac{1}{V}PY]$ 묵시적 설명	$M^d = kPY$ 명시적 설명
화폐수요의 크기 및 화폐수요의 안정성	유통속도 일정, 화폐수요는 국민소득에 의해 결정	현금보유비율 일정, 화폐수요는 국민소득에 의해 결정
강조사항	화폐의 유량을 강조	화폐의 저량을 강조

팁 마샬의 k의 의미
- 명목국민소득 중 현금(화폐) 보유비율
- 현금보유비율인 k는 유통속도(V)의 역수
- 현금보유비율(k)은 사회의 거래관습에 의해 결정되며 천재지변이나 전쟁, 금융혁신 등이 없는 한 일정
- 현금잔고방정식에서 k는 일정하며, 고전적 화폐수량설(교환방정식)에서 V도 일정

2 케인스(Keynes)의 화폐수요이론

1. **거래적 동기와 예비적 동기**

(1) 거래적 동기(Transactions Motive)

① 가계와 기업이 일상 거래를 위하여 보유하는 화폐수요로 재화나 서비스의 구매를 위한 화폐의 보유이다.

팁 화폐수요의 동기
- 고전학파 : 거래적 동기
- 케인스학파 : 거래적 동기, 예비적 동기, 투자적 동기로 구분

② 수입과 지출 간의 시차를 메우기 위하여 화폐를 보유하며, 거래적 동기의 화폐수요는 소득의 증가함수이므로, 소득이 증가(감소)하면 거래적 동기의 화폐수요는 증가(감소)한다.

(2) 예비적 동기(Precautionary Motive)

① 가계와 기업이 돌발적으로 발생할지 모르는 지출을 위하여 보유하는 화폐수요이다.

② 예비적 동기의 화폐수요도 소득의 증가함수이므로, 소득이 증가(감소)하면 예비적 동기의 화폐수요는 증가(감소)한다.

(3) 투기적 동기(Speculative Motive)

① 수익성 금융자산에 대한 투자기회를 노린 일시적 화폐수요로서, 채권의 가격이 아주 높아 가격의 하락이 예상될 때 가격하락 이후에 채권을 구입하기 위하여 채권 대신 화폐를 보유하는 것이다.

② 투기적 동기의 화폐수요는 이자율의 감소함수로, 이자율이 상승(감소)하면 채권을 매입(매각)하여 투기적 화폐수요는 감소(증가)한다.

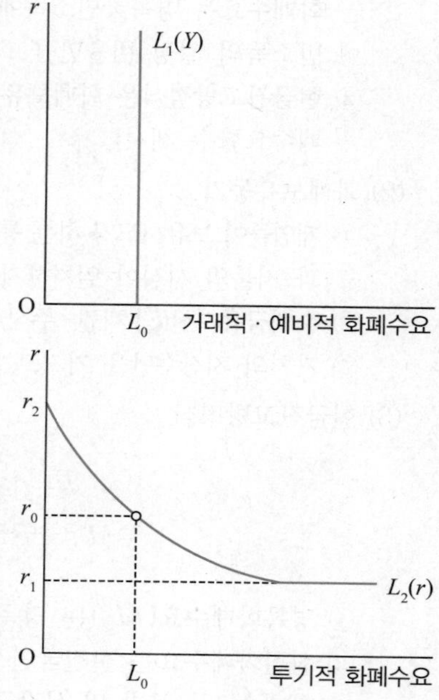

2. 유동성선호설

유동성이란 자산이 가치의 손실 없이 얼마나 빨리 교환의 매개수단으로 교환될 수 있는가의 정도를 말한다.

(1) 유동성(Liquidity)

① 화폐는 그 자체가 교환의 매개수단이다. 즉, 화폐는 항상 1 : 1로 교환되므로, 모든 자산 중에서 화폐가 유동성이 가장 크다.

② 케인스는 유동성을 화폐로 인식하고 화폐수요를 유동성선호(Liquidity Preference)라고 표현한다.

(2) 유동성선호의 동기

① 활성잔고(Active Balance) : 일상생활에서 필요하기 때문에 보유하는 화폐를 말하며 거래적 · 예비적 동기의 화폐수요이다.

② 유휴잔고(Idle Balance) : 활성잔고 이외에 추가적으로 보유하고 있는 화폐를 말하며, 투기적 동기의 화폐수요이다. 자산의 보유형태로 화폐가 상대적으로 유리하다는 관점에서 화폐보유의 동기가 된다.

(3) 유동성 함정(Liquidity Trap)

① 이자율이 극단적으로 낮은 수준이 되면, 사람들이 장래에 이자율이 상승(채권가격 하락)할 것으로 생각하여 모든 자산을 화폐로 보유하려 하므로(채권을 매각하려할 것) 투기적 화폐수요는 최대가 된다.

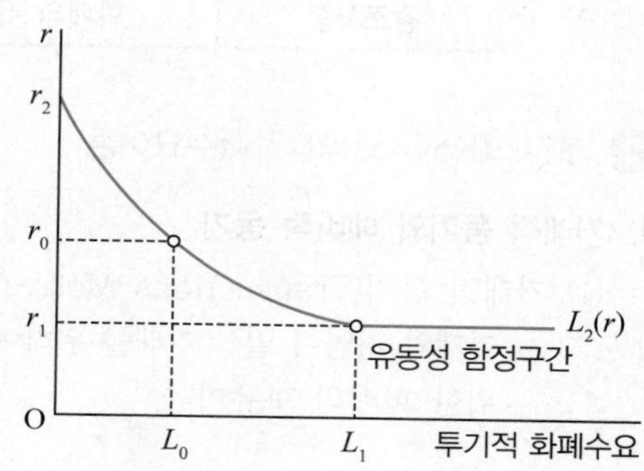

② 최저이자율 수준(r_1)에서는 화폐수요의 이자율탄력성이 무한대에 가까워져 화폐수요곡선은 수평이 되며 케인스는 이 구간을 '유동성 함정'이라 하였다.
③ 경제가 유동성 함정에 빠져 있을 때는 통화량을 증가시켜도 통화가 모두 투기적 화폐수요로 흡수되어 이자율에 영향을 미치지 못한다.
④ 화폐수요곡선이 수평인 유동성 함정은 경기침체기에 주로 나타난다.

3. 케인스의 화폐수요함수

(1) 유동성선호설에 의한 화폐수요는 거래적 · 예비적 화폐수요 및 투기적 화폐수요의 합계이므로 화폐수요함수는 소득의 증가함수이고 이자율의 감소함수이다.
(2) 케인스는 물가수준이 일정하다고 가정하고 있기 때문에 화폐수요와 소득이 실질개념인지 명목개념인지가 불명확하다.
(3) 명목화폐수요(M^d)는 주어진 실질소득과 이자율에 의하여 결정되는 실질화폐수요인 $L(Y,\ r)$에 물가수준을 곱한 것이다.

$$M^d = P \times L(Y,\ r) \text{ 혹은 } \frac{M^d}{P} = L(Y,\ r)$$

(4) 화폐수요곡선의 이동 : 소득이 변화하면 화폐수요곡선이 좌측 또는 우측으로 이동하며, 이자율이 변화하면 화폐곡선상에서 이동한다.

4. 케인스의 이자율결정이론

(1) 통화공급량 : 이자율과 관계없이 중앙은행에 의해 외생적으로 결정된다(통화공급곡선은 수직).
(2) 화폐의 수요량 : 이자율은 감소함수이므로 화폐수요곡선은 우하향한다.
(3) 화폐의 수요곡선과 공급곡선이 만나는 점에서 균형이자율이 결정된다.

이자율의 변화
1. 국민소득의 증가 → 거래적 화폐수요의 증가 → 수요곡선의 우측 이동 → 이자율 상승
2. 통화 공급량의 증가 → 화폐공급곡선의 우측 이동 → 이자율 하락
3. 물가수준의 상승 → 실질통화 공급량이 감소 → 화폐공급곡선의 좌측 이동 → 이자율 상승

최신 금융 · 디지털 용어
금융상식
경영상식
경제상식
실전모의 1회
실전모의 2회

대표기출유형

케인스(Keynes)의 화폐수요이론에 대한 설명 중 옳지 않은 것은?

① 거래적 동기의 화폐수요는 소득과 양(+)의 관계에 있다.
② 예비적 동기의 화폐수요는 소득과 양(+)의 관계에 있다.
③ 투자적 또는 투기적 동기의 화폐수요는 이자율과 양(+)의 관계에 있다.
④ 투자적 또는 투기적 화폐수요는 토빈(Tobin)의 포트폴리오이론에 의해 보완되었다.

정답 ③

해설 투자적 또는 투기적 동기의 화폐수요는 투자 또는 투기에 사용할 목적으로 화폐를 보유하는 것으로 유효잔고수요를 의미하는데, 투기적 화폐수요는 이자율과 역(−)의 관계에 있다.

테마 28 화폐금융정책

㊀ 금융정책이란 통화량 등 이와 관련된 여러 가지 변수의 변동을 통해 국민경제활동수준을 조정함으로써 물가안정, 완전고용, 경제성장, 국재수지균형 등의 목표를 달성하기 위하여 실시하는 정책수단으로, 통화정책, 통화금융정책, 화폐금융정책 등으로도 불린다.

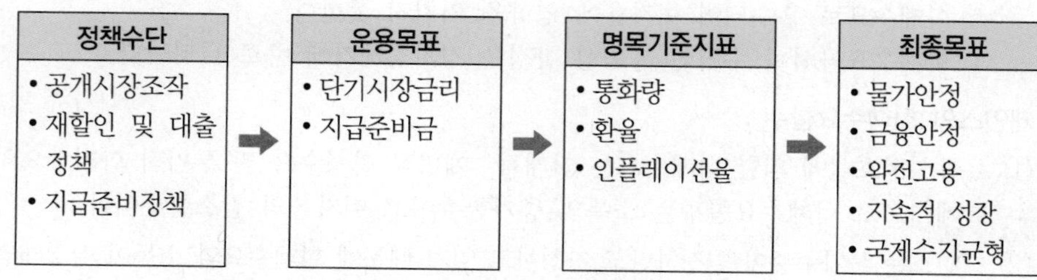

■ 통화정책의 체계

1 중간목표관리제

1. 금융정책의 운용체계

(1) 중간목표관리제란 중앙은행이 정책수단을 조절하여 중간목표를 일정하게 유지함으로써 최종목표를 달성하고자 하는 금융정책의 운용방식이다.

(2) 중간목표는 최종목표와 안정적인 관계를 유지하고, 중앙은행의 통제가 가능해야 하며 측정이 가능한 변수로 이자율과 통화량이 이에 해당한다.

(3) 최종목표는 물가안정, 완전고용, 경제성장, 국제수지균형이다.

2. 정책수단

(1) 일반적인 정책수단(간접규제수단) : 중앙은행의 창구를 통해 공급되는 일차적인 통화공급량을 조절하는 정책수단으로 공개시장 조작정책, 재할인율정책, 지급준비율 정책 등이 있다.

(2) 선별적인 정책수단(직접규제수단) : 경제의 특정 부문에 정책효과가 선별적으로 영향을 미치는 정책수단으로 대출한도제, 이자율규제, 창구규제, 도의적 설득 등이 있다.

3. 중간목표와 관련된 논쟁

(1) 이자율을 중시하는 케인스학파

① 투자수요에 영향을 미치는 이자율을 중간목표로 사용하는 것이 바람직하다.

② 통화량 목표 → 이자율 급변 초래 → 투자가 불안정 → 실물부문이 불안정

③ 금융부문의 발전으로 중앙은행이 통화량을 일정수준으로 유지하는 것이 어려운 현실을 고려한다.

(2) 통화량을 중시하는 통화론자

① 호황기에 화폐수요의 증가로 이자율이 상승할 때 이자율을 낮추기 위해 통화공급량을 증가시키면 경기진폭이 확대되는 문제가 발생할 수 있다.

② 통화량을 자주 조절하게 되면 인플레이션이 발생할 가능성이 크므로 물가안정을 위해서라도 통화량을 일정하게 유지하는 것이 바람직하다.

2 일반적인 금융정책수단

1. 공개시장조작정책

(1) 공개시장조작정책이란 중앙은행이 공개시장에서 국·공채를 매입 또는 매각하여 통화량과 이자율을 조정하는 정책을 말하며 가장 빈번하게 사용하는 정책수단이다.

(2) 경로

① 국공채의 매입 → 본원통화 증가 → 통화량 증가 → 이자율 하락

② 국공채의 매각 → 본원통화 감소 → 통화량 감소 → 이자율 상승

(3) 효과 및 한계

① 인플레이션 억제와 디플레이션을 완화하는 효과가 있다.

② 시중은행이 과도한 현금준비를 가지고 있으면 그 효과가 제한된다.

③ 시중은행의 이자율이 증권의 이윤율보다 높으면 공개시장조작이 불가능하다.

④ 증권시장의 충분한 발달과 유가증권이 존재해야 한다.

2. 재할인율정책

(1) 재할인율정책이란 중앙은행이 시중은행에 대하여 대출할 때 부과하는 대출이자율을 변동시켜 통화량과 이자율에 영향을 미치는 정책을 말한다.

(2) 경로

① 재할인율 인하 → 예금은행의 차입 증가 → 본원통화 증가 → 통화량 증가 → 이자율 하락

② 재할인율 인상 → 예금은행의 차입 감소 → 본원통화 감소 → 통화량 감소 → 이자율 상승

(3) 효과 및 한계

① 이자율 인하가 실물자산형성을 촉진시키고 그 인상이 실물투자를 저지시키는 경향이 있다는 전제에 입각한다.

② 재할인율정책이 효과적이라면 중앙은행에 대한 예금은행의 자금의존도가 높아야 한다. 따라서 예금은행이 풍부한 유동성을 확보하고 있을 경우 재할인율정책은 효과가 없다.

3. 지급준비율정책

(1) 중앙은행이 법정지급준비율을 변화시켜 통화승수의 크기에 영향을 미쳐 통화량과 이자율을 조정하려는 정책수단이다.

(2) 경로

① 법정지급준비율 인상 → 통화승수 하락 → 통화량 감소 → 이자율 상승

② 법정지급준비율 인하 → 통화승수 상승 → 통화량 증가 → 이자율 하락

(3) 효과 및 한계

① 지급준비율정책은 공개시장조작정책과 재할인율정책과는 달리 본원통화량에 변화를 주지 않는다.

② 지불준비금이 많은 은행에는 효과가 없으며, 고율의 지급준비율은 은행의 수입을 감소시킨다.

3 화폐금융정책의 파급경로

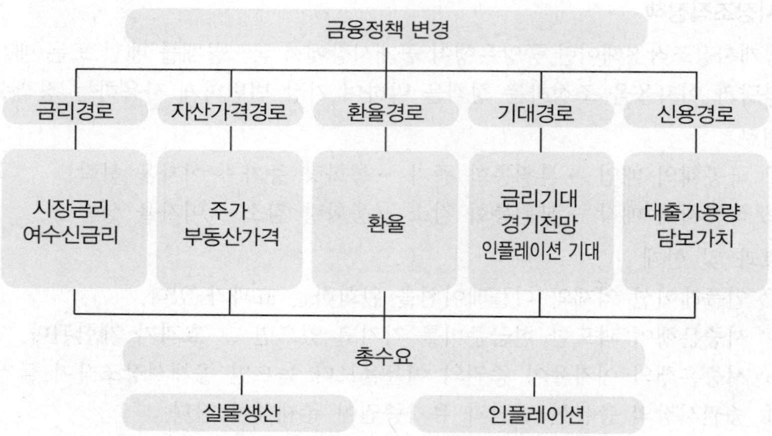

1. 금리경로

금리경로란 중앙은행이 정책금리를 인하하면 통화량이 증가하여 이자율이 하락하고 그에 따라 투자와 소비 등 실물부문으로 이어지는 과정을 말한다.

(1) 경로 : 통화량 증가 → 단기금리, 장기금리, 은행금리 하락 → 기업투자와 가계소비 증가 → 총생산의 증대

(2) 효과 및 한계

① 금리경로는 통화정책이 실물부문에 영향을 미치는 대표적인 경로이며, 케인스학파가 가장 중요시하는 파급경로이다.

② 금융시장의 확대와 자유화로 개별시장 간의 연계성이 높아지면서 그 중요성이 증대하지만 비대칭정보로 인한 신용할당이 존재할 경우 유효성이 약화될 수 있다.

2. 자산가격경로

자산가격경로란 화폐금융정책으로 인한 통화량의 변화가 주식이나 부동산 같은 자산의 가격을 변화시킴으로써 실물부문에 영향을 미치는 과정을 말한다. 통화량이 증가하면 가계의 주식이나 부동산 보유가 늘어나고 주식발행을 통한 기업의 자금조달이 늘어남에 따라 소비와 투자가 주가와 부동산 가격의 영향을 더 받게 되어 그 중요성이 증가한다.

(1) 경로

① 통화량 증가 → 금리 인하 → 주가 상승 → 토빈의 q 상승 → 투자 증가

② 통화량 증가 → 개인보유주식, 자산의 가격 상승 → 부 증가 → 소비 증가

(2) 효과 및 한계

① 토빈의 q 이론은 확장적 화폐금융정책이 주가상승으로 이어져야만 성립한다.

② 주가가 경제상황을 종합적으로 반영하지 못하거나 경제가 해외요인의 영향을 크게 받거나 주가의 단기적 변동성이 큰 경우 자산가격경로가 작동하지 않는다.

3. 환율경로

환율경로란 화폐금융정책으로 통화량이 변화하면 국내금리의 변화가 환율을 변화시켜 실물부문에 영향을 미치는 경로를 말한다.

(1) 경로 : 국내금리 하락 → 자본 유출 → 외화수요 증가 → 원화의 초과공급과 외화의 초과수요 → 원화가치 하락 → 환율 상승 → 수출품가격 하락 → 수입품가격 상승 → 순수출 증가(수출 증가, 수입 감소)

(2) 국제화의 진전과 변동환율제를 채택한 국가가 늘어남에 따라 환율경로에 대한 관심이 증대하였다.

기대경로는 현재의 통화정책을 통해 경제주체들의 미래 통화정책에 대한 기대, 경기전망 및 인플레이션 기대를 변화시킴으로써 소비 및 투자의 결정과 물가에 영향을 미치는 경로이다.

4. 신용경로

(1) 경로 : 중앙은행의 화폐공급 축소→은행예금 감소→은행은 대출 축소, 채권보유 축소, 위험이 낮고 유동성이 높은 채권 보유 증가→차입기업의 대출상환

(2) 효과 및 한계

① 기업이 자본시장에서 기업어음이나 주식 발행으로 상환하면 실물경제는 영향을 받지 않는다.

② 자기신용이 취약한 기업이나 개인의 경제활동 위축으로 신용경로가 작동된다.

③ 국제금융시장을 통한 자금조달이 가능해지면 대출을 축소할 이유가 없어지므로 신용경로는 작동되지 않는다.

④ 금융자유화에 따른 은행의 자금조달방식의 다양한 신용경로의 중요성은 감소 추세이다.

⑤ 화폐금융정책은 가계와 기업의 대차대조표, 즉 자산상태와 부채상태를 변동시킴으로써 소비와 투자에 영향을 미친다.

⑥ 기업의 부채비율이 높은 경우는 긴축적 화폐금융정책으로 금리가 상승하고 기업의 금융비용이 급증하여 현금흐름이 악화되어 투자가 위축된다.

⑦ 인플레이션에 대한 우려로 긴축적 화폐금융정책이 필요하더라도 기업의 부채비율이 높으면 정책집행에 현실적 제약이 따른다.

(目) 신용경로란 화폐금융정책의 양적인 측면, 즉 은행이 대출하는 자금의 양에 영향을 미쳐 실물경제에 파급되는 과정을 말한다.

대표기출유형

공개시장조작정책을 통해서 중앙은행이 통제하려는 경제변수는?

① 국내자산 ② 재할인율
③ 본원통화 ④ 적자재정의 폭

정답 ③

해설 공개시장조작정책이란 중앙은행이 국공채의 매입 혹은 매각을 통하여 본원통화를 증감시킴으로써 통화량을 조절하려는 정책을 말한다.

테마 29

상품시장과 *IS* 곡선

1 생산물시장과 화폐시장

1. *IS*-*LM*모형의 구조

(1) *IS*-*LM*모형은 생산물시장과 화폐시장의 상호작용을 명시적으로 분석하는 도구로, 케인스의 일반이론을 토대로 힉스(J. R. Hicks)와 한센(A. H. Hansen)에 의해 정립된 거시경제학의 분석도구다.

(2) 생산물시장에서의 균형을 나타내는 *IS*곡선과 화폐시장의 균형을 나타내는 *LM*곡선이 도출되면 수요의 균형을 의미하는 총수요곡선(*AD*곡선)이 유도되고 총생산함수와 노동시장의 균형으로부터 총공급곡선(*AS*곡선)이 유도되어 *AD*곡선과 *AS*곡선의 교점에서 거시경제의 일반균형이 달성된다.

2. *IS*-*LM*모형의 기본적인 가정

(1) 투자는 이자율의 감소함수이다.

(2) 수요가 주어지면 공급은 자동적으로 이루어진다(케인스의 법칙 성립).

(3) 총수요-총공급 모형에서 물가가 결정되는 과정을 분석하면 물가수준 P는 외생적으로 주어진다.

3. 생산물시장의 균형조건

(1) 생산물시장이 균형을 이루기 위해서는 생산물시장의 총공급(Y)과 총지출($AE = C + I + G$)이 일치해야 한다.

(2) 투자가 이자율의 함수라는 사실을 고려하여 생산물시장의 균형식을 표현하면 다음과 같다.

① 투자 증가 ⇒ 생산량(Y) 증가

② 이자율(r) 증가 ⇒ 투자 감소

> 생산물시장과 화폐시장의 관계
> 1. 단순화된 논의에서는 이자율과 국민소득이 독자적으로 결정된다는 전제하에 논의를 전개하지만, 현실적으로 국민소득과 이자율은 생산물시장과 화폐시장의 상호작용에 의해 결정된다.
> 2. 생산물시장에서 국민소득이 증가하면 화폐 수요가 증가하고, 화폐 수요의 증가는 이자율을 상승시켜 투자의 감소를 초래하며, 유효수요의 감소를 통해 국민소득이 감소하게 된다.
> 3. 생산물시장과 화폐시장은 이자율과 투자, 국민소득과 화폐수요라는 상호 연결고리를 통해 밀접하게 연결되어 있다.

2 *IS*곡선

1. *IS*곡선의 개념

*IS*곡선은 재화시장의 균형을 나타내는 이자율(r)과 소득(Y)의 조합을 연결한 선이다.

2. *IS*곡선의 도출

(1) 재화시장에서 이자율이 r_0로 주어져 있는 경우 균형산출량은 Y_0가 되는데, 이 점은 재화시장이 균형을 이루는 이자율과 산출량(소득)을 나타내므로 *IS*곡선상의 한 점이 되며, 아래 그래프에서 A로 표시되어 있다.

(2) 이자율이 상승하면 투자와 순수출은 감소한다. 이자율이 r_1일 때 재화시장이 균형을 이루는 산출량은 Y_1이고 이 점 또한 *IS*곡선상의 한 점이 되며 아래 그래프에서 B로 표시되어 있다.

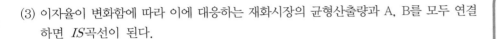

(3) 이자율이 변화함에 따라 이에 대응하는 재화시장의 균형산출량과 A, B를 모두 연결하면 *IS*곡선이 된다.

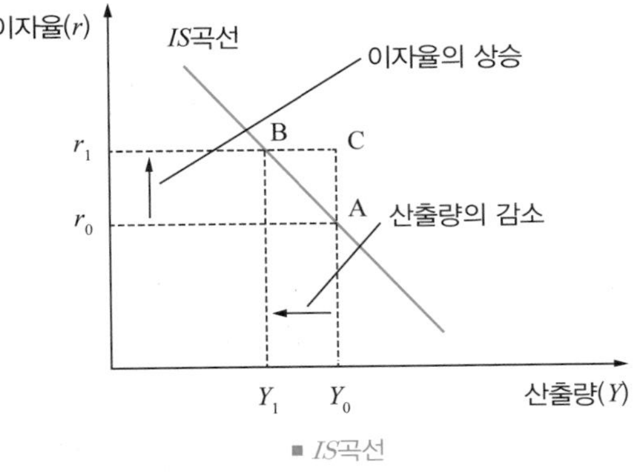

■ *IS*곡선

3. *IS*곡선의 수학적 도출

(1) 총수요함수의 구성

소비함수	$C=a+b(Y-T)$
투자함수	$I^D=I_0-cr$
정부지출 및 조세	$G=G_0,\ \ T=T_0$
총수요함수	$Y^D=C+I^D+G \Rightarrow Y^D=a+b(Y-T)+I_0-cr+G_0$

(2) *IS*곡선식 : 주어진 변수들을 생산물시장의 균형조건에 대입하고 이자율(r)에 대하여 정리하면 된다.

생산물 시장의 균형조건	$Y=Y^D$
IS곡선식	$r=\frac{b-1}{c}Y+\frac{1}{c}(a-bT_0+I_0+G_0)$

4. *IS*곡선의 기울기

(1) *IS*곡선은 이자율(종축)과 산출량(횡축)의 축에서 우하향한다. 즉, 이자율이 상승하면 재화시장의 균형을 유지하기 위해 산출량이 하락한다.

(2) *IS*식의 기울기($\frac{dr}{dY}$)를 구하면 $\frac{dr}{dY}=\frac{1-C'}{I'+NX'}$인데 $0<C'<1$이며 I'과 NX'은 음의 부호를 가지므로 이것은 음(−)의 값을 가진다.

(3) I'가 클수록 *IS*는 수평에 가깝고(고전학파) I'가 작을수록 *IS*는 수직에 가깝다(케인스학파).

(4) 투자의 이자율탄력성

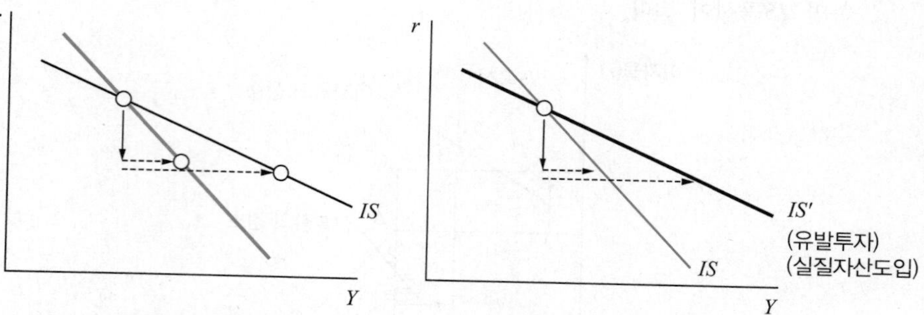

1. 투자의 이자율탄력성 小 : $r_0 \geq r_1$ → 투자 증가 小 → $Y_0 \leq Y_1$
2. 투자의 이자율탄력성 大 : $r_0 \geq r_1$ → 투자 증가 大 → $Y_0 \leq Y_1'$
3. 소득 증가시 유발투자 또는 실질자산 증가에 따른 소비 증가로 더 크게 Y 증가

5. *IS*곡선의 이동

(1) 재화(생산물)시장에서의 모든 변화는 *IS*곡선을 이동시킨다. 이러한 *IS*곡선의 이동 요인과 이동방향은 비교정태분석을 위해 필수적이다.

(2) 소비성향 증가, 조세 감소, 투자를 유발하는 조세제도, 낙관적 미래전망의 증가, 자본의 예상되는 미래 수익성 증가, 수출 증가, 환율 상승 등의 요인들로 총지출이 증가하면 *IS*곡선은 우측으로 이동한다.

(3) 외국(미국, 중국, 일본 등)의 경제 위축, 우리나라의 물가 상승, 정부지출 감소 등의 요인들로 총지출이 감소하면 *IS*곡선은 왼쪽으로 이동한다.

원인	*IS*곡선
한계소비성향 증가, 독립투자 증가, 정부지출 증가, 순수출 증가, 감세	우로 이동
한계소비성향 감소, 독립투자 감소, 정부지출 감소, 순수출 감소, 증세	좌로 이동
명목통화량 증가, 물가 하락, 화폐수요 감소	불변
명목통화량 감소, 물가 상승, 화폐수요 증가	불변

6. 개방경제와 폐쇄경제에서의 *IS*곡선의 형태

(1) $S(Y-T)+T=I(r)+G+NX(Y)$에서 개방경제는 $NX(Y)$가 있는 경우이며 폐쇄경제는 $NX(Y)$가 없다.

(2) $NX(Y)$에서 Y가 증가하면 수입증가로 NX는 감소한다.

(3) 개방경제의 *IS*곡선이 폐쇄경제의 *IS*곡선보다 가파르다. 생산과 소득 증가 시 수입의 증가로 국내생산활동이 감소하기 때문이다.

7. 상품시장의 불균형

(1) *IS*곡선상에 있는 점은 재화시장의 균형상태를 나타내고 이 균형상태를 벗어난 *IS*곡선의 위쪽은 재화시장의 초과공급상태이며 아래쪽은 초과수요영역이다.

(2) 균형상태에서 벗어나 있는 *IS*곡선의 위쪽 점은 지출이 산출량보다 더 적은 상태이며 따라서 산출량이 총지출보다 더 많은 초과공급상태를 나타낸다.

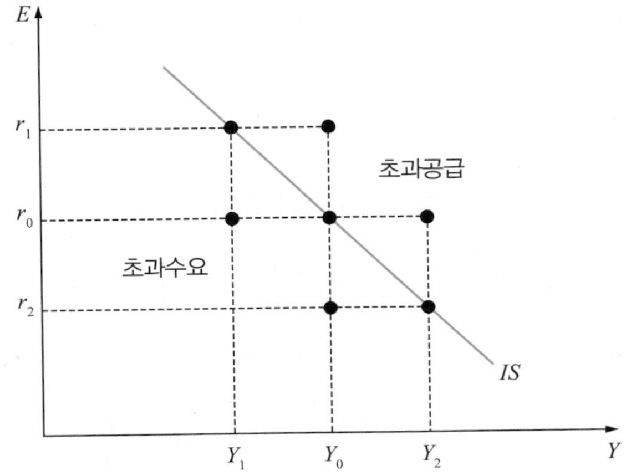

대표기출유형

다음 중 자국의 실물시장균형을 나타내는 *IS*곡선에 대한 설명으로 옳지 않은 것은?

① 자국의 한계소비량이 커지면 *IS*곡선의 기울기가 완만해진다.

② 자국의 한계수입성향이 커질수록 *IS*곡선의 기울기는 가팔라진다.

③ 해외교역국의 한계수입성향이 커질수록 *IS*곡선의 기울기는 완만해진다.

④ 자국의 소득 증가로 인해 한계유발투자율이 증가하면 *IS*곡선의 기울기가 완만해진다.

정답 ③

해설 해외교역국의 경제상황과 관련된 것은 자국의 순수출에 영향을 준다. 즉, 해외교역국의 한계수입성향이 커질수록 자국의 순수출이 증가하여 *IS*곡선 자체가 우측으로 이동하게 된다.

테마 30 화폐시장과 LM 곡선

1 LM 곡선

(目) 화폐시장의 균형이란 '화폐공급=화폐수요'의 조건이 충족될 때를 의미한다.

1. LM 곡선의 개념

LM곡선은 화폐시장의 균형식을 의미하며 화폐시장의 균형을 이루는 국민소득(Y)과 이자율(r)의 조합을 연결한 곡선이다.

2. LM 곡선의 도출

(1) 화폐수요함수가 $\frac{M_d}{P} = L(Y,\ r)$이고 화폐공급은 $M_s = \overline{M}$으로 외부적으로 결정되는 경우에, 화폐시장의 균형조건은 $\frac{\overline{M}}{P} = L(Y,\ r)$이다.

(2) 소득이 Y_0에서 Y_1로 증가하면, 아래의 왼쪽 그래프와 같이 실질화폐잔고의 공급이 $\frac{\overline{M}}{P}$로 고정된 상태에서 실질화폐잔고의 수요 $\frac{M_d}{P}$가 $L(Y_0,\ r)$에서 $L(Y_1,\ r)$로 증가하여 이자율이 r_0에서 r_1로 상승한다. 즉, 소득이 Y_0에서 Y_1로 증가하면 이자율이 r_0에서 r_1로 증가한다.

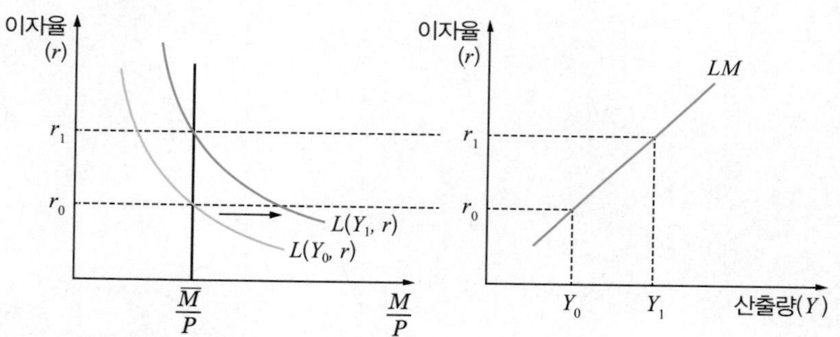

(3) 이와 같이 화폐시장에서 나타나는 이자율과 소득 사이의 관계를 LM곡선이라 한다.

3. LM 곡선의 수학적 도출

(1) 화폐수요함수의 구성

화폐수요함수	$\frac{M_d}{P} = kY - hr\ \ (k>0,\ h>0)$ (k : 화폐수요의 소득탄력성, h : 화폐수요의 이자율탄력성)
화폐공급함수	$M_S = M_0$

(2) LM곡선식

화폐시장의 균형조건	$M_S = M_d$
LM곡선식	$r = \frac{k}{h}Y - \frac{1}{h} \cdot \frac{M_0}{P_0}$

4. *LM* 곡선의 기울기

(1) *LM*곡선의 기울기$\left(\frac{k}{h}\right)$는 화폐수요의 소득탄력성(k)이 작을수록 화폐수요의 이자율탄력성(h)이 클수록 완만해진다.

(2) 화폐수요의 이자율탄력성(h)에 대한 고전학파와 케인스학파의 견해

① 신고전학파 : $h \downarrow$ ⇒ *LM*곡선 급경사 ⇒ 금융정책이 효과적

② 케인스학파 : $h \uparrow$ ⇒ *LM*곡선 완만 ⇒ 금융정책은 효과 없음.

5. *LM* 곡선의 이동

(1) *LM*곡선의 절편$\left(-\frac{1}{h} \cdot \frac{M_0}{P_0}\right)$이 음(−)의 값을 가지므로 절편의 절댓값이 커지면 *LM*곡선은 우측으로 이동하고, 절편의 절댓값이 작아지면 *LM*곡선은 좌측으로 이동한다.

(2) 통화량(M)이 증가하면 절편의 절댓값이 커지므로 *LM*곡선은 우측으로 이동하고, 물가수준(P)이 상승하면 절편의 절댓값이 작아지므로 *LM*곡선은 좌측으로 이동한다.

팁 *LM* 곡선의 탄력성

1. *LM* 곡선의 탄력성은 이자율에 대한 화폐수요의 민감성과 소득에 대한 화폐수요의 민감성에 따라 결정된다.
2. 화폐수요가 이자율에 대하여 탄력적일수록 *LM* 곡선의 탄력성은 커지고, 화폐수요가 소득에 대하여 비탄력적일수록 *LM* 곡선의 탄력성은 커진다.

2 화폐시장의 불균형

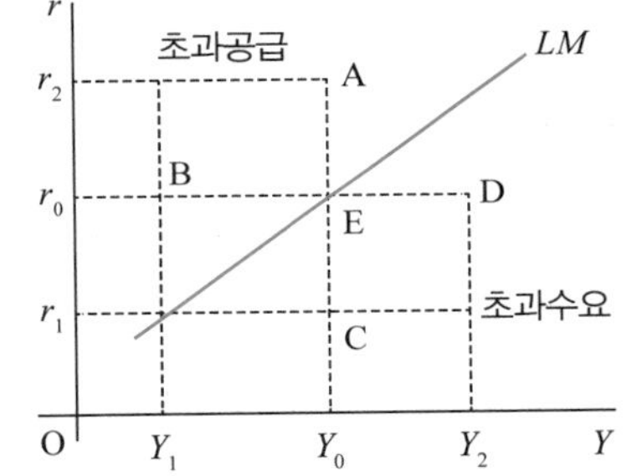

1. *LM*곡선상에 있는 점은 화폐시장의 균형상태를 나타내는데 이 균형상태를 벗어난 *LM*곡선의 위쪽은 화폐시장의 초과공급영역이고 아래쪽은 초과수요영역이다.
2. *LM*곡선의 아래쪽에 있는 C점은 E점과 비교하면 소득은 동일하게 Y_0인데 이자율이 r_1로 더 낮다. 이자율이 더 낮으므로 C점에서는 화폐수요가 주어진 화폐공급$\left(\frac{M}{P}\right)$보다 더 큰 상태이다. 따라서 C점에서는 화폐시장의 초과수요상태에 있으므로 균형을 이루기 위해서는 이자율이 r_0으로 상승하거나 소득이 Y_1로 감소하여야 한다.

대표기출유형

다음 중 *LM* 곡선을 우측으로 이동시키는 요인으로 옳은 것은?

① 통화공급의 증가 ② 통화공급의 감소

③ 물가수준의 상승 ④ 유동성 선호의 증가

정답 ①

해설 통화량(M)이 증가하면 절편의 절댓값이 커지므로 *LM*곡선은 우측으로 이동한다.

②, ③, ④ *LM*곡선을 좌측으로 이동시키는 요인이다.

테마 31

인플레이션과 디플레이션

1 인플레이션의 원인

(팁) 수요견인 인플레이션은 국민 경제에서 전체적 수요 증가에 따른 물가 상승으로 주로 경기호황과 함께 나타난다.

1. 수요견인 인플레이션

(1) 확대재정정책, 과도한 통화량 증가, 민간소비나 투자의 갑작스러운 변동에 따른 수요충격 등은 총수요를 증가시켜 수요견인 인플레이션(Demand-pull Inflation)을 발생시킨다.

(2) 국민소득이 늘어나면서 소비, 투자, 정부 지출, 순수출 등 총수요의 증가로 인해 물가가 상승한다.

(3) 정부가 침체에 빠진 경기를 부양하기 위해서 정부지출을 확대하고 세율을 인하하는 등의 급격한 확대재정정책을 시행하면 총수요가 증가하여 수요견인 인플레이션이 발생할 수 있다. 이 경우 총수요곡선은 오른쪽으로 이동한다.

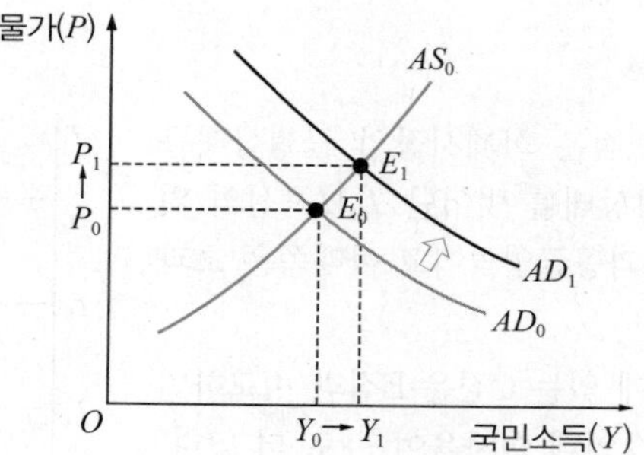

(팁) 비용상승 인플레이션이란 공급 측 요인에 의한 인플레이션으로 재화나 서비스의 생산과 관련한 투입요소의 비용상승에 의해 물가가 지속적으로 상승하게 되는 것을 말한다.

2. 비용상승 인플레이션(Cost-push Inflation)

(1) 생산의 주요 투입요소인 노동, 자본 등의 비용이 상승하면 기업은 증가된 생산비용을 가격에 반영시키므로 최종 재화의 가격이 상승한다.

(2) 총수요의 변동이 없는 상황에서 원자재 가격, 임금 등의 생산비용이 상승하면 기업들은 생산비용이 상승된 만큼 제품가격을 인상시켜 이를 보전하려 하기 때문에 물가상승을 유발한다.

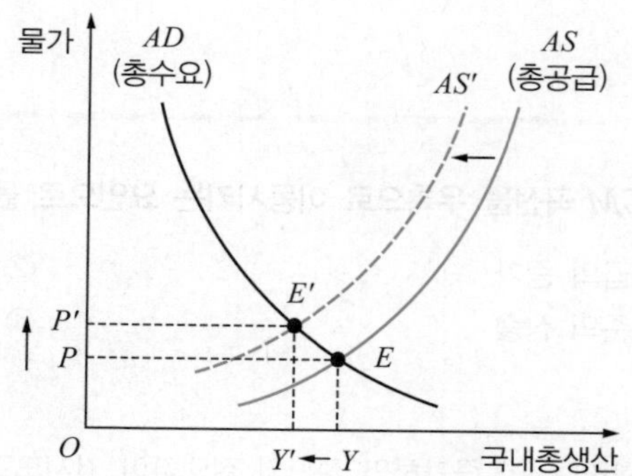

2 인플레이션의 사회적 비용

1. 예상된 인플레이션의 비용

(1) 구두창 비용(Shoe Leather Cost) : 인플레이션이 예상될 경우 사람들은 가능한 한 현금보다는 예금의 비중을 크게 하고자 한다. 이 경우 사람들은 현금을 지출할 필요가 있을 때마다 은행에 더욱 자주 방문하게 되고 포트폴리오 구성을 바꾸기 위해 일종의 비용을 지불하게 된다. 이를 흔히 신발이 닳는다고 해서 구두창 비용이라 한다.

(2) 계산단위비용 : 인플레이션에 따라 세율을 변경할 필요가 있을 경우 세법개정안을 마련하여 국회에 제출하거나 세법이 개정된 이후 이를 실행하는 행정적 · 사무적 절차 등의 사회적 비용이 발생한다.

(3) 메뉴 비용(Menu Cost) : 기업과 상인들은 물가 상승에 맞추어 가격표를 자주 바꾸어야 하는데 가격 변화에 대한 정보수집과 가격표를 교체하는 데서도 비용이 발생한다.

2. 예상되지 않은 인플레이션의 비용

(1) 채무의 실질가치 저하 : 인플레이션은 돈을 빌린 채무자가 유리해지고 돈을 빌려주는 채권자는 매우 불리해져 재산권에 대한 신뢰가 손상된다.

(2) 미래에 대한 불확실성

① 인플레이션이 만연해지면 정상적인 경제활동의 가장 큰 적인 미래에 대한 불확실성이 커진다.

② 인플레이션이 만연해지면 사회 전반적인 근로의욕 저하나 생산을 위한 투자활동의 위축을 초래하여 결국 국민 경제의 건전한 성장을 저해한다.

(3) 국제수지의 악화(수출 감소, 수입 증가) : 인플레이션이 발생하면 외국 상품에 비해 상대적으로 자국 상품의 가격이 비싸지기 때문에 상대적으로 싼 수입품을 더 많이 찾게 된다. 따라서 수입이 증가하고 수출품의 가격 상승으로 수출이 감소한다.

인플레이션의 영향

- 실물자산 소유자의 실질 소득 증가, 봉급생활자, 금융 자산 소유자의 실질 소득 감소 → 빈부격차 심화, 부동산 투기 성행
- 화폐 가치 하락 → 저축 감소 → 기업의 투자 위축
- 국내 상품의 가격 상승 → 수출 감소, 수입 증가 → 국제수지 악화

3 디플레이션 개요

디플레이션(Deflation)이란 물가가 지속적으로 하락하는 현상을 말하며 디플레이션하에서는 물가상승률이 마이너스로 하락하는 인플레이션이 나타난다. 디플레이션이 발생하는 원인은 생산물의 과잉공급, 자산거품의 붕괴, 과도한 통화 긴축정책, 생산성 향상 등으로 다양하지만 궁극적으로는 유통되는 통화의 양이 재화 및 서비스의 양보다 적기 때문에 화폐가치는 상승하고 반대로 물가는 하락하는 디플레이션이 발생한다.

4 디플레이션의 발생원인

1. 생산성 및 기술의 향상

생산성 및 기술의 발달로 인해 재화의 공급이 크게 증가하여 가격이 하락하는 현상으로 1990년대 이후 우리나라 자동차에 대한 수요가 크게 증가했지만 자동차의 가격은 거의 상승하지 않고 있다는 점을 예로 들 수 있다.

2. 수요 감소 및 잠재 성장률 하락

실물자산에 대한 수요가 줄어들고 경제성장률이 하락하는 등 경제 활력이 감소하게 되어 발생한다. 1980년대 후반의 부동산 버블이 걷힌 이후 일본의 자산 가격이 지속적으로 하락하고 경제가 위축되었던 1990년대 초반의 일본 경제를 예로 들 수 있다.

(팁) 디플레이션이 반드시 인플레이션과 대립되는 (-)인플레이션이라는 식의 개념으로만 사용되지는 않는다. 최근에는 수요 및 산출량 감소, 실업률 증가 등으로 경제에 활력이 없어질 경우에 실물경기의 장기침체와 자산 및 금융시장의 불안상황(Distress)을 포괄해 사용되기도 한다.

5 디플레이션이 경제에 미치는 영향

1. 소비 감소

디플레이션하에서 소비자들은 전처럼 물건을 구매하려고 하지 않는다.

2. 화폐가치 상승

재화의 가격이 하락한다는 것은 화폐의 가치가 상승한다는 뜻이다. 물가하락 기대를 수반함으로써 '물가하락 ↔ 수요부진'의 악순환에 빠질 가능성이 높다.

3. 부채에 대한 부담 증가

(1) 주택 담보 대출 등 부채를 많이 지닌 사람들은 화폐의 가치 상승으로 인해 어려움을 겪을 가능성이 더 높다.

(2) 과잉부채가 심각한 상황에서는 실질 채무부담이 증가하면서 디플레이션이 만성화(Debt Deflation)될 위험이 커진다.

4. 실질임금의 상승

디플레이션하에서 근로자의 실질임금은 상승한다.

5. 기업의 투자위축

물가가 하락하면 실질금리가 상승하여 기업의 투자가 위축된다.

6. 고용여건 악화

수요가 감소하는 가운데 실질임금이 상승하게 되면 기업의 수익성이 악화되어 고용을 유지하기 힘들어지기 때문에 실업률이 증가한다.

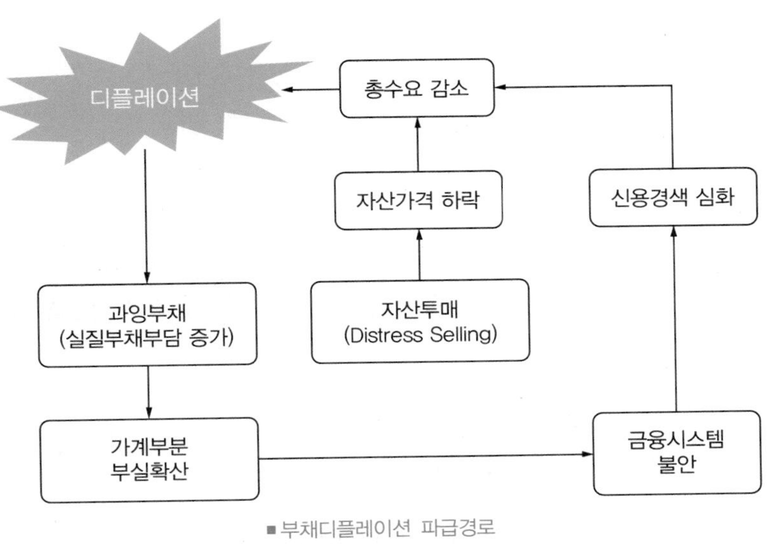

■ 부채디플레이션 파급경로

대표기출유형

디플레이션이란 경기가 하강하면서 물가도 하락하는 현상을 말한다. 디플레이션이 경제에 미치는 영향으로 가장 거리가 먼 것은?

① 실업률 상승
② 화폐가치 하락
③ 설비투자 감소
④ 경제성장률 하락

정답 ②

해설 디플레이션은 시중에 통화량이 크게 줄어들어 물가가 하락하고 화폐가치가 오르면서 경제활동이 침체되는 현상을 뜻한다.

테마 32 실업

용어 경제활동인구
수입이 있는 일에 종사하고 있거나 취업을 하기 위하여 구직활동 중에 있는 사람

용어 비경제활동인구
만 15세 이상 인구 중에서 집안에서 가사 또는 육아를 전담하는 주부, 학교에 다니는 학생, 일을 할 수 없는 연로자 및 심신장애자, 자발적으로 자선사업이나 종교 단체에 관여하는 사람(전업은 제외) 그리고 구직단념자 등을 의미

1 실업의 개념

1. 실업의 의의

실업이란 일할 능력과 의지가 있음에도 불구하고 일자리를 구하지 못하고 있는 상태를 말한다. 실업은 국가경제 전체로 보면 노동력의 불완전 사용으로 인한 낭비를 가져오는 요인이 된다.

2. 실업률의 측정

실업률은 한 국가 안에서 실업자 비율이 얼마나 되는가를 측정한 것이다. 우리나라에서는 매월 통계청이 표본조사를 통해 실업에 관한 통계를 작성한다.

〈경제활동인구와 비경제활동인구의 구분〉

<table>
<tr><td rowspan="5">전체 인구</td><td rowspan="4">15세 이상 인구</td><td rowspan="3">노동 가능 인구</td><td rowspan="2">경제 활동 인구</td><td>취업자</td><td>• 수입 목적으로 1시간 이상 일한 자
• 18시간 이상 일한 무급가족종사자
• 일시휴직자</td></tr>
<tr><td>실업자</td><td>15일을 포함한 지난 1주 동안 수입을 목적으로 1시간도 일하지 않고 지난 4주간 일자리를 찾아 적극적으로 구직활동을 하였던 사람으로서 일이 주어지면 곧바로 취업할 수 있는 자</td></tr>
<tr><td colspan="2">비경제활동인구</td><td>주부, 학생, 진학 준비자, 취업준비생, 연로자, 심신장애자, 구직단념자 등</td></tr>
<tr><td colspan="4">군인, 재소자, 전투경찰</td></tr>
<tr><td>15세 미만 인구</td><td colspan="4">근로기준법상 노동력 제공이 불가능한 연령</td></tr>
</table>

2 고용률과 경제활동참가율

1. 경제활동참가율

(1) 15세 이상 인구 중에서 취업자와 실업자를 합한 경제활동인구의 비율이다.

(2) 총인구나 15세 이상 인구의 규모가 같더라도 경제활동참가율이 다르면 노동시장에 공급되는 전체 노동력은 달라진다.

(3) 경제활동참가율이 높을수록 실업 여부와 상관없이 일단 일하고자 하는 사람이 많다는 것을 의미하며 이는 그 나라의 노동시장이 건전하다는 것을 보여 준다.

$$\text{경제활동참가율(\%)} = \frac{\text{경제활동인구}}{\text{15세 이상 인구}} \times 100$$
$$= \frac{\text{경제활동인구}}{\text{경제활동인구} + \text{비경제활동인구}} \times 100$$

2. 실업률과 고용률

(1) 실업률

① 경제활동인구 중에서 실업자가 차지하는 비율이다.

$$실업률(\%)=\frac{실업자}{경제활동인구}\times 100=\frac{실업자}{(실업자+취업자)}\times 100$$

② 비경제활동인구 중 조사 기간 중에 구직활동을 하지 않아 비경제활동인구로 분류되는 취업준비자나 구직단념자가 증가하는 경우 오히려 실업률이 낮아지는 경우가 발생하기도 한다.

③ 청년실업률 : 15세부터 29세에 해당하는 청년층의 실업률이다.

$$청년실업률(\%)=\frac{15\sim 29세\ 실업자}{15\sim 29세\ 경제활동인구}\times 100$$

(2) 고용률 : 15세 이상 인구 중 취업자의 비율이다.

$$고용률(\%)=\frac{취업자\ 수}{15세\ 이상\ 노동가능인구}\times 100$$

대표기출유형

아래 〈표〉는 A국의 고용지표 변화를 나타낸 것이다. 이에 대한 분석으로 가장 적절한 것은?

〈A국의 고용자료 변화〉

15세 이상 인구	경제활동인구	실업자 수
감소	증가	감소

① 실업률 상승
② 고용률 하락
③ 취업자 수 증가
④ 비경제활동인구 증가

정답 ③

해설 경제활동인구=실업자 수+취업자 수이므로 경제활동인구↑, 실업자 수↓ ⇒ 취업자 수↑

① $\frac{실업자\ 수\downarrow}{경제활동인구\uparrow}\times 100=실업률\downarrow$

② 취업자 수가 증가하였으므로 $\frac{취업자\ 수\uparrow}{15세\ 이상\ 인구\downarrow}\times 100=고용률\uparrow$

④ 15세 이상 인구=경제활동인구+비경제활동인구이므로 15세 이상 인구↓, 경제활동인구↑ ⇒ 비경제활동인구↓

테마 33

절대우위와 비교우위

Ⓔ 생산비가 타국에 비해 절대적으로 적은 상품의 생산에 각각 특화하여 교역하면 양국 모두에게 이익이 발생한다는 것이 아담 스미스(Adam Smith)가 주장한 절대우위론이다.

1 절대우위론

1. 개념

A국 국민이 7명, B국 국민이 9명이며 A국과 B국이 모두 쌀과 밀을 1단위씩 생산하고 있다고 하자. 쌀 1단위 생산에 필요한 노동자는 A국이 5명, B국은 3명이고, 밀 1단위 생산에 필요한 노동자는 A국이 2명, B국은 6명이라고 하면,

〈A국과 B국의 생산비용〉

국가 \ 재화	쌀	밀	총 노동투입
A	5명	2명	7명
B	3명	6명	9명

특화 후 A국 보유량	0단위	3.5단위
특화 후 B국 보유량	3단위	0단위

(1) 절대우위론에 따르면 A국은 밀 생산에 특화하고, B국은 쌀 생산에 특화한다. A국은 밀 생산에 7명을 전부 투입해 3.5($=\frac{7}{2}$)단위의 밀을 생산하고, B국은 쌀 생산에 9명을 투입해 3($=\frac{9}{3}$)단위의 쌀을 생산한다.

(2) 특화 이후 A국과 B국이 쌀과 밀 1단위를 서로 교환하면 A국은 특화 전에 비해 1.5단위 밀을 더 가지게 되었고, B국은 1단위 쌀을 더 가지게 되었다. 양 국가 모두 이득을 얻은 것이다.

2. 절대우위를 가지기 위한 방법

(1) 한 국가가 극히 희소하거나 다른 어떤 곳에도 없는 물품을 보유한 경우이다.

(2) 어떤 재화와 서비스를 다른 국가에 비해 싸게 생산하는 경우이다.

(3) 절대우위론에 따르면 한 국가가 모든 분야에서 절대우위에 있는 경우에도 무역이 발생하는 현실을 설명할 수 없다.

〈특화와 교환의 이익〉

국가 \ 재화	쌀	밀
특화 전 A국 보유량	1단위	1단위
특화 전 B국 보유량	1단위	1단위
쌀과 밀을 1 : 1로 교환 후 변화		
교역 후 A국 보유량	1단위	2.5단위
교역 후 B국 보유량	2단위	1단위

Ⓔ 비교우위론은 아담 스미스의 절대생산비 이론의 한계를 극복하기 위해서 리카도(David Ricardo)가 그의 저서 『정치경제와 조세의 원리』에서 주장한 이론이다.
리카도는 대학 교육을 받은 적이 없는 사람이었지만 증권 중개인으로서 이재(理財)에 뛰어난 재주를 발휘해서 불과 몇 년 만에 백만장자가 되었다고 한다. 휴양지에서 아담 스미스의 책인 『국부론』을 읽고 쓴 『정치경제와 조세의 원리』라는 책에서 비교우위의 원리를 완성하였으며 이 책은 경제학의 고전이 되었다.

2 비교우위론

1. 개념

비교우위론이란 한 나라가 두 상품 모두 절대우위에 있고 상대국은 두 상품 모두 절대열위에 있더라도 생산비가 상대적으로 더 적게 드는(기회비용이 더 적은) 상품에 특화하여 교역하면 상호이익을 얻을 수 있다는 이론이다.

2. 비교우위와 기회비용

(1) 〈표 1〉은 A, B 두 나라에서 핸드폰과 명품의류를 한 단위씩 생산하는 데 소요되는

노동투입량을 나타낸다(단, 양국은 동일한 생산요소인 노동만을 가지고 있으며 시간당 임금도 동일하다고 가정한다. 따라서 투입노동시간은 곧 생산비와 같다).

〈표 1〉 A국과 B국의 생산성

국가 \ 상품	핸드폰	명품의류
A	8시간	9시간
B	12시간	10시간

〈표 2〉 A국과 B국의 기회비용

국가 \ 기회비용	핸드폰 1단위	명품의류 1단위
A	명품의류 0.89	핸드폰 1.125
B	명품의류 1.2	핸드폰 0.83

(2) A국은 두 상품 모두 더 적은 비용으로 생산할 수 있기 때문에 두 재화 모두 절대우위를 가지고 있다. 이 경우 절대우위론에서는 무역이 발생하지 않는다.

(3) A국이 핸드폰 한 개를 더 생산하기 위해서는 명품의류 0.89($\frac{8}{9}$)개를 포기해야하고, B국에서는 1.2($\frac{12}{10}$)개를 포기해야 한다. 한편 A국이 명품의류 한 개를 더 생산하기 위해선 핸드폰 1.125($\frac{9}{8}$)개를 포기한 반면, B국은 0.83개($\frac{10}{12}$)를 포기해야 한다. 핸드폰 생산에 있어서는 A국의 기회비용이 더 작고, 명품의류 생산에 있어서는 B국의 기회비용이 더 작다. 따라서 A국은 핸드폰 생산에, B국은 명품의류 생산에 비교우위가 있다.

대표기출유형

다음 표는 A, B 두 국가에서 손목시계와 스마트폰을 생산하는 데 필요한 노동시간을 나타낸 것이다. 이를 올바르게 분석한 것은? (단, 두 국가가 가지고 있는 생산 자원은 동일하며, 동일한 상품에 대해 두 국가의 국민들이 느끼는 효용은 같다)

〈국가별 상품 생산에 필요한 노동시간〉

구분	손목시계	스마트폰
A국	20	100
B국	10	80

① A국은 스마트폰 생산에 절대우위를 가지고 있다.
② B국은 손목시계를 특화해 수출하는 것이 유리하다.
③ 시장이 개방되면 A국 스마트폰 시장 종사자들의 일자리는 감소할 것이다.
④ A국은 두 상품 모두 저렴하게 생산할 수 있으므로 무역을 하지 않는 것이 유리하다.

정답 ②

해설 B국은 손목시계 생산에 있어서 비교우위에 있으므로, B국은 손목시계를 특화해 수출하는 것이 유리하다. A국과 B국의 손목시계와 스마트폰 생산의 기회비용을 계산하면 다음과 같다.

구분	손목시계	스마트폰
A국	20/100 = 0.2	100/20 = 5
B국	10/80 = 0.125	80/10 = 8

B국은 손목시계와 스마트폰 모두 A보다 더 적은 시간으로 생산할 수 있으므로, B국은 손목시계와 스마트폰 모두 절대적 우위에 있다.

손목시계 생산의 기회비용은 B국이 더 낮고, 스마트폰 생산의 기회비용은 A국이 더 낮으므로, B국은 손목시계 생산에 있어서 비교우위에 있고, B국은 스마트폰 생산에 있어서 비교우위에 있다.

테마 34 관세

> **관세의 의의**
> 일반적으로 법률이나 조약에 의한 법정의 관세영역을 통과하는 물품에 대하여 부과하는 조세로 주로 수입상품에 부과하는 것을 말한다.

> **관세의 특징**
> 1. 일국의 관세영역을 통과하는 수출입물품에 부과한다.
> 2. 일국의 산업보호 및 재정수입을 목적으로 부과한다.
> 3. 반대급부 없이 법률 및 조약에 의해 한 국가가 강제적으로 부과한다.
> 4. 대물세이면서 수시세이다.
> 5. 납세자와 담세자가 다른 간접세이다.
> 6. 가격기능을 통해 국내 산업을 보호하지만 자유무역을 저해하는 부작용으로 후생손실이 발생한다.

1 관세의 분류

1. 과세표준에 의한 분류 : 종가세, 종량세

(1) 종가세

① 관세부과 시 가격을 과세표준으로 하는 가장 일반적인 관세율의 형태로서 과세표준가격은 보통 운임보험료 포함가격(CIF)을 적용하며 백분율로 표시한다.

② 종가세의 장점은 관세부담이 상품가격에 비례하므로 공평하고 시장가격의 등락에 관계없이 관세부담의 균형유지가 가능하다는 점이다.

③ 종가세의 단점은 수출국의 거리에 따라 관세액에 차이가 발생할 수 있고 저가품의 경우 국내산업보호의 기능이 희박하다는 점이다.

④ 종가세를 적용하는데 적합한 상품은 동일상품 그룹 가운데 품질격차가 큰 것, 단기적으로 가격변동이 없는 것, 종류가 많은 것 등이다.

(2) 종량세

① 수입되는 상품의 수량(무게, 길이, 부피 등)을 과세표준으로 하여 부과되는 관세로서 동일한 상품의 경우 가격에 관계없이 관세액은 동일하다.

② 종량세의 장점은 세액을 쉽게 산정할 수 있고, 동종동질의 상품인 경우 관세액은 동일하고, 저가품에도 국내산업의 보호효과가 강하다는 점이다.

③ 종량세의 단점으로는 품질격차가 큰 상품은 관세부담이 불공평하고 물가가 변동할 때 과세부담의 불균형이 발생하며 품목의 분류가 복잡하다는 점이다.

④ 종량세를 적용하기에 적합한 상품은 상품의 성질이 같은 것 과세가격의 파악이 곤란한 것, 가격변동이 쉬운 것 등이다.

2. 과세목적에 따른 분류 : 재정관세, 보호관세

(1) 재정관세

① 의의 : 재정관세는 국가의 재정수입을 목적으로 하는 비탄력관세로 관세부과에도 수입량이 감소하지 않는 제품에 주로 나타난다.

② 적용대상

㉠ 자국 내 생산이 불가능하거나 매우 적어 수입이 불가피할 경우

㉡ 소비를 권장할 가치가 없으면서도 구태여 수입을 억제할 필요가 없는 제품

㉢ 자국 내 산업이 매우 강한 경쟁력을 확보하여 더 이상 보호할 필요가 없는 제품

㉣ 수요의 가격탄력성이 작은 제품

㉤ 커피, 차, 담배, 향료 등 습관적으로 소비되는 기호식품 등

(2) 보호관세 : 자국산업을 보호 육성하기 위한 관세부과로 수입품의 가격이 상승하여 수입이 억제되고 경쟁력이 약화되어 국내생산의 증가를 가져오는 것을 그 목적으로 한다.

3. 관세차별에 의한 분류

(1) 차별관세(Differential Tariff) : 어느 특정 국가로부터 수입되는 제품에 대해 자국의 특수한 동기나 상황에 따라 다른 국가의 제품보다 높은 관세율을 적용하거나 낮은 관세율을 적용하는 관세제도를 말한다.

(2) 상계관세

① 직접적 혹은 간접적으로 수출보조금이나 장려금이 지급되어 생산된 제품이 국내에 염가로 수입되어 국내산업에 피해를 입힐 경우 그 보조금이나 장려금의 효과를 상쇄할 목적으로 염가 수입에 대해 부과하는 관세를 말한다.

② GATT 제6조에 규정된 상계관세의 내용

㉠ 상계관세의 세액은 장려금이나 보조금의 금액을 초과할 수 없다.

㉡ 생산 · 수출보조금과 특정품의 수송에 대한 수송보조금도 포함한다.

㉢ 자국의 기존 산업의 실질적 피해 또는 신규산업이 실질적으로 방해되고 있다는 피해가 있어야 한다.

㉣ 원산국 또는 수출국에서 부과된 내국소비세의 면제 또는 환불을 이유로 상계관세가 부과되어서는 안 된다.

㉤ 덤핑 또는 수출보조금으로 발생되는 동일한 사태에 대하여 반덤핑관세와 상계관세가 병행 부과되어서는 안 된다.

(3) 반덤핑(부당염매방지)관세 : 덤핑된 외국상품이 수입되어 국내산업에 손해를 입힐 경우 수출국의 덤핑효과를 상쇄시키기 위해 부과하는 관세를 말한다.

(4) 긴급관세

① 특정 물품의 수입이 급증하여 이와 경합되는 국내산업에 중대한 피해를 가져올 우려가 있어 긴급한 조치가 필요하다고 판단될 때 정부의 책임과 판단으로 신속하게 관세율을 인상할 수 있는 제도를 말한다.

② 긴급관세의 발동요건

㉠ 수입품의 가격이 급격히 하락하는 등 예상외의 사태가 발생하여 상품의 수입이 급격히 증가할 때

㉡ 외국상품의 수입증가로 인하여 동종의 국내산업에 중대한 손해를 입히거나 입힐 우려가 있을 때

㉢ 국민경제상 긴급히 필요하다고 인정될 때

(5) 보복관세 : 상대국의 관세에 대항하여 부과하는 관세를 말한다.

(6) 수입할당관세(Import Quota Tariff)

① 특정 제품의 수입량 혹은 수입금액에 대한 할당을 설정하고 할당분이 소진될 때까지의 수입분에 대해서는 기본세율보다 낮은 할인관세를 적용하고 할당분을 초과하는 수입분에 대해서는 기본세율보다 높은 할증관세를 적용하는 이중관세율제도를 말한다.

② 국내 제조업자를 보호할 필요성과 국내시장의 수급조절 및 가격하락에 의한 수요자 측의 이익을 강화해 줄 필요성이 공존할 때 양측의 입장을 고려하는 일종의 관세율조정정책의 일환이다.

(7) 조정관세(Coordinating Tariffs) : 일시적인 경제사정에 대응하기 위한 제도로 특정 상품의 수입증대로 국내산업의 발전을 저해하거나 국민소비생활의 질서를 문란하게 할 우려가 있는 경우, 국민생활과 산업에서 발생하는 부작용을 시정 · 보완하기 위해 관세를 인상 부과하는 할증관세로, 적용기간은 3년이다.

(8) 계절관세(Seasonal Tariff) : 1차산품은 출하기, 성수기, 비수기에 따라 가격변동이 크기 때문에 국내물가에 미치는 영향을 약화시켜 국내 농산물보호와 소비자의 이익을 보호하기 위한 제도이다.

(9) 농림축산물에 대한 특별긴급관세(Safeguard Tariff) : 1994년 12월에 개정된 관세법에 수용된 것으로 저가농산물의 일시적 수입급증으로 인한 국내농가의 피해를 예방하기 위한 관세제도이다.

(10) 편익관세(Convenient or Beneficial Tariff) : 일국이 일방적으로 최혜국대우의 범위 내에서 관세혜택을 제공하는 것으로 상대국이 임의로 관세상의 혜택을 요구할 수는 없다.

(11) 특혜관세(Preferential Tariff) : 영연방특혜관세, 일반특혜관세제도(GSP ; Generalized System of Preference) 등 남북문제의 해결을 위한 개발도상국의 수출증대 및 공업화촉진 등을 지원하기 위해 선진국이 개도국 및 후진국으로부터의 수입공산품 및 반공산품에 부과하는 저율의 관세제도로 1971년부터 시행되었다.

(12) 공통관세(Common Tariff) : 관세동맹과 같은 경제통합단계에서 역외국가로부터 수입되는 제품에 대해 관세주권을 포기하고 공통적으로 설정한 관세를 부과한다.

(13) 탄력관세(Flexible Tariff) : 일정 범위 내에서 관세율조정권을 행정부에 이임하여 관세율을 신축적이고 탄력적으로 조정할 수 있도록 하는 관세제도이다.

2 관세정책의 일반적 수단

1. 최적관세

(1) 최적관세(Optimum Tariff)는 관세부과로 인해 교역조건 개선의 이익을 극대화하고 무역축소효과의 불이익을 최소한도로 작게 하여 관세부과국의 무역이익을 최대로 하는 국민후생극대의 관세이다.

(2) 최적관세율의 측정

$$t = \frac{1}{\epsilon - 1}$$ (ϵ : 외국의 수입수요탄력성)

(3) 크기

① 외국의 수입수요탄력성이 1에 가까울수록 최적관세율은 무한대에 가깝고 외국의 수입수요탄력성이 무한대이면 최적관세율은 존재하지 않는다.

② 또한 외국의 수입수요탄력성이 1보다 작은 경우에는 최적관세율은 음(−)이 되어 최적관세율은 존재하지 않는다.

(4) 조건

① 자국의 독점력이 존재해야 한다.

② 상대국의 보복관세가 없어야 한다.

2. 실효보호관세율

(1) 실효보호관세율(Effective Rate of Protection)은 어느 특정 산업이 관세에 의한 보호를 받고 있을 때 그 산업이 실질적으로 받고 있는 보호가 어느 정도인가를 나타내는 관세이다.

(2) 측정

① 관세정책에 의한 국내생산의 부가가치의 변화율로 규정한다.

② $\text{관세의 실효보호율} = \dfrac{\text{관세 후의 부가가치}(V') - \text{관세 전의 부가가치}(V)}{\text{관세 전의 부가가치}(V)}$

(3) 크기

① 관세부과 전의 부가가치가 낮은 산업일수록 실효보호관세율이 높다. 즉 효율성이 낮은 산업일수록 보호를 많이 받는다.

② 관세의 실질적인 보호효과는 최종재에 대한 관세가 높을수록, 투입중간재에 대한 관세가 낮을수록 크다.

최신 금융·디지털 용어
금융상식
경영상식
경제상식
실전모의 1회
실전모의 2회

대표기출유형

다음 중 최적관세에 관한 설명으로 옳은 것은?

① 수입상품의 공급이 무한탄력적이 아니면 최적관세율은 0이다.

② 대부분의 상품에 대해 최적관세는 수입을 금지시킬 만큼 높다.

③ 최적관세는 관세부과국의 후생을 증가시키거나 전 세계의 후생을 낮춘다.

④ 관세를 부과하는 국가의 수입이 세계시장과 비교해서 작을 경우 최적관세는 크게 나타난다.

정답 ③

해설 최적관세란 관세부과에 따른 교역조건의 개선에서 얻는 이익을 무역량 감소에 의한 손실보다 크게 함으로써 국가의 경제적 후생을 최대로 하는 관세율을 부과하는 것을 말한다. 따라서 최적관세율의 부과는 자국의 후생은 증가시키지만 상대국의 후생은 감소시키게 된다.

테마 35

환율변동

📖 고정환율제도
환율변동에 따른 충격을 완화하고 통화정책의 자율성을 어느 정도 확보할 수 있다는 장점이 있으나, 이를 위해서는 자본이동의 제약이 불가피하여 결과적으로 국제유동성이 부족해질 우려가 있다.

📖 변동환율제도
원칙적으로 환율의 신축적인 변동을 허용하되 정책당국이 외환시장에 직·간접적으로 개입하여 과도한 환율변동성을 완화하는 제도를 말한다.

1 환율변동

1. 환율 하락(원화가치 상승)

(1) 환율이 하락하면 원화가치가 상승하여 일반적으로 수출은 줄어들고 수입이 늘어나 경상수지가 악화된다.

(2) 환율하락은 수입물가 하락을 통해 국내물가 안정을 기할 수 있고 국내기업의 외채상환부담도 경감된다.

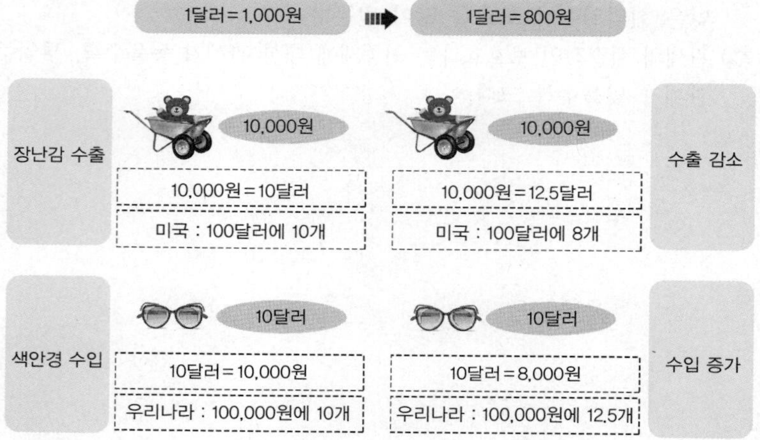

2. 환율 상승(원화가치 하락)

(1) 환율이 올라 원화가치가 절하되면 달러로 표시한 수출상품의 가격이 내려가 수출이 증가하고 원화로 표시한 수입상품의 가격이 올라 수입이 감소하여 경상수지의 개선을 기대할 수 있다.

(2) 환율 인상으로 수입원자재 가격이 상승하여 국내물가가 올라가게 되며 기업들의 외채상환부담이 가중되는 효과도 발생한다.

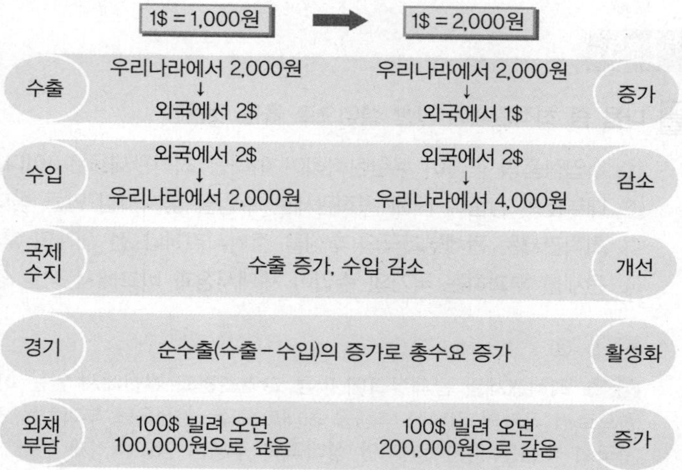

3. 환율변동의 효과

구분	환율 하락(원화절상)	환율 상승(원화절하)
수출	수출상품가격 상승(수출 감소)	수출상품가격 하락(수출 증가)
수입	수입상품가격 하락(수입 증가)	수입상품가격 상승(수입 감소)
국내물가	수입원자재가격 하락(물가안정)	수입원자재가격 상승(물가 상승)
외자도입기업	원화환산 외채 감소(원금상환부담 경감)	원화환산 외채 증가(원금상환부담 증가)

대표기출유형

다음 대화의 (가)에 들어갈 내용으로 올바르지 않은 것은?

미국의 트럼프 대통령이 중국 환율에 대한 압박을 계속하고 있네요.

그러게, 결국 중국의 위안화가 절상되면 (가)은/는 유리해지겠어.

① 중국 내 미국제품 수입업체
② 달러화로 임금을 받는 중국 근로자
③ 중국 금융자산을 많이 보유한 미국인
④ 미국 금융회사에 달러화로 돈을 빌린 중국인

정답 ②

해설 위안화가 평가절상되면 위안화 환율이 하락하여 화폐가치가 상승하므로 달러화로 임금을 받는 근로자는 종전과 비교하여 위안화로 표시된 금액은 줄어든다.

① 평가절상(환율↓) ⇒ 화폐가치↑ ⇒ 수입↑
② 평가절상(환율↓) ⇒ 화폐가치↑ ⇒ 달러가치↓
③ 평가절상(환율↓) ⇒ 화폐가치↑ ⇒ 위안화로 표시되는 달러↑
④ 평가절상(환율↓) ⇒ 화폐가치↑ ⇒ 달러가치↓

빈출 지문에서 뽑은 O/X

01 아담 스미스(A. Smith)의 '보이지 않는 손'은 경쟁적 상황하에서 각 개인의 이기적 동기에 따른 의사결정은 사회적 이익을 증대시킨다는 것을 의미한다. (○/ ×)

02 놀부는 흥부와 1시간 동안 비디오를 보는 대신에 아르바이트를 해서 5,000원을 벌었다. 이때 놀부가 아르바이트를 하는 것의 기회비용은 아르바이트로 번 돈 5,000원이다. (○/ ×)

03 경제학에서는 양을 나타내는 변수로서 유량(Flow)변수와 저량(Stock)변수를 구분하여 사용하는데, 보유 부동산의 시장가치는 저량변수이다. (○/ ×)

04 소주에 대한 수요곡선을 좌측으로 이동시키는 요인으로 맥주의 가격하락을 들 수 있다. (○/ ×)

05 소득이 5% 증가할 때 수요량이 1%밖에 증가하지 않았다면 이 상품은 기펜재(Giffen Goods)이다. (○/ ×)

06 X재 수요의 가격탄력성이 1보다 크면 X재의 가격이 올랐을 때 X재의 총매출액이 증가한다. (○/ ×)

07 X재와 Y재가 서로 보완재일 경우에 X재의 가격이 상승할 때 Y재에 대한 수요가 증가한다. (○/ ×)

08 소비자잉여란 소비자가 특정 제품 없이 지내는 것보다 오히려 제품을 위하여 지불하여도 좋다고 생각하는 금액이 실제로 지불한 금액을 초과하는 부분을 말한다. (○/ ×)

09 물품세의 전부를 소비자가 부담하는 경우는 수요곡선이 완전탄력적이거나 공급곡선이 완전비탄력적인 경우이다. (○/ ×)

10 한계효용이 체감한다는 것은 재화의 구입은 처음 단위에서는 지출이 적으나 단위를 추가할수록 지출이 늘어난다는 의미이다. (○/ ×)

11 무차별곡선은 두 재화 간의 대체가 어려울수록 경사가 완만하게 볼록하다. (○/ ×)

12 균형가격보다 낮게 정해진 최저가격은 공급 과잉을 초래하여 시장가격을 더 낮아지게 하고, 균형가격보다 높게 정해진 최저가격은 공급 부족을 유발하여 시장가격을 더 오르게 한다. (○/ ×)

13 A가 B보다 선호되고 B가 C보다 선호된 경우 A가 C보다 간접적으로 선호되었다고 보며 어떠한 경우에도 이와 같은 간접선호체계가 바뀌지 않아야 한다는 기본 가정을 두는 것은 약공리이다. (○/ ×)

14 생산가능곡선이 원점에 대해 볼록한 경우에 한 재화의 생산이 증가함에 따라 그 재화의 기회비용은 점점 감소한다. (○/ ×)

15 독점적 경쟁기업은 장기적으로 '가격 = 한계비용'인 생산량수준에서 이윤을 극대화한다. (○/ ×)

16 독점시장에서 기업이 상품을 한 단위 더 팔면 추가되는 수입은 가격보다 작다. (○/ ×)

17 단기에 정부가 단위당 일정액의 물품세를 기업에게 부과할 경우 완전경쟁시장에서 개별 기업의 노동에 대한 수요는 감소한다. (○/ ×)

18 최저임금이 오를 때 실업이 가장 많이 증가하는 노동자의 유형은 노동에 대한 수요가 탄력적인 비숙련노동자이다. (○/ ×)

정답과 해설

01	○	02	×	03	○	04	○	05	×	06	×	07	×	08	○	09	×	10	×	11	×	12	×	13	×
14	○	15	×	16	○	17	○	18	○																

01 아담 스미스(A. Smith)는 인간의 이기적 욕망을 자연스러운 본성으로 파악하고 경쟁적 시장에서 개인들의 이기적 욕망추구행위가 '보이지 않는 손', 즉 눈에 보이지 않는 가격기구에 의한 효율적인 자원배분을 통해 사회적으로 바람직한 상태가 된다고 주장하였다.

02 기회비용이란 어떤 행위 대신 다른 행위를 했을 때 얻을 수 있으리라 예상되는 가치, 즉 어떤 행위를 함으로써 포기해야 하는 가치를 의미한다. 따라서 놀부가 아르바이트를 하기 위해 포기한 것은 흥부와 1시간 동안 비디오를 볼 때 얻을 수 있는 즐거움이다.

03 저량은 일정 기간의 명시가 없어도 어느 한 시점에서 측정이 가능한 것으로, 보유부동산의 시장가치는 그 시점의 시장가치를 말하므로 저량에 해당한다.

04 수요곡선의 좌측 이동은 그 재화의 수요가 감소된다는 것을 의미한다. 맥주와 소주는 대체재이므로 맥주의 가격 하락은 맥주의 수요 증가와 소주의 수요 감소를 유발한다.

05 소득이 증가할 때 수요량이 증가하는 재화는 정상재이다. 기펜재는 대체효과보다 소득효과가 더 큰 열등재로, 가격이 하락하면 수요량도 줄어드는 재화를 말한다.

06 X재 수요의 가격탄력성이 1보다 클 때 X재의 가격이 상승하면 X재의 수요량이 감소하므로 총매출액도 감소하며, X재의 가격이 하락하면 X재의 수요량이 증가하므로 총매출액도 증가한다.

07 X재와 Y재가 서로 보완재일 경우에 X재의 가격이 상승하면 Y재의 수요가 감소하고, X재의 가격이 하락하면 Y재의 수요가 증가한다.

08 소비자잉여란 소비자가 그 물건 없이 지내기보다는 그 정도의 돈을 지불해서라도 사야 되겠다고 생각하는 가격과 그가 실제로 지불하는 가격의 차액을 말한다. 즉, '소비자잉여=상품구입 시 얻는 총효용−실제 지불한 화폐액'이다.

09 전부를 소비자가 부담하는 경우는 수요곡선이 완전비탄력적(수직)이거나 공급곡선이 완전탄력적(수평)인 경우이다. 물품세의 전부를 생산자가 부담하는 경우는 수요곡선이 완전탄력적(수평)이거나 공급곡선이 완전비탄력적(수직)인 경우이다.

10 한계효용 체감의 법칙이란 다른 재화의 소비량이 일정한 상태에서 한 재화의 소비를 증가시킴에 따라 그 한계효용은 점차 감소한다는 것이다.

11 한계대체율은 무차별곡선의 기울기를 의미하므로 두 재화 간의 대체가 어려울수록 경사가 급해진다.

12 균형가격보다 낮게 정해진 최저가격이나, 균형가격보다 높게 정해진 최저가격은 시장에 아무런 영향을 미치지 못하므로 가격설정의 의미가 없다.

13 A가 B보다 선호되고 B가 C보다 선호된 경우 A가 C보다 간접적으로 선호되었다고 보며 어떠한 경우에도 이와 같은 간접선호체계가 바뀌지 않아야 한다는 기본 가정을 두는 것은 강공리이다.

14 생산가능곡선이 원점에 대하여 볼록하면 기회비용이 체감하고, 오목하면 기회비용이 체증한다. 생산가능곡선 기울기의 절댓값은 X재 생산을 1단위 증가시킬 때 희생(감소)하는 Y재의 수량으로 표시되며 X재 1단위의 기회비용(한계변환율)을 Y재의 수량으로 표시한다.

15 독점적 경쟁기업은 장기균형에서 P>MC이므로, 사회적 최적 수준보다 과소생산하게 되어 사회적 후생손실이 발생한다.

16 독점시장에서 판매량을 증가시키려면 가격을 낮출 수밖에 없으므로 상품을 한 단위 더 팔면 추가되는 수입은 가격보다 작게 된다.

17 단기에 정부가 단위당 일정액의 물품세를 기업에게 부과할 경우 단위당 생산비, 즉 한계비용이 상승하게 되는데 한계비용이 상승하면 개별 기업의 생산량은 감소한다. 따라서 생산량이 감소함으로써 노동수요가 감소하게 된다.

18 최저임금이 상승하면 단위당 임금은 상승하지만 노동수요량의 감소로 인해 실업이 증가하게 되는데, 노동에 대한 수요가 탄력적일수록 노동수요곡선이 완만해지므로 노동고용량이 큰 폭으로 감소한다. 따라서 노동에 대한 수요가 탄력적인 비숙련노동자의 실업이 가장 많이 증가하게 된다.

19 가장 못사는 사람들의 삶을 개선시키지 못한다면 전반적인 소득분배상황이 아무리 나아졌을지라도 정부의 복지정책은 개선되어야 하며, 정부가 사회 최빈민의 복지를 극대화해야 한다는 것은 Rawls의 정의론이다. (○/ ×)

20 정부가 외부불경제(External Diseconomies)가 있는 재화 A의 생산에 개입하지 않을 경우 재화 A는 과도하게 생산되며, 가격이 과도하게 낮게 책정된다. (○/ ×)

21 공공재는 시장에 맡기면 사회적으로 적절한 수준보다 과소공급될 우려가 있다. (○/ ×)

22 투표의 역설(Voting Paradox)이란 투표자의 선호가 분산되어 있을 때에는 투표에 의한 집합적 의사결정을 할 수 없다는 것이다. (○/ ×)

23 정보의 비대칭성으로 인해 발생하는 역선택(Adverse Selection)현상의 예시로는 중고차 시장에 성능이 좋은 중고차들이 많이 나오게 되는 현상이 있다. (○/ ×)

24 빈곤층을 위한 정부보조금 지출은 GDP 산정에 포함되나, 연말까지 팔리지 않은 중간재생산량은 포함되지 않는다. (○/ ×)

25 국세청이 세무조사를 강화함에 따라 탈세규모가 줄어들면 GDP가 증가하게 된다. (○/ ×)

26 금융구조조정이 성공적으로 마무리되어 은행들의 주가가 급등하면 GDP가 증가하게 된다. (○/ ×)

27 기업이 생산과정에서 보유하고 있는 원재료 · 반제품 · 완제품과 유통과정에서 보유하고 있는 상품의 일정 기간 동안의 양적 변화로, 기업의 투자활동 중 재고품을 증가시키는 투자활동 또는 증가분을 설비투자라고 한다. (○/ ×)

28 케인스의 균형국민소득 창출방정식에서 정부의 이전지출은 민간소비에 영향을 미친다. (○/ ×)

29 선진국과 후진국이 교섭할 때 저소득자와 후진국 국민들이 고소득자와 선진국 국민들의 생활양식에 영향을 받아 소비성향이 높아지는 현상을 전시효과(Demonstration Effect)라고 한다. (○/ ×)

30 한국은행이 채권을 매각하였다면 본원통화가 감소한다. (○/ ×)

31 IS–LM모형에서 투자가 이자율에 민감하게 반응할수록 확장적 통화정책은 국민소득을 크게 증가시킨다. (○/ ×)

32 완전고용 이전의 상태에서 총수요가 증가함에 따라 일부는 생산의 증대를 가져오고 나머지 일부는 물가의 상승을 가져오는 것을 인플레그네이션이라고 한다. (○/ ×)

33 효율성임금이론에 의하면 노동자의 생산성은 실질임금에 의하여 좌우된다. (○/ ×)

34 자유무역에서 부분특화 또는 불완전특화 현상이 일어나는 이유는 생산을 늘릴수록 생산의 기회비용이 체증하기 때문이다. (○/ ×)

35 재화의 국가 간 이동이 자유롭게 허용되는 자유무역하에서는 국가 간의 임금격차가 감소된다. (○/ ×)

36 엔저현상이 계속될 경우 한국으로 여행하려는 일본인 대학생에게는 불리하다. (○/ ×)

37 국가 간 자본이동이 자유로울수록 변동환율제도하에서 조세정책의 효과는 더욱 커진다. (○/ ×)

정답과 해설

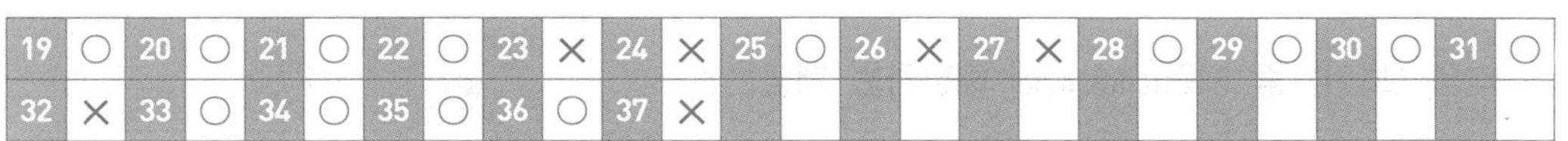

19	○	20	○	21	○	22	○	23	×	24	×	25	○	26	×	27	×	28	○	29	○	30	○	31	○
32	×	33	○	34	○	35	○	36	○	37	×														

19 Rawls의 정의론은 각 개인은 기본적 자유에 있어서 평등한 권리를 가지며, 가장 불리한 여건을 가진 사람, 즉 최소수혜자에게 최대의 이익이 되어야 하고, 차등의 원칙은 기회균등의 원칙하에 모든 사람에게 개방된 직책이나 지위와 결부된 것이어야 한다고 주장한다.

20 정부가 외부불경제가 있는 재화의 생산에 개입하지 않을 경우 이 재화는 과도하게 생산되며, 가격이 과도하게 낮게 책정된다.

21 공공재는 추가적인 소비에 따르는 한계비용(MC)이 0이므로 P=0이 되기 때문에 이윤극대화를 추구하는 시장에 공공재를 맡기면 사회적으로 적절한 수준보다 과소공급되는 시장실패현상이 발생할 수 있다.

22 투표의 역설은 애로우(K. J. Arrow)와 블랙(D. Black)이 주장한 것으로, 다수결에 의한 대안선택의 경우 사회적 선호가 반드시 일관성을 갖는 것이 아니기 때문에 즉, 투표자의 선호가 제각기 분산되어 있기 때문에 투표에 의한 집합적 의사결정을 할 수 없다는 것이다.

23 정보의 비대칭성으로 인해 중고차 시장에 성능이 나쁜 중고차들이 많이 나오게 되는 역선택이 발생한다.

24 빈곤층을 위한 정부보조금 지출은 이전지출에 해당하므로 GDP 산정에 포함되지 않는다. 중간재는 원칙적으로 GDP에 포함되지 않지만 연말까지 팔리지 않은 중간재는 예외적으로 최종재로 간주되어 GDP에 포함된다.

25 국세청이 세무조사를 강화함에 따라 탈세규모가 줄어들면 시장가치로 평가할 수 있는 생산량이 증대되므로 GDP가 증가하게 된다.

26 은행들의 주가 급등은 생산이 아니므로 GDP에 영향을 주지 않는다.

27 이는 재고투자에 관한 설명이고, 설비투자란 건물, 기계, 설비와 같은 고정자본설비에 새로 투자되는 증가분으로, 낡은 설비의 대체(감가상각 또는 보전투자)도 포함된다.

28 정부의 이전지출은 개인의 소득에 영향을 주기 때문에 이전지출 중 일부, 즉 한계소비성향만큼 소비되어 유효수요를 창출한다.

29 전시효과(Demonstration Effect)란 듀젠베리가 소비행위의 상호의존성을 설명하기 위해 제시한 것으로, 경제주체의 소비행위는 자신의 소득뿐만 아니라 이웃 집단의 평균적인 소득에 따른 소비수준에 영향을 받는다는 것이다.

30 본원통화(Reserve Base)란 중앙은행창구를 통해 시중에 공급된 통화로, 현금통화와 예금통화의 원천이 되기 때문에 고성능화폐라고 하며 중앙은행의 통화성 부채가 된다. 따라서 한국은행이 채권을 매각하였다면 본원통화가 감소하게 된다. 이 외에도 외국인 주식투자자금의 유출, 재정흑자를 통한 정부예금의 증가, 환매채의 발행 증가 등의 경우에 본원통화가 감소하게 된다.

31 투자가 이자율에 민감하게 반응할수록, 즉 투자의 이자율탄력성이 클수록 *IS*곡선이 완만해지므로 *LM*곡선을 우측으로 이동시키는 확장적 통화정책을 실시하면 국민소득을 크게 증가시킬 수 있다.

32 반인플레이션(Semi-Inflation)에 대한 설명이다. 인플레그네이션 또는 스태그플레이션이란 경기침체에도 불구하고 물가가 상승하는 것을 말한다.

33 효율성임금이론은 시장실질임금보다 더 높은 실질임금인 효율성임금(Efficiency Wage)을 지급하면 노동자의 생산성이 향상된다는 이론이다.

34 자유무역에서 생산가능곡선이 우하향의 직선이거나 원점에 대해 볼록한 경우, 즉 기회비용이 일정하거나 체감하는 경우에는 완전특화가 일어나지만, 생산가능곡선이 원점에 대해 오목한 경우, 즉 기회비용이 체증하는 경우에는 불완전특화가 일어난다.

35 재화의 국제 간 이동이 자유롭게 허용되는 자유무역하에서는 국제 간의 임금격차가 감소한다. 즉, 임금이 낮은 국가에서 임금이 높은 국가로 이동하게 된다.

36 엔저현상이 계속된다는 것은 원화가치가 상승추세임을 의미하므로, 이런 환율추세가 계속될 경우 일본인의 한국 여행경비는 늘어나게 되고, 한국인의 일본여행경비는 줄어들게 된다.

37 국가 간 자본이동이 자유로울수록 조세정책보다는 금융정책을 통해 변동환율정책을 시행하는 것이 효과적이다.

PART. 04 기출예상문제

► 정답과 해설 91쪽

01 다음 〈보기〉 중 저량(Stock)에 해당하는 개념은?

보기

ㄱ. GDP　　ㄴ. 통화량　　ㄷ. 물가지수

① ㄱ　　② ㄷ　　③ ㄱ, ㄴ
④ ㄴ, ㄷ　　⑤ ㄱ, ㄴ, ㄷ

02 다음 대화에 나타난 경제 개념으로 가장 적절한 것은?

남 : 요즘 코스피가 오른다는데 내가 가지고 있는 중국 펀드는 상황이 좋지 않잖아. 향후 수익률도 코스피가 확실히 높을 것 같은데 중국 펀드는 팔고 국내 주식에 투자하는 게 어떨까?
여 : 그렇기는 하지만 지금 중국 펀드를 팔면 손실만 크단 말이야. 일단 원금을 회복할 수 있을 때까지 기다려 볼래.

① 희소성　　② 한계비용
③ 매몰비용　　④ 범위의 경제

03 다음 〈보기〉에서 제시된 각 속담에 관련된 경제적 개념을 순서대로 바르게 나열한 것은?

보기

(가) 전어 굽는 냄새에 집 나갔던 며느리가 돌아온다.
(나) 산중(山中) 놈은 도끼질, 야지(野地) 놈은 괭이질
(다) 바다는 메워도 사람 욕심은 못 메운다.

	(가)	(나)	(다)
①	경제적 유인	비교우위	희소성
②	경제적 유인	비교우위	탄력성
③	공유자원	희소성	외부성
④	기회비용	비교우위	외부성
⑤	기회비용	공유자원	탄력성

04 **다음에서 철수가 편의점을 운영하여 1년 동안 얻은 회계적 이윤과 경제적 이윤은? (단, 매장건물 가격은 변화가 없고 감가상각도 없으며, 예금금리는 연 4%였다)**

> 연봉 5천만 원을 받는 철수가 직장을 그만두고 편의점을 개업해서 직접 운영하였다. 이를 위해 철수는 자신의 저축통장에서 5억 원을 인출하여 매장을 구입하였다. 1년 운영결과 수입이 2억 원이었으며, 재료비와 인건비 및 각종 관리비 등으로 1억 4천만 원을 지출하였다.

	회계적 이윤	경제적 이윤		회계적 이윤	경제적 이윤
①	−4억 4천만 원	−1천만 원	②	1천만 원	−1천만 원
③	1천만 원	1천만 원	④	6천만 원	−1천만 원
⑤	6천만 원	1천만 원			

05 **비용에 대한 설명으로 옳은 것은?**

① 매몰비용은 경제적 의사결정을 할 때 고려되어서는 안 된다.
② 공장부지나 재판매가 가능한 생산시설을 구입하는 데 지출된 비용은 고정비용이자 매몰비용이다.
③ 평균비용곡선이 U자 형태로 되어 있을 때, 한계비용곡선은 평균비용곡선의 최저점을 통과할 수 없다.
④ 수입보다 비용이 커서 손실이 발생한 기업은 조업을 중단하여야 한다.

06 **기회비용(Opportunity)에 관한 다음 설명 중 가장 적절하지 않은 것은?**

① 기회비용이란 어떤 것이 선택되었을 때 그로 인해 선택되지 않은 자신의 대안(Next Best Alternative)에 해당하는 값을 말한다.
② 시장에서 구입하는 재화의 기회비용은 그 재화의 가격이다.
③ 대학원 진학의 기회비용은 수업료와 책값 등의 직접 비용과 대학원 공부를 위해 포기한 수입을 더한 것이다.
④ 자신의 집을 페인트칠 할 때 소요되는 기회비용은 페인트와 붓 등의 직접비용과 소요된 시간비용을 포함한다.
⑤ 재화를 생산하는 기업이 생산을 증가시킬 때 추가적으로 발생하는 기회비용은 항상 고정되어 있다.

07 수요량(Quantity Demanded)과 관련된 설명으로 잘못된 것은?

① 소비자가 주어진 가격수준에서 구입하고자 하는 최대수량이다.
② 수요량은 구매력을 가지고 구매하려는 욕구이므로 구입능력이 뒷받침되어야 한다.
③ 수요량은 일정한 기간을 명시할 때 그 의미가 명확해진다.
④ 수요량은 소비자가 구입하고자 의도한 수량이며 저량(Stock)이다.
⑤ 수요곡선상의 한 점은 시장가격과 수요량의 관계를 의미한다.

08 다음은 사과와 배의 수요함수를 추정한 식이다. 이에 대한 설명으로 옳지 않은 것은?

• 사과의 수요함수 : $Q_A = 0.8 - 0.8P_A - 0.2P_B + 0.6I$
• 배의 수요함수 : $Q_B = 1.1 - 1.3P_B - 0.25P_A + 0.7I$
(단, Q_A는 사과 수요량, Q_B는 배 수요량, P_A는 사과 가격, P_B는 배 가격, I는 소득을 나타낸다)

① 사과와 배는 보완재이다.
② 사과와 배는 모두 정상재이다.
③ 사과와 배 모두 수요법칙이 성립한다.
④ 사과와 배 모두 가격 및 소득과 무관한 수요량은 없다.

09 전력 과소비의 원인 중 하나로 낮은 전기료가 지적되고 있다. 다음 중 전력에 대한 수요곡선을 이동시키는 요인이 아닌 것은?

① 소득의 변화
② 전기료의 변화
③ 도시가스의 가격변화
④ 전기 기기에 대한 수요 변화

10 노동시장에서 노동공급곡선과 노동수요곡선 기울기의 절댓값이 다음의 그래프와 같이 서로 동일하다. 근로자와 고용주에게 4대 보험료를 반반씩 나누어 부담시킬 때, 노동시장에서의 균형 급여수준과 근로자들이 수령하는 실질임금수령액을 모두 적절히 표시한 것은?

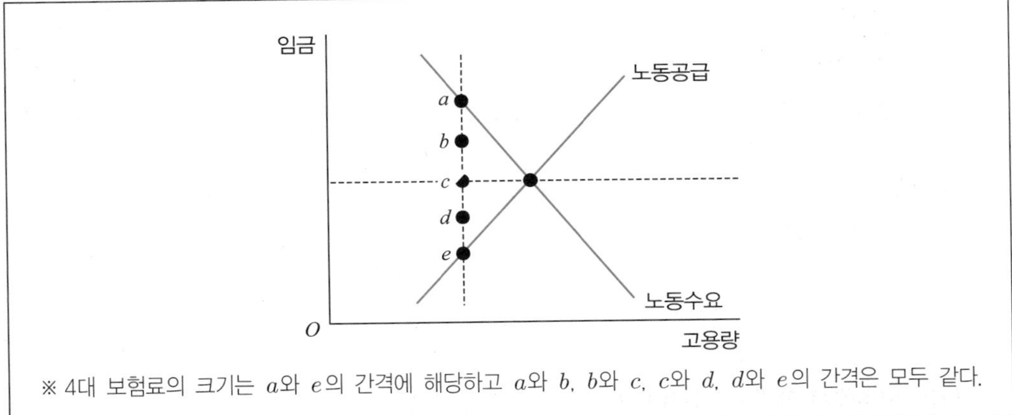

※ 4대 보험료의 크기는 a와 e의 간격에 해당하고 a와 b, b와 c, c와 d, d와 e의 간격은 모두 같다.

	균형 급여수준	실질임금수령액
①	a	c
②	c	c
③	c	e
④	d	e
⑤	e	e

11 자동차 제조업체들이 생산비용을 획기적으로 절감할 수 있는 로봇 기술을 개발하였다. 이 기술개발이 자동차시장에 미치는 직접적인 파급효과로 옳은 것은?

① 수요곡선이 우측으로 이동하고, 자동차 가격이 상승한다.
② 수요곡선이 우측으로 이동하고, 자동차 가격이 하락한다.
③ 공급곡선이 우측으로 이동하고, 자동차 가격이 상승한다.
④ 공급곡선이 우측으로 이동하고, 자동차 가격이 하락한다.

12 다음 표의 x, y, z, w는 각각 재화 X, Y, Z, W의 수요곡선상의 점이다. 각 점에서 가격이 10원 상승할 때 각 재화의 수요량은 모두 10단위 감소했다고 한다면, 각 점에서의 가격탄력성을 E_x, E_y, E_z, E_w라고 할 때 대소관계를 바르게 나타낸 것은?

구분	x	y	z	w
가격(원)	1,000	1,000	500	500
수량(개)	500	1,000	500	1,000

① $E_x > E_y = E_z > E_w$
② $E_y > E_x = E_w > E_z$
③ $E_x > E_y > E_z > E_w$
④ $E_w > E_y > E_z > E_x$
⑤ $E_w > E_y = E_z > E_x$

13 다음 자료에서 재화의 가격이 6원일 때 시장수요량은?

어느 나라에 두 유형의 소비자가 거주하고 있다. 유형 A는 100명, 유형 B는 200명이다. 그림은 두 유형 소비자의 수요곡선을 나타낸다.

〈유형 A〉

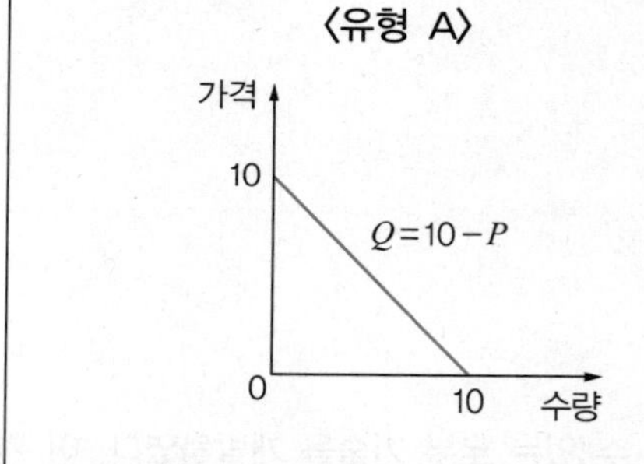

〈유형 B〉

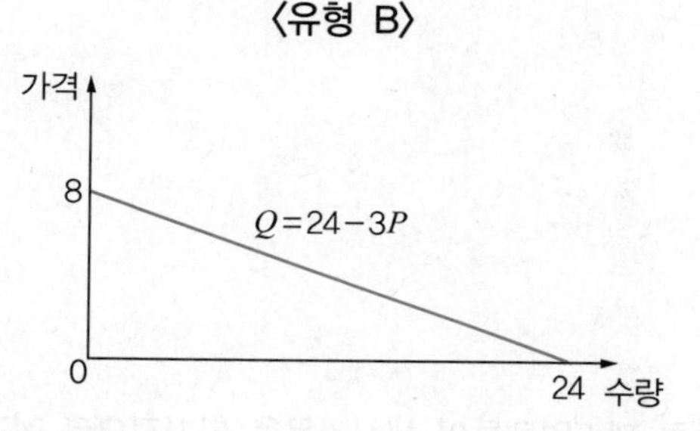

① 420
② 1,200
③ 1,600
④ 1,800
⑤ 2,000

14 수요함수가 우하향하는 직선일 때, 수요의 가격탄력성에 대한 설명으로 옳은 것은?

① 필수재에 비해 사치재의 수요는 가격 변화에 대해 보다 비탄력적이다.
② 수요의 가격탄력성이 1일 때 총지출은 최대가 된다.
③ 수요의 가격탄력성은 수요곡선의 어느 점에서 측정하더라도 같은 값을 가진다.
④ 수요곡선의 임의의 점에서 수요의 가격탄력성은 수요곡선 기울기의 역수로 계산된다.

[15 ~ 16] 다음은 한 편의점의 판매수입표이다. 이어지는 질문에 답하시오.

〈콜라, 환타, 사이다의 월별 가격과 판매수입〉

구분	가격(원)	판매수입(만 원)		
		콜라	환타	사이다
1월	1,000	10	10	10
2월	1,500	15	12	10
3월	2,000	20	15	10

15 각 재화의 가격탄력성에 대한 올바른 분석은? (단, 소비자 선호 등 다른 조건은 동일하다)

① 콜라 수요의 가격탄력성은 1보다 크다.
② 환타 수요의 가격탄력성은 1보다 작다.
③ 사이다 수요의 가격탄력성은 1보다 크다.
④ 사이다는 가격에 관계없이 항상 일정량이 판매된다.

16 다음 중 사이다의 수요곡선에 가장 가까운 형태는?

①
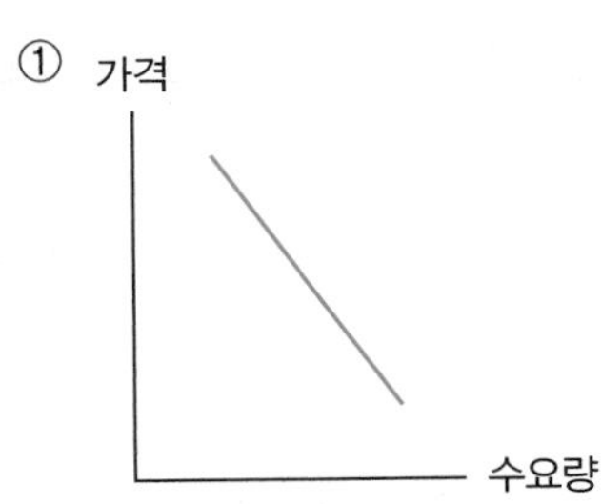

②
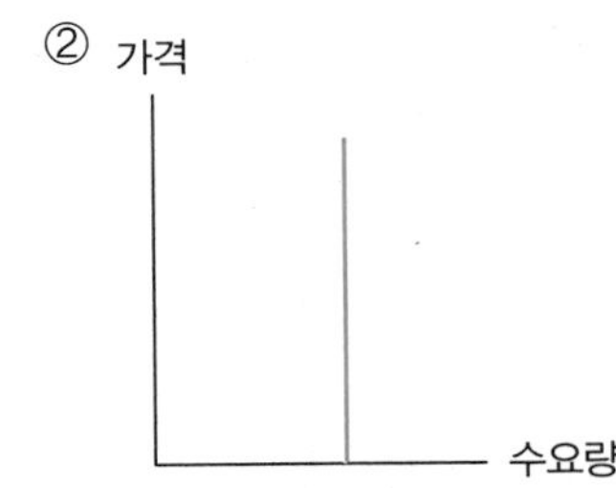

③
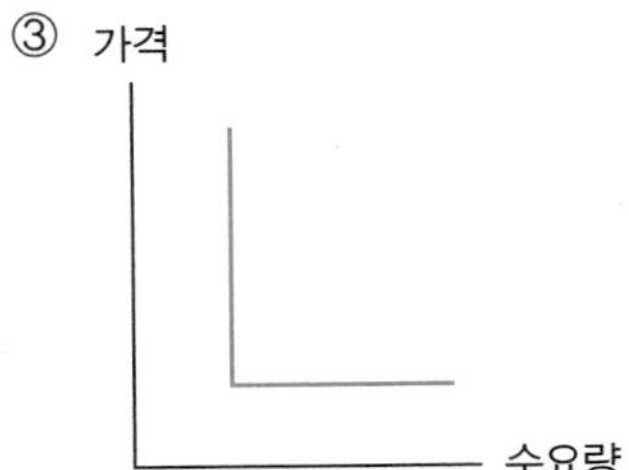

④
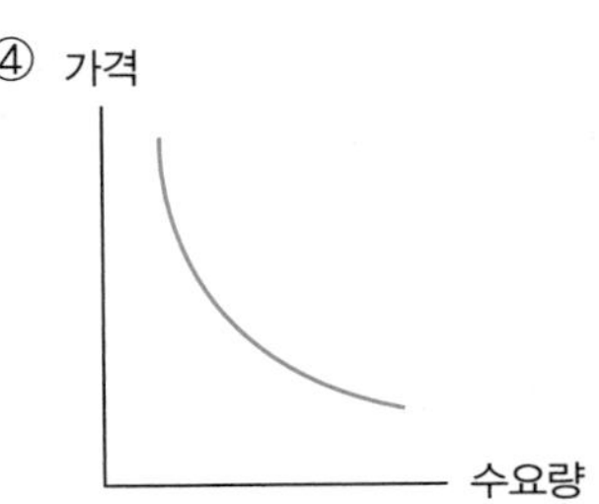

17 다음 표는 버스운임 변경과 그에 따른 매출액 변화를 나타낸 것이다. 이를 바탕으로 개별 승객의 가격탄력성을 올바르게 짝지은 것은?

〈조정 전 · 후의 버스운임 및 매출액 변화〉

구분	조정 전	조정 후	매출액 변화
주중	균일요금(900원)	일반시간(950원)	감소
		심야시간(1,200원)	
주말 · 공휴일		일반시간(1,000원)	증가

※ 심야시간은 23시부터 02시까지이며, 주말 · 공휴일은 심야시간에 버스를 운행하지 않음.

	주중 일반시간	주중 심야시간	주말 · 공휴일
①	탄력적	탄력적	탄력적
②	탄력적	단위탄력적	비탄력적
③	비탄력적	단위탄력적	탄력적
④	비탄력적	비탄력적	비탄력적

18 다음은 소매시장의 오리고기 수요곡선과 공급곡선이다. $P_b=7$, $P_c=3$, $P_d=5$, $Y=2$라고 할 때, 시장균형점에서 오리고기에 대한 수요의 가격탄력성은?

- 수요곡선 : $Q_D=105-30P-20P_c+5P_b-5Y$
- 공급곡선 : $Q_S=5+10P-3P_d$

(단, P는 소매시장 오리고기 가격, P_b는 쇠고기 가격, P_c는 닭고기 가격, P_d는 도매시장 오리고기 가격, Y는 소득이다)

① $\frac{1}{6}$　　② $\frac{1}{3}$

③ 3　　④ 6

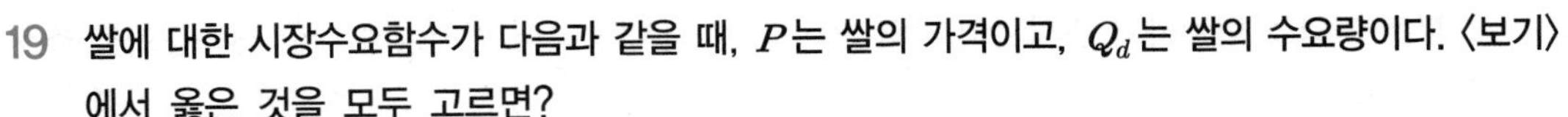

19 쌀에 대한 시장수요함수가 다음과 같을 때, P는 쌀의 가격이고, Q_d는 쌀의 수요량이다. 〈보기〉에서 옳은 것을 모두 고르면?

$$Q_d = 100 - P$$

보기

ㄱ. 쌀의 수요탄력성은 가격의 증가함수이다.
ㄴ. 쌀의 수요는 비탄력적이다.
ㄷ. 쌀 판매로부터 얻는 수입은 가격의 증가함수이다.
ㄹ. 쌀의 수요량이 75이면 쌀의 수요탄력성은 1이다.

① ㄱ　② ㄷ　③ ㄱ, ㄷ
④ ㄴ, ㄷ　⑤ ㄴ, ㄹ

20 다음 그림은 보통사람과 중증환자에 대한 의료서비스 수요곡선을 나타낸다. 보통사람의 수요곡선은 D_1, 중증환자의 수요곡선은 D_2일 때, 옳지 않은 것은?

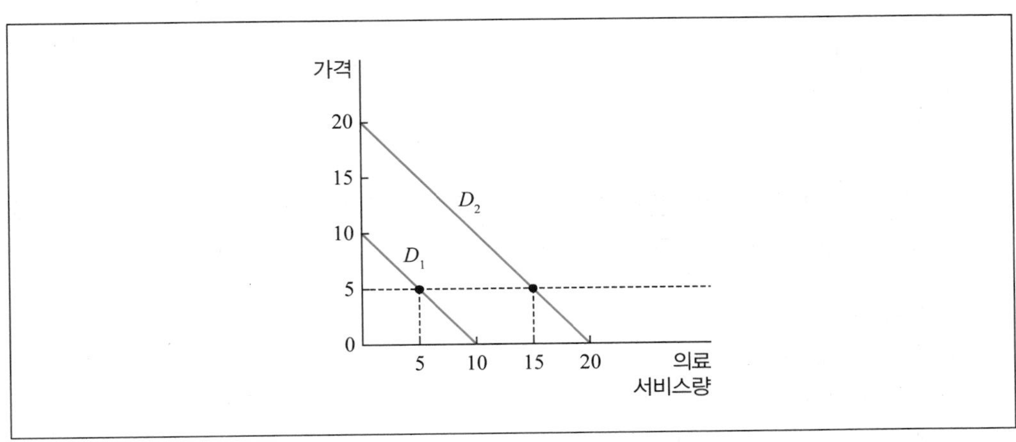

① 보통사람은 가격 5에서 탄력성이 1이다.
② 중증환자는 가격 5에서 탄력성이 $\frac{1}{3}$이다.
③ 이윤을 극대화하는 독점병원은 보통사람보다 중증환자에게 더 높은 가격을 부과한다.
④ 가격 5에서 가격변화율이 동일할 경우 보통사람이나 중증환자 모두 수요량의 변화율은 동일하다.

21 정부는 마약을 퇴치하기 위해서 마약의 국내 반입 저지와 국내 판매상에 대한 단속강화를 추진하고 있다. 이와 같은 정책에 예상되는 결과로 적절하지 않은 것은? (단, 마약 수요는 가격 변화에 대해 비탄력적이다)

① 마약 거래량이 감소한다.
② 마약 가격이 상승한다.
③ 마약 판매상의 판매수입이 감소한다.
④ 수요곡선은 이동하지 않는다.

22 조세부담에 관한 다음 설명 중 가장 적절한 것은?

① 수요와 공급이 탄력적일수록 조세부과에 따른 사회적인 후생손실은 감소한다.
② 수요가 완전비탄력적이면 생산자가 조세를 전부 부담하게 된다.
③ 수요가 비탄력적이고 공급은 탄력적인 경우 소비자부담이 작아진다.
④ 조세부담의 크기는 수요와 공급의 가격탄력성의 상대적인 크기에 의해 결정된다.

23 A 기업은 X재만 판매하는 기업이다. X재의 가격을 10% 인상하였더니 매출액이 5% 감소하였다고 할 때, 다음 설명 중 가장 적절한 것은?

① 판매량이 5% 감소하였다.
② 판매량이 50% 감소하였다.
③ 수요의 자격탄력성은 1이다.
④ 수요의 가격탄력성은 0.5이다.
⑤ 수요의 가격탄력성은 1보다 크다.

24 **재화 X, Y, Z의 관계는 다음과 같다. Y재의 공급이 감소할 때의 변화에 대한 설명으로 가장 적절한 것은?**

> 재화 X와 재화 Y는 서로 수요 측면에서의 대체재이며, 재화 Y와 재화 Z는 서로 수요 측면에서의 보완재이다.

① 재화 X의 가격 상승, 거래량 증가
② 재화 X의 가격 하락, 거래량 감소
③ 재화 Z의 가격 상승, 거래량 감소
④ 재화 Z의 가격 상승, 거래량 증가
⑤ 재화 Z의 가격 하락, 거래량 증가

25 **재화 X에 대한 수요함수가 $Q_x = \alpha {P_x}^{\beta} {P_y}^{\gamma} M^{\delta}$ 라고 할 때, 재화 X에 대한 수요의 소득탄력성은 얼마인가? (단, Q_x는 재화 X의 수요량, P_x는 재화 X의 가격, P_y는 재화 Y의 가격, M은 소득을 의미한다)**

① 1
② α
③ β
④ γ
⑤ δ

26 **다음 〈보기〉에서 옳지 않은 것을 모두 고르면?**

> **보기**
>
> ㄱ. 원유의 가격은 크게 하락하였으나 거래량의 하락폭은 가격의 하락폭에 비해 상대적으로 적었다. 이는 원유의 수요와 공급이 비탄력적인 경우에 나타나는 현상이라 할 수 있다.
>
> ㄴ. A는 항상 매달 소득의 $\frac{1}{5}$을 일정하게 뮤지컬 혹은 영화 티켓 구입에 사용한다. 이 경우 뮤지컬 혹은 영화 티켓의 가격이 10% 상승하면 A의 뮤지컬 혹은 영화 티켓 수요량은 10% 감소한다.
>
> ㄷ. B 기업이 판매하고 있는 C 상품의 수요의 가격탄력성은 1.2이다. B 기업은 최근 C 상품의 가격을 인상하기로 결정했고 이로 인해 총수입이 증가할 것으로 예상하고 있다.
>
> ㄹ. 다른 모든 요인이 일정불변할 때, 담배세 인상 이후 정부의 담배세 수입이 증가했다면 이는 담배 수요가 가격에 대해 탄력적임을 의미한다.

① ㄱ, ㄴ
② ㄱ, ㄷ
③ ㄴ, ㄷ
④ ㄷ, ㄹ
⑤ ㄴ, ㄷ, ㄹ

27 다음 그림은 가로축에 공급량(Q), 세로축에 가격(P)을 나타내는 공급곡선들을 표시한 것이다. 이에 대한 설명으로 옳은 것은?

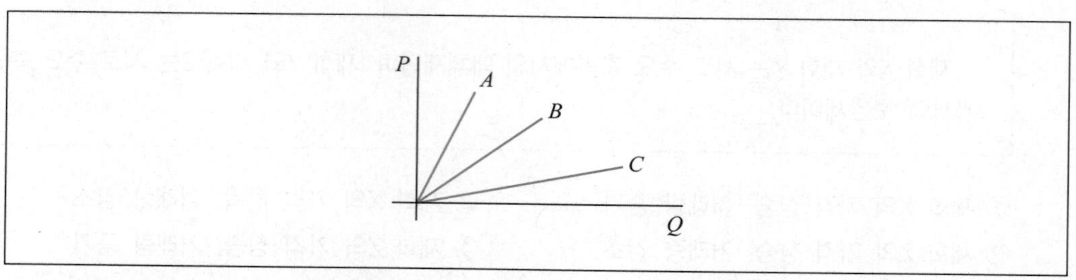

① 공급곡선 A의 가격에 대한 탄력성이 C의 가격에 대한 탄력성보다 높다.
② 공급곡선 C의 가격에 대한 탄력성이 A의 가격에 대한 탄력성보다 높다.
③ 공급곡선 B의 가격에 대한 탄력성이 C의 가격에 대한 탄력성보다 높다.
④ 공급곡선 A의 가격에 대한 탄력성은 B의 가격에 대한 탄력성과 같다.

28 다음 〈보기〉의 경제현상 중 에너지에 대한 수요를 증가시키는 것을 모두 고르면?

보기

가. 경유에 대한 세금 인상
나. 휘발유 승용차에 대한 세금 감면
다. 휘발유 생산비용의 급격한 하락
라. 원유가격의 인하

① 가, 나
② 가, 나, 다
③ 가, 나, 라
④ 나, 라

29 재화 X의 수요 가격탄력성은 0.5이고 재화 X의 가격이 6% 상승하여 수요가 a% 변하였다. 재화 Y의 수요 소득탄력성은 0.4이며 수요자의 소득이 5% 상승하여 수요가 b% 변하였다. 이때 $|a| + |b|$의 값은?

① 2
② 2.5
③ 4
④ 5

30 에너지에 대한 수요의 가격탄력성과 소득탄력성이 각각 0.9와 0.5이다. 에너지 가격이 2% 상승하고 소득이 4% 증가할 경우 에너지수요량의 전체 변화율은?

① 0.2%
② 1.4%
③ 1.8%
④ 2.5%

31 한 재화의 가격이 상승하면서 수요량도 높은 경우에 해당되는 것은? (단, 이 재화는 정상재이다)

① 이 재화의 대체재의 가격이 상승했다.
② 이 재화의 보완재는 가격이 상승했다.
③ 이 재화의 생산요소 가격이 상승했다.
④ 이 재화의 생산요소 가격이 하락했다.

32 최저임금이 오를 때 실업이 가장 많이 증가하는 노동자 유형은?

① 노동에 대한 수요가 탄력적인 비숙련노동자
② 노동에 대한 수요가 비탄력적인 비숙련노동자
③ 노동에 대한 수요가 탄력적인 숙련노동자
④ 노동에 대한 수요가 비탄력적인 숙련노동자

33 X, Y재의 수요데이터를 분석하여 다음과 같은 결과를 얻었다. X(Y)재의 교차탄력도는 Y(X)재 가격변화율에 대한 X(Y)재 수요 변화율을 의미한다. 다음 설명 중 옳은 것을 모두 고르면?

재화	수요의 소득탄력도	수요의 교차탄력도
X	1.3	−0.8
Y	−0.6	−1.4

가 : X재는 정상재이다.
나 : X재는 열등재이다.
다 : Y재는 정상재이다.
라 : Y재는 열등재이다.
마 : X재와 Y재는 서로 보완재이다.
바 : X재와 Y재는 서로 대체재이다.

① 가, 나, 다
② 가, 라, 마
③ 가, 라, 바
④ 나, 다, 마

34 어떤 판매자가 경매를 통해 물건 100개를 판매하려고 한다. 경매방식은 '구매자는 원하는 가격과 물량을 동시에 제시하고, 판매자는 입찰가격을 높은 가격부터 낮은 가격 순으로 나열하여 높은 가격을 제시한 참가자들에게 물건 100개를 소진할 때까지 판매'하는 형식이다. 이때 100번째 물건이 판매되는 참가자의 입찰가격이 유일한 낙찰가격으로 판매가격이 되고, 각각의 입찰자는 자신이 제시한 입찰 물량을 낙찰가격에 구매한다. 모든 참가자는 이러한 절차와 방식을 알고 있다. 다음 표는 판매자가 참가자들로부터 동시에 입찰을 받아 정리한 결과일 때, 입찰 결과에 대한 설명으로 옳은 것은?

참가자	입찰가격(원)	입찰 물량(개)	참가자	입찰가격(원)	입찰 물량(개)
A	11,200	5	E	9,900	40
B	11,000	10	F	9,800	10
C	10,500	20	G	9,600	30
D	10,300	20			

① 낙찰가격은 9,900원이다.
② 구매자가 진정한 가격을 입찰한다는 전제하에 구매자잉여는 43,000원이다.
③ 참가자 G는 낙찰되어 제시한 30개 물량 중 10개를 배정받아 스스로 제시한 개당 9,600원에 구입한다.
④ 참가자 7명 중 2명은 하나의 물량도 낙찰받지 못한다.

35 다음 〈보기〉 중에서 재화 A의 시장에서 공급이 증가하는 요인을 모두 고르면?

보기

ㄱ. 정부가 재화 A를 생산하는 생산자에게 종량세를 부과하였다.
ㄴ. 재화 A에 대한 가격이 상승할 것으로 예상된다.
ㄷ. 재화 A의 생산에 필요한 생산요소인 휘발유의 가격이 하락하였다.

① ㄱ ② ㄷ ③ ㄱ, ㄴ
④ ㄴ, ㄷ ⑤ ㄱ, ㄴ, ㄷ

36 다음 중 기펜재(Giffen Goods)와 관련된 내용으로 올바른 것을 모두 고르면?

가. 기펜재는 정상재이다.	나. 기펜재는 열등재이다.
다. 소득효과가 대체효과보다 크다.	라. 대체효과가 소득효과보다 크다.
마. 수요의 법칙을 위배한다.	바. 수요의 법칙을 충족한다.

① 가, 라, 바 ② 가, 다, 마 ③ 가, 다, 바
④ 나, 다, 마 ⑤ 나, 다, 바

37 아프리카의 어느 지역에 400가구가 살고 있는 마을이 있다. 이 마을 내에 우물을 설치하는 데 소요되는 총비용과 우물의 수에 따른 가구당 한계이득(한계편익)이 다음 표와 같을 때, 우물을 몇 개 설치하는 것이 가장 효율적인가? (단, 우물에 대한 모든 가구의 선호체계는 동일하다고 가정한다)

우물의 수	설치 총비용($)	가구당 한계이득($)
2개	800	4
3개	1,200	3
4개	1,600	2
5개	2,000	1

① 2개 ② 3개
③ 4개 ④ 5개

38 소비자균형에 관한 다음 설명 중 옳지 않은 것은?

① 각 재화의 한계효용이 같지 않아도 된다.
② 재화 간의 한계대체율과 가격비가 일치한다.
③ 주어진 예산제약 하에서 효용극대화가 달성된 상태이다.
④ 다른 조건이 일정할 때 소득이 변하면 한계대체율도 변화하게 된다.
⑤ 주관적 교환비율과 객관적 교환비율이 일치한다.

39 다음 자료에 대한 설명으로 옳은 것은?

〈표 1〉 시장 수요와 시장 공급

가격(만 원)	수요량(개)	공급량(개)
2	7	1
3	6	2
4	5	3
5	4	4
6	3	5
7	2	6
8	1	7

〈표 2〉 생산량과 사회적 비용

생산량(개)	사회적 비용(만 원)
1	4
2	5
3	6
4	7
5	8
6	9
7	10

① 사회적인 최적생산량은 4개이다.
② 긍정적인 외부효과가 존재하여 시장실패가 발생한다.
③ 정부가 개당 2만 원의 세금을 생산자에게 부과하면 시장실패를 개선할 수 있다.
④ 정부가 개당 2만 원의 보조금을 생산자에게 지급하면 시장실패를 개선할 수 있다
⑤ 정부가 개당 2만 원의 보조금을 소비자에게 지급하면 시장실패를 개선할 수 있다.

40 길동이는 소득의 전부를 X재와 Y재의 소비에 지출한다. X재의 가격은 1,000원이고, Y재의 가격은 2,000원이며, 길동이의 월 소득은 11,000원이다. 길동이가 X재와 Y재 소비에서 누리는 한계효용이 다음과 같을 때, 길동이의 효용을 가장 극대화하는 X재와 Y재의 월 소비량은 얼마인가?

〈X재 및 Y재의 소비에서 누리는 한계효용〉

수량	1개	2개	3개	4개	5개	6개
X재	600	550	500	450	400	350
Y재	1,000	900	800	700	600	500

	X재 월 소비량	Y재 월 소비량		X재 월 소비량	Y재 월 소비량
①	1개	5개	②	3개	8개
③	4개	2개	④	5개	3개
⑤	6개	4개			

41 **다음 자료로부터 도출한 추론으로 옳은 것을 〈보기〉에서 모두 고르면?**

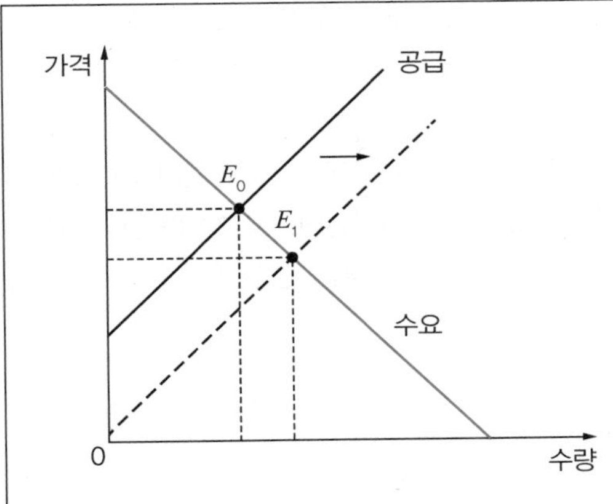

A국 정부는 자동차 산업 육성을 위해 자동차 생산자(공급자)에게 대당 200만 원의 보조금을 지급하기로 했다. 보조금을 부과하기 전후 자동차 시장의 변화는 그림과 같다(단, '총잉여=소비자잉여+생산자잉여−보조금 지급 총액'이다).

보기

ㄱ. 가격은 200만 원 하락한다.
ㄴ. 생산자잉여가 증가한다.
ㄷ. 소비자잉여가 감소한다.
ㄹ. 총잉여는 감소한다.

① ㄱ, ㄴ ② ㄱ, ㄷ ③ ㄴ, ㄷ
④ ㄴ, ㄹ ⑤ ㄷ, ㄹ

42 **완전경쟁적인 농산물 X에 대한 시장에서의 수요곡선과 공급곡선이 다음과 같다. 농산물 X에 대한 균형가격이 지나치게 낮다고 판단한 정부는 일정 가격 이하로 판매할 수 없도록 최저가격제 정책을 실시하기로 하였다. 이 정책이 유효하다고 할 때, 이 시장에서 발생하는 내용에 대한 설명으로 옳지 않은 것은?**

• 수요곡선 : $Q_D = a - bP(a > 0, b > 0)$ • 공급곡선 : $Q_S = cP(c > 0)$
(Q_D : 농산물 X에 대한 수요량, Q_S : 농산물 X에 대한 공급량, P : 농산물 X에 대한 가격)

① 정책실시 전에 비해 시장 균형가격이 상승한다.
② 정책실시 전에 비해 시장 균형거래량이 감소한다.
③ 정책실시 전에 비해 생산자잉여가 증가한다.
④ 정책실시 전에 비해 소비자잉여가 감소한다.
⑤ 정책실시로 인해 자중손실이 발생한다.

43 비용에 대한 설명으로 옳은 것은?

① 조업을 중단하더라도 남아 있는 계약기간 동안 지불해야 하는 임대료는 고정비용이지만 매몰비용은 아니다.

② 평균총비용곡선이 U자 모양일 때, 한계비용은 평균총비용의 최저점을 통과하지 않는다.

③ 한계수확 체감 현상이 발생하고 있는 경우, 생산량이 증가함에 따라 한계비용은 감소한다.

④ 가변비용과 고정비용이 발생하고 있고 평균총비용곡선과 평균가변비용곡선이 모두 U자 모양일 때, 평균가변비용의 최저점은 평균총비용의 최저점보다 더 낮은 생산량 수준에서 발생한다.

44 기업의 생산활동과 생산비용에 대한 설명으로 옳지 않은 것은?

① 평균비용이 증가할 때 한계비용은 평균비용보다 작다.

② 단기에 기업의 총비용은 총고정비용과 총가변비용으로 구분된다.

③ 낮은 생산수준에서 평균비용의 감소추세는 주로 급격한 평균고정비용의 감소에 기인한다.

④ 완전경쟁기업의 경우, 단기에 평균가변비용이 최저가 되는 생산량이 생산중단점이 된다.

45 시장을 점유하고 있는 어느 기업의 수요함수는 $Q_D=1{,}000-P$이고, 이 기업의 생산비용함수는 $C=\frac{1}{2}Q^2+100$이라고 한다. 이 독점기업이 설정한 가격과 한계비용은 얼마인가? (단, 여기서 Q_D는 수요량, P는 가격, Q는 생산량, C는 생산비용이다)

① 가격은 $\frac{1{,}000}{3}$, 한계비용은 $\frac{2{,}000}{3}$이다.

② 가격은 $\frac{2{,}000}{3}$, 한계비용은 $\frac{1{,}000}{3}$이다.

③ 가격은 1,000, 한계비용은 $\frac{1{,}000}{3}$이다.

④ 가격은 $\frac{1{,}000}{3}$, 한계비용은 $\frac{1{,}000}{3}$이다.

⑤ 가격은 $\frac{2{,}000}{3}$, 한계비용은 $\frac{2{,}000}{3}$이다.

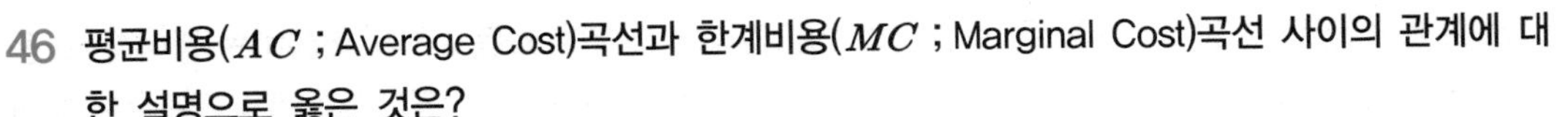

46 **평균비용(AC ; Average Cost)곡선과 한계비용(MC ; Marginal Cost)곡선 사이의 관계에 대한 설명으로 옳은 것은?**

① MC가 증가하면 AC도 증가한다.
② MC가 증가하면 AC는 MC보다 더 크다.
③ AC가 증가하면 MC는 AC보다 더 적다.
④ AC가 증가하면 MC는 AC보다 더 크다.

47 **다음 비용이론에 관한 설명 중 가장 옳지 않은 것은?**

① 최적시설 규모에서는 장기평균비용과 단기평균비용이 같다.
② 평균비용이 하락할 때, 한계비용은 평균비용보다 작다.
③ 장기평균비용곡선이 단기평균비용곡선의 포락선이다.
④ 한계비용곡선이 평균가변비용곡선 아래에 있는 경우 한계비용곡선은 양(+)의 기울기를 갖는다.

48 **사양이 동일한 재화를 생산하여 공급하는 기업 1과 기업 2가 있다. 시장역수요함수(Inverse Demand Function)가 $P=130-Q$이고, 비용함수가 $C=10Q$일 때, 두 기업의 생산에 따른 한계기업이 경쟁균형상태에서 시장에 공급하는 총공급량과 시장가격은? (단, P는 시장가격, Q는 시장수요량이다)**

	총공급량	시장가격		총공급량	시장가격
①	80	50	②	85	45
③	70	45	④	60	70
⑤	50	70			

49 **생산가능곡선에 관한 설명으로 옳지 않은 것은?**

① 기회비용이 일정하다면 생산가능곡선은 우하향하는 직선의 형태이며 한계변환율이 일정하다.
② 생산가능곡선상의 모든 점에서는 생산의 효율성이 달성된다.
③ 생산가능곡선 내부의 점은 현재의 기술수준과 주어진 생산요소로는 도달 불가능한 점이다.
④ 실업률의 감소는 생산가능곡선을 이동시키지 않는다.

50 (주)○○산업의 김△△ 사장은 종업원의 임금인상에 대하여 노동조합과 협상하는 중이다. 노동자는 임금인상보다는 근무시간을 단축할 것을 요구하고 있다. 이런 경우의 노동공급곡선의 형태는?

① 우상향하는 노동공급곡선 ② 수평인 노동공급곡선
③ 후방굴절하는 노동공급곡선 ④ L자형 노동공급곡선

51 X재의 수요곡선을 우측으로 이동시키는 요인이 아닌 것은?

① X재가 열등재일 경우, 소득의 증가 ② X재와 보완관계인 Y재의 가격 하락
③ X재와 대체관계인 Z재의 가격 상승 ④ X재를 소비하는 소비자의 수 증가

52 어떤 재화의 수요곡선이 $P=100-2Q$이고, 공급곡선이 $P=70-4Q$일 때, 균형가격(P)과 균형거래량(Q)을 구하면?

	P	Q		P	Q
①	60	20	②	70	15
③	80	10	④	90	5

53 완전경쟁기업의 비용함수가 $C=Q^3-4Q^2+20Q+60$으로 주어져 있을 때, 이 기업이 단기에 생산을 지속하기 위한 최소가격은? (단, C는 비용, Q는 수량이다)

① 4 ② 8 ③ 16
④ 18 ⑤ 24

54 **다음 중 완전경쟁시장이 성립하기 위한 조건이 아닌 것은?**

① 다수의 수요자와 공급자가 존재하여 개별기업은 가격설정자(Price Setter)의 지위를 갖는다.
② 판매조건, 무상수리조건 등을 포함하여 재화는 완전히 동질적이다.
③ 시장으로의 진입과 시장으로부터의 이탈이 자유롭다.
④ 정보가 완전하다.
⑤ 외부성이 존재하지 않는다.

55 **기업의 이윤극대화에 대한 설명으로 옳은 것을 모두 고른 것은?**

ㄱ. 한계수입(MR)이 한계비용(MC)과 같을 때 이윤극대화의 1차 조건이 달성된다.
ㄴ. 한계비용(MC)곡선이 한계수입(MR)곡선을 아래에서 위로 교차하는 영역에서 이윤극대화의 2차 조건이 달성된다.
ㄷ. 평균비용(AC)곡선과 평균수입(AR)곡선이 교차할 때의 생산수준에서 이윤극대화가 달성된다.

① ㄱ, ㄴ　　② ㄱ, ㄷ
③ ㄴ, ㄷ　　④ ㄱ, ㄴ, ㄷ

56 **기업의 이윤극대화조건을 가장 적절하게 표현한 것은? (단, MR은 한계수입, MC는 한계비용, TR은 총수입, TC는 총비용이다)**

① $MR = MC$, $TR > TC$　　② $MR = MC$, $TR < TC$
③ $MR > MC$, $TR > TC$　　④ $MR > MC$, $TR < TC$

57 **다음은 가방만 생산하는 어떤 기업의 노동자 수에 따른 주당 가방 생산량이다. 만약 완전경쟁시장에서 가방의 개당 가격이 20,000원이라면, 가방을 생산하는 이 기업은 이윤극대화를 위하여 몇 명의 노동자를 고용하겠는가? (단, 노동자 1명의 주당 임금은 1,000,000원이며, 노동자에게 지급하는 임금 외에 다른 비용은 없다)**

〈노동자의 수에 따른 주당 가방 생산량〉

노동자의 수(명)	0	1	2	3	4	5
가방 생산량(개)	0	60	160	240	280	300

① 1명 ② 2명 ③ 3명
④ 4명 ⑤ 5명

58 **다음 그림은 어느 기업의 평균수입과 평균비용을 나타낸 것이다. 이에 대한 설명으로 옳은 것은?**

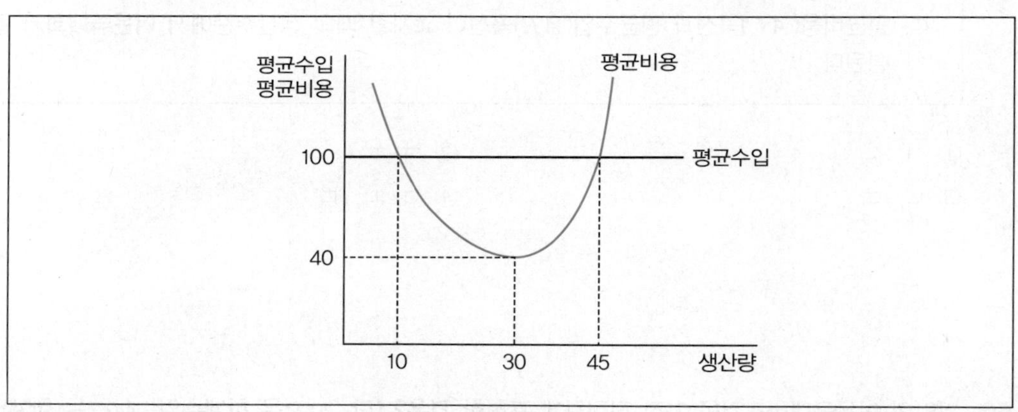

① 생산량이 증가함에 따라 가격은 떨어진다.
② 평균비용이 감소하는 구간에서는 생산량을 늘릴수록 이윤이 증가한다.
③ 최대 이윤은 1,800이다.
④ 생산량을 44에서 45로 늘리면 이윤은 증가한다.
⑤ 생산량이 30일 때 한계비용은 한계수입보다 크다.

59 다음은 이윤극대화를 추구하는 어떤 기업의 단기에서의 한계수입(MR), 한계비용(MC) 및 평균비용(AC)을 표시한 그래프이다. 다음 중 각각의 생산량 수준인 점 a, b, c, d에 대한 설명으로 옳은 것을 〈보기〉에서 모두 고르면?

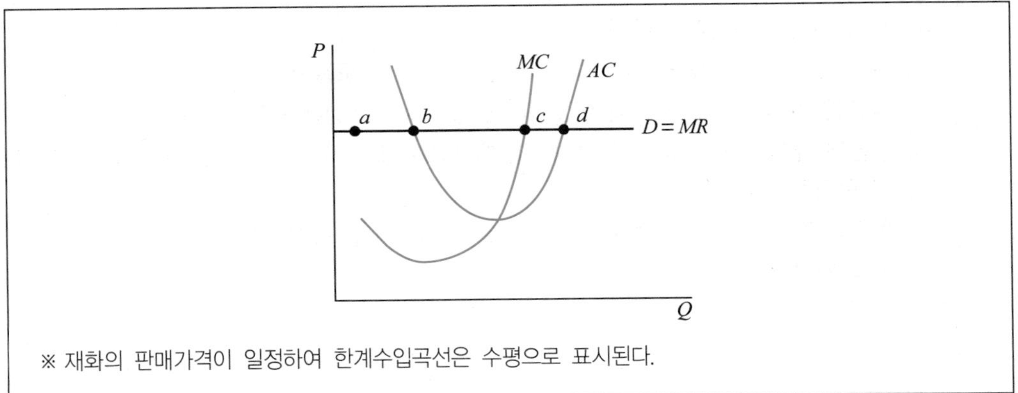

※ 재화의 판매가격이 일정하여 한계수입곡선은 수평으로 표시된다.

보기

ㄱ. 해당 기업은 손익분기점인 점 c의 생산량을 선택할 것이다.
ㄴ. 점 c에서 이윤이 최대가 된다.
ㄷ. 점 d에서 초과이윤이 발생한다.
ㄹ. 점 $a \sim d$ 중에서 점 b의 순수익이 가장 크다.
ㅁ. 점 $a \sim d$ 중에서 점 a의 순수익이 가장 적다.

① ㄱ, ㄴ ② ㄴ, ㄷ ③ ㄴ, ㅁ
④ ㄱ, ㄴ, ㅁ ⑤ ㄴ, ㄹ, ㅁ

60 다음 독점적 경쟁시장에 관한 서술 중 가장 옳지 않은 것은?

① 장기균형에서 독점적 경쟁기업의 초과이윤은 0이다.
② 장기균형에서도 여전히 가격이 한계비용을 상회하므로 후생손실이 발생한다.
③ 독점적 경쟁시장에서 이윤극대화를 추구하는 기업의 장기균형생산량은 평균비용이 최소가 되는 점이다.
④ 완전경쟁시장에서의 기업과 다르게 제품을 차별화한다.

61 **독점적 경쟁에 관한 설명으로 옳지 않은 것을 〈보기〉에서 모두 고르면?**

보기

ㄱ. 독점적 경쟁기업은 장기에는 정상이윤만 얻는다.
ㄴ. 시장 진입과 퇴거가 자유롭다.
ㄷ. 수요곡선이 한계비용곡선에 접할 때 장기균형점에 도달한다.
ㄹ. 각 기업이 생산하는 재화의 이질성이 높을수록 초과설비규모가 커진다.
ㅁ. 상품에 대한 수요는 순수 독점기업일 때보다는 덜 탄력적이고 완전경쟁기업일 때보다는 더 탄력적이다.
ㅂ. 독점적 경쟁기업이 생산하는 재화는 서로 대체성이 높으므로 각 기업이 생산하는 재화 간의 교차탄력성은 0보다 크다.

① ㄱ, ㄴ ② ㄴ, ㄷ ③ ㄴ, ㄹ
④ ㄷ, ㅁ ⑤ ㄷ, ㅂ

62 **독점적 경쟁시장에서 이윤극대화를 목적으로 하는 기업에 대한 설명으로 옳지 않은 것은? (단, P는 상품가격, MC는 한계비용, AR은 평균수입, LAC는 장기평균비용을 의미한다)**

① 기업의 진입과 퇴출은 자유로우나 기업의 수요곡선은 우하향한다.
② 독점적 경쟁시장에 속하는 기업의 균형생산량에서는 $P > MC$이다.
③ 독점적 경쟁시장에 속하는 기업은 평균비용곡선의 최저점에서 가격이 결정된다.
④ 독점적 경쟁시장의 장기 균형에서는 $P = AR = LAC$가 충족된다.

63 **완전경쟁시장과 독점적 경쟁시장 간의 가장 중요한 차이점은?**

① 시장에 참여하는 기업의 수
② 기업이 판매하는 재화의 동질성 여부
③ 기업의 자유로운 진입과 퇴거의 가능성
④ 시장지배력의 크기
⑤ 가격에 미치는 영향력의 정도

64 맥주시장이 기업 1과 기업 2만 존재하는 과점 상태에 있다. 기업 1과 기업 2의 한계수입(MR)과 한계비용(MC)이 다음과 같을 때, 쿠르노(Cournot)균형에서 기업 1과 기업 2의 생산량은? (단, Q_1은 기업 1의 생산량, Q_2는 기업 2의 생산량이다)

- 기업 1 : $MR_1 = 32 - 2Q_1 - Q_2$, $MC_1 = 6$
- 기업 2 : $MR_2 = 32 - Q_1 - 2Q_2$, $MC_2 = 4$

	기업 1	기업 2
①	6	15
②	8	10
③	9	18
④	12	6

65 A, B 두 기업이 존재하는 어떤 과점시장의 시장수요곡선은 $P = a - b(Q_A + Q_B)$이다. 여기서 a, b는 상수이고 P는 가격, Q_A는 A 기업의 생산량, Q_B는 B 기업의 생산량이다. 이 시장이 쿠르노(Cournot)모형에서 달성되는 균형상태일 때 나타날 수 있는 현상에 대한 설명으로 옳은 것은? (단, 각 기업의 생산비는 0이라고 가정한다)

① 시장가격은 $\frac{2a}{3}$이다.

② 시장거래량은 $\frac{2}{3b}$다.

③ 각 기업의 생산량은 $\frac{a}{3b}$이다.

④ A 기업의 생산량은 $\frac{a}{3}$이다.

⑤ B 기업의 생산량은 $\frac{b}{3}$이다.

66 과점시장에서 경쟁하는 A 기업과 B 기업이 있다. 두 기업의 전략과 그에 따른 이윤이 다음의 표와 같을 때, 우월전략균형에 대한 설명으로 가장 적절한 것은? (단, 괄호 안의 첫 번째 숫자는 A 기업의 이윤, 두 번째 숫자는 B 기업의 이윤을 의미한다)

B 기업 / A 기업	전략 1	전략 2
전략 1	(1억 원, 1억 5천 원)	(5천 원, 2억 원)
전략 2	(1억 5천 원, 1억 원)	(1억 원, 1억 5천 원)

① A 기업, B 기업 모두 전략 1을 선택한다.
② A 기업, B 기업 모두 전략 2를 선택한다.
③ A 기업은 전략 1, B 기업은 전략 2를 선택한다.
④ A 기업은 전략 2, B 기업은 전략 1을 선택한다.

67 X 재화의 시장수요곡선은 $Q=60-P$이다. 이 시장이 쿠르노(Cournot) 복점시장인 경우의 시장균형생산량과 독점시장인 경우의 시장균형생산량의 차이는? (단, Q는 생산량, P는 가격을 나타내고, 각 시장에 참여하는 기업들의 한계비용은 0이다)

① 10 ② 20 ③ 30 ④ 40

68 두 과점기업 A, B의 전략적 행동에 따라 달라지는 보수행렬이 다음과 같다고 할 때, 첫 번째 숫자는 기업 A의 이윤, 두 번째 숫자는 기업 B의 이윤을 가리킨다. 기업 A와 B의 우월전략은 각각 무엇인가?

기업 B의 전략적 결정 / 기업 A의 전략적 결정	전략 1	전략 2
전략 1	(300만 원, 600만 원)	(200만 원, 400만 원)
전략 2	(50만 원, 300만 원)	(250만 원, 0원)

	기업 A	기업 B		기업 A	기업 B
①	전략 1	전략 1	②	전략 1	전략 2
③	전략 2	전략 1	④	전략 2	우월전략이 없다.
⑤	우월전략이 없다.	전략 1			

69 X 재화의 시장에 A와 B 두 경쟁기업만 있다. 각 기업의 광고 여부에 따른 예상매출액은 다음 표와 같다. 각 기업은 자신의 예상매출액만 알고 경쟁기업의 예상매출액은 모른다고 할 때, 주어진 조건 하에서 각 기업의 광고 여부에 대한 설명으로 옳은 것은? (단, 괄호 안의 첫 번째 숫자는 A 기업, 두 번째 숫자는 B 기업의 예상매출액이며, 두 기업은 광고 등 주요 전략에 대해 협력관계에 있지 않다)

A 기업 \ B 기업	광고함	광고 안 함
광고함	(40, 30)	(60, 20)
광고 안 함	(30, 50)	(50, 40)

① A 기업은 광고를 하며, B 기업은 광고를 하지 않을 것이다.
② B 기업은 광고를 하며, A 기업은 광고를 하지 않을 것이다.
③ A 기업과 B 기업 모두 광고를 하지 않을 것이다.
④ A 기업과 B 기업 모두 광고를 할 것이다.

70 이윤극대화를 추구하는 기업이 완전경쟁요소 시장에 직면하고 있을 때 다음 중 가장 옳은 것은?

① 생산요소의 추가적인 고용으로부터 얻을 수 있는 수입보다 많은 요소가격을 지불한다.
② 생산요소의 추가적인 고용으로부터 얻을 수 있는 수입보다 적은 요소가격을 지불한다.
③ 한계생산물가치(VMP)보다 낮은 요소가격을 지불한다.
④ 한계수입생산물(MRP)보다 높은 요소가격을 지불한다.
⑤ 한계수입생산물(MRP)이 한계생산물가치(VMP)와 일치한다.

71 다음 설명 중 옳지 않은 것은?

① 독점적 경쟁기업이 직면하는 우하향의 수요곡선은 독점기업의 수요곡선보다 완만하다.
② 독점기업은 우하향하는 수요곡선에 직면한다.
③ 완전경쟁시장에서 개별 기업은 수평의 수요곡선에 직면한다.
④ 독점기업은 가격과 판매량을 모두 원하는 수준으로 결정할 수 있다.

72 다음 독점기업에 대한 설명 중 옳지 않은 것은?

① 독점기업에 대한 법인세 부과는 그 기업의 공급량에 영향을 주지 못한다.
② 독점기업이 공급하는 생산량은 완전경쟁시장에서의 공급량에 비해 적다.
③ 독점기업의 한계수입은 가격에 미치지 못한다.
④ 독점가격은 시장지배력을 이용하여 가격을 인상하면서 판매량을 늘릴 수 있다.

73 독점기업 A는 두 개의 공장을 가지고 있으며, 제1공장과 제2공장의 한계비용곡선(MC)은 각각 $MC_1=50+2Q_1$, $MC_2=90+Q_2$이다. A 기업의 이윤을 극대화하는 생산량이 총 80단위일 때, 제1공장과 제2공장의 생산량은? (단, Q_1은 제1공장의 생산량, Q_2는 제2공장의 생산량이다)

① (20, 60)
② (30, 50)
③ (40, 40)
④ (50, 30)

74 다음의 경제에서 재화의 가격은 얼마에 설정되는가?

> 어느 재화에 대한 시장수요함수가 $P=60-2Q$이다. 이 재화를 생산하는 지배적 기업이 하나 있고 나머지 군소기업들은 지배적 기업이 결정한 가격을 따른다. 지배적 기업을 제외한 군소기업들의 재화의 공급함수는 $P=2Q_F$이고 지배적 기업의 한계비용함수는 $MC=Q_D$이다.
> (Q_D : 지배적 기업의 생산량, Q_F : 나머지 군소기업들의 생산량, P : 가격, MC : 한계비용, Q : 시장산출량(Q_D+Q_F))

① 10
② 20
③ 24
④ 30
⑤ 36

75 다음은 기업들이 시행하고 있는 가격전략의 사례이다. 이와 같은 기업의 전략이 효과를 얻기 위해 가장 필요한 시장 환경은?

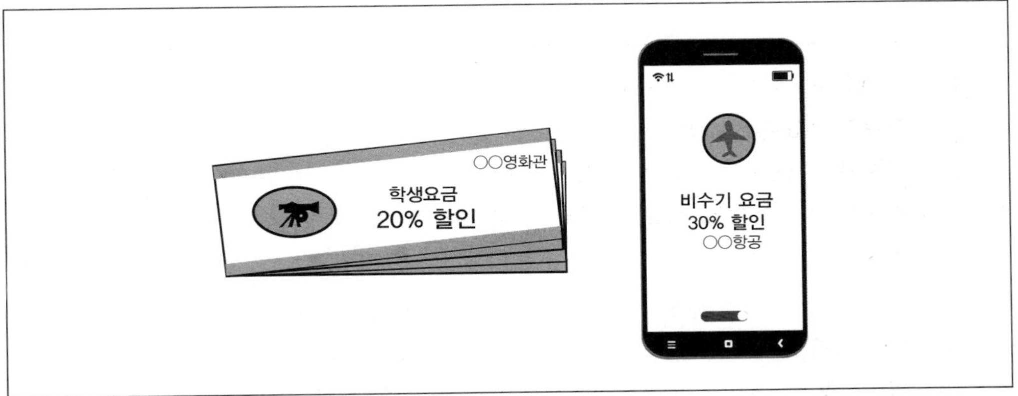

① 소비자가 시장지배력을 가지고 있어야 한다.
② 유형의 재화가 아닌 무형의 서비스 상품이어야 한다.
③ 기업과 소비자가 같은 수준의 정보를 공유하고 있어야 한다.
④ 소비자가 낮은 가격으로 상품을 구매한 뒤 이를 재판매하는 것이 불가능하다.

76 X 재화를 공급하는 독점기업이 이윤극대화를 위해 실시하는 가격차별에 대한 설명으로 옳지 않은 것은?

① X 재화에 대한 수요의 가격탄력성 차이가 집단구분의 기준이 될 수 있다.
② 두 시장을 각각 A와 B, X 재화 판매의 한계수입을 MR, X 재화 생산의 한계비용을 MC라고 할 때, 독점기업은 $MR_A = MR_B = MC$ 원리에 기초하여 행동한다.
③ A 시장보다 B 시장에서 X 재화에 대한 수요가 가격에 더 탄력적이라면 독점기업은 A 시장보다 B 시장에서 더 높은 가격을 설정한다.
④ 독점기업이 제1차 가격차별(First-degree Price Discrimination)을 하는 경우 사회적으로 바람직한 양이 산출된다.

77 A사는 자동차 부품을 독점적으로 생산하여 대구와 광주에만 공급하고 있다. A사의 비용함수와 A사 부품에 대한 대구와 광주의 수요함수가 다음과 같을 때, A사가 대구와 광주에서 각각 결정할 최적가격과 공급량은?

> • A사의 비용함수 : $C=15Q+20$
> • 대구의 수요함수 : $Q_{대구}=-P_{대구}+55$
> • 광주의 수요함수 : $Q_{광주}=-2P_{광주}+70$
> (단, C는 비용, Q는 생산량, P는 가격이다)

	$P_{대구}$	$Q_{대구}$	$P_{광주}$	$Q_{광주}$
①	(35	20	25	20)
②	(30	20	40	20)
③	(30	40	30	40)
④	(15	40	25	40)

78 다음 중 가격차별이 이루어지기 위한 가정으로 가장 적절하지 않은 것은?

① 시장은 분리가 가능해야 한다.
② 분리된 각 시장 간 상품의 재판매가 가능해야 한다.
③ 분리된 각 시장의 수요의 가격탄력성은 달라야 한다.
④ 시장 분리에 소요되는 비용보다 얻게 되는 수입 증가분이 더 커야 한다.

79 의류 판매업자인 A 씨는 아래와 같은 최대지불용의금액을 갖고 있는 두 명의 고객에게 수영복, 수영모자, 샌들을 판매한다. 판매전략으로 묶어 팔기(Bundling)를 하는 경우, 수영복과 묶어 팔 때가 따로 팔 때보다 더 이득이 생기는 품목과 해당상품을 수영복과 묶어 팔 때 얻을 수 있는 최대 수입은?

구분	최대지불용의금액(원)		
	수영복	수영모자	샌들
고객 (ㄱ)	400	250	150
고객 (ㄴ)	600	300	100

① 수영모자, 1,300원
② 수영모자, 1,400원
③ 샌들, 1,000원
④ 샌들, 1,100원
⑤ 샌들, 1,200원

80 기업은 소비자로부터 보다 많은 이윤을 끌어내기 위해 가격차별을 하기도 한다. 다음 중 기업의 가격차별에 유리한 환경이 아닌 것은?

① 특성이 다른 소비자가 존재한다.
② 소비자의 특성을 파악하는 것이 기업에게 어려운 일이 아니다.
③ 재판매가 용이하다.
④ 기업이 높은 시장지배력을 가지고 있다.

81 다음은 특정 상품의 수요곡선이고 최근 정부는 생산자의 수입을 보장하기 위해 상품에 대한 최저가격제를 시행했다. 이를 근거로 상품의 가격탄력성과 생산자 수익변화를 올바르게 분석한 것은? (단, 상품의 단위당 생산비용은 불변이다)

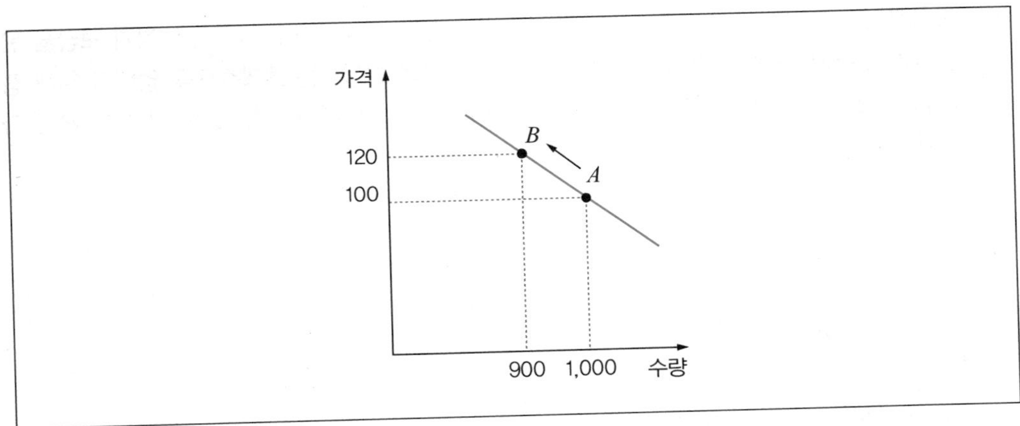

	가격탄력성	생산자 수익
①	탄력적	증가
②	탄력적	감소
③	비탄력적	증가
④	비탄력적	감소

82 정부의 가격통제(Price Control)에 관한 설명으로 옳지 않은 것은?

① 최고가격(Price Ceiling)은 시장균형가격보다 낮으면 초과수요를 가져온다.
② 최저가격(Price Floor)은 시장균형가격보다 높으면 초과공급을 초래한다.
③ 정부의 가격통제는 경제적 효율성을 저해한다.
④ 기술발전으로 숙련되지 않은 노동(Low Skilled Labour)의 공급증대가 일어나는 상황에서 최저임금제는 부적절한 제도이다.
⑤ 경제적 재앙이 발생하여 어떤 상품의 수요가 폭증할 때 최고가격제도는 그 생필품에 대한 부족을 더욱이 초래한다.

83 완전경쟁시장에서 수요와 공급이 〈보기〉와 같다. 만약 정부가 가격상한을 15원으로 정한다면 초과수요와 가격상한으로 인한 후생손실은 각각 얼마인가?

보기

• 수요 : $Q_d = 300 - 5P$ • 공급 : $Q_s = 10P$

(Q_d : 수요량, Q_s : 공급량, P : 가격)

① 50, 2,250 ② 50, 375 ③ 75, 375
④ 75, 2,250 ⑤ 100, 750

84 보청기의 수요함수가 $Q = 370 - 3P$ 이고 공급함수가 $Q = 10 + 6P$ 이다. 보청기 보급을 위해서 정부가 보청기 가격의 상한을 36으로 정하였다. 이때 발생하는 초과수요를 없애기 위해 정부가 보청기 생산기업에게 보청기 한 대당 지급해야 하는 보조금은? (단, Q는 생산량, P는 가격을 나타낸다)

① 6 ② 8
③ 10 ④ 12

85 최고가격제에 관한 설명으로 가장 옳은 것은?

① 최고가격은 시장균형가격 이상에서 설정되어야 효과가 있다.
② 유효한 최고가격에서는 초과공급이 존재한다.
③ 시장균형가격 이상으로 지불해서라도 상품을 구입하기 위한 암시장이 형성될 수 있다.
④ 최저임금은 최고가격제의 일환이다.

86 정부가 노동자 보호를 위하여 최저임금제도를 실시하기로 결정하였다. 이때 정부가 책정한 최저임금수준이 노동시장의 균형임금수준보다 낮게 책정되어 있을 때 나타날 수 있는 효과는?

① 실업을 유발한다. ② 노동에 대한 초과수요를 유발한다.
③ 임금수준을 상승시킨다. ④ 노동시장에 아무런 영향을 주지 못한다.

87 어떤 산업의 노동수요곡선과 노동공급곡선 식이 다음과 같다고 한다. 하루 법정 최저실질임금이 60,000이라 할 때, 이 노동시장의 실업인구는?

> • ND=800,000−4w　　　• NS=380,000+4w
> (단, ND는 노동수요, NS는 노동공급, w는 하루의 실질임금이다)

① 20,000　　② 30,000　　③ 40,000　　④ 60,000

88 다음에서 밑줄 친 ㉠과 ㉡에 해당되는 정책을 바르게 짝지은 것은?

> 옛사람이 시장에 인위적으로 개입하여 그 흐름을 교란하지 말라고 경계한 까닭은 무엇이겠습니까. 상인이란 싼 곳의 물건을 가져와 비싼 곳에 파는 존재이며, 나라와 백성은 그 도움을 받고 있습니다. ~ 지금 ㉠ 이 명령을 시행한다면 서울의 상인들은 장차 곡물을 다른 데로 옮겨 가 버릴 것입니다.
>
> 〈연암 박지원의 상소, 과정록〉
>
> 재정 수입을 늘릴 목적에서 국역을 부담하는 육의전을 비롯한 시정 상인에게 서울 도성 안과 도성 아래 십 리 이내 지역에서 난전의 활동을 규제하고 특정 상품에 대한 전매권을 지킬 수 있도록 하는 ㉡ 금난전권을 부여하다.
>
> 〈정조실록〉

	㉠	㉡
①	최고가격제	진입규제
②	최저가격제	진입규제
③	곡물수입금지	최고가격제
④	곡물수입금지	최저가격제
⑤	진입규제	최고가격제

89 수요함수와 공급함수가 각각 $D=10-P$와 $S=3P$인 재화에 1원의 종량세를 공급자에게 부과했다. 이 조세의 경제적 귀착(Economic Incidence)으로 옳은 것은? (단, D는 수요량, S는 공급량, P는 가격을 나타낸다)

	소비자	생산자
①	0.75원	0.25원
②	0.5원	0.5원
③	0.25원	0.75원
④	0원	1원

90 다음 그래프는 생산자 보조금 지급과 사회후생의 변화에 관한 것이다. 다음의 설명 중 옳지 않은 것은? (단, S_1 : 원래의 공급곡선, S_2 : 보조금 지급 이후의 공급곡선, D : 수요곡선, E_1 : 원래의 균형점, E_2 : 보조금 지급 이후의 균형점, P : 가격, Q : 수량이다)

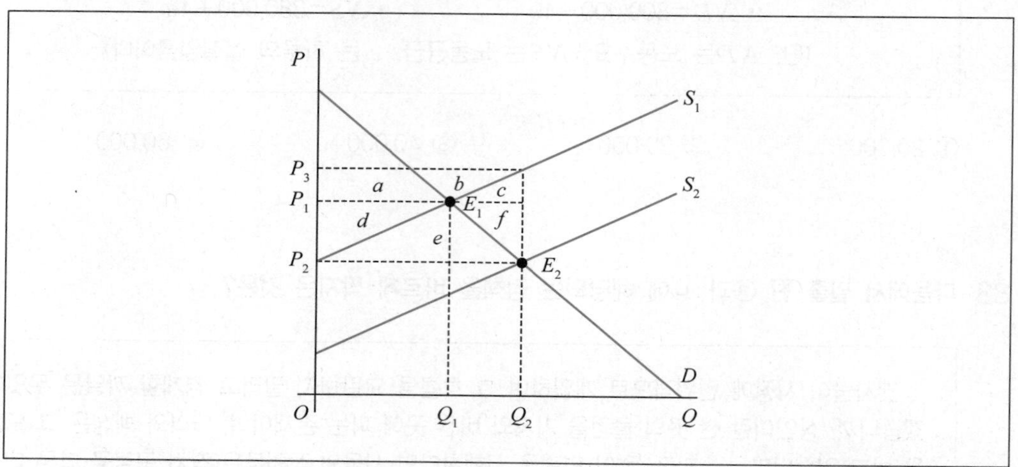

① 보조금 지급 후 생산자가 최종적으로 수취하는 가격은 P_3이다.

② 보조금 지급으로 인한 생산자잉여 증가분은 $a+b$이다.

③ 낭비된 보조금의 크기는 $c+f$이다.

④ 보조금의 크기는 $a+b+c+d+e+f$이다.

⑤ 보조금 지급으로 인한 소비자잉여의 증가분은 $d+e+f$이다.

91 다음 조건을 만족하는 두 시장에서 A 시장의 보조금을 없애고 B 시장의 보조금을 제품단위당 $2T$ 수준으로 올릴 경우에 대한 설명으로 옳은 것은?

- A 시장과 B 시장에서는 동일한 제품이 거래되고 있다.
- A 시장과 B 시장의 수요곡선과 공급곡선은 서로 동일하다.
- A 시장과 B 시장의 수요곡선은 우하향하고 공급곡선은 우상향한다.
- 두 시장에서 거래되는 제품에 대해 단위당 T의 보조금을 소비자에게 지급하고 있다.

① 두 시장에 지급되는 보조금의 합은 이전과 동일하다.

② 두 시장에 지급되는 보조금의 합은 이전보다 작아진다.

③ 두 시장의 자중손실의 합은 이전보다 커진다.

④ 두 시장의 자중손실의 합은 이전과 동일하다.

92 기업 A와 B의 전략 E 또는 전략 M에 따른 보수가 다음과 같은 보수행렬의 형태로 주어져 있을 때, 내쉬균형을 구하면? (단, [α, β]는 [기업 A의 전략, 기업 B의 전략]을 의미한다)

〈보수행렬〉

기업 A \ 기업 B	E	M
E	(30, 10)	(40, 15)
M	(35, 20)	(55, 25)

① [E, E]　② [M, M]　③ [M, E]
④ [E, M]　⑤ 존재하지 않음.

93 시장실패(Market Failure)에 대한 설명으로 옳은 것을 모두 고르면?

ㄱ. 사회적으로 효율적인 자원배분이 이루어지지 않는 경우이다.
ㄴ. 공공재와 달리 외부성은 비배제성과 비경합성의 문제로부터 발생하는 시장실패이다.
ㄷ. 각 경제주체가 자신의 이익을 위해서만 행동한다면 시장실패는 사회 전체의 후생을 감소시키지 않는다.

① ㄱ　② ㄴ
③ ㄱ, ㄷ　④ ㄴ, ㄷ

94 소득분배의 불평등 정도를 나타내기 위해 가장 많이 사용되는 지표는?

① 엥겔(Engel)계수　② 샤프지수(Sharpe's Ratio)
③ 지니(Gini)계수　④ 빅맥지수(Big Mac Index)

95 그림은 어떤 나라의 소득분포를 말해주는 로렌츠곡선(Lorenz Curve)을 나타내고 있다. 다음 내용의 ㉠ ~ ㉢에 들어갈 것을 순서대로 나열하면?

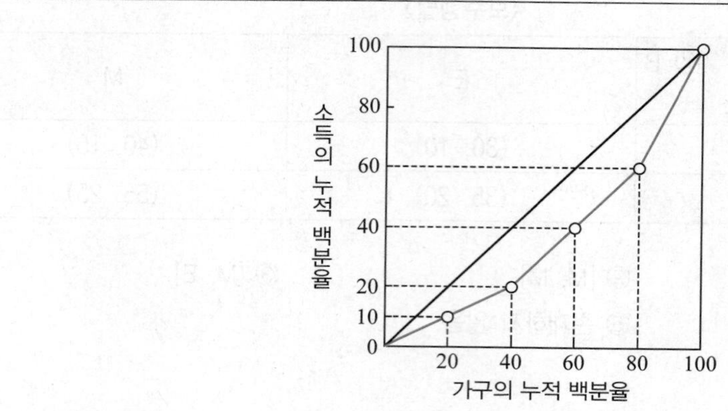

수직축은 소득의 누적 백분율을 나타내고, 수평축은 가구의 누적 백분율을 나타낸다. 위 그래프에서 모든 가구 가운데 소득수준 최하위 20%인 가구들은 경제 전체 소득 가운데 (㉠)%를 벌고, 소득수준이 그 다음 하위 20%인 가구들은 경제 전체 소득 가운데 (㉡)%를 벌고, 소득수준 최상위 20%인 가구들은 경제 전체 소득 가운데 (㉢)%를 벌었다.

	㉠	㉡	㉢
①	20	20	20
②	20	40	100
③	10	20	40
④	10	10	40
⑤	10	20	60

96 소득분배의 측정과 관련된 설명으로 옳은 것은?

① 지니계수의 값이 클수록 소득은 균등하다.
② 소득수준이 균등할수록 로렌츠곡선은 45도 대각선에 근접한다.
③ 10분위 분배율은 10% 단위로 가구의 누적비율과 소득의 누적점유율 간의 관계를 나타낸다.
④ 쿠즈네츠의 U자 가설에 따르면 경제발전 초기단계에는 소득분배가 균등해지나, 성숙단계로 들어서면 불균등이 심해진다.

97 아래 그림은 A국, B국의 소득분포를 나타내는 로렌츠곡선(Lorenz Curve)이다. 다음 중 이에 대한 올바른 설명을 〈보기〉에서 모두 고르면?

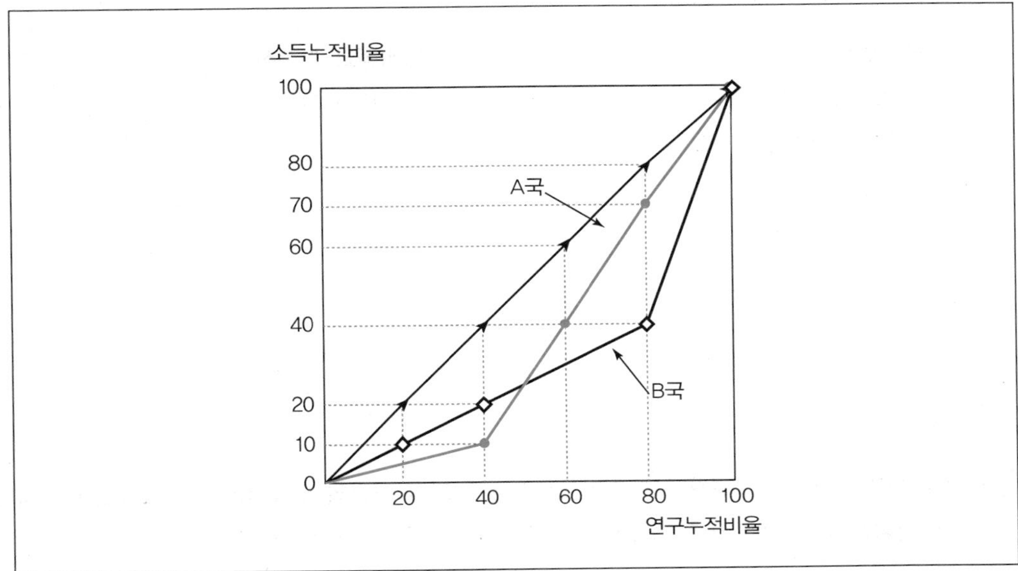

보기

가. A국보다 B국이 소득계층 간 소득분배가 불공평하다.
나. 하위 40%에 속하는 사람들의 구간에서는 A국보다 B국의 소득분배가 공평하다.
다. 소득수준 50%에 해당하는 인구의 소득은 변함이 없다.
라. 하위 50% 인구의 소득누적비율은 A국과 B국이 같다.

① 가, 나, 다
② 가, 나, 라
③ 나, 다, 라,
④ 가, 다, 라

98 소득불평등 정도를 측정하는 지표에 대한 설명으로 옳은 것은?

① 10분위 분배율은 0부터 2까지의 값을 가지며, 그 값이 클수록 평등하다.
② 소득 5분위 배율은 0부터 1까지의 값을 가지며, 그 값이 작을수록 평등하다.
③ 로렌츠곡선은 대각선에 가까울수록 불평등하다.
④ 지니계수는 0부터 1까지의 값을 가지며, 그 값이 클수록 평등하다.
⑤ 앳킨슨지수는 0부터 2까지의 값을 가지며, 그 값이 작을수록 평등하다.

99 경제학자 애로우(K. Arrow)는 이상적인 조건을 모두 갖춘 사회후생함수가 존재하지 않음을 증명하였고, 이를 '애로우의 불가능성의 정리'라고 한다. 다음 중 애로우가 생각하는 이상적인 사회후생함수의 조건이 아닌 것은?

① 비독재성
② 완비성과 이행성
③ 선호의 비제한성
④ 파레토 원리
⑤ 무관한 대안으로부터의 종속성

100 다음 그림의 실선은 A국에 국민건강보험이 도입되기 이전의 의료서비스 수요곡선을 나타낸다. 국민건강보험 도입에 따른 수요곡선의 변화를 바르게 나타낸 것은?

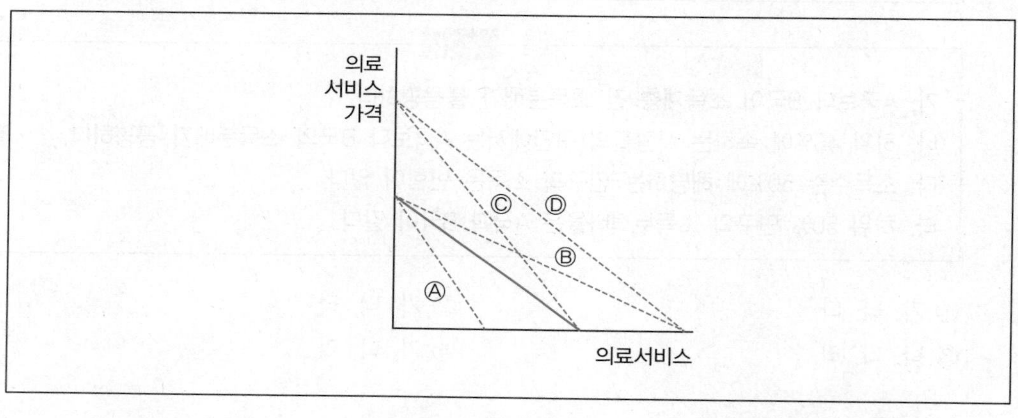

① Ⓐ
② Ⓑ
③ Ⓒ
④ Ⓓ
⑤ 변화 없음.

101 〈보기〉에서 시장실패와 관련된 설명으로 옳지 않은 것은?

보기

가. 불완전경쟁시장은 분권화된 자원배분의 효율성을 실현할 수 없기 때문에 시장실패를 야기한다.
나. 공공재의 특성인 비경합성과 비배제성 때문에 시장기구에 내맡길 때 적절한 수준의 공공재가 생산될 수 없다.
다. 주인과 대리인 사이의 정보 비대칭에서 유발되는 도덕적 해이는 시장실패를 야기할 수 있다.
라. 경제행위로 인하여 외부성이 발생할 경우 이것을 해결하기 위하여 정부의 개입이 불가피하며 당사자 간 교섭 등을 통한 자치적인 해결방안은 효과가 없다.
마. 교육서비스 수요에서 양(+)의 외부효과가 있는 경우, 교육서비스의 공급을 정부가 개입하지 않고 시장기구에 맡길 경우 교육서비스의 공급이 경제적 효율성 관점에서 덜 공급된다.

① 가　② 나　③ 다
④ 라　⑤ 마

102 정보의 비대칭성(Information Asymmetry)의 원인, 문제, 사례 및 해결책이 바르게 연결된 것은?

	원인	문제	사례	해결책
①	숨겨진 특징	도덕적 해이	중고차 시장	강제보험
②	숨겨진 특징	역선택	신규차 시장	성과급
③	숨겨진 행위	도덕적 해이	주인과 대리인	감시강화
④	숨겨진 행위	역선택	노동시장	최저임금

103 다음에서 나타나는 정보비대칭 문제와 이를 해결하기 위해 보험사가 시행한 해결방안을 올바르게 짝지은 것은?

> A 씨는 신형 휴대폰을 구입하면서 보험에 가입했다. 최대 40만 원까지 수리비용을 지원해주는 보험이었다. A 씨는 이를 믿고 휴대폰을 험하게 다루다가 액정을 파손하고 말았다. 수리점에 간 A 씨는 20만 원에 달하는 액정 수리비 중 20%는 본인이 부담해야 한다는 사실을 알게 되었다. 수리비 전액을 보험금으로 받을 수 없었던 것이다. 액정을 수리한 A 씨는 전처럼 휴대폰을 부주의하게 다루지 않게 되었다.

	정보비대칭 문제	해결방안		정보비대칭 문제	해결방안
①	도덕적 해이	선별제도	②	도덕적 해이	유인설계
③	역선택	선별제도	④	역선택	유인설계

104 역선택에 관한 설명으로 옳지 않은 것은?

① 역선택은 정보를 가지고 있는 자의 자기선택과정에서 생기는 현상이다.
② 교육수준이 능력에 관한 신호를 보내는 역할을 하는 경우 역선택의 문제가 완화된다.
③ 정부에 의한 품질인증은 역선택의 문제를 완화시킨다.
④ 역선택 현상이 존재하는 상황에서 강제적인 보험프로그램의 도입은 후생을 악화시킨다.

105 다음 중 역선택 문제를 완화하기 위해 고안된 장치와 거리가 먼 것은?

① 중고차 판매 시 책임수리 제공
② 민간의료보험 가입 시 신체검사
③ 보험가입 의무화
④ 사고에 따른 자동차 보험료 할증
⑤ 은행의 대출 심사

106 다음에서 설명하고 있는 것은?

> 이것은 정보비대칭이 나타나는 자동차 산업에서 소비자들을 보호하기 위해 미국에서 처음 시행된 법률이다. 최근 한국에서도 공정거래위원회가 자동차 구매 고객의 교환과 환불이 수월할 수 있도록 미국의 이 사례를 반영한 법률 개정안을 예고했다.

① 레몬법
② 플럼법
③ 셔먼법
④ 도요타법

107 다음 자료에 나타난 문제점의 개선과 관련된 사례로 옳은 것은?

> 중고차 시장에서 판매자는 차의 성능을 잘 알지만 구매자는 겉모습만 보고 차의 성능을 잘 알기 어렵다. 따라서 구매자는 평균적인 성능을 가진 차에 합당한 금액을 제시하려 할 것인데, 이 금액은 성능이 평균 이상인 차의 판매자가 수락하기에는 낮은 수준일 가능성이 높다. 이에 따라 성능이 좋은 차는 시장에서 사라지고 성능이 좋지 않은 차만 거래되어, 정보가 잘 갖추어진 경우에 비해 거래로부터의 이득이 줄어들게 된다.

① 의료보험가입 시 보험회사에서 가입자에게 신체검사를 시행한다.
② 자산투자 시 성격이 다른 자산에 골고루 분산투자한다.
③ 정부가 국민에게 전염병 예방 접종 비용의 일부를 지원해 준다.
④ 피고용인의 급여에 성과급 요소를 도입한다.
⑤ 자동차보험에 가입했더라도 사고를 내면 일정액은 본인이 부담한다.

108 외부효과의 예시로 적절하지 않은 것은?

① 브라질이 자국의 커피 수출을 제한함으로써 한국의 녹차 가격이 상승한다.
② 아파트에서 발생하는 층간 소음이 이웃 주민들의 숙면을 방해한다.
③ 제철회사가 오염된 폐수를 강에 버려 생태계가 오염되고 있다.
④ 현란한 광고판이 운전자의 주의를 산만하게 하여 사고를 유발한다.

109 외부효과에 대한 설명으로 적절하지 않은 것은?

① 부정적 외부효과가 존재할 때, 정부의 정책은 시장의 자원배분 기능을 개선할 수 있다.
② 긍정적 외부효과가 존재할 때, 정부의 정책은 시장의 자원배분 기능을 개선할 수 있다.
③ 시장실패는 부정적 외부효과의 경우뿐만 아니라 긍정적 외부효과의 경우에도 발생할 수 있다.
④ 정부의 정책개입이 없을 때, 부정적 외부효과가 존재하는 재화는 사회적으로 바람직한 수준보다 과소공급된다.

110 다음 외부경제에 관한 설명 중 가장 옳지 않은 것은?

① 양봉업자가 과수원 근처로 이사를 오자 과수원의 수확이 증가하였다.
② 공원조성으로 인근 주민들의 편익이 증대되었다.
③ 도심지역의 고가도로 건설로 인해 주변 학교의 수업에 방해가 되었다.
④ 지하철이 개통되자 지하철역 주변 지역의 땅값이 올랐다.

111 다음 표는 양의 외부효과가 발생하는 시장의 사적 한계편익, 사적 한계비용 그리고 사회적 한계편익을 제시하고 있다. 다음 중 사회적 최적거래량(ㄱ)과, 시장의 균형거래수준이 사회적 최적수준과 같아지도록 하기 위한 세금 혹은 보조금(ㄴ)을 옳게 고른 것은?

(단위 : 개, 원)

거래량	1	2	3	4	5	6
사적 한계편익	2,700	2,400	2,100	1,800	1,500	1,200
사적 한계비용	600	1,000	1,400	1,800	2,200	2,600
사회적 한계편익	3,400	3,100	2,800	2,500	2,200	1,900

	ㄱ	ㄴ
①	5개	300원의 보조금
②	5개	700원의 보조금
③	4개	300원의 세금
④	4개	300원의 보조금
⑤	4개	700원의 세금

112 다음 공공재에 대한 설명 중 가장 옳지 않은 것은?

① 무임승차의 문제 때문에 과소생산이 일어나기 쉽다.
② 모든 사람들이 얻는 편익은 동일하다.
③ 공공재에 대한 시장수요함수는 개별수요함수를 수직으로 합하여 계산한다.
④ 최적 공공재 생산조건은 개별소비자의 한계대체율의 총합을 공공재 생산의 한계변환율과 일치하도록 하는 것이다.

113 K국의 국민은 A와 B 두 사람뿐이며, 특정 공공재에 대한 이들 각각의 수요함수는 $P=10-Q$이다. 해당 공공재의 한계비용은 공급규모와 상관없이 10원으로 일정할 때, 해당 공공재의 적정 생산수준은? (단, P는 해당 공공재의 가격, Q는 해당 공공재에 대한 수요량이다)

① 2단위 ② 5단위
③ 10단위 ④ 15단위

114 공공재에 관한 설명 중 옳지 않는 것은?

① 부분균형분석에 의한 공공재의 최적공급수준은 공공재에 대한 사회의 수요곡선과 공공재의 공급곡선이 교차하는 곳에서 이루어진다.
② 공공재에 대한 사회의 수요는 각 산출량 수준에서 개인들이 지불하고자 하는 최대의 금액을 모두 합하여 구한다.
③ 공공재에 대한 개개인의 수요는 사적재에 대한 수요와는 달리 가상적인 수요 또는 의사수요라 한다.
④ 티부(Tiebout)는 지방공공재의 경우에는 선호불표명의 문제가 발에 의한 투표로 해결될 수 없다고 주장한다.

115 다음 사례에 대한 올바른 설명은?

> 대학생 A 씨는 지난해와 달리 에어컨을 오래 틀어 놓고 있다. 이사한 다세대 주택에서 전력 계량기를 공동으로 사용하기 때문이다. 각 세대의 개별 전력사용량을 알 수 없어 전체 전기요금을 세대별로 동일하게 나누어 내기 때문에 전기를 아껴 봐야 절감효과가 작다. A 씨는 분할 전력 계량기를 달려는 시도도 해 봤지만 가격이 60만 원이라는 한전 관계자의 말에 포기하고 말았다.

① 전기가 공공재이기 때문에 나타나는 문제이다.
② 정보비대칭 문제 중 역선택에 해당하는 상황이다.
③ 분할 전력 계량기 보급 시 한전의 전기요금 수입은 감소한다.
④ 분할 전력 계량기가 설치된다면 전체 전기 사용량은 증가할 것이다.

116 여러 사람의 공동소비를 위해 생산된 재화나 서비스로서 집단적으로 소비의 혜택이 이뤄지고, 비경합성과 비배재성의 특징을 가진 상품을 말한다. 이에 대한 사례로 적절한 것은?

① 한산한 고속도로
② 공동소유의 목초지
③ 아이스크림
④ 공중파 방송

117 다음 사례를 읽고 밑줄 친 ㉠ ~ ㉣에 대한 분석으로 가장 올바른 것은?

> 공동으로 소유하는 ㉠ <u>어장</u>이 있었다. 마을 사람들은 이 어장에서 물고기를 큰 문제없이 먹고 살았다. 그러던 어느 날 마을 주민 한 사람이 욕심을 내어 평소보다 물고기를 많이 잡아 시장에 팔았다. 그의 수입이 높아지자 ㉡ <u>다른 주민들도 너나 할 것 없이 물고기를 최대한 많이 잡았다.</u> 그로 인해 ㉢ <u>어장은 눈에 띄게 황폐해졌고, 물고기는 거의 찾아볼 수가 없게 되었다.</u> 이에 대해 마을 사람들은 ㉣ <u>정부의 개입</u>이 유일한 해법이라고 생각했다. 하지만 옆 마을은 정부의 개입 없이 주민들이 자발적으로 어장을 관리하여 풍부한 어종을 잘 간직하고 있었다.

① ㉠은 공공재이다.
② ㉡ 때문에 어장의 물고기에 대한 경합성은 감소했다.
③ ㉢에서 물고기의 희소성은 감소했다.
④ ㉣의 예로 주민 각자에게 어장의 물고기를 일정량만 잡도록 제한하는 방법을 들 수 있다.

118 공공재(Public Goods)의 정의 및 성격에 설명으로 적절하지 않은 것은?

> 가. 정부 또는 국가공공기관이 공급하는 재화 및 서비스를 의미한다.
> 나. 일단 공급되면 모든 사람이 소비편익을 공유한다.
> 다. 가격을 지불하지 않아도 소비에 참여할 수 있다.
> 라. 공동소비의 특성을 가지며 공동소비의 범위는 매우 좁다.
> 마. 가격을 지불하고 소비해야 자원의 효율적 배분이 가능하다.

① 가, 다, 라　　② 가, 라, 마　　③ 나, 라
④ 다, 라　　⑤ 다, 마

119 다음 〈보기〉와 같은 노동시장에서 합리적 기대(Rational Expectations) 균형이 성립하고 기업이 위험 중립적이라고 할 때 p의 값은?

보기

- 노동시장에 두 가지 유형 A와 B의 노동자들이 각각 p와 $1-p$의 비율로 존재한다.
- 기업은 유형 A에 대해서는 15의 임금을, 유형 B에 대해서는 5의 임금을 지불할 용의가 있다.
- 기업은 노동자의 유형을 알지 못한 채 모든 노동자를 동일한 임금을 지급하여 고용한다.
- $p=\frac{w}{20}-\frac{1}{10}$(단, w는 임금이다)

① 0.1　　② 0.3　　③ 0.5
④ 0.6　　⑤ 1

120 다음 자료에서 밑줄 친 조치의 근거로 들 수 있는 경제 개념을 〈보기〉에서 모두 고른 것은?

> 1927년 이전 미국 정부는 주파수를 이용하여 방송 사업을 하려는 사람들에게 무조건 면허를 부여 해야만 했다. 그 결과 주파수 자원은 한정된 반면 이를 이용하여 자신의 방송 신호를 송신하려는 방송국들은 너무 많아서 방송 신호 간에 간섭이 생겼고 결국 청취자들이 방송 신호를 제대로 수신하지 못하는 상황이 발생했다. 이에 따라 1927년 미국 의회는 '라디오 법'을 제정하여 라디오 방송 간에 전파 간섭이 발생하지 않도록 했다.

보기

ㄱ. 공공재　　ㄴ. 외부효과
ㄷ. 공유자원　　ㄹ. 시장지배력

① ㄱ, ㄴ　② ㄱ, ㄷ　③ ㄴ, ㄷ
④ ㄴ, ㄹ　⑤ ㄷ, ㄹ

121 두 명의 공공재 소비자 갑과 을이 있다. 갑과 을의 공공재 수요함수가 다음과 같을 때, 공공재의 한계비용이 공급량과 상관없이 100원으로 일정하다면 사회적으로 최적의 공공재 공급물량은? (단, P_a는 소비자 갑의 소비가격, P_b는 소비자 을의 소비가격, Q는 수요량이다)

$$P_a = 100 - Q,\ P_b = 200 - Q$$

① 100　② 50　③ 150
④ 200　⑤ 300

122 일반균형(General Equilibrium)에 대한 설명 중에서 옳지 않는 것은?

① 모든 소비자가 그의 예산제약하에서 효용을 극대화 하는 상품묶음을 원하는 최적의 행위를 하고 있다.
② 모든 소비자가 원하는 만큼의 생산요소를 공급하고 있다.
③ 모든 기업이 주어진 여건하에서 이윤을 극대화하는 최적화 행위를 하고 있다.
④ 일반균형은 소비자의 선호와 상관없이 존재한다.
⑤ 주어진 가격체계하에서는 모든 상품 또는 요소시장에서 수요량과 공급량이 일치하고 있다.

123 파레토 효율성 조건에 대한 설명으로 적절하지 않은 것은? (단, 생산요소는 노동과 자본, 소비자는 A와 B, 각각 둘이라 가정한다)

① 생산가능곡선 위의 한 점에 위치하려면 한계기술대체율($MRTS$)이 일치해야 한다.
② 소비(교환)배분이 효율적이려면 한계대체율(MRS)이 일치해야 한다.
③ 한계대체율(MRS)이 일치하지 않으면 재화의 교환을 통해 효용증진이 가능하다.
④ 종합적 효율성 조건은 한계대체율(MRS)과 한계기술대체율($MRTS$)의 일치이다.
⑤ 모든 조건이 충족될 때 시장가격이 한계비용(MC)과 같이한다.

124 국내총생산(GDP)의 측정방법으로 옳지 않은 것은?

① 일정 기간 동안 국내에서 새로이 생산된 최종생산물의 시장가치를 합한다.
② 일정 기간 동안 국내 생산과정에서 새로이 창출된 부가가치를 합한다.
③ 일정 기간 동안 국내 생산과정에 참여한 경제주체들이 받은 요소소득을 합한다.
④ 일정 기간 동안 국내 생산과정에서 투입된 중간투입물의 시장가치를 합한다.

125 다음 국민소득에 관한 설명 중 옳은 것은?

① 총수요확대정책을 통해서 단기적으로 잠재GDP를 확충할 수 있다.
② GNI는 속지개념이고, GDP는 속민개념이다.
③ 잠재GDP와 실제GDP를 비교하여 경기의 과열 또는 침체 여부를 판단할 수 있다.
④ GDP는 GNI에 국외순수취요소소득을 합한 것이다.

126 국민소득에 포함되는 사항을 모두 고른 것은?

ㄱ. 기업의 연구개발비	ㄴ. 파출부의 임금
ㄷ. 신항만 건설을 위한 국고 지출	ㄹ. 아파트의 매매차익
ㅁ. 복권 당첨금	ㅂ. 은행예금의 이자소득
ㅅ. 전투기 도입비	ㅇ. 주부의 가사노동

① ㄱ, ㄴ, ㄷ, ㅁ, ㅂ
② ㄱ, ㄴ, ㄷ, ㅂ, ㅅ
③ ㄱ, ㄴ, ㄹ, ㅂ, ㅅ
④ ㄱ, ㄷ, ㅂ, ㅅ, ㅇ

127 다음 중 국민소득계정에 포함되지 않는 것은?

① 총수요 ② 봉사료 ③ 지대
④ 월급 ⑤ 공채이자

128 20X1년도에 어떤 나라의 밀 생산 농부들은 밀을 생산하여 그중 반을 소비자에게 1,000억 원에 팔고, 나머지 반을 제분회사에게 1,000억 원에 팔았다. 제분회사는 밀가루를 만들어 절반을 800억 원에 소비자에게 팔고 나머지를 제빵회사에게 800억 원에 팔았다. 제빵회사는 빵을 만들어 3,200억 원에 소비자에게 모두 팔았다. 이 나라의 20X1년도 GDP는? (단, 이 경제에서는 밀, 밀가루, 빵만을 생산한다)

① 1,600억 원 ② 2,000억 원
③ 3,200억 원 ④ 5,000억 원

129 자동차 중고매매업체가 출고된 지 1년이 지난 중고차(출고 시 신차가격은 2,000만 원) 1대를 2019년 1월 초 1,300만 원에 매입하여 수리한 후, 20X1년 5월 초 甲에게 1,500만 원에 판매하였다. 이론상 이 과정에서 발생한 20X1년 GDP 증가 규모는?

① 증가하지 않았다. ② 200만 원
③ 1,300만 원 ④ 1,500만 원

130 국민소득계정에서 재화와 용역의 수출에서 재화와 용역의 수입을 뺀 순수출(Net Exports)에 대한 설명으로 옳지 않은 것은?

① 저축이 투자를 초과할 경우 순수출은 음(−)이다.
② 소비와 투자 그리고 정부 지출의 합계가 총소득보다 클 경우 순수출은 음(−)이다.
③ 자국의 통화가치가 실질적으로 하락할 경우 순수출은 증가하게 된다.
④ 정부의 확대재정정책(Fiscal Expansion Policy)은 순수출을 감소시킨다.
⑤ 순수출이 음(−)일 경우 투자가 저축을 상회하여 일어난다.

131 실질 GDP가 80이고, GDP 디플레이터가 125일 때, 명목 GDP는?

① 80 ② 100 ③ 125
④ 150 ⑤ 200

132 폐쇄경제인 A국은 스마트폰과 택배 서비스만을 생산하며, 생산량과 가격은 다음 표와 같을 때 20X1년과 20X2년 실질 GDP는? (단, 기준연도는 20X1년이다)

구분	스마트폰 생산량	택배 서비스 생산량	스마트폰 개당 가격	택배 서비스 개당 가격
20X1년	10	100	10만 원	1만 원
20X2년	10	120	9만 원	1.2만 원

	20X1년	20X2년		20X1년	20X2년
①	200만 원	234만 원	②	200만 원	220만 원
③	210만 원	234만 원	④	230만 원	260만 원

133 A국의 20X1년도 명목 GDP는 200억 달러였다. 그 후 1년 동안 명목 GDP는 3% 증가하였고 같은 기간 동안 인플레이션율은 3%였다. 20X1년을 기준연도로 할 때, A국의 20X2년도 실질 GDP는?

① 200억 달러 ② 203억 달러
③ 206억 달러 ④ 209억 달러

134 다음 〈보기〉 중에서 국내총생산(GDP)이 증가하는 경우는?

보기

ㄱ. 중고자동차 거래량이 증가하였다.
ㄴ. 경기호전에 대한 기대감에 기업들의 주가가 상승하였다.
ㄷ. 국내 철강회사의 철근 재고가 증가하였다.

① ㄱ ② ㄴ ③ ㄷ
④ ㄱ, ㄴ ⑤ ㄱ, ㄴ, ㄷ

135 국내총생산(GDP)과 관련된 설명으로 옳은 것은?

> 가. 일정 기간을 명시한 유량(Flow) 개념이다.
> 나. 대한민국 국경 안에서 생산된 것이면 생산주체가 내국인이든 외국인이든 무관하다.
> 다. 최종생산물 가치를 대상으로 측정하므로 재화는 포함되나 서비스는 제외된다.
> 라. 원칙적으로 시장에서 거래된 최종생산물의 가치를 기준으로 측정한다.
> 마. 최종생산물 가치는 시장가격 대신 기회비용을 기준으로 평가한다.
> 바. 환경파괴에 따른 비용은 고려하지 않는다.

① 가, 나, 다, 라 ② 나, 다, 라, 마 ③ 가, 나, 라, 마
④ 가, 나, 라, 바 ⑤ 가, 다, 마, 바

136 국민소득의 총계 및 측정에 대한 설명 중 옳지 않은 것은?

① 국외순수취요소소득이 양일 때 GDP가 GNP보다 작다.
② NNP는 GNP에서 감가상각을 뺀 것이다.
③ 지난해 누적된 재고가 올해에 판매된다면 그 판매액은 올해의 GDP에 포함된다.
④ 합법적으로 거래되는 상품과 서비스만 GDP에 포함된다.
⑤ GDP는 유량(Flow) 변수이다.

137 다음은 A국의 경제지표 변화를 나타낸 것이다. 이에 대한 올바른 분석은?

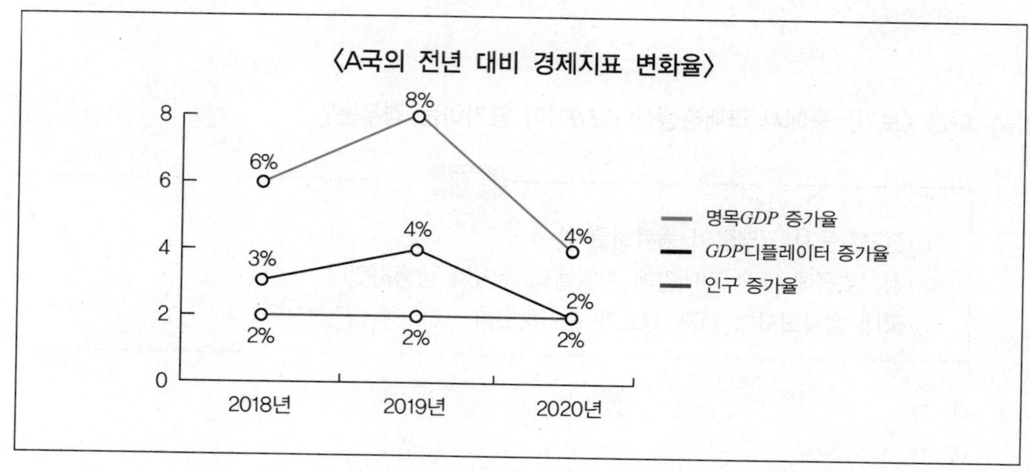

① 2020년 A국의 물가는 하락했다.
② 2018 ~ 2020년 1인당 명목 GDP는 하락하고 있다.
③ 2018 ~ 2020년 A국의 실질 GDP 증가율은 일정하다.
④ 2020년 1인당 실질 GDP는 전년과 동일한 수준이다.

138 어느 경제의 국민소득균형모형이 〈조건〉과 같이 주어져 있다면 (ㄱ) ~ (ㄷ)의 값은 각각 얼마인가?

조건

- $C=50+0.85\,Y_d$
- $T=0.2\,Y$
- $I=110$
- $G=208$
- $X=82$
- $M=10+0.08\,Y$

(Y : 소득, Y_d : 가처분소득, C : 소비, T : 조세, I : 투자, G : 정부지출, X : 수출, M : 수입)

(ㄱ) 균형국민소득은 얼마인가?
(ㄴ) 균형국민소득에서 경상수지적자의 규모는 얼마인가?
(ㄷ) 균형국민소득에서 평균소비성향은 얼마인가? (단, 소수점 아래 넷째 자리에서 반올림한다)

	(ㄱ)	(ㄴ)	(ㄷ)
①	1,023	10	0.729
②	1,100	16	0.725
③	1,100	10	0.725
④	1,200	24	0.722
⑤	1,100	10	0.729

139 다음의 거시경제모형에서 독립투자수요를 얼마나 증가시키면 완전고용국민소득을 달성할 수 있는가? (단, Y : 국민소득, C : 소비지출, I : 투자지출, Y_F : 완전고용국민소득이다)

- $Y=C+I$
- $C=200+0.8\,Y$
- $I=200$
- $Y_F=3{,}000$

① 50　② 100　③ 150
④ 200　⑤ 250

140 한계소비성향이 0.9, 소득세율이 0.1, 한계수입성향이 0.01일 때 독립투자가 300만큼 증가하였다. 저축의 변화는 얼마인가?

① 105
② 115
③ 125
④ 135
⑤ 145

141 투자승수에 대한 설명으로 옳지 않은 것은?

① 한계수입성향이 높아지면 투자승수는 작아진다.
② 유발투자가 존재하면 투자승수는 커진다.
③ 화폐수요의 소득탄력성이 클수록 투자승수는 커진다.
④ 한계소비성향이 클수록 투자승수는 커진다.
⑤ 투자의 이자율탄력성이 클수록 투자승수는 작아진다.

142 소득이 늘어나 소비수준이 일단 높아지면, 경기가 나빠져 소득이 줄어들어도 소비가 그에 비례해 쉽사리 줄어들지 않기 때문에 한번 올라간 소비수준이 쉽게 감소하지 않는다는 경제현상을 의미하는 용어는?

① 승수효과
② 피구효과
③ 톱니효과
④ 피셔효과

143 다음 중 광의 통화($M2$)에 포함되는 항목을 모두 고른 것은?

> ㄱ. 현금통화
> ㄴ. 요구불예금
> ㄷ. $MMDA$(Money Market Deposit Account)
> ㄹ. 양도성 예금증서(CD)

① ㄱ, ㄴ, ㄷ
② ㄱ, ㄷ, ㄹ
③ ㄴ, ㄷ, ㄹ
④ ㄱ, ㄴ, ㄷ, ㄹ

144 철수는 장롱 안에서 현금 100만 원을 발견하고 이를 A 은행의 보통예금계좌에 입금하였다. 이로 인한 본원통화와 협의 통화($M1$)의 즉각적인 변화는?

① 본원통화는 100만 원 증가하고, 협의 통화는 100만 원 증가한다.
② 본원통화는 100만 원 감소하고, 협의 통화는 100만 원 감소한다.
③ 본원통화는 변화가 없고, 협의 통화는 100만 원 증가한다.
④ 본원통화와 협의 통화 모두 변화가 없다.

145 다음의 교환방정식에 대한 설명으로 옳지 않은 것은?

$$MV = PY$$

(단, M : 통화량, V : 화폐유통속도, P : 물가, Y : 실질 GDP이다)

① 통화량이 증가하면, 물가나 실질 GDP가 증가하거나 화폐유통속도가 하락해야 한다.
② V와 Y가 일정하다는 가정을 추가하면 화폐수량설이 도출된다.
③ V와 M이 일정할 때, 실질 GDP가 커지면 물가가 상승해야 한다.
④ V와 Y가 일정할 때, 인플레이션율과 통화증가율은 비례 관계에 있다.

146 어느 나라의 올해 통화량은 5백억 원이며, 중앙은행은 내년도 인플레이션율을 3%로 유지하려 한다. 화폐의 유통속도는 일정하고 실질 GDP는 매년 7%씩 증가할 때, 화폐수량설에 의하면 내년 통화량은 얼마가 되는가?

① 450억 원
② 500억 원
③ 550억 원
④ 600억 원

147 시중의 예금은행이 보유한 국채를 중앙은행이 총액으로 10,000원에 매입할 경우 은행조직 전체를 통해 창출할 수 있는 대출가능 총액은 얼마인가? (단, 법정지급준비율은 20%이고, 시중의 예금은행은 법정지급준비율을 준수한다)

① 10,000원
② 50,000원
③ 90,000원
④ 100,000원
⑤ 150,000원

148 기준금리가 제로금리 수준임에도 불구하고 경기가 회복되지 않는다면 중앙은행이 취할 수 있는 정책으로 옳은 것은?

① 기준금리를 마이너스로 조정한다.
② 장기금리를 높인다.
③ 보유한 국공채를 매각한다.
④ 시중에 유동성을 공급한다.

149 재정정책에 관한 설명으로 옳지 않은 것은?

① 일반적으로 금융정책에 비하여 내부시차가 짧다.
② 정부지출수요가 증가하여 민간투자가 늘어나는 효과는 투자가속도효과이다.
③ 정부지출의 승수효과는 한계소비성향이 커지면 증가한다.
④ 재정 확대는 이자율을 상승시켜 총수요 증가의 일부를 상쇄시킨다.

150 조세에 대한 설명으로 적절한 것을 모두 고르면?

ㄱ. 과세부과에 따른 자중적 손실(Deadweight Loss)의 최소화를 기하는 것은 효율성 측면과 관련이 있다.
ㄴ. 과세표준소득이 1천만 원인 경우 10만 원의 세금을 부과하고 과세표준소득이 2천만 원인 경우 20만 원의 세금을 부과한다면 이 과세표준구간 내에서 누진세를 적용하고 있는 것이다.
ㄷ. 고가의 모피코트에 부과하는 세금은 세금부담능력이 더 큰 사람이 더 많은 세금을 내야 한다는 원칙을 잘 만족시킨다.
ㄹ. 과세부담의 수평적 공평성의 원칙은 세금부담능력이 다르면 세금도 다르게 부과하는 것이다.

① ㄱ
② ㄱ, ㄹ
③ ㄴ, ㄷ
④ ㄷ, ㄹ

151 **확장적인 재정정책으로 국민소득이 증가하면 화폐수요 증가로 이어진다. 화폐수요가 증가하면 이자율이 상승하는데, 이러한 이자율 상승으로 인하여 민간투자가 감소하는 현상이 발생한다. 이를 무엇이라 하는가?**

① 외부경제　② 한계생산성 체감　③ 구축효과
④ 규모의 경제　⑤ 리카도 대등 정리

152 **다음 중 구축효과를 가장 잘 설명한 것은?**

① 소비가 증가하면 저축이 감소한다.
② 정부지출의 증가는 이자율을 상승시켜 민간투자를 감소시킨다.
③ 소비함수에 자산효과가 도입되어 정부지출의 증가가 소비를 증가시킨다.
④ 정부지출이 증가하면 디플레이션 갭이 해소된다.
⑤ 정부지출이 증가하면 인플레이션 갭이 해소된다.

153 **다음 〈보기〉 중 IS곡선과 LM곡선의 기울기를 가파르게 만드는 조건을 모두 고른 것은?**

보기

(가) 화폐수요의 소득에 대한 탄력성이 커졌다.
(나) 화폐수요의 이자율에 대한 탄력성이 작아졌다.
(다) 투자의 이자율에 대한 탄력성이 커졌다.

① (가), (나)　② (가), (다)
③ (나), (다)　④ (가), (나), (다)

154 **총수요의 크기가 총소득의 수준을 결정한다고 할 때 이에 관한 설명으로 가장 옳지 않은 것은?**

① 정부가 정부지출과 조세를 동일한 금액만을 증가시킬 때 소득이 증가한다.
② 소비자들이 경제에 대한 신뢰가 증가할 때 소득은 증가한다.
③ 생산기술의 상용화로 기업의 투자수요가 증가할 때 소득은 증가한다.
④ 해외경제가 호황을 보일 때 소득은 감소한다.
⑤ 순수출이 증가할 때 소득이 증가한다.

155 다음 〈보기〉 중 총공급곡선을 우측으로 이동시키는 요인을 모두 고르면?

보기

ㄱ. 실질임금 상승
ㄴ. 원자재 가격 하락
ㄷ. 신기술 개발
ㄹ. 정부지출 증가

① ㄱ, ㄹ
② ㄴ, ㄷ
③ ㄱ, ㄷ, ㄹ
④ ㄱ, ㄴ, ㄷ, ㄹ

156 총수요곡선 및 총공급곡선에 대한 설명으로 옳은 것을 〈보기〉에서 모두 고르면?

보기

ㄱ. IT기술의 발전은 장기총공급곡선을 우측으로 이동시킨다.
ㄴ. 기업들이 향후 물가의 하락과 실질임금의 상승을 예상하는 경우, 총공급곡선이 우측으로 이동한다.
ㄷ. 주식가격의 상승은 총수요곡선을 우측으로 이동시킨다.
ㄹ. 물가의 하락은 총수요곡선을 좌측으로 이동시킨다.

① ㄱ, ㄴ
② ㄷ, ㄹ
③ ㄱ, ㄴ, ㄷ
④ ㄱ, ㄴ, ㄹ
⑤ ㄴ, ㄷ, ㄹ

157 중앙은행이 통화량을 증대시키는 행위와 가장 거리가 먼 것은?

① 통화안정증권을 발행한다.
② 기준금리를 낮춘다.
③ 지불준비율을 낮춘다.
④ 환율관리를 위해 달러를 매입한다.

158 증권시세가 떨어질 것을 예상하여 증권을 구입하지 않고 현금을 그대로 보유하기를 원하는 경우를 설명하는 것으로 가장 적절한 것은?

① 화폐수량설을 설명한다.
② 투기와 화폐수요를 설명한다.
③ 거래의 화표수요를 설명한다.
④ 화폐의 가치저장기능을 설명한다.
⑤ 화폐의 교환매개기능을 설명한다.

159 유동성 함정(Liquidity Trap)에 대한 설명으로 옳은 것을 고르면?

① 화폐수요의 이자율탄력성이 0인 경우에 발생한다.
② 채권의 가격이 매우 낮아서 추가적인 통화 공급이 모두 거래적 화폐수요로 흡수된다.
③ 이자율이 매우 높아 앞으로 이자율이 하락할 것으로 예상되는 경우에 유동성 함정이 발생할 수 있다.
④ 유동성 함정이 발생한 경우 확장적 통화정책이 이자율을 하락시키지 못하여 총수요 확대효과가 없다.
⑤ 통화정책경로 중 금리경로가 원활하게 작동한다.

160 유동성 함정(Liquidity Trap)과 관련된 설명으로 잘못된 것은?

① 경제주체들이 돈을 움켜쥐고 시장에 내놓지 않는 상황이다.
② 이자율이 하락해도 투자가 증가하지 않는다.
③ 화폐수요곡선이 수평, 즉 무한 탄력적이다.
④ 재정정책이 금융정책과 병행될 때 효과를 볼 수 있다.
⑤ 정책주체들이 미래를 비관적으로 보기 때문에 나타나는 현상이다.

161 경기회복을 위하여 중앙은행이 통화량을 증가시킨 경우의 파급효과로 옳지 않은 것은?

① 환율이 상승해서 순수출이 증가한다.
② 이자율 하락으로 주택수요가 늘어 주택가격이 상승한다.
③ 이자율 하락으로 주식가격이 하락한다.
④ 은행의 대출여력이 증가한다.

162 대부자금설에 따를 경우 다음 중 국민소득이 증가하는 경우의 총저축과 이자율의 변화로 가장 적절한 것은?

① 총저축은 증가하고 이자율은 상승한다.
② 총저축은 증가하고 이자율은 하락한다.
③ 총저축은 감소하고 이자율은 상승한다.
④ 총저축은 감소하고 이자율은 하락한다.

163 통화승수의 증가를 가져오는 요인이 아닌 것은?

① 예금이자율의 상승 ② 현금선호비율의 감소
③ 전자화폐의 사용 증가 ④ 법정지급준비율의 감소

164 본원통화의 증감에 직접적인 영향을 주는 것이 아닌 것은?

① 중앙은행의 순자산이 증가한다.
② 기업이 신규투자를 한다.
③ 중앙은행이 민간소유 유가증권을 매입한다.
④ 국제수지 흑자가 발생한다.

165 아래 사례를 읽고 유류세의 특징을 올바르게 나타낸 조세 형태를 고르면?

> **〈저유가 효과 반감시키는 유류세〉**
>
> 기획재정부에 따르면 휘발유 1L에는 교통 · 에너지 · 환경세 529원, 교육세(교통세의 15%) 79원, 주행세(교통세의 26%) 138원 등 총 746원의 세금(내국세)이 붙는다. 소비자 가격이 L당 평균 1,381원인 휘발유에서 세금이 차지하는 비중이 대략 54%이다. 이들 유류소비 관련 세금은 국제 위기와 상관없이 일정하게 휘발유 판매가에 부과되는 비용이므로 휘발유 소비자 가격 하락률을 감소시키는 제동 장치 역할을 하고 있다.

① 누진세 ② 비례세
③ 역진세 ④ 정액세

166 A국은 X재의 수입국이다. 국내의 X재에 대한 수요함수가 $Q=20-2P$, 공급함수가 $Q=8-2P$, 국제시장가격은 1.5이다. A국이 X재의 수입에 대해 단위당 1만큼의 관세를 부과하였을 경우, 관세부과 전과 비교했을 때 A국의 X재 수입량의 변화는 얼마인가?

① −2 ② −3
③ −4 ④ −5

167 다음 핵셔-오린 정리에 관한 설명 중 옳지 않은 것은?

① 두 재화의 요소집약도는 상이하다고 가정한다.
② 국가 간 생산요소의 이동은 자유롭다고 가정한다.
③ 완전경쟁시장을 가정하므로 거래비용 등이 발생하지 않는다.
④ 비교우위의 발생원인은 요소부존의 차이에 있다.

168 다음 경제 전체의 파레토 최적 자원배분조건에 대한 설명 중 적절하지 않은 것은? (단, 두 재화와 두 생산요소만 존재한다고 가정한다)

① 두 재화의 한계대체율과 한계변환율이 일치한다.
② 소비자들의 두 재화에 대한 한계대체율이 일치한다.
③ 두 재화의 생산요소 간 한계기술대체율이 동일하다.
④ 두 재화의 가격비와 한계변환율이 일치한다.
⑤ 두 재화의 생산요소 간 관계기술대체율과 두 재화의 한계대체율이 일치한다.

169 A국 중앙은행이 채권시장에서 국채를 매각했을 때, A국의 시중금리와 통화가치에 미치는 영향을 올바르게 짝지은 것은?

	시중금리	통화가치		시중금리	통화가치
①	하락	상승	②	하락	하락
③	상승	상승	④	상승	하락

170 다음 자료에서 (가)의 정책이 A국 전세 수요와 공급에 미칠 영향으로 옳은 것은?

(가) A국 중앙은행은 기준금리를 4%에서 2%로 낮추고 향후 2년간 올리지 않을 것이라고 하였다.

(나) A국의 주택임차는 보증금을 내고 임차한 후 기간이 만료되면 보증금을 돌려받는 전세의 형태로 이루어진다. 주택임차인은 전세보증금을 은행에서 빌려 전세를 얻으며, 주택임대인은 전세보증금을 은행에 맡겨 이자소득을 얻고 있다. 오른쪽 그림은 A국의 전세 시장을 나타낸다.

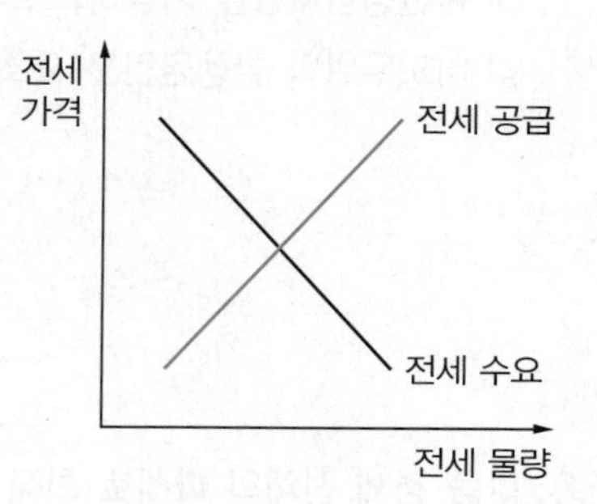

	전세 수요	전세 공급
①	증가	증가
②	증가	불변
③	증가	감소
④	감소	증가
⑤	감소	감소

171 아래 그림은 국내 외환시장의 수요와 공급의 변화를 나타낸 것이다. 다음 중 각 균형점의 변화와 원인을 올바르게 짝지은 것은?

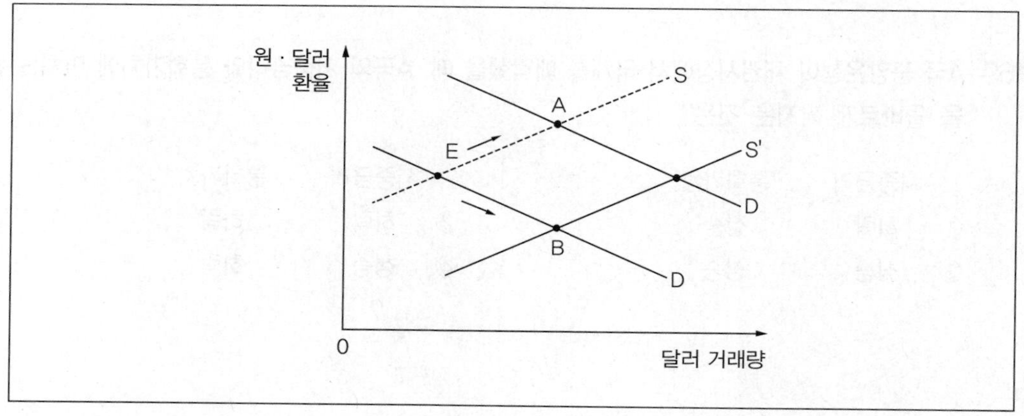

	균형점	원인
①	A	국내기업의 수출이 증가했다.
②	A	내국인들의 해외여행이 증가했다.
③	B	국내기업의 수출이 감소했다.
④	B	수입원자재의 가격이 상승했다.

172 다음 생산함수에 관한 설명 중 옳지 않은 것은?

① 총생산물이 극대일 때 평균생산물이 0이 된다.

② 등량곡선의 곡률이 클수록 대체탄력성은 작아지고, 등량곡선이 우하향의 직선에 가까울수록 대체 탄력성은 커진다.

③ Cobb-Douglas 생산함수의 경우 1차 동차함수 여부에 관계없이 대체탄력성은 항상 1이다.

④ 생산에 있어 파레토 효율성을 달성하는 생산자균형점은 기업의 이윤이 극대화가 되는 점이 아니라 비용이 극소화되는 점이다.

173 $Y=AK^{0.3}L^{0.7}$인 콥-더글라스(Cobb-Douglas) 생산함수에 대한 설명으로 옳은 것을 〈보기〉에서 모두 고르면? (단, Y는 생산량, K는 자본량, L은 노동량을 나타낸다)

보기

ㄱ. 자본가에게는 전체 소득의 30%, 노동자에게는 전체 소득의 70%가 분배된다.
ㄴ. 만약 이민으로 노동력만 10% 증가하였다면 총생산량과 자본의 임대가격은 상승하나 실질임금은 하락한다.
ㄷ. 만약 노동력과 자본 모두가 10%씩 증가하였다면 총생산량, 자본의 임대가격, 실질임금 모두 10%씩 증가한다.
ㄹ. A는 기술수준을 나타내는 매개변수로 A가 상승하면 총생산량은 증가하나 자본의 임대가격과 실질임금은 변화하지 않는다.

① ㄱ, ㄷ, ㄹ
② ㄱ, ㄴ
③ ㄱ, ㄴ, ㄹ
④ ㄱ, ㄴ, ㄷ
⑤ ㄱ, ㄷ

174 어느 기업의 생산함수는 $Q=2LK$이며, 단위당 임금과 단위당 자본비용은 각각 2원과 3원이다. 이 기업의 총 사업자금이 60원으로 주어졌을 때, 노동의 최적투입량은? (단, Q는 생산량, L은 노동투입량, K는 자본투입량이며, 두 투입요소 모두 가변투입요소이다)

① $L=10$
② $L=15$
③ $L=20$
④ $L=25$

175 $Q=L^2K^2$인 생산함수에 대한 설명으로 옳은 것을 모두 고르면? (단, Q는 생산량, L은 노동량, K는 자본량이다)

> ㄱ. 2차 동차함수이다.
> ㄴ. 규모에 따른 수확 체증이 있다.
> ㄷ. 주어진 생산량을 최소비용으로 생산하는 균형점에서 생산요소 간 대체탄력성은 1이다.

① ㄱ ② ㄴ
③ ㄱ, ㄷ ④ ㄴ, ㄷ

176 콥－더글러스(Cobb－Douglas) 생산함수가 $Q=AL^{0.4}K^{0.6}$일 때 이에 대한 설명으로 올바른 것은? (단, L은 노동투입량, K는 자본투입량, A는 기술수준 관련 파라미터이다)

> 가. 노동소득분배율은 40%이다.
> 나. 생산의 자본탄력도는 0.6이다.
> 다. 노동과 자본에게 각각 평균생산(AP)만큼 분배하면 총생산이 부족 없이 나누어진다.
> 라. 규모에 대한 보수는 일정하다.
> 마. 노동과 자본의 생산기여도는 각각 동일하다.

① 가, 나, 다 ② 가, 나, 라 ③ 가, 다, 라
④ 가, 나, 다, 라 ⑤ 가, 나, 라, 마

177 규모의 경제에 대한 설명으로 옳지 않은 것은?

① 자연독점이 생기는 원인이다.
② 규모가 커질수록 생산단가가 낮아진다.
③ 생산물의 종류가 많을수록 비율이 낮아진다.
④ 산출량이 증가함에 따라 장기 평균비용이 감소한다.

178 **다음 중 생산요소 증가에 따른 생산량 변화를 규모에 대한 수익(Returns to Scale)으로 설명할 때, 옳지 않은 것을 모두 고르면? (단, 장기에는 모든 생산요소가 가변요소이므로 생산요소 투입량을 증가시킬 수 있다)**

> ㄱ. 모든 생산요소가 2배 증가하면 생산량이 3배 증가하는 경우를 규모에 대한 수익 체증(IRS ; Increasing Returns to Scale)이라 한다.
> ㄴ. 모든 생산요소가 10배 증가하면 생산량이 10배 증가하는 경우를 규모에 대한 수익 체감(DRS ; Decreasing Returns to Scale)이라 한다.
> ㄷ. 어느 기업의 A 공장 생산함수가 규모에 대한 수익 체증을 나타내면, 이 기업이 생산량을 증가시키기 위해서는 동일한 B 공장을 세워 생산하는 것이 바람직하다(A, B 생산 함수는 동일).
> ㄹ. 어느 기업이 생산량을 2배 증가시키려고 한다. 이 기업의 생산함수가 규모에 대한 수익 체증을 나타내면, 이 기업은 생산요소를 2배 이상 투입해야 한다.
> ㅁ. 생산함수가 $Q=L^{\frac{1}{2}}K^{\frac{1}{2}}$($L$=노동, K=자본)이면, 생산함수는 규모에 대한 수익 불변(CRS ; Constant Returns to Scale)을 보인다.

① ㄴ, ㄹ　② ㄹ, ㅁ　③ ㄱ, ㄷ, ㄹ
④ ㄴ, ㄷ, ㄹ　⑤ ㄴ, ㄷ, ㅁ

179 **A 기업의 장기총비용곡선은 $TC(Q)=40Q-10Q^2+Q^3$이다. 규모의 경제와 규모의 비경제가 구분되는 생산규모는?**

① $Q=5$　② $Q=\frac{20}{3}$
③ $Q=10$　④ $Q=\frac{40}{3}$

180 **한 기업이 여러 제품을 함께 생산하는 경우가 각 제품을 별도의 기업들이 생산하는 경우보다 생산비용이 더 적게 드는 경우를 설명하는 것은?**

① 범위의 경제　② 규모에 대한 수확 체증
③ 규모의 경제　④ 비경합적 재화

181 총비용함수가 $TC = \frac{1}{3}Q^3 - 7Q^2 + 100Q + 50$일 때, 관련된 설명으로 옳은 것은?

가. 단기생산함수이다.	나. 장기생산함수이다.
다. 한계비용은 $Q^2 - 14Q + 100$이다.	라. 평균비용은 $\frac{1}{3}Q^2 - Q + 100$이다.
마. 총고정비용은 50원이다.	

① 가, 다, 라　② 가, 라, 마　③ 나, 다, 마
④ 가, 다, 마　⑤ 다, 라, 마

182 다음은 화폐와 통화에 대한 설명이다. ㉠ ~ ㉢에 들어갈 말로 적절한 것은?

> 화폐는 시대의 흐름에 따라 상품화폐 → 금속화폐 → 지폐 → (㉠) 화폐 → (㉡) 화폐로 발전해 왔다. (㉢)어음이란 일반적인 어음의 형식적 요건인 만기나 발행일자를 기재하지 않은 어음으로, 그 자체로는 효력이 없다.

	㉠	㉡	㉢
①	전자	신용	유통
②	전자	신용	은행
③	명목	신용	전자
④	신용	전자	백지
⑤	전자	신용	백지

183 다음을 참조하여 통화증가량의 크기로 올바른 것은?

> 가. 현금 유출은 일체 없다.
> 나. 본원통화 및 본원적 예금의 크기는 100억 원이다.
> 다. 지급준비율은 10%이다.
> 라. 예금은행은 일체 초과지급 준비를 하지 않는다.

① 200억 원　② 400억 원　③ 600억 원
④ 800억 원　⑤ 1,000억 원

184 다음 두 가지 거래의 결과로 적절하지 않은 것은? (단, 법정지급준비율은 20%이다)

철수는 A 은행에 100만 원을 예금하고 영희는 A 은행에서 50만 원을 대출받았다.

① 법정지급준비금이 20만 원 증가한다.
② 초과지급준비금이 20만 원 증가한다.
③ 실제지급준비금이 50만 원 증가한다.
④ 통화량이 50만 원 증가한다.

185 환율에 관한 다음 설명 중 옳지 않은 것은?

① 명목환율이란 통화 간의 교환비율을 말한다.
② 자국의 명목적 통화가치가 하락할 때 국제경쟁력이 상승하고 순수출(Net Exports)이 증가하여 소득이 증가한다.
③ 자국의 명목적 통화가치가 상승할 때 자국 통화로 계상한 대외부채가 감소한다.
④ 자국의 명목적 통화가치의 하락은 항상 자국의 실질적 통화가치의 하락을 수반한다.
⑤ 국가 간 소득수준을 비교할 때 명목환율보다는 국가 간 구매력을 반영한 구매력 평가환율을 사용하는 것이 더 낫다고 할 수 있다.

186 다음 자료를 보고 추정한 내용으로 적절한 것은? (단, 환율 이외의 요인은 고려하지 않는다)

일자	대미환율	일자	대미환율
2017년 6월 1일	1$=1,180원	2017년 10월 1일	1$=1,185원
2017년 7월 1일	1$=1,170원	2017년 11월 1일	1$=1,195원
2017년 8월 1일	1$=1,185원	2017년 12월 1일	1$=1,220원
2017년 9월 1일	1$=1,180원		

① 2017년 9월부터는 수출업자에게 유리하였을 것이다.
② 2017년 9월부터는 외국여행자 및 유학생의 비용 부담이 감소하였을 것이다.
③ 2017년 6월부터 7월까지는 원화의 가치가 하락하였다.
④ 2017년 7월부터 8월까지는 달러의 가치가 하락하였다.

187 자본이동이 자유로운 소규모 개별경제를 가정하여 물가가 고정되어 있고, 변동환율제도(Floating Exchange Rate)를 택할 때, 이러한 경제상황 아래에서 정부의 경제정책에 대한 설명 중 적절하지 않은 것은?

① 정부의 확대재정정책은 소득을 증가시키지 못한다.
② 정부의 확대재정정책은 자국의 통화가치를 증가시킨다.
③ 중앙은행의 확대통화정책은 소득을 증가시킨다.
④ 중앙은행의 확대통화정책은 통화가치를 하락시킨다.
⑤ 관세의 부과는 순수출(Net Export)을 증가시켜 소득을 증가시킨다.

188 A국의 경제상황이 아래와 같을 때, 균형국민소득(Y)은?

- 총수요곡선(AD) : $Y=800+\dfrac{4,000}{P}$
- 총공급곡선(AS) : $Y=1,000+P-P^e$
- 기대물가수준 : $P^e=20$

① 20
② 400
③ 800
④ 1,000
⑤ 4,000

189 현재 균형국민소득이 자연산출량에 미달하는 수준이라면 장기에는 어떤 변화가 나타날 것인가?

① 아무 변화도 일어나지 않는다.
② 물가가 상승하고 IS곡선이 우측으로 이동한다.
③ 물가가 하락하고 LM곡선이 우측으로 이동한다.
④ 물가가 상승하고 LM곡선이 우측으로 이동한다.
⑤ 물가가 상승하고 IS곡선이 우측으로 이동한다.

190 **한계소비성향(MPC)이 0.75로 주어진 경우 1억 원의 정액세(Lump-sum Tax) 부과로 인한 LM곡선과 IS곡선의 변화로 옳은 것은?**

① LM곡선을 4억 원만큼 우측으로 이동시킬 것이다.
② LM곡선을 3억 원만큼 좌측으로 이동시킬 것이다.
③ IS곡선을 4억 원만큼 우측으로 이동시킬 것이다.
④ IS곡선을 3억 원만큼 좌측으로 이동시킬 것이다.

191 **정부가 재정지출과 조세를 100만큼 늘리고, 화폐공급량을 100만큼 증가시킨 경우 IS곡선과 LM곡선의 이동으로 가장 적절한 것은? (단, 한계소비성향은 0.75이다)**

① IS곡선은 이동하지 않고, LM곡선은 우측으로 이동
② IS곡선은 좌측으로 이동, LM곡선은 우측으로 이동
③ IS곡선은 우측으로 이동, LM곡선도 우측으로 이동
④ IS곡선은 우측으로 이동, LM곡선은 좌측으로 이동

192 **다음 구축효과에 관한 설명 중 옳지 않은 것은?**

① 다른 조건이 일정한 경우 LM곡선의 기울기가 커질수록 구축효과는 커진다.
② 다른 조건이 일정한 경우 투자의 이자율탄력성이 낮을수록 구축효과는 커진다.
③ 다른 조건이 일정한 경우 화폐수요의 이자탄력성이 낮을수록 구축효과는 커진다.
④ 다른 조건이 일정한 경우 한계소비성향이 클수록 구축효과는 커진다.

193 **총수요곡선(AD)에 관한 설명으로 옳지 않은 것을 모두 고르면?**

가. 물가가 상승하면 실질 통화량이 감소하므로 총수요가 증가한다.
나. 물가 상승은 부동산 가격 상승을 초래하므로 총수요가 증가한다.
다. 물가가 상승하면 민간이 보유한 현금의 소비수요가 줄어들어 총수요가 증가한다.
라. 물가 상승의 결과 수출가격이 상승하고 수출량의 감소를 가져와 총수요를 감소시킨다.

① 가, 나, 다
② 가, 나, 라
③ 가, 다, 라
④ 나, 다, 라
⑤ 가, 나, 다, 라

194 **다음 거시경제의 총수요곡선에 대한 설명 중 적절하지 못한 것은?**

① 물가가 하락할 때 총수요는 증가한다.
② 통화량이 증가할 때 물가가 일정하게 주어진 상태에서 총수요는 증가한다.
③ 정부지출이 증가할 때 물가가 일정하게 주어진 상태에서 총수요는 증가한다.
④ 독립적 투자수요가 증가할 때 물가가 일정하게 주어진 상태에서 총수요는 증가한다.
⑤ 해외경제가 활황을 보인다고 하더라도 총수요는 변화하지 않는다.

195 **갑작스러운 국제유가 상승으로 A국에서 총생산이 줄어들고 물가가 높아지는 스태그플레이션(Stagflation)이 발생하였다. 〈보기〉는 이에 대한 대책으로 중앙은행 총재와 재무부장관이 나눈 대화이다. 본 대화에 대한 논평으로 가장 옳지 않은 것은?**

보기

- 중앙은행 총재 : 서민생활의 안정을 위해 이자율을 올려 물가를 안정시키는 일이 급선무입니다.
- 재무부장관 : 경기침체를 완화하기 위해 재정을 확대하는 정책이 절실합니다.

① 이자율을 높이는 정책은 총수요를 감소시키는 결과를 가져오기 때문에 실업률을 높일 수 있다.
② 재정확대정책은 자연산출량을 증대할 수 있는 방안이다.
③ 재정확대정책을 실시할 경우 현재보다 물가수준이 더욱 높아질 것을 각오해야 한다.
④ 만약 아무 조치도 취하지 않는다면 침체가 장기화될 수 있다.

196 **다음 중 총공급곡선이 단기에 우상향하는 이유로 옳지 않은 것은?**

① 노동자들의 화폐환상
② 물가의 경직성
③ 임금의 경직
④ 합리적 기대

197 **총공급곡선이 우상향하는 이유가 될 수 없는 것은?**

① 물가의 변화에 따라 명목임금이 신축적으로 변동하고 이에 따라 생산도 변한다.
② 불완전정보로 인하여 전면적인 물가수준의 변화가 상대가격의 변화를 혼동한다.
③ 수요의 변화에 따라 기업들이 가격을 즉각적으로 조정할 수 없다.
④ 노동수요는 실질임금에 의존하지만 노동공급은 기대실질임금 함수이다.

198 **고전학파 경제학자의 총공급곡선(AS)에 관한 견해를 설명한 것으로 잘못된 것은?**

① 총공급곡선은 완전고용수준에서 수직선이다.
② 시장의 신축성으로 노동시장에서 완전고용이 이루어진 결과이다.
③ 경기가 저조할 때에 총공급곡선은 수평선이다.
④ 재정정책이나 금융정책은 소득증가에 소용이 없다.
⑤ 장기적이며 산출능력증가에 영향을 주는 자본축적 노력이 효과적이다.

199 **다음 물가지수에 대한 설명 중 옳지 않은 것은?**

① 생산자물가지수는 실제보다 과대평가되는 경향이 있다.
② 소비자물가지수는 기준연도의 수량을 가중치로 삼는 라스파이레스방식으로 측정된다.
③ 소비자물가지수에는 국내에서 생산된 재화와 용역만 포함된다.
④ 생산자물가지수의 조사대상품목 수가 소비자물가지수의 조사대상품목 수보다 많다.

200 **소비자물가지수에 대한 설명 중 옳지 않은 것은?**

① 통계청에서 작성한다.
② 물가변화를 과소평가하는 경향이 있다.
③ 재화의 품질변화를 반영하는 경향이 있다.
④ 생계비변동 파악, 최저임금 결정 등에 이용된다.
⑤ 신제품 등장에 따른 물가하락 가능성을 반영하지 못한다.

201 거시경제의 물가수준을 측정하기 위해 사용되는 물가지수에 대한 〈보기〉의 설명 중 적절한 것을 모두 고르면?

보기

ㄱ. 소비자물가지수는 매년 변화하는 재화 바스켓에 기초하여 계산된 지수이다.
ㄴ. 소비자물가지수는 대용품 간의 대체성이 배제되어 생활비의 인상을 과대평가하는 경향이 있다.
ㄷ. GDP디플레이터에 수입물품은 반영되지 않는다.
ㄹ. GDP디플레이터는 새로운 상품의 도입에 따른 물가수준을 반영한다.
ㅁ. 소비자물가지수와 생산자물가지수는 라스파이레스방식이 아니라 파셰방식으로 계산한다.

① ㄱ, ㄴ, ㄷ ② ㄱ, ㄷ, ㄹ ③ ㄴ, ㄷ, ㄹ
④ ㄴ, ㄷ, ㅁ ⑤ ㄷ, ㄹ, ㅁ

202 쌀과 자동차만 생산하는 어떤 나라의 상품 가격과 생산량이 다음 표와 같다. 20X1년을 기준연도로 할 때 20X2년과 20X3년의 GDP 디플레이터는 각각 얼마인가?

구분	쌀		자동차	
	가격	생산량	가격	생산량
20X1년	20만 원/가마	100가마	1,000만 원/대	2대
20X2년	24만 원/가마	100가마	1,200만 원/대	4대
20X3년	30만 원/가마	200가마	1,500만 원/대	4대

	20X2년	20X3년
①	83.33%	66.67%
②	120%	150%
③	150%	200%
④	180%	300%

203 국내시장의 제1차 거래단계에서 기업 상호 간에 거래되는 상품과 서비스의 평균적인 가격연동을 측정하기 위하여 작성되는 물가지수는 무엇인가?

① 생산자물가지수 ② 생활물가지수 ③ 신선식품지수
④ 소비자물가지수 ⑤ 수출입물가지수

204 **다음 자료의 (가) ~ (라)에 들어갈 용어로 옳은 것은?**

> 명목이자율이 일정한 상태에서 인플레이션율이 상승하면 이자소득의 실질가치는 ___(가)___ 한다. 이와 같은 상태가 지속될 경우 사람들은 ___(나)___ 보다 ___(다)___ 보유비율을 높이고 부채비율을 ___(라)___ 경향을 나타낸다.

	(가)	(나)	(다)	(라)
①	감소	금융자산	실물자산	높이려는
②	감소	실물자산	금융자산	낮추려는
③	감소	금융자산	실물자산	낮추려는
④	증가	금융자산	실물자산	높이려는

205 **인플레이션에 대한 다음 설명 중 옳지 않은 것은?**

① 인플레이션이 예상될 때, 채권자로부터 채무자에게로 부와 소득이 재분배된다.
② 인플레이션이 예상될 때, 메뉴비용이 발생된다.
③ 인플레이션이 예상될 때, 명목이자율이 상승한다.
④ 인플레이션이 예상될 때, 실질화폐잔고를 줄임으로써 은행에 자주 가야 하는 불편이 발생한다.
⑤ 적절한 수준의 인플레이션은 명목임금의 하방경직성으로 인하여 발생하는 노동시장의 불균형을 개선하는 데 도움이 된다.

206 **인플레이션의 발생 배경과 그 영향에 대한 설명으로 옳지 않은 것은?**

① 예상된 인플레이션의 경우 메뉴비용(Menu Cost)이 발생할 수 있다.
② 예상 못한 인플레이션의 경우 은행에 가서 현금을 인출하는 횟수가 빈번해지는 구두가죽비용(Shoe Leather Cost)이 발생한다.
③ 예상 못한 인플레이션의 경우 채권자와 채무자 사이에 소득재분배효과가 발생한다.
④ 생산비 상승으로 인한 비용 인플레이션의 경우 스태그플레이션(Stagflation)이 발생할 수 있다.
⑤ 예상 못한 인플레이션은 경제의 불확실성을 증대시킨다.

207 인플레이션에 대한 설명으로 옳지 않은 것은?

① 스태그플레이션이란 경기는 침체하는데 물가 상승이 지속되는 상태를 말한다.
② 예견되지 못한 인플레이션은 소득재분배효과를 갖는다.
③ 완전히 예견된 인플레이션의 경우 사회적 비용이 발생하지 않는다.
④ 필립스의 견해에 따르면 인플레이션의 억제는 실업률의 증가를 가져온다.

208 다음 중 수요견인 인플레이션이 발생하는 경우는?

① 생산비의 증가
② 수요 독점적 노동시장의 존재
③ 국제유가의 인상
④ 정부지출의 증가

209 다음 중 인플레이션 압력을 제거하기 위한 정책으로 가장 적절한 것은?

① 조세율 인하
② 공공투자 확대
③ 임금과 이윤의 상승 제한
④ 보조금 지출 확대

210 디플레이션(Deflation)이 경제에 미치는 효과로 볼 수 없는 것은?

① 고정금리의 경우, 채무자의 실질 채무부담이 증가한다.
② 명목이자율이 일정할 때 실질이자율이 내려간다.
③ 명목연금액이 일정할 때 실질연금액은 증가한다.
④ 디플레이션이 가속화될 것이라는 예상은 화폐수요를 증가시킨다.

211 A국에서 지속적으로 무역수지 흑자를 이어오고 있을 때, 나타날 수 있는 경제현상은? (단, 다른 조건은 불변한다)

① A국 통화가치의 하락
② A국의 국가산업도산의 감소
③ 무역 분쟁 발생가능성의 감소
④ A국 외환시장에서의 외화공급 증가

212* 40개의 피자와 10개의 CD로 구성된 소비 바구니에서 재화의 가격이 다음과 같을 때의 소비물가지수와 인플레이션에 관한 설명으로 옳지 않은 것은? (단, 2012년을 기준연도로 한다)

구분	피자	CD
2012년	10	15
2015년	20	30
2018년	15	22.5

① 2012년 소비자물가지수는 100이다.
② 2015년 소비자물가지수는 200이다.
③ 2018년 소비자물가지수는 150이다.
④ 2015년 인플레이션은 100%이다.
⑤ 2018년 인플레이션은 20%이다.

213 홍콩은행에서 판매되는 금융상품의 명목이자율이 5%이며 이자소득세율은 30%이다. 인플레이션이 예상되면 예상인플레이션율만큼 명목이자율이 인상된다는 가정에서 예상인플레이션율이 10%일 때 다음 설명 중 적절한 것은?

① 물가 상승만큼 명목이자율 인상에 반영되므로 세후 실질이자율은 변화되지 않는다.
② 인플레이션율이 반영된 세전 명목이자율은 10%이다.
③ 이자소득세는 실질이자소득(율)에 대해 부과되므로 1.5%이다.
④ 세율변경이 없다면 세후 실질이자율은 세전 실질이자율에 미치지 못한다.
⑤ 물가 상승에 따라 명목이자율이 상승하면 실질조세부담에 차이가 없다.

214 '인플레이션은 언제 어디서나 화폐적 현상이다.'라는 말을 남긴 통화주의 경제학자는 누구인가?

① 아담 스미스(A. Smith)
② 케인스(J. M. Keynes)
③ 밀턴 프리드먼(M. Friedman)
④ 칼 마르크스(K. Marx)
⑤ 데이비드 리카도(D. Ricardo)

215 실업 및 실업률에 대한 다음 〈보기〉의 설명 중 옳은 것은?

> 보기
>
> ㄱ. 경제가 완전고용 상태일 때도 실업률은 0이 아니다.
> ㄴ. 실망실업자의 존재는 실업률 통계가 실제 실업률을 과소평가하는 이유가 된다.
> ㄷ. 실업률이 낮아지면 취업자가 많아진다.

① ㄱ　② ㄷ　③ ㄱ, ㄴ
④ ㄴ, ㄷ　⑤ ㄱ, ㄴ, ㄷ

216 다음 그림은 B국에 직장의료보험이 도입되기 이전의 노동수요와 노동공급을 나타낸다. 이를 이용하여 직장의료보험의 도입이 노동시장의 균형임금과 균형고용량에 미칠 영향을 옳게 짝지으면? (단, 직장인에게 직장의료보험은 20만 원의 가치가 있고, 사용자에게는 10만 원의 비용이 발생한다고 가정한다)

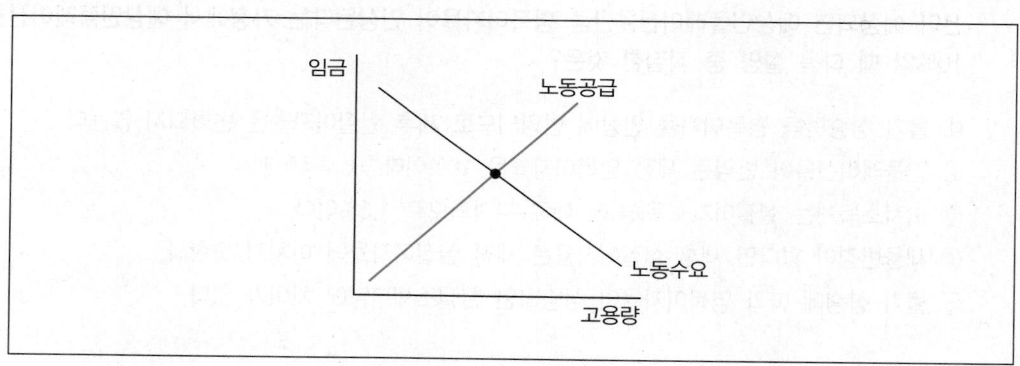

① 임금 상승, 고용량 증가　② 임금 상승, 고용량 감소
③ 임금 하락, 고용량 증가　④ 임금 하락, 고용량 감소
⑤ 임금 하락, 고용량 불변

217 다음 중 비자발적 실업의 원인을 설명하는 이론으로 적절하지 않은 것은?

① 유동성제약이론　② 효용성 임금이론　③ 최저임금제
④ 장기노동계약　⑤ 내부자 · 외부자 이론

218 **자연실업률에 관한 설명 중 적절하지 않은 것은?**

① 구직률이 높을 때 자연실업률은 낮다.

② 최저임금제나 효율성임금, 노조 등은 구조적 실업을 증가시켜 자연실업률을 높이는 요인으로 작용한다.

③ 자연실업률은 경제상황에 상관없이 결정되는 것으로 불변이다.

④ 최저임금과 같은 제도적 요인에 의한 임금의 경직성은 자연실업률을 높인다.

⑤ 시장의 균형임금보다 높게 책정되는 효율임금은 자연실업률을 높인다.

219 **구직자에게는 채용정보를, 사업자에게는 인재 정보를 제공하는 채용정보 사이트가 활성화됐을 때 감소할 수 있는 실업의 유형은?**

① 경기적 실업
② 구조적 실업
③ 마찰적 실업
④ 잠재적 실업

220 **아래는 A국의 인구 및 고용 통계에 관한 내용이다. 이를 바탕으로 A국의 실업자 수를 산출하면?**

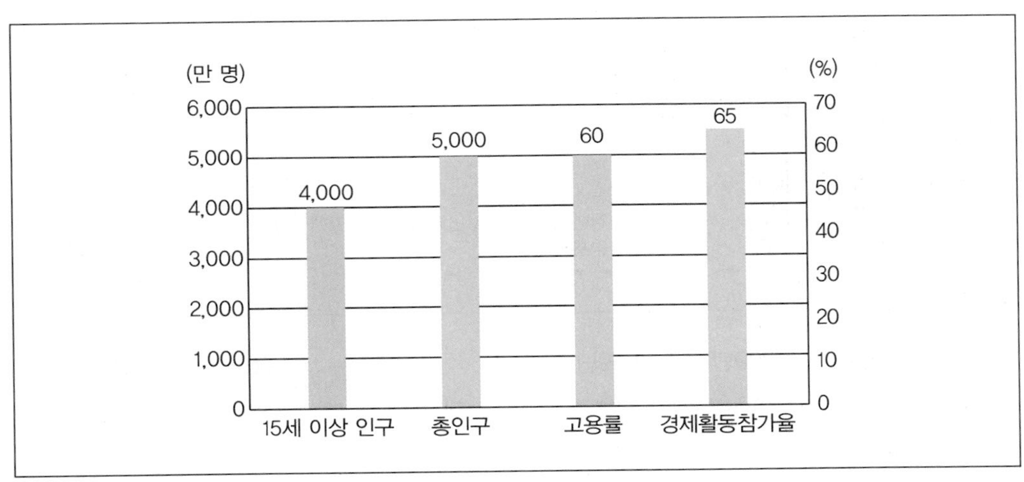

① 160만 명
② 180만 명
③ 200만 명
④ 220만 명

221 다음 상황에서 평균 실업기간을 구하면?

자연실업률이 20%이고, 매월 취업자의 4%가 일자리를 떠난다.

① 5.5개월 ② 6.25개월 ③ 7.5개월
④ 8.25개월 ⑤ 9개월

222 아래는 A국의 전년 대비 실업률 변화와 경제성장률을 나타낸 것이다. 각 연도별 상황에서 나타날 수 있는 기사 제목을 가장 올바르게 짝지은 것은?

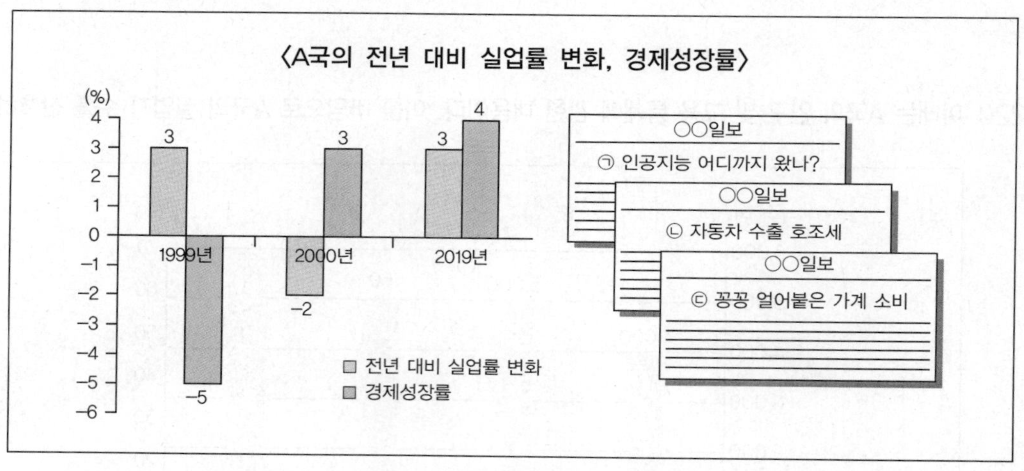

	1999년	2009년	2019년		1999년	2009년	2019년
①	㉠	㉡	㉢	②	㉡	㉠	㉢
③	㉡	㉢	㉠	④	㉢	㉡	㉠

223 아래 〈그림〉은 A국의 인구 변화에 따른 각 고용지표의 변화를 나타낸 것이다. 이에 대한 분석으로 가장 올바른 것은?

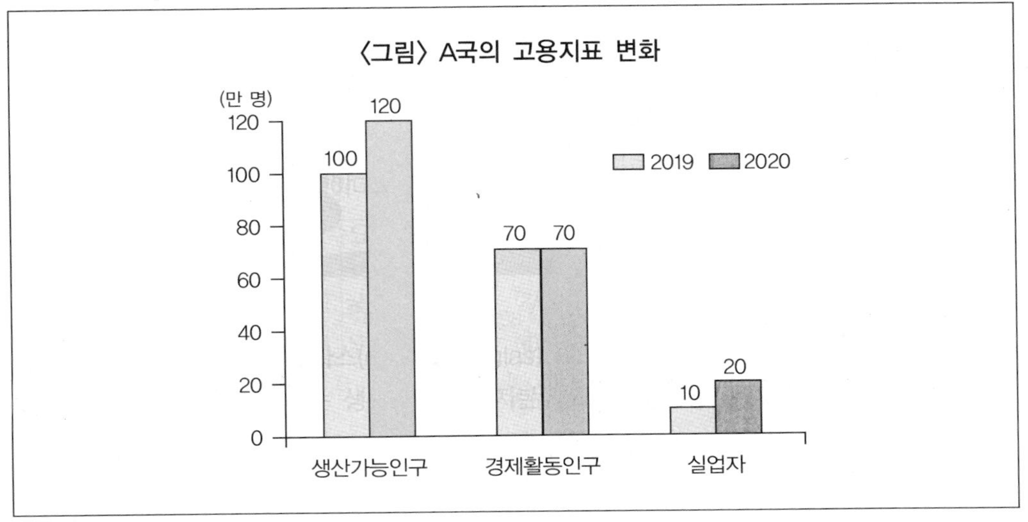

① 실업률 하락
② 고용률 상승
③ 취업자 수 증가
④ 비경제활동 인구 증가

224 오랜 기간 동안 일자리를 찾아다녔음에도 취업이 되지 않던 A 씨가 당분간 취업을 포기하기로 하였다. A 씨와 같은 사람의 발생이 실업(률)에 미치는 효과로 올바른 것은?

① 일자리를 찾지 못해 실업률 증가에 기여한다.
② 일시고용자로 분류되어 실업률을 낮추는 효과가 있다.
③ 경제활동인구에서 제외되므로 실업률을 낮게 만든다.
④ 비경제활동인구에 포함되므로 실업률을 높게 만든다.
⑤ 여전히 실업상태이므로 실업률을 변화시키지 않은 것이다.

225 다음 그림은 A국의 연령대별 경제활동참가율, 고용률 및 실업률을 나타낸 것이다. 이에 대하여 적절하게 해석한 학생을 〈보기〉에서 고른 것은?

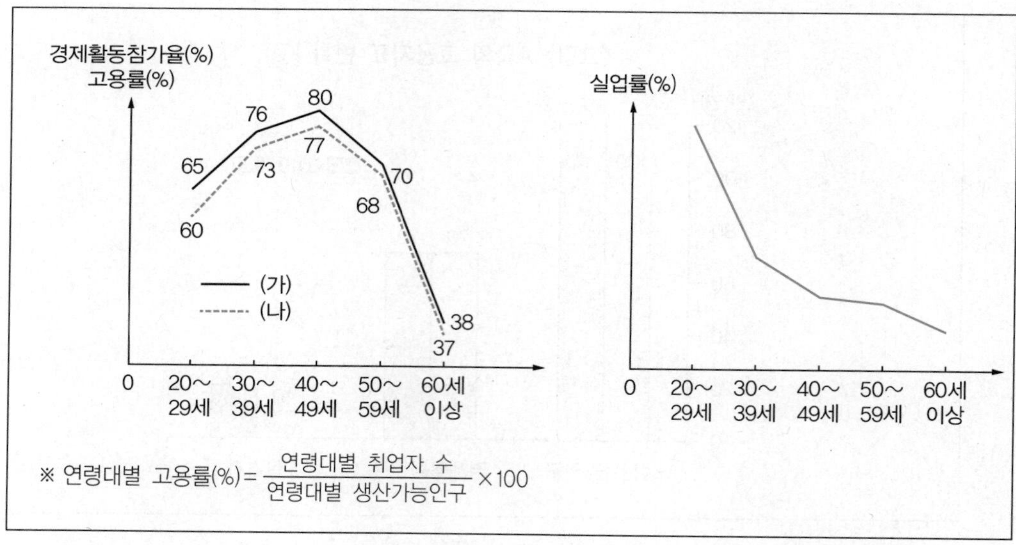

보기

갑 : (가)는 경제활동참가율을, (나)는 고용률을 보여 주고 있어.
을 : 20대의 생산가능인구가 100만 명이라면 실업자 수는 4만 명일 거야.
병 : 30대의 실업률은 3%보다 높겠네.
정 : 40대 이후 실업률이 하락하는 이유는 고용률이 경제활동참가율보다 더 급격히 하락하기 때문이야.

① 갑, 을 ② 갑, 병 ③ 을, 병
④ 을, 정 ⑤ 병, 정

226 다음 효율성임금이론에 대한 설명 중 옳지 않은 것은?

① 실질임금과 근로의욕 간의 양(+)의 상관관계를 가정한다.
② 높은 실질임금은 근로자의 도덕적 해이를 방지할 수 있다.
③ 효율성임금이란 실질임금 한 단위당 근로의욕을 극대로 하는 수준의 임금이다.
④ 기업이윤이 감소함에도 불구하고 노동조합의 압력을 무마하기 위해 지불한다.

227 인구증가율이 3%, 평균저축률이 10%, 기술진보율이 4%일 때, 기술진보가 있는 신고전학파의 경제성장모형에 의한 경제성장률은?

① 3　　② 4　　③ 6
④ 7　　⑤ 10

228 다음 〈보기〉 중 고전학파이론에 대한 설명으로 옳은 것은?

> **보기**
>
> ㄱ. 정부지출이 증가하는 경우에 실질이자율이 상승한다.
> ㄴ. 세이의 법칙(Say's Law)이 성립한다.
> ㄷ. 모든 가격변수는 완전신축적이다.

① ㄱ　　② ㄷ　　③ ㄱ, ㄴ
④ ㄴ, ㄷ　　⑤ ㄱ, ㄴ, ㄷ

229 다음 중 케인스의 국민소득결정이론에 관한 내용으로 적절하지 않은 것은?

① 저축과 투자가 사전적으로 항상 일치하지는 않지만 사후적으로는 항상 일치한다.
② 실물과 화폐의 상호연관성을 강조한다.
③ 공급이 수요에 미달하는 호황기를 가정한다.
④ 10억 원의 조세감면보다는 10억 원의 정부지출 증가가 국민소득을 더 크게 증가시킨다.

230 다음의 경기종합지수 중에서 경기선행지수가 아닌 것은?

① 재고순환지수　　② 소비자기대지수　　③ 종합주가지수
④ 장단기금리차　　⑤ 제조업가동률지수

231 다음은 우리나라가 경기종합지수를 산출할 때 사용하는 경제지표들이다. 이중 경기선행지수에 속하지 않는 것은?

① 구인구직비율　　② 상용근로자 수
③ 금융기관유동성　　④ 소비자기대지수

232 갑과 을은 주어진 시간을 가지고 X재와 Y재를 생산하고 있다. 각자에게 주어진 시간을 100시간이라고 하고, 갑과 을이 각각 X재와 Y재를 생산하는 데 소요되는 시간이 다음과 같다고 할 때 적절하지 않은 설명은?

구분	X재	Y재
갑	4시간	4시간
을	10시간	20시간

① 갑은 을에 비하여 X재 또는 Y재의 생산에 기술적으로 절대우위에 있다.
② 갑은 을에 비하여 Y재에 생산에 비교우위가 있다.
③ Y재 수량으로 계산된 X재의 상대가격이 $\frac{2}{3}$로 주어져 있을 때 을은 오직 X재의 생산에 전문화된다.
④ Y재 수량으로 계산된 X재의 상대가격이 $\frac{4}{3}$로 주어져 있을 때 갑은 오직 Y재의 생산에 전문화된다.
⑤ 을은 갑에 비하여 X재의 생산에 비교우위에 있다.

233 범위의 경제에 대한 다음 〈보기〉의 설명 중 옳은 것을 모두 고르면?

보기

ㄱ. 범위의 경제가 발생하면 생산가능곡선은 원점에 대해 오목한 형태로 도출된다.
ㄴ. 구두와 지갑의 관계처럼 생산요소를 공동으로 이용하는 경우 범위의 경제가 발생할 수 있다.
ㄷ. 범위의 경제에서는 여러 기업이 각각 한 가지 재화를 생산하는 것보다 한 기업이 여러 재화를 동시에 생산하는 것이 비용이 적게 소요된다.

① ㄱ　　② ㄷ　　③ ㄱ, ㄴ
④ ㄴ, ㄷ　　⑤ ㄱ, ㄴ, ㄷ

234 다음 글의 '이것'에 해당하는 개념은?

> '이것'은 어떤 생산요소가 다른 용도로 이전되지 않고 현재의 용도에서 사용되도록 하기 위해 지불해야 하는 최소한의 금액을 말한다. '이것'은 요소공급에 따른 기회비용을 의미하며, 요소공급곡선 아래쪽 면적으로 측정할 수 있다.

① 경제적 지대　② 준지대　③ 전용수입
④ X－비효율성　⑤ 이전지출

235 다음 생산물과 비용에 관한 설명 중 올바른 것은? (단, 함수를 가정한다)

> 가. 노동의 평균생산물이 극대일 때, 노동의 한계생산물은 최소가 된다.
> 나. 노동의 평균생산물이 극대일 때, 노동의 한계생산물은 노동의 평균비용과 일치한다.
> 다. 노동의 한계생산물이 극대일 때, 한계비용이 최소가 된다.
> 라. 노동의 평균생산물이 극대일 때, 평균비용이 최소가 된다.
> 마. 노동의 평균생산물이 극대일 때, 평균가변비용이 최소가 된다.

① 가, 나, 다　② 나, 다, 라　③ 가, 다, 마
④ 가, 다, 라　⑤ 나, 다, 마

236 소득(Y)과 조세수입(T) 사이의 관계가 $T=-100+0.2Y$일 때, 이와 관련된 설명으로 잘못된 것은?

① 한계세율은 20%이며 일정하다.
② 개인소득이 500원에 이를 때까지 조세부담은 없다.
③ 소득이 1,000원일 때 납세액은 100원이다.
④ 소득이 1,000원에서 2,000원으로 증가하면 평균세율이 10%에서 15%로 상승한다.
⑤ 소득의 크기와 관계없이 한계세율이 일정하므로 조세부담률은 비례적이다.

237 프리드먼(M. Friedman)의 항상소득가설을 지지하는 사람이 세율인하정책 등 단기재정정책을 비판하는 내용으로 가장 적절한 것은?

① 세율 변화에 따른 조세수입의 변화를 예측할 수 없으므로 불확실하다.
② 세율 변경은 항상소득은 물론 임시소득까지 변화시키므로 총수요 증가에 기여한다.
③ 세율 인하가 가처분소득의 증가 및 이자율 상승에 기여하므로 구축효과가 크다.
④ 세율 변경이 개인의 가처분소득에 거의 영향을 미치지 않는다.
⑤ 세율 변경에 의한 소득변화는 임시소득의 변화이므로 총수요에 미치는 효과가 없다.

238 다음 화폐수요와 관련된 설명 중 옳지 않은 것은?

① 사람들이 일상생활의 필요 때문에 보유하는 화폐는 거래적 화폐수요이다.
② 증권투자를 목적으로 보유하는 화폐는 투기적 화폐수요이다.
③ 이자율과 투기적 화폐수요는 상호 역의 관계에 있다.
④ 증권가격과 이자율은 역관계이므로 이자율이 낮을수록 투기적 화폐수요가 많아진다.
⑤ 거래적 화폐수요는 소득에 의존하며 예비적 화폐수요 및 투기적 화폐수요는 이자율에 의존한다.

239 다음 중 투자에 대한 설명으로 옳지 않은 것은?

① 가속도원리에 의하면 소득이 증가하면 투자가 증가한다.
② 투자의 한계효율보다 이자율이 높으면 투자가 이루어지지 않는다.
③ 사후적 투자와 저축이 일치할 때만 완전고용 균형국민소득이 달성된다.
④ 기업의 투자결정은 과거이윤보다 앞으로 기대되는 이윤에 주로 의존한다.
⑤ 공장부지의 매입은 국민소득계정상의 투자지출에 포함하지 않는다.

240 **10억 원을 투자하는 프로젝트가 1년 뒤 11억 원의 수익이 기대된다고 한다. 이 프로젝트에 대한 설명으로 옳은 것은?**

① 기대수익률이 10%이므로 시장이자율이 10%를 초과하면 수익성이 있다.
② 내부수익률이 10%이므로 시장이자율이 10% 미만이면 투자하는 것이 타당하다.
③ 투자의 한계효율이 20%이므로 시장이자율이 20% 미만이면 투자하는 것이 타당하다.
④ 투자의 한계효율이 내부수익률과 일치하는 다른 사업에 투자해야 한다.
⑤ 시장이자율이 5% 미만이면 투자의 타당성이 있다.

241 **갑수의 효용함수가 $U(X,\ Y)=\min\{2X,\ 3Y\}$로 주어져 있을 때, 갑수의 X재의 수요함수를 구하면? (단, P_X는 X재의 가격, P_Y는 Y재의 가격, M은 예산을 의미한다)**

① $X=\dfrac{M}{P_X+P_Y}$
② $X=\dfrac{2M}{2P_X+3P_Y}$
③ $X=\dfrac{3M}{2P_X+3P_Y}$
④ $X=\dfrac{3M}{3P_X+2P_Y}$

242 **다음을 참조하여 설명한 내용으로 잘못된 것은?**

> 가. 단순 케인스모형을 이용해 국민소득을 측정한다.
> 나. 소비는 소득의 함수이며 투자 및 정부지출은 독립적으로 이루어진다.
> 다. 한계소비성향(MPC)은 0.8이다.

① 정부지출이 100원 증가하면 국민소득은 500원 증가한다.
② 정부지출증가 또는 조세감축은 총수요에 결정적 영향을 미친다.
③ 100원 감세하면 국민소득은 400원 증가한다.
④ 민간투자가 증가해도 정부지출증가와 마찬가지 효과를 기대할 수 있다.
⑤ 한계소비성향이 0.8에서 0.9로 증가하면 정부지출승수는 작아진다.

243 다음 가격소비곡선이 수평선일 경우에 대한 설명 중 옳은 것은?

① 수요곡선은 우하향의 직선이다.
② 가격이 하락하면 소비자의 총지출액이 증가한다.
③ 수요가 비탄력적이다.
④ 소득소비곡선이 원점을 지나는 직선이다.

244 다음 〈보기〉에서 안정화정책과 관련하여 케인스학파의 입장을 옹호하는 새케인스학파의 주장으로 옳은 것을 모두 고르면?

보기

가. 새고전학파와 마찬가지로 경제주체들의 합리적 기대를 인정한다.
나. 모든 기업의 가격조정이 같은 날 이루어지는 것이 아니므로 신축성이 없다.
다. 시장주요변동에 따라 기업의 가격변동이 즉각 이루어지는 것이 아니다.
라. 효율임금 등을 감안할 때 시장임금은 신축적인 것이 아니다.

① 가, 나　　② 가, 다　　③ 가, 나, 다
④ 나, 다, 라　　⑤ 가, 나, 다, 라

245 다음 현시선호이론에 관한 설명 중 옳지 않은 것은?

① 관측된 수요로부터 그 배경이 되는 선호관계를 설명하고자 한다.
② 현시선호의 강공리가 성립하면 약공리는 자동적으로 성립한다.
③ 재화묶음 A가 B에 대하여 간접적으로 현시선호되면 B가 A보다 간접적으로 현시선호될 수 없다.
④ 한계대체율 체감의 가정하에 수요곡선을 도출하였다.

246 유권자 정의주, 이사철, 최고봉 세 사람의 안건 A(작은 규모의 예산), B(중간 규모의 예산), C(대규모의 예산)에 대해 투표를 하여 과반수다수결에 의해 의사결정이 이루어진다. 세 사람 유권자의 안건에 대한 선호가 다음과 같다. 이에 대한 설명으로 타당하지 않은 것은?

구분	1순위	2순위	3순위
정의주	A	B	C
이사철	C	A	B
최고봉	B	C	A

① 투표의 모순이 발생하여 중위투표자 정리가 성립되지 않는다.
② 개인의 선호에 의한 표결로는 사회적 우선순위를 제대로 알 수 없다.
③ 사회 전체의 선호가 이행성이 충족되지 않는다.
④ 다수결에 의한 집합적 결정은 개인적 선호를 표명시키지 못한다.
⑤ 의사진행조작의 문제는 발생하지 않는다.

247 다음을 참고하여 과세 이후 소비자가격 상승의 크기로 올바른 것은?

> 가. 독점기업이 직면하는 수요함수는 $P=500-Q$이다.
> 나. 한계비용은 100원으로 일정하다.
> 다. 단위당 100원의 조세가 부과된다.

① 50원 ② 60원 ③ 70원
④ 80원 ⑤ 100원

248 소비자욕망에 대한 의존효과(Dependence Effect)를 설명한 것으로 옳은 것은?

① 민간부분의 비중이 줄어들어 정부경비가 팽창한다.
② 소비자의 자주적인 것이 아니라 광고나 선전 때문에 의존적으로 이루어진다.
③ 일반대중의 공공부문에 대한 의존비율이 높아져 공공부문도 광고의 필요성이 있다.
④ 정부가 공급하는 서비스의 질에 따라 국민들의 의존도가 달라진다.
⑤ 민간부문의 생산성 향상 때문에 민간부문에 대한 의존도가 높아진다.

249 어떤 재화의 생산과정에서 오염물질이 방출되는 경우 나타날 수 있는 배분상의 문제점으로 가장 올바른 것은?

① 사회적 한계비용이 사적 한계비용을 초과한다.
② 사적 한계비용이 사회적 한계비용을 초과한다.
③ 시장생산량이 적정생산량을 초과한다.
④ 소비자가격이 적정가격과 일치한다.
⑤ 재화 생산에 필요한 기회비용이 시장가격과 일치한다.

250 정부지출이 이루어지는 근거로 올바르지 못한 것은?

① 가치재(Merit Goods) 공급에 참여한다.
② 소득재분배를 위해 지출한다.
③ 시장실패의 치유를 위해 정부가 개입한다.
④ 국방서비스 및 경찰서비스 등을 정부가 직접 공급한다.
⑤ 민간부문과 경쟁하기 위해 정부가 참여한다.

251 지난 5년간 A사의 독점 생산을 보장한 3D 헤드폰의 특허가 올해로 만료되었다. 3D 헤드폰 시장에서 나타날 상황에 대한 설명으로 적절하지 않은 것은?

① 3D 헤드폰의 가격이 하락한다.
② 3D 헤드폰의 생산자 수가 감소한다.
③ A사의 이윤이 감소한다.
④ 3D 헤드폰의 시장거래량이 증가한다.

252 **아래와 같은 상황이 지속될 때 우리나라에서 나타날 수 있는 경제현상에 대한 추론으로 적절하지 않은 것은?**

> **○○일보**
>
> 최근 석유수출국기구(OPEC)의 회원국과 러시아를 비롯한 비회원국이 공동으로 원유 생산 감축에 합의한 것은 2001년 이후 15년 만에 처음이다. OPEC 회원국과 비회원국들이 이번 감산에 전격 합의한 것은 저유가의 근본 원인인 공급 과잉에 대한 위기감이 크게 작용했다는 분석이다. 게다가 최근 이란에 대한 미국의 경제체재가 심화되고, 중동 지역의 지정학적 위험이 증가해 선물시장에서 국제유가의 불확실성은 더욱 증대되었다.

① 전기자동차의 수요 증가
② 대체에너지 산업의 위축
③ 우리나라의 대외교역조건 악화
④ 전반적인 생산비용 상승으로 인한 인플레이션 압력 증가

253 **〈보기〉는 미국이 철강 수입에 대하여 관세를 부담시킴에 따라 미국 경제에 미치는 효과를 열거한 것이다. 무역이론 또는 통상정책의 이론적 관점에서 옳은 내용은?**

> **보기**
>
> 가. 미국 경제가 대국경제(Large Economy)라고 상정할 경우 관세의 부과는 미국의 교역조건(수출상품의 가격을 수입상품의 가격으로 나눈 것)을 향상시키고 철강 산업의 고용을 증가시킨다.
> 나. 미국 경제가 소국경제(Small Economy)라고 상정할 경우 관세의 부과는 철강 산업의 생산과 소비 생산과 소비의 경제적 비효율성을 야기한다.
> 다. 관세의 부과는 미국 경제가 대국이든 소국이든 상관없이 항상 미국 경제에 해를 끼친다.
> 라. 관세의 부과로 소비자가 손해를 보는 것보다는 생산자가 차지하는 이익이 더 적다.
> 마. 관세의 부과보다는 철강 산업에 생산 보조금을 주는 것이 더 나은 정책일 수 있다.

① 가, 나, 다　　② 가, 나, 다, 라　　③ 가, 나, 라, 마
④ 나, 다, 라, 마　　⑤ 가, 나, 다, 라, 마

254 2008년 미국 발 금융위기가 발생했을 때, 미국은 양적완화정책(Quantitative Easing)을 사용하였다. 이것이 미국에 미친 영향에 대한 설명 중 옳지 않은 것은?

① 양적완화정책은 이자율을 하락시키고 소비수요와 투자수요를 증가시켜 궁극적으로 실업률을 떨어뜨렸다.
② 양적완화정책이란 중앙은행의 전통적인 통화정책으로 정부의 채권만을 매입하는 확대통화정책(Monetary Policy Expansion)이다.
③ 양적완화정책을 구사했는데도 불구하고 물가가 오르지 않은 것은 화폐의 유통속도가 감소하였기 때문이다.
④ 무분별한 양적완화정책은 문제가 발생하였을 경우 기업들로 하여금 궁극적으로 정부가 구제한다는 믿음을 주기 때문에 기업의 도덕적 해이를 야기할 수 있다.
⑤ 양적완화정책을 구사하지 않아도 경제는 장기적으로 정상상태로 돌아갈 수 있다.

255 다음 자료의 ㉠ ~ ㉢에 들어갈 내용을 순서대로 바르게 나열한 것은?

> 우리 경제는 제2차 「경제개발 5개년계획」 기간(1967 ~ 1971년)에 본격적인 자본축적과 성장의 궤도에 올라섰다. 이 기간 중 투자율은 제1차 계획기간의 16.6%에서 26.3%로 크게 상승하였으며, 제4차 계획기간(1977 ~ 1981년)에는 31.8%로 더욱 상승하였다. 국내 저축도 꾸준히 증가하였지만 높은 투자 증가 속도를 감당하지 못하여 투자의 상당 부분은 해외차입에 의존하였다. 이로 인하여 경상수지는 (㉠)가 지속되었고, 해외저축*은 (㉡)의 상태가 되었다. 정부는 1980년대 초반 더 이상의 외채 증가를 막기 위하여 재정적자를 (㉢)하고자 노력하였다.
>
> * 해외저축 : 외국에서 우리나라로 도입한 자본

① 적자, 양(+), 축소 ② 적자, 양(+), 확대 ③ 적자, 음(−), 확대
④ 흑자, 양(+), 확대 ⑤ 흑자, 음(−), 축소

256 기술진보를 허용한 솔로우의 성장모형에 대한 다음 설명 중 옳지 않은 것은?

① 노동자 1인당 소득의 성장률은 기술진보의 속도에 따라 성장한다.
② 저축률이 증가하면 노동자 1인당 소득의 성장률은 증가한다.
③ 기술진보는 저축률과 인구 증가율에 상관없이 외생적으로 일어난다.
④ 총생산 또는 총소득의 증가율은 기술진보율과 생산에 투입된 인구증가율의 합으로 나타내진다.
⑤ 국가 간 성장률 차이가 발생하는 원인을 잘 설명하고 있다.

257 아래에서 설명하는 이것은?

> 이것은 선진국 중앙은행들이 경기를 부양하기 위해 시행하던 양적완화를 중단했을 때 신흥국 금융 시장이 타격을 받는 현상을 말한다. 선진국이 양적완화를 축소하면 신흥국의 통화, 채권, 주식 가격 등이 급락할 수 있는데, 최근 연방준비위원회(FRB)가 기준 금리 인상을 시사해 이것이 발생할 것에 대한 우려가 커지고 있다.

① 테이퍼 텐트럼
② 커플링 현상
③ 유동성 함정
④ 트리핀 딜레마

258 **경제가 완전 고용을 넘어 경기호황을 보이고 있는 상황에서 정부가 부자감세와 더불어 법인세를 인하하고 수입에 대한 관세를 부과하는 등의 보호무역정책을 사용한다고 할 때 경제정책이 미치는 효과에 대한 설명 중 적절하지 않은 것은?**

① 현재의 실업률을 더욱 떨어뜨린다.
② 자국의 통화가치를 더욱 상승시킨다.
③ 인플레이션이 더욱 일어날 가능성이 있다.
④ 실업률이 감소하기 때문에 궁극적으로 소득분배를 형평하게 할 수 있다.
⑤ 경제가 대국(Large Economy)일 경우에는 국제적으로 실질 이자율의 가치가 더 떨어져 개발도상국들(Developing Country)의 자본유출로 국제경제위기를 초래할 수 있다.

259 **연간 수백 퍼센트 이상의 물가 상승이 일어나는 현상으로 중앙은행이 과도하게 통화량을 증대시켜 나타나는 경제현상은?**

① 디플레이션(Deflation)
② 에그플레이션(Agflation)
③ 하이퍼인플레이션(Hyperinflation)
④ 아이언플레이션(Ironflation)

260 **다른 사람들이 많이 소비하면 오히려 그 재화의 소비를 줄이는 효과를 설명한 것은?**

① 속물효과
② 편승효과
③ 버블렌 효과
④ 전시효과
⑤ 피셔효과

261 생산함수가 $Q=2LK$일 때 노동과 자본의 투입량을 3배로 늘린다면 한계기술대체율($MRTS$)은 어떻게 변화하는가?

① 변하지 않는다.
② $\frac{2}{3}$배로 변화한다.
③ 2배로 변화한다.
④ 3배로 변화한다.
⑤ $\frac{1}{3}$배로 변화한다.

262 다음 표는 19세기 후반 강화도 조약 이전의 조선과 해외 열강에서 생산되는 X와 Y 상품단위당 소요되는 생산비용을 나타내고 있다. 강화도 조약 이전에는 조선과 해외 열강 사이에는 교역이 없다가, 이 조약에 따라 개항이 이루어졌다. 이들 국가에 오직 X와 Y 두 상품만 존재했다고 가정하면, 비교우위론에 입각하여 일어났을 상황으로 예측해 볼 수 있는 것은?

상품 / 국가	X	Y
조선	10	20
해외 열강	10	10

① 조선은 개항 이후 수출 없이 수입만 했을 것이다.
② 두 재화를 생산하는 기회비용이 모두 높으므로 모두 해외 열강으로 수출되었을 것이다.
③ 조선은 개항에도 불구하고 무역 없이 자급자족 상태를 이어나갔을 것이다.
④ 조선은 상대적으로 기회비용이 낮은 재화를 수출하고, 상대적으로 기회비용이 높은 재화를 수입했을 것이다.

263 어느 소국개방경제(Small Open Economy)가 특정 재화의 수입에 대해 단위당 일정액의 관세를 부과하였을 때 그 효과에 대한 분석으로 옳지 않은 것은? (단, 이 재화의 국내수요곡선은 우하향하고 국내공급곡선은 우상향한다)

① 국내시장가격은 국제가격보다 관세액과 동일한 금액만큼 상승한다.
② 사회적 순후생손실은 국내 소비량의 감소나 생산량의 증가와 무관하다.
③ 생산자잉여는 증가하고 소비자잉여는 감소한다.
④ 총잉여는 관세부과 이전보다 감소한다.

264 A국의 위스키 수요함수는 $P=200,000-2Q_d$ 이고, 공급함수는 $P=2Q_s$ 이다. 위스키의 병당 국제가격이 80,000원일 때, 병당 10,000원의 관세를 부과한다면 발생하는 A국의 관세수입은? (단, P는 위스키의 병당 A국 내 가격, Q_d는 A국 내 수요량, Q_s는 A국 내 공급량이다)

① 5천만 원
② 1억 원
③ 2억 원
④ 5억 5천만 원

265 A국이 수출품에 단위당 일정액을 지급하는 보조금정책이 교역조건에 미치는 효과에 대한 설명으로 옳은 것을 모두 고르면? (단, 다른 조건은 일정하다)

ㄱ. A국이 대국이면, 교역조건은 악화된다.
ㄴ. A국이 소국이면, 교역조건은 개선된다.
ㄷ. A국이 소국이면, 국내시장에서 수출품의 가격은 상승한다.

① ㄱ, ㄴ
② ㄴ, ㄷ
③ ㄱ, ㄷ
④ ㄱ, ㄴ, ㄷ

266 다음 〈보기〉 중 국제경제에 대한 설명으로 옳은 것은 모두 몇 개인가?

보기

ㄱ. 재정흑자와 경상수지적자의 합은 0이다.
ㄴ. 경상수지적자의 경우 자본수지적자가 발생한다.
ㄷ. 규모에 대한 수확이 체증하는 경우 이종산업 간 교역이 활발하게 되는 경향이 있다.
ㄹ. 중간재가 존재하는 경우 요소집약도가 변하지 않더라도 요소가격균등화가 이루어지지 않는다.
ㅁ. 만약 일국의 국민소득이 목표치를 넘을 경우 지출축소정책은 타국과 정책마찰을 유발한다.

① 1개
② 2개
③ 3개
④ 4개
⑤ 5개

267 **환율(원/달러) 변동에 대한 설명으로 옳은 것은?**

> ㄱ. 국내물가가 상승하면 국내산 재화의 가격이 올라 상대적으로 값이 싸진 외국제품의 수입이 증대하고, 이에 따라 외환수요가 늘어 환율이 하락한다.
> ㄴ. 국내의 실질이자율이 상승하면 원화표시금융자산의 예상수익률이 상승하고, 이에 따라 원화표시금융자산에 대한 수요가 증가하면서 외국자금의 유입이 증가하여 환율이 하락한다.
> ㄷ. 환율이 상승하면 수출은 감소하고 수입은 증가하여(경상수지 악화), 수출기업이 위축되면서 경제성장이 둔화되고 실업이 증가한다.
> ㄹ. 환율이 상승하면 수입원자재가격이 상승하고 외화부채를 가진 기업의 부담이 커지고 국내물가가 상승한다.

① ㄱ, ㄷ　　② ㄴ, ㄷ
③ ㄱ, ㄹ　　④ ㄴ, ㄹ

268 **한 개에 1,000원이던 사과 가격이 1,200원으로 오를 때 수요량이 200개에서 220개로 증가하였다면 수요의 교차탄력성은?**

① $\frac{1}{4}$　　② $\frac{1}{3}$　　③ $\frac{1}{2}$
④ 1　　⑤ 0

269 다음은 어떤 소규모 개방경제의 국내 저축과 국내 투자를 나타낸다. 세계이자율이 r_0에서 r_1으로 하락할 경우 이 경제에 발생할 변화에 대한 설명으로 옳은 것은?

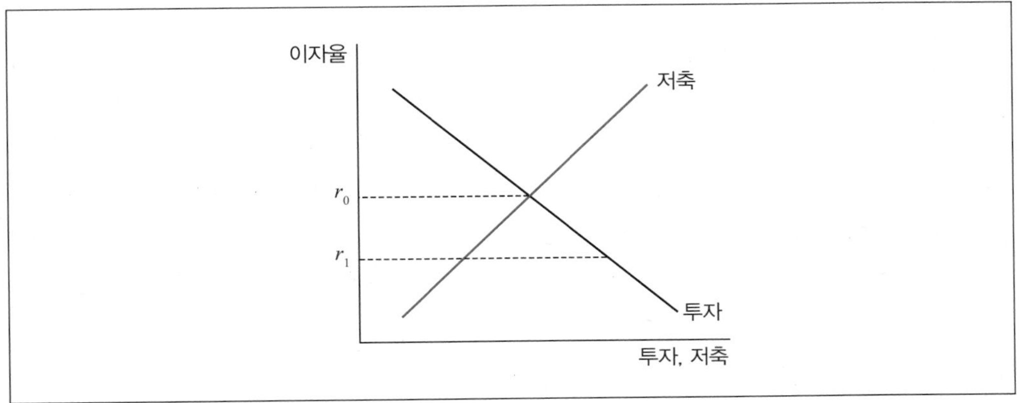

① 순수출은 증가한다.

② 순자본유출은 감소한다.

③ 실질환율$\left(\text{외국물가} \times \dfrac{\text{명목환율}}{\text{자국물가}}\right)$은 상승한다.

④ 달러화 대비 명목환율은 상승한다.

⑤ 1인당 자본스톡은 감소한다.

금융 · 경제 · 경영상식

파트 5

실전모의고사

- 실전모의고사 1회
- 실전모의고사 2회

금융 · 경제 · 경영상식

제1회 실전모의고사

문항수 | 50문항

정답과 해설 146쪽

01 다음 중 매트릭스 조직에 대한 설명으로 적절하지 않은 것은?

① 대규모 조직이나 많은 제품을 생산하는 업체에 적합하다.
② 빈번한 회의와 조정과정으로 소모되는 시간이 많다.
③ 이중보고체제로 인해 종업원들에게 혼란을 준다.
④ 프로젝트 조직과 기능적 조직을 절충한 조직형태이다.

02 다음 중 변혁적 리더십에 대한 설명으로 거리가 먼 것은?

① 리더는 성공이나 성취에 대한 비전을 심어 주고 낙관적인 전망을 제시하고, 구성원 개개인의 니즈에 관심을 가지며 그들을 믿고 신뢰한다.
② 리더는 부하의 정서, 가치관, 윤리, 행동규범 그리고 장기적 목표 등을 바꾸어 줌으로써 개인을 변화시킨다.
③ 리더는 구성원들이 과거의 문제해결 방식에서 벗어나 보다 혁신적이고 창의적으로 변화할 수 있도록 자극한다.
④ 리더와 하위직 간에 각자의 책임과 기대하는 바를 명확하게 제시한다.

03 시장의 수요곡선과 공급곡선 그리고 시장에 관한 설명 중 옳지 않은 것은?

① 가격과 구매되는 수요물량은 역의 관계(Negative Relationship)가 있고, 이 관계는 소비자들의 최적화 행위를 반영한다.
② 가격과 공급량은 양의 관계(Positive Relationship)가 있고, 이 관계는 공급자들의 최적화 행위를 반영한다.
③ 시장의 존재는 사람(경제행위자, Economics Agent)들로 하여금 비교우위가 있는 부분에 전문화하게 하고 시장을 통하여 교역을 함으로써 후생을 증가시킨다.
④ 시장가격이 신축적인 경우 시장은 소비자들이나 생산자들의 최적화 행위의 균형을 맞춤으로써 결핍의 문제를 해결하고, 항상 경제적 효율성을 달성한다.

04 **자동차 산업에 노동조합이 결성되어서 임금이 교섭을 통하여 결정된다고 할 때, 적절하지 않은 설명은?**

① 교섭된 임금은 시장의 균형임금보다 높은 최저가격(Price Floor)과 같다.

② 교섭된 임금은 고용상태로 남아 있는 노동자들의 임금을 향상시키고, 이윤극대화를 목적으로 하는 기업들은 고용수준을 줄일 것이다.

③ 시장균형보다 높게 교섭되는 임금은 결국 실업을 증가시키기 때문에 경제적 피해를 야기한다.

④ 사람들은 교섭된 임금으로 인하여 자동차 산업에 종사하는 노동자들의 실업이 증가할 것을 우려한다.

05 **다음 중 총수요곡선을 우측으로 이동시키는 요인이 아닌 것은?**

① IS곡선의 우측 이동

② 통화량의 증가

③ 정부지출의 증가

④ 이전지출의 감소

06 **Garden의 일정성장 모형에서 A 기업의 배당 후 현재주가는 10,000원이며, 1년 후 주당 300원의 배당이 예상된다면, A 기업의 성장률이 5%일 때 A 기업의 주식에 대한 기대수익률은?**

① 2%

② 3%

③ 5%

④ 8%

07 **내부수익률(IRR)을 통한 투자결정에 대한 설명 중 적절하지 않은 것은?**

① 내부수익률은 순현재가치(NPV)가 0이 되는 할인율이다.

② 내부수익률은 화폐의 시간가치를 고려한다.

③ 내부수익률이 0보다 크면 해당 투자안을 채택한다.

④ 내부수익률은 투자를 함으로써 기대되는 미래의 현금수입액이 현재의 투자가치와 동일하게 되도록 할인하는 이자율을 말한다.

08 **MM자본구조이론에 대한 다음 설명 중 옳지 않은 것은?**

① 법인세가 존재하지 않는 경우, 부채기업의 가치와 무부채기업의 가치는 동일하다.
② 법인세가 존재하지 않는 경우, 기업이 부채를 많이 사용할수록 자기자본비용은 감소한다.
③ 법인세가 존재하지 않는 경우, 자금조달방법과 관계없이 가중평균자본비용($WACC$)은 일정하다.
④ 법인세가 존재하지 않는 경우, 부채가 있는 기업의 가치는 부채가 없는 기업의 가치에 세금절약액의 가치를 합친 것과 같다.

09 **주식 A의 총 장부가치가 500,000원이며, 총 주식 수가 500주이다. 주식 A의 주가 장부가치비율(PBR)이 2일 때, 주식 A의 시장가격은?**

① 1,000원
② 2,000원
③ 5,000원
④ 10,000원

10 **법인세가 존재하는 국가에서 영업활동을 하는 A 기업의 부도확률은 1%이다. MM자본구조이론에 의할 때, A 기업의 가치가 극대화되는 경우는?**

① 자기자본 없이 100% 부채로 조달하는 경우에 A 기업의 가치는 극대화된다.
② 자금조달방법에 상관없이 A 기업의 가치는 동일하다.
③ 부채와 자기자본의 비율이 동일할 때 A 기업의 가치는 극대화된다.
④ 부채 없이 자기자본으로 조달하는 경우에 A 기업의 가치는 극대화된다.

11 **재무보고를 위한 개념체계와 관련한 다음 설명 중 옳지 않은 것은?**

① 자산은 과거 사건의 결과로 기업이 통제하고 있고 미래경제적 효익이 유입될 것으로 기대되는 권리이다.
② 수익은 특정 회계기간 동안에 발생한 경제적 효익의 증가로 자산의 증가 또는 부채의 감소를 통해 자본의 증가를 초래한다.
③ 자본은 기업의 자산에서 모든 부채를 차감한 후의 잔여지분이다.
④ 재무정보가 정보이용자에게 유용하기 위해 갖춰야 할 재무제표의 질적 특성 중 근본적 질적 특성은 목적적합성과 이해가능성이다.

12 기업활동이라고 불리며 융합활동에 참가하고 있는 기업들이 경제적 독립성을 상실하고 새로운 기업으로 활동하는 기업경영방법은 무엇인가?

① 트러스트(Trust)
② 카르텔(Cartel)
③ 콘체른(Konzern)
④ 신디케이트(Syndicate)

13 은행은 크게 상업은행과 특수은행으로 구분할 수 있다. 다음 중 성격이 다른 하나는?

① 하나은행
② 경남은행
③ 스탠다드차타드은행
④ IBK기업은행

14 현재 한국은행이 기준금리를 조정할 때 기반으로 삼고 있는 것은?

① 콜금리
② 리보금리
③ 통화안정증권 금리
④ 7일물 환매조건부채권 금리

15 대출금액 1,000만 원(대출금리 12%, 대출기간 1년)에 대하여 원리금 균등분할상환방식(A 방식)과 원금 균등상환방식(B 방식)에 대한 해석으로 가장 적절한 것은?

① B 방식은 매달 동일한 금액을 납부한다.
② 총납부이자액은 A 방식이 B 방식보다 적다.
③ A 방식은 시간이 지날수록 납부금액이 줄어든다.
④ A 방식은 시간이 지날수록 납부금액 가운데 원금의 비중이 증가한다.

16 경제활동에서 현금 사용이 억제되는 현금 없는 경제(Cashless Economy)에서 나타날 수 있는 현상으로 가장 거리가 먼 것은?

① 정부의 재정수입이 증가
② 개인에게 (-)금리 적용 가능
③ 금융회사를 통한 신용창출 감소
④ 거래과정에서 발생하는 사회적 비용 감소

17 다음 중 기업의 자금조달방식 가운데 직접금융의 수단이 아닌 것은?

① CP 발행
② 기업공개
③ 유상증자
④ 은행대출

18 다음 〈보기〉에서 코넥스시장과 K-OTC 시장에 대한 옳은 설명을 모두 고른 것은?

보기

ㄱ. 코넥스시장은 전문투자자 중심의 시장이다.
ㄴ. K-OTC 시장은 한국금융투자협회가 비상장주권의 매매를 위해 운영하는 장외시장이다.
ㄷ. 코넥스시장에 참여하기 위해서 개인투자자는 기본예탁금으로 2억 원 이상을 예탁하여야 한다.
ㄹ. K-OTC 시장에서는 100% 위탁증거금을 징수하며 가격변동폭의 제한이 없으며 시간 외 매매는 허용되지 않는다.

① ㄱ, ㄹ
② ㄱ, ㄴ
③ ㄴ, ㄷ
④ ㄷ, ㄹ

19 펀드투자 시 유의해야 할 사항으로 가장 거리가 먼 것은?

① 펀드를 선택할 때 과거 수익률을 참조하되 과신하지 않는다.
② 펀드에 따라 수수료 체계가 다양하고 환매조건이 다를 수 있다.
③ 펀드금액의 지급이 불능이 될 경우 예금자보호대상에 해당돼 일정 금액을 구제받을 수 있다.
④ 기본적으로 분산투자를 원칙으로 하지만 특정 지역에 집중된 특정 펀드의 경우 국가 리스크가 발생할 수 있다.

20 다음 중 전환사채(CB)의 특징에 대한 설명으로 올바른 것은?

① 일정 기간이 지난 후 일정 비율의 주식으로 전환 청구가 가능하다.
② 원재료 등을 매입하고 지급하는 매입채무형 채권이다.
③ 채권 발행자가 원금상환 없이 이자만 영구적으로 지급한다.
④ 발행사가 보유 중인 다른 회사의 주식으로 교환할 수 있는 채권이다.

21 기업이 유상증자를 시행할 때 기업의 재무상황에 미치는 영향으로 적절하지 않은 것은? (단, 이외의 다른 재무활동은 없다)

① 자기자본이 증가한다.
② 부채비율이 하락한다.
③ 발행주식 수가 증가한다.
④ 주당순이익이 증가한다.

22 다음 기사의 빈칸 ㉠에 들어갈 올바른 용어는?

> 한국예탁결제원이 159억 원의 휴면주식을 무단 사용한 것으로 드러났다. 휴면주식은 소멸시효가 있는 휴면예금과 달리 주인이 찾아갈 때까지 임의로 사용할 수 없다. 휴면주식의 공식 표현은 (㉠)(으)로, 주식 투자자가 주식담보대출 등을 위해 예탁결제원에 예탁된 주식을 인출한 뒤 본인 이름으로 명의를 고치지 않아 예탁결제원이 대신 수령한 배당금이나 주식 등을 말한다.

① 상환주식배당
② 실권주 청약
③ 실기주과실
④ 후배주 배당

23 일정 기간 동안 정해진 원금에 대해 한 당사자는 고정금리이자를 지급하고 다른 당사자는 변동금리이자를 지급함으로써 미래에 정기적으로 현금흐름을 교환하는 계약은?

① 금리스왑(Interest Rate Swap)
② 통화스왑(Currency Swap)
③ 주식스왑(Equity Swap)
④ 자산스왑(Asset Swap)

24 **선물 및 옵션에 대한 설명으로 가장 적절하지 않은 것은?**

① 기초자산의 가격 변화에 따른 옵션의 투자전략과 관련하여 기초자산 가격이 큰 폭으로 변동할 것으로 예상되지만 방향을 알지 못하는 경우 스트랭글(Strangle)을 매입하면 된다.

② 신주인수권부사채는 옵션이 결합된 형태의 회사채라고 볼 수 있다.

③ 블랙(Black) – 숄스(Scholes) – 머튼(Merton)의 옵션가격결정모형에서는 투자자가 무위험이자율로 차입하거나 매출할 수 있다는 가정을 하고 있다.

④ 만기일에 선물계약을 결제하는 일반적인 방법은 반대매매를 이용하는 것이다.

25 **수요자의 소비성향을 둔화시키거나 소비를 원천적으로 봉쇄하는 것으로, 은행권에서는 주로 수익에 도움이 안 되는 고객을 밀어내는 목적으로 활용되는 마케팅전략은?**

① 다각화
② 차별화
③ 디마케팅
④ 리포지셔닝

26 **다음 중 서비스의 특징에 대한 설명으로 옳지 않은 것은?**

① 서비스는 무형성(Intangibility)이 강조된다.

② 서비스는 생산과 소비가 동시에 일어난다.

③ 서비스는 유형의 제품에 비하여 생태적으로 품질관리가 쉽다.

④ 서비스는 생산자와 고객 간의 상호작용이 생산공정에 반영된다.

27 **기업의 전략적 행위 중 하나인 아웃소싱의 장점과 가장 거리가 먼 것은?**

① 기술 표준의 획득
② 보완적 기술의 획득
③ 연구개발비용의 절감
④ 연구개발의 불확실성 축소

28 **재무상태표상 자본과 가장 관련이 없는 것은?**

① 이익잉여금　② 기타포괄손익누계
③ 감채기금　④ 자기주식처분손실

29 **각종 거래행위에 수반되는 비용으로 정보수집과 처리, 협상, 이동비용 등과 계약이 준수되는가를 감시하는 데 드는 비용을 통틀어 말하는 것은?**

① 거래비용　② 기회비용
③ 매몰비용　④ 경제적 비용

30 **BCG 매트릭스 중 현금젖소에 대한 설명으로 옳은 것은?**

① 시장성장률은 낮지만 시장점유율이 높은 경우이다.
② 시장성장률은 높지만 시장점유율이 낮은 경우이다.
③ 시장성장률과 시장점유율이 모두 높은 경우이다.
④ 시장성장률과 시장점유율이 모두 낮은 경우이다.

31 **다음에서 설명하는 효과는?**

> 처음 구매한 제품보다 연관된 다른 제품을 사기 위해 더 많은 돈을 지출하는 현상을 일컫는다. 이 현상은 소비자가 제품을 구입할 때 제품들의 단순한 기능적인 연계 이외에도 물품 간의 정서적, 심미적, 동질성까지 중요하게 생각하기 때문에 나타난다. 애플 제품의 소비자들로 하여금 브랜드에 대한 우월감을 가지고 '맥' 시리즈나 '아이' 시리즈를 지속적으로 구매하도록 유도하는 전략도 이 현상을 이용한 마케팅의 사례이다.

① 대체효과　② 소득효과
③ 디드로효과　④ 언더독효과

32 다음 기사에서 A사가 시행했던 평가 전략으로 가장 거리가 먼 것은?

> B 증권 재무분석가는 A사에 대해 시장의 기대보다 레버리지효과가 크다고 하였으며 이에 따라 투자의견을 매수(유지), 목표주가는 70,000원을 제시했다. 이에 '동사의 201X년 4분기 호실적의 배경은 롱패딩 열풍에 힘입어 다른 전반적인 브랜드들의 판매호조와 정상가 판매율 상승에 따른 고성장으로 영업이익의 레버리지효과를 나타낸 점이다.'라고 밝혔다.

① 기존의 제조시설 대신 아웃소싱 확대
② 기본금 축소 대신 성과급 확대
③ 매출액 성장에 따른 고정비 부담 완화
④ 한파 지속 시 높은 판매율 지속

33 조직의 라이프사이클상의 각 단계와 인적자원관리 활동의 관계에 있어서 이직 장려를 통해 일시 해고를 기피하게 하고 동시에 배치전환을 장려할 수 있는 방안을 설정하는 고용정책이 적합한 시기는 언제인가?

① 도입기
② 성장기
③ 성숙기
④ 쇠퇴기

34 회계변경에 있어서 회계변경 연도 이전 기간에 대하여 변경 이후의 방법으로 회계처리했을 경우와 변경 이전의 방법으로 회계처리했을 경우에 순이익에 미치는 영향의 차액을 무엇이라 하는가?

① 회계변경의 누적효과
② 회계변경의 추정효과
③ 회계변경의 기준효과
④ 회계변경의 추가효과

35 재무상태표상 부채로 인식되는 충당부채를 부채로 인식하기 위한 이론적 배경과 가장 관련이 없는 것은?

① 신뢰성과 검증가능성 있는 회계정보의 제공 목적
② 과거 사건의 결과로 존재하는 현재의 의무
③ 자원의 유출가능성이 높을 경우
④ 수익-비용 대응의 원칙에 충실

36 재고자산의 원가결정방법 중에서 현행 한국채택국제회계기준(K-IFRS)에서 허용하지 않고 있는 방법은 무엇인가?

① 가중평균원가법
② 개별법
③ 선입선출법
④ 후입선출법

37 다음 글의 빈칸 ㉠에 들어갈 단어로 옳은 것은?

> (㉠)은 이익잉여금과 자본잉여금을 합산한 개념으로, 매출, 급여, 연구개발비, 배당 등의 영향을 받는다. 최근 국내 30대 그룹이 883조 원의 이것을 보유하고 있다는 보도에 논란이 일었다. 기업이 현금으로 833조 원을 보유하고 있는 것처럼 비춰지기 때문이다. 그러나 (㉠)의 상당부분은 이미 투자되거나 기업경영에 사용되고 있어 예금, 부동산, 기계나 지적재산권 등의 형태를 보일 수 있다.

① 감자잉여금
② 사내유보금
③ 이익준비금
④ 임의적립금

38 다음을 바탕으로 A, B 두 사람의 선택에 따라 발생한 비용들을 올바르게 설명한 것은? (단, A는 바닷가로 놀러 가는데 추가적인 비용을 지불하지 않는 것으로 가정한다)

> • A는 주말에 5만 원권 뷔페를 예약했으나 날씨가 너무 좋아 바닷가로 놀러 가기로 계획을 변경했다. 이에 따라 환불 요청을 했으나 너무 늦어서 입장료 5만 원을 날리게 됐다.
> • B는 보고 싶던 영화가 개봉해서 일급 2만 원 아르바이트를 거절하고 영화를 보러 갔다. 영화 티켓의 가격은 9,000원이었으나, B는 너무 재밌게 봐서 비싸게 느껴지지는 않았다.

① A가 바닷가로 놀러 간 것에 대한 기회비용은 0원이다.
② A가 바닷가로 놀러 간 것에 대한 회계적 비용은 5만 원이다.
③ B가 영화를 보러 간 것에 대한 회계적 비용은 2만 원이다.
④ B가 영화를 보러 간 것에 대한 기회비용은 2만 9,000원이다.

39 A 주택단지에는 20가구가 살고 있다. 다음 표는 단지 내에 가로등을 설치하는 데 소요되는 합계비용과 가로등 수에 따른 가구당 한계효용을 나타낸 것이다. 이 단지에 주민들이 설치할 것으로 예상되는 가로등 수는? (단, 가구당 한계효용은 해당 가로등이 건설될 때의 수치이다)

가로등 수	가로등 설치 합계비용	가구당 한계효용
1개	200만 원	100만 원
2개	300만 원	50만 원
3개	400만 원	25만 원
4개	500만 원	15만 원
5개	600만 원	5만 원

① 1개
② 2개
③ 4개
④ 5개

40 A국에서는 X재 1단위 생산에 10의 비용이 필요하고 Y재 1단위 생산에 60의 비용이 필요하다. B국에서는 X재 1단위 생산에 15의 비용이 필요하고 Y재 1단위 생산에 100의 비용이 필요하다. 이 경우에 대한 설명으로 옳은 것은?

① 두 국가 사이에서 A국은 X재 생산에 비교우위가 있고, B국은 Y재 생산에 비교우위가 있다.
② 두 국가 사이에서 A국은 Y재 생산에 비교우위가 있고, B국은 X재 생산에 비교우위가 있다.
③ 두 국가 사이에서 A국은 두 재화 모두의 생산에 비교우위가 있고, B국은 어느 재화의 생산에도 비교우위가 없다.
④ 두 국가 사이에서 A국은 어느 재화의 생산에도 비교우위가 없고, B국은 두 재화 모두의 생산에 비교우위가 있다.

41 A 기업의 비용함수는 C = $\sqrt{Q}$ +650이다. A 기업이 100개를 생산할 때, 이윤이 0이 되는 가격을 구하면? (단, C는 비용, Q는 생산량이다)

① 5.2
② 5.5
③ 6.1
④ 6.6

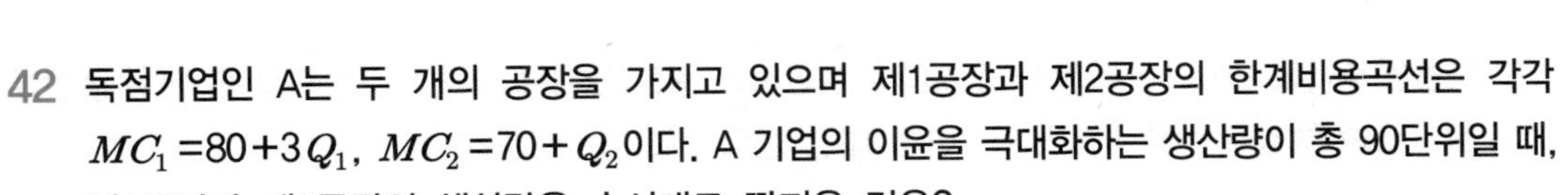

42 독점기업인 A는 두 개의 공장을 가지고 있으며 제1공장과 제2공장의 한계비용곡선은 각각 $MC_1=80+3Q_1$, $MC_2=70+Q_2$이다. A 기업의 이윤을 극대화하는 생산량이 총 90단위일 때, 제1공장과 제2공장의 생산량을 순서대로 짝지은 것은?

① 10, 80
② 20, 70
③ 30, 60
④ 40, 50

43 소비자들을 수요의 가격탄력도 등에 따라 몇 개의 그룹으로 구분하여 다른 가격을 부과하는 가격차별의 사례를 〈보기〉에서 모두 고르면?

보기

㉠ 사용량에 따라 휴대폰 요금이 상이한 경우
㉡ 성수기와 비수기의 여행 패키지 요금이 다른 경우
㉢ 노인을 대상으로 한 저렴한 휴대폰 요금제도의 경우
㉣ 놀이공원에서 입장료와 기구 이용료를 구분해 청구하는 경우

① ㉠, ㉡
② ㉠, ㉢
③ ㉡, ㉢
④ ㉡, ㉣

44 미국의 경제 자문위원인 엘런 크루거가 1920년대를 배경으로 한 소설의 주인공 이름을 인용해 발표한 경제이론으로, 경제적 불평등이 심해질수록 계층 간 이동이 어려워진다는 내용의 이론은?

① 엥겔곡선
② 개츠비곡선
③ 로렌츠곡선
④ 올리버곡선

45 다음은 A국과 B국이 노트북과 전기차를 생산하기 위한 단위당 노동소요량(재화 한 단위 생산을 위한 노동투입시간)을 나타낸다. 이에 대한 설명으로 옳은 것은?

구분	노트북	전기차
A국	10	120
B국	20	400

① A국은 노트북 생산에, B국은 전기차 생산에 비교우위가 있다.
② A국은 전기차 생산에, B국은 노트북 생산에 비교우위가 있다.
③ A국은 노트북과 전기차 두 재화 생산 모두에 비교우위가 있다.
④ B국은 노트북과 전기차 두 재화 생산 모두에 절대우위가 있다.

46 A 국가는 과세대상 이익이 2억 원 미만인 구간에 대해 15%의 법인세를 부과하고, 2억 원 초과 10억 원 미만인 구간에 대해서 20%의 법인세를 부과한다. 어떤 회사의 과세대상 이익이 8억 원일 때 다음 중 옳은 것은?

① 이 회사의 한계세율은 평균세율보다 높다.
② 이 회사의 한계세율은 평균세율과 같다.
③ 이 회사의 한계세율은 15%이다.
④ 이 회사의 한계세율은 20%이다.

47 다음 표는 각국의 시장환율과 빅맥 가격을 나타낸다. 빅맥 가격으로 구한 구매력평가환율을 사용할 경우 옳은 것은? (단, 시장환율의 단위는 '1달러당 각국 화폐'로 표시되며, 빅맥 가격의 단위는 '각국 화폐'로 표시된다)

국가(화폐단위)	미국(달러)	브라질(헤알)	한국(원)	중국(위안)	러시아(루블)
시장환율	1	2	1,000	6	90
빅맥 가격	5	12	4,000	18	90

① 브라질의 화폐가치는 구매력평가환율로 평가 시 시장환율 대비 고평가된다.
② 한국의 화폐가치는 구매력평가환율로 평가 시 시장환율 대비 저평가된다.
③ 중국의 화폐가치는 구매력평가환율로 평가 시 시장환율 대비 고평가된다.
④ 러시아의 화폐가치는 구매력평가환율로 평가 시 시장환율 대비 저평가된다.

48 한국은행이 콜금리를 인하할 경우 나타날 수 있는 경제현상으로 적절하지 않은 것은?

① 물가 하락
② 소비 증가
③ 투자 증가
④ 이자율 하락

49 다음에서 설명하는 재무비율은?

> • 기업의 설비투자 동향이나 기업의 가치평가에 이용되는 지표로, 주식시장에서 평가된 기업 시장가치를 기업 실물자본의 대체비용으로 나눈 것을 의미한다.
> • 이 비율이 1보다 큰 기업은 기업을 대체하는 데 드는 비용보다 더 큰 가치를 가지고 있어 투자를 늘릴 유인이 있다.

① 부가가치비율
② 토빈의 Q 비율
③ 총자산순이익률
④ 자기자본회전율

50 다음 중 총수요의 감소를 초래할 수 있는 경우로 가장 적절한 것은?

① 정부의 개별소비세 인하 발표로 인해 소비경기가 회복되고 있다.
② 지난 1년간 환율(원/달러)이 꾸준히 증가하고 있다.
③ 중앙은행의 지급준비율 인상으로 인해 이자율이 상승하였다.
④ 정부가 기업의 투자촉진을 위해 투자기업에 대한 세금감면정책을 실시하였다.

금융 · 경제 · 경영상식

제2회 실전모의고사

문항수 | 50문항

정답과 해설 154쪽

01 다음 중 기업의 마케팅커뮤니케이션 활동 중 홍보(PR)활동과 거리가 먼 것은?

① 퍼블리시티
② PPL
③ 샘플링
④ 후원 및 협찬

02 다음 중 맥그리거의 Y이론에 대한 가정으로 올바르지 않은 것은?

① 대부분의 사람들은 통합된 목표를 향해 자연스럽게 노력한다.
② 대부분의 사람들은 일을 좋아하고, 일은 노는 것이나 쉬는 것처럼 자연스러운 활동이다.
③ 사람들은 비교적 높은 수준의 상상력, 창조력, 문제해결력을 발휘할 수 있다.
④ 일반적인 직원은 책임을 지기보다는 안정성을 원하고 야심이 크지 않다.

03 다음 중 PZB(Parasuraman, Zeithaml, Berry)의 서비스 품질 5차원에 대한 설명으로 올바르지 않은 것은?

① 응답성(Responsiveness)은 고객을 돕고 즉각적으로 서비스를 제공하는 것을 말한다.
② 공감성(Empathy)은 보살핌, 고객에게 주어지는 개별적 관심을 말한다.
③ 확신성(Assurance)은 약속한 서비스를 정확하게 수행하는 능력을 말한다.
④ 유형성(Tangibles)은 물리적 시설의 외양, 장비, 인력, 서류 등을 말한다.

04 한 기업이 완전경쟁시장구조에 있다. 이 기업의 생산비용함수는 $C=\frac{1}{2}Q^2+10$이고 여기서 Q는 생산량이고, C는 생산비용이다. 이 기업이 생산하는 재화의 시장 가격이 20일 때, 극대화된 생산량과 평균비용은 각각 얼마인가?

① 생산량은 20, 평균비용은 10.5이다.
② 생산량은 20, 평균비용은 20이다.
③ 생산량은 18, 평균비용은 11이다.
④ 생산량은 10, 평균비용은 11.5이다.

05 조세감면과 정부부채에 대한 설명 중 가장 적절하지 않은 것은?

① 정부가 조세를 감면하여 정부부채가 증가할 경우 조세의 감소가 소비를 자극하여 생산을 증대시키고 실업률을 감소시킨다.

② 정부가 조세를 감면하여 정부부채가 증가할 경우 이자율을 증가시키기 때문에 이자율 상승으로 투자를 위축시키고 자본유입을 가져와 자국의 통화가치를 증가시키고 국제경쟁력을 상실하게 된다.

③ 정부가 조세를 감면하면 사람들은 정부가 미래에 조세를 증가시킨다고 예상하기 때문에 조세감면에 의하여 소비가 일절 증가하지 않는다.

④ 사람들이 합리적 예상을 한다고 하더라도 조세의 감면은 채용제약(Borrowing Construction)에 직면하고 있는 사람들의 현재 소비를 증가시킨다.

06 할인율이 2%일 때, 매년 200만 원을 받는 영구연금의 현재가치는?

① 2천만 원
② 4천만 원
③ 8천만 원
④ 1억 원

07 기업 A의 자기자본이익률(ROE)은 20%이다. 이 기업의 배당성향이 70%에서 40%로 감소하였을 때, 지속가능한 성장률에 대한 설명 중 옳은 것은?

① 지속가능한 성장률이 6%에서 10.5%로 증가한다.
② 지속가능한 성장률이 6%에서 12%로 증가한다.
③ 지속가능한 성장률이 14%에서 4%로 증가한다.
④ 지속가능한 성장률이 8%에서 14%로 증가한다.

08 다음 중 자본자산가격결정모형($CAPM$)의 결론으로 옳지 않은 것은?

① 회귀분석으로 SML, CML을 도출해 체계적 위험-수익의 관계를 선형으로 나타낼 수 있다.
② 자본시장선상에 있는 포트폴리오와 시장포트폴리오의 상관계수는 1이다.
③ 무위험자산이 존재하지 않기 때문에 무위험이자율로 차입과 대출이 불가능하다고 가정한다.
④ 자본시장선에서 무위험자산과 시장포트폴리오에 대한 투자가중치와 시장포트폴리오에 대한 투자비율은 둘 다 주관적이다.

09 무위험자산의 수익률은 2%이며, 시장포트폴리오 기대수익률은 12%이다. CAPM이 성립한다면 시장베타가 1.5인 A 주식의 기대수익률은?

① 9%　　② 12%
③ 15%　　④ 17%

10 투자안의 경제성 분석 중 회수기간법에 대한 설명으로 옳지 않은 것은?

① 화폐의 시간적 가치를 무시한다.
② 회수기간이 미리 정해진 채택기간보다 짧은 경우 그 투자는 채택된다.
③ 투자의 수익성을 정확하게 알 수 있고 기업의 유동성이 향상될 수 있다.
④ 회수기간 이후의 현금흐름을 무시한다.

11 다음에서 설명하고 있는 것은 무엇인가?

- 중국 최대의 상거래업체 알리바바 그룹의 마윈 회장이 만든 용어이다.
- 정보업체(IT)가 주도하는 기술이 금융을 정복한 개념이다.
- 중개인이 존재하지 않는 비대면서비스라는 점이 가장 큰 특징 중의 하나이다.
- 국내의 대표적인 사례는 카카오뱅크이다.

① 블록체인　　② 핀테크
③ 테크핀　　④ 비트코인

12 다음 중 국세에 해당하지 않는 것은?

① 소득세　　② 부가가치세
③ 담배소비세　　④ 종합부동산세

13 **다음 빈칸에 들어갈 용어로 옳은 것은?**

(　　) 비율은 보험사의 필요자본에서 가용자본이 차지하는 비중으로 보험회사의 자본건전성을 측정하는 대표적인 자료이다. 보험계약자가 보험금을 요청했을 때 보험사가 보험금을 제때 지급할 수 있는 능력을 수치화한 것이다.

① *BIS*　② *DBI*
③ *RBC*　④ *REC*

14 **다음 표는 M국 유가증권 시장에서 유통되는 주식의 발행 수와 주당 시장가격을 나타낸 것이다. 비교시점의 종합주가지수는? (단, M국의 주식은 A, B뿐이며 기준시점의 주가지수는 100이다)**

주식	발행주식 수	기준시점 주당 시가(원)	비교시점 주당 시가(원)
A	100	500	1,000
B	50	1,000	5,000

① 200　② 350
③ 700　④ 2,000

15 **다음에서 설명하는 이것은?**

이것은 빅데이터를 특정 알고리즘으로 분석해 투자자들에게 투자정보를 제공하는 시스템이다. 최근 국민은행, 농협투자증권 등 은행과 증권사들이 이것을 활용한 개인 자산관리 자문 서비스를 제공해 주목을 받았다.

① 폴리옥시메틸렌　② AI 멘토
③ 머신러닝　④ 로보어드바이저

16 다음에서 설명하는 이것은?

> 이것은 다른 사람의 자산을 관리하는 기관투자자가 기업의 의사결정에 참여하도록 유도하는 기관투자자 행동강령으로 최근 영국, 일본 등에서 실시하고 있으며 우리나라도 삼성자산운용, 미래에셋자산운용 등 금융투자회사가 이를 공식 채택하고 있다. 특히 하이자산운용은 사회책임투자펀드를 출시하고 이것을 도입해 주목을 받았다.

① 주주행동주의
② 사회적 책임지수
③ 스튜어드십 코드
④ 기업지배구조 지침

17 주식에서 발생하는 배당과 관련한 다음 〈보기〉의 설명 중 각각의 괄호 안에 들어갈 내용으로 가장 적절한 것은?

보기

- (A) : 주당배당금을 주가로 나눈 값
- (B) : 주당배당금을 주당순이익으로 나눈 값
- (C) : 배당금을 주식의 액면가격으로 나눈 값

	A	B	C
①	배당수익률	배당률	배당성향
②	배당성향	배당수익률	배당률
③	배당률	배당성향	배당수익률
④	배당수익률	배당성향	배당률

18 다음 중 선물거래의 특징에 해당하지 않는 것은?

① 마진율 제도
② 일일정산제도
③ 계약불이행 방지
④ 당사자 간 직접거래

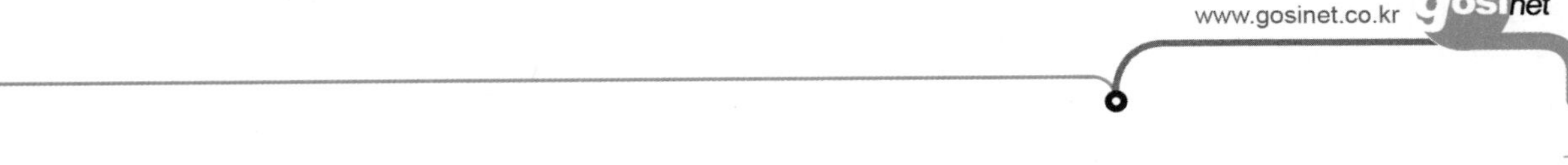

19 매년 40만 원의 고정이자가 지급되는 영구채권 A의 가격이 800만 원이다. 영구채권 A의 가격이 1,000만 원으로 변할 때, 이 채권의 연 수익률의 변화를 구하면?

① 1.25%p 하락
② 1.25%p 상승
③ 1%p 하락
④ 1%p 상승

20 다음 중 신종자본증권에 대한 설명으로 적절한 것은?

① 국제회계기준상 자본으로 분류된다.
② 금융기관의 수익성 강화를 위해 발행된다.
③ 영구채에 해당하므로 부채상환이 이루어지지 않는다.
④ 만기가 정해져 있어 자본확충수단에 불과하다.

21 주주의 기존 지분율이나 지위의 변화 없이 액면가를 높이기 위해 5,000원짜리 주식 2주를 10,000원짜리 주식 1주로 감소시키는 재무활동은?

① 감자
② 배당
③ 무상증자
④ 액면병합

22 다음 중 공모주 투자에 대한 올바른 설명으로 가장 거리가 먼 것은?

① 우량주라 해도 공모가가 높게 형성되면 투자로 손실을 볼 수 있다.
② 의무보유확약이 없는 주식은 상대적으로 상장 이후 주가변동성이 낮다.
③ 공모주를 매입하려는 수요가 많으면 자금 규모에 비례해 주식을 배분한다.
④ 상장 후에 거래되는 유통 물량이 적으면 적정 가격보다 비싸게 매입하려는 수요가 생긴다.

23 다음에서 설명하는 이것은?

> 이것은 채권을 발행한 국가나 기업이 부도가 났을 때 손실을 보장하는 파생상품으로 이 상품의 가격은 시장위험을 나타내는 지표 역할을 한다. 예를 들어 중국 증시 폭락, 저유가 등으로 글로벌 금융시장 변동성이 확대되면 이 상품의 프리미엄이 상승한다.

① CDS ② DLS
③ ELD ④ ELS

24 다음 중 각자가 자신의 업무와 관련한 목표를 설정하고 그 과정과 결과를 정기적으로 상사와 검토하는 방식으로 평가와 의욕의 향상을 모두 촉진시키는 인사관리기법은?

① 다면평가제도 ② 테일러 시스템
③ 균형성과표(BSC) ④ 목표관리제도(MBO)

25 자동차를 제조하는 기업이 타이어나 엔진 개발과 같은 사업에 직접 진출하기로 결정했다. 이를 지칭하는 전략은?

① 표준화전략 ② 시장침투전략
③ 후방통합전략 ④ 수평적 통합전략

26 다음 중 최종소비자의 작은 수요량 변동이 소매상, 도매상, 제조업체로 유통채널을 거슬러 올라갈수록 증폭되는 현상은?

① 기대효과 ② 승수효과
③ 스놉효과 ④ 채찍효과

27 가치사슬이란 기업이 원재료에서 가공 · 판매를 통해 부가가치를 창출하는 과정이다. 가치사슬은 주활동과 보조활동으로 나눌 수 있는데, 이중 보조활동에 해당하는 것은?

① 판매촉진 ② 고객서비스
③ 대리점 지원 ④ 인적자원관리

28 다음에서 설명하는 것에 가장 가까운 리더십은?

> 급변하는 환경에 적응하기 위해 ○○기업의 회장은 1993년 "마누라와 자식 빼고는 다 바꿔라"라고 말하면서, 조직구성원들이 무엇을 해야 하는지 방향과 비전을 제시해 주는 한편, 임원진 또는 시장단에 대한 자율경영권을 부여했다. 이 ○○기업의 회장은 구성원의 의식을 변화시켜 더 높은 가치를 추구하고 능력 이상의 열정을 발휘하게 하였으며 개인에게 관심을 기울이고 그들의 영감을 불러일으키며 신명나게 일하게 했다.

① 변혁적 리더십 ② 지시적 리더십
③ 거래적 리더십 ④ 참여적 리더십

29 다음은 브룸(Vroom)이 제시한 동기부여의 과정이다. 이를 고려할 때 직원들의 동기부여를 강화시키기 위한 방안과 가장 거리가 먼 것은?

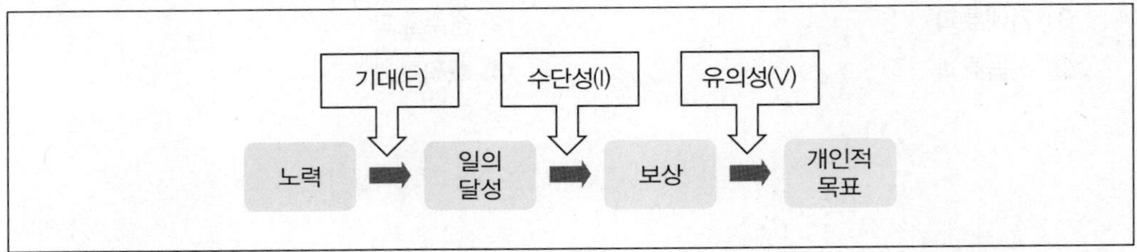

① 행위가 가져다주는 결과의 매력도를 높여야 한다.
② 적절한 직무를 부여해 직무에 대한 기대감을 높여 줘야 한다.
③ 성과에 대한 객관적인 보상 가능성을 높여야 한다.
④ 보상을 받을 수 있는 가장 적절한 행동기준을 직원에게 제시해야 한다.

30 지난달 매출액은 500만 원이고, 생산량은 2,500단위, 단위당 변동비 1,600원, 월간 총고정비 50만 원인 회사의 손익분기점에 해당하는 월 매출은?

① 120만 원
② 180만 원
③ 200만 원
④ 250만 원

31 다음에서 설명하는 이것은?

이것은 베이비붐 세대(1950 ~ 1960년대에 태어난 세대)의 자녀 세대인 1977 ~ 1997년에 태어난 세대를 가리킨다. 최근 학자금 대출, 취업난 등으로 주거불안에 시달리지만 내 집 마련욕구는 강한 편이다. 따라서 이 세대가 30대 경제주체로 성장하는 2010년부터 2020년까지 신규주택수요가 강세를 보일 것으로 전망된다.

① 네플 세대
② 인턴 세대
③ 에코 세대
④ 단카이 세대

32 기업의 생산능력과 관련한 다음 〈보기〉의 설명 중 각각의 괄호 안에 들어갈 내용으로 가장 적절한 것은?

> **보기**
>
> • (A) : 제품 설계 시에 고안된 최적의 생산능력으로 이상적인 조건하에서 일정 기간 달성할 수 있는 최대생산량
> • (B) : 주어진 여건 하에서 정상적으로 작업할 경우 달성할 수 있는 최대생산량
> • (C) : 생산시스템의 고장, 재료 부족 등이 고려되어 실제로 달성한 생산량

	A	B	C
①	유효생산능력	설계생산능력	실제생산능력
②	실제생산능력	설계생산능력	유효생산능력
③	설계생산능력	유효생산능력	실제생산능력
④	실제생산능력	유효생산능력	설계생산능력

33 다음에서 설명하는 이것은?

> 이것은 각 국가별 기업의 회계처리 및 재무제표의 통일성을 높이기 위해 제정한 국제회계기준이다. 우리나라는 연결재무제표를 주 재무제표로 하는 이 기준을 도입하고 있다. 이에 따른 보험사의 부채를 시가로 평가하는 개정안 시행을 앞두고 보험사들의 부채관리와 자본확충이 시급하다는 논란이 제기되고 있다.

① *FRS*　　② *GAAP*

③ *IASB*　　④ *IFRS*

34 다음 〈보기〉에서 현금흐름표를 통해 확인할 수 없는 것을 모두 고르면?

보기

A : 기업이 기득하는 수익의 발생원천에 관한 정보
B : 부채와 배당금의 지급능력에 대한 정보
C : 기업의 현금성 자산의 구성요소에 대한 정보
D : 기업이 도산하거나 부실화되는 것을 예측할 수 있는 정보

① A ② A, C
③ B, D ④ B, C, D

35 자산손상에 대한 다음 〈보기〉의 설명 중 빈칸 A, B, C에 들어갈 내용으로 가장 적절한 것은?

보기

- 자산손상을 인식할 때 가능한 개별 자산별로 (A)을 추정하며 현금흐름이 개별 자산별로 창출되지 않는다면 당해 자산이 속해 있는 현금창출단위별로 (A)을 측정해야 한다.
- 내용연수가 비한정인 (B)은 자산손상을 시사하는 징후가 없어도 반드시 매년 자산손상을 검토해야 한다.
- 재평가되지 않는 자산의 손상차손은 당기손익으로 인식한다. 그러나 재평가자산의 손상차손은 해당 자산에서 생긴 (C)에 해당하는 금액까지는 기타포괄손익으로 인식한다.

	A	B	C
①	회수가능액	유형자산	재평가잉여금
②	인식가능액	무형자산	이익잉여금
③	회수가능액	무형자산	이익잉여금
④	회수가능액	무형자산	재평가잉여금

36 사채를 발행하고 이에 대한 회계처리를 하는 경우, 사채할인발행자금 또는 사채할증발행자금의 발생에 가장 큰 영향을 미치는 것은?

① 사채의 액면금액
② 사채의 액면이자율과 시장이자율의 차이
③ 사채의 만기
④ 사채의 발행목적

37 다음 중 유량(Flow) 개념의 변수를 고르면?

① 물가상승률
② 화폐수요
③ 종합주가지수
④ 시장이자율

38 다음의 현상에 대한 설명으로 옳은 것은?

> 전문직에 종사하면서 바쁜 나날을 보내는 A 대학 B 교수 부부는 평상시 물건을 더 싸게 살 수 있는 대형마트가 생겼는데도 집 옆의 마트에서 비싼 가격에 물건을 구매하고 있다.

① B 교수 부부는 수요의 가격탄력성이 매우 크다.
② B 교수 부부는 수요의 가격탄력성이 매우 작다.
③ B 교수 부부는 수요의 소득탄력성이 매우 크다.
④ B 교수 부부는 수요의 소득탄력성이 매우 작다.

39 **원화, 달러화, 엔화의 현재 환율과 향후 환율이 다음과 같을 때, 옳지 않은 것은?**

현재 환율	향후 환율
• 1달러당 원화 환율 1,100원 • 1달러당 엔화 환율 110엔	• 1달러당 원화 환율 1,080원 • 100엔당 원화 환율 900원

① 한국에 입국하는 일본인 관광객 수가 감소할 것으로 예상된다.
② 일본 자동차의 대미 수출이 감소할 것으로 예상된다.
③ 미국에 입국하는 일본인 관광객 수가 감소할 것으로 예상된다.
④ 달러 및 엔화에 대한 원화 가치가 상승할 것으로 예상된다.

40 **완전경쟁기업인 A 기업은 생산요소 L과 K를 구입하여 X재를 생산, 판매하고 있다. L과 K의 한계생산물이 각각 4, 3이고 가격은 각각 800원과 600원일 때 X재의 가격은? (단, 생산물시장과 요소시장은 모두 완전경쟁이다)**

① 100
② 150
③ 200
④ 250

41 **다음 중 완전경쟁시장에 속한 기업이 제품 생산을 중단하는 원인은? (단, 기업의 생산을 중단하는 의사결정은 단기의사결정이다)**

① 기술진보
② 실질임금 상승
③ 원자재 가격 하락
④ 투자비용 발생

42 다음 표는 원인에 따라 독점시장의 사례를 분류한 것이다. (가) ~ (라)에 들어갈 내용으로 가장 거리가 먼 것은?

〈독점의 원인에 따른 분류〉

독점원인	규모의 경제	정부의 특허권 부여	정부의 직접 공급	특정 기업의 원재료 독점
설명	(가)	(나)	(다)	(라)

① (가) – 초기 설비투자비가 적고, 변동비의 비중이 큰 경우
② (나) – 혁신적인 기술에 대해 독점적 이익추구권을 부여
③ (다) – 재정수입 증대를 위해 정부가 특정 산업의 독점력을 행사
④ (라) – 주요 광물이나 원유 등을 특정 기업이 차지

43 가계의 저축함수가 $S=-100+0.4Y$일 때 독립투자가 300억 원 증가하면 균형국민소득 Y는?

① 300억 원
② 350억 원
③ 650억 원
④ 1,000억 원

44 다음 중 항상소득가설에 대한 설명으로 옳지 않은 것은?

① 장기에는 평균소비성향과 한계소비성향이 일치한다.
② 임시소득은 단기소비에 영향을 별로 미치지 않는다.
③ 장기적으로 소비는 항상소득에 비례한다.
④ 단기에는 한계소비성향이 평균소비성향보다 크다.

45 다음 중 프리드먼의 항상소득가설에 관한 설명으로 옳지 않은 것은?

① 실제소득은 항상소득과 임시소득의 합으로 나타낸다.
② 항상소비는 항상소득에 의해서만 결정된다.
③ 소비는 항상소비와 임시소비의 합으로 나타낸다.
④ 일시적인 소득세율의 인하는 소비 증가를 초래한다.

46 생산요소가 노동 하나뿐인 A국과 B국은 소고기와 의류만을 생산한다. 소고기 1단위와 의류 1단위 생산에 필요한 노동투입량이 다음과 같을 때, 무역이 발생하기 위한 의류에 대한 소고기의 상대가격의 조건은?

구분	소고기 1단위	의류 1단위
A	1	2
B	6	3

① $\frac{P_{소고기}}{P_{의류}} \leq 2$
② $1.5 \leq \frac{P_{소고기}}{P_{의류}} \leq 6$
③ $0.5 \leq \frac{P_{소고기}}{P_{의류}} \leq 2$
④ $2 \leq \frac{P_{소고기}}{P_{의류}}$

47 다음 중 변동환율제를 따를 때 우리나라 원화의 가치가 상승하는 경우로 가장 적절한 것은?

① 해외경기가 침체되는 경우
② 우리나라 기업들의 해외투자가 늘어날 때
③ 금융통화위원회가 기준금리를 인상하는 경우
④ 미국이 경기활성화를 위해 확대적인 재정정책을 시행할 때

48 **케인스의 화폐수요이론에서, 이자율이 너무 낮은 경우에는 이자율이 상승할 것을 기대하고 채권보다 현금을 보유하려고 할 경우에 경기를 진작시키기 위한 정책으로 부적절한 것은?**

보기

가. 구조개혁
나. 통화정책
다. 재정정책
라. 통화공급을 늘려 인플레이션 기대 촉진

① 가, 나
② 나
③ 나, 라
④ 다, 라

49 **다음은 경제통합의 형태에 대한 내용이다. 자유무역지역(Free Trade Area), 관세동맹(Customs Union), 공동시장(Common Market)의 개념을 바르게 연결한 것은?**

가. 가맹국 간에는 상품에 대한 관세를 철폐하고, 역외 국가의 수입품에 대해서는 가맹국이 개별적으로 관세를 부과한다.
나. 가맹국 간에는 상품뿐만 아니라 노동, 자원과 같은 생산요소의 자유로운 이동이 보장되면, 역외 국가의 수입품에 대해서는 공동관세를 부과한다.
다. 가맹국 간에는 상품의 자유로운 이동이 보장되지만 역외 국가의 수입품에 대해서는 공동관세를 부과한다.

	가	나	다
①	자유무역지역	관세동맹	공동시장
②	자유무역지역	공동시장	관세동맹
③	관세동맹	자유무역지역	공동시장
④	관세동맹	공동시장	자유무역지역

50 **한 나라 경제가 보유하고 있는 자본, 노동력, 자원 등 모든 생산요소를 사용해서 물가 상승을 유발하지 않으면서도 최대한 이룰 수 있는 최적성장률은?**

① 경기성장률
② 명목성장률
③ 실질성장률
④ 잠재성장률

Memo

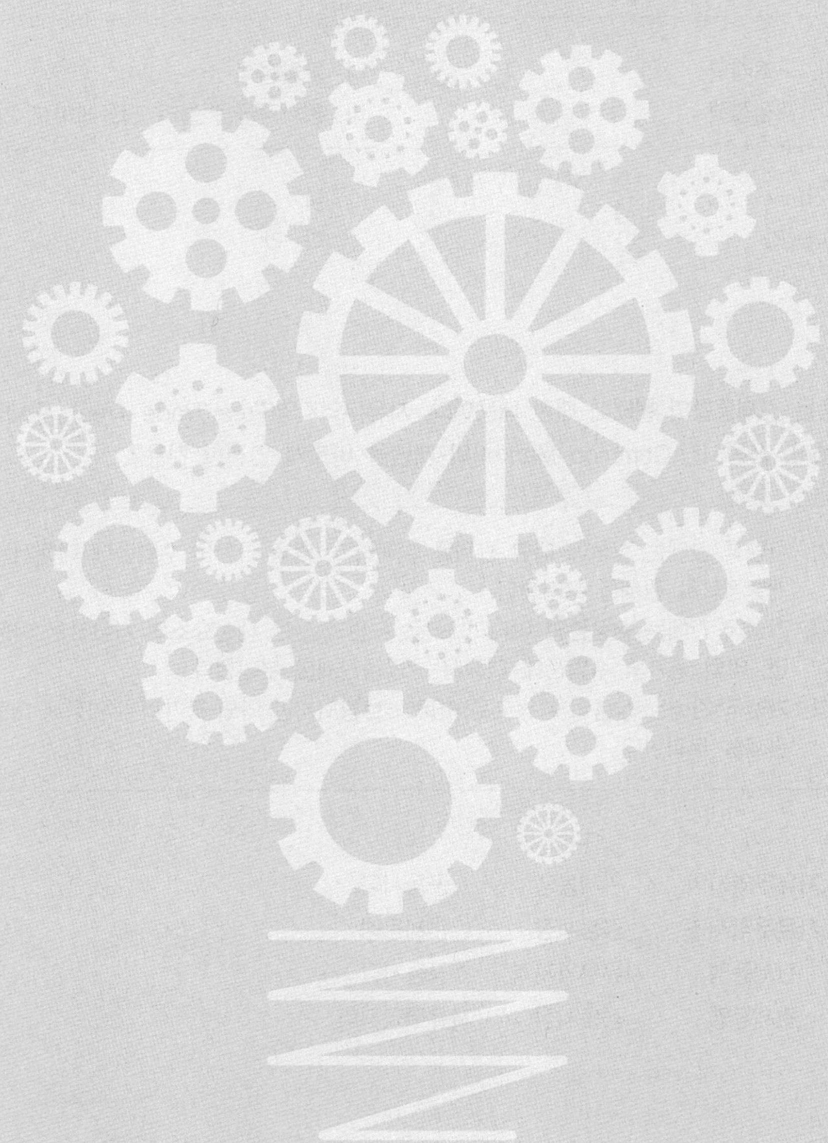

미래를 창조하기에 꿈만큼 좋은 것은 없다.
오늘의 유토피아가 내일 현실이 될 수 있다.

There is nothing like dream to create the future.
Utopia today, flesh and blood tomorrow.
빅토르 위고 Victor Hugo

금융 · 경제 · 경영상식

감독관 확인란	

1회 실전모의고사

성명표기란

수험번호

(주민등록 앞자리 생년제외) 월일

수험생 유의사항

※ 답안은 반드시 컴퓨터용 사인펜으로 보기와 같이 바르게 표기해야 합니다.
〈보기〉 ① ② ③ ❹ ⑤

※ 성명표기란 위 칸에는 성명을 한글로 쓰고 아래 칸에는 성명을 정확하게 표기하십시오. (맨 왼쪽 칸부터 성과 이름은 붙여 씁니다)

※ 수험번호/월일 위 칸에는 아라비아 숫자로 쓰고 아래 칸에는 숫자와 일치하게 표기하십시오.

※ 월일은 반드시 본인 주민등록번호의 생년을 제외한 월 두 자리, 일 두 자리를 표기하십시오.
〈예〉 1994년 1월 12일 → 0112

※ 검사문항 : 1~50

문번	답란	문번	답란	문번	답란	문번	답란
1	① ② ③ ④	16	① ② ③ ④	31	① ② ③ ④	46	① ② ③ ④
2	① ② ③ ④	17	① ② ③ ④	32	① ② ③ ④	47	① ② ③ ④
3	① ② ③ ④	18	① ② ③ ④	33	① ② ③ ④	48	① ② ③ ④
4	① ② ③ ④	19	① ② ③ ④	34	① ② ③ ④	49	① ② ③ ④
5	① ② ③ ④	20	① ② ③ ④	35	① ② ③ ④	50	① ② ③ ④
6	① ② ③ ④	21	① ② ③ ④	36	① ② ③ ④		
7	① ② ③ ④	22	① ② ③ ④	37	① ② ③ ④		
8	① ② ③ ④	23	① ② ③ ④	38	① ② ③ ④		
9	① ② ③ ④	24	① ② ③ ④	39	① ② ③ ④		
10	① ② ③ ④	25	① ② ③ ④	40	① ② ③ ④		
11	① ② ③ ④	26	① ② ③ ④	41	① ② ③ ④		
12	① ② ③ ④	27	① ② ③ ④	42	① ② ③ ④		
13	① ② ③ ④	28	① ② ③ ④	43	① ② ③ ④		
14	① ② ③ ④	29	① ② ③ ④	44	① ② ③ ④		
15	① ② ③ ④	30	① ② ③ ④	45	① ② ③ ④		

gosinet (주)고시넷

잘라서 활용하세요.

금융 · 경제 · 경영상식

감독관 확인란	

2회 실전모의고사

성명표기란

수험번호

(주민등록 앞자리 생년제외) 월일

수험생 유의사항

※ 답안은 반드시 컴퓨터용 사인펜으로 보기와 같이 바르게 표기해야 합니다.
〈보기〉 ① ② ③ ❹ ⑤

※ 성명표기란 위 칸에는 성명을 한글로 쓰고 아래 칸에는 성명을 정확하게 표기하십시오. (맨 왼쪽 칸부터 성과 이름은 붙여 씁니다)

※ 수험번호/월일 위 칸에는 아라비아 숫자로 쓰고 아래 칸에는 숫자와 일치하게 표기하십시오.

※ 월일은 반드시 본인 주민등록번호의 생년을 제외한 월 두 자리, 일 두 자리를 표기하십시오.
〈예〉 1994년 1월 12일 → 0112

※ 검사문항 : 1~50

문번	답란	문번	답란	문번	답란	문번	답란
1	① ② ③ ④	16	① ② ③ ④	31	① ② ③ ④	46	① ② ③ ④
2	① ② ③ ④	17	① ② ③ ④	32	① ② ③ ④	47	① ② ③ ④
3	① ② ③ ④	18	① ② ③ ④	33	① ② ③ ④	48	① ② ③ ④
4	① ② ③ ④	19	① ② ③ ④	34	① ② ③ ④	49	① ② ③ ④
5	① ② ③ ④	20	① ② ③ ④	35	① ② ③ ④	50	① ② ③ ④
6	① ② ③ ④	21	① ② ③ ④	36	① ② ③ ④		
7	① ② ③ ④	22	① ② ③ ④	37	① ② ③ ④		
8	① ② ③ ④	23	① ② ③ ④	38	① ② ③ ④		
9	① ② ③ ④	24	① ② ③ ④	39	① ② ③ ④		
10	① ② ③ ④	25	① ② ③ ④	40	① ② ③ ④		
11	① ② ③ ④	26	① ② ③ ④	41	① ② ③ ④		
12	① ② ③ ④	27	① ② ③ ④	42	① ② ③ ④		
13	① ② ③ ④	28	① ② ③ ④	43	① ② ③ ④		
14	① ② ③ ④	29	① ② ③ ④	44	① ② ③ ④		
15	① ② ③ ④	30	① ② ③ ④	45	① ② ③ ④		

금융 · 경제 · 경영상식

감독관 확인란	

실전모의고사_연습용

성명표기란

수험번호

(주민등록 앞자리 생년제외) 월일

수험생 유의사항

※ 답안은 반드시 컴퓨터용 사인펜으로 보기와 같이 바르게 표기해야 합니다.
〈보기〉 ① ② ③ ❹ ⑤

※ 성명표기란 위 칸에는 성명을 한글로 쓰고 아래 칸에는 성명을 정확하게 표기하십시오. (맨 왼쪽 칸부터 성과 이름은 붙여 씁니다)

※ 수험번호/월일 위 칸에는 아라비아 숫자로 쓰고 아래 칸에는 숫자와 일치하게 표기하십시오.

※ 월일은 반드시 본인 주민등록번호의 생년을 제외한 월 두 자리, 일 두 자리를 표기하십시오.
〈예〉 1994년 1월 12일 → 0112

※ 검사문항 : 1~50

문번	답란	문번	답란	문번	답란	문번	답란
1	① ② ③ ④	16	① ② ③ ④	31	① ② ③ ④	46	① ② ③ ④
2	① ② ③ ④	17	① ② ③ ④	32	① ② ③ ④	47	① ② ③ ④
3	① ② ③ ④	18	① ② ③ ④	33	① ② ③ ④	48	① ② ③ ④
4	① ② ③ ④	19	① ② ③ ④	34	① ② ③ ④	49	① ② ③ ④
5	① ② ③ ④	20	① ② ③ ④	35	① ② ③ ④	50	① ② ③ ④
6	① ② ③ ④	21	① ② ③ ④	36	① ② ③ ④		
7	① ② ③ ④	22	① ② ③ ④	37	① ② ③ ④		
8	① ② ③ ④	23	① ② ③ ④	38	① ② ③ ④		
9	① ② ③ ④	24	① ② ③ ④	39	① ② ③ ④		
10	① ② ③ ④	25	① ② ③ ④	40	① ② ③ ④		
11	① ② ③ ④	26	① ② ③ ④	41	① ② ③ ④		
12	① ② ③ ④	27	① ② ③ ④	42	① ② ③ ④		
13	① ② ③ ④	28	① ② ③ ④	43	① ② ③ ④		
14	① ② ③ ④	29	① ② ③ ④	44	① ② ③ ④		
15	① ② ③ ④	30	① ② ③ ④	45	① ② ③ ④		

잘라서 활용하세요.

gosinet (주)고시넷

금융 · 경제 · 경영상식

감독관 확인란	

실전모의고사_연습용

성명표기란

수험번호

(주민등록 앞자리 생년제외) 월일

수험생 유의사항

※ 답안은 반드시 컴퓨터용 사인펜으로 보기와 같이 바르게 표기해야 합니다.
〈보기〉 ① ② ③ ❹ ⑤

※ 성명표기란 위 칸에는 성명을 한글로 쓰고 아래 칸에는 성명을 정확하게 표기하십시오. (맨 왼쪽 칸부터 성과 이름은 붙여 씁니다)

※ 수험번호/월일 위 칸에는 아라비아 숫자로 쓰고 아래 칸에는 숫자와 일치하게 표기하십시오.

※ 월일은 반드시 본인 주민등록번호의 생년을 제외한 월 두 자리, 일 두 자리를 표기하십시오.
〈예〉 1994년 1월 12일 → 0112

※ 검사문항 : 1~50

문번	답란	문번	답란	문번	답란	문번	답란
1	① ② ③ ④	16	① ② ③ ④	31	① ② ③ ④	46	① ② ③ ④
2	① ② ③ ④	17	① ② ③ ④	32	① ② ③ ④	47	① ② ③ ④
3	① ② ③ ④	18	① ② ③ ④	33	① ② ③ ④	48	① ② ③ ④
4	① ② ③ ④	19	① ② ③ ④	34	① ② ③ ④	49	① ② ③ ④
5	① ② ③ ④	20	① ② ③ ④	35	① ② ③ ④	50	① ② ③ ④
6	① ② ③ ④	21	① ② ③ ④	36	① ② ③ ④		
7	① ② ③ ④	22	① ② ③ ④	37	① ② ③ ④		
8	① ② ③ ④	23	① ② ③ ④	38	① ② ③ ④		
9	① ② ③ ④	24	① ② ③ ④	39	① ② ③ ④		
10	① ② ③ ④	25	① ② ③ ④	40	① ② ③ ④		
11	① ② ③ ④	26	① ② ③ ④	41	① ② ③ ④		
12	① ② ③ ④	27	① ② ③ ④	42	① ② ③ ④		
13	① ② ③ ④	28	① ② ③ ④	43	① ② ③ ④		
14	① ② ③ ④	29	① ② ③ ④	44	① ② ③ ④		
15	① ② ③ ④	30	① ② ③ ④	45	① ② ③ ④		

gosinet
(주)고시넷

대기업 · 금융

고시넷 대기업
20대기업 인적성검사 온·오프라인 통합 기본서
2023
고시넷 대기업
LG그룹 온라인 인적성검사 최신기출유형 모의고사
고시넷 대기업
SK그룹 종합역량검사 온라인 SKCT 최신기출유형 모의고사 4회
2025 고시넷 대기업
현대자동차 생산직 모빌리티 기술인력 최신 기출유형 모의고사
고시넷 대기업
KT그룹 온라인 인적성검사 종합인적성검사 최신기출유형 모의고사 5회

2025 고시넷 대기업
포스코그룹 온라인 인적성검사 최신 기출유형 모의고사
고시넷 대기업
포스코 생산기술직 온라인 인적성검사 최신기출유형 모의고사 4회
2025 고시넷 대기업
삼성그룹 온라인 GSAT 5급 고졸채용 최신 기출유형 모의고사
2025 고시넷 대기업
삼성그룹 온라인 GSAT 4급 전문대졸 최신 기출유형 모의고사
2025 고시넷 대기업
이랜드그룹 인적성검사 최신 기출유형 모의고사

2023
고시넷 대기업
효성그룹 인적성검사 최신 기출유형 모의고사
2023
고시넷 대기업
샘표식품 인적성검사 최신 기출유형 모의고사
2023
고시넷 대기업
삼양그룹 온라인 인적성검사 최신 기출유형 모의고사
2025 고시넷 대기업
SK하이닉스 온라인 SKCT Maintenance/ Operator 최신 기출유형 모의고사
2025 고시넷 대기업
S-OIL 생산직 온라인 필기시험 최신 기출유형 모의고사

2025 고시넷 대기업
MG새마을금고 NCS 직업기초능력평가 기출예상모의고사
2024
고시넷 대기업
지역신협 인적성검사 최신 기출유형 모의고사
2024
고시넷 대기업
지역수협 인적성검사 최신 기출유형 모의고사
2024
고시넷 대기업
S-OIL 에쓰오일 온라인 인적성검사 최신 기출유형 모의고사
2024
고시넷 대기업
KCC 온라인 인적성검사 최신 기출유형 모의고사

2025 고시넷 금융권
은행·금융 공기업 NCS 실제유형 + 실전모의고사
고시넷 금융권
NH농협은행 NCS 직무상식 온라인 필기시험 최신기출유형 모의고사 6급
2025 고시넷 금융권
은행필기시험 금융상식 경제상식 (경영상식 포함)
2025 고시넷 NCS
지역농협 6급 통합기본서
고시넷 농·축협
지역농협 6급 NCS 오픈봉투모의고사 6회

저마다의 일생에는,

특히 그 일생이 동터 오르는 여명기에는

모든 것을 결정짓는 한 순간이 있다.

그 순간을 다시 찾아내는 것은 어렵다.

그것은 다른 수많은 순간들의 퇴적 속에

깊이 묻혀있다.

- 장 그르니에, 섬 LES ILES

2025 고시넷 금융권

은행필기시험

금융상식 경제상식 (경영상식 포함)

정답과 해설

NCS 직무수행능력평가

스마트폰에서 검색 고시넷

237개 테마

Lv1 ~ Lv3 단계적 문제풀이

빨강이 응용수리 파랑이 자료해석 완전 정복 시리즈

기초에서 완성까지

문제풀이 시간단축

모든유형 단기공략

고시넷 수리능력
빨강이 응용수리

고시넷 수리능력
파랑이 자료해석

동영상 강의 WWW.GOSINET.CO.KR

2025

고시넷

금융권

은행필기시험

금융상식 경제상식 (경영상식 포함)

정답과 해설

NCS 직무수행능력평가

gosinet
(주)고시넷

정답과 해설

파트1 최신 금융·디지털 용어

확인문제

▶ 문제 98쪽

01	②	02	①	03	④	04	①	05	①
06	③	07	②	08	②	09	②	10	④
11	①	12	②	13	④	14	③	15	③
16	②	17	②	18	②	19	①	20	④
21	③	22	①	23	②	24	④	25	①
26	①	27	①	28	④	29	①	30	②
31	①	32	③	33	①	34	①	35	④
36	②	37	③	38	①	39	④	40	②
41	①	42	④	43	④	44	②	45	③
46	③	47	②	48	②	49	④	50	②
51	③	52	④	53	④	54	①	55	②
56	③	57	①	58	④	59	②	60	①
61	②	62	④	63	②	64	①	65	③
66	②	67	②	68	②	69	②	70	②
71	③	72	③	73	①				

01

| 정답 | ②

| 해설 | 어음관리계좌(CMA)는 고객이 예치한 자금을 단기 금융상품(기업어음, 양도성예금증서 등)에 투자하여 발생한 이자를 지급하는 금융상품으로, 주로 증권사와 일부 은행에서 제공하며, 일반 예금 계좌와 유사하지만 더 높은 이자율과 유동성을 제공하는 특징이 있다. CMA는 예금에 비해 상대적으로 고수익을 제공하며 수시입·출금이 가능한 단기투자상품으로 분류한다.

| 오답풀이 |

④ MMF형, RP형, MMW형은 예금자비보호대상이지만, 종합금융회사에서 발행하는 종금형 CMA는 예금자보호대상 금융상품이다.

02

| 정답 | ①

| 해설 | 기업경기실사지수(BSI, Business Survey Index)는 기업의 경영 활동과 경제 상황에 대한 기업인들의 주관적인 판단을 설문 조사하여 작성된 경기 지표이다. 이는 기업 경영자의 체감 경기를 수치로 나타낸 것으로, 향후 경제 동향과 경기 흐름을 예측하는 데 활용된다. BSI는 다음의 방법으로 구한다.

- $BSI=\frac{\text{긍정 응답수}-\text{부정 응답수}}{\text{전체 응답수}}\times100+100$
- 긍정 응답수 : "좋다" 또는 "증가"라고 응답한 기업의 수
- 부정 응답수 : "나쁘다" 또는 "감소"라고 응답한 기업의 수
- 전체 응답수 : 설문에 응답한 기업의 총 수

따라서 제시된 정보에서 $BSI=\frac{40-60}{100}\times100+100=80$ 이다.

03

| 정답 | ④

| 해설 | CSI(Consumer Sentiment Index)는 소비자심리지수를 의미하며, 소비자가 주관적으로 기대하는 경제 상황을 나타낸 지수이다.

| 오답풀이 |

① LTV(Loan to Value, 담보인정비율) : 대출 가능 금액을 담보물의 평가액 대비 비율로 나타낸 지표이다. 주택담보대출 시 담보가 되는 주택의 가치에 따라 대출 한도를 정하기 위해 사용된다. LTV 규제는 금융기관의 대출 건전성을 확보하고, 부동산 시장 과열을 방지하기 위해 활용된다.

② DTI(Debt to Income, 총부채상환비율) : 개인의 연간 소득 대비 대출 원리금 상환액의 비율을 나타내는 지표이다. 대출자의 소득에 따라 대출 한도를 제한하여 과도한 부채 부담을 방지하기 위해 사용된다.

③ DSR(Debt Service Ratio, 총부채원리금상환비율) : 대출자의 연간 총소득 대비 모든 부채의 원리금 상환액 비율을 나타내는 지표이다. DTI와 달리 특정 대출만이 아닌 전체 부채를 기준으로 계산되며, 대출자의 종합적인 부채 상환 능력을 평가한다.

04

| 정답 | ①

| 해설 | 내쉬균형(Nash Equilibrium)은 게임 이론에서 사용되는 개념으로, 모든 참여자가 자신의 전략을 변경해도 추가적인 이익을 얻을 수 없는 상태를 의미한다.

A가 인상을 할 경우 B의 선택과 관계없이 4억 원 혹은 10억 원의 이익이 발생한다. A가 인하를 할 경우 B의 선택과 관계없이 A는 2억 원 혹은 1억 원의 이익이 발생한다. 그러므로 A는 인상 시 이익이 인하보다 항상 크므로 가격을 인상한다.

B의 관점에서 보면 A의 가격 전략과 관계없이 가격 인상 시 10억 원, 2억 원의 이익이 발생하고, 가격 인하 시 4억 원, 1억 원의 이익이 발생한다. B는 가격 인상 시 항상 가격 인하보다 더 큰 이익이 발생하므로 가격 인상을 선택한다. 따라서 A도 가격 인상, B도 가격 인상을 선택하므로 내쉬균형은 두 기업 모두 가격 인상을 선택한 것이 된다.

05

| 정답 | ①

| 해설 | 기준금리를 인상하면 시중 통화량이 감소하는 긴축정책에 해당한다. 반면에 통화발행 증가, 국채매입 증가, 지급준비율 인하는 시중 통화량 증가를 초래하여 확장정책에 해당한다.

보충 플러스+

중앙은행의 주요 조치

구분	확대통화정책	축소통화정책
기준금리	인하	인상
공개시장조작	국채매입	국채매도
지급준비율	인하	인상
재할인율	인하	인상

06

| 정답 | ③

| 해설 | 이머징 마켓은 일반적으로 성장성이 높은 개발도상국 시장을 지칭한다. 개발도상국은 상대적으로 선진국 시장보다 높은 경제성장률을 보여주는 반면에 정치 불안, 금융시장의 미성숙, 높은 환율변동성으로 투자에 따른 위험이 높은 시장이다.

07

| 정답 | ②

| 해설 | 그림자 조세는 명시적 세금 대신 규제나 공공요금 인상 등으로 국민과 기업이 부담하게 되는 간접적인 비용이다. 이는 재정적 유연성을 제공할 수 있지만, 투명성 부족과 소득 불평등 심화 등의 부작용을 초래할 수 있다. 그림자 조세가 정책적으로 활용될 경우, 부담의 형평성과 투명성을 확보하기 위한 노력이 중요하다.

| 오답풀이 |

① 간접세는 세금을 납부하는 사람(납세자)과 실제로 세금을 부담하는 사람(담세자)이 다른 형태의 조세를 의미한다.

③ 외부효과는 경제주체의 행동이 다른 경제주체에게 영향을 주는 것으로 긍정적일 수도 있고 부정적일 수도 있다.

④ 과징금은 법령을 위반한 행위에 대해 국가나 공공기관이 부과하는 행정 제재금으로, 위반 행위를 억제하고 법 준수 의무를 강화하기 위한 목적으로 부과되는 금전적 처벌이다. 과징금은 형사처벌에 해당하는 범칙금이나 벌금이 아닌 행정적 제재 수단으로 사용된다.

08

| 정답 | ②

| 해설 | PF는 인프라, 부동산 개발 등 프로젝트의 자체현금흐름을 보고 자금을 조달하는 자금조달 방법이기 때문에 전통적인 담보대출처럼 프로젝트의 실물자산 가치를 보고 자금을 조달하는 금융기법이 아니다. 원리금 상환도 프로젝트에서 발생하는 현금흐름을 기반으로 원리금을 상환한다.

| 오답풀이 |

③ PF는 프로젝트의 현금흐름과 자산만으로 대출 상환을 책임지며, 프로젝트가 실패하면 차입자의 다른 자산에는 소구하지 않는 비소구대출의 특징을 가진다.

09

| 정답 | ②

| 해설 | ISA에 가입하기 위해서는 다음 2가지 조건을 동시에 만족해야 한다.

- 만 19세 이상 또는 직전연도 근로소득이 있는 만 15 ~ 19세 미만의 대한민국 거주자
- 직전 3개년 중 1회 이상 금융소득종합과세 대상이 아닐 것

| 오답풀이 |

③ ISA의 비과세 한도는 일반형은 200만 원이며, 서민형, 농어민형은 400만 원이다. 비과세 한도 초과분에 대해서는 지방세를 포함하여 9.9%로 분리과세한다.

④ ISA의 의무가입기간은 3년이다. 또한 ISA는 연간 2천만 원, 총납입한도 1억 원 이하로 납입할 수 있고, 당해연도 미불입 납입한도는 다음 해로 이월이 가능하다.

10

| 정답 | ④

| 해설 | knock-out형에 대한 설명이다.

| 오답풀이 |

① 불 스프레드형 ELS는 만기 시점의 주가 수준에 비례하여 손익을 얻되 최대 수익 및 손실이 일정 수준으로 제한되는 구조이다.

② 디지털형 ELS는 만기 시 주가가 일정 수준을 상회하는지 여부에 따라 사전에 정한 두 가지 수익 중 한 가지를 지급하는 구조이다.

③ Step-down형 ELS는 기초자산가격이 대폭 하락하여 Knock-in이 발생하지 않은 상황에서 3 ~ 6개월마다 주가가 일정 수준 이상인 경우 특정 약정 수익률로 조기 상환되는 구조이다.

11

| 정답 | ①

| 해설 | ETF에 대한 설명이다. ELS와 ELW는 파생결합증권으로 기초자산의 성과에 따라 투자자의 투자성과가 결정된다. 특히 ELW는 옵션의 성격이 있기 때문에 상대적으로 위험이 높은 투자안으로 분류된다. PEF는 사모집합기구이며, 원칙적으로 투자기간 이내에 환매가 불가능한 집합투자기구이다.

12

| 정답 | ②

| 해설 | 자산운용사가 투자자로부터 자금을 조달하여 주식, 채권 등 다양한 금융자산에 투자하는 것으로 간접투자형태로 운영된다. 투자수익은 투자대상의 성과에 연동되기 때문에 투자원금이 보장되지 않는다. 자본시장법상 원본손실 가능성이 존재하면 금융투자상품으로 분류되기 때문에 ELF는 금융투자상품으로 분류된다.

13

| 정답 | ④

| 해설 | DSR은 대출자의 연간 총소득 중에 연간 원리금 상환액의 비율이다. 스트레스 DSR은 금리 변동 시 대출자의 연간 총소득 중에서 변경된 금리에 따른 원리금 상환액의 비율이다. 금리 변경 전 DSR은 20이었으나 금리가 6%로 변경하게 되면 스트레스 DSR은 25가 된다.

14

| 정답 | ③

| 해설 | 유동성커버리지비율(LCR ; Liquidity Coverage Ratio)에 대한 설명이다.

| 오답풀이 |

① 유동비율은 유동자산/유동부채로 나타내며 기업의 단기유동성을 측정하는 지표이다.

② BIS비율은 은행의 재무 건전성을 측정하는 지표로, 은행의 자기자본이 위험가중자산에 비해 얼마나 충분한지를 나타내는 비율이다.

④ 부채비율은 부채/자기자본으로 나타내며 기업이 사용하는 부채의 크기의 적정성을 측정하는 지표이다.

15

| 정답 | ③

| 해설 | 엔화로 차입하고 이를 다른 국가의 고금리 자산에 투자했기 때문에 차입금 상환은 엔화로 해야 한다. 만약 엔화의 가치가 상승하면 엔화차입자가 상환해야 할 엔화의 금액이 증가하여 투자자는 손실이 발생한다.

| 오답풀이 |

① 한 국가의 낮은 금리를 이용하여 금리가 낮은 국가에서 자금을 빌려서, 금리가 높은 국가에 투자하는 것을 캐리 트레이드(Carry Trade)라고 한다. 차입하는 국가의 통화가 엔화이면 이를 엔 캐리 트레이드라고 한다.

④ 금융시장이 안정적일 경우 캐리 트레이드의 안정성이 높아지나, 금융시장이 불안정할 경우 캐리 트레이드에 수반되는 위험도 같이 증가하기 때문에 이에 대한 위험 관리가 중요하다.

16

| 정답 | ②

| 해설 | 뉴디맨드 전략에 대한 설명이다.

| 오답풀이 |

① 레드오션전략은 기존의 경쟁자로 인해 시장의 경쟁이 격한 시장에서 경쟁하는 전략이다.

③ 원가우위전략은 경쟁자보다 더 낮은 원가로 제품이나 서비스를 제공하는 전략이다.

④ 차별화전략은 경쟁자와 유사한 원가구조에서 더 높은 판매가로 소비자에게 제품과 서비스를 제공하는 전략이다.

17

| 정답 | ②

| 해설 | 칵테일 위기(Cocktail Crisis)는 경제적으로 서로 다른 여러 요인이 동시에 발생하거나 복합적으로 얽혀 있어 경제에 광범위하고 심각한 영향을 미치는 위기를 의미한다. 다양한 경제적 요인이 결합되어 마치 여러 재료가 혼합된 칵테일처럼 경제에 악영향을 미치는 상황을 묘사하는 데 사용되는 용어이다. 보기의 내용이 이러한 여러 위기가 혼재되어 있어 칵테일 위기에 해당한다.

| 오답풀이 |

① 유동성위기는 단기 유동자금의 부족으로 발생하는 위기이다.

18

| 정답 | ②

| 해설 | 왝플레이션(Whackflation)의 Whack은 혼란, 불규칙, 비정상적 상황을 의미하며, 인플레이션과 디플레이션이 반복되는 혼란스러운 상황을 표현한다.

| 오답풀이 |

① 슬로플레이션은 경제 성장 둔화와 완만한 인플레이션이 동시에 발생하는 경제 상황으로, 경제 성장 정체와 높은 인플레이션이 동시에 발생하는 스태그플레이션과 다르게, 인플레이션이 심각하지 않지만, 경제 성장이 점진적으로 둔화하는 것이 특징이다.

③ 인플레이션은 물가가 지속적으로 상승하는 상황을 나타내는 용어이다.

④ 디플레이션은 물가가 지속적으로 하락하는 상황을 나타내는 용어이다.

19

| 정답 | ①

| 해설 | 펜트업효과(Pent-up Effect)는 경제적, 사회적, 정치적 제약 등으로 인해 억눌렸던 소비나 수요가 제한이 풀리면서 속도로 증가하는 현상을 의미한다. 펜트업(Pent-up)은 '억눌린'이란 뜻으로, 이 효과는 소비뿐만 아니라 생산, 투자 등 경제 전반에서 나타날 수 있다. 보복소비도 일종의 펜트업효과로 해석한다.

| 오답풀이 |

② 베블런효과는 소비자들이 상품의 고가를 지위나 부의 상징으로 인식하면서 가격이 높을수록 소비가 증가하는, 일반적인 수요의 법칙과 반대되는 흐름이 나타나는 현상이다.

③ 밴드왜건효과는 특정 제품이나 서비스의 소비가 다른 사람들이 많이 사용하기 때문에 증가하는 현상으로, 유행에 따른 소비로, '따라하기 소비' 또는 '유행효과'라고도 한다.

④ 스놉효과는 특정 제품이나 서비스의 소비가 다른 사람들이 많이 사용하지 않을 때 증가하는 현상을 말한다. 차별화된 소비를 통해 자신의 독창성이나 지위를 과시하려는 심리에서 비롯된다.

20

| 정답 | ④

| 해설 | 세금 공휴일(Tax Holiday)은 일정 기간 동안 특정 세금을 전면적으로 면제되거나 크게 경감하는 제도를 의미한다. 이는 주로 정부가 특정 경제 활동을 장려하거나 외국인 투자를 유치하기 위해 사용한다. 세금 공휴일은 일시적인 조치로, 일정 기간 후에는 원래의 세율로 복귀하며 단기적인 세금수입이 감소되는 단점이 있다.

21

| 정답 | ③

| 해설 | 인페션에 대한 설명이다. 인페션은 경기침체임에도 불구하고 물가가 상승하는 현상으로, 대체로 단기적인 현상이다.

| 오답풀이 |

① DeFi(Decentralized Finance)는 블록체인 기술을 기반으로 한 탈중앙화된 금융 서비스로, 기존 금융 시스템을 대체하거나 보완하려는 것이다.

② 인플레이션 갭은 과도한 총수요로 물가 상승이 발생하는 경제 상황이다.

④ 공황은 경제 침체가 극심한 상태를 말한다.

22

| 정답 | ①

| 해설 | 거미집이론(Cobweb Theory)은 경제학에서 가격 변동이 시장의 수급 조정에 미치는 영향을 설명하는 이론 중 수요와 공급의 시차로 인해 가격과 생산량이 주기적으로 변동하는 현상을 묘사한다. 이 이론은 농산품과 같이 생산 결정과 시장 공급 사이에 시간이 걸리는 시장에서 주로 관찰된다.

23

| 정답 | ②

| 해설 | 인구절벽(Population Cliff)은 한 국가나 지역의 생산 가능 인구가 급격히 줄어들어 경제에 큰 영향을 미치는 현상을 의미한다. 인구절벽은 출생률 저하와 고령화로 인해 노동력 부족, 소비 감소, 경제 성장 둔화 등의 문제를 초래한다.

욜디락스 경제(Yoldilocks Economy)는 "Young"과 "Old"를 결합한 단어로, 고령화 사회에서도 경제 성장이 유지되는 상태를 가리킨다. 이는 고령화와 경제 성장이 상충되지 않고 공존하며, 노년층의 경제적 역할이 커지는 경제 상황을 나타낸다.

| 오답풀이 |

① 골디락스 경제(Goldilocks Economy)는 경제가 너무 뜨겁지도 않고, 너무 차갑지도 않은 상태를 가리킨다. 이는 경제 성장률이 적정 수준을 유지하며, 물가 상승(인플레이션)이나 경기 침체(디플레이션)와 같은 극단적인 상황이 발생하지 않는 안정적이고 이상적인 경제 상태를 말한다.

④ 덤벨 경제(Dumbbell Economy)는 소비 패턴이 중간 가격대 제품이 줄고, 고가와 저가 제품이 양극단에서 강세를 보이는 현상을 의미한다. 이는 덤벨 모양처럼 중간이 비고 양쪽 끝이 두터워지는 구조를 묘사한 용어이다.

24

| 정답 | ④

| 해설 | 에코스패즘(Eco-spasm)은 경제에서 짧은 주기의 급격한 경기 변동을 의미하는 용어로, '경제적 경련'으로 번역할 수 있다. 에코스패즘은 경제 활동이 갑작스럽게 급등하거나 급락하는 비정상적이고 불규칙한 상황을 묘사하며, 장기적인 전망이 어렵기 때문에 경제주체들은 단기적인 대응에 집중하게 되어 장기적인 측면에서의 대응을 하기 어렵다.

25

| 정답 | ①

| 해설 | 밈 주식(Meme Stock)은 기업의 재무 성과나 펀더

멘털과는 무관하게 온라인 커뮤니티와 소셜 미디어의 열광적인 주목과 유행으로 인해 주가가 급등하는 주식이다.

| 오답풀이 |

② 가치주는 성장세는 높지 않으나 안정적인 현금흐름을 창출하여 배당을 많이 지급하는 주식이다.

③ 성장주는 배당의 지급은 크지 않으나 미래 성장성이 높아 주가상승이 높게 발생하는 주식이다.

④ 굴뚝주는 대체로 전통적인 제조업을 영위하는 기업의 주식을 말한다.

26

| 정답 | ①

| 해설 | 팬덤 경제는 팬덤(Fandom)이 소비 주체로서 특정 아티스트, 브랜드, 콘텐츠를 중심으로 만들어내는 경제적 활동과 산업 생태계를 의미한다. 팬덤은 단순 소비자가 아니라 충성도 높은 고객층으로, 경제적 파급력이 크다. BTS 경제학은 글로벌 음악 그룹 BTS가 전 세계 경제와 한국 경제에 미치는 경제적 영향을 분석하는 개념이다.

| 오답풀이 |

③ 레그테크는 규제(Regulation)와 기술(Technology)의 합성어로, 금융기관이나 기업이 복잡한 규제 요건을 효과적으로 준수할 수 있도록 지원하는 기술 기반 솔루션을 의미한다. 주로 금융, 법률, 데이터 관리 분야에서 활용되며, 기술을 통해 규제 준수 비용을 절감하고 효율성을 높이는 것을 목표로 한다.

④ 킹 달러는 미국 달러가 다른 통화에 비해 압도적으로 강세를 보이는 현상을 의미한다. 글로벌 경제 및 금융 시장에서 미국 달러의 지위와 영향력이 커질 때 사용되는 용어이다.

27

| 정답 | ①

| 해설 | 코스트 애버리지 혹은 코스트 애버리지 효과(Cost Averaging Effect)는 정기적으로 일정한 금액을 투자하여 투자 단가를 평균화하는 투자 전략을 말한다. 이 전략을 통해 투자자는 시장 변동성에 따른 리스크를 줄이고, 장기적으로 안정적인 수익을 기대할 수 있다. 코스트 애버리지 효과는 정액분할투자법이라고도 불린다.

| 오답풀이 |

② 마켓타이밍은 투자시 매매 시점을 포착하여 매매하는 투자기법이다.

③ 평균-반전은 주가가 상승하면 평균으로 회귀하고, 반대로 하락하면 평균으로 상승하는 것을 이용한 투자전략이다.

④ 소규모 기업효과는 기업규모가 작은 주식이 그렇지 않은 주식보다 위험대비 높은 수익률이 발생하는 효과이다.

28

| 정답 | ④

| 해설 | 슈링크플레이션(Shrinkflation)은 가격은 그대로 유지하면서 제품의 크기, 양, 품질을 줄이는 방식으로 발생하는 실질적인 물가 상승으로, 팬데믹과 직접 연관된 현상과는 거리가 멀다. 직접적인 가격 인상을 피하면서 기업이 원가 상승 압박을 소비자에게 전가하는 방법이다.

| 오답풀이 |

① 투어플레이션(Tourflation)은 유명 가수의 월드 투어 일정에 따라 인근 지역의 여행 관련 상품과 서비스의 가격 급등으로 연결되는 현상으로, 주로 항공권, 숙박비, 관광 패키지 등의 가격이 상승하는 것이 특징이다. 특히 코로나19 팬데믹 이후에 억눌린 공연, 여행 수요가 폭발하면서 투어플레이션이 두드러졌다.

② 팬데믹 이후의 보복소비는 팬데믹 동안 소비하지 못한 것에 대한 소비자들의 보상심리에 의해 단기적으로 소비가 증가하는 현상이다.

③ 리오프닝은 팬데믹 이후 억눌렸던 경제 활동이 재개되면서 나타나는 회복 과정을 의미한다.

29

| 정답 | ①

| 해설 | 노 랜딩(No Landing)은 경기 침체 없이 경제가 지속적으로 성장하는 상황을 의미한다. 이는 경기 둔화 없이 경제가 강한 고용, 소비, 투자를 유지하며 성장세를 이어가는 상태이다.

| 오답풀이 |

② 소프트 랜딩은 경제 연착륙으로 경제침체가 약하고 서서히 발생하는 것을 의미한다.

③ 하드 랜딩은 경착륙으로 경제침체의 강도가 크고 급격하게 발생하는 것을 의미한다.

④ 런치플레이션(Lunchflation)은 외식비용이 급격히 상승하는 현상이다.

30

| 정답 | ②

| 해설 | 금융투자소득세는 금융투자상품의 매매차익에 대해 부과하는 세금으로 2025년 도입이 시도되었으나 2024년 말에 폐지되었다. 증권거래세는 증권의 매매에 부과되는 세금이며, 금융소득세는 이자소득, 배당소득에 부과되는 세금이며, 법인세는 법인의 소득에 대해서 부과되는 세금이다. 이자소득과 배당소득은 개인소득세에 포함된다.

31

| 정답 | ①

| 해설 | 보유하지 않은 주식을 매도하고 이후 주식을 구입해 갚는 투자기법을 공매도라고 한다. 대차거래는 주식을 빌리는 행위 자체를 의미하고, 사이드카와 서킷브레이커는 주식의 가격이 크게 변동할 때 거래가 일시 정지되는 상황을 말하며 사이드카는 프로그램 매매를, 서킷브레이커는 전체 거래를 중지한다.

32

| 정답 | ③

| 해설 | 런던은행간금리(London Inter-Bank Offered Rate)의 머리글자를 따서 리보(LIBOR)라 부른다. 2022년 리보금리 산출 중단 이후 이에 대한 대체금리로 미국은 국채담보 익월물 RP금리인 소파(SOFR), 일본은 무담보 익일물 콜금리인 토나(TONA), 영국 역시 무담보 익일물 콜금리를 근거로 한 소니아(SONIA) 등을 사용하고 있다.

33

| 정답 | ①

| 해설 | 예대마진이 크다는 것은 예금의 대가로 지불한 이자에 비해 대출을 해주고 받은 이자가 더 많다는 의미가 된다. 낮은 예금금리로 인해 예금 대신 위험자산을 비롯한 다른 금융상품에 대한 관심이 높아지며 예금 자체가 줄어들어 은행 수입의 원천인 예대마진이 줄어든다는 우려가 있다.

| 오답풀이 |

② 실질이자율은 명목이자율에서 인플레이션율을 제외한 것이다.

③ 경제적 이윤은 기회비용을 고려한 이윤이다.

④ 회계적 이윤은 기회비용에 대한 고려없이 회계적 비용을 통해 계산한 이윤이다.

34

| 정답 | ①

| 해설 | 선물가격이 현물가격보다 높거나 결제월이 멀수록 높아지는 현상을 콘탱고라고 한다. 콘탱고와 반대적 상황, 즉 현물가격이 선물가격보다 높아지는 현상을 백워데이션이라고 한다.

| 오답풀이 |

② 듀레이션은 채권에서 발행하는 현금 흐름의 만기를 나타낸 수치이다.

③ 베이시스는 '선물가격－현물가격'을 말하는데, 베이시스가 양(+)이라면 콘탱고, 음(－)이라면 백워데이션이라고 할 수 있다.

35

| 정답 | ④

| 해설 | 베이지북은 미국의 연방준비은행에서 발표하는 경제상황에 대한 보고서로, 연방공개시장위원회(FOMC) 회의에 앞서 발간되며 금리정책 논의 시 가장 많이 참고되는 자료이다. 책 표지가 베이지색인 것에 유래하여 베이지북이라 불린다. 우리나라에서는 기획재정부에서 발간하는 그린북이 이에 해당한다.

36

| 정답 | ②

| 해설 | DSR(Debt Service Ratio)은 대출의 상환능력을 기초로 한 지표로서, 기타대출의 원금과 이자를 모두 반영하여 산출한다. DTI(Debt To Income)와 유사하지만 DTI는 주택담보대출이 아닌 기타대출(신용대출, 마이너스통장, 비주택담보대출 등)의 경우 이자만 반영한다.

37

| 정답 | ③

| 해설 | 높은 위험을 가지고 상대적으로 높은 수익률을 나타내는 펀드를 하이일드펀드라고 부른다. 증권거래소에 상장된다는 점에서 등 겉으로는 뮤추얼펀드와 비슷하다.

38

| 정답 | ①

| 해설 | 높은 변동성에도 불구하고 공격적인 투자를 하는 펀드를 헤지펀드(Hedge Fund)라고 한다. 원래는 위험을 상쇄하는 베팅이나 투자를 의미했으나 현재는 다양한 파생상품을 비롯, 위험이 높은 상품에 투자하는 펀드를 의미한다.

39

| 정답 | ④

| 해설 | 블루칩은 카지노에서 포커게임에 돈 대신 쓰이는 흰색, 빨간색, 파란색 세 종류의 칩 가운데 가장 가치가 높은 것이 파란색인 것에서 유래된 표현이다. 또 미국에서 황소 품평회를 할 때 우량등급으로 판정된 소에게 파란 천을 둘러주는 관습에서 비롯됐다는 설도 있다.

40

| 정답 | ②

| 해설 | ELS(Equity Linked Securities)는 개별 주식의 가격이나 주가지수에 연계되어 투자수익이 결정되는 유가증권이다. 영업용순자본비율(Net Capital Ratio)이 300% 이상이며, 장외파생상품 전문 인력을 확보하고, 금융위원회가 정하는 '위험 관리 및 내부 통제 등에 관한 기준'을 충족하는 투자매매업자가 ELS를 발행할 수 있다.

| 오답풀이 |

①, ③ ELD는 정기예금을 기반으로 하는 상품이고, ETF는 상장지수펀드로 인덱스펀드를 증권에 상장해 개별주식처럼 사고팔 수 있게 하는 상품이다.

④ ETN은 실물에 직접 투자하는 것이 아니라 증권사가 신용을 통해 발행하는 노트에 투자하는 형식이다.

41

| 정답 | ①

| 해설 | 선물가격은 현물가격에다 현물을 미래의 일정 시점까지 보유하는 데 들어가는 비용을 포함하여 결정되어야 하므로 선물과 현물과는 가격 차이가 발생하게 되는데 이러한 차이를 베이시스라 한다. 선물시장에서 베이시스가 중요한 이유는 일반적으로 선물계약 만기일에 다가갈수록 선물가격은 현물가격에 접근하게 되지만, 선물시장과 현물시장 간 수급관계에 따라서 다르게 나타날 수 있다.

42

| 정답 | ④

| 해설 | 지급준비율은 고객에게 지급할 돈을 준비해 은행의 지급불능사태를 방지한다는 고객 보호 차원에서 도입되었으나, 이외에도 통화량을 조절하는 금융정책수단으로 활용되고 있다. 중앙은행이 지급준비율을 인상[인하]하면 은행은 중앙은행 예치금을 늘리게 되고 통화량은 감소[증가]하고 금리가 상승[하락]한다.

43

| 정답 | ④

| 해설 | 빅맥(Big Mac)지수는 영국에서 발행되는 주간 경제 전문지 이코노미스트지(The Economist)에서 1986년 이래 매년 전 세계적으로 판매되고 있는 맥도날드의 빅맥 가격을 비교 · 분석해서 발표하고 있다. 빅맥은 전 세계 120개국에서 동일한 재화로 판매되고 있으므로, 이 빅맥지수를

이용하여 일물일가의 법칙 또는 절대적 구매력평가를 간단하게 검증할 수 있는 기회를 독자들에게 제공한다는 취지이다.

44

| 정답 | ②

| 해설 | 공공재는 비경합성과 비배제성을 가지고 있어 시장에서 공급이 되기 어려운 재화이다. 비경합성이란 한 사람이 그것을 소비한다고 해서 다른 사람이 소비할 수 있는 기회가 줄어들지 않음을 뜻하고, 비배제성이란 대가를 치르지 않는 사람이라 할지라도 소비에서 배제할 수 없음을 뜻한다.

45

| 정답 | ③

| 해설 | 제시된 글은 듀레이션(Duration)에 관한 설명이다. 듀레이션은 채권의 만기, 표면금리, 만기수익률 등에 따라 결정되는데 듀레이션은 일종의 만기 개념이므로 만기에 비례하여 길어진다. 듀레이션은 채권가격의 이자율탄력성을 나타낸다. 따라서 듀레이션은 채권투자에 따른 이자율위험(시장이자율 변동에 따른 채권가격의 변동률)을 나타내는 척도이자 중요한 리스크 관리수단으로 활용되고 있다.

46

| 정답 | ③

| 해설 | 한번 올라간 소비 수준이 쉽게 감소하지 않는 현상을 톱니효과라고 한다. 소비의 상대적 안정성으로 인해 경기가 후퇴하여 소득이 줄어든다 하더라도 소비가 같은 속도로 줄어들지 않기 때문에, 소비가 경기후퇴를 억제하는 일종의 톱니작용을 하게 된다는 데서 톱니효과라고 한다.

47

| 정답 | ②

| 해설 | 주로 명품브랜드 소비에서 흔히 일어나는 속물효과 또는 스놉효과(Snob Effect)는 특정 상품을 소비하는 사람이 많아질수록 그 상품에 대한 수요는 줄어들고 값이 오르면 오히려 수요가 늘어나는 것을 의미한다.

48

| 정답 | ②

| 해설 | 데카콘기업은 기업가치가 100억 달러 이상인 신생 벤처기업을 말하며, 기업가치 1 Billion(10억 달러) 이상인 기업을 부르는 말인 유니콘(Unicorn)이란 단어의 유니(uni)가 1을 뜻하는 데서 착안하여 10을 뜻하는 접두사인 데카(deca)와 유니콘의 콘(corn)을 결합하여 만든 용어다.

49

| 정답 | ④

| 해설 | 규제 샌드박스에 대한 설명으로, 샌드박스(Sandbox)는 아이들이 안전하게 마음껏 뛰어놀 수 있는 모래 놀이터에서 유래한 말이다.

50

| 정답 | ②

| 해설 | 사이드카는 증권시장의 공습경보로 여겨지는 서킷브레이커의 전 단계로 투자자에게 합리적인 판단을 할 수 있는 시간적 여유를 주기 위한 경계경보라 할 수 있다. 사이드카는 파생상품시장에서 선물가격이 급등락할 경우 프로그램 매매가 주식시장(현물시장)에 미치는 충격을 완화하기 위해, 주식시장 프로그램매매 호가의 효력을 일시적으로 정지하는 제도이고 서킷 브레이커(CB ; Circuit Breaker) 제도는 증시의 내 · 외적 요인에 의해 주가지수가 일정 수준 이상 급락하는 경우 시장참여자들에게 냉정한 투자판단의 시간(Cooling-off Period)을 제공하기 위해 증권시장 전체의 매매거래를 일시적으로 중단하는 제도이다.

51

| 정답 | ③

| 해설 | 블루칩은 오랜 시간동안 안정적인 이익을 창출하고 배당을 지급해온 수익성과 재무구조가 건전한 기업의 주식으로 대형 우량주를 의미한다. 주가 수준에 따라 고가우량주, 중견우량주, 품귀우량주 등으로 표현한다.

| 오답풀이 |

① 옐로우칩은 주식시장에서 대형 우량주인 블루칩 반열에는 들지 못하지만 양호한 실적에 기초한 주가상승의 기회가 있는 종목으로, 대기업의 중권가 주식, 경기변동에 민감한 업종 대표주 등의 중저가우량주를 말한다.

52

| 정답 | ④

| 해설 | 판다본드는 국제기관이나 외국기업이 중국에서 발행하는 위안화 표시채권을 가리킨다. 홍콩 채권시장에서 발행되는 위안화 표시채권인 딤섬본드는 중국 본토에서 발행되는 채권인 '판다본드'와 구분하고자 홍콩에서 많이 먹는 한입 크기의 만두인 딤섬에서 유래했다.

외화채권은 일반적으로 나라별 특성에 따른 별명이 붙는데 영국은 불독본드, 미국은 양키본드, 일본은 사무라이본드, 중국은 판다본드, 홍콩은 딤섬본드 등으로 불린다. 우리나라에서 발행되는 대표적인 외화채권으로는 아리랑본드와 김치본드가 있다.

53

| 정답 | ④

| 해설 | 금융회사가 주택담보대출, 국공채 등 우량자산을 담보로 발행하는 담보부채권은 커버드본드(Covered Bond)라고 하며 2014년 4월 도입되었다.

코코본드는 유사시 주식으로 강제 전환되거나 상각된다는 조건이 붙는 회사채이다.

54

| 정답 | ①

| 해설 | 순이자 마진(NIM ; Net Interest Margin)은 금융사가 자산을 운용하면서 벌어낸 수익에서 자금 조달비용을 뺀 금액을 운용한 자산의 총액으로 나눈 수치다.

예대마진이란 대출금리와 예금금리의 차이로 금융기관의 수입이 되는 부분을 말한다. 예대마진이 크다는 것은 예금의 대가로 지불한 이자에 비해 대출을 해주고 받은 이자가 더 많다는 의미가 된다.

55

| 정답 | ②

| 해설 | LTV(Loan To Value Ration)는 담보인정비율을 의미하는데 주택을 담보로 금융회사에서 대출을 받을 때 해당 주택의 담보가치에 대한 대출취급가능금액의 비율이다.

$$\text{LTV 비율}=\left(\frac{\text{대출취급가능금액}}{\text{주택의 담보가치}}\right)\times 100$$

56

| 정답 | ③

| 해설 | DTI(Debt To lncome)는 총부채상환비율을 의미하는데 주택을 담보로 돈을 빌리려 할 때 고객의 부채부담능력을 측정하는 지표이다.

$$\text{DTI 비율}=\left(\frac{\text{연간 대출원리금 상환액}}{\text{연간 소득}}\right)\times 100$$

| 오답풀이 |

① LTI(Loan To lncome Ratio)는 자영업자의 영업이익에 근로소득 등을 합산한 총소득과 해당 자영업자가 모든 금융권에서 빌린 가계대출 및 개인사업대출을 합친 총부채를 비교하는 지표로서, 영업자 부채를 잡기 위한 목적으로 마련됐다.

② DSR(Debt Service Ratio)은 총부채원리금상환비율이다.

④ RTI(Rent To lnterest Ratio)는 연간 부동산임대소득을 연간 이자비용으로 나눈 값으로 임대업대출뿐만 아니라 임대건물의 기존대출 이지비용까지 합산한다. 이는 부동산임대업자 부채를 관리하기 위해 만들어졌다.

57

| 정답 | ①

| 해설 | 레그테크(Regtech)는 규제를 뜻하는 레귤레이션(Regulation)과 기술을 의미하는 테크놀로지(Technology)의 합성어로 금융회사로 하여금 내부통제와 법규 준수를 용이하게 하는 정보기술을 의미한다.

58

| 정답 | ④

| 해설 | 커버드본드의 소지자는 우선변제권자이다. 커버드본드는 투자자가 담보자산에 대해 우선변제권을 보장받는 동시에 채권발행 금융기관에 대해서도 원리금 상환을 청구할 수 있다. 그래서 커버드본드를 이중상환청구권부 채권이라고도 한다.

59

| 정답 | ②

| 해설 | 출구전략은 경제에 부작용을 남기지 않게 하면서 각종 완화정책을 서서히 거둬들이는 전략을 말한다. 현재는 의미가 확장되어 위기상황을 극복하고자 취했던 조치들의 부작용이나 후유증을 최소화하며 정상으로 돌아오기 위해 취하는 조치들을 포괄적으로 지칭한다.

60

| 정답 | ①

| 해설 | 하이일드펀드(High Yield Fund)는 수익률은 매우 높은 반면 신용도가 취약해 '정크본드(Junk Bond)'라고 불리는 고수익 · 고위험 채권에 투자하는 펀드로서 그레이펀드 또는 투기채 펀드로도 불린다.

61

| 정답 | ②

| 해설 | 헤지펀드(Hedge Fund)의 어원은 '위험을 상쇄하는 베팅이나 투자 등을 통해 손실을 피하거나 줄이려고 노력하는 것'으로 주식을 빌려 높은 차익을 고수하는 방법이다. 이는 단기이익을 노리고 개인이나 기관 투자자들로부터 모은 돈을 국제증권시장이나 국제외환시장에 투자하는 개인투자신탁을 뜻한다.

62

| 정답 | ④

| 해설 | 금융회사의 스트레스 테스트(Stress Test)는 금융회사가 스트레스를 받았을 때, 즉 부동산 가격이 폭락하고 성장이 침체되는 등 경제가 악화될 때 과연 살아남을 수 있을 것인지를 평가하는 것이다.

63

| 정답 | ②

| 해설 | 미국 예일대학교의 제임스 토빈(James Tobin) 교수가 1978년에 주장한 것으로 국제 투기자본(핫머니)의 급격한 자금유출입으로 각국의 통화가치가 급등락하여 통화위기가 촉발되는 것을 막기 위한 국경간 자본이동 규제방안의 하나이다. 이 제도는 일반 무역거래, 장기 자본거래, 그리고 실물경제에는 전혀 지장을 주지 않으면서 투기성 자본에만 제약을 가한다는 장점이 특징이다.

| 오답풀이 |

① 버핏세는 워렌 버핏이 부유층에 대한 세금 증세를 주장해서 붙여진 명칭이다. 이는 연간 100만 달러 이상의 소득을 창출시키는 부유층의 자본소득에 적용되는 소득세이다. 버핏룰(Buffett Rule)이라고도 불리며 부유세의 일종이라고 할 수 있다.

③ 로빈후드세는 탐욕스런 귀족이나 성직자, 관리들의 재산을 빼앗아 가난한 이들에게 나누어준 로빈후드처럼 막대한 소득을 올리는 금융기관 등의 기업과 고소득자에 부과하여 빈민들을 지원하는데 사용되는 세금을 의미한다.

④ 구글세는 특허료 등 막대한 이익을 창출하고도 세법을 악용해 세금을 납부하지 않았던 다국적 기업에 부과하기 위한 세금이다. 구글, 애플 등 다국적 기업이 고(高)세율 국가에서 얻은 수익을 특허 사용료나 이자 등의 명목으로 저(低)세율 국가계열사로 넘겨 절세하는 것을 막기 위해서 부과하는 세금이다.

64

| 정답 | ①

| 해설 | Gemini에 대한 설명이며, 구글 검색과 결합된 실시간 정보를 제공하는 특징이 있다.

| 오답풀이 |

② ChatGPT는 OpenAI가 개발했다. GPT(Generative Pre-trained Transformer) 기술 기반, 자연스러운 대화 생성 및 다양한 주제에 대한 답변 제공. 학습 데이터에 기반한 정보 제공 및 창의적 텍스트 생성이 가능하다.

③ Alexa는 Amazon이 개발한 인공지능으로 스마트홈 기기와 통합된 음성 기반 대화형 AI이며, 음성 명령으로 기기 제어, 음악 재생, 검색 등 다양한 기능을 수행한다.

④ Watson은 IBM이 개발한 기업용 대화형 AI 플랫폼이며, 고객지원, 의료상담 등에 활용된다.

65

| 정답 | ③

| 해설 | 조이 스크롤링(Joyscrolling)에 대한 설명이다.

| 오답풀이 |

① 둠스크롤링(Doomscrolling)은 부정적이고 우울한 콘텐츠를 계속해서 탐색하고 소비하는 인터넷 사용 행태이다.

② 필터 버블(Filter Bubble)은 사용자의 정보에 기반하여 생성한 알고리즘을 기반으로 사용자가 보고 싶어 하는 내용을 예측하는 콘텐츠를 제공하는 플랫폼에 의해 사용자 본인과 동의하지 않는 정보로부터 분리되어 사용자 본인의 문화 · 이념에 갇히는 현상을 의미한다.

④ 폴리아나 원리(Pollyanna Principle)는 인간이 긍정적인 기억을 부정적인 기억보다 더 오래 기억하며, 중립적인 사건도 실제보다 더 긍정적으로 인식하므로 모든 사건의 긍정적인 부분에만 집중하려는 긍정성 편향(Positively Bias) 현상을 의미한다.

66

| 정답 | ②

| 해설 | 머신러닝의 학습 방법 중 비지도학습은 인간의 감독 없이 학습하는 형태이며, 이러한 경우 인공지능이 패턴을 지나치게 세밀하게 만드는 과적합 문제가 발생할 수 있다. 지도학습은 문제와 정답을 인공지능에게 알려주어 인공지능이 학습하도록 하는 학습방식이다.

67

| 정답 | ②

| 해설 | 리터러시(Literacy)는 읽고, 쓸 줄 아는 능력을 의미하며, 디지털과 결합하여 디지털 기술을 효과적으로 사용하는 능력이다. 이러한 능력에는 기술 사용의 윤리적인 측면도 포함하고 있으며, 새로운 디지털 정보를 생성하는 것을 포함한다.

68

| 정답 | ②

| 해설 | O4O는 Offline for Online으로 오프라인 비즈니스 모델을 온라인과 통합하여 기존 오프라인 사업모델을 강화하는 전략이다. O2O는 Online to Offline으로 온라인의 경험을 오프라인으로 확장하려는 것으로, O4O와 그 서비스의 방향이 반대이다. O4O에서 오프라인의 고객 구매패턴을 온라인에 활용하면 고객에게 효과적인 서비스를 제공할 수 있다. 스타벅스의 온라인 주문 시스템, IKEA의 증강현실을 이용한 구매 전 가구 배치 등이 대표적인 O4O사례이다.

69

| 정답 | ②

| 해설 | 컴퓨터 클러스터링은 여러 대의 컴퓨터를 하나의 시스템처럼 동작하도록 연결하여 성능과 효율성을 향상시키는 기술로 주로 데이터 처리 속도를 높이고 대규모 작업을 분산하여 처리하기 위해 사용된다. 네트워크 속도를 감소시키거나, 소프트웨어 업데이트나 하드웨어 비용 절감은 클러스터링의 주된 목적이 아니다.

70

| 정답 | ②

| 해설 | 로드 밸런싱은 클러스터링에서 각 노드에 작업을 고르게 분배하여 특정 컴퓨터에 과부하가 걸리지 않도록 하는 역할을 한다. 이는 시스템의 성능과 안정성을 높이는 데 필수적인 기술이다.

71

| 정답 | ③

| 해설 | 데이터 패브릭은 데이터 통합, 자동화, 그리고 실시간 접근성을 통해 데이터 관리의 효율성을 높이고, 비즈니스 민첩성을 향상시킨다. 이를 통해 기업은 데이터 분석과 의사결정 속도를 높일 수 있다. 데이터 중복성을 높이거나 데이터 접근 속도를 저하시키는 것은 데이터 패브릭의 목적과 맞지 않다.

72

| 정답 | ③

| 해설 | 딥페이크는 인공지능(AI) 기술 중 하나인 GAN을 기반으로 동작한다. GAN은 두 개의 신경망(생성자와 판별자)이 서로 경쟁하며 점점 더 사실적인 데이터를 생성하는 구조로, 이를 통해 사람의 얼굴이나 음성을 매우 정교하게 합성할 수 있다. 이 기술은 주로 비디오 편집, 얼굴 합성, 음성 변조 등에 사용된다.

73

| 정답 | ①

| 해설 | 양자 중첩(Quantum Superposition)은 양자컴퓨터의 핵심 원리 중 하나로, 양자 비트(Qubit)가 0과 1의 두 가지 상태를 동시에 가질 수 있는 특성을 의미한다. 이를 통해 양자 컴퓨터는 고전적인 컴퓨터보다 훨씬 많은 계산을 동시에 수행할 수 있다. 이는 양자 컴퓨터가 특정 문제에서 기하급수적인 속도 향상을 가능하게 하는 이유 중 하나이다.

파트2 금융상식

기출예상문제

▶ 문제 234쪽

01	②	02	③	03	①	04	④	05	④
06	②	07	②	08	④	09	③	10	②
11	①	12	④	13	②	14	④	15	④
16	④	17	①	18	④	19	①	20	③
21	②	22	③	23	③	24	④	25	⑤
26	③	27	③	28	③	29	①	30	③
31	③	32	②	33	②	34	④	35	⑤
36	⑤	37	②	38	②	39	②	40	③
41	⑤	42	④	43	①	44	④	45	③
46	②	47	①	48	②	49	④	50	①
51	③	52	④	53	④	54	①	55	④
56	③	57	③	58	②	59	②	60	①
61	④	62	④	63	②	64	②	65	②
66	④	67	②	68	③	69	①	70	②
71	④	72	②	73	①	74	②	75	④
76	④	77	④	78	①	79	④	80	①
81	①	82	①	83	③	84	①	85	①
86	③	87	②	88	④	89	④	90	①
91	④	92	①	93	③	94	②	95	①
96	②								

01

| 정답 | ②

| 해설 | 특수은행은 일반은행이 공급하기 어려운 특수한 부문에 자금을 공급하는 은행으로 한국은행, 한국산업은행, 중소기업은행, 수협은행, 한국수출입은행 등이 있으며, 이들은 「은행법」 이외의 각 은행별로 있는 별도의 단일 법령들(「한국은행법」, 「중소기업은행법」, 「수산업협동조합법」 등)을 그 설립근거로 하고 있다.

| 오답풀이 |

① 한국은행은 우리나라의 중앙은행으로 공식 통화인 원화를 발행하며, 다른 금융기관과 거래하면서 금융기관의 자금 사정이 급박할 때 돈을 빌려주는 최종 대부자의 역할을 하는 '은행의 은행'이다.

③ 비은행 예금취급기관은 은행과 유사한 금융상품을 취급하는 기관으로 새마을금고, 상호저축은행, 신용협동조합, 우체국 예금 등이 있다.

④ 금융투자회사는 원본손실가능성이 있는 금융상품인 금융투자상품에 관한 투자매매업, 투자중개업 등의 금융투자업무를 담당하는 회사를 의미한다.

02

| 정답 | ③

| 해설 | 우리나라는 2014년 금융기관별로 동일한 예금보험료율을 부과하는 고정예금보험료율 방식에서 금융기관의 재정건전성에 따라 예금보험료를 차등적으로 부과하는 차등예금보험료 제도로 전환하였다.

| 오답풀이 |

① 상호저축은행 역시 「예금자보호법」의 적용을 받아 원리금을 보장한다.

② 금융지주회사는 주식의 소유를 통해 금융기관을 지배하는 것을 사업으로 하는 회사로, 오직 자회사의 경영지배와 관리 역할만을 하는 순수지주회사여야 하며, 영리를 목적으로 하는 다른 업무는 영위할 수 없다(「금융지주회사법」 제15조).

④ K-OTC는 2014년 프리보드시장을 개편하여 출범한 중소 · 벤처기업 주식이 거래되는 장외주식시장이다.

03

| 정답 | ①

| 해설 | 인터넷 뱅크를 통해 입출금 및 송금 등의 간단한 금융서비스뿐만 아니라 계좌 등록 및 해지, 개인정보 관리, 각종 금융상품 이용 등 모든 금융서비스를 인터넷으로 이용할 수 있다.

04

| 정답 | ④

| 해설 | 1. 생명보험

- 사람의 생존과 사망을 주된 보험사고로 하는 보험으로, 피보험자의 사망이 확실함.
- 보험기간 중에 피보험자가 사망한 경우에는 사망보험금을 지급하고, 생존해 있는 경우에는 연금과 같은 생존보험금을 지급하는 상품
- 종신보험, 정기보험, 변액보험, 연금보험 등

2. 손해보험

- 피보험자의 재산상의 손해를 보상하는 보험으로, 보험사고의 발생 여부, 발생 시기, 발생의 규모 등 모든 것이 불확실하다는 것이 특징
- 손해보험이라는 용어는 '실제 발생한 손해를 보상하는 보험'이라는 의미로 우리나라와 일본에서 사용되고, 영어권 국가에서는 생명보험 산업의 상대적인 의미로 'Non-life Insurance'로 불림.
- 화재보험, 배상책임보험, 자동차보험 등

〈보험업법상의 보험업의 구분〉

구분	생명보험	손해보험	제3보험
정의	사람의 생존 또는 사망에 관하여 약정한 급여를 제공하고 금전을 수수하는 것을 업으로 행하는 것	우연한 사고로 인하여 발생하는 손해의 보상을 약속하고 금전을 수수하는 것을 업으로 행하는 것	사람의 질병 · 상해 또는 이로 인한 간병에 관하여 약정한 급여를 제공하거나 손해의 보상을 약속하고 금전을 수수하는 것을 업으로 행하는 것
보험종목	1. 생명보험 2. 연금보험(퇴직보험 포함)	1. 화재보험 2. 해상보험(항공운송보험포함) 3. 자동차보험 4. 보증보험 5. 재보험 6. 책임보험 7. 기술보험 8. 권리보험 9. 도난보험 10. 유리보험 11. 동물보험 12. 원자력보험 13. 비용보험 14. 날씨보험	1. 상해보험 2. 질병보험 3. 간병보험

05

| 정답 | ④

| 해설 | 엄격한 자기자본비율 규제는 금융위기 시 발생 가능한 막대한 비용부담을 사전에 방지할 수 있다는 것이 장점이나 대출금리 상승을 초래해 경제 활력을 저해할 수 있다는 단점이 있으므로 적정한 수준의 자기자본비율이 중요하다.

보충 플러스+

BIS 자기자본비율

1. 금융기관의 청산능력을 나타내는 국제적 기준으로서 자본관련비율 중 포괄범위가 가장 넓은 지표이며, 연결대차대조표를 기준으로 금융기관이 가지고 있는 리스크(위험가중자산)를 자기자금으로 흡수할 수 있는 능력을 평가함.
   – 계산식 : $\frac{BIS\text{자기자본}}{\text{위험가중자산}} \times 100$
2. 은행의 건전성을 점검하는 핵심지표로서 미래의 예상치 못한 손실에 대비할 수 있도록 위험가중자산에 대하여 자기자본을 충분히 보유하게 하는 지도 기준임.
3. 국제결제은행(Bank for International Settlements)의 은행감독위원회에서 제정된 「자기자본 측정과 기준에 관한 국제적 합의」에 기초하며 구체적인 산출방법은 은행업감독업무시행세칙에 규정

06

| 정답 | ②

| 해설 | 기업어음(*CP* ; Commercial Paper)은 기업이 단기자금을 조달하기 위해 발행하는 융통어음으로, 상거래에 수반하여 발행되고 융통되는 일반적인 어음(진성어음)과는 그 발행목적의 차이가 있다. 한편 기업어음은 신용평가기관으로부터 B등급 이상의 신용등급을 얻은 기업이 발행할 수 있다.

| 오답풀이 |

① 환매조건부채권(*RP* ; Repurchase Agreement)은 유가증권을 매수/매도하면서 미리 가격을 설정하고, 정해진 기간 후에 사전에 정한 가격대로 다시 매도/매수하는 유가증권거래를 의미한다. 이를 통해 자금수요자인 금융기관은 보유채권을 매각하여 발생하는 자본손실을 회피하면서 단기자금을 마련할 수 있다.

③ 은행의 정기예금증서에 양도성을 부여한 양도성예금증서(*CD* ; Certificate of Deposit)는 분실, 도난, 위 ·

변조 등의 사고를 방지하기 위한 *CD* 등록발행제도를 통해 실물이 아닌 등록부 기재를 통한 등록발행만으로 그 권리를 보장하며, 금융기관은 증서가 아닌 통장을 발행하고 있다.

④ 대한민국 내 8개 은행의 자금조달 관련 정보를 기초로 산출되는 자금조달비용지수인 *COFIX*(Cost of Funds Index)는 신규취급액기준, 잔액기준, 신 잔액기준, 단기 *COFIX*로 구분되어 공시된다.

07

| 정답 | ②

| 해설 | 시중금리는 통상 중앙은행의 기준금리와 조달 금리에 마진율을 더한 형태로 코픽스금리 등을 고려하여 각 은행이 결정한다.

| 오답풀이 |

① 기준금리는 한국은행이 금융기관과 환매조건부증권(*RP*) 매매, 자금조정 예금 및 대출 등의 거래를 할 때 기준이 되는 정책금리이다.

③ 기준금리에 신용도 등의 차이에 따라 달리 덧붙이는 금리를 가산금리(스프레드, Spread)라고 한다.

④ 기준금리는 초단기금리인 콜금리에 즉시 영향을 미치고, 장단기 시장금리, 예금 및 대출금리 등의 변동으로 이어져 궁극적으로는 실물경제활동에 영향을 미치게 된다.

⑤ 한국은행 금융통화위원회는 물가 동향, 국내외 경제 상황, 금융시장 여건 등을 종합적으로 고려하여 연 8회 기준금리를 결정하고 있다.

08

| 정답 | ④

| 해설 | 대한민국의 빅맥 가격은 5,200원, 미국에서의 빅맥 가격을 편의상 4달러라고 할 경우 구매력 비율은 $\frac{5,200}{4}$ =1,300이 된다. 그러나 대미달러 환율이 1,180원/달러이므로, 1,300>1,180으로 원화가 과소평가되었음을 알 수 있다.

영국의 빅맥 가격은 편의상 2.5파운드라고 할 경우, 구매력 비율은 $\frac{2.5}{4}$=0.625가 된다. 그러나 대미달러 환율은 0.78파운드/달러이므로, 0.625<0.78로 파운드가 과대평가되었음을 알 수 있다.

09

| 정답 | ③

| 해설 | 블록체인(Blockchain)은 소규모 데이터인 '블록'을 참여 중인 모든 컴퓨터에 분산 데이터로 저장하는 데이터 저장 기술이다. 이러한 데이터들은 참여자들에게 모두 공개되지만, 이를 중앙통제하는 시스템이 없고 데이터를 임의로 수정하기 위해서는 전 세계 참여자들의 컴퓨터에 분산 저장된 모든 데이터를 한 번에 수정해야 하는 어려운 과정을 요구하므로 높은 보안성을 가진다.

10

| 정답 | ②

| 해설 | 2020년 전자서명법 개정으로 공인인증서 제도가 폐지되면서 기존의 공인인증서는 '금융결제원 인증서'로 변경되어 계속 이용할 수 있다.

11

| 정답 | ①

| 해설 | 자산유동화증권은 부실자산의 유동화 등 그 기초자산에서 위험이 발생할 경우 그 자산을 매각한 이후에도 자산 보유자에게 계속 영향을 미칠 수 있어 위험성이 오히려 증대된다. 이러한 위험을 감소시키기 위해 자산유동화증권을 발행함에 있어 신용평가기관의 신용평가와 신용보강기관의 신용보강이 요구된다.

| 오답풀이 |

② 자산유동화증권은 유동성이 낮은 자산을 보유한 자산보유자에게 자금조달수단을 제공해 주는 역할을 한다.

③, ④ 금융회사는 위험자산을 자산유동화증권을 통해 매각하여 현금화하는 것으로 자산과 부채를 감소시켜 *BIS*자기자본비율을 제고할 수 있게 된다.

12

|정답| ④

|해설| *COFIX*금리에 대한 설명으로, 콜금리에 이어 2010년 2월에 도입된 새로운 대출 기준금리이다. *COFIX*는 대한민국 내 8개 은행들이 제공한 자금조달 관련 정보를 기초로 하여 산출되는 자금조달비용지수이다.

|오답풀이|

① 콜금리 : 금융기관끼리 남거나 모자라는 자금을 단기에 서로 빌려주고 받을 때 적용되는 금리

② *DTI*(Debt To Income)비율 : 총부채상환비율이라는 뜻으로 주택담보대출의 연간 원리금의 상환액과 기타 부채에 대해 연간 상환한 이자의 합을 연소득으로 나눈 비율

③ *LTV*(Loan To Value Ratio)비율 : 주택담보대출비율이라는 뜻으로 자산의 담보가치에 대비해 대출을 받는 금액

13

|정답| ②

|해설| 리보금리(LIBOR Rate)는 국제금융시장의 중심지인 영국 런던에서 우량은행끼리 단기자금을 거래할 때 적용하는 금리를 말한다. 런던 은행 간 금리(London Inter-Bank Offered Rates)의 머리글자를 따서 리보(LIBOR)라고 부른다.

|오답풀이|

① 콜금리(Call Rate) : 금융기관끼리 남거나 모자라는 자금을 서로 주고받을 때 적용되는 금리

③ 코픽스금리(*COFIX* Rate) : 예금은행의 자금조달비용을 반영하여 산출되는 새로운 주택담보대출 기준금리

④ 스프레드금리(Spread Rate) : 채권이나 대출금리를 정할 때 기준금리에 덧붙이는 위험가중금리

14

|정답| ④

|해설| 배당기준일이란 기업에서 배당지급 의사결정이 있을 경우 이러한 배당지급을 받기 위해 주주가 자신의 주권을 공식적으로 보유하고 있어야 하는 마지막 날을 말한다. 배당락은 배당기준일이 지나 배당금을 받을 권리가 없어지는 것을 말하며 주식투자에 있어 배당락이란 황금알을 이미 낳아 버린 거위 값이 일시적으로 떨어지는 것을 말한다.

|오답풀이|

- 결산일 : 일정 기간 안의 수입과 지출을 총결산하는 날
- 권리락(權利落) : 회사가 새로운 주식을 발행할 때, 어느 일정한 기일까지의 주주에 대하여서만 새 주식을 할당하므로 그 이후의 새 주주에게는 이 할당을 받을 권리가 없어지는 일

15

|정답| ④

|해설| A 방식은 원리금 균등분할상환방식이고, B 방식은 원금 균등분할상환방식이다(처음에는 원금비중이 적다가 시간이 지나면서 원금비중이 늘어난다).

보충 플러스+

원리금 균등분할상환방식

1. 원리금(원금+이자)을 매 기간 균등하게 갚아 나가는 방식으로 초기에는 원금상환비중이 낮지만 점차 원금의 상환 비율이 높아져 가는 형태이다.
2. 이 방법은 상환할 원금과 이자가 일정하므로 자금계획을 세우기에 용이하다.

원금 균등분할상환방식

1. 대출금을 약정기간으로 균등하게 나누어서 매달 원금이 균등히 상환되도록 하는 방식으로 시간이 지날수록 이자액이 줄어드는 형태이다.
2. 매월 일정한 수입이 있을 때 적당하며 상환된 원금이 늘어남에 따라 대출잔액에 대한 이자가 줄어들어 부채상환액이 매월 줄어든다.

원금 균등분할상환 vs 원리금 균등분할상환

1. 원금 균등분할상환방식은 총 납부하는 이자가 원리금 균등분할상환방식보다 적다는 장점이 있다.
2. 원리금 균등분할상환방식은 일정한 돈을 갚아 나가므로 재무계획을 세우기에 용이하다.

16

|정답| ④

|해설| A 방식(원리금 균등분할상환방식)은 대출융자금 원

금과 이자를 융자기간 동안 매달 같은 금액으로 나누어 갚아 가는 방식이다. 원금과 이자를 합하여 888,488원을 상환하여야 하므로 (가)=888,488−100,000=788,488(원)이 된다.

17

| 정답 | ①

| 해설 | C. 주식배당이란 현금배당 대신 주식을 추가로 발행하여 기존주주에게 무상으로 교부하는 것이다.

| 오답풀이 |

A. 현금배당은 외부로 현금이 유출되지만, 주식배당은 현금이 외부로 유출되는 것이 아니다.

B. 주식배당은 기업의 이익이 주식배당액만큼 자본금으로 편입된다.

D. 기업의 이익 중 주식배당액만큼 자본금으로 편입되기 때문에 발행주식 수가 늘어난다.

E. 주주의 지분비율에 따라 비례적으로 주식을 분배받으므로 주식배당금이 지급된 이후에도 주주의 비례적 소유 지분은 변동이 없다.

18

| 정답 | ④

| 해설 | 주식배당은 배당금을 환산하여 주식으로 받는 것을 말하며 기존의 주주 수와 부채에는 영향이 없다.

보충 플러스+

주식배당

1. 의의 : 주식회사가 주주총회의 결의로 주주에게 이익의 배당을 실시함에 있어 현금배당액의 일부 또는 전부를 액면가에 의한 주식으로 환산하여 주식으로 배당하는 제도
2. 효과
   (1) 주식으로 배당하게 되는 부분은 회사의 자본금에 합산되어 배당금의 일부가 다시 회사로 유입되는 일종의 액면가에 의한 유상증자의 효과를 가진다.
   (2) 기업은 배당금 지급에 따른 자금압박 해소, 재무구조 개선의 효과를 얻는다.

19

| 정답 | ①

| 해설 | 주식회사가 무상증자나 유상증자를 통해 신주를 발행하면 주식의 수가 증가하게 되어 일시적으로 주가가 하락하는 권리락이 발생하고, 주식배당은 그 배당에 따라 일시적으로 주가가 하락하는 배당락이 발생한다. 주식분할은 기업의 원활한 유통을 위해 주식을 쪼개서 주식의 수를 늘리는 것으로, 무상증자와 유사하게 기업의 전체 가치에는 영향을 주지 않으나 기업의 1주당 가치가 하락하게 된다. 한편 자사주매입은 기업이 자기 회사의 주식을 사들이는 것으로 기업의 가치는 하락하나 그만큼 주식의 수가 함께 감소하며, 자사주는 의결권과 배당에서 제외되므로 주당 순이익을 향상시켜 주가 상승의 원인이 된다.

20

| 정답 | ③

| 해설 | 금융서비스에서의 로보틱 프로세스 자동화(RPA ; Robotic Process Automation)란 사기 탐지, 이상거래 파악, 고객 등록, 신용카드 발급, 정보 조회 등의 반복적이고 노동집약적인 업무를 자동화하는 기술을 의미한다.

| 오답풀이 |

① 인슈어테크(InsurTech)는 보험(Insurance)과 기술(Technology)의 합성어로, 고객에게 맞춤상품 추천, 보험 계약, 고객 상담, 보안 등의 업무에 빅데이터와 인공지능, 사물인터넷(IoT) 기술 등을 적용하는 것을 의미한다.

② 레그테크(RegTech)는 규율(Regulation)과 기술(Technology)의 합성어로, 법규 준수와 준법 감시 등의 규제 준수 업무에 빅데이터, 머신러닝 등의 기술들을 적용하는 것을 의미한다.

④ API(Application Programming Interface)는 애플리케이션의 기능을 제어할 수 있도록 제작한 인터페이스이다.

21

| 정답 | ②

| 해설 | 주당 배당금 = 배당수익률 × 현재 주가

$= 0.125 \times 4,000 = 500$

$$배당성향 = \frac{주당\ 배당금}{주당\ 순이익} = \frac{500}{1000} = 0.5$$

따라서 배당성향은 0.5이다.

보충 플러스+

$$배당률 = \frac{주당\ 배당금}{액면가} \times 100(\%)$$

$$배당수익률 = \frac{주당\ 배당금}{현재\ 주가} \times 100(\%)$$

$$배당성향 = \frac{배당금총액}{당기순이익} \times 100(\%) = \frac{주당\ 배당금}{주당\ 순이익} \times 100(\%)$$

22

| 정답 | ③

| 해설 | 정상시장에서 베이시스가 축소될 것으로 예상되는 경우 선물을 매도하고 현물을 매입하여 베이시스가 확대되는 만큼 이득을 얻을 수 있다. 반면 베이시스가 확대될 것으로 예상되는 경우 선물을 매입하고 현물을 매도하여 베이시스가 확대되는 만큼 이득을 얻을 수 있다. 이때 '베이시스가 확대되는 만큼'이라는 것은 '베이시스의 크기만큼'을 의미한다.

| 오답풀이 |

② 베이시스란 선물가격과 현물가격의 차이를 말하며, 정상적인 시장에서는 선물가격이 현물가격보다 높으나 만기일에는 선물가격과 현물가격이 같으므로 베이시스는 0이다.

④ 교차헤지(Cross Hedge)란 현물과 선물의 기초자산이 일치하지 않는 것을 말한다.

보충 플러스+

선물거래의 특징

1. 청산소(조직화된 거래소) : 선물거래에서 매수자와 매도자가 직접 거래하는 것이 아니라 매수자와 매도자 사이에 청산소가 개입하여 거래상대방이 되어 주는 것이다.
2. 증거금제도 : 증거금이란 계약불이행의 위험을 방지하기 위해 거래소가 매매 당사자로 하여금 계약과 동시에 납부하도록 하는 일정 비율의 보증금을 말한다.
3. 레버리지효과(Leverage Effect) : 선물거래를 하기 위해서는 총 계약금액의 10% 정도만 있으면 거래가 가능하므로 레버리지 효과가 상대적으로 크다.
4. 일일정산제도 : 청산소는 당일 장이 끝난 후 종가를 기준으로 하여 매일의 정산가격을 발표한다. 이 가격을 기준으로 모든 거래 참여자들의 미청산계약에 대한 잠정이익과 손실을 정산한다.
5. 계약불이행 방지 : 청산소는 일일정산 기능을 통하여 계약 당사자들로 하여금 일정 수준의 증거금을 유지하도록 하여 계약불이행 위험을 미연에 방지한다.
6. 높은 유동성 : 선물거래는 표준화되어 있고 거래소를 통해 다수 참여자에 의한 집중매매가 일어나고 있기 때문에 유동성이 매우 높다.

23

| 정답 | ③

| 해설 | 벤처기업이 필요로 하는 자금을 개인투자자들 여럿이 돈을 모아 지원해 주고, 그 대가로 주식을 받는 투자를 엔젤투자(Angel Investment)라 한다.

24

| 정답 | ④

| 해설 | 만기가 긴 채권이 만기가 짧은 채권에 비해 위험에 노출되어 있다. 그 이유는 이자가 동일할 경우 단기채권의 수익보다 장기 채권의 수익이 낮기 때문이다.

보충 플러스+

1. 채권의 구조
   (1) 만기일 : 이자와 원금을 마지막으로 지급하기로 한 날
   (2) 만기수익률 : 채권을 매입하여 만기일까지 보유하는 경우 얻게 되는 단일 수익률. 유통수익률, 내부수익률, 시장수익률로 표현되기도 함.
   (3) 액면금액 : 만기일에 지급하기로 증서에 기재해 놓은 원금

(4) 액면이자율(Coupon Rate, 쿠폰율) : 만기일까지 매 기간 지급하기로 약속한 이자율
(5) 액면이자 : 액면이자율에 따라 채권발행기관이 지급하게 되는 이자

2. 발행가격에 따른 채권의 분류
(1) 액면발행 : 액면가격과 동일한 가격으로 채권을 발행하는 것을 말하며, 이렇게 발행된 채권을 액면채권이라 함.
만기수익률=액면이자율
⇒ 채권가격=액면금액
(2) 할인발행 : 액면가격보다 낮은 가격으로 채권을 발행하는 것을 말하며, 이렇게 발행된 채권을 할인채권이라 함.
만기수익률>액면이자율
⇒ 채권가격<액면금액
(3) 할증발행 : 액면가격보다 높은 가격으로 채권을 발행하는 것을 말하며, 이렇게 발행된 채권을 할증채권이라 함.
만기수익률<액면이자율
⇒ 채권가격>액면금액

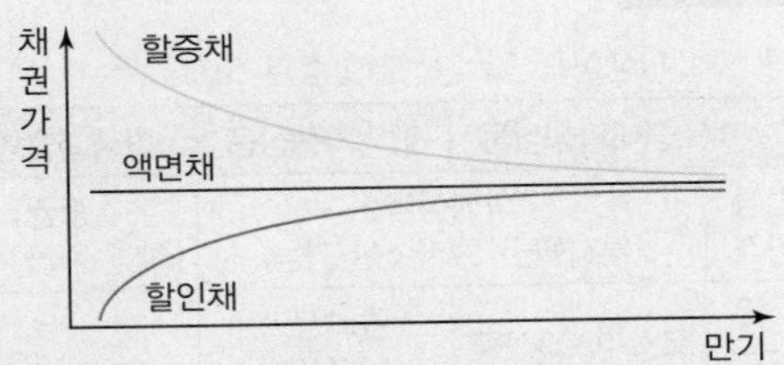

- 할증채는 시장이자율에 비해 높은 이자율을 받지만 만기에 접근함에 따라 채권가격이 하락하므로 가격위험에 노출됨.
- 할인채는 시장이자율에 비해 낮은 이자율을 받지만 채권가격 상승에 따른 이득을 얻게 됨.

25

| 정답 | ⑤

| 해설 | A. 수의상환사채(Callable Bond) : 만기 전에 발행기업이 자유로이 상환할 수 있는 사채로 일반사채에 콜옵션이 부가된 채권이며, 기업에게 부여된 콜옵션을 수의상환권이라고 부른다.

채권의 만기가 도래하기 전에 기업이 콜옵션을 행사하게 되면 정해진 가격으로 사채를 상환할 수 있다.

일반적인 사채의 이자율－채권가격의 그래프는 $a-a'$이나 수의상환사채의 그래프는 $b-b'-a$이다. 이자율 하락 시 기업이 수의상환사채를 행사할 가능성이 커져 오목한 구간(음의 볼록성)이 존재한다. 이자율이 상승하면 수의상환사채의 볼록성은 일반사채와 같아진다.

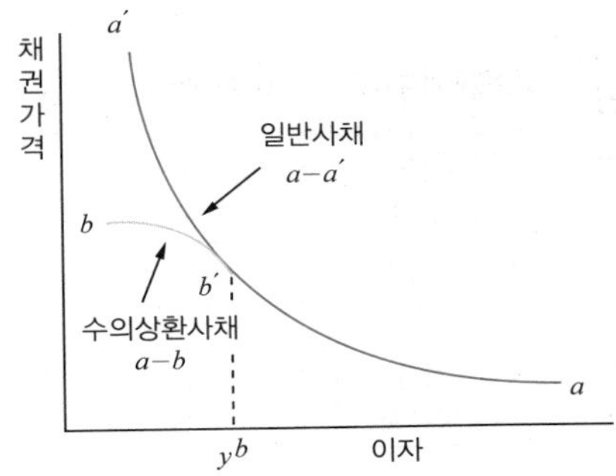

B. 교환사채 : 회사채를 발행하는 기업이 가지고 있는 상장증권과 교환할 수 있는 권리가 딸려 있는 채권이다. 이미 발행된 주식을 교부하게 되므로 증자가 아니다. 따라서 자본도 늘지 않고 주식상장절차도 필요 없다.

C. 듀레이션 : 채권으로부터 들어오는 원금과 이자에 대한 현재 가치를 채권가격에서 차지하는 비중을 가중치로 곱하여 산출한다. 이는 채권에 투자된 원금의 평균회수기간이라고 할 수 있다.

〈듀레이션의 결정요인〉

표면이자율과의 관계	표면이자율이 높을수록 듀레이션은 짧아진다.
만기와의 관계	만기가 길수록 듀레이션은 길다.
채권의 만기수익률과 관계	만기수익률이 높을수록 듀레이션은 짧아진다.
이자지급과의 관계	이자지급 빈도가 증가하면 듀레이션은 짧아진다.

D. 채권유통시장의 기능은 다음과 같다.
- 발행시장에서 발행된 채권의 시장성과 유동성을 높여준다.
- 유통시장으로 인한 채권의 시장성과 유동성이 채권의 담보력을 보여 준다.
- 이미 발행된 채권가격을 공정하게 형성시켜 준다.
- 유통시장에서 형성되는 가격이 향후 발행할 채권의 가격을 결정하는 지표가 된다.

26

| 정답 | ③

| 해설 | 사채발행차금의 상각액은 유효이자율법을 적용하면 할인발행이나 할증발행은 매년 증가한다.

발행방법	이자율의 관계	발행가액	차액
액면발행	액면이자율=시장이자율	액면이자율=시장이자율	−
할인발행	액면이자율<시장이자율	액면이자율>시장이자율	사채할인발행차금
할증발행	액면이자율>시장이자율	액면이자율<시장이자율	사채할증발행차금

27

| 정답 | ③

| 해설 | 주식은 환금성이 좋으나 부동산은 매매가 쉽지 않아 환금성이 낮다.

| 오답풀이 |

① 펀드는 수익률이 높을 수도 있고 낮을 수도 있어 안전성이 낮지만, 채권은 수익률은 다소 낮지만 안전성이 높다.

②, ④ 단정적으로 결론지어 말할 수 없다.

28

| 정답 | ③

| 해설 | 공모주 청약이란 신주발행 혹은 기존의 구주매출을 통한 주식분산과 공개모집을 통해 일반투자자에게 청약을 받아 주식을 배정하는 과정을 말한다.

| 오답풀이 |

① 보호예수 물량이란 일정 기간 특수관계인, 기관 등이 팔 수 없게 약정되어 있는 주식물량을 의미하므로, 둘째 조건에 해당한다.

④ 인수단에 참여한 증권사는 기업의 상장을 위한 제반 절차를 진행하며 청약수량이 공모수량에 미달하면 나머지 주식을 인수해야 하는 책임도 따른다.

29

| 정답 | ①

| 해설 | 브랜트유는 영국 북해에서 생산되는 원유로 북해의 대표적인 유전이고, 두바이유는 아랍에미리트(UAE)를 구성하는 7개 나라 중 하나인 두바이에서 생산되는 원유이다. WTI(서부 텍사스유)는 국제원유 가격을 결정하는 기준이며 텍사스 일대에서 생산된다.

30

| 정답 | ③

| 해설 | 장내파생상품은 거래상대방을 서로 모르지만, 장외파생상품은 거래상대방을 반드시 확인하고 알아야 한다.

보충 플러스+

장내 · 외 파생상품 및 파생결합증권 비교

	장내파생상품	장외파생상품	파생결합증권
법적 성격	파생상품 (투자원금 초과손실 가능)		증권 (최대 원금 손실)
주요 상품	코스피200선물, 달러옵션선물, 국채선물 등	통화선도(*NDF*), 이자율스왑(*IRS*) 등	*ELS*, *DLS*, *ELW*
발행 주체	선물 · 옵션 매도자 (주로 증권사)	장외파생 투자매매업자 (주로 은행 및 해외IB)	증권사 (일정 요건 충족 시)
거래	거래소에서 표준화된 상품 거래	거래소 이외에서 맞춤형 상품 매매	*ELS* · *DLS* : 장외상품 *ELW* : 거래소 상장
주요 참여자	외국인 및 개인투자자	대형 금융회사 및 법인	개인투자자 중심
기타	기초자산, 거래단위, 만기 등이 표준화	일반투자자와의 거래는 위험회피 목적으로 제한	증권 발행규제 및 강화된 투자자보호 적용

31

| 정답 | ③

| 해설 | 금리선물(Interest Rate Futures)은 금리로부터 파생된 금융상품으로, 일반적으로 금리변동에 대한 불확실성을 금리선물을 매도/매수하여 줄이는 금리위험 축소(Hedge Trading)를 위해 이용하는데, 이는 금리의 변동에 직접 영향을 받는 변동금리차입자의 경우에 해당하며, 금리가 특정 시점의 금리로 고정되어 있는 고정금리차입자에는 해당하지 않는다.

| 오답풀이 |

① 외환스왑(FX Swap)은 미래에 다시 교환할 것을 전제로 현물환거래와 선물환거래를 동시에 반대 방향으로 실행하는 것을 의미한다.

② 달러의 가치가 급락하는 환위험의 발생이 예측된다면, 미래에 현재 달러환율을 기준으로 거래할 것을 내용으로 하는 달러선물을 매도할 수 있다.

④ 만기의 기초자산 가격(95P)이 행사가격(100P)보다 낮으므로 콜매수자는 콜옵션을 행사하지 않고, 콜옵션을 매수할 때의 옵션 프리미엄인 1.5P만큼의 손실이 발생한다.

32

| 정답 | ②

| 해설 | 통화스왑(Currency Swap)은 외환위기 등 비상시에 상대국에 자국 통화를 맡기고 상대국 통화나 달러화를 빌려올 수 있는 계약이다.

보충 플러스+

- 선도계약 : 장래의 일정한 시점에 일정량의 특정 상품을 미리 정한 가격으로 매매하기로 맺은 계약
- 선물환계약 : 미래의 환율을 미리 현재 시점에서 확정지어 놓는 계약
- 주식스왑 : 기업 간 전략적 제휴의 방법으로 자신이 보유하는 주식의 일부를 제휴 회사의 주식과 맞교환하거나 투자유치의 수단으로 주식을 수령하는 것
- 자산스왑 : 자산을 보유한 투자자가 자산으로부터의 현금흐름을 변동금리나 고정금리로 변화시키기 위해 계약하는 스왑
- 신용스왑 : 신용위험을 이전하고 신용을 보강한다는 측면에서 보증, 보증보험, 보증신용장과 동일한 경제적 기능

33

| 정답 | ②

| 해설 | 선물시장에서의 거래량의 양적 증가는 현물시장의 유동성을 증가시키는 긍정적인 역할을 하여 선물거래가 현물시장의 유동성 및 시장 깊이를 증대시킨다.

| 오답풀이 |

① 선물거래의 특징은 선도거래가 가지고 있는 채무불이행 위험이나 신용위험을 여러 가지 장치를 통해서 대부분 제거할 수 있다는 것이다.

보충 플러스+

선물거래의 경제적 기능

1. 가격예시 기능
2. 가격변동위험의 회피 기능
3. 금융시장의 효율적인 자원 배분
4. 현물거래의 활성화
5. 새로운 금융서비스 제공

34

| 정답 | ④

| 해설 | 스트래들(Straddle)은 행사가격과 만기일이 같은 풀옵션과 풋옵션을 결합하는 전략이다.

| 오답풀이 |

① 스트립(Strip)은 만기일이 같고 행사가격이 동일한 풋옵션 2개에 콜옵션 1개를 결합하는 전략이다

② 스트랩(Strap)은 만기일이 같고 행사가격이 동일한 콜옵션 2개와 풋옵션 1개를 결합한다.

③ 스트랭글(Strangle)은 옵션거래에서 동일만기의 풋옵션과 콜옵션을 동시에 매입 또는 발행하되 풋옵션과 콜옵션의 행사가격이 상이한 결합을 말한다.

35

| 정답 | ⑤

| 해설 | 콜옵션을 매도하여 가격 상승의 이익을 고정하여 주가 하락의 손실을 방지하는 방비 콜과 주가 하락을 풋으로 얻는 이익으로 상쇄하는 보호 풋 모두 가격변동의 위험을 제거하는 헤지 전략에 해당한다.

| 오답풀이 |

① 박스 스프레드는 콜강세 스프레드와 풋약세 스프레드를 동시에 취하여 두 스프레드의 비용과 수익을 상쇄하여 그 차익을 획득하는 전략을 의미한다.

② 풋-콜 패리티는 동일한 행사가격과 만기를 가진 콜옵션과 풋옵션의 가격은 균형하에 일정한 관계를 가진다는 것으로, 이를 이용해 무위험 포트폴리오를 구성할 수 있다.

③ 수평 스프레드(Horizontal Spread)는 만기일을 제외한 다른 조건이 같은 옵션들을 매입/매도하는 전략으로, 만기가 긴 옵션의 시간가치를 추정하여 가격의 변동에 관계없이 시간가치의 잠식효과에만 집중하는 전략이다. 시간에 따른 수익률의 변화는 수익률 곡선(Yield Curve), 즉 곡선의 형태로 나타나므로, 수평 스프레드의 손익변동 역시 곡선의 형태로 그려지게 된다.

④ 스트랭글은 행사가가 다른 콜옵션과 풋옵션을 동시에 매수/매도하는 것이다. 이 중 스트랭글을 매입하는 롱 스트랭글(Long Strangle)은 가격의 변동이 그 방향에 관계없이 매수한 콜옵션과 풋옵션의 행사가 차이보다 더 크게 변동될 경우 이익이 발생한다.

36

| 정답 | ⑤

| 해설 | 매칭그랜트(Matching Grant)는 기업의 사회공헌 활동의 하나로 직원들이 내는 기부금과 같은 금액을 기업도 기부하여 사회에 공헌하는 방식이다. 매칭그랜트란 보조금을 뜻하는 그랜트(Grant)에 매칭(Matching)이란 수식어가 붙은 말이며, 문자 그대로를 해석하면 보조금을 맞춰 주는 행위를 뜻한다.

| 오답풀이 |

① 조건부지불은 협상을 통해서 기업매수나 합병을 할 때 두 기업이 매수거래에는 원칙적으로 동의하나 대상기업의 장래 전망에 대해서 이견을 갖고 있을 때 사용하는 매수대금 방법을 말한다.

② 스톡그랜트는 스톡옵션 대신 기업의 주식을 직접 무상으로 주는 것을 말하며 유능한 인재를 영입하기 위한 방안으로 활용되고 있다.

③ 글로벌소싱은 해외 건설공사를 수주한 업체가 공사의 모든 분야를 도맡아 처리하던 방식에서 벗어나 공정별로 유명한 각국의 업체에 하도급을 맡겨 건설하는 방식을 말한다.

④ 캐시옵션은 현물옵션이라고도 하며 현물을 인도하고 인도 개월이 일반적으로 1개월인 옵션거래를 말한다.

37

| 정답 | ②

| 해설 | 선형계획법(LP ; Linear Programming)은 한정된 자원의 최적배분의 문제 등 제한된 조건하에서 어떤 목적을 최대화 또는 최소화하려는 경우에 모두 적용되는 방법으로서, 1차 함수의 극대 · 극소를 구하는 형식을 이용한 분석을 말한다.

원래의 문제와 표리관계에 있는 다른 문제가 대응하게 되는 원문제의 쌍대문제가 모두 실행 가능하면 두 문제는 모두 최적해를 갖는다. 즉, 하나의 선형계획문제는 두 개 이상의 상이한 문제로 수식화하여 분석할 수 있고 모든 선형계획문제는 밀접하게 연관된 또 하나의 다른 선형계획 모형을 갖는다.

38

| 정답 | ②

| 해설 | 기업개선작업(Workout)은 회생의 가치가 있는 기업을 대상으로 채권자인 금융권의 주도하에 채무의 변제방법과 기업정상화를 협의하여 기업을 재건하는 절차를 의미한다. 기업개선작업이 결정된 기업에 대해서는 고강도 구조조정과 경영환경 개선을 조건으로 대출금 상환 유예, 단기대출의 중장기전환, 채무면제 등의 채무조정이 이루어진다.

| 오답풀이 |

① 주채권은행은 매년 정기적으로 거래기업의 신용위험을 평가해야 하며, 그중 신용공여액 500억 원 이상의 기업은 정기 신용위험평가 일정에서 우선적으로 평가대상이 된다.

③ 부실경영에 중대한 책임이 없는 한 기존 법인대표자를 관리인으로 선정하는 관리인유지(DIP ; Debtor In Possession)제도는 법원이 주도하는 기업구조조정인 법정관리에 해당하는 내용이다. 기업개선작업에서 금융권이 요구하는 경영환경 개선 조건에는 경영진 교체가 포함될 수 있다.

④ 기업개선작업은 채무기업의 경영진 · 주주 · 종업원의 손실 부담을 전제로 금융권이 주도하여 진행한다.

39

| 정답 | ②

| 해설 | A 투자상품은 기대수익률이 높은 만큼 위험이 크고, B 투자상품은 기대수익률이 낮은 만큼 위험이 낮은 경우에 해당한다. 이러한 유형의 자산에 대한 투자선택에 있어서는 각 투자자별로 가지고 있는 효용함수를 그리는 무차별곡선의 기울기, 즉 위험을 감수하고 높은 수익을 얻는 하이 리스크 하이 리턴 투자에 대한 투자자별 성향에 따라 결정된다.

40

| 정답 | ③

| 해설 | 현재 20,000원의 주식가격이 1년 후 70%의 확률로 20% 상승, 즉 24,000원이 되는 유럽형 콜옵션의 행사가격이 18,600원이라면 콜옵션의 가치는 그 차액인 5,400원이 되며, 그 기대가치는 5,400×0.7=3,780(원)이다(30% 확률로 40% 하락하는 경우의 콜옵션의 가치는 0이다). 여기에 무위험이자율이 연 8%이므로 콜옵션의 현재가치는 $\frac{3,780}{1.08}$=3,500(원)이다.

41

| 정답 | ⑤

| 해설 | 최소분산포트폴리오(Minimum Variance Portfolio)는 결합포트폴리오 중 분산이 최소가 되는 포트폴리오를 의미한다. 2개의 자산으로 이루어진 최소분산포트폴리오에서 자산 A에 대한 투자비율 W_A은

$W_A = \frac{\sigma_B^2 - \sigma_{AB}}{\sigma_A^2 + \sigma_B^2 - 2\sigma_{AB}}$($\sigma_A$, σ_B는 각각 자산 A와 B의 표준편차, σ_{AB}는 두 자산 간의 상관계수)이다.

따라서 자산 B에 대한 투자비율은

$\frac{30^2 - 0}{30^2 + 10^2 - 0} = \frac{900}{1000}$=0.9, 즉 90%이다.

42

| 정답 | ④

| 해설 | ㉠ 자산의 듀레이션 D_A=0×0.2+1.2×0.5+6×0.3=2.4(년)

㉡ 부채의 듀레이션 $D_L = 1 \times \frac{1}{2} + 4 \times \frac{1}{2}$=2.5(년)

따라서 자본의 듀레이션 갭 $DGAP_K = D_A - D_L \times \frac{L}{A}$=2.4−2.5×0.6=0.9(년)

㉢ 부채의 듀레이션은 2.5년으로 자산의 듀레이션 2.4년보다 크다.

㉣ 순자산가치 면역전략은 자산과 부채의 듀레이션을 일치시켜(듀레이션 갭을 0으로 만들어) 금리변동에 따른 순자산가치의 변동위험을 제거하는 포트폴리오 구성 전략이다.

| 오답풀이 |

㉤ 듀레이션은 자산가치의 민감도를 의미한다. 즉 금리가 하락하면 자산가치와 부채가치가 동시에 증가하는데, 문제에서는 자산의 듀레이션보다 부채의 듀레이션이 더 크므로 부채의 증가가 자산의 증가보다 더 커지게 된다.

43

| 정답 | ①

| 해설 | 코스피(*KOSPI*)는 유가증권시장에 상장되어 있는 모든 기업을 대상으로 산출되는 시가총액식 주가지수이고, 현재의 코스피는 1980년 1월 4일을 기준시점(기준지수=100)으로 하여 1983년 1월부터 발표되고 있으며 2005년부터 종합주가지수 대신 *KOSPI*로 정식 명칭이 변경되었다.

② *KOSDAQ*은 나스닥을 벤치마크로 만든 기술 중심의 시장으로 중소기업이나 벤처기업이 많은 것이 특징이다.

③ *KONEX*는 코스닥 전 단계의 주식시장으로 창업 초기의 중소기업을 위해 2013년 7월 개장했다.

④ *KSM*(Korea Startup Market)은 스타트업 기업들을 위한 증권시장이다.

44

| 정답 | ④

| 해설 | 풋옵션(Put Option)에 대한 설명이다. 풋옵션 매입자에게는 동 자산을 매도할 수 있는 권리가 부여되는 대신 풋옵션 매입자는 풋옵션 매도자에게 그 대가인 프리미엄을 지급한다. 그러나 옵션은 권리를 행사하지 않을 권리도 있기 때문에 풋옵션 매입자는 자신에게 유리할 때만 권리를 행사하고 불리하면 권리를 포기할 수 있다. 그러나 풋옵션 매도자는 일정한 대가(프리미엄)를 받기 때문에 상대방의 권리행사에 반드시 응하여야 한다.

45

| 정답 | ③

| 해설 | 제시된 글은 주가이익비율(PER)에 대한 설명이다. 주가이익비율이 상대적으로 높으면 주가가 순이익에 비해 고평가되어 있다는 것을 의미하며, 반대로 낮으면 주가가 순이익에 비해 저평가되어 있다는 것을 의미한다. EPS는 주당 순이익, ROE는 자기자본이익률을 의미한다.

46

| 정답 | ②

| 해설 | 지문은 주가순자산비율(PBR)을 의미한다. PBR이 1보다 작다면 해당 기업이 지금 장부가치로 청산한다고 가정해도 보통주 1주에 귀속되는 몫이 현재 주가보다 많다는 의미가 된다. 기업 청산 시 장부상으로 주주가 가져갈 수 있는 몫을 나타내므로 PBR이 낮을수록 투자자는 낮은 가격에 주당 순자산을 확보하게 된다.

47

| 정답 | ①

| 해설 | 테크핀이란 기술(Technology)과 금융(Finance)의 합성어로, 핀테크를 구성하는 단어인 금융(Fin) 및 기술(Tech)을 거꾸로 배치하여 만든 신조어다. 테크핀이란 개념을 처음 만든 인물은 세계적 ICT 기업인 알리바바 그룹의 마윈 회장이다. 그는 2016년 연말에 열린 세미나에서 테크핀이라는 용어를 사용하면서 '핀테크는 기존의 금융시스템 기반 위에 ICT를 접목시킨 서비스인 반면에, 테크핀은 ICT 바탕 위에 금융시스템을 구축한 서비스'라고 밝혔다. 테크핀은 IT기업이 주요 서비스를 통해 확보한 유저 데이터와 기술서비스(빅데이터, AI, 클라우드 등)를 기반으로 금융서비스를 제공하는 것을 의미한다.

48

| 정답 | ②

| 해설 | 1금융권에는 한국의 중앙은행인 한국은행과 시중은행, 특수은행 그리고 지방은행 등이 포함되며, 2금융권에는 증권사, 종금사, 캐피탈사, 카드사, 보험사, 저축은행 및 새마을금고 등이 있다. 3금융권은 그 외 합법적 대부업체를 포함한다.

49

| 정답 | ④

| 해설 | 일반 개인 고객들로부터 예금을 수취하는 곳은 민간 시중은행이다.

보충 플러스+

한국은행의 업무

1. 우리나라의 화폐를 발행한다.
2. 통화신용정책을 수립하고 집행한다.
3. 우리나라 금융시스템의 안정을 위한 업무를 수행한다.
4. 금융기관을 상대로 예금을 받고 대출을 해 준다.
5. 국고금을 수납하고 지급한다.
6. 자금의 지급결제가 편리하고 안전하게 이루어지도록 하고 있다.
7. 외환 건전성 제고를 통해 금융안정에 기여하며, 외화자산을 보유 · 운용한다.
8. 경제에 관한 조사연구 및 통계 업무를 수행한다.

50

| 정답 | ①

| 해설 | 채무보증, 어음인수, 상호부금은 상업은행의 부수업무에 해당한다.

상업은행은 일반 대중에게 은행 및 금융서비스를 제공하는 은행을 의미한다.

보충 플러스+

은행의 업무

1. 고유 업무의 범위
   - 예금 · 적금의 수입 또는 유가증권, 그 밖의 채무증서의 발행
   - 자금의 대출 또는 어음의 할인
   - 내국환 · 외국환
2. 부수 업무
   - 채무의 보증 또는 어음의 인수
   - 상호부금
   - 팩토링(기업의 판매대금 채권의 매수 · 회수 및 이와 관련된 업무를 말함)
   - 보호예수(保護預受)
   - 수납 및 지급대행
   - 지방자치단체의 금고 대행
   - 전자상거래와 관련한 지급 대행
   - 은행업과 관련된 전산시스템 및 소프트웨어의 판매 및 대여
   - 금융 관련 연수, 도서 및 간행물 출판업무
   - 금융 관련 조사 및 연구업무

51

| 정답 | ③

| 해설 | 단기금융시장은 통상 만기 1년 이내의 금융상품이 거래되는 시장으로 참가자들이 일시적인 자금수급의 불균형을 조정하는 시장이다. 콜시장, 환매조건부매매시장(RP), 양도성예금증서시장, 기업어음시장, 전자단기사채시장 등이 이에 해당된다. 자본시장은 장기금융시장이라고도 하며 주로 금융기관, 기업 등이 만기 1년 이상의 장기자금을 조달하는 시장으로 주식시장과 채권시장 등이 여기에 속한다.

52

| 정답 | ④

| 해설 | 한국은행은 경상수지 흑자(적자) 또는 외국인투자자금 유입(유출) 등으로 시중의 유동성이 증가(감소)하여 이를 기조적으로 환수(공급)할 필요가 있을 경우에 통화안정증권을 순발행(순상환)하여 유동성을 흡수(공급)하게 된다. 즉 통화안정증권은 원화가치의 안정을 위해서 한국은행에서 발행하므로 외화 확보의 수단으로는 거리가 멀다.

53

| 정답 | ④

| 해설 | 코넥스(KONEX)시장은 코스닥 전 단계의 주식시장으로 코스닥시장 상장요건을 충족시키지 못하는 벤처기업과 중소기업이 상장할 수 있도록 2013년 7월에 개장한 중소기업 전용 주식시장이다.

| 오답풀이 |

① 프리보드(Free Board)시장은 유가증권시장, 코스닥, 코넥스에서 거래되지 못하는 비상장주식 가운데 일정 요건을 갖추어 지정된 주식의 매매를 위해 한국금융투자협회가 개설 · 운영하는 시장이다.

② 코스피(KOSPI)는 유가증권시장에 상장되어 있는 모든 기업을 대상으로 산출되는 시가총액식 주가지수로 1980년 1월 4일을 기준시점(=100)으로 하여 1983년 1월 4일부터 발표되고 있다.

③ 코스닥(KOSDAQ)시장은 미국의 나스닥(NASDAQ)과 유사하게 장외거래대상 종목으로 등록된 주식을 전자거래시스템인 코스닥을 통해 매매하는 시장으로 출발하였다.

54

| 정답 | ①

| 해설 | 특정 조건을 만족할 때 주식으로 전환할 수 있는 회사채는 전환사채(CB)이다. 환매조건부채권(RP)은 일정기간 후 되사는 것을 전제로 발행하는 채권이며, 무기명채권이란 특정 채권자를 지정하지 않고, 채권을 가지고 있는 소유자에게 권리를 주는 채권을 말한다. 양도성예금증서(CD)는 제3자에게 양도가 가능한 정기예금증서를 말한다.

55

| 정답 | ④

| 해설 | 신주인수권부사채(BW ; Bond with Warrant)란 신주인수권이 부여된 사채이다. 발행된 채권은 그대로 존속하는 상태에서 부가적으로 신주인수권이라는 옵션이 부여되어 있고, 신주인수권은 정해진 기간 내에는 언제든지 행사할 수 있다.

| 오답풀이 |

① 이표채(Coupon Bond)는 이자 지급일에 정기적으로 이자를 지급받는 채권으로 가장 일반적인 형태의 채권이다.

② 할인채는 표면상 이자가 지급되지 않는 대신에 액면금액에서 상환일까지의 이자를 공제한 금액으로 매출되는 채권이며 이자가 선급되는 효과가 있다.

③ 전환사채(CB)는 발행 당시에는 순수한 회사채의 형태로 발행되지만, 일정 기간이 경과된 후 보유자의 청구에 의하여 발행회사의 주식으로 전환될 수 있는 권리가 붙어 있는 사채이다.

56

| 정답 | ③

| 해설 | 통화안정증권에 대한 설명으로, 한국은행은 경상수지 흑자 또는 외국인투자자금 유입 등으로 시중의 유동성이 증가하여 이를 기조적으로 환수할 필요가 있을 경우 통화안정증권을 순발행하여 유동성을 흡수한다. 통화안정증권은 환매조건부매매와 통화안정계정과 같은 여타 공개시장 운영수단에 비해 만기가 길어 정책효과가 오래 지속되기 때문에 기조적 유동성 조절수단으로 활용된다.

57

| 정답 | ③

| 해설 | CP(기업어음)에 관한 설명이다. 기업어음은 신용상태가 양호한 기업이 상거래와 관계없이 운전자금 등 단기자금을 조달하기 위하여 자기신용을 바탕으로 발행하는 융통어음을 의미한다.

58

| 정답 | ②

| 해설 | $COFIX$금리는 주택담보대출에 적용되는 기준금리이다.

기준금리는 한국은행 금융통화위원회에서 결정하는 정책금리를 말한다. 통화신용정책을 수행하기 위해 금융통화위원회는 1년에 8회 통화정책방향 결정회의를 개최하여 기준금리를 결정한다.

59

| 정답 | ②

| 해설 | $COFIX$는 전국은행연합회에서 8개 국내은행의 저축성예금(정기예금, 정기적금, 상호부금, 주택부금 등), CD, RP, 표지어음 및 금융채의 평균조달 비용으로 산출하며 신규취급액 및 잔액기준으로 매월 15일(공휴일인 경우 익영업일)에 공시하고 있다.

60

| 정답 | ①

| 해설 | 실질금리는 명목금리에서 인플레이션율을 차감한 금리를 말한다.

| 오답풀이 |

② 표면금리는 액면에 대해 약정한 이자율을 연이율로 표시한 것이다.

③ 변동금리는 대표성을 갖는 시장금리와 연동되는 기준금리와 발행기업의 특수성에 따라 발행시점에 확정된 가산금리를 더해서 결정된다.

④ 복리는 이자에 대한 이자도 함께 감안하여 계산하는 방법이다. 즉 원금과 이자가 재투자된다는 가정하에 복리계산을 한다.

61

| 정답 | ④

| 해설 | 외국은행의 국내지점의 경우에도 「예금자보호법」의 보호대상이 된다.

보충 플러스+

보호대상 금융기관

1. 예금보험공사가 보호하는 금융기관은 예금보험 가입 금융기관으로 은행(농·수협 중앙회 신용사업부문 및 외국은행 국내지점 포함)·투자매매/중개업자·보험회사(생명보험회사, 손해보험회사)·종합금융회사·상호저축은행 등 5개 금융기관이다.
2. 다만, 농·수협의 지역조합은 예금보험 가입 금융기관이 아니며, 각 중앙회가 자체적으로 설치·운영하는 상호금융예금자보호기금을 통해 예금자를 보호하고 있다.
3. 우체국 및 새마을금고는 「예금자보호법」에 따른 보호대상 금융기관이 아니므로 우체국에서 취급하는 예금은 보호대상이 아니다. 우체국은 「우체국예금·보험에 관한 법률」에 따라 정부가 지급을 보장하고 새마을금고 예금의 경우 「새마을금고법」에 따라 보호된다.

62

| 정답 | ④

| 해설 | 금융실명제의 시행으로 경제주체들은 현금을 선호하게 된다. 이는 현금보유성향을 높이는 압력으로 작용하므로 통화승수를 낮춘다.

63

| 정답 | ②

| 해설 | 화의란 기업의 파산원인 발생 시 법원의 보조·감독하에 채권자의 이익을 해치지 않는 범위에서 채무자가 경영을 계속 맡아 기업회생을 도모하는 것으로, 경영권은 여전히 기업에게 속한다.

64

| 정답 | ②

| 해설 | (가) 개인워크아웃, (나) 개인파산, (다) 개인회생, (라) 배드뱅크프로그램이 적절하다.

65

| 정답 | ②

| 해설 | 추정손실은 12개월 이상 연체대출금을 보유하고 있는 거래처에 대한 자산을 말한다.

보충 플러스+

자산건전성 분류단계별 정의

가. 정상
경영내용, 재무상태 및 미래현금흐름 등을 감안할 때 채무상환능력이 양호하여 채권회수에 문제가 없는 것으로 판단되는 거래처(정상거래처)에 대한 자산

나. 요주의 : 다음의 1에 해당하는 자산
(1) 경영내용, 재무상태 및 미래현금흐름 등을 감안할 때 채권회수에 즉각적인 위험이 발생하지는 않았으나 향후 채무상환능력의 저하를 초래할 수 있는 잠재적인 요인이 존재하는 것으로 판단되는 거래처(요주의거래처)에 대한 자산
(2) 1월 이상 3월 미만 연체대출금을 보유하고 있는 거래처에 대한 자산

다. 고정 : 다음의 1에 해당하는 자산
(1) 경영내용, 재무상태 및 미래현금흐름 등을 감안할 때 채무상환능력의 저하를 초래할 수 있는 요인이 현재화되어 채권회수에 상당한 위험이 발생한 것으로 판단되는 거래처(고정거래처)에 대한 자산
(2) 3월 이상 연체대출금을 보유하고 있는 거래처에 대한 자산 중 회수예상가액 해당 부분
(3) 최종부도 발생, 청산·파산절차 진행 또는 폐업 등의 사유로 채권회수에 심각한 위험이 존재하는 것으로 판단되는 거래처에 대한 자산 중 회수예상가액 해당 부분
(4) "회수의문거래처" 및 "추정손실거래처"에 대한 자산 중 회수예상가액 해당 부분

라. 회수의문 : 다음의 1에 해당하는 자산
(1) 경영내용, 재무상태 및 미래현금흐름 등을 감안할 때 채무상환능력이 현저히 악화되어 채권회수에 심각한 위험이 발생한 것으로 판단되는 거래처(회수의문 거래처)에 대한 자산 중 회수예상가액 초과 부분
(2) 3월 이상 12월 미만 연체대출금을 보유하고 있는 거래처에 대한 자산 중 회수예상가액 초과 부분

마. 추정손실 : 다음의 1에 해당하는 자산
(1) 경영내용, 재무상태 및 미래현금흐름 등을 감안할 때 채무상환능력의 심각한 악화로 회수불능이 확실하여 손실처리가 불가피한 것으로 판단되는 거래처(추정손실 거래처)에 대한 자산 중 회수예상가액 초과 부분
(2) 12월 이상 연체대출금을 보유하고 있는 거래처에 대한 자산 중 회수예상가액 초과 부분
(3) 최종부도 발생, 청산·파산절차 진행 또는 폐업 등의 사유로 채권회수에 심각한 위험이 존재하는 것으로 판단되는 거래처에 대한 자산 중 회수예상가액 초과 부분

66

| 정답 | ④

| 해설 | 중국의 경기호황으로 수출이 증가하면 국내로 외환이 더 많이 유입되고 이는 국내 외환시장에서 달러 공급을 늘리게 되어 환율이 하락하게 될 것이다.

67

| 정답 | ②

| 해설 | 은행의 외환송금 업무는 외국환거래법에 근거하여 수행해야 하므로 개별 은행의 규정보다는 외국환거래법에 규율된 내용을 먼저 따라야 한다.

68

| 정답 | ③

| 해설 | COFIX 산출 시 금리가 낮은 요구불예금 및 수시입출금식 예금은 포함되지 않는다. 대신에 정기예금 및 적금, 주택부금, 양도성예금증서(CD), 금융채 등이 포함된다.

〈코픽스와 단기 코픽스 비교〉

구분	코픽스	단기 코픽스
개념	은행 총 조달상품의 가중평균비용지수	은행 단기(3개월물) 조달상품의 가중평균비용지수
대상 은행	8개 은행	좌동
산정 범위	모든 조달상품 (단, 수시입출금식 · 요구불예금, 전환사채 등 제외)	코픽스 산정대상 조달상품 중 계약만기 3개월(EH는 89 ~ 92일)물 상품
공시 주기	매월 1회(매월 15일경)	매주 1회 (매주 수요일경)
공시 유형	잔액기준 및 신규취급액 기준	신규취급액 기준

④ 신규 COFIX는 최근 금리수준이나 자금시장 상황을 반영한 반면, 잔액 COFIX는 신규 COFIX보다 긴 기간의 금리상황 등을 반영한 것이다.

69

| 정답 | ①

| 해설 | RTI(임대업이자상환비율, Rent To Interest)와 LTI(소득대비대출비율, Loan To Income)에 대한 설명으로, 부동산 임대업자의 상환능력 및 개인사업자의 대출상환능력을 심사하는 지표이다.

70

| 정답 | ②

| 해설 | 글에서 설명하는 것은 결제리스크이다.

| 오답풀이 |

① 유동성리스크는 거래 일방이 일시적인 자금부족으로 인해 정해진 결제 시점에서 결제의무를 이행하지 못함에 따라 거래상대방의 자금조달 계획 등에 악영향을 미치게 되는 위험을 말한다.

④ 법률리스크는 각종 법률위반이나 법률 제정, 개정 등에 대한 인식부족, 부적절하거나 부정확한 법률자문 및 서류작성, 미흡한 법률체계 또는 법적 불확실성 등으로 인해 발생하는 리스크를 말한다.

71

| 정답 | ④

| 해설 | a. 공매도(Short Sale)란 먼저 주식을 빌려 매도한 후에 해당 주식을 매입하여 이익을 시현하는 투자전략이다. 예를 들어 A 주식의 현재 가치가 1만 원이고 주가 하락이 예상되는 경우 투자자는 A 주식을 빌려 매도한다.

| 오답풀이 |

b. 공매도는 대여한 주식을 실제로 주식시장에서 매도하는 행위를 일컫는 것으로, 단순히 주식대여 관계를 나타내는 대주, 대차거래와는 엄밀한 의미에서는 다른 개념이다. 실무에서는 대주 또는 대차거래와 혼용해서 사용되는데 정확하게는 기관과 개인투자자 간의 주식대여는 대주거래로, 기관 간 주식대여는 대차거래로 불린다.

c. 공매도는 크게 주식을 차입한 후에 매도주문을 내는 차입공매도(Covered Short Selling)와 주식을 보유하고 있지 않은 상태에서 매도주문을 내는 무차입공매도(Naked Short Selling)로 구분할 수 있는데 국내에서는 차입공

매도만을 허용하고 있다.

72

| 정답 | ②

| 해설 | 전환사채(Convertible Bond)란 사채로 발행되었으나 일정한 기간이 지나면 사채권자의 청구가 있을 때 미리 결정된 조건대로 발행회사의 주식으로 전환할 수 있는 특약을 지닌 사채를 말한다. 전환사채는 주식과 같이 가격이 변동하므로 사채권자는 이자 외에 가격 상승의 이익을 얻을 수 있다.

73

| 정답 | ①

| 해설 | 방카슈랑스(Bancassurance)는 은행과 보험사가 상호 제휴하여 은행창구에서 직접 보험상품을 판매하는 영업형태이다. 보험사는 별도의 영업조직 없이 방카슈랑스를 통해 은행의 점포망을 판매 채널로 확보해 영업하기 때문에 비용을 절약할 수 있고, 은행은 금융상품 및 보험상품을 한 곳에서 모두 판매함으로써 영업 이익을 높일 수 있다. 고객의 입장에서도 은행에서 예금에 가입하듯 필요에 따라 보험상품을 골라 구입할 수 있는 장점이 있다.

| 오답풀이 |

② 어슈어뱅킹은 보험과 은행의 합성어로, 은행을 자회사로 두거나 은행상품을 판매하는 보험사를 말한다.

③ 내로우뱅크는 자금중개기능은 수행할 수 없고 지급결제기능만을 전문적으로 담당하는 은행을 의미한다.

④ 펌뱅킹은 기업과 금융기관이 컴퓨터 시스템을 통신회선으로 연결하여 온라인으로 처리하는 은행 업무를 의미한다.

74

| 정답 | ②

| 해설 | 캐리 트레이드(Carry Trade)는 국제금융시장에서 금리가 낮은 통화로 자금을 조달해 금리가 높은 나라의 채권, 주식, 원자재, 부동산 등 다양한 자산에 투자함으로써 수익을 추구하는 거래를 말한다. 일반적으로 캐리 트레이드의 투자수익은 두 통화 간 금리 차와 환율변동에 따라 결정된다. 고금리 통화의 환율이 절상될 경우 금리차익 이외에 환차익을 얻게 되며, 반대로 절하될 경우에는 금리차익에도 불구하고 손실이 발생할 수도 있다.

| 오답풀이 |

① 캐리 트레이드는 단기투기자본(핫머니)의 성격이 강해 글로벌 금융시장의 교란 요인이 된다.

③ 고금리 통화의 환율이 절상될 경우 금리차익 이외에 환차익을 얻게 되며, 반대로 절하될 경우에는 금리차익에도 불구하고 손실이 발생할 수도 있다.

④ 캐리 트레이드는 투자에 성공할 경우 고수익을 거둘 수 있지만 위험 역시 크다.

75

| 정답 | ④

| 해설 | 명목금리에서 물가상승률을 뺀 금리가 실질금리이다.

| 오답풀이 |

① 제1금융권보다는 제2금융권이 금리가 높다. 대출받는 사람의 신용이 낮으면 금리는 높아진다.

② 국고채금리보다는 회사채의 금리가 높다. 국채는 안전자산이지만, 회사채는 위험자산이기 때문이다. 따라서 일반적으로 국채보다는 회사채의 수익률이 높은 편이다.

③ *MBS*보다는 Covered Bond가 투자자 입장에서는 더 안정적이므로 *MBS*금리가 Covered Bond 금리보다 높다.

76

| 정답 | ④

| 해설 | 증시를 안정시키기 위한 장치로 서킷 브레이커(Circuit Breaker)와 사이드카(Side Car)가 있다. 서킷 브레이커는 주가가 급락할 경우 매매를 일시적으로 정지시키는 제도이다. 우리나라 증시의 경우 주가지수가 전일에 비해 10% 이상 하락한 상태가 1분 이상 지속될 때 모든 주식거래가 20분간 중단된다.

한편, 사이드카는 선물시장에서만 발동된다. 선물시장의 급등락에 따른 현물시장의 혼란을 방지하기 위한 조치이다. 사이드카가 발동되면 컴퓨터로 매매주문을 내는 프로

그램 매매호가의 효력이 5분간 정지되는데 가장 많이 거래되는 선물상품가격이 전일 종가대비 5% 이상 상승하거나 허락해 1분간 계속될 때 발동한다. 5분이 지나면 자동적으로 사이드카는 해제되고 매매는 다시 정상적으로 이뤄진다.

77

| 정답 | ④

| 해설 | 8% 미달 시 적기시정조치에 해당한다.

| 오답풀이 |

① *BIS* 자기자본비율(*BIS* 비율)은 스위스 제네바에 본부를 둔 *BIS* 산하 은행규제감독위원회(바젤위원회)가 제정한 국제적 은행감독기준에 따른 은행의 자기자본비율을 뜻한다. *BIS* 비율이 높은 은행일수록 자기자본이 충실해 안전한 은행이라고 평가받는다.

② 보통 8% 이상이면 우량은행으로 평가된다. *BIS* 비율은 자기자본을 위험가중자산으로 나눠 100을 곱해 산출한다. 따라서 자기자본이 많고 위험가중자산이 적으면 *BIS* 비율이 높다.
위험가중자산은 거래상대방의 신용위험도에 따라 가중치를 적용해 은행이 보유한 자산을 구분한 것을 의미한다. *BIS* 비율은 은행주주가 아니라 은행예금자를 보호하기 위해 정한 기준이다.

③ 바젤위원회는 1992년 말부터 은행들에 *BIS* 비율 8% 이상을 유지하도록 권고하고 있다.

78

| 정답 | ①

| 해설 | 주가수익비율(*PER*)은 현재 주가를 주당 순이익(*EPS*)으로 나눠 구하며 단위는 배이다. 주당 순이익은 당해 연도에 발생한 순이익을 총 발행 주식수로 나눈 것으로, 1주가 1년 동안 벌어들인 수익이다.

PER 은 주가가 오르내리거나 결산기와 반기에 실적이 발표된 뒤 또는 자본금이 변하면 달라진다. *PER* 이 높다는 것은 기업의 수익력에 비해 주가가 상대적으로 높게 형성돼 있음을 뜻한다. 반대로 *PER* 이 낮으면 수익성에 비해 주가가 저평가돼 있어 그만큼 주가가 오를 가능성이 큰 것으로 기대된다.

주가순자산비율(*PBR*)은 주가가 순자산에 비해 주당 몇 배로 매매되고 있는지를 보기 위한 주가기준의 하나다. 장부가에 의한 한 주당 순자산(자본금과 자본잉여금의 합계)으로 나누어서 구한다. 회사가 파산할 경우 총자산에서 부채를 우선 변제하고 남은 자산이 순자산인데, 이것이 큰 회사는 그만큼 재무구조가 튼튼하고 안정적이다. *PBR* 은 '주가≒주당 순자산'이 되고 배수가 낮을수록 기업의 성장력, 수익력이 높다는 의미이며 *PBR* 이 1 미만이면 주가가 정부상 순자산가치(청산가치)에도 못 미친다는 뜻이다.

79

| 정답 | ④

| 해설 | 금융리스크는 관리를 잘한다고 해서 제로 수준까지 통제할 수 있는 것은 아니다.

〈금융리스크의 종류 – 재무리스크〉

신용리스크 (Credit Risk)	• 차주의 계약조건 불이행이나 채무 불이행에 따라 은행의 순익 또는 자본에 부정적 영향을 줄 수 있는 현재 또는 잠재적 리스크 • 잠재적 손실의 크기라는 관점에서는 은행이 직면하게 되는 위험 중 가장 크고 중요한 위험
시장리스크 (Market Risk)	• 금리, 주가, 환율 등 시장요인의 변동에 따른 은행(Trading) 포트폴리오의 시장가치 하락 위험
금리리스크 (Interest Rate Risk)	• 이자율의 불리한 변동에 따라 은행의 순익 또는 자본에 부정적 영향을 줄 수 있는 현재 또는 잠재적 리스크
유동성리스크 (Liquidity Risk)	• 자금운용과 조달기간의 불일치나 예기치 못한 자금유출 등으로 유동성 부족이 발생하여 정상적인 상황보다 높은 금리를 지불하고도 자금조달이 어려운 경우가 발행할 위험 • 단기자산의 가치부족으로 단기부채 혹은 예상치 못한 현금유출에 응하지 못할 위험 • 유동성 부족으로 인해 은행이 부도가 나는 치명적인 위험(흑자부도 등)

80

| 정답 | ①

| 해설 | 리츠(*REIT* ; Real Estate Investment Trust)는 부동산투자신탁이라는 뜻이며 주로 부동산개발사업, 임대, 주택저당채권 등에 투자하여 수익을 올리고 만기는 3년 이

상이 대부분인 상품이다.

81

| 정답 | ①

| 해설 | 부실기업 처리는 크게 '파산' 또는 '청산과 회생'으로 구분할 수 있다. 또한, 기업회생은 법원 주도의 법정관리와 채권단 주도의 워크아웃으로 나눌 수 있다. 법정관리는 회사가 갱생가능성이 있다고 판단될 경우에 법원의 관리 · 감독하에 회사의 유지 · 재건을 목적으로 하고 그 과정에서 채권자 · 주주 등 이해관계인을 보호해 주는 절차이다. A는 법정관리, B는 워크아웃에 대한 설명이다.

82

| 정답 | ①

| 해설 | 코코본드는 은행이 발행하는 채권이다. 은행이 부실해질 경우 강제로 주식으로 전환하거나 소각할 수 있는 채권이지만, 국제채권은 아니다.

| 오답풀이 |

② 양키본드는 미국시장에서 비거주자가 발행하여 유통되는 달러화 표시채권을 의미한다. 예를 들어 한국의 기업이 뉴욕금융시장에서 달러화 채권을 발행하고, 이를 미국투자가들이 매입한 것이 바로 양키본드이다.

③ 캥거루본드는 외국정부나 외국기업이 호주 국내시장에서 호주투자자들을 대상으로 판매하는 채권으로, 호주 현지법에 따라 발행되는 이 상품의 정식명칭은 '호주달러 표시채권'이다.

④ 아리랑본드는 비거주자인 외국인에 의해 한국자본시장에서 원화 표시로 발행 및 판매되는 채권이다. 이를 테면 미국 기업이 한국자본시장에서 원화로 표시된 채권을 발행하고 한국의 투자자들이 이를 인수한 경우이다.

83

| 정답 | ③

| 해설 | VaR (Value at Risk)은 위험 관리를 위해 만들어진 개념으로 목표 보유기간 동안 일정한 신뢰수준에서 발생 가능한 최대손실금액을 통계적으로 표현한 수치이다. 예를 들어 95% 신뢰수준의 1일 VaR이 10억 원이라면 이는 하루 동안 발생할 수 있는 손실이 100억 원을 초과하지는 않을 것이라는 의미인데, 이를 100% 자신하지는 못하고 95% 자신한다는 것이다. 따라서 100억 원 이상 손실을 볼 가능성이 5%는 된다는 의미이기도 하다.

84

| 정답 | ①

| 해설 | (ㄱ) 주택저당증권(MBS ; Mortgage Backed Securities)은 주택저당채권(Mortgage)을 기초로 발행되는 ABS이다. 주택저당채권이란 주택의 구입 또는 건축에 소요되는 대출자금 등에 대한 채권으로서 당해 주택에 설정된 저당권에 의하여 담보된 채권을 지칭한다.

| 오답풀이 |

(ㄴ) ABS(자산유동화증권)에 관한 설명이다.

(ㄷ) CDO(부채담보부증권)에 관한 설명이다.

(ㄹ) CDS(신용부도스와프)에 관한 설명이다.

(ㅁ) CLN(신용연계채권, Credit Linked Note)에 관한 설명으로 신용위험과 수익률을 연계시킨 신용파생상품이다.

85

| 정답 | ①

| 해설 | 주가수익비율(PER)은 현재 주가가 주당 순이익의 몇 배인가를 나타내는 수치이다. PER가 높다는 것은 주당 이익에 비해 주식가격이 높다는 것을 의미한다. 반면 PER가 낮다는 것은 주당 이익에 비해 주식가격이 낮다는 것을 뜻한다.

86

| 정답 | ③

| 해설 | 핑크칼라는 과거에는 저임금 일자리에 종사하는 여성들을 지칭하는 말이었지만, 최근에는 여성 특유의 섬세함과 부드러움이 요구되는 분야에 종사하는 여성을 의미한다.

87

| 정답 | ②

| 해설 | 리디노미네이션이란 한 나라에서 통용되는 화폐의 액면가를 낮은 숫자로 변경하는 조치 즉, 화폐단위를 하향 조정하는 것을 말하며 거래 시 편의 제고, 회계장부의 기장 처리 간편화, 인플레이션 기대심리 억제, 자국 통화의 대외적 위상 제고 등을 기대할 수 있다.

과거 일부 선진국에서 자국 통화의 대외적 위상을 제고할 목적으로, 중남미 제국과 같은 나라에서 국민들의 인플레이션 기대심리를 억제할 때 이용되기도 했다.

88

| 정답 | ④

| 해설 | 주식시장의 상승은 황소(Bull Market)에 비유하는 한편, 하락은 곰(Bear Market)에 비유한다.

89

| 정답 | ④

| 해설 | 다른 모든 조건이 동일하고 미국의 금리만 오른다면 국내 해외자본이 유출될 것이고 외환시장에서 달러 공급의 감소 또는 달러 수요의 증가를 가져와 환율이 상승하는 결과를 가져올 수 있다.

90

| 정답 | ①

| 해설 | *DTI*는 'Debt To lncome'의 약자이다.

91

| 정답 | ④

| 해설 | • 단리의 경우

1년 후 : 100,000+100,000×0.05=105,000

2년 후 : 100,000+100,000×0.05=105,000

⇒ 2년치 이자는 총 5,000+5,000=10,000(원)

• 복리의 경우

1년 후 : 100,000+100,000×0.05=105,000

2년 후 : 105,000+105,000×0.05=110,250

⇒ 2년치 이자는 총 5,000+5,250=10,250(원)

따라서 단리와 복리의 이자 차이는 10,250−10,000=250(원)이다.

92

| 정답 | ①

| 해설 | 피치, 무디스, S&P는 국가신용도를 평가하는 대표적인 3대 신용평가기관으로, 이들 기관은 각국의 정치, 경제상황과 향후 전망 등을 종합적으로 평가해 국가별 등급을 발표하고 있다.

93

| 정답 | ③

| 해설 | 먼델과 플레밍은 자본의 자유화, 통화정책의 자유성, 환율 안정의 세 가지 정책은 동시에 달성할 수 없는 트릴레마(Trillemma)라고 주장하면서, 각각의 정책을 달성하기 위해서는 그 대가로 다른 문제를 감수해야 한다고 보았다.

| 오답풀이 |

ㄱ, ㄷ. 정치적 민주성(비독재성)과 만장일치원칙은 Arrow의 불가능성 정리를 이루는 요소이다.

ㅂ. 최소극대화원칙은 존 롤스(J. Rawls)가 주장한 내용이다.

94

| 정답 | ②

| 해설 | 양적완화정책에서 매입대상자산은 국공채에 더해서 *MBS* 및 회사채들까지 포함한다. 즉, 전통적인 공개시장의 매입대상이 아닌 자산들까지 사들여서 시중의 통화량을 늘리고자 했다.

95

| 정답 | ①

| 해설 | 출구전략의 일종인 테이퍼링(Tapering)은 '점점 가늘어진다', '끝이 뾰족해지다'라는 뜻으로, 2013년 5월 벤 버냉키 미 중앙은행장이 언급하면서 유명해졌다. 긴축이면서도 금리 인상을 의미하는 '타이트닝(Tightening)'과 달리 양적완화정책 속에 자산 매입 규모를 줄여나가는 방식으로 이해할 수 있다.

96

| 정답 | ②

| 해설 | 룩셈부르크는 유로화(Euro)를 사용하는 나라이다. 달러라이제이션은 자국 화폐를 버리고 미국 달러화를 유일한 자국 공식 화폐로 사용하거나 다른 화폐와 함께 달러화를 공식 화폐로 사용하는 제도를 말한다. 달러화를 유일한 공식 화폐로 지정한 국가는 1904년부터 달러화를 사용하고 있는 파나마를 비롯해 에콰도르, 엘살바도르, 동티모르, 버진아일랜드, 마셜제도, 미크로네시아, 팔라우, 터크스 케이커스 제도, 카리브, 네덜란드(보네르, 신트외스타티위스, 사바섬)이다. 다른 화폐와 함께 달러화를 공식 화폐로 사용하는 국가는 바하마, 우루과이, 캄보디아, 레바논, 라이베리아, 짐바브웨, 아이티, 베트남, 소말리아, 북한이다.

파트3 경영상식

기출예상문제

▶ 문제 376쪽

01	④	02	④	03	①	04	②	05	②
06	③	07	③	08	③	09	③	10	④
11	①	12	③	13	⑤	14	④	15	②
16	③	17	②	18	④	19	④	20	①
21	③	22	②	23	①	24	③	25	③
26	②	27	④	28	②	29	④	30	④
31	⑤	32	③	33	③	34	⑤	35	④
36	③	37	③	38	③	39	①	40	④
41	⑤	42	③	43	③	44	⑤	45	⑤
46	③	47	③	48	①	49	③	50	②
51	①	52	③	53	⑤	54	④	55	③
56	②	57	④	58	②	59	①	60	①
61	①	62	④	63	③	64	②	65	②
66	③	67	①	68	③	69	②	70	④
71	⑤	72	②	73	③	74	④	75	②
76	①	77	②	78	②	79	④	80	⑤
81	④	82	②	83	②	84	⑤	85	①
86	⑤	87	①	88	③	89	①	90	①
91	③	92	②	93	②	94	④	95	③
96	③	97	②	98	①	99	④	100	①
101	②	102	④	103	③	104	①	105	①
106	③	107	④	108	①	109	②	110	④
111	①	112	①	113	⑤	114	④	115	②
116	③	117	③	118	②	119	④	120	④
121	③	122	①	123	②	124	③	125	④
126	④	127	③	128	②	129	④	130	⑤
131	②	132	④	133	④	134	①	135	①
136	①	137	④	138	②	139	③	140	①
141	②	142	③	143	①	144	⑤	145	⑤
146	⑤	147	②	148	②	149	⑤	150	④
151	②	152	④	153	④	154	④	155	③
156	①	157	④	158	③	159	⑤	160	②
161	①	162	④	163	②	164	④	165	②
166	⑤	167	②	168	②	169	④	170	③
171	⑤	172	①	173	①	174	②	175	③
176	②	177	②	178	③	179	①	180	④
181	①	182	②	183	④	184	②	185	③
186	①	187	④	188	④	189	①	190	①
191	①	192	②	193	②	194	③	195	①
196	①	197	②	198	②	199	④	200	③
201	④	202	②	203	⑤	204	③	205	①
206	②	207	④	208	②	209	①	210	①
211	①	212	④	213	②	214	①	215	④
216	②	217	③	218	④	219	③	220	①
221	①	222	②	223	④	224	①	225	③
226	③	227	①	228	④	229	④	230	③
231	④	232	②	233	③	234	④	235	⑤
236	②	237	②	238	③	239	⑤	240	④
241	①	242	④	243	③	244	④	245	④
246	③	247	①	248	④	249	④	250	②
251	④	252	④	253	②	254	②	255	④
256	②	257	④	258	④	259	⑤	260	①
261	④	262	①	263	②	264	②	265	③

01

| 정답 | ④

| 해설 | 소유와 경영이 일치하고 신규사업, 신제품 또는 서비스 개발을 시작하는 위험을 부담함으로써 자유로운 기업 시스템 내에서 상대적으로 높은 수익을 추구하는 사람을 기업가 또는 창업가라고 한다. 경영자는 안정적이고 정형화된 업무를 수행하는 사람으로 기존 사업을 담당한다는 점에서 새롭게 기업을 일으킨 창업가와 다르다.

02

| 정답 | ④

| 해설 | 상황적합이론(리더십 상황이론)은 1960년대 피들러(Fiedler)에 의해 개발된 경영이론이다.

경영학이론의 고전적 접근법은 생산의 효율성을 중심으로

하는 20세기 초의 경영원칙으로 테일러의 과학적 관리법(테일러리즘), 포드 시스템(포디즘), 페이욜의 일반관리원칙(일반관리론, 관리과정론), 베버의 관료제론이 여기에 해당한다.

03

| 정답 | ①

| 해설 | 포드 시스템은 대량생산방식을 도입하였으며 부품의 표준화, 제품의 단순화, 작업의 전문화의 3S 운동을 전개하였다.

보충 플러스+

포드 시스템

1. 원칙 : 저가격, 고임금
2. 특징
   ㉠ 경영관리의 독립강조
   ㉡ 기업은 사회적 봉사기관
3. 내용
   ㉠ 대량생산, 대량소비 가능
   ㉡ 일급제를 도입하여 실행
   ㉢ 컨베이어 시스템을 도입하여 단순작업화와 동시관리 가능

04

| 정답 | ②

| 해설 | 관료제는 자격과 능력에 따라 규정된 기능을 수행하는 분업의 원리를 따른다. 책임소재를 분명히 하고 의사결정을 공식화하기 위해 문서주의를 따른다. 또한 관료의 권한과 직무의 범위는 법규에 의해 명확하게 규정되고 구성원들이 정해진 절차에 의해 특정 목적을 달성하는 공식 조직으로서의 성격이 강하다.

| 오답풀이 |

㉤ 국민에 대한 책임 : 관료제는 법규에 따라야 할 책임이 있다.

05

| 정답 | ②

| 해설 | 맥그리거는 인간의 본질과 행동에 관한 경영자의 기본 가정을 X이론과 Y이론의 두 유형으로 개념화하였다. X이론은 전통적이고 전제적인 경영자의 인간관이고, Y이론은 진취적이고 협동적인 인간관을 말한다.

보충 플러스+

맥그리거의 X이론과 Y이론 비교

X이론	Y이론
• 인간은 태어날 때부터 일하기 싫어함. • 강제 · 명령 · 처벌만이 목적달성에 효과적임. • 야망 없고 책임지기 싫어함. • 타인에 의한 통제 필요함. • 인간에 대한 부정적 인식(경제적 동기)	• 인간은 본능적으로 휴식하는 것과 같이 일하고 싶어함. • 자발적 동기유발이 중요함. • 고차원의 욕구를 가짐. • 자기통제가 가능함. • 인간에 대한 긍정적 인식

06

| 정답 | ③

| 해설 | 페이욜은 조직의 관리가 관리의 다섯 요소인 계획, 조직, 명령, 조정, 통제의 순서로 진행된다고 보았다. 이 중 가장 마지막 단계엔 통제는 계획에 따라 업무가 수행되고 있는지를 감독하는 역할을 수행하는 단계이다.

| 오답풀이 |

① 관리의 원칙 중 첫 번째인 계획에 해당한다.

② 관리의 원칙 중 네 번째 단계인 조정에 해당한다.

④ 관리의 원칙 중 세 번째 단계인 명령에 해당한다.

보충 플러스+

페이욜(H. Fayol)의 관리과정론

1. 관리의 5요소 : 계획, 조직, 명령, 조정, 통제 순으로 이루어진다.
2. 여섯 가지의 직능
   ㉠ 기술적 활동(생산, 제조, 가공)
   ㉡ 상사적 활동(구매, 판매, 교환)
   ㉢ 재무적 활동(자본의 조달과 운용)
   ㉣ 보전적 활동(재화와 종업원의 보호)
   ㉤ 회계적 활동(재산목록, 재무상태표, 원가, 통계)
   ㉥ 관리적 활동(계획, 조직, 명령, 조정, 통제)

07

| 정답 | ③

| 해설 | 페이욜은 경영자의 입장에서 조직 전체를 효율적으로 운영하기 위해 계획, 조직, 지휘(명령), 조정, 통제의 5가지 관리활동의 원칙을 제시하였다.

08

| 정답 | ③

| 해설 | 목표설정이론에서는 인간이 목표와 의도에 따라 움직인다고 보고, 측정 가능하고 계량적인 목표를 설정한 뒤 이를 달성하여 나타나는 성과와 그에 대한 성취감, 만족도에 초점을 맞춘다. 로크(Locke)에 의해 처음 제기되었고 경영학에서는 목표에 의한 관리법(MBO)으로 구체화되었다. 목표설정이론의 상황요인으로는 피드백, 보상조건, 직무복잡성, 능력, 경쟁상황이 있다. 목표달성을 위해서는 피드백이 반드시 동반되어야 하고, 목표달성에 따른 적절한 보상이 있어야 하며, 직무복잡성에 따라 성과에 대한 효과가 달라진다. 목표가 어려울수록 성과가 높아지지만 목표가 너무 어려우면 반대로 성과의 증가율이 떨어진다. 경쟁상황은 개인이 스스로 목표를 세우고 성과를 높이는 데에 영향을 준다.

09

| 정답 | ③

| 해설 | MBO(Management By Objective, 목표에 의한 관리)는 피드백(환류)을 중시하여, 목표를 달성하는 과정에서 그 목표가 수정될 수 있음에 긍정한다. 다만 MBO는 목표의 설정에 있어서 그 목표가 구체적일 것임을 요구하므로, 이를 위해서는 목표를 명확하고 구체적으로 설정할 수 있는 안정된 환경을 요구한다. 즉 목표설정 자체를 어렵게 하는 급격한 환경 변화에는 대응하기 어렵다는 한계점을 가진다.

10

| 정답 | ④

| 해설 | 궁극적인 목표의 채택권한은 하급자에게 있다.

〈목표관리의 기본단계〉

단계	내용
발견	조직이 필요로 하는 계획적이고 조직적인 성과에 대한 확인에서 출발
설정	• 목표관리의 가장 기본이 되는 단계 • 목표의 요건 – 구체적 · 현실적이고 그 결과를 확인할 수 있고 달성이 가능한 것 – 측정가능하고 계량적인 것 – 달성에 필요한 시간이 명확히 정해져 있는 것
검증	불확실한 상황에서 오는 좋지 않은 결과나 실패의 원인을 조사한 후 수행상태로 전환하는 단계
수행	목표달성을 위한 행동과정
평가	목표수행의 결과와 기대한 결과를 비교 · 확인 후 관리자의 향후 사업 방향을 제시

11

| 정답 | ①

| 해설 | 목표관리(MBO ; Management By Objective)는 상사와 부하가 협의하여 작업목표량을 정하고 이에 대한 성과를 함께 측정 또는 고과하는 방법이다.

12

| 정답 | ③

| 해설 | c. 목표를 설정하는 과정에 하급자가 참여한다.

d. 목표는 구체적이고 명확하여야 한다.

e. 최고경영층이 주요한 전략적 목표를 설정한 후 부하들과 함께 다음 단계의 목표를 설정한다.

| 오답풀이 |

a. 구성원들이 목표를 잘 수행할 수 있도록 계속적인 피드백을 한다.

b. 달성하기 쉬운 정도의 목표를 설정한다.

보충 플러스+

목표에 의한 관리(MBO ; Management By Objectives)

1. 개념
   ① 방법 : 구성원 모두의 참여를 통해 조직의 명확한 목표를 설정하고 과업을 할당하여 관리의 효율화를 가하는 관리방법이다.
   ② 학자 : Drucker, McGregor가 대표적인 학자이다.

2. 장 · 단점

장점	단점
• 조직목표의 명확성 • 조직의 역할 · 구조의 명확화 • 경영관리 관행의 개선 • 구성원의 목표성취 의욕 강화 • 효과적인 통제	• 목표설정의 어려움 • 목표의 비탄력성 • 단기적 · 계량적 목표에만 치중 • 많은 시간이 소요

13

| 정답 | ⑤

| 해설 | 균형성과표를 구성하는 재무적 관점은 단기적 성과이며 그 외의 고객 관점, 내부 프로세스 관점, 학습과 성장 관점은 장기적 성과에 해당한다. 균형성과는 이러한 단기적 성과와 장기적 성과와의 균형을 강조한다.

14

| 정답 | ④

| 해설 | 프로젝트 조직에 대한 설명이다.

| 오답풀이 |

① 네트워크 조직 : 조직의 자체 기능은 핵심 역량 위주로 합리화하고 여타 기능은 외부 기관들과 계약 관계를 통해 수행하는 조직구조 방식이다.

② 기능식 조직 : 직능식 조직이라고도 하며, 관리자의 업무를 전문화하고 부문마다 다른 관리자를 두어 작업자를 전문적으로 지휘 · 감독하는 방식이다.

③ 사업부제 조직 : 제품별, 지역별, 고객별 각 사업부의 본부장에게 생산, 구매, 판매 등 모든 부문에 걸쳐 대폭적인 권한이 부여되며, 독립채산적인 관리단위로 분권화하여 이것을 통괄하는 본부를 형성하는 분권적인 관리 형태이다.

15

| 정답 | ②

| 해설 | 사업부 조직은 사업부 간의 중복으로 예산낭비, 사업부 간 이기주의의 초래 등의 문제점이 발생할 수 있다.

보충 플러스+

사업부 조직

1. 개념제품별, 지역별, 고객별 각 사업부의 본부장에게 생산, 구매, 판매 등 모든 부문에 걸쳐 대폭적인 권한이 부여되며, 독립채산적인 관리단위로 분권화하여 이것을 통괄하는 본부를 형성하는 분권적인 관리형태이다.
2. 장 · 단점
   ① 장점 : 최대한 자율성을 보장하고 내부경쟁을 유도하여 지발적 참여에 의한 경영혁신을 이룰 수 있으며 방대한 조직과 예산운영에서 오는 비효율성을 제거할 수 있다.
   ② 단점 : 사업부 간의 대립이나 과당경쟁 등으로 그 활동에 대한 평가나 상호 조정이 어렵다.

16

| 정답 | ③

| 해설 | a. 매트릭스 조직은 프로젝트 조직과 기능식 조직을 절충한 것으로 이중 보고체계로 인하여 종업원들 간에 혼란이 야기될 수 있다.

d. 매트릭스 조직은 전통적 조직화의 원리에 의한 조직구조가 아니라 환경에 대한 적응력과 조직구조의 유연성을 추구하는 애드호크라시에 입각한 유기적 조직이다.

| 오답풀이 |

b, c. 매트릭스 조직은 프로젝트 조직과 기능식 조직을 절충한 것으로 외부 환경 변화에 융통성이 있으며 제품이나 시장의 변화에 대해 다양한 욕구에 부응한다.

17

| 정답 | ②

| 해설 | 엔트로피(Entropy)란 어떤 형태의 시스템이든지 붕괴되거나 소멸되는 성향을 갖는 것을 의미하는 용어이다.

18

| 정답 | ④

| 해설 | 시스템이론에서는 조직을 여러 구성인자가 유기적으로 상호작용하는 결합체로 보았다.

| 오답풀이 |

① 인간관계론은 인간 상호 간의 관계를 중요시하며, 특히 조직 가운데에서 공식조직보다는 비공식조직에 더 비중을 두고 있다.

② 지식경영은 기업의 내 · 외부로부터의 지식을 체계적으로 축적하고 활용하는 경영기법을 말한다.

③ 상황이론은 환경과 상황변수에 따라 탄력적으로 적용하는 것으로 급변하는 현대 사회의 환경변화에 적응하기 위해 창시되었다.

19

| 정답 | ④

| 해설 | 지식경영은 기업의 내 · 외부로부터의 지식을 체계적으로 축적하고 활용하는 경영기법을 말한다.

보충 플러스+

SECI 모델
암묵지와 형식지라는 두 종류의 지식이 공동화, 표출화, 연결화, 내면화라는 네 가지 변환 과정을 거쳐 지식이 창출된다는 이론이다.

지식경영
노하우(Know-how) 등 눈에 보이지 않는 지적재산을 관리 · 공유하는 경영기법으로, 기업 내 사원 개개인과 각 사업부문 간에 흩어져 있는 각종 지적재산을 회사 전체가 공유함으로써 기업경쟁력을 강화하는 것이 목적이다. 특히, 구조조정으로 인원을 감축하는 과정에서 사원 개개인이 보유한 지적재산도 같이 손실되는 단점을 보완하기 위해서 도입되었다. 이는 기업의 사내 지적재산을 공유 · 활용함으로써 새로운 비즈니스 모델의 창출과 합리적 의사결정을 지원하는 시스템 구축으로 발전하고 있다.

20

| 정답 | ①

| 해설 | 학습조직은 탈관료제를 지향하는 수평적 조직구조와 조직 내 정보의 공유와 소통을 통한 협력으로 성장하는 조직의 구성을 지향하며, 개인별 성과급 위주의 보상체계는 학습조직의 성격과는 어울리지 않다.

21

| 정답 | ③

| 해설 | 현대의 경영조직은 조직을 보다 단순한 형태로 조정하거나 조직의 규모를 축소하고 기업문화의 혁신에 관심을 가진다.

22

| 정답 | ②

| 해설 | GE 매트릭스는 복수의 지표를 조합하여 시장매력도와 사업 내에서의 지위를 확인하고 자원배분방침을 결정하도록 하는 포트폴리오 분석기법이다. 여기에서 원의 크기는 해당산업의 규모를 나타내며, 회사의 시장점유율은 그 원 안에서의 부채꼴 모양으로 나타난다.

23

| 정답 | ①

| 해설 | 후방통합은 제조업체가 부품공급업자를 소유하는 것으로, 후방통합의 경우 시장비용을 절감할 수 있다.

보충 플러스+

수직적 통합

1. 장점
   ① 생산비용 절감 : 후방통합의 경우 생산비용을 낮출 수 있다.
   ② 시장비용 절감 : 후방통합의 경우 시장비용을 절감할 수 있다. 부품 등을 공급받는 과정에 있는 중간업자가 더 이상 없어지므로 부품가격이 낮아지기 때문이다.
   ③ 품질통제 : 공급물품의 품질을 확실하게 통제할 수 있다. 외부업체에게 의존하기보다는 직접 관리 · 통제함으로써 원하는 품질을 확보할 수 있다.
2. 단점
   ① 비효율적인 생산비용 발생 가능성 : 후방통합의 경우 계열화된 부품제조 업체가 다른 경쟁사에 비해 비효율적이라면 생산비용이 상승하는 부작용을 초래할 수 있다.
   ② 경쟁 위험요소 증가 : 수직적 통합으로 인해 기업이 활동범위가 넓어지게 되면 경쟁 등 그만큼 더 많은 위험요소를 만날 수 있다.
   ③ 계열사슬의 진부화 : 현재의 기술과 생산시설이 낙후되더라도 그것을 고수하게 만드는데 이는 투자비용을 감안할 때 기존의 기술이나 시설을 쉽게 포기하지 못하기 때문이다.

24

| 정답 | ③

| 해설 | 다각적 합병(Conglomerate Merger)은 생산이나 판매 면에서 상호관련성이 전혀 없거나 업종이 서로 다른 기업 간의 합병을 말한다. 다각적 합병은 경영다각화를 통한 위험 분산, 인적자원의 효율적 활용 등을 주요 목적으로 한다.

| 오답풀이 |

① 수직적 합병(Vertical Merger) : 생산과정이나 유통경로상의 전·후방에 있는 기업이 설립되어 이에 참여하는 모든 기업의 권리와 의무를 이전 받는 형태의 합병이다. 수직적 합병은 주로 배급, 유통에 따른 비용의 절감, 기술상의 합리화 달성, 제품과 요소시장에서의 안정성 확보 등을 주요 목적으로 한다.

② 수평적 합병(Horizontal Merger) : 동종산업에 속해 있는 기업들 간의 합병이다. 이는 경쟁 배제, 시장지배력 확대, 생산·유통·광고·연구개발 등에 있어서의 규모의 경제를 통한 능률증진 등을 주요 목적으로 한다.

25

| 정답 | ③

| 해설 | 리더십 특성이론(Trait Theory)은 리더가 가지는 특정한 외양, 특성이나 자질을 가진 사람이 성공적인 리더가 된다는 전제로 성공적인 리더가 가진 공통된 특성을 연구한 이론으로, 리더는 신체적 능력, 사회적 배경, 지적 능력, 성격, 과업수행, 사회적 특성 등에서 우수한 능력을 가진다고 보았다. 그중 리더의 사회적 특성은 협동성, 대인관계의 기술 등에서의 우수한 대인관계능력을 의미한다.

26

| 정답 | ②

| 해설 | 셀프리더십(Self-leadership)이란 자율적 리더십 또는 자기 리더십이라고 하며, 자신을 사랑하고 자신을 이끌어가는 방법이다. 자기가 자기 자신에게 스스로 영향력을 행사함으로써 자신의 생각과 행동을 변화시키는 과정이라 할 수 있다.

보충 플러스+

리더십의 종류

셀프리더십	조직구성원 자신이 스스로 관리하여 이끌어가는 리더십
슈퍼리더십	하급자들을 셀프 리더로 키우는 리더십
지시적 리더십	계획, 조직, 통제와 같은 공식적 활동을 강조하는 리더십
변혁적 리더십	• 거래적 리더십의 비판에서 유래 • 장기적인 비전을 가지고 집단의 욕구체제를 바꾸려는 리더십
서번트 리더십	• 타인을 위한 봉사에 초점 • 종업원과 고객의 대화를 우선으로 그들의 욕구를 만족시키기 위해 헌신하는 리더십

27

| 정답 | ④

| 해설 | LPC 점수가 높다는 것은 리더십이 종업원지향적이라는 뜻이다.

보충 플러스+

피들러의 상황적 이론

1. 리더가 강력한 직위와 확실한 업무 지시, 구성원들이 리더를 호의적으로 생각할 때가 가장 이상적인 상황이다.
2. LPC(Least Preferred Theory) : LPC 점수가 높으면 종업원 지향적, LPC 점수가 낮으면 과업지향적이다.

28

| 정답 | ②

| 해설 | 블레이크(Blake)와 머튼(Mouton)에 의해 제시된 관리격자이론에서 (5, 5)형은 작업수행과 사기유지의 균형을 이루면서 적절하게 운영하는 중도형 리더십이다. 반면 인간적 요소에는 별로 관심이 없고 극단적인 목적과 임무 달성에 초점을 두며 철저한 지시와 통제를 통한 효율성과 생산성만을 강조하는 리더십은 (9, 1)형이다.

29

| 정답 | ④

| 해설 | 서번트 리더십(Servant Leadership)은 리더가 자기중심적 사고 대신 구성원을 존중하고 섬기는 자세로 구성원들의 성장과 발전을 돕는 헌신적 리더십을 의미한다. 서번트 리더십에서 리더는 존중, 봉사, 정의, 정직, 공동체 윤리를 바탕으로 구성원의 의견을 경청하고 설득하는 자세를 가질 것이 요구된다.

한편 구성원들의 욕구의 수준을 올리고 잠재력을 개발, 기존의 틀을 넘는 창의력을 고취시키고자 하는 리더십은 변혁적 리더십(Transformational Leadership)에 해당하는 설명이다. 구성원의 자유와 자율을 중시하는 서번트 리더십에 비해 변혁적 리더십은 더욱 목표지향적이고, 역동적이며 열정적인 이미지의 리더를 그린다는 점에서 차이를 가진다.

30

| 정답 | ④

| 해설 |

〈하우스의 경로-목표 이론 4가지 리더십 유형〉

지시적 리더십	공식적인 활동을 강조
후원적 리더십	종업원의 복지에 많은 관심
참여적 리더십	종업원과의 상담, 정보교환, 제안을 유도
성취지향적 리더십	도전적 목표설정, 성과개선을 강조

31

| 정답 | ⑤

| 해설 | 블레이크와 머튼의 관리격자모델에서는 생산에 대한 관심(과업성취)과 인간에 대한 관심(인간관계개선)이라는 두 가지 기준을 토대로 다음과 같이 분류한다.

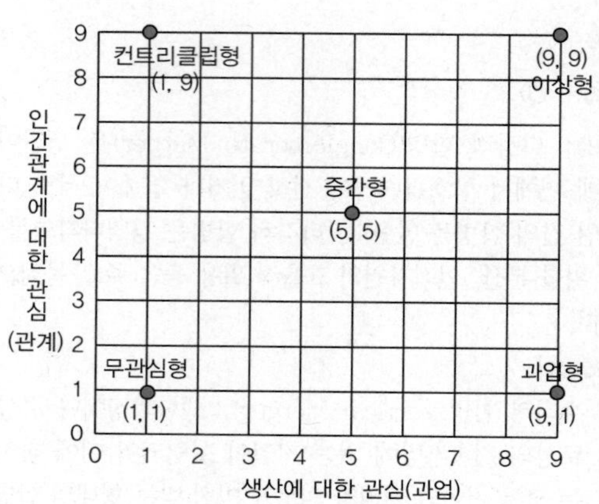

32

| 정답 | ③

| 해설 | R&D(연구개발)는 지원활동(보조활동)에 해당한다.

보충 플러스+

마이클 포터(Michael Porter)의 가치사슬(Value Chain)

1. Primary Activities(본원적 활동)
   - Inbound Logistics(조달물류) : 투입물의 계획 및 관리에 관련된 활동, 접수, 보관, 재고관리, 수송계획 등
   - Operations(운영) : 투입물을 최종제품으로 변환시키는 가공, 포장, 조립, 장비유지, 검사 및 다른 모든 가치창출 활동
   - Outbound Logistics(유통물류) : 최종제품을 고객에게 전달하는 데 필요한 활동, 창고관리, 주문실행, 배송, 유통관리 등
   - Marketing and Sales : 구매자들이 제품을 구매하도록 하는 데 관련된 모든 활동들
   - Service : 제품의 가치를 유지 강화하는 활동, 고객지원, 수리업무, 설치, 훈련, 예비부품관리, 업그레이드 등
2. Support Activities(지원활동, 보조활동)
   - Procurement(조달) : 원료, 예비부품, 건물, 기계 등의 조달
   - Technology Development(기술개발) : 연구개발, 프로세스 자동화, 설계, 재설계 등
   - Human Resource Management(인적자원관리) : 직원 및 관리자의 보충, 자기계발, 보수 및 보상 등
   - Firm Infrastructure(기업인프라) : 일반관리, 기획관리, 법, 재무, 회계 등

33

| 정답 | ③

| 해설 | 소비자가 상품을 구매하도록 유도하는 것은 본원적 활동(주활동)에 속하는 것이다. 본원적 활동에는 조달물류, 운영, 마케팅 및 판매 등이 있다.

보충 플러스+

포터의 가치사슬

- 개념 : 포터(M. Porter)가 정립한 이론으로 기업활동에서 부가가치가 생성되는 과정을 의미하며 부가가치가 생성되는 과정에서 직접 또는 간접적으로 연계되는 활동들을 뜻함.
- 활동
  - 주활동(본원적 활동) : 조달물류, 운영, 유통물류, 마케팅 및 판매, 서비스 등
  - 보조활동(지원활동) : 구매, 기술개발, 인사, 재무, 기획, 기업 인프라 등 현장활동을 지원하는 제반업무를 포함

34

| 정답 | ⑤

| 해설 | 유통경로의 목표설정을 위해서 경쟁사의 특성으로 고려해야 할 사항은 경쟁사의 재무적 강점이나 판로에 따른 근접성, 지역적 접근성 등이다.

35

| 정답 | ④

| 해설 | 채찍효과(Bullwhip Effect)란 고객의 수요가 상부단계로 전달될수록 각 단계별 수요의 변동성이 증가하는 현상을 말한다.

| 오답풀이 |

③ 피기백 방식(Piggyback System) : 컨테이너를 적재한 트레일러나 트럭, 선박에 실린 화물을 철도 화차에 실어 수송하는 복합 수송의 한 방법이다.

36

| 정답 | ③

| 해설 | 미탐색품(Unsought Products)은 제품의 인지도가 낮거나 소비자가 제품에 대한 지식이 거의 없는 상품으로, 유통경로전략의 선택보다는 제조업체와 유통업체의 소비촉진전략에 더 초점을 맞춰야 하는 상품이다. 전속적 유통경로전략은 고가의 브랜드, 높은 브랜드 충성도를 가진 전문품에 적용하는 것이 적절하다.

| 오답풀이 |

① 계약형 VMS는 계약을 근거로 생산과 유통단계에 참여하는 경로구성원들을 결합한 형태로, 대표적으로 소매상협동조합과 프랜차이즈 시스템이 있다.

⑤ 상품의 구매단위가 작고 단순하며, 구매빈도가 높고 규칙적인 편의품의 경우나 고객의 유통서비스 요구가 많을 경우, 혹은 공급자의 유통경험이 부족한 경우에는 유통경로가 길어진다.

37

| 정답 | ③

| 해설 | 서비스의 이질성으로 인하여 개인적 선호경향을 기초로 기대감이 형성되고 개별적인 감성 차이 때문에 서비스의 품질에 대한 평가가 달라지므로 제품의 품질평가보다 어렵다.

38

| 정답 | ③

| 해설 | 서비스 제품의 속성은 탐색속성, 경험속성, 신용속성으로 구분한다. 이 중 탐색속성은 구매 이전단계에서 평가 가능한 서비스의 속성으로 서비스가 가진 외견, 즉 가시적인 특성을 의미한다.

| 오답풀이 |

④ 경험속성은 서비스 제품을 구매하여 사용함을 통해 알 수 있는 서비스의 특징을 의미한다.

⑤ 신용속성이란 서비스 제품을 구매하여 사용했음에도 즉시 평가를 내리기 힘든 서비스로 무상 수리 등의 사후관리가 여기에 해당한다.

39

| 정답 | ①

| 해설 | 파라수라만, 자이다믈, 베리(Parasuraman, Zeithaml, Berry)의 연구에 의해 개발되었다.

보충 플러스+

SERVQUAL(서비스 품질의 측정 도구)

1. 고객이 인지하고 느끼는 서비스 품질은 고객의 기대나 욕구 수준 및 그들이 인지하고 느끼는 것의 차이가 발생하는 정도를 말한다. 고객의 기대에 대한 경영자의 인식이 부정확한 것을 이해차이라고 한다.
2. PZB(Parasuraman, Zeithaml and Berry) 등은 자신들이 분류한 서비스 품질의 10가지 차원을 5가지로 통합하여 'SERVQUAL(service+quality)'라고 하였다. SERVQUAL은 서비스 품질의 핵심적인 요소로서 서비스 품질 평가에 많이 이용된다.
3. SERVQUAL은 표적집단면접에 의해 탐색적 고객 연구와 이에 대한 실증적이고 정량적인 연구를 통해 고객의 서비스 품질 지각을 측정할 수 있는 도구가 되었다.

40

| 정답 | ④

| 해설 | 서비스의 특징인 무형성은 서비스 품질 측정을 어렵게 할 수 있다.

〈서비스의 특징〉

무형성	• 실체가 따로 없기 때문에 볼 수도 없고 만질 수도 없으며 이러한 서비스는 쉽게 전시되거나 전달할 수도 없음. • 서비스는 견본 제시가 어려워 경험 전까지는 그 내용과 질을 판단하는 것이 매우 어려워서 사용자의 능력과 신뢰감이 중요한 요인임.
비분리성	• 대부분의 서비스는 생산과 동시에 소비되는 특징을 가지고 있기 때문에 수요와 공급을 맞추기가 어려우며 서비스는 반품될 수 없음. • 유형제품은 일반적으로 대량생산이 가능한 반면 서비스는 대량생산이 어려우며, 고객 접촉 요원의 선발 및 훈련이 중요함.
이질성	• 서비스를 제공하는 사람이나 고객, 서비스 시간, 장소에 따라, 즉 누가, 언제, 어떻게 제공하느냐에 따라 내용과 질에 차이가 발생함. • 개인적 선호경향을 기초로 기대감이 형성되며 개별적인 감성 차이 때문에 서비스의 품질에 대한 평가가 다름.
소멸성	판매되지 않은 서비스는 사라진다는 개념으로, 서비스는 일시적으로 제공되는 편익으로서 생산하여 그 성과를 저장하거나 다시 판매할 수 없음.

41

| 정답 | ⑤

| 해설 | 마케팅을 구성하는 4P로는 제품(Product), 가격(Price), 유통(Place), 촉진(Promotion)이 있다.

보충 플러스+

마케팅의 4P의 예시

- 제품(Product)전략 : 장비의 차별화를 통한 고객만족
- 가격(Price)전략 : 고소득층을 위한 별도의 고가 정책
- 유통(Place)전략 : 최신 유통 장비의 도입을 통한 고객의 신뢰성 확보
- 촉진(Promotion)전략 : After Service를 넘어선 Before Service 판촉활동

42

| 정답 | ③

| 해설 | 마케팅의 궁극적인 목표는 어떠한 제품을 어떻게 생산해서 생산된 제품을 어떠한 조직과 방법으로 얼마만큼의 비용을 들여서 판매를 촉진하여 회사의 수익을 올리는 것이다.

43

| 정답 | ③

| 해설 | 군집표본추출방법은 모집단을 일정 수의 소집단(군집)으로 나누고 그 소집단을 무작위로 선정하여 소집단 내의 구성원을 모두 조사하는 방법이다. 모집단 전체의 표본을 동일한 확률로 표본추출하는 방법은 단순무작위 표본추출법에 해당한다.

| 오답풀이 |

② 2차 자료는 다른 조사자들에 의해 사전에 수집되어 공개된 자료로, 조사자가 직접 수집한 자료인 1차 자료를 수집하기 전 연구문제를 정의하고 가설을 설정할 때 주로 이용된다.

⑤ 실험조사방법은 실험대상자를 선정하고 실험자가 조사대상 외의 변수들(가외변인)을 차단한 환경에서 실험을 진행하여 그 결과를 수집하는 방식이다.

44

| 정답 | ⑤

| 해설 | 디마케팅(Demarketing)은 수요가 공급을 초과할 경우 수요를 일시적 또는 영구적으로 줄이는 마케팅을 말한다.

보충 플러스+

수요상태에 따른 기업마케팅 과업

1. 전환 마케팅(Conversional Marketing) : 부정적인 수요를 가진 경우에 필요한 마케팅
2. 자극 마케팅(Stimulational Marketing) : 무수요 상황에서 소비자를 자극하여 수요를 창출하는 마케팅
3. 개발 마케팅(Developmental Marketing) : 휴면상태의 소비자들을 현재적 수요로 바꾸는 마케팅
4. 재마케팅(Re-Marketing) : 소비자의 욕구나 관심을 다시 불러일으켜, 감퇴하는 수요를 부활시키는 과업이 필요한 마케팅
5. 유지 마케팅(Maintenance Marketing) : 기업이 원하는 수준 및 시기와 일치하는 완전수요 상황을 지속시키는 마케팅
6. 디마케팅(Demarketing) : 초과수요 상황에서 일시적 혹은 영구적으로 수요를 줄이거나 없애려는 마케팅
7. 대항 마케팅(Counter Marketing) : 불건전한 수요를 줄이거나 완전히 없애 버리려는 마케팅. 즉 건전하지 못한 상품(마약, 청소년 성매매 등)의 소비를 제거하는 것
8. 동시화 마케팅(Synchro Marketing) : 변동이 심하거나 계절성을 띠어 시기적으로 불규칙한 수요의 시기를 기업의 공급패턴과 일치시키려는 마케팅

45

| 정답 | ⑤

| 해설 | 전통적 마케팅은 후행적 마케팅, 현대적 마케팅은 선행적 마케팅이다. 전통적 마케팅은 주로 판매자 중심 · 매출 중심 위주의 전략인 선형 마케팅에 속한다. 현대적 마케팅은 저압적 마케팅으로 판매자 중심보다는 소비자(구매자) 위주의 마케팅이다. 현대적 마케팅은 마케팅전략으로 전사적 통합을 추구한다.

46

| 정답 | ③

| 해설 | 생태계보전, 자연환경보전 그리고 더 나아가 지구환경보전을 중시하는 마케팅은 그린마케팅이다.

| 오답풀이 |

② 고객만족이란 고객만족을 목표로 하는 경영으로 기존 매상증대나 이익증대 같은 목표를 갖는 것과 달리 고객에게 최대의 만족을 주는 것에서 기업의 존재 의의를 찾으려는 경영방식이다.

47

| 정답 | ③

| 해설 | 데이터베이스 마케팅은 고객과 관련된 다양한 정보들을 수집, 정리한 데이터를 바탕으로 정보통신기술을 활용하여 고객에 대한 과학적인 정보를 수집 · 정리 · 평가에 활용하고자 하는 마케팅으로, 원투원(One-to-one) 마케팅이라고도 한다.

| 오답풀이 |

① 다이렉트 마케팅 : 기업의 마케팅 관리 측면에서 일반적인 생산자 → 도매상 → 소매상의 전통적 유통경로를 따르지 않고 직접 고객에게서 주문을 받아 판매하는 것을 말한다.

② 텔레마케팅 : 전화 등의 매체를 이용하여 소비자마다의 구매이력 데이터베이스에 근거하여 세심한 세일즈를 행하는 마케팅 방법이다.

④ 터보마케팅 : 제품개발, 유통, 생산, 금융, 마케팅 등의 각종 활동과 흐름을 컴퓨터 커뮤니케이션과 오토메이션을 통해 실시간으로 전개시켜 필요한 시간을 크게 단축하는 마케팅을 말한다.

⑤ 노이즈 마케팅 : 각종 이슈 등 고의적인 구설수를 이용하여 인지도를 높이는 마케팅 기법을 말한다.

48

| 정답 | ①

| 해설 | 마케팅 관리 철학은 생산 콘셉트(Production Concept), 제품 콘셉트(Product Concept), 판매 콘셉트(Selling Concept), 마케팅 콘셉트(Marketing Concept), 사회지향적 콘셉트(Societal Concept)로 발전해 오고 있다.

49

| 정답 | ③

| 해설 | 콘셉트에 해당되는 전략은 누구에게 어떤 가치를 줄 것인가를 생각하는 부분이며, 이러한 전략은 마케팅믹스를 통해서 현실화되기 때문에 마케팅믹스는 전술 단계에 해당된다.

50

| 정답 | ②

| 해설 | 동시화 마케팅(Synchro Marketing)은 비수기와 성수기의 구분이 명확한 상품에 대해 비수기의 수요를 끌어올려 성수기 수준으로 맞추는 것을 목표로 하는 마케팅 전략으로, 대표적으로 여름 혹은 겨울 의상을 서로 반대되는 계절에 염가에 판매하는 역시즌 마케팅이 있다.

| 오답풀이 |

① 재마케팅(Remarketing)은 경쟁상품에 밀려 수요가 감소하고 있는 상품에 새로운 이미지를 추가하거나 유통경로를 변화시켜 새로운 수요를 창출하고자 하는 마케팅전략을 의미한다.

③ 전환 마케팅(Conversional Marketing)은 소비자들이 추가적인 대가를 지불해서라도 회피하고자 할 수준의 부정적 상품 인식에 대해 이를 긍정적 인식으로의 이미지 전환을 시도하는 마케팅전략을 의미한다.

④ 유지 마케팅은 이미 수요가 안정권에 오른 상품에 대해 기존의 판매수준과 시장점유율을 계속 유지시키기 위한 마케팅전략을 의미한다.

⑤ 대항 마케팅(Counter Marketing)은 미성년자의 흡연이나 마약, 청소년 성매매 등 사회적으로 불건전한 수요 자체를 없애기 위한 마케팅전략을 의미한다.

51

| 정답 | ①

| 해설 | 인터넷 쇼핑몰을 통한 판매는 경쟁사와 비교하여 가격 비교가 용이하여 소비자가 같은 품질의 가장 저렴한 판매점을 쉽게 찾아낼 수 있어 저가 경쟁이 발생하나, 인터넷 쇼핑몰을 활용한다는 이유로 모든 경우에서 저가상품 전략이 유효하다고 볼 수 없다. 인터넷 쇼핑몰의 특성상 소비자가 직접 제품을 체험할 수 없고 품질보증장치가 완전하게 작동하기 힘든 환경으로 소비자가 품질에 대한 확신을 가지기 어려워, 가격으로 품질을 보장받는 심리로 상대적으로 고가의 제품을 선택하는 경우가 발생하기도 한다.

52

| 정답 | ③

| 해설 | 명목척도(Nominal Scale)는 전화번호나 우편번호 등 측정 대상들을 우열이 없는 종류나 범주로 구분하고 명명하기 위해 아무런 산술적 의미가 없는 수치나 부호를 부여하는 것을 의미한다.

| 오답풀이 |

① 서열척도(Ordinal Scale)는 정보 간의 우열관계 즉 순위 개념이 존재할 때, 산술적인 의미 없이 그 우열관계를 표시하는 것을 의미한다.

② 등간척도(구간척도, Interval Scale)는 온도, 연도 등 정보가 가지고 있는 일정한 간격을 수치화하여 표시하는 것을 의미한다.

④ 비율척도(Ratio Scale)는 길이, 무게, 압력 등 정보에 산술적 의미를 가지는 수치를 부여하는 것을 의미한다.

⑤ 리커트척도(Likert Scale) 혹은 총화평점법은 제시된 문장의제에 대한 응답자의 동의 혹은 호의의 정도를 단계적으로 수치화된 답변으로 표시하는 것으로, 주로 설문조사나 심리 검사에 이용된다.

53

| 정답 | ⑤

| 해설 | 제품의 시장 내 경쟁이 치열해지는 제품수명주기상의 성숙기와 쇠퇴기에는 비차별적 마케팅보다는 차별적 마케팅이 더욱 적절하다.

| 오답풀이 |

① 시장의 크기가 작을 경우 대량생산에 의한 규모의 경제효과를 발생시키기에 용이하여 이를 위한 비차별적 마케팅이 더욱 적절하다.

② 비차별적 마케팅은 제품의 동질성이 높은 표준적이고 보편적인 생활필수품의 마케팅에서 주로 이용된다.

③ 경쟁자의 수가 많아 시장 내 경쟁이 치열할 경우에는 시장을 세분화하여 그에 따른 상이한 마케팅전략을 수립하는 차별적 마케팅이 유효하다.

④ 집중적 마케팅은 세분화한 시장 중 하나를 선정하여 작은 시장에서 높은 점유율을 확보하는 전략으로, 기업의 자원이 제한되어 있어 모든 시장에 진출하는 것이 현실적으로 곤란할 경우 주로 이용된다.

54

| 정답 | ④

| 해설 | 인적판매나 중간상을 대상으로 한 판매촉진은 푸시(Push)전략이 주로 사용되는 프로모션 믹스이다. 광고, PR, 소비자를 대상으로 한 판매촉진이 풀(Pull)전략에 해당한다.

55

| 정답 | ③

| 해설 | 현대적 마케팅은 마케팅조사, 마케팅계획과 같은 선행적 마케팅을 지향한다. 판매와 촉진은 후행적 마케팅 활동에 해당한다.

56

| 정답 | ②

| 해설 | 애프터 마케팅이란 과거 또는 현재의 고객이 구매 이후에도 고객만족을 지속시키기 위한 활동과 노력을 제공하는 과정으로 고객이 제대로 된 제품을 구매했음을 확인시켜 주는 것이다.

| 오답풀이 |

① 내부 마케팅 : 외부적인 마케팅전략을 펼치기 이전에 내부적으로 기업구성원과 기업 간의 적절한 마케팅 의사전달체계를 유지하는 기업활동

③ 감성 마케팅 : 제품의 기본적 편익이나 기능보다는 그 제품이 갖고 있는 상징, 메시지, 이미지를 중시하는 마케팅

④ 후행적 마케팅 : 생산 후의 마케팅활동(경로, 가격, 판촉)

57

| 정답 | ④

| 해설 | 코틀러의 마케팅 효과성 평가모델은 마케팅 성과를 고객 철학, 마케팅조직의 통합성, 마케팅정보의 충분성, 전략적 지향성, 운영효율성의 다섯 가지 차원으로 기업 내부의 마케팅 역량과 실행단계를 평가한다.

58

| 정답 | ②

| 해설 | 제품/시장 매트릭스는 마케터(기업) 중심의 방법이다.

| 오답풀이 |

①, ③, ④는 고객중심적인 방법이다.

59

| 정답 | ①

| 해설 | 피고과자를 비율에 따라 강제할당하여 고과하는 방법은 강제할당법에 관한 설명이고, 서열법은 피고과자의 능력과 업적에 대해 순위를 매기는 방법이다.

60

| 정답 | ①

| 해설 | 중심화 경향은 평가자의 소극적인 평가로 인해 평가점수가 중간점수에 집중되는 인사고과의 오류로, 이는 강제할당법을 통해 감소시킬 수 있다.

| 오답풀이 |

② 관대화 경향은 강제할당법이나 서열법으로 감소시킬 수 있다.

③ 현혹효과는 행위기준고과법과 목표관리법으로 감소시킬 수 있다.

④ 상동적 태도는 한 집단의 여러 구성원과 접촉 기회를 늘려서 감소시킬 수 있다.

61

| 정답 | ①

| 해설 | 평가의 신뢰성이란 평가도구가 얼마나 오차 없이 안정적으로 작동하는가에 대한 요건이다. 평가대상 특성의 보유정도를 정확히 파악하는가의 여부 판단은 평가도구가 평가대상을 얼마나 진실에 가깝게 측정하는가의 요건인 평가의 타당성에 해당한다.

| 오답풀이 |

② 대조표고과법(체크리스트, 대조리스트법)은 사전에 구체적으로 설정되어 공개된 행동표준을 기준으로 이를 이행하였는지 여부를 체크하는 방식으로 진행하는 인사고과법으로, 평가결과의 신뢰성과 타당성이 높다는 이점을 가진다.

③ 자유서술법은 평가자가 피평가자의 직무성과에 대해 특별한 형식 없이 자유롭게 진술하는 방식으로 평가하는 것으로, 평가요소와 그 과정에 제한이 없고 유연하다는 이점을 가지나, 운영이 어렵고 평가자의 주관이 필요 이상으로 반영되어 평가결과에 객관성이 결여되어 있다는 단점을 가진다.

④ 행위기준고과법(BARS)은 종업원이 실제 행동을 근거로 이를 척도상의 행위와 비교하여 평가하는 것으로, 평가기준에 따라 평가자가 임의로 점수를 부여하는 방식으로 이루어져 평가자의 심리적 오류가 반영될 수 있는 평정척도법의 결점을 보완한다.

⑤ 현장토의법(Field Review)은 인사담당자가 감독자들과의 토의로 평가하는 방법으로, 평가기준이 안정적이고 구체적인 정보를 바탕으로 평가할 수 있으나 평가에 시간과 비용이 많이 소요되고 피고과자의 참여 없이 평가가 진행되어 피고과자가 평가를 불신하는 수용성의 문제가 발생한다.

62

| 정답 | ④

| 해설 | 서열법은 종업원의 업적과 능력에 대하여 순위를 매기는 방법으로 직무 간 차이가 명확한 경우나 평가자가 모든 직무를 알고 있을 때만 적용이 용이한 방법이며, 피평가자의 수가 너무 많거나 적으면 사용하기 어렵다.

63

| 정답 | ③

| 해설 | 근접오류는 인사평가표상에서 근접하고 있는 평가요소의 평가결과 혹은 특정 평가시간 내에서의 평가요소 간의 평가결과가 유사하게 되는 경향이다. 피평가자들을 모두 중간점수로 평가하려는 경향은 중심화 경향이다.

64

| 정답 | ②

| 해설 | 성과관리란 성과를 목표로 하여 그 달성을 위한 과정의 성과기획, 성과측정, 성과보고 등의 일련의 관리체계를 의미하는 것이며, 성과관리에 따른 실제 성과를 기대 성과와 비교하여, 이를 바탕으로 승진 등의 보상을 지급하는 것은 성과평가(결과평가)에 해당한다.

65

| 정답 | ②

| 해설 | 인사평가의 신뢰성이란 평가척도가 얼마나 정확하게 측정되었는지에 관한 것으로, 평가척도의 신뢰성이나 평가자가 가진 오류에 의해 저해된다. 관대화 경향, 중심화 경향, 후광효과, 최근효과는 모두 평가자의 주관적 판단에 의해 발생하는 오류로, 이러한 효과가 얼마나 발생하였는가를 분석하여 인사평가의 신뢰성을 측정한다.

| 오답풀이 |

① 평가도구가 평가의 목적을 달성하는 것과 얼마나 관련되어 있는가의 여부는 인사평가의 타당성에 관한 내용이다.

③ 신입사원의 입사시험 성적과 입사 후의 직무태도를 비교하는 것은 선발도구가 지원자가 미래에 발휘하는 실제 직무능력과 어느 정도의 연관을 가지는가, 즉 선발도구의 예측타당성에 관한 사항이다.

④ 시험-재시험 방법, 내적 일관성 측정방법, 양분법은 선발도구가 얼마나 일관된 측정결과를 도출하는가를 판별하는 선발도구의 신뢰성에 관한 내용이다.

⑤ 인사평가에서의 중심화 경향(Central Tendency Error)은 평가자가 잘 알지 못하는 차원의 내용을 평가함에 있어서 평가에 따른 위험을 회피하기 위해 피평가자들을

모두 중간점수로 평가하는 것을 의미한다.

66

| 정답 | ③

| 해설 | 인사고과 시 평가요소는 모든 피고과자에게 공통적인 것이어야 하며 직무특성에 따라 업적, 능력, 태도 등의 고과요소들마다 다른 가중치를 가지고 평가되어야 한다.

67

| 정답 | ①

| 해설 | 소극적 강화는 불편한 자극을 제거해 행위를 강화시키는 것이다.

| 오답풀이 |

③ 연속강화법은 목표로 한 행동이 나타날 때마다 강화를 주는 것이다.

④ 부분강화법의 효과성은 고정간격법, 변동간격법, 고정비율법, 변동비율법의 순서로 높아지며 일반적으로 비율법이 간격법보다, 변동법이 고정법보다 우수한 방법이다.

보충 플러스+

소극적 강화

1. 도피학습(Escape Learning)
   혐오 자극을 감소시키거나 제거하는 반응을 획득하는 것으로 개인의 바람직한 행위가 증가하면 불편한 상태의 자극이 끝나도록 하는 것
2. 회피학습(Avoidance Learning)
   효과적인 반응을 함으로써 불쾌함 또는 위험한 자극을 피할 수 있음을 배우는 것

68

| 정답 | ③

| 해설 | 알더퍼의 ERG이론은 무엇이 동기를 유발시키는지에 대해 다룬 내용 이론으로 동기를 유발시키는 인간 내부적인 실체에 초점을 둔 이론이다.

69

| 정답 | ②

| 해설 | 직무분석의 결과로 작성되는 문서에는 직무기술서와 직무명세서가 있다. 직무기술서는 직무의 성격, 내용, 수행 방법 등과 직무에서 기대되는 결과 등을 간략하게 정리해 놓은 문서이며, 직무명세서는 특정한 직무를 만족스럽게 수행하는 데 필요한 작업자의 지식, 기능, 기타 특성 등을 명시해 놓은 문서이다.

70

| 정답 | ④

| 해설 | 직무명세서는 직무내용보다는 직무요건에서 특히, 인적요건에 비중을 두었다. 반면에 직무기술서는 직무내용과 직무요건을 동일한 비중으로 다루고 있다.

71

| 정답 | ⑤

| 해설 | 직무분석은 직무평가를 통해 직무평가자료를 수집하고 이를 채용, 배치, 인사이동 등의 인사고과에 활용할 수 있다.

72

| 정답 | ②

| 해설 | 압축근무제는 동일한 주당 근로시간 내에서 일일 근무시간을 늘려 근로일수를 단축시키는 제도로, 압축근무제를 통해 단축시킬 근무일을 근로자 본인이 직접 선택할 수 있도록 하고 있다.

| 오답풀이 |

① 직무순환은 근로자를 일정 기간마다 다른 직무로 이동시켜 다양한 업무 환경을 경험하게 하는 제도이다.

③ 유연시간 근무제는 주당 근로시간 내에서 근로자가 직접 출퇴근시간을 지정할 수 있는 제도이다.

④ 직무공유제는 근무시간과 업무량을 두 명 단위로 묶어 상호협의로 근무일정과 업무를 조정할 수 있도록 하는 제도이다.

⑤ 업무를 자택에서 볼 수 있게 하는 재택근무제의 도입은 임시직의 고용을 용이하게 하여 더욱 넓은 노동력 풀을 활용할 수 있게 한다.

73

| 정답 | ③

| 해설 | 직무충실화는 허즈버그의 2요인이론에 바탕을 두고 있다.

보충 플러스+

직무충실화(Job Enrichment)

1. 의의
   직무충실화란 종업원의 직무를 수직적으로 확대함으로써 직무내용을 보다 풍부히 하는 것으로, 의사결정의 자유재량권과 책임의 부과를 핵심내용으로 한다.
2. 기대효과
   (1) 창의력 개발
   자유재량권과 책임감 부여를 통한 직무수행자의 창의력 개발을 촉진한다.
   (2) 직무의 완전성 증대
   직무의 완전성을 증대시킴으로써 직무의 단조로움과 싫증 · 피로감을 줄일 수 있다.
   (3) 능력신장
   새로운 과업을 추가로 수행함으로써 작업자의 능력신장을 기대할 수 있다.
3. 문제점
   (1) 종업원에게 일정한 능력을 갖추게 하자면 추가적인 교육훈련이 필요하고 따라서 많은 비용과 시간이 소요될 수 있다.
   (2) 종업원의 개인 차이를 고려하지 않았다. 따라서 성장욕구가 낮은 작업자에게는 직무충실이 오히려 심리적으로 더 부담스러워지고 능력이 따라가지 못했을 때의 좌절감 또한 무시할 수 없다.
   (3) 관리자의 반발이 예상된다. 즉 관리자의 일부 직무를 작업자에게 넘겨주었을 때 불만이 예상된다.

74

| 정답 | ④

| 해설 | 직무평가란 직무의 분석결과에 나타난 정보자료(직무기술서 · 직무명세서)를 중심으로 각 직무의 중요성 · 복잡성 · 난이도 · 위험성 · 책임성 등을 종합적으로 평가하여 각 직무의 상대적 가치를 결정하고 등급을 분류하는 과정이다.

서열법	• 가장 오래되고 간단한 직무평가 방법 • 전체적 · 포괄적 관점에서 각각의 직무를 상호교차하여 그 순위를 결정
분류법	어떠한 기준으로 사전에 만들어 놓은 등급에 맞추어 넣는 평가방법
점수법	직무를 여러 평가요소로 구분하여 각 요소별로 그 중요도에 따라 점수를 준 후 평가
요소 비교법	기준직무를 미리 정해놓고 각 직무의 평가요소와 기준직무의 평가요소를 비교, 분석하는 평가방법

75

| 정답 | ②

| 해설 | 해크만과 올드햄이 주장한 직무특성이론에서 자율성은 직무계획 수립, 수행절차 결정 시 작업자에게 허용된 재량권이다.

76

| 정답 | ①

| 해설 | 해크만(Hackman)과 올드햄(Oldham)은 직무특성모형을 제시하면서 동기잠재력지수를 통해 자신의 직무가 자신에게 동기부여가 되는지 여부를 지각하는 정도를 수식으로 제시하였다. 이를 구하는 수식은 다음과 같다.

$$\text{동기잠재력지수} = \frac{\text{기술다양성} + \text{과업중요성} + \text{과업정체성}}{3} \times \text{자율성} \times \text{피드백}$$

이 중 기술다양성과 과업중요성, 과업정체성은 업무가 얼마나 가치 있는 것인지를 느끼게 해 주고, 자율성은 개인의 책임감, 피드백은 작업활동의 결과에 대한 심리에 영향을 준다고 보았다.

77

| 정답 | ②

| 해설 | 시나리오기법은 미래 환경에 대한 불안정하고 복잡한 변화가 예측될 때 전문가 집단이 변화에 대한 시나리오를 작성하는 방식의 미래 예측기법으로 질적 인력 수요예측에 해당한다.

78

| 정답 | ②

| 해설 | 인력 선발에 있어 현실적으로 직무적합성이 100% 일치하는 인력만을 기대할 수는 없다. 다만 인력 선발에 있어서는 직무적합성에 가장 부합하는 인재를 선발하는 것이 바람직하다.

| 오답풀이 |

③ 조직의 인력 선발에 있어서의 효율성은 적정한 인원만큼의 인력 선발, 선발 절차에서의 시간적 효율성, 인력의 우수성, 선발 인력의 직무상 필요 여부 등을 의미한다.

④ 구성타당성이란 인력 선발을 위한 측정 도구가 적절한 수단인지의 여부를 의미한다.

⑤ 인력 선발에 있어 신뢰성이란 선발 도구가 동일한 환경에서 동일한 대상으로 얼마나 일관된 측정결과를 도출할 수 있는가의 여부를 의미한다.

79

| 정답 | ④

| 해설 | 내용타당도는 검사의 문항들이 그 검사가 측정하고자 하는 내용영역을 얼마나 충실하게 측정하는지에 관한 것이다. 측정 도구를 이용해 나타난 결과가 다른 기준과 얼마나 상관관계가 있는지에 관한 것은 기준타당도에 관한 내용이다.

80

| 정답 | ⑤

| 해설 | 비즈니스 게임(Business Game)은 교육 대상자들에게 특정 경영 상태를 설정한 모의회사를 제시하고 게임을 통해 경영상의 의사결정을 체험하게 하는 방식의 경영 교육훈련을 의미한다. 주어진 사례에 관한 실제 인물연기를 통해 문제를 체험하고 이에 대한 해법을 제시하게 하는 교육기법은 역할연기법(Role Playing)에 해당한다.

| 오답풀이 |

② 교육훈련의 방법에는 장소의 제약 없이 온라인에서 교육훈련이 가능한 e-러닝이나 실제 직무장소와 별도의 전문교육기관에서 전문가에 의한 교육훈련을 받는 직장 외 교육훈련(Off-JT Training)기법 등이 존재하나, 이들 역시 그 교육 내용은 실제 직무 현장과의 유사성을 유지해야 한다.

③ 교육훈련에 있어 집단구축기법(팀 작업)은 구성원들의 아이디어를 공유하고, 집단정체성을 구축하는 것을 교육의 목표로 한다.

81

| 정답 | ④

| 해설 | 성과급은 구성원이 달성한 업무 성과, 결과물을 기준으로 임금액을 결정하는 제도이다. 구성원의 기술이나 능력을 측정(능력평가)하여 이를 바탕으로 임금을 지급하는 것은 직능급에 대한 설명이다.

82

| 정답 | ②

| 해설 | 직무급은 직무의 난이도에 따라 보상이 결정되는 제도로 담당자의 직무에 대한 태도와 직무적성, 직무성과와 임금은 관계가 없다. 즉, 동일직무에 동일임금이다.

보충 플러스+

직무급의 특징

1. 직무의 난이도에 따라 임금 수준을 결정한다.
2. 직무평가에 의해서 상대적 가치를 평가한다.
3. 직무급은 원칙적으로, 동일노동에 대해서는 동일임금이라는 사고방식에 의한 것이므로 직무가 변하지 않는 한 임금도 변하지 않는 것이 원칙이다.
4. 직무급은 연령, 근속연수, 학력 등 속인적 요소에 의해 임금을 결정하는 속인급이 아니고 조직구성원이 담당하는 직무를 객관적으로 분석, 평가하여 결정하는 임금이다.

83

| 정답 | ②

| 해설 | ① 작업분담제는 경기 침체 시에 해고자를 줄이는 대신 전체 고용자가 일정한 비율로 작업량을 줄여서 일하는 제도이다.

③ 근로자 파견제도는 사업주가 근로자를 고용한 후 그 고용관계를 유지하면서 사용사업체에 파견하여 근로하게 하는 것으로서 고용자와 사용자가 다르다. 따라서 고용불안과 노조활동의 위축을 초래할 수 있다.

④ 변형근로시간제란 주 단위의 근로시간을 초과하지 않는 범위에서 노사합의로 1일 또는 1주간의 기준근로시간을 변형하여 근로할 수 있는 제도이다.

보충 플러스+

근로조건 관리

작업 분담제	경기침체 시에 해고를 줄이는 대신 전체 고용자가 일정한 비율로 작업량을 줄이는 제도
직무 분담제	• 여러 명의 시간제 종업원이 하나의 직무를 나누어 맡는 제도 • 신입사원, 명퇴자, 전문 자격사들이 선호
근로자 파견제도	• 고용자와 사용자가 다름. • 고용불안과 노조활동의 위축 가능 • 사업주가 근로자를 고용한 후 그 고용관계를 유지하면서 사용사업체에 파견하여 근로하게 하는 것
변형근로 시간제	주 단위의 근로시간을 초과하지 않는 범위에서 노사합의로 기준근로시간을 변형하여 근로할 수 있는 제도

84

| 정답 | ⑤

| 해설 | 에이전시 숍은 노동조합의 운영으로 발생하는 수혜가 비노동조합원에게도 적용된다는 형평성의 문제를 보완하기 위해 노동조합원이 아닌 노동자에게도 조합비를 납부받는 제도이다. 노동조합원에게 우선채용권이 주어지는 제도는 프레퍼런셜 숍(Preferential Shop)에 해당한다.

| 오답풀이 |

③ 파업, 보이콧(Boycott) 등의 노동쟁의의 실력행위는 조정절차 이후 중재절차 이전에 발생하나, 일반적으로 노동쟁의는 조정절차 이전의 절차인 노사교섭이 결렬된 이후 그 실력행위의 존재 여부를 불문하고 이미 발생한 것으로 본다.

85

| 정답 | ①

| 해설 | 전통적으로 경력관리는 조직에 의한 직업훈련과 직업교육으로 이루어졌으나 개인의 가치 지향, 자기목표의 달성과 그 과정에서의 관계구축과 직무에 관한 경험을 경력으로 보는 프로티언 경력(Protean Career) 개념의 도입으로 경력관리의 책임주체가 조직에서 개인으로 넘어가게 되었다.

보충 플러스+

전통적 경력과 프로티언 경력의 비교

구분	전통적 경력	프로티언 경력
경력목표	승진과 급여 인상	심리적 성공
핵심가치	상위계층으로의 이동과 권력	자유와 개인적 성장
심리적 계약관계	헌신과 직업안정	유연성과 고용가능성
이동가능성	수직적, 낮은 계층	수평적, 상위계층
형태	단선적, 전문가	복합적, 일시적
전문성	Know-how	Learn-how
개발방법	공식적 훈련에 지나친 의존	관계구축 및 직무경험에 의존
관리의 책임	조직	개인

86

| 정답 | ⑤

| 해설 | 럭커 플랜은 부가가치의 증대를 목표로 하여 이를 노사협력체제에 의하여 달성하고, 이에 따라 증가된 생산성 향상분을 그 기업의 안정적인 부가가치 분배율로 노사간에 배분하는 성과배분제이다. 반면, 위원회제도의 활용을 통한 종업원의 경영참여와 개선된 생산의 판매가치를 기초로 한 성과배분제는 스캔론 플랜이다.

87

| 정답 | ①

| 해설 | 연공급에 대한 설명으로 개인의 학력, 근속연수, 연령 등의 요인들로 임금수준을 정한다.

보충 플러스+

임금체계

직능급	직무의 내용과 직무수행능력에 따라서 기본급을 산정하며 이에 연공적 요소를 가미한 연공급과 직무급의 절충 형태로 능력급의 대표적인 것
직무급	근로자가 수행하는 직무의 성격에 따라 임금이 결정
성과급	개인의 실적과 능력에 따라 지급되는 임금체계

88

| 정답 | ③

| 해설 | 등급에 따라 임금을 결정하는 것으로 동일직무에는 임금이 동일하다.

보충 플러스+

직무급의 특징

1. 등급에 따른 임금수준 결정
2. 직무평가에 의해서 상대적 가치평가
3. 직무급은 원칙적으로, 동일노동에 대해서는 동일임금이라는 사고방식에 의한 것이므로 직무가 변하지 않는 한 임금도 변하지 않는 것이 원칙
4. 직무급은 연령, 근속연수, 학력 등 속인적 요소에 의해 임금을 결정하는 속인급이 아니고 조직구성원이 담당하는 직무를 객관적으로 분석, 평가하여 임금을 결정

89

| 정답 | ①

| 해설 | 직무기술서에는 직무에 관한 개괄적인 자료가 들어가 있는 것으로 직무에 대해서 잘 기술되어 있다.

| 오답풀이 |

② 직무명세서와 직무기술서에는 공통적으로 직무표식, 직무개요 등이 포함되어 있지만 인적 요건을 중시하는 것은 직무명세서이다.

③ 직무기술서는 직무분석의 결과를 정리하여 기록한 문서이며, 직무명세서는 직무기술서의 내용에 기초하여 직무수행에 필요한 요건 중에서 인적 요건에 큰 비중을 두어서 기록한 것이다.

④ 직무기술서에는 직무의 특성, 업무내용 등이 기술되어 있으며 직무명세서에는 학력이나 자격, 역량 등이 기술되어 있다.

90

| 정답 | ①

| 해설 | 내부모집과 외부모집의 장 · 단점

구분	장점	단점
내부 모집	• 동기유발 • 내부 지원자들의 정확한 평가 • 채용비용 절감 효과 • 능력개발 증진	• 모집인원의 제한 • 승진을 위한 과다경쟁 • 승진 탈락자들의 불만과 사기 저하
외부 모집	• 모집범위가 넓어 유능한 인재 영입 • 인력개발 비용절감 (경력자) • 새로운 정보와 지식의 도입 용이 • 조직에 활력 • 조직 홍보효과	• 권력에 의해 부적격자 채용 가능성 • 기관 내부에 파벌이나 불화 조성의 우려 • 내부인력의 사기 저하 • 채용에 따른 비용부담 • 신규직원 적응기간의 장기화 우려

91

| 정답 | ③

| 해설 | $긴급률=\frac{잔여납기일수}{잔여작업일수}=\frac{(납기일-현재일)}{잔여작업일수}$

• 긴급률은 현재부터 납기일까지 남아 있는 시간을 잔여처리 시간으로 나눈 것이다.

• 긴급률이 1보다 크면 여유가 있음을 나타내고 1보다 작으면 예정보다 뒤진 것을 의미한다.

• 작업의 우선순위를 고려할 때 긴급률이 작은 순서부터 먼저 작업을 진행한다.

보충 플러스+

전진부하할당과 후진부하할당

전진부하할당	현재일로부터 시작하여 시간상 앞으로 작업을 할당
후진부하할당	각 주문의 납기일로부터 시작하여 시간상 거꾸로 각 주문의 처리시간을 각 작업장에 할당

92

| 정답 | ②

| 해설 | c. 비행기는 비행기제조회사에게는 산출물이지만 여객항공회사에서는 투입물이 된다.

d. 생산시스템은 산출물로서 유형의 상품뿐만 아니라 무형의 서비스도 생산한다.

e. 투입물의 가치 대비 산출물의 가치가 높을수록 생산성이 높으며 이는 상품경쟁력의 원천이 된다.

보충 플러스+

생산관리

1. 생산관리 : 제품이나 서비스의 생산활동을 관리하는 시스템
2. 생산 활동 : 사회가 필요로 하는 제품을 만드는 것으로 생산은 투입물에 변환을 가하여 가치가 부가된 산출물을 만드는 과정
3. 기본 요소
   - 산출물 : 제품과 서비스
   - 변환과정 : 가치를 창출하거나 부가시키는 과정
   - 투입물 : 사람, 자본, 기술 등

93

| 정답 | ②

| 해설 | 모듈러 설계는 호환 가능한 부분품을 개발하여 다양한 고객의 요구에 부응한다. 서로 다른 제품으로 호환 가능한 부분품을 이용하여 고객의 다양한 요구를 충족시키기 위한 것으로 다양성과 생산원가의 절감이라는 이중의 목적을 달성할 수 있는 제품설계의 방법이다.

94

| 정답 | ④

| 해설 | 주문생산의 유연성과 대량생산의 생산성을 동시에 달성하고자 하는 생산시스템이다.

보충 플러스+

유연생산시스템(FMS ; Flexible Manufacturing System)
FMS라는 말은 미국 공작기계 제조회사인 카네 앤드 트레커가 다품종 소량생산을 하는 자동화 시스템의 상품명으로 처음 사용하였다. 일반적으로 소비자의 수요에 따라 자동적으로 상이한 비율로 다양한 제품을 생산할 수 있는 시스템으로 정의되고 있다. 즉, 자동화된 대량생산의 효율성과 주문공장의 유연성을 두루 갖춘 유연생산시스템이라고 할 수 있다.

95

| 정답 | ③

| 해설 | JIT는 설비배치와 다기능공의 활용을 통해서 수요변화에 맞게 라인별로 여러 기계를 다룰 수 있는 다기능 작업자가 필요하다.

96

| 정답 | ③

| 해설 | JIT시스템은 비용만 발생시키고 부가가치 창출에 기여하지 않는 활동 또는 자원으로서 즉각적으로 제거되어야 하는 7가지 낭비요소 즉 불량의 낭비, 재고의 낭비, 과잉생산의 낭비, 운반의 낭비, 비합리적인 프로세스에 의한 낭비, 동작의 낭비, 대기의 낭비를 최소화하는 기본 목표를 추구한다.

안정적 생산을 위한 긴 준비시간을 확보하는 것은 포드 시스템이다.

보충 플러스+

JIT(Just In Time)

- 생산성을 위한 짧은 준비시간
- 소수의 협력적 공급업자
- 낭비적인 요소를 제거하려는 생산관리시스템으로 재고의 극소화
- 팀 중심적인 노동력
- 통제 중심적이며 시각적 통제를 강조

97

| 정답 | ②

| 해설 | 4차 산업혁명은 빅데이터, 인공지능, 사물인터넷(IoT) 등의 정보통신 기술의 융합으로 이루어지는 산업혁명으로, 컴퓨터를 활용한 자동화 시스템에 의한 산업혁명은 디지털 혁명, 즉 3차 산업혁명에 관한 내용이다.

| 오답풀이 |

① 전사적 자원관리는 회사의 정보와 공급사슬, 주문 정보까지를 하나로 통합하여 운영 · 관리하는 자원관리 시스템이다.

③ 중역정보시스템은 최고경영자의 전략적 의사결정에 필요한 정보를 제공하여 실시간 경영을 지원하는 시스템을 의미한다.

④ 집단의사결정지원시스템은 조직구성원들의 의사결정을 위한 의사소통, 의사결정기법, 분석 도구 등을 지원하는 시스템을 의미한다.

98

| 정답 | ①

| 해설 | 프로젝트공정이란 고객의 주문에 따라 하나의 대규모 시설의 건설 등 대규모의 자본과 자원이 투자되는 비반복적이고 유일한 제품을 생산하기 위한 공정설계로, 생산관리기법 대신 PERT/CPM 등의 일정을 관리하는 기법들이 이용된다.

| 오답풀이 |

② 개별공정은 인쇄, 기계제작 등 각 제품별로 요구되는 기계의 종류와 작업순서까지 모두 다른 다품종 소량생산을 위한 공정설계로, 범용장비와 이를 운용하는 숙련공들을 요구한다.

③ 라인공정은 표준화된 자재와 부품들이 고정된 작업순서와 생산속도에 따라 하나의 생산라인을 타고 이동하면서 조립되어 제작되는 방식을 위한 공정설계이다.

④ 연속공정이란 제철, 정유, 발전 등 고도로 자동화된 생산시설로 표준화된 제품을 끊임없이 생산하기 위한 공정설계로, 여기에 요구되는 인력은 생산에 직접적으로 관여하기보다는 공정이 안정적으로 진행되는가를 감시하는 관리자라는 점에서 라인공정과는 차이를 보인다.

⑤ 배치공정은 생산 과정이 유사하고 표준화된 제품군을 배치(Batch) 단위로 묶어 이를 같은 생산시스템에서 생산하도록 하는 생산공정으로 주로 제빵, 제화산업에서 활용된다.

99

| 정답 | ④

| 해설 | PERT는 시간의 계획과 통제가 목적인 확률적 도구이다.

보충 플러스+

PERT－CPM

PERT	시간의 계획과 통제가 목적인 확률적 도구
CPM	• 시간과 비용의 통제가 목적인 확정적 도구 • 프로젝트의 최단 경로를 구하는 기법
공통점	• 네트워크를 이용하여 프로젝트를 수행할 수 있도록 시간과 비용을 계획하고 통제 • 대규모 건설공사나 연구개발 사업 등에 이용

100

| 정답 | ①

| 해설 | PERT은 1958년 미해군성에서 폴라리스 잠수함용 미사일의 개발상황을 측정관리하기 위하여 개발되었다. 과거에 경험이 없는 프로젝트의 성공 및 시간의 단축을 목적으로 개발되었으며 프로젝트를 시간적으로 관리하는 것이 주목적이다.

또한 CPM은 미국의 듀폰사에서 개발되었으며 최소의 시간과 비용으로 프로젝트를 완성하고자 하는 것을 목적으로 하는 확정적 모형이다.

101

| 정답 | ②

| 해설 | PERT－CPM에서는 낙관치(t_0)와 비관치(t_p)의 발생확률은 같고, 최빈치(t_m)는 두 발생확률의 4배로 가정한다. 그리고 PERT－CPM에서의 기대시간치(t_e)는 이들의 산술평균이다. 즉 $t_e = \frac{t_0 + 4t_m + t_p}{6}$ 이다.

낙관적 시간은 2일, 비관적 시간이 8일, 최빈시간(정상시

간치)이 5일로 추정된다면 기대시간치는 $\frac{2+4\times5+8}{6}=$ 5(일)이다.

102

| 정답 | ④

| 해설 | 상호배타적 투자사업은 분석방법에 따라 서로 상반된 투자결과를 도출할 수는 있으나, 항상 상반된 결과만을 도출하지는 않는다.

| 오답풀이 |

① 순현가(NPV)법은 내부수익률(IRR)법에 비해 가정이 현실적이고, 기업가치 극대화의 원리가 적용되는 등의 측면에서 일반적으로 내부수익률법보다 우수한 분석법으로 본다.

② 순현가법에서는 재투자수익률을 자본비용으로 가정한다. 즉 순현가법은 미래현금수지가 자본의 기회비용으로 재투자됨을 가정한다.

③ 순현가법과 달리 내부수익률법에서는 가치가산의 원칙이 성립되지 않는다.

⑤ 투자안의 투자가치평가에 있어 내부수익률법은 평균기준으로 평가하는 반면 순현가법은 증분기준으로 평가한다. 투자안 분석에 있어 순현가법을 채택하는 것이 적절하므로, 현금흐름 측정 시 증분기준으로 측정하게 된다.

103

| 정답 | ③

| 해설 | 순현재가치법(Net Present Value, NPV)은 재투자수익률을 자본비용으로 가정한다. 재투자수익률을 내부수익률로 가정하는 것은 내부수익률법(Internal Rate of Return, IRR)에 해당한다.

| 오답풀이 |

① 순현재가치는 미래의 소득에 할인율을 적용하여 미래소득의 현재가치를 평가한다.

② 순현재가치법은 전체 투자기간 동안의 모든 현금흐름의 현재가치로 투자안을 평가하는 방법이다.

④, ⑤ 가산법칙이란 여러 투자안들을 복합적으로 평가한 값이 각각의 투자안을 독립적으로 평가한 값과 동일하다는 법칙이다. 즉 여러 투자안들이 결합된 투자안은 이를 구성하는 개별 투자안들의 가치의 합이라는 의미로, 순현재가치법에서는 이러한 가산법칙이 적용된다. 따라서 순현재가치법은 개별 투자를 독립적으로 평가하는 것만으로 이를 합산하는 방법을 통해 모든 투자관계를 평가할 수 있다.

104

| 정답 | ①

| 해설 | NPV법은 투자의 한계수익률을 고려한 분석기법이고, IRR법은 투자의 평균수익률을 고려한 분석기법이다.

| 오답풀이 |

② 단일투자안을 평가할 경우, NPV법은 투자안의 NPV가 0보다 크면 채택하고, IRR법은 투자안의 IRR이 자본비용보다 크면 채택하므로, 투자평가에 있어서 순NPV법과 IRR법은 결론이 동일하다.

④ NPV는 절대금액으로 표시되지만 IRR은 백분율로 표시되므로, 투자규모가 상이한 경우 NPV법과 IRR법이 상이한 결과를 가져올 수도 있다.

⑤ 순현가법과 내부수익률법에 의한 투자안의 평가결과가 서로 상이한 결과가 발생하는 원인은 서로 가정하고 있는 재투자수익률의 차이에 있다.

보충 플러스+

NPV법과 IRR법의 비교

NPV	IRR
• 투자의 한계수익률을 고려한 분석기법 • 재투자 가정이 현실적 • 가치가산의 원리 적용 • 평가기준이 일정	• 투자의 평균수익을 고려한 분석기법 • 재투자 가정이 어려움. • 가치가산의 원리 적용되지 않음. • 평가기준은 현금흐름 상태에 따라 다름.

105

| 정답 | ①

| 해설 | BDI(Baltic Dry Index)란 발틱해운거래소가 산출하는 건화물시황운임지수로 1999년 말부터 발표하고 있다. 철강 · 곡물 등 포장 없이 내용물을 실어 옮기는 벌크선 운임지수로 통상적으로 사용된다.

| 오답풀이 |

② KMI(Korea Maritime Index) : KMI지수는 MRI나 BDI 지수들이 북미나 유럽에서 개발 · 이용되어 대서양수역을 중심으로 작성되기 때문에 우리나라를 비롯한 극동지역의 시황이 충분히 반영되지 못함에 따라 한국해양수산개발원(KMI)이 태평양 및 극동지역을 중심으로 한 시황지표로 개발한 것이다.

③ HRCI(Howe Robinson Container Index) : 컨테이너선 용선지수, 전 세계적으로 거래되는 약 14가지 선형의 컨테이너의 용선료를 지수화하여 발표하고 있는 지수이다.

④ CCFI(China Containerized Freight Index) : 중국발 컨테이너 운임지수로 상하이 항운교역소가 집계하여 매주 발표한다.

106

| 정답 | ③

| 해설 | 자본잠식이란 회사의 적자폭이 커져 잉여금이 바닥나고 납입자본금이 마이너스가 되는 것을 말한다. 즉, 적자로 인해 원래 갖고 있던 자기자본이 줄어드는 현상이다.

| 오답풀이 |

① 분식회계 : 기업이 고의로 자산이나 이익 등을 크게 부풀리고 부채를 적게 계상함으로써 재무상태나 경영성과, 그리고 재무상태의 변동을 고의로 조작하는 것

② 신용경색 : 금융기관에서 돈이 제대로 공급되지 않아 기업들이 어려움을 겪는 현상

④ 재정절벽 : 정부의 재정지출이 갑자기 삭감되거나 중단되어 경제에 충격을 주는 현상

107

| 정답 | ④

| 해설 | 자기자본이란 기업의 총 자본에서 차입자본금(부채)을 뺀 금액으로, 미래 일정 시점에 상환해야 할 의무가 없는 기업 고유의 재산이다. 루시타니족 전쟁자금 지원금은 부채이므로 자기자본의존도가 낮아진 것이다.

| 오답풀이 |

① 기업에 타인자본, 즉 부채를 보유함으로써 금융비용을 부담하는 것을 재무레버리지라고 한다.

② 주 채무자가 그의 채무를 이행하지 않을 경우 그 이행의 책임을 지는 제3자의 채무를 보증 채무라고 한다.

③ 기업활동을 통해 나타나는 현금의 유입과 유출을 통틀어 현금흐름이라 한다.

108

| 정답 | ①

| 해설 | 영업레버리지에 대한 설명으로 기업이 영업비 중에서 고정영업비를 부담하는 정도를 뜻한다.

보충 플러스+

재무레버리지

기업에 타인자본, 즉 부채를 보유함으로써 금융비용을 부담하는 것을 재무레버리지라고 한다. 재무레버리지가 존재하는 경우 고정적인 금융비용의 지급으로 영업이익의 변동이 세후순이익의 변동을 확대시키게 되는데, 이를 재무레버리지 효과라고 한다.

109

| 정답 | ②

| 해설 | 유사한 지성을 가진 사람들도 다른 선택을 하며, 사람들은 똑같은 것을 다르게 지각한다.

보충 플러스+

지각

1. 지각의 의의
   ① 지각이란 개인이 접하게 되는 환경과 대상(객체)에 의미를 부여하기 위해 선택화, 조직화, 해석화하는 과정을 말한다.
   ② 개인은 지각을 통해 감각으로 받아들인 자료를 걸러내고, 수정하고, 해석하여 정보화한다.
2. 지각과정
   ① 지각선택화는 우리를 둘러싸고 있는 환경이 주는 여러 가지 자극 가운데 일부만 받아들여서 반응을 하게 하는 지각과정이다.
   ② 지각과정은 정보투입을 받아들여, 그것을 선택 · 조직 · 해석을 통해 감각에서 지각으로 변환시키고 그에 관련된 산출을 하는 개방체제로서의 과정이다.

3. 지각에 영향을 미치는 외부요인
   ① 강도 : 강하면 강할수록 지각이 잘 됨.
   ② 규모 : 클수록 더 잘 지각됨.
   ③ 대비 : 다른 대상 또는 배경과의 대비가 지각에 영향을 미침.
   ④ 반복 : 단일자극보다 반복적 외부자극이 더 많은 관심과 기민성에 영향
   ⑤ 움직임 : 정적인 것보다 동적인 것이 더 주의를 끔.
   ⑥ 신기함 : 사람들은 특이하고 신기한 것을 더 잘 지각함.
   ⑦ 친밀함 : 친밀한 것이 더 잘 지각됨.
4. 지각에 영향을 미치는 내적 요인
   – 지각자의 내적 측면에서 지각에 영향을 미치는 요인
   ① 동기 : 만족되지 않은 욕구는 개인의 지각에 영향 (예 배고픔 ← 음식냄새)
   ② 성격 : 성격은 지각에 의해 형성되지만 또한 지각에 영향을 미침.
   ③ 학습 : 사람에게 어떤 방법으로 지각하게 준비시키거나 지각을 기대하게 함으로써 사물지각에 영향 (예 모호한 그림)
   ④ 이해관계 : 개인의 주의의 초점은 이해관계에 의해 영향을 받음.
   ⑤ 기대 : 기대는 보고자 기대하는 것을 보도록 만들어 지각을 왜곡할 수 있음.

110

| 정답 | ④

| 해설 | 브룸의 기대이론에서는 인간은 행동에 따른 결과와 확률을 예측하고, 이에 따라 행동한다는 합리적인 인간임을 가정하고 있으며, 실제 인간은 다른 요인에 의해 비합리적인 선택을 한다는 점은 기대이론의 한계로 지적받는다.

| 오답풀이 |

① 브룸의 기대이론에서 구성원의 직무기대감(Expectancy)은 노력을 했을 경우 노력이 성과로 이루어질 수 있는 가능성에 대한 주관적인 믿음을 의미하며, 종업원에 대한 교육과 훈련을 통해 개인의 직무능력을 향상시켜줌으로써 직무에 대한 자신감을 부여하는 방식으로 직무기대감을 높일 수 있다.

②, ③ 기대이론에서의 수단성(Instrumentality)은 직무를 수행하면 그 결과로 보상을 받을 가능성에 대한 기대심리로, 보상을 제공하는 조직에 대한 신뢰가 클수록 수단성이 높아진다.

111

| 정답 | ①

| 해설 | 매슬로우의 존경욕구는 알더퍼의 성장욕구에 해당한다.

보충 플러스+

매슬로우의 욕구단계설과 알더퍼의 ERG이론 비교

매슬로우의 욕구단계설	• 동시에 여러 욕구충족 불가능 • 만족–진행 • 욕구를 무의식수준에서 다룸. • 생리적, 안전, 사회적, 존경, 자아실현의 욕구
알더퍼의 ERG이론	• 동시에 여러 욕구 충족 가능 • 만족–진행 및 좌절–퇴행 • 욕구를 의식수준에서 다룸. • 존재욕구, 관계욕구, 성장욕구

112

| 정답 | ①

| 해설 | 공정성이론은 동기부여가 되는 과정을 설명한 과정이론이다.

내용이론(Content Theory)	과정이론(Process Theory)
욕구단계이론 ERG이론 성취 · 친교 · 권력욕구이론 2요인이론	기대이론 공정성이론 목표설정이론 상호작용이론 인지평가이론

113

| 정답 | ⑤

| 해설 | 아담스의 공정성이론은 개인들의 불공정한 상황을 자각하게 되면 불만족을 느끼고 정서적 긴장을 초래하게 되어 그런 불공정한 상황을 해소하기 위한 동기가 유발될 것이라고 하였다.

보충 플러스+

아담스의 공정성 이론

1. 인지부조화이론에 기초하고 있다.
2. 개인들이 자신의 투입 대 산출의 비율을 타인과 비교해서 현격한 차이가 날 때 불공정을 느끼며, 이때 공정성을 추구하는 과정에서 동기부여가 작용하게 된다는 이론이다.
3. 투입과 산출은 객관적인 수치가 아니며 투입과 산출에 대한 기준은 개인차가 있다.

114

| 정답 | ④

| 해설 | 맥클리랜드의 성취동기이론은 매슬로우의 다섯 단계의 욕구 중에서 자아실현의 욕구, 사회적 욕구, 존경의 욕구 세 가지만을 대상으로 하여 연구를 한 것이다.

| 오답풀이 |

① 허즈버그의 2요인이론 : 허즈버그는 동기요인과 위생요인 두 가지로 구분하는데 동기요인은 만족감을 주는 요인이며 위생요인은 불만감이 생겼을 때 이를 예방하는 요인이다.

② 알더퍼의 ERG이론 : 알더퍼는 욕구가 반드시 상위 단계로만 가는 것이 아니라 좌절되었을 경우 하위 단계로 퇴행할 수 있다고 하였다.

③ 매슬로우의 욕구단계이론 : 인간의 내면을 총 5가지로 구분하며 이 욕구는 동시에 생기는 것이 아니라 하위욕구가 충족되어야 상위 욕구가 발생한다고 하였다.

115

| 정답 | ②

| 해설 | 허즈버그의 2요인이론은 인간의 욕구 가운데는 동기요인(만족요인)과 위생요인(불만요인) 2가지가 있으며, 이 두 요인은 상호 독립되어 있다는 이론이다. 따라서 동기요인이 딱히 충족되지 않아도 불만으로 이어지지 않는다.

116

| 정답 | ③

| 해설 | 지배전략이란 상대방이 어떠한 전략을 택하더라도 본인에게 최선의 전략을 선택하는 것이다.

보충 플러스+

순수전략과 혼합전략

순수 전략	• 순수전략에서도 두 개 이상의 안점이 존재 • 전략변경을 하지 않으며 변경을 하지 않아도 안정 상태에 도달 가능 • 게임 참가자가 단 하나의 전략을 선택하여도 서로 만족하는 안정 상태에 도달 가능
혼합 전략	• 안점이 없는 게임 • 게임값을 얻기 위해 여러 가지 전략을 혼합하여 사용하는 것으로 안점이 존재하지 않는 게임에서는 반드시 혼합전략 사용

117

| 정답 | ③

| 해설 | 직무충실화는 허즈버그의 2요인이론에 기초한 방법으로, 수직적 직무확대로 이루어져 있다.

직무충실화는 직무성과가 직무수행에 따른 경제적 보상보다는 개개인의 심리적 만족에 달려 있다는 전제하에 직무수행내용과 환경을 재설계하려는 방법이다.

직무충실화 프로그램은 특히 작업환경의 질과 관련하여 품질 향상과 사기 향상을, 그리고 이직률 및 사고율의 감소와 간접비의 절감 등에 실질적인 많은 성과를 거두어 왔다.

118

| 정답 | ②

| 해설 | 투자수익률(ROI)에 연관되어 평가하는 모형은 GE 매트릭스이다.

| 오답풀이 |

① BCG 매트릭스는 현금흐름을 연관하여 평가한 모형으로 모든 전략사업단위를 시장성장률과 상대적 시장점유율의 변수를 가지고 있다.

③, ④ GE 매트릭스의 변수로는 산업매력도와 기업 강점이 있으며 GE 매트릭스는 BCG 매트릭스에 다른 요인을 추가하여 설명하고 있다.

⑤ BCG 매트릭스에서 별 사업부는 시장성장률도 높고 상대적 시장점유율도 높은 사업단위로 여기에 속하는 제품들은 제품수명주기상에서 성장기에 속한다.

119

| 정답 | ④

| 해설 | 보스턴 컨설팅 그룹에 의해 개발된 사업 포트폴리오 분석 도구인 BCG 매트릭스는 사업 포트폴리오를 시장성장률과 시장점유율에 따라 별, 황금젖소, 물음표, 개로 이름을 붙인 사분면으로 나누어 각 포지션별에 따른 전략을 설정하는 방식으로 성장－점유율 분석이라고도 한다.

이 중 개 사업부는 낮은 성장률과 낮은 시장점유율을 가진 사업부로, 여기에 해당하는 사업은 주로 지출을 최소화하여 이익을 최대화하는 수확전략이나 손실을 최소화하기 위한 철수전략이 설정된다. 현금을 많이 필요로 하는 사업부는 높은 시장점유율과 시장성장률을 가지고 시장경쟁을 펼치는 별 사업부나 높은 시장성장률을 가지나 시장점유율이 낮은 상태인 물음표 사업부가 해당한다.

| 오답풀이 |

③ 황금젖소 사업부는 낮은 시장성장률을 가지나 높은 시장점유율을 가진 성숙한 단계의 사업부로, 낮은 투자로 높은 수익을 창출하는 현상유지전략이 주효하다.

⑤ BCG 매트릭스는 기업 외부에서의 자금조달 구조를 고려하지 않고, 다양한 변수가 작용하는 사업의 생존 여부를 시장성장률과 시장점유율만으로 판단한다는 점에서 비판을 받는다. 이러한 문제를 보완하기 위해 다양한 요인이 포함된 시장매력도와 시장 내 경쟁적 지위를 기준으로 판단하는 GE 매트릭스가 개발되었다.

120

| 정답 | ④

| 해설 | 별(Star)의 경우 성장하는 시장 안에서 경쟁기업의 도전을 극복하고 선도기업의 위치를 지키기 위해 지속적인 투자를 해야 한다.

121

| 정답 | ③

| 해설 | 황금젖소 사업부일 때는 가용할 수 있는 현금이 많다. 육성전략을 펼쳐야 하는 물음표 사업부로 현금이 이동하는 것이 가장 적절하다.

122

| 정답 | ①

| 해설 | 성장－점유율 분석이라고도 하는 BCG 매트릭스는 시장점유율과 성장률을 기준으로 사업을 별, 황금젖소, 물음표, 개의 사분면 내에 표시하여 이를 기준으로 미래의 전략방향과 자원배분 방안을 결정하는 분석방법이다. 따라서 배대로 대리의 발언은 적절하지 않다.

123

| 정답 | ②

| 해설 | GE 매트릭스는 BCG 매트릭스의 단점을 보완하여 보다 다양한 변수를 사용한 분석방법이다. GE 매트릭스에 적용 가능한 전략은 투자육성전략, 선택적 개선전략, 수확 · 퇴출전략이 있다.

투자육성전략은 ㄱ, ㄴ, ㄹ에 해당하는 경쟁력 있는 성장전략 영역으로, 투자에 의해 지속적으로 성장시켜야 하는 전략이다.

선택적 개선전략은 ㄷ, ㅁ, ㅅ에 해당하는 전반적인 매력도에서 중간인 유지전략 영역으로, 경쟁력이 있을 것으로 판단되는 사업단위에 대해서만 선별적인 투자를 하고 가능한 현금흐름을 증가시킬 필요가 있는 전략이다.

수확 · 퇴출전략은 ㅂ, ㅇ, ㅈ에 해당하는 경쟁력이 약하거나 시장전망이 어두운 철수전략 영역으로, 사업단위에서 철수하거나 최소한의 투자를 통해 현금흐름을 극대화하는 전략이다.

따라서 현상유지전략이 적용되는 위치는 ㄷ, ㅁ, ㅅ이다.

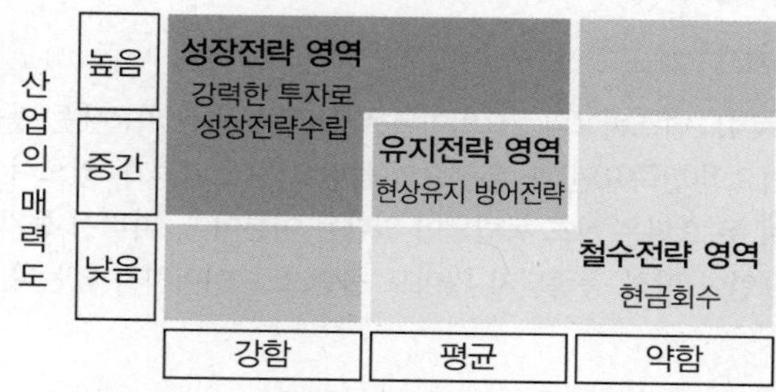

124

| 정답 | ③

| 해설 | 브랜드는 오히려 소비자들로 하여금 제품 구매 시 사고비용을 감소시킨다.

보충 플러스+

브랜드 확장(Brand Extension)
신제품을 시장에 출시할 때 이미 시장에서 강력한 이미지를 구축하고 있는 브랜드명을 이용하여 그 이름을 그대로 또는 소비자들이 유사한 이름이라는 것을 쉽게 인지할 수 있는 범위에서 약간 변형하여 사용하는 브랜드 관리 전략
- 카테고리 확장 : 제품군이 다른 경우 기존 브랜드명 사용
- 라인 확장 : 제품군이 같은 경우 기존 브랜드명 사용

125

| 정답 | ④

| 해설 | 기존 브랜드와 다른 상품범주에 속하는 신상품에 기존 브랜드를 붙이는 것을 브랜드 확장이라고 한다.

보충 플러스+

개별브랜드전략

내용	• 생산된 제품에 각각 별도의 상표명을 부착시키는 것 • 같은 제품군 내에서 두 개 이상의 개별상표명을 사용하는 복수상표전략도 이에 속함.
장 · 단점	• 장점 : 한 상표가 시장에서 실패하더라도 다른 상표에 영향을 주지 않으며, 세분화된 시장을 겨냥하여 시장점유율을 높일 수 있음. • 단점 : 각 상표마다 광고와 판매촉진을 별도로 해야 하므로 마케팅 비용이 많이 소요

126

| 정답 | ④

| 해설 | 브랜드 자산가치를 측정하는 방법은 다음과 같다.

- 마케팅적 접근 : 비교를 통한 측정, 컨조인트 분석에 의한 측정, 초과가치 분석을 통한 측정
- 재무적 접근 : 취득원가에 기초한 측정, 매출액 배수를 이용한 측정, 무형자산의 가치추정을 통한 측정
- 통합적 접근 : Interbrand의 측정(브랜드 강도에 브랜드 이익을 곱하여 측정)

127

| 정답 | ③

| 해설 | 밴드왜건효과는 일반 대중의 모방소비현상을 말하고, 스놉효과는 과시적 소비심리현상을 말한다.

보충 플러스+

비합리적인 소비
1. 밴드왜건효과(Bandwagon Effect)
   - 유행에 따라 상품을 구입하는 소비현상을 뜻하는 경제용어로, 곡예나 퍼레이드의 맨 앞에서 행렬을 선도하는 악대차가 사람들의 관심을 끄는 효과를 내는 데에서 유래
   - 특정 상품에 대한 어떤 사람의 수요가 다른 사람의 수요에 영향을 받는 현상으로 편승효과라고도 지칭
2. 스놉효과(Snob Effect)
   - 어떤 소비자들은 자기만이 특정 상품을 소유하고 있다는 사실에 가치를 부여하고 또 기쁘게 생각
   - 남들과 차별화하기 위해 남들이 가지고 있지 않는 희소성이 있는 특이한 것만을 구매하는 행동은 스놉효과의 결과
3. 베블런효과(Veblen Effect)
   - 가격이 오르는데도 일부 계층의 과시욕이나 허영심 등으로 인해 수요가 줄어들지 않고 증가하는 현상
   - 베블런효과는 상류층 소비자들에 의해 이루어지는 소비행태로, 가격이 오르는데도 수요가 줄어들지 않고 오히려 증가하는 현상
   - 예를 들어 값비싼 귀금속류나 고가의 가전제품, 고급 자동차 등은 경제가 악화되어도 수요가 줄어들지 않는다.
4. 터부효과(Taboo Effect)
   - 사회적으로 금하거나 바람직하지 못하다고 여기기 때문에 소비선택을 하지 못하는 소비행동
   - 예를 들면 골프에 대한 사회적 인식이 긍정적이지 못하므로 공직자가 골프 관련 제품 구매를 꺼리거나 조심스럽게 구매하는 경우

128

| 정답 | ②

| 해설 | 머레이는 욕구는 태어날 때 주어지는 것이 아니라 성장하며 학습하는 것이라고 주장했다.

129

| 정답 | ④

| 해설 | 브레인스토밍기법은 자유로운 토론을 통해 사고의 연쇄반응을 이끌어 내는 아이디어 창출법이다.

| 오답풀이 |

② 델파이기법 : 몇 명의 전문가들이 독립적인 의견을 우편으로 수집하고 요약하여 다시 배부한 다음, 서로가 합의를 볼 때까지 피드백을 하는 것으로 참가자가 직접 만나서 결정하지 않는다.

③ 명목집단(Nominal Group)기법 : 참가자들은 자기의 생각과 해결안을 가능한 한 많이 기록하며 돌아가면서 자신의 해결안을 설명하고 발표가 끝나면 제시된 의견들의 우선순위를 묻는 비밀투표를 실시하여 최종적으로 해결안을 선택한다.

⑤ 팀빌딩기법 : 집단이 과제를 달성하는 방식을 개선하도록 도움을 주고 집단구성원이 대인기술과 문제해결기술을 강화하도록 도움을 주는 광범위한 계획적 활동이다.

130

| 정답 | ⑤

| 해설 | 베버의 법칙(Weber's Law)이란 소비자가 가격 변화에 대하여 주관적으로 느끼는 크기를 말하는 것으로, 낮은 가격의 상품은 조금만 올라도 구매자가 가격 인상을 알아차리지만 높은 가격의 상품은 어느 정도 오르더라도 구매자가 가격 인상을 알아차리지 못한다는 내용이다.

K(주관적으로 느끼는 가격 변화의 크기) $= \frac{(S_2 - S_1)}{S_1}$

(S_1 = 원래의 가격, S_2 = 변화된 가격)

| 오답풀이 |

① 유보가격 : 구매자가 어떤 상품을 구매 시 지불가능한 최고금액을 말한다.

② 준거가격 : 구매자가 가격이 비싼지 싼지를 판단하는 데 기준으로 삼는 가격을 말하며, 유보가격(Max)과 최저수용가격(Min)의 사이에 존재한다.

③ JND(Just Noticeable Difference) : 가격 변화를 느끼게 만드는 최소의 가격변화폭을 의미하며, 가격 인상시 JND 범위 밖으로 인하한다.

④ 관습가격 : 일반적으로 소비자들이 인정하는 수준에서 가격을 결정하는 방법을 말한다.

131

| 정답 | ②

| 해설 | 강력한 브랜드는 브랜드 충성도가 높은 고객들은 확보하여, 이를 중심으로 하는 가격 프리미엄 정책으로 수익을 증대시킨다. 이러한 전략이 성립하는 근거는 브랜드 충성도가 고객들은 가격의 변동에 매우 비탄력적이라는 점에 기인한다.

| 오답풀이 |

① 제품의 품질, 명성 또는 한정성이 높다면 제품의 가격이 높더라도 구매를 선호하는 고객이 증가한다. 즉 고객의 가격민감도가 감소하게 된다.

③ 규모의 경제를 통한 이득을 기대할 수 없다면 저가정책을 통한 양적 시장경쟁보다는 품질의 우수성을 앞세운 고가정책이 더 유효하다.

⑤ 종속가격전략(Captive Product Pricing)은 주제품을 저가에 판 다음 그 제품에 필요한 소모품 등의 종속제품을 고가에 판매하여 높은 마진을 부과하는 가격전략이다. 이는 주제품에 대한 가격경쟁에서 우위와 수익 보존을 동시에 잡을 수 있다는 장점이 있으나, 해당 종속제품의 가격을 지나치게 고가로 책정하게 되면 이를 대체하는 염가의 불법복제 부속품의 등장 혹은 종속제품을 자체적으로 개발하여 출시하는 서드파티(Third Party)의 시장 진출로 인한 매출 타격에 취약해진다는 단점이 있다.

132

| 정답 | ④

| 해설 | 낮은 가격의 상품은 가격이 조금만 올라도 구매자가 가격 인상을 알아차리지만 높은 가격의 상품은 어느 정도 오르더라도 구매자가 가격 인상을 알아차리지 못하는 현상을 발견할 수 있다. 이러한 현상을 베버의 법칙으로 설명할 수 있다.

| 오답풀이 |

⑤ 최소식별차이(Just Noticeable Difference)는 구매자가 가격 변화를 느끼게 만드는 최소의 가격변화폭을 의미한다.

133

| 정답 | ④

| 해설 | 종속제품가격결정은 주요제품과 함께 사용해야 하는 종속제품에 대한 가격결정이다. 주요제품의 가격을 싸게 책정하여 유인한 이후 종속제품을 비싸게 하여 소득을 창출하는 방법이다. 예를 들어 면도기와 면도기 카트리지, 정수기와 정수기 필터 등이 있다.

134

| 정답 | ①

| 해설 | 타당성 검토는 회사에서 계획한 사업이 기술적으로 혹은 경제적으로 시행이 가능한지의 여부를 조사 및 검토하는 과정이다.

| 오답풀이 |

② 시장성 검토 : 국내외 동향, 잠재 수요, 시장규모, 유통구조 등

③ 경제성 검토 : 투자비용분석, 자금조달, 손익분기점 분석 등

⑤ 기술 검토 : 생산 가능 여부, 생산 규모, 원재료 조달 등

135

| 정답 | ①

| 해설 | 정보보안의 기본목표는 정보의 기밀성, 무결성, 가용성, 인증성, 신뢰성을 들 수 있다.

보충 플러스+

정보보안의 기본목표

- 기밀성 : 정보를 인가된 시간, 기관에게만 공개 또는 처리한다.
- 무결성 : 데이터를 완전하고 정확한 상태로 보존, 데이터 변경을 막기 위해 인증코드를 전송한다.
- 인증성 : 정보를 보내는 사람의 신원과 사용자 접근 권한을 확인한다.
- 가용성 : 사용권한이 부여된 사용자라면 언제든지 시스템을 사용할 수 있도록 한다.

136

| 정답 | ①

| 해설 | 사원총회는 회사의 의사를 결정하는 최고기관이다.

| 오답풀이 |

② 감사는 임의기관이다. 유한회사는 정관에 의하여 1인 또는 수인의 감사를 둘 수 있다(상법 제568조 제1항).

③ 사원의 책임은 본법에 다른 규정이 있는 경우 외에는 그 출자금액을 한도로 한다(상법 제553조).

④ 유한회사에는 1인 또는 수인의 이사를 두어야 한다(상법 제561조).

⑤ 유한회사는 주식회사에 비하면 폐쇄적이다.

137

| 정답 | ④

| 해설 | 합명회사는 무한책임사원으로만 구성된다.

- 합자회사 : 무한책임사원과 유한책임사원으로 구성
- 주식회사 : 소유와 경영의 분리, 소유자는 보유한 주식의 한도에서 책임
- 유한회사 : 유한책임사원으로만 구성
- 유한책임회사 : 유한책임사원으로만 구성

보충 플러스+

상법상 회사의 비교

구분	합명회사	합자회사	유한회사	주식회사
구성	무한책임 사원	무한책임 사원 유한책임 사원	유한책임 사원	주주
지분	1사원 1지분	1사원 1지분	1좌 1의결권	1주 1의결권
책임	무한책임	무한책임	유한책임 (회사 채권자에 대해 책임x)	유한책임 (회사 채권자에 대해 책임x)
지분의 양도	전원의 동의 시 혹은 정관에 따라 결정	무한책임 사원의 동의	사원총회 결정	자유

경영	각 무한책임 사원은 대표성을 지님.	각 무한책임 사원은 대표성을 지님. 유한책임 사원은 대표성이 없음.	사원총회를 통해 대표 선정, 소유와 경영 분리	사원총회를 통해 대표 선정, 소유와 경영 분리

138

| 정답 | ②

| 해설 | 합명회사는 인적회사의 대표적인 것으로 두 사람 이상의 사원이 공동출자하고 회사의 경영에 대한 무한책임을 지며, 직접 경영에 참여하는 형태이다. 가족 내의 친척 간 또는 이해관계가 깊은 사람들이 주로 이 형태의 회사를 설립한다.

| 오답풀이 |

① 유한회사는 사원의 수가 제한되어 있으며 폐쇄적이어서 사원의 수는 적고 사원을 공모하지는 않는다.

③ 합자회사는 업무집행을 담당하는 무한책임사원과 출자만 담당하는 유한책임사원으로 구성되어 있다.

④ 주식회사는 사기업인 영리기업에 해당하며 주주라는 불특정 전문경영자에 의해 운영이 가능하다.

139

| 정답 | ③

| 해설 | 각계각층의 전문적인 능력을 소유한 사람들로서 대주주의 영향력을 받지 않으며, 기업의 이해관계와 정확히 일치하지 않음으로 인해 사외이사에 대한 책임을 추궁할 수 없다.

| 오답풀이 |

①, ②, ④ 사외이사는 일반적으로 비상근이사를 말하며, 경영의 독단적인 지배를 시정하게 하는 기능을 담당한다. 이들은 대주주의 영향력을 받지 않으며, 기업의 사회적 책임을 성실히 수행하게 하거나 이들의 전문적인 식견을 경영에 활용할 수도 있다.

140

| 정답 | ①

| 해설 |

〈전략적 계획과 전술적 계획〉

구분	전략적 계획	전술적 계획
의사결정 종류	혁신적	일상적
의사결정 환경	불확실	확실
계획주체	중간관리자 및 최고 경영자	종업원 및 중간관리자
기간	장기적	단기적
목적	장기적인 생존 및 성장	전략계획의 집행

보충 플러스+

1. 전략적 계획 : 기업의 사명, 전반적인 목표, 일반적인 전략 그리고 주요 자원 분재에 관한 의사결정과 분석과정
2. 전술적 계획 : 무엇을 해야 하고 누가 해야 하고 어떻게 해야 하는지에 관한 구체적이고 단기적인 의사결정과정
3. 운영적 계획 : 주어진 자원을 최대한 활용하여 변화하는 상황에 따라 적절하게 대응할 수 있도록 한다. 하위관리자들이 수립하는 구체적인 실행 계획으로서 생산, 재무, 인원, 마케팅계획 등이 이에 해당한다.

141

| 정답 | ②

| 해설 |

구분	도입기	성장기	성숙기	쇠퇴기
매출액	낮음.	급성장	최대 매출	낮음.
주요고객	혁신층	조기 수용층	중간 다수층	후발 수용층
경쟁자 수	거의 없음.	점차 증가	점차 감소	감소
가격	원가가산 가격	시장침투 가격	경쟁대응 가격	가격 인하

보충 플러스+

제품의 수명주기단계

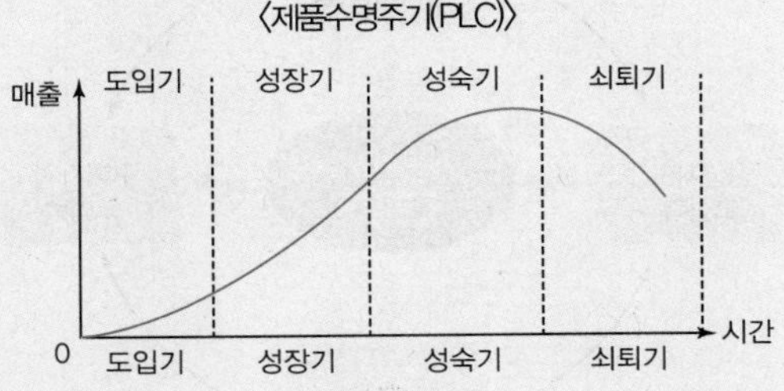

1. 도입기
   제품이 처음으로 도입될 때는 인지도가 낮으며 경쟁상대가 없다. 초기에 제품개발을 위한 투자비가 많이 들고 제품을 홍보하기 위한 촉진비가 많이 소요되는 시기이다. 고객층은 주로 혁신층이다.
2. 성장기
   수요량이 급증하고 이익이 많아지는 단계이다. 생산이 대규모로 이루어지면서 경로가 확대되며 경쟁회사가 생겨난다.
3. 성숙기
   경쟁이 심화되고 수요는 포화상태에 이르기 때문에 매출량이 가장 높지만, 이익은 감퇴되기 시작한다. 이 시기에는 경쟁에 대처하여 수요를 유지시키는 리마케팅이 요구된다.
4. 쇠퇴기
   새로운 대체 상품이 시장에 나타남에 따라 판매와 이익이 급속하게 감소하게 되는 시기이다.

142

| 정답 | ③

| 해설 | 제품이 처음으로 도입될 때로 인지도가 낮고 경쟁자 수도 소수이며 매출액도 낮은 편이다.

| 오답풀이 |

① 도입기의 고객층은 주로 혁신층이다.

② 성장기에는 매출액이 급속성장하며 경쟁자가 점차 증대하기 시작한다.

④ 성숙기에는 매출액이 최대이지만 점차 경쟁자가 감소하며, 매출액도 조금씩 감소하기 때문에 수요를 유지하기 위한 리마케팅이 요구된다.

⑤ 쇠퇴기에는 경쟁자와 매출액이 감소하며, 대체 상품이 시장에 나타나며 제품철수를 하기도 한다.

143

| 정답 | ①

| 해설 | 후광효과는 어떤 대상이나 사람에 대한 일반적인 견해가 그 대상이나 사람의 구체적인 특성을 평가하는 데 영향을 미치는 현상을 말한다.

| 오답풀이 |

② 중립화 경향 : 지나치게 부정적이거나 긍정적인 판단을 유보하고 중간정도로 판단하는 것이다.

③ 최근효과 : 평가 시점에서 가까운 시점에 발생한 사건에 대하여 높은 가중치를 두는 경향을 말한다.

④ 관대화 경향 : 실제 업적이나 능력보다 높게 평가하는 경향을 말한다.

144

| 정답 | ⑤

| 해설 | 공리적 접근은 다른 사람에 대한 행동과 의사결정이 최대다수의 최대행복의 제공이라는 목표를 달성하는 데 얼마나 효과가 있는가 하는 측면에서 기업윤리를 판단하는 것이다.

| 오답풀이 |

③ 정의적 접근은 행위와 의사결정이 개인과 집단 사이의 공정하고 균등하며 불편부당한 부와 비용의 분배를 이루는 데 일치하는 것인가에 따라 판단하는 것이다.

145

| 정답 | ⑤

| 해설 | 핵심역량은 급변하게 변하는 기업 환경에서 전략적 제휴 등을 통해서 다른 기업과 공유하기도 한다.

146

| 정답 | ⑤

| 해설 | 〈조직구조의 설계에 영향을 미치는 요인〉

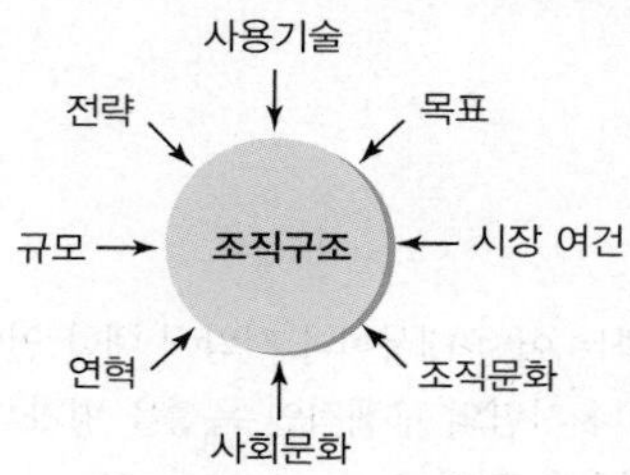

따라서 직무의 공식화는 적절하지 않다.

147

| 정답 | ②

| 해설 | 델파이법은 전문가로 구성된 위원회로 하여금 비공개적으로 미래의 수요를 예측하게 하여 수집 · 검토 · 평가하고 일치된 의견을 반영하는 방법으로 정성적 방법이다.

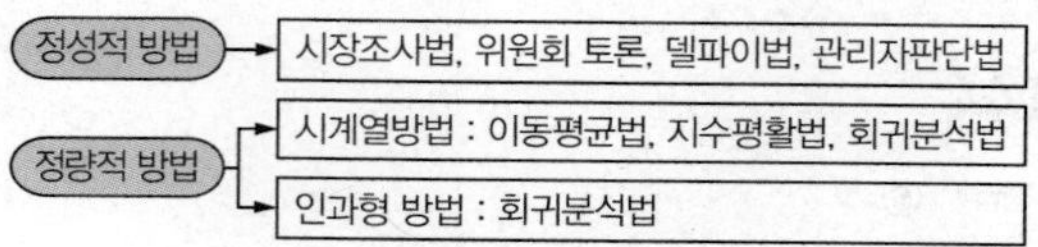

148

| 정답 | ②

| 해설 | 구매자가 자사보다 교섭력이 클수록 구매자는 자신에게 유리한 가격을 주문하게 되고 이에 따라 자사의 수익률은 낮아진다.

149

| 정답 | ⑤

| 해설 | 마이클 포터의 Five Forces의 구성요소는 다음과 같다.

〈마이클 포터(M. E. Porter)의 Five Forces〉

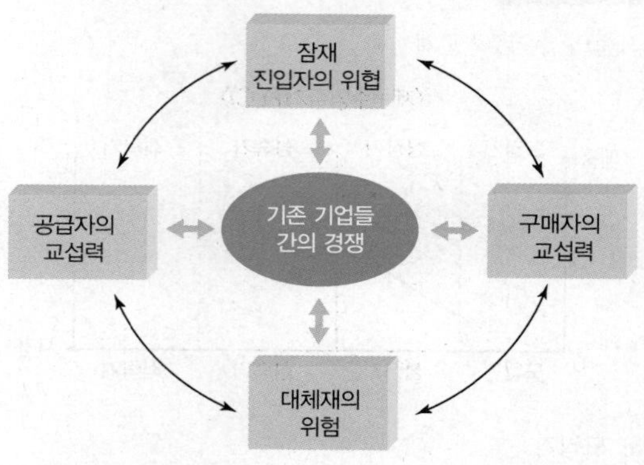

150

| 정답 | ④

| 해설 | 전쟁, 경기변동, 인플레이션 등은 체계적 위험에 속한다. 체계적 위험은 분산불가능위험이며 전쟁이나 인플레이션, 경기변동 등 전체 주식시장에 영향을 미치는 거시적 정보로부터 발생하는 위험으로서 포트폴리오를 구성하는 종목 수를 무한대로 증가시켜도 제거할 수 없는 위험을 말한다.

보충 플러스+

포트폴리오 위험의 종류

체계적 위험 (분산불가능위험)	전쟁이나 인플레이션, 경기변동 등 전체 주식시장에 영향을 미치는 거시적 정보로부터 발생하는 위험으로서 포트폴리오를 구성하는 종목 수를 무한대로 증가시켜도 제거할 수 없는 위험을 말한다.
비체계적 위험 (분산가능위험)	기업주의 교체, 노사 문제 등 개별자산이나 특정 주식에만 국한하여 영향을 미치는 정보로부터 발생하는 위험으로서 포트폴리오를 구성하는 종목 수를 무한대로 증가시킴으로써 제거할 수 있는 위험을 말한다.

151

| 정답 | ②

| 해설 | 사업포트폴리오이론의 한계점은 다음과 같다.

- 가정의 비현실성 : 상대적 시장점유율을 산업성장률 이외의 다른 요인을 고려하지 않음.
- 사업부 사이의 연관 문제 : 사업단위들 간의 상호의존성 미고려
- 외부자원 조달의 제약 : 외부자원의 공급 미고려
- 주관의 개입가능성 : 객관적 평가가 되도록 요인 · 변수 선택에 신중을 기해야 함.
- 평가기준 설정 · 제품시장의 명확한 정의가 어려움.

152

| 정답 | ④

| 해설 | 사이몬의 제한된 합리성 이론은 인간을 과학적 관리법에서처럼 경제인으로 보지도 않고 인간관계론에서처럼 사회인으로 보지도 않고 오직 관리인으로 보고 있다. 그는 조직을 성립 · 존속시키는 조건이 관리라는 사고방식하의 조직적 의사결정론이라고 주장하였다. 따라서 조직적 의사결정은 완전히 합리적인 것이라기보다는 제한된 합리성, 즉 정보수집능력의 한계와 계산능력의 한계하에서 이루어진다.

보충 플러스+

버나드의 조직이론

- 조직을 2인 이상의 힘과 활동을 의식적으로 조정하는 협동체계라고 정의한다.
- 조직의 균형유지와 조직과 조직구성원 간의 균형유지를 위한 협력관계에 따라서 조직의 유효성이 결정된다.
- 권한은 명령에 응하는 하급자의 수용의사에 달려 있다는 권한수용설을 주장하며, 권한이 조직의 직능에서 유래함을 설명하였다.

153

| 정답 | ④

| 해설 | 버나드(C. I. Barnard)의 권한수용설에서 권한은 하부 직위로부터의 수용에 의하여 비로소 성립된다. 명령을 하급자가 수용하고 명령대로 행동할 때 관리자의 권한이 생기며 만약 하급자가 명령을 수용하지 않으면 권리자의 권한은 성립되지 않는다.

| 오답풀이 |

① 베버와 관련이 있는 이론이다.

②, ③ 포드 시스템은 컨베이어 시스템을 도입하여 '단순작업화', '동시관리'를 가능하게 하였으나 '노동의 인간화'라는 한계를 극복하지 못하였고 노동조합과는 대립관계였다.

⑤ 과학적 관리론(테일러 시스템)은 시간연구와 동작연구로 얻은 1일 표준작업량의 과업을 달성하는 것을 목표로 하여 이러한 과업에 적합한 근로자의 선택방법, 교육훈련방법 등을 고안하였으며 효율적인 과업관리를 위한 구체적인 제도로서 차별적 성과급제도, 직능적 직장제도, 계획부제도, 지도표제도를 도입하였다. 그러나 그 대상영역이 전반적인 경영에까지 미치지 못하고 과업관리, 즉 생산관리나 노무관리에 그쳤으며 인간의 보다 복잡한 특성을 고려하지 않고 사회적, 환경적 요인을 무시한 채 인간을 기계의 부속물로 보았다는 비판을 받았다.

154

| 정답 | ④

| 해설 | 블루오션 또는 레드오션은 산업을 구분하기는 어렵고 레드오션의 산업을 어떻게 블루오션으로 진화시켜야 하는가가 시장의 과제라고 할 수 있다.

블루오션 (Blue Ocean)	• 현재 존재하지 않거나 알려져 있지 않아 경쟁자가 없는 유망한 시장 • 수요가 경쟁이 아니라 창조에 의해 얻어짐. • 높은 수익과 빠른 성장을 가능케 하는 엄청난 기회가 존재 • 게임의 법칙이 아직 정해지지 않았기 때문에 경쟁은 무의미
레드오션 (Red Ocean)	• 이미 잘 알려져 있어서 경쟁이 매우 치열한 시장 • 산업의 경계가 이미 정의되어 있고 경쟁자의 수도 많음. • 같은 목표와 같은 고객을 가지고 치열하게 경쟁

155

| 정답 | ③

| 해설 | 비율척도는 가장 높은 수준의 포괄적인 정보를 제공하는 척도로 서로의 구분, 크기의 비교, 비율, 그리고 특성들 간의 수학적 연산이 가능한 척도이다. 절대영점을 갖는다.

| 오답풀이 |

① 명목척도 : 측정대상의 특성만 구분하기 위하여 숫자나 기호를 할당한 것으로 분류가 목적인 척도로, 특성 간의 양적인 분석을 할 수 없고 특성간 대소의 비교도 할 수 없다.

② 서열척도 : 측정대상의 분류뿐만 아니라 측정대상을 크기에 따라 순서적으로 배열할 수 있는 측정방법이다. 측정대상의 상대적 크기(강도)를 말할 수 있다.

④ 등간척도 : 명목척도와 서열척도의 특성을 모두 갖고 있으면서 크기의 정도를 말할 수 있는 측정척도이다.

156

| 정답 | ①

| 해설 | • 태도의 구성요소

감정적 요소	어떤 사물이나 사람에 대해서 '좋다, 나쁘다'의 느낌을 갖는 것이다
인지적 요소	특정대상에 대한 지식, 지각, 신념 등을 말한다.
행위적 요소	대상에 대한 의도적인 결과나 행동을 말하는 것으로 태도와 일치하도록 행동하려고 한다.

• 행동과 행위의 비교

행동	외부로부터 자극에 대응하여 여러 가지로 활동하는 동작(본능적, 반사적인 동작 포함)
행위	의식적인 활동으로서 명확한 목적의 관념을 갖고 어떤 일을 하고자 하여 결의를 갖고 하는 신체적 운동

• 학습

연습이나 경험의 결과로 생기는 행동이나 잠재력이 변화하는 것을 말한다. 즉, 자극으로부터 어떠한 행동을 나타나게 하는 것이다.

157

| 정답 | ④

| 해설 | 속성에 대한 평가는 제품 선택에 영향을 미치는 여러 속성들이 있을 때 이 속성들이 소비자 자신에게 중요한 정도라고 할 수 있으며, 각 소비자의 욕구에 따라 가중치는 달라진다.

158

| 정답 | ③

| 해설 | 동일한 세분시장 내에 있는 소비자들은 동질성이 극대화되도록 해야 한다.

보충 플러스+

시장세분화(Market Segmentation)

1. 의의

소비자들의 다양한 욕구에 따라 이질적인 전체 시장을 동질적인 몇 개의 시장으로 나누는 행위를 말한다. 따라서 기업은 시장을 세분화함으로써 표적시장을 명확히 설정할 수 있다.

2. 목적

㉠ 다양한 소비자의 욕구를 파악해 이들의 요구를 보다 잘 충족시켜 준다.

㉡ 숨어 있는 소비자의 욕구를 발견, 새로운 시장 기회를 찾아낸다.

㉢ 자사 상표들 간의 불필요한 경쟁을 방지한다.

3. 시장세분화 과정

세분시장의 수준결정 → 세분화의 기준결정과 시장세분화의 실행 → 세분시장에 대한 평가 → 표적시장 선정

159

| 정답 | ⑤

| 해설 | 심리분석적 변수에 의한 시장세분화는 소비자들의 개성, 취미, 라이프 스타일 등에 따라 시장을 구분한다. 이런 심리분석적 변수들은 소비자들의 사고와 생활방식이 다양해지면서 생활패턴의 변화로 특히 강조되고 있다. 인구통계적 변수에는 소비자들의 성별, 연령, 소득, 직업, 교육수준 등이 있다. 이 변수는 가장 흔히 사용되는데 소비자의 욕구나 구매행동에 밀접한 관련이 있기 때문이다.

160

| 정답 | ②

| 해설 | 다. 시장세분화를 통하여 규모의 경제가 발생하지 않고 도리어 비용에 증가하게 된다. 규모의 경제는 시장을 세분화하지 않을 경우에 더 크게 발생한다.

따라서 적절한 설명은 가, 나, 라이다.

161

| 정답 | ①

| 해설 | 시장세분화란 수요층별로 시장을 구분하여 각 층에 집중적인 마케팅을 하는 것이다.

보충 플러스+

마케팅전략(마케팅 믹스)
목표시장을 선정하고, 선정된 목표시장에 가장 효율적으로 도달할 수 있도록 각 마케팅 요소를 믹스하는 것을 말한다. 마케팅전략은 마케팅 관리과정의 핵심이다.

162

| 정답 | ④

| 해설 | 시장세분화란 소비자들의 다양한 욕구에 따라 이질적인 전체시장을 동질적인 몇 개의 시장으로 나누는 행위를 말한다. 따라서 기업은 시장을 세분화함으로써 표적시장을 명확히 설정할 수 있다.

163

| 정답 | ②

| 해설 | 모듈러 생산(Modular Production)은 여러 가지로 조합시킬 수 있는 표준화된 부품을 제조하여 최소 종류의 부품으로 많은 종류의 제품 · 장치의 생산을 겨냥한 생산 방식을 말한다.

| 오답풀이 |

① 집단관리법(GT ; Group Technology) : 다품종 소량생산에서 유사한 가공물들을 집약 · 가공할 수 있도록 부품설계 · 작업준비 · 가공 등을 계통적으로 행하여 생산효율을 높이는 기법, 가공 유사성에 의존하여 분류하는 방법

③ 컴퓨터 통합생산(CIM ; Computer Integrated Manufacturing) : 제품의 제조, 개발, 판매로 연결되는 정보흐름의 과정을 컴퓨터 시스템으로 통합한 종합적 생산관리 시스템

④ 셀형 제조방식(CMS ; Cellular Manufacturing System) : GT의 개념을 생산공정에 연결시켜 생산의 유연성을 높이고 생산성을 향상시키는 기법. 단일의 조직개체 내지 셀에서 원자재를 구성품이나 제품을 바꾸는 시스템

164

| 정답 | ④

| 해설 | 시장세분화란 제품 혹은 경쟁제품들을 살 가능성이 있는 사람들을 비슷한 유형끼리 집단을 이루어 놓는 것을 말한다.

보충 플러스+

시장세분화의 장점
1. 마케팅 자원을 효율적으로 배분할 수 있다.
2. 세분시장을 통하여 소비자들의 반응을 알 수 있다.
3. 기업은 시장세분화를 통하여 목표시장을 뚜렷이 설정할 수 있다.

165

| 정답 | ②

| 해설 | 제품으로부터 추구하는 효용을 기준으로 하는 것은 행동적 시장세분화에 의한 것이다.

시장세분화 기준	
인구 통계학적 세분화	성별, 연령, 가족규모, 주거형태, 업종, 직업, 직위, 업무, 소득수준, 조직특성, 구매의사결정자, 가족수명주기, 인종, 취미, 신체특성, 질병
지리적 세분화	지리적 위치, 거주지 특성, 행정구역, 기후, 자연환경, 국가, 문화권
심리적 세분화	라이프 스타일, 사회계층 의식, 성격, 개성, 심리적 상태, 구매의사결정, 소비성향, 가치관, 문화, 하위문화
행동적 세분화	사용량, 선호하는 제품의 유형, 제품으로부터 추구하는 효용, 제품의 용도, 제품 수용단계, 구매경험, 상표충성도, 가격탄력성, 제품 사용상황

166

| 정답 | ⑤

| 해설 | 군집분석은 기준변수가 연속적이고 데이터들의 유사성이나 근접성을 측정할 수 있어 이를 자연스럽게 집단별로 나눌 수 있을 때 활용할 수 있는 분석법이다. 시장세분화의 기준변수가 불연속적인 경우에는 군집분석보다 교차 테이블 분석을 이용하여 세분화를 하는 것이 더욱 적절하다.

167

| 정답 | ②

| 해설 | 이동평균기간을 길게 잡을수록 과거 자료의 영향을 많이 받아 평활효과가 더 크지만 최근의 변동을 충분히 반영하기 어렵다. 평균기간에 고려되는 모든 과거자료에 대한 중요도(가중치)는 기간에 관계없이 동일하다.

168

| 정답 | ②

| 해설 | 지수평활법에서는 새로운 자료가 추가되면 가장 오래된 자료는 버리고 계산한다. 가장 간단한 계산 방법으로, 다음 달의 예측을 위해 이번 달의 실제치와 이번 달의 예측치를 반씩 감안한다.

| 오답풀이 |

① 가중 이동평균법 : 최근 자료에 보다 높은 가중치 부여함에 따라 예측치가 수요변동을 빨리 따라갈 수 있게 함.

③ 추세요인 : 시계열 데이터가 상향 또는 하향방향으로 중장기적으로 변화하고 있는 형태를 의미

④ 시계열분석(Time Series Analysis) : 시간의 경과에 따른 어떤 변수의 변화경향을 분석하여 그것을 토대로 미래의 상태를 예측하려는 방법이다. 즉 시간을 독립변수로 하여 과거로부터 현재에 이르는 변화를 분석함으로써 미래를 예측하려는 동태적인 분석방식이다. 인과관계에 있어서 독립변수는 원인을 말하고, 종속변수는 결과를 말한다.

169

| 정답 | ④

| 해설 | 과거자료유추법은 질적인 수요예측의 기법 중 하나로 정성적 방법에 의한다.

구분	기법
질적 수요예측기법	델파이법, 경영자판단법, 패널동의법, 소비자조사법, 판매원 의견종합법, 라이프사이클 유추법, 자료유추법
양적 수요예측기법	시계열분석, 이동평균법, 지수평활법, 분해법, 인과관계형 분석

170

| 정답 | ③

| 해설 | 인수 및 합병(M&A)에서 전혀 다른 두 기업이 위험성을 줄이기 위해 선택하는 전략은 수평적 합병에 가장 가깝다. 즉, 계절적으로 전혀 다른 주기의 상품을 취급하는 두 회사가 결합하여 위험성을 줄이는 경우를 예로 들 수 있다.

171

| 정답 | ⑤

| 해설 | 인수합병의 목적은 다음과 같다.

- 신속한 시장진입 : 신설투자에 비해 시장진입의 속도 단축
- 시장지배력의 강화
- 성숙산업으로의 진입 · 철수 용이
- 유휴설비, 잉여설비 방지
- 사업 구조조정
- 핵심역량 획득
- 규모의 경제 또는 범위의 경제 추구
- 유형 · 무형자산의 인수

보충 플러스+

M&A(Merger and Acquisition)
- 합병(Merger) : 인수기업이 인수대상기업을 흡수, 한 개의 기업으로 재출범
- 인수(Acquisition) : 인수대상기업의 법인격을 그대로 존속시키면서 경영권만 행사

172

| 정답 | ①

| 해설 | 기업의 인수 · 합병은 대리인 문제를 해소하는 한 방법으로 이용될 수 있다. M&A의 위협은 일반 주주들의 경영진에 대한 감독기능을 대신하게 되어 대리인 문제를 감소시키고 기업의 가치가 정상적으로 평가받을 수 있도록 기여하게 된다. 주주가치의 극대화를 위하여 노력하지 않는 경영자는 기업의 가치를 떨어뜨려 적대적 인수 · 합병의 위험에 노출되기도 한다.

보충 플러스+

M&A(기업인수 · 합병)의 장 · 단점

1. 장점
   - 생산량 증대에 따른 생산원가 절감
   - 유능한 경영자를 찾을 수 있어 관리능력 향상
   - 기술적인 노하우를 습득하여 시장점유율 확대
   - 시설, 생산 등에서 기업규모의 경제성을 높일 수 있음.
   - 제품의 다양화를 통해 주기적 · 계절적인 수급의 불안정을 줄일 수 있음.
2. 단점
   - 시장의 독점화와 과점화를 초래
   - 경영규모의 확대로 인한 관리의 어려움
   - 합병이익의 소비자 환원과 같은 사회적 책임문제 발생
   - 인수 · 합병은 경영합리화를 동반하여 노사갈등이 발생하기 쉬움.

173

| 정답 | ①

| 해설 | 흑기사는 적대적 M&A를 시도하는 사람이나 기업이 단독으로 필요한 주식을 취득하기가 현실적으로 무리가 있을 때 자기에게 우호적인 제3자를 찾아 도움을 구하는 전략이다. 즉, 흑기사는 경영권 탈취를 돕는 제3자를 말한다. 반대로 경영권 방어를 돕는 제3자는 백기사라 불린다.

보충 플러스+

적대적 M&A 방어 수단

1. 백기사(White Knight) : 피매수기업에게 호의적인 제3자에게 기업을 인수하게 하는 것을 말한다.
2. 왕관의 보석(Jewel of Crown) : 핵심사업부를 매각하여 매수의도를 저지하는 방법이다.
3. 독약처방(Poison Pill) : 기존 주주들에게 시가보다 싼 가격에 지분을 매수할 수 있도록 권리를 부여해 적대적 M&A 시도자의 지분 확보를 어렵게 만드는 것을 말한다.
4. 황금 낙하산(Golden Parachute) : 기업의 인수 · 합병(M&A)과 관련하여 미국 월가(街)에서 만들어진 말로, 최고경영자가 적대적 M&A에 대비해 자신이 받을 권리를 고용계약에 기재하여 기존 경영진의 신분을 보장할 수 있는 장치를 사전에 마련하는 것을 말한다.

174

| 정답 | ②

| 해설 | M&A 방어를 위한 수단으로 우리사주조합의 지분율을 높인다.

| 오답풀이 |

④ 시장의 평가가 적대적 M&A를 강행한 것에 호의적인 분위기라면 피인수 기업주주는 손실이 아니라 이익을 볼 수도 있다.

175

| 정답 | ③

| 해설 | 독소조항(Poison Pill)은 기업매수자가 인수대상기업의 경영권을 확보하려 할 때 엄청난 비용이 들도록 하는 전략으로 저가에 신주를 발행하도록 허용하여 적대적 합병 후 매수자에게 손실을 가하는 것이다.

보충 플러스+

곰의 포옹(Bear Hug)

사전 경고 없이 매수자가 목표기업의 경영진에 매력적인 매수제의를 함과 동시에 위협적으로 신속한 의사결정을 요구하는 전략.

176

| 정답 | ②

| 해설 | 카르텔은 독점의 경향이 있기 때문에 규제의 대상이 되며 생산카르텔, 구매카르텔, 판매카르텔이 있다.

보충 플러스+

카르텔의 종류

1. 생산카르텔 : 생산과정에서 경쟁을 제한하기 위한 협정으로 가맹기업 간 과잉생산과 관련한 문제를 해결하기 위해 체결
2. 구매카르텔 : 원료나 반제품의 구매에 따른 경쟁을 제한하여 구매를 용이하게 하기 위해서
3. 판매카르텔 : 유사산업에 종사하는 기업 간에 판매경쟁을 피하기 위해 체결

177

| 정답 | ②

| 해설 | 기술적 연관이 있는 여러 생산부문이 근접하게 입지하여 형성된 지역적 결합체를 콤비나트(Kombinat)라 한다. 콤비나트는 원료의 확보, 제품의 제공이 공장 간에 직접적으로 또한 시간적, 공간적으로 낭비 없는 합리적인 형태로 행해진다.

178

| 정답 | ③

| 해설 | 직장 내 교육은 일상업무활동 중 상황에 따라 일하는 방식이나 업무 지식 등을 교육하고, 단계적으로 능력계발을 행하여 인재를 육성하는 방법이다.

179

| 정답 | ①

| 해설 | OJT는 실무중심의 교육으로 작업현장에서 실무를 학습하고 바로 적용할 수 있다. 그러나 체계적인 훈련과정이 없기 때문에 통일된 내용의 훈련이 불가능하고, 현장의 잘못된 관행이나 기존에 사용했던 비효율적인 방식이 그대로 전해질 수 있다.

| 오답풀이 |

② Off-JT는 작업현장을 떠나서 전문가에게 집단적으로 교육훈련을 받는 것으로 다수 종업원의 통일적 교육이 가능하다.

③, ④ OJT는 일선감독자에 의해서 이루어지는 실무중심의 교육으로 현장에서 바로 적용이 가능하다는 장점은 있지만 한꺼번에 다수의 사람을 상대로 하는 동시교육은 불가능하다.

180

| 정답 | ④

| 해설 | CRM은 고객에 대한 매우 구체적인 정보를 바탕으로 개개인에게 적합하고 차별적인 제품 및 서비스를 제공하는 것이다. 이를 통해 고객과의 개인적인 관계를 지속적으로 유지하고 단골고객과 1 : 1 커뮤니케이션을 가능하게 해 주는 것이다.

보충 플러스+

CRM(Customer Relationship Management)

고객 유지 및 고객 수익성 증대를 위하여 지속적인 커뮤니케이션을 통해 고객 행동을 이해하고, 영향을 주기 위한 광범위한 접근으로 정의하고 있다. 신규고객의 확보도 중요하지만 성장을 위한 기존고객과의 지속적인 관계 형성에 더욱 중요성을 둔다.

181

| 정답 | ①

| 해설 | 차별화된 산업일수록 수익률이 높고 차별화가 적은 산업, 즉 일상재에 가까운 산업일수록 수익률이 낮아지게 된다.

182

| 정답 | ②

| 해설 | 조기에 시장에 진입하는 경우에는 후발주자의 시장진입에 따라 손실을 볼 수 있다는 위험이 있다. 선발진입제란 경쟁사보다 시장에 먼저 진입하는 전략을 말하며, 후발주자는 선발주자가 이미 닦아 놓은 시장에 숟가락을 하나 더 올리는 것과 같은 것이다.

183

| 정답 | ④

| 해설 | 번스와 스토커(T. Burns & G. M. Stalker)는 안정적인 환경에서는 기계적 조직이 더 효과적이고, 격동적인 환경에서는 유기적 조직이 더 효과적이라고 주장하였다.

184

| 정답 | ②

| 해설 | 공식집단은 능률의 논리와 같은 합리성의 논리와 외재적 질서에 의해 운용된다.

| 오답풀이 |

① 비공식적 집단의 의사소통 통로를 그레이프바인(Grape Vine)이라고 한다.

③ 공식집단에 과업집단과 명령집단이 속한다.

④ 비공식집단에 대한 설명이다.

공식적 집단	1. 내용 업무를 수행하기 위하여 조직에 의해 인위적으로 성립된 집단을 말한다. 2. 종류 ㉠ 명령집단 : 특정 관리자와 그 관리자에게 직접 보고를 하는 부하들로 구성되어 있다. ㉡ 과업집단 : 상대적으로 일시적이면서 특정 과업이나 프로젝트를 수행하기 위해 만든 집단이다.
비공식적 집단	1. 자연발생적으로 형성된 집합체로 공통된 이익이나 사회적 욕구를 충족시키기 위해 만들어진 집단이다. 2. 취미 · 학연 · 혈연 · 경력 등의 인연을 바탕으로 형성되어 있다.

185

| 정답 | ③

| 해설 | 기계적 관료제는 단순하고 안정적 환경하에서 작업과정의 표준화를 중시하는 대규모 조직에 적합하다.

보충 플러스+

기계적 관료주의(Machine Bureaucracy)
반복 업무가 많을 경우 나타나는 유형으로, 중간계층이 굉장히 비대한 형태이다. 조직 자체의 운영 프로세스를 고도화시킨 경우로, 조직의 모든 업무가 표준화되어 운영되며, 특정 문제를 해결하기 위한 조직이라기보다는 정해진 업무의 효율성 제고에 최적화된 형태다. 대표적인 예로 군대를 들 수 있다.

• 특징
- 세분화된 과업, 표준화된 작업수행
- 많은 규칙 및 절차의 제정 · 조직운영의 공식화/표준화
- 교육훈련 및 횡적 통합활동의 최소화
- 라인-스탭의 명확한 구분
- 공식적인 의사소통 채널 의존
- 공식적 권한체계
- 최고경영층에 의한 집권화된 의사결정

186

| 정답 | ①

| 해설 | BPR(Business Process Reengineering)은 프로세스별로 기업의 업무를 고객만족의 관점에서 근본적으로 재설계하는 것을 말한다. 다양한 컴퓨터 정보시스템이 도입되면서 BPR이 매우 용이해져서 반복적이고 불필요한 과정들을 제거하기 위해 작업 수행의 여러 단계들이 통합되고 단순화된다.

| 오답풀이 |

② TQM은 환경적 격동성 · 경쟁의 격화 · 조직의 인간화 · 탈관료화에 대한 요청 · 소비자존중의 요청 등 오늘날 우리가 경험하는 일련의 상황적 조건 · 추세에 부응 또는 대응한다.

187

| 정답 | ④

| 해설 | 피터 드러커는 경영 목표 및 관리자의 역할로 조직구성원에게 동기를 부여하고 의사소통을 하며 인재를 개발하는 것을 주장하였다.

188

| 정답 | ④

| 해설 | 연속생산공정은 과업의 형태가 반복적이다.

보충 플러스+

연속생산공정
- 제품별 배치
- 매우 표준화되어 있음.
- 소품종 대량생산
- 짧은 거리와 낮은 운반비
- 고정비는 높고 변동비는 낮음.
- 생산원가는 낮음(효율성은 높음).
- 유연성은 매우 떨어짐.
- 단순작업이 많은 반복적 비숙련공

189

| 정답 | ①

| 해설 | 경제적 주문량모형이 궁극적으로 추구하는 것은 단위기간당 발생하는 총재고유지비용과 총주문량을 최소화하는 1회 주문량을 산출하여 재고과정의 합리화를 도모하려는 방법이다.

보충 플러스+

EOQ모형

1. 기본 가정
   - ㉠ EOQ모형은 경제적 주문량을 의미하며, 매번 주문 시 주문량이 동일하다.
   - ㉡ EOQ모형은 주문기간 중에 수요량, 주문원가, 유지원가, 조달기간이 확실하게 알려져 있다.
   - ㉢ 재고단위당 구입원가는 1회당 주문량에 영향을 받지 않으며, 재고부족원가는 없다.
2. EOQ

$$= \sqrt{\frac{2 \times \text{연간수요량} \times \text{1회 주문비용}}{\text{1단위당 재고유지비용}}}$$

190

| 정답 | ①

| 해설 | 모든 재고자산을 개별로 구분 표기하는 개별법 이외에는 실제 물량흐름은 일일이 검토하지 않고 재고자산의 취득단가가 일정한 흐름을 가질 것이라는 원가흐름의 가정 하에 판단한다.

| 오답풀이 |

② 실사법은 재고 판매 혹은 사용 시 기록을 하지 않고 기간 말에 재고를 조사하여 기말 재고수량을 파악하여 발생한 물품의 변동만큼이 판매 혹은 사용되었음을 간주하는 방식으로, 장부정리가 간편하고 실제 재고수량을 기준으로 평가되어 공시되므로 외부보고 목적에 충실하다는 특징을 가진다.

③ 순실현변동가치의 변동분은 변동이 발생한 기간의 손익으로 인식한다. 즉 재고자산의 순실현가능가치가 취득원가에 미달되는 경우, 그 평가손실액(미달액)은 기간 내 비용으로 인식하고, 재고자산평가충당금 계정의 재고자산평가손실로 기록한다.

④ 재고자산감모손실은 상품 보관과정에서 발생한 상품 파손, 마모, 도난 등을 이유로 실제 재고수량이 장부상의 재고수량보다 적은 경우에 발생하는 손실을 의미하며, 장부상으로는 손실액만큼의 당기비용으로 처리한다.

191

| 정답 | ①

| 해설 | 투빈 시스템(Two-bin System)은 두 개의 용기를 두고 첫 번째 용기에 있는 물품이 소진되면 두 번째 용기로 바꾸면서 첫 번째 용기의 분량만큼의 재고주문을 하는 식으로 두 개의 용기에 있는 재고를 교대로 사용하는 시스템으로, 한 쪽의 용기가 소진될 때마다 그 용기의 분량만큼의 재고를 주문하는 고정주문량모형, 연속조사(Q)시스템에 속한다.

| 오답풀이 |

② ABC 재고관리시스템은 재고품목을 매출액 등의 기준에 따라 A, B, C 3개의 그룹으로 구분하여 차등적인 재고관리수준을 적용하는 재고관리기법이다.

③ 단일기간재고모형은 수명주기가 짧은 제품의 재고관리에 있어 재고부족이나 초과재고 발생문제를 고려할 때 이용할 수 있다.

④ EOQ모형은 단위기간 중 수요를 정확하게 예측할 수 있다는 전제로 이용되는 것이므로 해당 모형을 통해 주문시기에 대한 결정은 내릴 수 없다.

⑤ 재주문점(ROP)＝(조달기간×일일평균수요)＋안전재고

이다. 만일 조달기간동안 수요의 변동성이 없다면 안전재고는 불필요하므로, 이때의 재주문점은 조달기간 동안의 일일평균수요의 합과 같아진다.

192

| 정답 | ②

| 해설 | 재고유지비는 재고를 저장하는 데 필요한 재고의 취급비용, 보험료, 세금 등의 재고 유지에 대한 비용으로, 보유량에 따라 재고품목 1단위당 비용 혹은 재고품목의 가격에 대한 백분율로 표시하는 변동비의 성격을 가진다.

193

| 정답 | ②

| 해설 | 주문량과 비용과의 관계에서 단위당 주문비와 재고유지비는 항상 상충관계에 있다. 1회 주문량이 증가하면 주문횟수가 적을 것이므로 주문비는 감소하고, 유지비는 증가하게 될 것이다. 반면 재고부족비는 주문량의 증가와 관련이 없다.

194

| 정답 | ③

| 해설 | 계약의 체결이나 물품의 주문행위 그 자체는 경제적 거래이기는 하지만 재무상태에 변화를 가져오지 않으므로 회계상 거래에 해당하지는 않는다.

| 오답풀이 |

①, ② 화재나 도난에 의한 자산의 감소 등은 일반적 의미에서는 거래가 될 수 없으나 회계상의 거래가 된다.

보충 플러스+

회계상 거래

통상의 거래 중 회계상 거래는 회사재산상의 증감을 가져오는 사건을 의미하며, 이는 객관적인 측정이 가능하여 화폐금액으로 기록할 수 있어야 한다. 즉, 일상생활에서의 거래 중에서, 자산·부채·자본의 증감과 수익·비용의 발생을 가져오는 일체의 현상을 말하나, 토지나 건물을 임대차하는 계약을 맺은 경우는 일상생활에서의 거래는 되지만, 회계상에서는 자산·부채·자본의 증감이 발생하지 않았으므로 거래가 되지 않는다.

회계상 거래		
상품의 화재, 도난, 파손, 건물차량의 가치감소, 채권의 회수 불능	상품의 매입과 매출, 현금의 수입과 지출, 금전의 대차, 비용의 지급, 수익의 수입 등	상품매매계약, 건물의 임대차계약, 상품의 주문서 발송, 건물 등의 담보 설정, 연봉계약
	일상생활에서의 거래	

195

| 정답 | ①

| 해설 | 레버리지효과란 타인으로부터 빌린 자본을 지렛대 삼아 자기자본이익률을 높이는 것을 말하며 지렛대효과라고도 한다. 예를 들어 10억 원의 자기자본으로 1억 원의 순익을 올렸다고 할 때 투자자본 전부를 자기자본으로 충당했다면 자기자본이익률은 10%가 되고, 자기자본 5억 원에 타인자본 5억 원을 끌어들여 1억 원의 순익을 올렸다면 자기자본이익률은 20%가 된다. 따라서 차입금 등의 금리비용보다 높은 수익률이 예상될 때에는 타인자본을 적극적으로 끌어들여 투자를 하는 것이 유리하다.

196

| 정답 | ①

| 해설 | 유동비율(Current Ratio)은 유동부채 대비 유동자산의 비율로, 기업의 단기부채 지급능력을 의미한다.

| 오답풀이 |

② 당좌비율(Quick Ratio)은 유동부채 대비 당좌자산의 비율을 의미한다. 여기서 당좌자산이란 유동자산에서 재고자산을 제한 자산을 의미한다.

③ 부채비율(Debt Ratio)은 자기자본 대비 부채총액의 비율로, 타인자본의 의존도를 의미한다.

④ 수익성지표는 기업이 주주의 자본으로 얼마나의 수익을 창출하였는가의 지표로, 매출수익률(ROS), 총자산이익률(ROA), 자기자본이익률(ROE), 매출총이익률, 영업이익률 등으로 구성한다.

⑤ 자본생산성은 총산출량 대비 자본투입량 혹은 총자본 대비 부가가치로, 기업에 투자된 총자본이 얼마의 부가가치를 산출했는가를 의미한다.

197

| 정답 | ②

| 해설 | 비용의 발생－자산의 감소

| 오답풀이 |

① 자산의 증가－자산의 감소

③ 자산의 증가－자본의 증가

④ 자산의 증가－수익의 발생

⑤ 자산의 증가－자산의 감소

보충 플러스+

거래의 8요소와 결합관계

일반적으로 1개의 차변요소와 1개의 대변요소가 결합되어 하나의 거래를 구성한다.

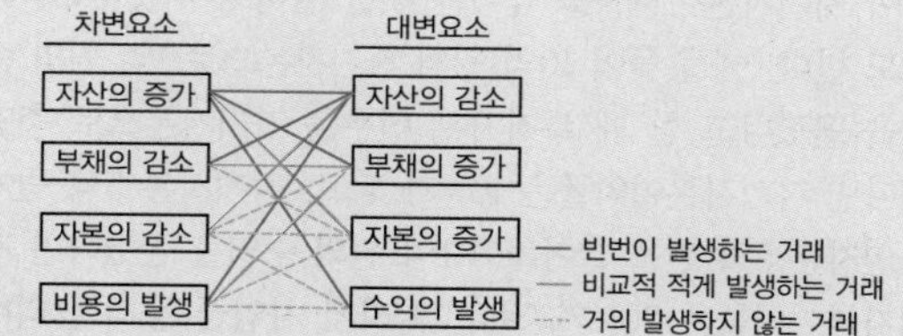

수익의 발생은 자산의 증가나 부채의 감소를 가져오고, 비용의 발생은 자산의 감소나 부채의 증가를 가져온다.

198

| 정답 | ②

| 해설 | 유동성비율＝유동자산÷유동부채

- 기업이 충분한 현금을 보유하고 있는가를 알아보는 방법은 기업의 유동자산과 유동부채를 살펴보는 것이다.
- 유동성비율은 앞으로 수개월 동안 사업을 수행하는 데 필요한 현금을 조달하는 기업의 능력을 측정하는 것이다.
- 유동성비율은 유동부채에 대해 유동자산이 차지하는 비율을 나타내며, 유동자산을 유동부채로 나눠 계산한다.

199

| 정답 | ④

| 해설 | 회계정보의 비교가능성이란 기업의 재무상태, 경영성과, 현금흐름 및 자본변동의 추세분석을 용이하게 하기 위하여 회계정보는 각 기간별로 비교가 가능하도록, 기업간의 비교 역시 가능하도록 작성되어야 한다는 것이다.

| 오답풀이 |

① 회계정보의 검증가능성이란 합리적이고 독립된 다수의 관찰자들이 동일한 사건이나 거래를 보고 동일한 방법으로 측정하였다면 유사한 결론에 도달하여야 한다는 것이다.

② 회계정보의 적시성이란 의사결정자가 회계정보를 의사결정에 반영될 수 있도록 그 정보가 적시에 제공되어야 한다는 것이다.

③ 회계정보의 목적적합성이란 회계정보가 이해관계자가 의도하는 의사결정의 목적과 관련된 정보를 제공해야 한다는 것이다.

200

| 정답 | ③

| 해설 | 단기차입금은 만기가 1년 이하인 차입금, 장기차입금은 1년을 초과하는 차입금을 의미하며, 이는 각각 손실위험이 높고 낮음에 따라 유동부채와 비유동부채로 분류된다. 즉 만기가 짧은 단기차입금은 그만큼 손실의 가능성이 낮은 유동부채이며, 만기가 긴 장기차입금은 그만큼 손실의 가능성이 높은 비유동부채에 해당한다.

201

| 정답 | ④

| 해설 | 총자산순이익률

$$=\frac{\text{당기순이익}}{\text{자산총계(총자산)}}=\left(\frac{\text{당기순이익}}{\text{매출액}}\right)\times\left(\frac{\text{매출액}}{\text{총자산}}\right)$$

＝매출액순이익률×총자산회전율

따라서 총자산회전율$=\frac{\text{총자산순이익률}}{\text{매출액순이익률}}$이다.

총자산회전율＝20÷8＝2.5(회)

202

| 정답 | ②

| 해설 | 단위당 가공원가＝단위당 직접노무비＋단위당 제조간접비＝150＋200＝350(원)

203

| 정답 | ⑤

| 해설 | 하루에 8시간씩 200일을 작업하면 1인당 연 근무시간은 8×200=1,600(시간), 연봉 6,000만 원이므로, 시급은 6,000(만 원)÷1,600=37,500(원)

5명의 연 근무시간은 1,600×5=8,000(시간)이고, 7,000시간 작업을 했으므로 1,000시간을 미사용하였다. 따라서 미사용활동원가는 37,500×1,000=37,500,000(원)이다.

204

| 정답 | ③

| 해설 | CAPM의 상황에서는 무위험자산이 존재하며 무위험이자율로 얼마든지 차입 또는 대출이 가능하다.

보충 플러스+

CAPM의 가정

1. 모든 투자자들은 위험증권에 투자할 경우 최적포트폴리오에 투자한다.
2. 모든 투자자들은 자본자산의 기대수익률과 분산에 대하여 동질적인 예측을 한다.
3. 무위험자산이 존재하며 투자자들은 무위험이자율로 투자자금을 얼마든지 빌려 쓰거나 빌려줄 수 있다.
4. 모든 투자자들은 동일한 단일 투자기간을 가지고 있으며 모든 자본자산은 무한히 분할 가능하다.
5. 증권시장은 완전시장이다. 즉, 증권거래에 따른 세금과 거래비용이 존재하지 않으며, 이자율의 상승과 인플레이션이 없다.
6. 증권시장은 균형상태이다. 즉, 증권시장에서 거래되는 모든 증권은 수요와 공급이 일치하는 수준에서 각 증권의 가격이 형성된다.

205

| 정답 | ①

| 해설 | 주식투자에 대한 요구수익률은 다른 자산 대신 주식에 투자하기로 결정하는 데 요구되는 최소한의 수익률로, 주식투자에 대한 요구수익률이 하락할 때 현재가치가 상승하고 요구수익률이 상승할 때 하락한다.

| 오답풀이 |

② 주식시장참여자들은 계속적으로 정보를 받고 그들의 예상을 수정하며 이에 따라 주식 가격은 자주 변화한다.

③ 단기에는 앞으로 매출과 당기순이익이 늘어날 것이라는 기대감에 투자자들은 주식을 사게 되고 이에 주가가 상승하게 된다.

④ 배당평가모형은 주식의 내재가치를 미래 현금흐름의 현재가치로 정의된다. 즉 주식의 내재적 가치는 영속적인 배당수입에 대한 현재가치라고 할 수 있다.

206

| 정답 | ②

| 해설 | 부채를 많이 사용한 기업의 자본적 투자활동이 경영자의 단기지향성으로 인하여 위험한 투자안을 선택할 가능성이 높다.

| 오답풀이 |

③, ④ NPV는 투자안으로부터 기대되는 미래 현금흐름 유입액을 위험을 고려한 할인율(자본비용)로 할인한 현재가치에서 현금유출의 현재가치를 차감한 값을 의미하며, 투자안의 NPV가 0보다 크면 채택하고, 0보다 작으면 기각하는 것이 원칙이나 투기성 투자로 인한 결정을 할 수 있다.

207

| 정답 | ④

| 해설 | 은행으로부터 현금을 차입한다면 현금이 유입되어 현금흐름은 증가한다.

보충 플러스+

현금흐름표

1. 영업활동 현금흐름 : 기업 본연의 제조생산, 구매, 판매와 관련된 영업활동
   현금유입(+) : 제품판매, 이자수익, 배당금수익
   현금유출(−) : 원재료상품 구입, 공급자 · 종업원 현금지출, 이자비용 지급, 미지급법인세 지급
2. 투자활동 현금흐름 : 각종 자산 취득이나 매각활동이며, 재무상태표의 자산계정과 관련있음.
   현금유입(+) : 대여금회수, 처분(단기금융상품, 유가증권, 투자자산), 유무형자산 매각처분, 기타 비유동자산 처분, 예금인출

현금유출(−) : 현금대여, 취득(단기금융상품, 유가증권, 투자자산), 유무형자산 취득, 기타비유동자산 취득, 공장신축, 라인증설, 생산시설 유지보수, 은행예금, 지금대여

3. 재무활동 현금흐름 : 기업에 필요한 자금 조달과 상환활동을 말하며, 부채나 자본계정과 관련
현금유입(+) : 단기차입금, 장기차입금, 어음 · 사채발행, 주식발행, 은행대출상환, 유상증자
현금유출(−) : 배당금 지급, 유상증자, 자기주식 취득, 대출 · 차입금 상환, 부채상환

208

| 정답 | ②

| 해설 | 수익의 이연(선수수익의 계상)은 당기에 수익으로 이미 받은 금액 중 차기에 속할 부분에 대해서는 그 수익계정에서 차감하고, 일시적인 부채를 표시하는 계정으로 대체하여 차기로 이월하는 것을 말한다. 이때의 부채를 선수수익이라고 하는데, 선수수익에는 선수임대료, 선수이자 등이 있으며, 재무상태표의 부채로 계상된다. 선수수익은 수익을 부채로 이연한 것으로서 차기 이후에 속하는 수익이다. 기업회계기준에 의하면 단기선수수익은 유동부채에 속한다.

209

| 정답 | ①

| 해설 | 유동성선호를 반영하여 화폐의 시간가치를 나타내는 척도는 시장이자율이다. 시장이자율은 시간이 다른 화폐의 상대적 가치를 나타내는 것으로서, 미래가치를 현재가치로 또는 현재가치를 미래가치로 평가하기 위한 기준이 된다. 화폐의 시간가치는 동일한 크기의 금액이라도 현재 얻게 되는 금액이 미래에 얻게 되는 금액보다 더 높은 가치를 가진다는 개념이다.

210

| 정답 | ①

| 해설 | EVA는 단순히 재무상태를 정확하게 나타내 줄 뿐이고 고객만족도나 내부평가, 성장성에 대해서는 알 수 없다.

| 오답풀이 |

②, ③ EVA는 손익계산서의 당기순이익과는 달리 그 계산 과정에서 타인자본비용과 자기자본비용을 모두 고려하여 기업의 진정한 경영성과를 측정하는 지표이다.

④ EVA는 세후영업이익에서 자본비용을 차감한 잔액이며, 현금흐름의 현재가치에 의한 투자수익이 자본비용을 초과하는 크기의 합계로 계산하는데 자본비용은 주주 · 채권자 등 투자자가 제공한 자본에 대한 비용이며, 외부차입에 의한 타인자본비용과 주주 등의 이해관계자가 제공한 자기자본비용의 가중평균값을 말한다.

211

| 정답 | ①

| 해설 | 경제적 부가가치(EVA)를 구하는 공식은 다음과 같다.

=세후영업이익(영업이익−법인세, NOPAT)−자본비용
=세후영업이익−(투자자본×가중평균자본비용)
=(투하자본수익률(ROIC)−가중평균자본비용(WACC))×투자자본

※ 가중평균자본비용(WACC)=(타인자본비용×구성비율)+(자기자본비용×구성비율)

212

| 정답 | ④

| 해설 | 총위험 중 체계적 위험이 차지하는 비율을 결정계수라 하며, 결정계수는 0과 1 사이의 값을 가진다.

결정계수=총위험 중 체계적 위험이 차지하는 비율

$$=\text{상관계수의 제곱 or } \frac{\text{체계적 위험}}{\text{총위험}}$$

213

| 정답 | ②

| 해설 | 개인적 의사결정은 집단적 의사결정에 비하여 정확성도 낮고 창의성도 낮다.

집단의사결정의 효과성과 효율성 (Effectiveness and Efficiency)	
1. 정확성(Accuracy)	개인보다 정확하다. 그러나 우수한 개인보다는 부정확하다.
2. 신속성(Speed)	개인이 집단보다 더 신속하다.
3. 창의성(Creativity)	집단의 창의성이 개인보다 효과적이다.
4. 수용성(Acceptance)	집단의 수용성이 개인보다 효과적이다.

214

| 정답 | ①

| 해설 | 턴어라운드전략은 WO 전략이다.

보충 플러스+

SWOT 분석

내적 요소 / 외적 요소	강점(S)	약점(W)
기회 (O)	SO 전략	WO 전략
	기회로부터 이익을 얻기 위해 강점을 활용하는 전략	약점을 극복하면서 기회를 살리는 전략
위협 (T)	ST 전략	WT 전략
	위협을 회피하기 위해 강점을 활용하는 전략	약점을 최소화하고 위협을 회피하는 전략

1. 개념 : 기업의 외부 환경을 분석함으로써 강점(Strength)과 약점(Weakness), 기회(Opportunity)와 위협(Threat) 요인을 규정하고 이를 토대로 마케팅전략을 수립하는 기법이다.
2. 장점
   ㉠ 기업의 내부환경을 분석하여 강점과 약점을 찾아낼 수 있다.
   ㉡ 외부환경 분석을 통해서 기회와 위협을 찾아낸다.
3. SWOT 분석
   ㉠ SO 전략(강점－기회전략)
   강점을 살려 기회를 포착. 성장, 인수합병, 다각화
   ㉡ ST 전략(강점－위협전략)
   강점을 살려 위협을 회피. 다양화전략으로 위협을 최소화하고 내부 강점을 이용해야 한다.
   ㉢ WO 전략(약점－기회전략)
   약점을 보완하여 기회를 포착. 턴어라운드전략
   ㉣ WT 전략(약점－위협전략)
   약점을 보완하여 위협을 회피. 철수, 제거, 방어적 전략으로 회사를 축소하거나, 청산, 구조조정 등의 실시

215

| 정답 | ④

| 해설 | WT 상황(약점－위협)에는 약점을 보완하여 위협을 회피, 철수, 제거, 방어적 전략으로 회사를 축소하거나, 청산, 구조조정 등을 실시한다. SO 상황일 때 복합적 다각화, 인수합병, 성장 등을 해야 한다.

216

| 정답 | ②

| 해설 | 단일투자안의 경우 수익성지수법은 수익성지수 $\left(=\frac{\text{현금유입액의 현재가치}}{\text{현금유출 현가합}}\right)$가 1보다 큰 경우 투자안을 채택한다.

| 오답풀이 |

① 회수기간법은 모든 미래현금수지에 대해 동일한 가중치를 부여하고 있기 때문에 화폐의 시간가치를 무시하고 있고 자본회수기간 이후의 현금흐름을 전혀 고려하지 않는다.

③ 내부수익률이란 투자로부터 기대되는 현금유입의 현재가치와 현금유출의 현재가치를 일치시켜 주는 할인율을 의미하며 복수투자안일 경우 내부수익률이 자본비용보다 큰 투자안 중에서 가장 높은 투자안을 채택한다.

④ 순현재가치란 투자안으로부터 기대되는 미래 현금흐름 유입액을 위험을 고려한 할인율(자본비용)로 할인한 현재 가치에서 현금유출의 현재가치를 차감한 값을 의미한다.

217

| 정답 | ③

| 해설 | • Strong Form(강형) : Technicians(기술적 분석가)
• Weak Form(약형) : Fundamentalists(기본적 분석가)
• Semi-strong Form(준강형) : Random Walkers(랜덤 워커)

보충 플러스+

증권시장의 효율적 시장가설(Efficient Market Hypothesis)

1. 약형 효율적 시장가설 : 현재의 주가는 과거 주가변동의 양상, 거래량의 추세, 과거 이자율의 동향에 관한 정보 등 과거의 역사적 정보를 완전히 반영하고 있으므로 어떤 투자자도 과거 주가변동의 형태와 이를 바탕으로 한 투자전략으로는 초과수익을 얻을 수 없다는 주장이다.
2. 준강형 효율적 시장가설 : 현재의 주가는 공개적으로 이용가능한 모든 정보를 완전히 반영하고 있으므로, 투자자들은 공표된 어떠한 정보나 이에 바탕을 둔 투자전략으로는 초과수익을 달성할 수 없다는 주장이다.
3. 강형 효율적 시장가설 : 일반에게 공개된 정보뿐만 아니라 공개되지 않은 내부 정보를 포함한 모든 정보가 주가에 즉각 반영되어있는 상태를 의미하므로 투자자는 어떠한 정보에 의해서도 초과수익을 얻을 수 없다는 주장이다.

218

| 정답 | ④

| 해설 | 일반적으로 자본비용은 그 위험에 따라 크기가 달라지며 주식의 경우 사채보다 위험이 더 크므로 자기자본비용이 타인자본비용보다 크게 된다.

219

| 정답 | ③

| 해설 | 증권시장선의 기울기는 β값에 상관없이 항상 일정한 값을 가진다. 증권시장선(SML)은 개별자산 또는 포트폴리오의 균형수익률을 도출해내는 모형으로, 체계적 위험의 지표인 베타에 비례하는 위험프리미엄을 측정하여 균형수익률을 이끌어 낸다.

보충 플러스+

CAPM의 가정

1. 모든 투자자들은 위험증권에 투자할 경우 최적포트폴리오에 투자한다.
2. 모든 투자자들은 자본자산의 기대수익률과 분산에 대하여 동질적인 예측을 한다.
3. 무위험자산이 존재하며 투자자들은 무위험이자율로 투자자금을 얼마든지 빌려 쓰거나 빌려줄 수 있다.
4. 모든 투자자들은 동일한 단일 투자기간을 가지고 있으며 모든 자본자산은 무한히 분할 가능하다.
5. 증권시장은 완전시장이다. 즉, 증권거래에 따른 세금과 거래비용이 존재하지 않으며, 이자율의 상승과 인플레이션이 없다.
6. 증권시장은 균형상태이다. 즉, 증권시장에서 거래되는 모든 증권은 수요와 공급이 일치하는 수준에서 각 증권의 가격이 형성된다.

220

| 정답 | ①

| 해설 | 가중평균자본비용

$$=\text{자기자본비용}\times\left(\frac{\text{자기자본}}{\text{전체자본}}\right)+\text{타인자본비용}\times\left(\frac{\text{타인자본}}{\text{전체자본}}\right)$$

$$=3.87\times0.1068+6.36\times0.8932\fallingdotseq6.09(\%)$$

221

| 정답 | ①

| 해설 | 투자시한분석은 적극적 채권투자전략이다.

보충 플러스+

적극적 투자전략

1. 채권스왑 : 우수한 성과를 얻기 위해서 일정한 예상하에 포트폴리오를 구성하는 채권을 타 채권으로 교체하는 전략을 말한다.
2. 투자시한분석 : 투자기간 동안의 각 채권의 자본이득과 이자수익을 고려하여 총투자수익률을 계산한 후 이를 바탕으로 투자대상을 선정하는 전략이다.

3. 수익률곡선타기전략 : 현재 우상향 수익률곡선이 앞으로도 변하지 않을 것으로 예상하는 경우, 시간이 흐름에 따라 채권의 만기는 짧아지고 그에 따라 채권의 만기수익률은 하락하여 채권의 가격이 상승할 것으로 예상할 수 있다.
4. 상황대응면역전략 : 유리한 상황에서는 적극적 투자전략을 구사하다가 상황이 불리해지면 면역전략으로 전환하는 전략을 말한다.

소극적 투자전략

1. 만기보유전략 : 자신의 투자기간에 맞는 만기를 가진 채권을 매입하여 만기까지 보유하는 전략으로 이자율변동에 따른 가격변동위험을 회피할 수 있다.
2. 인덱싱전략 : 채권포트폴리오의 성과가 벤치마크로 설정한 채권지수의 성과와 일치하도록 채권지수 포지션을 그대로 복제하는 것을 말한다.
3. 면역전략 : 자산과 부채의 듀레이션을 일치시켜 이자율이 변동하더라도 순투자액의 가치가 변동하지 않도록 하는 전략이다.
4. 현금흐름매칭전략 : 채무의 현금흐름을 채권포트폴리오의 현금흐름과 완전히 일치하도록 포트폴리오를 구성하는 전략으로 면역전략에서 발생하는 듀레이션 재조정에 관한 문제가 발생하지 않는다.
5. 기간매칭전략 : 현금흐름매칭전략과 면역전략을 동시에 사용하는 전략으로 단기채무에 대해서는 현금흐름매칭전략을, 장기채무에 대해서는 면역전략을 사용한다.

222

| 정답 | ②

| 해설 | 이항모형에 의한 옵션가격을 결정하는 문제이다.

1. 주식의 만기가치$=S(1+r)$이고 상승할 확률을 p라 하면 $10,000(1+0.1)=12,000\times p+8,000\times(1-p)$라 할 수 있다.
   여기서 $p=0.75$
2. 콜옵션의 만기가치는 $2,000\times0.75+0\times(1-0.75)=1,500$(원)
3. 콜옵션의 현재가치는 $\dfrac{1,500(\text{원})}{1+r}=\dfrac{1,500}{1.1}=1,363$(원)

223

| 정답 | ④

| 해설 | 제품사용자에 의한 포지셔닝은 특정 소비자계층에게 자사의 제품이 가장 알맞다는 점을 내세우는 방법이다.

보충 플러스+

포지셔닝 유형

제품속성에 의한 포지셔닝	제품의 주요한 속성(가격, 품질, 스타일, 성능 등)이 주는 편익이나 효과에 따라 인식시키는 방법
제품사용자에 의한 포지셔닝	제품이 표적시장내의 특정 사용자 계층에 적합하다고 소비자에게 인식시키는 방법
사용상황에 의한 포지셔닝	제품이 사용될 수 있는 상황을 제시하여 소비자들에게 인식시키는 방법
경쟁제품에 의한 포지셔닝	자사제품과 경쟁제품을 비교해서 자사제품의 우위를 소비자들에게 인식시키는 방법
이미지 포지셔닝	자사제품으로부터 긍정적 연상이 유발되도록 인식시키는 방법

224

| 정답 | ①

| 해설 | 가격경쟁이 심할 경우 스키밍가격전략을 통해 고가정책을 시행하는 방안은 적절하지 않다.

침투가격(저가격)전략 (Penetration Pricing Strategy)	개념	어떤 시장을 선점하거나 시장점유율 확보를 일차적 목표로 저가 정책으로 시장에 침투하여 시장을 확보하고자 하는 정책
	조건	• 수요의 가격 탄력성이 높아야 한다. • 시장에 조기에 들어가야 하는 상품일 때 적합하다. • 규모의 경제가 가능해야 한다.
스키밍가격(고가격)전략 (Skimming Pricing Strategy)	개념	초기에 고가정책을 취함으로써 높은 가격을 지불할 의사를 가진 소비자로부터 큰 이익을 흡수한 뒤 제품 시장의 성장에 따라 가격을 조정해 가는 방식
	조건	• 고가를 설정한 만큼 품질 또한 고가에 적합해야 한다. • 시장에 낮은 가격으로 들어올 수 있는 진입자가 없어야 한다.

225

| 정답 | ③

| 해설 | 제품라인의 깊이란 브랜드가 가지고 있는 제품품목의 개수를 의미한다.

보충 플러스+

제품믹스의 결정

넓이	• 제품의 다양화와 단순화가 특징 • 단순한 형태로 서 서로 다른 제품계열의 수를 의미
깊이	• 제품의 차별화를 특징 • 각 제품계열 내에 속한 다양한 제품품목의 개수를 의미
길이	제품믹스 내에 있는 모든 제품의 수
일관성	• 제품계열의 유사성을 의미 • 다양한 제품계열에 있어 최종 용도와 생산시설 및 유통경로 등의 관련성의 정도

최적의 제품믹스란 제품을 추가, 폐기 또는 수정하여 마케팅 목표를 가장 효율적으로 달성할 수 있는 상태에 이르는 것을 의미한다.

226

| 정답 | ③

| 해설 | 소비용품의 경우에는 광고가 가장 효과적인 촉진방법이다.

보충 플러스+

인적 판매

1. 산업용품의 경우에는 가장 효과적인 촉진믹스 수단이다.
2. 비용은 비싸지만 구매를 유발하는 데 가장 효과적인 수단으로 판매원이 고객과 만나 제품을 사도록 권유하는 마케팅활동이다.

판매촉진

단기간에 제품에 대한 수요를 촉진하기 위해서 실시되는 광고, 홍보, 인적판매 이외의 모든 활동을 말한다. DM · 배포지 · 카탈로그 · 배포나 제공, 콘테스트, 전시회 등을 들 수 있다.

촉진믹스의 구성요소

요소	정의
광고	특정 광고주에 의한 아이디어, 상품 또는 서비스의 비인적 프레젠테이션과 촉진
PR	회사나 제품 이미지를 증진하거나 보호하는 프로그램
판매촉진	제품 및 서비스의 사용 혹은 구매를 촉진하기 위한 단기적인 인센티브
인적판매	판매와 고객관계를 구축하기 위한 목적으로 수행되는 대면적인 프레젠테이션

227

| 정답 | ①

| 해설 | 표적집단면접법은 정성적 조사방식의 하나로 참가자들의 토론을 유도하여 콘셉트의 적절성을 평가할 수 있다.

| 오답풀이 |

② 쌍대비교법은 아이디어를 비교하는 데 사용될 수 있다.

③ 영화관 테스트는 최종광고제작물을 평가하는 데 사용된다.

④ DAR은 광고 집행 후 소비자의 반응을 확인하기 위해 사용되는 방식이다.

228

| 정답 | ④

| 해설 | 구매의도 또는 구매를 자극하기 위해서는 구매시점 광고, 소매점 광고 또는 판매촉진 광고가 적합하다.

229

| 정답 | ④

| 해설 | 직접적인 마케팅의 지원보다는 공중 전체를 대상으로 기업의 전반적인 이미지와 위상을 높이고 신뢰를 획득하는 보편적 PR 방법은 CPR(Corporate PR)이다.

230

| 정답 | ③

| 해설 | 고객의 상품정보 제공에 대한 요구가 크다는 것은 고객이 제품이나 서비스에 대한 상세한 정보를 원하는 것으로 이런 경우는 유통단계를 줄이는 것이 유리하다.

| 오답풀이 |

② 고객의 공간편의성 제공요구가 크다는 것은 멀리 있으면 고객이 찾아갈 의사가 없다는 것으로 유통단계를 늘려야 한다.

④ 고객의 배달기간에 대한 서비스 요구가 크다는 것은 고객이 오래 기다릴 수 없다는 의미이므로 고객의 집 근처에서 바로 받아 가게 해야 한다.

231

| 정답 | ④

| 해설 | 내부 벤치마킹은 자신의 사업단위나 지점에 대한 벤치마킹으로 회사 내에서 다른 사업단위, 위치, 부서에서 동일한 활동을 갖고 있는 조직에서 적용될 수 있다. 예를 들면 다른 지역에 위치하고 있는 회사의 사업단위를 벤치마킹 한다. 정보, 심지어 민감한 자료에 쉽게 접근할 수 있고 다른 벤치마킹보다 시간과 자원이 적게 소요된다. 커뮤니케이션의 공유, 자료입수의 용이성, 즉각적인 결과와 혜택 등이 장점이지만 제한된 집중과 내부편견은 단점이다.

232

| 정답 | ②

| 해설 | 품질보증은 검사 중심 → 공정관리 중심 → 설계 중심 → 사회적 책임의 발전단계를 거쳤다.

보충 플러스+

품질보증의 발전단계

1. 검사 중심의 품질보증 : 검사를 철저히 행하는 것에서 시작
2. 공정관리 중심의 품질보증 : 생산공정을 관리하여 양질의 제품을 생산하는 데 중점
3. 설계 중심의 품질보증 : 품질은 설계와 공정에서 만들어진다.
4. 사회적 책임의 품질보증 : 품질의 사회적 욕구에 대한 보증

233

| 정답 | ③

| 해설 | 전사적 품질경영은 시스템 중심으로 총체적 품질 향상을 통해 경영목표달성을 목표로 한다. 반면 전사적 품질관리(TQC)는 불량 감소를 목표로 한다.

234

| 정답 | ④

| 해설 | p−관리도는 제품의 불량 여부를 결정하는 불량관리도로 이항분포에서 사용되는 관리도이다. 넓이 · 무게 · 길이와 같이 계량화할 수 있는 연속적 품질 측정치는 R−관리도, X−관리도, X−R 관리도 등이 이용된다.

235

| 정답 | ⑤

| 해설 | SERVQUAL은 기업의 서비스 품질을 신뢰성, 확신성, 유형성, 공감성, 대응성의 5개 영역 22개 항목의 품질 기준으로 측정하여 분석할 수 있게 하는 도구이다.

| 오답풀이 |

① 전사적 품질경영(TQM ; Total Quality Management)은 모든 구성원의 참여로 이루어지는 장기적 조직적 품질개선을 의미한다.

② 관리한계선의 폭이 좁아지면 관리한계의 폭이 좁아지므로 양품이 샘플링검사로 불합격판정을 받게 되는 생산자 위험이 커지며, 반대로 불량품이 샘플링검사에서 합격판정을 받게 되는 소비자 위험은 낮아진다.

③ 싱고 시스템은 오류를 사전에 방지하기 위해 잘못된 조작을 하면 작동하지 않도록 하는 디자인인 포카요케(Poka−yoke)와 10분 미만의 공구 교체 시스템(SMED)으로, 전사적 품질경영인 적시생산시스템(JIT ; Just In Time)과 관련된 생산기법이다.

④ 품질경영에 대한 국제표준 ISO 9000 시리즈에 대한 설명이다.

236

| 정답 | ②

| 해설 | QC circle은 동기부여가 아니라 처음부터 올바르게 작업할 수 있도록 종업원에게 방법을 부여한다.

보충 플러스+

무결점 운동
- 종업원에게 계속적인 동기부여
- 불량률을 인정하지 않음.
- 전종업원이 주체로서 작업상의 오류를 줄이는 것이 목적
- 심리적 · 비수리적 품질관리 분임조활동
- 감독자와 종업원이 스스로 정기모임을 통하여 품질향상을 도모
- 처음부터 올바르게 작업할 수 있는 방법의 부여
- 표준치에 대한 불량률 인정
- 논리 · 수리적

237

| 정답 | ②

| 해설 | 종합적 품질경영(TQM)

1. 개념
   ㉠ 장기적인 전략적 품질관리를 하기 위한 관리원칙이다.
   ㉡ 조직구성원의 광범위한 참여하에 조직의 과정 · 절차를 지속적으로 개선한다.
   ㉢ 총체적 품질관리를 뜻하는 말로 고객만족을 서비스 질의 제1차적 목표로 삼는다.
2. 목적
   ㉠ 과정 · 절차를 개선하도록 하고, 직원에게 권한을 부여한다.
   ㉡ 관리자에게 서비스의 질을 고객기준으로 평가하는 사고방식을 갖게 한다.
   ㉢ 거시적 안목을 갖게 하고, 장기적 전략을 세우게 하며, 현상에 결코 만족하지 않도록 하는 심리적 압박을 가한다.
3. 특징
   TQM은 환경적 격동성 · 경쟁의 격화 · 조직의 인간화 · 탈관료화에 대한 요청 · 소비자 존중의 요청 등 오늘날 우리가 경험하는 일련의 상황적 조건 · 추세에 부응 또는 대응한다.

238

| 정답 | ③

| 해설 | 6시그마는 공정평균이 규격의 중심에서 '1.5×공정 표준편차'만큼 벗어났다고 가정했을 때 100만 개당 3.4개 정도의 불량이 발생하는 수준을 의미한다.

| 오답풀이 |

① FMS(Flexible Manufacturing System) : 개별 자동화 체계와 기술이 하나의 생산시스템 내에서 통합된 공장자동화 생산형태로서 다품종 소량생산의 생산을 가능하게 하는 시스템이다.

② ERP(Enterprise Resource Planning) : 전사적 자원관리로 구매, 생산, 물류, 회계 등의 업무 기능 전체의 최적화를 도모하고 경영의 효율화 추구를 위한 관리방안이다. 좁은 의미로는 ERP 개념을 실현하기 위한 '통합형 업무 패키지 소프트웨어' 자체를 말하기도 한다.

④ TQM(Total Quality Management, 종합적 품질경영) : 장기적인 전략적 품질 관리를 하기 위한 관리원칙으로 조직구성원의 광범위한 참여하에 조직의 과정 · 절차를 지속적으로 개선한다. 총체적 품질관리를 뜻하는 말로 고객만족을 서비스 품질의 제1차적 목표로 삼는다.

239

| 정답 | ⑤

| 해설 | 품질경영 기법인 6시그마 개선모형 중 DMAIC 방법론에서는 정의－측정－분석－개선－관리의 5단계 체제로 구성한다.

240

| 정답 | ④

| 해설 | ㉤ 비교우위는 두 국가 간에 상대적인 효율성이 높은 상품이나 산업을 의미하는 국가수준의 우위적 요소를 의미하는 것으로, 기업측면의 전략적 우위가 아니라는 점에서 경쟁우위와는 구별되는 개념이다.

보충 플러스+

전략적 제휴의 동기
- 필요한 기술과 자원의 습득
- 신제품개발과 시장진입 속도 단축
- 학습 기회 확보
- 프로젝트 비용과 위험 분산
- 과도한 경쟁 방지와 사업성과 제고
- 신규 시장의 진입과 확대 모색
- 표준화 선도
- 유연성 증대
- 규모의 경제 추구
- 보호장벽 회피

241

| 정답 | ①

| 해설 | 베버의 법칙(Weber's Law)은 소비자가 가격 변화에 대하여 주관적으로 느끼는 크기로서 낮은 가격의 상품은 조금만 올라도 구매자가 가격인상을 느끼지만 높은 가격의 상품은 어느 정도 오르더라도 구매자가 가격인상을 느끼지 못하는 현상을 말한다.

| 오답풀이 |

② JND(Just Noticeable Difference) : 가격 변화를 느끼게 만드는 최소의 가격변화폭을 의미

③ 유보가격 : 구매자가 어떤 상품을 구매 시 지불 가능한 최고금액

④ 가격 · 품질연상효과(Price-quality Association) : 가격인상이 품질 향상이란 인식을 유발시키는 것

242

| 정답 | ④

| 해설 | U-Commerce는 PC, 이동 통신 단말기, TV, 자동차 등 모든 기기나 장비를 전자상거래의 도구로 통합해 활용하는 상거래이다. 기존의 E-커머스, M-커머스, T-커머스 등 모든 종류의 전자상거래를 포괄하는 새로운 상위 개념으로, E-Commerce에 비해 무제한적이고, 포괄적이며, 장소에 구애받지 않는 전자상거래이다.

보충 플러스+

U-Commerce	모든 기기나 장비를 도구로 통합해 활용
E-Commerce	온라인 네트워크를 활용
M-Commerce	모바일 기기를 활용
T-Commerce	인터넷 텔레비전을 활용

243

| 정답 | ③

| 해설 | 전자상거래는 인터넷상에서 판매자와 소비자가 직접 거래를 하는 형태이므로 중개인이 필요없다. 판매자는 상품에 대한 정보를 제공하고 소비자는 그것을 보고 주문하면 거래가 성사된다. 이로써 소비자는 유통비용이 적은 상품을 싼 가격에 살 수 있고 직접 상점을 다니지 않아도 되므로 시간도 절약된다.

244

| 정답 | ④

| 해설 | 자산배분의 수립과정은 (E) 고객정보수집, 재무목표와 우선순위 파악 → (B) 투자제약조건, 위험허용도, 투자기간 등 결정 → (C) 투자지침서 작성 → (D) 전략적, 전술적 자산배분 → (A) 투자성과 점검 및 투자수정 순으로 진행한다.

245

| 정답 | ④

| 해설 | 고정예산은 특정 조업을 기준으로 한 총액 예산개념으로, 기준조업도 수준에서 실제원가와 예산원가를 비교평가하는 것이다.

변동예산은 일정 범위 내의 조업도의 변동에 따른 것으로 단위당예산의 개념으로, 실제원가를 실제조업도 수준의 예산원가와 비교하는 것이다.

246

| 정답 | ③

| 해설 | 재고자산은 취득원가와 순실현가치 중 낮은 금액으로 측정한다.

보충 플러스+

질적 특성
1. 근본적 질적 특성 : 목적적합성, 중요성, 표현충실성, 근본적 질적 특성의 적용
2. 보강적 질적 특성 : 비교가능성, 검증가능성, 적시성, 이해가능성, 보강적 질적 특성의 적용

247

| 정답 | ①

| 해설 | 재무제표의 종류는 다음과 같다.

구분	내용
재무상태표	일정 시점 현재 기업실체가 보유하고 있는 경제적 자원인 자산과 경제적 의무인 부채, 그리고 자본에 대한 정보를 제공하는 재무보고서
손익계산서	일정 기간 동안 소유주와의 자본거래를 제외한 모든 원천에서 순자산이 증가하거나 감소한 정도와 그리고 그 내역에 대한 정보를 제공하는 재무보고서
이익잉여금처분계산서	기업의 이익처분에 관한 내용을 나타내는 재무보고서
현금흐름표	일정 기간 동안 기업실체의 현금유입과 현금유출에 대한 정보를 제공하는 재무보고서
자본변동표	일정 시점 현재 기업실체의 자본의 크기와 일정 기간 동안 기업실체의 자본의 변동에 관한 정보를 나타내는 재무보고서

248

| 정답 | ④

| 해설 | 금융자산의 신용이 손상되지는 않았지만 신용위험이 발생한 경우 금융자산과 신용이 손상된 금융자산으로 구분하여 기대신용손실을 추정하고 이를 손실충당금으로 인식하도록 규정하고 있다.

구분		내용
신용이 손상되지 않은 경우	신용위험 유의적으로 증가 X	12개월 기대신용손실을 손실충당금으로 인식 • 전체기간 신용손실 추정액×12개월 이내 채무불이행 발생확률
	신용위험 유의적으로 증가 ○	전체기간 기대신용손실을 손실충당금으로 인식* • 전체기간 신용손실 추정액×전체기간 채무불이행 발생확률
신용이 손상된 경우		전체기간 기대신용손실을 손실충당금으로 인식
취득 시 신용이 손상된 경우		전체기간 기대신용손실을 손실충당금으로 인식

* 연체일수가 30일 초과하는 경우 신용위험이 유의적으로 증가한 것으로 간주함(반증가능).

249

| 정답 | ④

| 해설 | 세금은 부동산시장에서 실질적, 심리적 영향력 변수이다.

250

| 정답 | ②

| 해설 | 유형자산은 정상적인 영업활동 과정에서 사용할 목적으로 장기간 보유하고 있는 물리적 실체가 있는 자산으로 건물, 구축물, 차량운반구, 공구와 기구, 비품, 시설장치 등이 있다.

| 오답풀이 |

① 당좌자산 : 외상매출금, 선급금, 선급비용, 부가세대급금, 전도금, 주 · 임 · 종 · 단기채

③ 비유동부채 : 사채, 장기차입금, 장기성 매입채무 등

④ 유동부채 : 매입채무(외상매입금, 지급어음), 단기차입금(당좌차월포함), 미지급금, 선수금, 예수금, 미지급비용, 미지급법인세, 유동성장기부채 선수수익, 부채성충당금(단기성) 등

보충 플러스+

대차대조표 계정과목

- 유동자산
  - 당좌자산 — 현금 및 현금성 자산, 단기금융상품, 단기매매 금융 · 자산, 매출채권, 단기대여금, 미수금, 미수수익, 선급금, 선급비용
  - 재고자산 — 상품, 제품, 재공품
- 비유동자산
  - 투자자산 — 장기금융상품, 만기 보유 금융자산, 장기대여금, 투자부동산
  - 유형자산 — 토지, 건물, 기계 장치, 차량운반구, 건설 중인 자산
  - 무형자산 — 영업권, 산업재산권, 광업권, 개발비
  - 기타 비유동자산 — 임차보증금, 장기미수금

251

| 정답 | ④

| 해설 | 가공원가의 완성품환산량＝기초재공품×80%＋(완성품수량－기초재공품수량)＋기말재공품×50%

$=400\times0.8+(1,800-400)+600\times0.5$

$=320+1,400+300=2,020$(개)

252

| 정답 | ④

| 해설 | 관리부 → 자재부 배분 : $10,000\times0(\%)=0$(원)

자재부 → 조립부 배분액

$=\frac{(12,000+0)\times30(\%)}{(30+30)(\%)}=12,000\times\frac{1}{2}=6,000$(원)

253

| 정답 | ②

| 해설 | 예방원가란 제품명세서에 규정된 제품의 규격과 품질 기준에 맞지 않는 제품이 생산되는 것을 예방하는 데 드는 원가이다.

제품이나 공정, 서비스의 질의 표준 및 요구 성능에 일치하는지를 식별, 측정, 평가, 검사하는 활동에 드는 비용은 평가원가이다.

| 오답풀이 |

① 제약이론에 따르면, 장기적으로는 병목공정 처리능력을 확충하여 기업 전체 생산력을 높이는 방안을 모색한다.

보충 플러스+

전략적 원가 관리	적시생산 시스템	재고유지비용을 줄이기 위해 재고수준을 낮추는 방법 모색
	전사적 품질관리	예방원가에 비하여 그 규모가 급속히 커진 내외부 실패원가에 주목함
	제약이론	병목공정에 대한 문제점을 해결하기 위해 단기적으로 전 공정을 병목공정에 맞추는 노력을 함. 그러나 장기적으로는 병목공정처리능력을 확충하여 기업 전체 생산력을 높이는 방안을 모색함
	제품 수명주기 원가계산	제품 기획에서 개발, 설계, 생산, 마케팅, 유통, 고객서비스, 폐기처분까지 전 수명주기에 걸친 발생 원가를 의사결정에 활용하는 것을 목표로 함
	목표원가	생산단계 이전에 목표원가 수준을 미리 기획하는 원가 기획 방법

254

| 정답 | ②

| 해설 | $\text{순자산부채비율}=\frac{\text{부채총액}}{\text{순자산(자기자본)}}$

$=\frac{\text{부채총액}}{\text{총자산}-\text{부채총액}}$

• A 기업

2019년 순자산부채비율

$=\frac{400}{12,000-400}=\frac{400}{800}=0.5(50\%)$

2020년 순자산부채비율

$=\frac{600}{15,000-600}=\frac{600}{900}\fallingdotseq0.33(33\%)$

• B 기업

2019년 순자산부채비율

$=\frac{300}{10,000-300}=\frac{300}{700}=0.43(43\%)$

2020년 순자산부채비율

$=\frac{400}{1,200-400}=\frac{400}{800}=0.5(50\%)$

| 오답풀이 |

① 800에서 200으로 감자하였다.

- 감자 : 주주총회의 특별결의에 의해 사업 규모를 축소하거나 결손금을 보전하기 위하여 자본금을 감소시키는 것을 말하며, 감자에는 실질적 감자(유상 감자)와 형식적 감자(무상 감자)가 있다.

③ 유동비율= $\frac{\text{유동자산}}{\text{유동부채}\times100(\%)}$

- 기업의 2019년 유동비율= $\frac{700}{300}=2.33(233\%)$
- 기업의 2020년 유동비율== $\frac{500}{400}=1.25(125\%)$

④ 잉여금=자산총액−부채총액−자본금

- 기업의 2019년 잉여금=1,000−300−800=−100

255

| 정답 | ④

| 해설 | 전사적 자원관리의 전개 순서로는 BPR 전개−ERP 전개−경쟁력 강화이다.

| 오답풀이 |

①, ② 경영환경의 급격한 변화와 정보기술의 변화에 대응하기 위해 최신의 정보기술과 선진 프로세스를 결합하여 기업의 구조 및 업무처리방식에 혁신을 가져오고 기업의 전체 정보시스템을 혼합하기 위한 소프트웨어 패키지라고 할 수 있다.

③ 업무와 자료의 표준화에 의한 시스템의 통합과 정보의 일관성을 유지할 수 있다.

256

| 정답 | ②

| 해설 | • 도시락 : 시장성장률 상, 시장점유율 하 ⇒ 물음표

- 탄산수 : 시장성장률 하, 시장점유율 상 ⇒ 황금젖소
- 컵밥 : 시장성장률 하, 시장점유율 하 ⇒ 개

그림에서 개 영역은 시장점유율 하, 시장성장률 하이고, 물음표 영역은 시장성장률 상, 시장점유율 하이다. 따라서 컵밥은 사업 철수, 도시락은 추가 투자를 하게 된다.

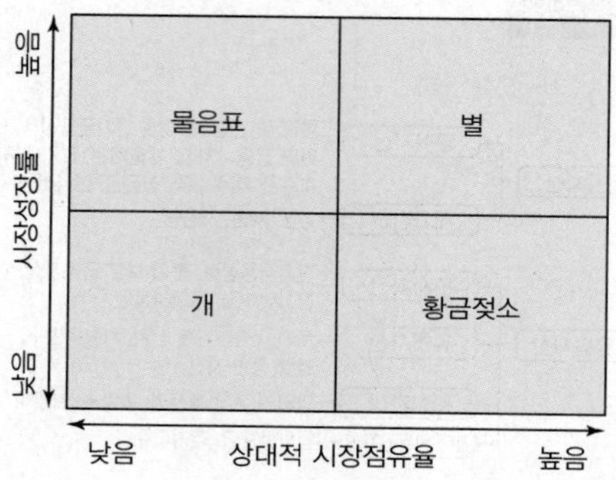

257

| 정답 | ④

| 해설 | 부동산 판매 시 잔금청산일, 소유권이전등기일, 매입자의 사용가능일 중 가장 빠른 날에 수익을 인식한다.

보충 플러스+

거래형태별 수익인식규정

1. 재화의 판매

구분	내용
예약매출	장·단기 구분 없이 진행기준 적용
할부매출	판매기준. 단 할부 판매대금의 회수가능성을 합리적으로 추정할 수 없는 경우에는 회수기준 적용
시용매출	매입자가 매입의사 표시한 날에 수익인식
위탁매출	수탁자가 적송품을 판매한 날에 수익인식

2. 용역제공 ⇨ 진행기준
3. 이자·배당금·로열티수익

구분	내용
이자수익	유효이자율을 적용하여 발생기간에 따라 인식
배당금수익	배당금을 받을 권리와 금액이 확정되는 시점에 인식
로열티수익	관련 계약의 경제적 실질을 반영하여 발생기간에 따라 인식

258

| 정답 | ④

| 해설 | 낙관계수×최대이익액+(1−낙관계수)×최소이익액

① d_1 : 0.7×6+(1−0.7)×2=4.8

② d_2 : 0.7×3+(1−0.7)×3=3

③ d_3 : 0.7×4+(1−0.7)×3=3.7

④ d_4 : 0.7×8+(1−0.7)×0=5.6

⑤ d_5 : 0.7×7+(1−0.7)×1=5.2

따라서 최적 대안은 d_4이다.

보충 플러스+

후르비츠 기준
1. 맥시민 기준과 맥시맥스 기준을 절충한 것이다.
2. 의사결정자들은 예측치를 구하여서 이 중 가장 큰 값을 선택한다.
3. 공식
   낙관계수×최대이익액+(1−낙관계수)×최소이익액

259

| 정답 | ⑤

| 해설 | 재무회계는 과거지향적 정보이며, 관리회계는 과거지향적, 미래지향적 정보이다.

| 오답풀이 |

①, ② 관리회계의 목적은 내부보고를 위한 것이며 보고대상은 내부정보이용자이다.

③, ④ 재무회계는 외부보고를 위한 목적으로 보고대상은 외부정보이용자이며 보통 1년을 기준으로 한다.

보충 플러스+

재무회계와 관리회계

구분	재무회계	관리회계
목적	외부보고	내부보고
보고대상	외부정보이용자	내부정보이용자
작성근거	일반적으로 인정된 회계원칙 등	일반적으로 인정된 회계원칙이 없음.
정보성격	과거지향적 정보	과거지향적·미래지향적 정보
정보내용	화폐적 정보	화폐적·비화폐적 정보
보고서	재무제표(재무보고)	특수목적의 보고서
회계기간	보통 1년	기간규정 없음.
법적강제	있음.	없음.

260

| 정답 | ①

| 해설 | 회계정보가 신뢰성을 가지려면 중립성, 검증가능성, 표현의 충실성이 있어야 한다.

보충 플러스+

회계정보의 질적 특성
1. 목적적합성
   회계정보는 정보이용자가 의사를 결정하는 데 있어 그 목적에 적합한 내용이어야 한다. 이는 미래에 대한 예측을 도와주고 당초 기대치를 확인 또는 수정할 수 있게 함으로써 의사결정에 차이를 가져올 수 있는 정보를 말한다.

예측가치	미래에 대한 예측능력을 제고시켜 정보이용자의 의사결정에 영향을 미칠 수 있음.
피드백가치	과거의 기대치를 확인 또는 수정함으로써 정보이용자의 의사결정에 영향을 미칠 수 있음.
적시성	회계정보가 유용하게 활용되기 위해서는 적시에 제공되어야 함.

2. 신뢰성 : 회계정보는 정보이용자가 의사를 결정하는 데 있어 그 내용이 신뢰할 수 있어야 한다.

표현의 충실성	회계정보가 신뢰성을 갖기 위해서는 기업 실체의 경제적 자원과 의무 그리고 이들의 변동을 초래하는 거래나 사건을 충실하게 표현해야 함.
검증가능성	• 회계정보는 객관적이고 보편적으로 검증이 가능해야 함. • 동일한 경제적 사건이나 거래에 대하여 동일한 측정방법을 적용할 경우
중립성	• 회계정보는 편의 없이 중립적이어야 함. • 의도된 결과를 유도해서는 안 됨.

3. 비교가능성
   ㉠ 기간별 및 기업 실체 간의 일관된 회계처리방법
   ㉡ 회계처리방법 변경 시의 공시
   ㉢ 회계기준의 개정 및 회계 정책 변경과의 관계
4. 중요성
   회계정보이용자의 의사결정에 영향을 주는 회계정보는 중요한 정보이다.

261

| 정답 | ④

| 해설 | 거래비용이란 상품의 거래에 통상적으로 지불되는 화폐적 비용과는 별도로 경제적 거래를 수행하는 데 발생

하는 비화폐적 비용을 총칭한다. 이 가운데 자신에게 유리한 거래를 하기 위해 서로 밀고 당기는 비용을 협상비용(Bargaining Cost)이라 한다.

| 오답풀이 |

① 모니터링비용(Monitoring Cost) : 상대방이 제공한 정보의 진위나 상품의 가치를 파악하고 상대방이 계약을 충실하게 이행하는지 평가하기 위한 비용

② 이행비용(Enforcement Cost) : 계약이 계약서에 쓰인 대로 충실하게 실천되도록 하는 비용

③ 계약비용(Contracting Cost) : 서로에게 유리하게 계약조건을 결정하고 불확실성이 없도록 정확한 계약서를 작성하는 비용

⑤ 탐색비용(Search Cost) : 거래상대를 찾는 비용

262

| 정답 | ①

| 해설 | 조직자원은 개인들의 집합이 가진 속성으로서, 기업의 보고체계, 공식 및 비공식적 계획, 통제 및 조정 시스템, 문화와 명성, 기업 내 집단 간의 비공식적인 관계, 기업 간 관계 및 기업과 환경과의 관계를 포함한다.

| 오답풀이 |

② 물적자원, ⑤ 실물자본 : 기업에서 사용되는 물리적 기술을 포함하는 것으로 공장, 설비, 입지조건, 원재료에 대한 접근성에서 더 나아가 기업이 보유한 컴퓨터 소프트웨어 등

③ 인적자원 : 기업 내 경영자들과 종업원들 각각의 훈련, 경험, 판단, 지능, 관계, 통찰력 등

④ 재무자원 : 기업이 전략을 수립하고 실행하기 위해 사용할 수 있는 모든 금전적 자원 등으로 기업가들로부터의 자본, 주식 소유자로부터의 자본, 채권 소유자로부터의 자본, 은행으로부터의 자본 등

263

| 정답 | ②

| 해설 | 소비자 판매촉진수단 가운데 리베이트는 일정 기간 동안 어떤 상품을 구입한 사람에게 구입가격의 일부를 금품으로 보상해 주는 것을 가리킨다. 잠재적 구매자들에 신제품을 사용할 수 있는 기회를 제공하는 것은 샘플 또는 무료사용에 해당한다.

264

| 정답 | ②

| 해설 | 판별타당도는 어떤 것과 다른 것을 보여 줄 때 쓰는 타당도이다. 우울척도가 자아존중감척도와 비슷하게 나왔다는 것은 판별타당도를 충족시키지 못하는 것을 보여 주고 있다.

265

| 정답 | ③

| 해설 | 제품이나 중간 산출물이 품질표준 및 품질규격에 적합한지를 측정하는 데 발생하는 비용과 불량이 발생한 수, 그러한 제품이 고객에게 인도되기 전에 불량을 제거하기 위한 평가 또는 검사에 소요되는 비용을 평가비용이라 한다.

파트4 경제상식

기출예상문제

▶ 문제 560쪽

01	④	02	③	03	①	04	④	05	①
06	⑤	07	④	08	④	09	②	10	③
11	④	12	①	13	③	14	②	15	②
16	①	17	②	18	④	19	①	20	④
21	③	22	④	23	⑤	24	①	25	⑤
26	④	27	④	28	④	29	④	30	①
31	①	32	①	33	②	34	②	35	②
36	④	37	④	38	①	39	③	40	④
41	④	42	③	43	④	44	①	45	②
46	④	47	④	48	④	49	③	50	③
51	①	52	④	53	③	54	①	55	①
56	①	57	③	58	②	59	③	60	③
61	④	62	③	63	②	64	②	65	③
66	②	67	①	68	⑤	69	④	70	⑤
71	④	72	④	73	③	74	②	75	④
76	③	77	①	78	②	79	④	80	③
81	③	82	④	83	③	84	①	85	③
86	④	87	④	88	①	89	①	90	⑤
91	③	92	②	93	①	94	③	95	④
96	②	97	②	98	①	99	⑤	100	③
101	④	102	③	103	②	104	④	105	④
106	①	107	①	108	①	109	④	110	③
111	②	112	②	113	②	114	④	115	③
116	④	117	④	118	②	119	②	120	③
121	①	122	④	123	④	124	④	125	③
126	②	127	⑤	128	④	129	②	130	①
131	②	132	②	133	①	134	③	135	④
136	③	137	④	138	②	139	④	140	④
141	③	142	③	143	④	144	④	145	③
146	③	147	②	148	④	149	①	150	①
151	③	152	②	153	①	154	④	155	②
156	③	157	①	158	④	159	④	160	⑤
161	③	162	②	163	②	164	②	165	③
166	①	167	②	168	⑤	169	③	170	③
171	②	172	①	173	②	174	②	175	④
176	②	177	③	178	④	179	①	180	①
181	④	182	④	183	⑤	184	②	185	④
186	①	187	⑤	188	④	189	③	190	④
191	③	192	②	193	①	194	⑤	195	②
196	④	197	①	198	③	199	③	200	②
201	③	202	②	203	①	204	①	205	①
206	②	207	③	208	④	209	③	210	②
211	④	212	⑤	213	①	214	③	215	③
216	③	217	①	218	③	219	③	220	③
221	②	222	④	223	④	224	③	225	②
226	④	227	④	228	⑤	229	③	230	⑤
231	②	232	④	233	⑤	234	③	235	⑤
236	⑤	237	⑤	238	⑤	239	③	240	②
241	④	242	⑤	243	①	244	⑤	245	④
246	⑤	247	①	248	②	249	①	250	⑤
251	②	252	②	253	③	254	②	255	①
256	⑤	257	①	258	②	259	③	260	①
261	①	262	④	263	②	264	②	265	③
266	②	267	④	268	③	269	②		

01

| 정답 | ④

| 해설 | ㄴ. 통화량 : 한 나라의 경제에서 일정 시점에 유통되고 있는 화폐(또는 통화)의 존재량

ㄷ. 물가지수 : 일정 시점의 물가를 기준으로 그 후 비교시점의 물가변동을 백분율로 표시한 것

| 오답풀이 |

ㄱ. *GDP*(Gross Domestic Product, 국내총생산) : 한 국가의 영역 내에서 모든 경제주체가 일정 기간 동안 생산한 재화 및 서비스의 부가가치를 시장가격으로 평가하여 합산한 것

02

| 정답 | ③

| 해설 | 매몰비용은 지불하고 난 뒤 회수할 수 없는 비용이다. 이미 지불한 매몰 비용은 새로운 선택으로 발생하는 비용이 아니므로 선택할 때 고려할 대상이 되어서는 안 된다. 합리적 선택을 하기 위해서는 선택으로 인해 새롭게 발생하는 비용과 편익만 비교해야 한다.

03

| 정답 | ①

| 해설 | (가) 경제적 유인과 관련된 속담이다.

(나) 상대적인 부존자원량에 따라 기술 특화가 이루어지는 비교우위의 개념과 관련된다.

(다) 희소성과 관련된 속담이다.

04

| 정답 | ④

| 해설 | 회계적 이윤은 수익에서 명시적비용을 뺀 값이다. 따라서 회계적 이윤=총수익(2억 원)－명시적 비용(1억 4천만 원)=6(천만 원)이다.

경제적 이윤은 회계적 이윤에서 암묵적 비용을 뺀 값이다. 따라서 경제적 이윤=총수익(2억 원)－명시적 비용(1억 4천만 원)－암묵적 비용(7천만 원)=－1(천만 원)

05

| 정답 | ①

| 해설 | 매몰비용이란 어떠한 선택을 해도 회수가 불가능한 비용을 의미하며, 합리적 의사결정 시 매몰비용이 고려되어서는 안 된다.

| 오답풀이 |

② 고정비용은 생산량의 크기와 무관하게 지출하는 비용을 말한다.

③ 평균비용곡선이 U자 형태로 되어있을 때, 한계비용곡선은 평균비용곡선의 최저점을 통과한다.

④ 단기에 가격이 평균비용보다 낮아서 손실이 발생하는 경우라도 평균가변비용보다 가격이 높다면 고정비용이 일부라도 회수가 가능하므로 조업을 계속하는 것이 유리하다.

06

| 정답 | ⑤

| 해설 | 기회비용 체증의 법칙은 생산자가 자신에게 주어진 일정량의 자원을 효율적으로 사용해 여러 재화를 생산할 때, 어느 한 재화의 생산을 늘려나갈수록 그 재화 생산의 기회비용이 점차 높아지는 현상을 말한다.

보충 플러스+

기회비용

1. 어떤 행위 대신 다른 행위를 했을 때 얻을 수 있으리라 예상되는 가치, 즉 어떤 행위를 함으로써 포기해야 하는 가치를 의미한다.
2. 실제로 지출하지 않았다 해도 비용의 성격을 갖고 있으면 모두 포함시키는 포괄적 비용의 개념으로, 명시적 비용과 암묵적 비용의 합이다.
   - 명시적 비용은 생산 요소를 구입하기 위해 직접 지출한 것을 포함한다.
   - 암묵적 비용은 직접적으로 지출한 돈 이외의 지출을 말한다.

07

| 정답 | ④

| 해설 | 수요량은 일정한 기간 동안 구매력을 갖추고 주어진 가격수준에서 상품을 사고자 하는 최대 수량을 의미하므로 유량이다.

| 오답풀이 |

⑤ 수요량 : 수요가 재화의 수량으로 표시될 때, 수요량은 주어진 가격수준에서 소비자가 구입하고자 하는 의도된 최대 수량이다. 수요량은 반드시 일정한 기간을 명시해야 비로소 그 의미가 명확해진다. 막연히 의도된 수량이 아니라 구매력을 가지고 구입하고자 하는 의도된 수량을 의미한다.

08

| 정답 | ④

| 해설 | 사과와 배의 수요함수식 모두에 수요량과 가격, 소득에 영향을 받지 않는 상수가 존재하므로, 사과와 배 모두 가격 및 소득과 무관한 수요량이다.

| 오답풀이 |

① 보완재는 Q_A와 P_B가 다른 방향으로 움직인다. $Q_A = 0.8 - 0.8P_A - 0.2P_B + 0.6I$에서 P_B가 상승하면 Q_A는 감소한다는 점에서 알 수 있다.

② 정상재는 소득이 증가할 때 수요가 증가하고, 열등재는 소득이 증가할 때 수요가 감소한다. 사과와 배 모두 수요함수를 보면 소득(I)의 부호가 양(+)이므로 정상재라고 할 수 있다.

③ 수요의 법칙은 가격과 수요량과의 관계가 음(−)의 관계, 즉 재화의 가격이 상승할 때 소비량이 감소하는 것을 말한다. 사과의 수요(Q_A)는 사과의 가격(P_A)과 음(−)의 관계이고, 배의 수요(Q_B)는 배의 가격(P_B)과 음(−)의 관계에 있으므로 수요법칙이 성립한다.

09

| 정답 | ②

| 해설 | 다른 조건이 불변일 때 그 재화가격(독립변수)이 변하면 곡선상에서 움직이고, 가격 외의 다른 조건(외생변수)이 변하면 곡선자체가 이동한다. 전기료의 변화는 전력에 대한 수요량을 변화시키므로 전력 수요곡선상에서의 이동이다.

| 오답풀이 |

① 소득이 증가할 때 전력에 대한 수요가 증가하여 전력 수요곡선이 오른쪽으로 이동한다.

③ 전력과 도시가스는 대체재이므로 도시가스 가격이 상승하면 전력에 대한 수요가 증가한다. 전력에 대한 수요가 증가하면 전력수요곡선이 오른쪽으로 이동한다.

④ 전기 기기와 전력이 보완재이므로 전기 기기에 대한 수요가 변화하면 전력에 대한 수요가 변화한다. 전력에 대한 수요는 전력수요곡선을 이동시킨다.

10

| 정답 | ③

| 해설 | 4대 보험료의 크기는 a와 e의 간격에 해당하고 반반씩 부담하므로, 노동수요곡선은 하방으로 이동하고 노동공급곡선은 상방으로 이동하여 새로운 균형점은 c에서 이루어진다. 노동공급자인 근로자의 실질임금수령액은 근로자가 부담할 보험료인 c에서 c와 e의 간격만큼을 제한 e가 된다. 노동수요자인 고용주의 실질지불액은 a이다.

11

| 정답 | ④

| 해설 | 기술개발이 이루어지면 공급이 증가하므로 자동차의 공급곡선이 우측으로 이동하고 자동차 가격은 하락한다.

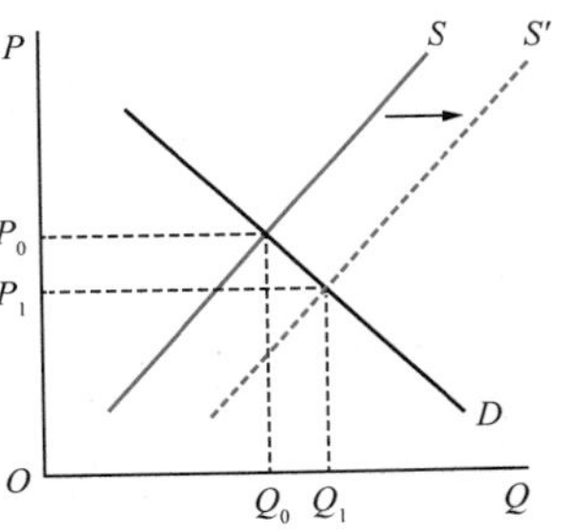

12

| 정답 | ①

| 해설 | 주어진 조건을 정리하면 다음과 같다.

구분	x	y	z	w
가격(원)	1,000	1,000	500	500
수량(개)	500	1,000	500	1,000
수요의 가격탄력성 $= -\frac{\frac{\Delta Q}{Q}}{\frac{\Delta P}{P}}$	$-\frac{\frac{\Delta 10}{500}}{\frac{\Delta 10}{1,000}} = \lvert 2 \rvert$	$-\frac{\frac{\Delta 10}{1,000}}{\frac{\Delta 10}{1,000}} = \lvert 1 \rvert$	$-\frac{\frac{\Delta 10}{500}}{\frac{\Delta 10}{500}} = \lvert 1 \rvert$	$-\frac{\frac{\Delta 10}{1,000}}{\frac{\Delta 10}{500}} = \lvert 0.5 \rvert$

따라서 대소관계를 비교하면 $E_x > E_y = E_z > E_w$이다.

13

| 정답 | ③

| 해설 | $P=6$에서 유형 A 소비자의 수요량은 4, 유형 B 소비자의 수요량은 6이다. 유형 A와 유형 B의 소비자가 각각 100명과 200명이므로 $4\times100+6\times200=1,600$이다.

14

| 정답 | ②

| 해설 | 수요의 가격탄력성이 1인 경우에 기업의 판매수입인 총수입(소비자의 경우는 총지출)이 극대가 된다.

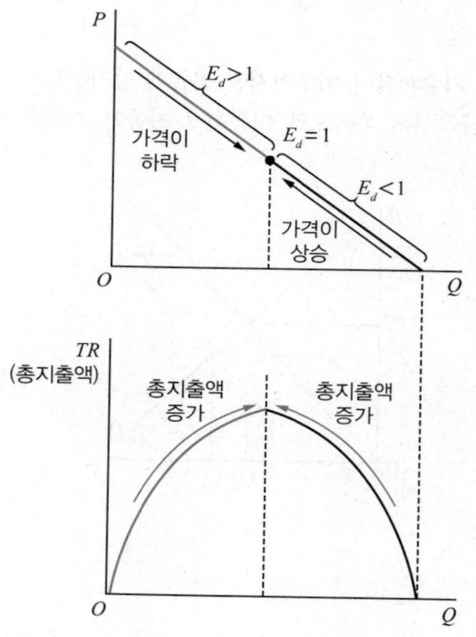

| 오답풀이 |

① 필수재의 경우는 가격에 별로 민감하지 않아 가격탄력성이 작으나, 사치재의 경우에는 가격에 매우 민감하기 때문에 가격탄력성이 크다.

③, ④ 수요곡선이 우하향하는 직선인 경우에 수요곡선의 기울기가 동일하지만, 어디에 위치했는가에 따라서 수요의 가격탄력성은 달라진다.

15

| 정답 | ②

| 해설 | 가격과 판매량으로 표를 만들면 다음과 같다.

구분	가격(원)	판매량(판매수입÷가격, 개)		
		콜라	환타	사이다
1월	1,000	100	100	100
2월	1,500	100	80	66.7
3월	2,000	100	75	50

$$\text{수요의 가격탄력성}=\frac{\text{수요량의 변화율(\%)}}{\text{가격의 변화율(\%)}}$$

$$=\frac{-\left(\frac{\Delta Q}{Q}\right)}{\frac{\Delta P}{P}}=\frac{-\left(\frac{Q_1-Q_0}{Q_0}\right)}{\frac{P_1-P_0}{P_0}}$$

• 콜라 수요의 가격탄력성$=\dfrac{\frac{-(100-100)}{100}}{\frac{(2,000-1,000)}{1,000}}$

$=0$(완전비탄력적)

• 환타 수요의 가격탄력성$=\dfrac{\frac{-(75-100)}{100}}{\frac{(2,000-1,000)}{1,000}}$

$=\dfrac{\frac{25}{100}}{1}=0.25$(비탄력적)

• 사이다 수요의 가격탄력성$=\dfrac{\frac{-(50-100)}{100}}{\frac{(2,000-1,000)}{1,000}}$

$=\dfrac{\frac{50}{100}}{1}=0.5$(비탄력적)

16

| 정답 | ①

| 해설 | 사이다의 1월과 2월의 수요량변화율과 2월과 3월의 수요량변화율이 모두 다르게 나타난다. 이 경우 사이다의 수요곡선은 기준에 따라 다르게 측정될 수 있는 우하향 직선의 형태로 나타난다.

17

| 정답 | ②

| 해설 | 〈수요의 가격탄력성과 총수입(매출액)의 관계〉

수요의 가격탄력성의 크기	판매수입(매출액)	
	가격 하락 시	가격 인상 시
ϵ >1(탄력적) (수요량의 변화율>가격의 변화율)	증가	감소
ϵ =1(단위탄력적) (수요량의 변화율=가격의 변화율)	불변	불변
0<ϵ <1(비탄력적) (수요량의 변화율<가격의 변화율)	감소	증가

따라서 순서대로 탄력적, 단위탄력적, 비탄력적이다.

18

| 정답 | ④

| 해설 | 주어진 조건 $P_b=7$, $P_c=3$, $Y=2$를 수요곡선에 대입하면 수요곡선은 $Q_D=70-30P$가 된다. 그리고 $P_d=5$를 공급곡선에 대입하면 공급곡선은 $Q_S=-10+10P$가 된다. 수요곡선과 공급곡선을 연립하면 $70-30P=-10+10P$이고 시장균형점은 $P=2$, $Q=10$이 된다. 균형점에서 수요의 가격탄력성을 구하기 위해서는 $\frac{\Delta Q}{\Delta P}$값을 알아야 하므로 수요곡선을 P에 대해 미분하면 −30이 된다. 이를 수요의 가격탄력성 공식에 대입하면

$E_d=-\frac{\Delta Q}{\Delta P}\times\frac{P}{Q}=30\times\frac{2}{10}=6$이 된다.

19

| 정답 | ①

| 해설 |

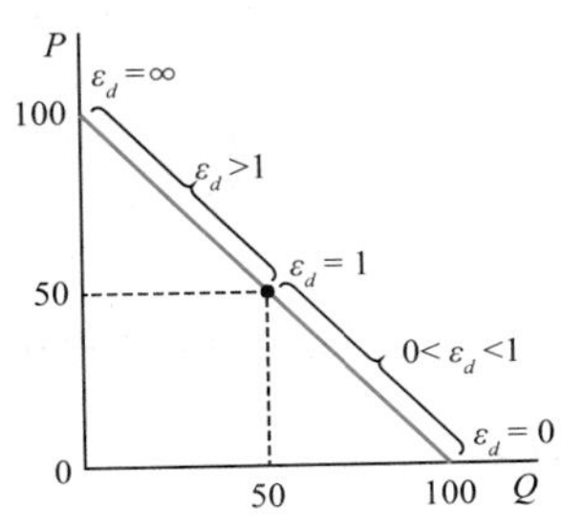

ㄱ. 수요곡선이 우하향의 직선인 경우 수요탄력성은 가격의 증가함수이다.

| 오답풀이 |

ㄴ. 수요곡선에서의 위치에 따라 다르다.

ㄷ. 수요탄력성이 1이 되는 수요곡선의 중점에서 수입이 극대화되므로 그 가격을 초과하는 경우, 수입은 가격의 감소함수이다.

ㄹ. 수요곡선의 중점에서 수요탄력성이 1이므로 수요량이 50이어야 한다.

20

| 정답 | ④

| 해설 | 수요의 가격탄력성$=\frac{\text{수요량의 변화율}}{\text{가격의 변화율}}$이다. 가격이 5일 때 가격의 변화율이 동일할지라도 수요량의 변화율은 달라져서 수요의 가격탄력성이 달라진다. 이때 수요의 가격탄력성이 더 큰 보통사람의 수요량변화율이 더 크다.

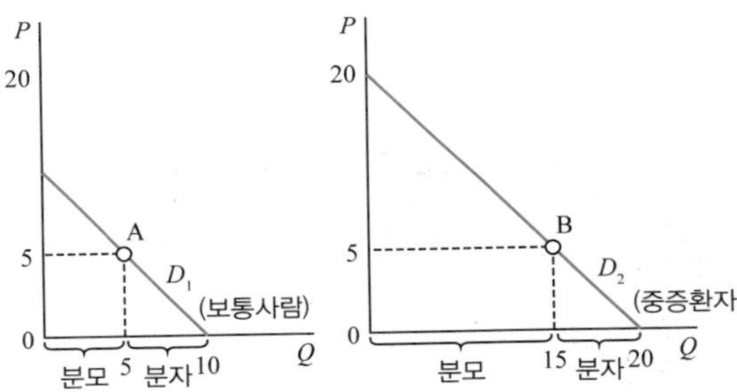

| 오답풀이 |

① 보통사람의 수요곡선 D_1에서 가격이 5일 때 A점에서 수요의 가격탄력성의 절댓값은 $\frac{5}{5}=1$이므로 가격이 1% 상승하면 수요량이 1% 감소한다.

② 중증환자의 수요곡선 D_2에서 가격이 5일 때 B점에서 수요의 가격탄력성의 절댓값은 $\frac{5}{15}=\frac{1}{3}$이므로 가격이 3% 상승하면 수요량이 1% 감소한다.

③ 독점력을 지닌 기업이 제3급 가격차별을 하는 경우, 수요의 가격탄력성에 반비례해서 가격을 책정하는 '역탄력성의 법칙'을 사용하게 된다. 즉 탄력성을 이용한 가격차별에서 탄력적이면 낮은 가격을, 덜 탄력적이면 높은 가격을 책정하는 것이 이윤을 증가시키는 방법이다.

따라서 이윤극대화를 하는 독점병원이 가격차별을 하는 경우에 상대적으로 비탄력적인 중증환자에게 높은 가격을 부과하고 상대적으로 더 탄력적인 보통사람에게 낮은 가격을 부과한다.

21

| 정답 | ③

| 해설 | 마약의 국내 반입 저지와 국내 판매상에 대한 단속 강화는 마약의 공급을 감소시킨다. 마약의 공급곡선이 왼쪽으로 이동하면 마약 거래량은 감소하고 가격은 상승한다. 마약 수요가 비탄력적인 경우 마약 공급이 감소하면 가격상승률이 거래량감소율보다 훨씬 커지므로, 마약 공급이 감소할 경우 마약 판매상의 총판매수입은 오히려 증가한다.

22

| 정답 | ④

| 해설 |

구분	탄력적	비탄력적
수요의 가격탄력성	생산자가 더 많은 세금부담	소비자가 더 많은 세금부담
공급의 가격탄력성	소비자가 더 많은 세금부담	생산자가 더 많은 세금부담

| 오답풀이 |

① 수요와 공급이 탄력적일수록 조세부과에 따른 사회적인 후생손실이 증가한다.

23

| 정답 | ⑤

| 해설 | 수요의 가격탄력성에 의하면, 탄력성이 1보다 큰 상품은 가격을 인상하면 매출이 감소하고 반대로 탄력성이 1보다 작은 상품은 가격을 인상하면 매출이 증가한다. 가격을 인상했을 때 매출이 감소하였으므로 수요의 가격탄력성은 1보다 크다. 매출액=판매량(수요량)×가격인데, 가격 인상 전의 가격과 수량을 각각 10, 10이라면, 매출액은 100이다. 가격 10% 인상 후의 가격과 수량을 11, x라고 하면 매출액은 $11\times x=95$이므로, 판매량$(x)=95\div11$이다.

$$\text{수요의 가격탄력성}=\frac{\text{수요량의 변화율}}{\text{가격의 변화율}}$$

$$=\frac{\dfrac{\left\{10-\left(\dfrac{95}{11}\right)\right\}}{10}}{\dfrac{\dfrac{10}{11}}{10}}=\frac{\dfrac{\dfrac{15}{11}}{10}}{\dfrac{1}{10}}=1.36\cdots$$

따라서 수요의 가격탄력성은 1보다 크다.

24

| 정답 | ①

| 해설 | Y재의 가격 하락 → Y재의 공급 감소

→ ┌ 대체재 : X재의 수요 증가 → 가격 상승
　 └ 보완재 : Z재의 수요 감소 → 가격 하락

보충 플러스+

교차탄력성과 재화의 성질

- 교차탄력성>0 : 대체재의 관계
  Y재 가격이 상승하면 X재 수요 증가(예 커피와 우유)
- 교차탄력성<0 : 보완재의 관계
  Y재 가격이 상승하면 X재 수요 감소(예 커피와 설탕)
- 교차탄력성=0 : 독립재의 관계
  Y재 가격이 상승해도 X재 수요 불변(예 커피와 연필)

25

| 정답 | ⑤

| 해설 | $\text{수요의 소득탄력성}=\dfrac{\text{수요량의 변화율}}{\text{가격의 변화율}}$

$$=\frac{\dfrac{\Delta Q}{Q}}{\dfrac{\Delta M}{M}}=\frac{\Delta Q}{\Delta M}\cdot\frac{M}{Q}$$

$Q_x=\alpha P_x^{\beta}P_y^{\gamma}M^{\delta}$인 식을 M에 대하여 편미분하면

$\dfrac{\Delta Q_x}{\Delta M}=\alpha P_x^{\beta}P_y^{\gamma}MLSUB\delta^{\delta-1}$이다.

수요의 소득탄력성

$$=\frac{\triangle Q}{\triangle M}\cdot\frac{M}{Q}=\alpha P_x^{\beta}P_y^{\gamma}MLSUB\delta^{\delta-1}\cdot\frac{M}{\alpha P_x^{\beta}P_y^{\gamma}M^{\delta}}$$

$$=\delta$$

26

| 정답 | ④

| 해설 | ㄷ. B 기업이 판매하고 있는 C 상품의 수요 가격탄력성은 1.2이므로 C 상품의 가격을 인상하기로 결정했다면 총수입이 감소할 것이다.

ㄹ. 담배세 인상 이후 정부의 담배세 수입이 증가했다면 담배 수요가 가격에 대해 비탄력적임을 의미한다.

27

| 정답 | ④

| 해설 | 공급곡선이 원점을 통과하면서 우상향하는 직선의 공급 가격탄력성은 모든 점에서 1이 된다. 곡선 A, B, C 모두 원점을 지나는 직선이므로 모든 점에서 공급의 가격탄력성이 1로 같다.

28

| 정답 | ④

| 해설 | 나. 수요 증가, 라. 수요 증가

| 오답풀이 |

가. 수요 감소, 다. 공급 증가

29

| 정답 | ④

| 해설 | 수요의 가격탄력성 $=\frac{-\text{수요량의 변화율}}{\text{가격의 변화율}}$

$$0.5=\frac{-a}{6}\Rightarrow a=-3(\%)$$

수요의 소득탄력성 $=\frac{\text{수요량의 변화율}(dQ)}{\text{소득의 변화율}(dI)}$

$$0.4=\frac{b}{5}\Rightarrow b=2(\%)$$

$$|a|+|b|=5(\%)$$

30

| 정답 | ①

| 해설 | 수요의 가격탄력성 $=\frac{-\text{수요량의 변화율}}{\text{가격의 변화율}}$

$$\Rightarrow 0.9=\frac{-x}{2}\Rightarrow x=-1.8$$

수요의 소득탄력성 $=\frac{\text{수요량의 변화율}}{\text{가격의 변화율}}$

$$\Rightarrow 0.5=\frac{x}{4}\Rightarrow x=2$$

따라서 가격탄력성+소득탄력성=−1.8+2=0.2(%)이다.

31

| 정답 | ①

| 해설 | X재의 가격 상승 → X재의 수요 감소

→ 대체재 : 수요 증가 → 가격 상승
　 보완재 : 수요 감소 → 가격 하락

32

| 정답 | ①

| 해설 | 최저임금이 올라 일자리가 많이 줄어들고 노동공급이 많이 늘어날수록 실업률이 높아진다. 따라서 노동수요와 노동공급의 임금탄력성이 높을수록 실업률은 더 높다. 최저임금제 실시 후 총노동소득의 증감 여부는 노동수요곡선의 기울기, 즉 노동수요의 임금탄력성의 크기에 달려 있다. 만약 노동수요의 임금탄력성이 1보다 클 때 임금상승률보다 노동수요량 감소율이 더 크므로 전체 노동소득은 감소한다. 최저임금제는 노동자의 보호가 목적이므로 노동수요의 가격탄력성이 낮을수록, 즉 노동수요곡선이 가파를수록 효과적이다.

33

| 정답 | ②

| 해설 | • 수요의 소득탄력성 = $\frac{\text{수요량의 변화율}}{\text{소득의 변화율}}$

(소득탄력성 > 0 ⇒ 정상재, 소득탄력성 < 0 ⇒ 열등재)

소득↑ ⇒ 수요량↑ ⇒ 소득탄력성 > 0 ⇒ 정상재

소득↑ ⇒ 수요량↓ ⇒ 소득탄력성 < 0 ⇒ 열등재

• 수요의 교차탄력성 = $\frac{\text{X재 수요량의 변화율}}{\text{Y재 가격의 변화율}}$

(교차탄력성 > 0 ⇒ 대체재, 교차탄력성 < 0 ⇒ 보완재, 교차탄력성 = 0 ⇒ 독립재)

X재 가격↑ ⇒ 수요량↓

⇒ Y재 소득탄력성 > 0 ⇒ 정상재

X재의 가격 상승 → X재의 수요 감소 →

교차탄력성 > 0 ⇒ 대체재 : 수요 증가 → 가격 상승

교차탄력성 < 0 ⇒ 보완재 : 수요 감소 → 가격 하락

따라서 X재는 정상재, Y재는 열등재, X재와 Y재는 서로 보완재이다.

34

| 정답 | ②

| 해설 | 최종 낙찰가격은 9,800원이므로, 입찰가격이 그 보다 높은 구매자들은 잉여를 누리게 된다. 이를 표로 나타내면 다음과 같다.

참가자	입찰가격(원)	입찰 물량(개)	구매자잉여(원)
A	11,200	5	1,400×5=7,000
B	11,000	10	1,200×10=12,000
C	10,300	20	500×20=10,000
D	10,300	20	500×20=10,000
E	9,900	40	100×40=4,000
F	9,800	10	0

따라서 구매자 전체의 잉여는 43,000원이 된다.

| 오답풀이 |

① 낙찰가격은 최고가격부터 낮은 순서대로 구입을 할 수 있게 되므로 100번째 물량을 구입하는 9,800원이 된다.

③ 참가자 G는 입찰가격이 낙찰가격보다 작아 하나도 구매하지 못하게 된다.

④ 참가자 1명인 G만 낙찰받지 못한다.

35

| 정답 | ②

| 해설 | ㄷ. 생산요소의 가격이 하락하면 공급이 증가한다.

| 오답풀이 |

ㄱ. 종량세를 부과하면 공급곡선이 부과된 세금의 규모(T)만큼 위로 이동한다. 그리고 수요곡선과 만나는 새로운 균형점에서 새로운 균형가격과 균형판매량이 결정된다.

ㄴ. 가격이 상승할 것으로 예상되면 수요가 증가되고, 가격이 상승하면 공급이 증가된다.

36

| 정답 | ④

| 해설 | 기펜재(Giffen Goods)는 소득효과가 대체효과보다 크기 때문에 가격이 하락할 때 수요량이 감소하게 되는 열등재로, 가격이 하락하면 수요량도 줄어드는 재화이다. 즉 수요량의 변화와 가격의 변화가 같은 방향으로 움직인다.

37

| 정답 | ④

| 해설 |

우물의 수(개)	설치 총비용($)	가구당 설치비용($)	가구당 한계비용	가구당 한계이득($)
2	800	$\frac{800}{400}=2$	–	4
3	1,200	$\frac{1,200}{400}=3$	1	3
4	1,600	$\frac{1,600}{400}=4$	1	2
5	2,000	$\frac{2,000}{400}=5$	1	1

가구당 한계비용과 한계이득이 일치하는 5개를 설치하는 것이 가장 효율적이다.

38

| 정답 | ①

| 해설 | $\frac{Mx}{Px}=\frac{My}{Py}$, 즉 소비자균형은 한계효용균등의 원리가 성립되어야 한다.

| 오답풀이 |

②, ⑤ 효용극대화조건인 $\frac{MUx}{Px}=\frac{MUy}{Py}$ 식을 바꾸어 나타낸 식인 $\frac{MUx}{My}=\frac{Px}{Py}$에서 한계대체율인 $MRSxy=\frac{MUx}{MUy}$이므로, $MRSxy=\frac{Px}{Py}$이다. 예산제약에서 효용극대화조건은 한계대체율과 두 재화의 가격비율이 같아야 한다. 즉 주관적 교환비율과 객관적 교환비율이 같아야 한다.

③ 소비자균형이란 주어진 예산제약 하에서 소비자의 효용이 극대화된 상태를 의미한다.

39

| 정답 | ③

| 해설 | 시장공급곡선이 나타내는 사적 비용보다 사회적 비용이 높기 때문에 시장균형에서는 사회적으로 최적인 생산량보다 많은 양을 생산하게 된다. 한편 부정적인 외부효과가 발생하고 있기 때문에 보조금이 아니라 세금으로 균형 거래량을 줄이는 정책이 필요하다.

40

| 정답 | ④

| 해설 | 소비자의 효용이 극대화되기 위해서는 한계효용균등의 법칙이 성립하여야 하므로, X재와 Y재의 소비에 따른 $\frac{M_X}{P_X}$와 $\frac{M_Y}{P_Y}$를 계산하면 다음과 같다. X재의 가격은 1,000원이고, Y재의 가격은 2,000원이며, 길동이의 월 소득은 11,000원이다.

수량	$\frac{M_X}{P_X}$	$\frac{M_Y}{P_Y}$
1개	$\frac{600}{1,000}=0.6$	$\frac{1,000}{2,000}=0.5$
2개	$\frac{550}{1,000}=0.55$	$\frac{900}{2,000}=0.45$
3개	$\frac{500}{1,000}=0.5$	$\frac{800}{2,000}=0.4$
4개	$\frac{450}{1,000}=0.45$	$\frac{700}{2,000}=0.35$
5개	$\frac{400}{1,000}=0.4$	$\frac{600}{2,000}=0.3$
6개	$\frac{350}{1,000}=0.35$	$\frac{500}{2,000}=0.25$

한계효용균등의 법칙 $\left(\frac{M_X}{P_X}=\frac{M_Y}{P_Y}\right)$이 성립하는 경우는 X재 3개와 Y재 1개, X재 4개와 Y재 2개, X재 5개와 Y재 3개, X재 6개와 Y재 4개인 경우이다. X재의 가격은 1,000원, Y재의 가격은 2,000원이고, 길동이의 월 소득은 11,000원이므로 X재 5개와 Y재 3개를 소비할 때 효용을 극대화할 수 있다.

41

| 정답 | ④

| 해설 | ㄴ. 보조금 지급으로 생산자잉여가 증가한다.

ㄹ. 생산자잉여가 증가한다.

| 오답풀이 |

ㄱ. 200만 원의 보조금 지급으로 공급곡선이 우측으로 이동했다. 하지만 공급곡선은 우상향하고, 수요곡선은 우하향하므로 가격은 200만 원보다 덜 하락한다.

ㄷ. 소비자잉여는 증가한다.

ㅁ. 소비자잉여와 생산자잉여가 증가하지만 보조금 지급 총액을 차감한 총잉여는 오히려 감소한다.

42

| 정답 | ③

| 해설 | 최저가격제 실시 전에 비해 생산자잉여는 최저가격

수준과 기울기(b)에 의하여 증가할 수도 있고 감소할 수도 있다.

- 총잉여＝소비자잉여＋생산자잉여
- 소비자잉여＝전체 소비자가 평가하는 총가치－전체 소비자의 실제 지불액
- 생산자잉여＝전체 생산자의 실제 수입액－상품생산의 기회비용

| 오답풀이 |

⑤ 자중손실이란 재화나 서비스 시장의 균형이 최적이 아닐 때 발생하는 순손실을 의미하며, 후생손실 또는 발견자의 이름을 따라 하버거의 삼각형(Harberger's Triangle)이라고도 한다.

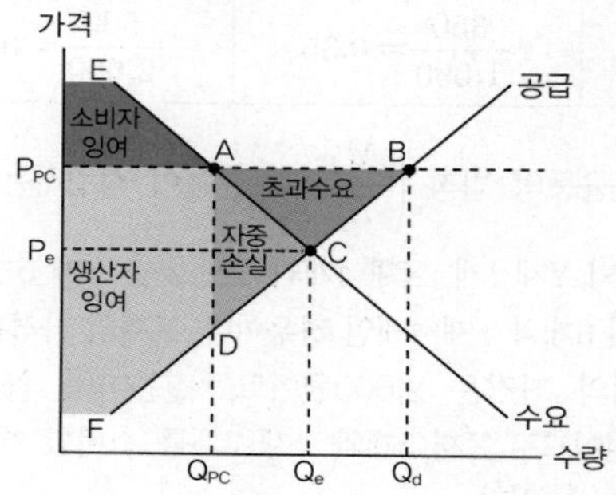

43

| 정답 | ④

| 해설 | 평균총비용곡선(AC)과 평균가변비용곡선(AVC)이 모두 U자 모양일 때 평균가변비용곡선(AVC)의 최저점은 평균총비용곡선(AC)의 최저점보다 좌측, 즉 더 낮은 생산량 수준에서 나타난다.

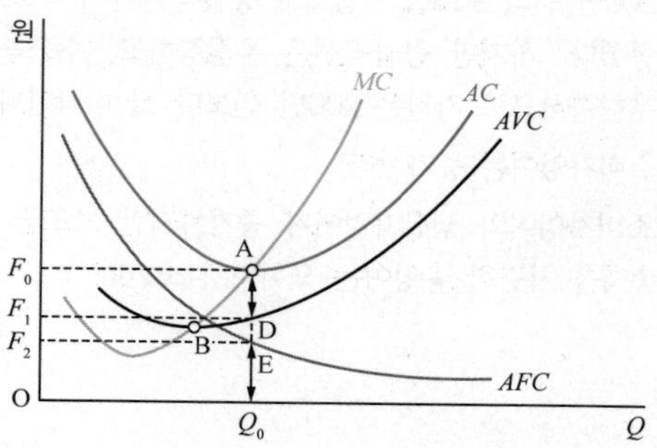

| 오답풀이 |

① 매몰비용이란 회수가 불가능한 비용으로 의사결정에 고려하지 않아야 되는 비용을 말한다. 조업을 중단하더라도 남아 있는 계약기간 동안 지불해야 하는 임대료는 고정비용이면서 회수할 수 없으므로 매몰비용이다.

② 그림에서 보는 것과 같이 평균총비용곡선(AC)이 U자 모양일 때, 한계비용(AVC)곡선은 평균총비용(AC)곡선의 최저점을 통과한다.

③ 한계생산과 한계비용은 역의 관계에 있으므로, 한계수확 체감 현상이 발생하고 있는 경우 생산량이 증가함에 따라 한계비용은 증가한다.

44

| 정답 | ①

| 해설 | 평균비용이 증가하는 구간에서는 한계비용이 평균비용보다 크다.

45

| 정답 | ②

| 해설 | $QD=1{,}000-Q \Rightarrow P=1{,}000-Q$

$TR=P\times Q=(1{,}000-Q)\times Q=1{,}000Q-Q^2$

이를 미분하여 MR을 구하면

$$MR=\frac{dTR}{dQ}=1{,}000-2Q$$

$TC=\frac{1}{2}Q^2+100$을 미분하여 MC를 구하면

$$MC=\frac{dTC}{dQ}=Q$$

따라서 균형은 $MR=MC$이므로

$1{,}000-2Q=Q$ $\qquad$ $3Q=1{,}000$

$$Q=\frac{1{,}000}{3}$$

$$P=1{,}000-\frac{1000}{3}=\frac{2{,}000}{3}$$

따라서 가격(P)$=\frac{2{,}000}{3}$이고, 한계비용($MC=Q$)은 $\frac{1{,}000}{3}$이다.

46

| 정답 | ④

| 해설 | 평균비용(AC)이 하락할 경우에는 한계비용곡선(MC)은 평균비용곡선(AC) 하방에 위치하고, 평균비용(AC)이 증가하는 경우에는 한계비용곡선(MC)은 평균비용곡선 상방에 위치한다.

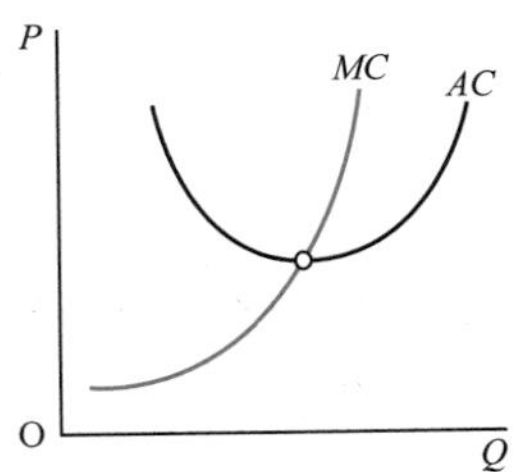

| 오답풀이 |

① MC가 증가할 때 AC는 증가할 수도 있고 감소할 수도 있다.

② MC가 증가하는 구간에서 MC는 AC보다 낮을 수도 있고 높을 수도 있다.

③ AC가 증가하면 MC는 AC보다 더 크다.

47

| 정답 | ④

| 해설 | 한계비용곡선이 평균가변비용곡선 아래에 있는 경우 한계비용곡선의 최저점 이전은 음(−)의 기울기를 갖고, 최저점은 0, 최저점이 지나면서 양(+)의 기울기를 갖는다.

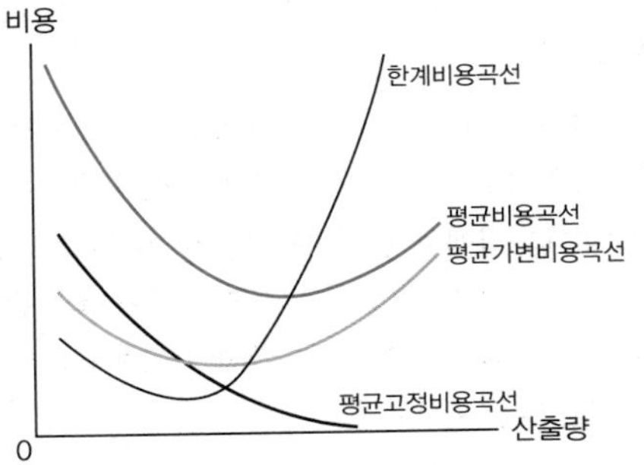

| 오답풀이 |

① 장기총비용곡선과 단기총비용곡선이 접하는 점에서 장단기 평균비용곡선도 접하고, SMC와 LMC가 서로 교차한다.

48

| 정답 | ④

| 해설 | 수요함수가 $P=130-Q$이므로, $TR=P\times Q=130Q-Q^2$이다.

$MR=\frac{dTR}{dQ}=130-2Q$, $TC=10Q$를 미분하여 MC를 구하면,

$MC=10$

균형조건은 $MR=MC$이므로,

$130-2Q=10$

$2Q=120$

$\therefore\ Q=60$

$\therefore\ P=130-60=70$

49

| 정답 | ③

| 해설 | 생산가능곡선 내부의 점(A)은 현재의 기술수준과 주어진 생산요소로 최대 생산량을 달성하지 못하고 있는 비효율적인 상태를 의미하며, 생산가능곡선 외부의 점(C)은 현재 보유한 자원과 기술수준으로는 달성할 수 없는 생산 조합이다. 생산가능곡선상의 점(B)은 주어진 자원이 효율적으로 활용되는 상태이다.

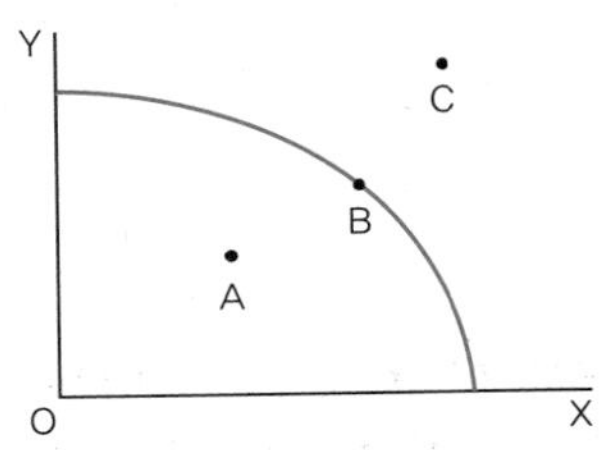

50

| 정답 | ③

| 해설 | 임금이 적당히 높을 땐 수익을 더 얻기 위해 노동시간을 늘리다가 기준점 이상으로 임금이 상승하면 여가를 즐기기 위하여 일정 근무시간 외의 노동을 기피하게 된다. 이는 소득효과가 대체효과보다 크게 나타나기 때문에 임금과 노동공급이 음(−)의 관계를 보이는 후방굴절노동공급

곡선이 도출된다. 즉 대체효과가 소득효과보다 크면 노동공급곡선이 우상향하지만 소득효과가 대체효과보다 크면 노동공급곡선이 후방으로 굴절한다.

51

| 정답 | ①

| 해설 | 열등재는 소득이 증가할수록 수요가 감소하는 재화나 서비스이다.

구분	가격 ↑	가격 ↓
대체재	수요 ↑	수요 ↓
보완재	수요 ↓	수요 ↑

52

| 정답 | ④

| 해설 | 수요곡선이 $P=100-2Q$이고, 공급곡선이 $P=70-4Q$일 때 두 식을 연립으로 풀면

$100-2Q=70-4Q$

$6Q=30$

$\therefore\ Q=5$

$\therefore\ P=100-2\times5=90$

53

| 정답 | ③

| 해설 | 비용함수가 $C=Q^3-4Q^2+20Q+60$인 경우, 고정비용(TC)은 60, 변동비용(VC)은 $VC=Q^3-4Q^2+20Q$이다.

생산을 지속하기 위한 최소가격은 시장가격(P)=평균변동비(AVC)일 때이다.

$$AVC=\frac{VC}{Q}=Q^2-4Q+20$$

$$MC=\frac{\Delta AVC}{\Delta Q}=2Q-4$$

$2Q-4=0$

$Q=2$

생산량이 2단위일 때 평균변동비는 최소가 되므로, $AVC=Q^2-4Q+20$에 $Q=2$를 대입하면 다음과 같다.

$AVC=2^2-4\times2+20=16$

따라서 최소가격은 16이다.

54

| 정답 | ①

| 해설 | 개별 기업은 가격수용자의 지위를 갖는다.

보충 플러스+

완전경쟁시장의 성립조건

- 다수의 구매자와 공급자 존재 : 기업의 가격 · 시장지배력이 없으며, 가격 수용자로 행동
- 재화의 동질성 : 품질, 판매조건 등에 있어 동질적인 재화의 생산
- 시장진입과 퇴거의 자유 : 자원의 완전이동성 보장
- 시장에 관한 완전한 정보 : 미래에 대한 불확실성이 없다고 가정하므로, 일물일가의 법칙 성립

55

| 정답 | ①

| 해설 | ㄱ. 이윤극대화 1차 조건은 한계수입(MR)과 한계비용(MC)이 같은 점에서 달성된다. $MR=MC$라는 조건은 이윤극대화를 위한 필요조건이지만 충분조건은 아니다.

ㄴ. 이윤극대화 2차 조건은 한계비용곡선의 기울기가 한계수입곡선의 기울기보다 큰 점에서 달성된다.
이윤극대화점에서 한계비용곡선의 기울기는 양(+)의 값이고, 한계수입곡선의 기울기는 음(−)의 값이므로 이윤극대화점에서 한계비용곡선이 한계수입곡선을 아래에서 위로 교차한다.

| 오답풀이 |

ㄷ. 평균비용곡선(AC)과 평균수입곡선(AR)이 교차하는 점에서 이윤은 0이 된다.

56

| 정답 | ①

| 해설 | 기업의 이윤극대조건은 한계수입과 한계비용이 일치하는 $MR=MC$이다. 이때 기업은 이윤을 얻고자 하므로 총수입이 총비용보다 큰 값을 가져야 한다. 즉, $TR>TC$여야 한다.

57

| 정답 | ③

| 해설 | 가방가격이 2만 원, 노동자 1명당 임금이 100만 원인 경우 총수입(=가방 생산량×가격)과 총비용(노동자 수×임금)을 구하면 다음과 같다.

노동자의 수(명)	가방 생산량(개)	총수입 (원)	총비용 (원)	총이윤 (총수입−총비용)(원)
0	0	0	0	0
1	60	120만	100만	20만
2	160	320만	200만	120만
3	240	480만	300만	180만
4	280	560만	400만	160만
5	300	600만	500만	100만

따라서 노동자를 3명 고용할 때 총이윤이 180만 원으로 극대가 된다.

58

| 정답 | ②

| 해설 | 평균비용의 최소점을 한계비용곡선이 지나므로 아래 그래프처럼 이윤극대점은 30개를 지난 a점에서 이루어진다. 가격보다 평균비용이 낮아 초과이윤을 얻고 있으므로 평균비용이 감소하는 30개까지는 생산량을 늘릴수록 한계비용보다 한계수입이 더 커져 이윤은 증가한다.

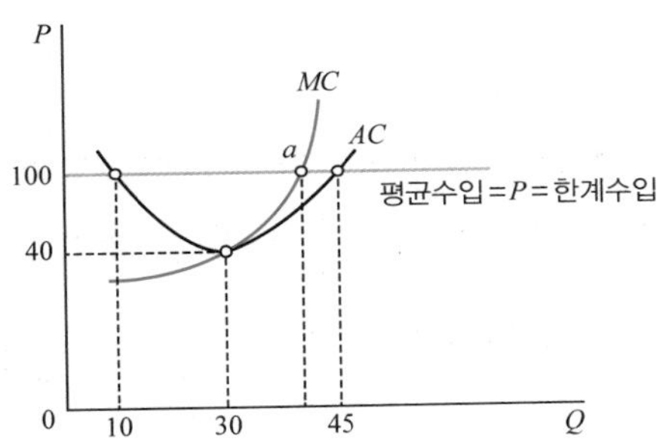

| 오답풀이 |

① 생산량이 증가함에 따라 가격은 일정하다.

③ 한계비용곡선이 주어지지 않았기 때문에 최대이윤은 정확하게 구할 수 없다.

④ 정확한 한계비용곡선이 주어지지 않았기 때문에 생산량을 44에서 45로 늘린다고 해서 이윤의 추이를 알 수 없다.

⑤ 생산량이 30개이면 한계비용은 40이고 한계수입은 100이므로 한계비용은 한계수입보다 작다.

59

| 정답 | ③

| 해설 | 완전경쟁시장에서는 재화의 판매가격이 일정하여 한계수입곡선은 수평으로 표시된다.

ㄴ. 완전경쟁시장의 이윤극대화조건은 $P=AR=MR=MC$이므로 해당 기업은 이윤이 최대인 점 c의 생산량을 선택할 것이다.

ㅁ. 점 a, b, c, d 중에서 점 a만 $P<AC$이므로 순수익이 음이 되어 가장 적다.

| 오답풀이 |

ㄱ. 해당 기업의 손익분기점은 점 c가 아니라 AC곡선의 최저점이다.

ㄷ. 점 d에서 $P=AC$이므로 초과이윤이 0이다.

ㄹ. 점 a, b, c, d 중에서 점 c의 순수익이 가장 크다.

60

| 정답 | ③

| 해설 | 독점적 경쟁시장에서 이윤극대화를 추구하는 기업의 장기균형생산량은 평균비용 최소점의 좌측에서 생산하므로 과잉설비를 보유하게 된다.

| 오답풀이 |

① 초과이윤이 발생하면 다른 기업의 진입이 이루어지므로 독점적 경쟁기업은 장기에는 정상이윤만 획득한다.

② $P>MC$이므로 재화 생산이 비효율적인 수준에서 이루어지고 이에 따라 사회적 후생손실이 발생한다.

④ 독점적 경쟁의 경우에는 제품차별화를 통하여 다양한 재화의 생산이 이루어지므로 소비자의 후생이 증가한다.

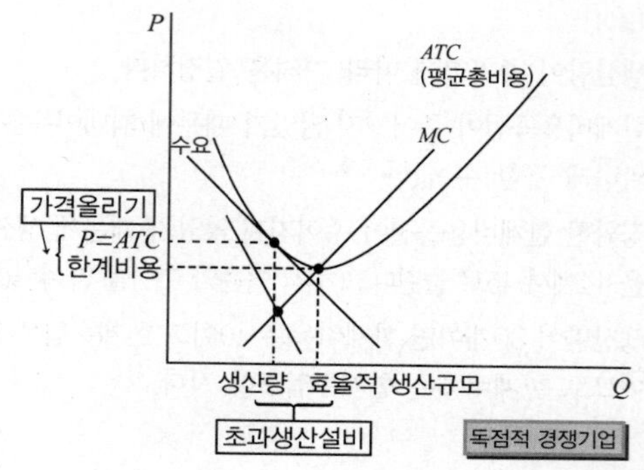

61

| 정답 | ④

| 해설 | ㄷ. 독점적 경쟁기업의 장기균형은 수요곡선이 한계비용곡선에 접할 때가 아니라 수요곡선과 장기평균비용곡선이 접할 때 장기균형점에 도달한다.

ㅁ. 상품에 대한 수요는 순수 독점기업일 때보다는 수요곡선의 기울기가 완만하고 완전경쟁시장보다는 가파르므로, 수요의 가격탄력성의 크기는 독점보다는 더 탄력적이고 완전경쟁보다는 덜 탄력적이다.

62

| 정답 | ③

| 해설 | 장기에 평균비용곡선의 최저점에서 균형이 이뤄지는 시장형태는 완전경쟁시장이고, 독점적 경쟁의 장기균형은 LAC곡선의 최소점보다 왼쪽에서 이루어진다.

63

| 정답 | ②

| 해설 | 완전경쟁시장은 완전동질 상품을 공급하는 수많은 기업체를 가정하고, 독점적 경쟁시장의 기업들은 소비자의 성향에 따라 제품을 차별화한다. 독점적 경쟁시장은 ⓐ 진입과 퇴출이 대체로 자유롭고 ⓑ 다수의 기업이 존재하며 ⓒ 개별 기업들은 서로 경쟁하면서 차별화된 제품을 공급한다. ⓓ 차별화된 제품을 선호하는 소비자가 존재하여 그 제품의 영역에 대해서는 시장지배력을 일정 부분 행사한다. 세부적으로 독점적 경쟁시장의 특징을 살펴보면 '제품차별화'가 가장 우선된 특징이다.

64

| 정답 | ②

| 해설 | 이윤극대화 생산량은 $MR=MC$이므로 기업 1과 기업 2의 이윤극대화 생산량은 다음과 같은 반응곡선으로 구해진다.

기업 1의 반응곡선은

$32-2Q_1-Q_2=6$

$26-2Q_1-Q_2=0$ ················ ㉠

기업 2의 반응곡선은

$32-Q_1-2Q_2=4$

$28-Q_1-2Q_2=0$ ················ ㉡

쿠르노균형은 두 기업의 반응곡선이 교차하는 점에서 이루어지므로 ㉠과 ㉡을 연립하여 풀면

$Q_1=8$, $Q_2=10$이 된다.

65

| 정답 | ③

| 해설 | $Q_A+Q_B=q$일 때 시장수요곡선은 $P=a-bq$이다. 완전경쟁시장에서는 $P=MC$가 성립하는데, $MC=0$이므로 $P=0$, $0=a-bq$

$\therefore\ q=\frac{a}{b}$

쿠르노모형에서는 각 기업의 생산량은 완전경쟁시장 생산량의 $\frac{1}{3}$씩 생산하므로 $q=\frac{a}{3b}$가 되고, 시장 전체의 생산량은 완전경쟁시장의 $\frac{2}{3}$이므로 $q=\frac{2a}{3b}$, $P=\frac{1}{3a}$이다.

66

| 정답 | ②

| 해설 | 우월전략이란 상대방이 어떤 전략을 사용하는지에 관계없이 항상 자신의 보수가 가장 커지는 전략이다. A 기업은 B 기업의 전략에 관계없이 전략 2를 선택하면 보수가 가장 커지므로 우월적 전략이 된다. B 기업은 A 기업의 전략에 관계없이 전략 2를 선택하면 보수가 가장 커지므로 우월적 전략이 된다. 따라서 A 기업의 우월적 전략이 전략 2이고, B 기업의 우월적 전략이 전략 2이므로 우월적 전략 균형은 (전략 2, 전략 2)가 된다.

67

| 정답 | ①

| 해설 | 완전경쟁시장의 균형생산량은 $P=MC$이므로 이를 정리하면 다음과 같다.

$Q=60-P$ $P=60-Q$

$0=60-Q$($MC=0$이므로)

$Q=60$

쿠르노 복점시장의 시장균형생산량은 완전경쟁시장 생산량의 $\frac{2}{3}$이므로 $60\times\frac{2}{3}=40$이고, 독점시장의 균형생산량은 완전경쟁시장 생산량의 $\frac{1}{2}$이므로 $60\times\frac{1}{2}=30$이다. 따라서 차이는 10이다.

68

| 정답 | ⑤

| 해설 |

- 기업 A의 전략 : 기업 B가 전략 1을 선택했을 때 기업 A가 전략 1을 선택하면 기업 A의 보수는 300만 원, 전략 2를 선택하면 기업 A의 보수는 50만 원이 된다. 따라서 기업 A는 전략 1을 선택한다. 기업 B가 전략 2를 선택했을 때 기업 A가 전략 1을 선택한다면 기업 A의 보수는 200만 원, 전략 2를 선택한다면 기업 A의 보수는 250만 원이므로 기업 A는 전략 2를 선택한다. 따라서 기업 A의 우월전략은 존재하지 않는다.
- 기업 B의 전략 : 기업 A가 전략 1을 선택한다면 기업 B가 전략 1을 선택하면 기업 B의 보수는 600만 원, 전략 2를 선택하면 기업 B의 보수는 400만 원이 된다. 따라서 기업 B는 전략 1을 선택한다. 기업 A가 전략 2를 선택하고 기업 B가 전략 1을 선택하면 기업 B의 보수는 300만 원, 전략 2를 선택하면 기업 B의 보수는 0원이 되므로 기업 B는 전략 1을 선택한다. 따라서 기업 A가 어떠한 전략을 선택하더라도 기업 B는 전략 1을 선택하는 것이 유리하다. 따라서 기업 B의 우월전략은 전략 1이 된다.

69

| 정답 | ④

| 해설 | 두 기업이 경쟁관계에 있다면 가장 최선의 선택은 우월전략을 선택하는 것이다.

A 기업은 B 기업이 광고할 때 광고하는 것이 유리하고, B 기업이 광고하지 않을 때에도 광고하는 것이 유리하므로, A 기업의 우월전략은 광고하는 것이다.

B 기업은 A 기업이 광고할 때 광고하는 것이 유리하고, A 기업이 광고하지 않을 때에도 광고하는 것이 유리하므로, B 기업의 우월전략은 광고하는 것이다.

따라서 기업 A와 기업 B의 우월전략이 모두 광고하는 것이므로 우월전략균형은 (광고, 광고)이다.

70

| 정답 | ⑤

| 해설 | 이윤극대화를 추구하는 기업이 요소시장이 완전경쟁이면 VMP와 MRP가 일치한다. $VMP>MRP$이면 요소가격을 증대시킴으로써 이윤증대가 가능하다.

| 오답풀이 |

①, ② 생산요소의 추가적인 고용으로부터 얻을 수 있는 수입과 요소가격이 일치하는 수준까지 지불한다.

71

| 정답 | ④

| 해설 | 독점시장에서의 이윤극대화조건은 한계수익(MR)이 한계비용(MC)보다 높다면, 한 단위 생산에 추가적인

이윤이 더 크므로 생산을 늘려야 하고, 한계수익보다 한계비용이 높다면 한 단위 생산에 추가적으로 발생하는 비용이 더 크므로 생산을 줄여야 한다. 따라서 MR과 MC가 만나는 그 점이 이윤극대화 지점이 된다. 독점시장에서는 P가 MR보다 크므로, $P > MR = MC$가 도출된다.

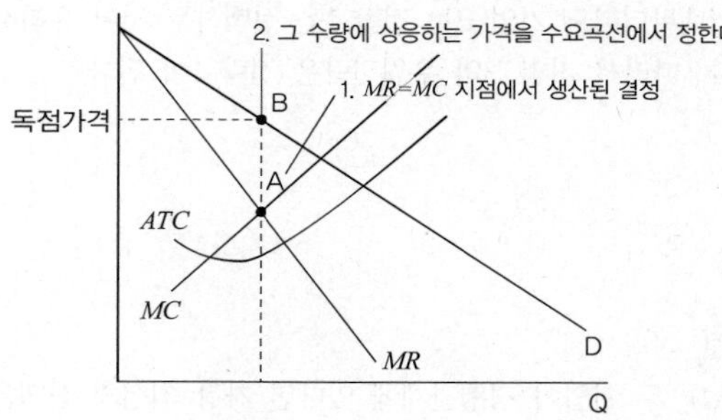

| 오답풀이 |

② 독점시장에서는 개별 기업의 수요－공급곡선이 곧 산업 전체의 수요－공급곡선이 된다. 따라서 일반적으로 볼 수 있는 우하향의 수요곡선이 나타난다. 수요곡선이 우하향하므로 독점시장에서의 한계수익(MR)은 체감한다.

③ 완전경쟁시장하의 개별 기업의 관점에서는 수요곡선이 수평선을 이룬다. 즉 공급의 가격탄력성이 완전탄력적이다.

72

| 정답 | ④

| 해설 | 독점기업이 직면하는 수요곡선은 우하향이므로 가격을 인상하면 판매량은 감소한다.

| 오답풀이 |

① 법인세는 생산과 관계없이 부과하는 것이므로, 독점기업에 법인세부과는 MC곡선은 이동하지 않고 AC곡선만 쌍방이동한다. 따라서 생산량과 가격결정에 영향을 미치지 못한다.

73

| 정답 | ③

| 해설 | 독점기업 A의 이윤극대화조건은 $MC_1 = MR = MC_2$가 충족되도록 생산량을 조정해야 한다. 따라서

$50+2Q_1=90+Q_2$ ························ ㉠

기업의 생산량이 총 80단위이므로

$Q_1+Q_2=80$ ························ ㉡

㉠과 ㉡ 두 식을 연립해서 풀면

$Q_1=40$, $Q_2=40$이 된다.

74

| 정답 | ②

| 해설 | 지배적 기업과 군소기업이 존재하므로 지배적 기업에 의한 가격선도모형이다. 지배적 기업은 군소기업이 판매하고자 하는 것을 모두 허용하고, 나머지 수요(잔여수요)만을 가지고 이윤극대화를 한다. 이윤을 극대화하는 생산량과 가격을 먼저 지배적 기업이 선택하므로 지배적 기업은 선도가 역할을 한다. 군소기업은 이 가격을 주어진 것으로 받아들이기 때문에 추종자의 역할을 한다.

• 시장수요함수 : $P=60-2Q$

$$Q=30-\frac{1}{2}\times P$$

• 군소기업들의 공급함수 : $P=2Q_F$

$$Q_F=\frac{1}{2}\times P$$

$Q=Q_D+Q_F$이므로

$$Q_D=Q-Q_F=\left(30-\frac{1}{2}\times P\right)-\left(\frac{1}{2}\times P\right)=30-P$$

따라서 시장수요함수에서 군소기업들의 공급함수를 차감하면 잔여수요함수는 $Q_D=30-P$ 또는 $P=30-Q_D$가 된다.

지배적 기업의 이윤극대화조건은 $MR=MC$이다.

$TR=P\times Q=(30-Q)Q=30Q-Q^2$이고 미분하면 $MR=30-2Q$이므로 지배적 기업의 한계수입함수는 $MR=-2Q+30$이다.

한계비용함수 $MC=Q$이므로 지배적 기업의 이윤극대화 생산량은 $30-2Q=Q$이고 $Q=10$(개)이다.

가격은 잔여수요곡선의 높이에서 결정되므로 $Q=10$을 잔여수요함수 $P=30-Q_D$에 대입하면 $P=30-10=20$(원)이다.

75

| 정답 | ④

| 해설 | 소비자를 세분화하여 상이한 가격을 요구하는 것은 가격차별이라고 하며, 가격차별을 위한 조건으로 알맞다.

| 오답풀이 |

① 소비자가 아니라 판매자가 시장지배력을 가지고 있어야 한다.

② 유형재화이든 무형재화이든 상관없다.

③ 판매자인 기업이 높은 수준의 정보를 가지고 있어야 한다.

76

| 정답 | ③

| 해설 | 이윤극대화를 위해서는 2개 이상의 시장에서 얻는 한계수입은 일치($MR_A = MR_B$)해야 하고, 한계수입과 한계비용도 일치($MR_A = MR_B$)해야 한다.

따라서 A 시장보다 B 시장에서 X 재화에 대한 수요가 가격에 더 탄력적이라면 독점기업은 A 시장보다 B 시장에서 더 낮은 가격을 설정한다.

77

| 정답 | ①

| 해설 | 비용함수 $C=15Q+20$을 미분하면 $MC=15$, 대구와 광주의 한계수입(MR)을 구하기 위해서 P에 대해서 정리하면 다음과 같다.

- 대구의 수요함수 : $Q_{대구}=-P_{대구}+55$
  $P_{대구}=55-Q_{대구}$
- 광주의 수요함수 : $Q_{광주}=-2P_{광주}+70$
  $P_{광주}=35-\frac{1}{2}Q_{광주}$

$TR=P\times Q$이므로

$TR_{대구}=(55-Q)Q=55Q-Q^2$을 미분하면

$MR_{대구}=55-2Q$

$TR_{광주}=\left(35-\frac{1}{2}Q\right)Q=35Q-\frac{1}{2}Q^2$을 미분하면

$MR_{광주}=35-Q$

이윤극대화조건은 다음과 같다.

- 대구 공급량 : $MR_{대구}=MC$
  $55-2Q_{대구}=15$
  $Q_{대구}=20$
- 대구의 최적가격 : $Q_{대구}=20$
  $P_{대구}=55-Q_{대구}$에 대입
  $P_{대구}=55-20$
  $P_{대구}=35$
- 광주 공급량 : $MR_{광주}=MC$
  $35-Q_{광주}=15$
  $Q_{광주}=20$
- 광주의 최적가격 : $Q_{광주}=20$
  $P_{광주}=35-\frac{1}{2}Q_{광주}$에 대입
  $P_{광주}=55-20$
  $P_{광주}=25$

이것을 그래프로 나타내면 다음과 같다.

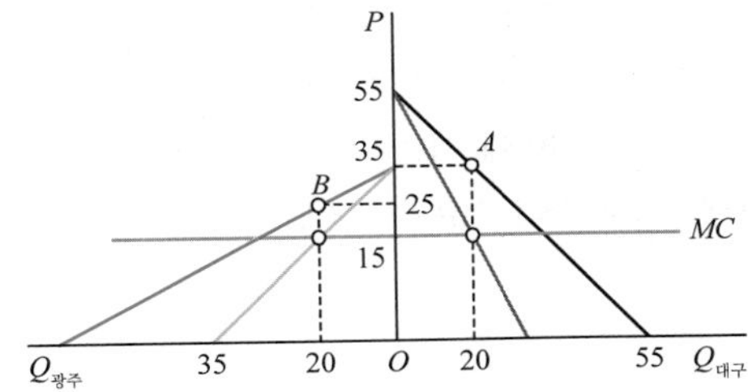

78

| 정답 | ②

| 해설 | 가격차별 발생을 위해서는 조건시장 간에 재판매가 불가능해야 한다.

79

| 정답 | ④

| 해설 | 상품별로 따로 판매한다면 제품은 둘 중 낮은 가격으로 판매된다. 따라서 수영복은 400, 수영모자는 250, 샌들은 100이 된다. 판매업자인 A 씨의 수입은 수영복과 수영모자를 판매하면 (400+250)×2=1,300(원)이고, 수영

복과 샌들을 판매하면 (400+100)×2=1,000(원)이 된다.

묶어 팔기의 기준가격은 고객(ㄱ)이 되며, 수영복과 수영모자를 묶어 팔면 (400+250)×2=1,300(원)이 되고, 수영복과 샌들을 묶어 팔면 (400+150)×2=1,100(원)이 된다.

묶어 팔기가 이윤을 증가시키기 위해서는 소비자들의 지불용의와 품목 간에 역(−)의 관계가 있어야 한다.

따라서 수영복과 수영모자를 따로 팔 때와 묶어 팔 때는 수입이 같으나 수영복과 샌들을 따로 팔 때는 1,000{=(400+100)×2}원이고 수영복과 샌들을 묶어 팔 때는 1,100{=(400+150×2)}원이 된다.

80

| 정답 | ③

| 해설 | 가격차별(Price Discrimination)은 동일한 재화와 서비스에 대해 서로 다른 가격을 책정하는 이윤극대화 행동의 하나로, 이를 위한 조건은 다음과 같다.

- 판매자가 시장지배력을 가질 것
- 서로 다른 고객 또는 시장의 구분
- 상이한 시장 사이에 재판매 불가
- 상이한 시장 간의 수요의 가격탄력도가 다를 것

81

| 정답 | ③

| 해설 | • 가격탄력성$=\dfrac{\text{수요량의 변화율(\%)}}{\text{가격의 변화율(\%)}}=\dfrac{\frac{\Delta Q}{Q}}{\frac{\Delta P}{P}}$

$=-\dfrac{(Q_1-Q_0)}{Q_0}\div\dfrac{(P_1-P_0)}{P_0}$ 이므로

$=-\dfrac{(1,000-900)}{1,000}\div\dfrac{100-120}{100}=\dfrac{100}{1000}\div\dfrac{20}{100}$

$=0.1\times5=0.5$

따라서 1보다 작으므로 비탄력적이다.

• 생산자 수익

1,000×100=100,000

900×120=108,000

따라서 생산자의 수익은 증가한다.

82

| 정답 | ④

| 해설 | 저숙련 노동자가 광범위하게 존재하는 고용구조는 근로빈곤 확산의 주요한 배경이며, 최저임금제는 고용구조에 직접적인 영향을 미치는 제도로서, 특히 저임금 근로계층에 관한 정책수단으로 작용하기 때문에 근로빈곤의 구조에도 상당한 영향을 미친다.

| 오답풀이 |

③ 최고가격이나 최저가격을 통해 정부가 가격규제를 한다면 시장에 참여하는 수요자나 공급자는 시장에 혼잡을 초래하고 결국 자원은 비효율적으로 활용되고 만다.

⑤ 최고가격제도하에서는 상한가가 규제되어 있으므로 공급량보다 수요량이 더 많아지므로 초과수요가 발생함으로써, 생필품에 대한 부족을 더욱더 초래한다.

보충 플러스+

최고가격제(가격상한제)

정부가 시장의 균형가격이 너무 높다고 판단하면, 시장가격보다 낮은 수준에서 가격의 상한선을 정해 놓고 규제를 하게 되는 정책을 '최고가격제'라고 한다.

정부가 최고가격제를 실시하면 초과수요가 발생하게 된다. 정상가격보다 높은 암시장 가격이 발생할 가능성이 크고, 더 높은 가격을 지불하더라도 특정 상품이나 서비스 등을 소비하려는 사람들이 암시장에서 거래하고자 한다.

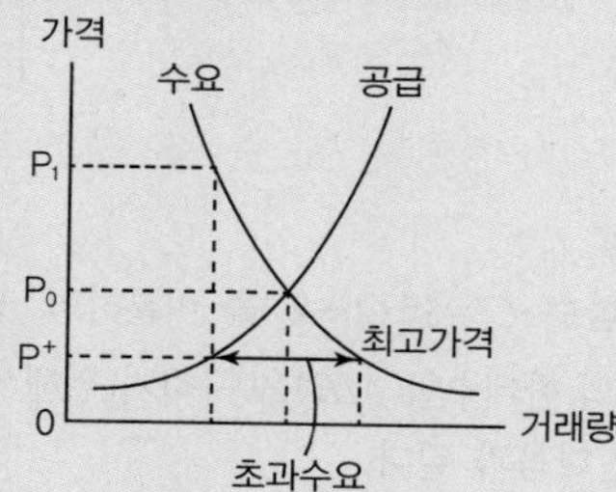

최저가격제(가격하한제)

시장에서 형성되는 균형가격이 너무 낮아서 그 가격을 적용하기 어렵다고 판단될 경우에는 정부가 시장가격보다 높은 수준에서 가격의 하한선을 정하게 되는 정책을 '최저가격제'라 한다. 최저가격제가 실시되면, 일반적으로 공급량이 수요량을 초과하여 초과공급이 발생하게 된다. 최저임금제에서 초과공급은 실업이 발생하는 것을 의미한다.

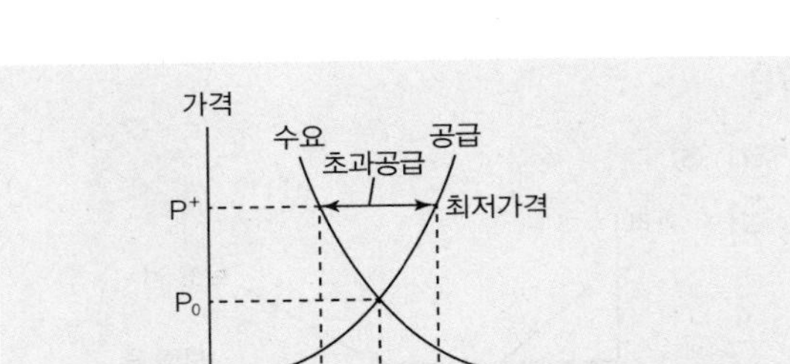

83

| 정답 | ③

| 해설 |

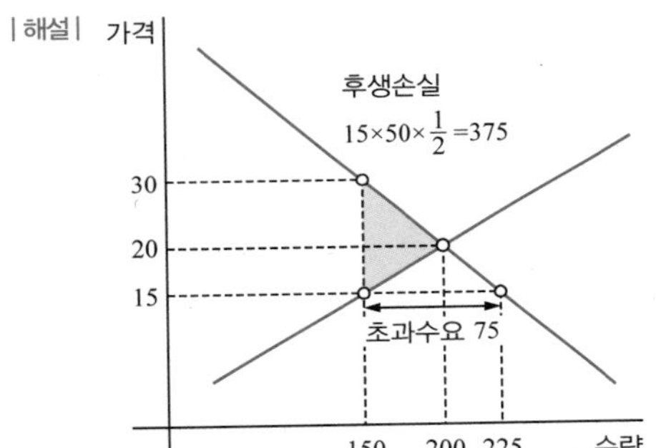

정부가 가격상한을 15원으로 정한다면 초과수요는 75이다. 그림에서 색칠한 부분의 면적이 가격상한제를 실시할 경우 발생하는 후생손실이므로 $\frac{1}{2}\times15\times50=375$이다.

84

| 정답 | ①

| 해설 | 정부가 보청기의 상한가격을 36으로 정했으므로 수요함수 $Q=370-3P$에 대입하면 $Q=370-3\times36=262$가 된다. 상한가격 36을 공급함수 $Q=10+6P$에 대입하면 $Q=10+6\times36=226$이다. 따라서 $262-226=36$만큼의 초과수요가 발생한다.

초과수요를 없애기 위해 보조금 지급을 통해 공급곡선을 우측으로 이동시킬 때 필요한 보조금은 수요량이 262일 때를 공급곡선에 대입하면 $262=10+6P$이므로 가격은 42가 된다. 그러므로 초과수요를 해소하기 위한 단위당 보조금은 $42-36=6$이 된다.

85

| 정답 | ③

| 해설 | 최고가격제는 공급 부족이 생겨 소비자들은 상품을 원하는 만큼 구입할 수 없다. 이런 상태에서는 소비자들이 최고가격보다 높은 가격을 지불하고서라도 상품을 구입하려 하기 때문에 암시장이 형성되는 문제가 야기된다.

| 오답풀이 |

① 최고가격은 시장균형가격 이하에서 설정되어야 효과가 있다.

② 유효한 최고가격에서는 초과수요가 존재한다.

④ 최저가격제는 공급자를 보호하기 위해 마련된 제도이며, 최저임금제가 대표적인 예이다.

86

| 정답 | ④

| 해설 | 최저가격제란 정부가 공급자를 보호하기 위하여 정부가 설정한 최저가격 이하로 재화를 구입하는 것을 금지하는 제도로 농산물가격지지제도와 최저임금제가 있다. 최저임금이 실효성을 갖기 위해서 최저임금은 노동시장의 균형임금수준보다 높게 결정되어야 한다. 만일 균형가격보다 최저가격이 낮으면 균형가격에서 균형이 이루어지므로 시장에 아무 영향을 주지 않는다.

87

| 정답 | ④

| 해설 | $w=60,000$을 노동수요곡선과 노동공급곡선식에 대입하면 $ND=800,000-4\times60,000=560,000$이고, $NS=380,000+4\times60,000=620,000$이다.

따라서 $620,000-560,000=60,000$의 초과공급이 발생한다.

88

| 정답 | ①

| 해설 | ㉠의 명령은 서울의 곡물 가격을 제한하는 정책이므로 최고가격제라고 할 수 있다.

㉡의 금난전권은 다른 상점의 시장진입을 제한하는 것이므로 진입규제라고 할 수 있다.

89

| 정답 | ①

| 해설 | 균형가격을 구하면 $10-P=3P$이므로 $P=2.5$이다.

조세가 부과된 후 공급곡선은 $S=3(P-1)$이므로 이때 균형가격을 구하면 $10-P=3(P-1)$, $P=3.25$이다. 그러므로 소비자부담은 $3.25-2.5=0.75$이고 생산자부담은 0.25이다.

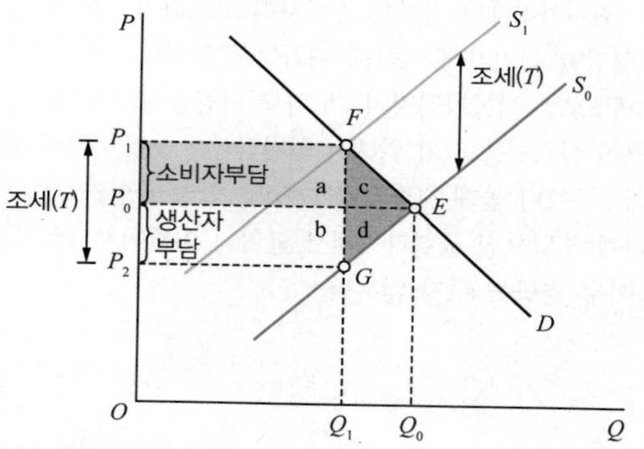

보충 플러스+

1. 최초의 균형점 E점에서 가격$=P_0$, 균형량$=Q_0$
2. T만큼의 조세를 부과 ➔ 공급곡선이 상방으로 T만큼 평행이동 : $S_0 \rightarrow S_1$ ➔ 새로운 균형점 F점에서 가격$=P_1$, 균형량$=Q_1$
3. 생산자가 실제로 받는 금액=가격(P_1)−조세$(T)=P_2$
4. 소비자부담 : P_1-P_0
   생산자부담 : P_0-P_2
5. 총조세액 : $a+b$
6. 사회적 후생손실 발생 : $c+d$

90

| 정답 | ⑤

| 해설 |

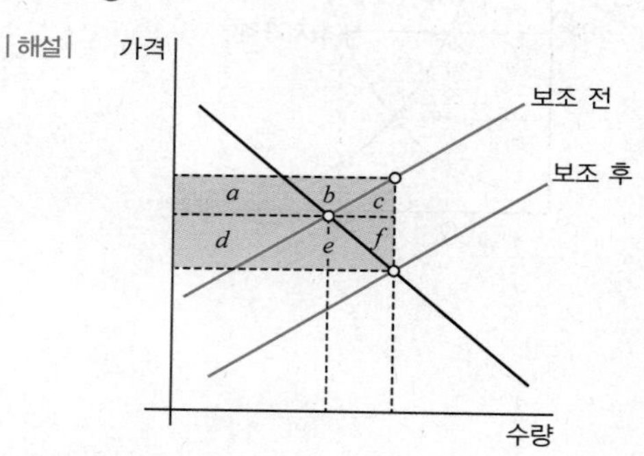

- 정부보조금=색칠된 면적
- 소비자잉여 증가$=d+e$
- 생산자잉여 증가$=a+b$
- 사회적 잉여 감소$=c+f$

91

| 정답 | ③

| 해설 | 단위당 보조금의 크기는 총 $2T$로 일정하지만 거래량이 어떻게 변화할지 알 수 없으므로 총 보조금의 크기는 불확실하다. 한편 자중손실은 보조율의 제곱에 비례하므로 같은 비율로 보조하더라도 적은 수의 재화에 집중하여 보조할수록 커지고 많은 수의 재화에 분산하여 보조할수록 작아진다.

92

| 정답 | ②

| 해설 | 내쉬균형(Nash Equilibrium)은 게임이론에서 경쟁자의 대응에 따라 최선의 선택을 하면 서로가 자신의 선택을 바꾸지 않는 균형상태를 말한다. A가 E 전략을 선택하면 B는 M 전략을 선택하고, A가 M 전략을 선택하면 B는 M 전략을 택한다. B가 E 전략을 선택하면 A는 M 전략을 선택하고, B가 M 전략을 선택하면 A는 M 전략을 택한다. 따라서 A, B 둘 다 M을 택하는 전략 [M, M]이 내쉬균형이다.

93

| 정답 | ①

| 해설 | ㄱ. 시장실패는 사회적인 관점에서 볼 때 효율적인 자원배분이 이루어지지 않는 경우를 말한다.

| 오답풀이 |

ㄴ. 공공재의 존재가 비배제성과 비경합성의 문제로부터 발생하는 시장실패이다. 시장실패란 시장의 가격기구가 효율적인 자원배분 및 균등한 소득분배를 실현하지 못하는 경우를 의미한다.

ㄷ. 시장실패는 항상 사회 전체의 후생을 감소시킨다.

94

| 정답 | ③

| 해설 | 지니계수는 실제분배가 균등분배로부터 얼마나 괴리되었는지를 측정한 불평등지수이다. 지니계수 값이 클수록 실제 분배가 균등분배와 많이 괴리되었으므로 불평등이 심하다는 것을 의미한다.

| 오답풀이 |

① 엥겔계수는 총지출에서 식료품의 비중을 나타내는 것으로 가계의 생활 수준을 평가하는 후생지표 가운데 하나이다.

② 샤프지수는 수익률을 위험으로 나눈 값으로 위험 한 단위당 수익률을 나타내는 지수이다. 샤프 지수가 높으면 위험을 조정한 후의 수익률이 높다는 것을 의미하므로 위험 대비 수익률이 높은 펀드라는 것을 의미한다.

④ 빅맥지수는 맥도날드의 대표적인 햄버거인 '빅맥(Big Mac)'의 가격을 이용하여 각국의 물가수준을 비교하는 가격지수이다. 이코노미스트(The Economist)는 분기마다 빅맥지수를 측정하여 발표하고 있다.

95

| 정답 | ④

| 해설 | 세로축이 소득의 누적점유율이므로 그 계급까지의 누적점유율에서 그 이전계급까지의 누적점유율을 빼면 그 계급이 벌어들인 소득의 비율이 구해진다. 주어진 로렌츠곡선을 보면 최하위 20%의 소득은 전체소득의 10%이고, 그 다음 20% 가구의 소득점유율은 20－10＝10(%)이다. 하위 80%인 소득계층의 누적점유율이 60%이므로 최상위 20% 가구의 소득점유율은 100－60＝40(%)이다.

96

| 정답 | ②

| 해설 | 소득수준이 균등할수록 로렌츠곡선은 대각선에 가까워진다.

| 오답풀이 |

① 지니계수는 0에 가까울수록 평등해지고 1에 가까울수록 불균등하다. 즉 값이 클수록 소득은 불균등하다.

③ 10분위 분배율은 하위 40% 계층소득을 상위 20% 계층소득으로 나누어 측정한다.

④ 쿠즈네츠의 U자 가설에서는 경제발전의 초기단계에는 소득분배가 비교적 균등하고, 진행단계에서는 소득분배가 악화되고, 성숙단계로 들어서면 소득의 불균형 문제 해결을 위한 노력이 필요하다고 보았다.

97

| 정답 | ②

| 해설 | 가. A국과 B국을 소득평등선과 삼각형의 면적으로 비교하면 A국의 면적이 B국보다 적으므로 B국이 계층 간 소득분배가 불공평하다.

나. 하위 40%에 속하는 사람들의 구간에서는 로렌츠곡선이 B국보다 A국이 완전평등선에 가깝다. 즉 이 구간에서 A국보다 B국의 소득분배가 평등하다.

라. 하위 50% 인구의 소득누적비율은 양국의 로렌츠곡선이 만나므로 같다.

| 오답풀이 |

다. 소득수준 50%에 해당하는 인구의 누적비율은 상이하다. 이는 소득수준 50%에 해당하는 인구가 전체 소득에서 차지하는 비중은 다르다는 것이다.

98

| 정답 | ①

| 해설 | 10분위 분배율은 클수록 소득분배가 평등하고 낮을수록 소득분배가 불공평하다.

| 오답풀이 |

② 소득 5분위 배율은 이론상 1부터 무한대까지의 수치를 가질 수 있는데, 소득 5분위 배율의 값이 클수록 소득분배의 불균등 정도는 커지게 된다.

③ 완전평등선(대각선)과 로렌츠곡선 사이의 면적이 클수록 불평등도가 커진다.

④ 지니계수는 0부터 1까지의 수치로 표현되며, 값이 '0'(완전평등)에 가까울수록 평등하고 '1'(완전불평등)에 근접할수록 불평등하다.

⑤ 앳킨슨지수는 0과 1 사이의 값을 가지며, 그 값이 작을수록 평등하다.

99

| 정답 | ⑤

| 해설 | 무관한 대안으로부터의 종속성이 아니라 무관한 대안으로부터의 독립성이다.

보충 플러스+

애로우의 이상적인 사회후생함수의 조건

ⓐ 파레토 원리 : 모두가 A보다 B를 원하면 사회적 선택도 A가 아닌 B가 되어야 한다.

ⓑ 이행성 원리 : A>B이고 B>C이면 A>C가 되어야 한다.

ⓒ (무관한 선택으로 부터의) 독립성 원리 : A와 B를 비교할 때 이들과 무관한 대안(C)의 존재는 이들의 비교에 아무런 영향을 주지 말아야 한다. 즉, 무관한 선택대안으로부터 영향을 받지 않고 결정되어야 한다.

ⓓ 비독재성 원리 : 한 사람에 의한 사회적 의사결정은 안 된다.

ⓔ 선호의 비제한성 원리(완비성의 원리) : 모든 사회적 상태를 비교평가할 수 있어야 하고, 개개인의 가능한 모든 선호들이 충분히 고려되고 이들 선호의 우선순위에 대해서도 아무런 제한이 없어야 하며, 자신의 선호에 일치하는 대안을 선택할 수 있는 자유가 보장되어야 한다.

100

| 정답 | ③

| 해설 | 의료서비스 비용의 절반을 정부가 부담해 주는 국민건강보험이 도입되면, 개인은 의료서비스의 가격이 두 배가 되더라도 동일한 양의 의료서비스를 수요할 것이다. 따라서 새로운 수요곡선은 의료서비스 수요곡선의 지불용의 가격이 모두 두 배로 상승한 ©와 같은 모양이 된다.

이를 수식으로 나타내면, 의료서비스의 가격을 P, 수요량을 Q라고 했을 때, 국민건강보험을 도입하기 전의 수요곡선이 $P=a+bQ$일 경우 국민건강보험을 도입했을 때 새로운 수요곡선은 $0.5P=a+bQ$, 즉 $P=2a+2bQ$이다. 그러므로 새로운 수요곡선은 ©와 같은 모양이 된다.

101

| 정답 | ④

| 해설 | 라. 정부개입에 필요한 비용이 다른 대안에 비하여 높거나 시장치유로 인한 편익보다 낮을 경우 정부개입의 타당성은 상실된다.

| 오답풀이 |

마. 외부효과가 발생하면 시장은 자원을 효율적으로 배분하지 못한다. 부정적 외부효과가 발생하면 생산량이 사회적으로 바람직한 수준보다 과다하게 생산되고, 긍정적 외부효과가 발생하면 생산량은 과소하게 생산된다.

102

| 정답 | ③

| 해설 | 비대칭적 정보하에서 감추어진 사전적 특성은 역선택, 감추어진 사후적 행동은 도덕적 해이를 유발한다. 주인－대리인 문제는 대표적인 도덕적 해이의 문제이고, 이를 해결하는 방법으로 유인설계, 성과급제도, 감시강화 등을 들 수 있다.

103

| 정답 | ②

| 해설 | 지문은 도덕적 해이에 관한 글이고, 이에 대한 해결방안은 유인설계(인센티브 설계), 공동보험, 기초공제, 효율성 임금 등이 있다.

유인설계(Incentive Design)는 계약을 체결할 때 권한을 위임받은 자의 도덕적 해이를 해결하고자 그의 이익을 권한을 위임한 자의 이익과 동일시 되도록 보상 혹은 가격정책 등의 유인을 설계하는 방법이다.

보충 플러스+

정보의 비대칭성
- 역선택(Adverse Selection) : 거래가 성사되기 전(前)에 나타나는 비대칭적 정보의 문제로 숨겨진 특성에 관한 것이다.
- 도덕적 해이(Moral Hazard) : 거래가 성사된 후(後)에 나타나는 비대칭적 정보의 문제로 숨겨진 행동에 관한 것이다.

104

| 정답 | ④

| 해설 | 역선택은 정보를 많이 가진 자와 적게 가진 자가 만나는 상황에서 발생하는 현상으로 감추어진 특성이라고도 한다. 이에 대한 대표적인 대응방안으로 정보를 적게 가진 쪽에서는 선별과 강제가 있으며 정보를 많이 가진 쪽에서는 학력을 높인다든지 품질인증을 받는 등의 신호발송이 있다. 따라서 강제적인 보험프로그램의 도입은 역선택에 따른 사회후생 손실을 막을 수 있는 수단이다.

105

| 정답 | ④

| 해설 | 사고에 따른 자동차 보험료 할증은 사후적(계약체결 이후) 개념으로 도덕적 해이의 해결방안이다. 역선택이란 정보의 비대칭성하에서 정보를 갖지 못한 입장에서 보면 가장 바람직하지 않은 상대방(정보를 가진 자)과 거래할 가능성이 높아지는 현상으로 사전적 개념이다.

106

| 정답 | ①

| 해설 | 레몬법(Lemon Law)은 자동차나 전자제품 소비자들을 불량품에서 보호하기 위한 법안을 말한다. 레몬의 신맛을 비율로 '하자 있는 상품'이라는 의미로 사용되기도 한다.

| 오답풀이 |

③ 셔먼법(Sherman Act) : 1890년에 미국 연방의회에서 각 주간 또는 국제거래에서의 독점 및 거래제한을 금지하기 위하여 제정된 법률로 반(反)트러스트법이라고도 한다.

107

| 정답 | ①

| 해설 | 자료는 역선택에 관한 내용이며, ①은 역선택을 완화하기 위한 장치이다.

| 오답풀이 |

② 위험 분산과 관련이 있다.

③ 외부성의 개선과 관련이 있다.

④, ⑤ 도덕적 해이를 완화하기 위한 장치이다.

108

| 정답 | ①

| 해설 | 외부효과란 어떤 경제주체의 생산 또는 소비활동이 다른 경제주체에게 의도하지 않은 혜택이나 손해를 미치면서도 이에 대한 보상이 이루어지지 않는 경우를 말한다. 따라서 브라질이 자국의 커피 수출을 제한함에 따라 커피 공급이 감소하고, 커피 가격이 상승함에 따라 대체관계에 있는 녹차 가격이 상승한 것은 의도성이 포함되어 있으므로 외부효과의 예시로 볼 수 없다.

109

| 정답 | ④

| 해설 | 정부의 정책개입이 없을 때, 부정적 외부효과가 존재하는 재화는 사회적으로 바람직한 수준보다 과다생산된다.

| 오답풀이 |

① 부정적 외부효과가 존재할 때, 정부는 피구세 부과를 통해 시장의 자원배분 기능을 개선할 수 있다.

② 긍정적인 외부효과가 존재할 때, 정부는 보조금 지급을 통해 시장의 자원배분 기능을 개선할 수 있다.

③ 부정적 외부효과의 경우 과잉생산이라는 시장실패가 발생하고, 긍정적 외부효과의 경우 과소생산이라는 시장의 실패가 발생한다.

110

| 정답 | ③

| 해설 | 어떤 경제주체의 생산 혹은 소비활동과 관련해 다른 주체에게 의도하지 않은 혜택(편익)이나 손해(비용)를 발생시키는 것을 외부성이라 말하며, 다른 경제주체에게 긍정적인 영향을 미치는 경우를 외부경제, 부정적인 영향을 미치는 경우를 외부불경제라고 한다. ③은 외부불경제에 해당한다.

111

| 정답 | ②

| 해설 | 사회적 한계편익이 사적 한계편익보다 크므로 긍정적 외부효과에 해당한다. 이때 사회적 최적거래량은 사회적 한계편익과 한계비용이 같아지는 거래량이므로 5개이며, 이를 달성하기 위해서는 최적거래량인 5개에서의 외부편익인 700원의 보조금이 필요하다. 따라서 (ㄱ)은 5개, (ㄴ)은 700원의 보조금이다.

112

| 정답 | ②

| 해설 | 공공재란 사용자 수가 늘어도 사용자 개인의 편익이 줄지 않는 재화나 서비스를 이르는 말이며, 개개인의 편익을 다르게 나타낼 수 있다.

| 오답풀이 |

① 공공재의 비배제성으로 인해 각 개인들이 대가를 지불하지 않고 공공재를 소비하려고 하는 무임승차자의 문제가 발생할 수 있으며 효율적인 생산량보다 과소생산된다.

③ 공공재의 비경합성으로 인해 시장수요곡선은 개별수요곡선의 수직합으로 도출한다.

④ 균형조건은 $MRS^A + MRS^B = MRT$이다.

113

| 정답 | ②

| 해설 | 공공재의 수요함수는 개별 수요함수의 수직합을 통해 도출된다. 두 구성원의 수요함수를 수직으로 합하면 시장 수요함수는 $P=20-2Q$이다. 공공재의 공급은 $P=MC$ 수준에서 결정된다.

시장 수요함수는 $P=20-2Q$이고, 한계비용(MC)은 10이므로 적정공급은 $20-2Q=10$ $Q=5$가 된다.

114

| 정답 | ④

| 해설 | 티부(Tiebout)에 의하면 다수의 지방정부가 존재하고 각 지방정부가 다양한 공공재를 공급하는 경우 지역 간 주민이동성이 보장된다면 각 개인은 자신이 가장 선호하는 공공재를 공급하는 지역을 선택하게 된다. 이를 발에 의한 투표이라고 하며 발에 의한 투표가 이루어진다면 지방공공재의 최적공급이 가능해진다.

115

| 정답 | ③

| 해설 | 분할 전력 계량기를 보급할 경우, 개인은 전기를 아껴 쓸 것이기 때문에 전기 사용이 감소하여 한전의 요금 수입은 감소한다.

| 오답풀이 |

① 전기 자체는 공공재이지만, 지문의 내용은 공유지의 선택에 관한 문제이다.

② 역선택은 감추어진 특성의 상황에서 거래할 때 발생할 수 있는 것이나, 본문은 행동에 관한 문제이다.

116

| 정답 | ④

| 해설 | 비경합성과 비배제성을 가지고 있어 대가를 지불하지 않아도 모든 사람이 함께 소비할 수 있는 재화나 서비스를 공공재라고 한다. 공공재에는 국방, 경찰, 일기예보, 등대, 공원, 공중파 방송 등이 있다.

보충 플러스+

공공재

1. 의의
   - 사회 구성원 모두가 소비혜택을 누릴 수 있는 재화와 서비스를 의미한다.
   - 공공재는 대가를 치르지 않더라도 소비혜택에서 배제할 수 없는 성격을 가진다. 이러한 공공재는 시장의 가격원리로 공급될 수 없다.
2. 특징

비경합성 (Non-rivalry)	• 한 사람의 추가적인 소비에 따른 혼잡문제가 발생하지 않으므로 소비하는 사람의 수에 관계없이 모든 사람이 동일한 양을 소비한다. • 비경합성으로 인해 추가적인 소비에 따르는 한계비용이 0이다. 즉, 공공재의 경우 양의 가격을 매기는 것이 바람직하지 않음을 의미한다. • 시장수요곡선은 개별수요곡선의 수직합으로 도출한다.
비배제성 (Non-exclusion)	• 재화 생산에의 기여 여부에 관계없이 소비가 가능한 특성을 의미한다. • 비배제성으로 인해 공공재의 경우 양의 가격, 즉 0보다 높은 가격을 책정하는 것이 불가능하다. • 비배제성으로 인해 무임승차자의 문제가 발생할 수 있으며 효율적인 생산량보다 과소생산된다.

117

| 정답 | ④

| 해설 | 국가가 경제활동에 개입해 통제하거나 개인에게 소유권을 줘 개인이 관리하도록 하는 것이므로 적절하다.

| 오답풀이 |

① 사례는 공유지의 비극에 관한 것이다.

② 한 사람의 추가적인 소비가 다른 개인의 소비가능성을 감소시키는 특성을 경합성이라 한다. 너나 할 것 없이 물고기를 최대한 많이 잡았다 하였으므로 경합성은 증가했다.

118

| 정답 | ②

| 해설 | 가. 공공재라고 할지라도 민간이 공공재의 성격을 가진 재화 · 서비스를 생산, 공급할 수도 있다.

라. 공동소비의 특성을 가지며 서로 소비하기 위하여 경쟁할 필요가 없다.

마. 공공재는 대가를 치르지 않더라도 소비혜택에서 배제할 수 없는 성격을 가진다.

119

| 정답 | ②

| 해설 | 주어진 조건을 식으로 작성하면

기대소득 : $E(w)=p \cdot w_1+(1-p)w_2$

$=\left(\frac{w}{20}-\frac{1}{10}\right)\times 15+\left(1-\frac{w}{20}+\frac{1}{10}\right)\times 5=w$

상기의 식을 풀면 $w=8$이다. 따라서

$p=\frac{w}{20}-\frac{1}{10}=\frac{8}{20}-\frac{1}{10}=\frac{3}{10}=0.3$이다.

120

| 정답 | ③

| 해설 | ㄴ. 외부효과 : 방송 신호 간에 간섭이 발생하여 방송 신호가 제대로 수신되지 못했다는 사실은 방송국 간에 부정적인 외부효과가 발생하였음을 의미한다.

ㄷ. 공유자원 : 자료에서 방송 사업을 운영하기 위한 주파수 이용은 배제가 불가능한 반면 경합적이라는 점에서 주파수는 공유자원에 해당한다.

121

| 정답 | ①

| 해설 | $P_a=100-Q$, $P_b=200-Q$에서

시장 전체의 합을 구하면 $P_a+P_b=300-2Q$이다.

적정 공급량은 $P=MC(=100)$인 점에서 이루어지므로

$300-2Q=100$

$\therefore\ Q=100$

따라서 최적의 공공재 공급물량은 100이다.

122

| 정답 | ④

| 해설 | 일반균형(General Equilibrium)은 국민경제 내의 모든 시장이 동시에 균형을 이루고 있는 상태로, 그 특징은 다음과 같다.

- 모든 소비자가 그의 예산제약하에서 효용이 극대화되는 상품묶음을 선택하고 있다.
- 모든 소비자가 원하는 만큼의 생산요소를 공급하고 있다.
- 모든 기업이 주어진 여건하에서 이윤을 극대화하고 있다.
- 주어진 가격체계하에서 모든 상품시장과 생산요소시장에서의 수요량과 공급량이 일치하고 있다(파레토 효율성).
- 모든 상품에 대한 경제 전체의 초과수요함수가 모두 가격에 대해 연속적이어야 하며, 모든 상품이 소망스러워야 한다.
- 각 재화시장이 불균형 상태에 있을 경우 두 재화의 상대가격변화를 통해 일반균형이 되게 할 수 있다.
- 한 소비자의 후생을 높이려면 반드시 다른 소비자의 후생이 낮아져야 한다.
- 일반균형상태에 도달하면 다른 교란요인이 없는 한 그 상태가 계속 유지되려는 경향을 보인다.

123

| 정답 | ④

| 해설 | 종합적 효율성 조건은 한계대체율과 한계변환율이 같아야 한다.

보충 플러스+

파레토 최적 조건

- 생산의 효율성 조건 : 모든 재화의 생산에서 두 요소 사이의 한계기술대체율($MRTS_{LK}$)이 균등해야 한다.
  $MRTS^X_{LK} = MRTS^Y_{LK}$
- 교환(소비)의 효율성 조건 : 모든 소비자에 대한 두 재화 간의 한계대체율(MRS_{XY})이 균등해야 한다.
  $MRTS^A_{XY} = MRTS^B_{XY}$
- 생산물 구성의 최적성 조건(종합성 효율성) : 두 재화에 대한 한계대체율(MRS_{XY})과 한계변환율(MRT_{XY})이 같아야 한다.
  $MRS_{XY} = MRT_{XY}$

124

| 정답 | ④

| 해설 | *GDP*를 측정하는 방법은 생산 측면, 지출 측면, 분배 측면 3가지 접근방법이 있다. 이를 삼면등가의 법칙이라고 한다. 이때 생산 측면의 *GDP*는 중간투입물이 중복으로 계산되는 것을 막기 위해서 최종생산물만 고려하거나 중간투입물을 제거한 부가가치의 합계로 구할 수 있다.

보충 플러스+

*GDP*의 3가지 측면

1. 생산 : 국내총생산(*GDP* ; Gross Domestic Product)=최종생산물의 시장가치의 총합=부가가치+고정자본소모(감가상각)
2. 분배 : 국내총소득(*GDI* ; Gross Domestic Income)=임금+지대+이자+이윤+순간접세+고정자본소모(감가상각)=피용자보수+영업이익+순간접세+고정자본소모(감가상각)
3. 지출 : 국내총지출(*GDE* ; Gross Domestic Expenditure)=민간소비지출+총투자+정부지출+순수출

125

| 정답 | ③

| 해설 | 잠재*GDP*보다 실제*GDP*가 클 경우 인플레이션 갭이라고 하고 적을 경우를 디플레이션 갭이라고 말한다.

| 오답풀이 |

① 잠재*GDP*란 모든 생산자원을 정상적으로 고용하여 생산가능한 모든 최종생산물의 가치를 말하여 아울러 인플레이션을 유발하지 않은 실현가능한 생산량을 의미한다.

② *GNI*는 국민을 기준으로 따져 국내에서든 해외에서든 그 나라 국민이 발생시킨 소득이고, *GDP*는 한 나라의 국경 안에서 일정한 기간 동안에 생산된 재화와 용역의 부가가치 또는 모든 최종재의 시장가치라고 한다.

④ *GNI*= *GDP*+국외순수취요소소득(국외수취요소소득−국외지급요소소득)

126

| 정답 | ②

| 해설 | ㄹ. 주식가격변동과 부동산가격변동(부동산 투기) 등의 자본이득은 생산활동이 아니고 소유권이전에 불과하므로 국민소득에서 제외된다.

ㅁ. 복권 당첨금은 생산활동과 무관하므로 국민소득에서 제외된다.

ㅇ. 시장에서 거래되는 생산물가치만이 국민소득에 포함되므로 파출부의 가사서비스는 국민소득에 포함되지만 주부의 가사노동은 포함되지 않는다.

127

| 정답 | ⑤

| 해설 | 국민소득계정에 포함되지 않는 사항은 다음과 같다.

- 비시장거래 재화 · 용역 : 주부의 가사노동, 지하경제(밀수, 도박), 여가
- 가격변동에 따른 자본이득 : 주식 · 부동산 · 채권 등의 전매차익
- 이전성 거래 : 국공채이자, 연금, 상속, 증여, 탈세, 보조금

128

| 정답 | ④

| 해설 | 각 단계의 부가가치를 계산하면 다음과 같다.

- 농부 : 중간투입물 0원⇒생산물 2,000억 원⇒부가가치 2,000억 원
- 제분회사 : 중간투입물 1,000억 원⇒생산물 1,600억 원 ⇒부가가치 600억 원
- 제빵회사 : 중간투입물 800억 원⇒생산물 3,200억 원 ⇒부가가치 2,400억 원

따라서 부가가치의 합은 2,000+600+2,400=5,000이며, 이 나라의 20X1년도 *GDP*는 부가가치의 합인 5,000억 원이다.

129

| 정답 | ②

| 해설 | 출고 시 신차가격 2,000만 원은 작년의 *GDP*에 포함되며 중고차를 매입한 1,300만 원은 단지 소유권 이전에 불과하므로 올해의 *GDP*에서 제외된다. 중고차를 1,300만 원에 매입하여 수리한 후 1,500만 원에 판매하였으므로 올해의 부가가치는 200만 원이고 200만 원만큼 *GDP*가 증가한다.

130

| 정답 | ①

| 해설 | $Y=C+I+G+NX$

(Y : 총생산, C : 소비, I : 투자, G : 정부지출, NX : 순수출)

$Y-C-G=I+NX$에서 $Y-C-G=S$이므로

$S=NX+I$가 된다.

$\therefore\ NX=S-I$

즉 순수출=저축−투자이므로 저축>투자라면 순수출(=저축−투자)>0이다.

| 오답풀이 |

② 총수요(Y)=내수소비(C)+기업투자(I)+정부지출(G)+순수출($X-M$)

총수요(Y)<(내수소비+기업투자+정부지출) ⇒ 순수출($X-M$)<0

③ 통화가치가 하락하면 수출이 증가하고, 수입이 감소하므로 순수출은 증가하게 된다.

④ 확대재정정책은 정부지출을 늘리는 것이므로 정부지출의 증가로 소득이 증가하고 물가가 상승하여 거래의 규모가 커지면 화폐에 대한 수요가 증가하여 이자율이 상승하고, 이자율이 상승함에 따라 환율이 하락하여 국내 통화가치가 평가절상되며, 이로 인해 순수출이 감소하고 총수요를 줄이는 효과가 발생한다.

⑤ 순수출=저축−투자이므로 순수출<0이라면 저축<투자이다.

131

| 정답 | ②

| 해설 | GDP디플레이터$=\dfrac{명목GDP}{실질GDP}\times 100$이므로

$$명목GDP=\frac{실질GDP\times GDP디플레이터}{100}$$
$$=\frac{80\times 125}{100}=100$$

132

| 정답 | ②

| 해설 | 기준연도에는 명목GDP와 실질GDP가 같고, 실질GDP는 기준연도 가격으로 측정된다.

- 20X1년 실질$GDP=P_0\times Q_0$ = {10(만 원)×10(개)} + {1(만 원)×100(개)} = 200(만 원)
- 20X2년 실질$GDP=P_0\times Q_1$ = {(10(만 원)×10(개)) + {1(만 원)×120(개)} = 220(만 원)

133

| 정답 | ①

| 해설 | • 실질$GDP=\dfrac{명목GDP}{GDP디플레이터}\times 100$

- 실질GDP증가율 = 명목GDP 증가율 − GDP디플레이터 (=인플레이션율)

20X2년 명목GDP가 3% 증가하였고 인플레이션율이 3% 증가하였으므로 기준연도 가격으로 측정한 실질GDP는 기준연도와 동일한 200억 달러가 된다.

134

| 정답 | ③

| 해설 | 국내총생산(GDP ; Gross Domestic Product)은 일정 기간 동안에 한 나라(한 지역) 안에서 생산된 최종생산물의 시장가치의 합을 말한다.

ㄷ. 판매되지 않은 재고증가분은 생산연도의 GDP에 포함시키므로 판매되지 않은 재고증가분이 발생하면 GDP가 증가하게 된다.

| 오답풀이 |

ㄱ. 중고자동차의 거래는 국내총생산에 포함되지 않는다.

ㄴ. 주가 상승은 생산이 아니므로 GDP에 영향을 주지 않는다.

135

| 정답 | ④

| 해설 | 다. 모든 재화와 서비스의 생산량을 포함한다.
마. 최종생산물의 시장가치이다.

보충 플러스+

국내총생산(GDP)

- 개념 : 일정 기간 동안 한 나라의 국경 안에서 생산된 모든 최종생산물의 시장가치로, 모든 재화와 서비스의 생산량을 합하여 경제 전체의 생산량의 크기를 나타낸 것
- 특징
  - 일정 기간 동안 측정되므로 유량변수이다.
  - 국가의 영역주권에 근거하므로 속지주의 개념이다.
  - 생산과 관계가 없는 것은 제외된다.
  - 중간재의 가치는 제외하고 최종상품과 최종서비스의 가치만 포함되지만 예외적으로 연말까지 팔리지 않은 중간재는 최종재로 간주되어 포함된다.
- 한계
  - 여가가 고려되지 못한다.
  - 상품의 품질향상이 제대로 반영되지 못한다.
  - 지하경제를 제대로 반영하지 못한다.
  - 자연파괴, 공해 등이 고려되지 못한다.
  - 측정에 있어서 일관성이 결여된다.

136

| 정답 | ③

| 해설 | 작년 재고를 올해 판매하였다고 하더라도 그 판매량은 올해의 GDP에 포함되지 않는다.

| 오답풀이 |

① $GNP=GDP$ + (대외수취요소소득 − 대외지불요소소득) = GDP + 대외순수취요소소득

② NNP(국민순생산) = GNP − 감가상각비(재투자) = 부가가치의 합계

137

| 정답 | ④

| 해설 | 전년 대비 경제지표 변화율이므로 2017년도를 기준(100)으로 해서 지수를 나타내면 다음과 같다.

구분	2017년	2018년	2019년	2020년
명목 GDP	100	106	114	119
GDP 디플레이터	100	103	107	109
인구	100	102	104	106

1인당 실질 $GDP=\frac{\text{실질}GDP}{\text{인구수}}$ 이므로

1인당 실질 $GDP=\frac{\text{명목}GDP}{GDP\text{디플레이터}}\div\text{인구수}$

- 2019년 1인당 실질 $GDP=\frac{114}{107}\div104\fallingdotseq0.01(1\%)$
- 2020년 1인당 실질 $GDP=\frac{119}{109}\div106\fallingdotseq0.01(1\%)$

| 오답풀이 |

①, ② 증가율이 양(+)이므로 증가하고 있다.

③ 실질 $GDP=\frac{\text{명목}GDP}{GDP\text{디플레이터}}\times100$

- 2018년 실질 $GDP=\frac{106}{103}\times100\fallingdotseq103$
- 2019년 실질 $GDP=\frac{114}{107}\times100\fallingdotseq106$
- 2020년 실질 $GDP=\frac{119}{109}\times100\fallingdotseq109$

138

| 정답 | ②

| 해설 | (ㄱ) 균형국민소득

개방경제의 생산물시장 균형

$Y=C+I+G+X-M$에 〈조건〉의 정보를 대입하면

$Y=50+0.85(Y-0.2Y)+110+208+82-10-0.08Y$

$\therefore\ Y=1{,}100$

(ㄴ) 균형국민소득과 경상수지

경상수지$(X-M)=82-10-0.08Y$에 $Y=1{,}100$을 대입하면 경상수지는 −16이다.

(ㄷ) 균형국민소득과 평균소비성향

$Y=1{,}100$을 소비함수 $C=50+0.85(Y-0.2Y)$에 대입하면 소비는 798이다. 따라서 평균소비성향$\left(\frac{C}{Y}\right)$은 $\frac{798}{1{,}100}\fallingdotseq0.725$

139

| 정답 | ④

| 해설 | 균형국민소득을 구하는 식은 $Y=C+I$이므로 위의 조건을 $Y=C+I$에 대입하면,

$Y=200+0.8Y+200$

$0.2Y=400$

$\therefore\ Y=2{,}000$

완전고용국민소득이 3,000이므로 현재의 균형국민소득은 완전고용국민소득에 1,000만큼 미달하는 GDP갭이 발생한다. 한계소비성향이 0.8이므로, 투자승수$=\frac{1}{1-MPC}=\frac{1}{1-0.8}=5$이다.

국민소득을 1,000만큼 증가시키려면 $\frac{1{,}000}{5}=200$의 독립투자를 200만큼 증가시키면 된다.

140

| 정답 | ④

| 해설 | 한계소비성향이 0.9, 소득세율이 0.1, 한계수입성향이 0.01이면,

$$\text{독립투자승수}=\frac{1}{1-\text{한계소비성향}(1-t)+\text{한계수입성향}}=\frac{1}{1-0.9(1-0.1)+0.01}=\frac{1}{0.2}=5$$

투자승수가 5이고 독립투자가 300만큼 증가하면 국민소득이 $5\times300=1{,}500$만큼 증가한다.

소득세율이 10%이고 국민소득이 1,500만큼 증가하면 처분가능소득은 $1500-(1{,}500\times0.1)=1{,}350$만큼 증가한다.

ΔC=한계소비성향(1－직접세율)×ΔY

=0.9(1－0.1)×1,500=0.81×1,500=1,215 저축의 변화는 135로 계산된다.

∴ ΔS=한계저축성향(1－직접세율)×ΔY

=0.1(1－0.1)×1500=0.1×0.9×1,500=135

141

| 정답 | ③

| 해설 | 조건을 모두 고려한 가장 넓은 의미의 승수는 다음과 같다.

$\dfrac{1}{1-c(1-t)+m-i}$ (c는 한계소비성향, t는 비례세율, m은 한계수입성향, i는 유발투자계수)

투자승수는 화폐수요의 소득탄력성과는 무관하다. 한계소비성향(c)이 클수록, 세율(t)이 작을수록, 한계수입성향(m)이 작을수록, 유발투자계수(i)가 클수록 투자승수는 커진다.

142

| 정답 | ③

| 해설 | 톱니효과는 소득의 감소가 소비의 감소로 즉시 반영되지 않는 소비의 비가역성으로 인해 소득이 감소함에도 이에 따른 소비의 감소가 이루어지지 않는 기간이 발생하며, 이것이 경제침체를 저지하는 효과를 보이는 현상을 의미한다.

| 오답풀이 |

① 승수효과는 케인스의 단순모형에서 독립지출이 증가하면 국민소득은 독립지출만큼 증가하는 것이 아니라 그 이상 몇 배로 증가하는 현상을 말한다.

② 피구효과는 물가 하락에 따른 자산의 실질가치 상승이 경제주체들의 소비를 증가시키게 되는 효과를 의미한다.

④ 피셔효과는 시중금리와 인플레이션에 대한 기대심리와의 관계를 말해주는 이론으로, 시중의 명목금리는 실질금리와 예상인플레이션율의 합계와 같다는 것을 말한다.

143

| 정답 | ④

| 해설 | 협의 통화($M1$)는 통화의 지급결제기능(거래적 기능과 지불수단으로서 기능)을 중시한 통화지표로 현금통화와 유동성이 아주 높은 금융상품으로 구성된다. $M1$에는 현금통화, 예금취급기관의 요구불예금, 수시입출식 저축성예금, 시장형금융상품인 $MMDA$와 MMF 등이 포함된다. 광의 통화($M2$)는 $M1$과 $M1$에 포함된 금융상품과 대체성이 높은 금융상품을 포함하는 통화지표이다. $M2$에는 $M1$, 기간물 정기 예/적금, 실적배당형 상품(금전신탁, Mutual Fund와 같은 수익증권 등), 만기 2년 미만의 금융채권(CD, RP, 표지어음 등), 기타(투신사 신탁형증권저축 및 종금사 발행어음) 등이 포함된다.

따라서 ㄱ, ㄴ, ㄷ, ㄹ은 모두 광의 통화에 포함된다.

144

| 정답 | ④

| 해설 | 통화량은 현금통화와 예금통화의 합으로 구성되어 있다. 철수가 현금 100만 원을 A 은행의 보통예금계좌에 입금하면 현금통화가 100만 원 감소하고, 예금통화가 100만 원 증가하므로 협의 통화($M1$)에는 변화가 없다. 중앙은행으로부터의 새로운 통화 공급이 아닌 민간부문의 예금행위는 본원통화를 변화시키지 않는다.

145

| 정답 | ③

| 해설 | 교환방정식 $MV=PY$에서, V와 M이 일정할 때, 실질$GDP(Y)$가 커지면 물가(P)는 하락해야 한다.

| 오답풀이 |

① 교환방정식 $MV=PY$에서 화폐유통속도(V)가 일정할 때 통화량(M)이 증가하면 물가(P)가 상승하거나 실질$GDP(Y)$가 증가해야 한다.

② 교환방정식 $MV=PY$에서 유통속도(V)는 사람들의 거래관습에 의해 결정되므로 고정적이고, 고전학파는 임금과 가격이 완전히 신축적이라는 가정하에 정상적인 상태에서 경제의 산출량 수준은 완전고용산출량 수준에 있다고 믿었기 때문에 통화량(M)이 변하면 물가(P)도

비례적으로 변하게 된다는 화폐수량설이 도출된다.

④ V와 Y가 일정한 경우에는 물가의 증가율인 인플레이션율과 통화증가율이 같아야 한다.

146

| 정답 | ③

| 해설 | 교환방정식($MV=PY$)을 변화율로 변형하면, $\frac{\Delta M}{M}+\frac{\Delta V}{V}=\frac{\Delta P}{P}+\frac{\Delta Y}{Y}$가 성립한다. 주어진 조건을 $\left(\frac{\Delta M}{M}=0(\%),\ \frac{\Delta P}{P}=3(\%),\ \frac{\Delta Y}{Y}=7(\%)\right)$ 앞의 식에 대입하면 $0+\frac{\Delta V}{V}=3+7$, $\frac{\Delta V}{V}=10(\%)$이 된다.

즉, 올해의 통화량이 500억 원이고, 통화량 증가율이 10%이므로 내년의 통화량은 500×1.1=550(억 원)이 되어야 한다.

147

| 정답 | ②

| 해설 | 시중의 예금은행이 보유한 국채를 중앙은행이 매입하면 중앙은행의 국채매입자체가 신용창조가 발생되지는 않지만, 이를 발생하는 첫 계기를 마련해 주며, 예금은행 조직 전체로 볼 때는 신용창조가 발생한다.

$$\text{대출가능총액}=\frac{1}{\text{지급준비율}}\times\text{본원적 예금}$$
$$=\frac{1}{0.2}\times 10{,}000=50{,}000(\text{원})$$

148

| 정답 | ④

| 해설 | 기준금리가 제로금리 수준이라는 것은 유동성 함정 상태에 이른 것을 말한다. 따라서 금리로는 경기부양에 한계가 있으므로 유동성을 충분히 공급함으로써 중앙은행의 거래량을 확대하는 통화량을 증가시켜야 한다.

양적완화는 중앙은행의 정책으로 금리 인하를 통한 경기부양효과가 한계에 봉착했을 때 중앙은행이 국채매입 등을 통해 유동성을 시중에 직접 푸는 정책을 뜻한다. 금리중시 통화정책을 시행하는 중앙은행이 정책금리가 0%에 근접하거나 혹은 다른 이유로 시장경제의 흐름을 정책금리로 제어할 수 없는 이른바 유동성 저하 상황하에서 중앙은행은 채권이나 다른 자산을 사들임으로써, 이율을 더 낮추지 않고도 돈의 흐름을 늘리게 된다.

149

| 정답 | ①

| 해설 | 금융통화위원회가 증감 여부를 결정하면 통화량을 조정할 수 있으므로 금융정책이 내부시차가 짧다. 재정정책은 국회의 논의와 의결을 거쳐야 하므로 재정정책의 경우에는 내부시차가 금융정책보다 훨씬 길다.

150

| 정답 | ①

| 해설 | ㄱ. 자중손실을 최소화하여 사회적 잉여를 크게 하는 것은 어디까지나 효율성 측면의 성과이지 공평성 측면의 성과는 아니다.

| 오답풀이 |

ㄴ. 누진세는 소득수준이 높을수록 세율 자체가 커지는 제도이다. 제시된 내용은 세율이 1%(=0.01)인 비례세에 해당한다.

ㄷ. 고가의 모피코트에 부과하는 세금은 개별소비세에 해당하는데 이러한 개별소비세는 부가가치세와 함께 대표적인 간접세 중 하나이다. 소득세처럼 세부담 능력에 따라 부과되는 직접세와는 달리 간접세는 세금 부담능력과 상관없이 부과하는 것이므로 적절하지 않다.

ㄹ. 과세부담의 수평적 공평성이란 동일한 경제적 능력의 소유자는 똑같은 세금부담을 져야 한다는 원칙이고, 수직적 공평성은 더 큰 경제적 능력을 보유하고 있는 사람일수록 더 많은 세금을 내야 한다는 것이다.

151

| 정답 | ③

| 해설 | 구축효과(Crowding-out Effect, 감쇄효과)는 국

가나 정부의 민간부문에 대한 경제활동의 개입이 강화되면 민간부문의 경제활동이 위축되는 현상으로, 정부지출 증가로 인한 총수요증가 효과가 이자율 상승으로 인한 민간투자의 감소로 상쇄되는 것을 말한다.

보충 플러스+

구축과정
국공채의 발행증가 → 국채공급 증대 → 국채가격 하락 → 이자율 상승 → 소비와 투자의 감소 → 총수요 및 국민소득 불변

152

| 정답 | ②

| 해설 | 정부의 재정적자 또는 확대 재정정책으로 이자율이 상승하여 민간소비와 투자활동을 위축하는 효과이다.

153

| 정답 | ①

| 해설 | (가) 화폐수요의 소득 탄력성이 클수록 LM곡선의 기울기는 가파르다.

(나) 화폐수요의 이자율탄력성이 작을수록 LM곡선의 기울기는 가파르다.

LM곡선의 기울기는 마샬k, IS곡선의 기울기는 화폐수요의 이자율탄력성 등에 의해 결정된다.

| 오답풀이 |

(다) 투자의 이자율탄력성이 클수록 IS곡선의 기울기는 완만하다.

154

| 정답 | ④

| 해설 | 해외경제가 호황으로 외국의 소득이 증가하면 국내 재화와 서비스에 대한 수요(수출)가 증가해서 총수요가 증가한다.

| 오답풀이 |

① $AD = C + I + G + (X - M)$이므로 정부가 정부지출과 조세를 동일한 금액만을 증가시키면 IS곡선은 우측으로 이동한다.

⑤ $AD = C + I + G + (X - M)$이므로 순수출$(X - M)$의 증가는 총수요를 증가시킨다.

155

| 정답 | ②

| 해설 | 원자재 가격이 하락하거나 기술진보가 발생하면 기업의 생산비용이 줄어듦에 따라 총공급이 증가한다. 실질임금 상승은 기업의 공급능력을 감소시켜 총공급곡선을 왼쪽으로 이동시키며, 정부지출의 증가는 총수요를 증가시켜 총수요곡선을 오른쪽으로 이동시킨다.

156

| 정답 | ③

| 해설 | ㄱ. IT기술의 발전 → 생산함수가 상방으로 이동 → 노동수요곡선 우측 이동 → 동일 물가수준에서 생산증가 → 총공급곡선 우측 이동

ㄴ. 실질임금이 상승할 것으로 예상 → 고용 증가 → 총공급선 우측 이동

ㄷ. 주식가격의 상승 → 소비 증가, 투자 증가 → 총수요곡선 우측 이동

| 오답풀이 |

ㄹ. 물가는 총수요 – 총공급 분석에서 내생변수이므로 총수요곡선의 이동요인이 아니고 총수요곡선에서 움직인다.

157

| 정답 | ①

| 해설 | 통화안정증권을 발행하여 매각하면 매각대금이 중앙은행으로 들어가므로 통화량이 감소한다.

보충 플러스+

중앙은행의 통화량 증대행위
- 기준금리 인하
- 지급준비율 인하
- 재할인율 인하
- 채권 매입
- 외화자금(달러) 매입

158

| 정답 | ④

| 해설 | 화폐는 시간을 두고 구매력을 저장하는 가치의 저장 기능을 가진다. 즉 소득을 수령한 시점부터 소득을 지출하는 시점까지 구매력을 저장하는 데 화폐가 사용된다는 것을 의미한다.

159

| 정답 | ④

| 해설 | ① 화폐수요의 이자율탄력성이 무한대인 경우에 발생한다.

② 채권의 가격이 매우 높아서 추가적인 통화공급이 투기적 화폐수요로 모두 흡수된다.

③ 이자율이 매우 낮아 향후 이자율이 상승할 것으로 예상될 경우 유동성 함정이 발생할 수 있다.

⑤ 금리경로는 통화정책이 금융시장 내에서 단기금리, 장기금리 및 은행 여수신금리로 순차적으로 파급되는 과정이다.

보충 플러스+

유동성 함정(Liquidity Trap)

현재의 이자율이 매우 낮기 때문에 모든 개인들이 이자율이 상승하고 채권가격이 하락할 것이라고 기대하여 채권을 전혀 사지 않고 모든 자산을 화폐로 보유하고 있는 상태

ⓐ 통화수요곡선이 수평선의 형태

ⓑ 모든 유휴자금의 증가분이 투기적 화폐수요로 흡수되기 때문에 금융정책이 무력

ⓒ 투기적 화폐수요의 이자율탄력성이 무한대

ⓓ 통화수요와 통화공급이 변화해도 이자율 불변

160

| 정답 | ⑤

| 해설 | 유동성 함정은 경제주체들이 미래의 경제상황에 대해 비관적으로 전망할 때, 이자율이 매우 낮은 수준이 되어 개인들의 화폐수요곡선이 수평이 되는 구간(화폐수요의 이자율탄력성 = ∞)을 말한다. 즉 화폐공급이 증가하더라도 증가한 통화량이 모두 화폐수요로 흡수되므로 이자율이 변하지 않는다.

161

| 정답 | ③

| 해설 | 통화량 증가 → 이자율 하락 → 주식가격 상승

| 오답풀이 |

① 통화량 증가 → 원화가치 하락(환율 상승) → 수출 증가 · 수입 감소

② 통화량 증가 → 이자율 하락 → 주택수요 증가 → 주택가격 상승

④ 통화량 증가 → 대출여력 증가 → 금리 하락 → 소비 증가 · 투자 증가

162

| 정답 | ②

| 해설 | 대부자금설에 의하면 국민소득이 증가하는 경우에 총저축은 증가하고 이자율은 하락한다.

163

| 정답 | ②

| 해설 | 통화승수(Money Multiplier)는 본원통화 한 단위가 이의 몇 배에 달하는 통화를 창출하였는가를 나타내주는 지표로서 통화의 총량을 본원통화로 나누어 산출한다. 통화승수는 현금통화비율과 지급준비율에 의하여 결정되는데 현금통화비율은 단기적으로는 안정적이라 할 수 있으며 지급준비율은 중앙은행에 의하여 정책적으로 결정된다.

$$M(\text{통화}) = RB(\text{본원통화}) \times k(\text{통화승수})$$

$$k = \frac{1}{\{c + (1-c)r\}}$$

(단, c는 현금통화비율, r은 지급준비율)

통화승수의 증가요인은 다음과 같다.

- 현금통화비율 감소
- 현금 – 예금비율 감소
- 실제지급준비율 감소
- 이자율 인상
- 신용사회의 발전(신용카드 · 현금카드 · 전자화폐의 증가)

164

| 정답 | ②

| 해설 | 본원통화(한국은행의 창구를 통하여 시중에 나온 돈)＝현금통화＋지급준비금＝화폐발행액＋지급준비예치금＝한국은행 대차대조표의 대변항목

| 오답풀이 |

① 중앙은행의 순자산↑ →본원통화↑

③ 중앙은행이 유가증권 매입→본원통화↑

④ 국제수지 흑자→외환유입→원화로 교환→본원통화↑

165

| 정답 | ③

| 해설 | 역진세는 과세표준 금액이 커질수록 낮은 세율을 적용하는 조세이다. 우리나라 유류세는 L당 일정액의 세금을 부과하는 종량세 구조이고, 공급가액의 10%를 차지하는 부가가치세만 종가세다. 종량세인 유류세는 소득에 상관없이 부과되는 역진세의 성격을 가진 세금이다.

| 오답풀이 |

① 누진세 : 과세표준 금액이 커질수록 높은 세율을 적용하는 조세

② 비례세 : 과세표준 금액에 관계없이 일정한 세율을 적용하는 조세

④ 정액세 : 과세표준에 관계없이 모든 사람이 동일한 세액을 내는 조세

166

| 정답 | ①

| 해설 | 관세부과 이전의 수입량은 국제시장가격의 수요곡선의 양－공급곡선의 양이므로, 17(Q＝20－2×1.5)－11(Q＝8＋2×1.5)＝6이다.

관세부과 이후의 수입량도 같은 방법으로 계산하면, 15(Q＝20－2×2.5)－13(Q＝8＋2×2.5)＝2이다.

따라서 관세부과 전보다 관세부과 후의 수입량은 6－2＝4가 변화하였다.

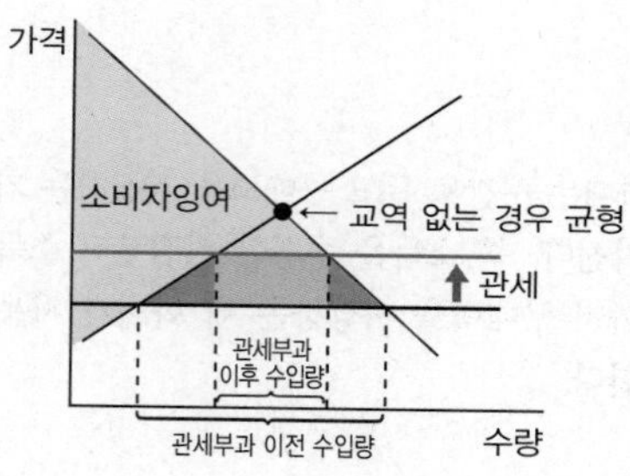

167

| 정답 | ②

| 해설 | 핵셔－오린 정리에서는 양국 간 생산요소의 이동은 불가능하고 상품의 이동만이 가능하며 그에 따른 비용(운송비, 관세 등)은 존재하지 않는다고 가정한다.

보충 플러스+

핵셔－오린 정리의 가정

- 2국－2재－2요소가 존재한다(2×2×2모형).
- 두 나라의 생산기술, 즉 생산함수가 동일하다.
- 생산함수는 규모에 대한 보수불변이고, 수확 체감의 법칙이 작용한다.
- 두 나라는 어느 한 상품에 완전히 특화하지는 않는다.
- 생산물시장과 생산요소시장은 완전경쟁시장이다.
- 두 나라 사이에 생산요소의 집약도는 상이하다.
- 양국 간 생산요소의 이동은 불가능하고 상품의 이동만이 가능하다.
- 수송비와 무역장벽이 존재하지 않는다.
- 양국 간의 수요의 패턴이 같다.
- 두 나라의 요소구조가 동일하다.

168

| 정답 | ⑤

| 해설 | 한계대체율을 $MRSxy$, 기술적한계대체율을 $MRTSlk$, 한계변환율을 $MRTxy$라고 할 때, 재화 A와 B의 파레토 최적 자원배분조건은 다음과 같다.

- 교환에서의 일반균형조건 :

$$MRSxy^A = MRSxy^B = \frac{Py}{Px}$$

- 생산에서의 일반균형조건 : $MRTSlk^X = MRTSlk^Y$

• 생산과 교환에서의 동시적 일반균형조건 :
$MRTxy = MRSxy^A = MRSxy^B$

169

| 정답 | ③

| 해설 | 중앙은행이 국채를 매각하면 통화량이 감소하여 시중금리와 통화가치가 모두 상승한다.

170

| 정답 | ③

| 해설 | 기준금리가 낮아지면 시중의 대출이자율과 예금이자율 모두 낮아진다. 대출이자율이 낮아지면 은행에서 대출을 받아 전세를 얻을 때에 주택임차자가 실질적으로 부담하는 비용이 감소하므로 전세에 대한 주택임차자의 지불의사액이 증가한다.

예금이자율이 낮아지면 동일한 액수의 전세보증금을 은행에 맡겨 얻을 수 있는 이자소득이 감소하므로 주택임대자는 더 높은 전세가격을 요구하게 된다.

171

| 정답 | ②

| 해설 | 해외여행이 증가하면 외환수요가 증가하여 외환수요곡선이 우측으로 이동한다. E점에서 외환의 수요가 증가하면 A점으로 외환의 공급이 증가하면 B점으로 이동한다.

172

| 정답 | ①

| 해설 | 총생산물이 극대일 때 한계생산물(MP)은 0이 된다.

| 오답풀이 |

② 대체탄력성이 클수록 등량곡선의 곡률이 작아지고 대체탄력성이 낮아질수록 곡률이 커진다.

③ 등량곡선의 곡률이 완만할수록 대체탄력성은 커지며, 레온티에프 생산함수는 0, C-D 생산함수는 1이다.

④ 생산에 있어 파레토 효율성이란 한 재화의 생산을 감소시키지 않고서는 다른 재화의 생산을 증가시킬 수 없는 상태를 말한다.

173

| 정답 | ②

| 해설 | ㄱ. 주어진 콥-더글라스 생산함수는 지수의 합이 1이므로 오일러 정리가 성립한다. 그러므로 모든 전체소득은 자본가에게는 전체소득의 30%, 노동자에게는 전체소득의 70%가 배분된다.

ㄴ. 노동력만 10% 증가하면 총생산량은 7% 증가하게 되고, 노동력만 증가했으므로 노동의 한계생산성(실질임금)은 하락하게 된다$\left(MP_L = \frac{\Delta Q}{\Delta L} = 0.7\left(\frac{K}{L}\right)\right)$.

자본의 한계생산성$\left(\text{자본의 임대가격} = MP_K = \frac{\Delta Q}{\Delta K} = 0.3A\left(\frac{K}{L}\right)^{-0.7} = 0.3A\left(\frac{L}{K}\right)^{0.7}\right)$은 노동의 투입이 많아지면 상승하게 된다.

| 오답풀이 |

ㄷ. 노동과 자본 모두 10%씩 증가하면 산출량도 똑같이 10%만큼 증가한다. 그러나 분배비율은 일정한 수치를 유지하므로 $\frac{MP_L \times L}{Q} = 0.7$(일정), 한계생산성의 증가율(실질임금의 증가율)+노동의 증가율(10%)-산출량의 증가율(10%)=0에서 실질임금은 아무런 변화가 없다. 물론 자본의 임대가격(실질이자율)도 변화가 없게 된다. 즉 두 생산요소 모두 같은 비율로 증가하면 요소집약도$\left(\frac{K}{L}\right)$가 같아져 생산성의 변화는 없다.

ㄹ. A가 증가하면 총생산량도 증가하고, 노동의 한계생산성(실질임금)과 자본의 한계생산성(자본의 임대가격) 또한 증가한다$\left(MP_L = \frac{\Delta Q}{\Delta L} = 0.7A\left(\frac{K}{L}\right)\right)$.

174

| 정답 | ②

| 해설 | 생산자의 비용극소화 조건에 의해

$MRTS_{LK} = \frac{w}{r} = \frac{2}{3}$ ………………………… ㉠

$Q = 2LK$는 콥-더글라스 생산함수이므로

$MRTS_{LK} = \frac{K}{L}$ ………………………… ㉡

㉠과 ㉡을 연립하면, $\frac{K}{L} = \frac{2}{3}$, $K = \frac{2}{3}L$ ………… ㉢

총비용 $TC = wL + rK = 2L + 3K$

$60 = 2L + 3K$ ………………………… ㉣

㉢을 ㉣에 대입하면 $60 = 2L + 2L = 4L$

$\therefore L = 15$

175

| 정답 | ④

| 해설 | ㄴ. 4차 동차생산함수이므로 $\alpha + \beta > 1$이 되어서 규모에 따른 수확 체증이 성립한다.

ㄷ. 생산함수의 형태가 콥-더글라스 생산함수이므로 대체탄력성은 1이다.

| 오답풀이 |

ㄱ. 콥-더글라스 생산함수 $Q = AL^{\alpha}K^{\beta}$는 $(\alpha + \beta)$차 동차함수이다. 따라서 $(\alpha + \beta) = 4$이므로 4차 동차함수이다.

보충 플러스+

콥-더글라스 생산함수_($Q = AL^{\alpha}K^{\beta}$(A>0))

1. 콥-더글라스 생산함수와 규모에 대한 수익
   생산함수 $Q = F(L, K) = AL^{\alpha}K^{\beta}$라 하면 동차생산함수의 정의에 의해 항상 $(\alpha + \beta)$차 동차생산함수가 되므로
   ① $\alpha + \beta = 1$(1차 동차)이면 : 규모에 대한 수익 불변(CRS)
   ② $\alpha + \beta > 1$이면 : 규모에 대한 수익 체증(IRS)
   ③ $\alpha + \beta < 1$이면 : 규모에 대한 수익 체감(DRS)
2. 대체탄력성 : 콥-더글라스 생산함수에서 대체탄력성은 대체탄력성의 정의에 의해 항상 1이다.

176

| 정답 | ②

| 해설 | 다. 오일러의 법칙에 따라 노동과 자본에게 각각 한계생산(MP)만큼 분배하면 총생산이 부족함 없이 나누어진다.

177

| 정답 | ③

| 해설 | 규모의 경제는 생산물의 종류와는 관계가 없다.

| 오답풀이 |

① 고정비용이 매우 크고, 가변비용이 상대적으로 아주 작은 산업인 전기, 철도, 가스 등에서 발생한다.

②, ④ 규모의 경제란 생산규모가 커짐에 따라서 평균비용이 점차 감소하는 것으로, 기업이 생산량을 증가시킬 때 생산요소의 투입비율이 변하는 것까지 포함해서 장기평균비용이 낮아지는 것을 의미한다.

178

| 정답 | ④

| 해설 | ㄴ. 모든 생산요소가 10배 증가하면 생산량이 10배 증가하는 경우는 규모에 대한 수익 체증이 아니라 규모에 대한 수익 불변이다.

ㄷ. 어느 기업의 A 공장 생산함수가 규모에 대한 수익 체증을 나타내는 경우에는 A 공장의 생산량이 증가할수록 단위당 생산비가 낮아진다. 그러므로 이 경우에서 생산량을 증가시키고자 한다면 동일한 B 공장을 세우는 것보다 A 공장에서의 생산량을 늘리는 것이 보다 더 효율적이다.

ㄹ. 어느 기업의 생산함수가 규모에 대한 수익 체증을 나타낸다면 생산요소를 2배보다 적게 투입해도 생산량을 2배로 늘릴 수 있다.

179

| 정답 | ①

| 해설 | 평균비용은 U자형으로, 평균비용이 체감하는 경우를 규모의 경제라고 하고, 평균비용이 체증하는 경우를 규모의 비경제라고 한다. 규모의 경제와 규모의 비경제가 구분되는 생산량을 묻고 있기 때문에 장기평균비용곡선의 최저점에서의 생산량을 구하면 된다.

1. 장기총비용을 통해 장기평균비용을 구하면

$$LAC(Q) = \frac{TC(Q)}{Q} = 40 - 10Q + Q^2$$
$$= (Q-5)^2 + 15$$이므로,

산출량이 5인 경우에 평균비용은 15로 최저이다.

2. 또는 $LAC(Q)=40-10Q+Q^2$을 미분하면 $-10+2Q$이다. $-10+2Q=0$으로 해서 Q를 구하면 $Q=5$가 된다.

따라서 생산량이 5 미만인 경우는 규모의 경제이고, 5 초과인 경우는 규모의 비경제이다.

180

| 정답 | ①

| 해설 | 범위의 경제란 동일한 생산요소를 투입할 때 두 기업이 각각 한 종류의 재화를 생산할 때보다 한 기업이 두 종류의 재화를 모두 생산하는 것이 더 많이 생산할 수 있게 되는 기술상의 특성을 말한다.

| 오답풀이 |

② 규모에 대한 수확 체증 : 다른 요소가 고정되어 있을 때 한 요소의 투입이 증가함에 따라 한계생산이 체증하는 것을 말한다.

③ 규모의 경제 : 생산량이 증가함에 따라 평균비용이 하락하는 것을 말한다.

④ 비경합적 재화 : 한 사람이 그것을 소비한다고 해서 다른 사람이 소비할 수 있는 기회가 줄어들지 않는 재화를 말한다.

181

| 정답 | ④

| 해설 | 가. 총비용함수 $TC=\frac{1}{3}Q^3-7Q^2+100Q+50$는 단기생산함수이다.

다. 한계비용(MC)은 총비용함수(TC)를 미분하면 된다.

$$MC=\frac{dTC}{dQ}=Q^2-14Q+100$$

마. 총가변비용은 $\frac{1}{3}Q^3-7Q^2+100Q$이고, 총고정비용은 50원이다.

| 오답풀이 |

라. 평균비용(AC)은 총비용함수(TC)를 Q로 나누면 된다.

$$AC=\frac{TC}{Q}=\frac{1}{3}Q^2-7Q+100+\frac{50}{Q}$$

182

| 정답 | ④

| 해설 | 화폐의 형태는 경제발전과 궤를 같이 해 상품화폐 → 금속화폐 → 지폐 → 신용(㉠)화폐 → 전자(㉡)화폐 → 가상화폐(암호화폐) 순으로 발전해왔다.

㉢ 백지(白紙)어음이란 발행인의 명칭과 기명날인 또는 서명만 기재하고, 어음 요건은 기재하지 않아도 후일의 보충에 의해 완전한 어음으로 될 것이 예정되어 유통되는 미완성 어음을 말한다. 완성한 어음이 어음으로서의 요건을 결여하고 있으면 무효이나 백지어음은 미완성된 어음이므로 결여되어 있는 요건이 보충되면 완전한 어음이 된다.

183

| 정답 | ⑤

| 해설 | 총예금창조액(총신용창조액)

$$=\frac{1}{\text{지급준비율}}\times\text{본원적 예금}=\frac{1}{0.1}\times100=1{,}000(\text{억 원})$$

184

| 정답 | ②

| 해설 | 실제지급준비금은 예금액 대비 실제 보유하고 있는 지급준비금이고, 초과지급준비금은 법정지급준비금을 초과하는 부분을 말한다.

실제지급준비금=법정지급준비금+초과지급준비금

따라서 초과지급준비금=실제지급준비금−법정지급준비금 =50−20=30(만 원)이다.

| 오답풀이 |

① 법정지급준비금=100×0.2=20(만 원)

③ 실제지급준비금=예금액−대출액=100−50=50(만 원)

185

| 정답 | ④

| 해설 | 실질환율 = 명목환율 × $\frac{\text{외국물가}}{\text{국내물가}}$ (= 외국의 상대물가 수준)이므로 명목적 통화가치의 하락은 물가 변경에 따라 실질환율에 영향을 준다.

| 오답풀이 |

① 명목환율(Nominal Exchange Rate)이란 한 나라의 화폐가 외국의 화폐와 교환되는 비율을 말한다. 즉, 자국 화폐로 표시한 외국 화폐의 상대적인 가치라고 말할 수 있다. 명목환율이 상승한다는 것은 자국화폐의 가치가 외국 화폐의 그것에 비해 상대적으로 떨어지는 것을 의미한다.

② 명목적 통화가치 하락(= 원화가치 하락) ⇒ 환율 상승
명목적 통화가치 상승(= 원화가치 상승) ⇒ 환율 하락

⑤ 명목환율은 교환비율만을 나타낼 뿐, 서로 다른 국가 간 제품경쟁력을 측정하는 데에는 한계가 있다. 구매력 평가(Purchasing Power Parity) 이론은 통화의 가치가 그 통화의 구매력에 있다면 자국 통화와 외국 통화 사이의 교환 비율인 환율은 각 통화의 구매력의 비율에 의하여 결정되어야 한다는 것이다. 일반적으로 통화의 구매력은 물가수준에 의하여 나타낼 수 있으므로 환율은 양국의 물가수준에 의해서 결정된다는 것이다. 따라서 명목환율은 양국 간 물가의 비율(국내물가 ÷ 해외물가)로 정의된다.

보충 플러스+

명목적 통화가치 하락(원화가치 하락, 환율 상승)의 일반적 영향

	1$=1,000원	1$=2,000원	
수출	우리나라에서 2,000원 ↓ 외국에서 2$	우리나라에서 2,000원 ↓ 외국에서 1$	증가
수입	외국에서 2$ ↓ 우리나라에서 2,000원	외국에서 2$ ↓ 우리나라에서 4,000원	감소
국제수지	수출 증가, 수입 감소		개선
경기	순수출(수출-수입)의 증가로 총수요 증가		활성화
외채부담	100$ 빌려 오면 100,000원으로 갚음	100$ 빌려 오면 200,000원으로 갚음	증가

* 환율이 1,000원에서 2,000원으로 올랐을 때의 영향

186

| 정답 | ①

| 해설 | 환율이 상승하면 달러표시 수출품의 가격 하락으로 수출이 증가하므로 수출업자에게 유리하다.

보충 플러스+

환율 상승과 환율 하락의 효과

구분	환율 상승 (평가절하)	환율 하락 (평가절상)
자국화폐가치	하락	상승
국내물가	상승	하락
경상수지	개선	악화
무역	• 수출 증가 • 수입 감소	• 수출 감소 • 수입 증가
해외여행(유학)경비	증가	감소
총수요(소득)	증가	감소

187

| 정답 | ⑤

| 해설 | 소국의 경우 관세를 부과하면 수입량이 변하더라도 국제가격은 변하지 않으므로 소국의 국내가격은 관세액만큼 상승한다. 따라서 관세가 부과되면 수입량은 줄고, 국내가격은 무역이 없었던 경우의 가격수준에 가깝게 상승하게 된다. 관세부과 때문에 D+F라는 총잉여가 감소하며, 관세에 의한 경제적 순손실이 발생한다. 관세부과에 따른 두 가지 효과는 결국 D : 과잉생산으로 인한 경제적 순손실, F : 과소소비에 의한 경제적 순손실이라고 할 수 있다.

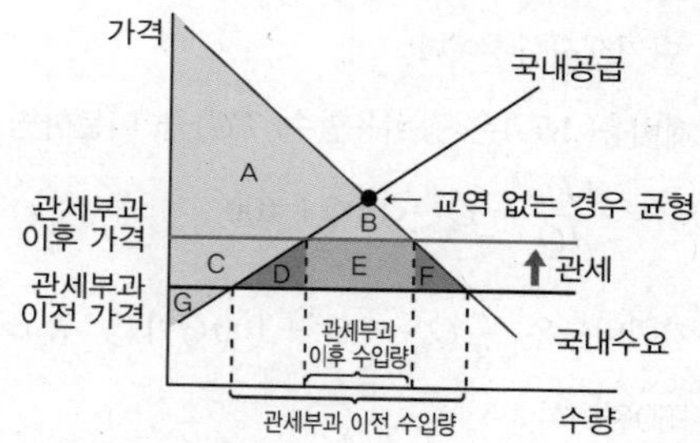

| 오답풀이 |

① 자본이동이 완전한 경우의 소국개방경제에서는 재정정책은 실질 *GDP*에 영향을 미칠 수 없다.

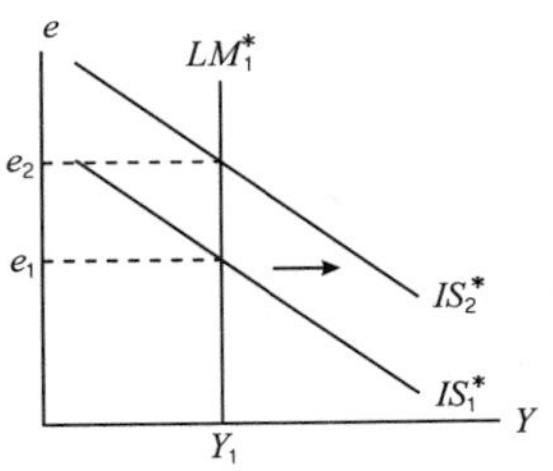

결과 : $e>0$, $dY=0$

③ 소국개방경제 : $M\uparrow \rightarrow e\downarrow \rightarrow NX\uparrow \rightarrow Y\uparrow$

④ 확대통화정책으로 이자율이 하락함에 따라 환율이 상승하여 국내 통화가치가 평가 절하된다.

188

| 정답 | ④

| 해설 | 균형국민소득은 총수요곡선과 총공급곡선이 교차할 때이므로, 두 식을 연립으로 풀면

$800+\dfrac{4,000}{p}=1,000+p-20$

양변에 p를 곱해서 정리하면

$p^2-180p-4,000=0$

$(p-20)(p+200)=0$

$\therefore\ p=20$ 또는 $p=-200$

음수값은 버리고 $p=20$ 총공급곡선이나 총수요곡선에 대입하면 $Y=1,000+20-20=1,000$이다.

189

| 정답 | ③

| 해설 | 국민소득수준이 자연산출량에 미달하는 경우, 총수요(AD)에 비해서 장기총공급($LRAS$)이 더 많은 초과공급 상황이 발생하는데, 초과공급해소를 위해 장기적으로는 물가가 하락하고, LM곡선은 실질화폐잔고 $\dfrac{M}{P}$가 증가하면 오른쪽으로 이동한다.

190

| 정답 | ④

| 해설 | 한계소비성향(c)이 0.75이면

조세승수$=\dfrac{dY}{dT}=\dfrac{-c}{1-c}=\dfrac{-0.75}{1-0.75}=-3$이다.

$1>c$이기 때문에 조세가 조세를 늘리면 전체 지출이 줄어드는 효과가 발생하고 IS곡선도 좌측으로 이동하는 것이다.

191

| 정답 | ③

| 해설 | 한계소비성향은 0과 1 사이의 값이므로 정부지출(G)과 조세(T)가 동액만큼 증가하면 IS곡선은 오른쪽으로 이동하고, 화폐량을 증가시키면 LM곡선은 우측으로 이동한다.

$Y=G+T$만 가정하면 $G=\dfrac{1}{1-c}$이고, $T=\dfrac{-c}{1-c}$이다(여기서 c : 한계소비성향).

$Y=G+T=\dfrac{1}{1-c}+\dfrac{-c}{1-c}$

$=\dfrac{1}{1-0.75}-\dfrac{0.75}{1-0.75}=4-3=1\Rightarrow$ 증가

$1>c$이기 때문에 정부가 조세를 늘리고 정부지출도 그만큼 늘리는 경우 전체 지출이 늘어하는 효과가 발생하고 IS도 우측으로 이동하는 것이다.

192

| 정답 | ②

| 해설 | 투자의 이자율탄력성이 낮을수록 IS곡선의 기울기가 커지고, 구축효과는 작아진다.

| 오답풀이 |

① LM곡선의 기울기가 커질수록 화폐수요의 이자율탄력성이 작아지므로 구축효과는 커진다.

③ 화폐수요의 이자율탄력성이 작을수록 구축효과는 커진다.

④ 한계소비성향이 클수록 IS곡선이 완만해지고 구축효과는 커진다.

193

| 정답 | ①

| 해설 | 일반적으로 물가가 하락하면 개인이 보유한 화폐의 실질구매력이 커지므로 개인의 실질자산이 증가하는데, 실질자산이 증가하면 소비가 증가하므로 총수요가 증가한다.

보충 플러스+

총수요곡선

- 의의 : 상품시장과 화폐시장의 균형을 이루게 하는 물가와 국민소득수준(총수요)의 관계를 나타내는 곡선으로, 일반적으로 우하향의 형태
- 총수요(AD) : $AD = C + I + G + (X - M)$
  (소비(C), 투자(I), 정부지출(G), 순수출($X-M$)의 합)
- 총수요곡선이 우하향하는 이유
  - 이자율효과 : 물가가 하락하면 이자율의 하락으로 소비와 투자가 증가하므로 총수요가 증가한다.
  - 피구효과 : 물가가 하락하면 개인이 보유한 화폐의 실질구매력이 커지므로 개인의 실질자산이 증가하는데, 실질자산이 증가하면 소비가 증가하므로 총수요가 증가한다.
  - 경상수지효과 : 물가가 하락하면 국내에서 생산된 재화의 가격이 외국에서 생산된 재화의 가격보다 상대적으로 낮아지므로 순수출이 증가하여 총수요가 증가한다.

194

| 정답 | ⑤

| 해설 | 교역 상대국이 호황으로 소득이 증가하면 국내 재화와 서비스에 대한 수요(수출)가 증가해서 총수요가 증가한다.

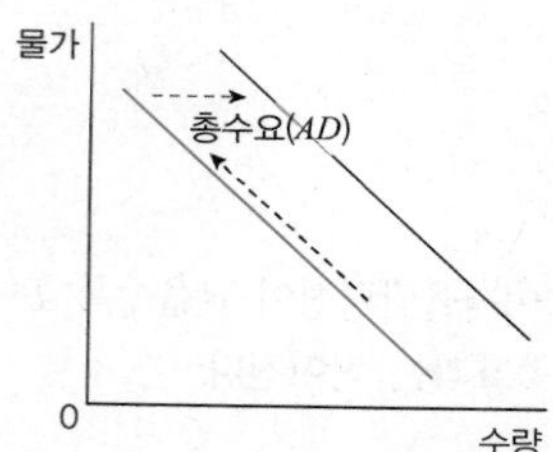

보충 플러스+

물가 이외 요인 변화 → 총수요 증가(곡선 이동)
1) 정부지출 증가
2) 세금 감면
3) 기업의 경기에 대한 낙관으로 투자 증가
4) 해외경제 호황

물가 상승 → 총수요 감소
1) 소비 감소
2) 투자 감소
3) 수출 감소
4) 수입 증가

195

| 정답 | ②

| 해설 | 재정정책이나 금융정책과 같은 총수요관리정책은 완전고용수준인 자연산출량에는 영향을 미칠 수 없다.

| 오답풀이 |

① 이자율을 올리면 투자와 소비가 감소하게 되고, 총수요의 감소로 AD곡선은 좌측으로 이동하고 국민소득은 감소한다. 국민소득의 감소는 실업률을 높이게 된다.

③ 스태그플레이션이 발생한 상황에서 정부가 확장적 재정정책을 실시하면 AD곡선이 우측으로 이동하여 경기침체는 완화되나, 물가수준은 더욱 높아진다.

④ 갑작스러운 국제유가 상승으로 인해서 국민소득이 감소하고 인플레이션이 발생했는데, 아무 조치를 취하지 않게 되면 경기침체가 장기화될 수 있다.

196

| 정답 | ④

| 해설 | 단기에 총공급곡선이 우상향하는 이유

1. 화폐환상(노동자오인모형, 비대칭정보모형) : 노동자들이 물가에 대한 정보가 부족하여 물가가 변화하더라도 의사결정에 이를 충분히 반영하지 못하는 화폐환상을 가진다.
2. 임금의 경직성(비신축적 임금) : 단기적으로 노동자들은 그들의 명목임금이 낮아지는 것을 용납하지 않으며 노동계약은 일정 단위(1년)로 체결되므로 명목임금의 경직성이 존재한다.
3. 비신축적가격모형(물가의 경직성) : 재화의 가격이 물가변동수준보다 느리게 변화한다.

197

| 정답 | ①

| 해설 | 물가의 변화에 따라 명목임금이 신축적으로 변동하면 실질임금에 영향을 미치지 못하므로 균형고용량에도 영향을 미치지 못한다. 따라서 산출량이 불변하므로 수직의 총공급곡선이 된다.

198

| 정답 | ③

| 해설 | 노동시장에서 고용량이 불변이므로 총산출량도 변하지 않기 때문에 총공급곡선이 수직선으로 나타난다. 고전학파는 자발적 실업만 존재하고 완전고용 및 완전국민소득 수준이 그대로 유지된다고 한다.

199

| 정답 | ③

| 해설 | 소비자물가지수는 원자재와 자본재를 제외한 가계의 소비지출대상인 모든 재화와 서비스를 대상으로 한다.

| 오답풀이 |

① 생산자물가지수와 소비자물가지수는 모두 라스파이레스 방식으로 작성된다. 라스파이레스방식으로 작성된 물가지수는 물가변화를 과대평가하는 경향이 있다.

보충 플러스+

물가지수의 비교

구분	생산자물가지수(OLE)	소비자물가지수(OLE)
작성기관	한국은행	통계청
조사가격	생산자판매가격	소비자구입가격
조사방식	라스파이레스방식	라스파이레스방식
품목 수	867항목	460항목
포괄범위	국내에서 거래되는 재화와 서비스(원자재, 자본재, 소비재 포함)	가계의 소비대상인 재화와 서비스(원자재, 자본재 제외)
수입품 가격	제외	포함
주택 임대료	제외	포함
주택가격	제외	제외
이용범위	• 시장동향 분석 • 구매 및 판매계약 • 예산편성 및 심의	• 생계비변동 파악 • 임금조정의 기초자료

200

| 정답 | ②

| 해설 | 소비자물가지수는 물가상승기에 실제 물가의 상승 정도를 과대평가하는 경향이 있다.

201

| 정답 | ③

| 해설 | ㄱ. 소비자물가지수는 5년마다 변화되는 재화 바스켓에 기초하여 소비자가 구입하는 상품이나 서비스의 가격변동을 나타내는 지수이다.

ㅁ. 소비자물가지수와 생산자물가지수는 라스파이레스방식으로 계산한다.

202

| 정답 | ②

| 해설 |

$$GDP\text{디플레이터} = \frac{\text{명목}GDP}{\text{실질}GDP} \times 100 = \frac{P_1 \times Q_1}{P_0 \times Q_1} \times 100$$

• 20X2년 GDP디플레이터

$$= \frac{(24 \times 100) + (1,200 \times 4)}{(20 \times 100) + (1,000 \times 4)} \times 100$$

$$= \frac{2,400 + 4,800}{2,000 + 4,000} \times 100 = \frac{7,200}{6,000} \times 100 = 120(\%)$$

• 20X3년 GDP디플레이터

$$= \frac{(30 \times 200) + (1,500 \times 4)}{(20 \times 200) + (1,000 \times 4)} \times 100$$

$$= \frac{6,000 + 6,000}{4,000 + 4,000} \times 100 = \frac{12,000}{8,000} \times 100 = 150(\%)$$

203

| 정답 | ①

| 해설 | 생산자물가지수에 대한 설명이다.

| 오답풀이 |

② 생활물가지수 : 일상생활에서 소비자들이 자주, 많이 구입하는 생활필수품을 대상으로 작성된 소비자물가지수의 보조지표

③ 신선식품지수 : 해산물, 채소, 과일 등 기상조건이나 계절에 따라 가격변동이 큰 51개 품목의 물가지수

④ 소비자물가지수 : 일반소비자가 소비생활을 영위하기 위하여 구입하는 재화의 가격과 서비스요금의 변동을 종합적으로 측정하기 위하여 작성되는 물가지수

⑤ 수출입물가지수 : 한국의 수출입 품목의 가격변동을 파악하여 국내물가에 영향을 사전에 측정하기 위한 지표

204

| 정답 | ①

| 해설 | '명목이자율＝실질이자율＋예상인플레이션율'에서 명목이자율이 일정하고 인플레이션율이 상승하면 실질이자율은 하락하고, 기대인플레이션율이 높아지면 민간은 화폐 보유를 줄이려 하고, 또한 부채비율을 높이려 한다.

205

| 정답 | ①

| 해설 | 예상된 인플레이션하에서는 경제주체들이 합리적으로 대처하여 채권자로부터 채무자에게로 부와 소득의 재배분은 발생하지 않는다. 그러나 예상되지 않은 인플레이션하에서는 화폐의 구매력과 실질 이자율을 감소시켜 채권자에게는 불리하게, 채무자에게는 유리하게 부와 소득이 재분배된다.

206

| 정답 | ②

| 해설 | 예상된 인플레이션의 경우 실물소유자와 금융상품 소유자 간의 부의 상대적 변화, 메뉴비용, 구두가죽비용 등이 발생하게 된다.

207

| 정답 | ③

| 해설 | 완전히 예견된 인플레이션일지라도 물가변화에 따른 메뉴비용이 발생하고, 현금거래 회수의 증가로 거래비용(구두가죽비용)이 증가한다.

208

| 정답 | ④

| 해설 | 수요견인 인플레이션(Demand－pull Inflation)은 총수요가 총공급을 초과하면서 발생하는 현상으로 주로 경기호황과 함께 나타나는 것이다.

보충 플러스+

인플레이션의 구분

구분	수요견인 인플레이션	비용인상 인플레이션
의의	총수요 증가로 인한 물가 상승	총공급 감소로 인한 물가 상승(스태그플레이션)
발생원인	• 고전학파, 통화주의학파 : 통화량 증가 • 케인스학파 : 정부지출 증가	• 통화주의학파 : 비용인상 인플레이션 부정 • 케인스학파 : 임금 · 이윤 인상, 공급충격
억제정책	• 통화량 억제정책 : 고전학파, 통화주의학파 • 긴축재정정책 : 케인스학파	소득정책

209

| 정답 | ③

| 해설 | 임금과 이윤의 상승 제한은 케인스학파에 의하여 제안되었으며, 이를 소득정책이라 한다.

210

| 정답 | ②

| 해설 | 디플레이션이란 물가수준이 지속적으로 하락하는 현상을 말한다. 명목이자율이 일정할 때 디플레이션으로 인해 물가수준이 하락하면 실질이자율은 상승한다.

| 오답풀이 |

① 고정금리의 경우, 디플레이션으로 인한 물가수준의 하락은 명목부채의 실질 채무부담을 증가시킨다.

③ 명목연금액이 일정할 때 디플레이션으로 인해 물가수준이 하락하면 실질연금액은 증가한다.

④ 디플레이션이 가속화되면 디플레이션으로 인해 물가수준이 하락하여 실질화폐가치가 상승하므로 화폐수요를 증가시킨다.

211

| 정답 | ④

| 해설 | 무역수지 흑자 → 외화공급↑ → 외환공급곡선 우측 이동 → 환율↓(평가절상)

212

| 정답 | ⑤

| 해설 | 2018년 인플레이션율 :

$$\frac{(2018\text{년 물가지수}-2012\text{년 물가지수})}{2012\text{년 물가지수}}\times 100$$

$$=\frac{(150-100)}{100}\times 100=50(\%)$$

| 오답풀이 |

① 기준연도는 지수가 100이다.

② 2015년도 소비자물가지수 :

$$\frac{(40\times 20+10\times 30)}{(40\times 10+10\times 15)}\times 100=\frac{1,100}{550}\times 100=200$$

③ 2018년 소비자물가지수 :

$$\frac{(40\times 15+10\times 22.5)}{(40\times 10+10\times 15)}\times 100=\frac{825}{550}\times 100=150$$

④ 2015년 인플레이션 :

$$\frac{(2015\text{년 물가지수}-2012\text{년 물가지수})}{2012\text{년 물가지수}}\times 100$$

$$=\frac{(200-100)}{100}\times 100=100(\%)$$

213

| 정답 | ①

| 해설 | 예상된 인플레이션하에서 예상인플레이션율만큼 명목이자가 상승하여 실질이자가 변하지 않는 것을 피셔효과라고 한다.

보충 플러스+

피셔효과

- 예상된 인플레이션하에서 예상인플레이션율만큼 명목이자가 상승하여 실질이자가 변하지 않는 것(물가기대효과) – 명목변수가 신축적
- 명목이자율 = 실질이자율 + 예상인플레이션율
  - 사전적 실질이자율 = 명목이자율 – 예상인플레이션율
  - 사후적 실질이자율 = 명목이자율 – 인플레이션율

214

| 정답 | ③

| 해설 | 밀턴 프리드먼(M. Friedman)은 인플레이션은 화폐량이 생산량보다 상당히 빠르게 증가할 때 발생하는 화폐적 현상이며, 화폐의 움직임이 주요 변수이고 생산량의 움직임은 보조 변수라고 한다.

215

| 정답 | ③

| 해설 | ㄱ. 경기적 실업이 0으로 감소하면 실업률이 0보다 커도 완전고용이라고 한다.

ㄴ. 실망노동자 효과란 경기불황으로 인해 실업자가 구직활동을 포기함으로써 실업률을 감소시키는 효과를 가리키는 말이다.

| 오답풀이 |

ㄷ. 실업률 = $\frac{\text{실업자 수}}{\text{경제활동인구}}\times 100$이다. 경제활동인구는 만 15세 이상의 국민 중 일할 의사와 능력을 동시에 가진 사람을 말하며, 근로능력이 있더라도 일자리를 구하려는 의사가 없으면 경제활동인구에서 제외된다. 따라서 실업자 수에 변동이 없고 경제활동인구가 많아지면 실업률은 감소한다.

216

| 정답 | ③

| 해설 | 직장의료보험이 근로자에게 20만 원의 가치가 있으므로 노동시장에서 공급곡선이 아래 방향으로 20만 원만큼 평행이동한다(즉 근로자는 임금을 20만 원 적게 받아도 20만 원어치의 직장의료보험을 받게 될 경우 동일한 노동력을 제공할 용의가 있다). 반면에 직장의료보험이 사용자에게는 10만 원의 비용을 부담시킬 경우 노동시장의 수요곡선이 아래로 10만 원만큼 평행이동한다. 즉 사용자는 10만 원의 직장의료보험 제공비용을 부담해야 하므로 임금이 10만 원 낮아질 경우에 동일한 노동력을 고용할 용의가 있다. 공급곡선이나 수요곡선의 하방 이동은 균형 임금의 하락을 가져오며, 공급곡선이 하방 이동한 폭이 수요곡선이 하방 이동한 폭보다 크기 때문에 그림에서처럼 균형고용량이 증가한다.

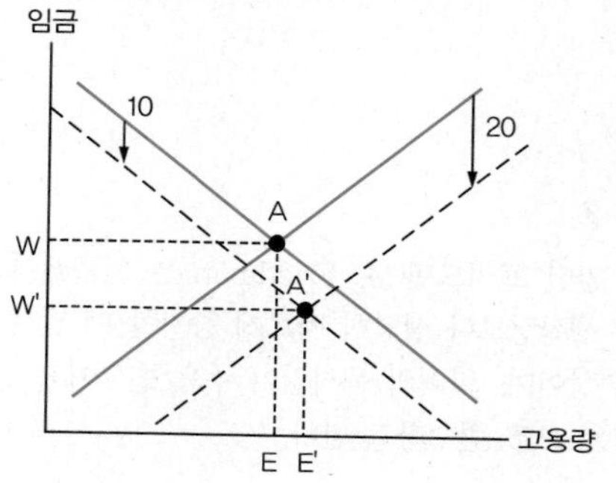

217

| 정답 | ①

| 해설 | 유동성제약이란 개인이 자신의 장래의 소득을 현재에 사용하고자 할 경우, 차입 능력에 대한 제한을 이르는 말로 비자발적 실업과는 관계가 없다.

보충 플러스+

비자발적 실업

- 의의 : 일할 의사와 능력을 갖고 있으나 현재의 임금수준에서 일자리를 구하지 못하여 실업상태에 있는 경우
- 구분
  - 경기적 실업 : 경기침체로 인해 발생하는 대량의 실업(케인스적 실업)
  - 구조적 실업 : 경제구조의 급격한 변화나 일부산업의 사양화 등으로 인하여 발생하는 실업

218

| 정답 | ③

| 해설 | 자연실업률은 국가나 경제상황에 따라 다르다.

보충 플러스+

자연실업률

- 노동의 초과공급이 0인 실업률 : 현재의 임금수준에서 이론적으로는 (경기적 실업 없이) 마찰적 실업과 구조적 실업만 존재하는 상황으로 노동의 수급이 균형을 이루는 상태에서의 균형실업률을 의미
- 자연실업률$\left(\frac{U}{L}\right)=\frac{s}{(f+s)}\times 100$
  (L : 경제활동인구, U : 실업인구, f : 실업인구 중 구직률, s : 취업인구 중 실직률)
- 실제실업률 > 자연실업률 : 노동의 초과공급
- 실제실업률 < 자연실업률 : 노동의 초과수요

219

| 정답 | ③

| 해설 | 마찰적 실업이란 노동자가 보다 나은 직장을 얻기 위해 정보를 수집함으로써 일시적으로 생기는 실업이므로 마찰적 실업이 발생할 경우 일자리에 관한 정보를 제공하는 정보망의 확충 등을 통해 직업탐색 시간이 감소되면 마찰적 실업이 가장 크게 감소할 것이다.

| 오답풀이 |

① 경기적 실업 : 경기변동에 따라 발생하는 실업이다.

② 구조적 실업 : 산업구조가 변하고 기술혁신이 이루어짐에 따라 발생하는 만성적이고 장기적인 실업이다.

④ 잠재적 실업 : 실질적으로는 실업상태에 있으나 표면적으로는 직업을 갖고 있어서 실업자로 노출되지 않는 실업이다.

220

| 정답 | ③

| 해설 | 경제활동인구란 15세 이상 인구 중에서 구직활동이 가능한 취업자 및 실업자를 의미하므로, 실업자 수를 구하면 다음과 같다.

- 경제활동 $=4,000\times 0.65=2,600$(만 명)

• 취업자 수=15세 이상 인구×고용률
=4,000×0.6=2,400(만 명)

• 실업자 수=경제활동인구−취업자 수
=2,600−2,400=200(만 명)

보충 플러스+

• 경제활동인구=실업자 수+취업자 수
• 15세 이상 인구=경제활동인구+비경제활동인구
• 실업률(%) $=\frac{\text{실업자}}{\text{경제활동인구}}\times 100$
• 고용률(%) $=\frac{\text{취업자}}{\text{15세 이상 인구}}\times 100$

221

| 정답 | ②

| 해설 | 자연실업률 $=\frac{\text{실직률}}{\text{구직률}+\text{실직률}}$

$0.2=\frac{0.04}{f+0.04}$

$f=0.16$

평균 실업기간 $=\frac{1}{\text{구직률}}=\frac{1}{0.16}=6.25$(개월)

보충 플러스+

자연실업률(UN)
• 노동시장이 균형을 이루고 있어 취업자와 실업자의 수가 변하지 않는 상태에서의 실업률로 균형실업률이라고도 함.
• 취업자 : E, 실업자 : U
• 실업자 중 취업하는 비율 : 구직률 f
• 취업자 중 실직하는 비율 : 실직률 s
• 자연실업률 $UN=\frac{U}{U+E}=\frac{U}{U+\frac{f}{s}U}=\frac{s}{f+s}$
• 평균실업기간 : $\frac{1}{\text{구직률}}$

222

| 정답 | ④

| 해설 | • 1999년 : 경제성장률−, 실업률+(고용 감소) ⇒ ㉢
• 2009년 : 경제성장률+, 실업률−(고용 증가) ⇒ ㉡
• 2019년 : 경제성장률+, 실업률+(고용 감소) ⇒ ㉠

223

| 정답 | ④

| 해설 | 비경제활동인구=생산가능인구−경제활동인구
• 2019년도 비경제활동인구=100−70=30
• 2020년도 비경제활동인구=120−70=50

| 오답풀이 |

① 실업률(%) $=\frac{\text{실업자}}{\text{경제활동인구}}\times 100$
$=\frac{\text{실업자}}{\text{실업자}+\text{취업자}}\times 100$

• 2019년도 실업률 : $\frac{10}{70}\times 100 ≒ 14(\%)$
• 2020년도 실업률 : $\frac{20}{70}\times 100 ≒ 28(\%)$

따라서 실업률이 상승했다.

② 고용률(%) $=\frac{\text{취업자}}{\text{15세 이상 인구}}\times 100$
$=\frac{\text{취업자 수}}{\text{생산가능인구}}\times 100$

• 2019년도 고용률 : $\frac{(70-10)}{100}\times 100=60(\%)$
• 2020년도 고용률 : $\frac{(70-20)}{120}\times 100 ≒ 42(\%)$

따라서 고용률이 하락했다.

③ 취업자=경제활동인구−실업자
2019년도 취업자 : 70 − 10 = 60
2020년도 취업자 : 70 − 20 = 50
따라서 취업자 수가 감소했다.

224

| 정답 | ③

| 해설 | 실업률(%) $=\frac{\text{실업자}}{\text{경제활동인구}}\times 100$
$=\frac{\text{실업자}}{\text{실업자}+\text{취업자}}\times 100$

구직을 포기한 사람을 구직단념자라고 하며, 구직단념자는 실업자로 분류되지 않고 비경제활동인구에 포함되어 실업률을 감소시킨다.

225

| 정답 | ②

| 해설 | 갑 : 경제활동참가율은 고용률보다 항상 높으므로 (가)가 경제활동참가율, (나)가 고용률이다.

병 : 30대의 실업률은 $\frac{76-73}{76}\times100 ≒ 3.9(\%)$로, 3%보다 높다.

| 오답풀이 |

을 : 20대의 실업자 수는 $100\times\frac{65-60}{100}=5$(만 명)이다.

정 : 40대 이후 실업률이 감소하는 것은 고용률이 감소하고 있음에도 불구하고 경제활동참가율이 더욱 급격히 감소하고 있기 때문이다. '실업률$=1-\frac{고용률}{경제활동참가율}$' 이므로 고용률보다 경제활동참가율이 더욱 빨리 감소하면 실업률이 감소한다는 것을 알 수 있다.

226

| 정답 | ④

| 해설 | 효율성임금이론에 의하면 근로자에게 시장의 임금수준보다 높은 임금을 지불하는 것이 기업주에게도 이득이 된다고 한다.

| 오답풀이 |

① 높은 임금을 지급할수록 노동자의 근로의욕이 높아져서 생산성이 향상된다.

② 높은 실질임금인 효율성임금을 지급하면 역선택, 도덕적 해이 등을 방지할 수 있어 노동자의 생산성이 향상된다.

③ 사용자들이 근로자의 생산성을 높이기 위해 시장의 실질임금보다 높은 임금을 지급하는 것을 효율성임금이라고 한다.

227

| 정답 | ④

| 해설 | 솔로우 성장모형(신고전파성장모형)

- 정상상태 : 인구(노동)증가율 = 자본증가율 = 경제성장률 $=n=\frac{s\cdot f(k)}{k}$
- 실효노동증가율(g) = 경제성장율(n) + 기술진보를 고려한 노동증가율

$g=n+$기술진보율(노동한계생산성 증가율)$=3+4=7$

228

| 정답 | ⑤

| 해설 | 정부지출의 증가에 따라 대부자금시장에서 국민저축이 감소하여 공급이 감소하면 실질이자율이 상승하여 정부지출의 증가만큼 민간소비와 민간투자가 감소한다.

보충 플러스+

고전학파의 이론

- 의의 : 한 나라의 국민소득수준은 그 나라의 생산기술, 자본량, 노동량 등의 공급에 의해서 결정된다.
- 기본가정
  - 세이의 법칙(Say's Law) : 공급은 스스로 수요를 창출한다는 것으로, 공급에 의해서 국민소득이 결정되는 것을 의미한다.
  - 모든 가격변수(물가, 명목임금, 명목이자율)가 완전신축적이다.
  - 노동에 대한 수요와 공급은 실질임금의 함수이다.
  - 모든 시장은 완전경쟁시장이다.

229

| 정답 | ③

| 해설 | 호황기(세이의 법칙, 공급이 수요를 결정)를 가정한 것은 고전학파이다.

230

| 정답 | ⑤

| 해설 | 제조업가동율지수는 경기동행지수에 해당한다.

〈경기종합지수(CI ; Composite Index)〉

구분	경기선행지수	경기동행지수	경기후행지수
의의	실제 경기순환에 앞서 변동하는 개별지표를 가공, 종합하여 만든 지수	실제 경기순환과 함께 변동하는 개별지표를 가공, 종합하여 만든 지수	실제 경기순환에 후행하여 변동하는 개별지표를 가공, 종합하여 만든 지수
활용	향후 경기변동의 단기예측	현재 경기상황의 판단	현재 경기의 사후 확인
구성 지표	• 구인구직자비율 • 재고순환지표(제조업) • 소비자기대지수 • 종합주가지수 • 건설수주액 • 기계수주액 • 금융기관유동성 • 자본재수입액 • 장단기금리차 • 순상품교역조건	• 비농가취업자 수 • 산업생산지수 • 제조업가동률지수 • 건설기성액 • 내수출하지수 • 서비스업활동지수 • 도소매판매액지수 • 수입액(실질)	• 이직자 수(제조업) • 상용근로자 수(전산업) • 도시가계소비지출(전가구) • 소비재수입액 • 생산자제품재고지수 • 회사채유통수익률

231

| 정답 | ②

| 해설 | 상용근로자 수는 경기후행지수에 속한다.

| 오답풀이 |

①, ③, ④ 경기선행지수에 속하는 지표이다.

232

| 정답 | ④

| 해설 | Y재 수량으로 계산된 X재의 상대가격은 기회비용과 같으므로 교역조건은 0.5와 1 사이에서 결정된다. Y재 수량으로 계산된 X재의 상대가격이 $\frac{4}{3}$으로 주어지면 갑은 특화할 수 없다.

| 오답풀이 |

②, ⑤ 기회비용을 계산해 보면 다음과 같다.

구분	X재	Y재
갑	$\frac{4}{4}=1$	$\frac{4}{4}=1$
을	$\frac{10}{20}=0.5$	$\frac{20}{10}=2$

갑은 을에 비하여 Y재에 생산에 비교우위, 을은 갑에 비하여 X재의 생산에 비교우위에 있다.

233

| 정답 | ⑤

| 해설 | 범위의 경제(Economies of Scope)는 한 기업이 여러 가지 재화를 동시에 생산하는 것이 여러 기업이 각각 한 가지의 재화를 생산할 때보다 생산비용이 적게 드는 것으로, 생산가능곡선이 원점에 대해 오목한 형태로 도출된다. 범위의 경제가 발생하는 이유는 다음과 같다.

– 생산요소의 공동 이용

– 기업 운영상의 효율성

– 생산물의 특성

234

| 정답 | ③

| 해설 | 전용수입은 어떤 생산요소가 현재의 용도에 계속 고용되기 위해서 최소한 지불되어야 하는 금액으로, 요소공급에 따른 기회비용을 의미한다.

| 오답풀이 |

① 경제적 지대(Economic Rent) : 공급이 제한되어 있거나 공급탄력성이 극히 낮은 생산요소(토지, 노동, 자본 등)에 발생하는 추가적 소득을 말한다. 즉, 자원이 대체적인 다른 어떤 사용처로부터 얻을 수 있는 수익을 초과한 몫으로 만약 자원의 대체적인 사용처가 전혀 없으면 (기회비용=0), 그 자원에서 나오는 모든 수익이 경제적 지대가 된다.

② 준지대 : 공장시설과 같이 단기에 있어서 고정된 생산요소에 대한 보수를 의미하는 것으로, 총수입에서 전용수입이라 할 수 있는 가변요소의 기회비용을 뺀 금액이다.

④ X-비효율성 : 최소평균비용보다 높은 평균비용으로 생산하는 비효율성을 의미하는 것으로, 독점기업의 경우 경쟁상대가 없어 기업가나 근로자의 안일한 태도에 기인하는 여러 가지 비효율적인 문제가 발생한다.

⑤ 이전지출 : 정부가 당기의 생산활동과 무관한 사람에게 반대급부 없이 지급하는 것으로, 실업수당이나 재해보상금, 사회보장기부금 등을 말한다.

235

| 정답 | ⑤

| 해설 | 다. 한계비용은 노동의 한계생산물과 역의 관계에 있는데, 한계생산물이 증가할 때 한계비용은 감소하고 한계생산물이 최대일 때 한계비용은 최소이다.

마. 한계생산물과 평균생산물이 일치할 때 한계비용과 평균가변비용이 일치한다. 평균가변비용과 노동의 평균생산이 서로 역의 관계인데, 평균생산물이 증가(감소)하면 평균가변비용은 감소(증가)하고, 평균생산물이 최대일 때 평균가변비용은 최소가 된다.

| 오답풀이 |

가. 노동의 평균생산물이 극대일 때 노동의 한계생산물과 평균생산물이 일치한다.

라. 노동의 한계생산물이 최대가 될 때 한계비용이 최소가 되고, 노동의 평균생산물이 최대가 될 때 평균가변비용이 최소가 된다.

보충 플러스+

평균생산물(APL)과 한계생산물(MPL)과의 관계

1. 한계생산물이 평균생산물보다 클 때 평균생산물이 증가한다.
2. 한계생산물이 평균생산물보다 작을 때 평균생산물에 감소한다.
3. 평균생산물의 최대점에서 한계생산물과 평균생산물이 일치한다.

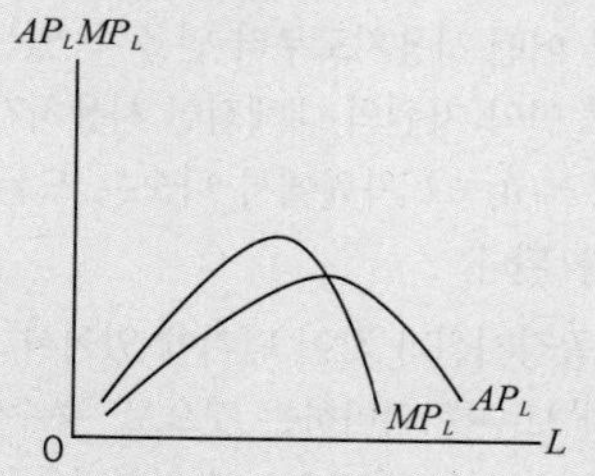

236

| 정답 | ⑤

| 해설 | 조세부담률이란 경상 GDP에서 조세수입이 차지하는 비중을 의미하는 것으로 개인의 조세부담률은 각자의 소득수준, 소비행태, 재산보유상황 등에 따라 달라진다.

| 오답풀이 |

② $T=-100+0.2\times500=0$

③ $T=-100+0.2\times1,000=-100+200=100$

④ 소득이 1,000인 경우 세금이 100원이므로, 평균세율 $100\div1,000=0.1(=10\%)$
소득이 1,000인 경우 세금이 $-100+0.2\times2,000=300$(원)이므로, 평균세율은 $300\div2,000=0.15(=15\%)$이다.

237

| 정답 | ⑤

| 해설 | 항상소득가설에서 주장하는 조세정책의 효과는 다음과 같다.

구분	소비 증가	소득 증가	총수요 증가	정책효과
일시적인 세율인하 ⇒ 임시소득 증가	소폭	대폭	소폭	무력
영구적인 세율인하 ⇒ 항상소득 증가	대폭	소폭	대폭	효과적

238

| 정답 | ⑤

| 해설 | 거래적 화폐수요와 예비적 화폐수요는 소득에 의존하며, 투기적 화폐수요는 이자율에 의존한다.

보충 플러스+

거래적 동기 (거래적 화폐수요)	• 일상의 거래를 수행하기 위하여 화폐 보유 –소득동기 : 소비자가 일상생활을 영위하기 위하여 화폐 보유 –영업동기 : 기업이 상업상의 거래를 행하기 위하여 화폐 보유 • 일반적으로 소득이 증가하면 거래적 화폐수요도 증가
예비적 동기 (예비적 화폐수요)	• 장래에 예상치 못한 상황에 대비하거나 장래 지불만기가 가까운 어음을 결제하기 위한 준비 등에 활용할 목적으로 화폐 보유 • 소득의 증가함수(이자율과 무관)
투기적 동기 (투기적 화폐수요)	• 증권투자 등 장래 이익획득의 기회에 대비하여 화폐 보유 • 이자율의 감소함수

239

| 정답 | ③

| 해설 | 사전적 투자와 저축이 일치할 때만 완전고용 균형국민소득이 달성된다.

보충 플러스+

투자
1. 고정투자(새로 생산된 자본재에 대한 지출)
   – 기업고정투자 : 건물투자, 설비투자
   – 주택투자
2. 재고투자(기업의 재고 변동)

240

| 정답 | ②

| 해설 | 내부수익률이 자금조달비용인 이자율보다 높다면 투자를 하고, 내부수익률이 자금조달비용인 이자율보다 낮다면 투자를 포기하게 된다.

$$\text{투자비용} = \frac{\text{예상수입}}{1+\text{내부수익률}(m)}$$

$$100 = \frac{110}{(1+m)}$$

$\therefore\ m = 0.1 = 10\%$

241

| 정답 | ④

| 해설 | 효용함수가 $U(X,\ Y) = \min\{2X,\ 3Y\}$로 주어져 있을 때 소비자균형은 $2X = 3Y$가 성립한다. 이것을 정리하면 $Y = \frac{2}{3}X$이다.

예산제약식은 $P_X \times X + P_Y \times Y = M$이며,

여기에 $Y = \frac{2}{3}X$를 대입하면,

$P_X \times X + P_Y \times \frac{2}{3}X = M$ 양변에 3을 곱하면,

$3P_X \times X + 2P_Y \times X = 3M,\ (3P_X + 2P_Y) \times X = 3M$

$\therefore\ X = \frac{3M}{3P_X + 2P_Y}$

242

| 정답 | ⑤

| 해설 | 한계소비성향이 커질수록 정부지출승수는 커진다.

정부지출승수=1÷(1−한계소비성향)이므로

• 한계소비성향이 0.8일 때 정부지출승수 :
  1÷(1−0.8)=5
• 한계소비성향이 0.9일 때 정부지출승수 :
  1÷(1−0.9)=10

한계소비성향$(MPC) = \frac{dC}{dY} = 0.8$이므로

$C = 0.8Y$가 된다.

| 오답풀이 |

① 정부지출(G)이 100 증가하면, $Y = C + G$
   $Y = 0.8Y + 100$
   $\therefore\ Y = 500$

③ $AE = C = 0.8(Y - T)$를 풀면, $Y = 0.8(Y - 100)$
   $Y = 0.8Y - 80$
   $\therefore\ Y = 400$

243

| 정답 | ①

| 해설 | 가격소비곡선(PPC)은 해당 재화의 가격 변화에 따른 다른 재화의 최적소비점을 이은 곡선이다. 가격소비곡선의 형태는 수요의 가격탄력성에 의하여 결정되며, 탄력성이 1인 경우 수평인 그래프가 도출된다. 수요의 가격탄력성이 1인 경우에는 가격이 1% 감소하면 구입량이 1% 증가하므로 수요곡선은 우하향의 직선이 된다.

244

| 정답 | ⑤

| 해설 | 가, 나, 다, 라 모두 맞다.

보충 플러스+

새케인스학파

- 합리적 기대이론을 분석의 틀로 수용하되 임금과 물가의 경직성에 대한 미시경제학적 설명을 제시하는 새로운 이론 체계를 구축하였다.
- 정보(Information)가 완전히 갖춰져 있지 못하기 때문에 가격이 경직성을 갖게 된다.
- 불완전경쟁이 존재하기 때문에 가격이 경직적일 수 있다고 설명하였다.
- 메뉴비용(Menu Cost)의 발생으로 가격이 경직성을 가질 수 있다고 보았다.

245

| 정답 | ④

| 해설 | 현시선호이론에서는 객관적으로 관찰된 소비자의 구매행위로부터 우하향의 수요곡선을 도출한다.

246

| 정답 | ⑤

| 해설 | 투표의 순서에 따라 다른 결과가 나오는 현상을 투표의 역설 또는 투표의 순환이라 한다. 투표의 순서에 따라서 결과는 달라지기 때문에 의사진행조작이 가능하다.

보충 플러스+

투표의 역설

애로우(K. J. Arrow)와 블랙(D. Black)이 주장한 것으로, 다수결에 의한 대안선택의 경우 사회적 선호가 반드시 일관성을 갖는 것이 아니기 때문에 즉, 투표자의 선호가 제각기 분산되어 있으므로 투표에 의한 집합적 의사결정을 할 수 없다는 것이다.

- 단봉 선호(Single-peaked Preferences) : 유일한 최적 산출량 존재, 최적에서 멀어질수록 후생 감소
- 다봉 선호(Multi-peaked Preferences) : 최적 대안에서 멀어짐에 따라 일정 수준까지는 후생 감소, 그 후에 더 멀어지면 후생 증가

247

| 정답 | ①

| 해설 | 독점기업은 이윤극대화를 위해 $MR=MC$인 지점에서 생산량과 가격을 결정한다.

따라서 총수입(TR)은 $TR=P\times Q=(500-Q)\times Q=500Q-Q^2$

한계수입(MR)을 정의해 보면,

$$MR=\frac{dTR}{dQ}=500-2Q$$

$MR=MC$이므로

$500-2Q=100$

$Q=200$

Q 값을 수요함수 $P=500-Q$에 대입하면 $P=500-200=300$이다.

그런데 단위당 종량세 100원이 부과된다면 기업의 MC는 $100+100$이 된다.

이때 이윤극대화 문제를 다음과 같이 풀면,

$MR=MC$이므로

$500-2Q=200$

$Q=150$

$Q=150$일 때 가격을 구해 보면, $P=500-Q=500-150=350$(원)이 된다.

따라서 세금이 부과되기 전 가격 300원과 부과된 후 가격 350원을 비교해 보면 소비자가격 상승의 크기는 50원이다.

248

| 정답 | ②

| 해설 | 의존효과는 소비자의 욕망이 자주적, 합리적 판단에 의하지 않고 소비재를 생산하는 기업의 강력한 선전광고나 판매망에 의해서 만들어진다는 것이다.

249

| 정답 | ①

| 해설 | 사적 한계비용은 재화를 생산하는 비용을 의미하며, 사회적 한계비용은 생산자가 사적으로 드는 비용에 다른 사람의 고통이라는 비용을 더한 것을 의미한다. 즉, 일반적으로 정의되는 한계비용이 사적 한계비용이고, 여기에 제3자가 받는 외부효과를 더한 것이 사회적 한계비용이다.

250

| 정답 | ⑤

| 해설 | 정부지출은 시장실패의 경우에 이루어져야 하며, 공공재, 소득분배의 불공평을 시정하기 위한 경우가 이에 해당한다.

| 오답풀이 |

① 가치재는 바람직한 양보다 적게 소비되는 경향이 있어 주로 정부가 해당 재화나 서비스의 소비를 권장하기 위해 공급한다. 교육, 의료, 운동 등이 가치재의 대표적인 예다.

251

| 정답 | ②

| 해설 | 특허권이 소멸되면 경쟁시장으로 바뀌게 되고 완전경쟁시장에 가까워져 한계비용이 수평선을 그린다.

특허권이 소멸된 후는 새로운 기업들이 진입하여 가격이 떨어지고, 생산량 역시 경쟁생산량에서 생산을 하게 된다.

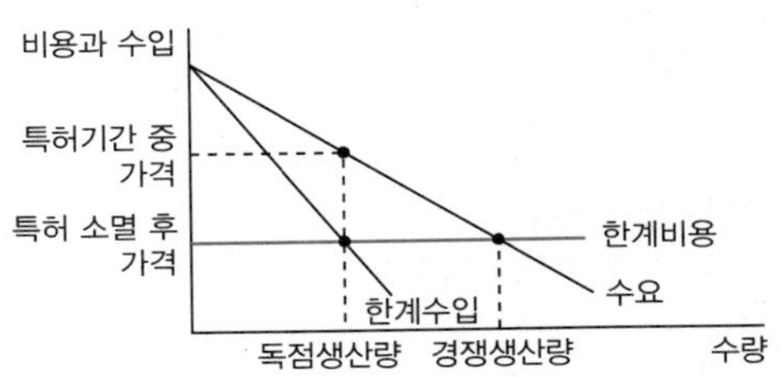

252

| 정답 | ②

| 해설 | 원유를 감산하게 되면 원유의 가격이 상승하게 되고, 원유 관련 산업은 위축이 되는 반면 대체에너지 산업은 위축되는 것이 아니라 증가될 것이다.

253

| 정답 | ③

| 해설 | 가. 관세부과는 교역량은 감소하고 교역조건은 개선되며, 국내 생산이 증가한다.

나. 소국이 관세를 부과하면 교역량은 감소하고 교역조건의 개선은 이루어지지 않고 자원배분의 왜곡만 발생하므로 사회후생이 감소한다.

라. 관세가 부과되면 소비자잉여는 (−)이나 생산자잉여는 (+)이며, 소비자가 손해를 보는 것보다는 생산자가 차지하는 이익이 더 적다.

마. 생산보조금을 지급하는 등 전략적 무역정책을 통하여 사회후생이 증가할 수 있다.

| 오답풀이 |

다. 소국의 경우에는 관세부과 시 반드시 후생손실이 발생하나, 대국의 경우에는 사회후생이 증가할 수도 있다.

254

| 정답 | ②

| 해설 | 양적완화정책은 비전통적인 통화정책이다.

보충 플러스+

양적완화정책

1. 양적완화(Quantitative Easing)
   중앙은행이 국채나 민간이 가지고 있는 일정 신용등급 이상의 채권을 매입하여 시중에 돈을 풀어 통화량을 늘리는 정책
2. 비전통적 통화정책의 개념
   정책이자율이 제로금리인 상태에서는 전통적인 통화정책 수단이라 할 수 있는 금리조정을 통한 통화완화가 불가능하기 때문에 금리조정 이외의 비전통적 정책을 통한 통화완화가 대두되었다.
3. 평가
   비전통적 통화정책은 장기금리를 낮추고 금융시장의 안정을 가져왔다는 점에서는 긍정적인 평가를 받고 있으나 실물시장에 미친 파급효과에 대해서는 논란이 있다.

255

| 정답 | ①

| 해설 | GNP는 GDP와 해외순수취요소소득의 합이다. GDP의 정의와 경상수지의 정의(순수출 + 해외순수취요소소득)를 감안하면, $GNP(Y)$는 지출 측면에서 소비(C), 투자(I), 정부지출(G), 경상수지(CA)의 합으로 구성된. 즉, $Y = C + I + G + CA$이다.

국내저축(S)은 GNP 중 소비와 정부지출로 사용되고 남은 소득(즉, $S = Y - C - G$)으로 정의되며 이를 이용하면 $S - I = CA$의 관계가 도출된다.

재정수지가 정부수입(T)과 정부지출(G)의 차이를 나타내므로 $S = Y - C - G = (Y - C - T) + (T - G)$와 같이 나타낼 수도 있다.

이상의 세 관계를 참조하면, 국내저축이 국내투자보다 적으므로 경상수지는 적자여야 하고, 국내저축 증대를 위해서는 재정적자($G - T$) 축소가 필요하다는 점을 알 수 있다.

256

| 정답 | ⑤

| 해설 | 솔로우의 성장모형은 국가 간 성장률 차이가 발생하는 원인을 설명하지 못한다.

보충 플러스+

솔로우의 성장모형

- 기본가정
  - 모든 가격변수는 신축적으로 변동하고, 정보는 완전하다.
  - 생산함수는 제한된 범위 안에서 요소 간의 대체가 가능한 콥－더글라스 생산함수(1차 동차생산함수)이다(요소 간의 대체탄력도 : 1).
  - 인구증가율은 n으로 일정하다.
  - 저축은 소득의 일정 비율이며 투자와 저축은 항상 일치한다.
- 장기균형 : 균제상태
  - 모든 1인당 변수들이 시점에 관계없이 일정한 값을 갖는 상태를 의미
  - 경제성장률＝인구증가율＝자본증가율
- 경제성장의 결정요인
  - 인구증가율 상승 : 인구증가율이 상승하면 균제상태에서의 1인당 자본량은 감소하고 1인당 산출량도 감소하지만 일단 경제가 새로운 균제상태에 도달하면 1인당 자본량과 1인당 산출량의 성장률도 0이 되므로 총자본량과 총산출량은 새로운 인구증가율만큼 증가하게 된다.
  - 저축률의 증가 : 저축률이 증가하면 균제상태에서의 1인당 자본량은 증가하고 1인당 산출량도 증가하지만 일단 경제가 새로운 균제상태에 도달하면 1인당 자본량과 1인당 산출량의 성장률도 0이 되므로 총자본량과 총산출량은 저축률만큼 증가하게 된다.
  - 기술진보 : 일회적인 기술진보는 단기적인 경제성장만을 가져올 뿐이므로 지속적인 경제성장은 지속적인 기술진보에 의해서만 가능하다.
- 한계
  - 성장원동력의 외생성 : 기술진보의 요인을 모형 내에서 규명하지 못한다.
  - 수렴가설의 한계 : 국가 간 성장률 차이가 발생하는 원인을 설명하지 못한다.
  - 정부의 역할에 대한 설명 미흡 : 경제성장에 있어 정부의 역할을 규명하지 못한다.

257

| 정답 | ①

| 해설 | 테이퍼 텐트럼(Taper Tantrum) : 선진국의 양적완화 축소 정책이 신흥국의 통화 가치와 증시 급락을 불러오는 현상. 주로 미국의 양적완화 종료로 인한 기준 금리 인상을 우려한 투자자들이 자금을 회수함으로써 신흥국들의 통화 가치 · 증시 등이 급락하는 사태

| 오답풀이 |

② 커플링(Coupling) 현상 : 동조화라는 뜻으로 한 국가의 경제 현황이 다른 국가의 경제 현황에 큰 영향을 미치는 현상

③ 유동성 함정(Liquidity Trap) : 현재의 이자율이 매우 낮기 때문에 모든 개인들이 이자율이 상승하고 채권가격이 하락할 것이라고 기대하여 채권을 전혀 사지 않고 모든 자산을 화폐로 보유하고 있는 상태

④ 트리핀 딜레마(Triffin Dilemma) : 준비 통화가 국제 경제에 원활히 쓰이기 위해 풀리려면 준비 통화 발행국의 적자가 늘어나고, 반대로 준비 통화 발행국이 무역 흑자를 보면 준비 통화가 덜 풀려 국제 경제가 원활해지지 못하는 역설

258

| 정답 | ②

| 해설 | 부자감세와 법인세를 인하하고 관세를 부과하면 국민총소득이 증가하고 통화가치는 하락한다.

259

| 정답 | ③

| 해설 | 하이퍼인플레이션(Hyperinflation)은 초인플레이션이라고도 하며, 통제상황을 벗어나 1년에 수백 퍼센트 이상으로 물가 상승이 일어나는 경우를 말한다.

| 오답풀이 |

① 디플레이션(Deflation) : 통화량이 상품 거래량보다 상대적으로 적어서 물가가 떨어지고 경제활동이 침체되는 현상

② 에그플레이션(Agflation) : 농산물 가격 급등으로 인해 인플레이션이 발생하는 현상

④ 아이언플레이션(Ironflation) : 철(Iron)과 인플레이션(Inflation)의 합성어로 철강재의 가격이 오르는 것

260

| 정답 | ①

| 해설 | 속물효과는 희소성이 있는 재화를 소비해 자신과 타인을 차별화하려는 소비 행태로 자신이 가진 상품이 대중적으로 유행하기 시작하면 외면하는 것이 특징이다. 우아한 백로처럼 남들과 다르게 보이려는 심리를 반영한다고 해서 백로효과라고 하지만 비판적으로는 속물효과, 스놉효과(Snob Effect)라고도 한다.

| 오답풀이 |

② 편승효과 : 속물효과와 반대 개념으로 뚜렷한 주관 없이 유행에 따라 상품을 구입하는 소비현상이다. 밴드왜건 효과(Bandwagon Effect)라고도 한다.

③ 베블런효과 : 가격이 오르는데도 일부 계층의 과시욕이나 허영심 등으로 인해 수요가 줄어들지 않는 현상이다.

④ 전시효과 : 물건이나 지위를 남에게 과시함으로써 얻는 효과를 일컫는다.

⑤ 피셔효과 : 시중금리와 인플레이션 기대심리와의 관계를 설명하는 이론으로, 시중의 명목금리 격차는 단지 인플레이션 예상치의 차이에 불과하게 된다는 것을 말한다.

261

| 정답 | ①

| 해설 | 한계기술대체율($MRTS$; Marginal Rate of Technical Substitution)은 등량곡선의 기울기로 측정되며 MPL과 MPK의 비율로 나타낸다. 즉, $MRTSLK=-\dfrac{\Delta k}{\Delta L}=\dfrac{MPL}{MPK}$이다.

생산함수가 $Q=2LK$에서 $MPL=2K$, $MPK=2L$

$MRTSLK=\dfrac{MPL}{MPK}=\dfrac{2K}{2L}=\dfrac{K}{L}$이므로 노동과 자본 투입량을 같은 양으로 늘리면 $MRTS$는 변하지 않는다.

262

| 정답 | ④

| 해설 | 비교우위론에 입각한 무역은 재화의 상대적 기회비용을 비교하여 무역을 하는 것을 말한다. 두 국가를 비교해 상대적으로 기회비용이 낮은 상품은 수출하고, 상대적으로 기회비용이 높은 재화는 수입하게 된다. 조선은 X재 생산의 상대적 기회비용이 낮으므로 X재를 수출하고, Y재 생산의 상대적 기회비용이 높으므로 Y재를 수입했을 것이다.

국가 \ 상품	X	Y	교역 전 교역조건$\left(\frac{P_X}{P_Y}\right)$
조선	10	20	$\left(\frac{P_X}{P_Y}\right)^{조선} = \frac{10}{20} = 0.5$
해외 열강	10	10	$\left(\frac{P_X}{P_Y}\right)^{열강} = \frac{10}{10} = 1$

■ 비교우위 판별 : $\left(\frac{P_X}{P_Y}\right)^{조선} < \left(\frac{P_X}{P_Y}\right)^{열강}$

- 조선 : 열강에 비하여 X재 상대가격이 낮으므로 X재에 비교우위(수출), Y재에 비교열위(수입)
- 해외 열강 : 조선에 비하여 X재 상대가격이 높으므로 X재에 비교열위(수입), Y재에 비교우위(수출)

263

| 정답 | ②

| 해설 | 관세를 부과하면 국내가격이 상승하므로 생산은 늘고 소비는 줄어든다. 따라서 생산왜곡손실과 소비왜곡손실이 발생한다.

| 오답풀이 |

① 소국개방경제가 관세를 부과하면 수입품의 국제가격에 영향을 줄 수 없으므로 교역조건은 불변이다. 따라서 국내가격은 국제가격에 관세를 부과한 만큼 상승한다.

③ 소국개방경제가 관세를 부과하면 국내 생산량이 증가하여 생산자잉여는 증가하고, 국내 소비량이 감소하여 소비자잉여는 감소한다.

④ 소국개방경제는 교역조건에 영향을 줄 수 없으므로 관세부과의 교역조건 개선효과는 없고, 무역량 감소로 인하여 국내 소비량 감소, 국내 생산량 증가 등 후생손실 효과가 존재한다.

264

| 정답 | ②

| 해설 | 위스키의 병당 국내가격은 80,000+10,000=90,000(원)이므로 이를 수요함수에 대입하면 국내수요량은 다음과 같다.

$90,000 = 200,000 - 2Q_d$

$Q_d = 55,000$(병)

이를 공급함수에 대입하면 국내 생산량은

$90,000 = 2Q_s$

$Q_s = 45,000$(병)이다.

따라서 수입량=국내수요량−국내생산량
=55,000−45,000=10,000(병)이고,

관세수입=수입량×관세
=10,000×10,000=100,000,000(원)이다.

265

| 정답 | ③

| 해설 | A국이 수출품에 대해 보조금을 지급하면 일단 국내의 그 수출품의 가격이 인하되어 수출이 증가한다. 이때 A국이 대국이라면 국제시장에서의 그 수출품의 가격도 인하되어 A국의 교역조건$\left(= \frac{수출재\ 가격}{수입재\ 가격}\right)$은 악화된다. 그러나 A국이 소국이라면 이 국가의 수출품 국내가격이 국제시장에서의 이 재화의 가격에 영향을 주지 않기 때문에 결국 A국의 수출품 국내가격이 국제시장의 그 재화가격수준으로 다시 상승하게 된다. 그러면 소국의 교역조건은 여전히 불변이 된다.

ㄱ. 대국이 수출보조금을 지급하면 교역조건이 변동한다. 수출보조금을 지급하면 수출이 증가하면서 국제시장에 수출재가 풍부해진다. 따라서 수출재의 국제가격이 하락하므로 교역조건$\left(= \frac{수출재\ 가격}{수입재\ 가격}\right)$은 악화된다.

ㄷ. 소국일 때 교역조건은 일정하므로, 수출재 생산자는 국제시장에서 일정한 국제가격으로 판매를 하고 추가로 정부에게 보조금을 받기 때문에 수출재의 국내가격은 상승한다.

| 오답풀이 |

ㄴ. 소국이 수출보조금을 지급하면 교역조건이 일정하다.

266

| 정답 | ②

| 해설 | ㄹ. 요소가격균등화란 자유무역을 하면 요소의 상대가격은 물론 절대가격까지도 국제적으로 같아진다는 이론이다. 이는 최종재에 대해서 성립하므로 중간재가 성립하는 경우에는 성립하지 않을 수 있다.

ㅁ. 지출의 크기를 축소하는 정책은 수입품의 수요도 줄이는 것이므로 외국(타국)과 정책마찰을 유발한다.

| 오답풀이 |

ㄱ. 재정흑자란 $(T-G)$가 양(+)임을 의미하고, 경상수지적자란 $(X-M)$가 음(−)임을 의미한다.
$(Y-T-C)+(T-G)-I=X-M$을 변형하면 $(T-G)+(M-X)=(I-S)$이다. 좌변은 재정흑자와 경상수지적자의 합이다. 우변에 $(I-S)$는 0이 아니므로 재정흑자와 경상수지적자의 합도 0이 아니다.

ㄴ. $(X-M)$이 음(−)이라는 것은 경상수지가 적자임을 의미한다. 자본을 외국으로부터 빌리면 자본이 국내로 유입되므로 자본수지흑자가 발생한다. 결국 경상수지 적자의 경우 자본수지흑자가 발생한다.

ㄷ. 규모에 대한 수확이 체증하는 경우 규모의 경제가 발생하고 불완전경쟁시장(독점경쟁시장)이 발생한다. 독점경쟁시장의 경우 하나의 시장에서도 상품의 차별성으로 인해 국가 간의 자유무역이 발생한다. 결국 규모에 대한 수확이 체증하는 경우 동종산업 간 교역, 즉 산업 내 무역이 활발해진다.

267

| 정답 | ④

| 해설 | ㄱ. 외국제품의 수입 증가로 외환의 수요가 늘어나면 환율이 상승한다. 환율이 상승하면 달러로 나타낸 수출품 가격이 하락하여 수출이 증가하는 반면, 원화로 나타낸 수입품 가격이 상승하고 수입이 감소하므로 경상수지가 개선된다.

ㄷ. 환율이 상승하면 수출이 증가하여 수출기업의 생산이 늘어나 고용량이 증가하고 경제성장률이 높아진다.

268

| 정답 | ③

| 해설 | 수요의 교차탄력성

$$=\frac{(220-200)}{200}\div\frac{(1,200-1,000)}{1,000}$$

$$=\frac{20}{200}\div\frac{200}{1,000}=0.1\div0.2=\frac{1}{2}$$

보충 플러스+

교차탄력성(Cross Elasticity)

타 재화의 가격변동에 따르는 일정 재화의 수요량 변동의 정도

$$\text{교차탄력성}=\frac{\frac{dQx}{GQx}}{\frac{dPy}{Py}}$$ (단, x는 일정 재화, y는 타재화)

- 수요의 교차탄력성>0 : 대체재
- 수요의 교차탄력성<0 : 보완재

269

| 정답 | ②

| 해설 | 국내이자율이 세계이자율보다 높으므로 자본유입 → 명목환율 하락 → 다른 조건이 일정하다면 실질환율 하락 → 순수출이 감소한다.

또한 자본이 유입되면 이자율이 하락하여 투자가 증가하여 총자본스톡도 증가한다.

파트5 실전모의고사

실전모의고사 1회

▶ 문제 654쪽

01	①	02	④	03	④	04	④	05	④
06	④	07	③	08	②	09	②	10	①
11	④	12	①	13	④	14	④	15	④
16	③	17	④	18	②	19	③	20	①
21	④	22	③	23	①	24	④	25	③
26	③	27	④	28	③	29	①	30	①
31	③	32	①	33	③	34	①	35	①
36	④	37	②	38	④	39	④	40	②
41	④	42	②	43	③	44	②	45	②
46	④	47	③	48	①	49	②	50	③

01

| 정답 | ①

| 해설 | 매트릭스 조직은 다양한 환경에 적응이 용이하며 높은 불확실성을 가진 환경에서 전문성과 독립성이 강한 부서를 운영할 때 적합한 조직이다. 따라서 대규모 조직이나 많은 제품을 생산하는 업체에 적합하다는 설명은 적절하지 않다.

보충 플러스+

매트릭스 조직

1. 목표 : 매트릭스 조직(Matrix Organization)은 기능식 조직과 프로젝트 조직의 장점을 동시에 살리려는 형태로, 제품혁신과 기술적 전문성 확보가 목표이다.
2. 특징
   ㉠ 급변하는 다양한 환경에 적응이 용이하다.
   ㉡ 기능과 제품 간 통합기술의 개발이 가능하다.
   ㉢ 인적자원을 유연하게 활용하며 복잡한 의사결정에 효과적이다.

02

| 정답 | ④

| 해설 | 부하에게 각자의 책임과 기대하는 바를 명확하게 제시하며, 각자의 행동에 따라 어떤 대가가 돌아갈 것인지를 명확히 하여 동기유발을 시키는 것은 거래적 리더십이다.

보충 플러스+

변혁적 리더십(Transformational Leadership)

1. 의의 : 구성원이 외재적인 보상이 아니라 자아실현 또는 일에서의 의미를 찾아 자발적으로 일하도록 하는 리더십
2. 특징
   1) 카리스마 : 리더는 부하에게 비전을 개발하여 제시하고, 효과적인 역할모범을 보이고, 이념적 목표를 명확하게 표현하며, 높은 기대감과 확신을 보임으로써 동기를 유발시킨다.
   2) 영감 : 리더가 부하로 하여금 도전적 목표와 임무, 미래에 대한 비전을 열정적으로 받아들이고 계속 추구하도록 격려한다.
   3) 개별적 배려 : 리더는 부하에게 존중과 책임성을 표시하고, 부하들의 개인적인 문제에도 관심을 갖는 등 개별적으로 격려하고 충고한다.
   4) 지적 자극 : 리더는 부하로 하여금 형식적 관례와 사고를 다시 생각하게 함으로써 새로운 관념을 촉발시킨다.

03

| 정답 | ④

| 해설 | 시장은 대부분 경제적 효율성을 달성하지만 항상은 아니다. 그 예외를 시장 실패(Market Failure)라 한다.

04

| 정답 | ④

| 해설 | 노동시장이 수요독점일 때 노동조합은 고용량 감소 없이 임금인상을 유도할 수 있으며, 경우에 따라서는 오히려 고용량이 증가할 수 있다.

05

| 정답 | ④

| 해설 | 이전지출의 감소는 정부지출의 감소와 같은 의미이므로 총수요곡선을 좌측으로 이동시킨다.

| 오답풀이 |

① IS곡선이 우측으로 이동하거나 LM곡선이 오른쪽으로 이동하면 균형국민소득(=총수요)이 증가하므로 총수요곡선이 오른쪽으로 이동한다.

② 통화량이 증가하면 주어진 물가수준에서 재화와 서비스 구입액(MV)이 커지므로 총수요곡선이 우측으로 이동한다.

③ $AD=C+I+G+(X-M)$ 에서 총수요의 구성요소($C,\ I,\ G,\ X-M$) 중 일부가 증가하면 총수요곡선이 우측으로 이동시킨다.

06

| 정답 | ④

| 해설 | $P=\dfrac{D}{k-g}$ (P : 주가, D : 당기주당 배당금, k : 요구수익률(기대수익률), g : 성장률)

$$k-g=\frac{D}{P}$$

$$k=\left(\frac{D}{P}\right)+g=\frac{300}{10,000}+0.05=0.03+0.05=0.08$$

따라서 기대수익률은 8%이다.

07

| 정답 | ③

| 해설 | 내부수익률법은 투자안의 IRR이 자본비용보다 크면 채택하고, 작으면 기각한다. 순현재가치법은 NPV를 계산하여 투자가치를 판단하는 방법으로 NPV가 0보다 크면 투자가치가 있는 것으로, 0보다 작으면 투자가치가 없는 것으로 평가한다.

08

| 정답 | ②

| 해설 | MM의 제2명제는 기업이 부채를 사용할수록 자기자본비용(=주주들의 요구수익률)이 증가한다는 것이다.

보충 플러스+

MM의 제1명제 : $VU=VL$

VU는 차입이 없이 자기자본으로만 이루어진 회사의 가치이고 VL은 자기자본과 차입금으로 이루어진 회사의 가치인데 두 회사의 총자산이 같다면 두 회사의 가치는 자본구조와 관계없이(=차입 여부와 관계없이) 동일해야 한다.

09

| 정답 | ②

| 해설 | 장부가치비율(PBR)은 장부상의 자산과 현재 기업가치의 비율을 의미하며 $PBR=\dfrac{\text{시가총액}}{\text{자기자본}}$이다.

$\text{주가순자산비율}=\dfrac{\text{주가(시가총액)}}{\text{주당순자산}}$이고, 주당순자산은 기업의 순자산을 발행주식 수로 나눈 것이므로

주가(주식의 시장가치)=장부가치비율(PBR)×주당순자산

$=\dfrac{2\times 500,000}{500}=2,000$(원)이다.

10

| 정답 | ①

| 해설 | 법인세가 존재할 경우, 타인자본을 사용하고 있는 기업의 가치(VL)는 자기자본만 사용하는 기업의 가치(VU)보다 이자비용의 법인세 절감액의 현재가치인 TCB만큼 크다. 따라서 부채가 증가함에 따라서 VL은 그에 비례하여 증가하게 된다. 즉 $VL=VU+TCB$이다.

11

| 정답 | ④

| 해설 | 유용한 재무정보의 질적 특성 중 근본적 질적 특성은 목적적합성과 충실한 표현이고, 유용한 재무정보의 질

적 특성 중 보강적 질적 특성은 비교가능성, 검증가능성, 적시성, 이해가능성이다.

12

| 정답 | ①

| 해설 | 트러스트(Trust)는 기업합동(企業合同), 기업합병(企業合竝)이라고 한다. 동일한 생산단계에 속한 기업들이 시장지배를 목적으로 하나의 자본에 결합하며, 각 기업체가 개개의 독립성을 상실한다.

| 오답풀이 |

② 카르텔(Cartel) : 기업연합(企業聯合). 동종 또는 유사 산업 분야의 기업 간에 결성되는 기업담합형태로 가맹기업 간의 협정에 의하여 성립되는데, 가맹기업은 이 협정에 의하여 일부 활동을 제약받지만 법률적 독립성은 잃지 않는다.

③ 콘체른(Konzern) : 기업결합(企業結合). 각 기업이 법률상으로는 독립되어 있지만 경영상, 실질적으로는 하나로 결합되어 있는 형태이다.

④ 신디케이트(Syndicate) : 동일시장 내의 여러 기업의 출자로 공동판매회사를 설립하는 것이다. 생산에서는 독립성을 갖지만 판매는 이 공동판매회사를 통해서만 하게 된다.

13

| 정답 | ④

| 해설 | IBK기업은행은 특수은행이다. 특수은행은 국가정책 활용 목적으로 운영하는 은행으로, 수출, 중소기업 육성, 농 · 수 · 축산 분야지원 등 국민경제에 꼭 필요하지만 수익성이 낮아서 일반은행이 뒷받침하기는 어려운 분야에 자금을 지원하기 위해 정부가 설립한 은행이다.

14

| 정답 | ④

| 해설 | 우리나라는 1999년부터 콜금리가 기준금리 역할을 해왔으나 2008년 3월부터 7일물 환매조건부채권(RP)금리를 기준으로 하고 있다. 이는 한국은행이 일주일에 매주 목요일 한 번씩만 시장에서 7일 만기 RP를 팔 때 적용한다.

15

| 정답 | ④

| 해설 | 원리금 균등상환방식(A 방식)은 처음에는 원금의 비중이 적다가 시간이 지나면서 원금의 비중이 늘어난다.

| 오답풀이 |

① 매달 동일한 금액을 납부하는 방식은 원금 균등상환방식이다.

② 총납부이자액은 B 방식이 A 방식보다 적다.

③ 원리금 균등상환방식은 매월 원금과 이자를 합해서 동일한 금액을 납부한다.

16

| 정답 | ③

| 해설 | 현금 없는 경제는 금융회사를 통한 신용창출을 증가시킨다.

| 오답풀이 |

① 한국의 경우, 현금 없는 경제로 이행하면 세율 인상 없이도 지금보다 대략 20 ~ 64조 원 가량의 세수를 추가 확보하거나 그에 상응하는 만큼의 세율 인하가 가능할 것으로 평가된다.

② 현금 없는 경제에서는 중앙은행이 전통적인 통화정책의 틀 안에서 네거티브 명목금리를 설정할 수 있다.

④ 나라별로 차이는 있지만 현금거래로 발생하는 직접적 비용만 GDP의 1 ~ 2%에 이른다. 현금 없는 경제는 이러한 현금거래의 비효율성을 줄이는 효과가 있다.

17

| 정답 | ④

| 해설 | 직접금융의 수단은 자금의 수요자가 직접 자신의 책임과 계산으로 자금을 조달하는 형태의 자금조달방식을 말한다. 대표적 예로는 증권시장에서 기업이 주식이나 채권을 발행해 자금을 조달하는 것이 있다. 은행대출은 자금의 수요자인 기업이 금융중개기관인 은행을 통해 자금의 공급자인 투자자들이 예치한 자금을 조달하는 간접금융에 해당한다.

18

| 정답 | ②

| 해설 | ㄱ. 코넥스시장은 전문투자자들이 중심을 구성한다.

ㄴ. K-OTC 시장은 한국금융투자협회가 비상장주권의 매매를 위해 운영하는 장외시장이다.

| 오답풀이 |

ㄷ. 개인투자자가 코넥스시장에서 상장주권을 매수하기 위해서는 기본예탁금으로 1억 원 이상을 예탁하여야 한다.

ㄹ. 시간외시장이 없으며 가격변동폭은 매매기준가격 대비 상하 30%에서 제한된다. 아울러 매매주문 시에는 100%의 위탁증거금이 필요하다.

19

| 정답 | ③

| 해설 | 펀드는 투자상품이기 때문에 예금자보호법의 대상이 되지 않는다. 예금보험은 예금보험공사의 보험상품으로 금융기관이 부도, 해산, 인허가 취소 등의 사태로 법원으로부터 파산선고를 받아 고객의 예금을 돌려주지 못하게 되는 경우를 대비, 금융기관을 대신해 예금보험공사가 대신 예금을 돌려주는 제도이다.

20

| 정답 | ①

| 해설 | 전환사채(CB)는 사채로 발행되나 일정한 기간이 지나면 청구가 있을 때 미리 결정된 조건대로 주식으로 전환할 수 있는 특약이 있는 사채이다.

| 오답풀이 |

④ 교환사채에 대한 설명이다.

21

| 정답 | ④

| 해설 | 유상증자를 하면 발행주식 수와 함께 회사 자산도 늘어나고, 주당순이익은 감소한다. 주당순이익(EPS)이란 당기순이익을 발행주식 수로 나눈 값이다.

22

| 정답 | ③

| 해설 | 실기주과실은 실기주에 대해 주어지는 배당금, 주식 등을 말하며 예탁결제원이 주주로 등재되어 있어 예탁결제원 명의로 발행 또는 지급된다.

| 오답풀이 |

① 상환주식 : 자금조달의 필요에 따라 배당우선주를 발행하지만, 일정한 요건하에 이익으로 소각할 수 있는 주식이다.

② 실권주 청약 : 상장사의 주주 우선 공모방식 유상증자 때 미달된 부분을 주간사 증권회사가 일반인들을 대상으로 청약받는 것을 말한다.

④ 후배주(後配株) : 보통주보다 후순위로 배당을 받는 주식이다.

23

| 정답 | ①

| 해설 | 금리스왑은 금융시장에서 두 채무자가 금융차입비용을 절감하기 위해 일정 기간 동안 원금은 바꾸지 않은 채 동일 통화의 이자지급의무만을 서로 바꾸는 거래이다.

24

| 정답 | ④

| 해설 | 반대매매에 의한 결제방법은 선물거래의 최종거래일 이전에 차익만을 결제하는 방법이고, 만기일에 선물계약을 결제하는 최종결제일방법은 최종거래일에 남아있는 미결제약정을 최종결제일에 최종결제지수로 평가하여 현금으로 결제하는 방법이다.

25

| 정답 | ③

| 해설 | 디마케팅은 기업들이 자사 상품에 대한 고객의 구매를 의도적으로 줄이는 마케팅 기법이다.

| 오답풀이 |

① 다각화 : 한 기업이 다수의 분야에 걸쳐서 사업을 전개하려는 전략

② 차별화 : 기업이 제공하는 제품이나 서비스를 다른 제품이나 서비스와 구분되게 함으로써 경쟁적 우위를 달성하는 전략

④ 리포지셔닝 : 소비자의 욕구나 경쟁 환경의 변화에 따라 새로운 콘셉트로 기존 제품의 인식을 새롭게 조정하는 활동

26

| 정답 | ③

| 해설 | 서비스의 이질성으로 인하여 개인적 선호경향을 기초로 기대감이 형성되고 개별적인 감성 차이 때문에 서비스의 품질에 대한 평가가 달라지므로 제품의 품질관리가 보다 어렵다.

27

| 정답 | ④

| 해설 | 연구개발과 같은 전략적이고 핵심적인 사업은 아웃소싱을 할 수 없다.

28

| 정답 | ③

| 해설 | 감채기금이란 공채나 사채 등을 기업 내부에 유보해 두는 일정액의 자금으로 자본과 가장 관련이 없는 계정이다.

29

| 정답 | ①

| 해설 | 거래비용은 기업 간 거래과정에서 발생하는 비용으로, 거래 전에 정보 수집이나 협상을 위해서 소요되는 비용과 계약 준수에 대한 감시비용이나 재계약비용 따위를 포함한다.

| 오답풀이 |

② 기회비용 : 어떤 자원이나 재화를 이용하여 생산이나 소비를 하였을 경우, 다른 것을 생산하거나 소비했었다면 얻을 수 있었던 잠재적 이익을 말한다.

③ 매몰비용 : 지출한 비용 중 회수할 수 없는 비용을 말한다.

④ 경제적 비용 : 명시적 비용에 잠재적 비용을 더한 비용으로, 기업가가 보유하는 생산요소에 대한 기회비용인 잠재적 비용을 고려한다는 점에서 회계적 비용과 구분된다.

30

| 정답 | ①

| 해설 | 현금젖소, 즉 수익주종산업은 저시장성장률, 고시장점유율로 투자에 비해 수익이 좋다. 또한 기존의 투자에 의해 수익이 계속적으로 실현되므로 자금의 원천사업이다.

31

| 정답 | ③

| 해설 | 디드로효과(Diderot Effect)는 하나의 상품을 구입함으로써 그 상품과 연관된 제품을 연속적으로 구입하게 되는 현상으로 '디드로 통일성'이라고도 부른다.

| 오답풀이 |

④ 언더독효과(Underdog Effect) : 어려운 환경에 있거나 경쟁에서 지고 있는 사람이 이기길 바라는 현상이다. 언더독이란 싸움에서 진 개를 부르는 명칭으로 '패배자, 약자'란 뜻이다.

32

| 정답 | ①

| 해설 | 영업이익의 레버리지효과가 높다는 것은 매출액이 증가하면 영업이익도 급속도로 증가하지만 매출액이 감소하면 영업이익도 빠르게 감소함을 의미하므로 기존 시설을 이용하여 제조하는 것이 좋다.

33

| 정답 | ③

| 해설 | 성숙기는 이미 인재가 확보된 상태로 이직관리와 내부 배치전환 장려가 중요시된다.

34

| 정답 | ①

| 해설 | 회계변경의 누적효과는 회계변경이 있으면 비용이나 수익에 미치는 효과를 통하여 이익에 영향을 미치고 이익에 미치는 영향은 그와 관련되는 자산 또는 부채에 대한 영향을 수반한다는 이론이다.

35

| 정답 | ①

| 해설 | 충당부채는 결제에 필요한 미래 지출의 시기 또는 금액에 불확실성이 있다는 점에서 매입채무와 미지급비용과 같은 그 밖의 부채와 구별된다.

| 오답풀이 |

④ 수익과 비용은 그 발생원천에 따라 명확하게 분류하고 각 수익항목과 이에 관련되는 비용항목을 대응 표시하여야 하는데 이를 수익－비용 대응의 원칙이라 한다. 충당부채를 계상하는 이유는 수익－비용 대응의 원칙에 의하여 인식한다.

36

| 정답 | ④

| 해설 | 후입선출법은 맨 나중(최근)에 입고된 재고자산부터 먼저 판매된다고 가정하는 방법으로, K－IFRS에서는 허용하지 않는 방법이다.

| 오답풀이 |

① 가중평균원가법 : 기존의 재고자산 단가의 가중평균을 적용한다.

② 개별법 : 재고자산의 원가흐름에 대해서 인위적인 가정을 하는 것이 아니라 실물의 흐름을 파악하여 그에 따라 매출 원가와 기말재고 상품을 결정한다.

③ 선입선출법 : 먼저 입고된 상품부터 먼저 판매된다고 가정하는 방법이다.

37

| 정답 | ②

| 해설 | 사내유보금이란 일반적으로 재무상태표상의 잉여금으로 자본잉여금과 이익잉여금의 합 또는 이익잉여금을 지칭한다.

| 오답풀이 |

① 감자잉여금 : 감자액이 주식의 매입소각이나 주금의 환급액 또는 결손의 보전에 충당된 금액보다 많을 경우 그 초과 부분을 말하며, 감자차익이라고도 한다.

③ 이익준비금 : 상법에 의해 기업이 적립해야 하는 금액을 말하며, 회사는 그 자본금의 2분의 1이 될 때까지 이익배당액의 10분의 1 이상을 이익준비금으로 기업 내부에 유보해야 한다.

④ 임의적립금 : 회사가 법률의 규정에 의하지 않고 정관 또는 주주총회의 결의에 의하여 이익을 유보한 것으로 그 이용목적과 방법은 회사의 자유이다.

38

| 정답 | ④

| 해설 | 기회비용은 명시적 비용과 암묵적 비용의 합이다. 명시적 비용은 선택의 대가로 지불하는 비용으로, 회계장부에 기록되는 비용이라 하여 회계적 비용이라고 한다. 한편 암묵적 비용은 선택을 통해 포기한 대안의 잠재적 가치로, 회계장부에는 기록되지 않으나 실제로는 대가를 지불한 비용을 의미한다.

따라서 B가 영화를 보러 간 것에 대한 명시적 비용은 영화티켓의 가격인 9,000원, 기회비용은 영화를 보러 가는 것을 선택하여 포기하게 된 일급 2만 원을 포함하여 총 2만 9,000원이 된다.

39

| 정답 | ④

| 해설 | 20가구가 살고 있으므로 가구당 설치비용을 구한 후 한계비용을 구하면 다음과 같다.

가로등 수	1개	2개	3개	4개	5개
가로등 설치 합계비용	200만 원	300만 원	400만 원	500만 원	600만 원
가구당 설치비용	$\frac{200}{20}=$ 10만 원	$\frac{300}{20}=$ 15만 원	$\frac{400}{20}=$ 20만 원	$\frac{500}{20}=$ 25만 원	$\frac{600}{20}=$ 30만 원
가구당 한계비용	10만 원	5만 원	5만 원	5만 원	5만 원
가구당 한계효용	100만 원	50만 원	25만 원	15만 원	5만 원

따라서 가구당 한계비용과 한계효용이 같은 가로등 수는 5개이다.

40

| 정답 | ②

| 해설 | 주어진 조건의 단위는 생산비용이므로 기회비용이 낮은 재화가 비교우위에 있다. 각 나라에서 X재와 Y재 생산에 따른 기회비용을 계산해 보면 다음 표와 같다.

(단위 : 생산비용)

구분	A국	B국
X재	10	15
Y재	60	100

〈각 재화 생산의 기회비용〉

구분	A국	B국
X재$(\frac{P_X}{P_Y})$	$0.17(=\frac{10}{60})$	$0.15(=\frac{15}{100})$
Y재$(\frac{P_Y}{P_X})$	$6(=\frac{60}{10})$	$6.7(=\frac{100}{15})$

X재 생산의 기회비용은 B국이 낮으므로 B국은 X재 생산에 비교우위가 있고 A국은 Y재 생산에 비교우위가 있다.

41

| 정답 | ④

| 해설 | 이윤=총수입(TR)−총비용(TC)

$=P\times Q-ATC\times Q$

따라서 가격(P)과 평균비용이 같으면 이윤이 0이 된다.

$$평균비용(ATC)=\frac{총비용(TC)}{생산량(Q)}=\frac{(\sqrt{Q}+650)}{Q}$$

$$=\frac{(\sqrt{100}+650)}{100}=\frac{(10+650)}{100}=6.6$$

이윤$(\pi)=P\times Q-ATC\times Q$에서 이윤이 '0'이므로 $P\times Q-ATC\times Q=0$이 되고, 평균비용(ATC)과 가격(P)이 같아야 되므로 가격인 6.6이다.

42

| 정답 | ②

| 해설 | 다공장 독점의 이윤극대화조건은 $MR=MC$, 즉 $MR=MC_1=MC_2$이다. $Q_1+Q_2=90$이라는 조건이 있으므로 $MC_1=MC_2$와 $Q_1+Q_2=90(Q_1=90-Q_2)$를 연립하여 풀어 Q의 값을 구하면 된다.

$80+3Q_1=70+Q_2$

$80+3(90-Q_2)=70+Q_2$

$4Q_2=280$

$Q_2=70$

$Q_1=90-Q_2=90-70=20$

43

| 정답 | ③

| 해설 | 동일한 재화의 양과 서비스를 이용하지만 소비자그룹별로 가격이 상이할 것은 3급 가격차별이다.

㉡, ㉢ 동일한 상품에 대하여 시기별, 연령별로 가격을 달리 하고 있으므로 3급 가격차별에 해당한다.

| 오답풀이 |

㉠ 수량을 기준으로 구간을 정해 상이한 가격을 제시하는 것은 2급 가격차별이다.

㉣ 입장료와 기구 이용료는 다른 상품이므로 가격차별이 아니다.

44

| 정답 | ②

| 해설 | 계층 간 이동과 소득불균형의 관계를 설명한 개츠비 곡선(Gatsby Curve)은 〈위대한 개츠비(The Great Gatsby, 1925)〉의 주인공 이름에서 연유한다.

| 오답풀이 |

① 엥겔곡선 : 소득 수준에 따라 특정 재화의 수요량이 어떻게 변하는지를 나타내는 곡선

③ 로렌츠곡선 : 소득분포의 불평등도를 나타내는 곡선

45

| 정답 | ②

| 해설 | 비교우위를 구하기 위해 제시된 표를 기회비용으로 전환하면 다음과 같다.

구분	A국	B국
노트북 (노트북 / 전기차)	$\frac{10}{120} \fallingdotseq 0.08$	$\frac{20}{400} = 0.05$
전기차 (전기차 / 노트북)	$\frac{120}{10} = 12$	$\frac{400}{20} = 20$

A국의 전기차 생산의 기회비용이 작으므로 A국은 전기차, B국은 노트북 생산에 비교우위가 있다.

| 오답풀이 |

④ 절대우위론에 의하면 투입되는 노동량이 적은 재화에 우위에 있게 된다. 따라서 A국이 노트북과 전기차 모두에서 절대우위에 있게 된다.

46

| 정답 | ④

| 해설 | • 세금=2×0.15+6×0.2=1.5(억 원)

• 평균세율= $\frac{\text{세금총액}}{\text{소득총액}} \times 100 = \frac{1.5}{8} \times 100 = 18.75(\%)$

한계세율= $\frac{\text{세금증가액}}{\text{소득증가액}}$ 이므로 소득이 8억 원이 넘는다면, 그 초과분은 20% 세율이 적용되므로 한계세율은 20%가 된다.

47

| 정답 | ③

| 해설 | 환율은 외환(달러)의 가치이고 자국통화가치의 역수이다. 구매력평가가 성립하면 $P_d = E \cdot P_f$이므로, 구매력평가환율 $E = \frac{P_d}{P_f}$가 된다.

시장환율보다 구매력평가환율이 작으면 외환(달러)의 가치가 저평가되고 자국통화가치는 고평가 된다. 시장환율보다 구매력평가환율이 큰 경우는 외환(달러)의 가치가 고평가되고 자국통화가치는 저평가된다.

나라별로 책정된 빅맥의 가격을 미국의 달러를 기준으로 5로 나눈 실질환율로 다음과 같이 표현할 수 있다.

국가(화폐단위)	시장환율	빅맥 가격	실질환율
미국(달러)	1	5	$\frac{5}{5}=1$
브라질(헤알)	2	12	$\frac{12}{5}=2.4$
한국(원)	1,000	4,000	$\frac{4,000}{5}=800$
중국(위안)	6	18	$\frac{18}{5}=3.6$
러시아(루블)	90	90	$\frac{90}{5}=18$

표에서 미국의 실질환율을 1이라고 할 경우에 브라질은 시장환율보다 구매력평가환율이 크고, 한국, 중국, 러시아는 시장환율보다 구매력평가환율이 작다.

48

| 정답 | ①

| 해설 | 콜금리란 금융기관 상호 간에 극히 단기의 자금대차인 콜에 대한 이자율을 의미하며, 한국은행이 콜금리를 인하하면 통화량이 증가하므로 물가가 상승한다. 콜금리를 인하하면 은행대출이자율의 하락을 가져와 투자 증가, 소비 증가, 산출량 증가 등의 현상이 발생한다.

49

| 정답 | ②

| 해설 | 토빈의 Q 비율(Tobin's Q ratio)은 설비투자의 동향을 설명하거나 기업의 가치평가에 이용된다.

| 오답풀이 |

① 부가가치비율 $= \frac{\text{조정가격} - \text{비원산지재료 가격}}{\text{조정가격}} \times 100$

③ 총자산순이익률 : 기업이 일정한 기간 동안 벌어들인 순이익을 자산 총액으로 나눈 값으로 기업이 보유 자산을 얼마나 효율적으로 운용하였는가를 나타내는 지표이다.

④ 자기자본회전율 : 매출액에 대한 자기자본의 비율로서 자기자본에 대한 이용의 효율성을 측정하는 지표이다.

50

| 정답 | ③

| 해설 | 총수요=소비(C)+투자(I)+정부지출(G)+순수출(X−N)

이자율이 상승하면 투자와 소비가 줄어 총수요가 감소하게 된다.

실전모의고사 2회

▶ 문제 668쪽

01	③	02	④	03	③	04	①	05	③
06	④	07	②	08	③	09	④	10	③
11	③	12	③	13	③	14	②	15	④
16	③	17	④	18	④	19	③	20	①
21	④	22	②	23	①	24	④	25	③
26	④	27	④	28	①	29	③	30	④
31	③	32	③	33	④	34	①	35	④
36	②	37	①	38	②	39	②	40	③
41	②	42	①	43	④	44	④	45	④
46	③	47	③	48	③	49	②	50	④

01

| 정답 | ③

| 해설 | 후원 및 협찬은 PR활동에 해당하지 않는다.

| 오답풀이 |

① 퍼블리시티(Publicity) : 광고주가 누구인지 모르게 하는 방법

② PPL(Product Placement) : 특정 상품을 방송 매체 속에 의도적이고 자연스럽게 노출시켜 광고효과를 노리는 전략

02

| 정답 | ④

| 해설 | 책임보다 안정성을 추구하는 인간의 본질은 맥그리거의 X이론에 해당한다.

03

| 정답 | ③

| 해설 | 약속한 서비스를 정확하게 수행하는 능력은 신뢰성이다.

보충 플러스+

서비스 품질 결정요소

신뢰성	약속한 서비스를 정확하게 수행할 수 있는 능력
응답성	기꺼이 고객들을 도와주고 신속한 서비스를 제공
확신성	고객에게 믿음과 확신 제공
공감성	고객을 잘 이해하고 개인화된 관심 제공
유형성	물리적 시설, 장비, 직원들의 외모 등 물적 요소의 외형

04

| 정답 | ①

| 해설 | 생산비용함수는 $C=\frac{1}{2}Q^2+10$을 Q에 대하여 미분하면 Q는 한계비용(MC)이 된다.

완전경쟁시장에서는 $MR=MC$에서 균형을 이루므로, $P=MR=MC$와 같다.

시장가격(P)이 20이므로, $P=MC=Q=20$이다.

$$\text{평균비용}(AC)=\frac{\text{총비용}(TC)}{Q}=\frac{\frac{1}{2}Q^2+10}{Q}$$
$$=\frac{1}{2}Q+\frac{10}{Q}=\frac{1}{2}\times 20+\frac{10}{20}=10.5$$

05

| 정답 | ③

| 해설 | 조세감면이 이루어질 경우 민간의 가처분소득이 증가하여 민간소비가 증가하게 되므로 저축이 감소하게 된다. 저축이 감소하면 대부자금의 공급이 감소하므로 이자율이 상승하게 되며, 이에 따라 민간투자가 감소하는 구축효과가 발생한다.

06

| 정답 | ④

| 해설 | $\text{현재가치}=\frac{\text{금액}}{\text{할인율}}=\frac{200}{2\%}=\frac{200}{0.02}=200\times 50=$ 10,000(만 원)

07

| 정답 | ②

| 해설 | 1) 자기자본이익률(ROE)은 20%이고, 배당성향이 70%인 경우 지속가능한 성장률

- $\text{자기자본이익률}(ROE)=\frac{\text{순이익}}{\text{자기자본}}=20(\%)$
- $\text{배당성향}=\frac{\text{주당배당금}}{\text{주당순이익}}$ 또는 $\frac{\text{총배당금}}{\text{당기순이익}}=70(\%)$
- $\text{유보율}=\frac{\text{당기순이익}-\text{총배당액}}{\text{당기순이익}}=1-\frac{\text{총배당금}}{\text{당기순이익}}$
  $=1-\text{배당성향}=1-0.7=0.3(30\%)$
- $\text{성장률}(g)=\text{유보율}\times\text{자기자본이익률}$
  $=0.3\times 0.2=0.06(6\%)$

2) 자기자본이익률(ROE)은 20%이고, 배당성향이 40%인 경우 지속가능한 성장률

- $\text{자기자본이익률}(ROE)=\frac{\text{순이익}}{\text{자기자본}}=20(\%)$
- $\text{배당성향}=\frac{\text{주당배당금}}{\text{주당순이익}}$ 또는 $\frac{\text{총배당금}}{\text{당기순이익}}=40(\%)$
- $\text{유보율}=\frac{\text{당기순이익}-\text{총배당액}}{\text{당기순이익}}=1-\frac{\text{총배당금}}{\text{당기순이익}}$
  $=1-\text{배당성향}=1-0.4=0.6(60\%)$
- $\text{성장률}(g)=\text{유보율}\times\text{자기자본이익률}$
  $=0.6\times 0.2=0.12(12\%)$

08

| 정답 | ③

| 해설 | 자본자산가격결정모형은 무위험자산이 존재하고 무위험이자율로 차입과 대출이 가능함을 가정한다.

09

| 정답 | ④

| 해설 | 주식의 기대수익률=무위험이자율+(시장포트폴리오 기대수익률−무위험이자율)×베타=2+(12−2)×1.5=17(%)

10

| 정답 | ③

| 해설 | 회수기간 이후의 현금흐름을 무시하므로 투자의 수익성을 정확하게 알 수 없다.

보충 플러스+

회수기간법

1. 투자에 소요된 자금을 그 투자로 인하여 발생하는 현금흐름으로부터 모두 회수하는 데 걸리는 기간으로 투자안의 가치를 평가한다.
2. 투자안의 회수기간이 기업에서 내부적으로 설정한 회수기간보다 짧으면 그 투자안을 채택하고 길으면 경제성이 없는 것으로 판단하여 기각한다.
3. 미래현금흐름에 관한 불확실성을 줄이고 기업의 유동성이 향상될 수 있다.
4. 회수기간 이후의 현금흐름을 무시하므로 투자의 수익성을 정확하게 알 수 없고, 화폐의 시간적 가치를 고려하지 않는다.

11

| 정답 | ③

| 해설 | 테크핀(TechFin)은 금융(Finance)과 기술(Technology)의 합성어로, 금융과 모바일 IT 기술이 합쳐진 금융서비스산업을 말한다.

중국 최대의 상거래업체 알리바바 그룹의 마윈 회장이 만든 용어로, 오프라인 접점 없이 온라인에서 일체의 디지털 금융서비스가 이루어지는 것을 뜻한다.

핀테크(FinTech)가 금융회사가 주도하는 기술에 의한 금융서비스를 이른다면 테크핀은 정보기술(IT)업체가 주도하는 기술에 금융을 접목하여 기술 기반으로 설립된 회사가 선보이는 금융서비스를 의미한다. 대표적으로는 알리바바의 앤트파이낸셜, 카카오의 카카오뱅크가 있다.

| 오답풀이 |

① 블록체인(Blockchain) : 가상화폐 거래 내역을 기록하는 장부로 신용이 필요한 온라인 거래에서 해킹을 막기 위한 기술로 사용된다. 비트코인을 포함한 여러 암호화폐의 보안기술로 사용되고 있다.

② 핀테크(FinTech) : Finance(금융)와 Technology(기술)의 합성어로, IT 기술을 활용해 인터넷 · 모바일 공간에서 소비자들에게 대출 · 송금 · 결제 · 투자 같은 금융 서비스를 제공하는 것을 말한다.

④ 비트코인 : 컴퓨터에서 정보의 기본 단위인 비트(bit)와 동전(Coin)의 합성어로, 2009년 1월 사토시 나카모토라는 필명의 프로그래머가 개발한 것으로, 실제 생활에서 쓰이는 화폐가 아니라 온라인 거래상에서 쓰이는 가상화폐이다.

12

| 정답 | ③

| 해설 | 세금의 분류는 다음과 같다.

세금	국세	직접세	법인세, 소득세, 상속세, 증여세, 종합부동산세
		간접세	부가가치세, 인지세, 개별소비세, 증권거래세, 주세
		목적세	교육세, 농어촌특별세
		관세	관세
	지방세	보통세	취득세, 등록세, 면허세, 레저세, 주민세, 재산세, 자동차세, 도축세, 담배소비세
		목적세	공동시설세, 지역자원시설세, 지방교육세

13

| 정답 | ③

| 해설 | *RBC* : 은행의 *BIS*자기자본비율처럼 보험계약자가 일시에 보험금을 요청했을 때 보험사가 보험금을 제때 지급할 수 있는 능력을 수치화한 것으로 요구자본에서 가용자본이 차지하는 비중이며 보험회사의 자본건전성을 측정하는 대표적인 지표이다.

14

| 정답 | ②

| 해설 | 종합주가지수$=\dfrac{\text{비교시점의 시가총액}}{\text{기준시점의 시가총액}}\times 100$

$$=\frac{(100\times 1,000+50\times 5,000)}{(100\times 500+50\times 1,000)}\times 100$$

$$=\frac{350,000}{100,000}\times 100=350$$

15

| 정답 | ④

| 해설 | 로보어드바이저는 빅데이터를 특정 알고리즘으로 분석해 투자자들에게 투자정보를 제공하는 시스템이다.

16

| 정답 | ③

| 해설 | 스튜어드십 코드(Stewardship Code)는 기관투자자의 책임 원칙. 국민연금, 자산운용사 같은 기관투자자들이 주인(고객)의 자산을 맡아 관리하는 집사(스튜어드)처럼 고객을 대신해 투자기업의 의사결정에 적극 참여, 고객의 자산을 충실하고 선량하게 관리하도록 하는 자율적 지침을 말한다.

17

| 정답 | ④

| 해설 | • 배당수익률(%) $= \frac{\text{주당배당금}}{\text{주식가격}} \times 100$

• 배당성향(%) $= \frac{\text{주당배당금}}{\text{주당순이익}} \times 100$

• 배당률(%) $= \frac{\text{배당금}}{\text{액면금액}} \times 100$

18

| 정답 | ④

| 해설 | 선물거래는 매수자와 매도자가 직접 거래하는 것이 아니라 매수자와 매도자 사이에 청산소가 개입하여 거래상 대방이 되어 주는 것이다.

19

| 정답 | ③

| 해설 | • 수익률 $= \frac{\text{고정이자}}{\text{영구채권의 가격}}$

⇒ 영구채권의 가격 $= \frac{\text{고정이자}}{\text{수익률}}$

• 800만 원인 영구채권의 수익률 $= \frac{40}{800} = 0.05(5\%)$

• 1,000만 원인 영구채권의 수익률 $= \frac{40}{1,000} = 0.04(4\%)$

5%에서 4%로 변했으므로 1% 하락한 것이 된다.

20

| 정답 | ①

| 해설 | 신종자본증권은 과거 기업회계기준(K-GAAP)에서는 부채로 분류되었다가, 회계기준이 국제회계기준(K-IFRS)으로 바뀌면서 자본으로 분류되고 있다.

21

| 정답 | ④

| 해설 | 액면병합은 여러 개의 주식을 한 개로 합쳐 주식을 다시 발행하는 것으로 주식 수를 줄이고 액면가를 높이기 위해 시행한다. 액면가 5,000원인 주식 두 주를 한 주로 합치는 액면병합을 단행하면 새로 발행되는 주식의 액면가는 2배인 10,000원이 되는 반면 발행주식 수는 $\frac{1}{2}$로 줄어든다.

22

| 정답 | ②

| 해설 | 의무보유확약이 없는 주식은 상장 초기 주식의 대량 매도가 많아질 수 있으며, 매도물량의 증가는 주가하락의 요인으로 작용할 수 있다.

23

| 정답 | ①

| 해설 | *CDS*(Credit Default Swap)은 기업의 부도위험 등 '신용'을 사고팔 수 있는 신용파생상품거래이다. *CDS*는 국가나 기업이 부도가 났을 때 손실을 보상하는 파생상품으로 프리미엄(보험료)이 높을수록 부도 위험이 크다는 뜻이다.

| 오답풀이 |

② *DLS*(Derivative Linked Securities) : 주식 · 이자율 · 환율 · 실물자산 · 원자재 · 날씨 · 파산발생 여부 등 다양한 기초자산 가격에 투자해 기초자산의 가격이 특정 범위 내에서만 움직이면 약정된 수익을 얻는 상품으로, 파생결합증권이라고도 한다.

③ *ELD*(Equity Linked Deposit, 주가연계예금) : 주가연계상품의 한 가지로 지급이자가 주가지수나 주식가격에 연동하여 결정되는 예금상품을 말한다. 2002년 국내에 처음 소개된 예금상품으로서 주가연계상품(Equity Linked Notes)의 한 가지이다.

④ *ELS*(Equity Linked Securities, 주가연계증권) : 개별 주식의 가격이나 주가지수와 연계되어 수익률이 결정되는 파생상품이다.

24

| 정답 | ④

| 해설 | 목표관리제도(*MBO*) : 조직 전체의 목표와 개인의 목표를 관련시켜 목표달성이 인간으로서의 흥미나 욕구를 만족시키도록 목표달성에 대한 각자의 자주(自主)와 창의(創意)를 기대하는 관리방법

| 오답풀이 |

① 다면평가제도 : 한 구성원을 둘러싸고 있는 여러 사람들이 여러 측면을 두루 평가하는 것

② 테일러 시스템 : 생산능률을 향상시키기 위해 작업 과정에서 시간연구와 동작연구를 행하여 과업의 표준량을 정하고, 그 작업량에 따라 임금을 지급함으로써 태업을 방지하며 생산성을 향상시키려는 관리방식

③ 균형성과표(BSC) : 조직의 비전과 경영목표를 각 사업 부문과 개인의 성과측정지표로 전환해 전략적 실행을 최적화하는 경영관리기법

25

| 정답 | ③

| 해설 | 자동차 회사가 자동차의 부품이나 원재료의 생산단계를 흡수하는 것은 후방통합전략이다.

보충 플러스+

수직적 통합

1. 내용 : 제품의 전체적인 공급과정에서 기업이 일정 부분을 통제하는 전략
2. 종류
   - 전방통합 : 일련의 유통과정에서 마지막(구매자) 쪽의 과정을 통합하는 것을 말한다. 공급자로서 협상력이 높아지는 것은 다음 단계인 공정단계를 흡수할 수 있는 힘의 우위에 있는 것을 의미한다.
   - 후방통합 : 전방통합과 반대되는 개념으로, 생산기업이 원재료 공급기업을 통합하는 것을 후방통합이라 하며, 이는 기업이 공급자에 대한 영향력을 강화하기 위한 전략으로 사용된다.

26

| 정답 | ④

| 해설 | 채찍효과(Bullwhip Effect)는 고객의 수요가 상부단계 방향으로 전달될수록 각 단계별로 수요의 변동성이 증가하는 현상이다.

| 오답풀이 |

① 기대효과 : 타인이나 자신의 성취에 대해 갖는 기대가 성취에 미치는 효과

② 승수효과 : 독립적인 투자, 정부 지출, 수출 등으로 인한 독립적인 지출이 증가할 때 소득이 독립적인 지출증가분의 몇 배의 승수로 나타나는 효과

③ 스놉효과 : 특정 제품에 대한 소비가 증가하게 되면 그 제품의 수요가 줄어드는 현상

27

| 정답 | ④

| 해설 | 인적자원관리는 부가가치의 생성을 지원하는 보조활동에 해당한다.

28

| 정답 | ①

| 해설 | 변혁적 리더십은 장기적인 비전을 가지고 집단의 욕구체제를 바꾸려는 리더십으로, 거래적 리더십에 대한 비판에서 유래되었다.

| 오답풀이 |

② 지시적 리더십 : 부하들에게 규정을 준수할 것을 요구하고 구체적인 지시를 통해 그들이 해야 할 일이 무엇인지를 명확히 설정해 주는 리더십

③ 거래적 리더십 : 지도자와 부하 사이에서 비용과 효과의 거래 관계로서 수행되는 리더십

④ 참여적 리더십 : 부하직원들을 의사결정 과정에 참여시키고 그들의 의견을 적극적으로 반영하고자 하는 리더십

29

| 정답 | ③

| 해설 | 동기부여의 정도는 특정 행위가 자신에게 성과를 가져다줄 주관적인 가능성(기대), 성과가 보상을 가져다주는 주관적 확률(수단성) 그리고 행위가 가져다주는 결과의 매력도(유의성)에 의해 결정된다고 하였다.

30

| 정답 | ④

| 해설 | • 단위당 공헌이익=단위당 판매가격−단위당 변동비$=2,000\left(\frac{500만}{2,500}\right)-1,600=400$

• 손익분기점 판매량$=\frac{총고정비}{단위당\ 공헌이익}=\frac{50만}{400}=1,250$(단위)

• 단위당 판매가격$=\frac{매출액}{생산량}=\frac{500만}{2,500}=2,000$

• 손익분기점 판매액=손익분기점 판매량×단위당 판매가격=1,250단위×2,000=250(만 원)

31

| 정답 | ③

| 해설 | 에코 세대는 1950 ~ 1960년대 베이비붐 세대의 자녀 세대인 1980 ~ 1990년대에 태어난 세대로, 베이비붐 세대가 결혼적령기에 이르면서 자녀 세대의 인구가 베이비붐 세대의 메아리(에코)와 같이 인구가 증가하는 형태를 보이는 세대를 의미한다. 이들은 경제적으로 풍족한 환경에서 성장하여 교육수준이 높으나 2000년대 경기불황과 저성장을 경험하면서 취업문제와 주거불안 등의 문제에 직면하고 있다.

| 오답풀이 |

① 네플 세대(Netple Generation) : 네플은 네트워크 플레이어의 약자로, 혼자 컴퓨터 게임을 하는 것이 아니라 통신망 속에서 네트워크 게임을 함께 즐기는 세대를 일컫는 말이다.

② 인턴 세대 : 정규직으로 전환하지 못한 채 인턴을 전전하는 청년 구직자를 지칭한다.

④ 단카이 세대 : 제2차 세계대전 직후인 1947 ~ 1949년에 태어난 일본의 베이비붐 세대이다.

32

| 정답 | ③

| 해설 | • 설계생산능력 : 시스템이나 기계가 가장 이상적인 조건하에서 달성할 수 있는 최대생산능력을 말한다.

• 유효생산능력 : 실질적으로 예상되는 시스템이나 기계의 생산능력 비율로, 예상되는 생산능력을 설계생산능력으로 나누어 계산한다.

• 실제생산능력 : 일정 기간 동안 실제로 달성한 생산량을 말한다.

33

| 정답 | ④

| 해설 | *IFRS*는 기업의 회계처리와 재무제표에 대한 국제적 통일성을 높이기 위해 국제회계기준위원회에서 마련해 공표하는 국제회계기준이다.

| 오답풀이 |

① 미국의 연방준비제도. 미국의 중앙은행제도로 1913년 연방준비법에 의하여 설립되었다.

② 일반적으로 인정된 회계원칙(*GAAP*)은 재무제표의 작성에 있어 기준이 되는 지침·규칙이다.

③ 국제회계기준위원회(*IASB*)는 국제적인 재무회계기준을 제정할 목적으로 각국의 회계전문단체들이 1973년 영국 런던에 설립하였다.

34

| 정답 | ①

| 해설 | 현금흐름표가 제공하는 정보는 다음과 같다.

- 당기순이익과 순현금흐름 간 차이에 대한 정보
- 기업의 배당금 지급능력에 대한 정보
- 기업의 부채상환능력에 대한 정보
- 기업의 미래 현금 창출능력에 대한 정보
- 영업활동 외에 투자활동, 재무활동으로 인한 재무상태의 변동 정보 등

35

| 정답 | ④

| 해설 | A. 자산손상의 징후가 있다면 개별 자산별로 회수가능액을 추정한다. 개별 자산의 회수가능액을 추정할 수 없다면 그 자산이 속하는 현금창출단위(자산의 현금창출단위)의 회수가능액을 산정한다.

B. 내용연수가 비한정인 무형자산이나 아직 사용할 수 없는 무형자산은 자산손상 징후가 있는지에 관계없이 일년에 한 번은 손상검사를 한다.

C. 재평가되지 않는 자산의 손상차손은 당기손익으로 인식한다. 그러나 재평가자산의 손상차손은 해당 자산에서 생긴 재평가잉여금에 해당하는 금액까지는 기타포괄손익으로 인식한다.

36

| 정답 | ②

| 해설 |
- 액면발행 : 액면이자율=시장이자율
- 할인발행 : 액면이자율 < 시장이자율
- 할증발행 : 액면이자율 > 시장이자율

37

| 정답 | ①

| 해설 | 물가상승률이란 물가가 전년 대비 올해 얼마나 상승했는지를 나타내는 지표로 유량 개념이다.

38

| 정답 | ②

| 해설 | $\text{가격탄력성} = \frac{\text{수요량의 변화율(\%)}}{\text{가격의 변화율(\%)}}$

수요의 가격탄력성이란 한 재화의 가격이 변동할 때 이에 따라 수요량이 얼마나 변동하는지를 나타내는 것이다. 본문에서 가격의 변화에 상관없이 소비(수요)량의 변화가 없으므로 수요의 가격탄력성은 매우 작다.

39

| 정답 | ②

| 해설 |

〈환율 변동과 수출입 변화〉

• 달러당 원화 환율 하락 : 1,100원/달러→1,080원/달러 • 원화당 달러 환율 상승 : 1달러/1,100원→1달러/1,080원
• 엔당 원화 환율 하락 : 1,000원/100엔→900원/100엔 • 원화당 엔화 환율 상승 : 100엔/1,000원→100엔/900원
• 달러당 엔화 환율 상승 : 110엔/달러→120엔/달러 • 엔화당 달러 환율 하락 : 1달러/110엔→1달러/120엔

달러당 엔화 환율이 상승하면 엔화표시 수출가격이 하락하여 일본 자동차의 대미 수출이 증가한다.

| 오답풀이 |

① 엔당 원화 환율이 하락하면 엔화표시 수출가격이 상승하여 수출(입국 관광객 수)이 감소한다.

③ 엔화당 달러 환율이 하락하면 엔화표시 수출가격이 상승하여 수출(미국에 입국하는 일본인 관광객 수)이 감소한다.

④ 1달러당 원화 환율이 하락하면(1,100원→1,080원) 원화 가치가 상승하고, 100엔당 원화 환율이 하락하면(1,000원→900원) 원화 가치가 상승한다.

40

| 정답 | ③

| 해설 | 생산물시장과 요소시장은 모두 완전경쟁일 경우의 이윤극대화요건은 다음과 같다.

$$w = MPL \times P \Rightarrow P = \frac{w}{MPL} = \frac{800}{4} = 200$$

41

| 정답 | ②

| 해설 | 단기조업중단점은 손실액($STC - TR$) > 고정비용(TFC), $TR < STC - TFC = SVC$, $P = AR < SAVC$일 때 기업은 조업을 중단한다.

42

| 정답 | ①

| 해설 | 규모의 경제가 발생시키는 독점을 자연독점이라고 하며, 자연독점은 설비투자와 시장의 규모가 매우 큰 산업에 발생한다. 자연독점의 예로는 전력 · 전화 · 수도 · 철도 사업 등을 들 수 있다.

43

| 정답 | ④

| 해설 | 총공급 $Y = C + S$, 총지출 $AE = C + I$이고, 균형국민소득은 $Y = AE$일 때 달성된다.

$S = -100 + 0.4Y$에서

$C = Y - S = Y - (-100 + 0.4Y) = 100 + 0.6Y$

총지출 $AE = C + I = 100 + 0.6Y + 300$

균형국민소득은 $Y = AE$일 때 이루어지므로

$Y = 100 + 0.6Y + 300$

$0.4Y = 400$

$\therefore\ Y = 1,000$(억 원)

44

| 정답 | ④

| 해설 | 단기에는 임시소득이 증가할수록 APC 감소 → $APC > MPC$

보충 플러스+

항상소득가설(M. Friedman)

내용	• 실제소득(Y)은 항상소득(Y_p)과 임시소득(Y_t)으로 구성된다. - 항상소득 : 정상적인 소득흐름으로 볼 때 확실하게 기대할 수 있는 장기기대소득이다. - 임시소득 : 비정상적인 소득이자 예측불가능한 임시적인 소득으로, 단기적으로는 (+) 혹은 (−)일 수도 있으나, 장기적으로는 평균이 된다($Y = Y_p + Y_t$). • 실제소비(C)는 항상소비(C_p)와 임시소비(C_t)로 구성되는데 임시소비는 항상 평균 0이므로 실제소비는 항상소비와 일치한다($C = C_p + C_t = C_p$). • 소비는 항상소득의 일정 비율이므로 APC는 다음과 같이 나타낼 수 있다. $C = k(Y_p - Y_t) \rightarrow APC = C/Y = k(1 - Y_t/Y)$ - 단기 : 소득이 증가할수록 APC 감소 → $APC > MPC$ - 장기 : $Y_t = 0$이므로 APC 일정 → $APC = MPC$
시사점	일시적인 세율 인하 시 소비가 거의 증가하지 않으므로 임시소득에 영향을 미치는 정책은 장기적으로 큰 효과를 줄 수 없고, 항상소득을 변화시키는 정책만이 소비에 영향을 미친다.
한계	임시소득과 임시소비가 관련이 없다는 가정은 현실에 부합하지 않고 실제소득을 항상소득과 임시소득으로 구분하는 것이 어렵다.

45

| 정답 | ④

| 해설 | 일시적인 세율 인하 시 소비가 거의 증가하지 않는다.

| 오답풀이 |

① 프리드먼은 실제소득과 항상소득과의 차이를 임시소득이라고 부른다.

② 소비는 항상소득의 일정 비율이므로 항상소득에 의해 결정된다.

③ 항상소득과 일시소득으로 구분한 것과 마찬가지로, 소비도 항상소비와 임시소비로 구분한다.

46

| 정답 | ③

| 해설 | A국에서 X재(소고기)의 기회비용은 $\frac{1}{2}$이고, B국에서 X재(소고기)의 기회비용은 2이다. X재의 기회비용이 A국이 더 작으므로 A국이 X재(소고기)에 비교우위가 있고 X재를 수출한다. B국은 Y재(의류)에 비교우위가 있고 Y재를 수출한다.

구분	X재	Y재	$\frac{P_X}{P_Y}$
A국	1	2	$\frac{1}{2}$
B국	6	3	2

X재(소고기)의 상대가격으로 표시한 교역조건은 $\frac{1}{2} \leq \frac{P_X}{P_Y} \leq 2$가 되어, 이 교역조건에서 A국이 한 재화를 특화해서 교역이 이루어진다.

Y재(의류)의 상대가격으로 표시한 교역조건은 X재 상대가격의 역수를 대입하면 $\frac{1}{2} \leq \frac{P_Y}{P_X} \leq 2$가 되어, 이 교역조건에서 B국이 한 재화에 완전특화를 통해 교역이 이루어진다.

47

| 정답 | ③

| 해설 | 기준금리 인상 ⇒ 자본유입 ⇒ 외환공급 증가 ⇒ 외환공급곡선 우측이동 ⇒ 환율 하락(평가절상)

48

| 정답 | ③

| 해설 | 유동성 함정 상황에서 통화정책은 효과가 없으며 재정정책이 효과적이라는 것이 일반적인 이론이다.

49

| 정답 | ②

| 해설 | 가. 자유무역지역 : 경제통합에 참여한 각국 간에 관세 및 수량제한을 없애며 참여하지 않은 국가에 대해서는 독자적인 관세정책을 유지하는 것으로 유럽자유무역연합(EFTA), 북미자유무역협정(NAFTA), 중남미자유무역연합(LAFTA) 등이 이에 해당한다.

나. 공동시장 : 관세동맹보다 진전된 형태의 경제통합으로, 경제적인 국경을 철폐하고 국가 간 무역량 확대와 사회적 · 경제적 발전을 이루기 위해 무역제한뿐만 아니라 생산요소(노동 · 자본 등) 이동에 대한 제약을 철폐하는 단계로, 구체적으로 회원국 간 노동(건설 · 컨설팅 등), 자본(은행, 기타 금융서비스, 해외직접투자(FDI) 등), 기술 등 생산요소의 자유로운 이동이 가능하다.

다. 관세동맹 : 참여국 간에 상품의 이동에 대한 차별을 철폐하기 위해 관세를 폐지하거나 경감하고, 비참여국으로부터 수입할 때에는 각국이 공통의 수입관세를 부과한다. 독일 관세동맹(1834), 벨기에 · 네덜란드 · 룩셈부르크 3국이 결성한 베네룩스 관세동맹(1944) 등이 이에 해당한다.

보충 플러스+

그 외의 경제통합의 형태

- 경제동맹 : 공동시장에서 실시하는 상품과 요소 이동에 대한 제약(국경에서의 장벽)을 억제하고 참여국 각국의 경제정책으로 발생되는 격차를 해소하기 위하여 재정 · 금융 · 노동 등의 국내정책, 대외무역정책 등 국가경제정책을 조정한다.
- 완전경제통합 : 경제면에서 한 국가로 행동한다.

50

| 정답 | ④

| 해설 | 잠재성장률은 있는 자원을 최대한 활용해서 최고의 노력을 했을 때 얻을 수 있는 최대의 성장치이다.

Memo

미래를 창조하기에 꿈만큼 좋은 것은 없다.
오늘의 유토피아가 내일 현실이 될 수 있다.

There is nothing like dream to create the future.
Utopia today, flesh and blood tomorrow.
빅토르 위고 Victor Hugo

고시넷 금융권 직무평가 최신판

은행·금융 공기업 NCS
실제유형 + 실전모의고사

지역농협 6급
인적성&직무능력평가

NH농협은행 6급
온라인 필기시험

MG 새마을금고
기출예상모의고사

지역신협 인적성검사
최신 기출유형 모의고사

지역수협 인적성검사
최신 기출유형 모의고사

NCS 직무수행능력평가

www.gosinet.co.kr gosinet

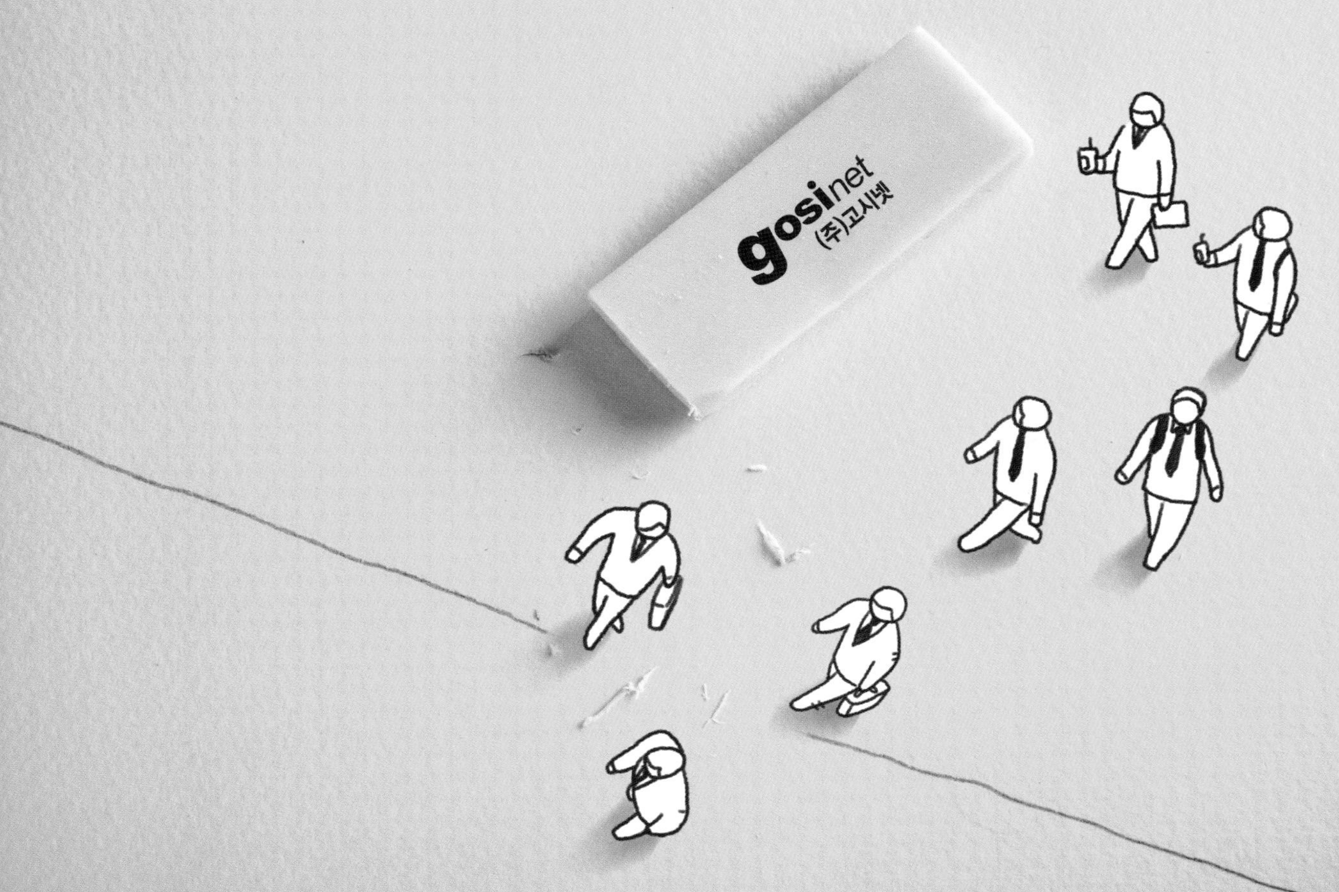

공기업_NCS

2025
고시넷
공기업
초록이 ① NCS
통합기본서

2025
고시넷
공기업
초록이 ② NCS
통합문제집

고시넷
공기업
NCS 피듈형
통합 오픈봉투모의고사
6회

고시넷
공기업
LH 한국토지주택공사
5·6급 NCS
기출예상모의고사
6회

고시넷
공기업
LH 한국토지주택공사
업무직 NCS
기출예상모의고사
5회

2025
고시넷
공기업
코레일 한국철도공사
NCS + 철도법
기출예상모의고사

2025
고시넷
공기업
코레일 한국철도공사
경영학 직무수행능력평가
기출문제집

2025
고시넷
공기업
코레일 한국철도공사
보훈·고졸채용 NCS + 철도법
기출예상모의고사

고시넷
공기업
서울교통공사
NCS
기출예상모의고사
8회

고시넷
공기업
부산교통공사
+부산시 공공기관 통합채용 NCS
기출예상모의고사
6회

고시넷
공기업
경기도 공공기관
통합채용 NCS
기출예상모의고사
6회

고시넷
공기업
한국산업인력공단 6급
NCS + 한국사 + 영어
기출예상모의고사
5회

고시넷
공기업
한국가스공사
NCS
기출예상모의고사
6회

2025
고시넷
공기업
한국도로공사서비스
NCS
기출예상모의고사

고시넷
공기업
한국전력공사
NCS
기출예상모의고사
5회

고시넷
공기업
사람인 NCS
출제유형모의고사

고시넷
공기업
인크루트 NCS
출제유형모의고사

고시넷
공기업
휴노 NCS
출제유형모의고사

고시넷
공기업
매일경제 NCS
출제유형모의고사

고시넷
공기업
휴스테이션
한국사회능력개발원
NCS 출제유형모의고사

고시넷
공기업
한국도로공사
NCS
기출예상모의고사
5회

고시넷
공기업
공기업 통합전공
사무직 핵심이론+문제풀이

고시넷
공기업
한국수자원공사
NCS
기출예상모의고사
6회

2025
고시넷
공기업
코레일 한국철도공사
경영학 통합기본서

고시넷
공기업
한국수력원자력
NCS
기출예상모의고사
4회

1교시

학년도 중등학교교사 임용후보자 선정경쟁시험 제1차 시험 답안지

본인은 응시자 유의 사항을 숙지하였으며 이를 지키지 않아 발생하는 모든 불이익을 감수할 것을 서약합니다.

성 명

원페이지 교육학 논술 전용답안지	쪽 번호
	① ②

수험번호		
		① ②
		⓪ ① ② ③ ④ ⑤ ⑥ ⑦ ⑧ ⑨
		① ② ③ ④ ⑤ ⑥ ⑦ ⑧ ⑨
		⓪ ① ② ③ ④ ⑤ ⑥ ⑦ ⑧ ⑨
		⓪ ① ② ③ ④ ⑤ ⑥ ⑦ ⑧ ⑨
		⓪ ① ② ③ ④ ⑤ ⑥ ⑦ ⑧ ⑨
		⓪ ① ② ③ ④ ⑤ ⑥ ⑦ ⑧ ⑨
		⓪ ① ② ③ ④ ⑤ ⑥ ⑦ ⑧ ⑨

적성 날짜 / 회차 / 피드백

채 점					
1	2	3	4	논술의 체계	총점

1. 수험 번호와 쪽 번호는 검은색 펜을 사용하여 '●'로 표기하시오.
2. 답안은 지워지거나 번지지 않는 동일한 종류의 검은색 펜을 사용하여 작성하시오(연필/사인펜/수정테이프/수정액 사용 불가).
3. 수험생 유의 사항을 위반하여 작성한 답안의 경우, 해당 부분이나 답안지 전체를 채점하지 않으니 유의하시오.

(1교시) 학년도 중등학교교사 임용후보자 선정경쟁시험 제1차 시험 답안지

본인은 응시자 유의 사항을 숙지하였으며 이를 지키지 않아 발생하는 모든 불이익을 감수할 것을 서약합니다.

성 명

원페이지 교육학 논술 전용답안지	쪽 번호
	① ②

수험 번호		
		① ②
		⓪ ① ② ③ ④ ⑤ ⑥ ⑦ ⑧ ⑨
		① ② ③ ④ ⑤ ⑥ ⑦ ⑧ ⑨
		⓪ ① ② ③ ④ ⑤ ⑥ ⑦ ⑧ ⑨
		⓪ ① ② ③ ④ ⑤ ⑥ ⑦ ⑧ ⑨
		⓪ ① ② ③ ④ ⑤ ⑥ ⑦ ⑧ ⑨
		⓪ ① ② ③ ④ ⑤ ⑥ ⑦ ⑧ ⑨
		⓪ ① ② ③ ④ ⑤ ⑥ ⑦ ⑧ ⑨

적성 날짜 / 회차 / 피드백

채 점					
1	2	3	4	논술의 체계	총점

1. 수험 번호와 쪽 번호는 검은색 펜을 사용하여 '●'로 표기하시오.
2. 답안은 지워지거나 번지지 않는 동일한 종류의 검은색 펜을 사용하여 작성하시오(연필/사인펜/수정테이프/수정액 사용 불가).
3. 수험생 유의 사항을 위반하여 작성한 답안의 경우, 해당 부분이나 답안지 전체를 채점하지 않으니 유의하시오.

(1교시) 학년도 중등학교교사 임용후보자 선정경쟁시험 제1차 시험 답안지

본인은 응시자 유의 사항을 숙지하였으며 이를 지키지 않아 발생하는 모든 불이익을 감수할 것을 서약합니다.

성 명

원페이지 교육학 논술 전용답안지	쪽 번호
	① ②

수험번호

① ②
⓪ ① ② ③ ④ ⑤ ⑥ ⑦ ⑧ ⑨
① ② ③ ④ ⑤ ⑥ ⑦ ⑧ ⑨
⓪ ① ② ③ ④ ⑤ ⑥ ⑦ ⑧ ⑨
⓪ ① ② ③ ④ ⑤ ⑥ ⑦ ⑧ ⑨
⓪ ① ② ③ ④ ⑤ ⑥ ⑦ ⑧ ⑨
⓪ ① ② ③ ④ ⑤ ⑥ ⑦ ⑧ ⑨
⓪ ① ② ③ ④ ⑤ ⑥ ⑦ ⑧ ⑨

적성 날짜 / 회차 / 피드백

채 점

1	2	3	4	논술의 체계	총점

1. 수험 번호와 쪽 번호는 검은색 펜을 사용하여 '●'로 표기하시오.
2. 답안은 지워지거나 번지지 않는 동일한 종류의 검은색 펜을 사용하여 작성하시오(연필/사인펜/수정테이프/수정액 사용 불가).
3. 수험생 유의 사항을 위반하여 작성한 답안의 경우, 해당 부분이나 답안지 전체를 채점하지 않으니 유의하시오.

원페이지 교육학 서브노트(http://cafe.daum.net/onepage)

(1교시) 학년도 중등학교교사 임용후보자 선정경쟁시험 제1차 시험 답안지

본인은 응시자 유의 사항을 숙지하였으며 이를 지키지 않아 발생하는 모든 불이익을 감수할 것을 서약합니다.

성 명

원페이지 교육학 논술 전용답안지	쪽 번호
	① ②

수험번호	
	① ②
	⓪ ① ② ③ ④ ⑤ ⑥ ⑦ ⑧ ⑨
	① ② ③ ④ ⑤ ⑥ ⑦ ⑧ ⑨
	⓪ ① ② ③ ④ ⑤ ⑥ ⑦ ⑧ ⑨
	⓪ ① ② ③ ④ ⑤ ⑥ ⑦ ⑧ ⑨
	⓪ ① ② ③ ④ ⑤ ⑥ ⑦ ⑧ ⑨
	⓪ ① ② ③ ④ ⑤ ⑥ ⑦ ⑧ ⑨
	⓪ ① ② ③ ④ ⑤ ⑥ ⑦ ⑧ ⑨

적성 날짜 / 회차 / 피드백

채 점					
1	2	3	4	논술의 체계	총점

1. 수험 번호와 쪽 번호는 검은색 펜을 사용하여 '●'로 표기하시오.
2. 답안은 지워지거나 번지지 않는 동일한 종류의 검은색 펜을 사용하여 작성하시오(연필/사인펜/수정테이프/수정액 사용 불가).
3. 수험생 유의 사항을 위반하여 작성한 답안의 경우, 해당 부분이나 답안지 전체를 채점하지 않으니 유의하시오.

(1교시) 학년도 중등학교교사 임용후보자 선정경쟁시험 제1차 시험 답안지

본인은 응시자 유의 사항을 숙지하였으며 이를 지키지 않아 발생하는 모든 불이익을 감수할 것을 서약합니다.

성 명

원페이지 교육학 논술 전용답안지	쪽 번호
	① ②

수험번호		
		① ②
		⓪ ① ② ③ ④ ⑤ ⑥ ⑦ ⑧ ⑨
		① ② ③ ④ ⑤ ⑥ ⑦ ⑧ ⑨
		⓪ ① ② ③ ④ ⑤ ⑥ ⑦ ⑧ ⑨
		⓪ ① ② ③ ④ ⑤ ⑥ ⑦ ⑧ ⑨
		⓪ ① ② ③ ④ ⑤ ⑥ ⑦ ⑧ ⑨
		⓪ ① ② ③ ④ ⑤ ⑥ ⑦ ⑧ ⑨
		⓪ ① ② ③ ④ ⑤ ⑥ ⑦ ⑧ ⑨

적성 날짜 / 회차 / 피드백

채 점					
1	2	3	4	논술의 체계	총점

1. 수험 번호와 쪽 번호는 검은색 펜을 사용하여 '●'로 표기하시오.
2. 답안은 지워지거나 번지지 않는 동일한 종류의 검은색 펜을 사용하여 작성하시오(연필/사인펜/수정테이프/수정액 사용 불가).
3. 수험생 유의 사항을 위반하여 작성한 답안의 경우, 해당 부분이나 답안지 전체를 채점하지 않으니 유의하시오.

1교시 학년도 중등학교교사 임용후보자 선정경쟁시험 제1차 시험 답안지

본인은 응시자 유의 사항을 숙지하였으며 이를 지키지 않아 발생하는 모든 불이익을 감수할 것을 서약합니다.	수험번호	① ②	적성 날짜 / 회차 / 피드백
성 명		⓪ ① ② ③ ④ ⑤ ⑥ ⑦ ⑧ ⑨	
		① ② ③ ④ ⑤ ⑥ ⑦ ⑧ ⑨	
		⓪ ① ② ③ ④ ⑤ ⑥ ⑦ ⑧ ⑨	
원페이지 교육학 논술 전용답안지 / 쪽 번호 ① ②		⓪ ① ② ③ ④ ⑤ ⑥ ⑦ ⑧ ⑨	
		⓪ ① ② ③ ④ ⑤ ⑥ ⑦ ⑧ ⑨	
		⓪ ① ② ③ ④ ⑤ ⑥ ⑦ ⑧ ⑨	
		⓪ ① ② ③ ④ ⑤ ⑥ ⑦ ⑧ ⑨	

채 점					
1	2	3	4	논술의 체계	총점

1. 수험 번호와 쪽 번호는 검은색 펜을 사용하여 '●'로 표기하시오.
2. 답안은 지워지거나 번지지 않는 동일한 종류의 검은색 펜을 사용하여 작성하시오(연필/사인펜/수정테이프/수정액 사용 불가).
3. 수험생 유의 사항을 위반하여 작성한 답안의 경우, 해당 부분이나 답안지 전체를 채점하지 않으니 유의하시오.

1교시 학년도 중등학교교사 임용후보자 선정경쟁시험 제1차 시험 답안지

본인은 응시자 유의 사항을 숙지하였으며 이를 지키지 않아 발생하는 모든 불이익을 감수할 것을 서약합니다.

성 명

원페이지 교육학 논술 전용답안지	쪽 번호
	① ②

수험번호		
		① ②
		⓪ ① ② ③ ④ ⑤ ⑥ ⑦ ⑧ ⑨
		① ② ③ ④ ⑤ ⑥ ⑦ ⑧ ⑨
		⓪ ① ② ③ ④ ⑤ ⑥ ⑦ ⑧ ⑨
		⓪ ① ② ③ ④ ⑤ ⑥ ⑦ ⑧ ⑨
		⓪ ① ② ③ ④ ⑤ ⑥ ⑦ ⑧ ⑨
		⓪ ① ② ③ ④ ⑤ ⑥ ⑦ ⑧ ⑨
		⓪ ① ② ③ ④ ⑤ ⑥ ⑦ ⑧ ⑨

적성 날짜 / 회차 / 피드백

채 점					
1	2	3	4	논술의 체계	총점

1. 수험 번호와 쪽 번호는 검은색 펜을 사용하여 '●'로 표기하시오.
2. 답안은 지워지거나 번지지 않는 동일한 종류의 검은색 펜을 사용하여 작성하시오(연필/사인펜/수정테이프/수정액 사용 불가).
3. 수험생 유의 사항을 위반하여 작성한 답안의 경우, 해당 부분이나 답안지 전체를 채점하지 않으니 유의하시오.

원페이지 교육학 서브노트(http://cafe.daum.net/onepage)

(1교시) 학년도 중등학교교사 임용후보자 선정경쟁시험 제1차 시험 답안지

본인은 응시자 유의 사항을 숙지하였으며 이를 지키지 않아 발생하는 모든 불이익을 감수할 것을 서약합니다.

성 명

원페이지 교육학 논술 전용답안지	쪽 번호
	① ②

수험 번호	
	① ②
	⓪ ① ② ③ ④ ⑤ ⑥ ⑦ ⑧ ⑨
	① ② ③ ④ ⑤ ⑥ ⑦ ⑧ ⑨
	⓪ ① ② ③ ④ ⑤ ⑥ ⑦ ⑧ ⑨
	⓪ ① ② ③ ④ ⑤ ⑥ ⑦ ⑧ ⑨
	⓪ ① ② ③ ④ ⑤ ⑥ ⑦ ⑧ ⑨
	⓪ ① ② ③ ④ ⑤ ⑥ ⑦ ⑧ ⑨
	⓪ ① ② ③ ④ ⑤ ⑥ ⑦ ⑧ ⑨

적성 날짜 / 회차 / 피드백

채 점					
1	2	3	4	논술의 체계	총점

1. 수험 번호와 쪽 번호는 검은색 펜을 사용하여 '●'로 표기하시오.
2. 답안은 지워지거나 번지지 않는 동일한 종류의 검은색 펜을 사용하여 작성하시오(연필/사인펜/수정테이프/수정액 사용 불가).
3. 수험생 유의 사항을 위반하여 작성한 답안의 경우, 해당 부분이나 답안지 전체를 채점하지 않으니 유의하시오.

(1교시) 학년도 중등학교교사 임용후보자 선정경쟁시험 제1차 시험 답안지

본인은 응시자 유의 사항을 숙지하였으며 이를 지키지 않아 발생하는 모든 불이익을 감수할 것을 서약합니다.		수험번호		① ②	적성 날짜 / 회차 / 피드백					
성 명				⓪ ① ② ③ ④ ⑤ ⑥ ⑦ ⑧ ⑨						
				① ② ③ ④ ⑤ ⑥ ⑦ ⑧ ⑨						
				⓪ ① ② ③ ④ ⑤ ⑥ ⑦ ⑧ ⑨						
				⓪ ① ② ③ ④ ⑤ ⑥ ⑦ ⑧ ⑨	채 점					
원페이지 교육학 논술 전용답안지	쪽 번호			⓪ ① ② ③ ④ ⑤ ⑥ ⑦ ⑧ ⑨	1	2	3	4	논술의 체계	총점
	① ②			⓪ ① ② ③ ④ ⑤ ⑥ ⑦ ⑧ ⑨						
				⓪ ① ② ③ ④ ⑤ ⑥ ⑦ ⑧ ⑨						

1. 수험 번호와 쪽 번호는 검은색 펜을 사용하여 '●'로 표기하시오.
2. 답안은 지워지거나 번지지 않는 동일한 종류의 검은색 펜을 사용하여 작성하시오(연필/사인펜/수정테이프/수정액 사용 불가).
3. 수험생 유의 사항을 위반하여 작성한 답안의 경우, 해당 부분이나 답안지 전체를 채점하지 않으니 유의하시오.

(1교시) 학년도 중등학교교사 임용후보자 선정경쟁시험 제1차 시험 답안지

본인은 응시자 유의 사항을 숙지하였으며 이를 지키지 않아 발생하는 모든 불이익을 감수할 것을 서약합니다.

성 명

원페이지 교육학 논술 전용답안지	쪽 번호
	① ②

수험 번호	
	① ②
	ⓞ ① ② ③ ④ ⑤ ⑥ ⑦ ⑧ ⑨
	① ② ③ ④ ⑤ ⑥ ⑦ ⑧ ⑨
	ⓞ ① ② ③ ④ ⑤ ⑥ ⑦ ⑧ ⑨
	ⓞ ① ② ③ ④ ⑤ ⑥ ⑦ ⑧ ⑨
	ⓞ ① ② ③ ④ ⑤ ⑥ ⑦ ⑧ ⑨
	ⓞ ① ② ③ ④ ⑤ ⑥ ⑦ ⑧ ⑨
	ⓞ ① ② ③ ④ ⑤ ⑥ ⑦ ⑧ ⑨

적성 날짜 / 회차 / 피드백

채 점					
1	2	3	4	논술의 체계	총점

1. 수험 번호와 쪽 번호는 검은색 펜을 사용하여 '●'로 표기하시오.
2. 답안은 지워지거나 번지지 않는 동일한 종류의 검은색 펜을 사용하여 작성하시오(연필/사인펜/수정테이프/수정액 사용 불가).
3. 수험생 유의 사항을 위반하여 작성한 답안의 경우, 해당 부분이나 답안지 전체를 채점하지 않으니 유의하시오.